AF553803

रामशरण जोशी

मार्च, 1944 में अलवर (राजस्थान) में जन्मे रामशरण जोशी पेशे से पत्रकार, सम्पादक, समाजविज्ञानी और मीडिया के अध्यापक रहे हैं। भारतीय जनसंचार संस्थान में विजिटिंग प्रोफेसर। 1999 से 2004 तक माखनलाल चतुर्वेदी राष्ट्रीय पत्रकारिता विश्वविद्यालय में पूर्णकालिक प्रोफेसर और कार्यपालक निदेशक के पद पर कार्यरत रहे। आप राष्ट्रीय बाल भवन के अध्यक्ष और केन्द्रीय हिन्दी संस्थान के उपाध्यक्ष भी रहे हैं। महात्मा गांधी अन्तरराष्ट्रीय हिन्दी विश्वविद्यालय, वर्धा में विजिटिंग प्रोफेसर रहे हैं। आपकी प्रमुख कृतियाँ हैं—'आदमी, बैल और सपने', 'आदिवासी समाज और विमर्श', '21वीं सदी के संकट', 'मीडिया विमर्श' आदि।

आपको बिहार सरकार द्वारा 'राजेन्द्र माथुर राष्ट्रीय पत्रकारिता पुरस्कार', मध्य प्रदेश सरकार का 'राष्ट्रीय शरद जोशी सम्मान', हिन्दी अकादमी, दिल्ली द्वारा 'पत्रकारिता सम्मान', 'गणेश शंकर विद्यार्थी साम्प्रदायिक सौहार्द पुरस्कार' से सम्मानित किया जा चुका है। आप फिलहाल नई दिल्ली में परिवार के साथ रहते हुए स्वतंत्र लेखन कर रहे हैं।

ईमेल : joshisharan1@gmail.com

मैं बोनसाई अपने समय का

रामशरण जोशी

राजकमल पेपरबैक्स

राजकमल पेपरबैक्स में
पहला संस्करण : 2018

© रामशरण जोशी

राजकमल पेपरबैक्स : उत्कृष्ट साहित्य के जनसुलभ संस्करण

राजकमल प्रकाशन प्रा. लि.
1-बी, नेताजी सुभाष मार्ग, दरियागंज
नई दिल्ली-110 002
द्वारा प्रकाशित

शाखाएँ : अशोक राजपथ, साइंस कॉलेज के सामने, पटना-800 006
पहली मंजिल, दरबारी बिल्डिंग, महात्मा गांधी मार्ग, इलाहाबाद-211 001
36 ए, शेक्सपियर सरणी, कोलकाता-700 017

वेबसाइट : www.rajkamalprakashan.com
ई-मेल : info@rajkamalprakashan.com

बी.के. ऑफसेट
नवीन शाहदरा, दिल्ली-110 032
द्वारा मुद्रित

मूल्य : ₹399

MAIN BONSAI APANE SAMAY KA : Ek Katha Aatambhanjan Ki
Autobiography by Ramsharan Joshi

ISBN : 978-93-87462-27-4

ताई-ताऊजी (माता-पिता)

जीवन के टेढ़े-मेढ़े पथ में
आपकी स्मृतियाँ-अनुभव ही
संबल रहे हैं...

* * *

जटिल-बेतरतीब यात्रा की सहयात्री मधु
और
अनगढ़ विरासत की हक़दार–
अनाहिता व अनायरा (नातिनें) को

आभार

राजेन्द्र यादव जी की जेनुइन इच्छा थी कि मैं आत्मकथा और उपन्यास लिखूँ। जब तक वे रहे, मुझे उकसाते रहे। वैसे 2004 में 'आत्मस्वीकृतियाँ' लिख कर ही मैं उनकी आंशिक इच्छा पूरी कर सका।

अशोक महेश्वरी जी आत्मीयता के साथ क़रीब एक दशक से कहते रहे हैं कि मैं अपने जीवन का बही-खाता समाज के साथ बाँटूँ। यदि अशोक जी का तीव्र आग्रह रहा नहीं होता तो शायद 'मैं बोनसाई अपने समय का' आज आपके सामने नहीं होता।

जब शब्द एक पुस्तक का आकार ले लेते हैं तब वे वन से उपवन बन जाते हैं। इस रूपान्तरण के लिए मित्र निरुपम का आभार व्यक्त करना महज औपचारिकता होगी।

—रामशरण जोशी

अनुक्रम

आत्मभंजन से पहले दो शब्द 11

भाग : एक

अन्त से आरम्भ : अनाहिता का आगमन; देश में भूस्खलन! 17
आख्यान : अलवर–दिल्ली–बसवा और अनलहक़ का! 39
बड़ौदिया : मैं कौन हूँ? हम स्वर्गवासी, वे नरकवासी! 44
परकाया प्रवेश : मैं अख़बार वाला; मैं सीता, मैं शकुन्तला! 61
एक रात दिल्ली, बे-टिकट! 71
मैं उढ़री संतान! 77
मेरा पियानो और उड़े परखचे मेरे! 82
सेतु थीं–दो माँएँ, दो स्त्रियाँ! 90
रिपोर्टिंग का सफ़र : मंडलेश्वर की संगत;
कांग्रेस में विस्फोट-इन्दिरा गाँधी की बगावत 99
मैं युद्ध संवाददाता; बाँग्ला देश का जन्म; पूर्णकालिक एक्टिविस्ट! 121
बस्तर से वापसी : अभागों की दुनिया,
सुखदा-ऐन का निर्गम, इन्दिरा गाँधी का अवसान! 151
दूसरी आज़ादी का भ्रम : नायिका की वापसी;
लौटना ख़बरों की दुनिया में 203

भाग : दो

भोपाल गमन : पत्रकार से मीडिया शिक्षक,
लेखकों का मात्रोशियका रूप! 233
कैसे-कैसे दृश्यान्तर : अटल की विदाई और सोनिया-उदय;
बाल श्रमिक से बाल भवन अध्यक्ष! 275
अटपटे मरहले : मेरे विश्वासघात; न्यूयार्क में विश्व मंच पर हिन्दी! 291

ताऊजी उतर आए हैं : जयपुर से बापू की कर्मभूमि में!
दिल्ली-जयपुर-वर्धा-बॉस्टन गमन 332
यात्रा : बोनसाईकरण से पिण्डदान तक! 353
उपसंहार : पटकथा 360

परिशिष्ट

परिशिष्ट : एक
...और मेरी बेटियाँ 375

परिशिष्ट : दो
एक सांस्कृतिक कमिसार की आत्मस्वीकृतियाँ 383

परिशिष्ट : तीन
मेरे विश्वासघात 391

परिशिष्ट : चार
तस्वीरें 437

आत्मभंजन से पहले दो शब्द

फिजिक्स पर विश्वास करें तो हम सभी के समान्तर अदृश्य ब्रह्मांड होते हैं, इनमें भी अनेक उपब्रह्मांड समाये रहते हैं। इनकी खोज-पहचान सतत् चलती रहती है। इनमें कुछ लुप्त हो जाते हैं, कुछ नए बन जाते हैं।

इस सदी के पहले दशक में हॉलीवुड की तीन किश्तों में बनी एक फिल्म थी–मैट्रिक्स सुपर टेक्नोलॉजी से निर्मित इस फिल्म में भी मनुष्य के समान्तर अस्तित्व की कल्पना की गई थी...अर्थात् हम सभी के अदृश्य प्रतिरूप होते हैं जो कि चेतन-अचेतन अवस्था में अहर्निश हमारे साथ रहते हैं। शायद यह 'सच' हो। पर इसकी सत्यता पर प्रामाणिकता की मुहर वैज्ञानिक ही लगा सकते हैं, मैं नहीं।

मैं सिर्फ़ इतना ज़रूर कह सकता हूँ कि मैं एक नहीं हूँ, कई 'मैं' से निर्मित मैं रामशरण जोशी हूँ। अनेकानेक 'मैं' मुझमें समाए रहे हैं, कौन से रंग-मिज़ाज का 'मैं' मुझ पर हावी हुआ या हो जाए, इसकी भविष्यवाणी करना ज्योतिषी बनना होगा। किशोर श्रमिक के रूप में मैंने जीवन-यात्रा शुरू की; फिल्म में एक्स्ट्रा कलाकार बना, रामलीला में सीता बना; न्यूज़ पेपर होकर रहा, चपरासीगिरी की; पूर्णकालिक वामपंथीकर्मी रहा और श्रमिक यूनियन से जुड़ा; शेष जीवन-यात्रा में शामिल होते रहे नए-नए 'मैं'–संसदीय पत्रकारिता की, राष्ट्रपतियों-प्रधानमंत्रियों की देश-विदेश यात्राओं को कवर किया, युद्ध संवाददाता के रूप में बाँग्लादेश की प्रसव-पीड़ा को देखा, विंडहुक में नामीबिया के जन्म का साक्षी बना; सामाजिक शोधकर्ता के नाते आदिवासी अंचलों और बंधक श्रमिकों की दुनिया को समीप से देखा, देश के दूर-दराज़ इलाकों में बंधक मुक्ति श्रमिक शिविर लगाये, बंधक श्रमिक मुक्ति संगठन का संस्थापक महामंत्री रहा; राजनीतिक सम्बन्धों ने मुझे राष्ट्रीय बाल भवन के अध्यक्ष और केंद्रीय हिन्दी संस्थान के उपाध्यक्ष के पदों पर बैठाया। और अन्ततः मैं का विस्तार मीडिया शिक्षक व प्रशासक तक हुआ। इस लम्बे सफ़र में पथविचलन हुए हैं, मैं विपथगामी भी बना हूँ।

पिछले सात दशकों में मंचित ये तमाम भूमिकाएँ मेरे 'मैं' के 'उप-मैं' ही तो हैं। इन उप-मैं के बीच समय-समय पर टकराव भी होते रहे हैं। आज भी कश्मकश होती रहती है; क्रान्तिकारी क्यों नहीं बना? क्यों औसत 'मैं' बनता चला गया? उप-मैं के बीच मौजूद अन्तर्विरोधों का सही समाधान करने में क्यों नाकाम रहा? मैं आज भी मध्यवर्ग की नियति का बन्दी क्यों बना हुआ हूँ? जन्म से लेकर यहाँ तक मुझ

में कुछ भी तो 'ग्रो' नहीं हुआ! कहीं बोनसाई में मेरा कायांतरण तो नहीं हो गया है? इतने प्रश्न, इतनी आत्म शंकाएँ मेरे मैं को दबोचे रहते हैं। फिल्म मैट्रिक्स के अंतिम पार्ट में सभी को 'माया' चित्रित किया गया है। लेकिन मेरी इससे असहमति है; मैं और मेरे उप-मैं माया नहीं—एक ठोस यथार्थ हैं, इर्द-गिर्द का परिवेश भी कोई अबूझ-अदृश्य ब्रह्मांड नहीं है, सब कुछ हाज़िर-नाज़िर है। भौतिक शक्तियों का प्रभाव मैं के ब्रह्मांड और उप-मैं के ब्रह्मांडों पर कम-अधिक पड़ता रहता है, उनके आकार-प्रकार-दिशाएँ निर्धारित होते रहते हैं। इसलिए मुझे स्वयं को 'एक भ्रम' या 'एक माया' के रूप में देखने से सख्त इनकार है।

समस्त सृष्टि ठोस यथार्थ है, इसीलिए वे अनुपम विभूतियाँ हैं जिन्होंने 'आत्म-स्वीकृतियाँ' कीं, सत्य के साथ निरन्तर प्रयाग किए और आत्मदर्शन के अनूठे ब्रह्मांड रचे। मैंने न 'सत्य' के साथ प्रयोग किया है, और न ही 'असत्य' के साथ। जीवन की चादर को 'ज्यों की त्यों' भी नहीं रखा है। यात्रा में यह मैली भी हुई; कर्म-घाट पर इसकी धुलाई की; चिरी-फटी तो सिलाई। लेकिन, सत्य या असत्य के रंगरेज़ का रोल अदा करने से मैं बचता रहा हूँ। यही 'आत्मस्वीकृति' है। मैं और उसके उप-मैं की।

स्वयं की इस अटपटी कथा में समय, समाज, जन और मैं हूँ। बस!

—रामशरण जोशी

''मैंने खूब आत्म-निरीक्षण किया है, एक-एक भाव की जाँच की है, उसका पृथक्करण किया है। किन्तु उसमें से निकले हुए परिणाम सबके लिए अन्तिम ही हैं, वे सच हैं अथवा वे ही सच हैं, ऐसा दावा मैं कभी नहीं करना चाहता। हाँ, यह दावा मैं अवश्य करता हूँ कि मेरी दृष्टि से ये सच हैं...''

(महात्मा गाँधी : 'सत्य के प्रयोग' पृष्ठ-7)

भाग : एक

अन्त से आरम्भ : अनाहिता का आगमन; देश में भूस्खलन!

32 क्रिस्ट रोड,
फ्रेमिंगहेम (मेस्साच्यूस्टेसु अमेरिका)

मैं सत्तर पार कर चुका हूँ। गाँव की जन्मपत्री और सरकारी रोज़नामचा, दोनों में ही।

बाहर दरख्तों पर बसंत उतरने लगा है। कोपलें फूटने लगी हैं। लॉन पर फिर से हरियाली लौटने लगी है। घर से सड़क पार विशाल जलाशय पर चाँदनी बिछी हुई है, और देवदार तथा कितने ही अन्य प्रजाति वंशज इसमें नहा रहे हैं।

चंद दिनों पहले की ही बात है। इसी घर के बाहर हिम-टीले खड़े थे गोया कि वे हमारे दरबान हों। हिम-चबूतरा फैला हुआ था लॉन पर, दूब हिम में समा चुकी थी। जलाशय और चाँदनी का मिलन तब भी था, पर उसकी स्वयं की काया भी रजत बनी हुई थी। हिम की सपाट काया का रूप उसका था। अर्धरात्रि में इस मीलों लम्बी सपाट काया पर चाँदनी बिछी हुई होने से विचित्र अनुभूति की सृष्टि हुआ करती थी, और दिन में, इसी श्वेत काया पर सोने-सी कुनकुनी धूप बिछ जाया करती थी। शीत ऋतु वर्षा के बाद इस विशाल काया पर इन्द्रधनुष का अवतरित होना, हिम आलिंगन में लिपटे दरख्तों पर फैल जाना, प्रकृति की इन अनुपम छवियों का साक्षात्कार मैं इसी घर में 'हिमबंदी' के रूप में करता रहा हूँ।

इस क्रिस्ट रोड पर बसे बावन घरों की छतों पर हिम-डेरा था। चुपीतेपन में डूबी रहती थी यह बस्ती, कभी-कभार कार के गुजरने से चुप्पी टूटा करती थी। पंछी भी न जाने किस नीड़ में दुबके हुए थे। घर के पिछवाड़े में कभी-कभार गिलहरी दुबकी-दुबकी फुदकती हुई आती-जाती दिखाई दे जाती खिड़कियों से, और न जाने पल भर में वह कहाँ विलीन हो जाती। पिछवाड़े में खड़ा शताब्दी बूढ़ा हिमाच्छादित वृक्ष ही जानता था इसका पता। हाँ, कभी-कभार भारी-भरकम ऊनी वस्त्रों में छिपी हुईं आकृतियों (स्त्री-पुरुष) के पीछे-पीछे पट्टे से बँधे टोमियों-पप्पियों के भी दर्शन हो जाया करते थे। वे मौनधारी हुआ करते थे।

और अब!

पतझर विश्राम करने चला गया है, बसंत इस 32 क्रिस्ट रोड पर उतर आया है। हिम-दरबान, हिम के चबूतरे विलुप्त हो चुके हैं। जलाशय झिलमिलाने लगा है। जीवन सड़क पर लौट आया है। पिछवाड़े में गिलहरी, गौरैया के दर्शन होने लगे हैं। बूढ़ा वृक्ष स्वयं को अब हल्का अनुभव करने लगा है। पर अब इस निर्वस्त्रता के कारण इसकी उम्रदराजी भी चमकने लगी है।

अब हिम बंदी जीवन से मुक्त होकर मैं बसंत का स्वागत कर रहा हूँ। वृक्षों का कायान्तरण देख रहा हूँ; हिम चबूतरे के स्थान पर हरियाली उभरने लगी है, ट्यूलिप अपनी पुनर्रागमन की घोषणा कर रही है; गगन में विचरण करते पंछी दिखाई दे रहे हैं; बच्चों की किलकारियाँ गूँजने लगी हैं; श्वान-श्वानियों ने भी अपना मौन तोड़ दिया है।

और मैं बसंत से पतझर, फिर पतझर से बसंत में रूपांतरण की इस सात दशकीय यात्रा का पुनरावलोकन करने बैठा हूँ। इस तरणताल–जिम सुविधा-सम्पन्न मकान के लिविंग रूम में मेरे सामने फ्रेम से अबोली भाषा को सम्प्रेषित करती हुई अनाहिता है। तीसरी पीढ़ी की चार मासी प्रतिनिधि बॉस्टन में जन्मी। बड़ी बेटी डॉ. मनस्विता जोशी* की स्टेडी डेस्क पर भी इस नवागंतुक की मुख-मुद्राओं का पैनल सजा हुआ है। इसमें शामिल हैं कोख में भ्रूण से आकार लेती हुई अल्ट्रासाउंड की चंद तस्वीरें भी। विभिन्न चरणों में ऐना (घरेलू नामकरण) की ली गई हैं ये तस्वीरें। राजस्थान के गाँव बसवा की छोटी-सी दुनिया से उठने वाले नाना के लिए यह आनन्द, उल्लास और उपलब्धि से सृष्टित अनुभूति है। अल्ट्रासाउंड की कोख तस्वीरें घरेलू दाई से जन्में व्यक्ति के लिए यह किसी चमत्कार से कम नहीं हैं।

दूसरी चौंकाने वाली घटना है ऐन का जन्म-व्यय। बला का ख़र्च है यह। 41 हज़ार डॉलर यानी क़रीब सत्ताइस-अट्ठाइस लाख रुपए से अधिक! यह राशि मेरे लिए भूधसान के समान थी। दिमाग के तंत्र झकझोर दिए हैं इसने।

मुझे याद है गाँव में दाई को चंद रुपल्ली थमा दी जाती थी। लड़का हुआ तो चाँदी के कलदार दे दिए जाते, साथ में धोती, अनाज, गुड़-चावल। लड़की होती तो दाई खुद ही सहम जाती, जजमान से क्या माँगती?

मैंने अपने दो भाइयों का जन्म देखा है। पिता के रूप में दिल्ली और गाजियाबाद के अस्पतालों में दो पुत्रियों और पुत्र के जन्म का अनुभव हुआ है। लेकिन, ऐना का अनुभव मेरे लिए प्रत्येक दृष्टि से रोमांचक रहा; मनस (पुत्री) की प्रसव-पीड़ा से लेकर जन्म और अस्पताल से जच्चा-बच्चा को डिसचार्ज करवाने तक। सच! मेरे लिए यह पूरी प्रक्रिया अकल्पनीय थी। मैं ठहरा तीसरी दुनिया के अर्ध-विकसित देश का नागरिक, और तीसरी पीढ़ी की शुरुआत विश्व के सबसे अधिक विकसित व शक्तिशाली देश अमेरिका में जन्मजात नागरिक के रूप में! तो रोमांच तो इसके साथ ही गुदगुदाने लगा है!

ऐना का जन्म बॉस्टन के ब्रिगह्म एंड विमिन अस्पताल में हुआ। इस अस्पताल की गिनती बॉस्टन के दो-तीन शिखर अस्पतालों में होती है। इसमें रजिस्ट्रेशन और प्रवेश की प्रक्रिया ही जटिल अनुभव से कम नहीं है। काफ़ी समय पहले मनस का इसमें रजिस्ट्रेशन कराया गया था। समय-समय पर उसे जाँच के लिए जाना होता। अस्पताल में प्रवेश के लिए कई झंझटों का सामना करना, अपना पहचान-पत्र या पासपोर्ट स्वागत डेस्क पर प्रस्तुत करना। फिर पहचान का पट्टा गले में लटकाये जच्चा के पास पहुँचना। इससे पहले एक और पहचान-प्रक्रिया से गुज़रना। इसके बाद ही जच्चा-बच्चा से मिलने की अनुमति। सुरक्षा जाँच कम नहीं थी।

---

* देखें परिशिष्ट एक : ...और मेरी बेटियाँ

जच्चा-बच्चा ने इस अस्पताल में फ़क़त तीन दिन-तीन रातें गुजारे। जब 41 हज़ार डॉलर का बिल आया तो हम बाहरी लोग 'धक्' रह गए! बिल का ब्रेकअप देखने से पता चला कि सिर्फ़ 'डिलीवरी चार्ज' ही सात हज़ार डॉलर हैं, शेष राशि अस्पताल में ठहरने और दूसरी सुविधाएँ उपलब्ध कराने के खाते में रखी गई हैं। दामाद कार्तिक और जच्चा मनस इस बिल से विचलित नहीं हैं, क्योंकि दोनों का ही 'स्वास्थ्य बीमा' है। इस राशि का नगण्य हिस्सा ही दोनों को अदा करना पड़ेगा, शेष बीमा कंपनी वहन करेगी। अमेरिका में स्वास्थ्य बीमा का बहुत बड़ा कारोबार है। इसमें ग़ज़ब का भ्रष्टाचार व्याप्त है। पिछली 2012 की बोस्टन यात्रा में एक-दो वृत्तचित्र देखे थे जिसमें बीमा योजना की उत्पीड़क व अनैतिक कारगुजारियों को उजागर किया गया था। राष्ट्रपति बराक ओबामा का आम नागरिकों को स्वास्थ्य राहत पहुँचाने और बीमा धाँधलियों से मुक्ति दिलाने का सपना अभी तक अधूरा ही प्रतीत हो रहा है।

मैं दाई की बात कर रहा था। दाई-जाये व्यक्ति के लिए तो यह सब कुछ अविश्वसनीय ही लगेगा न! सुखद बात यही थी कि डिलीवरी सामान्य थी। कुछ समय तो हम सबका तनावों में बीता। मैंने पहली बार आँखों से प्रसव-पीड़ा को देखा। मनस के दर्द उठते-ठंडे पड़ते, फिर उमड़ते देखे। लेपटॉप में वह नेट पर डॉक्टर के निर्देशों का पालन करती, और मिनिट-सेकेंड गिने जाते। सच, मेरे लिए यह नितांत अनजाना दृश्य था। मुझे याद है, गाँवों में प्रसव-पीड़ा के समय पुरुषों को बाहर कर दिया जाता था। दो छोटे भाइयों के जन्म के समय ताऊजी (पिता) को कमरे से बाहर कर दिया गया था। मैं भी बाहर ही रहा। महिलाएँ ही ताई (माँ) के साथ थीं। और यहाँ एक पिता अपनी पुत्री की प्रसव-पीड़ा का साक्षी बना हुआ है! लेपटॉप पर दूर-निर्देशों के अनुसार मैं मनस की प्रसव-कवायद की सिरहन स्वयं में महसूस कर रहा था। मैं, मधु (पत्नी), कार्तिक (दामाद) और त्रीना (छोटी पुत्री) हम चारों भी एक प्रकार से प्रसव-वेदना से गुज़र रहे थे। यह मेरे लिए द्रवित करने वाला दृश्य था, साथ ही रोमांचकारी भी। कहते हैं, बच्चे के जन्म के साथ ही स्त्री का भी दूसरा जन्म होता है। देश से 15000 किलोमीटर दूर इस भव्य अस्पताल में मनस के शांतिपूर्वक पुनर्जन्म के पश्चात् ही हम सभी जीभर उच्छवास ले सके, वरना प्राण अधर में थे। हमें ऑपरेशन की आशंका होने लगी थी। भारत में आजकल 'सीजिरीयन डिलीवरी' का कारोबार फैला हुआ है। सुखद बात यह थी कि यहाँ की लेडी डॉक्टर और नर्स, दोनों ही 'नॉरमल डिलीवरी' की कोशिश कर रहे थे। इसमें वे सफल हुए। उनके लिए भी ऐना का सामान्य जन्म एक उपलब्धि ही थी। सामान्य चर्चा में डॉक्टर और सीनियर नर्स ने बताया कि वे 'महात्मा गाँधी और अमेरिकी गाँधी (मार्टिन लूथर किंग जूनियर) से परिचित ही नहीं, प्रभावित हैं। दोनों ने मानवता के लिए काफ़ी कुछ किया है। डॉक्टर और नर्स, दोनों ही श्वेत थीं। परम पूँजीवादी व वर्चस्ववादी देश में मानवीयता-संवेदनशीलता की फुहारें मिल ही जाती हैं भीगने के लिए!

गाँव में सौर निकला करती थी। सात रोज़ के बाद ही जच्चा-बच्चा बाहर आते थे। जच्चा को तो कुछ समय के लिए अछूत ही माना जाता था। कतिपय अनुष्ठानों के बाद ही जच्चा को सामान्य दिनचर्या में शामिल किया जाता था। पर यहाँ तो ऐसा कोई निषेध

नहीं है। मनस प्रसव कक्ष से बाहर आते ही सामान्य हो गई है। हम सभी लोग दो कारों में बैठकर फ्रेमिंगहेम पहुँच रहे हैं। चालीस मिनट का सफ़र है।

सच! तकनोलॉजी ने काफ़ी कुछ बदल दिया है, हमारी जीवन-शैली, रीति-रिवाज़-संस्कार-सभी इसकी गिरफ़्त में हैं। लेकिन, हम लोगों में भीतर बैठी कुछ जकड़नें हैं जो कि समय-समय पर हरकत में आती रहती हैं। अब देखिए, मैं यह देखकर आश्चर्यचकित हूँ कि जच्चा-बच्चा की नज़र उतारी जा रही है। चैन्नई से दादा-दादी का निर्देश है कि मनस व बच्ची मंदिर जाएँ, नज़र उतरवाएँ। घर में भी नज़र उतारें। मेरी इससे असहमति है, पर मनस आनन्दपूर्वक इसमें भाग ले रही है। विज्ञान का विद्यार्थी या वैज्ञानिक होना ही काफ़ी नहीं है, वैज्ञानिक चेतना से भी सम्पन्न होना आवश्यक है। मैं बेटी से यह सब कहता हूँ, पर मनस का तर्क है, "पापा विज्ञान में अभी कई 'ग्रे एरिया' हैं, कई ऐसी बातें हैं जिनकी व्याख्या अभी शेष है। क्या अन्तर पड़ता है नज़र उतारने से?" मैं निरुत्तर हूँ। मनस के समर्थन में तैनात हैं परिवार के सभी सदस्य, जिनमें दिल्ली से आई हुईं उसकी मौसी डॉ. अर्चना सिद्धार्थ भी है। किसी ने ठीक ही कहा है—पुरानी आदतें आसानी से मरती नहीं हैं। सामाजिक व मानसिक परिवर्तन की गति तकनोलॉजी परिवर्तन से मंथर रहती है।

तो बसवा से बॉस्टन की इतनी लम्बी यात्रा में अनेक मोड़ आए हैं; पतझर का सहयात्री बना और बसंत से आनन्दित हुआ; जाड़ा-सावन-भादो आते-जाते रहे और इनके साथ समभाव-समताल मिलाता हुआ चलता आ रहा हूँ। सात समंदर और सत्तर पार बैठे इस इंसान को किशोर आयु का एक गाना याद आ रहा है, 'मैं ज़िंदगी का साथ निभाता चला गया, हर फ़िक्र को धुएँ में उड़ाता चला गया।' साहिर लुधियानवी का यह गीत है जिसका फिल्म 'हम दोनों' में देवानन्द पर फिल्मांकन किया गया है। इस गाने और फिल्म से मुंबई की मेरी धूप-छाँव की कई यादें जुड़ी हुई हैं, जिनकी चर्चा मैं आगे करूँगा।

बसंत से पतझर और फिर पतझर से बसंत या धूप से छाँव या छाँव से धूप, यह कितनी सपाटबयानी है? यदि इतना ही सब कुछ सहज, सपाट और सीधा ही रहता तो तब तो न ज़िंदगी का कोई फ़साना रहता, और न ही इसका कोई फ़लसफ़ा होता। वैसे कहने वाले तो यह भी लिख गए हैं सब कुछ नश्वर, सब माया है—सबको फ़ना होना है एक दिन; प्रलय आएगी—क़यामत बरपेगी; जीवन किसी मूर्ख द्वारा कही गई एक कहानी है जिसमें शोर-शराबा है पर सब है बेसबब! यह एक नज़रिया है जीवन के प्रति, लेकिन इसके समांतर नज़रिया यह भी है कि जीवन एक ठोस यथार्थ है; कर्म व अकर्म का यह ख़ज़ाना है; जीवन है तो सृष्टि है, ईश्वर या निरीश्वर का बोध जीवन से है; कार्य-कारण, परिग्रह-अपरिग्रह जीवन से ही जन्में हैं; जीवन है तो इतिहास है, सत्ताओं का उत्थान-पतन है; जीवन एक बहता दरिया है, पहाड़ है, आकाश है, बरसता बादल है; जब तक क़ायनात है तब तक जीवन है। जीवन का ड्रामा शून्य में नहीं, इंसानों द्वारा निर्मित ठोस रंगमंच पर खेला जाता है। सर्दी-गर्मी-बरसात, धूप-छाँव—ये तमाम अवयव इसके दृश्यान्तर में अन्तर्निहित होते हैं जो कि पात्रों और दर्शकों को समान रूप से प्रभावित करते हैं। रंगमंच समेत इन सबका परस्पर गोश्त-पोस्त का नाता-रिश्ता रहता है। माया के नाम पर सांसारिक

परिवेश से पलायन अपवाद तो हो सकता है, लेकिन यह जीवन का चलन नहीं बन सकता। इसलिए मैं सपाटबयानी को खारिज करता हूँ।

इतना लम्बा सफ़र नाक की सीध में चलते जाने से तय नहीं हुआ है। इसके रास्ते में कई चौराहे, मोड़, गड्ढे, नालियाँ आए हैं, 'सड़क बंद है' का बोर्ड भी मिला, 'दुर्घटना आशंका क्षेत्र' की चेतावनी भी पढ़ी, दुर्घटनाएँ हुईं भी और टली भी। पर सफ़र जारी रखा, यहाँ तक पहुँचा, यह एक सत्य है। पर यह सब कुछ, यह सत्य भी इसी दुनियावी परिवेश में ही घटे हैं। इन सबको सही-गलत, तात्कालिक-दीर्घजीवी और सतही-गहन प्रभावों से मैं गुज़रता रहा हूँ। तब मैं यह कैसे कह दूँ सब कुछ निस्सार है, निष्काम रहा है? सफ़र बेसबब है? मैं इस सत्तर साला यात्रा को अकारण नहीं मानता हूँ। मैं इस समाजी परिवेश की निर्मिति हूँ। मैंने अन्तर्निहित अकुलाहटों के तीव्र होने पर इस परिवेश में किंचित् हस्तक्षेप करने का प्रयास भी किया है। आज भी करता हूँ।

आज मैं अब तक के सफ़र को जब पीछे मुड़ कर देख रहा हूँ तो मुझे अविश्वसनीय भी लगता है कि आखिर इतना लम्बा फ़ासला तय कैसे हो गया? मुझे तो कहीं चीथड़ों-जिल्लतों के ढेर में दब जाना चाहिए था, टूट जाना-बिखर जाना चाहिए था कमरतोड़ घंटों और जानलेवा कामों के बोझ तले! पुनरावलोकन कितना जोखिम भरा होता है; कितनी ही पीड़ाओं-चुनौतियों से गुज़रना पड़ता है जीवन-स्मृतियों-अनुभवों को रिवाइंड और फास्ट फारवर्ड करने में; स्वयं को चीरना-उघाड़ना होता है सत्य को पकड़ने के लिए, आत्मछवि भजन व आत्मस्वीकृतियों व तिरस्कारों का आलिंगन करना पड़ता है; कुछ भी निरापद नहीं बचता है; अजातशत्रु होने का भ्रम टूट जाता है।

2004 में राजेन्द्र यादव द्वारा सम्पादित मासिक 'हंस' में प्रकाशित मेरी दो 'आत्म-स्वीकृतियों' से हिन्दी भूमंडल में भूचाल आ गया था; एक हिन्दी राष्ट्रीय दैनिक ने ग्यारह लेख और एक पत्रिका ने दो विशेषांक मेरे विरोध में निकाले थे। अनेक पत्र-पत्रिकाओं में महीनों तक लेख व पाठक पत्रों द्वारा हमले जारी रहे। मैंने किसी को जवाब देना ज़रूरी नहीं समझा। वास्तव में इतने लम्बे ऊबड़-खाबड़, टेढ़े-मेढ़े मार्ग में शायद ही कोई बिरला हो जो निरापद रहे, शुद्धतावादी व नैतिकतावादी हो और साथ ही पाखंड मुक्त हो! यदि आप अपने तईं ईमानदार हैं तो मानवीय निर्बलताओं का कम-अधिक मूल्य चुकाने के लिए तैयार रहना चाहिए। इस दृष्टि से इन आलोचनाओं को शिरोधार्य किया। अतः इन संभावित हादसों से मैं बाख़बर हूँ।

वस्तुतः समय-समाज की गाथा व्यक्तियों की असंख्य व अन्तहीन कहानियों का सारांश ही तो है। तब मेरी कहानी, इसके पात्र, इसका पुनरावलोकन समय-समाज परिवेश से अलहदा कैसे हो सकते हैं?

समय-समाज-परिवेश में ही कहानी, कथावस्तु, पात्र और अन्त गुथे हुए हैं। इसलिए यह कहानी मेरी है ज़रूर, पर साथ ही 'मेरा समाज-मेरा समय' की भी है।

वैसे कोई भी आत्मकथा जीवन की कार्बन कॉपी नहीं हो सकती। यह संभव भी नहीं है। आत्मकथा लिखना जीवन की पुनर्यात्रा करने के समान है। यदि आपको जीवन फिर से जीने के लिए कहा जाए तो क्या वही प्रस्थान-बिंदु होगा? वही पड़ाव स्थल होंगे? सहयात्रियों का वैसा ही चयन होगा? क्या उसी प्रकार से आप प्रेम व घृणा करना चाहेंगे?

क्या आपकी संवेदनाएँ, रागात्मकता, अन्तरंगता वैसी ही निर्मल व ताज़गी भरी रहेंगी? क्या आप कुछ भूलना या भुलाना नहीं चाहेंगे? यह भी तो हो सकता है कि कुछ यादों, पात्रों, घटनाओं को 'डिलीट' करना चाहें, खरपतवार समझ कर बीन कर फेंक दें!

कोशिश यही रहेगी कि पुनर्यात्रा की सुविधा में आप ऐसा मार्ग चुनें जो कि निष्कंटक और त्रासदी मुक्त रहे। सब कुछ मनभावन हो। पर क्या इससे 'मोनोटोनी' पैदा नहीं होगी? हो सकता है आप दुर्घटनाओं-त्रासदियों से भरा रास्ता ही चुनें! पर यह सुविधा संभव कहाँ है?

एच.जी. वेल्स की 'टाइम मशीन' के सहारे भविष्य में पहुँचा जा सकता है, पर वर्तमान जीवन को यथावत् पुनरारम्भ करने की सुविधा उसमें नहीं है। आत्मकथा लिखना भी कुछ ऐसा ही है। हम यादों के सहारे पीछे लौट तो सकते हैं लेकिन इसे कॉमा, विराम, सेमी कॉलम, कॉलम आदि के साथ यथावत् व यंत्रवत् दोहरा नहीं सकते। समय, काल और स्थान के साथ काफ़ी कुछ बदलता रहता है। इस कथा में ऐसा नहीं हुआ है, मैं यह नहीं कहूँगा। चेतना की अनेक निर्मितियाँ होती हैं। पर लेखक अपने समय के प्रति ईमानदार रहे, उसे स्वयं के सामने शर्मिंदा न होना पड़े, वह स्वयं को नये अवतार में न गढ़े। इतनी अपेक्षा उससे ज़रूर रहती है। निःसंदेह मैंने इसमें इस 'अपेक्षा' को ही अपना कुतुबनुमा बनाया है। निजी वृत्त और लोक वृत्त, दोनों के तईं हरसंभव पारदर्शिता अपनाने का प्रयास किया है।

फिर भी इक्कसवीं सदी के परिवेश की औबजर्वेटरी में बैठ कर बीती क़रीब पौन सदी (30 अक्टूबर, 1943) का पुनरावलोकन असंभव नहीं, दुष्कर तो है। इस कालखण्ड की विलोम यात्रा में कुछ सहयात्री जीवित हैं, कुछ नहीं; संदर्भ बदल चुके हैं; समाज का मिज़ाज और राज्य का एजेंडा बदले हैं; तब के नायक को आज अनायक, प्रतिनायक, खलनायक बनाया जा रहा है और उस समय के अनामअनायक-खलनायक इस समय महिमा-मंडित हो रहे हैं, राष्ट्र की धुरी बन रहे हैं। था एक समय जब उपनिवेश विरोधी संघर्ष, नस्ल विरोधी संघर्ष, समाजवाद, मिश्रित अर्थव्यवस्था, श्रमिक आंदोलन, किसान संघर्ष, छात्र आंदोलन, राष्ट्रीयकरण, धर्मनिरपेक्षता, गुटनिरपेक्षता, बहुध्रुवीय व्यवस्था शीत युद्ध जैसे मुद्दे नवस्वाधीन राष्ट्र की साँसों में बसा करते थे। इस सदी के दूसरे दशक में भूमंडलीकरण, मुक्त अर्थव्यवस्था, कारपोरेट राज्य, हिन्दुत्ववाद, यूरो-अमेरिकी प्रभुत्व, एकल, ध्रुवीय व्यवस्था, आतंकवाद, मज़हबी तानाशाही जैसे विमर्श महत्त्वाकांक्षी राष्ट्र की धमनियों में समा गए हैं, और बीती सदी के सवालों को 'फ़ालतू' घोषित किया जा रहा है।

मेरी जीवन-यात्रा सामन्ती भारत व औपनिवेशिक शासन व्यवस्था से शुरू होती है। भारत छोड़ो आंदोलन, भारत विभाजन, स्वतंत्रता प्राप्ति, द्वितीय महायुद्ध की समाप्ति व शीतयुद्ध की शुरुआत जैसी पृष्ठभूमि में मैंने चलना सीखा और बचपन में प्रवेश किया। स्वतंत्र भारत के प्रथम चुनावों में धूल उड़ाती चुनावी जीपों के पीछे दौड़ते हुए, कांग्रेस की झंडियाँ-बिल्ले लूटते हुए दिमाग में नेताओं की छवियाँ (नेहरू, गाँधी, टीकाराम पालीवाल, जयनारायण व्यास आदि) दर्ज़ हुईं। ज़मींदारी-जागीरदारी का अन्त, छुआछूत की समाप्ति, नेहरूवीय समाजवाद, चाचा नेहरू ज़िंदाबाद, लोकतंत्र ज़िंदाबाद जैसे नारों

की गूँजों के बीच मैंने किशोर युग में प्रवेश किया। गाँव के टाटपट्टी के स्कूल से बारहखड़ी सीखते हुए छठी पास की।

इसके बाद 'सड़क बंद' का बोर्ड मिला; कभी स्कूल छूटा-कभी शुरू हुआ; कभी किशोर मज़दूरी की-कभी रामलीला में काम किया और हाईस्कूल की फ़ीस भरी। फुटपाथों पर सोते और पार्कों की लैम्प पोस्ट तले पढ़ते हुए भारत-चीन युद्ध की आवाज़ें कानों से टकरायीं। थिएटर में फिल्म डिवीज़न की न्यूज़ रील में लता जी को गाते सुना-'ऐ मेरे वतन के लोगों, ज़रा आँख में भर लो पानी', और नेहरू जी की आँखों को डबडबाई देखा। भीड़ को रक्षाकोष में दोनों हाथों से सोना-चाँदी के जेवर, नोट दान देते देखा। इस युद्ध से देशभक्ति, राष्ट्रवाद और दोस्त-दुश्मन का बोध अंकुरित हुआ। पहली बार।

यात्रा चलती रही, किशोर यात्रा से युवा यात्रा शुरू हो गई। इसमें कुछ सहयात्री पीछे छूटे, नये शामिल हुए। एम.ए. की पढ़ाई के दौरान दो सहपाठी मिले-इब्बार रब्बी और प्रताप सिंह बिष्ट उर्फ़ पंकज बिष्ट। संवादों का नया सिलसिला शुरू हुआ। (यह त्रिसहपाठी मूर्ति आज तक साबुत है, अनेक झंझावातों के बीच।) जीवन फलक का विस्तार होता है। नयी चुनौतियों से मुठभेड़ होती है और देश में 'ग़रीबी हटाओ' का नारा लगता है। स्वाधीन भारत में दूसरी बार सशस्त्र क्रान्ति (नक्सलवाद) की दस्तकें सुनाई देने लगती हैं। भारत-पाक युद्ध, पाकिस्तान विभाजन और बाँग्लादेश का जन्म भारतीय राज्य के राजनीतिक इतिहास की रफ़्तार को तेज़ कर देते हैं। स्वतंत्र भारत की युवावस्था के साथ-साथ इस युवा की चेतना वर्ग संघर्ष व सर्वहारा क्रान्ति के बोध से सम्पृक्त होती है। धीरे-धीरे यह सघनता में रूपांतरित होती जाती है। समाज, राज्य, व्यवस्था, अर्थ-सत्ता, पूँजी, क्रान्ति आदि से जुड़े तमाम सवाल झकझोरने लगते हैं तीस पार युवक के दिल-दिमाग को। एक महासपने के साथ रोमांस शुरू हो जाता है। बचपन और किशोरावस्था की ख़लिशों-ज़ख़्मों को समझने की वैज्ञानिक दृष्टि से प्रौढ़ता की ओर अग्रसर युवक लैस हो जाता है। फिर अतीत चुभने के बजाय प्यारा लगने लगता है। ऐसा अतीत नहीं होता तो शायद मैं समाज के कई रूपों से वंचित रहता, ज़िंदगी के कई सबक सीख नहीं पाता।

यदि व्यक्ति समय व स्थान की चुनौतियों के प्रति संवेदनशील है तो उसका रेसपौंस भी माकूल होना चाहिए। मेरे लिए पूर्णकालिक राजनीतिक कार्यकर्त्ता बनने का निर्णय लेना आसान नहीं था। ताई और छोटे भाई की ज़िम्मेदारी थी। फिर भी मैं सड़कों पर उतरा। जेल गया। इसी तरह के उतार-चढ़ाव आते चले गए। इमरजेंसी में बस्तर रहा। फिर वहाँ से भगाया गया।

बसवा से सफ़र शुरू किया था। 1971 में भारत-पाक युद्ध में युद्ध संवाददाता की भूमिका निभाता हुआ, बाँग्लादेश के जन्म का साक्षी बनता हुआ सालों देश की संसद को कवर किया, और कई दफ़े न्यूयार्क स्थित विश्व पंचायत-राष्ट्र संघ की महासभा की रिपोर्टिंग की, और इसके ही परिसर में आयोजित विश्व हिन्दी सम्मेलन के उद्घाटन सत्र (2007) को सम्बोधित भी किया। टाटपट्टी से उठ, लैम्प पोस्ट तले पढ़ विश्वविद्यालय में प्रोफेसर व प्रतिकुलपति की सीढ़ियाँ चढ़ीं। बेटियों ने उच्च शिक्षा अमेरिका में प्राप्त की। अपने बलबूते पर। आज वे जो भी कुछ हैं, अपने दम पर हैं। बेटियाँ वैसी न रहें जैसी

मैंने बसवा में अपने घर, आस-पड़ोस में देखी थीं। पुरुष की नियति से बँधी हुई। इन दोनों लड़कियों की अपनी स्वतंत्र इयत्ता रहे, जीवन-साथी और जीवन-दिशा स्वयं अपने विवेक से चुने, यही मैं चाहता था। दोनों ने किया भी वही।

कहाँ सोचा था कि मैं जीवन में कभी इतिहास-पुरुष फिदेल कास्त्रो के साथ अप्रतिम क्षण बिताऊँगा; किशोरावस्था व युवावस्था में गुलजारीलाल नंदा, राष्ट्रपति फ़खरूदीन अली अहमद से भिड़ूँगा; राष्ट्रपति शंकरदयाल शर्मा, प्रधानमंत्री राजीव गाँधी, नरसिंह राव, इंद्रकुमार गुजराल, अटल बिहारी वाजपेयी की राजकीय विदेश यात्राओं को कवर करूँगा; पाकिस्तान, अफ़गानिस्तान और श्रीलंका की अशांत स्थितियों की रिपोर्टिंग करूँगा; देशभर में बंधक श्रमिक मुक्ति शिविर लगाऊँगा; पी.एन. हकसर, डॉ. रामविलास शर्मा, अज्ञेय, डॉ. बी.डी. शर्मा, राजेन्द्र यादव, विष्णु प्रभाकर, नामदेव ढसाल, कोबाद गाँधी, अनिल बर्वे, स्वामी अग्निवेश, रघुवीर सहाय, राहुल बारपुते, अजित भट्टाचार्य, राजेन्द्र माथुर, प्रभाष जोशी जैसी शख़्सियतों के साथ मुठभेड़ें होंगी। बसवा के लड़के के संदर्भ-संसार में यह सब कहाँ था? राजनेता अर्जुन सिंह के साथ निजी व प्रोफेशनल सम्बन्धों की लम्बी पारी चली, मेरे लिए यह भी कम उपलब्धि नहीं है। 'नई दुनिया' जैसे दैनिक का दो दशक (1980-99) तक दिल्ली ब्यूरो प्रमुख रहा।

और सारा आकाश मिले, न यह संभव है, और न ही ज़रूरी। यदि आकाश को मुट्ठियों में भींच लिया तो इसके अस्तित्व की ही इति हो जाएगी। दूसरे अर्थ में यात्रा ही समाप्त हो जाएगी। मैं समझता हूँ इसके किसी कोने को छुआ जा सके, उसमें हस्तक्षेप किया जा सके, उसे नया आकार दिया जा सके, यही कहलाएगा आकाश को अपनी बाँहों में भरना। क्षितिज अन्तहीन है। इसकी थाह लेने की तमन्ना थी, पूरी नहीं हो सकी। ग़ालिब के हवाले से कहना-"हज़ारों ख़्वाहिशें ऐसी कि हर ख़्वाहिश पे दम निकले, बहुत निकले मेरे अरमान लेकिन फिर भी कम निकले" ही सही रहेगा। जीवन का यथार्थ भी यही है। तब इस अपूर्णता को ही पूर्णता के रूप में स्वीकार करते हुए क्यों न यहीं से यात्रा के प्रस्थान-बिंदु को स्मृति दूरबीन से देखना शुरू किया जाए?

अक़सर आत्मकथाएँ जन्म से शुरू की जाती हैं। मैंने सोच-विचार कर विलोम मार्ग चुना है। वजह साफ़ है किसी नये क्षितिज स्पर्श की संभावना शेष नहीं है। इस समय भारत में महाभारत (चुनाव) मचा हुआ है, और मैं यहाँ बैठा हुआ हूँ। मैं इसमें कहीं तो हस्तक्षेप कर सकता था। अब सिर्फ़ सोशल मीडिया पर जुगाली से ही हस्तक्षेप का भ्रम पाला जा रहा है। नवोन्मेष की ऊर्जा, कल्पनाशीलता और साहस बचे रहते तो मुझे 'उनके' साथ अरण्य में होना चाहिए था, जहाँ आततायी व्यवस्था के विरुद्ध प्रतिरोध का इतिहास लिखा जा रहा है। मैं तो भगोड़ा, पलायनवादी ही रहा न! इसीलिए इस पठार पर मैंने उलटबाँसी को अपनाना ही बेहतर समझा है।

उलटबाँसी तो उलटबाँसी होती है। सब कुछ बेतरबी। वैसे भी आत्मकथा की कोई सैद्धांतिकी नहीं गढ़ी जा सकती। स्व. मित्र अरुण प्रकाश ने आत्मकथा, आत्मचरित, जीवनी, संस्मरण, यात्रा-वृत्तांत आदि की विधाओं को लेकर ज़रूर लिखा है। पर मेरे विचार से यदि आत्मकथा को किसी थ्योरी विशेष में बाँधा जाता है तो लेखक न स्वयं के साथ न्याय कर सकेगा, और न ही पाठकों के साथ। वह इस विधा के प्रविधि तंत्र में उलझ

कर रह जाएगा। प्रविधि उसके कथ्य, विचार, भाव और प्रस्तुतिकरण को नियंत्रित करने लगेगी। सम्पूर्ण आत्मकथा का अनुकूलन हो जाएगा। प्रविधि कथ्य में चमत्कार ज़रूर पैदा करेगी, उसे 'कमोडिटी' में रूपांतरित भी कर देगी, लेकिन उस स्थिति में जीवनी आत्मविहीन सजावटी पुतला बन कर रह जाएगी। संत अगस्तीन, बाबर, रूसो, गोर्की, गाँधी, नेहरू, नेल्सन मंडेला, हॉब्स बाम, बर्टन रसैल, पाब्लो नेरूदा जैसे अनेक व्यक्तित्वों की आत्मकथाएँ हैं। पिछले वर्षों में डॉ. प्रभा खेतान, डॉ. तुलसी राम, डॉ. विश्वनाथ त्रिपाठी, ओमप्रकाश वाल्मीकि, रमणिका गुप्ता, मैत्रेयी पुष्पा आदि का आत्मकथा साहित्य सामने आया है। ये आत्मकथाएँ चर्चित भी रही हैं।

मैं नहीं समझता ये तमाम आत्मकथाएँ किसी सैद्धांतिकी व प्रविधि विशेष से निर्देशित होकर लिखी गई हैं। आत्मकथा को किसी विशेष 'ढाँचे' में नहीं ढाला जा सकता, और न ही ढाला जाना चाहिए। इसका कालखंडों, भागों और कर्म भूमिकाओं के अनुसार विभाजन तो हो सकता है, लेकिन सैद्धांतिकी व प्रविधि से इस पर कृत्रिमता की 'वार्निश' दिखाई देगी। यह वार्निश इसकी पारदर्शिता और ऊष्मता पर हावी रहेगी। यह 'जेनुइन' नहीं लगेगी। नि:संदेह भाषा व शिल्प का कृति में महत्वपूर्ण स्थान होता है। लेकिन जब ये दोनों तत्त्व कला के स्थान पर 'कलावाद' से अनुप्राणित रहेंगे तो कृति चमत्कारिक तो बन जाएगी, लेकिन कालांतर में निष्प्राण भी हो जाएगी।

मैं समझता हूँ, आत्मकथा निश्चल व निर्मल उच्छावासों की शृंखला है। यह एक उन्मुक्त धारा है जो कि झरनों, भंवरों, पहाड़ों, तटों से टकराती हुई गुजरती है। यह पोखर या तालाब या नदी में समा सकती है, और महासागर में भी विलीन हो सकती है। आत्मकथा के सूत्रधार और उसकी कर्म भूमिका से ही इस धारा के पड़ाव व मंजिल तय होते हैं। इसलिए मैं आत्मकथा को किसी पूर्व तयशुदा मार्ग से बाँधने के पक्ष में नहीं हूँ, क्योंकि जीवन ऐसा होता कहाँ है? और न ही जिया जाता है! बसवा में गणेश चतुर्थी की पूजा-पाठ कराने वाले और जजमान भोज पाने वाले चुटियाधारी-तिलकधारी लड़के ने कभी नहीं सोचा था कि वह एक रोज़ निरीश्वरवादी होगा!

सारांश यह है कि एक आत्मकथा में अनेक छोटी-मोटी कथाएँ उन पात्रों की भी गुँथी रहती हैं जो आपकी जीवन-यात्रा में आपके साथ एक-दो या कई पड़ाव चलते रहे हैं। इन सभी की कम-अधिक सहयात्राओं के सहारे आपकी यात्रा तय होती है। तब आप आत्मकथा के अकेले दावेदार कैसे हो सकते हैं? जीवन-आख्यान में निहित उप-आख्यानों को भी आत्मकथा में वांछित स्थान देने की ज़िम्मेदारी रचयिता की होती है।

वास्तव में, समय आपका सबसे भरोसेमंद व स्थायी सहयात्री होता है। इसका अपना समांतर आख्यान आपके आख्यान के साथ चलता रहता है। आपका आख्यान इससे तभी अप्रभावित रह सकता है जब आप 'नारसीसिजम के बंदी' हो जाएँ, भाव-विचार शून्य बन जाएँ या आपका अमानवीयकरण हो जाए। इतिहास में अधिनायकवादी, फासी-नाज़ीवादी मूलत: आत्मग्रस्तता के बंदी रहे हैं। वे समय के विमर्शों और बदलावों से भयभीत रहे हैं। इसलिए समय के आख्यान से सम्पृक्त हुए बग़ैर स्वयं का आख्यान अधूरा ही रहेगा। इन दोनों समांतर आख्यानों के बीच जीवंत सम्बन्ध रहने से आत्म-आख्यान नारसीसिजम से मुक्त रहेगा, मुक्त छंद के रूप में लोकवृत्त में प्रवेश करेगा। एक प्रकार

से आत्मकथा में संगम होता है तीन आख्यानों का : एक, निज आख्यान; दो, उप-आख्यान; और तीन, समय का आख्यान।

अत: आत्मकथा की लेखन प्रविधि में लचीलापन रहे तो कथ्य की सम्प्रेषणीयता प्रवाहमयी हो जाती है।

ऐना चार मास की हो चुकी है। फ़िलहाल ऐना का प्रतिमास जन्म-दिन मनाने का क्रम चल रहा है। कार्तिक ऐना को लेकर बेहद उतावला रहता है। उसका हर क्षण, हर मुद्रा अपने वीडियो में अंकित कर लेने के लिए वह उत्सुक रहता है। कार्तिक ने बेबी पालन-पोषण साहित्य का अच्छा अध्ययन कर रखा है। इसलिए वह ऐना की मुद्राओं और चीखने के संकेतों को जल्दी पकड़ लेता है। यद्यपि यह यांत्रिकी दृष्टि होती है, लेकिन इसके परिणाम अधिकतर ठीक-ठाक निकलते हैं। मैंने और मधु ने तीनों बच्चों का पालन परम्परागत ढंग से किया था। मधु की माँ और बहनों (नीता, अर्चना और रेखा) ने इस मोर्चे को संयुक्त परिवार की शैली में सँभाल था। लेकिन चरम औद्योगीकृत व पूँजीवादी देशों में एकल व विखंडित परिवारों को ध्यान में रखकर नवजात शिशुओं और बच्चों के पालन-पोषण के विभिन्न चरणों से संबंधित विपुल साहित्य उपलब्ध रहता है। इतना ही नहीं, विशेषीकृत विशाल स्टोर टॉय्स आर यूरस और बेबी आर यूरस हैं, जहाँ आयु के आधार पर वर्गीकृत साहित्य, खिलौने, वस्त्र, हग्गीज व डायपर (पोतड़े) जिम, बाउसिंग चेयर, प्ले पेन रॉकिंग चेयर; कार सीट-स्ट्रोलर-क्रैब आदि मिलते हैं। इन स्टोरों में भी ख़रीदारों की भीड़ लगी रहती है। ऑनलाइन-ख़रीदारी अलग से रहती है। सोवियत संघ में कहा गया था कि क्रान्ति के बाद वहाँ बच्चों के वर्ग (क्लास) को छोड़कर सभी वर्ग समाप्त कर दिए गए हैं। लेकिन इस पूँजीवादी देश में आर्थिक क्षमता के अनुसार बच्चों के भी कई वर्ग हैं, दूसरे वर्ग तो यथावत् हैं ही। लेकिन सुखद अनुभव यह है कि यहाँ के यांत्रिकी जीवन के बावजूद माता-पिता या एकल पालक अपने बच्चों का काफ़ी ध्यान रखते हैं; पार्कों में घुमाने ले जाते हैं; यात्राओं में साथ रहते हैं, मेट्रो ट्रेन-बस, कार में बच्चों को देखा जा सकता है; होटल रेस्त्रां और शॉपिंग स्टोरों, मॉलों में बच्चे पालकों के साथ होते हैं। हर जगह बच्चों के लिए विशेष व्यवस्था रहती है, यहाँ तक कि रेस्त्रां और मॉलों में विशेष प्रकार की सीटें व ट्रॉलियाँ दी जाती हैं। सार्वजनिक स्थानों में गर्भवती महिलाओं और नव-माताओं का विशेष ध्यान रखा जाता है। ऐसे दृश्यों की अनुपस्थिति भारत में कचोटती है।

सच यह है कि ऐना के कारण अनेक अनुभव हम दोनों को हुए हैं। काफ़ी कुछ सीखने-जानने को मिल रहा है। एक प्रकार से हम दोनों विद्यार्थी बन गए हैं। हम दोनों को स्वयं को नये ढंग से गढ़ना पड़ रहा है। ऐना की देखभाल करने के लिए तीस वर्ष छोटा होना पड़ा है। इस पुनर्विद्यार्थी जीवन-काल के अपने सुख भी हैं, और दु:ख भी। क्योंकि हम विशेष जीवन-शैली के अभ्यस्त जो हैं। इस लम्बी जीवन-शैली को हठात् नहीं बदला जा सकता। पर मधु ने स्वयं को तत्परता से बदल लिया है। मैं ज़रूर कभी-कभी दिक्कत महसूस करता हूँ। लेकिन सुख यह है कि अनुभव की पूँजी मैं बटोरता हूँ। अपने तीनों बच्चों के आरंभिक पालन में मैं इन अनुभवों से वंचित रहा था। इसकी भरपाई अब

हो रही है। यह कम उपलब्धि नहीं है। ऐना को भाँति-भाँति से खिलाना, जिम कराना, बाउंसिंग चेयर पर झुलाना, टमी कवायद कराना जैसे अनुभव तब हुए नहीं थे। इन तमाम चीज़ों की व्यवस्था के लिए साधन भी नहीं थे। आज ऐना के लिए अलग से 'प्ले रूम' सजाया जा रहा है। मेरे लिए यह अकल्पनीय था। बेड और लिविंगरूम ही सब कुछ हुआ करते थे। प्ले रूम तो विलासिता होती मेरे लिए। यहाँ यह औसत आवश्यकता है।

मेरी और मधु की इच्छा होती है कि मनस्विता, त्रीना और अमन फिर से प्राथमिक स्कूल के विद्यार्थी बन जाएँ। हम दोनों-तीनों को स्कूल में छोड़ें, प्ले ग्राउंड में ले जाएँ, पार्क में घुमाएँ। ऐसी इच्छा तब और अधिक बलवती हो जाती है जब हम दोनों पास वाले पार्क में घूमने जाते हैं, और माता-पिता व दादा-दादी को अपने बालकों को घुमाते हुए और उन्हें तरह-तरह के खेल खिलाते हुए देखते हैं। पार्क से सटा हुआ एक स्कूल है जिसके प्राँगण में विद्यार्थी बेस बॉल, फुटबॉल, बॉलीबॉल आदि खेलते रहते हैं। अभिभावक भी उन्हें निहारते रहते हैं। इनमें दक्षिण एशियाई विद्यार्थी भी रहते हैं। वे हिन्दी या उर्दू में चीख पड़ते हैं। उनके बस्ते ज़मीन पर पड़े रहते हैं। तब पीछे लौट कर अभिभावक बनने के लिए जी मचल उठता है। दृश्य पुनर्जीवित हो जाते हैं कि हम तीनों को उनके स्कूल छोड़ने जा रहे हैं। उन्हें इंडिया गेट, नेशनल स्टेडियम ले जा रहे हैं। हम सभी बुद्ध जयंती पार्क, राजघाट, गाँधी स्मारक निधि, तीन मूर्ति जा रहे हैं। लेकिन इन दृश्यों का पुनरावलोकन केवल कल्पना में ही संभव है, यथार्थ में असंभव है!

अब केवल ऐना के साथ भावनात्मक यात्रा पर ही निकल सकते हैं। तीनों का अक्स इस चार मासी ऐना में देख सकते हैं। जीवन के तीसरे चरण में दूसरे चरण की अभिभावकता की पुनरानुभूति की जा सकती है। और हम दोनों ऐसा कर भी रहे हैं, अधुनातन अनुभवों के साथ। नि:संदेह इससे दीर्घकालीन मानसिक थकान से मुक्ति और नवान्न बनने का अवसर मिल रहा है। मैं समझता हूँ जीवन को समय-समय पर 'रिइन्वेंट' करते रहने से इसे नयी अनुभव पूँजी और नये सृजन की आकांक्षा से समृद्ध किया जा सकता है।

पिछले चार-पाँच महीनों में मैंने फिर से शारीरिक श्रम से नाता जोड़ना सीखा है। भारतीय मध्यवर्ग की परजीविता व फलने-फूलने के आधार क्या हैं, यह भी मैंने ऐना के कारण यहीं जाना है। यह जाना है कि स्वयं के द्वारा भोजन पकाने, रोटी बेलने, चाय बनाने में कितना श्रम व समय लगता है; किसमें कितना लूण-तेल-पानी डाला जाता है; आलू-प्याज-कांदा-गोभी-बैंगन कैसे काटे-छीले जाते हैं; दालें कैसे छौंकी जाती हैं, रोटी-पराठा कैसे बेले जाते हैं? ठंडे-गर्म पानी में बरतन-भाँड़े धोने में हाथों की त्वचा कितनी गलती-सिकुड़ती है, इसका अनुभव भी मुझे यहीं हो रहा है। यह भी सीखा कि 'ट्रेश' और 'रीसाइक्लिंग' में कौन-कौन-सी वस्तुएँ डाली जाती हैं। कैसे गारबेज ट्रक फ़ालतू सामनों व कूड़ा-कचरा को उठा कर ले जाते हैं। इसमें न कोई नागा होती है, और न ही विलम्ब होता है। इन तमाम गतिविधियों का घड़ी के साथ गहरा रिश्ता है।

हमारे घर के ठीक सामने तीन सदस्यों का चीनी परिवार रहता है। परिवार में अधेड़ पति-पत्नी हैं और बूढ़ी माँ है। दायीं तरफ़ अमेरिकी टिम रहते हैं। अकेले हैं, सत्तर के आसपास हैं। दायीं तरफ़ भी अमेरिकी परिवार रहता है, भरा पूरा। मैं देख रहा हूँ बसंत शुरू होते ही ये सब लोग अपने लान-सफ़ाई में लग गए हैं। ये खुद ही कटाई-छँटाई करते

हैं, ताज़ा दूब लगाते हैं। बाग़वानी का पूरा हुनर इन परिवारों को मालूम है। बाग़वानी के ज़रूरी उपकरण भी इनके मोटर गैराज में हैं। कार्तिक भी अपने लॉन को साज-सँवारने में जुट गया है। सप्ताहान्त घरेलू बाग़वानी को ही समर्पित है। मैं और मधु भी इसमें अपना थोड़ा-बहुत योगदान दे देते हैं। पहली दफ़ा बाग़वानी का काम यहीं किया है।

क्रिस्ट रोड पर स्थित तमाम बावन घरों का यही दृश्य है। सभी साधन सम्पन्न और कार वाले हैं लेकिन पसीना बहाने में मध्यवर्गीय नफ़ासत दिखाई नहीं दे रही है। सभी टी-शर्ट-जींस चढ़ाये ग्रास कटर, शॉवल हाथों में लिए हुए हैं। लॉन को सींच रहे हैं। पेड़ों से झड़े पत्तों को थैलों में भर रहे हैं। मनस के घर समेत हर घर की यह कहानी है। कनाडा में रह रही त्रीना के घर की कहानी भी इससे अलहदा नहीं है। यह मैं अपनी पिछली 2012 की यात्रा में देख चुका हूँ।

जहाँ तक श्रम का सम्बन्ध है, इसके अनुभवों से मेरा पुराना रिश्ता है। बस! फ़रक है तो काल, स्थान और संदर्भ का। जिस व्यक्ति ने अपनी जीवन-यात्रा ही एक किशोर श्रमिक के रूप में शुरू की हो, उसे यहाँ का श्रम कैसे आतंकित कर सकता है? बल्कि यह उसे अनुप्राणित ही करेगा। चार-पाँच महीनों के अनुभवों ने मुझमें फिर से श्रम की जोत जलाई है। आज श्रम की गरिमा को मैंने नये संदर्भ व परिप्रेक्ष्य में देखा है।

अन्तर सिर्फ़ इतना है कि मैंने जब शारीरिक श्रम किया था तब मैं तथाकथित मध्यवर्ग के तटों से भी बहुत दूर था। मध्यवर्ग किसे कहते हैं, इसका भी बोध नहीं था। सिर्फ़ दिन-रात खटते रहना है, यही जाना था। श्रम का दूसरा चरण इसकी सैद्धांतिकी के साथ शुरू होता है जब मैं पूर्णकालिक श्रमिक यूनियन-कर्मी के नाते श्रमिक वर्गों को समाज, सभ्यता-संस्कृति और राष्ट्र निर्माण में उनकी ऐतिहासिक भूमिका बताया करता था। किस प्रकार मजदूर 'सामाजिक सरप्लस' का निर्माण करता है और पूँजीपति उसे किन-किन हथकंडों से हड़प लेता है? इसकी प्रक्रिया उसे समझाया करता था। लेकिन यह भी एक बौद्धिक क़वायद ही हुई ना। मैं तो शारीरिक श्रम से सीधे कहीं नहीं जुड़ा रहा। तीसरा चरण मध्यवर्ग के चक्रव्यूह में प्रवेश करने के 'शब्द-श्रम' (पत्रकारिता) के साथ आरम्भ हुआ। इस चक्रव्यूह को तोड़कर बाहर निकलना है, यह मनसूबा मैंने नहीं बाँधा। इस तरह मेरे और श्रम के बीच सम्बन्ध विलगन ही रहा है। घर में स्वेच्छा से रसोई में यदा-कदा काम कर लिया, सुबह की चाय बना ली या तहरी बना ली, इससे अधिक कुछ नहीं किया। मध्यवर्ग की ओढ़ी हुई सीमाओं को लांघ नहीं सका।

एक रोज़ मैंने मनस-कार्तिक से पूछ लिया कि तुम लोग कोई घरेलू सहायक (नौकर-नौकरानी) क्यों नहीं रख लेते हो? वे मुझे ऐसी नज़रों से देखने लगे गोया कि मैंने सवाल पूछ कर कोई अपराध कर दिया या उन्हें ही कठघरे में खड़ा कर दिया हो। मनस कहने लगी, "पापा, आप जानते नहीं हैं यहाँ डोमेस्टिक हैल्प कितना महँगा है? मेरे सीनियर प्रोफेसर और कार्तिक के मैनेजर तक अपने घरों में नौकर नहीं रख सकते। भारत के समान चौबीस घंटे नौकर रखने का अर्थ है स्वयं को भूखा मारना। चार से आठ घंटे के नौकर के लिए भी तीन-चार हज़ार डॉलर चाहिए। कौन दे सकता है? जब तक आप किसी कॉरपोरेशन के सीईओ नहीं हों तब तक नौकर रखना लग्ज़री है। यहाँ के मध्यवर्ग के लिए 'श्रम की गरिमा' जीवन की आवश्यकता के साथ-साथ विवशता भी

है। हम भारतीयों को भी यहाँ आकर इसी साँचे में ढलना पड़ता है। यहीं आकर मालूम होता है कि शारीरिक श्रम क्या होता है और श्रम की क्या रेट होती है? भारत में तो हम जितना चाहें दे देते हैं, यहाँ ऐसा नहीं कर सकते। यदि करेंगे तो पता चलने पर सीधे जेल जाना पड़ेगा।''

मनस की बात मुझे मारक लगी। पिछले ही दिनों न्यूयार्क स्थित भारतीय राजनयिक देवयानी खोबरगड़े का विवाद अमेरिकी मीडिया व सोशल मीडिया की सुर्खियों में था। इस राजनयिक पर आरोप था कि उसने अपनी भारतीय नौकरानी को वांछित वेतन न देकर अमेरिकी श्रम नियमों को तोड़ा है। देवयानी को गिरफ़्तार किया गया। भारी जमानत पर छोड़ा गया। अन्तत: उसे भारत लौटना पड़ा। आज भी यह प्रकरण भारत और अमेरिका के सम्बन्धों में फाँस बना हुआ है।

जब भारत पर नज़र जाती है तो घरेलू नौकर मध्यवर्ग की रीढ़ नज़र आते हैं। दिल्ली में मयूर विहार के आस-पड़ोस में हम पत्रकारों-लेखकों और अन्य व्यवसायियों, शिक्षकों के घरों में झारखंड, बिहार, छत्तीसगढ़, पूर्वी यू.पी., तमिलनाडु, पश्चिम बंगाल, नेपाल, बाँग्लादेश (छद्म भारतीय नाम से) आदि जगह के नौकर-नौकरानियाँ सस्ती दरों पर काम करते हुए मिल जाएँगे। यह किस्सा एक महानगर का नहीं है बल्कि देश के सभी महानगरों, नगरों और बड़े कस्बों का है जहाँ सस्ते घरेलू नौकरों के दम पर नव मध्यवर्ग फल-फूल रहा है और अपनी जीवन-शैली को चमकीली बनाये हुए है। मेरे एक समीपी रिश्तेदार हैं। वे जब भी पूर्वी यू.पी. से आते हैं, अपने साथ एक किशोर श्रमिक ज़रूर ले आते हैं। उसकी आयु सोलह वर्ष से कम रहती है। वह सभी घरेलू काम करने के अलावा मालिक की मालिश भी करता है, ज़रूरत पड़ने पर मालकिन के पैर भी दबा देता है। वह मालिक के दोनों स्कूली लड़कों की चाकरी अलग से करता है। एक तरह से वह चौबीस घंटों का नौकर है। मेरे परिवार की नाराज़गी के बावजूद हमारे ये रिश्तेदार इस किशोर श्रमिक को अपने साथ लाना अपनी सामन्ती शान समझते हैं। तुर्रा यह है कि हमारे ये रिश्तेदार उस पार्टी के सक्रिय सदस्य भी हैं जिसने भारत में 'बाल श्रम उन्मूलन क़ानून' बनाया और 'अनिवार्य शिक्षा अधिकार क़ानून' लागू किया है। फिर भी उनका परिवार इस सस्ते घरेलू श्रम पर मौज़-मस्ती करना अपना पैतृक अधिकार समझता है। यह महानता है हमारे 'दी ग्रेट इंडियन मिडिल क्लास' की!

तो अमेरिका, कनाडा समेत यूरोपीय देशों में मध्यवर्ग की प्रभावशाली उपस्थिति अवश्य है लेकिन यह परजीवी नहीं है। इसका एहसास मुझे 1983 में पश्चिम के चंद देशों (ब्रिटेन, प. जर्मनी, हॉलैण्ड, बेल्जीयम और स्वीट्ज़रलैण्ड) की पहली यात्रा के दौरान ही हो गया था। बाद की यात्राओं में इस एहसास की बार-बार पुष्टि ही हुई है। वास्तव में विकसित व पूँजीवादी देशों का मध्यवर्ग परजीवी बन कर जी नहीं सकेगा। इतिहास की यात्रा में आज स्वकर्मिकता उसके संस्कारों में घुल चुकी है। उसकी जीवन-शैली का यह अविच्छन्न हिस्सा बन गई है। अर्थव्यवस्था भी उसे परजीवी बनने की इज़ाजत नहीं देती है। इस वर्ग के सदस्य पाँच रोज़ (सोम से शुक्रवार) रोबोट ('घानी का बैल' पुराना मुहावरा है) बना रहता है, और शुक्रवार की शाम या सप्ताहांत संध्या से मनोरंजनजीवी बन जाता है, या घर-आँगन की सजावट-कसावट में जुत जाता है। किसी भी प्रकार की राजनीतिक बहस

उसके लिए वर्जित न सही, विलासिता ज़रूर है जो उसके बूते के बाहर है। पिछले पाँच महीनों में इसका पुख्ता अनुभव मैंने किया है। इसके विपरीत मेरे जैसे मध्यवर्गीय भारतीय के लिए राजनीतिक बहसें विलासिता के बजाय रोज़मर्रा की खुराक है। तुलनात्मक दृष्टि से अमेरिकी मध्यवर्ग की तुलना में भारतीय मध्यवर्ग में राजनीतिक चेतना कई गुना अधिक होने के साथ-साथ वह क्रियात्मक व हस्तक्षेपवादी भी है। अपने नफ़े-नुक़सान को देखकर वह देश-प्रदेश का नेतृत्व परिवर्तन करता भी रहता है। इसमें नमनीयता भी है, और आक्रामकता भी। इसका यह अर्थ नहीं है कि वह रेडिकल है। वह अपने चरित्र से मूलतः यथास्थितिवादी व अवसरवादी ही है।

करीब पंद्रह हज़ार किलोमीटर के फ़ासले पर बैठा मैं लेपटाप और टीवी पर भारतीय मध्यवर्ग के ताज़ातरीन अवतार को देख रहा हूँ। देख रहा हूँ चुनावों में इसकी तेज़ से तेज़तर होती हुई आक्रामकता को। इस आक्रामकता पर 'हिन्दुत्व' व 'मोदीत्त्व' का रोगन चढ़ा हुआ है। यहाँ मैं मोदीत्त्व को हिन्दुत्त्व से अलग कर रहा हूँ। मोदीत्त्व कॉरपोरेट कारख़ाने का उत्पाद है जबकि हिन्दुत्त्व खालिस धार्मिक व सामन्ती संस्थाओं का त्रिआयामी शस्त्र (सामाजिक-सांस्कृतिक-आर्थिक-राजनीतिक) है। मोदीत्त्व ने इसमें चौथा आयाम अवश्य जोड़ा है। यह अधिक आकर्षक, छलिया और मारक है। नरेन्द्र मोदी कॉरपोरेट घरानों के 'महारोबोट' हैं। पुराने मुहावरे में यह 'कॉरपोरेट घरानों के भीम' हैं, जिसकी ज़रूरत दिन ब दिन खल्लास होते हिन्दुत्त्व को थी। तो इन दिनों इस मोदीत्त्व या महारोबोट का मीडिया और सोशल मीडिया पर साम्राज्य छाया हुआ है। इस साम्राज्य ने मीडिया में 'मोदी लहर' व 'मोदी सुनामी' की दुंदुभि बजा रखी है। अभी तक प्राकृतिक आपदाओं के इतिहास में सुनामी महाविनाशक के रूप में कुख्यात हुई है। भारत के राजनीतिक इतिहास में यह किस रूप में दर्ज होगी, यह तो भविष्य बतलाएगा! अलबत्ता यह तय है कि हिंदुत्त्व व मोदीत्त्व को प्रचंड बहुमत मिलने पर निःसंदेह सुनामी आएगी; भारतीय राष्ट्र राज्य का चरित्र बदलेगा; संविधान में भूधसान परिवर्तन होंगे; सामाजिक-सांस्कृतिक विखंडन होगा; इस उपमहाद्वीप का नया आख्यान अस्तित्त्व में आएगा। आज संघ परिवार के लोग खुली धमकियाँ दे रहे हैं कि हिंदू बस्तियों से मुसलमानों को खदेड़ देना चाहिए (तोगड़िया), मोदी के सत्तारूढ़ होने के पश्चात् विरोधियों को पाकिस्तान भेज दिया जाएगा (गिरिराज सिंह)। क्या ऐसे कथन हिटलर द्वारा प्रायोजित महाविध्वंस (होलोकॉस्ट) की पटकथा के संकेतन तो नहीं हैं?

यहाँ बैठे हुए मित्रों से फ़ोन पर बतियाते हुए, मीडिया को देखते हुए, सच मुझे बहुत कोफ़्त हो रही है। खुद पर गुस्सा भी आ रहा है। खुद को धिक्कारने का जी भी कर रहा है। हालाँकि मेरे होने या न होने से देश के इस महासमर में क्या अन्तर पड़ता? बस, इतनी ही तसल्ली रहती कि इस समर को साक्षात् देखा, और वोट दिया परिवार के साथ। अब तो सब बज़रिया 'इलैक्ट्रोनिक संजय' से ही काम चलाना पड़ रहा है। इस संजय के पास कॉरपोरेट के चक्षु हैं, धृतराष्ट्र के संजय के पास दिव्य नेत्र थे। अन्तर साफ़ है, कॉरपोरेटी संजय 'अंबानी-अडानी कहिन' बताता है, वो संजय कुरुक्षेत्र घटित (सभी पक्ष) दिखला रहा था!

याद आया, 2004 में भी मीडिया ने प्रचार का ऐसा ही मायाजाल फैलाया था। भाजपा के 'इंडिया शायनिंग' और 'इंडिया फील गुड फैक्टर' का दोनों मीडियाओं (प्रिंट

और इलैक्ट्रोनिक) ने शंखनाद किया था। भाजपा के दूसरे शिखर नेता लालकृष्ण आडवाणी को प्रधानमंत्री बनाया जा रहा था। अटल बिहारी वाजपेयी के परम चहेते नेता प्रमोद महाजन इस शंखनाद का नेतृत्व कर रहे थे। लेकिन यही शंखनाद रेगिस्तान में खो गया और भाजपा की नेतृत्व वाली एनडीए सरकार गंगा-यमुना में समा गई। पाँच वर्ष पश्चात् 2009 में भी यह शंखनाद रेगिस्तान में ही भटकता रहा, भाजपा की लोकसभा की सीटें 2004 से भी कम हो गईं।

इस बार भाजपा का नहीं, मोदी का शंखनाद गूँज रहा है। 2004 व 2009 की तुलना में यह कई सौ गुणा अधिक है। यह 'पेड-न्यूज़' का नहीं, अब 'पेड न्यूज़ पेपर', 'पेड चैनल' और 'पेड सोशल मीडिया' का दौर चल रहा है! सारांश यह है कि अब 'पेड मीडिया' है, न कि सिर्फ़ 'न्यूज़'। जब सब कुछ ही प्रायोजित हो चुका है तब किसे जेनुइन सम्पादकीय व ख़बर समझा जाए? इस घटाटोप में भी कुछ दीये हैं जिन्हें चंदेक दुस्साहसी हाथों ने बाले रखा है। पिछले चार महीनों से दिल्ली से 'समयांतर' के अंक देख रहा हूँ। सम्पादक पंकज बिष्ट ने पत्रिका को भटकने नहीं दिया है। अप्रैल का अंक निश्चित ही दुस्साहसिक है, नरेन्द्र मोदी के गुजरात विकास मॉडल को उधेड़ कर रख दिया है। जब मुख्य-धारा का मीडिया 'शुतुरमुर्ग' व 'बगुला भगत' बन चुका है, ऐसे में 'समयांतर', 'तीसरी दुनिया' जैसी पत्रिकाओं को दुस्साहसी ही कहा जाएगा। मानना यह भी पड़ेगा कि सोशल मीडिया में फेसबुक पर ऐसे लोगों का अकाल दिखाई नहीं देता है जिन्होंने विभिन्न प्रकार से जन-प्रतिरोध के दीये बाल रखे हैं। इंडियन एक्सप्रेस ग्रुप के हिन्दी दैनिक 'जनसत्ता' के सम्पादक होने के बावजूद ओम थानवी मोदीत्त्व के पुर्जे बेलाग उड़ाते रहते हैं। उन्हें दाद देने को जी चाहता है!

वाकई फेसबुक, रेडिफिल मेल, एनीकट, ट्वीटर और ब्लॉग जैसे माध्यम सुलभ न रहे होते तो क्या एटलांटिक महासागर के पड़ोस में बैठ भारत के इस महाभारत की थोड़ी-बहुत झलकियाँ देख पाता? 25 अप्रैल को स्वामी अग्निवेश का नरेन्द्र मोदी के पक्ष में पत्र लिखना मेरे लिए किसी हिमपात से कम नहीं है। मैंने चौबीस घंटे पहले ही उन्हें जगदलपुर में आप उम्मीदवार सोरी सोनी के पक्ष में प्रचार करने के लिए बधाई दी थी। उन्होंने फ़ोन पर मोदी की कड़ी आलोचना की थी। यह भी बताया था कि वे बनारस से मोदी के विरुद्ध चुनाव लड़ना चाहते थे, लेकिन कांग्रेस ने रहस्यमय खामोशी ओढ़े रखी। जिस राय को उम्मीदवार बनाया गया है, वह अत्यंत विवादास्पद व्यक्ति है। लगता है कांग्रेस और मोदी के बीच गुप्त समझौता है!

पर स्वामी जी के इस 'यूटर्न' की कैसे व्याख्या की जाए? जब वे मुझसे बात कर रहे थे तब तक उनका पत्र अहमदाबाद पहुँच चुका था। स्वामी जी ने यह भी कहा कि मैं शीघ्र भारत लौटूँ। चुनावों के बाद हमें देश के 70 करोड़ लोगों की माँगों को लेकर अभियान चलाना है। ये 70 करोड़ लोग आज अंबानी-अडाणी के बंधक बने हुए हैं। कॉरपोरेट घरानों का अंध समर्थन मोदी जी को मिल रहा है। इसलिए हम लोगों को नये परिप्रेक्ष्य में 70 करोड़ बंधक भारतीयों के लिए 'बंधक मुक्ति आंदोलन' चलाना होगा।

क्या कोई समाजकर्मी अपनी 'लोकवृत्त त्वचा' को इतनी अव्यक्त गति से बदल सकता, यह सोचकर मैं अचम्भित हूँ! स्वामी अग्निवेश के साथ 1972 से वैचारिक सम्बन्ध

रहे हैं। कुछ संघर्ष हम लोगों के साझे भी रहे हैं। 1983 में मैंने स्वामी अग्निवेश और इन्द्रवेश ने साथ-साथ यूरोपीय देशों की यात्रा भी की थी। 1982 में स्थापित बंधुआ मुक्ति मोर्चा का मैं संस्थापक महासचिव भी रहा हूँ। स्वामी जी की 'फुदकन कार्यशैली' है। जहाँ प्रचार प्राप्ति की किंचित गुंजाइश भी रहती है, वे उचकने-फुदकने लगते हैं। वे संसद के किसी भी सदन में पहुँचें, यह महत्वाकांक्षा उन्हें चैन से बैठने नहीं देती है, उड़ाती रहती है, कभी इस डाल पर कभी उस डाल पर! फिर भी मैं और मेरे समान विचारधर्मी (पंकज बिष्ट, इब्बार रब्बी, आनन्द स्वरूप वर्मा आदि) स्वामी जी को 'लेफ्ट ऑफ दी सेंटर' और कुछ मुद्दों पर सहयात्री भी मानते रहे हैं। लेकिन आज वे फुदक कर मोदी की मुंडेर पर जा बैठने की कोशिश करेंगे, यह मैंने नहीं सोचा था! इसीलिए मैंने तुरंत ही पंकज व आनन्द स्वरूप से फ़ोन पर बात की और अपनी पीड़ा को शेयर किया। वे भी इस घटना से हैरान थे। सच! इस दौर में किसे युधिष्ठिर कहें, किसे विदुर समझें और कैसे शकुनि की पहचान की जाए, सचमुच दिमाग चकरा गया है यह सब सोचते हुए!

आज तेरह मई है। इस स्खलनों के काल में प्रतिरोध के एक दीप स्तम्भ से साक्षात्कार किसी आध्यात्मिक अनुभूति से कम नहीं है। क्या मैंने सोचा था कि आज की शाम के कुछ पल नोम चोमस्की से स्पर्शित होंगे! सच! 1985 में ह्वाना में विश्व प्रतिरोध के पुंज फिदेल कास्त्रो के दर्शन के पश्चात् यह दूसरा अवसर है जब मेरा विश्वास और मजबूत हुआ है कि प्रतिरोध कभी विलुप्त नहीं होगा। प्रतिरोध से ही मानव सभ्यता की जीवंतता को अभिव्यक्ति मिलती है। कास्त्रो और चोमस्की, दोनों ही इसके साक्षात् पुंज हैं।

13 मई, 2014 का दिन। कैंब्रिज पब्लिक लाइब्रेरी (बॉस्टन) के भीतर और बाहर खासी गहमागमी थी। युवा अधेड़ और वृद्ध, तीनों पीढ़ियों के प्रोफेसर, विद्यार्थी और आम उत्साहीजन मौजूद थे। ठंड खासी थी, फिर भी जिज्ञासु श्रोताओं का जमावड़ा था। अवसर था प्रसिद्ध मैसेच्यूस्ट इंस्टीट्यूट ऑफ टेक्नोलॉजी (एम.आई.टी.) के प्रोफेसर एमेरेट्स नोम चोस्स्की का अमेरिका की विदेश नीति पर व्याख्यान।

व्याख्यान का समय शाम 6 बजे था, लेकिन सभागार के द्वार सवा पाँच बजे ही बंद कर दिए गए थे। यहाँ तक कि सभागार तल तक पहुँचाने वाली दोनों लिफ्टों को भी बंद कर दिया गया था। सीढ़ियों से भी जाना मना था, क्योंकि सभागार की क्षमता चुक चुकी थी। ऐसा दृश्य पहली दफ़ा नहीं था। जब भी यह अस्सी पार वक्ता यहाँ आते हैं, अनेक दर्शक-श्रोताओं को उन्हें सुने बग़ैर ही लाइब्रेरी से निराश लौटना पड़ता है। चोम्स्की का करिश्मा ही ऐसा है।

हम दोनों (पत्नी मधु) भी इसी श्रेणी के लोग हैं। कई रोज़ पहले से इस विश्वविख्यात प्रोफेसर को सुनने का मन बना रखा था। वैसे मैं दिल्ली में चोम्स्की को दो दफ़ा सुन चुका हूँ। संयोग से हम दोनों यहाँ हें इसलिए इस अवसर का लाभ उठाने की सोची। पर ट्रैफिक ने साथ नहीं दिया। तय किया कि व्याख्यान की समाप्ति पर उनसे सभागार में ही क्यों न मिला जाए। दो घंटे तक प्रतीक्षा की जाए। जर्मनी, दक्षिण अफ्रीका और कुछ अन्य देशों के बुद्धिजीवी व प्रशंसक भी प्रतीक्षारत थे। जर्मनी की विदुषी कहती हैं, "मैं तीन व्यक्तियों से प्रभावित हूँ—महात्मा गाँधी, नेल्सन मंडेला और चोम्स्की। तीनों अपने समय की आवाज़

हैं। चोम्सकी निरंतर प्रतिरोध के प्रतीक बने हुए हैं इसलिए मैं इन्हें जब-तब सुनने पहुँच जाती हूँ। ये व्हाइट हाउस–पेंटागन की परवाह किए बग़ैर बोलते हैं।" दक्षिण अफ्रीका की विदुषी के विचार भी इससे भिन्न नहीं हैं। पास खड़े अन्य लोगों के मत में चोमेस्की की सबसे बड़ी ताक़त है सत्ता से असहमति। भूमंडलीकरण और एकलध्रुवीय माहौल में तो प्रतिरोध को पाला मारता जा रहा है। अधिकांश बुद्धिजीवी ठंडे पड़ चुके हैं लेकिन छियासी बरस में भी दुनिया का यह 'पब्लिक इंटलेक्चुअल' अपनी बेबाक असहमतियों पर जमा हुआ है, तीनों पीढ़ियों के दर्शक-श्रोता वहाँ मौजूद थे, इसकी वजह भी यही है। हार्वर्ड, बॉस्टन विश्वविद्यालय, बॉस्टन कॉलेज और निकटवर्ती इन्हें सुनने के लिए पहुँच जाते हें। इस दृष्टि से चोम्स्की 'असहमति की विश्व परिघटना' हैं। भारत की घटनाओं और संभावित परिदृश्य को लेकर ये सभी लोग चिंतित हैं। कई प्रकार की आशंकाएँ व्यक्त की जा रही हैं। सारांश में भारत की राजनीति, राजनीतिक अर्थव्यवस्था और शासन-शैली में 'पैराडाइम शिफ्ट' आएगा जिसके कालांतर में परिणाम सुखद नहीं निकलेंगे। इसी प्रकार की चर्चाओं में पौने दो घंटे बीत गए लिफ्ट के बाहर खड़े हुए।

लोग-बाग लिफ्ट से बाहर आने लगे थे। हम दोनों जीने से सभागार की ओर दौड़ते हैं। सभागर के मंच पर चोम्स्की कुर्सी पर बैठे हुए हैं। टीवी कैमरे रिकॉर्डिंग के लिए लगे हुए हैं। भीड़ लगभग छँट चुकी है। मैं आयोजकों से निवेदन करके चोम्स्की से मुलाकात करता हूँ। मैं उन्हें बतलाता हूँ कि मैं भारत से हूँ तो वह गर्मजोशी से हाथ मिलाते हैं। पर चिंता की लकीरें भी चेहरे पर उभरती हैं। मैं अंग्रेजी में चार-पाँच छोटे-छोटे चिंताजनक सवाल उनसे कर लेता हूँ–

आप भारत के संभावित परिवर्तन को किस प्रकार से देख रहे हैं?

चोम्स्की : बहुत डरावना लग रहा है। भारत खतरे की तरफ़ बढ़ रहा है। अतिवादी दक्षिणपंथी ताक़तें सत्तारूढ़ होने वाली हैं। यह बड़ी ख़तरनाक स्थिति हैं...(तीन बार इस शब्द को दोहराते हैं।)

क्या खतरे लग रहे हैं?

भाजपा और संघ ठीक उसी शैली में आ रहे हैं जिस शैली में नाजीवादी शक्तियाँ जर्मनी में आई थीं। भाजपा, "पाप्युलिस्ट तरीकों को अपना कर सत्तारूढ़ हो रही है। भारत की राजनीति पर कब्ज़ा कर रही है। यह ख़तरनाक स्थिति है। इसके भविष्य में भयावह परिणाम निकल सकते हैं।"

आपके मत में, ऐसी नौबत क्यों पैदा हुई है?

इसके लिए कांग्रेस ज़िम्मेदार है। कांग्रेस बढ़ती केसरिया ताकत को न समझ सकी, और न ही रोक सकी है। कांग्रेस के कारण ही भाजपा सत्ता में आएगी। कांग्रेस को चाहिए था कि वह इस खतरे को समझकर अन्य शक्तियों के साथ मिलकर इसे रोकती। लेकिन अब काफ़ी देर हो चुकी है।

तब क्या विकल्प खुले हैं?

सीपीएम भी कुछ नहीं कर पा रही है। मैं समझता हूँ कि भारत की सभी वामपंथी और प्रगतिशील शक्तियों को संगठित होना चाहिए। नए ढंग से सोचना चाहिए। लोकतंत्र और धर्मनिरपेक्षता की रक्षा के लिए तो सभी को आगे आना होगा वरना नाज़ीवाद का खतरा बढ़ता जाएगा।

(इसी बीच एक प्रौढ़ महिला आयोजकों से मंच पर पहुँचने की अनुमति माँग रही है लेकिन वे उसे रोक रहे हैं। महिला कह रही है : मैं उनकी पत्नी हूँ...। नोम चोम्सकी कहते हैं : हाँ-हाँ! इन्हें आने दीजिए...तुम कहाँ रुक गई थीं। महिला कुछ कारण बतला रही हैं।)

क्या भारत में ऐसा संभव है? मैं अपनी पत्नी का परिचय कराता हूँ। नोम उनसे हाथ मिलाते हैं। हम दोनों बीती और इस सदी के महान् भाषाविद् और लोक प्रतिरोधी चिंतक के प्रति आभार व्यक्त करते हुए मंच से उतर आते हैं और श्रीमती चोम्सकी उनके पास पहुँच जाती हैं।

उम्र के इस पड़ाव पर भी चोम्सकी भारत समेत विश्व के घटनाचक्र के प्रति सचेत ही नहीं, सक्रियता से लैस भी रहते हैं, यह अद्‌भुत है। ज़रूरत पड़ने पर हस्तक्षेप भी करते हैं। हमारे यहाँ के बुद्धिजीवी (चंद अपवादों को छोड़कर) मौसम रागों में लीन रहते हैं। पाला बदलने में 'प्रकाश गति' को भी पराजित कर दें, ऐसे हैं हमारे हिन्दी के व्याख्यानजीवी।

लगभग एक सदी पूरी करने वाली शालीनता, विद्वत्ता, प्रतिबद्धता, असहमति और प्रतिरोध की इस अप्रतिम शख़्सियत के साथ बीते ये चंद क्षण भी इस फिसलन भरे दौर में आत्मिक विश्वास व उत्प्रेरणा के लिए काफ़ी हैं!

15 मई की रात बीत चुकी है टीवी और लेपटॉप से चिपके रहते हुए। 16 मई की भोर हो चुकी है और भारत में शाम। 16वीं लोकसभा के तकरीबन सभी चुनाव परिणाम सामने आ चुके हैं। धुंध ग़ायब, आसमान साफ़ है। पिछले दस सालों में पहली दफ़ा मीडिया के चुनाव सर्वेक्षण और एग्जिट पोल परिणाम लगभग सही निकले हैं बल्कि भाजपा को ही अकेले स्पष्ट बहुमत (282) मिल गया है, जबकि सम्पूर्ण एनडीए का 330 से अधिक सीटों पर अधिकार हो चुका है। औपनिवेशिक भारत से अपनी यात्रा आरम्भ करने वाली एवं देश की सबसे पुरानी पार्टी भारतीय राष्ट्रीय कांग्रेस (1885) ने अपने स्वतंत्र भारत के इतिहास की दयनीयतम भूमिका निभायी और 50 के अंक को भी छू नहीं सकी है। अब इसे सदन में मान्यता प्राप्त प्रतिपक्ष दल का दर्जा भी नहीं मिलेगा। मैंने कांग्रेस को 1967 से लेकर 1999 तक कवर किया था। नौ-दस आम चुनावों की रिपोटिंग की, विधानसभा चुनावों को अलग से कवर किया था। लेकिन कांग्रेस का ऐसा पराभव होगा, 32 क्रिस्ट रोड में रहते हुए मैंने इसकी कल्पना भी नहीं की थी। भारत में मेरे पत्रकार व लेखक मित्रों ने भी कांग्रेस की इस दुर्दशा के बारे में नहीं सोचा था। आम धारणा यही थी कि कांग्रेस 130-140 के बीच फँस जाएगी, एनडीए को स्पष्ट बहुमत जुटाने की ज़रूरत पड़ेगी, सौदेबाजी होगी। इसी प्रक्रिया में नरेन्द्र मोदी के बजाय बीजेपी का ही कोई अन्य नेता (आडवाणी, राजनाथ सिंह, सुषमा स्वराज) प्रधानमंत्री बन जाएगा। संघ के थिंक टैंक के एक वरिष्ठ सदस्य और चैनलों पर चर्चित चेहरे ने ही मुझसे नवम्बर में

दिल्ली में कहा था कि अन्ततः भाजपा अध्यक्ष राजनाथ सिंह ही प्रधानमंत्री बनेंगे, क्योंकि मोदी की प्रधानमंत्री के रूप में स्वीकार्यता संदिग्ध है। उनके कहने का तात्पर्य यह था कि मोदी केवल 'चुनावी मुखौटा' हैं, वास्तविक चेहरा राजनाथ सिंह हैं। संघ की रणनीति भी यही है। लोकसभा टीवी पर 'सीरिया संकट' पर आयोजित चर्चा में हम दोनों भाग ले रहे थे। चर्चा समाप्ति के पश्चात् आपसी चर्चा में उन्होंने अपने विचार मुझसे शेयर किये थे।

पर वर्तमान परिणामों की पृष्ठभूमि में मोदी का प्रधानमंत्री–अश्वमेध अभियान पूरा हो चुका है। वे निर्विवाद रूप से प्रधानमंत्री होंगे। दिल्ली में उभरते हुए इस परिदृश्य में चोमस्की की आकांक्षाओं को ख़ारिज भी तो नहीं किया जा सकता। ऐसा करना इतिहास की त्रासदियों से पलायन करना होगा। क्रिस्ट रोड पर कुनकुनी धूप बिखरती जा रही है...और साउथ ब्लॉक की मुंडेरों पर शाम उतरने लगी है!

मैं समझता हूँ कांग्रेस की पतन्मुख यात्रा के लिए अनेक कारणों में से निर्णायक कारण सोनिया गाँधी का राहुल–मोह ज़िम्मेदार है। वंशवाद ने कांग्रेस संगठन में सत्ताजीवी और परजीवियों को पनपाया है। वंशवाद के कारण ही कांग्रेस का स्वाभाविक जैविक विकास अवरुद्ध हो चुका है। क्योंकि इस पार्टी का औसत कार्यकर्त्ता और नेता यह मान चुके हैं कि उन्हें शिखर पर कभी नहीं पहुँचने दिया जाएगा। शिखर के पद केवल नेहरू, गाँधी परिवार के सदस्यों और उनके दास कृपापात्रों के लिए ही आरक्षित हैं। तब पार्टी के स्वस्थ विकास के लिए क्यों परिश्रम किया जाए? इसमें जो कूड़ा–करकट–मलबा जमा हो चुका है, सड़ांध फैल रही है, उसे दूर करने से उन्हें क्या लाभ होगा? इस मानसिकता की गिरफ़्त में कांग्रेसी हैं। सोनिया गाँधी और उनकी संतानें इस घातक मानसिकता को पकड़ने में अक्षम हैं या वंशवादी रणनीति के तहत इसे समझना नहीं चाहती हैं। दोनों ही बातें कांग्रेस के पतन की गति को और तेज़ कर रही हैं। यदि इसे नहीं रोका जाता है तो कांग्रेस 2019 में बिल्कुल मरणासन्न हो जाएगी, अति दक्षिणपंथी शक्तियों का केन्द्र और राज्यों में तांडव होगा। भारी उथल–पुथल होगी। कोई आश्चर्य नहीं राष्ट्र राज्य के चरित्र में आधारभूतपरिवर्तन कर दिया जाए!

अतः सोनिया गाँधी और उसके परिवार को सक्रिय कांग्रेस की सक्रिय राजनीति से अलग हो जाना चाहिए। कांग्रेस का पुनर्गठन किया जाना चाहिए। ममता बैनर्जी जैसे जुझारू नेताओं को नेतृत्व में लाना होगा। प्रदेश में सचिन पायलट, सिंधिया जैसे युवा नेताओं के हाथों में कमान दी जानी चाहिए। शरद पवार के साथी वापस लाये जाने चाहिए। कांग्रेस को अपनी मध्य वाममार्गी छवि फिर से निखारनी होगी, क्योंकि अगले दस वर्षों में भूमंडलीकरण चुकने वाला है, संकट और गहराएगा।

सीपीएम में प्रकाश करात का नेतृत्व भी चुक चुका है। उन्हें व्यावहारिक या प्रायोगिक राजनीति बिल्कुल नहीं आती है। उनमें कल्पनाशीलता का बेहद अभाव है। बल्कि अब तमाम वामशक्तियों के एकीकरण की आवश्यकता है। तब ही इस मोदी–सियासत से छुटकारा पाया जा सकता है। इसलिए वामशक्तियों और समस्त लोकतांत्रिक व धर्मनिरपेक्ष शक्तियों का एक महागठबंधन होना चाहिए। वरना यह मोदी–सियासत बहुत कुछ लील लेगी हमारी विरासत को।

26 मई।

आज राष्ट्रपति भवन के प्रांगण में मोदी-मंत्रिमंडल का शपथ ग्रहण समारोह एन.डी.टी.वी. पर देखा। मंत्रिमंडल के इस रूप को देख कर न जाने यह भाव दिमाग में क्यों कौंध रहा है—भारत का प्रथम हिंदू मंत्रिमंडल! मैंने अटल-मंत्रिमंडल के तीन-तीन बार शपथ ग्रहण समारोहों (1996, 1998 और 1999) की रिपोर्टिंग की है। तब यह भाव लेशमात्र भी पैदा नहीं हुआ था। तब स्वतंत्र भारत के राजनीतिक ईथोस के विस्तार मात्र ही लगे थे अटल-मंत्रिमंडल। आज सब कुछ विचित्र-सा लग रहा है। शायद पूर्वाग्रह या पूर्व धारणा के कारण मुझे ऐसा लग रहा हो! सबके चेहरों पर आक्रामकता झलक रही थी। सुषमा जी सहज लग रही थीं जबकि प्रसन्नता के बजाय नज़मा हेपतुल्ला जी की लाचारी अधिक झलक रही थी। उन्हें उनके क़द के अनुरूप मंत्रालय नहीं दिया गया। उन्हें 'अल्पसंख्यक मंत्री' बना कर छोड़ दिया गया जबकि इससे बड़े मंत्रालय की पात्रता उनमें है। स्मृति ईरानी के बजाय उन्हें मानव संसाधन मंत्रालय सौंपा जा सकता था। चूँकि वे मुस्लिम परिवार से हैं इसलिए उन्हें अल्पसंख्यक मामलों का मंत्री बनाया जाए, यह दकियानूसी सोच है, और एक किस्म का तुष्टिकरण ही है जिसकी विरोधी भाजपा रही है। वैसे तुष्टिकरण, मुसलमानों का ही नहीं, हिन्दुओं का भी किया जाता है। अब भाजपा वही करेगी। अव्वल तो स्मृति ईरानी कैबिनट मंत्री के लायक नहीं हैं। अधिक से अधिक वे स्वतंत्र प्रभारी मंत्री के लायक हैं और उन्हें पर्यटन मंत्रालय दिया जा सकता था। मोदी को याद रखना चाहिए कि नरसिंह राव, अर्जुन सिंह, डॉ. मुरलीमनोहर जोशी जैसे चिंतक व विद्वान् व्यक्तियों के हाथों में इस मंत्रालय की कमान रही है। स्मृति ईरानी को इसकी कमान सौंप कर इस मंत्रालय का एक प्रकार से 'Trivialisation' और 'down grading' ही किया गया है। इसका उपभोक्ताकरण किया गया है। स्मृति के चुनाव से मोदी की मानव संसाधनों के प्रति सतही समझदारी का सबूत मिलता है। चूँकि जब सरकार के प्रत्येक अंग को बाज़ार व कॉरपोरेशन से जोड़ा जाना है तो शायद स्मृति से श्रेष्ठ माध्यम और कौन हो सकता है?

इस अवसर पर सोनिया गाँधी और राहुल गाँधी मुझे सबसे दयनीय पात्र लगे। दोनों के चेहरों पर नक़ली हँसी थी। इस अवसर पर मुझे न जाने क्यूँ एस.एस. सोहनी की भविष्यवाणी याद आ रही है। वैसे मेरा भविष्यवाणियों में यक़ीन कतई नहीं है। फिर भी सोनिया गाँधी के सम्बन्ध में की गई भविष्यवाणी मुझे इन क्षणों में बरबस याद आ रही है। सोहनी ने 2002 या 2003 में मुझसे कहा था, "सोनिया गाँधी दस वर्ष तक भारत पर राज करेंगी। इसके पश्चात् उनका पतन शुरू हो जाएगा।" यह सच भी निकला। मनमोहन सिंह-सरकार के दस वर्ष के कार्यकाल (2004 से 2014) में कांग्रेस अध्यक्ष सोनिया गाँधी ही 'defacto PM' थीं। आज कांग्रेस जिस निम्नतम रसातल पर पहुँच चुकी है वहाँ से सोनिया-राहुल के नेतृत्व में इस महान् बूढ़ी पार्टी का उठना संभव नहीं दिखाई देता है। यह पेंदा कांग्रेस को स्वयं से मजबूती के साथ चिपकाये रखेगा। कांग्रेस के उद्धार के लिए सोनिया व राहुल का सांगठनिक पटाक्षेप आवश्यक है।

32 क्रिस्ट रोड में प्रतिपल, प्रतिदिन नित नये कुतूहल जन्म ले रहे हैं। अनाहिता इन कुतूहलों की सृजक है। इन्द्रधनुषरूपी खिलखिलाहटें, किलकारियाँ, रूठना-मचलना, ये सभी एक

प्रकार की अलौकिक अनुभूतियाँ हैं जो कि इस अन्तोन्मुख काया को मोह की नन्ही-नन्ही बूँदों से भिगो रही हैं। इस जीवन दृश्य में नये सिरे से एन्ट्री लेने की ललक जगने लगती है। पर इस सत्तर पतझरी काया समेत यथावत् विगत में कैसे लौटा जा सकता है? ऐसी 'टाइम मशीन' बनी नहीं है, कल्पना के पंख ही काल विभाजन और प्रकाश गति को पराजित कर सकते हैं।

ऐना ने छठवें महीने में प्रवेश कर लिया है। अब उसका फलप्राशन हो गया है। वह उबले सेब का गूदा लेने लगी है। यह नया रस-नया रंग उसके मुखमंडलीय इन्द्रधनुष को और भी चमकीला बना देता है। ऐना की अवलोकन मुद्राएँ मुझे नये-नये पाठ पढ़ा जाती हैं। आज ही की बात है।

ऐना को मैंने अपने से सटा कर बैठाया हुआ है। मैं 'यूट्यूब' पर भूतनाथ की वापसी का गाना सुन रहा हूँ-'साहब निगाह रखना...मौला निगाह रखना।' इसके कुछ दृश्य मुझे इतने विचलित कर देते हैं कि मेरी आँखें डबडबा गई हैं, आँसू झरने लगते हैं। ऐना की आँखें मेरी ओर देख रही हैं। उसकी आँखें मुझे बींध रही हैं, गोया कि वह मेरे अश्रुपात को पढ़ना चाहती हो! जब-जब अश्रु बूँदें झरती हैं वह उन्हें देखने लग जाती है। इस गाने के बाद मैं अल्लामा इक़बाल की यह प्रार्थना भी सुनने लगता हूँ, 'लब पे आती है दुआ बनके तमन्ना मेरी...' आँखें फिर से टप-टप करने लगती हैं। ऐना एक बार फिर से बूँदों को झरते हुए देख रही है।

हृदयस्पर्शी दृश्यों और गानों से मैं अक़सर भावविह्वल हो जाता हूँ। अपने आँसुओं को रोक नहीं पाता हूँ। यह निर्बलता किशोरावस्था से मेरे साथ जी रही है। मैं अकेला रहूँ या अन्यों के साथ, इससे मुक्त नहीं हो पाता हूँ। शुरू में बच्चे मेरी इस कमजोरी पर हँस दिया करते थे। अब वे ऐसा नहीं करते बल्कि स्थिति को समझने की कोशिश करते हैं। मधु ज़रूर मेरी भाव-विह्वलता को समझती है। वह भी कभी-कभी भावुक हो जाती है।

लेकिन ऐना, पाँच महीने का प्राणी और मेरी तर आँखें...कौन-सी भाषा है जो इन दोनों के बीच सेतु बनी हुई है? मैं समझ नहीं पा रहा हूँ। ऐना का अबोध मुख, उसकी निर्निमेष दृष्टि...और उसका अश्रु बोध, तीनों मिलकर रहस्यात्मकता की रचना कर रहे हैं। ये ऐसे पल हैं जिनकी व्याख्या नहीं की जा सकती, अनमोल एहसास के रूप में इन्हें सँजोया जा सकता है। मैं और ऐना अब सामान्य हो चले हैं। वही किलकारियाँ, वही खिलखिलाहटें!

ऐना के दादा-दादी चैन्नई से 32 क्रिस्ट रोड पहुँच चुके हैं। सरकारी भाषा में हमारे 'रिलीवर'। वे अब यहाँ नवंबर तक रुकेंगे। अब ऐना से बिछड़ने का दिन समीप आ गया है। रंग-बिरंगे फूल-पत्तों की चादर तनी हुई है; दरख़्तों की छाँव राहगीरों को अपने अंक में समेट लेती है। क्रिस्ट रोड का आस-पड़ोस बेगाना नहीं लगता, लगाव हो गया है इससे।

आज 29 मई है। फ्रेमिंगहेम की क्रिस्ट रोड बस्ती से विदा का दिन। ऐना अपने दादा-दादी की गोद में सिमटे हुए है, सहमी-सहमी-सी, चुपचाप। अपने नाना-नानी को कार में बैठते हुए वह देख रही है। उसका मेमना मुख फ्रीज है। इन क्षणों में उसकी पुष्पी मुस्कानें गुम हैं। शायद उसकी यह बिछोह की अभिव्यक्ति हो! हम लोगों की पलकें भी भीगी हुई हैं। हमारी कार दरख़्तों के गलियारे से गुज़र रही है। डॉ. मनस्विता जोशी उर्फ़

मनस हमें बोस्टन के लोगन एयरपोर्ट पर छोड़ने जा रही है जहाँ से एडमिंटन (कनाडा) के लिए उड़ान भरनी है। छोटी बेटी व दामाद वहीं रहते हैं।

इस 'अन्त से आरम्भ' अध्याय की समाप्ति के साथ ही मैं अपने जीवन-रंगमंच के प्रथम दृश्य में एन्ट्रि ले रहा हूँ। इन क्षणों में ऐना की वो ही ओसीली आँखें याद आ रही हैं जिनका साक्षात्कार मैंने 'ज़िंदगी हो मेरी परवान की सूरत यारब...हो मेरा काम ग़रीबों की हिमायत करना...' को सुनते समय किया था।

आख्यान : अलवर–दिल्ली-बसवा और अनलहक़ का!

मेरा जन्म दीपावली के दूसरे दिन यानी 'भैया दूज' को बड़ी अम्मा (दूसरी माँ) की बड़ी बेटी मुथरी जीजी के बड़े घर में हुआ था। उनका घर अलवर की रंगभरियों की गली में था। उस रोज़ अंगरेज़ी तारीख़ 30 अक्टूबर थी, साल था 1943। जब मैं पाँच वर्ष का हो गया था, मेरे विधिवत् तख्तीपूजन (या सरस्वती पूजन) के लिए पंडित को बुलाया गया था, उस रोज़ ताई व ताऊजी (माता-पिता) ने मेरे जन्म का समय (प्रात: 7 बजे) और दिन एवं वर्ष की जानकारी मुझे दी थी। जन्म का नाम कुछ अजीबो-ग़रीब था। वज़ह यह थी कि मेरे जन्म से पहले तीन-चार भाइयों की अकाल मृत्यु हो चुकी थी। सौतेली माँ यानी बड़ी अम्मा का भी चार-पाँच वर्ष का लड़का रहस्यमयी बीमारी का शिकार हो चुका था। फिर उन्हें भी कोई बच्चा नहीं हुआ। इसके बाद ही मेरी माँ पिताजी की जीवन में आईं। उन्हें भी अपने बेटों की जल्दी-जल्दी मृत्यु का दर्द झेलना पड़ा। कई वर्ष तक। शाहसाहब नाम के एक मुस्लिम फ़कीर ने मेरे माता-पिता को यह दुआ ज़रूर दी कि वे चिंता न करें। उनके साथ दो बेटे हमेशा रहेंगे। यह सुख उन्हें यक़ीनन मिलेगा। ख़ुदा पर भरोसा रखें। फ़कीर की यह दुआ चमत्कारिक ढंग से फली भी! मेरे जन्म के क़रीब दस साल बाद छोटे भाई सूरज का जन्म हुआ।

तो मेरा जन्म देशी रियासत अलवर में हुआ। तब इस शहर की आबादी क़रीब 50 हज़ार थी, जिसमें से 15 से 20 हज़ार मुसलमान हुआ करते थे। मंदिर और मस्ज़िदों का यह शहर था, तीन ओर से पहाड़ों से घिरा हुआ। ऊँघता हुआ। राजा की 'माँई-बाप संस्कृति' में रमा हुआ। मेरे जीजा शिवदत्त शर्मा राजदरबार के आर्कीटेक थे। महल में हमेशा आना-जाना लगा रहता था। घर, विशेषरूप से बैठक (ड्राइंग रूम) को तोहफ़े-बख़्शीश में मिली सामग्री से सजा रखा था। आगंतुक को इन चीज़ों से सहज ही एहसास हो जाता कि इस घर का कोई सम्बन्ध दरबार से है।

मेरा गाँव बसवा, अलवर से क़रीब 50 कि.मी. के फ़ासले पर है। दिल्ली-अहमदाबाद रेल लाइन से ज़्यादा दूर नहीं है। रेलवे स्टेशन से एक किलोमीटर दूर है। पर अस्पताल आदि की सुविधा से वंचित है। इसलिए, ताई को अलवर लाना पड़ा। ज़रूरत पड़ने पर अस्पताल ले जाया जा सकता था। सो, मेरा जन्म अलवर रियासत की राजधानी अलवर में हुआ। इस नाते में अलवर को अपनी 'जन्मस्थली' मानता हूँ।

ताऊजी के मुस्लिम गुरु शाह साहब की ज़ायदाद अलवर में भी थी। दो-एक बड़े-बड़े मकान थे चौक में। कीमती फ़र्नीचर और अन्य वस्तुओं से उनके घर भरे रहते थे। दिल्ली में भी उनका घर अलग से था। रईस उनके शार्गिद हुआ करते थे जिनमें जौहरी, बड़े हाक़िम,

व्यापारी जैसे लोग शामिल थे। अलवर और दिल्ली, दोनों ही जगह उनके रईस मुरीदों की संख्या ख़ासी थी। चमत्कारिक फ़कीर थे इसलिए हिंदू और मुसलमान, दोनों ही उनके समान रूप से भक्त थे। दोनों ही उन्हें भेंट दिया करते थे। रेलवे में ताऊजी का रुतबा था, नाम था। अजमेर-दिल्ली रेलवे स्टेशन में असरदार शख़्सियत होने के कारण शाह साहब ने ताऊजी को भी अपने आभा-मंडल में शामिल कर लिया। उनका 'ख़ुदा बख़्श' नाम भी रख दिया। हालाँकि उनका असली नाम था—रामकिशोर जोशी।

ताऊजी जब रेलवे से रिटायर्ड हुए तो उन्हें काफ़ी रुपया मिला था। ईमानदारी के कारण 'गोल्ड मैडल' अलग से मिला। शाह साहब के कहने पर उन्होंने अपना सारा धन दिल्ली के एक खत्री जौहरी के यहाँ जमा करा दिया। दिल्ली की एक फैक्टरी में उन्हें मैनेजरी की नौकरी भी दिलवा दी। यह फैक्टरी युद्ध के लिए रसद सप्लाई किया करती थी। ताऊजी को इससे अच्छी पगार मिला करती थी। इसका एक हिस्सा भी जौहरी के यहाँ ज़मा कर दिया जाता था। गाढ़े दिनों का सहारा के रूप में यह धन ज़मा कराया जाता था। एक प्रकार से जौहरी का यह अघोषित बैंक था। शाह साहब शागिर्दों से प्राप्त होने वाले चढ़ावे को भी इसी जौहरी के यहाँ ज़मा करा दिया करते। वे अच्छा खाना और पहरावे के शौक़ीन थे। मैंने उन्हें 'थ्री पीस सूट' और टाई में देखा है। टाई वाली तस्वीर तो आज तक मेरे पास है। तुर्की टोपी भी पहना करते थे। उर्दू-फ़ारसी के ज्ञाता थे! रूहानी बातें किया करते थे। भाई चारे के उपदेश देते। पर जहाँ तक मुझे याद है, मैंने उन्हें कभी नमाज़ पढ़ते, मस्जिद जाते, अज़ान लगाते नहीं देखा। ताई कहती थी कि 'हुजूर साहब' (फ़कीर) की सोहबत में रहने से ताऊजी मैं भी रूहानी शक्ति आ गई थी। वे भी भविष्य को पढ़ लिया करते थे। भविष्यवाणी किया करते थे। उन्हें पूर्वज्ञान हो जाया करता था।

शाह साहब ने मेरा नाम 'मंसूर' रखा था। जब मैं बड़ा हो गया तब मुझे ताऊजी ने मंसूर और 'अनलहक़' के अर्थ समझाये थे। ईरान में स्वयं को अनलहक़ (अहं ब्रह्मास्मि) घोषित करने पर मंसूर को मृत्युदंड मिला था। पर 'अनलहक़ का सच्चा मर्म मैंने कई बरस बाद महसूस किया स्वयं में, और जन में। सातवें दशक में जब फ़ैज़ की नज़्म पढ़ी—"जब लगेगा अनलहक़ का नारा, जो मैं भी हूँ, और तू भी...", तब समझा असली 'अनलहक़' कौन होता है?

ताऊजी 'रेशनलिस्ट' थे। वे चाहते थे कि मैं स्वयं के अस्तित्व को समझूँ, अपने उद्‌गम की खोज करूँ! वैसे मेरे और नाम भी रखे गए थे—टोम, बड़ा लल्लू, मंकी! बचपन के साथी-मित्र मुझे 'गोरा बाबू' नाम से बुलाया करते थे। बसवा के सहपाठी अब्दुल मन्नान तो आज तक इसी नाम से मुझे सम्बोधित करते हैं। नामों की इस फ़हरिस्त में एक और नाम शुमार हुआ। 1960 में प्रख्यात् कथाकार मनोहरश्याम जोशी ने बम्बई-फ़रारी के दिनों में मेरा 'वीर बालक' नाम रखा। इस नामकरण संस्कार की एक अलग रोचक कहानी है, जिसे आगे कही जाएगी। ऐसे ही कई और नाम भी समय-समय पर जुड़ते रहे, और स्वतः प्रयोग से 'डिलीट' भी होते चले गए। बस!

तो अलवर में पूरी तरह से सामन्ती परिवेश था। इसी में मैंने घिसटना...पैंया...पैंया चलना सीखा। मुझे बार-बार मंदिर में ले जाया जाता, पुजारीगण आशीर्वाद की वर्षा मुझ पर करते। सबसे समीप जगनाथजी मंदिर था। एक प्रकार से यह मेरा दूसरा घर था। अज्ञात

'बलाओं' से मेरी रक्षा के ख़ातिर ये सभी उपक्रम या कर्मकांड रचे जाते थे! इसके पीछे मेरे भाइयों की अकाल मृत्यु की कहानियाँ छिपी हुई थीं।

शहर में शांति थी। साम्प्रदायिक सौहार्द था। लेकिन धीरे-धीरे वातावरण गरमाने लगा था। अलवर से बाहर की घटनाओं की ख़बरों से शहर की हवा ज़हरीली होती जा रही थी। अलवर की दो दिशाओं से सटे मेवाती मुस्लिम क्षेत्रों में बेचैनी फैल रही थी। कभी कुछ भी घट सकता था।

और ऐसा हुआ भी। भारत विभाजन से अलवर शहर में हिंसा की आँधी फैल गई। कई रोज़ तक चलती रही। हिंदू-मुस्लिम समुदायों के बीच मार-काट फूट पड़ी। शहर की सभी मस्ज़िदों को आग के हवाले कर दिया गया। मुसलमानों का पलायन शुरू हो गया। मेवाती मुसलमान भी पाकिस्तान जाने लगे। उन दिनों शाह साहब दिल्ली में थे। वे अपनी अचल सम्पत्ति की सुरक्षा के प्रति चिंतित थे। वे चाहते थे कि अलवर की सम्पूर्ण सम्पत्ति ताऊजी के हवाले कर दी जाए। वे उनके दोनों मकानों का कब्ज़ा अपने अधिकार में कर लें। लेकिन, दोनों ही मकान हिंसा की भेंट चढ़ गए। बलवाइयों ने उनमें आग लगा दी। खण्डहर को छोड़ कुछ भी शेष नहीं रहा। अलवर और इसके आसपास के क्षेत्रों की मस्ज़िदों की नियति भी इससे भिन्न कहाँ थी! अलवर में मुसलमान भी हुआ करते थे, सिर्फ़ चर्चाओं में यही सुनने को रह गया था। अलवर नरेश और ब्रिटिश राज, दोनों की हुकूमतें मूकदर्शक बनी रहीं!

हम लोग तब दिल्ली और बसवा के बीच झूलते रहते थे! बसवा शांत था। कस्बे के एक छोर पर मुसलमानों का मोहल्ला था। मेरे घर के पास भी मुसलमानों के तीन-चार घर थे। सभी सुरक्षित थे। बसवा के दोनों समुदायों में प्रेम-भाव बना रहा, एकता अप्रभावित रही। समय पर ताज़िया निकलते रहे। मेरे घर के सामने से ताज़ियों का जुलूस गुज़रा करता था। इन ताज़ियों के तले से हम बच्चे गुज़रा करते थे। ऐसा करने से भगवान प्रसन्न होते है, सवाब मिलता है, बलाएं दूर रहती हैं। मेरी ताई कहा करती थीं। उनकी यह भावना, उनके साथ अंतिम क्षण तक रही। मैंने भी इसकी रक्षा की।

दिल्ली साम्प्रदायिक दंगों में झुलस रही थी, लेकिन दरीबा इलाक़े में स्थिति लगभग शांत थी। हम लोग (माता-पिता और मैं) दरीबा इलाक़े की एक संकरी गली के एक मकान में रहा करते थे। यह मकान जौहरी का था। मैनेजरी करने के कारण ताऊजी ने इसे क़िराये पर लिया हुआ था। कुछ समय इस मकान में भी बीता। आज़ादी से पहले और बाद के कुछ महीने हम लोगों ने इस इलाक़े में बिताये थे। आया मुझे बग्घी में घुमाया करती थी। घंटा घर तक ले जाया जाता था। (तब टाउन हॉल और नयी सड़क के बीच घंटा घर हुआ करता था) चाँदनी चौक में ट्रामें चला करती थीं। मुझे कंपनी बाग़ में भी घुमाया जाता था। जब मैं पाँच-छह साल का हुआ तब पास ही के साइकिल मार्केट से मेरे लिए एक 'ट्राईसीकिल' भी ख़रीदी गई थी। पैंतीस रुपए की थी, हरे रंग की थी। शायद विदेशी थी। मैं इस ट्राईसीकिल या तीन पहियों वाली साइकिल को आँगन और गली में चलाया करता था। जब हम लोग हमेशा के लिए बसवा लौट गए तब इस साइकिल को भी अपने साथ गाँव ले गए।

दरीबा में जौहरी के और भी मकान थे। वे अक़सर एक पहाड़िन के यहाँ आते-जाते रहे हैं। वे मुझे गोद में खिलाया करती थी। उनकी खनकदार आवाज़ थी। एक प्रकार

का नशीलापन था उनके स्वर में। गोलाकार चेहरा, गौरांगी काया, मादकता बिखराती हुई। काफ़ी चपल, जागरूक, तेज़ तर्रार थीं। हम सभी उन्हें 'पंडित जी' कहा करते थे। मैंने उन्हें अंतिम बार 1969 में देखा था। मैं और ताई, हम दोनों उनसे मिलने दरीबा गए थे। वे ढल चुकी थीं। दो बड़े लड़के उनके साथ रह रहे थे। कई वर्ष बाद जब मैंने कृष्णा सोबती का उपन्यास 'दिलो दानिश' पढ़ा, तब मुझे जौहरी और पंडितजी के सम्बन्ध समझ में आए थे। इसे पढ़ते हुए मुझे लग रहा था कि इसके पात्रों के साथ मैं अपना बचपन जी रहा हूँ!

अब दिल्ली सुरक्षित नहीं थी। शाह साहब या हुज़ूर साहब के लिए। वे एक रात दिल्ली से चुपचाप पाकिस्तान पलायन कर गए। जाने से पहले उन्होंने अपनी अचल सम्पत्ति का हक़दार जौहरी को बना दिया। उन्हीं को अपना माल-असबाब सौंप कर चले गए। ज़ामा मस्ज़िद इलाक़े में उनके मकान थे। वे वहीं रहा करते थे। एक खातून भी उनके साथ रहा करती थी। शायद यह उनकी ख़ाला थी। ख़ानसामा खाना पकाया करता था। शाह साहब के साथ ही मैं पहली दफ़ा ज़ामा मस्ज़िद गया था। सीढ़ियाँ चढ़ते हुए मैं रोने लगा था। ताई और ताऊजी भी मेरे साथ थे।

फ़क़ीर शाह साहब के भारत से पलायन के साथ ही जौहरी की नज़रें बदलने लगीं। ताऊजी को बताया गया कि उनकी ज़मा राशि समाप्ति पर है। मैनेजरी भी ख़त्म हो चुकी थी। कहीं से बँधी आय नहीं थी। जौहरी के ऐलान से ताऊजी स्तब्ध थे। उनका अनुमान था कि जौहरी के यहाँ उनकी ज़मा पूँजी दस-पन्द्रह बरस चल जाएगी। क्योंकि जौहरी ब्याज़ पर क़र्ज़ दिया करते थे। चक्रवृद्धि ब्याज़ का एक हिस्सा ताऊजी के खाते में जमा होता जाएगा। ब्याज की रक़म से आराम के साथ वक़्त कटता जाएगा, बुढ़ापा गुज़र जाएगा। जब हुज़ूर साहब थे तब जौहरी ने यह भरोसा ताऊजी को दिलाया था। हम लोग निश्चिंत थे। ताऊजी कछ खर्चीली आदत के थे। परोपकारवादी अलग से थे।

जब हुज़ूर साहब ने दिल्ली से पलायन किया तो कुछ दिनों के बाद हम तीनों भी बसवा लौट आए। साथ में बग्घी, ट्राईसाइकिल, पानी गरम करने की ताँबे की बड़ी टंकी, नेक टाई सहित विदेशी कपड़े, विदेशी टोप-टोपियाँ, कीमती चीनी के बर्तन, विदेशी कटलेरी (चाकू-छुरी-चम्मच आदि) आदि वस्तुएँ भी हमारे साथ गईं। ताऊजी हर महीने दिल्ली से पैसा लाते रहे। कुछ महीने अच्छे से बीते। मेरी ट्राईसाइकिल गाँव में आकर्षण का केन्द्र थी। मेरी पोशाक भी। मैं रोज़ शाम नेक टाई बाँध कर अपनी साइकिल से मोहल्ले भर का चक्कर काटता। मुझे देखने के लिए बालक-बालिकाएँ खड़े रहते। साइकिल को छूते। मेरे पीछे दौड़ते। मासूम-सा मद मुझ में रहता। मैं गाँव में खुद को 'अनोखा' समझने लगता।

चंद महीनों के बाद ही दिल्ली की पूँजी सूखने लगी। जौहरी ने और रुपए देने से इनकार कर दिया। यह भी बताया कि शाह साहब अपने साथ सारा धन ले गए हैं। जौहरी के यहाँ ज़मा पैसा भी उनके साथ चला गया है। जौहरी ने बताया कि उन्होंने अपना सारा पैसा और हुंडियाँ हुज़ूर की तिजोरी में ही रख छोड़े थे। अब वहाँ फूटी कौड़ी भी नहीं है। वे अपने साथ सब कुछ लेकर पाकिस्तान चले गए। उनका कोई अता-पता नहीं है। कोई कहता है लाहौर गए, कोई कह रहा है कराची में बस गए हैं। ताऊजी सहज हृदय के थे! उन्होंने जौहरी की बात को यथावत् स्वीकार कर लिया, और खाली हाथ बसवा लौट आए।

यहीं से जोशी-परिवार की दुर्दिन-यात्रा भी शुरू हो गई। हम लोग क़र्ज़ से घिरने लगे। वस्तुएँ गिरवी रखी जाने लगीं। मैं घर में ही सिमट गया। गेहूँ व जौ के बजाय हम लोग लाल ज्वार और बाजरा खाने लगे। गाय-बकरियाँ बेचनी पड़ीं। क्योंकि चारे व चराई के लिए पैसा नहीं था। ताऊजी ने जयपुर में नये सिरे से जीवनयापन की तलाश के सम्बन्ध में निर्णय लिया। एक दोपहार बसवा छोड़ दिया और ट्रेन से गुलाबी नगरी की दिशा में रवाना हो गए। फिर वे अपने गृह क़स्बा कभी नहीं लौटे। जयपुर में ही अंतिम साँस ली। अलवर से लेकर दिल्ली व बसवा तक का आख्यान बज़रिआ माँ मुझ तक पहुँचा।

बड़ौदिया : मैं कौन हूँ? हम स्वर्गवासी, वे नरकवासी!

बसवा से मेरा परिवार उखड़कर राजधानी जयपुर की कच्ची बस्ती गाँव बड़ौदिया में आकर बस गया है। पहले पिताजी आए। रेलवे से सेवानिवृत्ति के बाद दो-एक नौकरियाँ दिल्ली में कर चुके थे। दोनों ही अस्थायी नौकरियाँ थीं। अन्ततः उन्हें जयपुर के पॉवर हाउस में तदर्थ लिपिक की नौकरी पर आना पड़ा। यह विवशता-विकल्प था। 1953 के शुरू में इस विकल्प को स्वीकार कर बुढ़ापे में इस कच्ची बस्ती में अपने परिवार को जमाना पड़ा। इस तरह इस सामन्ती गुलाबी नगरी और कच्ची बस्ती में नये सिरे से आबोदाना तलाशने की यात्रा की शुरुआत होती है, जोशी परिवार की।

कोई पाँच-छह सौ झोपड़ियों, आधे कच्चे-पक्के मकानों और रेत के टीलों से बनी है इस बस्ती की काया। इस काया में सवर्ण हिंदू, शरणार्थी सिख, हुनरमंद मुसलमान (दर्जी, रंगरेज़, लखेरा आदि) और गाँव के घूरे के इर्द-गिर्द बसे वाल्मीकि समाये हुए हैं। एक कुआँ और दो नल हैं हम तीन-साढ़े तीन हज़ार प्राणियों की प्यास बुझाने, और मल-मूत्र साफ़ करने के लिए। बस्ती से सटे दो बड़े-बड़े मैदान हैं, घास-फूस-बबूल-रूख से शोभित। ये ही मैदान हम बस्ती वालों के लिए प्रकृति प्रदत्त शौचालय हैं। स्त्री-पुरुष, बूढ़े-बच्चे, सभी समभाव से इच्छानुसार इनमें आते-जाते रहते हैं। बरसात ही इन मैदानों में 'फ्लश' का रोल अदा करती रहती है। बरसात में तो बस्ती के धूलभरे कच्चे रास्ते नाला-पनाला का रूप धारण कर लेते हैं। मक्खी-मच्छर इस मुखड़े पर भाँति-भाँति के चित्र बनाने लगते हैं। कुछ के खूँटों से बँधे गाय-बैल-भैंस तो आलाप भरते ही रहते हैं!

हम तीन लोगों का परिवार जिस झोपड़ी में शरणागत है, उसका किराया पाँच रुपए माहवार है। टिन की छत हमारी झोपड़ी का मुकुट है; बैसाख-जेठ-आषाढ़ की लपटों का करम करता है; सावन-भादों में झरती टपटप बूँदों से हम निहाल होते रहते हैं; जगह-जगह लोटा-परात-बाल्टी में जल-कोष भरते रहते हैं; पौष-माघ-फागुन में छत छिद्रों से बंसूरी बजाती ठंडी हवाएँ रजाई के भीतर हम तीन प्राणियों को गुदगुदाती रहती हैं। मैं चुपचाप साँय-साँय करती हुई इस स्वर लहरियों को सुनता हूँ, भोर की प्रतीक्षा करता रहता हूँ। यही सोचकर कि शायद लालिमा के छुअन से इन शीत लहरियों में तपाव पैदा हो जाए और मैं तन को तान और पाँव पसार सो जाऊँ!

गाँव में दूसरी तक पढ़ाई की। जयपुर आकर मैंने तीसरी ज़मात में दाख़िला ले लिया है। बड़ौदिया से सटा हुआ मनोरंजन मिडिल स्कूल है। प्राइवेट स्कूल है। ढाई रुपए महीने फ़ीस लगती है। इस स्कूल की सेहत भी हम कच्ची बस्ती-वासियों से अलहदा कहाँ है, वही आग उगलती छतें; वही टप-टप बाँसुरी बजाती छतें; वही तन को कमान बनाती छतें!

मैं पढ़ने में फिसड्डी हूँ। कक्षा में सवालों की झड़ी तो लगा देता हूँ लेकिन उनसे मार्क नहीं झड़ते हैं। पचास में से चार मार्क तक मिल चुके हैं। मैं छात्रों के उपहास का पात्र भी बन जाता हूँ। मैं शरारती विद्यार्थी हूँ। सहपाठियों के साथ मेरी मारपीट भी कम नहीं होती है। कक्षा की चॉक चुरा लेता हूँ। ढेर सारी। पकड़ा भी जाता हूँ। शिक्षक से पिटाई भी खाता हूँ। मुझे मुर्ग़ा बना दिया जाता है। जैसे-तैसे मैं चौथी कक्षा पास कर लेता हूँ।

यहीं ओम सैनी* नाम के एक सहपाठी से थोड़ी-बहुत घुटने लगती है। यह सहपाठी कुशाग्र है, सभी स्कूली गतिविधियों में अपनी उपस्थिति दर्ज़ कराता रहता है और अग्रणी रहता है।

इसी स्कूल में मैं राष्ट्रीय स्वयंसेवक संघ की शाखा के सम्पर्क में आया हूँ। मैं इसमें भाग लेता हूँ। भगवा ध्वज के इर्द-गिर्द मैं और दूसरे साथी बैठते हैं। महाराणा प्रताप, शिवाजी आदि की शौर्य गाथाएँ सुनाई जाती हैं, कुछ समझ में आती हैं, कुछ नहीं। बस, अनुशासित भाव से मैं इन्हें सुनता रहता हूँ। शाखा के खेल-कूदों और क़सरत में मैं अधिक रमता हूँ। लेकिन मेरा मन धीरे-धीरे इससे उचाट होने लगता है। मैं शाखा में जाना बंद कर देता हूँ। शाखा वाले एक-दो बार बुलाने भी आए, लेकिन मैं गया नहीं। बहाना बना दिया।

वैसे ताई के साथ मैं मंदिर में महाभारत और भागवत कथा सुनने के लिए नियमित रूप से जाता हूँ। सोने से पहले मैं मंदिर का कथा-वृत्तांत दोहरा भी देता हूँ। ताई खुश हो जाती है। आस-पड़ोस के लोगों को भी अपने शब्दों में महाभारत सुना देता हूँ। श्रोता भक्तजनों से आशीर्वाद मिलता है। वे चमत्कृत हैं मेरी स्मरण शक्ति से। वैसे महाभारत के प्रमुख पात्रों पर मैं मोहित भी हूँ, मैं उनमें रमा हुआ हूँ, और वो मुझे में। इसलिए मेरा वृत्तांत श्रोताओं को बाँधे रखता है।

यह अलग बात है मैं अपने मोहल्ले में अपनी शैतानियों के लिए भी कम नहीं जाना जाता हूँ, आए दिन मार-पीट, दंगा-फसाद-तोड़-फोड़; ताऊ-ताई से शिकायतें। शिकायतों का अम्बार और मेरी मरम्मत, दोनों की दोस्ती मुझे मिली हुई है। मुझे मोहल्ले वाले 'बंड और दंगई' कहते हैं। मैं लाचार हूँ।

ताई मुझे काफ़ी समझाती हैं, और ताऊजी पीटने की भाषा ही जानते हैं। मैं अपनी चाल से चलता रहता हूँ। लेकिन, नाना प्रकार की शैतानियों के बावजूद अख़बार पढ़ता रहता हूँ, पड़ोसी के यहाँ जाकर रेडियो सुन लेता हूँ। इससे थोड़ी-बहुत जानकारी देश-प्रदेश की मुझे हो जाती है। इन जानकारियों को भी मैं समाचार वाचक की तर्ज़ में लोगों को सुना देता हूँ। सभी हैरान हैं मुझ से!

एक रोज मोहल्ले में ख़बर मिली कि शिक्षामंत्री भंगियों (वाल्मीकियों) की बस्ती में आ रहे हैं। इस बस्ती में जलसा होगा। मंत्रीजी मेहतरों के साथ चाय-पानी लेंगे और छुआछूत मिटाएँगे। बड़ौदिया के आख़िरी सिरे या सरहद बाहर मेहतरों की बस्ती है। बस्ती के निवासियों को 'भंगी' या 'मेहतर' कहा जाता है। हम बच्चों का इस बस्ती में जाना मनाह है। अगर किसी बस्तीवाले से छू भी जाएँ तो घर में बताना पड़ता है और बाद में नहाना भी पड़ता है। हम बालकों से कहा जाता है, "यह बस्ती नरक है। नरकवासियों से दूर रहना चाहिए, नहीं तो भगवान जी नाराज़ हो जाएँगे। छूने पर पाप लगेगा।" मैं भी

* 1970 में हम फिर मिलते हैं, नई पहचान के साथ।

बस्ती से दूर रहता हूँ। सामने कोई नरकवासी या बालक दिखाई दे जाता है तो मैं लौट आता हूँ, या वो ही आँखों से ओझल हो जाता है।

पर अब तो अवसर दूसरा है। मंत्रीजी स्वयं बस्ती में पधार रहे हैं। बड़ौदिया में जमकर प्रचार किया जा रहा है–प्रदेश के शिक्षामंत्री हरिभाऊ उपाध्याय पधार रहे हैं। छुआछूत मिटाएँगे। सभी बड़ौदिया वाले इस जलसे में शामिल हों।

मैं शाम को इस नरकबस्ती में पहुँच गया हूँ। पहली बार मेरे साथ मेरी बस्ती के अन्य बालक भी हैं। सभी ऊँची जातियों से हैं। हम लोग मंत्री और नरकवासियों को देखने आए हैं। बस्ती के बीचो-बीच छोटा-सा चलताऊ मंच है। कांग्रेस के झंडे लगे हुए हैं। लाउड स्पीकर लगा हुआ है। संत्री तैनात हैं। मंत्रीजी के आने में देरी है, इसलिए राष्ट्रभक्ति के गानों और गाँधीजी के प्रिय भजनों के रिकॉर्ड बजाये जा रहे हैं। हम बच्चे शोर मचा रहे हैं। नरकबस्ती के बच्चे हम लोगों को कौतुक भरी नज़रों से घूर रहे हैं। हम दोनों एक-दूसरे के लिए अज़नबी बने हुए हैं। हो सकता है वे हम लोगों को स्वर्गवासी मान रहे हों। स्वर्गवासी तो स्वर्गवासी ही होता है न! वह चंद पलों में भूत भी बन जाता है; साँस टूटते ही चट से स्वर्गवासी घोषित हो जाता है! क्या बात है! लेकिन इस बस्ती के वासियों को तो नरकवासी ही रहना है, जीते हुए भी, मरने के बाद भी! मैं तो मंदिरों में, कथा-वाचन में, सत्संगों में यही सुनता रहता हूँ! क्या आज इन नरकवासियों को नरक से मुक्ति मिल जाएगी? ये भी मेरे समान स्वर्गवासी बन जाएँगे? इसे जानने-देखने की जिज्ञासा मुझे इस बस्ती में खींच लायी है।

मंत्रीजी आ गए हैं। सिर से पाँव तक धवल वस्त्रधारी हैं, टोपी से लेकर जूतियों तक कोई दाग़ चोंच नहीं मार सका है! शिक्षामंत्री हरिभाऊ उपाध्याय पूर्णरूपेण 'दरवेश' दिखाई दे रहे हैं, साफ़-शफ़्फ़ाफ़ी! महात्मा गाँधी की जय, नेहरू जी ज़िंदाबाद, कांग्रेस ज़िंदाबाद जैसे गगनचीर नारों के बीच उपाध्याय जी का भाषण शुरू होता है। तालियों की गड़गड़ाहट और जय-जयकार के नारों के बीच वे छुआछूत के कलंक को धोने की अपील करते हैं। नेहरू-सरकार द्वारा पारित अस्पृश्यता उन्मूलन क़ानून का महत्व बस्ती वालों को समझाते हैं। मैं भी पूरे मनोयोग से भाषण को सुन रहा हूँ।

इसी बीच मैं उत्सुकतावश मंच के पास पहुँच गया हूँ, जहाँ से मैं मंत्रीजी के मुख-मंडल को समीप से देख पा रहा हूँ। क़रीब आधा घंटा भाषण चलता है। कुछ और लोग भी थोड़ा-बहुत बोलते हैं। सभा समाप्त हो गई है। मंत्रीजी मंच से नीचे उतर आते हैं। मंच के पास बने छोटे से शामियाने में उन्हें बैठाया जा रहा है। हम दो-तीन बालक भी शामियाने में पहुँच गए हैं। नरक बस्ती का एक मोटा-तगड़ा मुच्छल नेता मुँह में पान दबाये मंत्रीजी के पास आता है। उसके हाथों में चाय और बिस्कुट हैं :

"साहब, चाय-पानी लें!"

"अरे, इसकी क्या ज़रूरत है भाई?"

"आप हमारी इस नरक समान बस्ती में पधारे हैं, हमारा उद्धार करने आए हैं। इतनी सेवा का अवसर तो हम हरिजनों को दें!" उसके स्वरों में कातरता है।

मंत्रीजी का मुख-मंडल मुरझा रहा है। वे दाएँ-बाएँ देख रहे हैं। वे कभी अपनी गाँधी-टोपी को ठीक करते हैं। कभी चेहरे पर मुस्कान उभारने का उपक्रम करते हैं। लेकिन, मुच्छल नेता भी टस-से-मस नहीं हो रहा है। वह अपने इस हंस-से धवल नेता को

रह-रहकर रिझाने में लीन है। अन्ततः मंत्रीजी पसीज जाते हैं, और चाय-बिस्कुट स्वीकार करते हुए कहते हैं, "ला भाई ला! अब उद्धार तो करना है!" मंत्री उपाध्याय चाय-बिस्कुट लेकर अपने पास रख लेते हैं, नरकबस्ती का नेता अपनी विजय-मुस्कान बिखराता हुआ भीड़ में गुम हो गया है। मुच्छल नेता के चले जाने के बाद मंत्रीजी का सहायक बिस्कुटों को हम बालकों को इस अदा से बाँट रहा है गोया कि वे बिस्कुट नहीं, कोई प्रसाद है, और देवता स्वरूप ब्राह्मण मंत्री हम स्वर्ग-नरकवासी बच्चों पर प्रसन्न हैं। इसलिए उनकी कृपा से यह प्रसाद हम लोगों को बाँटा जा रहा है। हम धन्य...धन्य हो गए हैं। 'महात्मा गाँधी की जय हो' नारे फिर से गूँजने लगते हैं। मंत्रीजी एक बार फिर माइक पर 'जय हिंद' का नारा लगाते हैं, भीड़ भी चीखती है-

ज...य...हि...न्द...! जयहिंद के शोर के बीच चाय-प्याली उसी स्थान पर जड़वत् रहती है। शायद वह सोच रही हो, 'कोई आएगा, मुझे उपकृत करेगा!' मंत्रीजी अपनी सफेद एम्बसडर कार में बैठ कर चल देते हैं, और हम बस्ती वासियों की आँखें पीछे उठने वाले गर्द-गुब्बार से ढक गई हैं!

ग्राम बड़ौदिया जयपुर स्टेशन से क़रीब है, और आधुनिक सुविधाओं से समृद्ध बनी पार्क क्षेत्र से सटा हुआ है। इस बस्ती के बीच में एक कुआँ है, जो बस्ती वालों की प्यास भी बुझाता है और वहीं काया व वस्त्रों का धोवन भी साथ-साथ चलता रहता है। कीचड़ द्वारा कुएँ का घेराव स्थायी दृश्य है। हम बस्ती वालों ने भी कीचड़, मक्खी, मच्छरों और गाय-भैंस-कुत्तों के साथ सुरताल मिलाकर जीना सीख लिया है। लेकिन, नकरलोकवासी व बापू के जन उर्फ़ हरिजनों का इस सुरताल में संगत पर निषेध है। वे इस बस्ती के पनघट और पथवारी, दोनों के लिए 'अवांछित जन' हैं। इन पर तो हम सवर्ण स्वर्गलोकी प्राणियों का ही एकाधिकार है!

इस बस्ती के एक छोर पर सिख शरणार्थी भी बसे हुए हैं। 1947 में भारत विभाजन के बाद कुछ सौ शरणार्थियों को यहीं बसाया गया है। इनकी अपनी एक अलग दुनिया है। इनकी दुनिया बस्ती-भीतर बस्ती है। इसमें छोटा-सा गुरुद्वारा है। कुछ सिख परिवारों के सदस्य इंग्लैण्ड भी आते-जाते रहते हैं। जब भी कोई सरदार लंदन से लौटता है, बिल्कुल 'लाट साहब' होता है। हम बच्चों के लिए वो अज़ायबघर का प्राणी होता है; थ्री पीस सूट में लिपटे रहना; उँगलियों पर अँगूठियों की सवारी; कलाई पर रंग-बिरंगी घड़ी की सजावट; कंधों से ट्रांजिस्टरों का झूलना या कानों में इयरफोन ठुँसे रहना; अंग्रेजी तर्ज में पंजाबी। हम टाटपट्टी मार्का बालक चमत्कृत! मेरे लिए तो ये देवदूत ही हैं। जब भी कोई सरदार लंदन से अवतरित होता है, हम बस्ती के छोकरे उसके इर्द-गिर्द जमा हो जाते हैं और उससे घंटों गोरों के देश के अफ़साने सुनते रहते हैं। महारानी एलिज़ाबेथ के किस्से; आक्सफोर्ड स्ट्रीट-पिकेडल्ली चौक-टेम्स नदी की चहल-पहल; लंदन का पंजाब-साउथ हॉल, लंदन रात की बाँहों में। सरदार की क़िस्सागोई भी कम दिलकश नहीं होती है। मज़ाल है कोई लड़का अधबीच से चला जाए! मेरा तो जी मचल उठता है लंदन की उड़ान के लिए, अपने पूर्वआकाओं के देश को देखने के लिए। फ़िलहाल तो सपनों* में लंदन-सैर ही मेरे लिए काफ़ी है।

* जुलाई, 1983 में ही यह सपना साकार हुआ, जब यूरोप के कई देशों की यात्रा की।

सरदारों की बस्ती में मेरा एक दोस्त है जहाँगीर। इसके साथ मेरी ख़ासी घुटती है। इसके दादा और चाचा लंदन में रहते हैं, और साल में एक बार आकर बड़ौदिया को धन्य कर देते हैं। जहाँगीर के पिता दर्जी का काम करते हैं। पूरा परिवार ही उद्यमी है। वैसे बस्ती के सिख परिवार भीख माँगने के अलावा बाक़ी सभी कुछ धंधे करते रहते हैं; फुटपाथों पर ताश पत्ती खिलाते हैं; खोमचा लगाते हैं; मोटर वर्कशॉप में काम करते हैं; फेरीवाला बनकर सामान बेचते हैं; रेलगाड़ियों में सिख बच्चे नमकीन एवं गुड़िया के बाल, कंघा-कंघी-दर्पण बेचते हैं; पॉकेटमारी भी चलती रहती है। कुल माज़रा यह है कि बस्ती का यह छोटा-सा सिख समुदाय आत्माश्रित है, और अपनी जड़ों से उखड़कर नये देश में नयी जड़ों को जन्म देने के लिए कृत संकल्प है! इसमें बला की 'सरवाइवल शक्ति' है। आक्रामकता भी है। सरदार लोग भारी पड़ते हैं औरों पर।

बस्ती में सट्टेबाजों के घर भी हैं। बड़े रुआब से रहते है ये लोग, ठसके से कार-मोटर साइकिल से आते-जाते हैं। इनकी औरतें भी सजी-धजी रहती हैं, बच्चे भी अलग-अलग रहते हैं। इन लोगों की स्टेशन के पास सट्टे की दुकानें हैं। अर्धरात्रि तक सट्टा लगवाते हैं। पुलिस के साथ दोस्ती रहती है। बारह बजे के आस-पास सट्टे का आँकड़ा खुलता है। तभी सैकड़ों-हज़ारों के वारे-न्यारे होते हैं। बड़ौदिया बस्ती में इन लोगों का ख़ासा दबदबा है, लेकिन आदर-श्रद्धा से वंचित भी रहते हैं।

घर की स्थिति ख़स्ताहाल ही है। ताई जैसे-तैसे घर चला पाती हैं, ताऊजी को घर भी बैठा दिया जाता है। नियमित नौकरी नहीं होने के कारण महीने में पूरे साठ-सत्तर रुपए नहीं मिल पाते हैं। रोटियाँ गिनकर बनाई जातीं और खायी जाती हैं। सब्ज़ी-भाजी तो कभी-कभार, वरना चपाती छुआने के लिए दोनों वक़्त मूँग-मसूर दालों के घोल की तैनाती रहती ही है। ताऊजी स्कूल की फ़ीस भी नहीं दे पा रहे हैं। हम लोगों के पाँव उखड़ने लगे हैं।

एक रोज़ अप्रत्याशित घटना घटी। माँ की पूर्व ससुराल लालसोठ से एक व्यक्ति माँ को खोजते-खोजते हमारे टिन टापरे में पहुँच गया। वह अपने साथ तहसील के कोई काग़ज़ात लाया था। माँ की पूर्व सास एक मकान अपनी विधवा पुत्र-वधू के नाम छोड़ गई थी। सास की मृत्यु के बाद माँ की ढुँढ़वायी होने लगी क्योंकि पड़ोसियों की नज़र मकान पर थी। इस सौदे में कुछ हज़ार रुपए मिलने वाले थे। उक्त व्यक्ति ने माँ और ताऊजी को पूरा क़िस्सा समझाया और आग्रह किया कि माँ लालसोठ चलकर तहसील में काग़ज़ातों पर हस्ताक्षर कर दे। इसमें एक शर्त यह भी थी कि पुत्र-वधू विधवा ही है, उसने दूसरा विवाह नहीं रचाया है।

सो मैं माँ उर्फ़ ताई के साथ लालसोठ गया। ताऊजी जयपुर में ही रहे। मुझे माँ के बड़े भाई का लड़का बतलाया गया। वैसे फुलेरा में रह रहा मामा का लड़का मुझसे कुछ बड़ा था। माँ को विधवा के रूप में पेश होना पड़ा। अन्ततः उक्त व्यक्ति का मकान बेच दिया गया। असल में उक्त पड़ोसी ने सभी ज़रूरी काग़ज़ात पहले से ही तैयार करा कर रखे हुए थे। ताई को तो उन पर हस्ताक्षर भर करना था। इस सौदे में दो-एक हज़ार रुपए प्राप्त हुए। ताई की सास के कुछ जजमान परिवार भी थे। ताई इन परिवारों से मिली। इन परिवारों को अपार प्रसन्नता हुई और ताई को जजमानी भी भेंट की।

सप्ताह भर की यात्रा और जजमानी बटोर कर हम दोनों जयपुर लौट आए। इन रुपयों से काफ़ी सहारा लगा, क़र्ज़ा चुका और सभी के नये कपड़े बने।

जीवन में पहली दफ़ा मेरी नयी पहचान सामने आई; माता-पिता से अलग मामा के पुत्र के रूप में मुझे पेश किया गया। यह कैसी विडंबना है? इसका कौन उत्तर देगा?

चौथी पास करने के बाद मुझे वापस बसवा भेजा जा रहा है। गाँव में बड़ी अम्मा के पास रहकर ही मुझे आगे की पढ़ाई करनी है। चचेरे भाई ओम भाई साहब प्रति मास पाँच रुपए का मनीऑर्डर बसवा भेजा करेंगे। इसलिए ताई के साथ मैं बसवा जा रहा हूँ, ताऊजी अकेले बड़ौदिया में रहेंगे, पावर हाउस में दिहाड़ी पर लिपिकगिरी करते रहेंगे।

दो-ढाई बरस बाद मैं बसवा लौटा हूँ। यह कस्बा वैसा ही है जैसा मैंने छोड़ा था–ऊंघता हुआ, बीसवीं सदी के पहले पहर में धँसा हुआ। आज भी सात हज़ार के इस क़स्बे में बमुश्किल कुछ दर्जन भर अख़बार आते हैं। जिसके ग्राहकों में तहसील, हाई स्कूल, थाना, अस्पताल, गब्बू सेठ, बड़े दुकानदार, पनवाड़ी, पुरानी पीढ़ी के शिक्षक, पंडित-पुरोहित जैसे लोग शामिल हैं। अख़बारों के लिए दलितों की बस्तियाँ (चमार, खटिक, रैगड़, हरिजन आदि) तो अछूत हैं; राष्ट्रदूत, लोकवाणी, दैनिक नवज्योति जैसे दैनिकों पर हम सवर्णों का एकाधिकार है। बैट्री चालित रेडियो व ट्रांजिस्टर के चंदेक सेट भी गिनती के हैं जो कि तहसीलदार, प्रधानाचार्य, प्रधान डॉक्टर, थानेदार, गब्बू सेठ, सहित कुछ महाजनों व पनवाड़ियों के यहाँ शोभायमान हैं। दलितों के लिए स्वतंत्र भारत की आकाशवाणी उर्फ़ आल इण्डिया रेडियो भी पहुँच के बाहर है, ठीक अख़बारों के समान। देश-प्रदेश की सेहत जानने के लिए उन्हें ऊँचे लोगों की ओर ताकना पड़ता है। इन ऊँचे लोगों (सवर्ण) के मुखारबिंद से सूचनाएँ-समाचार वैसे ही निकलते हैं जैसे दलितों के लिए किसी प्याऊ में अटकी बाँसनली से पानी झरता है। ऊँचे लोगों की कृपा हुई तो समाचार बतला दिया, वरना उन्हें अँधेरे में रहना पड़ता है।

गाँव में सबके अपने-अपने समय हैं। कलाई घड़ियाँ और दीवार घड़ियाँ भी हैसियतमंदों में सिमटी हुई हैं। स्कूल के घंटे से क़स्बा जगता है। मैं तैयार होता हूँ, और दूसरा घंटा लगते ही स्कूल दौड़ पड़ता हूँ। अधिकतर सहपाठियों के घरों की यही कहानी है। वैसे अधिकतर घरों में देशी तर्ज़ की धूप घड़ियाँ हैं अर्थात् उन्होंने दीवारों-पत्थरों पर धूप-गति के लाल-पीले निशान लगा रखे हैं। ये निशान ऐसे स्थान पर हैं जहाँ सूर्य का प्रकाश प्रात: से लेकर दिन ढलने तक पड़ता रहता है। इन निशानों से दिन के पहरों का अंदाज़ होता रहता है। दिन में दो रेलगाड़ियाँ : 4 डाउन–अहमदाबाद-दिल्ली और 3 अप-दिल्ली-अहमदाबाद बसवा स्टेशन से गुज़रती हैं। घरेलू धूप घड़ियों से ही ट्रेनों के आने-जाने का पता चलता है। मौसम के हिसाब से निशान व स्थान बदलते रहते हैं, बड़े दिनों व छोटे दिनों का ध्यान रखना पड़ता है। बरसात में ज़रूर परेशानी होती है। मेरे घर में भी धूप घड़ी है, आँगन एवं छत पर निशान बना रखे हैं।

वैसे टाइम का सही पता लगाने के लिए मुझे मुख्य बाज़ार में छीतर पनवाड़ी के यहाँ दौड़ना पड़ता है। इस पनवाड़ी के यहाँ मैं राष्ट्रदूत पढ़ लेता हूँ, और घड़ी में झाँक भी लेता हूँ। छीतर पनवाड़ी बसवा की धुरी हैं, कस्बा की जान हैं। बसवा के छैल-छबीलों

की भिन्नभिनाहट यहीं लगी रहती है; कौन किसे उड़ा या ले उड़ी, छीतर भाई के पास इसकी पक्की ख़बर मिल जाएगी; किसका हमल गिरा या गिराया, यह भी सुना जा सकता है; कुएँ में कूद या तेल छिड़कर कोई खुदकुशी करे तो पनवाड़ी की थड़ी से इसका भी प्रसारण होता रहेगा।

मैं पाँचवीं कक्षा का छात्र बन गया हूँ। सामान्य छात्र हूँ। यहाँ भी मैं कम दंगाई नहीं हूँ, शरारतों की फुलझड़ियाँ छोड़ता रहता हूँ। होमवर्क के मामले में तो मैं कक्षा में मुर्गा बनता रहता हूँ, कक्षा बाहर खड़ा कर दिया जाता हूँ, हथेलियाँ बेंत का चुम्बन करती रहती हैं–तड़ातड़...तड़ातड़...तड़ातड़! नक़ल भी मार लेता हूँ। एक बार रंगेहाथ पकड़ा भी गया। बस, इतनी धुनाई हुई कि मेरी रूह कपकपा गई। सर चकरा गया। दंड देने वाले शिक्षक रामकिशोर भी घबरा गए। मुझे पानी पिलाया गया। तब जाकर चैन मिला। पाँचवीं और छठी की परीक्षाएँ जैसे-तैसे पास की। सातवीं के लिए मुझे फिर से जयपुर जाना पड़ रहा है।

पर बसवा में दो वर्ष का पड़ाव मेरे लिए नये-नये अनुभवों से भरपूर रहा। स्कूल में पढ़ते हुए मैंने यह जाना कि कक्षा में पिछली कतारों में रैगरों-खटिकों-चमारों-भंगियों (अब दलित) के छात्र बैठेंगे। इनमें कई तो पढ़ने में तेज़ भी थे, लेकिन उनके लिए अग्रिम कतारों में बैठना चाँद को छूने के समान था। अग्रिम कतारों पर तो मुझ जैसे सवर्ण विद्यार्थी ही चिपके रहा करते थे। यदि ऊँची जाति का कोई विद्यार्थी फिसड्डी है तो क्या हुआ, आख़िर वह है तो सवर्ण! तो मैं अगली बेंचों में ठुस जाया करता था। दलित विद्यार्थियों के लिए पेय-जल की व्यवस्था भी अलहदा थी। तब बड़ौदिया की नरकलोकी बस्ती और बसवा की कक्षा स्थिति में फ़रक कहाँ है? पहली कक्षा से लेकर हाई स्कूल तक की कक्षाओं की पिछली बेंचों में बेशुमार नरक लोकवासी दुबके रहा करते थे। पता नहीं, दिल्ली की लोकतांत्रिक सल्तनत के हुक्मनामा (अस्पृश्यता विरोधी क़ानून) का क्या हुआ? यह बसवा और जयपुर, दोनों ही स्थानों से लापता मिला!

दूसरा अनुभव रहा बालक-पुजारी की भूमिका निभाने का। यह बेहद रोचक था। इस भूमिका को निभाते समय मुझमें ब्राह्मणत्व जाग्रत हो जाया करता था। इस भूमिका ने मुझे गहराई तक 'द्विज' होने का एहसास कराया। इससे पहले तक मैं ब्राह्मण-पुत्र हूँ। इतना ही बोध था। कोई विशिष्टता का भाव मुझमें जागा नहीं था। लेकिन जब मैं पुजारी-कर्म में लगा, पुरोहितगिरी की, तब मैंने अपने भीतर एक नये ब्राह्मण की कुलबुलाहट महसूस की।

इसका क़िस्सा कुछ ऐसा है। मेरा परिवार पीढ़ियों से गणेश चतुर्थी का पूजन करवाता रहा है। बसवा और आसपास के ऊँची जाति के अभिभावक अपने बच्चों के साथ गणेश चतुर्थी के दिन हमारे घर आते, साथ में थाली में सजा कर सीधा (आटा-दाल, गुड़-धानी, घी, रोली-मोली, चावल, चवन्नी-अट्टनी-रुपया) लाते और पुजाने वाले के चरण-स्पर्श करते। इस अवसर पर मंत्रोचार के साथ जजमान को आशीर्वाद दिया जाता। पाठशाला जाने योग्य बालक-बालिका का तख्ती पूजन भी मेरे परिवार के मुखिया से कराया जाता। तख्ती पूजन के अवसर पर भी परिवार को काफ़ी चढ़ावा मिला करता। गणेश चतुर्थी, तख्ती पूजन और जजमानी से अच्छी-खासी खाद्य-सामग्री ज़मा हो जाया करती थी, जिसे परिवार में बराबरी से बाँट लिया जाता था। तीन हिस्से हुआ करते थे।

पिताजी नौकरी के सिलसिले में अक्सर बसवा से बाहर ही रहे, इसलिए उनके सबसे छोटे भाई जुगुलकिशोर जोशी पूजा-पाठ कराया करते थे। गाँव के महादेवजी के मंदिर में शिवरात्रि के अवसर पर पानी के सहस्त्र घड़ों से शिवलिंग का प्रक्षालन किया करते थे। वे गाँव की प्राथमिक शाला में अध्यापक भी थे। एक रोज़ उनका जयपुर तबादला हो गया। उनका पूरा परिवार भी जयपुर जा बसा। इसके पश्चात् मुझे गणेश चतुर्थी के पुजापे, जजमानी एकत्रित करने श्राद्धों में ब्रह्मभोज प्राप्त करने जैसे कर्मकांडों में झोंक दिया गया। जब मैं जयपुर था तब भी बीच-बीच में कामचलाऊ पुजारी की लीला करनी पड़ती थी। पिछले दो सालों में तो मैंने इस भूमिका को आनन्दपूर्वक निभाया, ज़ेबखर्ची भी बटोरी, बसवा की लोकप्रिय मिठाई-गूँजी भी जमकर डकारी; जंगलों-खेतों-पहाड़ों में जमकर मौज़-मस्ती की।

इस पड़ाव में यह भी जाना कि कस्बाई भारत में कितनी दर्दीली यौन कुंठाएँ लोगों में घर किये हुए हैं; स्त्री-पुरुष और लड़का-लड़की समान रूप से काम-दंश के शिकार हैं; घर-पिछवाड़े, खेत-खलिहानों में लुकाछिपी की यौन लीलाएँ चलती रहती हैं; कौटुम्बिक यौनाचार पनपता है; नेपथ्य में विवाहेतर सम्बन्ध पलते रहते हैं; दमित काम-वासना खुदकुशी की भूमिका तैयार करती है।

मैं स्वयं भी अपने सहपाठियों के साथ समलैंगिकता का शिकार हुआ। इतना ही नहीं, मुझसे बड़ी उम्र की एक लड़की अपने गुप्तांगों के धारावाहिक स्पर्श का सुख प्राप्त करती रही। उसे अपने स्तन-स्पर्श, चुम्बन से एक प्रकार का अनूठा आनन्द मिला करता था। वह आँख मीच अर्ध-समाधि में पहुँच जाया करती थी। वह मुझे अपने से अलग नहीं होने देती। आधा-आधा घंटे तक मुझे चिपकाये रखती; कभी गुदगुदी होती-कभी मिचमिची उठती और कभी मैं भावशून्य रहता। मैं काम-क्रीड़ा की अनुभूति से अनभिज्ञ था, या इसके लिए अपरिपक्व! फिर धीरे-धीरे जनेंद्रियों के छुअन में रस भी आने लगा। अज़ीब मनोदशा थी मेरी! शायद यह स्वाभाविक प्रक्रिया हो! मैं कह नहीं सकता।

इतना अवश्य, यौन के सम्बन्ध में समाज जितना बंद व घुटा रहेगा, काम-विकृतियाँ भी उतनी ही पनपती रहेंगी। काम के प्रति स्वस्थ दृष्टिकोण जन्म नहीं ले सकेगा। वास्तव में सामन्ती समाजों में व्याप्त विभिन्न यौन-वर्जनाओं एवं निषेधों के कारण निजी घुटन की अनेक परतें परिवार व समाज में बनती-बिगड़ती रहती हैं। ये जानलेवा भी होती हैं। गाँवों में सूक्ष्म स्तर पर इनके प्रभाव दिखाई दे जाते हैं। यदि मैंने फ्रायड को पढ़ा होता तो इन अनुभवों की सटीक व्याख्या कर पाता। फिर भी, अनुभव तो अनुभव होते हैं, जो कि जीवन-यात्रा के चाहे-अनचाहे सहयात्री बनते रहते हैं।

किशोरावस्था तक विभिन्न स्थानों एवं पड़ावों पर होने वाले अनुभवों के आधार पर मैं समझता हूँ कि 'चाइल्ड एब्यूज़्ड' या 'बाल-किशोर यौन शोषण' की कम-अधिक शुरुआत परिवार, कुटुम्ब और आस-पड़ोस से होती है। इसके कई कारण होते हैं- 1. स्वाभाविक यौन आकर्षण, 2. प्रति यौन आनन्द, 3. यौन वर्जनाएँ, 4. जुगुप्सा क्रीड़ा व आनन्द, 5. पति या पत्नी से अतृप्ति, 6. अनियंत्रित वासना, 7. विलम्बित विवाह, 8. दीर्घ अवैवाहिक जीवन, 9. अधेड़ व वृद्धावस्था की वासना, 10. परिस्थितिवश यौन-शोषण, 11. आर्थिक विवशताएँ, 12. पारिवारिक विवशताएँ, 13. मर्दवाद।

मैं वापस जयपुर लौट आया हूँ। स्थिति में कोई सुधार नहीं हुआ है। तीन प्राणियों के परिवार में एक नया सदस्य और जुड़ गया है। छोटे भाई ने जन्म ले लिया है। कमबख़्ती में आटा गीला! खुशी और चिंता, दोनों ने अपने-अपने ढंग से जोशी-परिवार को दबोच लिया है। मुझे पढ़ाई के बजाय काम की तलाश में निकलना पड़ रहा है। छोटा भाई पोलियो का शिकार हो गया। इलाज के लिए पर्याप्त पैसे नहीं हैं।

किसी के कहने पर मैं एक मध्यवर्गीय परिवार में घरेलू नौकर (या बाल श्रमिक) का काम करने के लिए पहुँच जाता हूँ। इस परिवार का मुखिया मुझे पढ़ाने का भरोसा भी दिलाता है। परिवार की बड़ी लड़की विश्वास दिलाती है कि वह मुझे रोज़ काम समाप्ति के बाद एक घंटा पढ़ाया करेगी। सुबह से शाम तक बारह घंटे तक काम करने के दस रुपए और दो वक़्त खाना मज़दूरी के रूप में दिया जा रहा था। लेकिन, न जाने क्यों इस कमबख़्त मन ने इस नौकरी को स्वीकार नहीं किया।

मैं सड़क पर हूँ, काम की तलाश कर रहा हूँ। किसी के कहने पर मैं रोज़गार कार्यालय पहुँच जाता हूँ। अपना रजिस्ट्रेशन कराने के लिए फॉर्म लेकर घर आ जाता हूँ। इस सम्बन्ध में ताऊजी से चर्चा करता हूँ। वे इस रजिस्ट्रेशन से सहमत हैं, पर साथ में यह भी कहते हैं कि मैं इस फॉर्म में स्वयं को 'विधवा पुत्र' के रूप में दर्ज़ कराऊँ। पिता के रूप में उनके नाम का उल्लेख न करूँ। तेरह साल के इस लड़के की पैर तले की ज़मीन हिल जाती है! मैं इसी पहचान के सहारे इतना बड़ा हुआ हूँ! आज जब मैं अपने पैरों पर खड़ा होने का प्रयास कर रहा हूँ तो मुझे यात्रा-प्रस्थान पर ही अपंग बनाया जा रहा है! मैं ताऊजी से स्वयं को 'विधवा पुत्र' घोषित करने की वजह भी पूछता हूँ तो वे ख़ामोश रहते हैं, और इतना ही कहते हैं, "बस, मेरा नाम मत लेना। इस कच्ची उम्र में तेरा काम करना मुझे अच्छा नहीं लग रहा है। मेरी बदनामी होगी।"

ताऊजी की यह सफ़ाई मेरी समझ से परे है। एक तरफ़ मुझे 'विधवा पुत्र' की पहचान देने पर तुले हुए हैं; दूसरी ओर एक और संतान को जन्म दे दिया है! मनुष्य भी विचित्र प्राणी है!

मैं पहले 'मामा-पुत्र' बना और अब मुझे 'विधवा पुत्र' बनाया जा रहा है! आख़िर में, मैं हूँ क्या? मेरी पहचान क्या है? मैं किस-किस पहचान की बैसाखियों पर खड़ा हूँ? जीवन में और कितनी विडंबनाएँ हैं, जिनका सामना मुझे अभी करना शेष है?

यह अलग बात है कि ताऊजी के ही एक क़रीबी रिश्तेदार की सिफ़ारिश पर मुझे मोटर के ऑटो पार्ट्स की दुकान पर चपरासी की नौकरी मिल जाती है। मिर्ज़ा इस्माइल रोड स्थित इस दुकान पर मुझे सुबह नौ बजे से शाम आठ बजे तक काम करना पड़ता है। इस 11 घंटे की नौकरी की पगार के रूप में मुझे सिर्फ़ 15 रुपए माहवार मिलेंगे और दिन में दो-तीन दफ़े चाय भी। दुकान के मालिक वैश्य हैं; नेक इंसान हैं। पर हाड़तोड़ मेहनत में मुझे झोंक देते हैं। मजाल है, सुस्ताने के लिए मैं दस-पन्द्रह मिनिट की चोरी कर लूँ! दुकान की सफ़ाई से कार्य यात्रा की शुरुआत होती है। इसके पश्चात् चाय बनाने से लेकर शहर की विभिन्न दुकानों और कारवालों के यहाँ साइकिल पर या पैदल स्पेयर पार्ट्स की सप्लाई करना। दिन में दो-तीन दफ़े मालिकों और उनके विशेष मित्र ग्राहकों को चाय बना कर पिलाना, कप-प्याले धोना और दुकान बंद करने से पहले दिन-भर का कूड़ा-कचरा बुआरना, यह

सूची है मेरे कामों की। इसमें ज़रा-सी चूक का अर्थ है–गालियों-चाँटों को निमंत्रण देना। जब जी किया, छोटे मालिक ने चाँटा रसीद कर दिया, और आँसू मुझे अपनी विवशता का एहसास करा देते हैं। एक रोज़ एक चूक पर चाँटों-घूसों की झड़ी लग गई थी। फिर भी मैं जूझता रहा। मुझे काम चाहिए था, पैसे चाहिए थे। कमाऊ पूत जो था!

कई मामलों में हम भारतीय बेमिसाल होते हैं। हमारी ऐसी-ऐसी मान्यताएँ, कर्मकांड होते हैं जिनकी व्याख्या करने में समाजशास्त्री भी चकरा जाए! मेरा यह मालिक विशेष अवसरों पर मुझ समेत परिवार को अपने घर बुलाता है, विविध पकवानों का भोजन कराता है और हम सभी को विधिवत् चरण-स्पर्श कर दान-दक्षिणा कपड़े, श्रीफल, रोली-मोलि, कलावा, कलदार देता है। चार प्राणियों का जोशी-परिवार धन्य...धन्य हो जाता है! अगली सुबह से मेरी वही पिटाई शुरू हो जाती है। इस पिटाई में सब कुछ बदल जाता है, केवल तीन स्थायी भाव रहते हैं–मालिक, पूँजी और श्रमिक। बला की है यह तिगड़ी जिसमें धर्म-कर्म-पाखंड-शोषण-संरक्षण सभी कुछ समाये हुए हैं। वैसे समाजशास्त्री भाषा में इसे 'संरक्षण और शोषण' (पेट्रोनेज एण्ड एक्सप्लोइटेशन) कहा जाता है।

घानी का बैल भी बिदकता है। मालिक को चकमा देता है। यह तभी होता है जब अति हो जाती है। एक रोज़ मैं भी बिदका और हठात् काम छोड़कर चला आया। एक दूसरी जगह प्रेमनाथ मोटर्स के पेट्रोल पम्प पर पेट्रोल अटैंडेन्ट की नौकरी कर ली। पगार मिली बीस रुपए माहवार। यहाँ का मैनेजर भला है, न गालियाँ हैं...न पिटाई का भोज। अलबत्ता ब्राह्मण-पुत्र होने के नाते तीज़-त्योहार पर मुझे जीमने के लिए ज़रूर बुला लिया जाता है। दान-दक्षिणा मिलती है, सो अलग!

मेरे साथ और भी लड़के काम करते हैं। लेकिन उन्हें कभी भोजन पर नहीं बुलाया जाता है। वे मुझसे अधिक मेहनत करते हैं। पर उनमें एक खोट है, वे छोटी जाति के हैं, ब्राह्मण नहीं हैं। मैं स्वयं से पूछता हूँ, यदि मैं रैगड़-चमार-वाल्मीकि पुत्र होता, कोई अहीर, यादव रहा होता, तो क्या तब भी मुझे भोज पर बुलाया जाता, चरण-प्रक्षालन होता, दान-दक्षिणा मिलती? मेरे इस प्रश्न का उत्तर कौन देगा? दोनों मालिकों से पूछने का साहस मुझ में नहीं है। यदि पूछूँगा तो मेरी दान-दक्षिणा, ख़ीर-मालपुए मारे जाएँगे। इस प्रश्न को अभी यहीं सिरहाने दबाये रखता हूँ। इसी में मेरी भलाई है!

ज़िन्दगी की क़िताब का अगला अध्याय क्या होगा, इसके सफ़ों का मज़मून कैसा होगा, कौन जानता है? कम-से-कम मुझे इसका इल्म नहीं है। अध्याय जैसा भी रहा, उसे पढ़ लिया, और मज़मून में कतर-ब्योंत की छूट भी नहीं थी। यह अलग बात है कि कोई अध्याय आपको झकझोर कर रख देता है। ऐसे दरवाज़े खोल देता है जो कि बंद हो चुके हैं। उन पर 'प्रवेश वर्जित' का नोटिस लगा है।

मैंने अपनी शिक्षा के संबंध में कुछ ऐसा ही सोच रखा है। बसवा से छठी कक्षा पास करने के पश्चात् तो मेरे लिए शिक्षा के दरवाज़े बंद ही हो गए थे। काम-धंधे के लिए भाग दौड़ करने लगा था, कैसी कक्षा-कैसी पढ़ाई, यह चिंता बहुत पीछे छूट गई थी। मैं बीस रुपल्ली नौकरी में रमने लगा था। घर के लिए तिनके का सहारा तो था ही। इसे छोड़ अन्य चुनावों-विकल्पों से मैं अनभिज्ञ भी था।

फिर भी इस ठहराव में एक छोटी-सी हरक़त हुई। एक रोज़ ताई की मुलाक़ात बसवा की एक वृद्धा से हो गई। वह विधवा थीं। उन्होंने वैधव्य जीवन जीते हुए और कठोर परिश्रम से अपने इकलौते बेटे को पढ़ाया-लिखाया था। आज वह टोंक में ज़िला जज है। बातचीत में जब उन्हें मेरी अधूरी पढ़ाई और पेट्रोल पम्प पर नौकरी की जानकारी मिली तो उन्हें काफ़ी दुःख हुआ। उन्होंने मेरी पढ़ाई में पूरी मदद करने का प्रस्ताव रखा और ताई पर मुझसे काम छुड़वा कर सातवीं में दाखिला लेने पर दबाव डाला। स्कूल में प्रवेश भी वही दिलवाएँगी, इसका भरोसा भी उन्होंने दिया। घर में इस नयी हरक़त को लेकर चर्चा हुई। ताई और ताऊजी (माता-पिता) दोनों ही चाहते थे कि मैं पढ़ाई फिर से शुरू कर दूँ। घर-ख़र्च का जैसे-तैसे इंतज़ाम हो जाएगा। पालीवाल-घराने की उक्त नेक विधवा के हस्तक्षेप ने मेरे जीवन में एक नया अध्याय जोड़ा, बंद दरवाज़े खुले, और रेजीडेन्सी मिडिल स्कूल की सातवीं कक्षा का मैं विधिवत् छात्र बन गया। स्कूल में प्रवेश और फ़ीस ज़मा कराने तक की पूरी व्यवस्था न्यायाधीश इन्द्रकुमार पालीवाल की माता जी ने की। वे अन्य ज़रूरतमंद विद्यार्थियों की भी ऐसी मदद करती रही हैं। वास्तव में, उनकी यह भूमिका उनके जीवनानुभवों का ही विस्तार है। अभावजायी संतानें उनके बेटे के समान बन जाएँ, यही सपना उनका रहा होगा!

तो 1957 में इस तरह से मैं रैजीडेंसी मिडिल स्कूल में शिक्षा यात्रा पर एक बार फिर से निकल पड़ा हूँ। यह स्कूल, बड़ौदिया बस्ती से क़रीब चार-पाँच किलोमीटर के फ़ासले पर है। मैं रोज़ आठ किमी. की पैदल मार्च करता हूँ। मेरे साथ दो-तीन सहपाठी और भी हैं। रास्ते में मटरगश्ती करते हुए यह फ़ासला हम पलक झपकते हुए तय कर लेते हैं। लौटते हुए शरारत भी करते हैं; इमली व आम-जामुन के पेड़ों पर चढ़ते हैं; पत्थरों व गुलेल से फलों को गिराते हैं; खेतों में घुस कर गाजर-मूली तोड़ते हैं; गालियाँ खाते हैं; रेल पटरियों पर चलते हैं। एक रोज़ तो हमने हद ही कर दी। चलती ट्रेन पर पत्थर बरसाये। बेकाम, मज़े के लिए! अगली सुबह पेशी हुई। हम लोगों को प्रार्थना सभा में अलग खड़ा कर दिया गया। सज़ा मिली ऊबड़-खाबड़ मैदान में खड़े होकर और पेड़ को निशाना बना कर घंटों पत्थर फेंकते रहना। वो भी नंगे पाँव। पसीने से भीगते रहे, बाँहें कराहती रहीं। अब गिरे-तब गिरे के कगार पर पहुँचने लगे थे। तब कहीं जाकर सज़ा से मुक्ति मिली। एक विभीषण सहपाठी के कारण हैडमास्टर साहब का नज़ला हम पर गिरा था।

समृद्धि और निर्धनता, कुछ बातों में दोनों समान हैं। दोनों ही व्यक्ति को जहाँ आत्मविश्वास, जोख़िम मोल लेने और सीमा-अतिक्रमण की क्षमता से लैस करती हैं, वहीं वे उसे वाचाल, ग़ैर-जिम्मेदार, अराजक, आत्मनिष्ठ, बेपरवाह आदि भी बनाती हैं। व्यक्ति की उपचेतना में यह भाव घर करने लगता है कि 'मेरा कोई क्या बिगाड़ लेगा?' उसकी सर्जनात्मकता को नकारात्मक कार्यों में अभिव्यक्ति मिलती है। ऐसा ही कुछ मेरे साथ होता है।

वाक़ई मेरा बचपन अराजकता से सना रहा है। मैंने साधु-महात्माओं की संगत की। बड़ौदिया के पास जंगलेश्वर महाराज का मंदिर हुआ करता था। शिवजी का मंदिर था। आज भी है। तब वहाँ कई प्रकार के साधु-संत आया करते थे। दो अर्ध नागा साधु तो हमेशा 'धूनी' लगाये रहते थे! जंगलेश्वर मंदिर में अफीम, गांजा, चरस, भांग की ठंडाई

जैसे नशीले पदार्थों का समा बँधा रहता। मैं भी बाबाओं के पास आता-जाता रहता। उनकी ज्ञान-वाणियाँ सुनता। कबीर, रैदास, सूरदास आदि को सुनता रहता, हर महीने होने वाले रतजगा में मौजूद रहता। साधु-महात्माओं-बाबाओं की संगत मुझे भाने लगती। मैं भी प्रसाद समझ कर नशीले पदार्थों का सेवन करता। ताँबे के सिक्कों से औटाई गई भांग की ठंडाई पीता। फिर ढेर सारी मिठाई-रबड़ी खाता। बाबा लोग इन चीज़ों को प्रसाद के रूप में बाँटा करते थे।

जब मैंने आठवीं पास की तो गर्मियों की छुट्टियों में इसी मंदिर की प्याऊ पर बैठा भी। दो महीने तक 'रामझारा' (गढ़वा, सागर) से पानी पिलाया करता। यह ताँबे और पीतल का बर्तन होता है, जिसमें टोंटी लगी रहती है। ऊँची जाति के लोगों को रामझारा से पानी पिलाया जाता है, ओछी जाति के लोगों (अब दलित) को टिन या बाँस की लम्बी नलकी से पानी पिलाया जाता है। मंदिर के पुजारी के आदेश पर मैंने भी इस दोगली व्यवस्था का पालन किया। नीची जाति के प्यासे जन खुद ही लम्बी नलकी के सामने खड़े हो जाते और मैं दो फीट दूर से नलकी में लोटे से पानी बहाता रहता। वे चुपचाप पानी पीकर चले जाते, बग़ैर किसी प्रतिवाद के। नेहरू सरकार के अस्पृश्यता क़ानून को ठेंगे पर रखा जाता। मुझे बारह घंटे प्याऊ पर बैठना होता, प्रतिदिन। दो महीने के पचास रुपए मिले। यहीं बैठ कर मैं राजेन्द्र यादव, गुलेरी, 'प्रसाद', निराला की रचनाओं में ताक-झाँक करता रहता!

वास्तव में जीवन का प्रत्येक पल हमें सिखाते हुए गुज़र जाता है। यदि पल को महसूस करने, उसकी भाषा को समझने का माद्दा व्यक्ति में है तो वही पल उसका सहयात्री भी बन जाता है। स्कूल की पुनर्यात्रा में मुझे तो ऐसा ही एहसास हुआ है। मुझसे निर्धारित निशाने पर पत्थर फिंकवाना एक प्रकार से मनोवैज्ञानिक रूप से मुझे दण्डित करना था। आठवीं कक्षा में मैंने स्वयं की पड़ताल करने का तरीका भी सीखा। एक रोज़ कक्षा में छात्रों को स्वयं के 'गुण व दोष' की सूची बनाने का अभ्यास दिया गया। अगले रोज़ मैं पच्चीस-तीस दोषों या कमियों और दस-बारह गुणों या अच्छाइयों की सूची बनाकर कक्षा में ले गया। अन्य सहपाठियों ने भी अपनी सूचियाँ क्लास-टीचर को सौंपी। अगले रोज़ चुनिंदा छात्रों की सूचियों पर चर्चा हुई। मेरी भी सूची इसमें शामिल थी। शिक्षक ने इसे इसलिए सर्वश्रेष्ठ बतलाया, क्योंकि अधिकांश छात्रों ने अपनी कमियों को छुपाते हुए अपने गुणों का बढ़ा-चढ़ा कर वर्णन किया था। इसके विपरीत मैंने निःसंकोच अपनी कमियों की आत्मस्वीकृति* की थी। मेरी आत्मस्वीकृतियों पर सहपाठी हँसे भी थे, लेकिन शिक्षक ने मेरी ज़मकर प्रशंसा की। और इसके साथ ही मुझमें 'आत्मस्वीकृति की चेतना' भी पैदा हुई। भविष्य में इसी चेतना ने मेरे जीवन में कुतुबनुमा का रोल भी अदा किया।

स्कूली दिनों में पहली दफ़ा रेडियो पर नेहरू जी का भाषण सुनने के लिए मैं काफ़ी भटका था। मेरे साथ मेरा एक सहपाठी भी था। कई रेस्ट्रोरेंट वालों से हम लोगों को मिन्नतें करनी पड़ी थीं। महीना याद नहीं है। इतना ही याद है कि एक रोज़ मैंने अख़बार में ख़बर पढ़ी कि आज देर रात्रि को प्रधानमंत्री पंडित जवाहरलाल नेहरू संयुक्त राष्ट्र की महासभा को सम्बोधित करेंगे। आकाशवाणी, न्यूयार्क से उनके सम्बोधन का सीधा प्रसारण करेगा।

* इसी चेतना के कारण मैं 2004 में 'हंस' के अक्टूबर व नवम्बर अंकों में विवादास्पद 'मेरे विश्वासघात' लिखने का साहस बटोर सका।

स्कूल की प्रार्थना सभा में भी नेहरू जी के सम्बोधन की घोषणा की गई थी। यह भी कहा गया था कि सभी विद्यार्थी सुनकर आएँ और कक्षा में चर्चा करें। इसलिए हम दो सहपाठियों ने किसी पनवाड़ी या चायथड़ी को चुना। मैं अनुमान के आधार पर कह सकता हूँ कि यह महीना सितम्बर का होना चाहिए। रात्रि के 12 से 2 बजे के बीच प्रसारण हुआ होगा। क्योंकि इस घटना के क़रीब 27-28 वर्ष बाद मैं स्वयं महासभा की प्रेसदीर्घा में मौजूद था। अवसर था नेहरू जी के नाती प्रधानमंत्री राजीव गाँधी का 'संयुक्त राष्ट्र को सम्बोधन'। मैं 1985 में उनकी विदेश-यात्रा के कवरेज के लिए उनके साथ था। इसके बाद भी कई दफ़े न्यूयार्क में मैंने भारतीय प्रधानमंत्रियों के महासभा-सम्बोधनों को कवर किया है। लेकिन, राजीव गाँधी के भाषण के प्रथम कवरेज से मुझे निश्चित ही 'आत्मिक आनंद' की अनुभूति हुई थी। महासभा के मेरे उपस्थित-क्षणों से मेरा किशोर जुड़ा हुआ था। प्रेस दीर्घा से राजीव गाँधी के भाषण को सुनते हुए मुझे बहुत कुछ याद आया था। बहुत कुछ याद...मेरी नम आँखों से उस रात जयपुर स्टेशन रोड पर भटकते हुए मैं स्वयं निर्मल बूँदों के बीच झिलमिलाने लगा था :

मैं रेस्त्रां-दर-रेस्त्रां, थड़ी-दर-थड़ी जाकर पूछ रहा हूँ-"क्या आज नेहरू जी का भाषण सुनोगे?"

"अपनी थड़ी कब तक खुली रखोगे?" काफ़ी दौड़धूप के पश्चात् एक रेस्त्रां वाला उत्सुक दिखाई दे रहा है वह अपनी ओर से कह रहा है कि मैं नेहरू जी का भाषण सुनने के लिए तैयार रहूँगा। यह पोलोविक्ट्री सिनेमा के सामने है। सिनेमा का आखिरी शो समाप्त हो चुका है।

हम दोनों भाषण की प्रतीक्षा में चाय की चुस्कियाँ ले रहे हैं। रेस्त्रां का मालिक रेडियो बैंड को एडजेस्ट कर रहा है। रेडियो सेट काफ़ी पुराना है। सुई को सही जगह लाने में कठिनाई हो रही है, और अन्ततः स्टेशन पकड़ लिया है। नेहरूजी का भाषण आरम्भ हो चुका है। हम रोमांचित हैं। मानो हम आकाशवाणी पर 'देववाणी' सुन रहे हों! सात समंदर पार से हमारे प्यारे प्रधानमंत्री के अंगरेज़ी स्वर कानों से टकरा रहे थे। दोनों पुलकित थे। इससे पहले दोनों में से किसी ने भी सात समंदर पार से रेडियो पर किसी भी भारतीय नेता का भाषण नहीं सुना था। दोनों की यह उपलब्धि है।

भाषण सुना, पूरा सुना। लेकिन कुछ भी पल्ले नहीं पड़ा क्योंकि अंगरेज़ी में था। गाँव की टाट-पट्टी वाले विद्यार्थी। हमें तो नेहरू जी का उच्चारण भी ठीक प्रकार से समझ में नहीं आ रहा था। दूसरी बात, रेडियो सेट अच्छा नहीं था। लगातार 'डिस्टर्वेंस' चलता रहा। तब दूरसंचार प्रौद्योगिकी उन्नत भी नहीं थी। सेटेलाइट, उपग्रह, माइक्रोवेब जैसे शब्द सामान्य जन के शब्दकोश में दर्ज़ ही नहीं थे और फिर न्यूयार्क से प्रसारण तो 'इन्द्रलोक से प्रसारण' के समान था! आम बोली में 'सात समंदर पार' के शब्द से बाहरी दुनिया की पहचान की जाती थी। विदेशी रेडियो के नाम पर मैं और मेरे मित्र सिर्फ़ 'रेडियो सीलोन' (आज श्रीलंका) से ही परिचित थे। बी.बी.सी., रेडियो पेकिंग, रेडियो मॉस्को जैसे स्टेशन नितांत अपरिचित थे।

मुझे याद है, उन दिनों 'बिनाका गीतमाला' सर्वाधिक लोकप्रिय कार्यक्रम हुआ करता था। यह युवाओं का 'क्रेज' हुआ करता था। रेडियो सीलोन के प्रति बुधवार प्रसारित होने

वाली इस गीतमाला के प्रस्तुतकर्त्ता अमीन सयानी की आवाज़ सप्ताह भर हमारे कानों में गूँजा करती थी। इस कार्यक्रम को सुनने के लिए पनवाड़ियों के यहाँ भीड़ लगा करती थी। उनकी भी बिक्री बढ़ जाया करती थी। क़रीब एक घंटे का कार्यक्रम हुआ करता था। शायद पंद्रह-सोलह फिल्मी गीतों का प्रसारण किया जाता था। आज के टीवी चैनलों के 'टॉप-टेन' की भाँति बिनाका के 'टॉप फिफ्टीन या सिक्सटीन'। वर्ष के अंतिम दो बुधवारों में साल भर के बेहतरीन गीतों का प्रसारण भी होता था। पहली पायदान के गीत की चर्चा कई दिनों तक रहा करती थी।

बहसें हुआ करती थीं कि गीत-चयन सही था या ग़लत? मेरे यहाँ तब न रेडियो था, न ट्रांजिस्टर, बल्कि बिजली ही नहीं थी। लालटेन जला करती थी। सो मैं बिनाका सुनने के लिए तड़प उठता था। बुधवार की प्रतीक्षा में गिन-गिनकर छह दिन बिताया करता था। बुधवार की सुबह से ही ट्रांजिस्टर वाले परिवार या पनवाड़ी की मनुहारें आरम्भ कर देता। कभी-कभी सुनने की सुविधा भी नहीं मिला करती थी। तब मन मसोस कर रह जाता। घर में ट्रांज़िस्टर न होने पर माता-पिता को कोसता। कभी स्वयं से सवाल करता और कभी माँ से। मेरे बच्चे मुझसे ऐसा सवाल करें, आज इसके लिए मैं उत्सुक रहता हूँ। उन्हें बतलाता हूँ कि उनके लिए यह सवाल क्यों अपरिचित और मेरी किन परिस्थितियों में इससे मुठभेड़ हुआ करती थी। बच्चों के लिए संचार-संसार से साक्षात्कार उनकी जीवन-शैली का एक अभिन्न हिस्सा बन चुका है। उनके पास विकल्पों की शृंखला उपलब्ध है-रेडियो, ट्रांजिस्टर, वॉकमैन, टीवी, म्यूजिक सिस्टम, टीवी गेम्स, कंप्यूटर। वे किसी को भी चुन सकते हैं।

उनके बोलचाल के शब्दकोश में बीबीसी, स्टार प्लस, सीएनएन, एमटीवी, जीटीवी, डिसकवरी चैनल, पाक टीवी जैसे ढेरों चैनल दर्ज़ हैं। वे मॉइकल जैक्सन पर लम्बी कमेंट्री दे सकते हैं; और क्लिंटन-मोनिका प्रेम प्रसंगों पर बहस कर सकते हैं। इतने ही लगन एवं आत्मविश्वास के साथ वे परमाणु शस्त्र, सीटीबीटी, तीसरे युद्ध की संभावना जैसे मुद्दों पर अपने विचार व्यक्त कर सकते हैं।

अवसरों का एक गहरा अन्तराल है मेरे यथार्थ और उनके यथार्थ के बीच। यह सही है कि उनके यथार्थ का आधार भी मेरा ही यथार्थ है। लेकिन, एक यथार्थ की कोख से निकलने वाला यथार्थ मूल की प्रतिमूर्ति हो, यह ज़रूरी नहीं है, बल्कि ऐसी अपेक्षा ही अद्वंद्वात्मक है।

निर्धनता, अभाव, विपशता और विकल्पहीनता व्यक्ति का काफ़ी कुछ हर लेते हैं। ऐसा व्यक्ति समाज के सक्षम लोगों की तराजू में 'बेभाव', 'बेवज़न', 'फ़ालतू' और 'सर्वभोग्य' माना जाता है। स्कूल में मुझे दाख़िला तो दिला दिया गया, आठवीं में पहुँच भी गया। लेकिन, क्या मैं एक गरिमापूर्ण छात्र जीवन का हक़दार बन सका? उत्तर है-एक बड़ा-सा 'नहीं'! पुस्तक-कॉपियों की कमी भूतनी की भाँति हमेशा पीछे पड़ी रही। साफ-सुथरी साबुत स्कूल पोशाक भी मैं पहन नहीं सका। नेकर-कमीज़ पर पैबंद जड़े रहते। पन्द्रह अगस्त व छब्बीस जनवरी जैसे राष्ट्रीय उत्सवों के कार्यक्रमों के लिए मेरे चयन ज़रूर होते रहे, लेकिन अंतिम क्षणों में 'थिगली सुशोभित पोशाक' के कारण पंक्ति बाहर कर दिया जाता। ठीक जैसे किसी रद्दी-फ़ालतू कागज़ को फाइल से फाड़कर कूड़ेदान में फेंक दिया गया हो! इसी पहचान के भार से दबा मैं स्कूली जीवन में तिमिरतम् मोड़ों

से भी गुज़रा हूँ। अकेले में गुरु ने गुरु-शिष्य सम्बन्धों को लज्जित भी किया है। फ़क़त पुस्तक-कॉपी देने के नाम पर जीवन में पथ-विचलन कब हो जाए, कोई ठिकाना है? इस दृष्टि से कोई भी अपवाद नहीं है। कितनी ही सावधानी बरतें, फिसलन हमें घेर ही लेती है। जब आदर्श-नैतिकता के दावेदार-ठेकेदार फिसलनों का आलिंगन करने लगे। बेहद परेशानी होती है—बाहरी व भीतरी, दोनों ही। शिक्षक के साथ भी मुझे यही परेशानी हुई। उन्होंने स्वयं और आदर्श व्यवसाय के साथ विश्वासघात ही किया था!

इस तिमिर कोने से मैं बाहर निकल आया। आगे बढ़ गया। बसंत भी तो है, पतझर के बाद! स्कूल के दिनों में एक सुखद मोड़ भी आया। मैं जयपुर के आकाशवाणी केन्द्र के 'बाल कार्यक्रम' से जुड़ गया। नाटक एवं कहानी लेखन और नाटकों में बाल कलाकार की भूमिका निभाने से थोड़ी-बहुत कमाई होने लगी। उन दिनों किशोर लेखकों व कलाकारों को प्रति रचना एवं रोल करने के लिए पाँच रुपए का चैक मिला करता था। इसे भुना कर स्टेशनरी खरीदता और सिनेमा भी देखता। तब के पाँच रुपए आज के पाँच सौ रुपए लगा करते थे।

सच, आकाशवाणी का जयपुर केन्द्र मेरे लेखन और अभिनय की पाठशाला था। उन दिनों मनोरंजन के मुख्यत: दो ही माध्यम हुआ करते थे—सिनेमा और रेडियो। रेडियो का बाल कलाकार होने का मतलब था अपने परिवार, मोहल्ले और सम्पर्क संसार का 'स्टार' बनना! जब मैंने मिर्ज़ा इस्माइल रोड स्थित रेडियो स्टेशन में 'बाल कलाकार' के रूप में जाना शुरू किया तो स्कूल से लेकर बड़ौदिया बस्ती में मुझे ख़ास नज़रों से देखा जाने लगा। मेरी थोड़ी-बहुत पूछ होने लगी। 1958 के आसपास का काल रहा होगा। तब मैं आठवीं कक्षा का छात्र था।

सप्ताह में दो दफ़े-प्रत्येक रविवार और बुधबार को बाल कार्यक्रमों का प्रसारण किया जाता था। इन कार्यक्रमों में नाटक, कहानी, कविता, पाठ अन्ताक्षरी, ज्ञान-विज्ञान वार्ता, भेंटवार्ता आदि शामिल रहा करते थे। इन कार्यक्रमों का संचालन जसदेव सिंह (आगे चल कर प्रसिद्ध क्रिकेट-हॉकी कामेंटेटर), सुधा शर्मा (बाद में सुधा शिवपुरी के नाम से विख्यात् चोंच बॉलीवुड के प्रसिद्ध हास्य अभिनेता—गोवर्धन असरानी), ओम शिवपुरी (प्रसिद्ध अभिनेता), गंगाप्रसाद माथुर (विविध भारती कार्यक्रम के लोकप्रिय हवामहल के प्रस्तुतकर्त्ता), नन्दलाल शर्मा जैसी हस्तियाँ किया करते थे। यहीं पिंचू कपूर (फिल्म अभिनेता), मोहन महर्षि (प्रसिद्ध नाट्य निर्देशक), दान सिंह (म्यूज़िक डायरेक्टर), लक्ष्मण टण्डन (प्रोड्यूसर व एंकर) जैसी कई शख़्सियतों के सम्पर्क में मैं आया। उभरते हुए प्रसिद्ध पत्रकार व सम्पादक कर्पूरचन्द कुलिश से भी यहीं पहली मुठभेड़ हुई।

बाल कलाकार की श्रेणी में रहते हुए मैंने रेडियो के लिए दो बाल कहानियाँ और नाटक लिखे। मेरी कहानियों का सूत्रपात माँ ने किया था। सोने से पहले ताई मुझे कई प्रकार की कहानियाँ सुनाया करती थीं। वे लोक-कहानियाँ या लोक कथाएँ हुआ करती थीं। बस, उन्हीं को आधार बना कर मैंने कहानी रच डाली! दोनों बाल एकांकी—'पिता का प्यार' और 'कलंकी' इतिहास की घटनाओं पर आधारित थे। दसवीं तक पहुँचते-पहुँचते दो बड़े नाटक लिखे—'मुराद की आँखें' और 'मुग़लिया चिराग़ की आख़िरी लौ'। संयोग से चारों नाटकों का सम्बन्ध सामन्ती काल और पात्रों (बाबर, हुमायूँ, महाराणा प्रताप, शक्ति सिंह, औरंगज़ेब, मुराद और बाहदुरशाह 'ज़फ़र') से था। इसकी वज़ह भी थी।

सामन्ती शहर और सामन्ती माहौल में मैं बड़ा हो रहा था। राजा मानसिंह और महारानी गायत्री देवी, हम बाल-आँखों के 'आकर्षण केन्द्र' हुआ करते थे। रेजीडेंसी मिडिल स्कूल के सामने माजी का बाग़ (महल) हुआ करता था। रामबाग़ पैलेस भी कोई दो किलोमीटर के फ़ासले पर था। दोनों राजा-रानी खुली जीप में दोनों महलों के बीच आवाजाही करते थे। साथ में दो अल्सेशियन कुत्ते भी होते। कभी मानसिंह, कभी गायत्री देवी ड्राइवर की सीट पर होते। शाही युगल प्रायः कैजुअल पोशाक में हुआ करते थे। रानी शॅर्ट और टी शर्ट में रहतीं। उनकी सम्पूर्ण उपस्थिति विलायती अभिजात वर्गीय सुंदरता की छटा छितराती रहती। सामन्ती और आधुनिक सुंदरता की मिश्रित पुंज थीं वे। सड़क किनारे खड़े हम विद्यार्थी दोनों को देखते ही रह जाते। वे दोनों हम लोगों को देखकर मुस्कराते, हाथ हिलाकर बॉय-बॉय करते। कभी-कभी महल की तरफ़ से स्कूल में लड्डू भी बँटवाये जाते। शायद राजा-रानी के जन्म-दिवस के अवसर पर। हम लोग मानसिंह को 'हिजहाईनेस' और गायत्री देवी को 'हरहाईनेस' कहा करते थे। जयपुर स्टेशन के पास पोलो ग्राउण्ड में दोनों पोलो भी खेला करते। दोनों को खेलते हुए देखने के लिए भीड़ उमड़ जाया करती थी। 'महाराज की जय', 'महाराणी की जय' के नारे ग्राउण्ड में गूँजा करते। साइकिल पोलो भी होती। लेकिन इस खेल में राजकुमारों (भवानी सिंह, पृथ्वी सिंह, जय सिंह) की दिलचस्पी अधिक रहती। हम जयपुरवासी इन राजकुमारों के भी दीवाने थे। इनकी एक झलक पाने के लिए हम विद्यार्थियों में होड़ लगा करती थी।

मेरा एक दोस्त था सरदार सिंह। उसके पिता शाही ड्राइवर थे। पिता और पुत्र, दोनों ही जयपुर शाही परिवार की ढेर सारी बातें बतलाते। उनके द्वारा प्रस्तुत शाही आख्यान 'पृथ्वीराज रासो' से कम नहीं होता। हम लोगों के लिए तो पिता-पुत्र ही 'चंदबरदाई' थे!

गुलाबी नगरी 'माई-बाप संस्कृति' में नहाया करती थी। गणगौर के अवसर पर दरबार (महाराजा) जयपुरवासियों को अपने सामूहिक दर्शन से कृतार्थ किया करते। नाहरगढ़ क़िले पर बिजली का टॉवर हुआ करता था। उस पर लगी हरी और लाल लाइटों से जयपुर नगर में दरबार के होने या न होने की सूचना नगरवासियों को दी जाती। शाही परिवार की गर्मियाँ अक़सर विदेशों में ही गुज़रा करतीं। हम लोगों के रोम-रोम में राजा-रानी का वास रहता। 1962 में महारानी गायत्री देवी पहली बार राजनीति के अखाड़े में उतरी थीं। नवस्थापित स्वतंत्र पार्टी के टिकट पर जयपुर सीट से लोकसभा का चुनाव लड़ा था। मुझे याद है, पूरा जयपुर झूम उठा तब। सौंदर्य की देवी गलियों में घूमीं, चौपड़ पर सभाएँ कीं, गाँव-गाँव गईं। गुलाबी नगर और ग्रामीण जयपुर की सामन्ती प्रजा अवाक् रह गई थी, अपनी दहलीज पर गायत्री देवी को पाकर। लग रहा था, साक्षात् देवी अपने दर्शन से लाखों प्रजा को कृतार्थ कर रही हैं। हम लोगों के मध्य महारानी का होना अकल्पनीय था। उनके प्रचार में अभिनेता प्रेमनाथ बोम्बे से जयपुर पहुँचे हुए थे। कांग्रेस उम्मीदवार का प्रचार पृथ्वीराज कपूर कर रहे थे। सदियों पुरानी सामन्ती संस्कार सत्ता और नव-उदित लोकतंत्र के बीच क्या ग़ज़ब का घमासान हुआ था तब! पर प्रजा मानसिकता लोकतंत्र पर भारी पड़ी। महारानी संसद में पहुँची, देश में सबसे अधिक मतों को प्राप्त कर। गायत्री देवी की जीत पर जयपुर उत्सव में डूबा रहा, कई दिनों तक। लोकतंत्र के प्रहरी प्रधानमंत्री पं. जवाहरलाल नेहरू और मुख्यमंत्री मोहनलाल सुखाड़िया ने प्रजा उर्फ़ जनता के इस

फैसले का स्वागत किया। इसके बाद भी गायत्री देवी ने 1967 और 1971 के चुनाव जीते। पर धीरे-धीरे उनकी लोकप्रियता घटती चली गई। अन्ततः उन्होंने सक्रिय राजनीति से 'तोबा' ही कर ली। इस तोबा की पृष्ठभूमि थी इमरजेंसी। उन्हें कुछ महीनों के लिए जेल जाना पड़ा। तिहाड़ जेल में रहीं। इन्दिरा गाँधी को सुबह-शाम कोसती रहीं। अन्ततः बिगड़ते स्वास्थ्य के आधार पर उन्हें ज़ेल-जीवन से मुक्ति मिल गई और जयपुर लौट कर राजसी जीवन में फिर से रम गईं। खांटी राजनीति को उन्होंने 1977 में 'अलविदा' कह दिया। अपना सामन्ती वचन निभाया।

सन् 1971 में मैंने साप्ताहिक 'दिनमान' के लिए गायत्री देवी का इन्टरव्यू माजी के बाग़ यानी महल में ही लिया था। तब वे महारानी से राजमाता गायत्री देवी कहलाने लगी थीं, क्योंकि महाराज मानसिंह का लंदन में निधन हो गया था। मैं भी स्कूली 'प्रजा विद्यार्थी' से 'जनता और जागरूक पत्रकार' में रूपातंरित हो चुका था। मैंने जमकर प्रश्नों की बौछार की थी। वे संतुलित जवाब देती रहीं। कई दफ़े विचलित भी हुईं। उनकी सुन्दरता यथावत् थी। उनकी इस आभामयी रूप को इतने समीप से देखते हुए मैं 1958 और 1971 के बीच आवागमन करता रहा; कौन-सा काल खण्ड स्थिर, सत्य और सुन्दर है; और कौन-सा भ्रम है, मैं इस पहेली में उलझा रहा!

तो इस सामन्ती परिवेश में जीते हुए मैं बसंत-पतझर से यारी-दोस्ती करता रहा। दुश्मनी करने की हैसियत मुझमें नहीं थी। न विकल्प था, न चुनाव। थी तो फ़क़त विवशता। तब मैं अक़सर देवानन्द की फिल्म 'हम दोनों' का गाना गुनगुनाने लगता-"मैं ज़िंदगी का साथ निभाता चला गया, हर फ़िक्र को धुएँ में उड़ाता चला गया।" परिस्थितियों की धुँध से मुक्ति की छटपटाहट ने मुझे एक रोज़ 'पेपर हॉकर' बना दिया।

परकाया प्रवेश : मैं अख़बार वाला; मैं सीता, मैं शकुन्तला!

तो मेरे हाथों में दिल्ली के दैनिकों का बंडल थमा दिया गया। मैंने बंडल को साइकिल के कैरियर पर बाँधा। इसके बाद कड़कड़ाती सर्दी में स्टेशन से चल पड़ा चीखता हुआ, अख़बार वाला...अख़बार वाला... टाइम्स ऑफ इंडिया...नवभारत टाइम्स...हिन्दुस्तान... राष्ट्रदूत...जयपुर की सड़कों पर...!

मुझे पेपर एजेंट ने हिदायत दी थी कि पहले मैं होटलों में जाऊँ। वहाँ अख़बारों के खपने की गुंजाइश अधिक रहती है। मैंने वैसा ही किया। मैं मिर्ज़ा इस्माइल रोड पर चिल्लाता हुआ निकल गया। अख़बार वाला...अख़बार वाला...अख़बार वाला। कई लोग मुझे रोककर अख़बार भी खदीदते। सुबह-सुबह चाय वालों की दुकानों पर स्थानीय अख़बारों की अच्छी खपत हो जाती है। बार-बार आवाज़ लगाने से एक लाभ अवश्य हुआ। नारे लगाने का पूर्वाभ्यास हो गया। हॉकर के रोल में मैं पहले रोज़ गवर्मेंट होस्टल में दाख़िल हुआ। तब यह विधायकों और उनके अतिथियों का निवास हुआ करता था।

वैसे मैं इससे पहले भी यहाँ कई बार आ चुका था। यहाँ के सभी कर्मचारी एवं अधिकारी मुझसे परिचित थे। हॉकर बनने से पहले मैं एक नाट्य कलाकार के रूप में इस होस्टल में आता रहा हूँ। इसी होस्टल में प्रसिद्ध रंगकर्मी हबीब तनबीर साहब ने नाटक की कक्षाएँ ली थीं। होस्टल के प्रवेश द्वार के पास ही एक हॉल था। नाटक पर तनबीर के लेक्चरों को सुनने के लिए रेडियो एवं मंच के सभी कलाकार आया करते थे। मुझे भी रेडियो के नाटक विभाग ने यहाँ भेजा था। इसके बाद 'कबीर' नामक नाटक में भाग लिया। उक्त नाटक में मैंने कबीर के पुत्र कमाल की भूमिका निभाई थी। कबीर बने थे ओम शिवपुरी। होस्टल में मंचित कई और नाटकों में भी छोटी-मोटी भूमिकाएँ निभाई थीं। आज उसी होस्टल में मैं एक किशोर कलाकार के रूप में नहीं, एक 'किशोर हॉकर' के रूप में दाखिल हो रहा था। सभी लोग मेरे इस नए रोल से चकित थे। एक-दो ने तो विश्वास ही नहीं किया। उन्हें लगा कि मैं हॉकर के रोल का रिहर्सल कर रहा हूँ। लेकिन कुछ ही देर में स्थिति साफ़ हो गई, हॉकर का रोल एक नाटक नहीं है, वरन् एक नया यथार्थ है। ख़ैर, सभी लोगों ने मुझे पूरा सहयोग दिया।

मैं प्रत्येक कमरे पर दस्तक देता...अख़बार वाला...अख़बार वाला...। फिर सभी अख़बारों के नाम गिनाता। कभी लोग चिड़चिड़ाते हुए उठते। इधर-उधर की सुनाते। जन प्रतिनिधि जो ठहरे! सुनना पड़ता। किसी एक को जवाब देने का अर्थ होता होस्टल में प्रवेश पर रोक। सभी अनुभव कटु नहीं हैं। ऐसे भी विधायक थे जिन्हें सुबह-सुबह अख़बार मिलने पर प्रसन्नता होती। शाबासी भी मिलती। कुछ को इस बात की खुशी थी कि मैं

अख़बार बेचकर अपनी पढ़ाई कर रहा हूँ और एक वाचनालय को सहयोग दे रहा हूँ। दो-तीन ऐसे विधायक भी मिले जिनके स्वयं के साप्ताहिक थे। उन्होंने मेरे कार्य में रुचि भी ली और अपने साप्ताहिकों में मुझसे लिखवाया भी। थोड़ा-बहुत पारिश्रमिक भी मिला। ये साप्ताहिक मूलतः राजनीतिक और अपने निर्वाचन क्षेत्र की समस्याओं से संबंधित हुआ करते थे। अक़सर बेसिर-पैर की बातें छपा करती थीं। लेकिन साप्ताहिक विज्ञापन से अटे रहते थे। मुख्यमंत्री मोहनलाल सुखाड़िया का ज़माना था। उनमें विधायकों को खुश रखने की सिफ़त थी।

होस्टल के अलावा होटलों में भी अख़बार बेचा करता था। इनमें एक होटल का ज़िक्र करूँगा। पोलोविक्ट्री सिनेमा से सटी पोलोविक्ट्री होटल हुआ करती थी। तब यह होटल शहर की शान थी। वज़ह थी फिल्मी अनिभेता एवं अभिनेत्रियाँ। उन दिनों शूटिंग के लिए जयपुर आने वाले फिल्मी सितारे इस होटल में ठहरा करते थे। फिल्मी कलाकारों को देखने के चक्कर में मैं भी होटल के चक्कर लगाया करता था। कइयों से ओटोग्राफ भी लिए। उन दिनों फिल्मी हीरो बनने का बहुत शौक था मुझे। इसलिए होटल में मैं अपरिचित नहीं था। होस्टल की तरह, यहाँ भी लोगों को मेरी नयी भूमिका पर आश्चर्य हुआ। होटल कर्मचारियों को सहसा विश्वास नहीं हुआ कि मैं हॉकर बन गया हूँ। यहाँ भी अख़बारों की ख़ासी बिक्री होती।

मैं सुबह 10-11 बजे तक अख़बार बेचता। एजेंट का 12 बजे तक हिसाब साफ़ करके घर लौटता। सुबह से 5-6 घंटे के कड़े परिश्रम के बाद ढाई-तीन रुपए की कमाई हो जाती। उन दिनों दो-ढाई रुपए काफ़ी हुआ करते थे। इस कमाई का बड़ा हिस्सा में घर में दे देता, और शेष स्वयं के लिए सुरक्षित रखता। हॉकर बनने से लाभ भी हुआ, कमाई के अलावा। पत्र-पत्रिकाएँ मिलीं। उन्हें वाचनालय में रखा। यह सिलसिला क़रीब डेढ़-दो महीने तक चला।

लेकिन एक रोज़ इस पर हठात् विराम भी लगा। हुआ यह कि मैं होस्टल के एक कमरे में नियमित रूप से अख़बार डाला करता था। इस कमरे में किसी विधायक के एक अतिथि इंजीनियर रहा करते थे। उनका नाम था चौधरी नारायण सिंह। शायद जाट थे। वे अख़बार के काफ़ी शौक़ीन थे। उन्हें मैं एक स्थानीय और एक राष्ट्रीय दैनिक दिया करता था। अंगरेज़ी मैगजीनें भी वे खरीदा करते थे। भले आदमी थे। वे प्रायः मुझसे अपने निजी जीवन के बारे में पूछा करते। अख़बारों से होने वाली कमाई के बारे में पूछते। फिर पढ़ाई के बारे में। उन दिनों मैं प्राइवेट छात्र के रूप में हाईस्कूल की परीक्षा की तैयारी कर रहा था। इससे उन्हें खुशी हुई। एक दिन उन्होंने अचानक मुझसे कहा, "जोशी! तुम इस काम को छोड़कर दूसरा क्यों नहीं कर लेते? इसमें मेहनत काफ़ी करनी पड़ती है। पढ़ने के लिए कम समय मिलता है।" उनका यह सवाल अच्छा लगा। किसी ने पूछा तो सही। आख़िर मैं चाहता क्या हूँ? वे गाहे-बगाहे पूछ लिया करते थे कि मैं क्या बनना चहता हूँ? क्या करना चाहता हूँ? जीवन का मक़सद क्या है? घर की स्थिति कैसी है? क़रीब दो महीने के पश्चात् उन्होंने निर्णायक स्वर में सुझाव दिया कि मुझे अख़बार बेचने का काम छोड़ देना चाहिए। इसके स्थान पर कोई दूसरे उपयुक्त काम की व्यवस्था हो जाएगी। एक और नये मोड़ की शुरुआत होने वाली थी।

दरअसल, मैं भी हॉकर की भूमिका से उकताने लगा था। परिश्रम के अनुपात में फल नहीं था। इसके अलावा हॉकर के साथ सम्मानजनक व्यवहार भी नहीं किया जाता था। उसे सम्मान की दृष्टि से नहीं देखा जाता था। हॉकर की भूमिका निभाते हुए मुझे कुछ अशोभनीय अनुभव भी हुए। एक-दो का उल्लेख ठीक रहेगा। दोनों ही अनुभव सरकारी होस्टल में रहने वाले विधायकों से संबंधित हैं।

हुआ यह कि एक दिन मैं अख़बार बेचते हुए एक विधायक के कमरे में पहुँच गया। यह विधायक साप्ताहिक निकाला करता था। इसकी आयु क़रीब 50-60 वर्ष के आसपास रही होगी। यह टोपीधारी और धोतीधारी था। खादी का पुजारी। वैसे सूरत-शक्ल से भला इंसान दिखाई देता था। इसके साथ इसका सहायक भी रहता था। जब उसे बातचीत के दौरान यह ज्ञात हुआ कि मेरी रुचि लिखने-पढ़ने में भी है, अख़बार बेचने के अलावा, मैं रेडियो स्टेशन भी जाता हूँ और मंच पर अभिनय करता हूँ। तब उसने मुझ में दिलचस्पी लेनी शुरू की। मुझे अपने साप्ताहिक में कुछ भी लिखने के लिए निमंत्रित किया गया। मैंने लिखा भी। सर्दी के दिन थे, सो मैं भी उसके यहाँ चाय की चुस्की लगाने बैठ जाया करता था। एक रोज़ उसके सहायक ने मेरे सामने एक अप्रत्याशित प्रस्ताव रखा। विधायक की मौजूदगी में ही वह बोला, "भाई जोशी जी! अपने नेताजी रात-दिन जनसेवा में डूबे रहते हैं। महीनों अपने घर नहीं जा पाते हैं। कोई व्यवस्था हो जाए?" मैं कुछ देर चुप रहा। मैं 'व्यवस्था' का आशय पकड़ नहीं पा रहा था। मैंने सोचा, खाने-पीने से होगा। "क्या ठीक से खाना-पीना नहीं हो रहा है?" मैंने पूछा-

"अरे! वो तो नीचे कैंटीन से आ जाता है।" सहायक बोला-

"फिर क्या तकलीफ़ है?" कुछ शंका के साथ में पूछता हूँ।

तपाक से विधायक सम्पादक बोला, "अरे भाई, जोशी से सीधी बात करो। अभी बच्चा है, समझ में नहीं आ रहा है।" सहायक ने फिर मुझ से कुछ झेंप के साथ कहा-

"यार, तुझसे क्या छुपाना? किसी सहेली-बहेली को जानते हो? एक शाम बुला लो।" यह सुनते ही मुझे गहरा धक्का लगा। लेकिन मैं संयत रहा। वैसे मैं इसकी गहराई को ठीक से समझ भी नहीं पा रहा था। सहायक ने मुझे कमरे से बाहर ले जाकर खुलासा किया। उसने कहा कि नेताजी को औरतों का शौक़ है। पैसा काफ़ी है। दिन में जनसेवा का भाषण देते हैं, रात में कोमल देह-सेवा वसूलते हैं।

ऐसा ही एक और अनुभव हुआ। इसी होस्टल के दूसरे खंड में एक वृद्ध विधायक से पाला पड़ा। कोई सत्तर के आसपास का होगा। पतला ज़िस्म, सुर्ख चेहरा। खद्दरधारी। ऊपर से नीचे तक, नफ़ासत एवं शराफ़त से सराबोर! खादी में संत दिखाई पड़ता था। यह भी विधायक सम्पादक था। साप्ताहिक निकाला करता था। इसका पत्र समाजवाद, धर्मनिरपेक्षता, लोकतंत्र, पंचायती राज, सहकारिता आंदोलन जैसे मुद्दों का 'साप्ताहिक भागवत पुराण' लगता था। शुरू से अन्त तक, बापू एवं नेहरू के दर्जनों चित्र प्रकाशित रहा करते थे। यह बापूभक्त भी 'जीवित ज़िस्महारी' निकला। इसने भी एक रोज़ औरत की फ़रमाइश कर डाली। मेरे लिए यह फ़रमाइश कल्पनातीत थी! एक ऐसा व्यक्ति जिसे चिता कभी भी बुला सकती है, वह स्वयं किसी को अपनी हवस की सुविधा बनाने के लिए तत्पर है! सचमुच, एक रोज़ उसके यहाँ एक सुंदर युवती देखी जो कि अपने

माता-पिता के साथ थी। अगले दिन इस विधायक ने चेहरे पर रसभरी मुस्कान के साथ बताया कि उसने लड़की के साथ कैसी रात बिताई! उसने यह भी बताया कि माता-पिता स्वयं अपनी पुत्री को मेरे बिस्तर के हवाले करके गए थे। जयपुर के बनी पार्क क्षेत्र की लड़की थी। पिता सेना का सेवानिवृत्त कप्तान था। इन दोनों घटनाओं के उल्लेख का उद्देश्य सिर्फ़ इतना ही है कि नेहरू युग में भी पतित जनप्रतिनिधि और पत्रकारिता का गठजोड़ था। भ्रष्ट नेता प्रेस-शक्ति का इस्तेमाल शस्त्र एवं कवच, दोनों ही रूपों में किया करते थे। वे इससे लोकप्रियता अर्जित करते, धन कमाते और इसकी ओट में व्यभिचार में लिप्त रहते। जाहिर है, ऐसे जनप्रतिनिधि राजनीति के अपराधीकरण की प्रक्रिया को भी लघु स्तर पर प्रोत्साहन देने से चूके नहीं होंगे!

मेरे लिए राजनीति एवं पत्रकारिता के कुत्सित गठबंधन की यह पहली झलकी थी। आगे चलकर तो यह झलकी पूरी नौटंकी में बदल गई। वैसे तब मुझे इस झलकी की गम्भीरता का तनिक भी एहसास नहीं हुआ था, कुछ विचित्र, कुछ पाप-सा, कुछ घृणास्पद, कुछ ग़लत जैसे भाव ज़रूर पैदा हुए थे। लेकिन, ऐसी झलकी का स्रोत कहाँ है? समाज और व्यवस्था के चरित्र से इसका क्या रिश्ता है? कौन इसके सूत्रधार और निर्देशक हैं? समाज और देश पर इसके क्या प्रभाव पड़ते हैं? ऐसे ही कई सवाल हो सकते थे। मुझे विचलित कर सकते थे। पर ऐसा कुछ भी नहीं हुआ। शायद मुझ में बोध-क्षमता की कमी रही होगी। बस यह एक 'यूँ ही घटना' के रूप में यादों में दर्ज़ हो गई। बग़ैर किसी प्रतिवाद के। यह ज़रूर है कि इससे जी खट्टा हो गया। हॉकरी से नफ़रत-सी होने लगी थी। अख़बार बेचते समय दिमाग के किसी कोने में एक बात ज़रूर खुदबुदाती रहती थी। सोचा करता था कि किसी रोज़ अख़बारों में मेरे लेख और ख़बरें भी प्रकाशित होंगे। ये ही हॉकर आवाज़ लगाकर उन्हें बेचा करेंगे। मुझे लोग पढ़ेंगे। यह 'भोला-सा सपना' पलने लगा था आँखों में। जब भी मैं 'अख़बार वाला...अख़बार वाला' की आवाज़ लगाता, यह सपना मुझे गुदगुदाता रहता। आनंदमयी होती थी वह गुदगुदी-मैं एक पत्रकार बन चुका हूँ, किसी बड़े अख़बार में संवाददाता के पद पर हूँ—बड़े-बड़े नेताओं को 'कवर' कर रहा हूँ, कहीं भी आ-जा सकता हूँ, दुकानों पर लोगबाग मेरे लेखों पर बहस कर रहे हैं, कोई आलोचना कर रहा है, कोई तारीफ़!

मुझे याद है उन दिनों चाय की होटलों पर खूब बहसें हुआ करती थीं। रेस्टोरेंट के लिए प्रायः होटल शब्द का ही प्रयोग किया जाता था। मेरी हमेशा से आदत देर रात घर लौटने की रही है। घर वाले काफ़ी परेशान रहते थे इस आदत से। खासतौर से पिताजी की काफ़ी डाँट-फटकार झेलनी पड़ती थी। कभी-कभी पिटाई भी, लेकिन मैं पूरा ढीठ ही रहा। कभी नहीं सुधरा। उन दिनों जयपुर स्टेशन रोड पर एक होटल हुआ करता था, शायद रतनजी का। एक अस्पताल की तरह यह चौबीसों घंटों खुला रहा करता था। इस होटल पर छोटे-मोटे पत्रकारों, लेखकों, कवियों, सटोरियों, रिक्शावालों, झल्लीवालों, हॉकरों, रेल-बस यात्रियों, पुलिस वालों आदि का रात भर मजमा लगा रहता था। हम लोग कचौरियाँ तोड़ते रहते, चाय उड़ाते रहते और दुनिया जहान की बक़वास में शामिल होते रहते। हमारी मंडली में एक वैद्य हुआ करते थे। अच्छी दवा-दारू किया करते थे। वैद्यगिरी खूब चला करती थी। लेकिन इस अधेड़ सज्जन में सट्टा लगाने का चस्का भी बला का था। रात्रि

को 8-9 बजे सट्टा लगाने और 12-1 बजे तक उसके खुलने की प्रतीक्षा किया करते। जब तक सट्टा खुल नहीं जाता, तब तक वे इसी होटल की कचौरियाँ तोड़ते रहते थे। वे तेज बुद्धि वाले थे। उनकी राजनीतिक टिप्पणियाँ सुनने लायक हुआ करती थीं। वे अख़बार में छपी किसी प्रमुख घटना या लेख को उठाते और घंटाभर तक उसकी चीराफाड़ी करते रहते। किसी नेता या लेखक को खारिज करते, किसी को आसमान में उछालते। उनकी कॉमेंट्री सुनने के लिए मजूरी के रूप में मुझे चाय-कचौरी मिला करती थी। मैं एक अनुशासित सिपाही की भाँति होटल में तब तक बैठा रहता जब तक उन्हें सट्टे की ख़बर नहीं मिल जाती। ख़बर मिलते ही वे होटल छोड़ देते और तीर की तरह घर की ओर लपक लेते। यदि उनका सट्टा लग जाता तो चाय-कचौरी का और एक दौर चलता। वरना वो गए-वो गए! पर उनकी बेबाक़ टिप्पणियाँ मुझ पर देर तक छाई रहतीं और इसी होटल की कुर्सी पर बैठे-बैठे आँखों में सपना अंकुरित होता रहता 'कभी मुझ पर भी ये लोग इसी प्रकार बहसें किया करेंगे।'

यहाँ मुझे अपनी चाय-कचौरी मंडली का एक पात्र और याद आ रहा है। बड़ा हरफनमौला किस्म का इंसान था वह। हम लोगों के बीच 'डायरेक्टर' के सम्बोधन से मशहूर था। उस ज़माने में राजस्थान सहकारिता विभाग की एक नाटक मंडली हुआ करती थी। मंडली में यह एक अभिनेता के रूप में काम किया करते थे। वैसे ये मंडली के डायरेक्टर बनना चाहते थे, पर एक सामान्य कलाकार बनकर रह गए। काफ़ी पढ़े-लिखे थे। राजनीति और अख़बारों पर अच्छी खासी बहस कर लिया करते थे। वैद्यजी की अनुपस्थिति में मंडली की सदारत इनके पास हुआ करती थी। इनके सम्पर्क में आने से मुझे एक लाभ हुआ। मैं भी सहकारिता विभाग की नाटक मंडली में शामिल हो गया। गाँव-गाँव में सहकारिता के प्रचार के लिए यह मंडली 'बसंती' नामक नाटक खेला करती थी। मुझे नायिका बसंती की भूमिका दे दी गई। कोई दो महीने मैंने इस भूमिका को निभाया। उदयपुर ज़िले के कई गाँवों में बसंती के 'शो' किए। जयपुर में भी इसका मंचन हुआ। लोगों ने मेरे अभिनय को पसंद किया। लेकिन धीरे-धीरे मुझे इस भूमिका से बोरियत भी होने लगी। एक दिन फैसला कर लिया कि मैं अब बसंती का रोल अदा नहीं करूँगा। इसके साथ ही मैंने नाटक मंडली से हमेशा के लिए मुक्ति ले ली।

आज क़रीब चार दशक के बाद मैं बसंती की भूमिका को याद करता हूँ तो एक अजीब-सा एहसास होता है। सोचता हूँ मैं कहाँ-कहाँ से गुज़र गया? एक नॉस्टलजिया हावी हो जाता है। लेकिन जब नॉस्टलजिया से मुक्त होकर एक मीडियाकर्मी के रूप में मैं बसंती नाटक के सम्बन्ध में सोचता हूँ तब एक अन्य बोध भी उभरता है। इस बोध के माध्यम से मैं बसंती की नयी पहचान खोजता हूँ। बसंती केवल नायिका ही नहीं थी, वह संचार का माध्यम भी थी। नेहरू-युग था। देश में सहकारिता आंदोलन, सामुदायिक आंदोलन, ग्रामीण विकास, पंचायती राज जैसे नारे गूँज रहे थे। इन नारों को जन-जन तक पहुँचाने के लिए परम्परागत संचार माध्यमों को अपनाया जा रहा था।

इसी प्रचार रणनीति का एक हिस्सा था बसंती का मंचन। बसंती नाटक 'संचार' था और इसकी नायिका 'संचारिका'। भूमिका निभाते समय मैं नाटक के इस महत्त्व से अपरिचित ही रहा। संचार और संचारक जैसे शब्दों को मैंने सुना ही नहीं था। तब संचार-बोध

कैसे जन्म लेता? मैं नहीं समझता कि नाटक से जुड़ा कोई भी व्यक्ति संचार-दर्शन से परिचित रहा होगा! नाटक के निर्देशक को भी मैंने इसके संचार पक्ष पर वार्ता करते नहीं सुना। आज मेरे लिए बसंती का सम्पूर्ण परिप्रेक्ष्य ही बदल चुका है। अब वह मेरे लिए कोरा नाटक ही नहीं, बल्कि 'जन संचार' से प्रथम 'साक्षात्कार' के रूप में दिखाई देता है।

नाटक और संचार की बात चली है। प्रसंगवश, मैं यहाँ एक और संचार माध्यम के साथ अपने संक्षिप्त सम्पर्क का उल्लेख करूँगा। मुझे किशोरावस्था में फिल्म देखने का काफ़ी चस्का रहा है। 8वीं या 9वीं का छात्र रहा होऊँगा। एक दिन यूँ ही बैठे-ठाले देखी हुई फिल्मों का बहीखाता तैयार करने की सूझी। बस, क्या था! मैं तुरंत फ़ेहरिस्त तैयार करने बैठ गया। कोई 300 फिल्मों की सूची तैयार कर डाली। इनमें वे फिल्में भी शामिल हैं, जिन्हें मैंने दो-दो, तीन-तीन बार देखा था। फिल्में मैंने काफ़ी पहले देखना शुरू कर दिया था। शायद, 1953 या '54 से। अब मुझे याद नहीं है कि पहली फिल्म कौन-सी देखी थी। इतना भर याद है कि 1948 या '49 में मैंने अपनी माँ एवं उनकी सहेली के साथ दिल्ली के चाँदनी चौक स्थित मोती टॉकिज में कोई धार्मिक फिल्म देखी थी। तब हम दिल्ली में रहा करते थे। लेकिन स्वतंत्र रूप से मैंने 9 या 10 वर्ष की आयु में फिल्मों को देखना शुरू किया था। मुझे कुछ आरंभिक फिल्मों के नाम आज भी याद हैं। शायद वे फिल्में थीं—पूजा, जोगन, नास्तिक, दशहरा, चक्रधारी, रामराज, शुक-रंभा, नागिन, उड़न खटोला, स्पार्टक्स, हेलन ऑफ ट्रॉय, बेनहूर, ओल्डटेस्टामेंट, बाइबल आदि। अलबत्ता इन फिल्मों ने मुझमें कोई न कोई संस्कार अंकुरित ज़रूर किये। पर मुझे ऊर्जा देने वाली फिल्में और ही रही हैं जिन्होंने मुझे ताकत दी, हिम्मत दी। कुछ अनोखा करूँ, इसकी भी चाहत दी। मुझ में कुछ विचित्र किस्म की संवेदना पैदा हुई। उन्होंने मुझे समाज से कहीं-न-कहीं जोड़ा। मुझमें एक 'अनाम दर्द' भरा। आज तक यह दर्द सुरक्षित है। इस दर्द के माध्यम से मुझे अक़सर याद आती रहती है 'जागृति', 'बूट पॉलिश', 'हम पंछी एक डाल के', 'अब दिल्ली दूर नहीं', 'श्री 420', 'आवारा', 'बरसात', 'प्यासा', 'काग़ज़ के फूल', 'साहब बीबी और गुलाम' जैसी फिल्में। पता नहीं क्यों, इन फिल्मों के साथ आज भी मेरा 'रोमांस' चलता रहता है! तब मैं 'फिल्म माध्यम' के भाव एवं मनोरंजन पक्ष से ही परिचित था। इसके संचार, सामाजिक-सांस्कृतिक, आर्थिक और राजनीतिक पक्ष भी हो सकते हैं, यह मेरे कल्पना फ्रेम से बिल्कुल बाहर था। बस, एक दीवानगी, एक जुनून था, फिल्मों को लेकर। रेडियो कार्यक्रम, मंच अभिनय, अख़बार बिक्री आदि से होने वाली कमाई का एक अच्छा हिस्सा फिल्में देखने पर कुर्बान कर दिया करता था। इसी आलम में मैं एक दिन बंबई 'फिल्म एक्टर' बनने के लिए जयपुर से फ़रार हो गया। मेरे साथ मेरा एक सिख दोस्त जहाँगीर सिंह भी भागा। वह नेवी में भर्ती होना चाहता था, और मैं हीरो बनना चाहता था। यह किस्सा 1960 का है।

बंबई-फ़रारी की कथा में सिर्फ़ उन्हीं घटनाओं का यहाँ उल्लेख करूँगा, जिनका सम्बन्ध मेरे 'पत्रकारिता कर्म' से रहा है। बंबई में फ़ाक़ाक़शी के दौरान मेरी मुलाकात फिल्म लेखक उमेश माथुर और साहित्यकार एवं पत्रकार मनोहर श्याम जोशी से हुई। उन दिनों जोशी जी, उमेश जी के घर टिके हुए थे। वे भी नए-नए बंबई पहुँचे थे। पैडर रोड स्थित फिल्म डिवीजन में स्क्रिप्ट लिखा करते थे। उमेश जी का घर जुहू चर्च के

पास था। इस तरह उमेशजी के यहाँ जोशीजी और मैं, दोनों ही 'शरणार्थी' थे। फ़र्क़ इतना था कि उनकी अंटी में भारत सरकार द्वारा दी गई पगार थी, और मेरी अंटी खाली थी। ख़ैर, उमेश जी के यहाँ कई लेखकों, पत्रकारों और फिल्म निर्देशकों व कलाकारों के दर्शन हुए। चूँकि मैं उमेश-निवास में मुफ्तखोरी पर जी रहा था, इसलिए अतिथियों के लिए चाय-नाश्ता तैयार करना मेरा काम था।

बंबई-फ़रारी में ही मैं 'टाइम्स ऑफ इंडिया' के दफ़्तर पहुँचा। यहाँ मैंने 'धर्मयुग', 'पराग', 'सारिका', 'नवभारत टाइम्स' आदि को छपते हुए देखा। मेरे लिए यह पहला अनुभव था। वीटी स्थित टाइम्स बिल्डिंग में पहुँचकर मैं रोमांचित हो उठा था। इसी बिल्डिंग में कई बड़े साहित्यकारों के नाम सुने। यहीं जाना धर्मवीर भारती, मोहन राकेश, कमलेश्वर, महावीर अधिकारी, किशोरीरमण टंडन जैसे व्यक्ति क्या हैं? उन दिनों 'नवभारत टाइम्स' के बाल पृष्ठ पर मेरी छोटी-मोटी रचनाएँ भी प्रकाशित हुईं। उन्हीं दिनों 'नवनीत' और 'भवन भारती' के सम्पादकों के भी दर्शन हुए। एक अनियतकालीन 'गंधदीप' पत्रिका भी निकला करती थी। उसके सम्पादक थे महेंद्र कार्तिकेय। इनके साथ कुछ रोज़ घुटी।

फिल्मी दुनिया के अनुभव छोड़ दें। बंबई-फ़रारी से मुझे पत्रकारिता की विशाल दुनिया में झाँकने का अवसर ज़रूर मिला। कुछ चीज़ों को क़रीब से देखा, अख़बार के दफ़्तर कैसे होते हैं? सम्पादक एवं उप-सम्पादक की कार्यशैली कैसी है? अख़बार कैसे छपते हैं? लेखकों की जीवन-शैली कैसी होती है? आदि-आदि। फ़रारी के दिनों में मनोहरश्याम जोशी ने मेरा नया नामकरण भी किया। उन्होंने स्नेहवश नाम रखा 'वीर बालक'।* वे मुझे इसी नाम से ही पुकारा करते थे। उमेश जी ने भी इसी नाम का प्रयोग किया। बंबई-फ़रारी से मेरा अनुभव-संसार निश्चित ही समृद्ध हुआ। जैसे मैं पहली दफ़ा बंबई 1858 में विद्यार्थी के रूप में गया था। तब मैं अपने चचेरे भाई के यहाँ बोरीवली में ठहरा था। गर्मियों की छुट्टियाँ बंबई दर्शन में बितायी। एक-दो फिल्म स्टूडियो को भी देखा। बस!

इस अन्तराल के बाद मैं वापस जयपुर के गवर्नमेंट होस्टल लौटता हूँ। इंजीनियर चौधरी नारायण सिंह के पास। मुझे चौधरी जी के इस प्रस्ताव को स्वीकार या अस्वीकार करना है कि क्या मैं पेपर हॉकरी छोड़ कोई दूसरा काम करने के लिए तैयार हूँ? उनका प्रस्ताव था कि यदि मैं अख़बार बेचना छोड़ दूँ तो वे मुझे 'नाला पॉवर हाउस' में अस्थायी नौकरी दिला सकते हैं। पगार सत्तर रुपए मिलेगी। काम कुछ नहीं। सुबह 8 बजे से शाम 4 बजे तक परीक्षा की तैयारी करिए और घर लौट आइए। सचमुच, मेरा यही रुटीन रहा कई महीनों तक। मैंने देखा, मेरा जैसा एक और परीक्षार्थी वहाँ पहले से मौजूद है। पॉवर हाउस के टाइम कीपर के कमरे में मुझे 'कुर्सी तोड़ने' और 'परीक्षा तैयारी' करने का काम मिला। इसके लिए वेतन मिलता 60-62 रुपए। रविवार के अवकाश का वेतन कट जाया करता था, क्योंकि मैं 'दैनिक मजदूरी' पर था। यहाँ काम के दौरान ही मालूम हुआ कि पॉवर हाउस के प्रभारी इंजीनियर राय साहब और नारायण सिंह चौधरी जिगरी दोस्त हैं। दोनों ही 'सेल्फ मेड' हैं। इसलिए वे संघर्षशील छात्रों की सहायता करते रहते हैं।

* मनोहरश्याम जोशी ने सन् 2002 में मासिक 'कथादेश' में मुझसे खुंदकवश 'साहित्य का वीर बालक' शीर्षक से लम्बा लेख लिखा। बाद में 'जनसत्ता' ने भी इसे प्रकाशित किया। विवाद भी हुआ।

पॉवर हाउस में वक़्त काफ़ी था। परीक्षा की तैयारी के साथ-साथ में कुछ लिखना-पढ़ना भी किया करता रहा। रेडियो के लिए नाटक और अख़बारों के लिए बाल कविताएँ लिखीं। कविता का शीर्षक आज भी मुझे याद है। कविता कुछ इस प्रकार थी–'मानवता के हम सच्चे साथी, आगे क़दम बढ़ाएँगे'। दैनिक लोकवाणी में यह छपी थी। कुर्सी पर उचकते और मेज़ पर थाप देते हुए दो नाटक भी लिखे–'मुराद की आँखें' और 'बहादुरशाह ज़फ़र'। मैं समझता हूँ, दोनों ही सामान्य नाटक थे। पर तब दोनों ही 'उपलब्धि' लगे थे। मित्र यारों के बीच ये काफ़ी चर्चित रहे। कॉलेज वालों ने 'मुराद की आँखें' को मंचित भी किया। क़रीब बारह वर्ष बाद दिल्ली युगवाणी द्वारा बहादुरशाह ज़फ़र भी प्रसारित किया गया। वैसे इसे मंच के लिए लिखा गया था। कुल मिलाकर मेरी यह नौकरी फूली-फली। कुछ पैसे भी जमा हुए और किताबों की सोहबत बढ़ी।

लेकिन, मेरी मस्ती का कभी तो अन्त आना ही था। सो आया। एक दिन मैं बेवक़्त छँटनी का शिकार हो गया। ग़नीमत सिर्फ़ यह रही कि मेरी परीक्षाएँ समाप्त हो चुकी थीं। मुझे इंतज़ार था अपने रिजल्ट का। इसीलिए फिर से सड़क पर आना मुझे 'स्वैच्छिक जेल' से मुक्ति के समान लगा। लेकिन पंद्रह दिन बीतते-बीतते फिर से कारावास की ज़रूरत महसूस होने लगी। एक परिचित ने मेरे लिए कंपोजिंग प्रशिक्षण की व्यवस्था कर दी। प्रशिक्षण अवधि में मुझे एक रुपया रोज़ मिला करता। पहले मैंने खाने याद किए, फिर टाइप वितरण सीखा। सप्ताह भीतर ही मेरी अँगुलियाँ फटने लगीं और उनसे खून रिसने लगा। भाई लोगों ने यहाँ भी खिल्लियाँ उड़ाईं, किसी ने कहा इसकी मजनुई उँगलियाँ हैं, किसी का फ़िकरा था–'अरे भाई इसके हाथों में गुलाब थमाओ, सीसा नहीं। नाजुक लौंडा है'। इसमें कंपोजिटरों का कोई दोष नहीं था। उनकी पारिवारिक पृष्ठभूमि में ज़िंदगी की कड़वाहट के अलावा था ही क्या! उनके लिए कोमलता का बोध किसी 'लग्जरी' से कम नहीं था। हो सकता है उनकी भी अँगुलियाँ शुरू में फटी हों, लेकिन मुझे विश्वास है कि वे मेरी तरह नहीं रही होंगी। इसकी एक वजह यह भी रही होगी कि उन्होंने खानों में घुसती व निकलती और टाइपों का आलिंगन करती हुई अपनी अँगुलियों को संयोग के रूप में नहीं, 'नियति' के रूप में स्वीकार किया होगा। खानों के बाहर उनकी ज़िंदगी खत्म थी। वे खानों से निकल नहीं सकते थे। मैंने इन खानों को अपनी नियति नहीं, पड़ाव के रूप में देखा था। इसका एहसास मुझे था कि मुझे इन खानों से भी आज़ादी मिलेगी।

एक दिन इस अंधी कोठरी व तंग गली से भी मैं फ़रार हो जाऊँगा। ये साले कंपोजिटर देखते रह जाएँगे। तब छापाखाने गलियों में हुआ करते थे। कोठरियों में कंपोजिंग हुआ करती थी। रोशनी व हवा का होना किसी उत्सव से कम नहीं था। मुझे याद है कि मेरे सहयागी कंपोजिटर अक़सर खाँसा करते थे। किसी को दमा था, किसी को तपेदिक। ऐसे में उनकी बीड़ियाँ और चाय के साथ आशिक़ी मेरे लिए हमेशा ईर्ष्या की वज़ह रही। इसी वज़ह से उनके और मेरे बीच दूरी भी बनी रही। कभी हम घुलमिल नहीं सके।

यहीं बंबई की एक घटना याद आ रही है। बंबई-फ़रारी के दौरान मैंने महालक्ष्मी की एक ग्लास फैक्ट्री में नौकरी की थी। मैंने पहली बार शीशे को पिघलते, ग्लास व जार के साँचों में भरते देखा था। यहाँ दुर्घटना आम बात थी। किसी के हाथ, किसी के पैर पर शीशे का गिरना मामूली घटना हुआ करती थी।

सुरक्षा की पर्याप्त व्यवस्था नहीं थी। यहाँ तक कि दस्ताने और गमबूट भी श्रमिकों के पास नहीं हुआ करते थे। मुझे भी नंगे हाथ-पैर से काम करना पड़ा। पलभर की असावधानी मुझे विकलांग बना सकती थी। बड़ा मुश्किल से बीता था पहला सप्ताह। दिन में स्टूडियो के चक्कर लगाता और शाम को फैक्ट्री पहुँच जाता। धीरे-धीरे भय खुलने भी लगा। शीशे से मित्रता होने लगी। लेकिन एक रात 'सरप्राइज चैकिंग' हो गई। लेबर इंस्पेक्टर ने मुझे फ़ौरन निकलवा दिया। उसने कहा कि यह लड़का इस ख़तरनाक काम के लायक नहीं है। यह ज़रूर अपने घर से भागकर आया है। इसे तत्काल निकाल दो। मेरी छुट्टी हो गई और कुछ रुपए हाथ में थमा दिए गए। मैं पूर्ण श्रमिक का दर्ज़ा प्राप्त करते-करते रह गया। जहाँ मुझे हीरो बनने के लिए 'आकर्षक चेहरा' चाहिए था, वहीं मजदूर बनने के लिए 'खुरदरे व फौलादी ज़िस्म' की ज़रूरत थी। कैसी विडंबनाओं की चपेट में मैं था!

हीरो बनूँ इसके लिए मजदूरी ज़रूरी थी, और मजदूरी मिले इसके लिए मजदूर दिखना भी ज़रूरी था। मैं लाचार था, कुछ नहीं कर सका। मैं इस द्वंद्व का समाधान नहीं कर सकता था। मुझे फैक्ट्री से निकलना ही पड़ा, एक बार फिर फुटपाथ पर। जब मैंने तंग गली के छापाखाने से विदाई ली तब मैं अपने सहयोगी खुरदरे कंपोजिटरों को ग्लास फैक्ट्री के अनुभव सुनाना नहीं भूला। तब सभी जमकर हँसे थे। मैंने उस हँसी के बीच कहा था, 'देख लेना, एक रोज़ आप लोग मेरी पुस्तक की भी कंपोज़िंग करेंगे।' वे फिर जमकर हँसे। उनकी हँसी में किसी बच्चे का दिल रखने का भाव अधिक था। मेरी दृष्टि में वे सभी 'पराजित सैनिक' थे!

पतझर मेरा साथ निष्ठापूर्वक सहयात्री के रूप में निभाता रहा है। अब देखिए, हाईस्कूल की परीक्षा में मुझे सप्लीमेंट्री मिली है। इस पूरक परीक्षा के लिए मुझे साठ-सत्तर रुपए फ़ीस के लिए चाहिए। पॉवर हाउस की नौकरी से छुट्टी पहले ही हो चुकी थी। तभी एक प्रस्ताव आया। बसंती मंडली में एक धनीराम हुआ करते थे। मसखरे टाइम के सज्जन थे। नचनिया लगा करते थे। नाटक में भी नाच-गाने का काम किया करते। वे कुछ रामलीला समितियों से भी जुड़े हुए थे। रामलीला मंचन का प्रबंध किया करते थे। उनके जीवन में स्त्रैण प्रवृत्तियाँ कुछ अधिक ही मुखरित हुआ करती थीं। इसलिए वे अक़सर उपहास का पात्र भी बन जाया करते थे।

ख़ैर! उनका प्रस्ताव था कि मैं हिसार की रामलीला में शामिल हो जाऊँ। सीता की भूमिका निभाऊँ। रामलीला समाप्ति के अगले रोज़ ही मैं शकुंतला नाटक में 'शकुंतला' का रोल भी करूँ। सीता और शकुंतला की भूमिकाओं के लिए मुझे दो-ढाई सौ रुपए दिए जाएँगे। चढ़ावा और भेंट अलग से मिलेंगे। भोजन और आवास की व्यवस्था रामलीला प्रबंधकों की रहेगी। तीसरी श्रेणी का रेल किराया भी हिसार में अदा कर दिया जाएगा।

मैंने इस प्रस्ताव को तुरंत ही लपक लिया। जयपुर से दो-तीन साजिंदे भी मेरे साथ हो लिए। ये सभी मुस्लिम थे। पेट ने इन्हें रामभक्त और परीक्षा फ़ीस ने मुझे राम की सीता एवं दुष्यंत की शकुंतला बना डाला था। हम चारों एक ही नाव के सहयात्री थे और नाविक था समय!

हिसार पहुँचते ही मैंने प्रबंधकों से सौ रुपए अग्रिम लिए, जिसमें से सत्तर रुपए का तार मनीऑर्डर जयपुर में अपने एक मित्र को भेजा। उस मित्र ने पूरक परीक्षा का फॉर्म

विलम्ब शुल्क सहित हाई स्कूल परीक्षा बोर्ड में जमा करा दिया। एक तनाव से मुक्ति मिली और अगले रोज़ से मैं मर्यादा पुरुषोत्तम राम की धर्म पत्नी सीता मैया में रूपान्तरित हो गया, या वे स्वयं मुझमें विराजमान हो गईं। कौन जाने क्या सच है? सभी तो 'राम की माया' है—जाहि विधि राखे राम, ताहि विधि रहिये! पर मेरा सच तो मेरी पूरक परीक्षा और परीक्षा फ़ीस थीं।

सो, अगले रोज़ से मुझे सीता के संवाद रटाये जाते। सुबह से ही रिहर्सल होती। साजिंदों के साथ संवाद और चौपाइयाँ बोलता। राम और लक्ष्मण मथुरा के चौबे थे। स्त्री की भूमिका मेरे लिए नयी नहीं थी। इससे पहले 'बसंती' की भूमिका हफ़्तों निभा ही चुका था। इसलिए सीता और शकुंतला की भूमिकाएँ अटपटी नहीं लगी। लेकिन, दोनों ही भूमिकाएँ चुनौतीपूर्ण थीं। साज-शृंगार पर फोकस रहता। साथ ही में मुझे में 'देवी भाव' भी रोपा जाना था। पूरे शृंगार के साथ राम और सीता की शोभा यात्राएँ भी नगर में दो-तीन दफ़े निकाली गईं। राम-सीता की जोड़ी सभी को आशीर्वाद देती, अभिवादन स्वीकार करती और छतों व बालकनियों से पुष्प वर्षा भी होती। रास्ते भर शंख ध्वनियों के बीच नगरवासियों के जय-जयकारों से मैं अयोध्या की महारानी और जगत् माता सीता होने के 'भ्रम' से प्रफुल्लित होता रहता। 'शकुंतला' का नाटक तो हिट गया। कई फिल्मी गानों और संगीत से इसे सजाया गया था। विरहिणी शकुंतला के गानों ने तो दर्शकों को हिलाकर रख दिया था।

एक गाना था—'ऐ मेरे दिल बता, प्यार तूने किया...पायी मैंने सज़ा...क्या करूँ क्या करूँ...? (वी. शांताराम की फिल्म 'झनक-झनक पायल बाजे' में संध्या द्वारा अभिनीत) ने तो कहर बरपा दिया। सीटियाँ बजीं। रेज़गारी और नोटों की बरसात हुई। पारसी थिएटर शैली में इस नाटक का मंचन किया गया था। 'सीता' की भूमिका से मुझे श्रद्धा व चढ़ावा मिले, शकुंतला से सस्ती शोहरत और पैसा! कुछ समय पश्चात् उग्रजी की आत्मकथा 'अपनी ख़बर' पढ़ी। उसमें उन्होंने रामलीला मंडली में हुए अपने अनुभवों का विस्तार से वर्णन किया था। सारांश में मैं अपने अनुभवों को उनके अनुभवों का ही छोटा-मोटा जोशी-संस्करण कह सकता हूँ।

शताब्दियों पहले आदि शंकराचार्य ने 'परकाया' प्रवेश किया था या नहीं, यह मैं नहीं जानता। लेकिन यह जानता हूँ कि इन दोनों 'एपिक नायिकाओं' ने मुझ में प्रवेश किया था। बलिहारी है परिस्थितियों और नेहरू-भारत की जिसने मुझे 'परकाया प्रवेश' की अनुभूति से मालामाल किया!

पूरक परीक्षा का फल निकला। मैं पास था। मेरे 'परकाया प्रवेश' का प्रयोग सफल रहा। लेकिन गुलाबी नगरी से जी उचाट होने लगा। मेरे लिए जयपुर सिकुड़ने लगा था। मुझे चाहिए थे नये क्षितिज-नयी चुनौतियाँ!

एक रात दिल्ली, बे-टिकट!

तो एक रोज़ तंग गली से निकल खुली बड़ी चौपड़ पर पहुँचकर मैं स्वयं से बुदबुदाया, "क्यों न जयपुर छोड़ दिया जाए? अब दिल्ली से यारी की जाए।"

बस! दिल्ली जाने की धुन मुझ पर सवार हो गई। इसकी एक ठोस वजह भी थी। किसी ने मुझे सुझाव दिया कि 'बहादुरशाह ज़फ़र' नाटक को पूरा करने के लिए दिल्ली पब्लिक लाइब्रेरी और हार्डिंग लाइब्रेरी में काफ़ी संदर्भ सामग्री मिल जाएगी। मैं एक रात बे-टिकट दिल्ली की ओर निकल पड़ा। ज़ेब में चंद रुपए थे, टिन की पेटी में कुछ कपड़े, बहादुरशाह ज़फ़र की पाँडुलिपि और हस्तलिखित पत्रिका की एक प्रति। एक ठिकाना दिल्ली में था। जयपुर आकाशवाणी के एक अनाउंसर हरीश श्रीवास्तव का दिल्ली में तबादला हो चुका था। वे कुछ समय से मोतीबाग में रह रहे थे। वे दिल्ली केंद्र से विविध भारती का कार्यक्रम पेश किया करते थे। जब वे जयपुर में थे तब उनके परिवार से मेरा मधुर सम्बन्ध था। वे 'बच्चों का कार्यक्रम' का संचालन किया करते थे। बेहद आत्मीय व्यक्ति थे। उनकी पत्नी और बच्चे भी कम मिलनसार नहीं थे। तभी तो मैंने दिल्ली पहुँचकर सीधे उनके यहाँ डेरा डाल दिया। उन्होंने भी घर जैसा प्यार दिया। आज मैं कह सकता हूँ यदि श्रीवास्तव परिवार का शुरुआती आश्रय प्राप्त नहीं होता तो शायद दिल्ली मुझे अपने यहाँ से निकालकर ही दम लेती।

वैसे मैं बतला ही चुका हूँ कि दिल्ली से आशनाई तो बहुत पहले से ही शुरू हो चुकी थी। चाँदनी चौक, दरीबांद, जामा मस्ज़िद, कनॉट प्लेस–सबकी यादें जेहन में बसी हुई थीं। ख़ैर! 1962 के अगस्त या सितंबर के महीने में फिर से मेरी दिल्ली-दोस्ती की कहानी शुरू होती है। मेरा आधा वक़्त लाइब्रेरियों में बीतता और आधा नौकरी की तलाश करने में। एक रोज़ मैं 'भारत सेवक समाज' के दफ़्तर जा पहुँचा।

तब यह दफ़्तर थिएटर कम्युनिकेशन बिल्डिंग में हुआ करता था। आज इस बिल्डिंग की क़ब्र पर पालिका बाज़ार इतराता हुआ दिखाई देगा। आपातकाल में इस बिल्डिंग पर संजय गाँधी के घोड़ों ने चढ़ाई कर डाली थी। यह ऐतिहासिक इमारत देखते-देखते ढहा दी गई, और उसके स्थान पर वातानुकूलित पालिका बाज़ार की इमारत खड़ी कर दी गई। तब थिएटर कम्युनिकेशन बिल्डिंग में कई दफ़्तर हुआ करते थे। जहाँ तक मुझे याद है, भारत सेवक समाज के अलावा हिन्दी साहित्य सम्मेलन, नवजीवन ट्रस्ट, भारत युवक समाज, एक दूतावास, बाँके बिहारी भटनागर का पत्रिकारिता विद्यालय आदि के कार्यालय भी हुआ करते थे। इसी में-हिन्दुस्तानी थिएटर भी हुआ करता था। शाम को एम.एस. सथ्यू और उनकी मित्र शमा जैदी रिहर्सल करवाया करते थे। तब दोनों की शादी नहीं हुई थी।

दोनों के बीच तब प्रेम-व्यापार चल रहा था। बाबा नियाज़ हैदर भी यहाँ आया-जाया करते थे। मुझे भी उनका सान्निध्य प्राप्त हुआ। सथ्यू द्वारा निर्देशित एक-दो नाटकों में छोटी-मोटी भूमिकाएँ भी निभाईं।

उन दिनों भारत सेवक समाज अपना साप्ताहिक पत्र 'भारत सेवक समाज' निकाला करता था। पं. निरंजनदेव शर्मा इसे सम्पादित किया करते थे। परोक्ष सम्पादक निरंजनदेव शर्मा अत्यंत कर्मठ व गाँधीवादी इंसान थे। सादगी से भरा उनका जीवन था। वे और पत्र, दोनों एक-दूसरे के पर्याय थे। साप्ताहिक के कार्यालय में मेज़ व कुर्सी का प्रयोग नहीं किया जाता था। प्रधान सम्पादक थे चंद्रभान शर्मा। शर्मा जी के कई चेहरे थे, लेकिन दिखाई देने वाले एक-दो थे। गुलजारीलाल नंदा के वे पटु भक्त थे, और 'भारत सेवक समाज' के कर्ताधर्ता भी। इनके साप्ताहिक में थोड़ा-बहुत लिखने का अवसर मिला। यह पत्र छठे एवं सातवें दशक की विकास व परिवर्तन समस्याओं से भरा रहा करता था। स्वतंत्रता-संग्राम की खुमारी उतरी नहीं थी। स्वतंत्रता-संग्राम के संस्मरण इसमें छपा करते थे।

सम्पादक से लेकर चपरासी तक, सभी फ़र्श पर बैठा करते थे। लिखने के लिए मुनीमी मेज़ हुआ करती थी, और बैठने के लिए खादी की गद्दी। वैसे कार्यालय का प्रत्येक व्यक्ति खादी पहनकर आया करता था। कार्यालय के वातावरण ने मुझे काफ़ी प्रभावित किया। इसी कार्यालय में पहली बार दलित समाजकर्मी डॉ. सोहनपाल सुमनाक्षर से भी मुलाकात हुई। बंबई से चंद्रभान शर्मा से सामान्य परिचय था। पवई क्षेत्र में उनकी जायदाद हुआ करती थी। बंबई परिचय के आधार पर उन्होंने भारत सेवक समाज के कार्यालय में रहने का ठौर भी दे दिया। तब यह कार्यालय कनॉट सर्कस के एक फ्लैट में हुआ करता था। चंद्रभान शर्मा उर्फ़ सी.बी. शर्मा भी यहीं रुका करते थे। वैसे ज़्यादातर समय उनका बंबई या दूसरे शहरों के दौरों में बीता करता था। सी.बी. शर्मा ने मुझे अपने यहाँ ठौर दी, लेकिन वे इसकी कीमत भी वसूलना चाहते थे। किसी भी दृष्टि से संगत को सुखद प्रेरक व आदर्श नहीं कहीं जा सकता था। पत्र के चरित्र के विपरीत उनका आचरण था। कनॉट सर्कस के अनुभवों ने मेरे जयपुर के अनुभवों को दोहरा दिया, बल्कि और घनी विद्रूपता के साथ; एक साप्ताहिक पत्र कितना मजबूत कवच सिद्ध हो सकता है; कितने 'ऐबों' की यह ढाल बन सकता है! दिल्ली का यह शुरुआती सबक़ मिला। शब्द 'किशोर एब्यूज' के प्रयोग के साथ इस प्रसंग पर विराम लगाता हूँ, और अन्ततः मुझे धमकियों के बीच कनॉट सर्कस के ठौर से भागना पड़ा। ग़नीमत यह हुई कि मुझे फुटपाथ पर नहीं सोना पड़ा। मुझे थिएटर कम्युनिकेशन बिल्डिंग के दो कमरों में बसे हिन्दी साहित्य सम्मेलन में संदेशवाहक की नौकरी मिल गई। गोपालप्रसाद व्यास इसके सर्वेसर्वा हुआ करते थे। दिन में कार्यालय में काम करता, और रात्रि को वही स्थान मेरे लिए बेडरूम का रोल अदा करता।

वैसे शोषण, उत्पीड़न व अन्याय और मेरे बीच हमेशा से बैर का रिश्ता रहा है। अपनी क्षमता के अनुसार इसका प्रतिवाद ज़रूर करता आया हूँ। 1962 में बीस बरस का था। सी.बी. शर्मा के अवांछित कारनामों की शिकायत लेकर योजना आयोग के उपाध्यक्ष गुलजारीलाल नन्दा के दरवाज़े पर दस्तक़ दी। योजना भवन के चैम्बर में मैंने नन्दाजी के समक्ष अपनी तमाम भड़ास निकाल दी। मैंने धमकी दी कि यदि इस शिकायत का निराकरण नहीं किया गया तो मैं नेहरू जी के यहाँ अपना विरोध दर्ज़ करूँगा। अनशन

करूँगा। कैबीनेट स्तर के उपाध्यक्ष नन्दाजी मुझे देखकर दंग रह गए। एक मामूली लड़का इतना उबलेगा, इसकी उम्मीद उन्हें नहीं थी। उन्होंने ध्यानपूर्वक मेरी शिकायतों को सुना। मेरे आक्रोश में भावनाओं का उद्वेग अधिक था, तर्क की मात्रा कम थी। नन्दाजी मजे हुए नेता थे। चाय-पानी पिला कर मेरे क्रोध को पिघलने दिया और कार्रवाई का भरोसा दिला कर मुझसे मुक्ति ली। क्या कार्रवाई उन्होंने की, यह मैंने नहीं जाना। इतना तय है, भारत सेवक समाज में इस दृश्य की पुनरावृत्ति नहीं हुई। शर्माजी भी विचलित हो गए। एक रोज़ उन्होंने संदेश भेज कर अपने यहाँ बुलाया। दबे स्वरों में खेद व्यक्त किया। ऊपरी दबाब के कारण वे लज्जित थे, लेकिन उसमें चतुराई छिपी हुई थी। राजसत्ता की नगरी में एक निराश्रित लड़के की इससे अधिक और क्या उपलब्धि हो सकती थी?

मैंने इस अबोध टकराव पर यहीं विराम लगा कर हिन्दी साहित्य सम्मेलन में पूरे मनोयोग से संदेशवाहकी शुरू कर दी।

सम्मेलन की नौकरी मुझे अच्छी लगी। कार्यालय में हिन्दी के अनेक साहित्यकारों और पत्रकारों के सम्पर्क में आया। साहित्य को थोड़ा-बहुत समीप से समझने एवं पढ़ने का अवसर मिला। यहीं रहकर भरतमुनि का नाट्य-शास्त्र पढ़ा और सोफ़ोक्लीज की प्रसिद्ध ट्रेजडी 'इडीफ़ीस रैक्स' का हिन्दी में 'मनुष्य और प्रारब्ध' शीर्षक से रूपांतरण करने का प्रयास किया। लेकिन यह प्रयास अधूरा एवं अधकचरा ही रहा। वजह थी, किसी गुरु के सान्निध्य का अभाव और मुझमें एकलव्य बनने की सामर्थ्य व लगन की कमी। सम्मेलन में पधारने वाले दिग्गज या जुगनूई या पुरानी दिल्ली के लालाछाप साहित्यकारों के लिए मेरी हैसियत चपरासी से ज़्यादा नहीं थी। एक-एक दिन में प्राय: बीस-पच्चीस किलोमीटर साइकिल चलाना, सभा-बैठक की सूचना के पत्र बाँटना देर रात तक, कार्यालय में 'जैनुइन-गैर-जैनुइन रचनाकर्मियों' के लिए चाय लाना-पान खिलाना, मेरी दिनचर्या हुआ करती थी। इस दिनचर्या में से समय चुराकर ही मैं निराला, महादेवी वर्मा, प्रसाद, गुलेरी, भारतेन्दु हरिश्चन्द्र, प्रेमचन्द, गोर्की आदि को थोड़ा-बहुत पढ़ सका। तब इन साहित्यकारों की कृतियाँ मेरी समझ में आई थीं या नहीं, आज इस सम्बन्ध में मैं विश्वासपूर्वक कोई टिप्पणी करने की स्थिति में नहीं हूँ। केवल, इतना ही सकता हूँ कि मुझे रचनाओं से संस्कार ज़रूर मिले, संकल्प व साहस जन्में, हीनता अपरिचित रही। बस! चलते रहना...चलते रहना की उत्कंठा से ही मेरी मित्रता रही। साहित्य सम्मेलन में काम करते हुए कई प्रकार के मीठे-कड़वे अनुभव हुए थे। सभी को यहाँ याद करना फ़िज़ूल है। मैं केवल चंद अनुभवों को याद करना चाहूँगा जो मेरे लिए कभी न कभी दिशा बोधक रहे हैं। उनके आलोक में आगे बढ़ता रहा हूँ।

संदेशवाहक के रूप में काम करते हुए मेरी इच्छा थी कि मैं अपनी शैक्षणिक योग्यता बढ़ाऊँ। किसी ने सलाह दी कि मैं प्रभाकर करूँ। इसके बाद साहित्यरत्न या बी.ए.। तय किया कि पंजाब से प्रभाकर का फॉर्म भर देना चाहिए। लेकिन फ़ीस भरने के लिए पैसे नहीं थे।

सम्मेलन से 60 रुपए मासिक मिला करता था। मुश्किल से ख़र्च चल पाता था। सम्मेलन के बाहर बरामदे में एक परिवार रहता था। परिवार मुखिया किसी दफ़्तर में चपरासी था। इस निर्धन परिवार ने बड़ा सहयोग किया। दोनों वक़्त का खाना यह परिवार

चालीस–पैंतालीस रुपए में देता रहा। गोपालप्रसाद व्यास जी ने भी अपने घर में कुछ दिन रखा। अच्छा परिवार था। मैं उन्हें चाचाजी कहा करता था। परिवार के सभी लोग उन्हें चाचाजी कहा करते थे। गीतकार संतोष आनन्द भी यहाँ ही टिके हुए थे। इस परिवार में रहते हुए चाची यानी श्रीमती व्यास का काफ़ी स्नेह मिला। शाम को घर लौटने के मामले में मैं शुरू से ही बिगड़ैल रहा हूँ। आज भी देर तक ही लौट पाता हूँ। व्यास जी के यहाँ रहते हुए भी जयपुर से लगी इस 'लत' में कोई सुधार नहीं हुआ। मैं डाँट खाता रहा, और चाची मुझे बचाती रहीं। इस घर में चाय–नाश्ता हो जाया करता था। लेकिन खाना बाहर ही खाता। संतोष आनन्द भी यही किया करते थे।

तो मुझे प्रभाकर की परीक्षा देने की धुन सवार हुई। क्या किया जाए? सम्मेलन के एक वरिष्ठ सदस्य ताराचंद खंडेलवाल के सामने मैंने अपनी इस धुन को गुनगुनाया। मेरे लिए वे क्षण किसी अलौकिक अनुभूति से कम नहीं थे जब उन्होंने तुरंत ही अपने गल्ले से नोट निकालकर मेरे हाथ में थमा दिए और कहा, "सीधे फ़ॉर्म भरना और ऐसे ही आगे बढ़ते रहना।" ताराचंद जी की चावड़ी बाज़ार में हार्डवेयर की दुकान हुआ करती थी। वे जबर्दस्त हिन्दी प्रेमी थे। प्राय: सम्मेलन की बैठकें उनके निवास पर ही हुआ करती थीं। मुझे याद है उन्होंने एक विराट कवि–सम्मेलन कराया था। भारत–चीन युद्ध में हुए शहीदों के नाम सम्मेलन आयोजित किया गया था। नेहरू जी भी इस अवसर पर मौजूद थे। जहाँ तक मुझे याद है, यह रामलीला मैदान का किस्सा है। श्रोताओं की आँखें गीली हो गई थीं। अनेक ने रक्षाकोष में अपने बटुए डाल दिए थे। महिलाओं ने बालियाँ, कंगन, चैन आदि को ऐसे उतारकर दिए थे जैसे उनके लिए आभूषण धरोहर थे। मैंने इस आयोजन के निमंत्रण पत्रों को भी बाँटा था। ताराचंद जी और सम्मेलन के दूसरे सदस्यों ने इसमें सक्रियता से भाग लिया था। जब मैं 1969 में पूर्णरूपेण संवाददाता बना, तब मैं उनके फ़ीस के रुपए लौटाने गया तो उन्होंने बड़े अनमने भाव से कहा, "मैंने आपको कोई रुपए नहीं दिए।" इसके बाद जब तक वे जीवित रहे हम दोनों अक्सर मिलते रहे। प्रेम कांफ्रेंस में टकराते रहे। लेकिन उन्होंने मुझे अपने व्यवहार से इस बात का कभी एहसास नहीं होने दिया, "जोशी जी! आज आप स्थापित पत्रकार हैं। कभी आप चपरासी भी हुआ करते थे। हमारी चिट्ठियाँ भी बाँटा करते थे। मैंने आपको फ़ीस के रुपए भी दिए थे! समझे!"

मैंने प्रभाकर का फॉर्म ज़रूर भरा। कनॉट प्लेस में सेंट्रल पार्क के लैम्प पोस्ट तले परीक्षा की तैयारी की। पार्क में ही हरियाणा के एक युवक से मुलाकात हुई। वह भी परीक्षा की तैयारी कर रहा था। वह दिन में कनॉट प्लेस की एक दुकान में काम करता, दुकान की ही लेट्रीन को उसने अपना आशियाना बना रखा था। एक कोने में उसने अपना सामान जमा रखा था, और दूसरे कोने में अँगीठी। वहीं दिन में वह और दुकान के दूसरे लोग उसमें निवृत्त होते। रात्रि में वही लेट्रीन उसकी रसोई में बदल जाती। उसकी इस हालत को देखकर मुझे स्वयं के लिए ईश्वर को सलाम करना ही पड़ा। कनॉट प्लेस में निशाचरी जीवन बिताते हुए मुझे नेहरू चाचा के रात्रिकालीन 'गवैये भतीजों' ने सबसे अधिक प्रभावित किया। मैं उनके चेहरों को आज भी नहीं भूल सकता; गले में हारमोनियम लटकाए, किसी होटल के सामने कोई सस्ती–सी ग़ज़ल गाते; कलाइयों में गजरा बाँधे; नौटंकी अदा बिखराते; चिकन चबाते ग्राहकों की हज़ार दुआ माँगते, नालियों से बख़्शीश चुगते; शेष रात्रि किसी

मुस्टंडे के साथ गुजारने के लिए तैयार होते; फ़क़त एक-दो रुपए में। उन दिनों 'नेहरू चाचा ज़िंदाबाद' का नारा बालकों का मंत्र हुआ करता था। घरों में बच्चे हनुमान चालीसा रटते, और स्कूलों एवं सरकारी आयोजनों में 'चाचा ज़िंदाबाद' का नारा बुलंद करते। मैं भी 'राष्ट्रीय चाचा' का ऐसा ही अमान्यता प्राप्त भतीजा रहा जो गाँव बसवा से चाचा ज़िंदाबाद का नारा लगाते हुए वाया जयपुर दिल्ली हाट में जा पहुँचा था। कनॉट प्लेस के इन लावारिस भतीजों से मैं 'बूट पॉलिश', 'अब दिल्ली दूर नहीं', 'जागृति' जैसी फिल्मों के गाने देर रात तक सुनता रहता। 'नन्हे-मुन्ने बच्चे तेरी मुट्ठी में क्या है?', 'तेरे लाड़लों की दुआ माँगते हैं', 'चलो-चलो माँ काँटों से दूर फूलों की छाँव में' जैसे गाने मेरे किशोर-जीवन की 'रिद्म' हुआ करते थे। ये बच्चे अज़मेरी गेट की वेश्याओं के हुआ करते थे। माँओं और औलादों में सिर्फ़ योनि व लिंग का ही तो भेद था! वरना दोनों ही ज़िस्म व आवाज़ बेचकर ज़िंदगी ठेला करते थे। उन्हीं दिनों मैंने एक रूसी उपन्यास 'यामा दी पिट्ट' पढ़ा था। इन भतीजों में मैं इतना खो गया कि एक छोटा-मोटा उपन्यास लिख मारा। शायद उसका शीर्षक 'रोशनी में रोते फूल' था। लेकिन यह पाँडुलिपि कभी दिन की रोशनी नहीं देख सकी। उन्हीं दिनों मैंने दो एकांकी लिखे जो 'सैनिक समाचार' में प्रकाशित हुए। एकांकी चीनी आक्रमण से संबंधित थे। लेकिन, यहाँ एक बात साफ़ कर दूँ। आज जिस ढंग से भारतीय मीडिया को 'कारगिलमय' (1999) बना दिया गया है, उस समय ऐसा नहीं था। पत्र-पत्रिकाओं में लेख, ख़बरें, आलोचना, वीर गाथाएँ आदि छपा ज़रूर करते थे, लेकिन सीमा में रहते हुए। युद्ध और उसके परिणामों को प्रोपेगंडा से दूर रखा गया था। मुझे याद है, रक्षा मंत्री वी.के. कृष्ण मेनन के त्यागपत्र और वाई. बी. चह्वाण की नियुक्ति के पश्चात् राजनीतिक गलियारे शांत हो गए थे। सभी गतिविधियाँ सामान्य हो गई थीं। एक बार फिर 'चाचा नेहरू जिंदाबाद' का नारा गूँजने लगा था। इस दौर की अद्भुत शामें आज भी मेरी स्मृतियों की सतह पर यदा-कदा थाप देती रहती हैं।

किस्सा यह है कि मुझे 1963 में एक नाटक देखने का निमंत्रण मिला। नाटक का मंचन रफ़ी मार्ग स्थित आई. फेक्स ऑडीटोरियम में होने वाला था। नाटक शेक्सपियर का 'हेमलेट' था। राष्ट्रीय नाट्य संस्था इसे करने वाली थी। अल्क़ाजी इसके निर्देशक थे। मैं ठीक समय से थिएटर पहुँच गया। संयोग से अग्रिम पंक्ति की सीट मिल गई। हॉल में पहुँचकर ही ज्ञात हुआ कि नेहरू जी भी नाटक देखने के लिए आने वाले हैं। मैं रोमांचित हो उठा। आज 'चाचा नेहरू' के साथ नाटक देखने का अवसर मिलेगा। अन्य दर्शक भी ऐसा ही सोच रहे होंगे। उनके चेहरों से साफ़ झलक रहा था कि सीमाओं पर पराजय के बाद भी नेहरू जी की लोकप्रियता कम नहीं हुई है। वे लोगों के लाड़ले नेता बने हुए हैं। इसलिए हॉल में खुशी की रेखाएँ उभरी हुई थीं। आयोजक और दर्शक उनकी बेसब्री से प्रतीक्षा करने लगे।

नाटक शुरू होने का समय क़रीब आने लगा। पहली घंटी बजी। दूसरी घंटी लगी। तीसरी घंटी बजाई गई। कुछ बेचैनी, कुछ मायूसी होने लगी। लोगबाग दरवाज़े की ओर बार-बार देखने लगे। नेहरू जी नहीं आए, लेकिन नाटक ठीक समय पर शुरू हो ग़या। नाटक के आरम्भ होने के क़रीब दस मिनट बाद एक टॉर्च धीरे-धीरे मेरी तरफ़ आती दिखाई दी। मैं नाटक देखने में मस्त था। सोचा कोई दर्शक होगा। मैं नाटक देखता रहा।

लेकिन जब मध्यान्तर हुआ तब एक सिहरन-सी दौड़ गई, ऊपर से नीचे तक। मैं आश्चर्यचकित था। सब कुछ अविश्वसनीय लग रहा था। अगली दो-तीन पंक्तियाँ छोड़कर प्रधानमंत्री बैठे हुए थे। उनके सिर पर सफेद टोपी थी। शेरवानी व अचकन पहने हुए थे। एक-दो सुरक्षा कर्मचारी उनके पीछे थे। सामान्य पोशाक में। निदेशक ने उनका सामान्य स्वागत किया। दर्शकों की निगाहें उन पर गड़ी रहीं। कुछ लोगों ने उनसे हाथ भी मिलाया। मैं ऐसा नहीं कर सका, इसका दु:ख मुझे हुआ। शायद संकोचवश या हिम्मत नहीं थी। नाटक का शेष भाग शुरू हो गया। प्रधानमंत्री चुपचाप नाटक देखते रहे। मैं कभी पाँतों को और कभी पंडित जी की पीठ को देखता रहा। नाटक-समाप्ति के उपरांत वे अपने स्थान से उठे, सबका अभिवादन स्वीकार किया और कुछ से हाथ मिलते हुए आहिस्ता-आहिस्ता हॉल से बाहर निकल गए। हम सभी उनकी पीठ निहारते रहे। एक तरह से मेरे चित्र में उनकी यह छवि हमेशा के लिए अंकित हो गई। क़रीब एक-डेढ़ वर्ष बाद यही छवि पुन: उभरी थी, लेकिन एक भिन्न संदर्भ में। काफ़ी देर तक उनकी उपस्थिति की गंध दर्शकों में फैली रही। उस रात देर तक मैं जागा रहा। मेरे लिए नेहरू जी के साथ नाटक देखना किसी अलौकिक अनुभूति से कम नहीं था। इसके बाद मैं उन्हें फिर कभी जीवित नहीं देख सका। जब मैंने 1964 में कलकत्ता में धर्मतल्ला स्ट्रीट पर रहते हुए 28 मई की सुबह अख़बार खोला था, तो उनकी वही पीठ छपी थी; वे सागर-तट पर अनन्त जलराशि से सम्बोधित हैं, दूर और दूर सूर्य उसकी कोख में विलीन हो रहा है। इसे देख-कर आई. फैक्स का वही चित्र उभर आया। जाने मुझे क्यों लगा मैं अनाथ हो चुका हूँ! 'आनन्द बाज़ार' के प्रथम पृष्ठ पर प्रकाशित इस चित्र को मैंने लम्बे समय तक सम्भाल कर रखा था।

मैं उढ़री संतान!

"लल्लू को पगड़ी नहीं बँधेगी। वो इसका सही हक़दार नहीं है।"

घर में ज़मा पास-दूर के सगे-संबंधियों के बीच 'पगड़ी' को लेकर कोहराम मचा हुआ है। मुद्दा सिर्फ़ इतना है कि स्वर्गीय रामकिशोर जोशी की पगड़ी की पात्रता पुत्र रामशरण जोशी उर्फ़ लल्लू उर्फ़ टोम में है या नहीं? दोनों सगे चाचाओं, उनके पुत्र-पुत्रियों, मेरी दोनों सौतेली बहनों, उनकी संतानों और सौतेली माँ (बड़ी अम्मा) की दृष्टि में मैं पगड़ी के लिए अपात्र हूँ। मैं अपने पिता का वांछित वारिस नहीं हूँ। मेरा दोष इतना है कि मैं एक ऐसी स्त्री की संतान हूँ जो कि हिंदू वैवाहिक संस्कारों के पालन के बग़ैर ही दिवंगत पुरुष के साथ पत्नी के रूप में तीस-पैंतीस बरस रहती रही है। उसने अपना सर्वस्व विवाहित पुरुष को समर्पित किया है। अपनी काया के सभी बसंत-पतझर सुख उसकी देह पर न्योछावर किये। फिर भी वह 'उढ़री' ही बनी रही। वह एक किशोर विधवा थी। सधवा के रूप में साथ रही। संतानें जनती रही, लेकिन अधिकृत विवाहिता कहलाने के लिए तरसती भी रही! तब क्यों उसकी संतान को पगड़ी बाँध कर उसे सामाजिक वैधता दी जाए? आख़िर है तो वो 'उढ़री संतान!'

एक महीने के नोटिस पर मैंने हिन्दी साहित्य सम्मेलन छोड़ दिया था। थिएटर कम्युनिकेशन बिल्डिंग में ही स्थित हिन्दुस्तानी थिएटर के मंच-सज्जा सामग्री के कबाड़ख़ाने में मैं रहने लगा था। सम्मेलन से आबोदाना उठने के बाद भी मैं वहाँ आता-जाता रहता था।

एक रोज़ मुझे पोस्टकार्ड मिला। इसका एक कोना कुतरा हुआ लग रहा था। मुझे खटका हुआ। इस चिट्ठी में पिताजी के देहांत का समाचार था। जयपुर में चार रोज़ पहले ताँगे से टकरा जाने से उनका घटनास्थल पर ही निधन हो गया था। वे शाम को आँधी-बारिश के समय सड़क को पार कर रहे थे, रेलवे स्टेशन के पास।

मेरी दोनों ज़ेबें लगभग खाली थीं। एक रोज़ पैसा जुटाने में निकला। जैसे-तैसे बीस रुपए जमा किये और पुरानी दिल्ली स्टेशन से जयपुर के लिए रात्रि ट्रेन से रवाना हो गया।

रास्ते भर चिंताओं ने मुझे दबोचे रखा; ताई और पोलियाग्रस्त छोटे भाई का क्या होगा; ताऊजी का अंतिम संस्कार कैसे हुआ होगा; कौन तेरहवीं करेगा, इसका ख़र्च कहाँ से आएगा; क्या सगे-सम्बन्धी मेरी मदद करेंगे? इन सवालों से मैं जयपुर पहुँचने तक घिरा रहा। भोर में घर पहुँचा तो आँगन में सन्नाटा छाया हुआ था। माँ टूट चुकी थी। सूरज सो रहा था। एक-दो रिश्तेदार पहुँचे हुए थे। मैं तेरहवीं से पहले पहुँच गया, ताई को इससे

दिलासा मिली। ऐसे सदमे में बड़े पुत्र का होना अच्छा माना जाता है। हिंदू धर्म के अनुसार बड़े लड़के के हाथों से माता-पिता के अंतिम संस्कारों का होना अच्छा माना जाता है। दिवंगत आत्माओं को इसका लाभ मिलता है, और संतान का पुण्य-कर्म होता है। इसलिए बड़े पुत्र को माता-पिता का उत्तराधिकारी माना जाता है। अब मैं मरुस्थलरूपी उत्तराधिकार के क्षेत्र में प्रवेश कर रहा हूँ।

सच, मैं उत्तराधिकार की पात्रता-अपात्रता विवाद से लगभग अनभिज्ञ ही रहता अगर अज़मेर से पहुँचे एक वृद्ध रिश्तेदार मुझे नेपथ्य में जारी इस नाटक की जानकारी न देते। ये धर्मभीरु सज्जन ताऊजी के भक्त रहे हैं। इस सज्जन ने मुझे अकेले में बुलाकर इस नाटक के प्रमुख पात्रों के संवाद सुनाए। यह भी बतलाया कि दोनों चाचाओं में से एक चाचा की इच्छा है कि यह पगड़ी उसके सिर बाँधी जाए। उसे ही ताऊजी का सच्चा उत्तराधिकारी घोषित किया जाए। ताऊजी के इस मुरीद ने यह भी कहा कि वे इसे हरगिज़ नहीं होने देंगे। "पगड़ी का तू ही हक़दार है, दूसरा कोई नहीं। मैंने सभी से कह दिया है। ओम (चचेरे भाई) को भी बतला दिया है कि पगड़ी बँधेगी तो टोम (मैं) को ही बँधेगी, वरना किसी को नहीं।" वृद्ध सज्जन दो टूक स्वरों में मुझसे कह रहे हैं।

मैं उनसे कह रहा हूँ, "फूफाजी, आप क्यों इतना कर रहे हैं? वे जो करना चाहते हैं, करने दें।"

"अरे, यह अन्याय है। तू ही खुदा (पिता) का बेटा है। उन्होंने तुम दोनों को बेटा ही समझा, अपना नाम दिया।"

"अगर, पगड़ी नहीं बँधेगी तो क्या फ़रक़ पड़ जाएगा?"

"तू नहीं जानता है इस समाज को। पगड़ी नहीं बँधने से तुम दोनों भाइयों और माँ पर क्या गुज़रेगी, मैं जानता हूँ। पगड़ी बँधवाने से इनकार मत करना। तेरा जायज़ हक़ है।"

"फूफाजी, पगड़ी नहीं बँधने पर भी मैं इंसान तो रहूँगा ही?"

"अरे वो सब ठीक है। ये सब आदर्श की बातें हैं...बड़े-ऊँचे लोगों की बातें हैं। मुझे-तुझे इस समाज में रहना है। इसके हिसाब से चलना पड़ेगा। समझा? अब तू पाग के लिए तैयार रहे। मैं सब ठीक कर दूँगा। इसीलिए मैं अज़मेर से आया हूँ। नाइंसाफी नहीं होने दूँगा।"

मैं अनमने भाव से सब कुछ सुन लेता हूँ। चुप रहता हूँ।

इन नाजुक क्षणों में मुझे क्या करना चाहिए, यह भी नहीं समझ पा रहा हूँ। इस 'पगड़ी' नाटक का नायक, खलनायक, सहनायक...सभी कुछ मैं ही हूँ, लेकिन विडंबना यह है कि मेरी इसमें एंट्रि अभी तक नहीं हुई है। मेरे संवाद क्या हैं, इसका क्लाईमैक्स कैसा है, इन सबसे अपरिचित हूँ। मैं, माँ और छोटा भाई सूरज, हम तीनों नाटक के पात्र होते हुए भी इसमें हमारी उपस्थिति कहीं दर्ज़ नहीं हुई है। हम तीनों न तो 'केन्द्र' में हैं, और न ही 'परिधि' पर। हम तीनों की अज़ीबो-ग़रीब स्थिति है!

ठोस वज़ह भी है। ताऊजी के निधन से लेकर क्रियाकर्म तक मैं कहीं भी तो उपस्थित नहीं था। जयपुर का रेल क़िराया जुटाने के लिए दर-दर मारा-मारा फिर रहा था। मैंने

न तो मुखाग्नि दी, कपाल क्रिया भी नहीं की, न ही फूल चुने और न ही अस्थि-विसर्जन किया और तो और न शांति पाठ किया, न गरुड़ पुराण ही सुना!

दाह-संस्कार से लेकर तेरहवीं या मृत्यु-भोज तक...ये तमाम कर्मकांड सीतमात में तो सम्पन्न होते नहीं हैं। इस सम्पूर्ण प्रक्रिया के पग-पग पर कलदार लगता है; ब्राह्मणों को दान-दक्षिणा चाहिए; बहन-बेटियों को नेग दिया जाता है; गऊ-दान अलग से है; और मृत्यु-भोज दिए बिना कुंभीपाक से छुटकारा मिलेगा नहीं। मेरी ज़ेबें तो मुफ़लिसी का फ़साना है। धर्म और संस्कार, इन्हें थामने के लिए भारी भरकम ज़ेबें चाहिए। अभी तो चार-पाँच रुपए ही मेरी ज़ेबों का गौरव हैं। मैं देख रहा हूँ, जिनकी ज़ेबों में कलदार हैं, दम और धर्म उनके ही हैं। हम तीनों तो पंगत की जूठी पत्तलें ही उठा सकते हैं!

बाहर चबूतरे पर जाज़िम बिछी हुई है। सौ-सवा सौ लोग ज़मा हो चुके हैं। मृत्यु-भोज का समय आ चुका है। नाटक में हठात् नया मोड़ आता है। चाचा मुझसे कह रहे हैं, "लल्लू, जल्दी से तैयार हो जा। तेरे पगड़ी बँधनी है।"

मैं देख रहा हूँ, मेरे सामने अज़मेर वाले फूफाजी खड़े हुए हैं। अपनी विजय पर मंद-मंद मुस्करा रहे हैं। मुझे इशारों से तैयार होने के लिए कह रहे हैं। मैं तुरंत नहाता हूँ। कुछ देर बाद मुझे चौकी पर बैठा दिया जाता है। मुझे तिलक लगाया जाता है। पंडित मंत्रों का पाठ कर रहा है। सिर पर सफ़ेद पाग बाँधी जा रही है। इसके बाद लोग एक-एक करके आते जा रहे हैं, और मुझे पाग बाँधते जा रहे हैं। मेरी झोली में एक नारियल, एक कलदार या नोट डाले जा रहे हैं। मैं भीतर से खुश हूँ, "चलो, ताई व सूरज के कुछ दिन निकल जाएँगे। मैं भी टिकट ख़रीद कर दिल्ली लौट सकूँगा। नये सिर से सफ़र शुरू करूँगा।"

मेरे दोनों चाचाओं और सौतेली बहनों की नज़रें मेरी झोली पर बिछी हुई हैं। ये लोग ऐसे घूर रहे हैं कि कहीं मैं झोली समेत रफूचक्कर न हो जाऊँ,

धरती में न समा जाऊँ! दूसरी ओर पगड़ी रस्म में मिलने वाले रुपए और सौग़ातें मेरे हैं, यह सोच कर मैं बाग़-बाग़ हो रहा हूँ। रस्म खत्म होने के बाद मैं अपनी झोपड़ी में लौट आया हूँ। मेरे पीछे-पीछे बड़े चाचा लपकते हुए पहुँच रहे हैं। बड़ी बहनें भी पहुँच गई हैं। झोली में बँधी सारी वस्तुएँ मुझ से ले ली जा रही हैं।

"लल्लू, ये सब रुपए दे दे। एक-दो नारियल अपने पास रख ले।" बड़े चाचा मुझसे गाँठ बँधी हुई झोली झपट रहे हैं। मैं अपने खलिहान को लुटता हुआ देख रहा हूँ; उपेक्षा, अपमान, तिरस्कार और गिद्ध झपटों की जमीन पर मैं खड़ा हूँ; साथ में माँ है, पथराई आँखें लिये। सूरज भी है। हम तीनों 'फ्रीज़ फ्रेम' में हैं!

पगड़ी-मंचन समाप्त हो चुका है। इसके दूसरा भाग आरम्भ होने जा रहा है। दूर के सगे-सम्बन्धी जा चुके हैं। अब समीपी रिश्तेदारों की बड़ी समस्या यह है कि हम तीनों प्राणियों का क्या किया जाए? गाँव में एक पुश्तैनी मकान है। और वो भी खस्ता हालत में। मकान से सटा बड़ा-सा बाड़ा है। यही अदद दौलत ताऊजी हम लोगों के लिए छोड़ गए हैं। बस! मैं सोचता हूँ, यदि पिताजी भारी भरकम जायदाद छोड़ जाते तो हम तीनों के परखचे ही उड़ जाते!

तो हम तीनों प्राणियों के साथ कैसा सुलूक हो, यह जोशी-कुटुंबियों की नैतिक समस्या है। गम्भीर विचार-विमर्श चल रहा है। मेरे बड़े जीजाजी का सुझाव है, "हम तीनों को

मथुरा के अनाथालय में छोड़ दिया जाए। वहाँ इन लोगों को भरपेट भोजन मिल जाएगा। सब पल जाएँगे।"

"यह कैसे हो सकता है?"

चचेरे भाई ओम्प्रकाश जोशी इसका प्रतिवाद करते हुए कहते हैं, "ताऊजी नहीं हैं तो क्या...हम लोग तो हैं। ये अनाथ नहीं हैं।"

"तो ओम् इनकी ज़िम्मेदारी कौन लेगा?" जीजाजी बिगड़ते हुए पूछते हैं।

"जीजाजी, मैं लक्ष्मी और सूरज को अपने साथ सिरोही ले जाऊँगा। रामशरण दिल्ली में संघर्ष कर रहा है। कभी कुछ बन जाएगा। बाद में अपनी माँ और भाई को अपने साथ ले जा सकता है।" अन्त में काफ़ी हुज्ज़त के बाद हम तीनों के भाग्य का फ़ैसला हुआ; माँ और सूरज ओम् भाई साहब के साथ सिरोही जाएँगे और मैं अकेले क़िस्मत से टकराने के लिए दिल्ली लौट जाऊँगा।

पगड़ी-रस्म के दो रोज़ बाद मैं ताई और सूरज को वक़्त के हवाले कर रात्रि की ट्रेन से दिल्ली रवाना हो रहा हूँ। बग़ैर टिकट। थोड़ा-बहुत सामान है जिसे एक परिचित सहयात्री* के पास सुरक्षित रख देता हूँ, क्योंकि बेटिकट यात्री को डिब्बा-दर-डिब्बा भटकना पड़ता है। टीटी से आँखें चुरानी पड़ती हैं। कभी टॉयलेट में भी स्वयं को बंद करना होता है। कभी बर्थ के नीचे चतुराई से दुबकना होता है। इसलिए परिचित सहयात्री के पास सामान रखकर मैं निश्चिंत-सा हो गया हूँ। मैंने उनसे कह दिया है कि मैं पुरानी दिल्ली स्टेशन पर सामान लेने आ जाऊँगा।

रात्रि के ढाई-तीन बजे हैं। कड़ाके की ठंड है। मैं टीटी की पकड़ से बचता हुआ डिब्बा-दर-डिब्बा दौड़ रहा हूँ। लेकिन इस बार वक़्त मेरे साथ नहीं है। अलवर स्टेशन के आने से कुछ मिनिट पहले ही मुझे टीटी चाप लेता है। मुझे पकड़ लिया गया है। मैं काफ़ी मिन्नत करता हूँ। लेकिन टीटी है कि उसे मुझ पर कोई रहम नहीं है। मुझे अलवर स्टेशन पर उतार कर स्टेशन मास्टर के हवाले कर दिया जाता है। ट्रेन जा चुकी है। मेरा सामान भी चला गया है। अब मेरे पास हैसियत के नाम पर ज़ेब में दो रुपए और हाथ में '18 ग्रीक दुखांत नाटक' का संकलन है। यह दिल्ली पब्लिक लाइब्रेरी की पुस्तक है। स्टेशन मास्टर मेरी तलाशी ले रहा है। इससे पहले बेटिकट यात्रा की नैतिकता पर वह लम्बा-चौड़ा भाषण पिला चुका है। ज़ेल भेजने की धमकी भी दे चुका है। अन्ततः वह दो रुपए का नोट मेरी ज़ेब से निकालकर अपनी ज़ेब के हवाले कर देता है। मैं रुआँसा-रुआँसा हो गया हूँ। चाय पीने के लिए भी ज़ेब में पैसे नहीं हैं। दिल्ली तो लापता ही है।

मैं दो रुपए की अनमोल दौलत को खोकर रेलवे क्रांसिंग पर पहुँच गया हूँ। यहाँ से ट्रक, बसें दिल्ली जाते रहते हैं। लिफ्ट लेने की जुगाड़ में हूँ मैं।

आधा घंटे के इंतज़ार के बाद एक ट्रक में लिफ्ट मिल गई है। ट्रक खाली जा रहा है। ड्राइवर चार रुपए माँग रहा है। मैं अपना नाटक-संग्रह उसे सौंप देता हूँ और भरोसा दिलाता हूँ कि दिल्ली पहुँचने पर उसे चार रुपए देकर अपनी पुस्तक वापस ले लूँगा। तब तक ये दुखांत नाटक गिरवी रहेंगे। सिख ड्राइवर नेक इंसान है। वह तैयार हो जाता है। चाय भी पिला देता है।

** यह परिचित सहयात्री प्रसिद्ध कथाकार मनोहरश्याम जोशी की दूर की रिश्तेदार है।*

सुबह नौ बजे हम लोग दिल्ली जा लगते हैं। मैं अपनी पुस्तक को ड्राइवर के पास ही छोड़ देता हूँ और भरोसा दिलाता हूँ कि शाम तक इसे छुड़वा लूँगा। ड्राइवर से उसके ट्रांसपोर्टर का पता लेकर मैं कनॉट प्लेस की ओर पैदल मार्च करता हूँ। थिएटर कम्युनिकेशन बिल्डिंग पहुँचता हूँ। ज़रूरी नित-कर्म से मुक्ति लेकर मैं अपने भारत सेवक समाज और हिन्दी साहित्य सम्मेलन के दफ़्तर पहुँचता हूँ। दोनों दफ़्तरों में 'माया' मेरी प्रतीक्षा में मिली। भारत सेवक समाज और सैनिक समाचार में छपे मेरे लेखों एवं नाटकों का पारिश्रमिक-साठ रुपए मैंने बटोरे। सम्मेलन के पते पर 'सैनिक समाचार' का मनीऑर्डर पहुँचा हुआ था। जीवन में पहली बार मुझे अपनी प्रकाशित लेखन सामग्री से माया प्राप्त हो रही है। इन क्षणों में यह साठ रुपए की राशि मेरे लिए कुबेर का ख़ज़ाना ही नहीं, आबे-हयात भी है। इन क्षणों की खुशी को मैं केवल महसूस कर सकता हूँ, इसे कोई 'बोल' नहीं दे सकता। मेरे स्मृति-कोष में यह समा चुकी है। बस!

मैं दौड़ा-दौड़ा सदर बाज़ार पहुँचता हूँ, ताँगे से। ट्रांसपोर्टर के यहाँ ड्राइवर से मिलता हूँ और अपनी प्यारी धरोहर को उससे मुक्ति दिलवाता हूँ और इस तरह होता है मेरे दुखांत 'पाग नाटक' का अन्त 'सुखांत' में! सच, इन दोनों में से कब कौन किसे 'रिप्लैस' करेगा, यह सोचना ही बेसबब है!

इस साठ रुपए की राशि में से बीस रुपए का मनीऑर्डर मैं ताई को जयपुर भेज देता हूँ और अपने राम वापस हिन्दुस्तानी थिएटर के कबाड़घर में रात गुजारने के लिए पहुँच जाते हैं। मैं कबाड़घर में लेटा हुआ हूँ। इसके एक कोने में ब्रेख़्त के नाटक 'सफेद कुंडली' (Concasianchalk circle) के लम्बे-लम्बे लबादे, रंग-बिरंगे मुखौटे पड़े हुए हैं; दूसरे कोने में विशाखदत्त का 'मुद्राराक्षस' की मंचन-सामग्री सजी हुई है, और इन दोनों के बीच मैं तख़्त पर पसरा हुआ हूँ। इन दोनों नाटकों के शताब्दियों के काल अन्तराल और हज़ारों मील के रंगभूमि फ़ासले का सेतु बना हुआ हूँ मैं! दोनों छोरों की विडंबनाएँ-विद्रूपताएँ मुझ पर चहल क़दमी कर रही हैं। सब कुछ 'पाग नाटक' में डूबता जा रहा है। 'मैं उढ़री पुत्र' इसका नायक भी हूँ, एकल दर्शक भी! इन क्षणों में 'मामा-पुत्र' और 'विधवा-पुत्र' के पहचान शब्द दिमाग़ पर हथौड़ा मार रहे हैं। क्या जीवन विसंगतियों, विडंबनाओं और त्रासदियों का योग मात्र है? मैं पाग-मंच पर इस मौन संवाद को दोहराने के लिए अभिशप्त हूँ!

मेरा पियानो और उड़े परखचे मेरे!

तो मेरे 'परखचे' उड़े थे उस दिन। तमाशा भी हुआ, लेकिन ख़बर थी कि फैली नहीं। अंसारी रोड के फुटपाथ पर मेरा सामान फेंका जा रहा था; पुस्तकें गीताजंलि, सोफोक्लीज, भरतमुनि का नाट्यशास्त्र, चाइना टुडे, योग वसिष्ठ, ब्लेक डॉल, डॉल्स हाउस, अंधायुग; जंग लगा ट्रंक, कपड़े–कुछ पहाड़ी धीरज की फुटपाथ से खरीदी दो पैंट–दो कमीज़ें, फटा कुर्ता–फटा पाजामा, बिस्तर–कामचलाऊ कंबल–रजाई, मंजन, आँवला–शीशी, टूटी कंघी, चप्पल–कपड़े के जूते। और भी कुछ रहा होगा। हाँ, याद आया। इंटर परीक्षा की पुस्तकें व कुंजियाँ। राहगीर खड़े थे। रामलोचन प्रकाशन के मालिक सीताशरण सिंह और फ़िल्मकार इस्माइल मर्चेंट दुकान के भीतर थे, बाहर फुटपाथ पर थे मैं, मेरा बिखरा सामान, लोग तथा बादल घिरा आसमान। मेरे लिए ऐसे दृश्य से पहला साक्षात्कार था। हिन्दी साहित्य सम्मेलन से मुक्ति हठात् थी, पर सम्मानजनक ही रही थी। वैसे ऐसे दृश्यों का मुम्बइया फ़िल्मों में कभी अकाल नहीं रहा है।

बड़े जतन से इस घोसले को तैयार किया था, छह–सात महीनों में तिनका–तिनका चुनकर। मुझे याद नहीं मैं कभी एक–दो बजे से पहले सोया हूँ; सुबह नौ बजे दुकान खोलता, दिन–भर जुता रहता; ग्राहकों को देखता, लेखकों के दरवाज़ों पर दस्तकें देता, चिट्ठियाँ डिलीवरी करता; स्टेशन पर पार्सल कराता, देर रात ढाबे में खाना खाता; कुछ पढ़ता–कुछ लिखता, फिर कोई सपना पाले सो जाता। यहीं मैंने 'गीताजंलि' कई बार पढ़ी। जब भी पढ़ता, ऊर्जा की सृष्टि होती गहरे अन्तर्मन में, एहसास पैदा होता 'मैं जीवित हूँ, मैं हारूँगा नहीं, मैं पहुँचूँगा तट तक, तूफ़ान हारेगा मुझसे!'

इसी घोसले में रहते हुए एक बड़ा नाटक 'सोने की पालकी–पत्थर के कहार' लिखा। इस नाटक की भी पृष्ठभूमि है। उन दिनों राजधानी दिल्ली में 'झुग्गी–झोपड़ी सफ़ाई अभियान' चल रहा था। तब भवन निर्माण मंत्री मेहरचन्द खन्ना हुआ करते थे। चाचा नेहरू का राज था। यह भी कहा जा सकता है कि 'नेहरूवीय समाजवाद' का दौर था। फिर भी झोपड़ियों–गंदी बस्तियों की शामत आई हुई थी! उनके विरुद्ध बुलडोज़रों ने मोर्चाबंदी की हुई थी। पहले यमुना बाज़ार की बस्ती गिरायी गई। फिर बस्ती–दर–बस्ती धराशायी होती रहीं। हिन्दी और अँगरेज़ी अख़बारों में रोज़ चित्रमय समाचार छपते रहते। उन दिनों 'नवभारत टाइम्स' प्रमुख दैनिक था। इसके बाद 'दैनिक हिन्दुस्तान' और 'वीर अर्जुन' हुआ करते थे। अँगरेज़ी दैनिकों में 'हिन्दुस्तान टाइम्स' व 'टाइम्स ऑफ इंडिया' का दबदबा था। उर्दू दैनिकों में 'प्रताप' का डंका बजा करता था। दैनिकों में धरा के मरियल अभागों

के विरुद्ध विकास के मुस्टेडों की जंग व फ़तह के कारनामें भरे रहते। इन घटनाओं ने मुझे गहरे तक हिला कर रख दिया। दिमाग़ के कोने में हरक़त होने लगी। सप्ताह भर में एक नाटक ने जन्म ले लिया, जिसका शीर्षक रखा–'सोने की पालकी पत्थर के कहार'। इसमें विध्वंस + विस्थापन + त्रासदी का चित्रण है। आरम्भ से अन्त तक पूँजीपति + जनप्रतिनिधि + नौकरशाह = गठबंधन की कथा है। बहादुरशाह ज़फ़र के नाटक के बाद इस नाटक से मुझे संतोष मिला। इस नाटक के साथ-साथ बचकानी अँगरेज़ी में तीन-चार तुकबंदियाँ भी की :

O' Strange Ray!

O' Strange Ray, O' Strange Ray,
Come...Come to the dark way.

Countless countless badness in the dark way,
Countless countless misfortune in the dark way,
Countless countless villains in the dark way,
Countless countless horrors in the dark way,
Countless countless despondencies in the dark way.

O' Strange Ray, O' Strange Ray,
Come...Come to the dark way.

Love is going to bottom
Aversion is going up
Justice is crying with pain
Oppression is dancing with joy,
humanity is falling prey to dark way.

O' Strange Ray, O' Strange Ray,
Come...Come to the dark way.

There is no place of humanity
There is no sign of fortune,
There is no rid of sins
There is no way to heaven,
There is no excellence of time

O' Strange Ray, O' Strange Ray,
Come...Come to the dark way.

God's son is wailing
Pityless rose is weeping
Painful dew is crying
Glorious Jenious is suffering,
Boundless gloom is descending

O' Strange Ray, O' Strange Ray,
Come...Come to the dark way.

O' Toiling Man !

O' Toiling man, O' Toiling man,
Fight again, Fight again,
Though, Thou not skilful
For fight. But,
be not valourless, be victorious.
Waiting many radiant lamps of hopes,
Shining in the dark way,
Till thy come.
Look and hear. Voice of God of work,
Coming from shrine of gold.

You forget these Low longings and desires.
Do not look back, Get rid of dark house,
the house begat you.

O' helpless, O' Feeble,
O supportless, an effigy of shameful time!
That body was made of glasses,
may be by Master of Lights.
Do not think about that.
Your can't be trampled down
by the Masters of Times.

Do not remember bygone age
In thy midst. That blind time,
had auctioned thee everywhere.
And also had drowned the toil, pride in yo that]
Pushed down by the blind Capitalists.

But do not fall prey to the worries
and do not run after the results.
Do not weep, and do not waste the God-gift in agony.
Do not lead to way of alienation.
Thy fate going to the sky,
not going to doom.

Look at the golden Path :
New age,
New Life,
New ambitions, waiting to welcome thee,
And excellence has broken
from heart of new world.

O' Toiling man, Fight again, Fight again.
O' Dauntless fight again, Fight again with darkness.
Though, Thou not skilful us fight again. But.
be not valourless, Be victorious.

Announce in the world : What am I?
Tell
The Earth,
The Milky Way,
The melodious Moon and stars,
The honesty and accomplishment are thy.
So, you go to the roots of Humanity.
Restore it.
O' Toiling man, Fight again...Fight againt!!!

(वर्ष-1963)

काश! कोई गुरु होता जो इन कविताओं को तराशता! तब न मार्क्स से पहचान थी,

न मार्क्सवाद के बारे में सुना था। सच, मैं ही शिष्य था, मैं ही गुरु! परिस्थितियाँ और समय की संवेदनाएँ, दोनों ही गढ़ रही थीं मुझे अनवरत!

ऐसे क्षणों में हिन्दी साहित्य सम्मेलन से विदाई की पूर्व संध्या की एक घटना याद आ रही है। 1963 की आँधी-बरसात भरी शाम थी। मैं हिन्दी के आलोचक डॉ. विजयेन्द्र स्नातक के घर पहुँचा हुआ था। उन्हें एक अत्यावश्यक पत्र देना था। तब वे महाराणा प्रताप बाग़ में रहा करते थे। सम्मेलन का दफ़्तर कनॉट प्लेस में हुआ करता था। गोपालप्रसाद व्यास जी का आदेश था कि मैं साइकिल से तुरंत जाऊँ, स्नातक जी और वियोगी हरि जी को पत्र डिलीवर करूँ। जब मैं चला था तब आसमान धुँधला था। दोनों स्थानों के बीच 17-18 कि.मी. का फ़ासला था। जब तक मैं महाराणा प्रताप बाग़ पहुँचा तब तक रात के क़रीब 10 बज चुके थे। बूँदा-बाँदी शुरू हो चुकी थी। स्नातक जी ने शॉल ओढ़ रखी थी। मैंने उन्हें पत्र दिया। उन्हें हैरत हुई कि मैं ऐसे समय आया! खराब मौसम में नहीं आना चाहिए था। फ़ोन पर ही बतला दिया जाता उनका संदेश। वे कुछ बिगड़े, लेकिन दुलार के साथ उन्होंने चाय पिलायी।

अब मुझे यहाँ से मॉडल टाउन जाना था। 3-4 कि.मी. आगे। वहाँ वियोगी हरिजी को भी पत्र देना था। स्नातकजी के घर से बाहर निकला तो बारिश होने लगी। मैं जैसे-तैसे मॉडल टॉउन पहुँचा। पत्र हरिजी के पुत्र को दिया। वियोगी जी के घर के बाहर आते ही बरसात तेज हो गई। मैं कुछ देर एक छज्जे तले खड़ा रहा। लेकिन मैं ज़्यादा देर तक खुद को बचा नहीं सका। भीगने लगा था। ठिठुरने लगा था। कुछ फ़ासले पर एक थड़ी दिखाई दी पान की। मैं उस ओर तेज़ी से दौड़ा। भीगता हुआ थड़ी पर जा पहुँचा। थड़ी वाला भी अकेला था। एक से दो भले। उसने बैठने की जगह दे दी। कुछ राहत मिली। ट्रांजिस्टर ने फौरी राहत को और समृद्ध किया। ट्रांजिस्टर पर 'सीलोन रेडियो' लगा हुआ था। फ़िल्मी नग़में आ रहे थे। एक घंटे बैठा रहा। पुरानी फ़िल्मों के कई नग़में सुने। लेकिन एक नग़मा है जो मेरे लिए 'मशाल' बना हुआ है तब से आज तक। उस दिन के प्रोग्राम का शायद वह अंतिम नग़मा था।

मैं और पनवाड़ी हज़ार गालियाँ दे रहे थे बरसात को, ईश्वर को। मुझे चिंता हो रही थी वापस कनॉट प्लेस पहुँचने की। आधी रात गुज़र चुकी थी, सड़कें पानी में डूबी थीं। ख़ामोशी और बारिश, दोनों की विडम्बनापूर्ण जुगलबंदी में हम मगन थे, तभी एक नग़मा गूँजता है :

मेरे नदीम, मेरे हमसफ़र उदास न हो,
कठिन सही मंजिल, मगर उदास न हो-
हर इक तलाश के रस्ते में मुश्किलें हैं मगर,
हर दूर तलाश मुरादों के फूल लाती है,
हज़ार चाँद-तारों का ख़ून होता है,
तो एक सुबह सितारों में मुस्कराती है।
हवाएँ कितना ही टक़रायें आँधियाँ बनकर,
मगर घटाओं के परचम कभी झुकते नहीं।

जो अपने ख़ून को पानी बना नहीं सकते,
वो ज़िंदगी में नया रंग ला नहीं सकते।
जो रास्तों के अँधेरों से हार जाते हैं,
वे मंजिलों के उजालों को पा नहीं सकते।
मेरे हम नदीम...मेरे हमसफ़र उदास न हो।

उषा मल्होत्रा के स्वर में साहिर के इस गीत ने मुझमें बला की शक्ति का संचार किया। मैं साइकिल पर कल्पना के पंख लगाए उड़ चला-उड़ चला... उड़ चला! गाना गुनगुनाता हुआ कनॉट प्लेस की ओर रवाना हो गया। मेरी साइकिल का चक्र घूम रहा था। सड़क पर तैरते पानी को चीर रहे थे पहिए। भोर के 3-4 बज चुके थे जब मैं थिएटर कम्युनिकेशन बिल्डिंग में दाख़िल हुआ और मेरे लबों पर था–तो इक सुबह सितारों में मुस्कराती है...!

तीन दशक का अन्तराल। वर्ष : 1993 शहर : वही दिल्ली, वक़्त : शाम। फिक्की ऑडीटोरियम सजा हुआ है। सभागार महक रहा है। मंच पर आसीन हैं दिल्ली के उपराज्यपाल दवे, उनके समीप बैठे हैं प्रसिद्ध समाजशास्त्री डॉ. श्यामाचरण दुबे, इसके बाद हैं आलोचक डॉ. नामवर सिंह, पंजाबी के साहित्यकार हरभजन सिंह, इसके बाद हैं डॉ. विजयेन्द्र स्नातक और मैं–वही महाराणा प्रतापबाग वाला लड़का 1963 का। मेरे बाद बैठे हैं 'जनसत्ता' के सम्पादक प्रभाष जोशी और उनके बाद हैं विनोद दुआ। मेरे सामने बैठे हैं राजेन्द्र यादव, डॉ. विश्वनाथ त्रिपाठी, केदारनाथ सिंह, मंगलेश डबराल, प्रयाग शुक्ल, अरुण प्रकाश, अरविन्द जैन और अनेक वरिष्ठ लेखकों और पत्रकारों की ज़मात।

मैं पुरस्कृतों की जमात में शामिल हूँ इसलिए ऊँचे आसन पर हूँ। मुझे दिल्ली की हिन्दी अकादमी की ओर से इक्कीस हज़ार का पत्रकारिता पुरस्कार दिया जा रहा है। प्रदान कर रहे हैं उपराज्यपाल। स्नातक जी के पास बैठे हुए एक विचित्र अनुभूति होती है। मैं रह-रहकर यादों को रीवाइंड करता हूँ, मुझे 1963 और 1993 एक दूसरे में 'सबमर्ज्ड' लगते हैं, काल का भेद विलुप्त हो जाता है। मैं स्नातक जी से पूछ रहा हूँ :

'आपने मुझे पहचाना, स्नातकजी?'

'हाँ...हाँ...क्यों नहीं। आप वरिष्ठ पत्रकार हैं।'

वे आदरपूर्वक कह रहे हैं।

'बस! इतना ही पहचाना?' मैं उन्हें याद दिलाने की कोशिश कर रहा हूँ।

'भाई, इससे अधिक नहीं पहचाना। आप ही बताएँ।'

'स्नातक जी, मैं वही रामशरण जोशी हूँ जो हिन्दी साहित्य सम्मेलन में संदेशवाहक का काम किया करता था। 1963 में मैं आपके यहाँ बारिश में पत्र देने आया था। इसके लिए मुझे आपने डाँटा था। फिर चाय पिलाई थी।' मैंने अपना विगत वरिष्ठ आलोचक के समक्ष खोलकर रख दिया है। वे कुछ क्षणों के लिए कहीं खो गए हैं। फिर मेरे कंधे पर हाथ रखकर कह रहे हैं–

"अरे हाँ, याद आया। भाई वाह! बहुत बड़े हो गए हो! परमात्मा और आगे बढ़ाए। मुझे बहुत आत्मिक प्रसन्नता है।"

"आपका आशीर्वाद है।"

"नहीं, आपके अपने परिश्रम का फल है।"

जब तक हम मंच पर बैठे रहे, उन्होंने मुझे 'आप' से ही सम्बोधित किया। ऐसे क्षणों को किन शब्दों में व्यक्त करूँ, मैं समझ नहीं पा रहा हूँ। 1963 और 1993 के ऐसे दृश्यों से मुंबइया फ़िल्मी पटकथाएँ अटी-पटी रहती हैं। मैं ऐसी कई फ़िल्में देख चुका हूँ; नायक चालवालों में पैदा होता है; बूट-पालिश करता है; होटलों में वेटर बनता है; टैक्सियाँ साफ़ करता है; फिर एक दिन 'कुछ' बन जाता है; किसी बड़े सभागार में मंच से गीत गाता है; उसका स्वागत होता है, उसकी प्रेमिका यार-दोस्त उसे रेडियो पर सुनते हैं; टीवी सेटों पर देख रहे होते हैं। उपराज्यपाल से पुरस्कार प्राप्त करते समय ऐसे 'फुटेज' मेरे 'मस्तिष्क-स्क्रीन' पर चल रहे हैं। तो इसमें कुछ भी अस्वाभाविक नहीं है!

वैसे जीवन भी तो एक फ़िल्म ही है; कॉमेडी, ट्रेजडी, हैरतअंगेज़ कारनामों से भरपूर; कुल जमा 'मेलोड्रामा'! और मध्यमवर्ग की नियति मेलोड्रामा ही है। यदि शेक्सपियर के ज़माने में सिनेमा का आविष्कार हो गया होता तो वे जीवन को नाटक या रंगमंच के बजाय फ़िल्म और स्टूडियो से परिभाषित करना पसंद करते। अलबत्ता, मेरे लिए पुरस्कार प्राप्त करने का यह पहला अवसर नहीं है।

पहला अवसर था 1987 में, जब मैंने अँगरेज़ी के वरिष्ठ पत्रकार श्यामलाल, मेरे गुरु तुल्य राजेन्द्र माथुर, अँगरेज़ी लेखक खुशवंत सिंह जैसी हस्तियों के साथ गणेशशंकर विद्यार्थी राष्ट्रीय पुरस्कार प्राप्त किया था। लेकिन डॉ. विजयेन्द्र स्नातक की उपस्थिति और उनके साथ पुरस्कार ग्रहण करते समय हुई अनुभूति मेरे लिए अतुलनीय थी। विगत और वर्तमान, दोनों ही एक-दूसरे पर 'इतराने' लगे थे। पलकों से झरने के लिए कुछ मचल रहा था...टप...टप...टप!

मैं वापस अंसारी रोड के फुटपाथ पर लौट आया हूँ। हल्की-हल्की बारिश शुरू हो चुकी है। पास खड़े लोग मेरी मदद कर रहे हैं। उजड़े घोसले के प्रत्येक तिनके को जल्दी-जल्दी बटोर रहे हैं। बिल्कुल, फ़िल्मी सीन-'शहर और सपना' वाला!

मैं अपना सारा सामान समेटे सामने वाली गली में बसे रतन सिंह शाण्डिल्य के एक कमरे वाले बंगले में पहुँचता हूँ। वे अपने इस घर को 'बंगला' ही कहते हैं। सो, मेरे लिए भी यह बंगला है। कमरे में एक कोने में मैं अपना सामान सजा देता हूँ। उनके बंगले में सामान 'शोपीस' बन जाता है। शायद मैं भी! मित्र-दायरे में बात फैल जाती है कि मेरे साथ क्या घटा। अब मैं शाण्डिल्य जी के बंगले में विस्थापित बनकर रह रहा हूँ।

इस अप्रत्याशित घटना के साथ ही मेरी नयी संघर्ष-यात्रा शुरू हो गई। दो चुनौतियाँ : पहली, कोई स्थायी आश्रय; और दूसरी-नयी नौकरी। ज़ेब में चालीस-पचास रुपए से अधिक नहीं थे। शायद आधे महीने का वेतन मुझे हमेशा के लिए भूल जाना पड़ा। पुस्तक भंडार के मासिक प्रकाशन 'बालक' में प्रकाशित दो रचनाओं का पारिश्रमिक भी नहीं मिला। यह पत्रिका भी सीताशरण सिंह परिवार की ही थी।

वैसे मेरी सबसे बड़ी तात्कालिक समस्या विस्थापन या बेरोज़गार नहीं थी, परीक्षा थी। मैं मध्य प्रदेश बोर्ड की इंटर परीक्षा की तैयारी कर रहा था। प्राइवेट विद्यार्थी के रूप में परीक्षा शुरू होने में केवल दो सप्ताह रह गए थे। परीक्षा-केंद्र ग्वालियर था। क़रीब महीना भर मुझे वहाँ रहना था। दिमाग़ में तूफ़ान था, ज़ेबें खाली थीं। शाण्डिल्य जी को

अपनी इस समस्या से अवगत कराया। उन्होंने मुझसे एक ही बात कही 'तुम परीक्षा की तैयारी करो। बाक़ी चिंता मुझ पर छोड़ दो।'

शाण्डिल्य जी ने अपने शब्दों का पालन किया। मैं परीक्षा तैयारी और नौकरी-तलाश साथ-साथ करता रहा। ग्वालियर के लिए उन्होंने मुझे क़रीब सौ रुपए दिए। उन दिनों इस राशि का काफ़ी महत्त्व था। मैं परीक्षा के लिए नयी जगह ग्वालियर में क़रीब महीने भर रहा। मेरे साथ दिल्ली से गए दो-तीन मित्र भी थे। तीनों एक किराए के कमरे में टिक गए। मैंने आधे-अधूरे मन से परीक्षा दी। फ़िल्में भी ख़ूब देखीं। पर्चे ठीक नहीं हुए। परीक्षा समाप्ति के पश्चात् मैं दिल्ली लौट आया और नौकरी की खोज में जुट गया। अहर्निश! आख़िर कब तक टिके रहता, शाण्डिल्य जी के यहाँ!

शाण्डिल्य जी किसान परिवार के थे। पश्चिमी उत्तर प्रदेश वासी थे, अत्यंत सादा जीवन उच्च-विचार, गाँव में रह रहे दो लड़कों के पिता। विचारधारा से उदार संघवादी। रोज़ सुबह शाखा में जाना, लेकिन स्वयं को तत्कालीन जनसंघ की राजनीति से अलग भी रखना। गाँधी जी का भी उन पर थोड़ा-बहुत प्रभाव था। मार्क्स से भी वे परिचित थे। आश्रय देने के बावजूद उन्होंने मुझे शाखा में जाने के लिए न प्रेरित किया, और न ही बाध्य किया। हम दोनों में बहसें भी ख़ूब होतीं, मतभेद भी जमकर फूटते। लेकिन उन्होंने कभी मन-मुटाव नहीं पाला, न ही मुझसे यह कहा, 'जोशी, बहुत रह चुके। अब जाओ इस बंगले से। ले जाओ अपना सामान।' मैंने उनका बंगला उसी दिन छोड़ा जिस दिन वे मुझे पुरानी दिल्ली स्टेशन से सियालदाह एक्सप्रेस में कलकत्ता के लिए रवाना करने लगे।

अन्ततः मुझे हिन्दी 'टी.पी. ऑपरेटर-कम टाइपिस्ट' की नौकरी मिल गई हिन्दुस्थान समाचार समिति में। कलकत्ता भेजने से पहले मुझे सप्ताह भर का टेलीप्रिंटर-प्रशिक्षण दिया गया। हिन्दी टाइपिंग मुझे पहले से ही आती थी, इसलिए टी पी ऑपरेटिंग सीखने में कोई कठिनाई नहीं हुई। सप्ताह भर में ही उँगलियाँ 'टी पी पियानो' में रम गईं। मैंने टाइपराइटर और टेलीप्रिंटर का नामकरण 'पियानो' किया हुआ था। दोनों की टक-टक, खट-खट, खिंच-खिंच...की आवाज़ें जब मेरे कोनों से टकरातीं तो पियानो के सीने से उठने वाली मधुर संगीत लहरी बन कर मुझमें घुल जातीं। तब मेरी पीड़ा नहीं रहती, एक अनोखे आनन्द की धारा बनकर मुझमें बहने लगती। और इसके साथ ही मैं 1964 में मृणाल सेन के 'कलकत्ता-71' में 'टीपी पियानो' बजाने के लिए रंगरूट बन गया। कलकत्ता प्रस्थान के साथ शुरू हुआ एक अध्याय, नितांत नया अध्याय जीवन का धर्मतला स्ट्रीट पर!

सेतु थीं–दो माँएँ, दो स्त्रियाँ!

(I)

कलकत्ता में पत्रकारिता का एक नया संसार मेरे लिए खुला। यदि मैं कहूँ कि कलकत्ता ने मुझे सक्रिय हिन्दी पत्रकारिता में दीक्षित होने का अवसर दिया तो इसमें अतिशयोक्ति नहीं होगी। दिल की बात कहूँ तो कलकत्ता के प्रति दो बातों के लिए मैं हमेशा ऋणी रहूँगा। पहली बात है–पत्रकारिता और दूसरी है व्यवस्था परिवर्तनवादी राजनीति। इन दोनों क्षेत्रों के द्वार मेरे लिए कलकत्ता ने खोले। मेरे लिए यह 'मरणासन्न शहर' कभी नहीं रहा। मैंने इसे हमेशा अपनी पत्रकारिता और राजनीतिक यात्रा के 'काबा-काशी' के रूप में देखा है। 1964 के प्रारम्भ में इसके साथ शुरू हुई आशनाई आज तक चल रही है। अलबत्ता, इसमें पहली-सी गरमास अब नहीं रही। कभी साल में चार-चार दफ़े हावड़ा ब्रिज से मैं गुज़रा करता था। अब चौबीस-चौबीस महीने बीत जाते हैं 'काबा-काशी' के दीदार हुए। बस, अख़बारी ख़बरों से यार के हालचाल लेकर ही सब्र करना पड़ता है!

मैं एक दोहरी भूमिका निभाने के लिए कलकत्ता पहुँचा था। मैं हिन्दी का टाइपिस्ट और टीपी ऑपरेटर था। शाम को टेलीप्रिंटर चलाता और सुबह व दोपहर में टाइपिंग किया करता। तब की बहुभाषा समाचार एजेंसी–हिन्दुस्थान समाचार ने मुझे यह दोहरी भूमिका सौंपी थी। शायद सौ रुपए मेरी पगार हुआ करती थी। धर्मतला स्ट्रीट स्थित एजेंसी का कार्यालय ही मेरा घरबार हुआ करता था, दिल्ली के हिन्दी साहित्य सम्मेलन और रामलोचन प्रकाशन की तरह। लेकिन कलकत्ता ने मेरी 'सामाजिक हैसियत' ज़रूर बढ़ा दी थी। अब मैं संदेशवाहक या चपरासी से उछलकर टाइपिस्ट एवं टीपी ऑपरेटर की शाखा पर जा बैठा था। सम्मान मिलने लगा था। समाचार एजेंसी में काम करने के कारण मुझे लेकर भ्रम की स्थिति बनी रहती थी। बाहर के लोग मुझे 'प्रशिक्षु पत्रकार' समझा करते थे। इनमें शामिल थे रमेश वक्षी, हरीश नवल, आलोक शर्मा, शम्सुज़्ज़मा जैसे कई लेखक-कवि बंधु। तब 'ज्ञानोदय' जीवित था। इसकी गोष्ठियों में मैं जाया करता था। चौरंगी स्थित भारतीय संस्कृति संसद का मैं नियमित निमंत्रित व्यक्ति था। मैं गोष्ठियों की रिपोर्टिंग करने लगा। कहानीकार आलोक शर्मा के हवेलीनुमा निवास पर ज्यां पॉल सार्त्र पर हुई गोष्ठी में भी मुझे बुलाया गया। मेरे लिए यह निमंत्रण एक सम्मान का अवसर था। मैंने इसकी जमकर रिपोर्टिंग की। महानगर से प्रकाशित हिन्दी दैनिक 'विश्वमित्र' और 'सन्मार्ग' में यह छपी। काफ़ी चर्चा हुई। मेरा 'रुतबा' जम गया।

उन दिनों कलकत्ता से कई हिन्दी दैनिक निकला करते थे, लेकिन 'विश्वमित्र' और 'सन्मार्ग' ही प्रमुख लोकप्रिय दैनिक थे। विश्वमित्र को कांग्रेस समर्थक माना जाता था, जबकि सन्मार्ग का झुकाव तत्कालीन जनसंघ की ओर था। हिन्दुस्थान समाचार की सेवाएँ दोनों लिया करते थे। इसके अलावा बाँग्ला के दैनिक—आनंद बाज़ार पत्रिका, बसुमति, युगांतर आदि में भी अनुदित बाँग्ला समाचारों का पैकेट जाया करता था। इन दैनिकों में यदा-कदा अनुदित ख़बरें छप जाया करती थीं। अँगरेज़ी में भी दो दैनिक 'स्टेट्समैन' और 'अमृत बाज़ार पत्रिका' निकला करता थे। स्टेट्समैन प्रमुख अँगरेज़ी दैनिक था। चारों ओर इसकी धूम थी। आज इसका स्थान 'डेली टेलीग्राफ' और 'एशियन ऐज' ने ले लिया है। 'अमृत बाज़ार पत्रिका' की मृत्यु हो चुकी है। अब बाँग्ला में भी दो-तीन नए दैनिक निकल चुके हैं। लेकिन मारवाड़ी ब्राण्ड हिन्दी पत्रकारिता में कोई गुणात्मक बदलाव नहीं आया है। 'जनसत्ता' के कलकत्ता संस्करण ने धमाकेदार हस्तक्षेप करके इस महानगरीय हिन्दी पत्रकारिता को अवश्य गरिमा प्रदान की है। इसका श्रेय प्रभाष जोशी और श्याम आचार्य को जाता है।

जब श्याम आचार्य का ज़िक्र हुआ है तो मैं यादों के कैसेट को रिवाइंड करता हूँ। 'जनसत्ता' के कलकत्ता संस्करण के स्थानीय सम्पादक श्यामजी से जुड़ी मेरी यादों का सिलसिला 1964 में सियालदाह स्टेशन से उतरने के साथ ही शुरू हो जाता है, बल्कि यूँ कहूँ कि मेरे 'पत्रकार निर्माण' में श्याम जी की एक प्रकार से 'कुतुबनुमी भूमिका' रही है। तब श्यामजी समाचार एजेंसी में संवाददाता एवं डीफेक्टो प्रभारी हुआ करते थे, औपचारिक प्रभारी थे अमरेन्द्र सिन्हा। बीकानेर निवासी श्यामजी का परिवार भी कार्यालय से सटे दो कमरों में रहा करता था। उनके साथ थी पत्नी और पुत्र भूषण। अमरेन्द्र सिन्हा जी कार्यालय से दूर रहा करते थे। दोनों ही राष्ट्रीय स्वयंसेवक संघ के 'प्रोडक्ट' थे और मैं था परिस्थितियों की पैदाइश! लेकिन दोनों में से किसी के भी दुराव का मैं कभी शिकार नहीं हुआ। मुझे यह कभी एहसास नहीं होने दिया कि मैं रिपोर्टर नहीं, बल्कि एक टाइपिस्ट या ऑपरेटर हूँ। मेरा काम सिर्फ़ 'स्टील का पियानो' यानी टेलीप्रिंटर बजाना है, न कि अक्षरों में ख़बरों को पिरोना। इन दोनों वरिष्ठों ने रिपोर्टिंग से मुझे कभी निरुत्साहित नहीं किया। मेरे अनुकूल मुझे रिपोर्टिंग के लिए बार-बार अवसर दिए गए। साक्षात्कार भी लिए। इस दौर की कई उपलब्धियाँ हैं। एक-दो पर मैं गर्व कर सकता हूँ। इस संदर्भ में मुझे मूर्धन्य साहित्यकार विष्णु प्रभाकर के साथ हुई वार्ता याद आती है।

उन दिनों प्रभाकर जी शरत्चंद्र चट्टोपाध्याय की प्रसिद्ध जीवनी 'आवारा मसीहा' के लिए सामग्री जुटा रहे थे। इस सिलसिले में वे रंगून जा रहे थे। हम दोनों चौरंगी पर टकरा गए। मैं उन्हें दिल्ली के हिन्दी साहित्य सम्मेलन के दिनों से जानता था। वे भी जानते थे। दिल्ली से इतनी दूर इस अकस्मात् भेंट से दोनों को प्रसन्नता होनी ही थी। हम एक चाय की दुकान में घुस गए। चाय की चुस्कियों पर पहले मैंने अपनी दिल्ली से कलकत्ता तक की उड़ान-कथा सुनाई। उन्हें खुशी हुई कि मैं सही दिशा में उड़ रहा हूँ। इसके पश्चात् उन्होंने अपनी कलकत्ता-यात्रा का उद्देश्य खोला। वे निश्छल भाव से बताते गए और मैं अपने दिमाग़ में उनकी 'डिटेल्स' को दर्ज़ करता चला गया। क़रीब पौन घंटे की चाय-वार्ता

के बाद मैंने उनसे विनम्रतापूर्वक पूछा, "क्या प्रभाकर जी, मैं इस जानकारी का उपयोग कर सकता हूँ?"

"किस जानकारी का?" उन्होंने आश्चर्य से पूछा।

"यही जो आपने अभी बतलाई है।"

"अरे, यह तो अभी किसी ने नहीं छापी है! मैं चाहता हूँ कि पहले पर्याप्त सामग्री एकत्रित कर लूँ। रंगून से लौट आऊँ। इसके बाद ही तुम छापना।" उन्होंने अनिच्छा व्यक्त की। मैंने ज़िद पकड़ ली। मुझ में अंकुरित हो रहा रिपोर्टर कुलाँचे मार रहा था। अन्तत: साहित्यकार को इस उत्साहीलाल का दिल रखना पड़ा। उन्होंने मुझे इसकी वार्ता आधारित ख़बर बनाने की अनुमति दे दी।

मैं फूला हुआ कार्यालय पहुँचा। श्यामजी को ख़बर बताई। उन्होंने इसे तुरंत लिखने और प्रसारित करने की इजाजत दे दी। मैंने ख़बर संकलित की, लिखी और देवनागरी टेलीप्रिंटर पर पटना एवं दिल्ली भेज दी। जब सिन्हा जी ने इसे देखा तो उन्होंने भी पीठ थपथपाई। अगली सुबह 'आवारा मसीहा' की जन्म-प्रक्रिया का समाचार हिन्दी जगत् में फैल चुका था। जब कई महीनों के बाद प्रभाकर जी मिले तो उन्होंने मुझे बधाई दी। मेरे प्रति आभार व्यक्त किया। यह उनका बड़प्पन था। इस चौरंगी वार्ता के क़रीब ढाई दशक के अन्तराल के पश्चात् ही मैं प्रभाकर जी का एक व्यापक साक्षात्कार ले पाया, दिल्ली में। यह अवसर था उनकी जीवन-यात्रा की पौन सदी पूरी होने का। उन्होंने प्रसन्नतापूर्वक दो किस्तों में अपना साक्षात्कार दिया, और साथ ही में मुझे इसका स्मरण भी कराया, "मैंने ही सबसे पहले 'आवारा मसीहा' का समाचार हिन्दी-संसार को पहुँचाया था। इसके लिए मैं जोशीजी आपका आभारी हूँ।" और मैं इसके लिए ऋणी रहूँगा, श्यामजी तथा सिन्हा जी का। यदि दोनों का सहयोग नहीं मिलता तो मैं ऐसे क्षणों को शब्दों में क़ैद करने से वंचित रह जाता।

ऐसे ही यादगार क्षण कुछ और भी हैं। रिपोर्टिंग से जुड़े हुए। चौरंगी के सामने शहीद मैदान में एक सभा आयोजित हुई। इसे सम्बोधित किया था सत्यनारायण सिंह ने। ये बिहार के नेता और सुभाषचंद्र बोस के परम भक्त थे। सिंह का दावा था कि नेताजी जीवित हैं। वे सोवियत संघ की किसी जेल में क़ैद हैं। केंद्र की कांग्रेस इस पक्ष में नहीं है कि वे जेल से जीवित मुक्त हों, क्योंकि इससे कई दिग्गज नेताओं का भविष्य खतरे में पड़ जाएगा। देश में राजनीतिक विप्लव आ जाएगा। लोग गाँधी और नेहरू को भूल जाएँगे। लालबहादुर शास्त्री को प्रधानमंत्री पद से त्यागपत्र देना पड़ेगा। शायद यह घटना 1965 की है। तब तक शास्त्री जी देश की कमान सँभाल चुके थे। सिंह ने दलील दी कि नेहरू जी के इशारे पर ही नेताजी को रूसी जेल में डाला गया था। उनके इस कथन में कितनी सत्यता थी या नहीं, यह मैं नहीं कह सकता। लेकिन एक ऑपरेटर-कम-रिपोर्टर के नाते मैंने इस सार्वजनिक सभा को 'कवर' किया और अगले दिन मेरी 'स्टोरी' जमकर छपी। 'अच्छी ख़बर-अच्छी ड्राफ्टिंग' के लिए सभी ने बधाई दी। दिल्ली से बालेश्वर जी ने भी टी.पी. से बधाई भेजी। मेरे दोनों वरिष्ठ (श्यामजी और सिन्हाजी) तो इस बधाई में शामिल थे ही।

ऐसा नहीं था कि हम लोगों के बीच कभी तकरार ही नहीं हुई। निश्चित ही हम

लोगों में भी वाद-विवाद होते रहते थे। विशेष रूप से श्यामजी के साथ मेरी नोंक-झोंक चलती रहती थी, हिंदू धर्म को लेकर। उनके मत में हिंदू धर्म से उदार कोई धर्म विश्व में नहीं है। मैं इस विचार से सहमत नहीं था। लेकिन मैं आज स्वीकार करता हूँ कि तब धर्म के सम्बन्ध में मैं कतई अनभिज्ञ था, केवल सतही ढंग से बहस किया करता था। मैं आज भी यह दावा नहीं कर सकता कि मैं हिंदू धर्म या अन्य धर्म की मीमांसा कर सकता हूँ। पर श्यामजी के माध्यम से मैं विवेकानंद तक ज़रूर पहुँचा। विवेकानंद के विचारों को समझने का अवसर मिला। विवेकानंद में छिपे बैठे पुत्र नरेन्द्र ने सबसे अधिक मुझे द्रवित किया। स्वामीजी ने अपने अनेक पत्रों में अपनी माँ के सम्बन्ध में चिंता व्यक्त की है। उन्होंने अपने भक्तों से अनुरोध किया कि वे उनकी माँ की व्यवस्था करें। माँ आर्थिक तंगी तले थीं। उनकी इस चिंता से प्रकट हुआ कि वे मानवीय पहले थे, बाद में संन्यासी। समाज के भौतिक परिवेश से उन्होंने अपना नाता तोड़ा नहीं था। माँ की चिंता को लेकर भक्तों को सम्बोधित उनके पत्र एक तरह से मेरे अपने थे। पत्रों को पढ़ते समय मेरी आँखें गीली हो जातीं। लम्बे समय तक उनमें डूबे रहता। दोपहर के खाने के पश्चात् बालकनी में बैठे पत्रों को पढ़ने का अर्थ था आंतरिक बल की सृष्टि करना, अन्तर्मन की यात्रा करना!

क्यों मुझे स्वामी जी के पत्र अपने लगे? इसका कारण नितांत निजी था। कलकत्ता से दूर...बहुत दूर मैं अपनी विधवा माँ और अपंग छोटे भाई को बेसहारा जयपुर की कच्ची बस्ती (बड़ौदिया) में छोड़ आया था। माँ-भाई का परिवार था मामूली बस्ती वाले। उन्हीं के प्रेम, सहयोग, आत्मीयता से ही उनकी साँसों को ऊर्जा मिल रही थी। एक निर्मल, निश्चल, निःस्वार्थ ऊर्जा। कुछ रुपए बचाकर जयपुर मनीऑर्डर कर दिया करता था। जब तक माँ जीवित रहीं, उन्होंने तंगी की कभी शिकायत नहीं की, और न ही ज़्यादा मनीऑर्डर भेजने की माँग की। माँ स्वयं में एक दर्दभरी गाथा थीं, 'सामन्ती उत्पीड़न' और 'पुरुषसत्ता शोषण' की। इस जगह माँ के बारे में इतनी याद पर्याप्त है। फ़िलवक़्त में इतना ही कह सकता हूँ कि नरेन्द्र और मेरी चिंताओं के बीच सेतु थीं 'दो माँएँ', 'दो स्त्रियाँ', पुरुषों को जन्म देने वाली कोख-स्वामिनियाँ!

श्यामजी का इसलिए आभारी हूँ कि उन्होंने विवेकानंद से नहीं, नरेन्द्र से मेरा परिचय कराया था। विश्व धर्म-विजेता बनने वाला संन्यासी अपने ही नरेन्द्र से मुक्ति नहीं ले सका! मेरा विवेकानंद से परिचय ज़रूर हुआ, खूब गाढ़ा हुआ, दोनों के बीच यारी छनी। लेकिन, एक दशक बीतने के पश्चात् हंसराज रहबर ने मेरी मुलाक़ात एक 'योद्धा संन्यासी' से भी कराई। यह योद्धा संन्यासी कोई और नहीं विवेकानंद ही था। 1993 में मैंने स्वयं स्वामीजी के बारे में एक लम्बा लेख लिखा, '21वीं सदी के लिए विवेकानंद'। रहबर का 'योद्धा संन्यासी' और मेरा '21वीं सदी के लिए विवेकानंद', दोनों ही यथास्थितिवाद के भंजक एवं बदलाव के वाहक हैं। दोनों ही धरा के अभागों, उत्पीड़ितों और सर्वहाराओं में बदलाव का शंख फूँकने वाले स्वामी हैं। 19वीं सदी के क्रान्तिद्रष्टा ने मुझे नई ज्योति से लैस कर दिया था। वरिष्ठ साथी रहबर के पास भी यही ज्योति थी। उसी विप्लव संन्यासी की। हिन्दुस्थान समाचार में काम करते हुए मेरा प्रेमचन्द, अज्ञेय, श्रीनरेश मेहता, धर्मवीर भारती, तोलस्तोय, गोर्की, चेखव जैसों से भी परिचय हो चुका था।

यथार्थ से सामना
(II)

कलकत्ता ने मुझे काफ़ी कुछ दिखाया, काफ़ी कुछ सिखाया। मुझ में अस्मिता बोध पैदा किया। अब तक नितांत अछूते यथार्थ से मेरा यहीं आमना- सामना हुआ। यह यथार्थ था 'साम्प्रदायिक दंगे'। इससे पहले मैंने साम्प्रदायिक दंगे कभी नहीं देखे थे, सिर्फ़ सुने भर थे। वैसे भी जयपुर इस सामाजिक कैंसर से हमेशा मुक्त रहा है। देश-विभाजन के दौर में भी जयपुर में दंगे नहीं हुए थे। सुना था, सभी सामान्य रहा। मैं तो वैसे भी मिले-जुले माहौल में पला-बड़ा हुआ। माता-पिता, दोनों ही उदार विचारों के थे। मुझे याद है हमारे घर में साधु, फ़कीर और पादरी आया करते। पिताजी मूलतः एकेश्वरवादी थे। स्वामी रामतीर्थ को खूब पढ़ा करते थे। मुझे भी थोड़ा-बहुत पढ़ा दिया था। जब मैं सात-आठ वर्ष का रहा हूँगा, वे अक़सर मुझसे कहा करते थे, 'तुम स्वयं से पूछो-मैं कौन हूँ?, कहाँ से आया हूँ? कहाँ जाना है? हम में-तुम में कौन बोल रहा है?' जब दिन बहुत-बहुत अच्छे थे तब से सूफ़ी-संतों की संगत में रहा करते थे। एक सूफ़ी फ़कीर तो लम्बे समय तक हमारे घर आते रहे थे। उन्हें हम लोग 'हुज़ूर या शाह साहब' कहा करते थे। उनका चित्र आज भी मेरे पास है। विभाजन के बाद वे पाकिस्तान चले गए। लेकिन, उनके प्रति पिताजी की श्रद्धा में कोई कमी नहीं आई।

साधुओं की संगत भी ताऊजी ने कम नहीं की थी। हमारे यहाँ एक बाबा जयजयराम आया करते थे। उनकी काफ़ी आवभगत हुआ करती थी। उनकी संगत में ताऊजी साधु से बन गए थे। बहरोड से एक संन्यासिन भी आया करती थीं। जब मेरा परिवार काफ़ी कड़की में था, और हाशिये पर जी रहा था, तब भी यह संन्यासिन आया करती थीं। इनके सम्बन्ध में कहा जाता था कि ये अहीर परिवार की हैं, छुटपन से ही संन्यासिन हैं। मुझे याद नहीं वे किस सम्प्रदाय की थीं। ताऊजी एक सीख और दिया करते थे। वे कहते थे, "हम सभी को जनक विदेही की तरह जीना-रहना चाहिए।" माँ तो और भी अधिक साधु-प्रवृत्ति की थीं। सब चीज़ों से निस्पृह। कृष्णभक्त थीं, लेकिन उन्होंने कभी भी जाति या धर्म में कट्टरता के साथ विश्वास नहीं किया। सभी को कृष्णरूपी माना। जब मैंने होश सँभाला तब 'सैक्यूलरिज्म व सैक्यूलरिस्ट' का दूर-दूर तक नाम नहीं सुना। मैं यह नहीं कहता कि यह प्रजाति नहीं रही होगी। निश्चित ही यह रही होगी, बड़े-बड़े शहरों में। लेकिन मेरे गाँव बसवा में नहीं थी। तो भी पता नहीं, ताऊ-ताईजी ने किस पाठशाला में धर्मनिरपेक्षता की दीक्षा ली थी! यह वे ही जाने।

मैं तो केवल इतना ही जानता हूँ कि सत्रह साल की उम्र में 1960 में बम्बई-फ़रारी के दौरान एक मुस्लिम परिचित के घर एक महीना रहा था। खार में उसका घर था। स्टेशन के पास। बीमारी की हालत में उस परिवार ने मेरी काफ़ी तीमारदारी की थी। पत्नी और बेटे ने कभी पराया नहीं समझा। बेटा मुझे चचा जान से पुकारा करता था। इस परिवार के साथ मस्ज़िद में मैंने नमाज़ भी पढ़ी। कई बार। कलमा आज भी मुझे याद है, "ला इलाहा इल्लल्लिाह मोहम्मदुर रसूल अल्लाह।"

जब जुहू में रहता था तब एक ईसाई परिचित टोमस लोबो के साथ माउंट मेरी भी जाया करता था। मरियम के चरणों में मोमबत्ती जलाया करता। प्रेयर करता। टोमस लोबा

गोवा निवासी था, और फ़िल्म अभिनेता राजकुमार के घर का केयरटेकर था। हम दोनों में काफ़ी छना करती थी। धर्म-मज़हब और राम-ईसा-रहीम को लेकर हम तीनों के बीच एक लम्हे के लिए भी तकरार नहीं हुई। कलकत्ता में दंगें भड़के तब मेरी उम्र कोई इक्कीस साल की रही होगी। इस महानगर में रहते हुए दो मुस्लिम युवक मेरे दोस्त बन चुके थे। एक थे बोहरा समाज के हुसैनी और दूसरे थे शम्स। शम्स का साथ सन् 1994 तक रहा। कलकत्ता से दिल्ली तक। दंगों के दौरान हम तीनों नियमित रूप से मिलते रहते। मुस्लिम बस्तियों में जाकर प्रभावित परिवारों को दिलासा देते रहते। हिंदू परिवारों में भी जाते। वहाँ भी वैसा ही करते। सभी लोग हमारी पहचान से परिचित थे, लेकिन हमें कभी कोई खतरा नहीं हुआ। दोनों समुदायों के प्रभावित परिवारों ने अपनापन दिखाया। मैं भी राहत की छोटी-मोटी ख़बरें दे दिया करता था। एजेंसी के कार्यालय में ही शम्स और हुसैनी आया करते थे। उनकी भी ख़बरें प्रसारित की जाती थीं। उन दिनों 'स्टेट्समैन' में ऐसा कुछ छपा था जिससे भड़ककर मुसलमानों ने उस पर धावा बोल दिया था। शायद पैगम्बर मोहम्मद साहब को लेकर कोई लेख था। ख़ैर!

क़रीब सप्ताह भर तनाव रहा। हिंसा हुई, आगजनी हुई। उन दिनों पश्चिम बंगाल में कांग्रेस का राज था। शायद पी.सी. सेन मुख्यमंत्री हुआ करते थे। लालबहादुर शास्त्री प्रधानमंत्री थे। मुझे ठीक से याद नहीं है कि प्रेस ने इन दंगों को कैसा कवर किया था! शायद उस समय मुझ में प्रेस को समझने की अपेक्षित समझदारी न रही हो! इसलिए निश्चयपूर्वक मैं यह नहीं कह सकता कि कलकत्ता प्रेस ने इस घटना के साथ कितना न्याय किया। सिर्फ़ इतना ही मैं कह सकता हूँ कि मेरा मित्र-दायरा सक्रिय था। काफ़ी दुखी था दंगों से। लेकिन जल्दी ही सब सामान्य हो गया। मोलाली, पार्कस्ट्रीट, चौरंगी, बेनियापुकुर, धर्मतला, सियालदाह जैसे इलाक़ों की रौनक लौट आई। इंडियन कॉफी हाउस में मैं, शम्स, नवल, आलोक के ठहाके फूटने लगे कॉफी की चुस्कियों पर।

यह था स्मृतियों की डिस्क में कलकत्ता का एक दृश्य। लेकिन इस सीडी में ऐसे कई दृश्य दर्ज़ हैं जो कि एक संवेदनशील भारतीय के लिए कलकत्ता से कहीं अधिक हृदयविदारक, एक पत्रकार के लिए चुनौतीपूर्ण और इस राष्ट्र राज्य के नियंताओं को चिढ़ाने वाले भी हैं। ये घटनाएँ नहीं हैं, दंगे नहीं हैं, बल्कि बहुलतावादी भारतीय संस्कृति के गाल पर तमाचा हैं, सितारों से आँखें लड़ाने वाली मानवता के लिए त्रासदी हैं। अन्तरिक्ष में विचरने के बाद हम लोग मज़हब के दड़बों में खुद को आनंदित पाते हैं, ठीक एक सुअर की तरह जिसे 'गू' में छप्पन भोग का स्वाद आता है! क्या यह सब कुछ अजीब-सा नहीं लगता है?

अब मैं यादों की डिस्क को फास्ट फॉरवर्ड कर रहा हूँ। 1964-65 की जगह मैं अगस्त 13, 1980 के काल में जा रहा हूँ। मुझे मुरादाबाद की तंग गलियों में स्थित एक मस्जिद में बिताई रात याद आ रही है। मैं दिल्ली ब्यूरो प्रमुख के रूप में 'नई दुनिया' के लिए रिपोर्टिंग कर रहा हूँ। मस्जिद के एक कोने में मैं बैठा हूँ। पास ही में बैठे हैं एक मुल्लाजी, और कुछ उत्तेजित मुस्लिम युवक। मस्जिद के बाहर गहरा सन्नाटा है। कुत्तों की आवाज़ पर भी पहरा है। यदा-कदा फुलबूटों की आवाज़ से सन्नाटा ज़रूर काँप जाता है। पूरे शहर

में कर्फ्यू लगा हुआ है। शहर की हिंदू और मुसलमानों की बस्तियाँ भारत एवं पाकिस्तान बन चुकी हैं। बस्तियों के बीच में खड़ी हैं अर्धसैनिक बलों की टुकड़ियाँ, संगीन ताने, गश्त लगाती हुईं। ज़रा-सी चूँ पर फायरिंग!

मस्ज़िद में बहस चल रही है कि मुरादाबाद के दंगों के लिए कौन ज़िम्मेदार हैं? वे हिंदू व्यापारियों, उनके गुंड़ों, बदनाम पी.एस.सी. (सशस्त्र उत्तर प्रदेश पुलिस बल) नेताओं (विशेषकर भाजपाई) आदि को ज़िम्मेदार ठहरा रहे हैं। फिर बहस एक दूसरा मोड़ ले लेती है। मैं उनसे पूछ रहा हूँ—

एक : "मुसलमानों की देशभक्ति पर शक़ क्यों किया जाता है?"

दो : "क्या यह सच है कि आपकी वफ़ादारी पाकिस्तान के साथ है?"

तीन : "क्या यह ग़लत है कि आप क्रिकेट या हॉकी मैचों में भारत की हार पर खुशियाँ मनाते हैं?"

चार : "यह कहाँ तक सच है कि मुसलमान माज़ी में जीते हैं, और खुद को भारत का असली हुक्मरां मानते हैं?"

पाँच : "यह प्रोपेगंडा कहाँ तक सही है कि मुसलमान परिवार नियोजन को नहीं अपनाते हैं और आबादी बढ़ाकर हिन्दुओं से आगे निकल जाना चाहते हैं?"

छह : "क्या यह ग़लत है कि आप लोग भारत की मुख्यधारा में शामिल होने से परहेज़ करते हैं?"

इन तीखे सवालों से लोग आंदोलित हुए। भड़के। उत्तेजित हुए। लेकिन बूढ़े मुल्लाजी ने सभी को शांत किया। लोगों से कहा कि मेरे सवाल वाजिब हैं। इनका जवाब दिया जाना चाहिए। वरना हम लोगों को लेकर ग़लतफ़हमी बनी रहेगी। हमें पाकिस्तानी एजेंट ही समझा जाएगा। उत्तेजित युवकों पर बूढ़े का माकूल असर पड़ा। सब शांत हो गए। उनमें से एक-दो यवुकों ने तीखे स्वरों में इतना ज़रूर कहा, "जनाब! आपकी हिम्मत कैसे हुई ऐसे सवाल पूछने की?"

"क्या आपको ख़ौफ़ नहीं लगा? यहाँ सब मुसलामन हैं, आप अकेले हिंदू हैं। कुछ भी हो सकता है।"

मेरा जवाब था, "मेरे पास एक बड़ा ताक़तवर हथियार है।" इससे सब घबरा से गए।

"हथियार!" एक साथ आवाज़ें उठीं।

"कहाँ है हथियार?" एक युवक चीखते हुए बोला।

"घबराइए मत! मैं आपको अपना हथियार बतलाकर और उसे सौंपकर ही जाऊँगा। आप शांत रहिए। पहले मेरे सवालों का जवाब दीजिए।" मेरे इन शब्दों के बाद स्थिति सामान्य हुई।

संवाद का सिलसिला फिर चल पड़ा। मुझे याद है तकरीबन सभी ने बेबाकी के साथ मेरे सवालों के जवाब दिए थे। उन्होंने स्वीकार किया कि मज़हब के कारण पाकिस्तान के साथ हमारी हमदर्दी हो सकती है। क्योंकि इधर से गए हमारे भाई बंधु उधर बसे हुए हैं। मुमकिन यह भी है कि दिमाग़ के किसी कोने में यह बात भी हो सकती है कि मुसलमान ही भारत के असली शासक हैं। अंग्रेजों को चाहिए था कि जाते वक़्त हिन्दुस्तान की हुकूमत मुसलमानों को सौंपकर जाते। उन्होंने यह भी माना कि मज़हब के कारण, मुसलमान परिवार

नियोजन को नहीं अपनाते हैं। उनकी दलील थी कि इस्लाम पाकिस्तान तक ही सीमित नहीं है, अरब देशों तक फैला हुआ है। चूँकि पैगम्बर साहब का जन्म उधर ही हुआ है, मक्का-मदीना भी वहीं हैं, इसलिए हमारा सऊदी अरब के साथ धार्मिक लगाव तो रहेगा। लेकिन सभी मुसलमानों को गद्दार समझना भी ग़लत है। हम भारत में पैदा हुए हैं, और यहीं मरेंगे। हम यह नहीं कहते कि सभी लोग अच्छे हैं, वफ़ादार हैं। कुछ लोग ऐसे भी होंगे जिनकी वफ़ादारी पाकिस्तान के साथ हो सकती है। वे गद्दार भी हो सकते हैं। पर पूरी क़ौम को गद्दार समझना भी मुसलमानों के साथ नाइंसाफ़ी है। कुछ ने बताया कि अमीर मुसलमान तो अमीर हिन्दुओं की बस्तियों में रहते हैं। वहाँ कभी झगड़ा नहीं होता है। ग़रीब हिंदू और ग़रीब मुसलमानों के बीच ही दंगे होते हैं। लोग मरते हैं।

"हम लोग तो दोज़ख़ में रहते हैं, दोज़ख़ में।*" एक नौजवान ने गुस्से में कहा।

ऐसे संवदेनशील क्षणों में मीडियाकर्मी को काफ़ी धीरज, तटस्थता और सूझबूझ से काम लेना चाहिए। ज़रा-सी असावधानी स्वयं के लिए घातक सिद्ध हो सकती है। सभी की भावनाओं और विचारों को ध्यान में रखा जाना चाहिए। इसके साथ ही अपने विचार पर भी दृढ़ रहना आवश्यक है। वैचारिक फिसलन भी संदेह पैदा कर सकती है। पत्रकार को सरकारी जासूस या शत्रु पक्ष के एजेंट के रूप में देखने का ख़तरा बना रहता है। अत: जहाँ मैंने व्यावहारिकता से काम लिया, वहीं वैचारिक दृढ़ता भी दिखाई। इसका अनुकूल असर भी उन लोगों पर पड़ा। उत्तेजित लोगों ने मेरे साथ दिल खोलकर बातें की। यह भी बताया कि मुरादाबाद के मुस्लिम व्यापारी और हिंदू व्यापारियों (पीतल उद्योग के व्यापारी) में कोई भेद नहीं है। दंगों के दौरान भी वे एक-दूसरे के यहाँ आते-जाते हैं। एक-दूसरे को हर प्रकार का सहयोग देते हैं। लेकिन आज हिंदू और मुस्लिम, दोनों समुदायों के कारीगर एक-दूसरे के ख़ून के प्यासे हो गए हैं।

चर्चा के दौरान मुझे यह भी बताया गया कि दलित हिन्दुओं, विशेषकर वाल्मीकि समाज के हिन्दुओं ने मुसलमानों की काफ़ी मदद की। उन्होंने खाना दिया, पानी पहुँचाया, बच्चों को दूध दिया। हालाँकि शुरू में सवर्ण हिन्दुओं ने उनका इस्तेमाल अपनी साम्प्रदायिक तोप की बारूद के रूप में ज़रूर किया था। साम्प्रदायिक दंगों की शुरुआत ही एक सुअर से हुई थी जो कि जुम्मे के नमाज़ियों के बीच जा पहुँचा था। आधी रात में मस्ज़िद में इन अनुभवों को सुनते हुए मुझे भीष्म साहनी का उपन्यास 'तसम' याद आया। मस्ज़िद के ऐसे ही छोटे-मोटे अनाम दृश्य गुमनामी में निरंतर अनगिनत तमसों की रचना करते रहे।

"साहब, आपने अपना हथियार अभी तक छुपाकर रखा हुआ है। जब तक आप हमें दिखाएँगे नहीं, हम आपको यहाँ से जाने नहीं देंगे।" कुछ ने पूरी ताकत से पूछा। "ज़रूर बताऊँगा!" मैंने उन्हें तसल्ली दी। रात के दो-तीन बज चुके थे। बीच-बीच में बाहर कुत्तों के भौंकने की आवाज़ कर्फ़्यू की निस्तब्धता से ज़रूर टकरा जाती थी। दूसरी ओर संवाद अंदर की ख़ामोशी को लगातार तोड़ रहा था। दोनों को ही झकझोर रहा था। काफ़ी कुछ बाहर आने के लिए उबल रहा था। अन्त में मैंने पूछा-

---

* विस्तार के लिए देखें : 'ढाई आखर प्रेम का-मुरादाबाद त्रासदी', पृ. 134; पु. हस्तक्षेप, प्र. सामायिक प्रकाशन, दिल्ली-6

"अच्छा यह बताइए, दंगों के दौरान कौन-से दलों के नेता आपके यहाँ आते हैं?" किस-किस ने आप लोगों की मदद की है?"

"साहब, सच पूछें तो सबसे पहले कम्युनिस्ट पार्टी वाले ही हमारे यहाँ आए। इसके बाद दूसरे भी आए। लेकिन दोनों कम्युनिस्ट (सीपीआई व सीपीएम) आज भी आते हैं। वे हमारी हर तरह की मदद कर रहे हैं। हम उनके शुक्रगुज़ार हैं।" मस्जिद में कृतज्ञता का स्वर गूँज रहा था।

"अच्छा अब चलें। बहुत देर हो चुकी है।" मैं उठते हुए बोला।

आप लोगों ने हथियार दिखाने के लिए कहा था ना?

"जी हाँ!" चारों ओर ख़ामोशी थी। सबकी निगाहें मुझ पर पड़ी हुई थीं। उन्हें लग रहा था कि मैं अपने लाल खादी के झोले से कोई बम, तमंचा, छुरा-चाकू ज़रूर निकालूँगा।

"मेरा वही हथियार है जिनके आप शुक्रगुज़ार हैं। उम्मीद है आप लोग इस हथियार का कभी न कभी इस्तेमाल ज़रूर करेंगे।" यह कहकर मैं मस्जिद से बाहर निकल आया। आसमान में कुछ धुँधला-धुँधला-सा उजाला फैलने लगा था। बस!

झटके जब धारावाहिक शक्ल लेने लगें तो उनका दर्द भी बेअसर होने लगता है। उसकी सघनता मंद पड़ने लगती है। सब कुछ रुटीन-सा लगने लगता है। कलकत्ता में कुछ ऐसा ही मेरे साथ घटा। 1964 के जून महीने में इंटर का रिजल्ट घोषित हुआ। इस बार कोई सप्लीमेंट्री नहीं थी। मैं पूरी तौर पर फेल था। 1962 के बाद यह दूसरा बड़ा झटका था। वैसे इस दो वर्ष में कई झटके लग चुके थे; पिताजी की मृत्यु; हिन्दी साहित्य सम्मेलन और पॉकेट बुक प्रकाशन से छुट्टी; दर-ब-दर भटकना; बे-टिकट यात्रा करते हुए पकड़े जाना; अंसारी रोड की फुटपाथ पर सामान फेंका जाना; दर-दर पुर्जे उड़ना; दिल्ली से पलायन।

पर मैंने हिम्मत नहीं हारी। अगले वर्ष 1965 में फिर से इंटर की परीक्षा देने का संकल्प लिया। प्राइवेट परीक्षार्थी के रूप में परीक्षा तैयारी में जुट गया। फॉर्म भर दिया। परीक्षा केन्द्र भोपाल घोषित हुआ। यही मैं चाहता था। भोपाल में हिन्दुस्थान समाचार का दफ़्तर भी था। 1965 की मार्च में परीक्षा थी। मैं फरवरी के अन्त में भोपाल के लिए ट्रेन से रवाना हो गया। हाथीखाना स्थित दफ़्तर में ही अपना डेरा बीस रोज़ जमाये रखा। जम कर परीक्षा दी। और जून-परीक्षाफल में मैं सेकेंड क्लास से पास हुआ। इस संक्षिप्त पड़ाव में झील-तालाबों की यह नवाबी तर्जवाली नगरी मुझे बेहद भायी। जी चाहने लगा कि मैं भोपाल में ही बस जाऊँ। पर यह संभव नहीं था। बसने के सपने को आँखों में संजोए मैं वापस कलकत्ता लौट गया।

रिपोर्टिंग का सफ़र : मंडलेश्वर की संगत; कांग्रेस में विस्फोट-इन्दिरा गाँधी की बगावत

"रात को 11 बजे राजभवन आ जाइए। मैं फ्री हूँ। इंटरव्यू ले लेना।" कांग्रेस की वरिष्ठ नेता व प्रधानमंत्री इन्दिरा गाँधी की कट्टर विरोधी श्रीमती तारकेश्वरी सिन्हा से इंटरव्यू के लिए समय मिलना मेरे लिए बड़ी उपलब्धि है। मैं हिन्दुस्थान समाचार में नया-नया रिपोर्टर बना हूँ, विधिवत् रिपोर्टिंग आरम्भ कर रहा हूँ। रिपोर्टिंग-यात्रा की शुरुआत एक राष्ट्रीय स्तर की नेता से होने जा रही है, इससे अधिक इस चौबीस वर्षीय युवा पत्रकार के लिए प्रसन्नता की बात क्या हो सकती है!

आजकल श्रीमती सिन्हा अख़बारी सुर्खियों में हैं। इन्दिरा जी से उन्होंने सीधी मोर्चाबंदी कर रखी है। कांग्रेस में पुराने और नए नेताओं के बीच घमासान मचा हुआ है। नेहरू-काल की पूर्व वित्त राज्यमंत्री सिन्हा खुर्राट कांग्रेसियों (निजलिंगप्पा, मोरारजी देसाई, एस.के. पाटिल, अतुल्य घोष, बनारसीदास गुप्त आदि) की चौकड़ी की प्रमुख सदस्या हैं। राजनीतिक क्षेत्रों में सिन्हा अपनी मादक काया और शेरो-शायरी के लिए चर्चित रहती हैं। मंचीय वक्ता तो वे जबर्दस्त हैं ही।

"तारकेश्वरी जी, इंटरव्यू के लिए तैयार हैं।" मैं यह सूचना अपने सम्पादक अयोध्या-प्रसाद गुप्त को देता हूँ।

"इंटरव्यू के लिए तैयार हो गईं?"

"जी हाँ!"

"बड़ी विवादास्पद नेता हैं। प्रधानमंत्री की विरोधी हैं। अच्छी तैयारी से इंटरव्यू लेना। भोपाल से तुम्हारा यह पहला इंटरव्यू होगा, जिसे राष्ट्रीय स्तर पर जारी किया जाएगा।"

"धन्यवाद!"

"कब का समय दिया है?"

"आज ही, रात 11 बजे राजभवन में।"

"क्या कहा, ...रात 11 बजे ?" सम्पादक मुझे हैरत से देख रहे हैं।

"जी हाँ... बताइए क्या-क्या पूछूँ?"

"पहले तो समय बदलवाओ। दिन का समय लो।"

"क्यों? बड़ी कठिनाई से समय दिया है?" मैं दुविधा में हूँ।

"तुम नहीं जानते उस महिला को। तुम नए-नए हो...तरुण हो...।"

"तो क्या हुआ?"

"अरे, तुम्हें कच्चा चबा जाएगी! पहले फ़ोन करो और बहाना बना कर दिन का समय लो।" सम्पादक गुप्त के स्वरों में स्नेह, सलाह और हिदायत, तीनों हैं।

मैं सम्पादक के निर्देशों का पालन करते हुए राजभवन फ़ोन करता हूँ और तारकेश्वरी जी से दिन में समय देने का अनुरोध करता हूँ। दूसरे छोर से वे ठहाके के साथ कह रही हैं, "क्यों, क्या डर गए? इस अखाड़े में नए-नए उतर रहे हो?"

"जी...मैडम! पर मेरे एडीटर चाहते हैं कि मैं आपका इंटरव्यू दिन में लूँ ताकि उसी समय इसे प्रसारित किया जा सके।"

"ओके...ओके...कोई बात नहीं। कल सुबह मेरे साथ ब्रेकफास्ट पर बात हो जाएगी।"

"ओके मैडम!"

"सवाल तैयार कर लेना। मैं कार भिजवा दूँगी।"

"धन्यवाद!"

मैंने फ़ोन रख दिया है। सम्पादक खुश हैं। मैंने हिन्दुस्थान समाचार का पता राजभवन को लिखवा दिया है। अगली सुबह नाश्ते पर तारकेश्वरी जी प्रधानमंत्री के विरुद्ध धुआँधार बोलती हैं। मुझे खब़र और इंटरव्यू, दोनों के लिए चटपटी सामग्री मिल गई है। इस तरह भोपाल से मैं रिपोर्टिंग की धमाकेदार पारी की शुरुआत करता हूँ। हालाँकि रिपोर्टिंग और इंटरव्यू मेरे लिए नए नहीं हैं। सनद रहे, कलकत्ता पड़ाव (1964-65) के दौरान ही मैं यह सब कुछ कर चुका था। इस समय अन्तर केवल यह है कि तब मैं एक टाइपिस्ट-कम-टीपी ऑपरेटर था, अब पूर्णकालिक पत्रकार व रिपोर्टर हूँ। आज की रिपोर्टिंग व इंटरव्यू की यह प्रोफेशनल वैधता है। इस पारी के साथ ही मुझे मध्य प्रदेश विधानसभा की कार्यवाही को कवर करने का सुनहरा अवसर भी प्राप्त हुआ है। किसी भी पत्रकार के लिए संसदीय रिपोर्टिंग गर्व की बात होती है। मेरे लिए यह अप्रत्याशित उपलब्धि है!

पटियाला से प्रभाकर की परीक्षा पास करने के पश्चात् मुझे विधिवत् रिपोर्टर बना दिया गया था। यह परीक्षा बी.ए. के समकक्ष मानी जाती है। इसके साथ ही दो अन्य विषयों में भी उत्तीर्ण होना पड़ता है। मैंने अँगरेज़ी और राजनीतिक शास्त्र के दो परचे दिए थे। इसके बाद ही मुझे स्नातक की डिग्री मिली। हिन्दुस्थान समाचार के प्रबंध सम्पादक बालेश्वर जी के निर्देश थे कि बी.ए. पास को ही पत्रकार बनाया जाए। इससे पहले इंटर पास को भी पत्रकार बनाया जाता था। लेकिन मेरी नियुक्ति के साथ ही यह न्यूनतम योग्यता लागू कर दी गई।

भोपाल में यह वह दौर है जब मुख्यमंत्री द्वारकाप्रसाद मिश्र के नेतृत्व को लेकर कांग्रेस विधायकों में असंतोष फैल रहा है। दूसरी तरफ़, जनसंघ नेता श्रीमती विजयराजे सिंधिया का प्रभाव बढ़ता जा रहा है। उनका राजशाही जलवा चरम पर है! वे जब भी सदन में आती हैं जनसंघ के विधायक उन्हें साष्टांग दंडवत् करते हैं। विधानसभा अध्यक्ष विधायकों को ऐसा नहीं करने का निर्देश भी देते रहते हैं। लेकिन इतनी आसानी से मध्यकालीन प्रवृत्तियों से मुक्ति कैसे मिल सकती है! राजनीतिक व संवैधानिक स्वतंत्रताएँ एवं अधिकार अपनी जगह हैं, समाज परिवर्तन की अपनी अलग चाल है। प्रेस दीर्घा से मैं देखता हूँ, जब तक श्रीमती सिंधिया सदन में मौजूद रहती हैं, दोनों पक्षों का फोक्स उन पर ही केन्द्रित रहता

है। आजकल प्रतिपक्ष नेता सिंधिया की मुख्यमंत्री के साथ सीधी ठनी हुई है। वे मिश्र-सरकार का पतन चाहती हैं। हालाँकि मुख्यमंत्री मिश्र जी प्रदेश के धाकड़ नेता हैं, इन्दिरा जी के साथ भी उनके क़रीबी सम्बन्ध हैं। अर्जुन सिंह[1] जैसे तेज़-तर्रार रणनीतिक उनके समर्थक हैं। उनकी सरकार में मंत्री भी हैं। परन्तु, कांग्रेस में असंतुष्ट विधायकों की संख्या बढ़ती जा रही है। कांग्रेस के ही वरिष्ठ नेता व रीवाँ के विधायक गोविंद नारायण सिंह असंतुष्टों का नेतृत्व कर रहे हैं। असंतुष्टों को श्रीमती सिंधिया का समर्थन प्राप्त है। मिश्र-सत्ता का पतन कभी भी हो सकता है।

यहाँ मेरे अच्छे सम्पर्क बन गए हैं। बिल्टज़ के संवाददाता डॉ. मनोज माथुर के यहाँ काफ़ी आना-जाना रहता है। बैठकबाजी होती है। वे मूलतः राजस्थान में अज़मेर से हैं इसलिए बड़े भाई जैसा स्नेह मुझे देते हैं। यहीं मैं लज्जाशंकर हरदेनिया और डॉ. माथुर के माध्यम से भारतीय कम्युनिस्ट पाटी के विधायक शाक़िर अली और अन्य प्रगतिशील लोगों के सम्पर्क में आया हूँ। प्रगतिशील दुनिया में झाँकने का मौका मिल रहा है। जनसंघ समर्थक पत्रकार राधेश्याम शर्मा, टाइम्स ऑफ इंडिया के वी.टी. जोशी से भी मिलता रहता हूँ। पर लिंक-पैट्रीयट के प्रतिनिधि वैद्य के घर अधिक आना-जाना है।

पता नहीं, मुझ में कौन-सी प्रवृत्ति छिपी हुई है जो मुझे स्वाभाविक रूप से उन लोगों की तरफ़ धकेलती रहती है जो समाज में कुछ नया काम करना चाहते हैं, ग़रीबों के हमदर्द हैं। पर किसी का रंग मुझ पर चढ़ रहा है, ऐसा मुझे अभी नहीं लग रहा है। मेरे रुझान हैं, लेकिन मुझ में वैचारिक स्पष्टता नहीं है। राजनीतिक शास्त्र में विभिन्न विचारधाराओं को पढ़ा ज़रूर है, पर मस्तिष्क में अभी तक कोई टँकी हुई नहीं रह सकी है। ऐसा क्यों है, मैं नहीं जानता!

भोपाल में पूर्णकालिक पत्रकार बनने के पश्चात् प्रेस की ताक़त को मैंने पहली बार जाना है; पत्रकार का ग्लैमर, सत्ता गलियारों में उसकी चहलक़दमी; राज्यपाल व मुख्यमंत्री, मंत्रियों और नौकरशाहों से लाभ-अर्जन। भोपाल में ही मालूम हुआ कि सरकार ने सम्पादकों, संवाददाताओं, प्रेस मालिकों को ढेर सारी सुविधाएँ दे रखी हैं। कई वरिष्ठ पत्रकारों को हवेलीनुमा मकान, बँगले आवंटित किए गए हैं। विशेष कोटे से स्कूटर दिए जाते हैं। पत्रकार पोस्टिंग-ट्रांसफ़र कराते हैं। बेनामी उद्योग-धंधे चलाते हैं। चीनी की राशनिंग है लेकिन प्रत्येक मान्यता प्राप्त पत्रकार को 5 से 10 किलो चीनी प्रतिमास दी जाती है। मैं भी हर महीने 5 किलो चीनी लेकर ब्रिटिश काउंसिल लाइब्रेरी के मुखिया बहल को दे देता हूँ। वैसे मेरे पत्रकार बंधु इन सुविधाओं को भी बेच खाते हैं! ऐसे भी पत्रकार हैं जिन्हें विभिन्न कोनों से अंग्रेरज़ी शराब की बोतलें भी मिलती हैं। यह एक पक्ष है।

दूसरा पक्ष यह भी है कि औसत पत्रकार की पगार उपहास की दावेदार है! ज़्यादातर पत्रकार तपस्या का जीवन गुजारते हैं। अख़बारों में प्रोफेशनलिज्म बिल्कुल नहीं है। मालिकों की पिछड़ी मानसिकता है। लगता है ये लोग गुज़री सदियों में रमे हुए हैं। भोपाल की पत्रकारिता पर ऊँची जाति की अमरबेल (ब्राह्मण, वैश्य, कायस्थ, राजपूत) फैली हुई है।

---

1. विस्तार के लिए देखें : जीवनी-अर्जुन सिंह-एक सहयात्री इतिहास का; लेखक : रामशरण जोशी, प्रकाशक : राजकमल प्रकाशन, (दिल्ली)

दिल्ली से देवेन्द्र शुक्ल अचानक भोपाल आ धमके हैं। वे मुझ पर दिल्ली लौटने के लिए दबाव डाल रहे हैं। वे चाहते हैं कि मैं लौटकर एम.ए. की पढ़ाई करूँ। मुझे उनका यह विचार पसंद नहीं है। मैं यहीं रहकर ही पत्रकारिता करना चाहता हूँ। एक-दो वर्ष रुक कर आगे की पढ़ाई करूँ, मेरी यह योजना है। इससे कुछ पैसा भी जमा हो जाएगा। लेकिन देवेन्द्र शुक्ल पर पागलपन सवार हो गया है। तीन रोज़ से लगातार साथ चलने के लिए दबाव डाल रहे हैं। वे भावुक हो गए हैं। मैं भयभीत हूँ कि यह व्यक्ति कहीं कुछ कर न बैठे! अन्ततः मुझे बढ़ते दबाव के सामने झुकना पड़ता है। एक सप्ताह का अवकाश लेकर मैं उनके साथ चल पड़ता हूँ। कपड़ों को छोड़, शेष सामान कमरे में ही रहने देता हूँ। मैंने मन में सोचा है कि शुक्ला जी को दिल्ली छोड़कर चुपचाप भोपाल खिसक आऊँगा।

मैं और शुक्ल जी दिल्ली पहुँच गए हैं। शुक्ल जी पर फिर से एम.ए. का भूत सवार हो गया है। उन्हें भावुकता के दौरे पड़ने लगे हैं। रोने लगते हैं। उनकी बात नहीं मानने पर वे स्वयं के गालों पर थप्पड़ों की झड़ी लगाने लगते हैं। मुँह से खून भी निकल आता है। मैं उनके 'इमोशनल ब्लैक मेल' के सामने फिर से हारता जा रहा हूँ। अब मुझे एम. ए. में दाखिला लेना ही पड़ेगा।

एम.ए. में प्रवेश के लिए हम दोनों ग़ाज़ियाबाद के प्रसिद्ध महानन्द मिशन हरिजन (एम.एएम.एच.) कॉलेज पहुँचे हुए हैं। मैं राजनीतिक विज्ञान में प्रवेश लेना चाहता हूँ, लेकिन सीट नहीं रहने के कारण अँगरेज़ी में एम.ए. करना पड़ रहा है। यह कॉलेज मेरठ विश्वविद्यालय से सबद्ध है और यहाँ 'सैमिस्टर सिस्टम' से परीक्षाएँ होती हैं। मुझे बताया गया है कि देश में पहली बार इस विश्वविद्यालय में अमेरिकी सिस्टम से अध्ययन कराया जा रहा है। वर्ष में दो बार परीक्षाएँ देनी पड़ती हैं।

एक तरह से अँगरेज़ी एम.ए. पाठ्यक्रम में प्रवेश लेना अच्छा ही रहा है। पहले रोज़ मुझे दो अच्छे सहपाठी-इब्बार रब्बी और पंकज बिष्ट मिले हैं। (1967 में शुरू हुई हम तीन सहपाठियों की मित्रता-यात्रा आज 21वीं सदी में भी अनवरत जारी है)। पंकज से तो 1966 के अन्त में पहले ही मुलाक़ात हो गई थी। इब्बार रब्बी से यहीं हुई है। हम तीनों में रब्बी ही बाक़ायदा पत्रकारिता करते हैं और 'नवभारत टाइम्स' में उपसम्पादक हैं। पंकज बिष्ट फ्रीलांसिंग करते हैं। दोनों मूलतः साहित्यिक प्रवृत्ति के हैं; रब्बी कवि हैं, मुक्त छंद में कविता लिखते हैं; पंकज कहानीकार हैं और राजनीतिक-सामाजिक विषयों पर लेख लिखते हैं। मेरी पहली पसंद अब भी राजनीति है, साहित्य नहीं। लेकिन जीवन में विसंगतियाँ-विडम्बनाएँ न रहें तो इससे ऊब भी होने लगेगी, जल्दी ही पठार आ जाएगा!

हम तीनों में खूब पटने लगी है। वैसे साहित्य के कारण पंकज और रब्बी में ज़्यादा घुटती है। लेकिन हम 'त्रिमूर्ति' क्लास और कॉलेज में छाये रहते हैं। हम लोग ईर्ष्या के भी शिकार होते हैं। क्लास की लड़कियों को लेकर हम तीनों में नोक-झोंक भी चलती रहती है।[1]

---

1. देखें : 'हम ग्रो' करने की कोशिश कर रहे हैं। पृ. 42, पु. 'प्रतिबिम्बन'; लेखक रामशरण जोशी; प्रकाशक: राजकमल प्रकाशन, दिल्ली

हमारे एक प्रोफेसर हैं डॉ. शंकर पॉल। अध्ययन-अध्यापन में प्रखर हैं। डॉ. पॉल के पीरियड का अर्थ है सौ फीसदी उपस्थिति। शेक्सपियर, मिल्टन, शैली, बॉयरन आदि को ऐसा पढ़ाते हैं गोया कि वे उनके सहपाठी रहे हों! पढ़ाते वक्त समा बाँध देते हैं, संवादों-कविताओं की झड़ी लग जाती है। कृति का युग क्लास में अवतरित हो जाता है। अँगरेज़ी साहित्य के समाजशास्त्र पर तो प्रो. पॉल की अद्‌भुत पकड़ है।

हम तीनों प्रो. पॉल के पटु शिष्य हैं, लेकिन उनका व्यवहार मित्रवत् रहता है। क्लास खत्म होते ही वे हमारे दोस्त बन जाते हैं। चाय की थड़ी पर हम लोग जम जाते हैं। फिर चाय-समोसों के साथ ज़माने भर की बहस का सिलसिला शुरू हो जाता है। पॉल पान चबाते रहते हैं और हम लोगों को बहस के लिए उकसाते रहते हैं। बहस करते-करते हम पैदल ही उनके घर पहुँच जाते हैं। कोई दो-ढाई किलोमीटर पैदल तो चलना पड़ता है। हम तीनों को छोड़ वे किसी भी विद्यार्थी को अपने घर नहीं ले जाते हैं, बल्कि औसत बुद्धि के विद्यार्थियों को अपनी संगत से दूर ही रखते हैं।

हम तीनों उन्हें 'गुरुजी' कहते हैं। गुरु जी की संगत है बड़ी बेढंगी। एक बड़े से कमरे के घर में घुसते ही वे अपने प्रोफेसरी कपड़ों को उतार फेंकते हैं। लाल लंगोटियाधारी बन जाते हैं। कमरे के ठीक मध्य में धूनी जगी रहती है। धूनी के केन्द्र में एक बड़ा त्रिशूल खड़ा रहता है। धूनी के चारों ओर लोबान, अगरबत्ती, कपूर, घी, समिधा आदि चीज़ें बिखरी रहती हैं। कभी-कभी गुरुजी घर पहुँचते ही मंत्रों के साथ धूनी की लपटों को जगा देते हैं। आँख मूँद ध्यानस्थ हो जाते हैं। गुरुजी अपने कर्मकांड में डूबने लगते हैं। उन्हें देखकर मुझे कभी-कभी जंगलेश्वर महादेव के साधु की याद आने लगती है। आधा घंटा रुक कर हम तीनों बाहर आ जाते हैं।

गुरुजी के यहाँ एक औरत भी आती है। महीने में एक-दो बार। गुरुजी के साथ चार-पाँच रोज़ बिताने के बाद वह अन्तर्धान हो जाती है। गुरुजी उसे देवी, भवानी, महाकाली, दुर्गा आदि नामों से सम्बोधित करते हैं। यह औरत भी झीने वस्त्रों में होती है। पूरी काया से मादकता झरती रहती है। गुरुजी कहते हैं, "अरे, मैं इस देवी की पूजा करता हूँ।" गुरुजी के संकेतों से लगता है वे मध्य रात्रि में धूनी लगा कर यौन उपासना करते हैं। वे अपनी चर्चाओं में तंत्र विधा में विभिन्न मैथुन आसनों के महत्त्व का उल्लेख भी करते रहते हैं। अघोरी बन जाते हैं। दो-तीन रोज़ तक कॉलेज भी नहीं आते हैं। लेकिन जब भी आते हैं, पूरी प्रोफेसरी मुद्रा में आते हैं। पर की धूनी और क्लास, दोनों के बीच बला का फ़ासला रहता है उनका! या कहिए गुरुजी के दो नितांत अज़नबी रूप रहते हैं। इन रूपों को गड्ड-मड्ड होते हुए हम तीनों ने कभी नहीं देखा। गुरुजी अपने परिवार की चर्चा कभी नहीं करते। जब भी मैं उन्हें देखता हूँ, अकेला ही देखता हूँ। इतना ही सुनने में आया है कि वे पश्चिमी उत्तर प्रदेश के हैं। पिछड़े वर्ग से हैं। गुरुजी तंत्र-मंत्र से दूर रहें तो अँगरेज़ी के प्रतिष्ठित विद्वान् बन सकते हैं। उनमें यह संभावना हैं। काश! प्रो. पॉल इन विकृतियों से कभी मुक्ति ले सकें! हमारे गुरुजी एक रहस्यमय किरदार हैं! बारह वर्ष की तंत्र साधना का व्रत ले रखा है उन्होंने!

हम तीनों में इब्बार रब्बी ही हमारे लिए बिरला-टाटा हैं। कॉलेज के पास रब्बी का कमरा है। इच्छा होती है तब उसके यहाँ जा धमकते हैं। वहीं नाश्ता-चाय-पानी होता रहता

है। इन दिनों अपने काव्य-संकलन 'खाँसती हुई नदी के नाम' को तैयार करने में जुटे हुए हैं। अक़सर रमेश उपाध्याय की चर्चा करते रहते हैं।

जब से मैंने कॉलेज में प्रवेश लिया है, समय का विभाजन भूल गया हूँ। तड़के चार बजे उठना पड़ता है। तैयार होकर दरियागंज से पुरानी दिल्ली स्टेशन पहुँचकर सुबह 6 बजे की ट्रेन पकड़नी पड़ती है। कभी-कभी तो पैदल ही जाना पड़ता है। दोपहर में ग़ाज़ियाबाद से लौट कर आता हूँ। श्रीमती शुक्ल कानपुर से लौट आई हैं। खाना मिल जाता है। मैंने पार्ट टाइम काम ले लिया है। 'साप्ताहिक हिन्दुस्तान' के सह-सम्पादक जयप्रकाश भारती कुसुम प्रकाशन से मिलकर विज्ञान का विश्वकोश निकाल रहे हैं। इन्हें एक टाइपिस्ट की ज़रूरत है। मैंने यह काम ले लिया है। पत्रकार से फिर से टाइपिस्ट बनने की पीड़ा लगातार परेशान करती रहती है। लेकिन अभी कोई विकल्प भी तो नहीं है। घर भी पैसा भेजना पड़ता है।

पहला सैमिस्टर ठीक-ठाक निकल गया है। हम तीनों ही पास हो गए हैं। दूसरा सैमिस्टर शुरू हो गया है। जयप्रकाश भारती का प्रोजेक्ट पूरा हो गया है। मैं फिर से बेकार हूँ। देवेन्द्र शुक्ल के प्रयासों से एक अर्द्ध धार्मिक पत्रिका 'नवकल्प' का निकलना शुरू हुआ है। यमुना किनारे धर्मसंघ आश्रम में एक सनातनी संत हैं। शुक्ल जी के कॉलेज के दिनों के मित्र हैं। अच्छे-खासे पढ़े-लिखे हैं। अवध क्षेत्र के हैं। एम.ए. करने के बाद संन्यास ग्रहण कर लिया था। अब इनका स्वयं का मठ है। अनेक सेठ-सेठानियाँ इनकी सेवा में रत रहते हैं। रात-बिरात भाँति-भाँति की सेवाएँ चलती रहती हैं; चढ़ावे आते-रहते हैं; भंडारा लगा रहता है; पकवान बनते रहते हैं। इन सबके साथ-साथ धर्मसंघ में चर्चाओं के पकवान भी पकते रहते हैं! मैं भी ताज़े-बासी व्यंजनों को चखता रहता हूँ। भक्तों और व्यंजनों का मेला देखकर दिल में यह हुड़क भी उठती है, "मैं भी संन्यासी बनूँ, महा-मंडलेश्वर बन जाऊँ...!"

'नवकल्प' की तैयारी के सिलसिले में मुझे विभिन्न साधु-संतों से मिलना भी पड़ता है; आधुनिक तर्ज़ के जैन संत सुशील मुनि के भी दर्शन कर चुका हूँ। इनकी दुनिया भी अद्‌भुत है। वैसे जितने भी मठधारी महंत हैं, सबकी अपनी निराली दुनिया है। कई सतहों वाली है ये दुनिया! इनमें जितना उतरा जाए, उतना ही कम है। भूलभुलैया हैं। वैसे इस दुनिया में प्रवेश के साथ ही पहला पाठ सुनने को मिलता है, "जोशी बच्चा! सब कुछ माया है। सब कुछ नश्वर है। भौतिक सुखों से मुक्ति ही ईश्वर का मार्ग है। सब कुछ परम परमेश्वर को अर्पित कर दो। गीता में कहा गया है—निष्काम कर्म करो।" यह संसार...यह जीवन माया है या नहीं, आदि शंकाचार्य ही इसकी अधिकृत पुष्टि कर सकते हैं! पर यह तय है कि इन साधु-संतों-मंडलेश्वरों की दुनिया 'मायावी' ज़रूर है! इसीलिए मैंने पत्रिका में पंकज बिष्ट का एक लेख 'हिप्पी संस्कृति' पर प्रकाशित किया है।

आंतरिक तनाव के कारण मेरा मंडलेश्वर और नवकल्प से मन उचाट होने लगा है। मैं धर्मसंघ के माहौल से मुक्ति चाहता हूँ। लेकिन देवेन्द्र शुक्ल हैं कि वे मेरी मनोदशा को समझना ही नहीं चाहते हैं। वे मुझे इस पाखण्डी माहौल में ठुसाये रखना चाहते हैं। सच तो यह है कि मुझे यहाँ से घिन होने लगी है। मैं श्रीमती शुक्ल से अपनी मन की व्यथा शेयर करता रहता हूँ। वे नेक व समझदार महिला हैं। वे अपने पति के अड़ियल

स्वभाव से परिचित हैं। लेकिन वे मेरे तनावों से दुखी हैं और मंडलेश्वर से मुक्ति के मेरे अंतिम निर्णय से सहमत हैं। शुक्ल जी के भारी विरोध व झगड़े के बावजूद, मैं नवकल्प से इस्तीफ़ा दे देता हूँ।

दूसरे सैमिस्टर की फ़ीस मुझ पर चढ़ गई है। कॉलेज में प्रतिमाह 25 रुपए जमा कराने के अलावा परीक्षा शुल्क भी देना शेष है। कोई सवा सौ रुपयों का बंदोबस्त मुझे करना है। पंकज, रब्बी, मीना होरा और कुछ अन्य मित्र आपस में यह राशि जुटा कर मुझे देना भी चाहते हैं। लेकिन मैं मना कर रहा हूँ। मेरे आत्मस्वाभिमान को ठेस पहुँच रही है। ऐसा मुझे महसूस हो रहा है। मैंने फ़ीस की बात शुक्लजी और भाभी को भी नहीं बतलाई है, क्योंकि नवकल्प छोड़ने से घर में कोहराम जो मचा हुआ है।

इसी बीच मेरे पास एक अनुवाद का काम आया है। ग़ाज़ियाबाद के एक पुराने परिचित सतीश शर्मा ने पॉकेट बुक का प्रकाशन शुरू किया है। उन्हें पन्द्रह-बीस रोज़ के भीतर थामस हार्डी के उपन्यास 'A Pair of Blue Eyes' का अनुदित संक्षिप्तिकरण चाहिए। इस काम के लिए तीन सौ रुपए की राशि तय होती है। मैं इस काम में दिन-रात भिड़ गया हूँ। काम को समय से पूरा करने के लिए 'एंटी-स्लीपिंग पिल' भी ले रहा हूँ। उपन्यास को हाथ के 350 पृष्ठों में पिरो देता हूँ। प्रकाशक को पाँडुलिपि सौंप कर रब्बी के घर पहुँच गया हूँ।

रब्बी घर पर ही हैं। मुझे चक्कर आ रहे हैं। उलटियाँ हो रही हैं। तबीयत बिगड़ चुकी है। रब्बी की सहायता से मैं डॉक्टर के पास पहुँचा हुआ हूँ। वे मुझे तत्काल गोलियाँ देते हैं और दो रोज़ सख़्त आराम करने की हिदायत देते हैं। मैं दिल्ली जाने की हालत में नहीं हूँ। रब्बी के कमरे पर ही मैं लस्त पड़ा हुआ हूँ। अगले रोज़ मेरी नींद टूटती है। रब्बी भी चिंतित हैं। संयोग से उनका साप्ताहिक अवकाश है। ग़ाज़ियाबाद रुक कर ही मैं अपनी दवा-दारू करता हूँ।

सोमवार को प्रकाशक शर्मा के पास अपना पारिश्रमिक लेने के लिए पहुँचा हुआ हूँ। वह अगले रोज़ आने के लिए कह रहा है। तीन-चार चक्कर लगा चुका हूँ। लेकिन शर्मा टालमटोल कर रहा है। इधर फ़ीस ज़मा कराने की तारीख़ गुज़र चुकी है। अब लेट फ़ीस के साथ ही पूरी फ़ीस ज़मा की जा सकती है। यदि ऐसा नहीं किया तो मैं परीक्षा नहीं दे सकूँगा। 6 महीने बर्बाद हो जाएँगे।

प्रकाशक के टालू रवैये की बात मैं रब्बी को बतला रहा हूँ। मेरी बात सुनकर रब्बी उत्तेजित हो उठते हैं। पंकज को भी मैं प्रकाशक की कहानी सुनाता हूँ। अन्त में हम तीनों कॉलेज यूनियन के अध्यक्ष भारतेन्दु शर्मा के पास जाते हैं और मेरी समस्या उनसे साझा की जाती है। यहीं दो और उदितमान छात्र नेताओं-राजेन्द्र चौधरी[1] और के.सी. त्यागी[2] से मुलाक़ात होती है। यहीं से तीनों छात्र नेता, रब्बी, मैं और दस-बारह विद्यार्थी साइकिलों पर प्रकाशक के यहाँ पहुँच जाते हैं। रब्बी उत्तेजित हो जाता है। अन्य विद्यार्थी भी गुस्से में हैं। दुकान को आग लगाने की धमकी दे रहे हैं। प्रकाशक घबरा गया है। अपने सहायक

---

1. राजेन्द्र चौधरी 2012 में अखिलेश यादव मंत्रिमंडल में काबीना मंत्री बनते हैं।
2. के.सी. त्यागी : पहले लोकसभा सांसद, बाद में राज्यसभा सांसद और संयुक्त जनता दल के महासचिव (2012)।

को तीन सौ रुपए थमा कर भाग रहा है। माफ़ी माँगता जा रहा है। सहायक थरथर काँप रहा है। माफ़ी के लिए गिड़गिड़ाता हुआ मुझे तीन सौ रुपए दे रहा है। हम लोग रुपए लेकर वापस कॉलेज आ गए हैं। मैं तुरंत ही लेट-फ़ीस समेत सभी बक़ाया शुल्क ज़मा करा देता हूँ। इस तरह मैं द्वितीय सैमिस्टर की परीक्षा में बैठने का प्रवेश-पत्र प्राप्त करता हूँ। सच है, यदि छात्र नेता मेरा साथ नहीं देते तो जीवन के छह महीने ग़रीबी-बेकारी की भेंट चढ़ जाते। मैं फिर से शायद ही पढ़ाई शुरू कर पाता!

द्वितीय सत्र की परीक्षाएँ समाप्त हो गई हैं लेकिन मेरी चिंताओं-तनावों का अन्त दिखाई नहीं दे रहा है। शुक्ल-दम्पति के बीच आए दिन विस्फोट होते रहते हैं। दाम्पत्य जीवन कैसा होता है, पति-पत्नी सम्बन्धों के क्या रूप होने चाहिए, इन सबका तो मुझे कोई आत्मानुभव है नहीं। दूर या समीप अवलोकनों के आधार पर ही अनुमान लगाया जा सकता है, या कोई धारणा बनाई जा सकती है। पर निश्चयात्मक ढंग से निष्कर्ष निकालने में दोष का अंदेशा भी रहता है।

मुझे उम्मीद थी कि कानपुर से श्रीमती शुक्ल के लौटने से सब कुछ सामान्य हो जाएगा। दोनों के सम्बन्ध मधुर हो जाएँगे। सामान्य पति-पत्नी की भाँति रहने लगेंगे। लेकिन, मेरा यह अनुमान ग़लत निकला। दोनों के संबंधों में 'परस्पर बिदकन' पसरी हुई है। कोई अज्ञात दंश दोनों को शारीरिक व मानसिक रूप से समीप आने से रोकता है। इसे परिस्थितियों का दंश कहें या शारीरिक-मानसिक ग्रंथि, वस्तुस्थिति यही है कि दोनों अपने परिवार का विस्तार करने में असमर्थ दिखाई दे रहे हैं। दोनों ही आधे-अधूरे लग रहे हैं। रागात्मकता ने इनके दाम्पत्य जीवन को कभी स्पर्श किया है, ऐसा मुझे नहीं लगता। दोनों के बौद्धिक स्तरों में कई प्रकार की विसंगतियाँ घर किए हुए हैं। जब विवाह हुआ था तब देवेन्द्र इलाहाबाद विश्वविद्यालय में एम.ए. के अंतिम वर्ष के छात्र थे जबकि भाभी दसवीं पास नहीं थीं। शक्ल-सुरत से आकर्षक नहीं थीं। घनी साँवली थीं जबकि देवेन्द्र गेहुँआ रंग के थे, नाक-नक़्श से सलोने। मोटे दहेज ने इस बेमेलपन को हरा तो दिया, लेकिन इन दो कान्यकुब्ज ब्राह्मणी देहों को एकरूपी नहीं कर सका। सात फेरों के बाद से ही दूरियों ने शुक्ल दम्पति को दबोच लिया, भाभी प्रेमवती को अपने मायके लौटना पड़ा और माता-पिता के साथ रहकर आगे की पढ़ाई करनी पड़ी। बी.ए. पास किया, एम.ए. किया, पर ये डिगरियाँ दोनों के फ़ासलों को पाट नहीं सकीं। दोनों के रिश्तों में वितृष्णा ने घर कर लिया, जो कि आज तक दूर नहीं हो सका है। देवेन्द्र जी में मौजूद महीन स्त्रैण प्रवृत्तियों ने भी दूरियों को बनाए रखा है। स्त्री को प्रेम और देह, दोनों ही चाहिए। पर देवेन्द्र में ये दोनों सूख चुके हैं! इसके लिए प्रेमवती दोषी कैसे हो सकती हैं? पारम्परिक समाज के परिवारों में ऐसे सम्बन्धों के सूखे-मृत दरख़्त वर्षों बने रहते हैं, जिनके प्रतिनिधि हैं देवेन्द्र और प्रेमवती। मेरे लिए यह स्थिति असहनीय बनने लगी है। अब मुझे इस घर से मुक्ति चाहिए।

मैं दिल्ली में ही सम्मानजनक नौकरी खोजने लगा हूँ। अभी कॉलेज बंद है। ग्रीष्म-कालीन अवकाश है। पर, किसी भी पत्र-पत्रिका में जगह खाली नहीं है। अलबत्ता, हिन्दुस्थान समाचार की लखनऊ शाखा में संवाददाता की जगह खाली है। मैं बालेश्वर जी

को विश्वास दिलाता हूँ कि इस बार भोपाल की कहानी नहीं दोहरायी जाएगी। मुझे लखनऊ शाखा में एक और अवसर दिया जाए। वे फिर से दूसरा अवसर देने के लिए तैयार हो गए हैं। पर चेतावनी भी दी गई है कि यदि लखनऊ में भोपाल की ग़लती दोहरायी जाती है तो इस एजेंसी के दरवाज़े हमेशा के लिए बंद हो जाएँगे। मुझे 'ब्लैक लिस्ट' कर दिया जाएगा।

मेरी नियुक्ति तो लखनऊ में पक्की हो गई है। पर यह कश्मकश भी घनी होने लगी है कि मैं अपनी पढ़ाई को अधबीच में छोड़ूँ या नहीं? यदि दिल्ली रुक कर एम.ए. की पढ़ाई जारी रखता हूँ तो मुझे शुक्ल-दम्पति पर आश्रित रहना पड़ेगा। दूसरे शब्दों में परजीवी बन कर अध्ययन करना होगा। मेरी अभी तक की अध्ययन-यात्रा का रिकॉर्ड तो यही रहा है कि मैं प्रत्येक पड़ाव पर स्वयं अपना नीड़ बनाता हूँ, और उसमें निर्द्वंद्व होकर विचरता हूँ। यह क्रम 1956-57 से चल रहा है। तब 1968 में इसे क्यों भंग किया जाए? पहले लखनऊ खिसका जाए। इसके पश्चात् ही तृतीय सैमिस्टर की फ़िक्र की जाएगी।

मैं एक शाम चुपचाप लखनऊ मेल से रवाना हो जाता हूँ। घर छोड़ने से पहले मैं अपनी योजना की जानकारी भाभी को ज़रूर दे देता हूँ। वे भी इस निर्णय से सहमत थीं। तय यही होता है कि मैं लखनऊ पहुँच कर पत्र भेज दूँगा। इससे पहले देवेन्द्र जी को बताने की आवश्यकता नहीं है। सब गोपनीय ढंग से मैं तैयारियाँ करता हूँ। जब देवेन्द्र जी घर से बाहर जाते हैं तब मैं नयी दिल्ली स्टेशन के लिए स्कूटर पकड़ लेता हूँ।

मैं लखनऊ पहली बार आया हूँ। क़ैसरबाग़ में दफ़्तर है। 'नेशनल हेराल्ड' के बिल्कुल पास। 'नेशनल हेराल्ड', 'नवजीवन' और 'क़ौमी आवाज़', तीनों ही ऐतिहासिक अख़बार हैं। तीनों स्वतंत्रता-संग्राम के मूल्यों का प्रतिनिधित्व करते हैं। नेहरू जी राजनीतिज्ञ व प्रधानमंत्री ही नहीं, एक पत्रकार भी थे। ये तीनों सहोदर दैनिक इसका एहसास मुझे कराते रहते हैं। मेरे लिए यही गर्व का विषय है। नेहरू मेरे युग के नायक आज भी हैं। यह बात अलग है कि अब यह आँच मंद पड़ने लगी है।

क़ैसरबाग़ का इलाक़ा मन को भा रहा है। अमीनाबाद और हजरतगंज दोनों के मध्य यह है। दोपहर का भोजन मैं अमीनाबाद में करता हूँ और शाम को हज़रतगंज के सर्वप्रिय भोजनालय में। दोनों ही जगह 75 पैसे प्रति थाली है। शुद्ध घी लेने पर 25 पैसे अतिरिक्त देने पड़ते हैं। अमीनाबाद से चाँदनी चौक और हज़रतगंज से कनॉट प्लेस की प्यास बुझ जाती है। हर रविवार की सुबह मैं हज़रतगंज के मैयफेयर थिएटर में अँगरेज़ी फ़िल्म देखना पसंद करता हूँ। हज़रतगंज पर आज भी नवाबी और औपनिवेशिक तहज़ीब की छाप साफ़ नज़र आती है।

सिनेमा देखने के बाद मैं इण्डियन कॉफी हाउस पहुँचता हूँ। यहाँ 'नवभारत टाइम्स' के सुरेन्द्र चतुर्वेदी, 'बिल्टज़' के संवाददाता बिशन कपूर, 'टाइम्स ऑफ इंडिया' के काला साहब, 'आज' के राजनाथ सिंह, 'स्वतंत्र भारत' के सुरेश सिंह, पी.आई.बी. के ध्रुवनाथ चतुर्वेदी जी समेत कई लेखक एवं पत्रकारों के साथ गपियाने का मौका मिल जाता है। मैं नया हूँ, युवा हूँ और पत्रकारिता का रंगरूट हूँ। वरिष्ठगण अपने व्यवहार से लेखन व पत्रकारिता में अपनी तपी उम्र और पके बाल का मुझे जब-तब एहसास ज़रूर कराते रहते

हैं! मैं भी लक्ष्मण-रेखा का ध्यान रखता हूँ। वैसे भी लखनऊ अपनी तहज़ीब और नज़ाकत के लिए देश विख्यात् है।

नज़ाकत के मुझे यहाँ अनेक नज़ारे देखने को मिलते रहते हैं। जूते व जूतियों के साथ नफ़ासत के रिश्तों ने मुझे ज़रूर चौंकाया है। हुआ यह कि मैं एक रोज़ मैयफेयर थिएटर से बाहर निकल कर अपने जूतों पर पॉलिश करवाने के लिए रुका। मैं देखता हूँ, एक सफ़ेद चिकनधारी तरुण अपनी बिल्कुल नई नवेली काली जूतियों पर सफ़ेद पॉलिश या रंग चढ़वा रहा है। मैं इस कायाकल्प का कारण पूछता हूँ। तरुण अपने लखनवी अंदाज़ में बतलाता है, "मेरी महबूबा को साफ़-सफ्फ़ाक रंग ही पसंद है। इसलिए इन काली जूतियों पर सफ़ेदा चढ़वा कर इन्हें अपनी नई नवेली जान बना रहा हूँ। महबूबा तभी तो जान छिड़केगी, क़िबला!"

इसी से जुड़ा एक और नज़ारा मेरे ज़ेहन में उतर चुका है। क़ैसरबाग़ के चौराहे पर ड्राई क्लीनर्स की दुकान है। एक रोज़ मैं अपने कपड़े लेने इस दुकान पर पहुँचता हूँ। मैं देखता हूँ, उसके शोरूम में जूतियों की दो जोड़ियाँ सजी हुई हैं। दोनों पर ज़री का काम है। उत्सुकतावश मैंने दुकान मालिक से पूछ लिया कि क्या वे जूते-जूतियाँ भी बेचते हैं? वह तपाक से कहने लगा, "नहीं, साहब! हमारे नवाब साहब की जो बिटिया हैं, ये उनकी जूतियाँ हैं। ये नवाबज़ादी हर दूसरे जुम्मे अपनी जूतियों को इस हम्माम में भेज कर हमारी इज़्ज़त अफ़ज़ाई करती हैं।" वाक़ई, मैं लखनऊ का कायल हो गया हूँ!

उत्तर प्रदेश में तीन शहरों-इलाहाबाद, लखनऊ और वाराणसी को साहित्यकारों का गढ़ माना जाता है। इलाहाबाद व वाराणसी से अभी तक पाला पड़ा नहीं है। किताबों और पत्र-पत्रिकाओं के ज़रिये ही इन शहरों की सैर की है। पर लखनऊ में तो मैं सदेह लखनवी तहज़ीब का आनन्द ले रहा हूँ।

बड़ी इच्छा है कि मैं यशपाल, अमृतलाल नागर, श्रीलाल शुक्ल जैसे महान् साहित्यकारों की संगत प्राप्त करूँ। यशपाल जी, नागर जी को तो मैं अपने पाठ्यक्रम की पुस्तकों में पढ़ भी चुका हूँ। धर्मयुग, साप्ताहिक हिन्दुस्तान, सारिका आदि पत्रिकाओं ने भी मेरा इनसे परिचय करा दिया है। यशपाल जी का 'झूठा-सच' तो मैं कलकत्ता में ही पढ़ चुका था। वैसे कम्युनिस्ट पार्टी के रमेश सिन्हा से ज़रूर भेंट हो चुकी है। मैंने उनका अनुदित साहित्य पढ़ा है। बहुत ही आत्मीय इंसान लगे। दो-तीन बार उन्होंने मुझे अपने घर भी बुलाया।

लेकिन, लखनऊ में तो सियासत का मसान दिन-रात जगा रहता है। पंडित कमलापति त्रिपाठी, बनारसीदास गुप्त, चौ. चरण सिंह, लालजी टण्डन, रामप्रकाश गुप्त, नानाजी देखमुख जैसे सियासी मसानियों के अपने-अपने मसान हैं। ये मसानीजीव अपनी-अपनी विशिष्ट शैलियों में मसानों को सुलगाया रखते हैं, कुरु-कुरु स्वाहा चलता रहता। उठा-पटक की रात्रिकालीन साजिशें चलती रहती हैं। इन मसानों से पत्रकार की मोक्ष नामुमकिन है। मैं इसी आवागमन के फेर में पड़ा रहता हूँ। कभी विधानसभा भवन, कभी सचिवालय, कभी मंत्रियों की कोठियों के बीच मैं आवाजाही करता रहता हूँ। मसानों की तादाद जितनी ज़्यादा रहेगी, साजिशें व प्रेस कांफ्रेंस भी उतनी ही ज़्यादा होंगी। मेरा यही अनुभव है इस शहर का। वैसे यह जीवंत शहर है, और मध्ययुगीन तहज़ीब और आधुनिकता का अनुपम मिश्रण भी है।

सात-आठ महीने लखनऊ में बीत चुके हैं। ठीक-ठाक अंकों से मैंने द्वितीय सत्र पास कर लिया है। तीसरा सैमिस्टर शुरू हो चुका है। पर मैं विवश हूँ। मुझे तो लखनऊ में ही रहना है। लेकिन यह शहर और लोग मुझे भाने लगे हैं। आत्मीयता मिल रही है। मैं यहीं रमा रहूँ, यह जी करता है। 'हिन्दुस्थान समाचार' के शाखा प्रमुख सुरेन्द्र द्विवेदी और संवाददाता अशोक निगम से भी भरपूर सहयोग मिल रहा है। तब कौन जाए इस शाने-अवध को छोड़कर!

पर मैं न विधाता हूँ और न ही बॉस। मैं एक सामान्य पत्रकार हूँ जिसने अपना सफ़र ठीक से अभी शुरू भी नहीं किया है। लखनऊ से मेरा नागपुर तबादला कर दिया गया है। मुझे पहले कुछ समय दिल्ली बिताना होगा। इसके बाद मुझे नागपुर भेजा जाएगा। इस आशय का आदेश दिल्ली मुख्यालय से लखनऊ शाखा पहुँच चुका है। मेरी जगह पटना से भेजे गए सुरेश अखौरी[1] लेंगे। वे पहुँच भी चुके हैं। सप्ताह भर उन्हें लखनऊ के ख़बर गलियारों से वाकिफ़ कराने के बाद मैं इन्द्रप्रस्थ को कूच करूँगा। मैं हठात् लखनऊ आया था, और अब इसी अदा में यहाँ से रवानगी भी हो रही है! पर एक खुशी ज़रूर दिल में खिल रही है। मैं पढ़ाई फिर से शुरू कर सकूँगा। अब दिल्ली में ही रहूँगा, नागपुर नहीं जाऊँगा। मैंने मन बना लिया है।

मैं दिल्ली आ गया हूँ। फ़िलहाल शुक्ल जी के साथ ही ठहरा हुआ हूँ। भाभी भी यहीं हैं। मैंने फिर से कॉलेज में प्रवेश ले लिया है। लखनऊ पड़ाव के कारण बारह महीने ज़रूर गोल हो गए हैं। पर लखनऊ में अर्जित विविधतापूर्ण अनुभवों से इसकी भरपाई भी हो गई है; न अब खुद से गिला है, और न औरों से शिकायत!

इसे संयोग कहूँ या भाग्य की उदारता, मुझे अगले आदेश तक दिल्ली में ही रिपोर्टिंग करने के निर्देश मिले हैं। वजह है कई वरिष्ठ पत्रकारों का इस एजेंसी को छोड़ उभरती हुई एजेंसी-समाचार भारती में ऊँची पगारों पर नियुक्तियाँ लेना। इस नई एजेंसी को कांग्रेस सरकार का समर्थन भी मिला हुआ है। इसलिए शरद द्विवेदी[2] के नेतृत्व में कई संवाददाता, उप-सपांदक और टी.पी. ऑपरेटर समाचार भारती में काम करने लगे हैं। इस पलायन से हिन्दुस्थान समाचार में हड़कंप मचा हुआ है। इसके साथ ही मेरा नागपुर प्रस्थान अनिश्चितकाल के लिए टल गया है।

मुझे दिल्ली महानगर परिषद्, नगर निगम, पुलिस और राज्यसभा की बीटें दी गई हैं। रिपोर्टिंग का दायरा बढ़ गया है। जहाँ यह व्यापक है, वहीं चुनौतीपूर्ण भी। देश की राजधानी व महानगर दिल्ली में मुझे पत्रकारिता का अवसर मिल रहा है। मुझे ऑफिस की तरफ़ से वेस्पा स्कूटर भी दे दिया गया है। इससे मेरी सक्रियता बढ़ गई है। अब मुझे संसद भवन से लेकर राजपुर मार्ग स्थित पुराना सचिवालय व महानगर परिषद् के बीच आवाजाही करनी होती है। कश्मीरी गेट पर पुलिस मुख्यालय और

1. सुरेश अखौरी बाद में 'हिन्दुस्थान समाचार' को छोड़ कर 'दैनिक हिन्दुस्तान' में पहुँच गए। कई वर्षों तक रहे।
2. शरद द्विवेदी बाद में यूनिवार्ता के सम्पादक बने और प्रेस क्लब ऑफ इंडिया के अध्यक्ष भी रहे।

चाँदनी चौक में टाउन हॉल हैं। मैं इन दोनों स्थानों पर भी ख़बरों के लिए टोहबाजी करता हूँ।

इन्द्रप्रस्थ की निराली स्थिति है। राजधानी दिल्ली में दो परस्पर विरोधी दलों की सरकारें हैं : केन्द्र में इन्दिरा गाँधी के नेतृत्व में कांग्रेस का शासन है; दिल्ली पुलिस केन्द्रीय गृहमंत्रालय के अधीन है; दिल्ली विकास प्राधिकरण (डी.डी.ए.) भी केन्द्र के अधिकार क्षेत्र में है; नयी दिल्ली नगर पालिका पर भी कांग्रेस का कब्ज़ा है; कई और भी एजेंसियाँ व स्वायत्त संस्थाएँ हैं जो कि प्रत्यक्ष व परोक्ष रूप से कांग्रेस व केन्द्र सरकार के अधीन कार्य कर रही हैं। इस नई दिल्ली इलाक़े में ही विशाल भारत की सत्ता निवास करती है– राष्ट्रपति भवन, संसद भवन, केन्द्रीय सचिवालय सहित सभी मंत्रालय इसी इलाक़े में हैं। विभिन्न देशों के दूतावास भी इस इलाक़े से बाहर नहीं हैं।

पर यह अधूरी दिल्ली का परिदृश्य है। इससे कहीं विशाल है पुरानी दिल्ली। मेरी दृष्टि में असली दिल्ली या अँगरेज़ी में 'वाल्ड सिटी' का परिदृश्य नई दिल्ली से कतई अलहदा है। इस पर भारतीय जनसंघ का शासन है। दिल्ली की राजनीतिक–प्रशासनिक व्यवस्था एक प्रकार से विकलांग है। दिल्ली में विधानसभा के बजाय महानगर परिषद् है। दिल्ली सरकार के राजनीतिक प्रमुख को मुख्य कार्यकारी पार्षद कहा जाता है, मुख्यमंत्री नहीं। इस समय जनसंघ के उभरते नेता विजय कुमार मल्होत्रा इस पद पर हैं। दूसरे बड़े नेता मदनलाल खुराना कार्यकारी पार्षद हैं, लालकृष्ण आडवाणी कद्दावर नेता और महानगर परिषद् के अध्यक्ष भी हैं। अब हिन्दुस्थान समाचार का ऑफिस शंकर मार्केट से उठकर मंडी हाउस[1] में आ गया है। यह हिमाचल प्रदेश की भूतपूर्व मंडी रियासत के नरेश की सम्पत्ति है। भौगोलिक दृष्टि से मंडी हाउस से पुरानी दिल्ली का क्षेत्र पास पड़ता है।

चूँकि इन दिनों ऑफिस में लोगों की कमी है इसलिए मुझे काफ़ी भाग–दौड़ करनी पड़ रही है। दोनों सत्ता नगरियों की गतिविधियों पर नज़र रखनी पड़ती है। प्रेस का रुतबा है, यह मैं महसूस कर रहा हूँ। जीवन में पहली दफ़ा स्कूटर चला रहा हूँ। इसके आगे अँगरेज़ी में 'प्रेस' लिखा हुआ है। इस पर जब मैं सवार होता हूँ तो लगता है लालबत्ती वाली गाड़ी में बैठा हुआ हूँ। मैं देश का विशिष्ट नागरिक हूँ और आदर–सम्मान का हक़दार हूँ! लोगों को मुझसे भयभीत भी होना चाहिए। मैं स्वचालित वाहन पर सवार चलता–फिरता–उड़ता 'बिजूका'[2] हूँ!

यह वह समय है जब स्कूटर प्राप्ति के लिए पाँच से दस वर्ष लग जाते हैं, ट्यूब–टायर के लिए परमिट लेना पड़ता है। वैसे पेट्रोल क़रीब तीन रुपए लीटर है। लाइसेंस–परमिट का राज है इसलिए हम पत्रकार भी मज़े में हैं। जहाँ भोपाल में मैं लोगों को चीनी का कोटा बाँट दिया करता था, यहाँ मित्रों को कार–स्कूटर के ट्यूब–टायर दिलवा देता हूँ। और भी कई छोटे–मोटे फ़ायदे पहुँचा देता हूँ।

सुनता तो यह भी हूँ कि दिल्ली में थानों की नीलामी होती है। इसमें कुछेक पत्रकार परोक्ष रूप से दलाल की भूमिका भी निभाते हैं। दिल्ली के क्राइम रिपोर्टरों

---

1. अब मंडी हाउस प्रसार भारती और दूरदर्शन के मुख्यालय में बदल गया है।
2. पंकज बिष्ट ने मेरे साथ स्कूटर सवारी के अनुभव का रोचक वर्णन, 'समयांतर' में प्रकाशित अपने एक संस्मरण में विस्तार से किया है।

में 'हिन्दुस्तान टाइम्स' के ए.आर. विग की हैसियत निराली है। पुलिस विभाग पर उनका ख़ासा प्रभाव है। आई.जी. (महा-पुलिस अधीक्षक) से लेकर थाना इंचार्ज तक विग की चाकरी में रहते हैं। उनके सम्मान में पार्टी भी दी जाती है। वैसे भी विग अपने क़द-काठी से पत्रकार कम, पुलिस या फ़ौजी अफ़सर ज़्यादा लगते हैं!

हम हिन्दी पत्रकारों में हरिदत्त शर्मा, रामवतार त्यागी, फ़तेहचन्द्र शर्मा आराधक, आनन्द जैन, द्वारिका खोसला जैसे नाम चर्चित रहते हैं। महिला पत्रकारों में प्रभादत्त (टी.वी. स्टार बरखा दत्त की माता), सुजाता राय, रज़िया जैसे नाम चर्चित हैं। अच्छी बात यह है कि अँगरेज़ी और हिन्दी पत्रकारों में परस्पर सहयोग काफ़ी है, एक-दूसरे से ख़बरें-सूचनाएँ साझा करते हैं। रिपोर्टिंग में मेरी विशेष स्थिति यह है कि मैं जहाँ कांग्रेस शासित केन्द्र सरकार व मंत्रालयों को कवर करता हूँ, वहीं मुझे जनसंघ की स्थानीय सरकार की नब्ज़ पर भी अँगूठा रखे रखना होता है। इसलिए मैं विभिन्न अख़बारों के राष्ट्रीय ब्यूरो के वरिष्ठ पत्रकारों और स्थानीय रिपोर्टरों से अक़सर टकराता रहता हूँ।

दिल्ली की जनसंघ सरकार अपनी गति से चल रही है। राजधानी के सौंदर्यीकरण का अभियान अपने यौवन पर है; सड़कों का चौड़ी करना व फ्लाई ओवर निर्माण, यमुना मुहानों व निगम बोध घाट की सजावट एवं रिंग रोड पर धूपघड़ी; रिंग मार्ग का उद्यानीकरण व विद्युत्तीकरण और नव मध्यवर्ग के लिए आकर्षक कॉलोनियाँ। प्रति सप्ताह मुझे किसी-न-किसी योजना के उद्घाटन या आरम्भ को कवर करना होता है। दिल्ली के परम्परागत वैश्व व ब्राह्मण नेतृत्व पर विस्थापित पंजाबी नेतृत्व (मल्होत्रा, खुराना, केदारनाथ साहनी आदि) भारी पड़ने लगा है। लगता है अब दिल्ली-जनसंघ पर सरहद के उस पार से आए पंजाबियों का वर्चस्व लम्बे समय तक रहेगा।

अलबत्ता, दिल्ली कांग्रेस पर अभी भी पुराने वर्गों ब्रजमोहन शर्मा, चौ. ब्रह्म प्रकाश, देशराज चौधरी, शिवचरण गुप्त, नूरुद्दीन अहमद, राधारमण, मीर मुस्ताक़ अहमद, सुश्री सैनी आदि का दबदबा है। वैसे पंजाबियों का नेतृत्व (ओ.पी. बहल, एच.के.एल. भगत, इन्द्रकुमार गुजराल, माकन) भी आक्रामकता के साथ आगे आता जा रहा है। कोई आश्चर्य नहीं, आने वाले समय में दिल्ली कांग्रेस पर इसका कब्ज़ा हो जाए!

इधर केन्द्र की राजनीति अशांत हो चुकी है। कांग्रेस में ज्वार-भाटे तो हमेशा चलते ही रहते हैं। पर इस बार तो चक्रवात ही चक्रवात हैं। लगता है इन चक्रवातों की रफ़्तार से इस अस्सी ऊपर पार्टी का शीराज़ा ज़रूर बिखरेगा। कांग्रेस के धाकड़ व खुर्राट नेताओं (एस.के. पाटिल, अतुल्य घोष, निजलिंगप्पा, बनारसीदास गुप्त, मोरारजी देसाई, तारकेश्वरी सिन्हा आदि) और प्रधानमंत्री इन्दिरा गाँधी एवं उनके समर्थकों (उमाशंकर दीक्षित, डी. पी. मिश्र, ललितनारायण मिश्र, हेमवती बहुगुणा, इन्द्रकुमार गुजराल, मोहनलाल सुखाड़िया, के.सी. पंत, चंद्रशेखर, चंद्रजीत यादव, टी.टी. कृष्णमाचारी, मोहन धारिया, अर्जुन अरोड़ा, अमृत नहाटा, कुमार मंगलम् आदि) के बीच ठन गई है। जनवरी 1966 में ताशकंद में लालबहादुर शास्त्री जी के निधन के पश्चात् इन्दिरा जी को इसलिए प्रधानमंत्री बनाया गया था कि वे 'गूंगी गुड़िया' और 'कठपुतली' बनी रहेंगी। खुर्राट नेताओं के इशारों पर यह गुड़िया या दरबारी नृत्यांगना नाच करेगी। लेकिन अब यह गुर्राने लगी है। इसने अपना 'तांडव' दिखाना शुरू कर दिया है।

कांग्रेस में कुछ नए शब्दों का प्रचलन शुरू हो गया है: सिंडीकेट कांग्रेस (निजलिंगप्पा मंडली) बनाम इंडीकेट कांग्रेस (प्रधानमंत्री गुट); पुरानी या संगठन कांग्रेस (पार्टी अध्यक्ष समर्थक या खुर्रांटों की मंडली) बनाम रुलिंग कांग्रेस या नई कांग्रेस। कांग्रेस के संगठन गुट और सत्ताधारी गुट के बीच अर्द्धरात्रि तक जंग चलती रहती। मध्य रात्रि के बाद अगले रोज़ की व्यूहरचना शुरू हो जाती है; गुटों के सदस्यों की तोड़-फोड़, आरोप-प्रत्यारोप जंग; इन्दिरा निष्कासन की तैयारी; प्रेस कांफ्रेंसें आदि। अँगरेज़ी प्रेस में 'Nocturnal Warfare' और हिन्दी प्रेस में 'मध्यरात्रि जंग' जैसे शब्द ख़ूब उछल रहे हैं।

इस समय घटनाओं के प्रमुख केन्द्र बने हुए हैं—जंतर-मंतर रोड स्थित कांग्रेस कार्यालय, राजेन्द्र मार्ग स्थित देसाई-बंगला, औरंगज़ेब रोड—अक़बर रोड का चौराहा (प्रधानमंत्री निवास स्थान के पास) और साउथ एवेन्यू व नॉर्थ एवेन्यू में सांसदों (चन्द्रशेखर, अमृत नाहटा, चन्द्रजीत यादव आदि) के निवास। सांसद भवन के गलियारों में तो अलग से दिन भर आतिशबाज़ी चलती रहती है। फ़िलहाल मेरी बीट राज्यसभा है।

मैं इन 'ख़बर ढाबों' से रसीली-चटपटी ख़बरों को बटोरने के लिए देर रात गए तक वेस्पा दौड़ाता रहता हूँ। शटल कॉक बन गया हूँ। इस अंधी दौड़-धूप में कभी-कभी लगता है इन्दिरा गाँधी तो नहीं, हम पत्रकार ज़रूर 'बोलते-लिखते पुतले' बन गए हैं—बिल्कुल 'बेगानी शादी में अब्दुल्ला दीवाना' तर्ज़ में! लेकिन मुझे आ रहा है मज़ा, थ्रिल है, जोश-उमंग है। इन्दिरा जी की तरफ़ से यशपाल कपूर पत्रकारों को साधे रखते हैं। वैसे अँगरेज़ी प्रेस का बड़ा वर्ग इन्दिरा गाँधी के प्रगतिशील व समाजवादी क़दमों का मुरीद है। लेकिन भाषायी प्रेस में दक्षिणपंथी तत्त्व अधिक हावी हैं।

इन्दिरा गाँधी ने 19 जुलाई, 1969 को उप-प्रधानमंत्री देसाई से वित्त मंत्रालय छीन लिया है। इसके साथ ही एक अध्यादेश के ज़रिये बैंकों का राष्ट्रीयकरण कर दिया गया है। मैं तुरंत राजेन्द्र मार्ग स्थित मोरारजी भाई की कोठी पर पहुँचता हूँ। अन्य पत्रकार अभी तक नहीं पहुँचे हैं। देसाई जी से प्रतिक्रिया लेने वाला मैं पहला रिपोर्टर हूँ। उप-प्रधानमंत्री देसाई का चेहरा तमतमा रहा है, विषाद में डूबा हुआ है। वे बूढ़े जख़्मी शेर लग रहे हैं। मुझे देखती ही संस्कृत का यह श्लोक दाग रहे हैं : 'त्रिया चरित्रम् पुरुषस्य भाग्यं देवो न जानति कुतो मनुष्यः।' (स्त्री के चरित्र और पुरुष के भाग्य को देवतागण भी नहीं जानते हैं)! मैं यह प्रतिक्रिया लेकर तुरंत ही मंडी हाउस लौटता हूँ। टी.पी. पर यह फ्लैश चला देता हूँ। किस एजेंसी की ख़बर पहले पहुँचे, इसे लेकर हम रिपोर्टरों में प्रतिस्पर्धा चलती रहती है।

इस घटना के साथ ही पार्टी संगठन और प्रधानमंत्री के बीच जंग और भड़क उठी है। हालाँकि 11 जुलाई, 1969 को बंगलुरु में सम्पन्न कार्यकारिणी की बैठक में ही इस जंग के विस्तार की पृष्ठभूमि तैयार हो गई थी। कार्यकारिणी ने राष्ट्रपति पद के लिए डी. नीलम संजीव रेड्डी को अपना अधिकृत प्रत्याशी घोषित किया था, जबकि इन्दिरा गाँधी इसके विरोध में थीं। तीव्र मतभेद की स्थिति में मतदान हुआ जिसमें प्रधानमंत्री हार गईं। इन्दिरा जी ने इस पराजय को प्रधानमंत्री के नेतृत्व को सीधी चुनौती के रूप में देखा। यहीं से खुले जंग का बिगुल बज गया।

प्रधानमंत्री दिल्ली लौटीं। उन्होंने अपने विश्वस्त सलाहकारों के साथ परामर्श किया। कश्मीर की पंडित लॉबी (डी.पी.धर, हक़सर, कॉव, फोतेदार आदि) ने भी इस जंग को

हवा दी। दिल्ली एवं बम्बई में सक्रिय मास्को और पूर्वी जर्मनी समर्थक लाबियाँ (कुमार मंगलम्, हक़सर, सुभद्रा जोशी, रजनी पटेल, अमृत नाहटा, हेमवतीनन्दन बहुगुणा, चन्द्रजीत यादव, अरुणा आसफ अली आदि) भी चाहती थीं कि कांग्रेस में शुद्धिकरण की हवा चले, भारत समाजवाद की दिशा में आगे बढ़े, दक्षिणपंथी व प्रतिक्रियावादी ताक़तें कमज़ोर पड़ें। प्रगतिशील क़दमों का बल्यू प्रिंट तैयार किया गया : एक, बैंकों का राष्ट्रीयकरण; दो, भूतपूर्व नरेशों के प्रीवी पर्सों की समाप्ति। ये दो क़दम कांग्रेस के भीतर व बाहर दक्षिणपंथी शक्तियों की परम्परागत सामाजिक-आर्थिक-राजनीतिक आधारों को तात्कालिक रूप से पीछे धकेलने के लिए काफ़ी थे। इस रणनीति के तहत देश के प्रमुख 14 बैंकों का राष्ट्रीयकरण कर दिया गया। मोरारजी देसाई ने इन्दिरा-सरकार से त्यागपत्र दे दिया। अगस्त में ही प्रीवी पर्सों (विशेषाधिकारों) के खात्मे के लिए संविधान संशोधन की पहल शुरू की गई। यह अलग बात है कि संशोधन विधेयक लोकसभा में तो पारित हो गया लेकिन राज्यसभा में एक मत से पराजित हो गया।

इस घटना के पश्चात् मैं जनसंघ के वरिष्ठ नेता अटलबिहारी वाजपेयी के यहाँ प्रतिक्रिया के लिए पहुँचता हूँ। मेरे साथ देवेन्द्र शुक्ल भी हैं। शुक्ल जी से वाजपेयी जी के पुराने सम्बन्ध हैं। अटल जी अस्वस्थ हैं लेकिन उदास भी हैं। वे स्वयं कहते हैं–

"जोशी, मैं तुम्हें दो प्रतिक्रियाएँ दूँगा।"

"जी कहिए! मुझे खुशी होगी।"

"एक जारी करने के लिए–ऑन रिकॉर्ड; और दूसरी याद रखने के लिए– ऑफ रिकॉर्ड।"

"बताइए, मुझे अच्छा लगेगा।"

"राज्यसभा में संविधान संशोधन की हार लोकतंत्र की जीत है। इसे प्रसारित कर दो।"

"और दूसरी, वाजपेयी जी?"

"इन्दिरा जी ने सही क़दम उठाया है। आख़िर कब तक हम इन राजे-महाराजाओं को ढोते रहेंगे? कभी तो इनका अन्त होना चाहिए?[1]"

वाजपेयी जी का यह रूप मैंने पहली बार देखा। मैं इससे प्रभावित हूँ। आख़िर, उन्होंने अपने दिल की बात कह डाली।

इस घटना से पहले राष्ट्रपति का चुनाव संग्राम हुआ। स्वतंत्र भारत के इतिहास में यह पहला अवसर था जब प्रधानमंत्री ने अपनी ही पार्टी के अधिकृत उम्मीदवार संजीव रेड्डी के नाम का नामाकंन फॉर्म पर औपचारिक समर्थन तो किया लेकिन अन्ततः बड़ी चतुराई से इसका विरोध कर दिया। इन्दिरा जी ने 'अन्तरात्मा की आवाज़' पर राष्ट्रपति चुनाव में मतदान करने के नारे को गुंजित कर कांग्रेसी सांसदों और विधायकों को विभाजित कर दिया। अन्ततः संजीव रेड्डी हार गए और वी.वी. गिरि राष्ट्रपति बन गए। उन्होंने निर्दलीय उम्मीदवार के रूप में चुनाव लड़ा था। कुछ विपक्षी मत भी उन्हें मिले। यह सही है कि यदि प्रधानमंत्री इन्दिरा गाँधी का उन्हें पोशीदा समर्थन नहीं मिलता तो उनकी हार

---

1. विस्तार के लिए देखें : अटलबिहारी वाजपेयी अभिनन्दन ग्रंथ; सम्पादक–राजेन्द्र शर्मा; प्रकाशक : स्वदेश प्रकाशन, (भोपाल)

निश्चित थी। चूँकि गिरि भूतपूर्व श्रमिक नेता थे और पहले से ही उपराष्ट्रपति पद पर भी थे, इसलिए उनका अपना भी एक स्वतंत्र प्रभाव क्षेत्र था। वी.वी. गिरि की जीत में इन्दिरा जी की जीत देखी जा रही है। गिरि ने उपराष्ट्रपति भवन को छोड़ अपनी पुत्री के यहाँ से चुनाव अभियान का संचालन किया था। उनकी पुत्री ग्रेटर कैलाश में रहती हैं।

गिरि की विजय के पश्चात् उनकी पुत्री के निवास पर पत्रकारों का जमघट लगा हुआ है। मैं देख रहा हूँ नेताओं, विशिष्ट जनों और सामान्य जन का सैलाब उमड़ा हुआ है। इन्दिरा गाँधी स्वयं अपने काफ़िले के साथ यहाँ पहुँची हुई हैं। मकान की छत से गिरी उँगलियों से 'वी' का निशान बना कर सभी का अभिनन्दन और बधाइयाँ स्वीकार कर रहे हैं। इन्दिरा जी भी उन्हें पुष्प गुच्छ देकर बधाई दे रही हैं। गिरी और उनका परिवार गद्‌गद हैं। इसके साथ ही इन्दिरा गाँधी की सत्ता पर पकड़ अभेद्य बन गई है, और कांग्रेस के विभाजन का रास्ता साफ़ हो चुका है। इन्दिरा जी ने अपने राजनीतिक आकाओं को ही 'गूंगा' और 'पुतला' बना कर छोड़ दिया है!

इन्दिरा-विरोधियों की मनोदशा का साक्षात् अनुभव मुझे तब हुआ जब मैं तारकेश्वरी जी से मिलने उनकी कोठी पर पहुँचा। वे प्रेस क्लब के पास रहती हैं। सामान्य शिष्टाचार के बाद बातचीत की दिशा इन्दिरा गाँधी के समाजवादी क़दमों की ओर मुड़ गई है। बैंकों के राष्ट्रीयकरण, प्रीवी पर्सों की समाप्ति जैसे ज्वलंत मुद्दों पर मैं उनकी दिली प्रतिक्रिया को कुरेदने की कोशिश कर रहा हूँ। वे चीख़ पड़ती हैं–

"देखो, इन्दिरा जो कर रही है...सब बक़वास है। ऐसे मौसमी नारों से समाजवाद नहीं आता है। इन्दिरा अपनी गद्दी बचाने के लिए ये सस्ते-घटिया हथकंडे अपना रही है।

जोशी, जो औरत अपनी पार्टी की नहीं हुई, अपने उम्मीदवार को हरवाया, कांग्रेस... हम सबों के साथ विश्वासघात किया...वो किस की हो सकती है? समाजवाद से इन्दिरा का क्या लेना-देना है? यह तो सब नेहरू जी के साथ खत्म हो गया।"

कुछ रुक कर और चाय की चुस्कियों के बाद तारकेश्वरी जी अपने बाहु-तेवर दिखलाने लगती हैं–

"तुम्हारी प्रधानमंत्री को लड़ने का बहुत शौक़ है न? ठीक है... ज़रा इन्दिरा गाँधी सत्ता छोड़े और मेरे साथ अखाड़े में उतरे...दो मिनट में फ़ैसला हो जाएगा–कौन शक्तिशाली है?

अपनी माँद में तो लोमड़ी भी खुद को शेरनी समझती है! सरकार तो इन्दिरा की माँद है!"

तारकेश्वरी जी का यह रौद्र रूप मेरे लिए अप्रत्याशित है। बाँहों को चढ़ाकर कुश्ती के लिए अपने विरोधी को न्यौता देना, राजनीतिक जंग का यह निराला अंदाज़ मैं तारकेश्वरी सिन्हा में देख रहा हूँ। जलपान के बाद मैं चलने लगता हूँ। ईर्ष्या में झुलस रहीं बिहारी नेता के शब्द कानों से टकरा रहे हैं–

"जोशी, इन शब्दों को प्रसारित मत कर देना। यह सब ऑफ दी रिकॉर्ड है, आपसी बातचीत है।"

"आप निश्चिंत रहें, मैडम! इतना मैं भी समझता हूँ।" यह विश्वास दिला कर मैं बाहर आ गया हूँ। तारकेश्वरी जी सामान्य मुद्रा में लौट आई है। पर घृणा, जलन, कुंठा, हताशा, पराजय जैसी प्रवृत्तियाँ इन्दिरा विरोधियों का जीवनाहार बन चुकी हैं।

कांग्रेस का विभाजन हो चुका है, रूलिंग कांग्रेस का अधिवेशन बम्बई और अहमदाबाद में संगठन कांग्रेस के अधिवेशन होने जा रहे हैं। इन अधिवेशनों से साफ़ हो जाएगा कि आम कांग्रेस जन इन्दिरा गाँधी के साथ हैं या निजलिंगाप्पा के साथ? ये दोनों अधिवेशन एक प्रकार से पुरानी और उभरती धाराओं के बीच शक्ति परीक्षण हैं। मैं सत्तारूढ़ कांग्रेस के अधिवेशन को कवर करने के लिए बम्बई जा रहा हूँ। कांग्रेस की स्पेशल ट्रेन नई दिल्ली से बम्बई सेन्ट्रल जा रही है। मैं जिस डिब्बे में हूँ उसमें शशि भूषण, आदिश अदल, ओ.पी. बहल, वीरेन्द्र जैन, सहित वरिष्ठ–कनिष्ठ नेताओं का जमावड़ा लगा हुआ है। इन्दिरा गाँधी की जय–जयकार के नारों के बीच स्पेशल ट्रेन रवाना हो रही है। जहाँ भी ट्रेन रुकती है–'इन्दिरा गाँधी आई है, नई रौशनी लाई है'; 'इन्दिरा बचाओ–देश बचाओ'; इन्दिरा गाँधी ज़िंदाबाद जैसे नारे प्लेटफॉर्म पर गूँजने लगते हैं; मथुरा, भरतपुर, सवाई माधोपुर, कोटा, झालावाड़, नागदा, रतलाम जैसे स्टेशनों से उत्तर प्रदेश, राजस्थान और मध्य प्रदेश से कांग्रेसी ट्रेन में ठुँसते जा रहे हैं। स्टेशनों से ट्रेन की विदाई ऐसे दी जाती है गोया कि ये श्वेत टोपीधारी कांग्रेसजन किसी युद्ध मोर्चे पर जा रहे हों! वैसे विभाजित कांग्रेसियों के लिए ये दोनों अधिवेशन किसी जंग से कम नहीं हैं।

'हिन्दुस्थान समाचार' के लोगों को मैरिन ड्राइव पर स्थित एक होटल में ठहराया गया है। अहमदाबाद और कलकत्ता से भी समाचार के लोग कवरेज़ के लिए पहुँचे हुए हैं। मैं तीन रोज़ यहाँ रुकता हूँ। पिछले क़रीब एक दशक में मेरी यह चौथी बम्बई यात्रा (1958, 60, 62 और 1969) है। इसलिए बंबई–दर्शन का कोई आकर्षण शेष नहीं है, सिवाय पुरानी यादों के साथ फिर से याराना करने के।

मैं इस यात्रा में नवकेतन में सह–निर्देशक प्रेम प्रकाश, स्क्रिप्ट लेखक उमेश माथुर, 'धर्मयुग' के सम्पादक धर्मवीर भारती, पवई लेक के चितरंजन शर्मा, गोपाल शर्मा आदि से मिलता हूँ। वे मेरी इस भूमिका से बेहद आनन्दित हैं। इन्हें मेरे पत्रकार का रूप अविश्वसनीय लगता है। 1960 में एक सत्रह साल का लौंडा जयपुर से फ़रार होकर दादर पहुँचता है, बेटिकट। एक्टर बनने के लिए स्टूडियो के चक्कर काटता है। फिर दो महीने बाद निराश होकर लौट जाता है। नौ वर्ष बाद वही लड़का पच्चीस वर्ष के युवा रिपोर्टर के रूप में अवतरित होता है। पूरे ग्लैमर के साथ। इन तमाम शुभचिंतकों से धौलें बटोर कर मैं दिल्ली रवाना हो रहा हूँ। भारती जी भी मुझ से धर्मयुग में 'युवा वाणी' पर एक लेख लिखवा रहे हैं। धौल का एक रूप यह भी है।

इस बार मैं प्रथम श्रेणी के डिब्बे में हूँ। ग्रामीण जयपुर के सांसद नवल किशोर शर्मा, प्रसिद्ध समाजवादी नेता एस.एम. जोशी जैसे प्रतिष्ठित यात्रियों का सान्निध्य मुझे मिल रहा है। इस बार मेरी बम्बई–यात्रा उपलब्धिपूर्ण है। धाँसू कहानी रचने के लिए यह मसाला कम तो नहीं है!

देश के राजनीतिक नक़्शे पर फैली धुंध अब छँट चुकी है। बम्बई और अहमदाबाद अधिवेशनों से साफ़ हो चुका है कि कांग्रेस का बहुमत प्रधानमंत्री इन्दिरा गाँधी के साथ है; सिंडेकट कांग्रेसियों (कामराज, निजलिंगप्पा, घोष, पाटिल, देसाई) का ज़माना सिमट चुका है; इंडीकेट या इन्दिरा पंथियों का युग शुरू हो चुका है। कांग्रेस में सक्रिय युवा

तुर्क और भूतपूर्व कम्युनिस्ट (कुमार मंगलम्, यादव, नाहटा आदि) भी प्रधानमंत्री के साथ हैं। संसद में दोनों कम्युनिस्ट पार्टियों और समाजवादी सदस्यों (लोहिया व आचार्य नरेन्द्र देव वादियों) का परोक्ष समर्थन भी इन्दिरा गाँधी को मिल रहा है। क़ायदे से, कांग्रेस के विभाजन के बाद इन्दिरा-सरकार अल्पमत में आ चुकी है। लेकिन, संसद में प्रगतिशील विपक्षी सांसदों के सहयोग से इन्दिरा जी अपनी क़श्ती को सफलता के साथ खेती जा रही हैं।

इधर बंगाल अशांत होता जा रहा है। मार्क्सवादी पार्टी में विभाजन और नक्सलवाड़ी आंदोलन के क़ारण देश में एक नए प्रकार की क्रान्ति की ज़मीन तैयार हो रही है। युवा व श्रमिक आंदोलन भी उभार पर हैं। इन दबावों का प्रभाव केन्द्र पर पड़ रहा है। शायद प्रधानमंत्री इन्दिरा गाँधी–इन दबावों के संभावित परिणामों को ध्यान में रखकर प्रगतिशील क़दम उठा रही हैं। यह भी हो सकता है वे समाजवादी, नक्सलबाड़ी और युवा-श्रमिक आंदोलनों को ठंडा करने व जनता का ध्यान बाँटने के लिए स्वयं ही बदलाव की पहल कर रही हों! बैंकों का राष्ट्रीयकरण, प्रिवी पर्सों का खात्मा जैसी पहलों से देश में इन्दिरा गाँधी के पक्ष में माहौल तो बन रहा है। जनता उनके पक्ष में जुटने लगी है।

इसी माहौल में 'प्रतिबद्ध' या 'Committed' शब्द राजनीतिक मंचों पर और प्रेस में खूब गूँज रहा है। इसका सीधा अर्थ यह है कि जो लोग इन्दिरा गाँधी की ताज़ा प्रगतिशील नीतियों-कार्यक्रमों के समर्थक हैं, वो प्रतिबद्ध हैं, जो विरोधी हैं वे दक्षिणपंथी व प्रतिक्रियावादी हैं। इसलिए इन दिनों प्रेस में 'Committed', 'Committed Bureaucracy' और 'Committed Judiciary' जैसे शब्द सुर्खियों में हैं। इण्डियन एक्सप्रेस, स्टेट्स मैन जैसे दैनिक प्रधानमंत्री की समाजवादी नीतियों की आए दिन धुनाई करते रहते हैं। प्रधानमंत्री और उनके समर्थक तिलमिला जाते हैं। एजेंसी का संवाददाता होने के नाते मुझे तीनों पक्षों : 1. सत्ता पक्ष, 2. विपक्ष, और 3. तटस्थ या मध्यस्थ–को कवर करना होता है। एजेंसी की भूमिका भी यही है कि बग़ैर लाग-लपेटे ख़बरें प्रसारित करे; विश्लेषण करना या वैचारिकी ओढ़नी करने का काम अख़बारों का है। इसलिए मैं सावधानी के साथ प्रतिबद्धता की बहसों की रिपोर्टिंग करता हूँ।

हाल ही में प्रेस क्लब ऑफ इंडिया में प्रतिबद्धता को लेकर सरकारी पक्ष और वरिष्ठ सम्पादकों के बीच तीन घंटे तक जम कर बहस चली। सरकारी पक्ष का प्रतिनिधित्व सूचना-प्रसारण मंत्री इंद्रकुमार गुजराल ने किया, जबकि उनके विरोध में थे फ्रैंक मोरिस (एक्सप्रेस समूह के प्रधान सम्पादक), कुलदीप नैयर सहित कई वरिष्ठ पत्रकार। दोनों पक्षों ने बड़े प्रभावशाली ढंग से अपने पक्ष रखे, ऐतिहासिक संदर्भों का भी उल्लेख किया। स्वतंत्रता आंदोलन में प्रेस की भूमिका पर बहस हुई। प्रतिबद्धता की सैद्धांतिक व्याख्याओं का उल्लेख किया गया। मुझे गुजराल साहब का तर्क-प्रस्तुतिकरण काफ़ी जानदार लगा। वे दिग्गज सम्पादकों के सामने घाट नहीं पड़े। उनकी तैयारी पुरख़्ता थी। बेशक़-मोरिस साहब ने भी अपने पद व प्रतिष्ठा के अनुकूल भूमिका निभायी।

बहस के दौरान मुझे यह पीड़ा ज़रूर सालती रही, 'काश! हिन्दी का भी कोई सम्पादक इस बहस में शिरकत करता!' राजधानी दिल्ली से नवभारत टाइम्स, दैनिक हिन्दुस्तान, साप्ताहिक हिन्दुस्तान, दिनमान जैसी पत्र-पत्रिकाएँ निकलती हैं। इनके

सम्पादक (अक्षय कुमार जैन, रतनलाल जोशी, मनोहरश्याम जोशी, रघुवीर सहाय) भी कम नामी-गिरामी नहीं हैं। फिर भी हिन्दी पत्रकार जगत् मृत-सा ही रहा! आख़िर क्यों? शायद हम लोग हीनग्रंथि के शिकार हैं। वैचारिक शून्यता भी है, स्टैंड नहीं लेते हैं। चारण-संस्कृति के साथ रतिक्रिया करते हैं!

पिछले कुछ दिनों से 'हिन्दुस्थान समाचार' में एक नया अध्याय शुरू हो गया है। प्रबंधकों के व्यवहार से पत्रकार और सभी श्रेणी के कर्मचारी त्रस्त हैं। वेतन मानों को लागू नहीं किया जा रहा है। सेवा-शर्तों का पालन नहीं किया जाता है। अवकाशों और कार्य-अवधि का कोई ठिकाना नहीं है। समाचार में प्रबंधक बालेश्वर जी की स्वेच्छाचारिता ही आरम्भ है, और अन्त भी! ओमप्रकाश पंडित, मनमोहन शर्मा जैसे वरिष्ठ पत्रकार भी उनके व्यवहार से दुखी हैं। कई दफ़े इन लोगों के बीच आपस में झड़पें भी हो चुकी हैं। सम्पादक हरिदत्त पाठक व वरिष्ठतम् प्रधान संवाददाता एन.बी. लेले भी अग्रवाल जी के अड़ियल व्यवहार से परेशान हैं। साथियों को सबके सामने डाँटना-डपटना उनका शग़ल बन चुका है।

बालेवर जी अपने साथियों की गतिविधियों पर भी कड़ी नज़र रखते हैं। उनकी पीछे से जासूसी करवाया करते हैं। इस काम के लिए उन्होंने दो-तीन लोगों को पाल रखा है, जो पत्रकारों और ग़ैर-पत्रकारों की आपसी हलचलों की नियमित रिपेर्टिंग उन्हें करते रहते हैं। इससे समाचार का वातावरण बिगड़ता जा रहा है।

एक ताज़ा घटना है। एक रोज़ उन्होंने मुझे इसलिए डाँट दिया कि मैं ऑफिस के बाद घर न लौट कर कनॉट प्लेस स्थित इंडियन कॉफी हाउस में कॉफी पीने जाता हूँ। कॉफी हाउस में बैठने वाले कांग्रेसी और समाजवादी नेताओं के साथ गप्पें लड़ाता हूँ। राजनीतिक बहसों में भाग लेता हूँ। यह अलग बात है, इन बहसों में जनसंघ, संगठन कांग्रेस के नेता निशाने पर होते हैं। अमेरिका की भी आलोचना होती है। मुझे कड़े शब्दों में हिदायत दी गई कि मैं कार्य-समाप्ति पर घर जाया करूँ, वरना अनुशासनात्मक कार्रवाई की जाएगी।

संयोग है कि इस चेतावनी के दो रोज़ पश्चात् मंडी हाउस से बाहर निकलते हुए गेट पर मेरा स्कूटर पुलिस वाहन से टकरा गया। ललाट पर चोट आई। डॉक्टर के यहाँ ले जाया गया। सिर पर पट्टी बाँधी गई। दो रोज़ तक बिस्तर पर पड़ा रहा। जब लौट कर आया तब बालेश्वर जी ने साथियों के सामने मुझे डाँटना शुरू कर दिया। मैं भी उखड़ गया। धैर्य का बाँध टूट गया। कब की भरी भड़ास निकलने लगी। मैंने अपने प्रति आक्रमणों में कह डाला--आप अमानवीय हैं, मनुष्यता नहीं है। दुर्घटना में मेरी जान कैसे बची, कितनी चोट लगी, इलाज पर कितना ख़र्च हुआ, यह सब जानने के बजाय आपकी चिंता केवल लोहे-टिन का स्कूटर है, उसका ख़र्च है। सच, उस रोज़ ऑफिस में ऐसा धमाका लोगों ने पहली दफ़ा देखा था। ऑफिस का वातावरण अधिक न बिगड़े, यह देखते हुए पंडित जी बालेश्वर जी को सम्पादकीय कक्ष से बाहर ले गए।

दरअसल, समाचार में अधिकांश साथी संघ पृष्ठभूमि के हैं। उनका सीधा सम्बन्ध झण्डेवालान (दिल्ली का संघ कार्यालय) और नागपुर मुख्यालय से रहता है। इसलिए ये लोग शांतिपूर्वक बालेश्वर जी की ज़्यादतियाँ बर्दाश्त करते रहते हैं। पर मेरे साथ ऐसी कोई स्थिति नहीं है। यद्यपि मैं जयपुर में बचपन में शाखा में जाता रहा हूँ। देवेन्द्र शुक्ल की

भावनाओं का सम्मान करते हुए दरियागंज की शाखा में भी गया। जनसंघ की दरियागंज मंडल इकाई का उपाध्यक्ष (1965-66) भी रहा। पर, संघ व जनसंघ का रंग मुझ पर चढ़ नहीं सका। ये लोग दिल-दिमाग़ से प्राचीनता में रमते हैं, विवशता में लोकतांत्रिक-धर्मनिरपेक्ष भारत के चोलाधारी बने रहते हैं।

मैं समझता हूँ, अब इस घुटन से मुक्ति लेने का समय आ गया है। इन घटनाओं से एक लाभ यह ज़रूर हुआ कि अब साथियों का भय दूर होने लगा है। आपस में चर्चाएँ शुरू हो गई हैं। हम कुछ साथी मिलकर एक गुमनाम गोपनीय पत्र संघ के सर संघचालक को नागपुर भेजते हैं, जिसमें बालेश्वर जी के दुर्व्यवहारों व अशोभनीय करतूतों की शिकायत करते हैं। अत: पत्रकारों-ग़ैर-पत्रकारों के हितों की रक्षा के लिए यूनियन के गठन के लिए मैं, भवतोष चक्रवर्ती, विजय गुप्ता, चंद्रशेखर पाण्डेय, मधु साठे के बीच बैठकों का दौर होता है। अन्ततः हम लोग 'हिन्दुस्थान समाचार पत्रकार-कर्मचारी संघ' की स्थापना करते हैं। इसका महामंत्री विजय गुप्ता को बनाया जाता है, और अध्यक्ष पद के लिए देश के प्रतिष्ठित समाजवादी नेता एस.एम. जोशी हमारा अनुरोध स्वीकार कर लेते हैं। उपाध्यक्ष टी.पी. ऑपरेटर चन्द्रशेखर पाण्डेय बनाए जाते हैं।

अध्यक्ष पद की भी रोचक कहानी है। हुआ यह कि मेरे सुझाव पर विजय गुप्ता, पाण्डेय और कुछ अन्य साथी भारतीय मज़दूर संघ के अध्यक्ष दत्तोपंत ढेंगड़ी के पास जाते हैं। वे साथियों की बात और समस्याओं को सहानुभूतिपूर्वक सुनते है। फिर कुछ सोचने के पश्चात् ढेंगड़ी जी पूछते हैं–

"आप मुझे ही क्यों अध्यक्ष बनाना चाहते हैं?"

"आप ईमानदार नेता हैं। संघ के हैं। हमारे हितों की रक्षा कर सकेंगे।"

विजय गुप्ता अपना पक्ष उनके सामने रख रहे हैं।

"यही तो बात है। मैं आपके हितों की रक्षा नहीं कर सकूँगा। बालेश्वर नागपुर में पुकार लगाएँगे। वहाँ से मुझे फ़ोन आएगा। तब मेरे लिए मुश्किल हो जाएगी।"

"तब आप ही हमारा मार्ग निर्देशन करें...किसको अध्यक्ष बनाया जाए?"

"तुम लोग ऐसा करो...अण्णा को बनाओ। उन पर किसी का दबाव नहीं चलेगा। मैं उन्हें अभी फ़ोन कर देता हूँ।" ढेंगड़ी जी ने तुरंत ही एस.एम. जोशी जी को सविस्तार फ़ोन पर मराठी में समाचार के कर्मचारियों की समस्या बतला दी। ढेंगड़ी जी का यह 'इनकार' उनकी ईमानदारी और श्रमिकों के प्रति प्रतिबद्धता का प्रतीक है। श्रमिक नेता को कैसा होना चाहिए, यह ढेंगड़ी जी से सीखना चाहिए।

हम सभी साथी कैनिंग लेन स्थित जोशी जी के यहाँ पहुँच गए। चूँकि जोशी जी मुझे पहले से जानते थे, बम्बई-दिल्ली यात्रा साथ की थी, इसलिए मैं भी उनके यहाँ पहुँच गया। मैंने भी उन्हें हिन्दी में पत्रकारों और कर्मचारियों की समस्याओं-माँगों के सम्बन्ध में विस्तार से बताया। उन्होंने अध्यक्ष बनने की सहमति दे दी। अगले ही रोज़ यूनियन की स्थापना की घोषणा कर दी गई और बालेश्वर जी को माँग पत्र दे दिया गया। सभी अख़बारों में इसकी ख़बर भी मैंने दौड़-धूप करके छपा दी। 'हिन्दुस्थान समाचार' के इतिहास में यह स्तब्धकारी घटना थी। संघ और बालेश्वर जी के लिए यह अकल्पनीय था कि किसी रोज़ समाचार में यूनियन बनेगी, माँग पत्र दिया जाएगा और श्रमिक असंतोष की शुरुआत

होगी! मेरे जीवन में यूनियन की स्थापना से एक नया आयाम जुड़ा है। मुझे यह अपनी भावी भूमिका का पूर्वाभ्यास लगता है!

मेरा नागपुर तबादला कर दिया गया है। लखनऊ वाले आदेश का संदर्भ दिया गया है। मैंने जाने से इनकार कर दिया है। मैंने डी.यू.जे (दिल्ली यूनियन ऑफ जर्नलिस्ट्स) से शिकायत की है। हमारी यूनियन ने अपने माँग पत्र में मेरा भी प्रकरण शामिल किया है। हम यूनियन के लोग मंडी हाउस गेट पर धरने पर बैठ गए हैं, नारेबाजी-पोस्टरबाजी शुरू हो गई है। चाणक्य कहते हैं–शत्रु का शत्रु, आपका दोस्त। समाचार भारती के धर्मवीर गाँधी व घनश्याम पंकज परोक्ष रूप से यूनियन का समर्थन कर रहे हैं। पोस्टर-पर्चे आदि छपवाने में मदद कर रहे हैं। वे बालेश्वर जी से अपना पुराना हिसाब-किताब चुकता करना चाहते हैं। प्रबंध सम्पादक बालेश्वर अग्रवाल को हम लोगों ने ऑटो से बाहर खींच कर घेराव भी किया। उन्होंने मेरे प्रकरण को छोड़ लगभग अन्य सभी माँगों पर सहानुभूतिपूर्वक विचार करने का आश्वासन दे दिया है, अवकाश की माँग तो तुरंत मान ली है। राजधानी के अँगरेज़ी अख़बार, विशेषरूप से लिंक, पेट्रियट, स्टैट्समैन, एक्सप्रेस आदि हमारे आंदोलन की कई ख़बरों को छाप भी रहे हैं। बिल्टज़ के ब्यूरो प्रमुख ए.के. राघवन जी ने तो अपने सभी संस्करणों में सवा पेज़ पर फैला विश्लेषणात्मक लेख लिखा है, जिसमें संघ और समाचार के परम्परागत रिश्तों व वैचारिक प्रभावों की खोज-ख़बर ली गई है। इसमें मेरे संघर्ष का भी उल्लेख है। सांसद सुभद्रा जोशी जी का सेक्युलर हाउस और मासिक 'सेक्युलर डेमोक्रेसी' पत्रिका के सम्पादक डॉ. डी.आर. गोयल से भी हमें अपेक्षित समर्थन मिल रहा है। ये लोग धर्मनिरपेक्षता और साम्प्रदायिकता के विरुद्ध संघर्ष के प्रति समर्पित रहते हैं। समाचार के प्रबंधकों और वरिष्ठ पत्रकारों को यह उम्मीद नहीं थी कि राजधानी की प्रेस से मुझे और यूनियन को ऐसा अप्रत्याशित समर्थन प्राप्त होगा! बालेश्वर जी ने सोचा था कि यूनियन और मैं दो रोज़ में टूटकर बिखर जाएँगे। लौटकर हम लोग उनके सामने शरणागत हो जाएँगे। उनकी तानाशाही के सामने घुटने टेक देंगे। उनका यह सपना-सपना ही रहा!

अलबत्ता, मेरी लड़ाई का दायरा अब फैल चुका है। इसमें कहीं-न-कहीं विचारधारा की सुरभि घुलने लगी है। मैंने समाचार से इस्तीफ़ा दे कर और फ्रीलांस पत्रकारिता शुरू कर दी है। मेरे लिए यह बड़ी उपलब्धि है कि स्वच्छंद पत्रकारिता का पहला अवसर मुझे साप्ताहिक 'दिनमान' से मिला। इस दौर में दिनमान में छपने का अर्थ है गम्भीर हिन्दी पत्रकारिता में आपका प्रवेश। इस अवसर का श्रेय मैं वरिष्ठ कवि व सम्पादक रघुवीर सहाय जी[1] को देता हूँ। सहाय जी ने मुझे दिल्ली के साथ-साथ पूर्णियां जाकर 'भू-हथियाओं आंदोलन' की रपट भेजने का मौका दिया। कम्युनिस्टों और समाजवादियों के नेतृत्व में पूर्णियां ज़िले में जबरदस्त भू-हथियाओं आंदोलन कई रोज़ तक चला। मैं एस.एम. जोशी जी के साथ पूर्णियां गया। उनके साथ ही सर्किट हाउस में रुका। सीपीआई के जेड.ए. अहमद भी यहाँ पहले से पहुँचे हुए थे। मैं रोज़ सुबह आंदोलनकारियों के साथ जाता। उन्हें ज़मीन पर कब्ज़ा करते हुए देखता। उन पर पुलिस-डंडों की बरसात देखता। ज़मीदारों के लठैतों की तैनाती दिखाई देती। महान् आंचलिक कथाकार फणीश्वरनाथ रेणु की भूमि

1. देखें : 'कहाँ गए वो सम्पादक?' मासिक पत्रिका 'अक़सर', सम्पादक हेतु भारद्वाज, (जयपुर)

से मेरा यह पहला साक्षात्कार था। उनकी माटी के साथ घुलने-मिलने, खेतों के कीचड़-कादे में सनने से मैं निहाल था। मैं फारबिसगंज से सीमा पार कर विराटनगर (नेपाल) भी गया। अभी तक तो मैं नेताओं, मंत्री-संत्री की करतूतों को ही बटोर कर सजाता रहा हूँ, देश के ख़बर-बाज़ार को परोसता रहा हूँ। लेकिन कठियार व पूर्णियां में मैंने ऐसे भारत को देखा जिसका मेरे बोध-जगत् से कभी कोई सरोकार नहीं था; खेतिहर मज़दूरों की दुर्दशा; भूस्वामियों के विशाल खेत; लठैतों की फ़ौज; स्थानीय पूर्व नरेश के पास वाहनों का बेड़ा; जीवन व लोकतंत्र का उपहास करते हुए ये सांमत!

सम्पादक रघुवीर सहाय जी ने पूर्णियां से लौटने के बाद बाड़मेर-जैसलमेर की अकाल स्थिति की रिपोर्टिंग भी करायी। मैं जयपुर, अज़मेर, जोधपुर होता हुआ जैसलमेर पहुँचा। रास्ते में बाबा रामदेव पीर का मेला देखा। अज़मेर में ख़्वाजा-उर्स और जोधपुर के पास रामदेव मेले की रपटें भेजीं। दोनों की रिपोर्टिंग अलग प्रकार की थीं। मैंने इन दोनों मेलों के माध्यम से सामाजिक-आर्थिक ताने-बाने की आख्यात्मक रिपोर्टिंग की थी।

जैसलमेर से बाड़मेर पहुँचा तो सांसद अमृत नाहटा टकरा गए। उनकी जीप में इस ज़िले के दूरस्थ क्षेत्रों में भी गया। एक रात हम लोग रेत के टीलों में फँस गए। जीप आगे जाने का नाम ही नहीं ले रही थी। वाहन के इस अड़ियल रवैये के कारण हम लोगों को रात टीलों के बीच जागते व ठिठुरते हुए गुज़ारनी पड़ी। हम लोग इस आशंका से डरे हुए भी थे कि कहीं अंधड़ न आ जाए, टीले न खिसकने लगें। टीले जब खिसकते हैं तो ट्रकों-जीपों को अपने अंक में समा लेते हैं। ख़ैर, हम सुरक्षित रहे। सुबह सब कुछ ठीक-ठाक रहा।

अगले रोज़ बाड़मेर के कलेक्टर चन्द्रप्रकाश मीणा के साथ भारत-पाक सीमा की यात्रा भी की। हम दोनों गडरारोड गए। वहाँ से वास्तविक सीमा पर पहुँचे। सीमा सुरक्षा बल की सहायता से पाक रैंजर को बुलाया। हमारे अधिकारी ने पहले सफ़ेद झंडी दिखाई, उधर से पाक रैंजर ने दिखाई। पाँच मिनट के बाद दो पाक रैंजर सीमा-खंभा के पास पहुँच गए। परस्पर परिचय हुआ। पाक रैंजरों ने चाय के लिए हम लोगों को दावत दी, लेकिन ऐसा करना नियम तोड़ना होता। आधा घंटा बिताने के बाद हम दोनों लौट आए।

और इस प्रकार मैं घुमंतू पत्रकारिता-यात्रा का पथिक बन गया हूँ!

मैं युद्ध संवाददाता; बाँग्ला देश का जन्म; पूर्णकालिक एक्टिविस्ट!

मैं मार्क्सवाद की सोहबत में आ चुका हूँ। मेरी घुमंतू पत्रकारिता का दौर चल रहा है। साप्ताहिक दिनमान, साप्ताहिक हिन्दुस्तान, नवभारत टाइम्स सहित कई पत्र-पत्रिकाओं में मेरे लेख प्रकाशित हो रहे हैं। आकाशवाणी और दूरदर्शन के लिए भी अलग से कार्यक्रम तैयार करता रहता हूँ। युववाणी के लिए नाटक लिख देता हूँ। स्वतंत्र पत्रकारिता उर्फ़ फ्रीलांसिंग अच्छी चल रही है। इन्दिरा गाँधी अपने पूर्ण बहुमत के साथ देश पर शासन कर रही हैं। उनके कट्टर विरोधी (निजलिंग्प्पा, मोरारजी देसाई, अतुल्य घोष, एस.के. पाटिल आदि) बुझे भाँड़ बन चुके हैं। संगठन कांग्रेस मृत समान है।

इसी बीच फरवरी-मार्च 1971 में पड़ोसी देश पाकिस्तान में उथल-पुथल का दौर शुरू हो गया है। भारत में जहाँ राजनीतिक स्थिरता की बयार बह रही है वहीं पाकिस्तान अराजकता की गिरफ़्त में फिसलता जा रहा है। पूर्वी पाकिस्तान के एकछत्र नेता मुज़ीबुर्रहमान उर्फ़ 'बंगबंधु' के नेतृत्व में अवामी पार्टी को बहुमत मिलने के बावजूद पश्चिमी पाकिस्तान का पंजाबी-सिंधी-पठान नेतृत्व उन्हें सत्ता सौंपने के लिए तैयार नहीं है। इस मुद्दे पर पश्चिमी पाकिस्तान का नागरिक राजनीतिक नेतृत्व और सैन्य नेतृत्व, दोनों एकमत हैं; जेड़.ए. भुट्टो और सेना प्रमुख जनरल याहिय्या ख़ाँ ने पूर्वी पाकिस्तान के लोकतांत्रिक आंदोलनों को कुचलना शुरू कर दिया है; ढाका, कुमिल्ला, जैसोर सहित अनेक शहरों में हज़ारों गिरफ़्तारियाँ हो रही हैं; पाकिस्तानी सेना का दमन-चक्र शुरू हो चुका है; पश्चिम बंगाल में पूर्वी पाकिस्तान से भारी तादाद में विस्थापितों ने आना शुरू कर दिया है। इस दमन-चक्र के माहौल में पूर्वी पाकिस्तान में 'स्वतंत्र बाँग्ला देश' की माँग गूँजने लगी है, अर्थात् उन्हीं का नेतृत्व मज़हब पर आधारित पाकिस्तान के विभाजन की पृष्ठभूमि तैयार करने में जुट गया है। किसी भी आधुनिक राष्ट्र की एकता की नींव धर्म या मज़हब के गालों पर तमाचे जड़े जा रहे हैं! भारत और पूर्वी पाकिस्तान की सीमाओं पर तनावों के समाचार प्रमुखता के साथ राजधानी दिल्ली के हिन्दी-अँगरेज़ी अख़बारों में छपने लगे हैं। मैं भी इन्हीं समाचारों से प्राप्त सामग्री का विश्लेषण कर लेख लिख रहा हूँ। वैसे रायपुर के माना शिविर, पखंजूर तथा अन्य क्षेत्रों में बसाये गए हज़ारों पूर्वी बंगाली विस्थापितों पर मैं पहले ही दिनमान व अन्य पत्रिकाओं में कई लेख लिख चुका था। जनवरी में बस्तर से लौटते हुए मैंने इन विस्थापित शिविरों का दौरा किया था। इस नाते अशांत पूर्वी पाकिस्तान के संदर्भ में मेरी थोड़ी-बहुत पूछ होने लगी है। मैं भी पूरे उत्साह से 'माँग और पूर्ति सिद्धांत' पर चल रहा हूँ।

ऐसे दौर में 'समाचार भारती' के प्रबंध सम्पादक धर्मवीर गाँधी का संदेश मिलता है। मैं उनसे मिलने आई.टी.ओ. क्षेत्र में स्थित समाचार भारती कार्यालय जाता हूँ। गाँधी जी चाहते हैं कि मैं त्रिपुरा प्रदेश की राजधानी अगरतला जाऊँ। वहाँ तीन चार महीने रहूँ। वहीं से मैं पूर्वी पाकिस्तान की घटनाओं की रिपोर्टिंग करूँ, विस्थापितों की ख़बरें भेजूँ। मैं इसके लिए तैयार हो जाता हूँ। पहचान-पत्र, तार अधिकार पत्र तथा अन्य ज़रूरी दस्तावेज़ों से लैस होकर मैं गोहाटी के लिए रवाना हो गया हूँ। रेल मार्ग से। मेरी यायावरी पत्रकारिता में एक नया आयाम जुड़ने जा रहा है।

दो रोज़ के सफ़र के बाद मैं गोहाटी पहुँचा हूँ। उत्तर-पूर्व भारत में मैंने पहली बार प्रवेश किया है। गोहाटी स्टेशन पर भारतीय सैनिकों की गहमागहमी है। मारवाड़ी मुसाफ़िरों की भी भरमार है। मंगोलियन नस्ल के चेहरों (नागा, मिजो, मेघालयी, मणिपुरी आदि) से भी मेरा आमना-सामना हो रहा है। छत्तीसगढ़ के आदिवासी भारत के बाद मैं उत्तर-पूर्वी भारत का दर्शन कर रहा हूँ। यह भी नितांत भिन्न अनुभव है।

गोहाटी में एक पुराने मित्र हैं सत्यनारायण। 'हिन्दुस्थान समाचार' के यहाँ प्रतिनिधि हैं। तीन रोज़ इनके यहाँ टिकता हूँ। उत्तर-पूर्वी अंचल की हलचलों से परिचित होता हूँ। पूर्वी पाकिस्तान से असम में भी मुस्लिम विस्थापित आ रहे हैं। असमियों में इसे लेकर असंतोष है। उन्हें भविष्य में आबादी असंतुलन का ख़तरा दिखाई दे रहा है। गोहाटी शहर में मारवाड़ियों का ख़ासा दबदबा है। फैंसी बाज़ार इनसे अटा पड़ा है। मूल असमियों में मारवाड़ियों को लेकर भी असंतोष व्याप्त है, क्योंकि इन लोगों ने असम की आर्थिक धमनियों पर अपना अधिकार जमा रखा है। इन दोनों समुदायों के बीच मौजूद अन्तर्विरोध आक्रामक हो सकते हैं, ऐसा दिखाई दे रहा है।

मित्र के साथ मैं ब्रह्मपुत्र नदी में नौका विहार करता हूँ। अच्छा लगता है। इसका विराट पाट है। नदी के दूसरे छोर पर प्रसिद्ध कामाख्या देवी का मंदिर है। पर्यटक के रूप में इस मंदिर की भी यात्रा की। बचपन में इस देवी की कहानियाँ सुना करता था। असम का काला जादू-टोना के क़िस्से भी तभी सुने थे। असम का काला जादू तो मशहूर है ही। ख़ैर, मेरे साथ न कोई घटना घटी, और न ही कोई दुर्घटना! मैं तो सकुशल असम-जादू से बाहर निकल कर गोहाटी से अगरतला के लिए ट्रेन में बैठ गया हूँ। यह ट्रेन मुझे अगरतला के स्टेशन धर्मपुर तक ले जाएगी, जहाँ से मैं सड़क यात्रा से ही प्रदेश राजधानी तक पहुँच सकता हूँ।

लुमडिंग जंक्शन से आगे निकलने पर गोहाटी से रेल पटरी के दोनों ओर सुरक्षा का कड़ा इंतज़ाम दिखाई दे रहा है। असम राइफल्स तथा दूसरी सुरक्षा सैन्य बलों के जवानों की तैनाती बला की है! पुल रहे या पुलिया या छोटा-बड़ा स्टेशन, सभी जगह सुरक्षा जवान भिनभिना रहे हैं। मुझ जैसे दिल्लीवासी और कनॉट प्लेस, मंडी हाउस संस्कृति जीवी के लिए उत्तर-पूर्व भारत के इस परिदृश्य की कल्पना करना नाटकीयता ही सिद्ध होगी। धर्मपुर पहुँचते-पहुँचते तो स्थिति और भी दुष्कर हो गई है। पर किया क्या जा सकता है, सिवाय देखने-सहने के। एक नितान्त अलहदा भारत!

ट्रेन देर से ठिकाने लगती है। मध्य रात्रि के बाद। धर्मपुर स्टेशन पर दो-तीन घंटे बिताता हूँ। भोर में मैं बस पकड़ कर अगरतला रवाना हो गया हूँ। बस क्या है, चलती का नाम

गाड़ी है! बिल्कुल डीज़ल छकड़ा है। गद्दी के स्थान स्लीपर बिछे हुए हैं। बाबा आदम ज़माने की सीटें हैं। तिस पर भी हम लोग इसमें ठुँस गए हैं, जैसे-तैसे। बस में मुझे हिंडोले का एहसास हो रहा है। कई घंटे हिचकोलों का आनन्द लूटते हुए मैं अगरतला पहुँचा हूँ।

मेरे लिए त्रिपुरा राज्य की राजधानी अगरतला एक बड़ा-सा कस्बा है; सीधी-सपाट, उबड़-खाबड़ सड़कें; उन्मुक्तता से विचरते पशु; रिक्शा व साइकिलों की रेलमपेल; कभी-कभार नमूदार होती कारें; स्कूटरों पर शोभायमान कस्बाई मध्यवर्ग। मैं विधायक विश्रामगृह में ठहर गया हूँ। यह स्थान भारत-पाक अखौड़ा सीमा चौकी से दूर नहीं है। रिक्शा से आया-जाया जा सकता है। कलकत्ता के कुछ बंगाली पत्रकार भी यहाँ टिके हुए हैं। स्थानीय पत्रकार अनिल भट्टाचार्य हम पत्रकारों के बीच लोकप्रिय हैं। ये सरकारी-ग़ैर सरकारी जानकारियों के ज़ख़ीरा हैं। वैसे इन्हें सत्तारूढ़ दल कांग्रेस का समर्थक माना जाता है। मेरे कमरे के सामने ही इनका घर है। इनके यहाँ ही प्रेस वालों की अड्डेबाजी होती रहती है। दिल्ली से टाइम्स ऑफ इंडिया के पृथ्वीस चक्रवर्ती, यू.एन.आई के चड्ढा भी विशेष कवरेज़ के लिए यहाँ पहुँचे हुए हैं। कलकत्ता में 'हिन्दुस्थान समाचार' के पुराने साथी केशवचन्द्र सूर भी यहीं मिल गए हैं। अब यह कस्बाई शहर मुझे बेगाना नहीं लग रहा है।

अगरतला में रहते हुए कई दिन बीत चुके। ख़बरें टेलीग्राम से नियमित भेजी जा रही हैं। अख़बारों में छप भी रही हैं। यह विधायक विश्रामगृह कई तरह की गतिविधियों का केन्द्र बना हुआ। बाँग्ला देश मुक्तिवाहिनी के अर्द्ध सैनिकों को रेस्ट हाउस में गोपनीय ढंग से पनाह दी जाती है। इसके सैनिक अफ़सरों के साथ भारत के अधिकारियों की गोपनीय मंत्रणाएँ भी होती रहती हैं। वैसे नई दिल्ली आए दिन दावा करती रहती है कि भारत बाँग्ला देश मुक्ति आंदोलन को किसी भी प्रकार की सहायता नहीं करता है, लेकिन सच्चाई इसके विपरीत है।

मैं देखता हूँ कि भारतीय अर्द्ध सैन्यबलों (बी.एस.एफ., सी.आर.पी. इण्डो-तिब्बत पुलिस आदि) के जवान बाँग्ला देश मुक्तिवाहिनी के लोगों को सशस्त्र प्रशिक्षण ही नहीं देते हैं, बल्कि मुक्तिवाहिनी सैनिक भेस में पूर्वी पाकिस्तान की सीमा में घुसपैठ भी करते हैं, मुक्तिवाहिनी सैनिकों के साथ सैन्य कार्रवाई भी करते हैं। इस क्रम में भारतीय जवानों को शारीरिक आघात भी पहुँचता है। इस प्रकार के भूमिगत कामों में सक्रिय भारतीय जवान सूरत-शक्ल से मुस्लिम लगते हैं। उनकी दाढ़ी बढ़ी हुई रहती है। उन्हें कलमा पढ़ना आता है। ज़रूरत पड़ने पर वे नमाज़ अदा भी करते हैं। ये जवान काम-चलाऊ बाँग्ला व उर्दू भी जानते हैं। एक रात कमाल भी यहीं आकर रुके। सैनिक पोशाक में थे। कमाल, बंगबंधु मुज़ीबुर्रहमान के बड़े पुत्र हैं और भारतीय संरक्षण में अपनी मुक्तिवाहिनी की एक टुकड़ी का नेतृत्व भी कर रहे हैं। मैंने भी इनसे चुपचाप मुलाक़ात की। ख़बर भी भेजी।

हम लोग भारत-पाक सीमा डेट लाइन से ख़बर भेजते हैं। अगरतला स्थान का उल्लेख नहीं करते हैं। ऐसा सुरक्षा व राजनयिक कारणों से किया जाता है।

बंगबंधु के कई वरिष्ठ राजनीतिक सहयोगी, बृद्धिजीवी, समर्थक कलाकार भी पहले से ही यहीं आकर रुकते हैं। फिर बाद में इन लोगों को देश के विभिन्न कोनों में भिजवा दिया जाता है। क़द, महत्व और उपयोगिता के आधार पर इनके लिए आश्रय स्थल निर्धारित

किए जाते हैं। फ़िल्म अभिनेत्री काबुरी चौधरी और उनके परिवार को भी पहले इसी रेस्ट हाउस में ठहराया गया था। बाद में उन्हें मुम्बई भेजा गया।

हम पत्रकारों ने भी कलमा याद किया हुआ है–

'ला इलाह इल्लाह, मोहम्मदुर रसूल अल्लाह!' भारतीय अधिकारियों ने कह रखा है कि पकड़े जाने और ज़रूरत पड़ने पर इसे पढ़ा जा सकता है। मैंने भी इसे रट रखा है। चूँकि मैं उत्तर-भारत से हूँ, इसलिए मेरा उर्दू या हिन्दुस्तानी का उच्चारण बंगाली पत्रकारों से साफ़ है। इससे काम में आसानी हो जाती है। लेकिन बंगाली पत्रकार मुक्तिवाहिनी के लोगों और विस्थापितों के साथ ज़्यादा घुल मिल जाते हैं। बाँग्ला भाषा के आधार पर उनका विश्वास अर्जित कर लेते हैं। इस नाते उन्हें सूचनाएँ अधिक प्राप्त हो जाती हैं। बंगाली पत्रकारों और अधिकारियों में बला का 'भाषावाद' है। आज यही भाषावाद व भाषाई राष्ट्रवाद बंगाली मुसलमान को पंजाबी-सिंधी-पठान मुसलमानों के राष्ट्रवाद से लड़ा रहा है। सांस्कृतिक व भाषायी अस्मिताओं ने मज़हब को हाशिये पर फेंक दिया है। वैसे बाँग्ला भाषा मैं भी समझ लेता हूँ। टूटी-फूटी बोल भी लेता हूँ। 1964-65 के कलकत्ता प्रवास में मैंने काम-चलाऊ बाँग्ला का ज्ञान अर्जित कर लिया था। इस आधार पर छोटा-मोटा सम्पर्क सेतु मैं भी बना लेता हूँ।

इतिहास की विडम्बना है कि भारत का विभाजन धर्म-मज़हब के आधार पर किया गया था, न कि भाषा व विभिन्न जीवन-शैलियों के आधार पर। लेकिन आज तेइस-चौबीस बरसों में ही मज़हब (इस्लाम) की समान ज़मीन विभाजित दिखाई दे रही है, पश्चिमी पाकिस्तान और पूर्वी पाकिस्तान में बहुमत मुसलमानों का है, पर जातीय भिन्नताओं ने मज़हब को परास्त कर दिया है। बंगाली मुसलमान स्वयं को पश्चिमी मुसलमानों से श्रेष्ठ समझता है। इन पाकिस्तानी नागरिकों को इस्लाम एकजुट रखने में बेबस दिखाई दे रहा है। बंगाली मुस्लिम औरतें माथे पर टीका लगाती हैं, साड़ी पहनती हैं। वैसे भी बंगाली स्त्री-पुरुष उर्दू या हिन्दुस्तानी में बात करना पसंद नहीं करते हैं। उन्हें शुद्ध बाँग्ला चाहिए। बाँग्ला राष्ट्रवाद का आक्रामक रूप इन विस्थापितों पर दमक रहा है। भारत को इसका राजनीतिक व कूटनीतिक लाभ भी मिल रहा है।

इसका अर्थ यह है कि किसी राष्ट्र को एकजुट रखने में धर्म-मज़हब एकमात्र निर्णायक फैक्टर नहीं होता है। यदि ऐसा होता तो तमाम इस्लाम परस्तों का एक ही राष्ट्र होना चाहिए था। यही बात ईसाई राष्ट्रों पर लागू होती है। भारत और नेपाल की अधिसंख्यक जनता हिंदू धर्मावलम्बी है, फिर भी ये दो राष्ट्र हैं। राष्ट्रों के निर्माण में अनेक फैक्टरों में से धर्म एक फैक्टर ज़रूर होता है, लेकिन इनके उत्थान-पतन में यह निर्णायक भूमिका नहीं निभाता है।

बंगला अस्मिता, बंगला जीवन-शैली और बाँग्ला भाषा के नारे ज़रूर लग रहे हैं। लेकिन 'आमार बंगला देस', 'सोनार बंगला देस' जैसे नारों में विभिन्न रूपी आर्थिक अन्याय भी छिपा हुआ है। पश्चिमी पाकिस्तान के शासक वर्ग के लिए पूर्वी पाकिस्तान सिर्फ़ लूटगाह, ऐशगाह, सैरगाह ही रहा है। यहाँ तक कि पूर्वी पाकिस्तान के शासक वर्ग को इस्लामाबाद लाहौर-कराची के शासक वर्ग ने अपने में 'कोआप्ट' भी नहीं किया, सामान्य बंगाली जनता को तो हाशिये पर खदेड़े रखा ही है। यदि पाकिस्तान के दोनों भागों की

सत्ताधारी बुर्जुआजी में एकरूपता रही होती, तो शायद 'बंगला अस्मिता' का यह राष्ट्रवादी चरमोत्कर्ष नहीं होता। ढाका से भागकर अगरतला पहुँचे बुद्धिजीवियों का यह भी विश्लेषण है।

रेस्ट हाउस में शरण लेने वाले बंगबंधु के ऐसे भी साथी हैं जो खुलेआम चाहते हैं कि भारत पाकिस्तान पर चढ़ाई कर दे। ये लोग 1947 के भारत-विभाजन को 'Rape on Human Geography' कहते हैं। इन्दिरा गाँधी को चाहिए कि वे इस बलात्कार का प्रतिशोध लें, 1947 के जख़्मों को भर दें। इन बंगाली विस्थापितों में प्रधानमंत्री इन्दिरा गाँधी बेहद लोकप्रिय हैं।

इन्दिरा गाँधी की दुस्साहसिकता का एक नज़ारा मुझे यहाँ देखने को मिला है। इन्दिरा जी अगरतला की यात्रा पर आई हुई हैं। प्रेस कांफ्रेंस के पश्चात् वे विस्थापितों के शिविरों की यात्रा करना चाहती हैं। ये शिविर अगरतला से तीस-चालीस किलोमीटर दूर स्थित हैं। इन शिविरों तक पहुँचने के लिए दस-पन्द्रह किमोमीटर की यात्रा भारत-पाक सरहद क्षेत्र से गुज़रते हुए करनी पड़ती है। सुरक्षा अधिकारी इस भूमि मार्ग से यात्रा के पक्ष में नहीं हैं, क्योंकि पाक सैनिक इस सरहद क्षेत्र में तैनात हैं। चारों तरफ़ ख़तरा है। कोई भी अनहोनी घट सकती है। ये अधिकारी प्रधानमंत्री को आगाह करते हैं।

पर इन्दिरा जी हैं कि अपने फ़ैसले पर अटल हैं। वे अकेले ही कार में जाकर बैठ जाती हैं। उनके पीछे-पीछे प. बंगाल की राज्यपाल पद्मजा नायडू भी बैठती हैं। अन्ततः अन्य सभी लोगों को काफ़िले में शामिल होना पड़ता है। हम पत्रकार लोग भी अपनी कारों में बैठ जाते हैं। बीएसएफ व अन्य सुरक्षा एजेंसियों को सावधान कर दिया जाता है।

कुछ किलोमीटर चलने के बाद हमारा काफ़िला अति संवेदनशील जॉन में दाख़िल हो गया है। मैं देख रहा हूँ, पाक सैनिक अपनी सीमा पर तैतात हैं। वे बड़े ग़ौर से कारों के काफ़िले को देख रहे हैं। हम लोग इन क्षणों में चिंतित हैं, आश्चर्यचकित भी! इन्दिरा जी की दुस्साहसिकता को पढ़ने की कोशिश कर रहे हैं। शायद वे अपनी इस दुस्साहसिक यात्रा के माध्यम से पाकिस्तान सहित विश्व को अपनी 'संकल्प शक्ति' और संघर्षरत बंगालियों को 'संकट में सुरक्षा' के संदेश देना चाहती हैं।

विस्थापित शिविरों में प्रधानमंत्री पौन घंटे रुकीं। हिन्दी में विस्थापितों को सम्बोधित करती रहीं। बाँग्ला में साथ-साथ अनुवाद होता रहा। अनिश्चितताओं से घिरे विस्थापित इन्दिरा जी का इतना जोशीला स्वागत करते हैं कि हम सभी इस दृश्य को विस्फारित आँखों से देखते रह जाते हैं। हम लौटते भी इसी मार्ग से हैं, शाम के धुँधलके में। सर्किट हाउस पहुँचने के पश्चात् हमारी साँसें सामान्य गति से चलने लगती हैं। ऐसे अदम्य साहस का परिचय इन्दिरा जी जैसी शख़्सियत से ही संभव है! मैं यह सोचते हुए अपनी स्टोरी फाइल करने तारघर पहुँच गया हूँ।

मैंने नियमित युद्ध संवाददाता की ट्रेनिंग नहीं ली है। मैं जिन परिस्थितियों में रिपोर्टिंग कर रहा हूँ, वही मेरी ट्रेनिंग है। सुरक्षा अधिकारी गाहे-बगाहे थोड़े-बहुत गुर सिखाते रहते हैं। वैसे एकलव्य शैली में ही मैं युद्ध रिपोर्टिंग सीख रहा हूँ, और कर भी रहा हूँ। मैं इससे भी चिंतित नहीं हूँ कि मेरा बीमा नहीं है। इस अघोषित व प्रोक्सी युद्ध में मेरे साथ कुछ भी घट सकता है। मुझे कोई सुरक्षा प्राप्त नहीं है। बस उत्साह है, और अपन

ने कुछ ठान रखी है। यह जुनून ऐसा है जिसे न सुरक्षा चाहिए और न ही ख़तरों से पलायन! बस रिपोर्टिंग करते रहना है।

इसी धुन में मैं अखौड़ा सीमा पर पाक रैंजरों की गोलाबारी में फँस जाता हूँ। दूर खड़े पृथ्वीस चक्रवर्ती चिल्लाते हैं, "जोशी...जोशी...बचो।" वे रैंजरों को गोली चलाते हुए देख लेते हैं। पल भर की चूक मेरे लिए जान लेवा सिद्ध हो सकती है। मैं दौड़कर एक बड़े पेड़ की ओट लेता हूँ। इधर हमारे बीएसएफ के जवान भी चिंतित हैं। वे मुझ पर अपनी नज़रें गड़ाये हुए हैं और पाक रैंजरों को जवाब दे रहे हैं। क़रीब दस मिनट तक मेरे साथ जीवन-मृत्यु की साझी आँख-मिचौली चलती रहती है। अन्ततः बी.एस.एफ. के जवान मुझे अपना कवर देकर वहाँ से सुरक्षित निकाल रहे हैं। इस दुस्साहसिकता के लिए मुझे मित्र पत्रकारों और सुरक्षा अधिकारियों की चेतावनियाँ सहनी पड़ती हैं।

अगरतला में ही मेरा अनिल बर्वे से परिचय हुआ है। वे पुणे के मराठी पत्रकार व लेखक हैं। नक्सलपंथी हैं। कुछ महीनों के लिए जेल-यात्रा भी कर आए हैं। उन्हें मेरे साथ ही ठहराया जाता है। महाराष्ट्र के प्रसिद्ध सामाजिक कार्यकर्त्ता और समाजवादी नेता हमीद दलवई भी यहीं टकराते हैं। दोनों को शराब की लत से मुझे चिढ़ है। दलवई इसकी गिरफ़्त में कुछ ज़्यादा ही हैं। मैं भी कभी-कभार पी लेता हूँ। लेकिन सुरा मेरी जीभ लगी बन नहीं सकी है।

मेरे मित्र अनिल चक्रवर्ती भी दिल्ली से यहाँ पहुँचे हुए हैं। मेरे कमरे में ही रुके हुए हैं। अच्छी घुट रही है।

चार महीनों के पड़ाव के पश्चात् मैं विमान से अगरतला से कलकत्ता लौट रहा हूँ। यह मेरी पहली विमान-यात्रा है। यह गोहाटी होकर जा रही है, क्योंकि भारतीय विमानों को पूर्वी पाकिस्तान के ऊपर से उड़ने की अनुमति नहीं है। इसलिए लम्बे मार्ग का सहारा लेना पड़ रहा है। इस चार घंटे की यात्रा का किराया फ़क़त 90 रुपए है।

दो-तीन रोज़ कलकत्ता रुकने के बाद मैं दिल्ली पहुँच गया हूँ। अगरतला से प्रेषित समाचारों और लेखों के कारण मेरी कुछ हैसियत बन गई है। अख़बारों में मेरी माँग बढ़ गई है। आकाशवाणी और दूरदर्शन की चर्चाओं में मुझे बुलाया जाता है। दो-तीन बार सम्मान-स्वागत भी हो चुके हैं। साउथ एवेन्यू में आयोजित एक समारोह में केन्द्रीय मंत्री के.सी. पंत ने भी मेरा सम्मान किया। शाल भेंट की। 'समाचार भारती' के प्रबंधक सम्पादक गाँधी भी मेरे काम से संतुष्ट हैं। उन्होंने अपने यहाँ सम्पादकीय विभाग में नियुक्ति का प्रस्ताव किया है।

इधर एक बदलाव मैं स्वयं में महसूस कर रहा हूँ। मार्क्सवाद के प्रति मेरा झुकाव बढ़ता जा रहा है। भारत-पाकिस्तान और पूर्वी बंगाल के संकटों को मैं मार्क्सवादी दृष्टि से देखने-सोचने-लिखने लगा हूँ। छापामार युद्ध क्या होता है? कैसे लड़ा जाता है? चे-कास्त्रो ने यह युद्ध क्यों व कैसे लड़ा? किसान संघर्ष किसे कहते हैं? कुछ तटस्थ मित्र मुझे सावधान भी करते है कि मैं जोख़िमों से भरे रास्ते पर निकल पड़ा हूँ। पत्रकार को स्वतंत्र व तटस्थ होना चाहिए। विचारधारा से दूर रहना चाहिए। मार्क्सवादी विचारधारा मुझे तबाह कर देगी, कई लोग मेरे दुश्मन बन जाएँगे, पुलिस पीछे पड़ जाएगी, आदि-आदि!

इधर नक्सलवादी आंदोलन का प्रभाव उत्तर भारत में पहुँचना शुरू हो गया है। हालाँकि इसमें विभाजन की ख़बरें भी आ रही हैं। बंगाल, बिहार, आंध्र प्रदेश में कुछ क्षेत्रीय नेताओं का उभार हो रहा है। चारू मज़ूमदार की 'व्यक्तिगत सफ़ाया' लाइन के प्रतिकूल परिणाम निकल रहे हैं। फिर भी मुझमें बेचैनी बढ़ती जा रही है।

मैं आनन्द स्वरूप वर्मा, के.सी. त्यागी, मंगलेश डबराल, रामआसरे वर्मा, स्नेही किंथ, मृत्युबोध आदि के सम्पर्क में हूँ। कांति मोहन मार्क्सवादी पार्टी के साथ हैं। लेकिन मेरे सम्पर्क दायरे में अधिकांश ऐसे दोस्त हैं जिन्हें नक्सलवादी आंदोलन या भारतीय कम्युनिस्ट पार्टी (मार्क्सवादी-लेनिनवादी) का हमदर्द माना जाता है। इंडियन कॉफी हाउस, सप्रू हाउस, मंडी हाउस जैसे अड्डों पर मार्क्सवाद के विभिन्न पहलुओं को लेकर 'भेजाफ्राई बहसें' होती रहती हैं। आए दिन हम पत्रकार-लेखक-कवि जुलूस निकालते हैं, प्रदर्शन करते हैं। इब्बार रब्बी भी काफ़ी उत्साह के साथ प्रतिरोधी गतिविधियों में भाग लेते हैं, लेकिन पंकज बिष्ट एक निश्चित दूरी बनाए रखते हैं। वे सरकारी पत्रिका मासिक 'आजकल' में सह-सम्पादक जो हैं। वैसे भी पंकज अपने स्वभाव से संतुलित, अनुशासित हैं। वे अतिवाद से बचते हैं। बचकाना उग्रवाद उन्हें पसंद नहीं है। वे अपने ढंग से वामपंथी शक्तियों के समर्थक हैं। लेकिन वे मार्क्सवादी या कम्युनिस्ट नहीं हैं।

एक रोज़ अनिल चक्रवर्ती मेरे पास आते हैं। वे मूलतः जबलपुर के रहने वाले हैं। थिएटर कम्युनिकेशन बिल्डिंग में चलाये जा रहे पत्रकारिता पाठ्यक्रम के तेज़-तर्रार विद्यार्थी भी हैं। अँगरेज़ी में लिखते हैं। चक्रवर्ती और मैं हम दोनों टैंट कॉफी हाउस जाते हैं। एक कोने में बैठ जाते हैं। दो कॉफी और बड़ा मँगवाते हैं।

चक्रवर्ती बहुत रहस्यभरे अंदाज़ में मुझसे कहते हैं, "जोशी जी, मेरे पास कुछ है।"

मैं पूछता हूँ, "क्या है?"

"बहुत काम की चीज़ है। दिल्ली को हिला कर रख देगी।"

"मैं समझा नहीं?" मैं व्यग्रता से पूछता हूँ। "उस चीज़ को देखने के लिए आपको मेरे घर चलना पड़ेगा।" चक्रवर्ती झुककर मुझसे कहते हैं।

कॉफी समाप्त कर हम दोनों राजौरी गार्डन की तरफ़ बस में रवाना हो जाते हैं। राजौरी गार्डन से आगे एक छोटी-सी कोठरी में चक्रवर्ती ठुँसे हुए रहते हैं। एक पलंग लायक यह स्थान है। हम दोनों कोठरी में पहुँच गए हैं। वे फटाक से दरवाज़ा बंद करते हैं। वे फिर कपड़ों की गठरी में से बम जैसी कोई गोल वस्तु मुझे दिखाते हैं। मैं चौंक जाता हूँ। मैं खुश भी होता हूँ और चक्रवर्ती की पीठ थपथपाता हूँ। मैं अनिल से कहता हूँ, "तुम सच्चे क्रान्तिकारी हो!" चक्रवर्ती का चेहरा चमक उठता है।

चक्रवर्ती के पास एक नहीं, दो गोले हैं। मैं नहीं जानता कि ये देसी हथगोले हैं, या असली बम! मैंने इससे पहले ऐसी वस्तु कभी हाथ में ली भी नहीं थी। सिर्फ़ अख़बारों में बम की घटनाओं को पढ़ता रहता हूँ। प. बंगाल, विशेष रूप से कलकत्ता में तो बम विस्फोट की घटनाएँ महानगर जीवन-शैली का अभिन्न हिस्सा बन चुकी हैं।

यद्यपि अगरतला-पड़ाव में बम विस्फोटों की घटनाओं को कवर ज़रूर किया था, दूर से बम गोले देखे भी थे, पर उन्हें अपने हाथों से छुआ नहीं था। ये बिल्कुल अलग क़िस्म के गोले हैं, जिनसे पहली बार पाला पड़ा है।

जीवन में यह पहला अवसर है जब मेरे हाथों में बम हैं। पूरा ज़िस्म थिरक उठता है, मस्तिष्क आंदोलित हो जाता है। पर ये बम कितने असली या नक़ली हैं? इनकी मारक शक्ति क्या है? इन्हें कैसे चलाया जाता है? इन स्वाभाविक प्रश्नों का उत्तर चक्रवर्ती के पास नहीं है। वे भी मेरे समान अनाड़ी हैं। हालाँकि वे फ़ौजी परिवार से हैं। उनके पिता मेजर थे। ख़ैर, चक्रवर्ती कहते हैं कि पूरी जानकारी प्राप्त करने के बाद ही इनका प्रयोग करेंगे।

इस दौर में दिल्ली में औसत बंगाली को श्रद्धा व क्रान्तिकारी की दृष्टि से देखा जाता है। औसत युवा बंगाली बाबू को चारू मजूमदार, असीम चटर्जी, कानू सान्याल जैसे नेताओं का दूत माना जाता है। यदि किसी के पास कोई शस्त्र है तो स्वत: पूज्यनीय है। यहाँ तो मेरे मित्र के पास एक नहीं, दो-दो हथगोले हैं। हम दोनों समझते हैं, इन गोलों के प्रयोग से इन्दिरा सरकार हिल उठेगी।

अब इन हथगोलों का प्रयोग कब, कहाँ और कैसे किया जाए, इस मुद्दे पर हम दोनों विचार करना शुरू करते हैं। शुरुआती तौर पर तय करते हैं कि कनॉट प्लेस में इसे फोड़ा जाए। पर पहले जगह की पहचान की जाए और पर्याप्त प्रयोग जानकारी एकत्रित की जाए!

हम लोग ऐसी जगह धमाका करना चाहते हैं जिसे सरकार ही नहीं लम्पट व हिप्पीवादी पीढ़ी भी सुने। इन दिनों कनॉट प्लेस के क्षेत्र में कैबरे डांस व बार रेस्त्राओं की महामारी फैली हुई है। मिंटो ब्रिज के पास एक कैबरे-डांस बार रेस्त्रां है, कनॉट प्लेस के आउटर सर्किल में भी ऐसे ही चार-पाँच रेस्त्रां हैं। एक रीगल बिल्डिंग में ही टी-हाउस से सटा सैलर रेस्त्रां हैं। बेसमेंट में है। देर रात तक इन रेस्त्राओं में सुरा और सुंदरी का मिलन-व्यापार चलता रहता है। पुरानी दिल्ली के लालाओं की मनचली औलादें और आधुनिक दिल्ली के नव-मध्यवर्ग (डिफेंस कॉलोनी, सुंदरनगर, ग्रेटर कैलास, साउथ एक्सटेंशन आदि) के भौंरे-तितलियाँ यहाँ रतजगा करती हैं।

अगले रोज़ हम दोनों इन ठिकानों का बारीकी से मुआयना करते हैं। काफ़ी सोच-विचार कर सैलर का चुनाव किया जाता है। सैलर की विशेषता है कि यह बेसमेंट में है। संसद मार्ग पर स्थित है। टी-हाउस से सटा हुआ है। हिन्दी के प्रतिष्ठानी या ग़ैर-सर्वहारावादी बुद्धिजीवी भी इसमें चाय पर कला-साहित्यिक जुगालियाँ करते रहते हैं। यह सब सोचकर हम सेलर को निशाना बनाते हैं।

रात के दस बजे सेलर में जाते हैं, सीढ़ियों से नीचे उतरते हैं। बेसमेंट में निर्मित गुफानुमा सेलर में कानफाड़ संगीत व डिस्को चल रहा है। लड़के-लड़कियाँ 'हरे रामा-हरे कृष्णा' के रंग में सराबोर हैं। मादक पदार्थों की गंध-धुंध फैली हुई है। हम लोग गुस्से से भर उठते हैं। अन्त में तय करते हैं, दो रोज़ बाद रात के ग्यारह बजे धमाका करेंगे। भगत सिंह के अंदाज़ में हम सोचने लगते हैं। सेलर से बाहर बच निकलने की तरकीब दिमाग़ में कौंधती नहीं है।

मैं निर्धारित समय पर चक्रवर्ती का इंतज़ार करता हूँ। वे नहीं आ पाते हैं। सप्ताह भर बाद मिलते हैं। कहते हैं कि वे अस्वस्थ थे। यह भी बतलाते हैं कि धमाका नहीं किया जा सकेगा, क्योंकि दोनों बम ख़राब हैं। दोनों की मियाद निकल चुकी है। बंगाल से आए

किसी बंगाली मित्र ने दोनों बमों या हथगोलों की जाँच की और उन्हें 'बेकार' घोषित कर दिया है। दोनों को गटर में फेंक दिया गया है। इससे मुझे गहरी निराशा हुई है। वैसे चक्रवर्ती ने इतना कहा है कि वे भविष्य में कुछ जुगाड़ करेंगे। धमाका-धमाका ही रहा! वक़्त आगे बढ़ गया है। हम दोनों फिर से शब्द-धमाकों में जुट गए हैं!

इन दिनों मैंने अपने रहने का ठिकाना बदल लिया है। अंसारी मार्ग स्थित (दरियागंज) मकान में देवेन्द्र शुक्ल के साथ रहना दिनोंदिन दुश्वार होता जा रहा था। इसके दो कारण थे। एक, उनका मानसिक रोग बढ़ रहा था। वे हरेक पर शक़ करने लगे थे। वे दिन-रात इस भय से आक्रांत रहते कि उन्हें कोई मार देगा, उन पर ऊपर से कुछ विषैला पदार्थ छिड़का जा रहा है, पुलिस उनका पीछा कर रही है। एक बार तो वे मेरा गला ही दबाने लगे। मकान मालिक नहीं आते तो मेरा शायद वह आखिरी दिन होता। उनकी पत्नी भी उनसे नाराज़ होकर कानपुर अपने माता-पिता के पास लौट गई थीं।

दूसरी वजह विचारधारा भी थी। वे कट्टर स्वयंसेवक थे। संघ व जनसंघ की गतिविधियों में रमे रहते थे। मुझे भी वे आर.एस.एस. का सक्रिय सदस्य बनाना चाहते थे। उनके दबाव में मैं जनसंघ का सदस्य बना भी था। लेकिन आज मार्क्सवाद ने मेरे लिए वैकल्पिक जीवन-व्यवस्था के द्वार खोल दिए हैं। मेरी वैचारिक प्रतिबद्धता के साथ संघ की विचारधारा का टकराव अपरिहार्य है। अत: मेरे और देवेन्द्र शुक्ल के बीच तनाव बढ़ते ही जा रहे थे।

इन परिस्थितियों में मैंने ठिकाना बदलने का निर्णय ले लिया। अब मैं राउज एवेन्यू मार्ग स्थित-चतुर्थ श्रेणी के कर्मचारी चनीराम के क्वार्टर 108 में सबलेट किरायेदार बन कर रह रहा हूँ। अनिल चक्रवर्ती भी मेरे साथ रहने आ गए हैं, क्योंकि उन्हें भी राजौरी गार्डन दूर पड़ता था। यह केन्द्रीय जगह है और मासिक किराया 80 रुपए है जिसे हम दोनों बराबर शेयर कर रहे हैं। चक्रवर्ती फ्रीलासिंग कर रहे हैं और सुभद्रा जोशी की पत्रिका सेक्युलर डेमोक्रेसी के लिए नियमित लिखते हैं। मैं तो समाचार भारती में स्थायी रूप से हूँ ही। सप्रू हाउस कैंटीन में मैं 80 रुपए महीने पर खाना खा लेता हूँ।

एक रोज़ सांसद अमृत नाहटा आकाशवाणी के पास टकरा जाते हैं। इनसे मेरा अच्छा परिचय है। वे अपनी कार में घर साथ चलने के लिए कहते हैं। साउथ एवेन्यू में उनका घर है। सामान्य चर्चा होती है। मैं आजकल समाचार भारती में काम रहा हूँ, इसकी उन्हें जानकारी देता हूँ। पूर्वी पाकिस्तान के संकट पर मेरे लेखों की नाहटा तारीफ करते हैं और भावी योजना के बारे में पूछते हैं। मैं उनसे कहता हूँ कि मैं प. बंगाल क्षेत्र में पहुँच रहे विस्थापितों तथा कलकत्ता में निर्वासित बाँग्ला देश सरकार की गतिविधियों को भी कवर करना चाहता हूँ। वे धर्मवीर गाँधी से फ़ोन पर मुझे कलकत्ता भेजने की सिफ़ारिश करते हैं। अमृत नाहटा की सूचना-प्रसारण मंत्री नन्दिनी सतपथी के साथ खासी घुटती है। गाँधी मुझे भेजने के लिए तो तैयार हो जाते हैं, लेकिन कुछ वित्तीय कठिनाई का भी ज़िक्र सांसद नाहटा से कर डालते हैं। नाहटा उनसे कहते हैं, "आप इसकी चिंता मत करें। मैं देख लूँगा। नन्दिनी जी से बात हो जाएगी।"

मैं अगले रोज़ गाँधी जी से ताज़ा प्रमाण पत्र ले लेता हूँ। 'साप्ताहिक हिन्दुस्तान' के सम्पादक मनोहरश्याम जोशी भी मुझे अलग से परिचय पत्र दे देते हैं। नाहटा जी से कुछ

सहयोग लेकर मैं 4 दिसम्बर, 1971 की सुबह का इंडियन एयर लाइन्स से कलकत्ता का टिकट बुक करा लेता हूँ।

कलकत्ता जाने की पूर्व संध्या 3 दिसम्बर को दिलचस्प संयोग घटता है। मैं और पंकज बिष्ट इंडियन कॉफी हाउस से बाहर निकल रहे हैं। हम दोनों रीगल सिनेमा के सामने से गुज़र रहे हैं। पंकज को बस पकड़नी है। मैं तो राउज एवेन्यू पैदल ही जाता हूँ। ठंड बढ़ती जा रही है। लोग-बाग अपने घरों में पहुँचने के लिए बसों की तरफ़ लपक रहे हैं। इसी बीच सायरन गूँजने लगता है। लगातार कनॉट प्लेस में अफरा-तफरी मच जाती है। हम दोनों भी सन्न हो गए हैं। लोगों ने शोर मचाना शुरू कर दिया है—पाकिस्तान का भारत पर हवाई हमला...हवाई हमला! हम कुछ समझ नहीं पाते हैं। रिगल सिनेमा के पीछे सरदार जी का ढाबा है। अक्सर वहाँ भी हम लोग चाय पीने जाते हैं। उसके पास रेडियो है। इसलिए हम दोनों दौड़े-दौड़े ढाबे पर पहुँचते हैं। वहाँ भीड़ पहले से लग चुकी थी। आकाशवाणी पर पाकिस्तान हवाई हमले की लगातार घोषणाएँ की जा रही थीं। ढाबे पर ही मालूम हुआ कि पाक के तीन विमानों ने भारत पर बम गिराये हैं, आगरा तक पहुँच चुके हैं, दिल्ली भी सुरक्षित नहीं है। चारों तरफ़ घबराहट का माहौल फैल चुका है। पंकज जल्दी घर लौटना चाहते हैं। उन्हें बस में बैठा कर मैं कनॉट प्लेस स्थित इंडियन एयर लाइन्स दफ़्तर पहुँचता हूँ और सुबह की उड़ान के बारे में जानकारी प्राप्त करता हूँ। संतोष की बात यह है कि उड़ान-सेवाएँ रद्द नहीं की गई हैं। एयर लाइन्स के ही अधिकारी बतला रहे हैं कि चिंता की कोई बात नहीं है। भारतीय वायुसेना ने मोर्चा सँभाल लिया है। रेल व विमान सेवाएँ अप्रभावित हैं। प्रधानमंत्री इन्दिरा गाँधी भी कलकत्ता से मध्यरात्रि तक राजधानी पहुँच जाएँगी। मैं अपने दफ़्तर पहुँचता हूँ। वहाँ से पूरी जानकारी मिलती है। भारत और पाकिस्तान के बीच किसी भी समय पूर्ण युद्ध शुरू हो सकता है, मेरे सम्पादकीय साथियों का यह निष्कर्ष है।

मैं घर लौटकर सुबह के लिए सामान पैक करता हूँ। चक्रवर्ती भी दो रोज़ बाद ट्रेन से कलकत्ता पहुँचने के लिए कह रहे हैं।

4 दिसम्बर की सुबह की हवा बिल्कुल बदली हुई है। रास्ते भर पुलिस व फ़ौजी कारों की आवाजाही ने पच्चीस किलोमीटर लम्बे मार्ग को सामान्य नहीं रहने दिया है। तनाव और भय, दोनों ने पालम एयर पोर्ट मार्ग को डरावना बना दिया है। एयर पोर्ट ने अर्द्ध छावनी की शक्ल ले रखी है। सुरक्षा जाँच सख़्ती से की जा रही है।

ख़ैर, लाउंज से अख़बार उठाता हूँ। हवाई हमलों की ख़बरों से अँगरेज़ी-हिन्दी अख़बार भरे हुए हैं। भारत की कड़ी चेतावनी, प्रधानमंत्री का मध्यरात्रि में दिल्ली लौटना, वरिष्ठ साथियों के साथ विचार-विमर्श, शिखर सैनिक अधिकारियों के साथ वार्ता, भारतीय वायुसेना के विमानों ने आकाश सँभाल लिया है, लाहौर, रावलपिंडी, इस्लामाबाद जैसे बड़े शहर उसके निशाने पर हैं। जैसी ख़बरें पहले से लेकर अंतिम पृष्ठों पर पसरी हुई हैं। एक तरह से दोनों पड़ोसी देशों के बीच खुला युद्ध शुरू हो चुका है।

दो घंटे की यात्रा के बाद मैं दमदम हवाई अड्डे पर उतर गया हूँ। पर रास्ते भर सभी विमान यात्री भयभीत ज़रूर थे। हम सभी को पाक विमानों द्वारा हमले की आशंका थी। जब पाक विमान आगरा तक पहुँच सकते हैं तो वे ढाका से उड़कर एयर इंडिया के नागरिक

विमान को भी अपना निशाना बना सकते हैं। हालाँकि हमारी ये आशंकाएँ बिल्कुल लचर थीं क्योंकि देश के सभी वायुमार्गों और हवाई अड्डों की वायु चौकसी बढ़ा दी गई थी। फिर भी हम सभी यात्रियों के प्राण अधर में झूल रहे थे।

मैं अपने पुराने मित्र शम्स ज़मां के घर ही ठहर गया हूँ। राजभवन के पास एक ऑफिस में शाम को प्रेस-ब्रीफिंग का इंतज़ाम किया गया है। इस ऑफिस से कुछ दूर पर ही केन्द्रीय तारघर है। जनरल जैकब नियमित रूप से प्रेस-ब्रीफिंग करते हैं। दो रोज़ बाद हम लोगों को युद्ध क्षेत्र में ले जाया जा रहा है। भारतीय पत्रकारों के साथ विदेशी पत्रकार भी हैं। इनमें से कुछ ऐसे पत्रकार भी हैं जो वियतनाम युद्ध की रिपोर्टिंग से लौटे हैं। उनके लिए यह युद्ध सामान्य लग रहा है।

आज हम लोगों को जैसोर सेक्टर ले जाया जा रहा है। युद्ध क्षेत्र में चारों तरफ़ तबाही का मंज़र है। जीवन में मैं पहली दफ़ा गाँवों, कस्बों व नगर में बिछी हुई शवों की फसल को देखता हूँ। जी मचल उठता है, उबकाई आने को है। किसी तरह मैं स्वयं को सँभालता हूँ। मोर्चे से लौटकर न्यूज़ टेलीग्राम भेजता हूँ।

दो रोज़ बाद मैं खुलना जाता हूँ। हम क़रीब तीस देशी-विदेशी पत्रकार हैं। एक-एक वाहन में चार-चार पत्रकार जमे हुए हैं। विदेशी टीवी व फ़ोटो पत्रकारों का दल अलग से चल रहा है। हमारे वाहन-काफ़िले की सुरक्षा के लिए आगे, बीच में और पीछे सशस्त्र सैनिक जीपें चल रही हैं। हम लोग सुरक्षित हैं लेकिन चेतावनियाँ भी दी जा रही हैं कि जगह-जगह बारूदी सुरंगें हैं, मकानों, झोपड़ियों, खेतों से छिपकर गोली चलाने वाले बचे-खुचे पाक सैनिक भी हैं। अतिरिक्त सावधानी की ज़रूरत है। बग़ैर अनुमति के हम लोग जीप से न उतरें।

हमारा काफ़िला कॉटेक्ट जोन में पहुँच चुका है। सैनिक-सुरक्षा में हम लोग जीपों से बाहर आ गए हैं। घटना स्थल पर ही ब्रीफिंग की जा रही है। विदेशी चैनल और फ़ोटोग्राफर चारों ओर विनाश के ताण्डव की तस्वीर लेने पर पिल पड़े हैं। इन कैमरामैनों और फ़ोटोग्राफरों में मुझे गिद्ध की शक्लें नज़र आ रही हैं। गिद्ध अंदाज़ में ये अपने लैसों से शवों के विभिन्न अंगों का नोचन कर रहे हैं! यह दारुण 'लैस-लोचन' मेरे लिए असहनीय हो रहा है। मैं इसे रोक नहीं सकता और न ही यहाँ से भाग सकता हूँ। मैं यह सब देखने-सहने के लिए विवश हूँ। पर ये लोग अपने प्रोफेशनल उत्तरदायित्व को निभा रहे हैं, यह भी एक सच है।

कॉटेक्ट जोन के तुरंत ही बाद 'आमना-सामना क्षेत्र' शुरू हो गया है। इसे 'आँख-से-आँख मिला क्षेत्र' भी कहा जा सकता है। यहाँ से दोनों पक्षों के सैनिकों को परस्पर निशाना बनाते हुए देखा जा सकता है। जीवन और मृत्यु के बीच सैनिक अपनी भूमिका को प्राणपण से निभाता रहता है। आमतौर पर पत्रकारों को इस क्षेत्र से दूर ही रखा जाता है, क्योंकि कभी भी फायरिंग शुरू हो सकती है, लड़ाई भड़क सकती है। इसलिए इस अति संवेदनशील क्षेत्र में पत्रकारों को प्रवेश की अनुमति नहीं दी जाती है।

पर मैं और दो जापानी पत्रकार अति उत्साह के शिकार हैं। चेतावनी के बावजूद हम तीन लोग इस क्षेत्र में खिसक आते हैं, नज़र बचा कर। काफ़ी अंदर तक आ गए हैं। अरे, यह क्या! पाक सैनिकों ने फायरिंग शुरू कर दी है। इधर से भारतीय सैनिक भी जवाब

दे रहे हैं। हम तीनों 'क्रॉस फायरिंग' में घिर चुके हैं। पीछे से फ़ौजी हम लोगों पर चिल्ला रहे हैं। फायरिंग तेज़ हो जाती है। कभी भी गोली लग सकती है। बचने का कोई उपाय नहीं है। जीवन का अन्त हम लोगों को निमंत्रण दे रहा है। लेकिन इन क्षणों में भी जापानी कैमरामैन शूटिंग कर रहा है; मनुष्य, जीवन, मृत्यु और कर्म के इस विलक्षण दृश्य को आँखों में अंतिम पल तक क़ैद ही किया जा सकता है। शब्दों में बाँधा नहीं जा सकता!

ख़ैर, एक टैंक दनदनाता हुआ हमारे पास पहुँच गया है। पीछे से आदेश दिया जा रहा है कि हम तीनों टैंक के पीछे-पीछे रहें। यह हम लोगों का सुरक्षा कवच बन गया है। दस मिनट तक फायरिंग चलती रहती है। इसके पश्चात् एक विशेष जीप में हम लोगों को बैठा कर सुरक्षित काफ़िले तक पहुँचाया जा रहा है। हम तीनों पत्रकार फिर से सैनिक अफ़सरों की झल्लाहटों की फायरिंग में घिर गए हैं! अन्य पत्रकारों की प्रशंसा, कुढ़न और नज़ला बटोरते हुए मैं शाम तक कलकत्ता लौट आता हूँ।

दो रोज़ के बाद मैं दिल्ली लौट आया हूँ। दूरदर्शन पर मैं 'आँखों देखा युद्ध' कार्यक्रम प्रस्तुत करता हूँ। वैसे पश्चिम और पूर्वी, दोनों ही सरहदों पर भारत-पाक जंग जारी है। अमेरिका ने अपने 'सातवाँ बेड़ा' को बंगाल-खाड़ी में भेजने की धमकी दे दी है। इससे भारत की चिंता बढ़ रही है। दूसरी तरफ़ सोवियत संघ भारत के पूर्ण समर्थन में है। राष्ट्रसंघ में भी भारत का पक्ष लिया जा रहा है। लेकिन मास्को यह भी चाहता है कि भारत जल्दी ही पूर्वी क्षेत्र में पाकिस्तानी सेना को पराजित करे और स्वतंत्र बाँग्ला देश का निर्माण कराये। जाहिर है, ऐसी घटनाएँ प्रधानमंत्री को चिंतित करने के लिए काफ़ी हैं। इस घटना-चक्र को लेकर मेरा लेखन चल रहा है।

अन्ततः 16 दिसम्बर, 1971 ने एक नया इतिहास रचा; पूर्वी क्षेत्र में भारत की पाकिस्तान पर निर्णायक विजय हुई; पराजित सेना के क़रीब 90 हज़ार सैनिकों ने जनरल नियाजी के साथ भारतीय जनरल जगजीत सिंह अरोड़ा के नेतृत्व में भारतीय सेनाओं के समक्ष आत्म-समर्पण किया; स्वतंत्र राष्ट्र के रूप में बाँग्ला देश के जन्म का मार्ग प्रशस्त हुआ; मज़हब के आधार पर स्वतंत्र राष्ट्र निर्माण के जिन्ना के स्वप्न की अकाल मृत्यु हो गई!

मैं फिर से नए घटना-चक्र को कवर करने के लिए ढाका की ओर निकल पड़ा हूँ। फिर अखौड़ा सीमा से भारतीय फ़ौजी जीप में लिफ्ट लेकर कुमिल्ला होते हुए ढाका पहुँच जाता हूँ। ढाका सर्किट हाउस में मैं ठहर गया हूँ। भारतीय मुद्रा यहाँ धड़ल्ले से चल रही है।

शाम को ढाका क्लब में अनेक देशी-विदेशी पत्रकारों से मुलाक़ात होती है। यहीं मैं एक बार फिर कमाल (बंग बंधु के बड़े पुत्र) से टकरा जाता हूँ। अगरतला के बाद यह दूसरी बार मुलाक़ात है। वे मुक्तिवाहिनी फ़ौजी पोशाक में हैं। पत्रकारों से घिरे हुए हैं। वे तुरंत ही मुझे पहचान लेते हैं। बाद में फुरसत के क्षणों में हम दोनों काफ़ी बतियाते हैं। वे मुक्त भाव से इन्दिरा गाँधी की भूमिका की प्रशंसा करते हैं।

अगले रोज़ पाँच सितारा पूरबानी होटल में 'दिनमान' के सम्पादक रघुवीर सहाय जी से सामना हो जाता है। वे अपने साथ मुझे बाँग्ला देश के प्रसिद्ध कवि जसीमुद्दीन के यहाँ ले जाते हैं। वयोवृद्ध जसीमुद्दीन विचारों से समाजवादी हैं और भारत के वामपंथी व समाजवादी नेताओं से उनका परिचय है। वे डॉ. लोहिया, आचार्य नरेन्द्र देव आदि को भी

जानते हैं। इस नाते समाजवादी कवि रघुवीर सहाय के प्रति उनका स्नेह उमड़ा हुआ है। जसीमुद्दीन के छोटे पुत्र विचारों से वामपंथी हैं। हम दोनों की अच्छी घुटती है। वे मुझे बाँग्ला देश की कम्युनिस्ट पार्टी के शिखर नेता मोनी सिंह से मिलवाते हैं। मोनी सिंह के पूर्वज कानपुर से आकर ढाका में बस गए थे। क़रीब अस्सी वर्षीय मोनी सिंह अत्यंत लोकप्रिय नेता हैं। मैं जब भी उनसे मिलता हूँ उन्हें हमेशा युवाओं से घिरा पाता हूँ। यहाँ तक कि युवा पत्रकार व कलाकार भी उन्हें घेरे रहते हैं। इससे स्पष्ट है कि मज़हबी और तानाशाही के बावजूद बाँग्ला देश में वामपंथी और समाजवादी धाराएँ बहती रही हैं। किसान व श्रमिक आंदोलन होते रहे हैं। स्वतंत्र बाँग्ला देश के आंदोलन में इन शक्तियों का सक्रिय योगदान रहा है। जसीमुद्दीन सहित सभी बुद्धिजीवी इसे स्वीकार कर रहे हैं।

इस्लामाबाद में तख़्ता-पलट और सेनाध्यक्ष याहिय्या ख़ाँ की तानाशाही का पतन हो चुका है। जेड़.ए. भुट्टो अंग-भंग पाकिस्तान के सर्वेसर्वा बनने जा रहे हैं। पश्चिमी पाकिस्तान में बंदी जीवन जी रहे बंग बंधु मुज़ीबुर्रहमान को वहाँ से आज़ाद कराने और सकुशल ढाका लाने की अन्तरराष्ट्रीय स्तर पर राजनयिक क़वायद शुरू हो चुकी है। प्रधानमंत्री इन्दिरा गाँधी विशेष रूप से सक्रिय हैं।

मैं जनवरी के पहले सप्ताह में ढाका से कलकत्ता लौट रहा हूँ। ढाका हवाई अड्डे पर जनसंघ के नेता डॉ. विष्णुकांत शास्त्री टकरा गए। लाउंज में हम दोनों के बीच बाँग्ला देश में धार्मिक गतिविधियों को लेकर बहस छिड़ जाती है। शास्त्री जी का मत है कि भारत सरकार को चाहिए कि वह अभी से बाँग्ला देश में हिंदू धर्म को प्रोत्साहित करे। इसके लिए वह संघ, विश्व हिन्दू परिषद, रामकृष्ण मिशन जैसी संस्थाओं का सहयोग ले। मैं चुटियल प्रो. शास्त्री जी के तर्कों को काटता हुआ कहता हूँ कि भारत एक धर्मनिरपेक्ष राष्ट्र है। किसी भी धर्म विशेष के प्रचार में सरकार से कैसे अपेक्षा की जा सकती है? शास्त्री जी का तर्क है कि भारत सरकार और प. बंगाल की सरकार बाँग्ला देश के पुनर्निर्माण के माध्यम से यह अनुदान दे सकती हैं। इससे हिंदू धर्म का प्रसार भी होगा और बाँग्ला देश के हिंदू बंगालियों में भारत की पैठ गहरी हो सकती है। यदि ऐसा नहीं किया गया तो मुस्लिम कट्टरपंथियों का उभार होगा, जिसे बंग बंधु रोक नहीं पाएँगे। मैं शास्त्री जी के तर्कों से सहमत नहीं हूँ। मेरा मत है कि यदि ऐसा किया जाएगा तो इसके दुष्परिणाम भी सामने आएँगे; बहुसंख्यक मुस्लिम समुदाय में प्रतिकूल प्रतिक्रिया होगी; हिंदू अल्पसंख्यकों के प्रति अविश्वास बढ़ेगा; दोनों समुदाय के बीच साम्प्रदायिकता फैलेगी; नव स्वतंत्र राष्ट्र भारत के मंसूबों को संदेह की दृष्टि से देखेगा। मेरा यह भी कहना है कि बाँग्ला देश सरकार के माध्यम से ही भारत को अपनी भूमिका निभानी चाहिए। लेकिन प्रो. शास्त्री मुझसे कतई सहमत नहीं हैं। हम दोनों अपने तर्कों में इतने लीन हैं कि हमें विमान पकड़ने की सुध ही नहीं रही!

एयर लाइंस का एक अधिकारी चिल्लाता हुआ आता है–

"Are you Calcutta bound passengers?"

"Yes-Yes. We have to catch last Flight for Calcutta.?" मैं कहता हूँ–

"Then what are you doing here? Rush, you have already delayed our Flight. follow me?"

हम लोग भागते-भागते डकोटा पकड़ते हैं और अपनी-अपनी निर्धारित सीटों में धँस जाते हैं। हमारी बहस असहमति के साथ समाप्त हो जाती है।

विमान में मेरी बराबर की सीट पर 'स्टेट्समैन' के संवाददाता सान्याल बैठे हुए हैं। वे ढाका में पिछले कई दिनों से हैं। बाँग्ला देश के भविष्य की राजनीति, भारत-बाँग्ला देश सम्बन्ध, बंगबंधु मुजीबुर्रहमान जैसे मुद्दों पर वैचारिक आदान-प्रदान होता है। इसी चर्चा में सान्याल एक अत्यंत चौकाने वाली बात कह डालते हैं, जो मुझे अविश्वसनीय लग रही है।

"जोशी जी, याद रखना बंगबंधु लम्बे समय तक जीवित नहीं रहेंगे। देख लेना, यहाँ के कट्टरपंथी तत्त्व उन्हें जीने नहीं देंगे। इन तत्त्वों को सीआईए का समर्थन प्राप्त रहेगा। सैन्य विद्रोह भी कराया जा सकता है।" सान्याल विश्वासपूर्वक अपना यह निष्कर्ष निकालते हैं।

मुझे इस निष्कर्ष पर यक़ीन नहीं हो रहा है। मैं सान्याल से इसका आधार जानना चाहता हूँ। सान्याल बतलाते हैं कि वे विगत दस-बारह दिनों में काफ़ी घूमे हैं। समाज के विभिन्न क्षेत्रों के नेताओं के साथ उनकी चर्चा हुई है। इस्लामाबाद समर्थक शक्तियाँ ख़ामोश हैं, मरी नहीं हैं। कट्टरपंथी मुसलमानों को बाँग्ला देश का जन्म हज़म नहीं हो रहा है। चूँकि बंगबंधु अमेरिका समर्थक नहीं रहे हैं, उन्हें 'लेफ्ट-ऑफ-सेंटर' और सोवियत संघ समर्थक माना जाता है, इसलिए भू-राजनीतिक-सैन्य दृष्टि से बाँग्ला देश की स्थिति अत्यंत महत्त्वपूर्ण है। अत: वाशिंगटन ढाका को खुला नहीं छोड़ेगा। मुझे यह निष्कर्ष[1] पूर्वाग्रहों से ग्रस्त लग रहा है!

मैं कलकत्ता पहुँच गया हूँ। पार्क स्ट्रीट स्थित शम्स ज़मां के यहाँ ही ठहरता हूँ। इस दफ़े देश की दो विख्यात् हस्तियों से भेंट होती है। प्रसिद्ध शास्त्रीय गायक अमीर खाँ साहब और उर्दू के शायर डॉ. रघुपति सहाय 'फ़िराक़', दोनों भी यहीं ठहरे हुए हैं। टाटा स्टील के मुख्य प्रबंधक व कला-संस्कृति प्रेमी सप्रू साहब के सौजन्य से सांस्कृतिक आयोजनों का सिलसिला चल रहा है।

अगली शाम मैं पार्क सर्कस क्षेत्र में स्थित सप्रू साहब के यहाँ आयोजित अंजुमन में शामिल हुआ हूँ। इसमें फ़िराक़ गोरखपुरी और बम्बई से आए प्रसिद्ध वामपंथी शायर कैफ़ी आज़मी अपनी नज़्में सुनाते हैं। कैफ़ी साहब की ताज़ा नज़्म 'ईसा' व 'क्रॉस' से हम सभी हिल उठते हैं। इस अंजुमन में प्रीतीश नन्दी के साथ-साथ बाँग्ला व हिन्दी के कई कवि-कहानीकार भी मौजूद हैं। मेरे जीवन का यह पहला अनुभव है जब उर्दू के दो महान् शायरों को इतने समीप से सुन रहा हूँ। मैं इसी अंजुमन में अपने ढाका अनुभवों को सभी से शेयर करता हूँ। इन अनुभवों में कैफ़ी साहब और सप्रू साहब खास दिलचस्पी ले रहे हैं। शायद अधिक विस्तार से जानने के लिए अगले रोज़ प्रीतीश नन्दी मुझे और शम्स को रात्रि भोज पर भी बुलाते हैं।

कामरेड रामआसरे वर्मा के हवाले से बेनियापुकुर क्षेत्र स्थित झरना भौमिक (दीदी) से मिलने मैं जा रहा हूँ। ये नक्सलपंथी आंदोलन की समर्थक हैं। असीम चटर्जी, फणी

1. दुखद संयोग है कि साढ़े तीन वर्ष पश्चात् अगस्त 1975 में ढाका में सैन्य विद्रोह होता है, जिसमें बंगबंधु और उनके परिवार का सफ़ाया कर दिया जाता है। देश से बाहर रहने के कारण बड़ी पुत्री शेख हसीना बच जाती हैं।

बागची साहित कई भूमिगत नेताओं के सम्पर्क में भी ये रहती हैं। 'दीदी' के नाम से नक्सलपंथी क्षेत्रों में इन्हें सम्बोधित किया जाता है। पति डॉ. भौमिक सीपीएम के कट्टर समर्थन हैं। अपनी क्लीनिक भी चलाते हैं। दीदी की दो बेटियाँ हैं : मिटठू और तीतान। 'दीदी' कट्टर कम्युनिस्ट तो हैं ही लेकिन यांत्रिक नहीं हैं, संवदेनशील और स्नेहमयी हैं।

दीदी मुझे सीपीआई (एम.एल.) के सिद्धांतकार असीम चटर्जी, बाँग्ला के क्रान्तिकारी कवि काज़ी नज़रुल इस्लाम, सीपीएम के कामरेड मुजफ्फर अहमद जैसे दिग्गज वामपंथियों से मिलाने के साथ-साथ प्रसिद्ध फ़िल्मकार मृणाल सेन और नाट्यकर्मी उत्पल दत्त से भी उनके निवासों पर मिलवाती हैं। ये सभी शख़्सियतें दीदी से आत्मीमता से मिलते हैं। मुझे भी वांछित सम्मान देते हैं। क़ाज़ी नज़रुल इस्लाम की मनोदशा ठीक नहीं है। तो भी उनसे मिलने वालों की भीड़ लगी रहती है। वे दीदी को ज़रूर पहचानते हैं। उन्हें अपने पास पलंग पर बैठाते हैं। मुझे भी अपने साथ बैठाते हैं। आधा घंटा बतियाते हैं। फिर हम लोग चले आते हैं।

अब तक तो मैं हिन्दी के लेखक-कवियों और पत्रकारों तक ही सिमटा हुआ था। लेकिन कामरेड झरना दीदी के सम्पर्कों से कलकत्ता में मेरा एक नया दायरा बन रहा है। इस दायरे में खांटी वाम राजनीतिकर्मी हैं जो कि विभिन्न स्तरों पर सक्रिय हैं।

मैं कलकत्ता से दिल्ली लौट आया हूँ। पर इसके साथ ही जीवन नितांत नए मार्ग पर चल पड़ा है। मैंने पूर्णकालिक राजनीतिकर्मी बनने का फ़ैसला ले लिया है। यद्यपि मैं मार्क्सवाद की बारीकियों से अनभिज्ञ हूँ। मैं इसमें शास्त्रार्थ नहीं कर सकता। 'दास कैपीटल' भी पढ़ा नहीं है। कम्युनिस्ट घोषणा-पत्र भी सरसरी तौर पर पढ़ सका हूँ। मार्क्सवादी दर्शन का संसार विराट है। इस संसार में अनेक उपसंसार बसते हैं। प्रत्येक उपसंसार की अपनी विशिष्ट पहचान है। भारतीय कम्युनिस्ट पार्टी, मार्क्सवादी कम्युनिस्ट पार्टी और सीपीआई (मार्क्सवादी लेनिनवाद) के बीच आधारभूत अन्तर क्या है, उनकी भारतीय राज्य की परिभाषाएँ क्या हैं? इन तमाम प्रश्नों से मैं अपरिचित हूँ। कम्युनिस्ट आंदोलन का इतिहास मैंने सरसरी रूप से ही पढ़ा है। भारत में किसान आंदोलन, आदिवासी आंदोलन, श्रमिक आंदोलन जैसे अनेक ऐतिहासिक आंदोलन हुए हैं, और आज चल भी रहे हैं। इन आंदोलनों में मार्क्सवाद-लेनिनवाद और माओवादी विचारों की धाराएँ बह रही हैं। वामपंथी जनसंगठनों को समझना भी ज़रूरी है। इस दृष्टि से मैं सिफ़र हूँ।

आज जब मैं पूर्णकालिक वामपंथी एक्टिविस्ट की यात्रा की शुरुआत कर रहा हूँ तब मैं इतना ही कह सकता हूँ कि मैंने केवल मार्क्सवाद की अन्तर्वस्तु को आत्मसात् किया है। इसके आधारभूत उद्देश्यों एवं लक्ष्यों के साथ मैंने ईमानदाराना रिश्ते ज़रूर बनाए हैं। तार्किक बिंदु तक पहुँचने के लिए आवश्यक कार्यनीति एवं रणनीति के प्रति भी थोड़ी-बहुत समझदारी विकसित की है। फिर भी मैं केवल इतना कह सकता हूँ कि मार्क्सवाद और क्रान्ति के प्रति मेरी मूलत: रोमांटिक दृष्टि है, अकादमीय समझ अधकचरी है। मार्क्सवाद, क्रान्ति, व्यवस्था परिवर्तन को लेकर यह रोमांस, यह जुनून मेरे जीवनानुभवों से जन्में हैं, न कि पोथियों और संगोष्ठियों से। समाज एवं जीवन में

मौजूद शोषण, उत्पीड़न, अन्याय, संघर्ष, ग़ैर-बराबरी, मुक्ति की छटपटाहट जैसी स्थितियाँ ही मार्क्सवाद की प्रारम्भिक पाठशाला होती हैं। मैंने इसी पाठशाला से मार्क्सवाद की बारहखड़ी सीखी है। अब इस बाहरखड़ी को विस्तार चाहिए। शायद यह यात्रा इसे विवेक संगत विस्तार दे!

तो मार्क्सवाद की पेचीदगियों, चुनौतियों, संभावित ख़तरों, शून्य जीवन-निर्वाह तैयारियों जैसी कमियों से लदा और बसवा की गंवई ज़मीन से उठने वाला रामशरण जोशी 29 बरस की उम्र में वामपंथी आंदोलन का रंगरूट बन गया है। काल है 1972 की पहली तिमाही।

प. बंगाल से लौट कर मेरा कामरेड रामआसरे वर्मा[1], शिवकुमार मिश्र, स्नेही किंथ, सुरेन्द्र आज़ाद, इब्बार रब्बी, ओम सैनी, जयंत वर्मा, अनिल चक्रवर्ती, के.सी. त्यागी[2], जगपाल सिंह[3], झरना भौमिक, फणी बागची, प्रो. संगसेन, के.डी. सिंह सहित अनेक साथियों के साथ विचार-विमर्श के कई दौर चलते हैं। इंडियन एक्सप्रेस की पत्रकार व नाटककार शोभना भूटानी के यहाँ बंगाल के साथियों के साथ भूमिगत बैठकें होती हैं। अन्त में हम सभी साथी मिलकर समान विचारधर्मियों का सम्मेलन आयोजित करने का फ़ैसला करते हैं।

'समाचार भारती' से मैं पहले ही त्यागपत्र दे चुका हूँ, लेकिन मेरी फ्रीलांसिंग चल रही है। अपनी शर्तों पर ही मैं लिख रहा हूँ। कहीं भी वैचारिक समझौता नहीं करना पड़ रहा है। इसके लिए मैं रघुवीर सहाय, मनोहरश्याम जोशी, अक्षय कुमार जैन, रमेश वक्षी, माया शर्मा जैसे सम्पादकों व सह-सम्पादकों का आभारी हूँ। आकाशवाणी के युववाणी विभाग और दूरदर्शन में रमानाथ अवस्थी, सेतिया, कीर्ति जैन जैसे लोग हैं जो मुझे युवाओं, श्रमिकों, किसानों आदि से जुड़े कार्यक्रमों के लिए बुलाते रहते हैं। युववाणी से तो मेरे व्यवस्था विरोधी नाटकों[4] का प्रसारण होता रहता है। एक नाटक में तो सेना ही विद्रोह कर देती है। आकाशवाणी के निदेशक शंगलु साहब इस प्रसारण से ज़रूर चिंतित हो जाते हैं। वे मुझ से बुजुर्गाना अंदाज़ में इतना ज़रूर कहते हैं–"जोशी जी, सब कुछ लिखो, लेकिन आर्मी से रिवोल्ट मत कराओ। हिंसा से बचो। बेकार में जल्दी ही सरकार की नज़रों में आ जाओगे।" यह सीख है, जिसे मैंने ग्रहण किया है।

सांसद अमृत नाहटा ने मुझे फिर बुलाया है। वे राजनीतिज्ञ होने के साथ-साथ फ़िल्म निर्माता भी हैं। वे मंदिरों में फैले पाखण्ड, अनाचार-दुराचार, अंधविश्वास, गंदगी आदि को लेकर फ़िल्म बनाना चाहते हैं। वे चाहते हैं कि मैं देश के प्रमुख मंदिरों, तीर्थ-स्थानों की यात्रा पर निकलूँ और वहाँ की वास्तविकता का अवलोकन कर उन पर लिखूँ; विभिन्न पुस्तकालयों से प्रामाणिक सामग्री को एकत्रित करूँ। मैं तीन चरणों में अपनी यात्राओं को विभाजित करता हूँ: एक, अयोध्या, इलाहाबाद, चित्रकूट, काशी, गया-बोध गया, गोहाटी, कलकत्ता और पुरी-भुवनेश्वर; दो, रामेश्वरम्, मदुरैई, गुरुवायु, तिरुपति, उज्जैन, द्वारका, सोमनाथ, नाथद्वारा व मथुरा; और तीन, मथुरा-वृंदावन, हरिद्वार, बदरीनाथ आदि।

---

1. रामआसरे वर्मा : नवें दशक में उ.प्र. विधानसभा के उपाध्यक्ष बनते हैं।
2. के.सी. त्यागी : 1989 में लोकसभा सांसद व 2012 में राज्यसभा सांसद बनते हैं।
3. जगपाल सिंह : 1980 व 1991 में लोकसभा सांसद
4. देखें : नाटक-संग्रह, दावानल; प्रकाशक : शिल्पायन, दिल्ली।

इसका बजट बनाया जाता है। पहले चरण की अनुमानित व्यय राशि मुझे दे दी गई है। मैंने मध्य श्रेणी (इंटरमीडियट क्लास) का राउण्ड रेल टिक्ट ले लिया है। मैं इन यात्राओं का उपयोग देश की आम जनता के धार्मिक मानस को समझने के साथ-साथ सामाजिक-राजनीतिक स्थिति के अध्ययन के लिए भी करना चाहता हूँ। मैं यह देखना चाहता हूँ कि क्या देश में 'सशस्त्र क्रान्ति' के लिए परिपक्व वस्तुस्थिति है? क्या जनता का चुनावी राजनीति से मोहभंग हो चुका है? क्या शहरी भारत में छापामार लड़ाई संभव है? दूसरा उद्देश्य यह भी है कि मैं इन यात्राओं के दौरान युवकों से राजनीतिक सम्पर्क बनाऊँ। उनका राजनीतिकरण करूँ। उन्हें क्रान्ति के लिए तैयार करूँ। यह मेरी तथाकथित तीर्थ-यात्रा का गुप्त एजेंडा है। सम्पादक मनोहरश्याम जोशी से भी एक परिचयपत्र ले लेता हूँ।

पत्रकारिता की अपनी पहचान को पुख़्ता करने के लिए बाँग्ला देश कवरेज़ की कतरनों की फाइल भी मैंने अपने साथ रख ली है। यात्रा को हलका-आसान बनाए रखने की गरज़ से चाँदनी चौक से एक 'बैक पैक' भी ख़रीद लिया है। हिप्पियों की तर्ज़ पर मैं तीर्थाटन पर निकल पड़ा हूँ। इसका नाम रखा है : 'एक पापी की मोक्ष यात्रा'![1]

इस यात्रा-क्रम में मेरा पहला पड़ाव अयोध्या है। यहाँ पहले ही दिन रामजी की नगरी ने मेरा ऐसा स्वागत किया जिसके बहाने से मैं भगवान राम और उनकी रामजन्म भूमि को सदैव याद रखूँगा!

हुआ यह कि मैं अपना सामान लॉज में रख कर एक मंदिर में पहुँच जाता हूँ। भक्तगण बैठे हुए हैं। आरती चल रही है। इसी बीच दो पुजारियों की नज़र मुझ पर पड़ जाती है। बग़ैर किसी बात के मुझे दो थप्पड़ रसीद कर दिए गए हैं। मुझे गालियों का प्रसाद खिलाते हुए मंदिर से बाहर धकेला जा रहा है।

पुजारी मेरे चेहरे-मोहरे-पोशाक को देख कर चिल्ला रहे हैं, "साला मलेच्छ! इन हिप्पियों ने हमारे मंदिर को अपवित्र कर रखा है। यहाँ विधर्मियों को आने की इज़ाज़त नहीं है।" मैं मंदिर से बाहर सड़क पर हूँ। भीड़ जमा हो गई है। मैं ख़ामोश खड़ा हूँ। कुछ चुटियल व तिलकधारी युवक मेरे इर्द-गिर्द भिनभिना रहे हैं। थाना ले जाने की बात कर रहे हैं। फिर मैं अपनी चुप्पी को तोड़ते हुए हिन्दी में बोलता हूँ और अपना परिचयपत्र सबको दिखाता हूँ। परिचयपत्र को देखकर भीड़ पथरा गई है। आवाज़ें उठ रही हैं... "जोशी जी हैं! चलिए... ऊपर चलिए...रामलला का प्रसाद पाकर ही जाइए...हम से बड़ी भूल हो गई...पंडित जी माफ़ करना...नहीं तो हमें पाप लगेगा!" यह है जाति का प्रभाव! भगवान भी धर्म-जाति का प्रतिनिधित्व करते हैं। चलो इस पापी को पहला साक्षात् सबक़ मिला है! अब मैं राम जी को कैसे बिसरा सकता हूँ? मैं जितनी बार इस घटना को याद करूँगा, मुँह से रामलला ज़रूर निकलेगा और मेरा पाप-प्रक्षालन स्वत: होता रहेगा! जय रामलला की!

दरअसल, मैंने जीन पहनी हुई है। ऊबड़-खाबड़ दाढ़ी है। चमड़ी ज़रा गौरांगी है। इसलिए पिटाई की भूमिका तो पहले से ही तैयार थी। अब मैं सावधान हो गया हूँ। परिचयपत्र को गले में लटका लिया है।

---

1. यात्राओं की समाप्ति के बाद इसी शीर्षक से दिल्ली से प्रकाशित मासिक पत्रिका 'जनरुचि' में मेरी लम्बी लेखमाला भी प्रकाशित हुई।

अयोध्या के बाद मेरा दूसरा पड़ाव इलाहाबाद है। मैं यहाँ ए.एन. झा–छात्रावास में देवी प्रसाद त्रिपाठी[1] (डी.पी.टी.) के साथ ठहरा हुआ हूँ। त्रिपाठी बी.ए. के छात्र हैं। अ.भा.वि. परिषद् के सम्पर्क में रहे हैं, लेकिन अब मोहभंग हो चुका है। मार्क्सवाद की ओर झुकाव बढ़ रहा है। फ़िलहाल संक्रमण काल में हैं। 'दिनमान' व 'साप्ताहिक हिन्दुस्तान' के लेखन के माध्यम से मेरे नाम से परिचित हैं। तेज़–तर्रार हैं। बहस करने का सलीका है। अध्ययनशील हैं। साहित्य में भी गहरी रुचि है। अपने सहपाठियों में लोकप्रिय हैं। अत्यंत महत्त्वाकांक्षी भी हैं। अनुयायी व सहपाठियों से घिरे रहना त्रिपाठी को पसंद है। हम लोग साथ–साथ संगम की यात्रा करते हैं। बोटिंग भी की जाती है।

तीन रोज़ तक हम लोग भारतीय राजनीति, वाम–परिदृश्य और संभावनाओं पर चर्चा करते हैं। त्रिपाठी के साथ मैं अगले रोज़ आलोक राय (प्रेमचन्द के प्रौत्र) और उनके पिता श्रीपत राय से भी मिलता हूँ। आलोक राय के निवास धूप–छाँव में ही हम लोग लंच लेते हैं। मैंने इन्हें दिल्ली में होने वाले युवा सम्मेलन के लिए भी निमंत्रित किया है। यह भी साफ़ कर दिया है कि यह सम्मेलन दोनों स्थापित कम्युनिस्ट पार्टियों का समर्थक नहीं होगा, और न ही संसदीय राजनीति पर चलेगा। दूसरे शब्दों में, भूमिगत सीपीआई (एम.एल.) की लाइन का समर्थन करेगा। मोटे तौर पर। चूँकि इसके भी कई घटक बन चुके हैं इसलिए कोशिश यही रहेगी कि यह सम्मेलन विभिन्न घटकों के बीच जन–संगठन के रूप में 'सेतु' की भूमिका निभाए। बिखरी हुई क्रान्तिकारी शक्तियों को एकजुट करे। सामान्यत: त्रिपाठी, आलोक राय और अन्य लोग इस विचार से सहमत हैं। सम्मेलन में भाग लेने का विश्वास भी दिला रहे हैं।

इलाहाबाद के बाद मैं बनारस पहुँच गया हूँ। बिड़ला छात्रावास में साहित्य के विद्यार्थी तिवारी के साथ रुक गया हूँ। यह सम्पर्क मुझे देवी प्रसाद त्रिपाठी ने दिया है। तिवारी एम.ए. के छात्र हैं और वामपंथ के प्रति झुकाव रखते हैं, पर किसी स्थापित वामपंथी ठिकाने से बँधे हुए नहीं हैं। किसके साथ स्वयं को जोड़ा जाए, तिवारी के मस्तिष्क में यह मंथन ज़रूर चल रहा है। मैं दो रोज़ तिवारी के यहाँ रुकता हूँ। उन्हें युवा सम्मेलन में आने और मौजूदा दौर में वामपंथ की भूमिका को समझने का आग्रह करता हूँ।

मैं देवघर, गया होते हुए कलकत्ता पहुँच गया हूँ। यहाँ चार–पाँच दिन का पड़ाव है। दीदी और फणी बागची के साथ लम्बी चर्चाएँ चलती हैं। फणी बागची प्रस्तावित युवा सम्मेलन का घोषणा–पत्र तैयार करने की ज़िम्मेदारी ले लेते हैं। अलीपुर क्षेत्र में बागची श्रमिकों के बीच सक्रिय हैं। अर्द्ध–भूमिगत राजनीति करते हैं। आंध्र प्रदेश के कुछ अज्ञात गुटों से इनका क़रीबी सम्बन्ध है। बागची को रणनीतिकार कहा जा सकता है। मार्क्सवाद का गहरा अध्ययन है। घोषणा–पत्र को किन फारम्यूलेशनों में ढाला जाए, इस सम्बन्ध में हम तीनों चर्चा करते हैं। मुझे स्वयं पर कोफ़्त भी हो रही है कि मुझे यह सब क्यों नहीं आता है? मुझे भी फारम्यूलेशनों को बनाना आना चाहिए। इसके लिए गहरे अध्ययन की ज़रूरत है। मुझे जल्दी ही इस कमी को दूर करना होगा।

मैं पुरी होता हुआ दिल्ली लौट आया और सम्मेलन की तैयारियों में भिड़ गया हूँ।

1. डी.पी.टी. : राष्ट्रवादी कांग्रेस के महासचिव, राज्यसभा सांसद। इससे पहले एस.एफ.आई., जनता पार्टी, कांग्रेस में रहे।

कभी-कभी लगता है वामपंथ अति बौद्धिकता व सैद्धांतिकता की गठरी बन गया है। इस बोझ तले यह इतना दब जाता है कि वस्तुस्थिति से भी यह कट जाता है। अति बौद्धिकता एवं सैद्धांतिकता व्यक्ति को संवेदनशील मार्क्सवादी बनाने के बजाय संकीर्ण व व्यक्तिवादी बना देती हैं। वह अहं का अनायास शिकार होता जाता है। नतीज़तन, वह जनता के साथ जेनुइन रिश्ता कायम करने में पिट जाता है, जन-चेतना की विभिन्न परतों को समझ नहीं पाता है। वह अहं व पूर्वाग्रहों से लदे वैयक्तिक सिद्धांतों की आँखों से समाज व वस्तुस्थितियों को पढ़ने का अभ्यस्त हो जाता है। उन्हें ही समाज पर थोपने की कोशिश की जाती है। ऐसी प्रवृत्तियाँ अलगाव, पलायन, कूपमंडूकता, आत्ममुग्धता, विभाजन और बिखराव का कारण बनती हैं। इससे शासक वर्ग को ही फ़ायदा पहुँचता है।

इन प्रवृत्तियों ने हमारे युवा सम्मेलन को भी दबोच रखा है। घोषणापत्र की तैयारी-बैठकों में सिद्धांतों को बघारा जाता है। हमारे ये सिद्धांतकार रटे-रटाये, घिसे-पिटे जुमलों को उछाल देते हैं। इनमें जनमानस गोल नज़र आता है! इन धाकड़ सिद्धांतकारों की नज़र में मैं अभी 'बुर्जुआ पत्रकार' हूँ, मार्क्सवाद में मेरा स्नातक होना शेष है। वैसे मैं अपनी सीमाओं से परिचित हूँ। आत्म-अनुभवों का सैद्धांतीकरण करना भी एक कला है, जिसे मुझे सीखना है। अतः मैं काम-चलाऊ हस्तक्षेप ही करता हूँ।

सम्मेलन के आयोजन से पहले ही इसका विभाजन तय है, यह मैं साफ़-साफ़ देख रहा हूँ। फणी बागची द्वारा तैयार किए गए घोषणा-पत्र को लेकर गहरे मतभेद पैदा हो गए हैं। रामआसरे वर्मा और उनके साथी इसके घोर विरोधी हैं। उनकी दलील है कि यह घोषणा-पत्र किसी भूमिगत राजनीतिक पार्टी का घोषणा-पत्र तो हो सकता है लेकिन जनसंगठन का किसी भी कीमत पर नहीं हो सकता। इसके विपरीत दीदी, बागची, किंथ, चक्रवर्ती, जयंत वर्मा, ओम सैनी समेत कई अनेक इस घोषणा-पत्र के पक्ष में हैं। मैं भी इनके साथ हूँ। पर सच तो यह है कि इस घोषणा-पत्र की बातें मेरी समझ से परे हैं। कुछ फॉर्म्मूलेशनों की मैं व्याख्या नहीं कर सकता। मेरी खुशी, मेरी उपलब्धि केवल यह है कि मैं खांटी बंगाली सिद्धांतकारों के साथ हूँ, और वे मुझ पर विश्वास करते हैं।

सम्मेलन-स्थल, गाँधी शांति प्रतिष्ठान है। हम सभी लोग सम्मेलन में पहुँच गए हैं। मंच पर रामआसरे वर्मा के गुट ने कब्ज़ा जमा रखा है। अध्यक्ष मंडल व संचालन टीम में हमारा एक भी व्यक्ति नहीं है। सभागार में ऐसे चेहरों की भरमार है जो कहीं से भी वाम राजनीतिकर्मी नहीं लग रहे हैं। ये लोग लम्पट अधिक लग रहे हैं। कार्यक्रम शुरू होता है। रामआसरे वर्मा का गुट अपना घोषणा-पत्र बँटवाता, इधर फणी बाग़ची का घोषणा-पत्र भी वितरित किया जाता है। इसके साथ ही हंगामा शुरू हो गया है। सभागार में मौजूद दो-तीन लोग छुरा निकाल लेते हैं। हम लोगों पर धावा बोल देते हैं। गाँधी शांति प्रतिष्ठान के ही एक कार्यकर्त्ता बाबूलाल शर्मा मुझे क़ातिलाना हमले से बचा कर सम्मेलन से बाहर ले आए हैं। एक-दो साथियों को मामूली चोटें आई हैं। विडम्बना देखिए, क्रान्ति-यात्रा पर निकलने से पहले ही हम सहयात्री विभाजित हो चुके हैं! शासक वर्ग बुर्ज पर सुरक्षित बैठा हम लोगों का मुजरा देख रहा है!

हम सभी लोग 108, राउज एवेन्यू में ज़मा हो गए हैं। इलाहाबाद से आए आलोक

राय भी यहीं पहुँच गए हैं। काफ़ी सोच-विचार कर हमने अगले ही रोज़ शाहदरा की एक धर्मशाला में सम्मेलन के आयोजन का निर्णय लिया है।

निर्धारित स्थान पर सम्मेलन होता है। दिल्ली और बाहर के क़रीब एक सौ साथी ज़मा होते हैं। दिन भर बहस होती है। बागची-घोषणा-पत्र को स्वीकार कर लिया जाता है, मामूली संशोधनों के साथ। भाषा को थोड़ा सरल कर दिया गया है। इसी सम्मेलन में 'All India Revolutionary youth Federation' (अ.भा. क्रान्तिकारी युवा संघ) की स्थापना की गई है। मुझे इसका अध्यक्ष और उत्तर प्रदेश के साथ स्नेही किंथ को महामंत्री बनाया गया है।

मैं अध्यक्ष बनने से इनकार करता हूँ। लेकिन दीदी, बागची, चक्रवर्ती, ओम सैनी जैसे साथियों के दबाव के कारण मुझे यह ज़िम्मेदारी सँभालनी पड़ रही है। इस 29 वर्षीय रंगरूट को अध्यक्ष बनाने के पीछे कुछ कारण रहे हैं; एक, चर्चित पत्रकार होना एवं बाँग्ला देश रिपोर्टिंग; दो, सवर्ण वर्ग व आकर्षक चेहरा; तीन, बुर्जुआ क्षेत्रों में पैठ; हिन्दी राज्यों की जानकारी; पाँच प्रेस एवं साहित्यकारों के साथ सम्बन्ध; छह, अँगरेज़ी का भी ज्ञान। मैं दीदी और बागची की रणनीति का हिस्सा था, यह मुझे बाद में मालूम हुआ। बंगाल का गुट मुझे रामआसरे वर्मा के बरक़स खड़ा करना चाहता था। दूसरे शब्दों में, मैं जनसंगठन के माध्यम से भूमिगत राजनीति की खुली 'मास लाइन' को प्रभावशाली ढंग से फैला सकता था। सम्मेलन आयोजन व विभाजन की प्रक्रिया में मैंने यह भी सीखा कि किस प्रकार नेपथ्य में लिए गए फ़ैसले मंच का संचालन करते हैं। जो दृश्यमान होता है उसकी नकेल नेपथ्य के अदृश्य हाथों में होती है; छोटे से गुट या कोटरी या यूनिट के सदस्य मिलते हैं; निर्णय लेते हैं; निर्णयों को लागू करवाने की रणनीति बनाई जाती है; दल या संगठन का बहुमत उन्हें स्वीकार कर लेता है। इसे कहते हैं लोकतंत्र! मैं समझता हूँ सूक्ष्म स्तर से बृहत स्तर तक यह सिलसिला यात्रा करता है। चूँकि मेरा यह पहला अनुभव है इसलिए मैं भी इस यात्रा का पथिक बन गया हूँ। इस तरह मैंने सार्वजनिक जीवनयात्रा की पहली सीख ली।

सप्रू हाउस की कैंटीन में पहला प्रेस सम्मेलन बुलाया जाता है। संघ के अध्यक्ष के नाते मैं पत्रकारों को सम्बोधित करता हूँ। घोषणा-पत्र जारी किया जाता है। पत्रकार मेरे इस रोल को आश्चर्यजनक ढंग से देखते हैं, क्योंकि मैं उनमें से ही निकल रहा हूँ। कुछ संवाददाता मेरे इस रूप को स्वीकार कर लेते हैं, कुछ को अपच हो जाता है। पर मेरे अँगरेज़ी के दो-तीन पत्रकार मित्र स्वेच्छापूर्वक जलपान का व्यय भी वहन करते हैं। मैं जब बिल अदा करने लगता हूँ तो 'लिंक' व 'पेट्रीयट' के पारथो मजूमदार मुझे रोकते हैं और चाय-बिस्कुट का बिल स्वयं देने लगते हैं। यह देखकर दो-तीन अन्य संवाददाता भी अपना योगदान देते हैं। मजूमदार कहते हैं, "जोशी अब बुर्जुआ रिपोर्टर नहीं हैं, कॉमरेड रामशरण जोशी हैं। यह इनकी नहीं, हमारी साझी प्रेस कांफेंस है।" अगले रोज़ सभी दैनिकों में यह ख़बर सुर्खियों में होती है, और मैं चंद दिनों के परिश्रम से 'क्रान्तिकारी कॉमरेड' बन जाता हूँ! यह भी कम आश्चर्यजनक नहीं है! आप राजनीति कोई सी भी करें, जाति, परिवार, व्यवसाय और वर्ग की जड़ें उसमें भूमिगत रूप से फैली हुई रहती हैं। ये जड़ें चेतन व अचेतन में अपना प्रभाव दिखलाती रहती हैं। यह मेरी दूसरी सीख थी।

इन दो सीखों के साथ मैं नई यात्रा पर निकल रहा हूँ। तीर्थ-यात्रा का दूसरा चरण शुरू हो गया है। इसकी ओट में मैं अपने युवासंघ को फैलाने का काम भी करता हूँ। नए साथी मिलते हैं। उन्हें साथ लाने की कोशिश की जाती है। नए अनुभवों से मेरा पाला पड़ता है।

संघ का अध्यक्ष बनने के साथ ही मैं वाम क्षेत्रों में चर्चित भी हो गया हूँ। जहाँ भी आंदोलन, प्रदर्शन, धरना आदि की बात उठती है, तो मुझे ज़रूर याद किया जाता है। संयोग से मेरी मुलाक़ात विख्यात् व विवादास्पद फ़िल्मकार ऋत्विक घटक से करायी जाती है। वे इन दिनों विट्ठल भाई पटेल भवन में एक उड़िया सांसद के यहाँ डेरा डाले हुए हैं। वे इन्दिरा गाँधी पर वृत्तचित्र बना रहे हैं। काफ़ी कुछ शूटिंग हो चुकी है।

घटक दा की समस्या है शराब। वे बला के पियक्कड़ हैं, चाहे कोई भी ब्रांड उन्हें मिल जाए, सब चलेगा। मैं उनकी चार-पाँच बार व्यवस्था करा देता हूँ। वे इतनी पीते हैं कि उन्हें सँभालना मुश्किल हो जाता है। शराब की ऐसी लत होगी, इसका अनुमान मुझे नहीं था। ख़ैर, घटक दा को झेलना तो पड़ेगा ही! आख़िर कॉमरेड हैं! पिछले दिनों उन्होंने कलकत्ता में गाँधी जी को 'सूरेर बाच्चा' भी कहा था। देश भर में उनकी आलोचना भी हुई। फिर भी उन्हें पद्मश्री दिया गया था। सो, मेरे लिए यह गर्व की बात भी है कि मुझे इतने बड़े प्रतिबद्ध फ़िल्मकार की सोहबत का अवसर मिल रहा है। यार-दोस्तों के बीच इस सोहबत की चर्चा भी रहती है। कुछ को ईर्ष्या भी हो रही है।

एक रोज़ घटक दा को मैं माया जी के घर ले जाता हूँ। वे रात्रिभोज पर आमंत्रित हैं। हम दोनों बस पकड़ कर वेस्ट पटेल नगर पहुँच गए हैं। दोनों के बीच आत्मीयता के साथ बातचीत हो रही है। माया जी की दो लड़कियाँ हैं और घटक दा की भी पुत्रियाँ हैं। पुत्रियों की विवाह की बात चल पड़ी है। घटक दा भावुक हो गए हैं। उनकी आँखें भर आई हैं। घटक दा भरे गले से कहते हैं, "मेरे पास बेटियों की शादी के लिए पैसा नहीं है। कैसे करूँगा, उनकी शादी माया जी?" मैं उन्हें रोकता हूँ, "घटक दा, आप कॉमरेड हैं। आपको दहेज और शादी की चिंता क्यों है?"

"जोशी, तुम कुछ नहीं जानता। बाप की पीड़ा क्या होती है, मैं जानता हूँ।"

माया जी बीच में कह उठती हैं, "बिल्कुल सही है घटक दा। जोशी, तुम अभी अविवाहित हो, आंदोलनकारी हो। माता-पिता की भावनाओं का तुम्हें कैसे एहसास हो सकता है?"

"हम भी यही कहता है। जब तक तुम बाप नहीं बनोगे, खोकी की विवाह की पीड़ा को नहीं समझ सकते। कम्युनिस्ट बनना है तो यह सब महसूस करना होगा। समझे?"

सच! घटक दा का यह निराला रूप मैं पहली बार देख रहा हूँ जो कि मानवीयता से ओत-प्रोत है। इस समय घटक दा में न फ़िल्मकार का दंभ है, और न मार्क्सवाद का अहं!

इधर संघ की कार्यकारिणी में मतभेद पैदा हो गए हैं। जातिवाद ने फिर से अपना रंग दिखाना शुरू कर दिया है। संघ के महामंत्री स्नेही किंथ (जाटव) और सचिव सुरेन्द्र कुमार आज़ाद (वाल्मीकि) के बीच तनातनी फूट पड़ी है। आज़ाद किंथ के नेतृत्व को बर्दाश्त करने के लिए बिल्कुल तैयार नहीं हैं। दोनों में ही जातिगत पूर्वाग्रह हैं। अन्ततः

इस अन्तर्विरोध के समाधान के लिए मैंने अलीगढ़ में कार्यकारिणी की बैठक बुलाई है। कलकत्ता से दीदी भी आती हैं। एक नए साथी व जनवाद के सम्पादक अशोक चक्रवर्ती को भी विशेष रूप से बुला लिया जाता है।

भूमिगत बैठक होती है। दो रोज़ चलती है। किंथ पर दबाव बनता है। वे अपना इस्तीफ़ा दे देते हैं। उनके स्थान पर दो तदर्थ महामंत्री बनाए जाते हैं–आज़ाद और अशोक चक्रवर्ती। कुछ समय से अशोक मेरे सम्पर्क में थे। लंदन स्कूल ऑफ इकोनोमिक्स के विद्यार्थी रहे हैं। पिता हिमाचल प्रदेश के राजयपाल हैं और बड़े भाई प्रो. आनन्द चक्रवर्ती दिल्ली विश्वविद्यालय में समाजशास्त्र के रीडर हैं। अशोक लंदन से लौट कर हिन्दी में मासिक 'जनवाद' पत्रिका निकालते हैं। दिल्ली के नक्सलवादी क्षेत्रों में इसकी अच्छी पैठ बन गई है। युवा साथी इसे खरीद कर पढ़ते हैं। मेरे कहने पर ही अशोक को यह पद दिया गया है। यह सोचकर कि ये संघ को विश्वविद्यालय में फैलाएँगे। इसके साथ ही ये साधन सम्पन्न तो हैं ही।

1973 में मेरे नेतृत्व में दिल्ली से दस साथियों का एक जत्था दलित पैंथर आंदोलन में शिरकत करने के लिए बम्बई जा रहा है। इसमें मैं और अशोक के साथ-साथ अन्य दलित साथी भी हैं। बंबई पहुँच कर हम तीन भागों में बँट गए हैं। मैं अनिल बर्वे के साथ रुकता हूँ। अनिल बर्वे की पत्नी मराठी के विख्यात् वामपंथी लोक-गायक शाही अमर शेख की बड़ी पुत्री प्रेरणा हैं। प्रेरणा की छोटी बहन मल्लिका का इन दिनों नामदेव ढसाल के साथ प्रेम-व्यापार चल रहा है। ढसाल क्रान्तिकारी कवि होने के साथ-साथ दलित पैंथर आंदोलन के वरिष्ठ नेता भी हैं। मुझे ढसाल की कुछ आदतें बिल्कुल नापसंद हैं। ढसाल बेहद खर्चीले हैं। टैक्सी या कार से कम यात्रा नहीं करते हैं। बड़े-बड़े रेस्त्राओं में अच्छा भोजन चाहिए। इसके साथ ही रोज़ाना अँगरेज़ी शराब की बोतल चाहिए। लगभग पियक्कड़ बन चुके हैं। हम दोनों में तकरार भी होती है। मैं ढसाल से कहता हूँ कि ये कमजोरियाँ कालांतर में व्यक्ति को शासक वर्ग का दास बना देती हैं। व्यवस्था इन कमजोरियाँ का इस्तेमाल करती है। अन्ततः व्यक्ति प्रतिक्रान्तिकारी बन जाता है।

अनिल बर्वे भी ढसाल को समझाते हैं। लेकिन ढसाल इन दिनों तूफ़ान पर सवार हैं। घर के बाहर पैंथर कार्यकर्त्ता क़तारबद्ध तैनात रहते हैं, कार व टैक्सी खड़ी रहती है। ढसाल हम दोनों-मैं और अनिल बर्वे–को ब्राह्मण कहते हुए हमारी सलाह को नकारते रहते हैं। ढसाल व्यंग्य में कहते हैं, "तुम लोग ऊँची जाति के हो। तुम लोगों को तो देवताओं का सोमरस चाहिए।" आंदोलन की एकता के खातिर मैं ढसाल के कटाक्षों को पीता रहता हूँ।

मैंने एक रोज़ बर्वे से पूछ लिया कि आख़िर ढसाल के पास इस अनाप-शनाप ख़र्च के लिए धन कहाँ से मिलता है? बर्वे सहमते हुए बतलाते हैं कि कांग्रेस का एक धड़ा ढसाल को पैसा देता है। कांग्रेस नेता एस.बी. चह्वाण चाहते हैं कि पैंथर आंदोलन के माध्यम से शिवसेना को कमज़ोर किया जाए। इसलिए ढसाल पर पैसा बहाया जा रहा है। बर्वे ने दूसरी बात यह भी बतलाई कि पैंथर आंदोलन के अन्य बड़े नेता भी चंदे का दुरुपयोग करते हैं।

यह सब जान-देखकर आंदोलन को लेकर जो छवि मेरे मन-मस्तिष्क पर अंकित हुई थी, वह तिड़क रही है। यह आंदोलन लम्बे समय तक जी सकेगा, इसका कोई

अ.भा. स्वरूप बनेगा, दलितों की ज़िन्दगी में यह गुणात्मक बदलाव ला सकेगा, इसे लेकर मेरे और साथियों में गहरी शंकाएँ पैदा हो रही हैं। बर्वे भी इसकी सफलता को लेकर आश्वस्त नहीं हैं। ढसाल के व्यक्तिवाद और फिसलनों का दंश इस आंदोलन को तबाह करने के लिए काफ़ी है।

इस यात्रा में मैं प्रसिद्ध कथाकार व वामपंथी प्रोफेसर जगदम्बाप्रसाद दीक्षित[1] से भी मिलता हूँ। सेंट जेवियर कॉलेज और जुहू बीच स्थित यूनिटी कंपाउंड निवास में उनके साथ कई बैठकें होती हैं। दीक्षित मुझे कोबाद गाँधी[2] से भी उनके वर्ली सी फेस स्थित घर में मिलवाते हैं। कोबाद लंदन से ताज़ा-ताज़ा लौटे हैं। पारसी परिवार के हैं। उदर रोगी हैं। कोबाद के साथ भी वार्ता के तीन-चार दौर चलते हैं। मुझे इनमें विशेष दम नज़र नहीं आता है। बड़े घर की संतान हैं। धीरे-धीरे वामपंथ की तरफ़ आ रहे हैं। मेरे लिए यही संतोष का विषय है।

बम्बई विश्वविद्यालय की प्राध्यापिका डॉ. बासंती रमण के यहाँ भी हम लोग एक रोज़ ठहरते हैं। यहाँ उन लोगों के साथ विचारों का आदान-प्रदान होता है जो बम्बई, थाणा, कल्याण और धूलिया क्षेत्रों में कार्यरत हैं। इन साथियों का ज़्यादातर काम भूमिगत है। ये श्रमिकों, दलितों और आदिवासियों को संगठित कर रहे हैं। इन वर्गों को संसदेतर राजनीति से लैस किया जा रहा है। बासंती के पति देवनाथन तो पहले से ही भूमिगत हैं। बासंती अपने पति की कार्यशैली से सहमत नहीं हैं। बासंती आकर्षक व्यक्तित्व की धनी होने के साथ-साथ एक उम्दा मेहमाननवाज़ भी हैं।

एक सप्ताह के पड़ाव के बाद मैं अपने साथियों के साथ दिल्ली लौट आया हूँ। अमृत नाहटा के प्रोजेक्ट पर फिर से काम शुरू कर दिया है। वैसे मैं उन्हें काफ़ी कुछ लिखकर दे भी चुका हूँ। उनकी योजना 1974 से फ़िल्म की शूटिंग लांच करने की है।

अमृत नाहटा का प्रोजेक्ट और फ्रीलासिंग, दोनों मेरे आर्थिक आधार हैं। काफ़ी किफ़ायत से मैं अपना जीवन चला रहा हूँ। ताई को भी मासिक मनीऑर्डर करना होता है। छोटे भाई सूरज की राजस्थान रोडवेज़ में नौकरी लग गई है। वह उदयपुर चला गया है। यह कच्ची नौकरी है, वेतन कम ही है। वह दसवीं तक पढ़ सका है। अपने पैरों पर खड़ा हो गया है। मेरे लिए यही संतोष की बात है। नौकरी दिलवाने में ओम भाई साहब ने मदद की थी। मेरा आर्थिक मोर्चा फ़िलहाल ठीक- ठाक है। इससे अधिक चाहिए भी नहीं।

मैं एक प्रयोग कर रहा हूँ। साथियों की अनुमति से स्वामी अग्निवेश के संगठन में घुसपैठ करने के लिए संघ के उपाध्यक्ष डॉ. महेन्द्र मधुप को जयपुर से रोहतक भेज रहा हूँ। स्वामी जी चाहते हैं कि हम लोग उनके साथ मिलकर काम करें। उनके पास पर्याप्त संसाधन हैं। उनके मुखपत्र 'राष्ट्रधर्म' का सम्पादन करें। वे इस कार्य के लिए प्रतिमास 250 रुपए देंगे। इसके अतिरिक्त मैं उनके साथ हरियाणा की यात्राएँ करूँ, युवाओं को संगठित करूँ, फ़रीदाबाद में श्रमिक संगठन स्थापित करूँ। स्वामी जी चाहते हैं कि मैं मार्क्सवाद का मंत्र परोक्ष रूप से किसानों में फूँकूँ। गुरुकुलों में फूँकूँ। वहाँ के विद्यार्थियों में भारतीय

---

1. 'मुर्दाघर' उपन्यास के चर्चित लेखक व पीपुल्स पॉवर के सम्पादक।
2. बाद में माओवादियों के प्रसिद्ध सिद्धांतकार, लम्बे समय तक भूमिगत और बाद में तिहाड़ जेल में।

ढंग से चेतना पैदा करूँ। इस कार्य के लिए 'राष्ट्रधर्म' का उपयोग किया जा सकता है। मैं डॉ. मधुप को भावी रणनीति के तहत पूरी तौर से समझा कर रोहतक भेज देता हूँ। स्वामी जी का मुख्यालय रोहतक में है। मैं भी दिल्ली से रोहतक आता-जाता रहता हूँ।

इधर मेरा दिल्ली-कलकत्ता-दिल्ली आना-जाना लगा रहता है। फणी बागची से मेरे मतभेद बढ़ रहे हैं। फिर भी 1973 में लखनऊ पहुँच कर मैं और अशोक चक्रवर्ती 'चुनाव बहिष्कार' का नारा लगाते हैं। विधानसभा भवन के प्रेस रूप में ही हम दोनों प्रेस को सम्बोधित करते हैं। चुनाव बहिष्कार के माध्यम से हम लोग संसदीय व्यवस्था के खिलाफ़ जनता में अलख जगाते हैं। चुनाव बहिष्कार के पर्चे बाँटते हैं। प्रेस कांफ्रेंस के बाद कॉफी हाउस में जनसंघ के उभरते सितारे सुब्रह्मण्यम स्वामी से मुलाक़ात होती है। वे जमकर वामपंथ, साम्यवाद, सोवियत संघ को गरियाते हैं। लेकिन हम दोनों उन्हें घेर भी लेते हैं। निरुत्तर कर देते हैं। अशोक तो स्वयं एल.एस.ई. से हैं, तो वह विलायती तर्ज़ की अँगरेज़ी में जनसंघ के इस ताज़ा घोड़े को खासा हिनहिना भी देते हैं।

मेरे पुराने पत्रकार साथी अशोक निगम ने बताया है कि मैं लखनऊ से तुरंत निकल जाऊँ। पुलिस हम दोनों को तलाश रही है। हम तुरंत ही बस पकड़ कर उन्नाव पहुँच गए हैं। चारू मजूमदार के साथी शिवकुमार मिश्र से मिलने के लिए उनके घर जाते हैं। वे पॉलिट ब्यूरो के सदस्य भी रह चुके हैं। लम्बे समय तक भूमिगत भी थे।

वे बैठक में अपने चंद युवा साथियों से घिरे हुए राजनीतिक चर्चा में व्यस्त हैं। हम दोनों अपना परिचय देते हैं। वे हमारे संगठन और नामों से परिचित हैं। चुनाव बहिष्कार की ख़बर भी उन तक पहुँच चुकी है। वे हमारे नारे से सहमत हैं, लेकिन इसे अंतिम उपाय नहीं मानते। वे चारू मजूमदार की 'व्यक्तिगत सफ़ाया' (Individual Annihilation) की लाइन से भी असहमत हैं। मुख्य मुद्दा यह है कि 'संसदीय व्यवस्था' से जनता का मोह भंग कैसे किया जाए? भूमिगत पार्टी के कई टुकड़े हो चुके हैं, सशस्त्र क्रान्ति के प्रति आकर्षण घट रहा है, विस्तार नहीं हो रहा है। ठहराव आ गया है। दूसरी तरफ़ परम्परागत कम्युनिस्ट पार्टियों में लोगों की आस्था यथावत् है। इनके अपने-अपने प्रभाव क्षेत्र कम-ज़्यादा होते रहते हैं। इनकी लोकप्रियता से इनकार नहीं किया जा सकता।

इधर संघ की तरफ़ से नया नारा लगाया गया है-"बत्तीस हज़ार नक्सल पंथियों को रिहा करो।" इस नारे के माध्यम से हम युवाओं को गोलबंद करने की कोशिश करते हैं। मैं जयपुर, अलीगढ़, मथुरा, आगरा, भरतपुर, बीकानेर, अलवर, कोटा, कलकत्ता सहित कई शहरों में जाता हूँ। अहमदाबाद के नव भारत निर्माण आंदोलन के बाद, जयप्रकाश नारायण उर्फ़ जेपी के आंदोलन 'मुसहरी किसान आंदोलन' और 'सम्पूर्ण क्रान्ति' आंदोलन की लहरें उत्तर-भारत में हिलोरें लेने लगी हैं। इन्दिरा गाँधी की 'पाकिस्तान विभाजन' और 'बाँग्ला देश निर्माण' की ज़मा पूँजी तेज़ी से चुकती जा रही है। उनकी छवि को गहन लगने लगा है। कांग्रेस के ही युवा तुर्क नेता चन्द्रशेखर, कृष्णकांत, मोहन धारिया, अमृत नाहटा आदि ने प्रधानमंत्री के विरुद्ध आवाज़ उठाना शुरू कर दिया है। ये लोग इन्दिरा गाँधी पर जेपी के साथ सुलह के लिए दबाव डाल रहे हैं। देश में सक्रिय सोवियत समर्थक लॉबी जेपी की क्रान्ति को 'सीआईए प्रायोजित' बतला रही है। भारत में विभिन्न राजनीतिक व बौद्धिक शक्तियों के माध्यम से सीआईए बनाम केजी.बी. की प्रॉक्सी जंग लड़ी जा

रही है। भारत शीतयुद्ध का क्षेत्र बन चुका है। सीपाई (एम.एल.) की लाइन है–'रूसी सामाजिक साम्राज्यवाद' विश्व जनता का दुश्मन नम्बर एक है, दूसरे स्थान पर अमेरिका है। अब अमेरिका पतनोन्मुख साम्राज्यवादी शक्ति है जबकि रूस उत्थानोन्मुख है। मैं इस फारर्म्यूलेशन से असहमत हूँ। मैं इस लाइन को भी खारिज कर देता हूँ कि 'चीनी अध्यक्ष (माओ) हमारा अध्यक्ष' है। मेरा प्रतितर्क है कि अमेरिकी साम्राज्यवाद उस समय तक 'प्रथम दुश्मन' या 'मुख्य अन्तर्विरोध' रहेगा जब तक कि पूँजीवादी व्यवस्था स्वयं क्षीण नहीं पड़ जाती है। आज पूँजी के साथ-साथ 'शस्त्र शक्ति' भी उतनी ही महत्त्वपूर्ण है। पूँजी और शस्त्र, दोनों ही दृष्टियों से अमेरिका सोवियत संघ से कहीं अधिक शक्तिशाली है। अमेरिका और चीन के सम्बन्ध भी सुधर रहे हैं। इसलिए चीनी कम्युनिस्ट पार्टी का पिछलग्गू बनना ग़ैर-मार्क्सवादी व अवैज्ञानिक लाइन होगी। अत: हमारी पार्टी का अध्यक्ष या भारतीय जनता का अध्यक्ष माओ नहीं, कोई भारतीय ही होगा। लेकिन माओत्सेतुंग हमारी प्रथम पंक्ति के श्रद्धेय क्रान्तिकारी नेता ज़रूर रहेंगे। मेरी इस सोच का काफ़ी विरोध है। इस समझ को बुर्जुआ पत्रकार की समझ कहा जा रहा है!

मैंने और मेरे साथियों ने बत्तीस हज़ार नक्सलपंथी राजनीतिक बंदियों की रिहाई की मुहिम तेज़ कर दी है। स्वामी अग्निवेश, इब्बार रब्बी, अशोक चक्रवर्ती, आनन्द स्वरूप वर्मा सहित अनेक लेखक-कवि, पत्रकारगण भी इस माँग का समर्थन कर रहे हैं। जवाहरलाल नेहरू विश्वविद्यालय छात्रसंघ के नेता आनन्द कुमार[1] भी अपना समर्थन इस मुहिम को देने लगे हैं।

गाँधी शांति प्रतिष्ठान में जे.पी. की बैठक है। मैं और मेरे साथी सभा में मौजूद हैं। आनन्द कुमार भी अपने विद्यार्थियों के साथ पहुँचे हुए हैं। इस सभा में जे.पी. आंदोलन का माँग पत्र तैयार किया जा रहा है। वे अपने वरिष्ठ साथियों के साथ मंच पर बैठे हुए हैं, कभी सहमति या असहमति में सिर हिलाते रहते हैं। जब माँग पत्र अपने अंतिम चरण में पहुँच रहा है तब मैं और आनन्द कुमार मंच पर चढ़ गए हैं। आनन्द कुमार राजनीतिक बंदियों की रिहाई के पक्ष में प्रभावशाली भाषण देते हैं। फिर मैं 32 हज़ार राजनीतिक बंदियों की रिहाई की माँग को माँग पत्र में शामिल करने पर दबाव डालता हूँ। हम लोगों के पक्ष में आवाज़ उठने लगती है। सभा का माहौल हमारे अनुकूल हो गया है। कुछ गाँधीवादी व संघी हमारी माँग का यह कर विरोध करते हैं कि ये राजनीतिक बंदी हिंसावादी हैं। नक्सलवादी हैं। इनकी रिहाई की माँग का समर्थन नहीं किया जाना चाहिए। हम दोनों ने भी पंचम स्वर में नारे लगाना शुरू कर दिया है। सभा का वातावरण तनावपूर्ण हो गया है।

अन्तत: जे.पी. अपने साथियों के सहारे से खड़े होते हैं। वे सभा को शांत करते। हम दोनों को बैठ जाने के लिए कहते हैं। हम मंच पर ही बैठ गए हैं। फिर अपने संक्षिप्त हस्तक्षेप में जेपी कहते हैं, नक्सलवादी बंदी गुमराह हैं लेकिन क्रान्तिकारी हैं। उनके उद्देश्य ठीक हैं, मार्ग ग़लत है। फिर भी हम चाहते हैं कि इन राजनीतिक बंदियों को जेलों से रिहा किया जाए। माँग पत्र में इस माँग को शामिल करना चाहिए।

तालियों से सभागार गूँज जाता है। हम दोनों विजयी की मुद्रा में मंच से नीचे उतर आए हैं। हमारा मिशन सफल हुआ। वैसे मुझे उम्मीद नहीं थी कि जेपी जैसे राष्ट्रीय स्तर

1. प्रो. आनन्द कुमार जे.एन.यू. के पूर्व प्रोफेसर और 'आप पार्टी' के नेता।

के राजनेता हम दो युवाओं या कहें 'राजनीतिक छोकरों' की माँग को इतनी आसानी से स्वीकार कर लेंगे! क्योंकि उनकी राजनीति और हमारी राजनीति में बुनियादी अन्तर है। यद्यपि आनन्द कुमार मूलतः समाजवादी व गाँधीवादी हैं। लेकिन जिन राजनीतिक बंदियों की मुक्ति की माँग को उन्होंने अपना समर्थन दिया है, वे तो खाटी मार्क्सवादी-लेनिनवादी हैं। इतना ही नहीं, वे सशस्त्र क्रान्ति के हिमायती भी हैं। फिर भी जयप्रकाश जी की महानता को नमन!

यदि एक पूर्णकालिक राजनीतिक कार्यकर्त्ता अपनी जीवन-शैली व कार्यशैली में ईमानदार है तो उसे सतत् आत्मसंघर्ष करना पड़ता है। कम्युनिस्ट कार्यकर्त्ता की तो स्थिति और भी विशेष हो जाती है, क्योंकि कई निषेधों, संयमों और नियंत्रणों के आत्म बेरिकेड उसके सामने होते हैं। 'एक अच्छा कम्युनिस्ट कैसे बने?', यह सवाल उसके जीवन में अंकुश की भूमिका निभाता है। सर्वप्रथम पूर्णकालिक एक्टिविस्ट को अपना अहंकार मारना चाहिए। उसमें 'ईगो' तो रहे, लेकिन वह जन को समर्पित रहे। 'व्यक्तिवाद' सामाजिक जीवन का सबसे बड़ा शत्रु होता है। स्वयं को सामूहिकता के प्रति समर्पित करना या स्वयं को उसके वशीभूत करना, एक बड़ी जंग जीतने के समान है। यह भी वर्ग संघर्ष का ही एक रूप है।

मार्क्सवाद-लेनिनवाद पढ़ने का यह कतई अर्थ नहीं है कि कम्युनिस्ट कार्यकर्त्ता 'डीक्लास' हो चुका है। साधु-संन्यासियों-अघोरियों का भी कोई वर्ग नहीं होता है। वानप्रस्थियों को भी वर्ण-वर्ग मुक्त कहा जा सकता है। घुमंतू जातियों के कौन से वर्ग होते हैं? जनजातियाँ को भी लगभग वर्ग मुक्त कहा जाएगा। इन्हें 'डीक्लास' होने की ज़रूरत नहीं है। लेकिन ये सभी लोग भाववादी या मनोगत ढंग से ही 'वर्ग मुक्त' रहते हैं, वस्तुगत ढंग से न नहीं होते हैं।

पर जब कम्युनिस्ट संदर्भ में इस शब्द का प्रयोग किया जाएगा तो इससे गुणात्मक परिवर्तन का संदेश प्रतिध्वनित होगा। जहाँ बुर्जुआ को 'डीक्लास' अनिवार्य रूप से होना पड़ता है, वहीं ग़रीब, श्रमिक और किसानों को भी डीक्लास या वर्ग मुक्त करना पड़ता है। अर्थात् परम्परागत वर्गों के सदस्यों को वर्गहीन समाज की स्थापना के लिए क्रान्तिकारी चेतना से लैस होना चाहिए। ग़रीब या श्रमिक या किसान होने का यह अर्थ बिल्कुल नहीं है कि आप स्वतः ही कम्युनिस्ट क्रान्तिकारी बन जाते हैं। मार्क्सवाद-लेनिनवाद आपको वैज्ञानिक ढंग से वर्ग मुक्त करता है।

सारतत्त्व यह है कि वर्ग मुक्त होने का अर्थ है एक दीर्घ प्रसव काल से गुज़रना, फिर नया जन्म लेना। डीक्लास तभी संभव है जब जेनुइन रूप से व्यक्ति का मस्तिष्कान्तरण हो जाए। जब मस्तिष्क बदलता है तो काया तो स्वत ही बदलेगी, और इसके साथ जीवन-शैली भी। मस्तिष्क यानी विचार ही तो काया का सारथी होता है!

मैं इस आंदोलन में अपने जातिगत व वर्गगत (ब्राह्मण व निम्न मध्यवर्ग) एवं व्यावसायिक (पत्रकारिता) गुण-दोष और पूर्वाग्रहों को लपेटे हुए आया हूँ। ये पूर्वाग्रह धीरे-धीरे टूटते भी जा रहे हैं। स्वयं को डीक्लास करने के लिए मैं दलित साथियों के परिवारों में रहता हूँ। वाल्मीकियों की बस्तियों में मार्क्सवाद की अध्ययन क्लास लेता हूँ। स्वयं को डीक्लास करना है, इसकी धुन मुझ पर सवार है। इस

धुन के चक्कर में एक दफ़ा जान जाती-जाती बची भी। इसका रोचक अनुभव मार्के का है।

घटना यूँ है। मैं और अशोक चक्रवर्ती शाहदरा की वाल्मीकि बस्ती में बारी-बारी से अध्ययन क्लास लेते थे। एक रोज़ बस्ती वालों ने हम दोनों को लड़की की शादी का निमंत्रण दिया। दोनों ही अगले सप्ताह शादी की दावत में शामिल हो गए। दावत में सुअर का गोश्त परोसा गया। यह बेहद लज़ीज़ बना था, मोटी-चौड़ी रोटियाँ भी साथ में परोसी गईं। रोटियाँ भी डालडा घी में तर थीं। हम दोनों पंगत में बैठ गए। परोसने वाले बोलते रहे, "कॉमरेड और लो...और लो।", हम गोश्त और रोटियाँ डकारते रहे ताकि हमारा अधिकाधिक 'डी-क्लासीकरण' हो सके! मैंने तो जीवन में पहली दफ़ा सुअर का गोश्त खाया था। अशोक ज़रूर लंदन में हाई क्वालिटी का हैम (सुअर मांस) खाता रहा है। लेकिन सर्वहाराओं की कढ़ाई में पका ऐसा मांस उसने भी पहली बार खाया।

हम लोगों का डी-क्लासीकरण कितना हुआ, यह तो मैं नहीं कह सकता। लेकिन इतना ज़रूर कह सकता हूँ कि मैं और अशोक, दोनों ही चारपाई के प्यारे बन गए और डॉक्टर के चक्कर लगाते रहे। दस-बारह दिन के उपचार के बाद ही मैं वाल्मीकि बस्ती में जा सका। साथियों ने जब मेरा हाल जाना तो वे काफ़ी दुखी हुए।

समय-बेसमय और अटपटा खाना खाने से मेरा पेट गड़बड़ रहने लगा है। पेट में छाले पड़ गए हैं। खून भी थूक के साथ तीन-चार दफ़े बाहर आया। देसी और अँगरेज़ी दोनों प्रकार की दवाइयाँ लेने लगा हूँ। जब कभी ठीक-ठाक खाने की इच्छा होती है तो इब्बार रब्बी, शोभना भूटानी, पंकज बिष्ट, पारथो मजूमदार जैसे मित्रों के यहाँ धावा बोल देता हूँ। बुर्जुआ लंच-डिनर ले लेता हूँ। साथ में दो-तीन पैग भी जमा लेता हूँ। पर मैं दारू और धूमपान की लत से सुरक्षित हूँ। मैं इनके बजाय कढ़ाई का 'कुल्हड़ फोड़ दूध' पीना पसंद करता हूँ! चार-पाँच आने का पाव भर दूध मिल जाता है, मलाई का तड़का अलग से। साथी लोग मेरी इस आदत को 'बुर्जुआ प्रवृत्ति' कह कर मेरा मज़ाक़ भी उड़ाते हैं, "अरे भाई, हमारा चेयरमैन (अध्यक्ष) पंडित है, दूध-मलाई तो खाएगा ही!" जवाब में मेरा तर्क होता है,

"तुम्हारी देसी या अँगरेज़ी दारू और सिगरेट से तो एक पाव दूध सस्ता रहता है!" साथी लोग कहाँ चुप रहने वाले है,

"सो तो ठीक है। गाँधी जी भी बकरी का दूध पिया करते थे। मेवा खाया करती थी उनकी बकरी।" बौद्धिक बहसों के बीच इस प्रकार के हास-परिहास सहरा में शीतल जल का जज़ीरा होते हैं!

हम लोगों में मतभेद बढ़ते जा रहे हैं। बंगाल के साथियों के साथ निभाना मुश्किल हो रहा है। मैं उनका अंधानुकरण करने के लिए बिल्कुल तैयार नहीं हूँ। मैं भारतीय वस्तुगत स्थितियों को ध्यान में रख कर संघ के कार्य को आगे बढ़ाना चाहता हूँ। जम्मू-कश्मीर के वरिष्ठ मार्क्सवादी नेता कामरेड रामप्यारा सर्राफ़ से भेंट हुई। दिल्ली विश्वविद्यालय में उनके कुछ लोग सक्रिय हैं जिसके नेता नीलाम्बर पाण्डेय हैं। ये लोग चाहते हैं कि हम उनके साथ मिल जाएँ। बिहार के सत्यनारायण सिंह के घटक के लोग भी हम लोगों को अपने साथ

मिलाना चाहते हैं। कलकत्ता में एक नहीं, कई झिंझी गुट हैं। सभी स्वयं को चौबीस कैरट के टकसाली क्रान्तिकारी मानते हैं। सभी के अपने-अपने घोषणा-पत्र हैं। गोया कि वे 1848 के कम्युनिस्ट घोषणा-पत्र के एक मात्र वारिस हैं! इस पृष्ठभूमि में हम लोगों के बीच खींच-तान मची हुई है। संघ चौराहे पर खड़ा है!

1972 में कामरेड रामआसरे वर्मा के नेतृत्व में विभाजित घटक अ.भा. क्रान्तिकारी युवा मोर्चा भी उखड़ा हुआ लग रहा है। एक रोज़ बंगाली मार्केट में साथी वर्मा मुझसे टकरा गए। दोनों सप्रू हाउस साथ-साथ गए और कैंटीन में चाय पर विचारों का आदान-प्रदान करने लगे। उन्होंने स्वीकार किया कि पैसे के लालच में आकर उन्होंने क्रान्तिकारी पातों को विभाजित किया और चरण शाण्डिल्य के कहने पर मोर्चा बनाया। शाण्डिल्य मोहन नगर के मोहन मैकिंग्स का एजेंट है। धनपति है और महत्वाकांक्षी है। वर्मा ने यह भी कहा कि शाण्डिल्य ने उन्हें सौ...सौ की दो गड्डियाँ दीं। उन्होंने अपने जीवन में कभी सौ रुपए का नोट नहीं देखा था। इसलिए वे लोग लोभ के शिकार हो गए और शाण्डिल्य को मोर्चा का महामंत्री बनाना पड़ा। एक वर्ष बाद यह राज़ खुला!

मेरे कानों से ये ख़बरें भी टकरा रही हैं कि नक्सलबाड़ी आंदोलन और इससे जुड़े विभिन्न जन संगठनों में सरकारी गुप्तचर एजेंसियों के साथ-साथ सीआईए की भी गहरी घुसपैठ हो चुकी है। आंदोलन को क्रान्ति की राह से भटकाने के हर संभव प्रयास किए जा रहे हैं। इस समय हम लोगों में परस्पर संदेह का वातावरण बना हुआ है। हम एक-दूसरे को रॉ या सीआईए का एजेंट मानते हैं या हिसाब-किताब चुकता करने या नेतृत्व हथियाने के लिए अपने प्रतिस्पर्धी को बड़ी बारीकी से आईबी या रॉ या सीआईए का एजेंट घोषित करा देते हैं। यह छद्म युद्ध हम वामपंथी एक्टिविस्टों के लिए घातक सिद्ध हो रहा है। हमारे हमदर्द घटते जा रहे हैं, या विभाजित हो रहे हैं। इधर मेरी फ्रिलॉसिंग ठप-सी है, क्योंकि मेरे लेखन में वैचारिक प्रतिबद्धता तेज़ी से मुखरित होने लगी है। मुझे छापने से कई सम्पादक संकोच करने लगे हैं। नवभारत टाइम्स और साप्ताहिक हिन्दुस्तान ज़रूर यदा-कदा छाप देते हैं। मैं पूर्णकालिक मार्क्सवादी कार्यकर्त्ता बन गया हूँ इसलिए रघुवीर सहाय जी नाराज़ हैं। सर्वेश्वरदयाल सक्सेना जी की हमदर्दी ज़रूर मेरे साथ रहती है। जब सम्पादक अवकाश पर होते हैं तब सर्वेश्वर जी मुझसे ज़रूर लिखा लेते हैं।

संघ की राजनीति और अध्यक्ष पद को लेकर मेरे दिमाग़ में घमासान मचा हुआ है। अब ठहराव आ गया है। दुविधाग्रस्त हूँ कि मैं संघ में रहूँ या अलग हो जाऊँ! मुझे भविष्य में इसकी उपयोगिता दिखाई नहीं दे रही है। राजनीतिक पार्टी के समर्थन के बग़ैर कोई भी जनसंगठन लम्बे समय तक प्रभावशाली भूमिका नहीं निभा सकता। मेरा यह मत है। भूमिगत राजनीति के बिखराव का दौर चल रहा है। अत: संघ किस घटक के साथ स्वयं को जोड़े, इस प्रश्न का कोई माकूल ज़वाब हम लोग तलाश नहीं सके हैं। मैं और मेरे साथी अँधेरे में भटक रहे हैं।

मैं अपने क़रीबी साथियों के साथ विचार-विमर्श करता हूँ। अन्त में मैं संघ को छोड़ने का निर्णय लेता हूँ। मैं अपने कुछ साथियों के सहयोग से सीपीएम की दिल्ली कमेटी के सचिव कामरेड मेजर जयपाल सिंह से मिलता हूँ। हम दोनों के बीच बातचीत के तीन-चार दौर चलते हैं। कामरेड जयपाल सिंह विट्ठल भाई पटेल भवन में रहते हैं।

कामरेड सिंह के घर में हुई एक मुलाक़ात में प्रकाश करात[1] को भी बुलाया जाता है। हम तीनों खुल कर चर्चा करते हैं। इस बैठक के पश्चात् मुझे पार्टी में पूर्ण कालिक कार्यकर्त्ता के रूप में स्वीकार कर लिया जाता है। मेरी मासिक वेज़ (वेतन) 150 रुपए तय की जाती है। मेरी इच्छा के अनुसार मुझे दिल्ली नगर निगम के कर्मचारियों की लाल झंडा यूनियन में काम करने के लिए भेजा गया। इस यूनियन के अध्यक्ष कामरेड चाचा शादीराम हैं, ठेठ सर्वहारा वर्ग के। सीपीएम में प्रवेश (1974) के साथ ही भूमिगत राजनीति व घटकों से मेरा संगठनात्मक सम्बन्ध समाप्त हो गया है।

इस यूनियन का दफ़्तर चाँदनी चौक की पराठे वाली गली के ऊपर है। मुझे यूनियन में कामरेड कृष्णन के स्थान पर पार्टी इकाई का सचिव बना दिया गया है। कामरेड कृष्णन का तबादला केरल पार्टी में कर दिया गया है। सीपीएम में आने से पहले कृष्णन आर्मी में कैप्टन थे। सेना से मुक्ति लेकर पार्टी में सक्रिय हुए थे। कृष्णन केरल के ही रहने वाले हैं। वे अपने गृह राज्य लौटना चाहते हैं। दिल्ली में भाषा के कारण वे प्रभावशाली ढंग से कार्य नहीं कर पा रहे थे।

पार्टी के जनसंगठनों में रानजीतिक इकाई का सचिव काफ़ी महत्त्वपूर्ण होता है। वह जनसंगठन को राजनीतिक रूप से पटरी पर रखने का काम करता है। अत: एक प्रकार से मैं यूनियन के कार्यकलापों का राजनीतिक पर्यवेक्षक या कमीसार हूँ। मज़दूरों की समस्याओं एवं माँगों को लेकर यूनियन और निगम अधिकारियों के बीच होने वाली वार्ताओं में मैं हिस्सा लेता हूँ। दोपहर में मैं मज़दूर साथियों की गेट-सभाएँ लेता हूँ। उनके साथ ही मैं खाना खा लेता हूँ। शाम को यूनियन कार्यालय में बैठकर मज़दूर साथियों से मिलता हूँ। उनके प्रार्थनापत्र तैयार किए जाते हैं, शिकायतें लिखी जाती हैं, माँग पत्र तैयार किए जाते हैं। रात्रि के क़रीब दस बजे तक यह सिलसिला चलता रहता है। ज़रूरत हुई तो मैं कार्यालय में ही मेज़ पर सो जाता हूँ।

मेरे कहने पर यूनियन ने एक मासिक पत्र 'नई दिशा' निकालने का फ़ैसला किया है। इस पत्र के प्रधान सम्पादक चाचा शादीराम हैं, और मैं सम्पादक। यूनियन में पार्टी इकाई का सचिव बनने के बाद मेरी सक्रियता बढ़ गई है। मुझे दिल्ली की चारों दिशाओं में घूमना पड़ता है। नगर निगम के जल कर्मचारियों को सम्बोधित करता हूँ, टाउन हॉल में भी मीटिंग लेता हूँ। धरना, प्रदर्शन, जुलूस, हड़ताल, नारेबाजी, पोस्टरबाजी आदि की तैयारियाँ मुझे लगातार घेरे रहती हैं। सप्ताह में दो-तीन बार विट्ठल भाई स्थित पार्टी कार्यालय में जाकर कामरेड जयपाल सिंह को यूनियन की गतिविधियों की जानकारी भी दे दी जाती है।[2]

पूर्णकालिक वामपंथी राजनीतिक कार्यकर्त्ता के अध्याय को समापत करते हुए जब मैं अपनी इस छोटी-सी यात्रा (1972-75) के अनुभवों का पुनरावलोकन करता हूँ तो मैं स्वयं को कठघरे में खड़ा पाता हूँ। इसके चंद ठोस कारण हैं। सर्वप्रथम, मैं पुख़्ता मानसिक

1. बाद में प्रकाश करात को कामरेड सुरजीत सिंह के निधन के पश्चात् पार्टी का महासचिव बनाया जाता है।
2. विस्तार के लिए देखें : 'एक सांस्कृतिक कमिसार की आत्मस्वीकृतियाँ' परिशिष्ट दो।

व आर्थिक तैयारियों के बग़ैर ही इस टेढ़ी-मेढ़ी दुर्गम यात्रा पर निकल पड़ा; मेरी समझ अधकचरी ही थी; व्यावहारिक राजनीत का मुझे कतई अनुभव नहीं था; दूसरा, मेरा अनुभव है कि राजनीति दक्षिणपंथी रहे या वामपंथी, संसदीय रहे या संसदेतर, यदि आर्थिक रूप से आप पार्टी पर आश्रित हैं, तो समर्थ नेतृत्व आपका दोहन करेगा, वैचारिक स्वतंत्रता को दबाना पड़ेगा; तीन, मध्यवर्गीय हमदर्दों की सनकों को झेलना पड़ेगा, सहयोग के लिए मनुहारें करनी पड़ेंगी और प्राय: उपहास-पात्र भी बनना पड़ेगा; चार, पारिवारिक उत्तरदायित्वों के प्रति उदासीनता शेष रहेगी; पाँच, संवेदनशील से कहीं अधिक यांत्रिक बनने की ज़रूरत है; छह, जुनून, निर्ममता, कठोरता, गिरगिटी प्रकृत्ति, तीव्र घृणा और नपा-तुला प्यार आपके गुण होने चाहिए; सात, वैयक्तिक लड़ाई को वैचारिक या सामूहिक तथा सामूहिक लड़ाई को वैयक्तिक या भावनात्मक लड़ाइयों में बदलने की कला; आठ, दूरदृष्टि एवं रणनीति का कौशल; नौ, बहुरंगी सम्पर्क व दोहन कला में महारत; और दस, भाषा व भाषण की ज़ादूगीरी!

मैं इन दस बिंदुओं के अनुभवों की पृष्ठभूमि में एक तटस्थ परीक्षक के रूप में स्वयं को 4 अंकों से ज़्यादा नहीं दे सकूँगा। वास्तव में, व्यावहारिक राजनीति एवं युद्ध क्षेत्र में ईमानदारी व प्रतिबद्धता निर्णायक विजय के लिए अपरिहार्य शस्त्र नहीं होते हैं। इन्हें महत्त्वपूर्ण ज़रूर कहा जा सकता है। किताबी थ्योरियों से ज़मीनी राजनीति करना मुमकिन नहीं है। बल्कि ज़मीनी राजनीति को खुर्राट व्यावहारिक सिद्धांतकार की ज़रूरत होती है।

इस यात्रा पर पूर्ण विराम लगाते समय मैं स्वयं को पूर्णत: रीता भी अनुभव नहीं करता हूँ। मैंने इस यात्रा से कम समय में काफ़ी कुछ प्राप्त भी किया है; मार्क्सवाद ने मुझे पहचान दिलाई; समाज में विशिष्टता प्रदान की और आदर-सम्मान का अधिकारी बनाया; वैज्ञानिक सोच से लैस किया, एवं समाज व राजसत्ता की गतिकी को जाना; विश्लेषणात्मक लेखन शुरू किया; और निर्भीक बनाया। इससे अधिक और क्या उपलब्धियाँ हो सकती हैं इस पचास महीनों की यात्रा में? हानि-लाभ की भाषा में इस यात्रा को 'न्यूनतम व सुरक्षित निवेश और अधिकतम लाभ अर्जन' से परिभाषित किया जा सकता है। भारत के औसत निम्न बुर्जुआ की यही फ़ितरत है, और नियति भी!

बस्तर से वापसी : अभागों की दुनिया, सुखदा-ऐन का निर्गम, इन्दिरा गाँधी का अवसान!

जगदलपुर से दिल्ली का सफ़र बेरोकटोक तय कर लिया। बस्तर ज़िलाधीश प्रदीप बैजल का पूर्व आश्वासन सही निकला, पुलिस ने कहीं पूछताँछ नहीं की और दिल्ली वापसी सुरक्षित रही। वैसे आशंका ज़रूर थी कि कहीं मार्ग में या पालम हवाई अड्डे पर मुझे पुलिस गिरफ़्तार न कर ले! नौकरशाही का क्या भरोसा! वो शासक वर्ग के हुकुम की बेगम होती है, उसे अपनी खाल बचानी होती है। नौकरशाह अपने हित-अहित को ध्यान में रख कर सम्बन्ध निभाते हैं और कार्रवाई करते हैं। इसका पुख़्ता एहसास बैजल साहब ने मुझे अघोषित ज़िला-निष्कासन से जगदलपुर में ही करा दिया था। यह सही है कि मुझे जेल में नहीं ठूँसा गया लेकिन इसकी तलवार सिर पर ज़रूर लटकती रही। यदि मैं बस्तर निष्कासन से इनकार करता तो जगदलपुर या दंतेवाड़ा लॉकअप या रायपुर जेल में बेहिचक ठूँस दिया जाता। जेल में कब तक सड़ता रहता, कौन जानता है! आशंकाओं के बावजूद और सुरक्षित निष्कासन के लिए मैं डॉ. बी.डी. शर्मा, प्रदीप बैजल और संजीव दुग्गल का आभारी रहूँगा।

मैं दिल्ली लौट तो आया लेकिन त्रिशंकु भी बन गया; न रहने का ठिकाना; न कोई काम-धंधा; लाल झण्डा यूनियन में लौटने की मानसिक तैयारी भी नहीं की और इन सबसे कहीं सघन है प्रेम-पीड़ा। अक़सर रोज़ ही सुखदा के ख़त का इंतज़ार मुझे रहता है। चौथे-पाँचवें दशक की हिन्दी फ़िल्मों के नायक- नायिकाओं की तर्ज़ में 'डाकिया पाती लाएगा' की गुनगुनाहट होठों पर रहती है। शाम से प्रेम-वेदना का दंश शुरू हो जाता है, और दिन में कहीं ठिकाना लग जाए, आर्थिक चिंता से मुक्ति मिले, इसके लिए भागदौड़ लगी रहती है। बस्तर की जमापूँजी धीरे-धीरे विपन्न होने लगी है।

हुआ यह कि मेरे पीछे से जहाँ राउज एवेन्यू में मैं रहता था, प्रति मास 80 रुपए किराया भेजा करता था, वहाँ पुलिस ने मकान मालिक से पूछताछ की। चूँकि वे सरकारी अधिकारी थे, रिटायरमेंट की कगार पर खड़े थे, इसलिए वे कोई लफड़ा नहीं चाहते थे। बस्तर से लौटने के चंद रोज़ बाद उनका अनुरोध था कि मैं आउट हाउस खाली कर दूँ। चूँकि उनका बेटा मेरा मित्र था, अधिकारी मित्तल और उनके परिवार का व्यवहार भी मेरे प्रति स्नेहपूर्ण रहा है इसलिए अल्प नोटिस पर कमरा खाली करने का मैंने निर्णय लिया है। पर दिक्क़त यह है कि कहाँ शिफ्ट करूँ? किताबें, शोध सामग्री, अख़बारी कतरने मेरे साथ हैं, इनके लिए भी पर्याप्त स्पेस चाहिए। एक और परेशानी भी है। नियमित किराया देने की स्थिति

भी मेरी नहीं थी। उधर ताई को भी कुछ रुपए भेजने होते हैं। सो मैं डेरा, रोटी-रोज़ी और प्रेम-पीड़ा के भँवर में बुरी तरह फँसता जा रहा हूँ।

देश में राजनीतिक अनिश्चितता का माहौल है। संजय गाँधी का दबदबा अब भी है। उन्हें ही इन्दिरा गाँधी का वारिस माना जाता है। उनके इशारों पर पार्टी और सरकारी नौकरशाही चलती है। उनकी बस्तर यात्रा हो चुकी थी, साथ में पत्नी मेनका गाँधी भी थीं। सुर्ख़ियों में उनकी बस्तर-यात्रा रही। उनकी यह पहली यात्रा थी, इसलिए प्रचार भी जोरों पर हुआ। अख़बारों और आकाशवाणी व दूरदर्शन पर आदिवासियों के साथ उनका सजावटी अपनापा छाया रहा। संजय दम्पति को आदिवासियों का मसीहा चित्रित किया गया। सूचना-प्रसारण मंत्री विद्याचरण शुक्ल उर्फ़ वीसी संजय गाँधी दरबार के ख़ासमख़ास दरबारी हैं, इसलिए प्रेस और सरकारी मीडिया के फोकस में युवराज गाँधी रहा करते हैं।

यह तो तय कि इमरजेंसी के बोझ को प्रधानमंत्री इन्दिरा गाँधी और अधिक ढोह नहीं सकेंगी। उन्हें इसी वर्ष चुनाव कराने पड़ेंगे। शहरी भारत में असंतोष बढ़ने लगा है। प्रेस-सेंसरशिप के ख़िलाफ़ आवाज़ उठने लगी है। इन्दिरा जी के शुरुआती समर्थक पत्रकार-सम्पादक भी उनसे खिन्न होने लगे हैं। अख़बारी प्रतिष्ठानों में फुसफुसाहट होने लगी है। सम्पादकीय विभागों में सरकार-विरोधी माहौल बनने लगा है। यहाँ तक कि अरुणा आसफ अली के लिंक हाउस से निकलने वाली पत्र-पत्रिकाओं (प्रेट्रीयट, लिंक आदि) में भी सधी भाषा में आलोचनाएँ शुरू हो गई हैं। साप्ताहिक लिंक मुझे कभी-कभार छाप दिया करता है। लिंक के सम्पादक वेणु राव और सह-सम्पादक पारथो मज़मूदार का इमरजेंसी से मोहभंग हो चुका है। इन दोनों के साथ मेरी काफ़ी घुटा करती है। इनमें प्रकाशित आलेखों से कुछ पारिश्रमिक भी मिल जाया करता है। वैसे दिनमान, नवभारत टाइम्स, साप्ताहिक हिन्दुस्तान में प्राय: लिख दिया करता हूँ। इससे ही गुज़ारा चल रहा है। यहाँ इतना संकेत देना पर्याप्त होगा कि अंग्रेजी प्रेस की तुलना में हिन्दी प्रेस काफ़ी नमनीय बन चुकी है। हिन्दी के सिरमौर माने जाने वाले धाकड़ सम्पादक रघुवीर सहाय (दिनमान), धर्मवीर भारती (धर्मयुग), मनोहरश्याम जोशी (साप्ताहिक हिन्दुस्तान), अक्षय कुमार जैन (नवभारत टाइम्स), कर्पूरचन्द कुलीश (राजस्थान पत्रिका) जैसे सम्पादक प्रतिरोध[1] का स्वर गुंजित नहीं कर सके हैं। वास्तव में अधिकांश लेखकों, सम्पादकों, पत्रकारों या हिन्दी के तथाकथित बुद्धिजीवियों ने कम-अधिक नपुंसकता का ही परिचय दिया है। प्रतिष्ठानों से जुड़े लेखक-कवि-आलोचक (प्रगतिशील, वामपंथी) विश्वविद्यालयों, संस्थाओं, प्रेस प्रतिष्ठानों, आकाशवाणी-दूरदर्शन आदि स्थानों में पगार की बंसी बजाते रहे हैं, और भारत जलता रहा है!

मैंने अपनी अध्ययन-लेखन सामग्री को तीन-चार मित्रों के घरों में ठिकाने लगा दी थी। आपात्काल में भी अत्यंत संवेदनशील दस्तावेज़ों को बचपन के एक सहपाठी के यहाँ छिपा दिया था, जिसने बाद में गिरफ़्तारी के भय से उन सभी को नष्ट कर दिया। एक रोज़ बारिश में सभी दस्तावेज़ों को आग लगा कर नाले में बहा दिया गया। 1976

1. विस्तार के लिए देखें : मीडिया-मिशन से बाज़ारीकरण तक; रामशरण जोशी, प्र. वाग्देवी (बीकानेर)।

में कुछ दिनों के लिए बस्तर से लौटा तब मुझे इस 'तबाही' की ख़बर दी गई। क्या करता, सिवाय इस क्षति को बर्दाश्त करने के!

इस बार भी मित्रगण सामग्री को लेकर दुविधाग्रस्त हैं, क्योंकि इमरजेंसी का दौर अभी जारी है। हालाँकि इसका आब-ताब फ़ीका पड़ना शुरू हो गया है। फिर भी मित्रों ने संकोच के साथ मेरी सामग्री को रख लिया है। मैं राजघाट स्थित एक गाँधीवादी मित्र के यहाँ टिक गया हूँ। फिर चंद दिनों के लिए जयपुर और बसवा जा रहा हूँ। जयपुर में ओम सैनी से मिला हूँ जो कि जयपुर जेल से छूटा ही है। वह कई महीनों तक मीसा वारंट में जेल में बंद रहा। मैं भी इस जेल में 1972 में कुछ दिनों के लिए बंद रह चुका हूँ। उस समय मेरे सह जेलयात्री ओम सैनी, ब्रजेन्द्र उपाध्याय (अर्थशास्त्री, आई.आई.टी. नई दिल्ली), सुरेश देमन (अर्थशास्त्री) आदि थे। कुछ दिन बसवा में ताई के साथ बिताए हैं। बचपन के सहपाठी मनोहरलाल शर्मा ने ताई की देखभाल अपनी माँ के समान की है। वैसे शर्मा हमारा किरायेदार भी है। दिल्ली से जो भी मनीऑर्डर भेजता हूँ उससे माँ की देखभाल की ज़िम्मेदारी मनोहर की ही है। मैं एक प्रकार से निश्िंचत हूँ। ताई भी मनोहर के परिवार के व्यवहार से संतुष्ट है। सम्बन्धों में मौजूद ग्रामीण गरमास ने अभी उपयोगिता का रूप नहीं लिया है। मैं जब-जब गाँव गया, यह आँच बुझी नहीं मिली। इसी आँच के विश्वास पर ताई सालों से बसवा में रह रही है।

ख़ैर! कुछ रोज़ बसवा में बचपन के सहपाठियों के साथ मटरगश्ती कर रहा हूँ। खेतों में घूमना, कच्चे चने तोड़ना। बेर खाना। महादेव जी के मंदिर जाना। घंटा बजाना। शाम की आरती में भाग लेना। ललाट पर भभूत लगाना। मैं पहली से सातवीं कक्षा के लल्लू उर्फ़ रामशरण जोशी को तालाब पर घूमने, रामपुरा के कुंड में डुबकी लगाने, घर के सामने वाले कुएँ से निकलते ताज़ा कुनकुने पानी से नहाने, शाम को मालिन से साग-भाजी खदीदने, ऊपर से रुकान माँगने, हलवाई की गूंजियाँ उड़ाने, दूध पीने के बाद कुल्लड़ फोड़ने के लिए रह-रहकर उकसा रहा हूँ। वह भी चौंतीस साल के प्रौढ़ जोशी के बुलावे पर झटपट दौड़ा आता है। लल्लू के साथ सात रोज़ कैसे गुज़र गए, पता ही नहीं चला! आख़िर मैं लल्लू से विदा लेकर 4-डाउन से दिल्ली के लिए रवाना हो ही गया हूँ।

जैसा कि मेरा जगदलपुर से चलते समय मत था कि इन्दिरा जी इमरजेंसी को लम्बे काल तक झेल नहीं पाएँगी, जनता की उपचेतना में बैठा लोकतंत्र भी इसे बर्दाश्त नहीं कर पाएगा, आख़िरकार वह सही निकला; इन्दिरा-सरकार ने 23 जनवरी, 1977 को छठी लोकसभा के लिए चुनावों की घोषणा कर दी और इसके साथ ही देश पर चुनावों का रंग चढ़ने लगा है। वैसे पड़ोसी देश पाकिस्तान और बाँग्ला देश के घटनाचक्रों ने भी प्रधानमंत्री को भीतर से हिलाकर रख दिया होगा; 15 अगस्त, 1975 की भोर में बाँग्ला देश के पहले राष्ट्रपति बंगबंधु शेख मुजीबुर्रहमान की उनके निवास पर सैन्य विद्रोह में हत्या कर दी गई; पाकिस्तान में भी प्रधानमंत्री जेड़ ए. भुट्टो के खिलाफ़ व्यापक असंतोष का विस्फोट व फ़ौजी बग़ावत की संभावनाएँ बढ़ रही हैं। ख़ैर, जो भी कारण रहे हों, चुनावों की घोषणा ने राहत की राष्ट्रीय साँस का मौका दिया है।

बसवा से दिल्ली लौटना मेरे लिए ठीक ही रहा है। मैं फिर से शीघ्र शुरू होने वाले राजनीतिक सर्कस का क़रीबी दर्शक बन गया हूँ। नई दिल्ली स्वतंत्र भारत की राष्ट्रीय

राजनीति की हृदय स्थली रही है। तमाम राजनीतिक दलों के मुख्यालय सात-आठ किलोमीटर के घेरे में समाये हुए हैं। चूँकि 1969 से इनकी कारगुजारियों से परिचित रहा हूँ, इसलिए आज भी जब मैं इनके दफ़्तरों के सामने से गुज़रता हूँ तो पुराने दिनों की याद ताज़ा हो आती है। वो तमाम दृश्य आँखों में तैरने लगते हैं जब इन्दिरा गाँधी बनाम देसाई रात्रिकालीन जंग हुआ करती थी, संसद मार्ग पर सम्पूर्ण क्रान्ति के नारे लगते, श्रमिकों के विशाल जुलूस निकला करते। पिछले 21 महीनों से विपक्षी दलों के दफ़्तरों और जुलूस स्थलों (संसद मार्ग, बोट क्लब, जंतर-मंतर, रामलीला मैदान, इंडिया गेट, मंडी हाउस आदि) पर भूतों का डेरा लगा रहा था, पंचभूत प्राणी लापता थे! आज इन सभी स्थानों से पंचभूतों ने भूतों को विस्थापित कर दिया है। दिन रहे या रात, सियासत का मसान यहाँ सुलगा रहता है। अख़बार रंगे रहते हैं नेताओं की रिहाई और आयाराम-गयाराम की धमाकेदार ख़बरों से। सबसे बड़ा धमाका तो बाबू जगजीवन राम और हेमवतीनन्दन बहुगुणा ने किया जब उन्होंने प्रधानमंत्री इन्दिरा गाँधी के अवश्यसंभावी पतन को भाँप लिया। इसके साथ ही दोनों ने शासक कांग्रेस से अलविदा की और लोकतांत्रिक कांग्रेस का गठन किया। उत्तरी-भारत की राजनीति में इन्दिरा गाँधी पर इससे बड़ा तमाचा क्या हो सकता था, क्योंकि दोनों ही नेता बिहार और उत्तर प्रदेश की राजनीति के चाणक्य माने जाते हैं। अत: 'इन्दिरा भारत है, भारत इन्दिरा है' का नारा गंगा-यमुना में उठते परिवर्तन प्लावन के शोर में खोने लगा है!

तो दिल्ली मेरे लिए बेगानी नहीं थी। अलबत्ता बहस-मुबाहिसों का अड्डा, टेंट कॉफी हाउस संजय गाँधी की सनक को भेंट चढ़ चुका था। थिएटर कम्युनिकेशन बिल्डिंग गिरायी जा चुकी थी। कितनी ही यादें इससे मेरी वाबस्ता थीं! इसी जगह मैंने फ़ाकामस्ती की, लैम्पपोस्ट के नीचे पढ़ा, सेंट्रल पार्क में रात गुजारी, बिल्डिंग में स्थित हिन्दी साहित्य सम्मेलन में संदेशवाहक (1962-63) रहा, हिन्दुस्तानी थिएटर के नाटकों में काम किया, चंद्रशेखर के यंग इंडिया में आना-जाना रहा, सुभद्रा जोशी व डी.आर. गोयल के दफ़्तर में बहसों में उलझता, सेक्यूलर डेमोक्रेसी में छपता, टेंट कॉफी हाउस में युवा तुर्कों के साथ बहसें होती रहतीं...और यह सब कुछ सिर्फ़ 31 पैसे की कॉफी पर होता। कॉफी के प्याले में ही तूफ़ान उठते, उमड़ते और चुस्कियों के साथ गले के नीचे उतरते रहते!

चुनावों की घोषणा के साथ ही फिर से बहसों का दौर शुरू हो गया है। प्रेस क्लब रहे या टी-हाउस या कॉफी हाउस, बहसों का सभी जगह एक ही फ़ैसला रहता है, इन्दिरा गाँधी-संजय गाँधी के साम्राज्य का पटाक्षेप होना चाहिए। इमरजेंसी हमेशा के लिए ख़त्म होनी चाहिए। संविधान में आंतरिक इमरजेंसी का प्रावधान ही नहीं होना चाहिए। वंशवाद का अन्त होना चाहिए। पर इन बहसों में यह चिंता भी उभरती है कि उत्तर-इन्दिरा परिदृश्य भी साफ़-सुथरा नहीं है। इसमें जगह-जगह गड्ढे हैं। वैचारिक व विचारधारात्मक स्पष्टता के अभाव के साथ-साथ एकरूपता भी नहीं है। जे. पी. के कनात तले जमी हुई नेताओं की जमात धुलेंडी के रस-रंग प्रेमियों की भाँति थी, कुछ क़दम साथ चले, रंगों को इधर-उधर उड़ाया और भांग-गांजा लगा कर घर को हो लिए! वैसे सत्ता का खेल भी ऐसा ही होता है; एक तरफ़ अटल-आडवाणी, दूसरी तरफ़ लिमये-जार्ज; मोरारजी देसाई बनाम जगजीवन राम, जगजीवन राम बनाम चौ. चरण सिंह; धुर दक्षिणपंथी बनाम

समाजवादी बनाम मध्यम मार्गी; धर्मनिरपेक्षवादी बनाम साम्प्रदायिकतावादी बनाम खिचड़ी समाजवादी। चंद्रशेखर, मोहन धारिया, अमृत नाहटा, मधु दंडवते, राजनारायण, नानाजी देशमुख, मुरलीमनोहर जोशी, सुब्रह्मयम स्वामी सरीखे नेता इस धुलेंडी की भीड़ की शोभा हैं।

अन्यों की बैसाखियों के सहारे दिल्ली विजय की महत्वाकांक्षी संघ मंडली, समाजवाद के थके-माँदे-भटके सिपाही संसोपाई-प्रसोपाई, प्रधानमंत्री दौड़ के आत्ममुग्ध धावक किसान नेता और इन्दिरा गाँधी से आतंकित व पराजित कांग्रेसी...ये समस्त बेमेल तत्त्व स्वयं का विसर्जन कर जनता पार्टी के रूप में पुनर्जन्म के लिए क़वायद कर रहे हैं!

वामपंथियों के विकल्प सीमित हैं। निःसंदेह, कांग्रेस तो अस्पृश्य व अवांछित हो चुकी है, फासीवाद की प्रतीक है। दिल्ली को स्वयं के दम पर वे हिला दें या भारतीय मतदाताओं की प्राथमिक पसंद बन कर उभरें, स्वतंत्र भारत में वामदलों ने ऐसे अपरिहार्य विकल्प के रूप में खुद को स्थापित ही नहीं किया या नहीं कर सके। आज भी हज़ारों नक्सलपंथी विभिन्न जेलों में बंद हैं। मुझे याद है, 1973 में मैंने और जे.एन.यू. के छात्र नेता आनन्द कुमार ने गाँधी शांति प्रतिष्ठान में आयोजित सभा में मंच पर चढ़कर जयप्रकाश नारायण जी को ज्ञापन दिया था कि वे अपने एजेण्डे में 32 हज़ार नक्सलपंथी राजनीतिक बंदियों की रिहाई की माँग को भी शामिल करें। काफ़ी शोर-शराबे के बीच जे.पी. ने हमारी माँग को स्वीकार किया था। अध्यक्ष पद से उन्होंने आश्वासन दिया था कि वे इसके लिए प्रयास करेंगे। अतः 1977 की चुनाव पृष्ठभूमि में संसदेतर वामपंथी शक्तियों के समक्ष भी जेपी के नेतृत्व में होने वाली तथाकथित सम्पूर्ण-क्रान्ति या प्रतिस्पर्धात्मक राजनीति के माध्यम से सत्ता-परिवर्तन के प्रति नरम रवैया अपनाने के अलावा दूसरा रास्ता नहीं है।

सारांश में मुझे इन्दिरा गाँधी की तानाशाही का जवाब 'जनता पार्टी' एक तरह से 'बॉयस्कोप' और 'कैलियोडस्कोप' लग रही है जिसमें सब कुछ मौजूद है; मनवांछित रंग-बिरंगे चित्र बना लो, भाँति-भाँति घटनाओं-पात्रों से सजा लो; और सुविधानुसार इन सबका शून्य में विसर्जन भी कर डालो!

देश की राजनीति जैसी है, वैसा ही मैं हूँ। चौराहे पर खड़ा हूँ मैं, पथिक एक-मार्ग अनेक! इस कश्मकश की वजह है देश में ऊँचा चढ़ता सियासत का पारा। हालाँकि बस्तर से वापसी के बाद से ही दिमाग़ में दुविधाओं का ज्वार-भाटा उठता रहता है। तीव्र इच्छा होती है कि मैं कामरेड मेजर जयपाल सिंह से फिर अनुरोध करूँ-कॉमरेड, मैं फिर से होल टाइमर (पूर्णकालिक) बनना चाहता हूँ। चाचा शादीराम के साथ लाल झण्डा यूनियन में काम करना चाहता हूँ। आदिवासियों के बीच से लौटा हूँ इसलिए मज़दूरों में ही काम करना चाहता हूँ। कामरेड प्रकाश करात पर भी दबाव डालूँ कि वो पुनः मुझे पूर्व स्थिति दिलवाने में पार्टी सेकेट्री से सिफ़ारिश करें, क्योंकि करात की दिल्ली पार्टी के मामलों में एक हैसियत है। उनका प्रभाव दिल्ली में माना जाता है। मुझे याद है जब 1974 में कामरेड सिंह ने मुझे विट्ठलभाई पटेल स्थित अपने फ्लैट में बुलाया था तब प्रकाश भी वहाँ मौजूद थे और हम दोनों का औपचारिक परिचय कराया था। वैसे हम दोनों पहले से सामान्य रूप से परिचित भी थे। हम दोनों ने एक-दो मज़दूर सभाओं को साथ-साथ सम्बोधित भी किया था। उन दिनों मैं अ.भा. क्रान्तिकारी युवा संघ का अध्यक्ष और करात जे.एन.यू. में एस.एफ.आई. के नेता हुआ करते थे।

आत्मद्वंद्व यह है कि क्या मैं जीवनपर्यन्त पूर्णकालिक पार्टीकर्मी रह सकूँगा? इस द्वंद्व का भी भौतिक आधार है। आधार है स्वयं की आर्थिक स्थिति। पूर्णकालिक कार्यकर्त्ता को 150 से 200 रुपए के बीच वेज़ दी जाती है। इसमें कोई हर्ज़ नहीं है। मेरे लिए यह राशि पर्याप्त है। इससे पहले भी तो मुझे 150 रुपए प्रतिमास मिला करते थे। इसमें से कुछ रुपए ताई को भेज दिया करता था। आज मैं फिर से वैसा करने को तैयार हूँ। वेज़ मेरी समस्या नहीं है, समस्या है 'निर्णय स्वतंत्रता' और 'आर्थिक निर्भरता' की। इस सम्बन्ध में मेरे अनुभव सुखद नहीं रहे हैं। इस पर चर्चा की जा चुकी है। यहाँ इतना दोहराना पर्याप्त रहेगा कि जब कोई पूर्णकालिक कार्यकर्त्ता पार्टी पर आर्थिक रूप से पूर्णरूपेण निर्भर हो जाता है, उसके पास समांतर कोई 'बैकअप' नहीं रहता है, तब नेतृत्व उसे 'वेज अर्नर' के रूप में देखता है, बराबर के पार्टीकर्मी के रूप में नहीं। संक्षेप में, उसकी आर्थिक निर्भता का दोहन किया जाता है, निर्णय-प्रक्रिया में उसे ग़लत-सलत ढंग से प्रभावित किया जाता है, और अन्ततः अपने 'सर्वाइवल' के ख़ातिर उस प्रभावशाली नेता का साथ देना होता है। दलील दी जाती है कि ई.एम.एस. राजेश्वर राव, डांगे, बी.टी.आर., पी.सी. जोशी, ज्योति बसु, पी. सुंदरैया, भूपेश गुप्ता, इन्द्रजीत गुप्त, सुरजीत सिंह, जेड.ए. अहमद, सरीखे नेता (संयुक्त कम्युनिस्ट पार्टी) भी पूर्णकालिक कार्यकर्त्ता थे। और 'पार्टी वेज़' पर निर्भर थे। इस दलील में दम है। पर यहाँ यह जानना भी मुनासिब रहेगा कि ये तमाम नेता भी समृद्ध पारिवारिक पृष्ठभूमि से थे। यह सही है, उन्होंने अपनी सम्पत्ति का बड़ा हिस्सा समाज व पार्टी को दे दिया। इस त्याग की धाक पार्टी में बराबर बनी रहती है। मेजर जयपाल सिंह, प्रकाश करात, सुनीत चोपड़ा, जहूर सिद्दीकी जैसे नेता भी सम्पन्न पृष्ठभूमि से हैं। इनके लिए 'पार्टी पगार' सम्मान व एहसान का तमगा है, जीविका का माध्यम नहीं है। इसलिए ये लोग पार्टी-पिच पर लम्बे समय तक अच्छी बेटिंग कर सकते हैं, अच्छी बॉलिंग व कैच भी!

वैसे प्रत्येक पार्टी की अपनी कार्यशैली रहती है। राजनीतिक जीवन के अपने आग्रह होते हैं। चूँकि राजसत्ता का विराट, जटिल और निर्मम खेल होता है इसलिए राजनीतिकर्मी, विशेषरूप से पार्टीकर्मी बनने के लिए खरे धातु की ज़रूरत होती है। यह धातु ही राजनीतिकर्मी को कठोर-लचीला, संवेदनशील व निर्मम, निर्मल व धूर्त, पारदर्शी व छद्मधर्मी, व्यक्तिवादी व लोकवृत्तवादी, त्यागी व भोगू, उत्सर्गी व आत्मोपासक बनाती है। चूँकि राजनीति में 'हाई स्टेक' होते हैं, इसलिए वैचारिक प्रतिबद्धता के बावजूद यह धातु अपना रंग बदलती रहती है! निजी एजेण्डे का सामूहिकीकरण कर दिया जाता है; सामूहिक एजेण्डा खारिज़ हो जाता है। निजी प्रतिद्वंद्विताओं पर टैक्टिस व स्ट्रेटेजी और व्याख्याओं का रोगन भी चढ़ाया जाता है। यदि आप एक साँस में ये तमाम राग अलापने की क़ूबत रखते हैं तो हर पार्टी का नेतृत्व आपको ठोस 'एस्सेट' के रूप में देखेगा। इस मामले में शायद ही कोई संसदीय दल अपवाद निकले!

इस कसौटी पर मैं कितना व कितनी देर टिके रह सकता हूँ, इसकी 'आत्म पड़ताल' शुरू की है। चूँकि मेरे जीवन का यह महत्त्वपूर्ण फ़ैसला होगा, इसलिए स्वयं की सघन-गहन थाह लेना मैं ज़रूरी समझता हूँ। यद्यपि इस प्रक्रिया में मुझे हर स्तर पर तनाव से गुज़रना पड़ रहा है; तमाम सम्बन्धों की स्क्रीनिंग करनी पड़ रही है; स्वयं की क्षमताओं व अक्षमताओं, उड़ानों व सीमाओं का आकलन भी किया जा रहा है।

मैं मध्यवर्गीय व्यक्ति हूँ। इस वर्ग की फ़ितरत प्राय: त्रिशंकु जैसी होती है; नफ़ा और नुक़सान के बीच पैडुलम बने रहने की; त्वरित फल के पीछे दौड़ने की; तनिक हानि या नाकामी पर निराशा में राहत तलाशने की; तिनका भर सफलता या लाभ पर प्रदर्शनबाजी की। गाँव का मध्यवर्गीय होने के बावजूद मैं किसान की प्रकृति को स्वयं में उतार नहीं सका हूँ। किसान मूलत: धैर्य, साहस, उत्साह, स्थिरता व निरंतरता का प्रतीक होता है। मौसम के दुलार व दुत्कार, दोनों के प्रति उसका समभाव रहता है। वह ओला, ओस, पाला, सूखा या अतिवृष्टि को नियति के रूप में चूमता हुआ चलता है। उसकी यही प्रवृत्ति उसे पराजित नहीं होने देती है। यद्यपि वह इस फ़ितरत के कारण 'यथास्थितिवादी', 'भाग्यवादी' भी बन जाता है। लेकिन जब उसकी यह तंद्रा टूटती है तो इसका फल 'विप्लव' में भी होता है। भूमि के अंकुरण से जब जीवन फूटता है तब किसान के आनन्द का कोई पारावार नहीं रहता है। यह प्रस्फुटन ही किसान में समभाव पैदा करता है जिसका अकाल हम मध्यवर्ग में बना रहता है।

मध्यवर्गीय मानसिकता से चिपके होने के कारण मैं सोचता रहा हूँ कि 'व्यवस्था परिवर्तन' शीघ्र होगा, क्रान्ति के लिए ज़मीन तैयार है, 'ऑबजेक्टिव कंडीशन्स' मौजूद हैं। बस, हिरावल दस्तों के मार्च की ज़रूरत है। क्रान्ति कोई राजधानी एक्सप्रेस तो है नहीं कि हावड़ा से चली तो अगले रोज़ सुबह नई दिल्ली स्टेशन पर जा लगी! क्रान्ति को लेकर मैंने और मेरे समकालीनों ने कितने ही 'भ्रम' पाल रखे हैं। क्रान्ति और सर्वहारा की तानाशाही सन्निकट है; अमेरिकी साम्राज्यवाद का अन्त क़रीब है; हथियारबंद क्रान्ति होकर रहेगी; संसदीय व्यवस्था गल चुकी है; जनता क्रान्ति के लिए तैयार है–सिर्फ़ नेतृत्व चाहिए। इस स्वप्न का बंदी होने के कारण अंतिम निर्णय लेने में मुझे दिक़्क़त ज़रूर हो रही है। दिमाग़ के किसी कोने में यह हरक़त ज़रूरत होती रहती है कि अगर भारत में क्रान्ति हो गई तो मेरा क्या होगा? लोग मुझे भगोड़ा, कायर, संशोधनवादी, क्रान्ति विरोधी, रैनीगेड कह कर नहीं पुकारेंगे? संभव है मुझे 'यातना शिविर' में ही भेज दिया जाए! यह भय, ये आशंकाएँ मुझे दो टूक फ़ैसला लेने से रोक रहे हैं।

इस आत्मसंघर्ष की एक वजह सोवियत संघ, चीन और पूर्वी यूरोपीय साम्यवादी देश भी हैं। हालाँकि हमारे मित्र सोवियत संघ को विपथगामी घोषित कर चुके हैं। चीनी पार्टी की लाइन का अनुसरण करते हुए लेनिन–स्टालिन के देश को 'सामाजिक साम्राज्यवादी' देश कहा जा रहा है। फिर भी न जाने क्यों मेरे लिए यह एक 'स्वप्न' बना हुआ है! मैं आज भी रूस को 'सामाजिक साम्राज्यवादी' और अमेरिकी साम्राज्यवाद को 'पतनोन्मुख साम्राज्यवाद' मानने के लिए तैयार नहीं हूँ। इस लाइन का मैं लगातार विरोध करता आ रहा हूँ। आनन्द स्वरूप वर्मा, इब्बार रब्बी, पंकज बिष्ट जैसे मित्रों के साथ मैं चर्चा करता रहता हूँ। मुझे न जाने क्यों 'मास्को' में अब भी आशा की किरण दिखाई देती है! हो सकता है यह मेरे भाववादी विचार हों, न कि वस्तुगत!

ख़ैर, मेरा अन्तर्द्वंद्व यह है कि मुझे पूर्णकालिक पार्टीकर्मी बनना चाहिए या सिर्फ़ हमदर्द या सहयात्री? काफ़ी आंतरिक जदोजहद और मित्रों के साथ हुई बहस के पश्चात् मैं इस निष्कर्ष पर पहुँच रहा हूँ कि मुझे 'पूर्णकालिक कार्यकर्त्ता' नहीं बनना चाहिए, बाहर रह कर ही पार्टी को सहयोग देना चाहिए और वामपंथी आंदोलन को मज़बूत करना ही सही

मार्ग रहेगा। इस अन्तर्विरोध का समाधान और पूर्णकालिकता के मोह से मुक्ति का निर्णय मेरे लिए बेहद कष्टदायक रहा है, चुनौतीपूर्ण तो है ही। अतः अब मैं कह सकता हूँ कि 'I am not cut out for whole time politics and party activism'। मुझमें वो धातु है ही नहीं जो व्यक्ति को 'जुनूनी राजनीतिक कीड़ा' और 'पेशेवर क्रान्तिकारी' बनाती है। कई दिनों के आत्म मंथन से यही अमृत निकला है। नतीजतन मैं मध्यवर्ग की नियति को प्राप्त हुआ। यह फ़ैसला मेरे लिए 'आत्म पिंडदान' से कम नहीं है।

पिंडदान तो मैंने पेशेवर पार्टीकर्मी का कर दिया है, लेकिन अगली राह कौन-सी रहे, इसका निर्णय शेष है। मुझे तीन ही काम आते हैं: फ्रीलांसिंग, लेखन, पूर्णकालिक पत्रकारिता और सामाजिक शोधकार्य। थोड़ा-बहुत स्वतंत्र लेखन चल ही रहा है लेकिन किसी अख़बार या न्यूज़ एजेंसी से जुड़ने की तीव्र उत्कंठा मैं अनुभव नहीं कर रहा हूँ। नियमित पत्रकारिता नौकरी को लेकर मैं अनमना-सा हूँ। पर क्यों हूँ, समझ नहीं पा रहा हूँ। इस पेश से सात-आठ वर्षों से कटा रहा हूँ, तभी ऐसा लग रहा है।

इधर डॉ. शर्मा जी मिले कई दिन बीत चुके थे। वे अभी गृह मंत्रालय में संयुक्त सचिव पद पर ही हैं। आदिवासी विभाग को ही देख रहे हैं। दंतेवाड़ा में एकत्रित आँकड़ों का विश्लेषण भी चल रहा है। सोचा क्यों न उन्हें अपने शोध-प्रगति से अवगत करा दिया जाए, क्योंकि अंतिम शोध-रपट लिखने के सिलसिले में देर-सबेर बस्तर जाना ही होगा। इसलिए एक रोज़ नार्थ ब्लॉक स्थित डॉ. शर्मा से मिलने जाता हूँ। मुलाक़ात दोपहर बाद होती है।

दोपहर की मुलाक़ात उपयोगी रही। मैं इससे संतुष्ट हूँ। हुआ यह था कि जब मैं डॉ. शर्मा से मिला तो उन्होंने बताया कि वे भी मिलना चाहते थे। मेरा इंतज़ार कर रहे थे लेकिन कोई निश्चित ठौर-ठिकाना नहीं होने के कारण मुझसे सम्पर्क नहीं हो पा रहा था। सामान्य बातचीत के पश्चात् शर्मा जी ने एक प्रस्ताव रखा, "जोशी, तुम नेशनल लेबर इंस्टीट्यूट ज्वाइन कर लो। मैंने तुम्हारे बारे में बात कर ली है।"

"इस इंस्टीट्यूट में मुझे करना क्या होगा?"

"अरे वही करना, जो अब तक करते रहे हो।"

"मैं समझा नहीं?"

"यह श्रम मंत्रालय के अधीन है। इसके रूरल विंग में तुम शोधकर्त्ता के रूप में ज्वाइन करो। गाँव-गाँव घूमकर खेतिहर श्रमिकों को जगाओ, बँधुआ श्रमिकों को मुक्त कराओ।"

"यह तो मेरे मतलब का काम है। मैं तैयार हूँ।"

"इसीलिए मैं चाहता हूँ कि तुम इससे जुड़ जाओ। वेतन भी ठीक-ठाक मिल जाएगा... तो तैयार हो?"

"बिल्कुल तैयार हूँ।"

"तो कल योजना आयोग भवन में पहुँच जाओ। वाइस-चेयरमैन पी.एन. हक़सर साहब के पी.एस.बी.एन. योगांदर से मिल लो। वो भी तुम्हारी ही लाइन के अधिकारी हैं। उन्हें सरकार में नक्सलवादी समर्थक माना जाता है। जाओ-उनसे मिल लो। मैं अभी फ़ोन कर देता हूँ।"

शर्मा जी ने योगांदर को फ़ोन किया। उन्हें मेरे सम्बन्ध में नए सिरे से बतलाया गया। बस्तर में मेरे शोधकार्य का भी उल्लेख किया। अगले रोज़ तीन बजे मुझे मिलने का समय

दिया। इसके पश्चात् मैंने शर्मा जी को अपनी शोध-प्रगति से अवगत करा दिया। उन्होंने कहा, "तुम अभी एन.एल.आई. में शामिल हो जाओ। इमरजेंसी हट जाने के बाद तुम बस्तर लौट कर अपनी रिपोर्ट पूरी कर लेना। इस सम्बन्ध में बैजल से बात करनी होगी।"

"मेरे मीसा वारंट का क्या हुआ? क्या वह वापस ले लिया गया है?"

"अरे, अब काहे का वारंट! चुनावों की घोषणा हो चुकी है। इमरजेंसी भी जल्दी ही उठा ली जाएगी। मेहता साहब आश्वासन दे चुके हैं कि तुम्हें गिरफ़्तार नहीं किया जाएगा। तुम निश्चिंत रहो। एन.एल.आई. में जाने के बाद एक तरह से तुम्हें सरकारी कवर मिल जाएगा। तो कल योगांदर के पास पहुँच जाओ। वो मेरा ही चेला है।"

चलो, एक रास्ता तो खुला, आजीविका के लिए भटकना नहीं पड़ेगा। थोड़ा-बहुत स्थायीत्व आएगा। किसान भारत को नए ढंग से समझने का अवसर मिलेगा। बंधक श्रमिक प्रथा के सम्बन्ध में मेरा थोड़ा-बहुत अध्ययन पहले से ही था। मुझे याद आया, 1974 में 'साप्ताहिक हिन्दुस्तान' की आवरण कथा मैंने लिखी थी जिसका विषय था, 'क्या भारत का खेतिहर श्रमिक अर्द्धदास है?' इसमें सामन्ती कृषि सम्बन्धों पर फोकस डाला था। बुद्धिजीवियों के बीच इसकी खासी चर्चा भी हुई थी। अन्य पत्रिकाओं ने भी इसे लिफ्ट करके अपने यहाँ प्रकाशित किया था।

तो नॉर्थ ब्लाक से लौटते हुए मुझे यही लग रहा था कि एन.एल. आई में मेरी नई भूमिका मेरे विचारों व पसंद के अनुकूल ही रहेगी। डॉ. शर्मा ने मेरा ध्यान रखा, इसके लिए मैं उनके प्रति कृतज्ञ महसूस कर रहा हूँ।

इन दिनों मैं अपने पूर्व आंदोलनकारी मित्र अनिल कुमार चक्रवर्ती के यहाँ रुका हुआ हूँ। मित्र का एक कमरे का सबलैट-घर है। यहाँ से सभी जगह आना-जाना आसानी से हो जाता है। इसी एक कमरे में हम तीन लोग हैं-मित्र, पत्नी राज और मैं। जैसे-तैसे गुजारा चल रहा है। कोशिश में हूँ कि यहाँ से जल्दी ही निज़ात मिल जाए ताकि मैं कुछ लिख-पढ़ सकूँ। पिछले कुछ दिनों से लेखन-अध्ययन ठप पड़ा हुआ है। चलताऊ लेखन पत्र-पत्रिकाओं में ज़रूर होता रहता है। इस परिस्थिति से उबारने की उम्मीद अब एन.एल.आई. पर टिकी हुई है, यही सोचकर मैं योजना भवन में योगांदर से मिलने जा रहा हूँ।

संसद मार्ग स्थित योजना भवन मेरे लिए नया नहीं है, कई कड़वी-मीठी यादें इससे जुड़ी हुई हैं। इसका वर्णन मैं पहले कर चुका हूँ। यहाँ इस भवन की पिछली यात्रा का उल्लेख मैं समझता हूँ, समीचीन रहेगा। पिछली दफ़ा मराठी के मशहूर नाटककार अनिल बर्वे के साथ योजना भवन आया था। हम दोनों योजना आयोग के तब के उपाध्यक्ष मोहन धारिया से मिलने गए थे। वे चन्द्रशेखर, कृष्णकांत, चंद्रजीत यादव, अर्जुन अरोड़ा, अमृत नाहटा जैसे नेताओं के क़रीबी माने जाते थे। उन्हें बिरला-विरोधी लॉबी के सदस्य के रूप में देखा जाता था। मुझे याद है, जैसे ही हम दोनों धारिया के कक्ष में दाखिल हुए, उन्होंने मुझे देखते ही अनिल से मराठी में कहा कि इस नेता को भी अपने साथ ले आए? हम तीनों ही हँस पड़े। मैं धारिया के इंटरव्यू ले चुका था और संघ द्वारा नियंत्रित 'हिन्दुस्थान समाचार' के विरुद्ध अभियान भी चला चुका था। अमियान की बिल्टज़, पैट्रीयट, लिंक, सैक्यूलर डेमोक्रेसी तथा अन्य प्रगतिशील पत्र-पत्रिकाओं में चर्चा हो चुकी थी। धारिया और उनके

साथियों की सहानुभूति मेरे साथ थी। क़रीब आधा घंटे तक चाय पर चर्चाएँ हुईं। मोहन धारिया का इन्दिरा गाँधी से मोहभंग होने लगा था। वे एक तरह से राजनीतिक कशमकश से गुज़र रहे थे। धारिया और बर्वे दोनों ही पूणे के हैं इसलिए खुल कर चर्चाएँ हुईं, कभी हिन्दी में, कभी मराठी में। आज कई वर्ष बात मैं फिर योजना भवन में प्रवेश कर रहा हूँ। मुझे योगांदर के साथ–साथ उपाध्यक्ष व इन्दिरा–कॉकस के रणनीतिकार पी.एन. हक़सर से भी मिलना है। हक़सर साहब एन.एल.आई. के अध्यक्ष भी हैं।

मैं निश्चित समय पर योगांदर के कमरे में पहुँच गया हूँ। वरिष्ठ आई.ए.एस. अधिकारी होने के बावजूद व अत्यंत विनम्र व मिलनसार लग रहे हैं। लम्बे–तगड़े हैं। छरछरा बदन है। मुस्कराकर वे मुझे अपने सामने की कुर्सी पर बैठने के लिए कहते हैं। फिर चाय मँगायी जाती है, साथ में टोस्ट भी। मैं अपना संक्षिप्त बायोडेटा उन्हें थमा देता हूँ। वे उसे ग़ौर से देखने के बाद हिन्दी में बोलते हैं : "आप चाय पीजिए, टोस्ट खाइए, तब तक मैं आपकी एप्लीकेशन टाइप कर देता हूँ।"

"ठीक है। इसके अलावा कोई और जानकारी चाहिए तो पूछ लीजिए।"

"पूछना क्या है! आप गाँवों में कैम्प लगाने के लिए तैयार रहें। बोंडेड लेबर को मुक्त कराना है। शर्मा साहब ने मुझे आपके बारे में सब ब्रीफ कर दिया है। डोंट वरी!"

और योगांदर की उँगलियाँ टाइपराइटर पर तेज़ी से नाचने लगी हैं। मुझे हैरत थी कि सीनियर आई.ए.एस. अफ़सर होने के बावजूद वे स्वयं ही मेरा प्रार्थना–पत्र पूरे मनोयोग से टाइप कर रहे हैं। वे अपने किसी पी.ए. या स्टोनोग्राफर को भी बुला सकते थे। उनके मातहत पूरा स्टाफ है। लेकिन उन्होंने ख़ुद ही टाइप करना ज़रूरी समझा। उनकी पूरी कार्यशैली में 'कॉमरेडपन' झलक रहा है। आधा घंटे में प्रार्थना–पत्र टाइप हो जाता है और मैं अपने हस्ताक्षर कर उन्हें दे देता हूँ।

वे इंटरकॉम पर अंग्रेजी में अंदर आने की अनुमति माँगते हैं। पाँच मिनट के बाद हम दोनों हक़सर साहब के कमरे में दाख़िल होते हैं। उपाध्यक्ष का कमरा मेरे लिए अपरिचित नहीं है। लेकिन हक़सर साहब से मेरी यह पहली मुलाक़ात है। वे मुझे ग़ौर से देखते हैं। सामान्य शिष्टाचार के बाद मैं सामने वाली कुर्सी पर बैठ जाता हूँ। योगांदर मेरा पार्थना–पत्र उनके सामने रख देते हैं। वे पढ़कर उस पर कुछ लिख देते हैं और वापस उसे अपने पी एस को दे देते हैं।

"तो जोशी जी, आप सरकारी तंत्र में आ रहे हैं। आप अपना मिशन याद रखना। कमिटमेंट के साथ काम करना।"

हक़सर साहब की आवाज़ में कड़कपन, बुजुर्गाना नसीहत और आत्मीयता, तीनों ही हैं। वे अपनी हैसियत का एहसास कराने के बजाय, वैचारिक प्रतिबद्धता की ऊष्मा मुझमें भर देते हैं। मेरा संक्षिप्त उत्तर इतना–सा है–

"हक़सर साहब, यह अवसर आप मुझे नहीं मेरी प्रतिबद्धता को दे रहे हैं। कोशिश यही रहेगी कि मैं इस व्यवस्था का पुर्जा न बनूँ और आपके विश्वास पर खरा उतरूँ।"

"वैरी गुड! योगांदर इन्हें डी.बी. के पास ले जाओ!"

"ओके सर!"

"तो जोशी जी मिलते रहना।"

"जी!"

हक़सर साहब के व्यवहार में जितनी संजीदगी है, उनकी हिन्दी भी उतनी ही नफ़ीस है।

हम दोनों उपाध्यक्ष के चैम्बर से बाहर आ गए हैं। फिर योगांदर करीने से मेरे प्रार्थना-पत्र को फाइल कवर में रखते हैं और अपने साथ चलने के लिए कहते हैं। इससे पहले वे डी.बी. (डी. बंद्योपाध्याय)[1] को फ़ोन कर अपने पहुँचने की सूचना देते हैं। हम दोनों नीचे उतर कर एम्बेसडर में बैठ रफ़ी मार्ग स्थित श्रम शक्ति भवन पहुँच गए हैं। डी.बी. श्रम-मंत्रालय में 'संयुक्त सचिव' हैं और एन.एल.आई. के इंचार्ज भी हैं। (डी. बंद्योपाध्यय वही चर्चित अधिकारी हैं जिनके प्रयासों से पश्चिम बंगाल में भूमि सुधार लागू किया जा सका। बरगादार अभियान सफल रहा।) डी.बी. के चैम्बर में ही डायरेक्टर चंद्रमौलि भी मौजूद हैं। योगांदर और चंद्रमौलि, दोनों ही आंध्र प्रदेश कैडर के अधिकारी हैं जबकि डी.बी. प. बंगाल से हैं। ये तीनों ही अधिकारी मेरे साथ अनौपचारिक व्यवहार कर रहे हैं। कोई भी अफ़सरी रुतबा नहीं झाड़ रहा है। डी.बी. के सामने योगांदर मेरी एप्लीकेशन रख देते हैं। वे इसे गौर से पढ़ते हैं, फिर उस पर कुछ लिखते हैं। वे योगांदर से कहते हैं, "योगांदर, नितीश डे से बात हो चुकी है। जोशी जी को आज ही उनके पास भेज दो। रूरल विंग में रिसर्चर की पोस्ट बना दी गई है।"

"एक्सीलैंट! मैं महाराज को भी फ़ोन कर देता हूँ।"

"यह ठीक है। मैं अभी इन्हें मंत्रीजी के पास ले जाता हूँ। तुम यहीं बैठो।"

"ओके! आई विल वेट फॉर यू।"

"चलिए कॉमरेड, मंत्रीजी से मिल लो। आप तो रेड्डी साहब को जानते हैं न?"

"बिल्कुल जानता हूँ। हम लोग मिल चुके हैं। शायद उन्हें मेरा चेहरा याद हो!" मैं अनुमान से कहता हूँ, क्योंकि 1970 में मैं एक छोटा-सा इंटरव्यू उनका ले चुका हूँ। कांग्रेस का एक आंतरिक मंच 'कांग्रेस फोरम फॉर सोशलिस्ट एक्शन' हुआ कहता था। इसके अधिकांश सदस्य पूर्व कम्युनिस्ट और सोवियत ब्लॉक समर्थक थे। इन्हें 'शीतयुद्ध के सिपाही' कहा जा सकता है। इसके चर्चित सदस्यों में रेड्डी, शशिभूषण, अमृत नाहटा, अर्जुन अरोड़ा, चन्द्रजीत यादव, सुभद्रा जोशी, डॉ. डी.आर. गोयल, जैसे नेता शामिल थे। बी.आर. कुमार मंगलम्, रजनी पटेल, आर.के. करंजिया जैसी शख़्सियतों का भी इसे समर्थन प्राप्त था। यह कांग्रेस में 'प्रेशर ग्रुप' की भूमिका निभाता रहा है। इसके मंच पर भूमि सुधार, धर्मनिरपेक्षता, राष्ट्रीयकरण, अमेरिकी साम्राज्यवाद, एकाधिकारवादी घरानों पर प्रतिबंध, आर.एस.एस. जैसे मुद्दे उठते रहे हैं। मैं इसके मद्रास और जयपुर के सम्मेलनों को कवर कर चुका था। उसी अवसर पर रेड्डी साहब से मेरा आमना-सामना हुआ था।

श्रममंत्री रेड्डी साहब से मुलाक़ात अच्छी रही। याद दिलाने पर उन्होंने मुझे पहचान भी लिया। वैसे इसका श्रेय मैं डी.बी. और योगांदर को देता हूँ। दोनों ने मेरे पक्ष को रेड्डी साहब के सामने मजबूती के साथ रखा। पहले उन्होंने योगांदर द्वारा टंकित मेरी एप्लीकेशन पढ़ी, अपने मातहत अधिकारियों की टिप्पणियाँ पढ़ीं। इसके बाद वे मुझसे मुखातिब हुए। मैं उनकी मेज़ के सामने ही बैठा। चाय भी मँगाई गई। इसके बाद चर्चा (अंग्रेजी में) शुरू होती है।

जिसका सारांश इस प्रकार है–

---

1. डी.बी. तृणमूल कांग्रेस (टी.एम.सी.) के राज्यसभा में सांसद भी रहे हैं।

"तो मि. जोशी, आप एन.एल.आई. ज्वाइन कर रहे हैं?"

"आप अवसर देंगे तो क्यों नहीं करूँगा?" मैंने उत्तर दिया। डी.बी. की तरफ़ देखकर रेड्डी साहब कहते हैं, "आपने इन्हें समझा दिया है न...वहाँ क्या करना है?"

"यस सर! मैं मि. डे को फिर फ़ोन कर दूँगा। योगांदर जोशी जी को एन.एल.आई. में भिजवा देंगे।"

"आज ही कर दीजिए।"

"यस सर!"

"और मि. जोशी, देखिए आप अपनी विचारधारा को ध्यान में रख कर ही गाँव-गाँव में काम करें।"

"जी!"

"बस, एक बात का ध्यान रखें...।"

"बतलाइए...!"

"सब कुछ कहें, बंधक श्रमिक उन्मूलन क़ानून को लागू कराएँ, बंधकों को मुक्त कराएँ...लेकिन हिंसा का प्रचार नहीं करें। वरना हम लोगों को दिक़्क़त हो जाएगी।"

"मैं अपनी सीमाओं को समझता हूँ।"

"वैसे हिंसा से कोई फ़ायदा है भी नहीं। हमारे पास अनेक रेडिकल लॉ हैं। उन्हें लागू कराने से भी काफ़ी कुछ हो सकता है। आप इस सिस्टम में घुसकर इसका इस्तेमाल करिए। हम आपको प्लेटफॉर्म दे रहे हैं।"

"मैं आपका आभारी हूँ।"

इसके बाद मैं और डी.बी. मंत्रीजी के चैम्बर से बाहर आकर वापस संयुक्त सचिव के चैम्बर पहुँच गए हैं जहाँ योगांदर हमारी प्रतीक्षा कर रहे हैं। उन्हें रेड्डी साहब के विचारों-निर्देशों से अवगत करा दिया जाता है। योगांदर और मैं वापस योजना आयोग भवन लौटते हैं। वे अपनी इसी कार से मुझे सफ़दरजंग एन्क्लेव भिजवा रहे हैं, जहाँ एन.एल. आई. का मुख्यालय है। आधा घंटे के बाद मैं श्रम संस्थान के डीन डॉ. नितीश डे के कमरे में प्रवेश करता हूँ। वे उठकर मेरा स्वागत करते हैं और अपने पी.ए. को अंदर बुलाकर मेरा नियुक्ति-पत्र डिक्टेर करा देते हैं। दफ़्तर बंद होने से पहले ही मेरे हाथों में 'नियुक्ति-पत्र' होता है। मेरे लिए यह घटना किसी आश्चर्य से कम नहीं है। सब कुछ चमत्कारिक ढंग से घटता चला गया-आरम्भ से अन्त तक! इसी नौकरशाही को 'छकड़ा गाड़ी' कहा जाता है जो कि 'नौ रोज़ में ढाई कोस' चलती है। लेकिन इस घटना ने साबित कर दिया कि यदि यह चाहे तो 'ढाई सेकेंड में नौ कोस' दौड़ सकती है!

आख़िर ऐसा कैसे हो सका? दिमाग़ इस प्रश्न को मथ कर उत्तर निकालना चाहता है। मैं देखता हूँ मेरे इस नियुक्ति प्रकरण में राजनीतिक शासक (रघुनाथ रेड्डी), नागरिक नौकरशाही (पी.एन. हक़सर) और एकादमिक अधिकारी (नितीश डे) के मध्य एक बुनियादी समझदारी थी। ये तीनों ही देश के हाशिये के लोगों के प्रति समर्पित हैं। संवैधानिक ढाँचे के माध्यम से ये तीनों पक्ष वंचितों-शोषितों के हक़ में राजनीतिक-प्रशासनिक परिवर्तन लाना चाहते हैं। तीनों ही परिवर्तनकामी हैं, लेकिन भारतीय राज्य द्वारा स्वीकृत लोकतांत्रिक दायरे में रहकर ही परिवर्तन के पक्षधर हैं, न कि सशस्त्र क्रान्ति के। हालाँकि ये तीनों

ही पक्ष रूस, चीन, वियतनाम, क्यूबा जैसे देशों में हुई सशस्त्र क्रान्तियों द्वारा स्थापित व्यवस्थाओं के समर्थक भी हैं। पर भारत के मामले में इन्हें बुलेट के बजाय 'वोट क्रान्तिकारी' कहना सही रहेगा। मुझे याद आ रहा है, एक बार 'इकोनोमिक एण्ड पॉलीटिकल वीकली' में एक लेख प्रकाशित हुआ था जिसमें इन्दिरा-सरकार में 'नक्सलपंथी नौकरशाही' के बारे में लिखा गया था।

जहाँ तक मैं समझता हूँ इन प्रतिबद्ध नौकरशाहों को 'नक्सलपंथी' कहना इनके प्रति अन्याय करना होगा। मेरी दृष्टि में ये मूलत: 'रेडिकल मानवतावादी' हैं। डॉ. शर्मा के सम्पर्क में आने के पश्चात् मैं इस प्रजाति के कतिपय अधिकारियों को चिह्नित कर सका हूँ जिन्हें उँगलियों पर गिना जा सकता है : पी.एन. हक्सर, नरोहना, एस.आर. शंकरन, डॉ. बी.डी. शर्मा, अनिल बोड़दिया, योगांदर, डॉ. बंद्योपाध्याय, के.बी. सक्सेना, एन.सी. सक्सेना, डॉ. के. एन. सिंह, एस.सी. बेहार, ई.यू. शर्मा, सुजाता राव, चन्द्रमौलि, अरुणा रॉय आदि। इन्हें पूरी तौर से मार्क्सवादी कहना ग़लत होगा। मिसाल के तौर पर, डॉ. शर्मा मूलत: गाँधीवादी हैं जबकि हक्सर साहब नेहरूवीय समाजवादी हैं, अनिल बोड़दिया मिश्रित दृष्टि वाले हैं। यही बात डी.बी. उर्फ़ देबू के सम्बन्ध में कही जा सकती है। योगांदर व के.बी. सक्सेना मार्क्सवादी हैं लेकिन मैं इन्हें 'अल्ट्रा लैफ्ट' नहीं कह सकता। देश में ऐसे अनेक प्रतिबद्ध अधिकारी होंगे जिन्हें मैं व्यक्तिगत रूप से नहीं जानता। इतना भर कह सकता हूँ कि यदि ये मुट्ठीभर नौकरशाह अपनी पर आ जाएँ तो भी बहुत कुछ हो सकता है। बस्तर में काम करते हुए मुझे इसका तजुर्बा हो चुका है।

अत: यदि ये तीनों पक्ष एकमत 'नहीं' होते, संवेदनशील नहीं रहे होते, तो आधे रोज़ में मेरी नियुक्ति असंभव थी। मुझे याद आया, 1973 में 'धर्मयुग' के लिए एक आवरण कथा लिखी थी—आज का अफ़सर-कितना हुक्काम-कितना जनसेवक? इस लेख में मैंने भारतीय नौकरशाही के चरित्र का विस्तार से विश्लेषण किया था। चुनिंदा अधिकारियों के इंटरव्यू भी लिए थे।

ख़ैर, मैं अब राष्ट्रीय श्रम संस्थान उर्फ़ एन.एल.आई. में अपनी नई भूमिका के साथ अवतरित होने जा रहा हूँ, अर्थात् प्रत्यक्ष व परोक्ष रूप से इस तंत्र का 'अदना पुर्जा' बन रहा हूँ। चलिए, इस नए रोल-प्रदर्शन को भी देख लिया जाए। जीवन एकरंगी तो है नहीं, यह बहुरंगी है। जीवन, विविध रंगों का पुंज है जो कि अनेक आकृतियों में खिलता है। वास्तव में अनुभवों से ही पहचान होती है जीवन की। कैसा जीवन जिया है? अनुभवों की अनुपस्थिति में इस प्रश्न का उत्तर कौन देगा? जीवन भी निरुत्तर कहलाएगा। निश्चित ही, श्रम संस्थान की भूमिका ने मेरे लिए अनुभवों का नया द्वार खोल दिया है।

सबसे पहले तो श्रम-संस्थान में नियुक्ति ने मुझे आर्थिक चिंता से मुक्त किया। यहाँ क़रीब एक हज़ार रुपए का वेतन मिलना शुरू हुआ जिसमें से कुछ कटौती के बाद आठ सौ रुपए का चैक मेरे बैंक खाते में नियमित जमा हो जाता है। मैं समझता हूँ सुविधापूर्वक रहने के लिए यह राशि पर्याप्त है। भारत में इस समय साठ-सत्तर प्रतिशत आबादी ग़रीबी की सीमा तले गुजर-बसर कर रही है। इस दृष्टि से मुझे सम्पन्न मध्यवर्ग की श्रेणी में रखा जा सकता है। यात्रा-भत्ता का प्रावधान अलग से है। स्वतंत्र लेखन भी जारी रख सकता हूँ। सो, खाने-पीने रहने के झंझटों से फ़ौरी तौर पर निज़ात मिली। नियुक्ति के

चंद दिनों में ही मैंने दफ़्तर के पास एक कमरे का मकान ले लिया है। यह सफ़दरजंग अस्पताल में सफ़ाई कर्मचारी का क्वार्टर है। थोड़ी-बहुत असुविधा है, लेकिन यही बेहतर तात्कालिक विकल्प लगा। कर्मचारी का परिवार भी साथ में रहता है। इसलिए बाथरूम और साफ़-सफ़ाई की समस्या रहती है। जीने की शैली का गहरा सम्बन्ध व्यक्ति की सामाजिक, पारिवारिक और आर्थिक पृष्ठभूमि से रहता है। भारत में तो जातिगत कर्म भी अलग से भूमिका निभाता है। ये तमाम कारण व्यक्ति के व्यवहार और जीने के ढंग में कम-अधिक अपनी उपस्थिति का एहसास कराते रहते हैं। चूँकि मैं पूर्णकालिक राजनीतिकर्मी के दौर से हाशिये की पृष्ठभूमिवालों के साथ रहने का अभ्यस्त हूँ, इसलिए मुझे इस सबलैंटिंग वाले कमरे में कोई मानसिक समस्या या सांस्कृतिक परहेज़ नहीं है। आवास की व्यवस्था के साथ ही मैंने नियमित रूप से ताई को भी मनीऑर्डर भेजना शुरू कर दिया है।

मैं कई दृष्टियों से श्रम-संस्थान का ऋणी रहूँगा। संस्थान में क़रीब पौने तीन बरस की पारी में मैंने ग्रामीण-कस्बाई भारत को सघनता व व्यापकता से देखा। उत्तर-पूर्व से लेकर दक्षिणी भारत और पश्चिमी भारत से लेकर पूर्वी भारत के गाँवों, क़स्बों और शहरों को नापा; दारांग, कालाहांडी, पलामू, भोजपुर, उदयपुर, बाँसवाड़ा, रतलाम, सरगूजा, मेंडक, मांडिया, चित्तौड़ जैसे ज़िलों के गाँवों में खेतिहर श्रमिकों के लिए शिविर लगाए; राष्ट्रीय बंधक श्रमिक सर्वेक्षण से जुड़ा; विभिन्न प्रकार के ग्रामीण अध्ययन किए। इन शिविरों व सर्वेक्षण अध्ययनों की अनुभव पूँजी का सृजनात्मक नियोजन मेरी सबसे चर्चित पुस्तकें 'आदमी, बैल और सपने' और 'आदिवासी समाज और शिक्षा' में हुआ है। संस्थान में कार्य करते हुए 'वैचारिक अपनापन' और 'कॉमरेडीय व्यवहार एवं सहयोग' के मिलने की वजह से ही मैं अपने रोल को प्रतिबद्धता के साथ निभा सका हूँ।

इसका सबसे बड़ा कारण यह रहा है कि श्रम-संस्थान में अधिकांश एकादमीय या नियमित समाजविज्ञानी लगभग समान विचारधर्मी मिले। यहाँ मैं कुछ नामों का ज़िक्र करना चाहूँगा जिनके साथ मैंने ग्रामीण क्षेत्रों में बंधक श्रमिक मुक्ति शिविर लगाए और अकादमीय पद्धति से कृषि-सम्बन्धों को समझने व विश्लेषण करने में मदद मिली। वैसे तो डीन डे स्वयं भी खुले विचारों, प्रयोगधर्मी और मध्य वाममार्गी हैं। संस्थान का कार्य-वातावरण भी लगभग उनके रुझानों के मुताबिक है। उनके बाद डॉ. प्रयाग मेहता भी समाजवादी विचारों के हैं और 'सीनियर फैलो' हैं। संस्थान का 'रूरल विंग' तो एक प्रकार से ऐसे वामपंथियों का 'एकादमिक अभयारण्य' है जो कि शोध-पत्रों और पोलिमिक्स से देश में क्रान्ति लाना चाहते हैं। इसमें अब एक और रंगरूट जुड़ गया है और वो है रामशरण जोशी। मुझसे सीनियर लोगों में हैं डॉ. आर.एन. महाराज, डॉ. गोपाल अय्यर, डॉ. अरविंद नारायण दास, डॉ. महावीर जैन, कुलकर्णी आदि। संस्थान की 'लेबर बुलेटिन' के सम्पादक हैं मुनीश सक्सेना जो कि एक अरसे तक बम्बई से हिन्दी साप्ताहिक 'बिल्टिज़' का सम्पादन करते रहे हैं। संस्थान की लाइब्रेरी काफ़ी समृद्ध है, और इसका श्रेय प्रेमशंकर दुबे को है। दुबे स्वयं भी प्रगतिशील हैं। इसलिए पुस्तकालय में मार्क्सवादी साहित्य (इतिहास, अर्थशास्त्र, समाजशास्त्र, मानवशास्त्र आदि) भी प्रचुर मात्रा में है। रूरल विंग के मुखिया आर.एन. महाराज सबसे चर्चित व अनुभवी व्यक्ति हैं। बिहार के हैं और किशोरावस्था में खुद भी

किशोर बंधक श्रमिक रहे हैं, इसलिए कृषि-सम्बन्धों पर उनकी खासी पकड़ है। एक प्रोजेक्ट के तहत पश्चिमी जर्मनी की यात्रा भी कर चुके हैं। योगांदर, डांबी, चंद्रमौलि जैसे वामपंथी अधिकारियों पर उनकी धाक जमी हुई है। डे पर भी उनका प्रभाव है। अकादमीय क्षेत्रों में अरविंद एक चर्चित नाम है और मुनीश का वामपंथी क्षेत्रों में परिचित नाम है। सीपीआई से जुड़े हुए हैं। डॉ. अय्यर तमिलनाडु से हैं, और एक प्रतिबद्ध मानवशास्त्री हैं। अत: श्रम-संस्थान में अकादमीय और अर्द्ध राजनीतिकर्मीय परिवेश है। परिवेश में मेरी मौजूदगी एक घटना के रूप में ली गई।

सबसे बड़ी वजह रही है मीसा वारंटी का तमगा। बस्तर-वापसी और मीसा वारंट, इन दोनों का लाभ मुझे यहाँ मिला। इसके पश्चात् मेरी नियुक्ति-प्रक्रिया और प्रभावशाली नौकरशाहों का समर्थन और इसका प्रभाव संस्थान के स्टॉफ पर पड़ना ही था। पूर्णकालिक पार्टीकर्मी और पत्रकारीय पृष्ठभूमि का रुतबा अलग से साथियों पर जमा। अत: संस्थान में नया-नया होने के बावजूद मुझे वरिष्ठों के समकक्ष लिया गया। 'दिनमान', 'नवभारत टाइम्स', 'हिन्दुस्तान', 'धर्मयुग', 'साप्ताहिक हिन्दुस्तान' जैसी राष्ट्रीय पत्र-पत्रिकाओं में मेरी नियमित उपस्थिति से जहाँ लाभ मिला, प्रभाव जमा, वहीं इक्के-दुक्के साथियों को असुविधा भी हुई। यद्यपि वे अँगरेज़ी में लिखते, ई.पी. डब्ल्यू में छपते, पर हिन्दी में मेरे आलेखों से हिन्दी पट्‌टी में शोर मच जाता है। समरसेन द्वारा सम्पादित पत्रिका 'फ्रंटियर', ई.पी. डब्ल्यू, लिंक, पैट्रीयट में भी मैं छप चुका हूँ। हिन्दी और अँगरेज़ी में लेखन के कारण मुझसे सभी प्रकार के लोग मिलने आने लगे। हक़सर साहब की पुत्री नंदिता हक़सर, जो कि खुद भी एक्टिविस्ट हैं, तो अक़सर अपने पति के साथ मिलने और चर्चा के लिए चली आती हैं। ये सब कारनामें ईर्ष्या का कारण बने हैं।

संस्थान में लाल झंडा यूनियन के अनुभव मेरे लिए काफ़ी उपयोगी साबित हुए हैं। यूनियन से जुड़ा रहने के कारण मुझे गेट मीटिंग लेनी पड़ती थी, धरना-प्रदर्शन-रैलियों में भाग लेना होता, कभी-कभी मार्क्सवाद की स्टेडी क्लास भी लेता, यूनियन और प्रबंधन अधिकारियों के बीच वार्ताकार रहता। इन तमाम गतिविधियों से मैंने व्यावहारिक अनुभव खासा अर्जित किया, जिसका प्रयोग आज मैं संस्थान में कर रहा हूँ। श्रमिक शिविरों के आयोजन व संचालन में ये अनुभव मेरा मार्गदर्शन करते हैं, और वहीं सीनियर अकादमीशियन बोदा-सा महसूस करते हैं, क्योंकि उनकी सम्प्रेषण शैली बौद्धिक रहती है। इसके विपरीत मैं ज़मीन पर उतर कर खेतिहर श्रमिकों, निर्धन किसानों, आकस्मिक श्रमिकों के साथ संवाद करता हूँ। इन संवादों में मैं लोककथाओं, प्रतीकों, उपमाओं आदि का प्रयोग करता हूँ। मेरी कोशिश रहती है संवाद-कथ्य को 'टारगेट ऑडियेंस' के परिवेश से जोड़ा जाए ताकि प्रशिक्षक और प्रशिक्षार्थी के बीच सहज व विश्वासपूर्ण सम्बन्ध स्थापित हो सके; 'आओ शिकार करें-नया गाँव बसाएँ'[1] जैसा अभ्यास इसी व्यावहारिक दृष्टि का परिणाम है। उदयपुर[2] की सबसे पिछड़ी तहसील कोटड़ा में बंधक श्रमिक शिविर संचालन के दौरान इस चर्चित अभ्यास का जन्म सन् 1978 में हुआ था। इस तरह मेरी ज़मीनी अनुभव

1. विस्तार के लिए देखें : आदिवासी समाज और शिक्षा; प्र. ग्रंथ शिल्पी (दिल्ली)
2. आज भी उदयपुर स्थित संस्था 'आस्था' इस अभ्यास के माध्यम से भीलों को जाग्रत कर रही है। यह मैंने स्वयं सन् 2012 की कोटड़ा यात्रा में देखा था।

पृष्ठभूमि होने के कारण मुझे जल्दी ही शिविर आयोजन का स्वतंत्र दायित्व भी मिलना शुरू हो गया है।

संस्थान में आने के कुछ समय बाद ही मुझे स्वयं को उपयोगी सिद्ध करने के लिए एक अच्छा अवसर मिल रहा है। संस्थान की एक टीम रतलाम जा रही है जिसमें अन्तरराष्ट्रीय श्रम संगठन (आई.एल.ओ.) के सदस्य भी हैं। इसके अतिरिक्त बम्बई से रजनी एक्स देसाई (सह-सम्पादक : ई.पी. डब्ल्यू), डच विद्वान् और गुजरात के विशेषज्ञ जान ब्रेमन भी वहाँ पहुँच रहे हैं। टीम का नेतृत्व आर.एन. महाराज कर रहे हैं। इस टीम का उद्देश्य जहाँ बंधक श्रमिकों का पता लगाना है वहीं ग्रामीण वेश्यावृत्ति से ग्रस्त गाँवों में जाना भी है। मैं अब तक शहरी चकलाघरों से तो वाकिफ़ था लेकिन ग्रामीण चकलाघरों या वेश्यावृत्ति के बारे में नहीं सुना था। इस ग्रामीण वेश्यावृत्ति को ग्रामीण समाज की मान्यता भी प्राप्त है। रतलाम ज़िले में ऐसे कई गाँव हैं जहाँ माछरा जाति में यह प्रथा परम्परागत रूप से आज भी प्रचलित है। मैं यह सुनकर आश्चर्यचकित हूँ। मेरे लिए यह अविश्वसनीय था कि स्वाधीन भारत में ऐसी भी जातियाँ हैं जहाँ वेश्यावृत्ति रीति-रिवाज़ के रूप में मौजूद है। वैसे देवदासी, जोगिन जैसी प्रथाएँ भी ग्रामीण वेश्यावृत्ति का ही रूप मानी जाती हैं।

ख़ैर! हम लोग सुबह दिल्ली-मुंबई फ्रंटीयर मेल से रवाना हुए और रात्रि तक रतलाम पहुँच गए। बम्बई से आए अतिथि भी हमें मिल गए हैं। रजनी देसाई ने तो मुझे देखते ही पहचान लिया। हम 1973 में दलित पैंथर आंदोलन के दौरान ई.पी.डब्ल्यू ऑफिस में मिले थे। उन दिनों मैं, अशोक चक्रवर्ती और कतिपय दलित साथी दिल्ली से इस आंदोलन में भाग लेने के लिए पहुँचे थे। इस घटना का विवरण पहले दिया जा चुका है। रजनी और मेरी, दोनों की ही यह पहली यात्रा थी इसलिए हम लोगों ने वेश्यावृत्ति से ग्रस्त गाँवों पर अलग से चर्चा की। इसमें ब्रेमन भी शामिल हो गए।

अगले रोज़ रतलाम ज़िले के कुछ गाँवों में हम लोगों को ले जाया गया। वेश्यावृत्ति से संबंधित परिवारों और उनकी अविवाहित लड़कियों से हम लोग मिले। वेश्यावृत्ति में संलिप्त कुंवारी लड़कियों की दृष्टि में यह पेशा एक प्रकार से धार्मिक व जातिगत संस्कार है। माता-पिता घर की बड़ी लड़की को इस पेशे में विधिवत् संस्कारित करके डालते हैं या अनुभवी औरतों से दीक्षा दिलवाते हैं। लेकिन अन्य व विवाहित लड़कियों को इस पेशे से दूर रखा जाता है। इस जाति में स्त्री और पुरुष, दोनों के लिए विवाहेतर सम्बन्ध रखना वर्जित है। एक प्रकार से पाप है। परिवार के मुखिया और औरतें यह भी जानती हैं कि वेश्यावृत्ति क़ानूनन अपराध है, पकड़े जाने पर जेल में भी ठूँसा जा सकता है। पर पीढ़ियों से चली आ रही मान्यता इनके लिए पवित्र है, न कि स्वतंत्र भारत का संविधान और उसकी क़ानूनी व्यवस्थाएँ! हम सभी लोग उनकी इन मान्यताओं से आश्चर्यचकित हैं। हमारी सुरक्षा की दृष्टि से साथ में तैनात दो सिपाही भी हैं। वे भी इनकी मान्यताओं का 'हूँ', 'हाँ', 'जी साहब' कहकर एक तरह से समर्थन कर रहे हैं। एक सिपाही ने इतना ज़रूर बतलाया कि इन गाँवों में रात-विरात छापा मारा जाता है। औरतों को गिरफ़्तार भी किया जाता है, लेकिन इनमें अपराध का कोई एहसास नहीं होता है। पुलिस और प्रशासन भी लाचार है, क्योंकि क़ानून इनकी धार्मिक मान्यताओं के सामने 'फेल' हो जाता है।

एक गाँव में बातचीत के दौरान एक ऐसी युवती से मुठभेड़ हुई जो कि गोर्की की 'माँ' और प्रेमचन्द का 'गोदान' पढ़ चुकी थी। दोनों उपन्यासों के सम्बन्ध में उसने सधी हुई हिन्दी में अपनी बात भी कही। इच्छा तो हुई कि इसी गाँव में रुककर इसका अलग से इंटरव्यू लूँ, लेकिन समय की कमी के कारण संभव नहीं है। पूरी टीम रोज़ विभिन्न गाँवों की यात्रा करके दिल्ली लौट रही है। पर मैंने तय कर लिया है कि इस युवती की कहानी जानने के लिए मैं इस गाँव में स्वतंत्र रूप से कभी आऊँगा।

हम सभी दिल्ली लौट आए हैं। चुनाव आए और चले गए। चुनाव परिणामों ने देश का राजनीतिक नक़्शा बदल कर रख दिया है। इन्दिरा गाँधी व संजय गाँधी रायबरेली एवं अमेठी से चुनाव हार चुके हैं; जनता पार्टी और उसके गठबंधन को 345 सीटें मिली हैं; कांग्रेस ने 154 सीटें पा कर अपनी पराजय का इतिहास रचा है; 23 मार्च, 1977 को औपचारिक रूप से इमरजेंसी को समाप्त कर दिया गया है। इन्दिरा गाँधी के प्रतिद्वंद्वी मोरारजी देसाई ने 24 मार्च को देश की पहली ग़ैर-कांग्रेसी सरकार उर्फ़ जनता पार्टी की सरकार के प्रधानमंत्री पद की शपथ ले ली है। इसके साथ ही छठी लोकसभा अस्तित्व में आ गई है। सभी राजनीतिक पंछी पिंजरों (जेल) से आज़ाद होकर खुले आकाश में अपनी-अपनी शक्ति के अनुसार उड़ानें भर रहे हैं। मंत्रीपदों के लिए आपाधापी शुरू हो चुकी है। जेपी के हस्तक्षेप के कारण देसाई प्रधानमंत्री बनने में तो सफल हो गए, लेकिन उप-प्रधानमंत्री पद के लिए जगजीवन राम और चौ. चरण सिंह के बीच ओछी जंग छिड़ चुकी है। देसाई मूकदर्शक बने हुए हैं। अन्ततः इन दलित और जाट पहलवानों के विकृत दबाव के सामने नतमस्तक होते हुए देसाई को अपनी सरकार में दो-दो उप-प्रधानमंत्री बनाने पड़े हैं। देश की तथाकथित सम्पूर्ण क्रान्ति की कोख से जन्मा नया निज़ाम और नई सियासत 'विदूषक' दिखाई दे रहे हैं। जगजीवन राम बनाम चरण सिंह जंग निरन्तर विद्रूप बनती जा रही है।

एक रोज़ ख़बर फैली है कि जगजीवन राम के इकलौते पुत्र सुरेशराम का अपहरण हो गया है। उसके अपहरण में अँगरेज़ी के एक छुटभैये पत्रकार नीलेन्द्र गोस्वामी और उड़नछाप नेता पी.सी.वर्मा (परिवर्तित नाम) का हाथ है। सुरेशराम का अपहरण करके पश्चिमी उत्तर प्रदेश ले जाया गया। उसकी कार से उसकी प्रेमिका के साथ अशोभनीय आसनों में सुरेशराम के पोलोराइड चित्र भी मिले। बाद में इनमें से कुछ मित्रों को इन्दिरा गाँधी की छोटी पुत्रवधू मेनका गाँधी द्वारा सम्पादित पत्रिका 'सन' व 'सूर्य' में प्रकाशित भी किया गया। इन्दिरा जी इस घटना से बेहद कुपित हुईं और अगले अंकों में ऐसे चित्रों के प्रकाशन पर उन्होंने रोक लगा दी। इस अपहरण-प्रकरण से देसाई-सरकार का छविग्राफ रसातल की ओर बढ़ रहा है।

इस प्रकरण में मेरी दिलचस्पी का कारण पत्रकार व उड़नछाप नेता हैं। मेरा कयास था कि इस कांड में इन दोनों की कोई-न-कोई भूमिका होनी चाहिए। पत्रकार और नेता, दोनों ही मुझसे परिचित थे। दोनों की जीवन-शैली को मैं ख़ूब जानता था। इसलिए मैं चिंतित था कि कहीं इन लोगों खिलाफ़ कोई क़ानूनी कार्रवाई न हो जाए। इन दोनों से बदला लेने के लिए जगजीवन राम और सुरेशराम किसी भी हद तक जा सकते हैं। मेरा शक़ सही निकला। इस घटना के एक सप्ताह बाद पत्रकार ने दो-तीन पैग के पश्चात् खुद ही डींगें

मारते हुए आरम्भ से अन्त तक की अपहरण कहानी सुना दी। इन दोनों ने चौ. चरण सिंह की लॉबी के इशारों पर यह काम किया था। इन्हें उम्मीद थी कि प्रधानमंत्री देसाई बाबू जगजीवन राम की उप-प्रधानमंत्री पद से छुट्टी कर देंगे और मैदान में अकेले चौधरी साहब रह जाएँगे। चरण सिंह का अगला निशाना देसाई होंगे। उन्हें आसानी से हटाया जा सकता है। इसके बाद उत्तराधिकारी के रूप में वे ही प्रधानमंत्री बनेंगे। प्रधानमंत्री पद को हथियाने के लिए बने इस 'रोडमैप' में मेरे इन दोनों परिचितों के अलावा कुछ अन्य लोगों ने भी भूमिका निभायी।

मैंने पत्रकार से पूछा कि तुम इस घृणित काम में क्यों शामिल हुए? आख़िर कौन-सी मज़बूरी थी? उसका जवाब था, 'अपने मित्र वर्मा की मदद करनी थी। इसमें मुझे मज़ा भी आ रहा था।' उसने यह भी बताया कि सुरेशराम और उसकी प्रेमिका को कार में बेहोश करके और हाथ-पैर बाँधकर मेरठ के एक गाँव में ले जाया गया। वहाँ दोनों को नंगा करके उनके जबरन अश्लील चित्र लिए गए। इसके लिए दोनों की पिटाई भी की गई। गम्भीर परिणामों से भयभीत होकर अन्ततः दोनों अपने सेक्स चित्र देने के लिए तैयार हो गए। लेकिन, सुरेशराम की कार से ही पोलोराइड कैमरे से खींचे गए चित्रों का अलग से एक बंडल भी मिल गया। सुरेशराम ने वेस्टर्न कोर्ट में अपनी उक्त प्रेमिका के साथ अन्तरंगावस्था में चित्र पहले से ही खींच कर रखे हुए थे। उन्हीं चित्रों का प्रयोग राजनीतिक ब्लैक मैलिंग में किया गया है, न कि मेरठ के चित्रों का। (उक्त पत्रकार स्वतंत्र लेखन में सक्रिय है, दूसरे व्यक्ति ग़ैर-कांग्रेसी व भाजपाई राजनीतिक दल में राष्ट्रीय स्तर के नेता हैं। एक-दो अन्य लोग भी उत्तर प्रदेश व बिहार की सियासत में अहम् स्थान रखते हैं।) इस पत्रकार पर मुझे संदेह इसलिए भी हुआ कि इसने पिछले दिनों बॉलीवुड की एक अत्यंत प्रतिष्ठित हीरोइन की इन्दिरा-सरकार के एक विवादास्पद रंगीले मंत्री के साथ आपत्तिजनक स्थिति में तस्वीर को कनॉट प्लेस से प्रकाशित पीत पत्रकारिता के एक टेबलाइट में छपवाने से रुकवाया था। मंत्री और सम्पादक के बीच क़रीब एक लाख का सौदा पटा था। पत्रकार को अलग से कुछ हिस्सा मिला। (उक्त अभिनेत्री आज विज्ञापन व सामाजिक कार्यों में सक्रिय है, और रंगीले नेता व सम्पादक दिवंगत हो चुके हैं।)

इस तरह की घटनाएँ परिवर्तित निज़ाम के चरित्र और प्रेस की भावी तस्वीर के संकेत देती हैं। मुझे कोफ़्त इसलिए है कि ये दोनों ही शख़्स इस दशक के आरम्भ में व्यवस्था परिवर्तनवादी रह चुके थे। इस दलित बनाम जाट जंग से यह भी उजागर हो चुका है कि जनता पार्टी की ताज़ा-ताज़ा इमारत पर किस तरह की इबारत लिखी जा रही है, और न जाने यह कब भरभराकर धराशायी हो जाएगी, इसके भी आसार साफ़ दिखाई दे रहे हैं!

जनता पार्टी के सत्तारूढ़ होने से सम्पूर्ण क्रान्ति का तो पटाक्षेप हो ही चुका है, लेकिन ग्रामीण भारत में इमरजेंसी के काल में सामन्ती-ज़मींदारी शक्तियों को जो थोड़ी-बहुत चोट पहुँची थी, बंधक श्रमिक मुक्त हुए थे, महाजनी क़र्ज़-सूदखोरी क्षीण हुई थी, अब फिर से ये तमाम उत्पीड़क-शोषक व्यवस्थाएँ नेपथ्य से उठकर मंच पर अपना आक्रामक प्रदर्शन कर रही हैं। ग्रामीण भारत, विशेषतः हिन्दी प्रदेशों के गाँवों में सामन्ती हिंसा भड़क चुकी है; मुक्त बंधक श्रमिक फिर से अर्द्ध गुलाम बन रहे हैं; सूदखोरी फिर शुरू हो चुकी है; दलितों को सवर्ण हमलों का निशाना बनाया जा रहा है; दलित, आदिवासियों और हाशिये

के लोगों को दी गई ज़मीनों को बलात् छीना जा रहा है। इस माहौल में रतलाम की आलौट तहसील के एक गाँव में जातिगत हिंसा में चार-पाँच दलितों की हत्या ने नए निज़ाम को हिलाकर रख दिया है। संसद और मध्य प्रदेश विधानसभा में इस कांड की गूँज ने देसाई सरकार को कठघरे में खड़ा कर दिया है। केन्द्र में श्रम राज्यमंत्री लारंग सहाय मध्य प्रदेश के साथ-साथ आदिवासी समाज से भी हैं इसलिए श्रम संस्थान से कहा गया है कि इस कांड के कारणों की विश्लेषणात्मक रिपोर्ट तैयार कर मंत्रालय को भेजी जाए। डीन और महाराज, दोनों ने मुझे आलौट जाने का निर्देश दिया है।

मैं रतलाम स्टेशन पर उतरकर बस से आलौट जा रहा हूँ। यह बाबा आदम ज़माने की बस है। दो-ढाई घंटे के सफ़र के बाद जैसे-तैसे मैं आलौट तहसील पहुँच गया हूँ। घटनाग्रस्त गाँव में पहुँचने और पीड़ित परिवारों से मिलने के लिए शेष यात्रा पैदल तय करनी होगी। रेल पटरी के साथ-साथ मैं चल पड़ता हूँ और डेढ़ घंटे के बाद लोगों से पूछताँछ करके गाँव में पीड़ित परिवारों से मिलता हूँ। इसके बाद ऊँची जाति के लोगों से सम्पर्क करता हूँ। मैं गाँव में तैनात पुलिस के विशेष दस्ते से भी मिलता हूँ और अन्य अधिकारियों से भी बात करता हूँ। इस क्षेत्र से तथ्य एकत्रित करने में क़रीब तीन रोज़ लग गए हैं। जावरा में रुककर ही रिपोर्ट तैयार करता हूँ। दिल्ली रवाना होने से पहले मैं सोच रहा हूँ कि क्यों न उसी गाँव में चलकर उक्त दिलचस्प युवती से मिल कर उसकी कहानी जान ली जाए। वेश्यावृत्ति में रत एक औरत मैक्सिम गोर्की को पढ़ती है, प्रेमचन्द के उपन्यासों से परिचित है तो निश्चित ही उसका जीवन रोचक होना चाहिए। तब क्यों न इस ग्रामीण वेश्या की साहित्यिक रुचि की पृष्ठभूमि को खंगाला जाए। इसे ध्यान में रख कर ही मैं अपना जावरा-पड़ाव एक रोज़ बढ़ा रहा हूँ।

मैं रुक तो गया हूँ लेकिन उस गाँव में पहुँचने की समस्या है। यह गाँव जावरा से दस-बारह किलोमीटर के फ़ासले पर है। मंदसौर मार्ग के किनारे पर माछरा जाति की ढाणियाँ हैं। पिछली यात्रा में तो मैं दल के साथ था और दो जीपें थीं। इस समय मैं अकेला हूँ। मैं रात भर के लिए साइकिल किराये पर लेता हूँ और गंतव्य दिशा में चल पड़ता हूँ। पूछता-पाछता मैं निर्धारित स्थान पर पहुँच गया हूँ। मैं यहाँ आ तो गया लेकिन वह युवती मिल ही जाएगी, यह ज़रूरी नहीं है, क्योंकि उसने पिछली यात्रा में बतलाया था कि वह समय-समय पर एक-दो रोज़ के लिए बाहर भी जाती रहती है। इस ढंग से उसे अच्छी कमाई हो जाती है। हो सकता है वो बाहर चली गई हो! इस आशंका से मैं घिरा हुआ हूँ। एक परेशानी यह भी है कि यदि किसी दूसरी युवती से पाला पड़ गया तो वह अन्यत्र नहीं जाने देगी।

इसलिए मैं अत्यंत सावधानी बरत रहा हूँ। पिछली यात्रा के अंदाज़ पर मैं सही जगह पहुँच गया हूँ। सुखद आश्चर्य यह है कि वही युवती अपने कमरे के सामने खड़ी है। इस तरह की युवतियाँ रहती हैं अपने परिवार के साथ ही, लेकिन उन्हें पेशे के लिए अलग से कमरा दे दिया जाता है। वे अपने निर्धारित कमरों में ही रहतीं और खाती-पीती हैं। अतिथि ग्राहक का स्वागत भी इन्हीं कमरों में करती हैं। उस व्यक्ति को विवाहित औरतों से मिलने नहीं दिया जाता है। इस मर्यादा का पालन सख़्ती से किया जाता है। मैंने अपनी सुविधा की दृष्टि से संबंधित युवती का नाम 'चन्द्रमुखी' रखा है। वैसे इसका नाम पारो, राधा, कमली, चन्द्रमुखी, शांति, रुक्को आदि कुछ भी हो सकता है। संभव है, कुछ को 'चन्द्रमुखी सम्बोधन'

में तनिक नाटकीयता प्रतीत हो! पर कभी-कभी यह नाटकीयता भी मन को भाती है, दिमाग़ को गुदगुदाती है!

इस युवती के चन्द्रमुखी सम्बोधन के पीछे केवल मंशा यह है कि इसकी सम्पूर्ण उपस्थिति मुझे 'देवदास' की 'चन्द्रमुखी' के पास पहुँचा देती है। वैसे तो शरत्चन्द्र चटर्जी के इस उपन्यास पर अब तक दो-तीन बार 'देवदास' फ़िल्म बन चुकी है। यहाँ मेरा दिलीप कुमार-सुचित्रा सेन-वैजयंती माला वाले देवदास संस्करण से है। यह युवती वैजयंती माला से मिलती-जुलती है। इन चंद परछाइयों के कारण इच्छा हुई है कि इस युवती का 'चन्द्रमुखी' सम्बोधन इसके साथ न्याय करना होगा। जब मैंने इसकी जीवन-कथा सुनी तो मेरा सम्बोधन सार्थक ही निकला।

सामान्य शिष्टाचार के बाद चन्द्रमुखी मुझे कमरे में पड़े मोढ़ा पर बैठाती है। कमरे में एक पलंग और एक सामान्य चारपाई है। दो-एक छोटे-छोटे ट्रंक रखे हुए हैं। कुछ बर्तन और कप-प्याले हैं। एक अँगीठी और स्टोव रखे हुए हैं। खूँटी से कपड़े झूल रहे हैं। सजने-धजने के लिए एक सामान्य सिंगारदान है, उससे सटा बड़ा-सा शीशा है। एक आला है जिस पर फ्रेम में सजी एक युवक की तस्वीर है। कुछ पुरानी पत्रिकाएँ व लोकल अख़बार हैं।

"सा'ब, आप अपनी साइकिल कमरे के भीतर रखें।"

"क्यों?"

"अगर रात हो गई तो यहाँ रुकना होगा। पुलिस आ जाती है। वह साइकिल देखकर पूछताछ करेगी। इसलिए अंदर ही रखें।"

चन्द्रमुखी साइकिल को अंदर रख देती है।

"आप खाना क्या खाएँगे? कुछ देसी पियेंगे भी।" वह पूछ रही है।

"मैं शाकाहारी हूँ। मिर्च-मसाला अधिक पसंद नहीं करता। अधिक पीता भी नहीं हूँ। देसी की दो-तीन घूँटें ले लूँगा।"

"ठीक है। मैं मँगवाती हूँ। ख़र्चा-पानी लगेगा। खाना पकने में कुछ टेम लग जाएगा। ठीक है?"

"ठीक है। तुम इंतज़ाम करो।" मैं चन्द्रमुखी को डेढ़ सौ रुपए देता हूँ। वह खुशी-खुशी ले लेती है और बाहर चली आती है। इसी बीच में सोच रहा हूँ कि इससे क्या बात की जाए? मैं इसके बारे में कुछ जानता भी नहीं हूँ। अकेले में किसी गंवई युवती से इस तरह नहीं मिला। यह पहला अवसर है। तरह-तरह के भाव-विचारों का ज्वार-भाटा आया हुआ है। पाप-पुण्य, सही-ग़लत, नैतिक-अनैतिक, क़ानूनी-ग़ैरक़ानूनी, न्यायोचित-अन्यायोचित, स्त्री उत्पीड़न-शुद्ध पेशा आदि के बीच मैं डूब-तैर रहा हूँ। मैं एक शोधकर्त्ता हूँ। क्या समागम करना उचित रहेगा? यह कृत्य एक की वासना पूर्ति करता है जबकि दूसरे की उदरपूर्ति! वैसे ये दोनों पूर्तियाँ इस नश्वर काया से जन्मीं हैं, और इसी में ही इनका विसर्जन होगा। पर इन दोनों के तर्कों का अपना-अपना आधार है, और ये सही भी हो सकते हैं, लेकिन एक के तर्क में शोषण का तत्व शामिल है, इससे इनकार नहीं किया जा सकता। इस द्वंद्व में आधा-पौन घंटा कैसे बीत गया, पता ही नहीं चला। चन्द्रमुखी भीतर आकर भोजन की तैयारी की घोषणा नहीं करती तो यह द्वंद्व चलता ही रहता।

चन्द्रमुखी ने अपने माता-पिता के पास जाकर शाकाहारी भोजन बनवाया है। भोजन में मक्का-बाजरा की रोटी, आलू-मटर-टमाटर की सब्जी है, लहसुन-प्याज की चटनी और गुड़ शामिल है। पव्वा से कम देसी ठर्रा है। चन्द्रमुखी अपना भोजन भी साथ लाई है। उसका भोजन झाल वाला है, मेरा सामान्य। एक घंटे में भोजन निपट चुका है। भोजन के दौरान इधर-उधर की चर्चा चलती रही। चन्द्रमुखी ने बताया कि पेशा करने के लिए उसे कभी-कभी बड़े लोगों को कुछ देना पड़ जाता है। छापा भी पड़ता है। इसके बाद कुछ दिनों के लिए पेशा रोक देते हैं। इशारा मिलने पर फिर से शुरू कर देते हैं। चन्द्रमुखी बतलाती है।

भोजन समाप्ति के पश्चात् मैं उससे कह रहा हूँ–

"मैं तुम्हारे जीवन के बारे में बात करना चाहता हूँ।"

"क्या बात करना चाहते हैं सा'ब! मेरा जीवन तो खुली किताब है। पेशा करती हूँ, कमाती हूँ, कुछ बचाती हूँ, थोड़ा-बहुत माँ-बाप को देती हूँ।"

"अच्छा यह बताओ-तुमने गोर्की की 'माँ' और प्रेमचन्द के 'गोदान' के बारे में कैसे जाना और कहाँ पढ़ा?"

"सा'ब, कुछ आप जैसे बाबू लोग आए थे। वे किताब दे गए थे। मैं पढ़ गई।"

"तुम कहाँ तक पढ़ी हो?"

"आठवीं दरजा पास हूँ। दसवीं फेल हो गई। तब से पढ़ना छोड़ दिया।"

" 'माँ' और 'गोदान' को पढ़ने से कैसा लगा?"

"मुझे बहुत अच्छा लगा सा'ब। दोनों बड़े लेखक हैं। हमारे देश में भी 'माँ' जैसा होना चाहिए। हम लोग बहुत पिछड़े हुए हैं। ग़रीबी में धँसे रहते हैं, हमारे रीति-रिवाज़ भी बहुत गंदे हैं।"

"तुम क्या इस पेशे का विरोध नहीं करतीं?"

"अब कोई फ़ायदा नहीं है। पहले तो हमारी जाति का रिवाज़ है इसलिए यह अच्छा लगा था। कुछ महीनों के बाद आवाज़ उठायी तो माँ-बाप और भाई ने पिटाई की, रीति-रिवाज, धर्म का वास्ता दिया। मैं झुक गई...और अब तो इसे अपना लिया-अपना भाग समझ लिया। हम औरतों के भाग में यही लिखा है। ऐसे ही जीना है, ऐसे ही मरना है...कभी घरवालों के डंडे खाना है, कभी पुलिस के...तो कभी गाहकों की लातें-जाँघें ढोनी हैं...और क्या बतलाऊँ?"

"तुम घर से भाग नहीं सकतीं?"

"भाग कर कहाँ जाऊँगी...किसके साथ रहूँगी...भाग कर जाऊँगी तो चकलाघर ही पहुँचूँगी ना! वहाँ तो मेरी मिट्टी और खराब होगी। कितने लोग चढ़ेंगे। यहाँ तो मैं अपनी से करती हूँ-मरजी से साथ जाती हूँ। कई-कई दिन करती भी नहीं हूँ, गाहक भी नहीं आता है। अभी तीन-चार रोज़ से ठाली हूँ। तुम ही आए हो। घाटा पूरा कर दोगे तो काम चलेगा, सा'ब। हम लोग जोर-जबरन नहीं करते...ट्रक वाले...पुलिस वाले खराब होते हैं। कई लोग सीतमात में मेरी चमड़ी चाहते हैं। दमड़ी देंगे नहीं, यह जिसम पूरा चाहिए! ऐसा होता है सा'ब?"

"ऐसा बिल्कुल नहीं होना चाहिए। ऐसे लोगों की पिटाई कर दिया करो।"

"हमारी बदनामी होती है। गाहक टूट जाते हैं। हम जैसियों को सब सहना पड़ता है।"

"तुम सही कह रही हो। अच्छा यह बतलाओ–इस पेशे में कभी किसी से प्रेम–प्यार भी हो जाता है?"

"सा'ब क्यों नहीं होता। हमारा भी हिया है। पेशा करती हूँ तो क्या? हाड़–मांस की बनी हूँ। प्रेम की बात दूसरी है, पेशा की बात दूसरी। हमें तो दोनों के साथ जीना पड़ता है।" चन्द्रमुखी भावुक हो चली है। आँखें नम हैं।

"मैं समझा नहीं! क्या तुमने प्यार किया है?"

वह बग़ैर किसी झिझक–लज्जा के तपाक से कहती है–

"क्यों नहीं किया? अब भी करती हूँ।"

"क्या करता है? तुम्हारी उम्र का है?"

"अभी छोटा–मोटा काम करता है। कारीगर है। जावरा में ही उसका घर है। मुझसे थोड़ा बड़ा है।"

"फिर शादी क्यों नहीं कर लेती हो?"

"अभी पूरे पैसे नहीं हैं। शादी के बाद तो पेशा छोड़ दूँगी। वो भी अपने माँ–बाप से अलग हो जाएगा। दोनों जावरा–रतलाम–मंदसौर में कमरा लेंगे–काम–धंधा करेंगे।"

"उसको तुम्हारे इस पेशे के बारे में मालूम है?"

"क्यों नहीं मालूम? वो सब जानता है।" चन्द्रमुखी विश्वासपूर्वक कहती है।

"उसे तुम्हारा यह धंधा बुरा नहीं लगता है?"

"नहीं!" चन्द्रमुखी सोचकर फिर कहती है।

"मज़बूरी भी तो है सा'ब। पर हमारा प्रेम साँचा है! दोनों को बाँधे रखता है। इसमें शहरवालों की मिलावट नहीं है।" मेरी तरफ़ देखकर चन्द्रमुखी कहती है। शायद किसी शहरी से उसे गहरी चोट पहुँची है!

"तुम पेशे और प्रेम को अलग कैसे रखती हो?"

"रख लेती हूँ।"

"मेरा मतलब है जब तुम किसी ग्राहक के साथ सोती हो...मानो मेरे साथ सो रही हो। तब प्रेम को कैसे अलग रखती हो? क्या अपने प्रेमी का ख़्याल नहीं आएगा?"

"झूठ नहीं बोलती...याद आती है। कभी–कभी किरोध (क्रोध) भी आता है। पर सा'ब मज़बूरी है ना...टका लिया है तो काम पूरा करना है। धंधे में बेईमानी से पाप लगता है।" चन्द्रमुखी का हर वाक्य मुझे नैतिकता का पाठ पढ़ा रहा है। यह बीती सदियों की ऐसी यात्रा लग रही है जिसका धर्म है आत्मपीड़न, आत्म–यातना, जिसने अपने मूल्यों को अभी कमोडिटी नहीं बनने दिया है। 'प्रेम और पेशा' का यह पाठ मेरे लिए अप्रतिम है। चन्द्रमुखी का इन दोनों के प्रति निष्ठावान होना मेरे लिए नितांत पहला अनुभव है। जीवन के कई उतार–चढ़ावों से गुज़रा हूँ, तिमिरतम कोने भी देखे हैं और आलोकमयी भी। लेकिन दो विपरीत ध्रुवों के साथ समांतर धरातलों पर पारदर्शी सम्बन्ध बनाए रखना किसी भी स्त्री के लिए पुरुष वर्चस्ववादी सत्ता में सेंध मारने जैसा है। चन्द्रमुखी और उसका प्रेमी, सार्त्र व सेमन दे बुआ तो हैं नहीं जो कि असाधारण बौद्धिकता से लैस रहे हैं। इनकी तुलना

भारत के महानगरीय बुद्धिजीवियों और लेखकों से भी करना ग़लत होगा जिनके पास विवाहेतर सम्बन्धों को जायज ठहराने के लिए अनेक अकाट्य तर्क होते हैं। और अक़सर पश्चिमी समाज की घटनाओं को गिनाने से थकते नहीं हैं। यह भी कहा जा सकता है कि पाखंड के ख़ूबसूरत आवरण से ऐसे सम्बन्धों को ढका जाता है। दूसरी तरफ़ चन्द्रमुखी है जो बग़ैर किसी तर्क-जुगाली के 'प्रेम और पेशा' के अस्तित्व को स्वीकार करती है, सहज भाव से और ठेठ देसी मुहावरे में।

चन्द्रमुखी के साथ चंद घंटों की सोहबत मेरे लिए एक तरह से सबक है, एक बड़े-खुले फलक की ओर इशारा है। वह मुझे तड़के-तड़के अपने कमरे से विदा कर देती है। उठते समय वह मुझसे कह रही है, "सा'ब तुमने मुझे ज़्यादा रुपए दिए हैं। तुम्हारा जी करे तो रुक जाएँ–इसकी भरपाई कर लें। मैं तैयार हूँ।" चन्द्रमुखी ने मुझे हिलाकर रख दिया है। मेरी चेतना भूमि पर एक झटके में ही उसने कब्ज़ा कर लिया है। मैं उसकी आँखों में झाँकता हूँ, उसकी गरमास को महसूस करता हूँ और निरुत्तरता की हालत में मैं साइकिल उठा कर भौर के धुँधले उजास में जावरा जा रही सड़क पर आ जाता हूँ। इस घटना का पटाक्षेप यहीं हो रहा है। (चन्द्रमुखी और उसका प्रेम परवान चढ़ा या नहीं, इसकी खोज-ख़बर मैंने नहीं ली!)

रतलाम की यात्रा ने एक नए अनुभव की सृष्टि मुझमें की। इस यात्रा से मुझे प्रोफेशनल और निजी उपलब्धि हुई। एन.एल.आई. में प्रवेश के चंद महीनों बाद ही यह अवसर मिला जब मैंने स्वतंत्र रूप से आलौट तहसील की दलित-त्रासदी पर शोधपूर्ण रिपोर्ट[1] तैयार कर संस्थान को दी, जिसे श्रम मंत्रालय को भी भेजा गया। इस रिपोर्ट से संस्थान के साथियों पर थोड़ी-बहुत धाक जमी। विशेष रूप से महाराज प्रभावित हुए, डीन डे और संयुक्त सचिव डी.बी. ने इसकी तारीफ़ की। संस्थान की लेबर बुलेटिन में भी इसे प्रकाशित किया गया। श्रमशोध, जाति हिंसा, भूमि प्रश्न, दलितों, आदिवासियों पर अत्याचार जैसे सवालों से जुड़े अकादमीय क्षेत्रों में भी इसका नोटिस लिया गया। इस स्वतंत्र एसाइंटमेंट ने मुझ में शोध-विश्वास पैदा किया, क्योंकि मैं तो मूलतः पत्रकारिता और राजनीतिक पृष्ठभूमि से हूँ, अनुशासन की दृष्टि से अकादमीय क्षेत्र से मेरा सम्बन्ध कभी नहीं रहा। अलबत्ता, डॉ. बी.डी. शर्मा के निर्देशन में मैंने थोड़ी-बहुत शोध प्रविधि ज़रूर सीखी थी जिसका भरपूर प्रयोग बस्तर में शोधकार्य के दौरान किया।

दूसरी उपलब्धि चन्द्रमुखी के साथ संवाद की है। वास्तव में मेरे लिए यह उपलब्धि वेश्यागमन की नहीं, बल्कि 'प्रेम और पेशा' के सात्विक सम्बन्ध से मुठभेड़ की रही है। मैं इन दोनों उपलब्धियों से प्रसन्न हूँ। पर सुखदा के साथ सम्प्रेषण सूखता जा रहा है। महीनों बीत गए पत्र मिले जबकि मैं उसे जब-तब लिखता रहा हूँ। हम दोनों के बीच ख़ामोशी पसरती जा रही है। 'एकतरफ़ा प्रेम सम्बन्ध' कब तक जीवित रहेगा? यह प्रश्न प्रेत बन

---

1. इस रिपोर्ट की सामग्री का उपयोग मध्य प्रदेश विधानसभा में प्रतिपक्ष के नेता अर्जुन सिंह ने जोशी-सरकार को कठघरे में खड़ा करने के लिए भी किया, देखें : अर्जुन सिंह-एक सहयात्री, रा.श. जोशी इतिहास का; राजकमल प्रकाशन और Islands of Deprivation; ले. आर.एस. जोशी; हर्ष प्रकाशन, शाहदरा

कर पीछे पड़ा रहता है। जी चाहता भी है कि मैं सुखदा से मिलने के लिए ट्रेन में बैठ उड़ चलूँ। वैसे कल्पना का विमान सदैव तैयार रहता ही है। कभी भी इसमें उड़ चलो, कहीं भी। पर अब तो यह भी थकने लगा है। सच! स्वयं पर हँसता भी हूँ, गुस्सा भी करता हूँ। अजीब कश्मकश से मैं गुज़र रहा हूँ। वैसे कभी-कभी लगता है जीवन में आत्मपीड़ा के आनन्द की जगह अलग ही होती है। इस आनन्द के क्षणों में एक और आघात से मुझे निमंत्रण मिलेगा, इसकी कल्पना मैंने नहीं की थी।

हुआ यह कि मैंने सोचा कि जब सुखदा का कोई ख़त नहीं मिल रहा है तो क्यों न उसकी मौसी से मिलकर उसकी कुशल-क्षेम मालूम कर ली जाए। वैसे डॉ. पार्वती दास से मिले हुए भी लम्बा समय गुज़र चुका है। तो अगले रविवार को डॉ. दास से मिलने साकेत जा रहा हूँ। यही मैंने तय किया है। मैं फ़ोन पर उन्हें अपने आने की सूचना दे देता हूँ। वे भी मुझसे मिलने के लिए उत्सुक हैं।

साकेत में किराये पर डॉ. पार्वती पहली मंज़िल पर रहती हैं। दक्षिण दिल्ली के किसी महाविद्यालय में समाजशास्त्र की रीडर हैं। एक-दूसरे का कुशल-मंगल जानने के पश्चात् पार्वती मौसी पूछती हैं–

"राम, तुम्हारा नया जॉब कैसा है?"

"अभी तक तो संतोषजनक है। मन का है।"

"क्या मिल जाता है?"

"ठीक-ठाक मिल जाता है। काम चल जाता है।"

"फिर भी...?"

"बस, समझ लें एक हज़ार के आसपास है।"

"हूँ!" पार्वती सोचने लगती है।

"कोई विशेष बात है?"

"विशेष भी है...और नहीं भी! तुमसे जुड़ी हुई है।"

"फिर तो कह डालिए!" मैं मन में सोच रहा था कि शायद डॉ. पार्वती सुखदा के साथ विवाह की संभावनाओं का पता लगा रही हैं। इसमें ग़लत भी कुछ नहीं है। अपनी भानजी देने से पहले मौसी मेरी माली स्थिति ज़रूर जानना चाहेंगी। कुछ मिनट के लिए हम दोनों के बीच चुप्पी फैल गई है। चुप्पी को मैं ही तोड़ता हूँ।

"आख़िर दीदी, बात क्या है?" मैं अधीर होने लगा।

"ऐसा है राम, बुरा मत मानना। मैं तुमसे कुछ साफ़-साफ़ कहना चाहती हूँ।"

"बुरा मानने की बात क्या है? आप हम दोनों की शुभचिंतक हैं।"

"इसीलिए मैं तुम्हें सुखदा का निर्णय बतलाना चाहती हूँ।"

"क्या निर्णय?"

"यही कि वो तुमसे शादी नहीं करना चाहती है।"

डॉ. पार्वती के चेहरे पर मिश्रित भाव हैं। वो चिंतित-दुखी लग रही हैं, लेकिन कहीं कठोर भी।

"ठीक है...लेकिन क्या मैं इसकी वजह जान सकता हूँ?"

"वजह जानने से तुम्हें बहुत ठेस लगेगी।"

"ठेस तो इस निर्णय से पहुँच ही चुकी है। वजह जानने से इतना तो मालूम हो ही जाएगा कि आख़िर मैं क्या हूँ? अपने और पराये मुझे किस ढंग से देखते हैं?"

मौसी फिर से ख़ामोश हो गई हैं। मुझे सब कुछ अटपटा-सा लग रहा है। इस घर में स्वयं की उपस्थिति मुझे एबर्स्ड लग रही है। मैं इस कचोटती चुप्पी में स्वयं से प्रश्न कर रहा हूँ, 'क्या मैं कुरूप हूँ?

क्या मैं लफंगा हूँ? क्या मैं असफल व निकम्मा इंसान हूँ?'

कुछ देर बाद पार्वती मौसी स्वयं ही चुप्पी से बाहर निकल रही हैं, "देखो राम, सुखदा बड़े बाप की बेटी है। उसके पिता कमिश्नर हैं।"

"तो इससे क्या?"

"उसकी अपनी हैसियत है!"

"लेकिन पिता ने तो माँ और पुत्री, दोनों को बहुत पहले ही छोड़ दिया है। अब तो दोनों ही आप और आपके भाई पर आश्रित हैं?"

"वो तो ठीक है पर है, तो बड़े बाप की बेटी!" पार्वती मौसी इस वाक्य पर जोर देती हैं। कुछ सेकेंड रुकने के बाद चिंतित भाव से फिर बोलती हैं, "फिर राम तुम ग़रीब हो। तुम्हारे पास खुद का न कोई घर है-न बार...न कोई ज़मीन! मैंने सब पता लगा लिया है।"

"यह बात तो मुझसे ही पूछ सकती थीं। औरों से पूछने की क्या ज़रूरत थी...ख़ैर! इस दृष्टि से तो मैं फटीचर ही हूँ। चलिए, यह अध्याय यहीं समाप्त।" मैं देख रहा हूँ डॉ. पार्वती दास दुखी लग रही हैं, उनके चेहरे पर उद्विग्नता साफ़ झलक रही है। मैं किसी प्रकार स्वयं को संयत करके मौसी से विदा लेकर ऑटो में बैठ जाता हूँ। तय करता हूँ भविष्य में डॉ. पार्वती से कभी नहीं मिलूँगा।

मैं घर लौट आया हूँ। मैं भावुक हो उठा हूँ। आँखें भरी हुई हैं। मुझे अस्वीकार कर दिया गया, इसका दुःख नहीं है। आघात इससे लगा कि एक प्रकार से सुखदा ने मेरे अस्तित्व को ही चुनौती दे डाली, और वो भी हैसियत व धन के आधार पर! सुखदा और डॉ. पार्वती दास की दृष्टि में मेरा मूल्यांकन ऐसा होगा, मैंने कभी कल्पना नहीं की थी।

पिछले दो-ढाई साल से इस सम्बन्ध को स्वाभाविक विश्वास के साथ मैं जीता आ रहा था। अबोधपन-पागलपन के साथ इस सम्बन्ध को संजोए हुए था। इस भावनात्मक आघात से यह विचार ज़रूर कचोट रहा है कि मुझे भी सुखदा[1] के मामले में व्यावहारिक होना चाहिए था। इन क्षणों में मुझे चन्द्रमुखी के प्रेम व पेशे के परस्पर सम्बन्ध और विश्वास की याद आ रही है। उसके शब्द मेरे कानों में गूँजने लगे हैं, "...पर हमारा प्रेम साँचा है। दोनों को बाँधे रखता है। इसमें शहर वालों की मिलावट नहीं है!"

सुखदा अध्याय का अन्त सुखद नहीं रहा। इस संताप से जूझ रहा हूँ। जीवन के इस मोड़ पर हठात् ख़ालीपन पैदा हुआ है। मैं ऐसे पटाक्षेप के लिए सर्वथा तैयार नहीं था। जीवन में सब कुछ तयशुदा तो नहीं घटता है; धार्मिक व भाग्यवादी के लिए सब कुछ पूर्व निर्धारित है; आध्यात्मिक घटना को निरपेक्ष भाव से देखेगा; नास्तिक व निरीश्वरवादी

1. सुखदा-सम्बन्धों को लेकर सन् 2004 में मासिक 'हंस' के सितम्बर और अक्टूबर अंकों में 'मेरे विश्वासघात व आत्मस्वीकृतियाँ' नाम से दो संस्मरण छपे थे। देखें-परिशिष्ट।

घटनाओं को स्वाभाविक प्रक्रिया के रूप में लेगा; वैज्ञानिक समाजवादी व परिवर्तनकर्मी घटनाचक्र को 'कारण-प्रभाव' और वस्तुगत परिस्थितियों से जोड़ेगा। मैं भी ऐसी ही मिली-जुली कश्मकश से गुज़र रहा हूँ।

इस कश्मकश के दौर में एक और आघात मेरी प्रतीक्षा में है। इसका सम्बन्ध मेरे सार्वजनिक जीवन से है। इस आघात ने एक ही झटके में मुझे अपकर्ष के बवंडर में फेंक दिया है। मेरे खिलाफ़ प्रचार किया जा रहा है कि मैं इमरजेंसी में आई.बी. का एजेंट था इसीलिए मीसा वारंट होने के बावजूद मुझे गिरफ़्तार नहीं किया गया। राजनीतिक कर्मियों, लेखकों और पत्रकारों के बीच यह अफ़वाह लू बनी हुई है। जहाँ भी मैं जाता हूँ कटाक्षों का निशाना बनता हूँ, एक अवांछित व्यक्ति के रूप में देखा जाता हूँ। सीपीएम के साथी भी मुझसे कन्नी काट रहे हैं। मैं समझ नहीं पा रहा हूँ कि आख़िर इस अफ़वाह की क्या वजह हो सकती हैं। मैं तो कभी किसी भी गुप्तचर एजेंसी के सम्पर्क में नहीं रहा। फिर मुझे एजेंट क्यों घोषित किया जा रहा है? प्रचार यह भी चला कि मैं गृह मंत्रालय (नॉर्थ ब्लॉक) आता-जाता रहा हूँ। एजेंट होने के कारण ही मुझे श्रम संस्थान में नियुक्ति दी गई है। वरना एक मीसा वारंटी को आपात्‌काल रहते हुए कैसे नौकरी मिल सकती है?

श्रम संस्थान में भी अरविंद नारायण दास के कारण इस अफ़वाह को तूल मिल रही है, क्योंकि मेरी उपस्थिति को वह अपने नेतृत्व को चुनौती के रूप में देखता है। श्रमिक शिविर आयोजन में मेरी सक्रियता रहती है। इसलिए इस कुप्रचार को तूल देकर मेरी छवि को प्रभावित किया जा रहा है।

वाक़ई मैं इस कुप्रचार के कारण पूरी तरह से हिल चुका हूँ। मैं भावनात्मक आघात और राजनीतिक आघात के पाटों के मध्य फँसा हुआ हूँ। लेकिन किया क्या जाए? इसी उधेड़बुन में हूँ। एक रोज़ इस कुप्रचार की चर्चा मैंने डॉ. बी.डी. शर्मा से की। वे अब भी गृह मंत्रालय में आदिवासी मामलों के संयुक्त सचिव थे। इस घटनाचक्र के सभी पहलुओं के विश्लेषण के पश्चात् मैं इस निष्कर्ष पर पहुँचा था कि डॉ. शर्मा के सम्पर्क और नॉर्थ ब्लॉक में आवाजाही के कारण भी यह कुप्रचार फैला है, क्योंकि दो-तीन मित्रों ने मुझे गृह मंत्रालय में जाते हुए देखा था। वैसे मैं अपने क़रीबी मित्रों के साथ सहजभाव से अपने अनुभवों को शेअर करता रहा हूँ। लेखकों-कवियों के बीच मेरे दो ही क़रीबी मित्र हैं—इब्बार रब्बी और पंकज बिष्ट। इन दोनों से शायद ही मेरी कोई बात पोशीदा रही हो! इसीलिए मैंने तय किया कि डॉ. शर्मा से मिलकर इस समस्या का हल निकाला जाए।

मेरी चिंता जानने के पश्चात् डॉ. शर्मा हँसते हैं। मैं उनकी इस प्रतिक्रिया से आश्चर्यचकित हूँ।

"मेरी सारी पूँजी लुट रही है और आप हँस रहे हैं?"

मैं कुछ नाराजगी के अंदाज़ में कह रहा हूँ।

डॉ. शर्मा फिर हँसते हैं और कहते हैं,

"जोशी जी, इस तंत्र के सम्पर्क में आओगे तो कुछ तो कीमत चुकानी पड़ेगी न? यह व्यवस्था पूरी कीमत वसूलती है।" डॉ. शर्मा कुछ क्षणों के लिए रुककर कहने लगे, "मैं समझता हूँ मुझसे बड़ा अपराध हो गया है। तुम्हें नहीं बचाना चाहिए था। जेल जाते या भूमिगत हो जाते। लड़ते-मरते। बच जाते तो आज चुनाव लड़कर कहीं तो पहुँच जाते?

तुम्हारे समकालीन आज संसद और विधानसभाओं में पहुँच रहे हैं। तुम त्रिशंकु से बन गए हो। दूसरी बड़ी ग़लती एक और हुई है।"

"वो क्या?"

"जब इमरजेंसी लगी थी तभी मुझे भी नौकरी से इस्तीफ़ा दे देना चाहिए था। जेपी के लोग मेरे पास आते भी थे और सम्पूर्ण क्रान्ति में शामिल होने के लिए आग्रह करते थे। आज मैं सोचता हूँ मुझे उसी समय रिजाइन करके आंदोलन में शामिल होना चाहिए था। ऐसा नहीं करके मैंने ख़ुद के साथ भी नाइंसाफ़ी की है। ख़ैर, तुम्हारा मामला जेनुइन है।"

"आपने सही कहा। ग़लती तो हुई है। वैसे मेरी रिसर्च वाली फाइल में मेरा वो पत्र सुरक्षित होगा जिसमें मैने बस्तर कार्य लेने से पहले स्पष्ट कर दिया था कि मैं व्यवस्था-विरोधी शक्तियों के साथ हूँ। इसके बावजूद मुझे यह रिसर्च प्रोजेक्ट देते हैं तो मुझे कोई ऐतराज़ नहीं है।"

"मुझे याद है और तुम्हारी वैचारिक प्रतिबद्धता से परिचित हूँ। मैंने तुम्हारी फाइल देख ली है। इस तरह का प्रचार निरर्थक है। ये सब तुम्हारे विरोधियों का काम है।"

"यह मैं जानता हूँ। मेरी समस्या यह है कि इसका हल क्या निकाला जाए?"

"मैं मेजर साहब (मे. जयपाल सिंह, पार्टी सचिव) से मिलकर पूरी स्थिति साफ़ कर देता हूँ। बोलो, उनसे कब मिलना है। तुम भी साथ में रहना।"

"हाँ, यह ठीक रहेगा।"

"तुम उनसे समय ले लो और मुझे फ़ोन पर बतला दो।"

"ठीक है।"

यह कहकर मैं बाहर आ गया हूँ। दो रोज़ बाद हम दोनों मेजर जयपाल सिंह से मिलने पार्टी कार्यालय में जा रहे हैं। यह कार्यालय विट्‌ठलभाई पटेल भवन के ग्राउंड फ्लोर पर स्थित है। डॉ. शर्मा यहाँ पहले भी आ चुके हैं। मे. जयपाल सिंह उनसे भली भाँति परिचित भी हैं। कार्यालय में सिंह के साथ प्रकाश करात भी बैठे हुए हैं। अँगरेज़ी में डॉ. शर्मा इन दोनों को मेरे बचाव के घटनाचक्र से अवगत कराते हैं। दोनों संतुष्ट हैं बल्कि प्रकाश बतलाते हैं कि कहीं ग़लतफ़हमी हुई है जिसकी वजह से यह अफ़वाह फैली है। दोनों ने मुझसे कहा कि पार्टी को आपसे कोई शिकायत नहीं है।

"मैं निश्चिंत रहूँ और यहाँ आया करूँ।" कामरेड सिंह ने कहा।

प्रकाश बोलते हैं–"I know you. It is all baseless. Don't worry. It is all over. Dr. Sharma has explained every thing."

इन चंद वाक्यों के साथ हम दोनों कार्यालय से बाहर निकल आए। मे. जयपाल सिंह ने चलते-चलते डॉ. शर्मा से यह भी कहा कि इस बात के लिए आपको मिलने की कोई ज़रूरत नहीं थी। हमने शाह-आयोग से 'क्रास चैक' कर लिया है। हम दोनों पहले से ही संतुष्ट थे।

यह एक प्रकार से स्पष्टीकरण था जो कि मेरे विचार से आवश्यक था। इस स्पष्टीकरण के दो-तीन दिन बाद 'आजकल' के सम्पादक पंकज बिष्ट से मिलने की इच्छा हो रही है। सोचा पटियाला हाउस चला जाए और पंकज के साथ लंच किया जाए।

लंच के बाद मैंने इस अफ़वाह की चर्चा की और ताज़ा घटना भी बतलाई। चाय पीने के बाद पंकज ने सुझाव दिया, "क्यों न शाह आयोग के दफ़्तर चल कर सच्चाई का पता लगा लिया जाए? मेरा वहाँ एक कांटेक्ट है।" मैं तुरंत ही इस सुझाव पर अपनी सहमति व्यक्त कर देता हूँ। हम दोनों शाह आयोग के दफ़्तर में पहुँचते हैं और संबंधित व्यक्ति से मिलते हैं। यह व्यक्ति काग़ज़ों को देखकर बतला रहा हैं।[1]

"यह सब बखेड़ा जोशी सरनाम से पैदा हुआ है। भिंडर साहब (इमरजेंसी में दिल्ली पुलिस के मुखिया) ने शाहदरा के कोई जोशी का नाम लिया था। आपका नाम एजेंट के रूप में नहीं था।" दस मिनट के बाद हम दोनों वापस 'आजकल' के सम्पादकीय विभाग में लौट आए हैं। चाय का एक दौर और चल रहा है। इस अफ़वाह को फैलाने में सबसे अधिक सक्रियता मेरे समाजवादी मित्र गिरधर राठी की रही है। हर किसी ने उनका नाम लिया। एक शाम राठी ने मुझसे भी यू.एन.आई. दफ़्तर के सामने कहा था, "आप तो आई. बी. के एजेंट रहे हैं। शाह आयोग में आपका नाम आया है। आपसे मैं बात नहीं करूँगा।"

अपनी नाराजगी प्रकट करके राठी चलते बने। मैं समझ नहीं पा रहा हूँ कि राठी ने ऐसा क्यों किया! हम दोनों के अच्छे सम्बन्ध रहे हैं। इमरजेंसी से पहले जब वे 'प्रतिपक्ष' के सम्पादक थे तब भी वह मुझे अपने साप्ताहिक में प्रकाशित करते रहे हैं। लगता है वे भावुक व व्यक्तिवादी अधिक हैं। कवि हैं इसलिए शायद वे घटनाचक्र को विवेक के परिप्रेक्ष्य में देख नहीं सके। इस घटना के बाद हमारे सम्बन्ध पहले जैसे नहीं रहे।

डॉ. शर्मा और पंकज के इस अफ़वाह-प्रकरण में हस्तक्षेप का प्रभाव यह हुआ है कि मेरी स्वीकार्यता पूर्ववत् हो गई है। इसी दौरान 'दिनमान', 'नवभारत टाइम्स', 'फ्रंटीयर', 'लिंक' में ग्रामीण भारत में दलितों और आदिवासियों के विरुद्ध सवर्ण भू-स्वामियों के हिंसक प्रतिशोध के विस्फोट के मेरे कवरेज-आलेखों से हमारा बौद्धिक समाज स्तब्ध है। हिन्दी लेखकों पर इसका अनुकूल प्रभाव पड़ रहा है, क्योंकि उन्हें व्यावहारिक स्तर पर प्रतिशोध के इस विस्फोट की उम्मीद नहीं थी। वे सामन्ती हिंसा के सतही रूप से परिचित थे या कथा-साहित्य के माध्यम से ग्रामीण भारत में फैले सामन्ती अत्याचार तक पहुँचे थे। एक भाववादी दृष्टि मेरे समकालीन हिन्दी लेखकों की रही है। क्या यह कचोटने वाली बात नहीं है कि हिन्दी में आदिवासियों पर एक भी ठीक-ठाक उपन्यास अभी तक नहीं लिखा जा सका है! दलितों पर भी अच्छा साहित्य कहाँ उपलब्ध है? मध्यवर्गीय कुंठाओं, द्वंद्वों से सना पड़ा है हिन्दी का अधिकांश कथा-साहित्य। कथाकारों की तिकड़ी-मोहन राकेश, राजेन्द्र यादव और कमलेश्वर की भी कोई उल्लेखनीय कृति दिखाई नहीं देती है। अलबत्ता प्रेमचन्द, अमृतलाल नागर, बाबा नागार्जुन जैसे पूर्ववर्ती पीढ़ी के कथाकारों ने ग्रामीण भारत के सामन्ती कृषि व महाजनी सम्बन्धों को सर्जनात्मक अभिव्यक्ति अवश्य दी है।

अलबत्ता मेरे लिए यहाँ यह कहना मुनासिब रहेगा कि मैं इन पाँच सम्पादकों-अज्ञेय, समर सेन, वेणु राव, मनोहरश्याम जोशी और सर्वेश्वरदयाल सक्सेना का ऋणी हूँ। अतः इनकी पत्र-पत्रिकाओं में मेरे लेखों के प्रकाशन से अफ़वाह प्रेत से पिंड छुड़ाने में मुझे ज़रूर

---

1. पंकज बिष्ट ने क़रीब 32-33 वर्ष बाद अपने एक रोचक संस्मरण में इस घटना का विस्तार से वर्णन किया है। यह भी बतलाया है कि पुलिस के भय से वह स्वयं मुझसे मिलने से कतराता रहा है। 'समयांतर' में यह संस्मरण प्रकाशित हो चुका है।

सहायता मिली है। अब यह प्रेत-भूत में समा चुका है। श्रम संस्थान मेरी पारी-यात्रा फिर से अवरोध-मुक्त हो आगे बढ़ रही है।[1]

डॉ. नितीश डे की पारी संस्थान में समाप्त हो चुकी है। नए केन्द्रीय श्रम मंत्री रवीन्द्र कुमार वर्मा ने डे को 'एक्सटेंशन' देने से साफ़ इनकार कर दिया है। जाहिर है वे अपने पक्ष का व्यक्ति संस्थान में लाएँगे। योजना आयोग और श्रम मंत्रालय में भी स्थिति बदल चुकी है। इधर डॉ. शर्मा को वापस गृह कैडर में भोपाल भेज दिया गया है। डी. बी. और योगांदर भी अपने-अपने प्रदेश कैडर (पं. बंगाल और आंध्र प्रदेश) में लौट रहे हैं। हक्सर साहब ने तो पहले ही उपाध्यक्ष पद छोड़ दिया था। वैसे भी इन्दिरा जी के साथ उनके पहले जैसे रिश्ते नहीं रह गए थे। संजय गाँधी के उभरते दबदबे के कारण इन्दिरा जी और हक्सर साहब के बीच कड़वाहट बढ़ने लगी थी।

दिल्ली में निज़ाम बदला तो निष्ठाएँ भी बदलीं। बड़े पैमाने पर नौकरशाही में अफरा-तफरी मचना स्वाभाविक है। लेखकों व पत्रकारों की निष्ठाएँ नए चोलों में सज गई हैं। इन्दिरा शासन और इमरजेंसी के समर्थन के लिए 'पश्चाताप व प्रायश्चित'[2] का मौसम छाया हुआ है। लोग-बाग हाइटेक गति से अपने ज़मीर को कमोडिटी की शक्ल दे देंगे, ऐसी उम्मीद मुझे नहीं थी। मैं जिस भी क्षेत्र में जाता हूँ, इन्दिरा-शासन पर आलोचनाओं का मलबा डाला जा रहा होता है। चंद महीने पहले ही ये ही क्षेत्र प्रशस्तियाँ-सृजन में आकंठ डूबे रहा करते थे। यदि दूसरा निज़ाम आता है तो इन्हीं क्षेत्रों में फिर से निष्ठाओं की मंडी खुल जाएगी। ऐसे बुद्धिजीवियों को प्रणाम!

अच्छी बात यह है कि संस्थान का एजेंडा नहीं बदला है। संस्थान के ही सीनियर फेलो डॉ. प्रयाग मेहता ने नितीश डे का पद भार ले लिया है। डॉ. मेहता ने भी रूरल विंग के एजेंडे में किसी प्रकार का परिवर्तन नहीं किया है। बँधुआ श्रमिक मुक्ति और खेतिहर श्रमिक चेतना शिविर के कार्यक्रम पूर्ववत् चल रहे हैं बल्कि डॉ. मेहता चाहते हैं कि इसे फैलाया जाए। वैसे इन शिविरों के आयोजन के कारण संस्थान ने चारों ओर प्रतिष्ठा ही अर्जित की है। तंत्र का अंग होने के बावजूद संस्थान में व्यवस्था परिवर्तन के स्वर गूँजते रहते हैं। आज भी वामपंथी ही संस्थान में आते-जाते रहते हैं।

अलबत्ता प्रो. डे के जाने से संस्थान को यह क्षति ज़रूर पहुँची कि कुछ अनुभवी साथी उनके साथ चले गए। प्रो. डे उद्योग मंत्रालय द्वारा स्थापित शोध संस्था में निदेशक बन गए हैं। वे अपने साथ अरविंद, प्रेमशंकर दुबे और अन्य लोगों ले को गए हैं। अरविंद और दुबे की कमी मुझे ज़रूर खल रही है। ईर्ष्या, प्रतिस्पर्धा अपनी जगह हैं।

वैसे संस्थान का पड़ाव मेरे लिए प्रत्येक दृष्टि से अच्छा रहा है। अकादमीय जगत् में झाँकने का अवसर मिला है। इस दृष्टि से यहाँ चंद घटनाओं और व्यक्तियों की चर्चा मैं ज़रूरी समझता हूँ। जहाँ तक व्यक्तियों का प्रश्न है, आर.एन. महाराज की भूमिका को याद किए बग़ैर रूरल विंग अधूरा ही रहेगा। मैं पहले ही कह चुका हूँ कि महाराज हाशिये की जाति व वर्ग से हैं। वे खुद भी बिहार में एक सवर्ण ज़मींदार के यहाँ किशोर बंधक श्रमिक का काम कर चुके हैं। इसलिए बंधकों की पीड़ाओं, यातनाओं, वंचनाओं को जितना

1. देखें : अपने-अपने अज्ञेय; सम्पादक : ओम थानवी; (प्रकाशक : वाणी प्रकाशन)
2. वही : पत्रकारिता : मिशन से बाज़ारीकरण तक; प्रकाशक : वाग्देवी, (बीकानेर)

वे गहराई से समझते हैं–उतना हममें से कोई नहीं समझता। हालाँकि मैं स्वयं किशोर श्रमिक रह चुका हूँ लेकिन शहरों में, ग्रामीण भारत में नहीं। यही कारण है कि हक़सर साहब से लेकर हम सभी महाराज को विशेष आदर देते हैं।

बंधक श्रमिक रहते हुए महाराज ने पढ़ाई की, पी-एच.डी. की और धनबाद में एक शोध प्रोजेक्ट पर कार्य करते हुए पश्चिमी जर्मनी गए। कुछ वर्ष वहाँ रहे। जर्मनी-पड़ाव ने उनके जीवन को पूरी तरह से बदल कर रख दिया। वे अत्यंत पिछड़ी व सामन्ती व्यवस्था से निकले थे, पटना छोड़ कोई भी नगर-महानगर नहीं देखा था, और वे अपने अध्ययन के सिलसिले में सीधे ही अत्यंत विकसित पूँजीवादी व्यवस्था यानी पश्चिमी जर्मनी में छलाँग लगा कर पहुँच गए। जर्मनी में उन्हें उन्मुक्त समाज मिला। उनकी दमित इच्छाएँ जाग उठीं। वैज्ञानिक चिंतन से लैस होने के बावजूद सामन्ती-महाजनी परिवेश में पला-बड़ा-पढ़ा हुआ व्यक्ति स्वयं को संयत नहीं रख सका। विभ्रमों और विकृतियों की चपेट में आ गया। बिहार में बने वैवाहिक संबंध बेमेल थे। पत्नी अनपढ़ थी। तीन बच्चे भी पैदा हो चुके थे। जाहिर है, महाराज में कई तरह की कुंठाएँ घर करने लगीं। प. जर्मनी की जीवन-शैली ने उन्हें अपनी कुंठाओं से मुक्ति के अवसर दिए। मुक्ति के स्वाभाविक माध्यम बने सेक्स और शराब। एक जर्मन महिला से प्रेम भी कर बैठे। शराब उनकी जीवन-संगिनी बन गई। भारत लौटे तो महिला वहीं रह गई, लेकिन सुरा उनके संग-संग चली आई है!

निःसंदेह महाराज का व्यक्तित्व आकर्षक है। अच्छी खासी क़द-काठी है। घने बाल, चमकता ललाट, चौकोर चेहरा, सफ़ेद दाढ़ी, प्रौढ़ मार्क्स की याद दिला देते हैं। भारी-भरकम आवाज़, प्रखर बौद्धिकता की सदी सम्प्रेषणीयता और वाक्पटुता किसी को भी आकृष्ट व प्रभावित करने के लिए काफ़ी हैं। महाराज अपनी इन विशिष्टताओं से परिचित ख़ूब हैं, इसलिए सेक्स और शराब के लिए इनका जमकर दोहन भी करते हैं। लोग उनकी इस कमजोरी का फ़ायदा भी ख़ूब उठाते हैं। ग्रामीण क्षेत्रों में अध्ययन के लिए उत्सुक युवतियाँ आसानी से इस निर्बलता का दोहन भी करती हैं। शराब पर कुछ शामें बिताने के बाद वे ग्रामीण शिविर आयोजन और प्रोजेक्ट से जुड़ जाती हैं। महाराज से सिफ़ारिश करा लेती हैं।

महाराज का सबसे अधिक दुरुपयोग डॉ. सरमा मारला कर रहे हैं। डॉ. मारला मूलतः आंध्र प्रदेश के हैं और अब प. जर्मनी में बस गए हैं। वहीं विवाह कर लिया है। इमरजेंसी में इन्हें भारत से भगाया गया था। इन पर सीआईए के एजेंट होने का आरोप था। आईबी और रॉ (रिसर्च एण्ड एनलिसिस विंग) दोनों गुप्तचर एजेंसियाँ मारला पर नज़र रखे हुए थीं। अन्ततः मारला को भारत से जाना पड़ा। पर जनता पार्टी की सरकार को अमेरिकी समर्थक माना जाता है। प्रधानमंत्री देसाई स्वयं अमेरिकी पूँजीवादी व्यवस्था के समर्थक माने जाते हैं। उन्हें रूसी-चीनी समाजवादी व्यवस्था से चिढ़ है इसलिए मारला जैसे व्यक्तियों के लिए भारत के दरवाज़े खोल दिए गए। वे अपनी इच्छा से जब जी चाहे भारत आ-जा सकते हैं। गाँधी शांति प्रतिष्ठान में तो दिन-रात उत्सव का वातावरण रहता है, क्योंकि यूरोप व अमेरिका के अधिकांश एनजीओकर्मी यहीं ठहरते हैं। मारला और उनके साथ आने वाले यूरोपीय मित्र भी प्रतिष्ठान के अतिथि कक्षों में ही रुकते हैं। वास्तव में इन दिनों प्रतिष्ठान ऐसे तत्त्वों का अड्डा बना हुआ है जो कि प्रगतिशील व तीसरी दुनिया के समर्थक तो हैं, लेकिन साथ ही वे सोवियत संघ और साम्यवाद के कट्टर विरोधी

भी हैं। उन्हें यूरोपीय पूँजीवाद और समाजवाद एक साथ चाहिए। डॉ. मारला स्वयं भी मार्क्सवाद के ज्ञाता और सामन्तवाद के विरोधी हैं, लेकिन यूरो-अमेरिकी ब्लॉक के समर्थक भी हैं।

डॉ. महाराज और डॉ. मारला के संबंध प. जर्मनी से हैं इसलिए दोनों के बीच सिगरेट और शराब पर खासी घुटती है। डॉ. मारला अपने साथ विदेशी सिगरेट और शराब का पर्याप्त भंडार लेकर महाराज के यहाँ चले आते हैं। ठहरते प्रतिष्ठान में हैं, लेकिन टैक्सी से सफ़दरजंग एनक्लेव स्थित महाराज के घर शामें बिताते हैं। कभी-कभी एनजीओ युवतियाँ भी साथ में रहती हैं। घंटों यह दौर चलता रहता है। अर्द्धरात्रि तक यह जारी रहता है। महाराज का परिवार कसमसा कर रह जाता है। पुत्री मणि विरोध भी करती है, पत्नी दुखी भी रहती है, लेकिन मारला इस परिवार को आर्थिक दृष्टि से भी उपकृत कर देते हैं। परिणाम, परिवार का प्रतिवाद निष्प्रभावी रहता है और विदेशी शराब के दौर चलते रहते हैं। इन दौरों पर ही सामन्ती कृषि-सम्बन्धों को समाप्त करने की शोध-सर्वेक्षण रणनीतियाँ बनती-बदलती रहती हैं। मैं भी कभी-कभार महाराज-मारला सोहबत का लुत्फ़ उठा लेता हूँ। ज्ञान और सुरा, दोनों का अर्जन बे-पैसे हो जाता है! क्या बुरा है? पर यह सोहबत है बुरी और अपने ढंग से अपनी कीमत वसूलती है। इसे लेकर कोई ग़लतफ़हमी मुझे नहीं है। इसलिए 'सावधानी रही, दुर्घटना टली', को ध्यान में रख कर महाराज-मारला संध्या में शामिल हुआ जाता है।

मारला ने एक काम ग़ज़ब का किया है। जर्मनी से एक बड़ा प्रोजेक्ट मार लिया है। वहाँ की एक बड़ी फंडिंग एजेंसी के द्वारा गाँधी शांति प्रतिष्ठान और राष्ट्रीय श्रम संस्थान के संयुक्त नेतृत्व में भारत का पहला 'बंधक श्रमिक सर्वेक्षण' प्रायोजित किया जा रहा है। चूँकि श्रम संस्थान के पास आवश्यक विशेषज्ञता है इसलिए इसकी रूपरेखा से लेकर सर्वेक्षण व विश्लेषण प्रविधि को अंतिम रूप हमारा ग्रामीण विंग ही देगा। महाराज व मारला के निर्देशन में हम लोग इसे देश भर में लागू भी करेंगे। मुझे इसकी केन्द्रीय समिति का सदस्य और मध्य प्रदेश का समन्वयक बनाया गया है। इस सिलसिले में मुझे मध्य प्रदेश सहित देश के अन्य प्रदेशों के ग्रामीण इलाक़ों की यात्राएँ करनी पड़ेंगी। विदेशी विशेषज्ञों के साथ भी जाना होगा। मैं इस चुनौती को सहर्ष स्वीकार कर सर्वेक्षण में भिड़ गया हूँ। डॉ. मारला का यह सकारात्मक योगदान है। इसके नेपथ्य में क्या इरादे-मंसूबे छिपे हुए हैं, यह मैं नहीं जानता। सिर्फ़ क़यास लगा सकता हूँ, और यही कह सकता हूँ कि यूरो-अमेरिका की फंडिंग एजेंसियाँ दूरगामी रणनीति को ध्यान में रख कर ही तीसरी दुनिया के देशों में इस प्रकार के अध्ययन कराती रहती हैं ताकि वहाँ के बहुआयामी द्वंद्वों-अन्तर्विरोधों का सही-सही आकलन किया जा सके। इस संदर्भ में मुझे एक अध्ययन का उल्लेख यहाँ मौजूँ लग रहा है।

1970-71 में अमेरिका के बॉस्टन स्थित एम.आई.टी. संस्था ने प. बंगाल और केरल के साम्यवादी दलों की सामाजिक-सांस्कृतिक पैठ का अध्ययन कराया था। अध्ययन के निष्कर्षों के मुताबिक इन राज्यों में कम्युनिस्टों का प्रभाव लम्बे समय तक रहेगा। इन राज्यों की सामाजिक-सांस्कृतिक-राजनीतिक काया में यह रम चुका है जिसे आसानी से दूर करना दुसाध्य होगा। यदि कम्युनिस्ट बंगाल में एक दफ़े सत्तारूढ़ हो जाते हैं तो लम्बे समय

तक दुर्जेय सिद्ध होंगे। इस बंधक श्रमिक सर्वेक्षण का ऐसे अध्ययन से सम्बन्ध है या नहीं, निश्चित रूप से कुछ भी नहीं कहा जा सकता। फिर भी यह सर्वेक्षण स्वागत योग्य है। इन्दिरा-शासन के कारण ही यह मुद्दा हाशिये से उठकर आज केन्द्र में आ गया है। यदि इन्दिरा जी अपने 20 सूत्री कार्यक्रम के तहत बंधक श्रमिक मुक्ति और ऋणमुक्ति के क़ानूनी क़दम नहीं उठातीं तो नागर भारत इस परोक्ष व अघोषित 'अर्ध-दास भारत' के प्रति अनभिज्ञ या उदासीन ही रहता। आज देश में धरा के इन अभागों के प्रति जागरूकता ज़रूर पैदा हो गई है। बंधक श्रमिक मुक्ति क़ानून और ऋणग्रस्तता उन्मूलन क़ानून के कारण ग्रामीण भारत की सामन्ती-महाजनी शक्तियों में भय ज़रूर पैदा हो गया है। अब वे सहमी-सहमी हैं, 25 जून, 1975 से पहले की भाँति आक्रामक नहीं रह गई हैं। अतः जनता पार्टी के शासनकाल में वस्तुस्थिति को समझने की दृष्टि से यह राष्ट्रीय सर्वेक्षण उपयोगी रहेगा। इसका श्रेय इन दोनों संध्या तरल प्रेमियों को दिया जा सकता है!

श्रम संस्थान और गाँधी शांति प्रतिष्ठान के बीच सम्बन्ध गाढ़े होते जा रहे हैं। मारला की आवाजाही बढ़ती जा रही है। वे जर्मन नागरिक हैं, लेकिन इन दिनों भारत में ही उनका बसेरा है। जर्मनी से दो विशेषज्ञ भी उनके साथ आए हैं। इनमें एक डॉक्टर हैं और दूसरे समाजशास्त्री। इन दोनों के साथ मैं पलामू और राँची की यात्रा पर हूँ। मेरे साथ दिल्ली की एक सहायक पैथोलॉजिस्ट भी हैं। वे मूलतः मलयाली हैं। मुझे हैरत यह हो रही है कि विदेशी डॉक्टर लारेंस से आदिवासी व दलित बंधक श्रमिकों का स्वास्थ्य परीक्षण क्यों कराया जा रहा है? इसके लिए तो भारत के स्वास्थ्य विशेषज्ञ ही पर्याप्त थे। ख़ैर, हम दो भारतीय समेत चार लोगों का सर्वेक्षण दल डाल्टनगंज पहुँच चुका है। इस प्रकार के सर्वे का अनुभव मेरा पहला है। बस्तर के दंतेवाड़ा क्षेत्र में आदिवासियों के लिए आयोजित पौष्टिक आहार शिविर में मैं ज़रूर शामिल हुआ था। इमरजेंसी काल में जिस लापरवाही के साथ आदिवासियों की नसबंदियाँ की जा रही थीं, ऑपरेशन से रक्त-बहाव से मौतें हो रही थीं, यह ज़रूर देखा था। लालटेन व टार्च के प्रकाश में ही उनकी खस्सियाँ की जाती थीं ताकि आँकड़ों का टारगेट[1] पूरा किया जा सके।

ख़ैर, हम लोग डाल्टनगंज के सर्किट हाउस में टिक गए हैं। हम लोगों को सहयोग देने के लिए चंदेक स्थानीय अधिकारी भी पहुँच चुके हैं, क्योंकि दिल्ली व पटना से ज़िलाधीश को निर्देश दिए गए थे। इसके अलावा कुछेक कार्यकर्त्ताओं का सहयोग भी मिल रहा है। इनमें सबसे प्रमुख हैं रामेश्वरम्। बाँग्ला की प्रसिद्ध लेखिका महाश्वेता देवी के साथ भी ये आदिवासी क्षेत्रों में कार्य कर चुके हैं। हम दोनों एक-दूसरे के नाम से परिचित हैं। इन सभी के साथ परामर्श के पश्चात् भंडरिया, महुआडांड, मनातू और कुछ अन्य भीतरी अंचलों में स्वास्थ्य अध्ययन का कार्यक्रम निर्धारित किया गया है। इस अध्ययन के तहत बंधकों की स्वास्थ्य जाँच, रक्त व मलमूत्र परीक्षण, हेमोग्लोबिन तथा दूसरे रोगों का पता लगाया जाएगा। विदेशी विशेषज्ञ अपने आधुनिकतम परीक्षण यंत्रों से लैस हैं। शिविर लगा कर त्वरित रक्त परीक्षण किया जा रहा है। परिणाम भी सामने आ रहे हैं। लगभग सभी लोग कुपोषण की भयानक चपेट में हैं; 4 से 7 तक हेमोग्लोबिन

1. देखें : 'यादों का लाल गलियारा : दंतेवाड़ा', रा.श. जोशी; राजकमल प्रकाशन, (दिल्ली)

है; दमे के शिकार हैं; टीबी है और न जाने क्या-क्या बीमारियाँ हैं। कुछेक के रक्त नमूने अलग से एकत्रित किए जा रहे हैं। उन्हें जर्मनी ले जाने की योजना बनाई जा रही है। पूर्व-निर्धारित कार्यक्रम में यह योजना शामिल नहीं थी। रक्त, मल-मूत्र के नमूनों को जर्मनी भेजना, मेरी समझ से परे है। मैं डॉक्टर लॉरेंस व माइकल से पूछता भी हूँ कि इसकी क्या आवश्यकता है? उनका उत्तर है कि वे इन नमूनों को अपने साथ ले जाकर वहाँ की प्रयोगशाला में इनका विशेष अध्ययन करेंगे। इनकी शारीरिक क्षमताओं का पता लगाएँगे। वैसे कुछ आदिवासी श्रमिकों को हम लोगों ने तत्काल राँची अस्पताल में भर्ती भी कराया है क्योंकि उनका हेमोग्लोबिन स्तर अत्यंत निम्न था। मेरे ख़्याल से इन चंद लोगों को अस्पताल में भर्ती कराने से काम नहीं चलेगा बल्कि गाँव के गाँव ही भर्ती के लायक हैं, क्योंकि अधिकांश लोग गम्भीर बीमारियों के शिकार हैं; हेमोग्लोबिन, प्रोटीन, विटामिन, सलाद, हरी सब्जियाँ, कैलोरी, साफ़ पेयजल जैसे शब्दों का सुनना ही इनके लिए विलासिता है!

यह कहानी एक गाँव की नहीं है, पूरे ज़िले की है। ज़िले की भी नहीं, पूरे राज्य की है। राज्य की भी नहीं, सम्पूर्ण ग्रामीण भारत की है। बेमारू गंवई भारत को मैंने अगले दो वर्षों में साक्षात् देखा है। विषय व अनुभव की तारतम्यता को तोड़े बग़ैर इसी क्रम में पड़ोसी राज्य मध्य प्रदेश के सरगुजा और रीवा ज़िले के आदिवासियों के नारकीय जीवन का उल्लेखन यहाँ प्रासंगिक रहेगा। पलामू से सटे सरगुजा ज़िले के सामरी पाट के गाँवों में 200 से अधिक आदिवासी 'पेट फूलन' की बीमारी से मरे।[1] अन्न के अभाव और 'क्षुधा मृत्यु' से बचने के लिए सामरी पाट के पाँच गाँवों के आदिवासी किसान 'झुनझुनिया' नामक घास खाते रहे। खेतों में यह एक प्रकार की खरपतवार होती है। धान, कोदा-कुटकी या अन्य अनाज नहीं होने के कारण झुनझुनिया का सेवन करते रहे। इस सेवन से पेट फूलता रहा और आदिवासी मरते रहे। भूख इनका प्रेत बन कर पीछा करती रही। ये क्षुधा-मृत्यु से पलायन चाहते थे और उसी में अन्ततः समा गए! इसकी विस्तृत रिपोर्ट मैंने इन गाँवों में जाकर तैयार की थी।

अगले वर्ष 1978 में भी ऐसी ही त्रासदी से मेरा सामना हुआ। मध्य प्रदेश के ही रीवाँ ज़िले की त्यौंथर तहसील के कुछ गाँवों में मटरा या खेसरी दाल पैदा होती है। सवर्ण भू-स्वामी इसे अपने बंधक श्रमिकों को 'मज़दूरी' के रूप में देते हैं। यह भी खरपतवार की ही एक किस्म है। इसके निरंतर सेवन से व्यक्ति विकलांग होने लगता है। हाथ-पैर मुड़ जाते हैं। उसे लाठी के सहारे या घिसटते हुए जीना पड़ता है। इस तहसील में कई ऐसे गाँव मिले जहाँ मैदानी आदिवासी एवं दलित बंधक श्रमिक 'विकलांगता'[2] में जी रहे हैं। मैंने इन गाँवों का योजनाबद्ध अध्ययन कराया। यह अध्ययन 'तीन लंगड़े गाँवों की कहानी' नाम से चर्चित हुआ, और लोकसभा में इसकी चर्चा भी हुई।

भारत में एक नहीं अनेक हिन्दुस्तान बसते हैं। हम महानगरीय इंडिया के लोग समझते हैं कि हमारा यथार्थ ही शेष देश का यथार्थ है। यदि हम स्वतंत्रत हैं, हम संविधान का

---

1. विस्तार के लिए देखें वही : 'यादों का लाल गलियारा : दंतेवाड़ा', रा.श. जोशी; राजकमल प्रकाशन, (दिल्ली)
2. देखें : 'आदमी, बैल और सपने'; रा.श. जोशी; सामयिक प्रकाशन, (दिल्ली)

उपभोग कर रहे हैं तो समझते हैं महानगर पार इंडियावासी भी ऐसा ही कर रहे होंगे। हमारे लिए इमरजेंसी खत्म हो चुकी है, सम्पूर्ण क्रान्ति का अश्वघोष हो चुका है, दूसरी आज़ादी मिल गई है तो अरण्य एवं ग्रामीण भारत भी इसमें नहा रहा होगा! पर वस्तुस्थिति यह है कि इंडिया या भारत या हिन्दुस्तान (कुछ के लिए आर्यावर्त) में मिथ और यथार्थ एक-दूसरे में जीते रहते हैं। कब ये एक-दूसरे का रूप ले लें, समझ से परे है। मेरे दल की मनातू ब्लॉक में इस बहुरुपियेपन से मुठभेड़ दिल्ली जाने से पहले हुई भी।

जीप में सिपाही के साथ हम चारों मनातू पहुँच गए। यहाँ का यथार्थ सभी को हिला देने वाला मिला। यहाँ भूस्वामी माहवर के लठैतों की सेना है, और इसके साथ ही उसने दो तेंदुए भी पाल रखे हैं। इन सबका इस्तेमाल कई गाँवों के दलितों व मैदानी आदिवासियों को गुलाम बनाए रखने के लिए किया जाता है। इनसे आठों पहर बेगार ली जाती है, खेतों में काम कराया जाता है; मवेशियों की देखभाल करनी पड़ती है; लघु वन उपजों को एकत्रित करना होता है; बाँस की टोकरियाँ व अन्य वस्तुएँ बनानी पड़ती हैं; पूरी मजूरी माँगने या बेगार से इनकार करने पर लठैतों से पिटवाया जाता है; बबूल के सूखे काँटों से भरे खड्ड में फेंक दिया जाता है; कोई 'स्पार्टकस' बनने का प्रयास करता है तो उस पर तेंदुआ को छुड़वा दिया जाता है। इमरजेंसी में भी इस भूमिस्वामी का दुर्ग अमेद्य रहा है। दूसरी आज़ादी की फ़ौज भी इन गाँवों को ग़ुलामी से आज़ाद नहीं करा सकी है!

हमने जैसे-तैसे बेगारों से बात की। ज़रूरी तथ्य एकत्रित किए। हमें सूचना मिली है कि ज़मींदार ने लठैतों को भेज दिया है। सिपाही भी डरा हुआ है और कह रहा है कि हम लोग तुरंत ही जीप में बैठकर यहाँ से सुरक्षित निकल चलें। वरना यहाँ कुछ भी घट सकता है। चालक भी यही कह रहा है। हम लोग जीप में बैठ चुके हैं। जीप तेज़ी से दौड़ रही है, पीछे मोटर साइकिलों पर लठैत भी आ रहे हैं। जीप की रफ़्तार और तेज़ हो गई है। अन्ततः हम मनातू की सरहद पार कर डाल्टनगंज की सीमा में सुरक्षित प्रवेश कर चुके हैं। लठैत पीछे रह गए हैं। दोनों विदेशी भय और हैरत में डूबे हुए हैं। सब कुछ अविश्वसनीय लग रहा है। इसमें मिथ क्या है, यथार्थ कौन-सा है, समझ से परे है!

पलामू, सरगुजा और रीवाँ; ज़िले तीन, लोग अनेक और कहानी एक! कोई दस-पंद्रह दिनों की यात्रा के बाद हम सभी ट्रेन से दिल्ली लौट रहे हैं, सुरक्षित। जर्मन विशेषज्ञ बेहद संतुष्ट हैं। उन्होंने अपेक्षा से अधिक रक्त-मूत्र के नमूने एकत्रित कर लिए हैं। वे इन्हें जर्मनी भेजने की जुगत में हैं।

इन नमूनों को सुरक्षित रखने के लिए विशेष व्यवस्था की जा रही है और इसे गोपनीय भी रखा जा रहा है। वैसे श्रम संस्थान के लोग इस तथ्य से परिचित हैं।

मैंने जैव-रासायनिक युद्ध के बारे में सुन रखा है। पूँजीवादी राष्ट्र जैविक शस्त्र रखते हैं। इससे हम सभी परिचित हैं। जैविक शस्त्रों के निर्माण के लिए ग़रीब-पिछड़े देशों का इस्तेमाल किया जाता है। वहाँ के लोगों पर इन शस्त्रों का प्रयोग किया जाता है। एक प्रकार से भारत जैसे देश यूरो-अमेरिकी ब्लॉक की 'लेबोरेट्री' से अधिक कुछ नहीं हैं। संभव है लॉरेंस ने आदिवासियों-दलितों के रक्त-मूत्र के नमूने जैविक शस्त्रों के निर्माण में प्रयोग करने के लिए ज़मा किए हों! वरना इन्हें भारत के बाहर ले जाने की ज़रूरत क्या है? मारला भी इन नमूनों को चुपचाप सुरक्षित ढंग से बाहर भेजने के उपक्रम में व्यस्त हैं।

मैं सोच रहा हूँ कि इस मामले को सार्वजनिक कैसे किया जाए? प्रेस में कैसे लाया जाए? मेरे आंदोलन के दिनों के पत्रकार मित्र अनिल चक्रवर्ती से नमूनों की बात शेयर करता हूँ। इसके साथ-साथ सामाजिक पत्रकारिता करने वाले युवा पत्रकार भारत डोगरा को भी इसकी जानकारी दे देता हूँ। दोनों ही इस 'स्टोरी' का उपयोग करने का भरोसा दिलाते हैं। तीन-चार रोज़ के भीतर नमूनों का ब्योरा प्रेस में आ जाता है। इस ख़बर से मारला, लॉरेंस और महाराज, तीनों ही बेहद विचलित हैं। क़यास चल रहे हैं कि नमूनों की जानकारी किसने 'लीक' की है? मुझ पर भी थोड़ा-बहुत शक़ है लेकिन सबसे अधिक शक के दायरे में कुलकर्णी है। कुलकर्णी श्रम संस्थान में रिसर्च ऑफ़िसर है। कभी आंदोलन से जुड़ा हुआ रहा है। बुरी तरह से कुंठाग्रस्त है। एक तलाक़शुदा के साथ रहता है। महाराज और मारला की भाँति यह भी संध्या तरल प्रेमी है। बेहताशा पीता है। टीम के साथ पलामू जाने की इच्छा इसकी भी थी, लेकिन एक तरल संध्या पर मारला के साथ इसकी झड़प हो गई। उसने यूरोप और अमेरिका की जमकर आलोचना की थी। तीन-चार पैग चढ़ाने के बाद यह बेकाबू हो जाता है। महाराज और मारला काफ़ी हद तक संयत रहते हैं। तीनों ही कम-अधिक 'सुरा मजनूँ' बन चुके हैं। मजनूंपन से मुक्ति की उम्मीद मुझे दिखाई नहीं देती है। इसलिए महाराज और मारला को यक़ीन हो चुका है कि कुलकर्णी ने ईर्ष्यावश यह सब किया है। मैं शक़ के दायरे से बाहर निकल गया हूँ।

अब दिक़्क़त यह है कि भारी मात्रा में एकत्रित नमूनों को देश से बाहर कैसे भेजा जाए, कस्टम वाले सवाल खड़ा कर सकते हैं। काफ़ी सोच-सोचकर तय किया गया है कि चौथाई से भी कम मात्रा में नमूने भेजे जाएँ और इनकी विश्लेषण रिपोर्ट को तुरंत ही लेबर बुलेटिन में प्रकाशित कर दी जाए। यदि सरकार द्वारा पूछताछ भी की जाती है तो रिपोर्ट को बचाव में प्रस्तुत किया जा सकता है। अत: लॉरेंस और माइकल अपने साथ नमूनों को ले जाते हैं। मैं समझता हूँ कि इन नमूनों को देश से बाहर ले जाने से पहले इस सम्बन्ध में क़ानूनी सलाह भी ले ली गई होगी!

श्रम संस्थान में रहते हुए मुझे बस्तर भी जाना पड़ा, क्योंकि बैलाडीला औद्योगिक प्रभाव की रिपोर्ट लिखकर दंतेवाड़ा विकास प्राधिकरण को देनी थी। जगदलपुर से कलेक्टर बैजल साहब का फ़ोन भी आया और डॉ. बी.डी. शर्मा ने भी दंतेवाड़ा अध्ययन को समाप्त करने की बात कही। क़रीब एक सप्ताह के लिए मैं दंतेवाड़ा रवाना हो जाता हूँ। दंतेवाड़ा के डाक बंगले में ठहर कर अपनी रिपोर्ट पूरी करता हूँ। यद्यपि इस यात्रा में नए अनुभव होते हैं। भोपाल में जनता पार्टी की सरकार सत्तारूढ़ है जिसका नेतृत्व कर रहे हैं पूर्व जनसंघ के नेता कैलास जोशी। कलेक्टर बैजल के अनुसार दंतेवाड़ा में मेरी जान को ख़तरा बढ़ गया है। नकुलनार के राजपूत मुझ पर हमले की योजना बना रहे हैं। इसलिए बैजल साहब ने नए एस.डी.एम. दिलीप मेहरा को मुझे सुरक्षा देने के निर्देश दिए हैं। डाक बंगले में दो सिपाही तैनात किए गए हैं। मेरे विरोध के बाद इन्हें सादा वस्त्रों में रखा गया है।[1]

मैं दंतेवाड़ा से काम निपटा कर दिल्ली लौट आया हूँ। यात्राओं पर रहता हूँ तो ख़ालीपन महसूस नहीं होता है। वापस आता हूँ तो यह महानगर सूना-सूना लगता है। किसी की

1. देखें : पूर्वोक्त–'यादों का लाल गलियारा : दंतेवाड़ा', रा.श. जोशी; राजकमल प्रकाशन (दिल्ली)

'रिक्तता' कचौटने लगती है। सियासती गहमागहमी, कॉफी हाउसी बहसें और शोध-विमर्श इस रिक्तता को भर नहीं पा रहे हैं।

मैंने अपना मकान बदल लिया है। अब मैं रफ़ी मार्ग स्थित श्रम शक्ति भवन के पिछवाड़े में रहने चला आया हूँ। यह भी सबलेटिंग है। चतुर्थ श्रेणी के कर्मचारी का क्वार्टर है। एक तरह से चतुर्थ श्रेणी के कर्मचारियों के लिए बने चार मंजिला अपार्टमेन्ट्स हैं। प्रत्येक कर्मचारी को दो कमरे आवंटित हैं। औसत परिवार में दो से तीन बच्चे हैं। रसोई अलग से नहीं है। कॉमन लैट्रीन-बाथरूम हैं। इसलिए इन्हें साफ़ रखने की ज़िम्मेदारी किसी की नहीं है। भारत सरकार की है यानी सफ़ाई कर्मचारी की मेहरबानी पर हम निर्भर हैं। गंदगी को देखकर मुझे बम्बई की चालें याद आ रही हैं। 1960 में सेंट्रल बम्बई की एक चाल में मैं रह चुका हूँ। इस नई जगह मेरी हालत 'कुएँ से निकल कर खाई' में गिरने जैसी है। राहत केवल यह है कि मैं संसद मार्ग, कनॉट प्लेस, आई.एन.एस. बिल्डिंग, विट्ठलभाई पटेल भवन, मंडी हाउस, पटियाला हाउस के क़रीब हूँ। बोरियत हुई तो मैं कहीं भी निकल जाता हूँ। कमरे में लौटता हूँ तो रिक्तता के दंश लगते हैं। इसलिए मेरा प्रयास दिल्ली से बाहर रहने का अधिक रहता है। जब से यह राष्ट्रीय सर्वे शुरू हुआ है तब से दिल्ली से बाहर यात्राओं का सिलसिला चल पड़ा है। एक बार बस्तर-यात्रा में इटली की हिन्दी विद्वान् मारियोला भी मेरे साथ दंतेवाड़ा गई थीं। पंकज बिष्ट के कहने पर मैं इन्हें आदिवासी क्षेत्रों में ले गया था। लेकिन इनकी गतिविधियाँ कुछ रहस्यमय लगीं। मैं इन्हें वही छोड़कर वापस लौट आया।

माइकल जर्मनी से लौट आया है। मुझे उसे और उसकी मित्र ऐन को लेकर फिर से बस्तर जाना पड़ रहा है। ये दोनों विदेशी मुझे रायपुर में मिलेंगे। दोनों बम्बई से रायपुर पहुँचेंगे और मैं दिल्ली से ट्रेन द्वारा रवाना हो चुका हूँ।

हम तीनों रायपुर के एक होटल में एक रोज़ बिताने के बाद बस से जगदलपुर के लिए रवाना हो गए हैं। हम तीनों जगदलपुर में दो रोज़ बिताते हैं। मैं इन दोनों को चित्रकूट तथा दूसरे पर्यटक स्थल घुमाता हूँ। ऐन इजराइल में कुछ महीने बिताकर आई है। वहाँ इसने किबूत या एक प्रकार का कम्यून के जीवन का अध्ययन किया है। ऐन के पिता हैडलबर्ग में समाजशास्त्र के प्रोफेसर हैं। प्रगतिशील हैं। ऐन भी वामवाद के प्रति झुकाव रखती है, इसलिए तीसरी दुनिया के प्रति उसका लगाव काफ़ी है। ऐन चाहती है कि वह भारत में रहकर आदिवासी अंचलों और दलित बस्तियों कर अध्ययन करे, ग्रामीण चेतना शिविरों में भाग ले। यह बेहद सीधी-सरल-निश्चल और उत्साही लग रही है। चेहरा सौम्य व व्यवहार शालीन है। ऐन के व्यक्तित्व में सेक्स के बजाय मासूमियत अधिक है। दिलकश अल्हड़पन है। यह ऐसा अल्हड़पन लगता है मानो ऐन पूरा आसमान अपनी बाँहों में समेट लेना चाहती हो! जहाँ सुखदा आत्मद्वीप है, वहीं यह खुली-फैली झील है!

हम तीनों बस से ही दंतेवाड़ा रवाना हो जाते हैं। गीदम में रुकते हैं। बस स्टैंड पर चाय-समोसा खाते-पीते हैं। फिर तय करते हैं कि क्यों न गीदम से दंतेवाड़ा तक का दस किलोमीटर का सफ़र पैदल ही तय किया जाए। तीनों पीठ पर बैग पैक लादे पैदल दंतेवाड़ा की ओर निकल पड़ते हैं। लेकिन एक घंटा पैदल चलने के बाद ऐन की तबीयत खराब होने लगी है। उसे उलटी होती है। स्वादिष्ट समोसा बे-स्वाद में बदल जाता है। मैं एक

जीप को रुकवाता हूँ और हम तीनों को दंतेवाड़ा छोड़ने का अनुरोध करता हूँ। लिफ्ट मिल जाती है। तीनों दंतेवाड़ा पहुँच गए हैं और पूर्व परिचित डॉक्टर को ऐन को दिखलाते हैं। असल में ऐन समोसे की करामात की शिकार हो गई है। उसे पचा नहीं सकी है। उसके पास भी ऐसे वक़्त के लिए कुछ विदेशी दवाएँ हैं। एक-दो टेबलेट लेने के बाद वह ठीक हो गई है। हम रात में दंतेवाड़ा के डाक बंगले में रुक जाते हैं और सुबह पहली बस से किरंदुल रवाना हो जाते हैं।

मैं इन दोनों विदेशी अतिथियों को बैलाडीला और उद्योगीकरण के प्रभावों की जानकारी देता हूँ। माइकल और ऐन कहते हैं कि दक्षिण अमेरिका में भी यही सब कुछ घटा है। वहाँ के नेटिवों या रेड-इंडियनों का बड़े पैमाने पर नरसंहार व पलायन हुआ है। इसके लिए बहुराष्ट्रीय निगम ज़िम्मेदार हैं।

एक रात इस औद्योगिक नगरी में व्यतीत करने के बाद अगले रोज़ हम तीनों सीधी बस से जगदलपुर पहुँच गए हैं। यहाँ भी हम डाक बंगले में रुकते हैं। पिछले चार रोज़ से हम तीनों साथ हैं। माइकल से तो पुराना परिचय है ही, लेकिन ऐन मेरे साथ इतनी अनौपचारिक हो जाएगी, मुझे इसकी आशा नहीं थी। हम दोनों खासा घुल-मिल गए हैं। फिर भी मैं एक सुरक्षित फ़ासला बनाए रखने के पक्ष में हूँ। इसकी दो वजह। पहली, माइकल और ऐन दोस्त हैं। दोनों ही जर्मन हैं। दोनों एक-दूसरे को पसंद करते हैं। दोनों के बीच मित्रता किस दूरी तक है, यह मैं नहीं जानता। क्या वे एक-दूसरे के ब्यॉय या गर्ल फ्रेंड हैं, उन्होंने यह भी नहीं बताया है। पर दोनों में समीपता है, अन्तरंगता है। इसीलिए वे जहाँ भी रुकते हैं, एक ही पलंग को शेयर करना पसंद करते हैं। मेरी कोशिश भी यह रहती है कि मैं अलग कमरे में ही रुकूँ। ये दोनों अलग कमरे में ठहरें।

जगदलपुर में ज़रूर समस्या है। यहाँ के डाक बंगले में एक ही कमरा खाली है। वैसे पलंग दो हैं। अंगरेज़ों के ज़माने का डाक बंगला है इसलिए कमरे हाई सीलिंग वाले हैं। अत: हम तीनों एक ही कमरे में रुक गए हैं, लेकिन पलंग दो हैं।

डिनर करके हम तीनों सोने के लिए लौट आए हैं। सुबह की बस से रायपुर जाना है जहाँ से प्लेन पकड़कर दिल्ली पहुँचना है।

माइकल और ऐन एक पलंग पर हैं और मैं दूसरे पर हूँ। अचानक एक अप्रत्याशित घटना घटती है। मैं वाकई आश्चर्यचकित हूँ। माइकल अपनी मित्र ऐन से कह रहा है कि वो मेरे साथ सो जाए। वो मुझसे भी पूछ रहा है कि ऐन के साथ सोने से मुझे तो कोई ऐतराज नहीं होगा? मैं चुप रहता हूँ। सोच रहा हूँ कि माइकल मेरे साथ मज़ाक़ कर रहा है या मेरी नैतिकता की परीक्षा ले रहा है! इसकी भी एक पृष्ठभूमि है। डाल्टनगंज सर्किट हाउस में मैंने दिल्ली की पैथोलॉजिस्ट के साथ एक ही कमरे में सोने से इनकार कर दिया था। इसके विपरीत वह मुझ से अपने साथ कमरे में सोने का लगातार आग्रह कर रही थी। डॉ. लॉरेंस और माइकल मेरे इस व्यवहार पर आश्चर्य जाहिर कर रहे थे। दोनों का भी आग्रह था कि मैं केरल की इस पैथोलॉजिस्ट के ही साथ कमरे में ठहरूँ। उस समय इनकार की वजह यह थी कि डाल्टनगंज में यह बात आँधी बन कर फैलेगी। हम लोग गाँवों में काम नहीं कर सकेंगे। मैंने यह भी कहा कि बिहार परम्परागत, रूढ़िवादी और घोर जातिवादी प्रदेश है। एक ही कमरे में दो अविवाहितों के साथ रुकने का कोई भी

अर्थ निकाला जा सकता है। इसलिए बेहतर यही रहेगा कि मैं लॉबी में सोफ़े पर ही सोऊँ। जर्मन मेरी इन आशंकाओं से पूरी तरह सहमत नहीं थे। लेकिन मैंने पहली रात सोफ़े पर ही गुजारी। दूसरी रात ज़रूर मुझे स्वतंत्र कमरा अलोट कर दिया गया।

तो यह घटना इस समय दिमाग़ में ताज़ा हो गई है। माइकल का आग्रह बढ़ रहा है, पर मैं दुविधाग्रस्त हूँ। ऐन की स्थिति त्रिशंकु है। वैसे मुझे माइकल की इस हरकत पर हैरत भी है। क्यों वह अपनी मित्र से एक भारतीय के साथ सोने के लिए कह रहा है? इसके पीछे क्या प्रयोजन हो सकता है? क्या मुझे किसी जाल में फँसाने की चाल तो नहीं है? दोनों विदेशी हैं, पूँजीवादी देश के हैं। संभव है फँसाकर मुझसे अनुचित काम कराएँ। वैसे भी जनता पार्टी के शासन में देश पर सीआईए का मौसम छाया हुआ है। कुछ भी हो सकता है। इस समय मैं नाना आशंकाओं की गिरफ़्त में हूँ। मन में यह भी है कि मैं इस आमंत्रण को स्वीकार कर स्वयं ऐन से साथ-साथ सोने का आग्रह करूँ। माइकल के पलंग पर जाऊँ और ऐन को अपने साथ पलंग पर ले आऊँ। उसे बाँहों में भर लूँ। न जाने मुझमें ऐन को लेकर एक अजीब-सी कशिश पैदा हो गई है, जिसे न सेक्स कहा जा सकता, और न ही प्रणय। इस मनःस्थिति को कोई भी नाम दिया जा सकता है, या नहीं भी!

लगता है ऐन ने मेरी दुविधा को भाँप लिया है। उसने स्वयं ही माइकल से अलग होने से इनकार कर दिया है। उसके स्वरों में सख़्ती के बजाय अनुनय है। ऐसा लगता है ऐन हम दोनों में से किसी को नाराज़ या निराश नहीं करना चाहती है। वह नज़ाकत के साथ अपनी इच्छा की रक्षा करना चाहती है। यह भी संभव है ऐन पुरुष वर्चस्व के समक्ष स्त्री-अस्तित्व को प्यार के साथ एस्सर्ट कर रही है। ख़ैर, माइकल ऐन के निर्णय को स्वीकार कर लेता है। वे दोनों एक ही पलंग पर सो रहे हैं, और मैं अपने अलग पलंग पर।

हम तीनों दिल्ली लौट आए हैं। अपने-अपने कामों में व्यस्त हो गए हैं। मेरे दौरे जारी रहते हैं। श्रमिक शिविर लगते रहते हैं। दिल्ली में जब मैं होता हूँ तो माइकल और ऐन से मुलाक़ातें होती रहती हैं। ये दोनों गाँधी शांति प्रतिष्ठान के अतिथि कक्ष में एक साथ ठहरे हुए हैं। ऐन भी बीच-बीच में बाहर चली जाती है। कुछ दिनों पश्चिम बंगाल के आदिवासी क्षेत्रों में रह कर लौटी है। वहाँ उसने आई.ए.एस. अधिकारी अरुणा रॉय से मुलाक़ात की। मुझे दो पत्र भी लिखे जिसमें उसने मुलाक़ात का विवरण देते हुए मेरे हृदय को छूने वाली बात भी कही है। ऐन लिखती है कि अब वह, "तुम्हारे देश से प्यार करने लगी हूँ! मुझे भारत अच्छा लगने लगा है।" इन पंक्तियों में कोई संकेत छिपा हुआ है या यह ऐन की सहज अभिव्यक्ति है, मैं नहीं कह सकता। पर न जाने मुझमें क्यों विचित्र भाव पैदा होने लगे हैं। ऐन को लेकर आकर्षण की सीमा से बाहर दिल-दिमाग़ में हलचल होने लगी है। माइकल को भी इसका आभास होने लगा है। उसने एक रोज़ साफ़ शब्दों में पूछा भी कि क्या मुझे ऐन पसंद है? मैंने निःसंकोच कह दिया, "बिल्कुल! मुझे ऐन अच्छी लगती है।" माइकल जोरों का ठहाका लगाता है और कहता है, "मैं समझ सकता हूँ। मुझे भी यही लग रहा है। ऐन भी कुछ ऐसा ही महसूस कर रही है।" मैं सोच भी नहीं सकता था कि मित्र होने के बावजूद माइकल ऐन और मेरे सम्बन्ध में इतनी स्पष्टता के साथ अपनी प्रतिक्रिया देगा! माइकल के शब्द और तर्ज़े बयाँ में कहीं भी खलिश, अदावत और शिकायत नहीं हैं। एक मित्रवत् सहजता और परोक्ष स्वीकृति है। यद्यपि मेरे लिए यह

सब कुछ जगदलपुर की भाँति 'पहेली' लग रहा है। यह पहेली कैसे खुलेगी, मेरी समझ से परे है। मैंने स्वयं को तात्कालिक धारा को सौंप दिया है। यह मुझे किस तट पर पहुँचाएगी, मैं नहीं जानता। केवल इतना है कि मैं ऐन के साथ भावों की समीपता महसूस कर रहा हूँ। दैहिक आकर्षण का तत्त्व अवश्य है, लेकिन वह अभी तक स्पर्श से दूर है।

मुझे ऐसा लगता है कि सुखदा से उत्पन्न रिक्तता में ऐन कहीं-न-कहीं समाती जा रही है। ऐन बौद्धिक है, सुंदर है, सुरुचि-पूर्ण है और खुली दृष्टि वाली है। हम देश-विदेश के सम्बन्ध में ढेर सारी बातें करते हैं। इन चर्चाओं में मार्क्सवाद, साम्यवाद, अमेरिकी साम्राज्यवाद-पूँजीवाद, फासीवाद जैसे सभी विषय गूँजते रहते हैं। ऐन साम्यवाद की समर्थक कतई नहीं है, लेकिन अमेरिकी प्रभुत्व के विरुद्ध भी है। अहिंसक परिवर्तन के पक्ष में है, लेकिन आदिवासियों और दलितों को क्रान्तिकारी चेतना से ज़रूर लैस करना चाहती है। इस दृष्टि से वह स्वयं को किन्ही मामलों में मार्क्सवाद के समीप भी महसूस करती है। इसीलिए उसे इजरायल का कबूत-प्रयोग पसंद है जिसमें कम्यून जीवन-पद्धति झलकती है।

ऐन ग्वालियर के पास जौरा में गाँधीवादी विचारक व कार्यकर्त्ता सुब्बाराव के आश्रम को देखना चाहती है। हम दोनों सुबह की ट्रेन पकड़ कर ग्वालियर निकल पड़ते हैं।

ग्वालियर स्टेशन पर मेरे मित्र स्नेही किंथ अपनी पत्नी जीत के साथ हम दोनों का स्वागत करते हैं। नाश्ता आदि करके मैं और ऐन बस से जौरा के लिए रवाना हो रहे हैं। किंथ हमें सावधान रहने के लिए कहते हैं, क्योंकि जौरा चंबल बीहड़ क्षेत्र में स्थित है। यह पूरा इलाक़ा दस्युग्रस्त है। पाँचवें दशक में गाँधीवादी नेता विनोबा भावे और छठे दशक के अन्त और सातवें दशक के आरम्भ में जयप्रकाश नारायण ने भी इन क्षेत्रों में दस्यु-आत्मसमर्पण अभियान चलाये थे। इस इलाक़े में सुब्बाराव जी के आश्रम को सम्मान की दृष्टि से देखा जाता है। सुब्बाराव जी से गाँधी शांति प्रतिष्ठान में तीन-चार भेंट हो चुकी हैं। इस नाते वे मुझे जानते हैं। मेरे कार्यों से परिचित हैं। ऐन भी राव जी के दर्शन करना और बीहड़ों को देखना चाहती है।

हम आश्रम पहुँच गए हैं। राव जी की प्रार्थना सभा में शामिल होने के पश्चात् हम दोनों को अलग-अलग दो कमरों में ठहरा दिया गया है। ऐन आश्रम के क्रिया-कलापों से प्रभावित है। अगले रोज़ हम राव जी के साथ जीप में बीहड़ों को देखने जा रहे हैं। उनके साथ दो जीपें चल रही हैं। हम सभी दिन भर गाँवों और बीहड़ों में घूमते हैं। गाँव वालों के साथ बातचीत करते हैं। राव जी कुछ गाँवों में लोगों को सम्बोधित करते हैं, विकास के कार्यों व कृषि के बारे में बतलाते हैं। गाँव वालों की समस्याओं को सुनते हैं। उन्हें इनके समाधान के उपाय भी बतलाते हैं। जहाँ भी वे जा रहे हैं, गाँव वाले उन्हें प्यार और आदर दे रहे हैं। ऐन दिन भर की गतिविधियों को अपनी डायरी में नोट करती जा रही है। राव जी और ग्रामीणों के बीच चलने वाले वार्तालापों को भी डायरी में लिख रही है और रिकॉर्ड भी कर रही है। मैं इन तमाम बातों को अँगरेज़ी में अनुवाद करता जा रहा हूँ। कभी-कभी राव जी भी अँगरेज़ी में ऐन को अपनी बात समझा देते हैं।

शाम ढले हम सभी बीहड़ों से लौट रहे हैं। मैं और ऐन पीछे वाली सीट पर बैठे हुए हैं। अगली सीट पर राव जी चालक के साथ बैठे हुए हैं। अभी दो घंटे बीहड़ों से गुज़र कर आश्रम में पहुँचेंगे। इस समय जीप में यात्रा करते हुए हिंडोले का आनंद आ रहा है।

हिचकोले ही हिचकोले हैं। अचानक ऐन अपने हाथों में मेरे हाथों को ले लेती है। वह इन्हें सहलाने लगती है। पहली दफ़ा ऐन का ऐसा स्पर्श हो रहा है जिसमें ऊष्मा की विचित्र अनुभूति हो रही है। वह अँधेरे में बीच-बीच में मेरी ओर देखती जाती है, उसकी हथेलियों की गरमास और बढ़ जाती है। लेकिन आश्चर्य यह है कि इस स्थिति में भी मुझमें एक क्षण के लिए वासना का भाव पैदा नहीं हो रहा है। यद्यपि जी यही चाह रहा है कि हम दोनों आश्रम तक इस स्थिति में बैठे रहें। ऐन बीच-बीच में अपने हाथों को अलग भी कर लेती है। राव जी से अंग्रेजी में बात भी करती है, लेकिन धूल-धक्कड़, उबड़-खाबड़ और शोर के कारण बातें सुनी-अनसुनी लग रही हैं। ऐन फिर से अपने हाथों को मेरी ओर बढ़ा देती है। उसकी कोमल हथेलियाँ मुझमें अनेक सपनों की रचना कर डालती हैं। इस सीमा से अधिक वह नहीं बढ़ रही है, और न ही मैं। हाथों की छुअन मेरी रिक्तता में समा रही है। बस, इतना ही महसूस कर रहा हूँ।

दो रोज़ रुकने के पश्चात् दोनों बस से जयपुर रवाना हो गए हैं। क़रीब पाँच-छह घंटे का सफ़र है। मार्ग में ऐन को नींद आ रही है। वह मेरे कंधे से अपना सिर सटाकर सोने लगी है। इससे पहले किसी युवती-भारतीय या विदेशी ने मेरे कंधे पर अपना सिर नहीं टिकाया था। मेरा यह नितांत पहला अनुभव है, और वह भी विदेशी युवती के साथ! मेरे लिए यह घटना भी अप्रत्याशित है। विचित्र अनुभूति की तरंगें मन-मस्तिष्क में दौड़ रही हैं, वहीं मैं अजीब भी महसूस कर रहा हूँ, क्योंकि सहयात्रियों की नज़रें हम लोगों को घूर रही हैं। मैं इन सहयात्रियों की नज़रों की भाषा को पढ़ सकता हूँ, क्योंकि इनमें अधिकांश ग्रामीण व कस्बाई हैं। कोई स्त्री पुरुष के कंधे पर अपना सिर रखकर बस में सोए तो इन्हें असहज तो लगेगा ही न! सार्वजनिक स्थलों पर इस तरह का दृश्य निर्लज्जता या बेहयायी के घेरे में आता है। जब सामने देशी युवक और विदेशी युवती हो तो कौतुक और भी अधिक होगा, क्योंकि कई वर्जनाओं से जकड़े हुए रहते हैं इस पृष्ठभूमि के सहयात्री। ऐन गहरी नींद में है। कुछ यात्री संकोच और साहस के साथ पूछ भी रहे हैं कि हम कहाँ से आए हैं और कहाँ जा रहे हैं? ग्वालियर, जौरा और जयपुर का अता-पता देकर मैं अपना पिंड छुड़ा रहा हूँ।

दोपहर बाद हम लोग जयपुर पहुँच गए हैं। मैं ऐन को अपने मित्र सुभाष नाहर और मधुप के यहाँ ले जाता हूँ। दोनों ही परिवार वाले हैं। सुभाष व मधुप को पूरी स्थिति से अवगत करा देता हूँ। ऐन जयपुर का भ्रमण करना चाहती है। दोनों रिक्शा में बैठ कर बड़ी चौपड़ की तरफ़ जाते हैं। तीन-चार रोज़ बाद दीवाली है इसलिए यह गुलाबी नगरी रंग बिरंगी चमचमाती दुल्हन लग रही है। चाँदपोल बाज़ार से लेकर बड़ी चौपड़ और जौहरी बाज़ार तक की सजावट को देख कर ऐन हैरत में है। बच्चों की भाँति ऐन के मुख से प्रश्नों की फुलझड़ियाँ झड़ रही हैं। मैं ऐन की जिज्ञासाओं को शांत करने का प्रयास कर रहा हूँ। रात्रि-भोजन के समय हम दोनों सुभाष के यहाँ लौट आए हैं।

ऐन रात्रि की गाड़ी से ही दिल्ली लौट जाना चाहती है। हम सभी उससे एक रात रुकने का आग्रह कर रहे हैं, लेकिन वह मध्य रात्रि की अहमदाबाद-दिल्ली मेल से ही लौटने पर आमादा है। अन्तः मुझे ऐन की बात माननी पड़ती है और उसे मैं जयपुर स्टेशन से ट्रेन में चढ़ा देता हूँ।

डिब्बे में चढ़ने से पहले वह गले मिलती (आलिंगन नहीं) है, हाथ मिलाती और तर आँखों से विदा लेती है, " See you soon in Delhi, Joshi"; "of couse, we will meet." यह कह कर मैं सुभाष के घर लौट आया हूँ। मैं अनेक द्वंद्वों से घिरा हुआ स्वयं को पा रहा हूँ।

मैं तय नहीं कर पा रहा हूँ कि ऐन के साथ किस सीमा तक स्वयं को ले जाऊँ। ऐन से भी तो कोई स्पष्ट संकेत नहीं मिल रहा है। यदि मेरे लिए उसके दिल-दिमाग़ के किसी कोने में कोई 'सॉफ्ट कॉर्नर' होता तो क्या वह एक रात मेरे साथ रुक नहीं सकती थी! एक तरफ़ जीप और बस में उसके स्पर्शों की ऊष्मा को मैं महसूस कर रहा हूँ तो इस रात्रि के रूखेपन की पीड़ा भी कम नहीं है। पर भावनात्मक वेगों को नापने का क्या पैमाना हो सकता है, सिवाय इन्हें सहने-सहजने और इनसे उबरने के! इसी कशमकश में सुबह हो जाती है।

दीवाली तक मैं जयपुर में ही रुकता हूँ। कुछ मित्रों और संबंधियों से मिलता हूँ। जाहिर है, सुभाष के साथ ऐन की चर्चा होती है। वैसे सुभाष और मधुप को ऐन पसंद आई है। उनकी पत्नियाँ भी इसे पसंद करती हैं। उन्हें तो उम्मीद भी है कि ऐन दीवाली यहीं मनाएगी और भविष्य की योजना के बारे में चर्चा करेगी। ख़ैर!

मैं बस से दिल्ली लौट आया हूँ। अगले शिविरों के सम्बन्ध में महाराज के साथ योजना बनाई है। अगले तीन-चार महीनों में अम्बिकापुर (सरगुजा), कोटड़ा (उदयपुर), प्रतापपुर (बाँसवाड़ा), कालाहांडी (उडिशा) आदि स्थानों में शिविर लगाने और सर्वे करना है।

इधर आंदोलन के पुराने साथी शिवकुमार मिश्र, स्नेही किंथ, अनिल चक्रवर्ती, रब्बी आदि शादी पर जोर डाल रहे हैं। साथी शिवकुमार मिश्र की दृष्टि में एक परिवार है जिसमें चार बहनें हैं। बड़ी बहन विवाह के योग्य है। अध्यापक का सीधा-सादा परिवार है। लड़की बी.ए. पास है। सुसंस्कृत है। फ़ोटो से मुझे अच्छी लगी है। लेकिन मैं ऐन को लेकर पसोपेश में हूँ।

एक रोज़ माइकल खुलकर मुझसे कह भी रहा है, "Why don't you marry her?" ऐन भी इस समय मौजूद है। वह खिलखिला कर हँस भी रही है, और लजा भी रही है। माइकल फिर कह रहा है, "Marry her"। मैं इसलिए ख़ामोश हूँ कि ऐन भी तो स्पष्ट नहीं है। वह भी खुल कर कुछ नहीं कह रही है, 'हाँ' या 'ना'! ऐन के चेहरे पर न भाव शून्यता है, और न ही भावों का उद्वेग! हम लोग कॉफी पीते जा रहे हैं, लेकिन सवालों के बैरीकेड में मैं घिरा हुआ हूँ, 'आख़िर माइकल का शादी के बारे में पूछने का प्रयोजन क्या हो सकता है?', 'क्या ऐन भारत में बसना चाहती है?, 'क्या ऐन मुझसे प्यार करती है?', 'क्या इतने कम समय में प्यार संभव है?', 'हम दोनों कितना निभा सकेंगे?', 'क्या यह कहीं सीआईए का प्लांट तो नहीं है?', 'कहीं ऐन के ज़रिये मेरा इस्तेमाल तो नहीं किया जा रहा है?', 'यह भी तो हो सकता है कि प्रोजेक्ट पूरा होने पर ऐन मुझे छोड़कर जर्मनी चली जाए?', 'हो सकता है इजराइल में भी ऐन ने ऐसा ही किया हो?' इसी बैरीकेड में क़ैद होते हुए भी मेरा ऐन के प्रति लगाव कम नहीं हो रहा है। मेरी आँखें उसके मासूमियत से भरे चेहरे पर जमी हुई हैं। यही स्थिति उसकी है। कमरे में हम तीनों के बीच एक ऐसी ख़ामोशी फैली हुई है जिसकी व्याख्या के लिए मेरे पास शब्द नहीं हैं। बस! इसे कोई नाम न दिया जाए, ऐसे ही इसे छोड़ दिया जाए, मैं यही महसूस कर रहा हूँ बैरीकेड[1] के बीचोबीच खड़े रह कर!

---

1. देखें वही : मेरे विश्वासघात व आत्मस्वीकृतियाँ!

मनुष्य अपने 'जीवन ड्रामा' का लेखक, निर्देशक और अभिनेता स्वयं ही होता है। वह स्वयं के द्वारा निर्मित रंगमंच पर स्वयं के अभिनय का पहला दर्शक भी बनता है। दर्शक के रूप में शेष समाज बाद में आता है। पर ऐसा भी होता है जब वह मंच पर पहुँचता है तो लेखक व निर्देशक के नियंत्रण से बाहर होकर उसे अभिनय करना पड़ता है। दर्शक के रूप में उसे इस विलोम अभिनय को देखना और शेष कोरस में शामिल होना भी पड़ता है।

कुछ ऐसा ही मेरे साथ घटा है, या समझिए किया है। मैं 26 नवंबर, 1978 को विवाह के लिए तैयार हो गया हूँ। मैं समझ नहीं पा रहा हूँ कि मैं क्या! करने जा रहा हूँ। जो कर रहा हूँ, वह सही भी है या नहीं, यह भी मैं तय नहीं कर पा रहा हूँ! मुझे भय-सा लग रहा है, क्योंकि जिसे मैं जीवन-साथी बनाने जा रहा हूँ उसे मैंने न ठीक से देखा है, न समझा है। उसकी भी यही स्थिति होगी! क्या यह उचित होगा? क्या यह दोनों के प्रति 'न्याय' होगा? इस प्रकार के अनेक सवालों के थपेड़ों को सहते हुए मैं मंच पर अभिनय के लिए प्रस्तुत हूँ। क्या एब्सर्डिटी है!

मेरे बैंक एकाउंट में चार-पाँच हज़ार रुपए जमा हैं। इसी में मुझे शादी का तमाम तामझाम करना है। मधु के परिवार ने पलंग और डायनिंग टेबुल का इंतज़ाम कर दिया है। जाहिर है, गद्दे साथ में हैं ही। मधु की बुआ बीना पहले ही बतला चुकी हैं कि हम लोग बीस-पच्चीस हज़ार से अधिक ख़र्च करने की स्थिति में नहीं हैं। इसलिए पचास-साठ से अधिक अतिथिगण नहीं होने चाहिए। चूँकि सर्दी का मौसम है इसलिए मेरे लिए गर्म सूट सिलवाया गया है और एक घड़ी भी दी जा रही है। ताई के साथ-साथ क़रीबी रिश्तेदारों के लिए वस्त्र भी दिए जा रहे हैं। मैं समझता हूँ मधु के माता-पिता अपनी हैसियत से अधिक ही कर रहे हैं। मेरा तो प्रस्ताव है कोर्ट में 'सिविल मैरेज' करने का, लेकिन इसके लिए वे तैयार नहीं हैं। घर में चार पुत्रियाँ हैं, और सबसे छोटा पुत्र है, इसलिए वे सबसे बड़ी की शादी परम्परागत रीति-रिवाज़ से करने के पक्ष में हैं। मैं भी अनावश्यक दबाव नहीं डाल रहा हूँ। फिर भी विवाह सनातनी नहीं, आर्य समाज पद्धति से मैं ज़रूर चाहता हूँ। इस आग्रह को सभी मान लेते हैं।

कनॉट प्लेस के क्षेत्र में स्थित आर्य समाज मंदिर में विवाह सम्पन्न हो रहा है। विवाह में शामिल होने के लिए गाँव से ताई, उदयपुर से सूरज, जयपुर से बड़े चचेरे भाई ओमप्रकाश जोशी, उनका पुत्र विजय जोशी, मित्र ओम सैनी और मधुप भी पहुँचे हुए हैं। बचपन के सहपाठी रघुवरदयाल शर्मा, पत्नी आशा और बसवा से मनोहर भी आए हुए हैं।

कॉलेज के सहपाठी इब्बार रब्बी और पंकज बिष्ट तो हैं ही। लेकिन मेरे लिए विष्णु प्रभाकर, हंसराज रहबर, सर्वेश्वरदयाल सक्सेना, अनिल सदगोपाल, आनन्द स्वरूप वर्मा, रमेश गौड़ सहित कई लेखकों की उपस्थिति अविश्वसनीय लग रही है। मैं कोई स्थापित पत्रकार या लेखक तो हूँ नहीं, फिर भी वरिष्ठ रचनाकारों का मुझे आशीर्वाद व शुभकामनाएँ देने के लिए आना मेरे लिए आश्चर्यजनक खुशी से कम नहीं है। अनिल सदगोपाल तो बग़ैर बुलाये ही पहुँच गए। किसी से सूचना मिली और आ गए। मुझे बहुत अच्छा लग रहा है। अनिल चक्रवर्ती तो है ही।

शिवकुमार मिश्र, कामरेड किंथ के अलावा लाल झंडा यूनियन से कामरेड चाचा शादीराम के साथ-साथ अन्य मज़दूर साथी भी पहुँचे हुए हैं। कामरेड जयपाल सिंह और

प्रकाश करात दिल्ली से बाहर हैं। डॉ. बी.डी. शर्मा भी भोपाल में हैं, श्रम मंत्रालय से चंद्रमौलि आए हुए हैं। श्रम संस्थान से महाराज, गोपाल अय्यर, दुबे और कुछ अन्य साथी पहुँचे हुए हैं। अतिथियों की संख्या जानबूझकर सीमित रखी है, क्योंकि वधू पक्ष का यही आग्रह था। फिर भी मेरे पक्ष से साठ–सत्तर अतिथि हो गए हैं जो कि अधिक हैं। विवाह सम्पन्न होने के पश्चात् ओम भाईसाहब कार में मुझे और मधु को जयपुर ले जा रहे हैं।

इसके साथ ही ऐन की संक्षिप्त पटकथा का भी हठात् पटाक्षेप हो गया है! इन क्षणों में मुझे प्रथम एकतरफ़ा प्रेम के माध्यम 'स्पर्श', सुखदा के साथ 'संयमित अन्तरंगता' और ऐन के साथ 'आकस्मिक स्पर्श' की त्रिआयामी अनुभूति की ऊष्मा भी महसूस हो रही है। यदि मैं इन अनुभूतियों को काट कर फेंकना चाहूँ तो यह भी संभव नहीं है, बल्कि यह एक प्रकार से विश्वासघात होगा स्वयं के साथ। यह तभी संभव है जब मनुष्य यांत्रिक बन जाए या उसे रोबोट बना दिया जाए, या फिर वह परमहंसों की जमात में शामिल हो जाए!

मैं समझता हूँ विडम्बनामयी अनुभूतियों के साथ जीना भी तभी तक संभव है जब तक आप संवेदनशील रहते हैं। संवेदनशून्यता में तो न विडम्बना होगी, और न ही सुखांत एवं दुखांत की अनुभूति होगी। एक प्रकार की यांत्रिक तटस्थता या निरपेक्षता की गिरफ़्त में आप रहेंगे। इन तीनों अनुभूतियों की पटकथाएँ मैंने लिखीं, इनका निर्देशन भी किया और मेरे द्वारा अभिनीत भी हुईं, और अब दर्शक भी बन रहा हूँ!

आज मैं चौथी पटकथा लिखने बैठा हूँ। इसका अन्त कैसा होगा? उत्तर है–अज्ञात है! पर आवश्यक नहीं है कि इसका 'विलोम पटाक्षेप' रहे!

विवाह के तुरंत बाद जयपुर आना अच्छा भी रहा, और नहीं भी। पहले, अच्छा इसलिए नहीं रहा, क्योंकि ताई और अन्य मित्रगण दिल्ली में ही रह गए थे। क़ायदे से उनकी मेज़बानी के लिए मुझे दिल्ली ही रुक जाना चाहिए था। ख़ैर, अनिल चक्रवर्ती, सूरज आदि मेरी अनुपस्थिति में मोर्चा पर तैनात रहे। किसी चीज़ की कमी नहीं होने दी। लौटने पर इतना ज़रूर मालूम हुआ कि रमेश गौड़ ने पीने के बाद काफ़ी ड्रामा किया, जिसे लोगों ने पसंद नहीं किया। वैसे रमेश गौड़ शराब के मामले में ज़रूरत से ज़्यादा बेलगाम रहते हैं। अन्य लोग उनकी इस कमजोरी का बेजा फ़ायदा भी उठाते हैं।

दूसरी बात यह है कि जयपुर आने का लाभ यह हुआ कि ओम भाई साहब ने अगले रोज़ क़रीबी रिश्तेदारों को अपने यहाँ बुलाकर थोड़ी–बहुत रस्में पूरी कीं। भजन, गाना, पूजा–पाठ हुए। पुरखों को याद किया गया। इससे इस विवाह पर पारिवारिक स्वीकार्यता की मोहर लग गई है। पर उन्होंने यह आश्चर्यजनक टिप्पणी ज़रूर की, "Right decision taken at wrong time"। मेरे लिए यह वाक्य एक पहेली है (और आज भी है।), क्योंकि इसमें कौन–सा मंतव्य छिपा हुआ है, मैं समझ नहीं पा रहा हूँ!

तीन–चार रोज़ रुकने के बाद हम दोनों दिल्ली लौट आए हैं। मैंने शादी से पहले मकान बदल लिया था। मैं लोदी कॉलोनी के एक सरकारी फ्लैट की बरसाती में शिफ्ट हो गया था। पिछले दो आवासों से यह बहुत बेहतर है। चूँकि यह एक गजेटेड अधिकारी की बरसाती है इसलिए खुली व साफ़–सुथरी है। ताई कुछ रोज़ रुकने के पश्चात् बसवा लौट गई हैं। सूरज भी उदयपुर चला गया है।

मुझे भी सरगुजा में श्रमिक शिविर के आयोजन के लिए जाना होगा। मधु अपने माता-पिता के यहाँ ग़ाज़ियाबाद जा रही है। विवाह के तुरंत बाद यह बिछोह दोनों को खलता ज़रूर है। चूँकि मैंने शादी से पहले मधु को अपनी दिनचर्या और जीवन के बारे में सब बतला दिया था इसलिए कोई भावनात्मक धक्का नहीं लगना चाहिए, ऐसा मेरा विश्वास है।

क़रीब बीस रोज़ सरगुजा के गाँवों-जंगलों की ख़ाक छानता हूँ। बंधक श्रमिकों का पता लगाता हूँ। और अन्त में अम्बिकापुर-सामरी मार्ग के बीच में स्थित एक कैथोलिक चर्च के परिसर में शिविर लगा रहा हूँ। आर.एन. महाराज, मुनीश सक्सेना भी दिल्ली से यहाँ पहुँच गए हैं। बिलासपुर से कथाकार सतीश जायसवाल भी मुझे सहयोग देने के लिए पहुँचे हुए हैं। शादी के बाद मेरा यह पहला शिविर है। मेरे सहयोगी आश्चर्यचकित हैं कि मैं नवविवाहिता को छोड़ आया हूँ। मुझे ऐसा नहीं करना चाहिए था, बल्कि अवकाश लेकर मधु-मास के लिए कहीं जाना चाहिए था। इसी बीच मधु का पत्र भी मिला है जिसमें अकेलेपन की बातें हैं।

शिविर सफल रहता है। मैं, मुनीश सक्सेना, महाराज जीप से राँची लौट रहे हैं। हम लोगों ने 'वन मार्ग' चुना है राँची के लिए। यह मार्ग घने जंगलों और आदिवासी बसाहटों के बीच से गुज़र रहा है। प्रकृति की अप्रतिम छटा रास्ते भर बिखरी हुई है। नयनाभिराम दृश्यों के बीच से गुज़रते हुए दरख़्तों पर स्वर्ग बिछा हुआ प्रतीत हो रहा है। खुला आसमान, घनी हरियाली के आलिंगन में समाये हुए पर्वत, झरने, नदी-नाले, पठार, हिरण, शशक, धान के खेत, खेतों में खड़े बिजूका-इन सबका आमंत्रण इसी अरण्य में खो जाने के लिए पर्याप्त है। काश! यह संभव होता!

राँची पहुँचकर के.बी. सक्सेना के साथ हम लोग सर्किट हाउस में ठहरते हैं। यहीं राँची के आयुक्त डॉ. के.एन. सिंह से भी मैं मिलता हूँ। कलकत्ता में इमरजेंसी के दौरान हुई संगोष्ठी की यादें ताज़ा हो जाती हैं। मधु के लिए राँची से कोसा की साड़ी खरीदता हूँ। के.बी. कहते हैं, "ये छोटे-छोटे जेक्सचर वैवाहिक जीवन को मधुर बनाए रखते हैं।" के.बी. मुझे दाम्पत्य जीवन को सुखद बनाए रखने के कुछ गुर समझाते हैं। यह अलग बात है कि वे स्वयं बिखरा-टूटा दाम्पत्य जीवन जी रहे हैं। के.बी. एक प्रतिबद्ध आई.ए.एस. अधिकारी हैं। इस समय आदिवासी शोध संस्थान के निदेशक हैं। इससे पहले वे धनबाद के डिप्टी कमिश्नर के रूप में ख़ासी ख्याति अर्जित कर चुके हैं। के.बी. ने वहाँ के कोल-माफ़ियाओं को ठिकाने लगा दिया था। इससे बिहार का सत्तारूढ़ राजनीतिक शासक काँप उठा था। नतीजा यह निकला है कि के.बी. के तबादले पर तबादले होते रहते हैं। कहीं भी उन्हें चैन से कार्य नहीं करने दिया जाता है। के.बी. हमेशा अपना बोरिया-बिस्तर बाँधे रखते हैं, और जहाँ भी जाते हैं अकेले सर्किट हाउस के किसी एक कमरे में रहने लगते हैं। भोजन कैंटीन में करते हैं। हैदराबाद में मैं इसी जीवन-शैली में जीते हुए आंध्र प्रदेश के एस.आर. शंकरन् साहब को देख चुका हूँ।

दो रोज़ राँची में बिताने के पश्चात् मैं दिल्ली लौट आया हूँ। उदयपुर की सबसे पिछड़ी तहसील कोटड़ा में अगला शिविर लगाने की तैयारी में जुट रहा हूँ।

1979 का साल शुरू हो चुका है। मोहन सिंह प्लेस के इंडियन कॉफी हाउस में देश की सियासत की ताज़ा सेहत की जमकर चीराफाड़ी की जा रही है। बहसों की बरसात

कॉफी के प्यालों में हो रही है। सभी झंडों के राजनीतिक कर्मी, लेखक, पत्रकार और मौसमी बहसू इस बरसात का मज़ा ले रहे हैं।

जे.पी. द्वारा तामीर की गई दूसरी आज़ादी की इमारत में दरारें पड़ने लगी हैं। रंग-रोगन-प्लास्टर की परतें गिरने लगी हैं। इमरजेंसी की सूत्रधार व पूर्व प्रधानमंत्री इन्दिरा गाँधी की ज्यादतियों की जाँच के लिए गठित 'शाह आयोग' एक प्रकार से स्वयं का 'प्रहसन' बन कर रह गया है। इन्दिरा के खिलाफ़ मुर्गी चोरी-अंडा चोरी क़िस्म के आरोप लगाए जा रहे हैं। सारांश यह है कि वे और उनके बिगड़ैल बेटे संजय गाँधी अपने विरोध का एजेंडा तय करते हैं, और जनता पार्टी की देसाई-सरकार उस पर चलने लगती है। गृहमंत्री चौधरी चरण सिंह का आधे से ज़्यादा वक़्त इन्दिरा जी को जेल में ठूँसने के हथकंडे तलाशने में जाया हो रहा है। यही हालत समाजवादी नेता जार्ज फर्नांडीज़ की है। यह सरकार प्रतिशोध के भँवर में फँसकर स्वयं की 'दुश्मन नंबर एक' बनती जा रही है।

पिछले वर्ष नवंबर में पूर्व प्रधानमंत्री की कर्नाटक की लोकसभा सीट चिकमंगलूर से उपचुनाव में ऐतिहासिक जीत ने जनता पार्टी और देसाई-सरकार को निर्विवाद रूप से 'ताश का घर' साबित कर दिया है। जिन घोड़ों पर सवार होकर जेपी सम्पूर्ण-क्रान्ति और दूसरी आज़ादी लाना चाहते थे, वे ही बेलगाम होने के साथ-साथ मरियल और दिशाहीन दिखाई दे रहे हैं! मधु लिमये, जार्ज जैसे समाजवादियों ने 'दोहरी सदस्यता' का मुद्दा छेड़ दिया है; जनसंघ घटक के नेताओं (वाजपेयी, आडवाणी, नानाजी देशमुख आदि) ने राष्ट्रीय स्वयंसेवक संघ की नाभि-नाल (सदस्यता) से अलग होने से साफ़ इनकार कर दिया है; देसाई-चौधरी जंग बढ़ती जा रही है; जनता को इन्दिरा गाँधी की लीडरशिप याद आने लगी है।

वास्तव में 1978 से ही इन्दिरा गाँधी की पुनर्वापसी की यात्रा शुरू होने लगी थी जब वे बेलछी (बिहार) के दलित-नरसंहार के पीड़ित परिवारों से मिलने वहाँ पहुँची थीं। इस त्रासदी से सम्पूर्ण राष्ट्र स्तब्ध था, और इसने इमरजेंसी की इन्दिरा गाँधी को पुनर्जीवित कर दिया। चिकमंगलूर-विजय ने इन्दिरा जी की वापसी का मार्ग ही प्रशस्त कर दिया। जनता पार्टी का 'ताश का घर' भरभराकर गिर जाए, इसके शिखर नेतृत्व ने इसे सुनिश्चित कर दिया है, इन्दिरा गाँधी व संजय गाँधी तो सिर्फ़ इसका मर्सिया पढ़ेंगे! संसद की दीवारों पर इसकी इबारत उभरती जा रही है। देसाई-सरकार के पतन और लोकसभा के मध्यावधि-चुनावों की भविष्यवाणियों को कॉफी व इडली-डोसा के साथ फोकट में परोसा भी जा रहा है!

देश के इस बदलते परिदृश्य में मुझ में बैठा पत्रकार फिर से जी उठा है, और राजनीतिक पत्रकारिता के लिए कुलाँचें मार रहा है। इधर मुझे मालूम हुआ है कि इंदौर स्थित हिन्दी का सर्वश्रेष्ठ दैनिक 'नई दुनिया' नई दिल्ली में अपना ब्यूरो खोलने के लिए पूर्णकालिक संवाददाता की खोज में है। अतः संवाददाता के रूप में पत्रकारिता में वापसी की संभावनाओं का मैंने पता लगाना शुरू कर दिया है।

श्रम संस्थान में भी स्थितियाँ बदलने लगी हैं। महाराज का पीना पहले से ज़्यादा हो गया है, और कुछ उदासीनता भी आने लगी है। मैं भी पहला जैसा उत्साह महसूस नहीं कर रहा हूँ। श्रम संस्थान में अरविन्द दास व नीलकंठन की जगह नई नियुक्तियाँ हुई हैं।

इधर डॉ. गोपाल अय्यर भी श्रम संस्थान छोड़कर चंडीगढ़ विश्वविद्यालय में प्रोफेसर बन कर जाने वाले हैं। श्रम संस्थान में अब पूरी तौर पर अकादमीय नौकरशाही शैली में कार्य-संस्कृति शुरू हो गई है। ग्रामीण भारत की समस्याओं और दलित व आदिवासियों पर होने वाले अत्याचारों पर लेख लिखने पर प्रतिबंध लगाया जा रहा है। जाहिर है, नए नेतृत्व का 'टारगेट' मैं हूँ। मुझसे कह भी दिया गया है कि मैं ग्रामीण-आदिवासी तनावों व संघर्ष पर पत्र-पत्रिकाओं में न लिखूँ। मेरे लिए इस प्रतिबंध को स्वीकार करने का अर्थ है 'आत्महंता' बनना। इसलिए विकल्प के रूप में मैंने घर-वापसी (पत्रकारिता) के प्रयास शुरू कर दिए हैं।

फ़िलहाल मुझे कोटड़ा जाना पड़ रहा है। इस बार मधु भी वहाँ पहुँचेगी। रब्बी और पंकज भी उसके साथ आ रहे हैं। तीनों इस भील प्रधान तहसील को देखना चाहते हैं। सूरज भी इन तीनों के साथ उदयपुर से आ रहा है। यह पहला मौका होगा जब किसी शिविर में पत्नी, भाई और मित्रगण मौजूद रहेंगे। श्रम संस्थान से सिर्फ़ फैकल्टी के नाते डॉ. महावीर जैन ही आ रहे हैं। महाराज अस्वस्थ हैं। मारला जर्मनी लौट चुके हैं, क्योंकि देसाई-सरकार का अवसान शुरू हो चुका है। गाँधी शांति प्रतिष्ठान में भी विदेशियों की आवाजाही उतार पर है। पहला जैसा मेला प्रतिष्ठान में नहीं लगता है। जनता का दूसरी आज़ादी की जेपी-सेना से मोहभंग होता जा रहा है। वह 'रिट्रीट' पर है।

उदयपुर से कोटड़ा का फ़ासला क़रीब 70 किलोमीटर है लेकिन साफ़-सुथरे रास्ते से 100 किलोमीटर है। हम लोग लम्बे रास्ते से कोटड़ा पहुँचते हैं। क़रीब चार घंटे लगे। रास्ता कहीं पक्का, कहीं कच्चा, कभी सीधा, कभी टेढ़ा है। सहयात्री के रूप में धूल, भेड़-बकरियाँ, गाय-बैल तो थे ही। हम लोगों से कहा गया कि छोटा मार्ग सुरक्षित नहीं है, क्योंकि भील लोग लूट लेते हैं, तीरों से घायल कर देते हैं। कुछ भी हो सकता है। ज़िला अफ़सरों ने हम लोगों को भील आदिवासियों के खिलाफ़ पहले से ही अपने पूर्वाग्रहों से लाद दिया है; आदिवासी चोर, निकम्मे-काहिल, धूर्त्त-लुटेरे-हत्यारे होते हैं; ऐसा चरित्र-चित्रण मुझे हर आदिवासी अंचल में सुनने को मिला है। तब कोटड़ा क्यों अपवाद होगा?

कोटड़ा-शिविर से मैंने काफ़ी कुछ सीखा है। इस शिविर में आदिवासियों में वर्ग चेतना, वर्ग शत्रु की पहचान और मुक्ति की प्रक्रिया की क्षमता जाग्रत की गई है; 'आओ शिकार करें, आओ नया गाँव बसाएँ' नाम से चेतना-अभ्यास को भील सहभागियों के सहयोग से विकसित किया गया है। यह मेरे जीवन की अद्‌भुत उपलब्धि है। अब तक कई शिविरों का आयोजन मैं कर चुका हूँ, लेकिन मौलिक चेतना अभ्यास को जन्म नहीं दे सका। संगठित श्रमिक वर्ग और प्रबंधन-व्यवस्थापन से संबंधित अभ्यासों से ही श्रम संस्थान काम चलता आ रहा है। महाराज भी स्थानीय परिवेश और वस्तुस्थिति पर आधारित अभ्यास का निर्माण नहीं कर सके हैं। इसका सम्पूर्ण श्रेय मैं आदिवासी प्रतिभागियों[1] को देता हूँ।

शिविर-समापन के दो रोज़ पहले मधु, सूरज, रब्बी और पंकज भी बस से कोटड़ा पहुँच चुके हैं। इन चारों का भी भील-इलाके और शिविर का पहला अनुभव है। निजी स्तर पर इस जंगल में ये क्षण मेरे और मधु के लिए 'हनीमून' से कम नहीं है।

कोटड़ा से हम लोग माउंट आबू चले जाते हैं। दिलवाड़ा मंदिर और सूर्यास्त देखने

1. देखें : आदिवासी समाज और शिक्षा; रा.श. जोशी; प्रकाशक : ग्रंथशिल्पी (दिल्ली)

के बाद हम सभी तड़के-तड़के उदयपुर लौट आते हैं। यहाँ से अगले दिन ट्रेन से दिल्ली जा रहे हैं। सूरज उदयपुर में ही रुक गया है।

कोटड़ा से दिल्ली लौटने पर विष्णु प्रभाकर जी मुझे और पत्नी को दोपहर के भोजन पर निमंत्रित करते हैं। इस निमंत्रण से हम दोनों प्रसन्न हैं। वे वरिष्ठ साहित्यकार ही नहीं हैं, पिता-तुल्य भी हैं।

अज़मेरी गेट के पास पहली मंजिल पर उनका निवास है। हम निश्चित समय पर पहुँच गए हैं। प्रभाकर जी और माताजी आत्मीयता से बैठाते हैं। मधु के लिए किसी साहित्यकार के यहाँ जाने का यह पहला अवसर है। मैं तो यहाँ पहले भी आ चुका हूँ। प्रभाकर जी के कक्ष की सजावट पुस्तकें हैं। मधु को यह सब अच्छा लग रहा है।

सामान्य बातचीत के पश्चात् हम लोगों को भोजन परोसा जाता है। प्रभाकर जी भी साथ में ही भोजन कर रहे हैं। माता जी आत्मीयता के साथ भोजन करा रही हैं। बिल्कुल शाकाहारी भोजन है लेकिन स्नेह से भरपूर। भोजन समाप्ति के बाद माताजी मधु को सूती साड़ी आशीर्वाद के रूप में देती हैं। इस उपहार से हम दोनों गद्गद हैं। इस महानगर में ऐसी आत्मीयता सौभाग्यशालियों को ही मिलती है! हम लोग शाम तक लोदी कॉलोनी लौट आए हैं।

राजधानी दिल्ली के कुदरती और सियासी तापमानों के बीच आसमान छूने की होड़ मची हुई है। देसाई-सरकार की अकाल मृत्यु (19 जुलाई, 1979) हो चुकी है। उत्तराधिकारी के रूप में जाट नेता चौ. चरण सिंह (28 जुलाई, 1979 से 14 जनवरी, 1980) भी हाराकीरी पर आमादा हैं। इन्दिरा गाँधी और संजय गाँधी ने चौधरी साहब को जाल में फाँसा और कांग्रेस के डेढ़ सौ से ऊपर सांसदों के समर्थन का हुक्का-पानी का लालच देकर देसाई-सरकार व जनता पार्टी में भगदड़ मचवा दी और तथाकथित दूसरी आज़ादी का पटाक्षेप करते हुए पश्चिमी उत्तर प्रदेश के जाट नेता को प्रधानमंत्री पद की शपथ दिलवा दी है। इस प्रकार देश की पहली ग़ैर-कांग्रेसी सरकार का मध्यावधि-पटाक्षेप हो गया है। चरण सिंह-सरकार का भी दुखांत होगा, कॉफी हाउस के प्रेमी इस नतीज़े पर पहुँच चुके हैं। बस, वक़्त का इंतज़ार कीजिए।

इधर एक रोज़ मोहन सिंह प्लेस-कॉफी हाउस में इंटक के एक कार्यकर्त्ता शर्मा मेरे साथ टेबल शेयर करते हैं। वैसे मैं इन्हें पहले भी देख चुका हूँ। वे अलग टेबल पर बैठते है। हम लोगों (विष्णु प्रभाकर, पंकज बिष्ट, राजकुमार सैनी आदि) से दूर ही रहते हैं। वे आज अत्यंत विनम्रता से पूछते हैं, "जोशी जी, क्या मैं आज आपके साथ बैठ सकता हूँ?"

"क्यों नहीं?"

"आप बुद्धिजीवी लोग हैं। लेफटिस्ट हैं। मैं तो इंटक का सामान्य कार्यकर्त्ता हूँ। और आप लोगों से डर भी लगता है!"

"वो क्यों?"

"आप लोग इमरजेंसी के आलोचक हैं। इन्दिरा गाँधी को तानाशाह मानते हैं।"

"वो तो ठीक है। उन्होंने काम भी तो ऐसे ही किए हैं!"

"उसकी सज़ा भी तो उन्हें मिल चुकी है। जनता ने उन्हें हरा दिया है!

"चलिए ये बातें तो होती ही रहती हैं। कॉफी मँगायी जाए?"

"जोशी जी, यदि आप अन्यथा न लें तो मेरी ओर से हो जाए?"

"क्यों नहीं!" दो कॉफी और दो वड़ा का ऑर्डर दे दिया जाता है। शर्मा जी कुछ चुप रहते हैं, इधर-उधर देखते हैं और फिर सहमते-सहमते मुझसे कहने लगते हैं, "मैं आपसे कुछ शेयर करना चाहता हूँ। कई रोज़ से सोच रहा हूँ कि आपसे कुछ कहूँ। बुरा मत मान जाना..."

"नहीं, ऐसी कोई बात नहीं, शर्मा जी!"

"मैं देख रहा हूँ आप आदिवासियों और दलितों पर निष्पक्षता से लिख रहे हैं।"

"जो मुझे दिखाई देता है वही लिखता हूँ।"

"वो तो ठीक है। आजकल तो प्रेस जनता पार्टी की नज़र से देखती है। आडवाणी जी ने तो प्रेस में संघी पत्रकारों को घुसा दिया है।"

"मैं तो संघी हूँ नहीं। मेरा एक नज़रिया है, वैज्ञानिक दृष्टिकोण है और समाज-वैज्ञानिक ढंग से लिखता हूँ।"

"इसीलिए तो मैं आपका प्रशंसक हूँ। मैं जानता हूँ आप मार्क्सवादी हैं, आप तटस्थता से लिखते हैं।"

"धन्यवाद!"

"आपसे मैं कुछ कहना चाहता हूँ।"

कॉफी-वड़ा आ चुके हैं। कॉफी की चुस्कियाँ शुरू हो चुकी हैं। शर्मा जी अपनी कुर्सी को क़रीब खिसकाते हुए कहते हैं, "जोशी जी, इन्दिरा जी आपके लेखों को पसंद करती हैं।"

"धन्यवाद! पर इतनी बड़ी नेता को मुझे पढ़ने का अवसर कहाँ मिलता होगा?"

"नहीं...नहीं, ऐसी बात नहीं है। आपकी क्लिपिंग उन तक पहुँची है।"

"या पहुँचायी गई है...?"

"कुछ भी समझ लें। बड़े नेताओं के प्रेस सलाहकार और सेल (कोष्ठ) तो होते ही हैं। आप जानते ही हैं?"

"यह मैं जानता हूँ। आगे बताइए!"

शर्मा जी मुझे यक़ीन कराने के लिए फ्रंटीयर, लिंक, नवभारत टाइम्स जैसी पत्र-पत्रिकाओं का हवाला देते हैं। इस संदर्भ में विशेष रूप से `Genesis of Tension in Rural India'[1] की चर्चा करते हैं जिसमें मैंने 20 सूत्री कार्यक्रम के दो हिस्सों : बंधक श्रमिक प्रथा उन्मूलन, और ऋण मुक्ति के प्रभावों का तथ्यात्मक विश्लेषण किया है।

"इन्दिरा जी ने इसे काफ़ी पसंद किया है!"

"मैं आभारी हूँ उनका!"

"अब आप से कुछ कहना है..."

"कहिए न! निःसंकोच कहिए..."

"देखिए, आप पंडित हैं...मेरी भावनाओं को समझ सकते हैं..."

"जी..."

"मैं आपको इन्दिरा जी से मिलवाना चाहता हूँ...!"

"क्यों?"

---

1. देखें, विस्तार के लिए वही : Islands of Deprivation.

"वे आपके साथ हरिजनों...आदिवासियों के बारे में बातचीत करना चाहेंगी...।"

"शर्मा जी, क्या बात कर रहे हैं? मैं क्या हूँ? उनके पास तो सलाहकारों, एकेदमीशियनों की फ़ौज है।"

"वो तो सब ठीक है...पर आपकी बात अलग है..."

"देखिए शर्मा जी, एक बात साफ़ कर दूँ...मैंने जो लेख लिखे हैं वे इन्दिरा जी को ध्यान में रख कर नहीं लिखे हैं। आप तो जानते ही होंगे कि मैं मीसा के तहत गिरफ़्तार होने वाला था। डॉ. बी.डी. शर्मा की बदौलत मैं बाहर रहा। मैंने ग्रामीण हिंसा का ईमानदारी से विश्लेषण किया है।"

"इसीलिए तो मैं आपको मिलवाना चाहता हूँ। आप अपने लेखन में पूर्वाग्रहों से मुक्त रहते हैं।"

"एक पत्रकार और समाज वैज्ञानिक को ऐसा होना भी चाहिए।"

"फिर आपको इन्दिरा जी से मिलने में संकोच नहीं होना चाहिए। आप 'यस' कहें तो समय मैं ले लूँगा।"

"देखिए, इन्दिरा जी से मिलने का अर्थ है कुछ कमिटमेंट...कुछ अपेक्षाएँ! मुझे दो-तीन रोज़ का समय दें...मैं सोच लेता हूँ।"

"यह ठीक रहेगा। तीन रोज़ बाद रविवार है। यहीं बैठते हैं। भीड़ भी नहीं होगी। इसी समय मिलते हैं।"

"ठीक है। मैं रविवार को यहाँ पहुँच जाऊँगा।" इसके बाद शर्मा जी कॉफी का बिल अदा करके चले गए और मुझे दुविधा में भी डाल गए।

'मुझे मिलना चाहिए या नहीं मिलना चाहिए ?' का द्वंद्व मुझ पर हावी हो गया है। इसके सभी पक्षों पर मैं विचार कर रहा हूँ। ख़्याल यह भी आ रहा है कि यदि मैं इन्दिरा जी से मिलता हूँ तो लोग मुझे कांग्रेस का आदमी कहेंगे, आई.बी. के एजेंट होने की चर्चाएँ ताज़ा होंगी, मेरी वैचारिक प्रतिबद्धता पर उँगलियाँ उठाई जाएँगी। मैं इससे भी भयभीत हूँ कि इन्दिरा जी से भेंट के बाद वैचारिक शुचिता प्रभावित होगी, क्योंकि उनकी मुझसे कुछ अपेक्षाएँ भी रहेंगी। उनकी अपेक्षाओं में उनके लिए काम करना, ग्रामीण भारत के संघर्षों से अवगत कराना, राजनीतिक क्षेत्रों की जानकारी देना जैसे काम शामिल हो सकते हैं। वैसे मैं सोच यह भी रहा हूँ कि जब मैं पार्टी का सक्रिय सदस्य नहीं हूँ तो मुझे इन्दिरा जी या किसी भी नेता से मिलने में क्यों संकोच करना चाहिए?

मैं पत्रकारिता में लौटने के प्रयास में हूँ, इसलिए लालच यह भी हो रहा है कि इस दृष्टि से इन्दिरा जी से मिलना लाभदायक रहेगा। पत्रकार को अपना सम्पर्क-दायरा बढ़ाना चाहिए। पूर्व-प्रधानमंत्री से इसकी शुरुआत क्यों न की जाए? इन्दिरा जी की सत्ता में देर-सबेर वापसी भी होगी, इसलिए इस समय उनसे मिलना ठीक ही रहेगा। दिमाग़ में बैठा पत्रकार पंछी उड़ान भरने लगता है!

मैं रविवार को निश्चित समय पर पहुँच गया हूँ। मैंने इन्दिरा जी से मिलने का निर्णय कर लिया है। शर्मा जी मेरा पहले से इंतज़ार कर रहे थे। कॉफी मँगाई जाती है। इधर-उधर की बातें होती हैं। फिर वे पूछते हैं, "तो जोशी जी, आपने क्या तय किया?"

"आपका प्रस्ताव अच्छा है।" इसी बीच शर्मा जी से एक चूक हो गई या जानबूझ कर

उन्होंने ऐसा किया है, यह मैं नहीं जानता। उन्होंने अपनी ज़ेब से सौ के नोटों की गड्डी निकाल ली है और हथेली पर उसे मुझे निमंत्रण देने की मुद्रा में बिछाए हुए हैं। मैं इसे अपना अपमान समझता हूँ और शर्मा जी के प्रस्ताव को अस्वीकार कर देता हूँ।

"देखिए जोशी जी, मैं तो आपके भले की कह रहा हूँ...मिलना...नहीं मिलना आपकी मर्ज़ी?"

यह कहकर उन्होंने नोटों की गड्डी वापस अपनी ज़ेब में ठूँस दी है और मैं उठ कर चला आया हूँ। इसके बाद हम दोनों नहीं मिले। यह अध्याय यहीं समाप्त हो गया। घटनाचक्र तेज़ी से आगे बढ़ चुका है। राजसत्ता की भिंडी बाज़ारी शुरू हो गई है। इन्दिरा गाँधी और संजय गाँधी ने बैसाखी प्रधानमंत्री चरण सिंह से कांग्रेस-बैसाखी की कीमत वसूलना शुरू कर दिया है। चरण सिंह को अब एहसास होता जा रहा है कि इंद्रप्रस्थ के इस खेल में अन्ततः धृतराष्ट्र कौन बनने जा रहा है?

एक शाम मधु बतलाती है, "परिवार का विस्तार होने वाला है। दिसंबर में डिलीवरी हो सकती है।" मेरे लिए यह सूचना ही नहीं, जीवन के एक और नए अध्याय की शुरुआत थी। हालाँकि इसका संकेत वह मई से पहले ही दे चुकी थी। मैं आवश्यक तैयारी मैं जुट जाता हूँ। हम लोग तीस हज़ारी के पास सेंट स्टीफन हॉस्पीटल में रजिस्ट्रेशन करा लेते हैं। डॉक्टर के अनुसार दिसंबर के मध्य से लेकर अन्त तक कभी भी डिलीवरी हो सकती है।

इधर मैं श्रम संस्थान से दूर होता जा रहा हूँ। शिविरों में नहीं जा रहा हूँ। सम्पादक स.ही. वात्स्यायन 'अज्ञेय' जी ने 'नवभारत टाइम्स' में मेरा सलैक्शन कर लिया है। तीन-चार लोगों का चयन किया गया है। इसकी जानकारी मिल चुकी है। बस, घोषणा शेष है। लेकिन देसाई-सरकार के पतन के पश्चात् अज्ञेय जी भी सम्पादक पद से हट गए हैं। उनके स्थान पर कांग्रेस, विशेष रूप से इन्दिरा समर्थक आनंद जैन को सम्पादक बना दिया गया है। वे 'नवभारत टाइम्स' में पहले से ही विशेष संवाददाता हैं।

दूसरी तरफ़ मैं 'नई दुनिया' में जाने का प्रयास भी तेज कर देता हूँ। मैं भोपाल में नई दुनिया के सम्पादक राजेन्द्र माथुर से मिलता हूँ। वैसे वे मेरे नाम से भली भाँति परिचित भी थे। उन्होंने 1976 में मेरा एक साक्षात्कार नई दुनिया में प्रकाशित भी किया था। मित्र जयंत वर्मा ने जबलपुर में आदिवासियों और औद्योगिक सभ्यता के प्रभावों पर मेरा लम्बा साक्षात्कार लेकर नई दुनिया को भेज दिया था। रज्जू भैया उर्फ़ राजेन्द्र माथुर ने उसे सम्पादकीय पृष्ठ पर विस्तार से प्रकाशित किया। साक्षात्कार की अच्छी-खासी चर्चा हुई थी। पाठकों के कई पत्र छपे थे। माथुर साहब अँगरेज़ी फ्रंटीयर व ईपी डब्ल्यू के भी नियमित पाठक थे। इस नाते उन्हें मेरा नाम व मिलना अपरिचित नहीं लगा।

भोपाल की प्रोफेसर कॉलोनी में 'नई दुनिया' के ब्यूरो ऑफिस में उनसे पहली भेंट होती है। वे दो रोज़ के लिए इंदौर से भोपाल आए हुए हैं। चाय पर पंद्रह-बीस मिनट बात हुई। राजेन्द्र माथुर विनम्रता, शालीनता और आत्मीयता की मूर्ति लगे। "यदि पत्रकार संवेदनशील नहीं है, उसके अपने कोई विचार नहीं हैं तो वह एक अच्छा पत्रकार नहीं बन सकता।" उनका यह कथन मेरे लिए पत्रकारिता का कम्पास बन चुका है। माथुर साहब मुझे नेहरूवीय समाजवादी लगे। मानवतावादी तो वे हैं ही। संविधानवादी भी हैं। 25 जून, 1975 के बाद इमरजेंसी के विरुद्ध 'सात सवाल, सात लेख' लिखकर वे गिरफ़्तारी के

कगार पर पहुँच चुके थे। परन्तु कांग्रेस के कतिपय नेताओं और 'नई दुनिया' के परम मित्र सरदार सुरजीत सिंह (इंदौर एस.पी.) के हस्तक्षेप के कारण माथुर साहब गिरफ़्तारी से सुरक्षित बच निकले। उन्होंने मुझसे प्रतीक्षा करने को कहा है। इसी बीच मुझसे मुख्यमंत्री वीरेन्द्र कुमार सखलेचा का इंटरव्यू लेकर इंदौर भेजने के लिए कहा गया है।

इंटरव्यू के साथ दो ख़बरें भी भेजीं। तीनों का उपयोग किया गया है। माथुर साहब से भी सकारात्मक संकेत मिल रहे हैं। दिल्ली स्थित मध्य प्रदेश जन सम्पर्क कार्यालय के निदेशक श्याम व्यास भी चाहते हैं कि मुझे दिल्ली में 'नई दुनिया' का प्रतिनिधि नियुक्त कर दिया जाए। वे पुराने वामपंथी हैं और मालवा के भील आदिवासियों पर उनका उपन्यास 'मादल का दर्द' चर्चित रहा है। मेरे पत्रकारीय लेखन से भी वे अच्छी तरह परिचित हैं। व्यास जी नई दुनिया के प्रबंध सम्पादक नरेन्द्र तिवारी जी को भी लम्बे समय से जानते हैं। दोनों के क़रीबी सम्बन्ध हैं इसलिए वे मेरी नियुक्ति को लेकर तिवारी जी से सीधे बात कर रहे हैं। 'नई दुनिया' के सबसे बड़े भागीदार अभय छजलानी की पसंद कोई और है। शायद उनका झुकाव आलोक मेहता के प्रति है। पर मेहता 'नई दुनिया' के बौद्धिक व सम्पादकीय नेतृत्व (राहुल बारपुते व राजेन्द्र माथुर) की अंतिम पसंद है। स्थिति अस्पष्ट है, लेकिन चरण सिंह–सरकार का भविष्य स्पष्ट हो चुका है।

कांग्रेस ने चरण सिंह–सरकार से अपनी बैसाखी को छीन लिया है। संसद भंग की जा चुकी है और अगले वर्ष जनवरी में चुनावों की घोषणा कर दी गई है। अब चरण सिंह कामचलाऊ–सरकार के प्रधानमंत्री बन कर रह गए हैं। स्वाधीन भारत के इतिहास में चरण सिंह ऐसे पहले प्रधानमंत्री के रूप में दर्ज़ किए जाएँगे जिन्होंने अपने पद पर रहते हुए संसद का कभी सामना नहीं किया और देश पर चंद महीनों के लिए शासन करते रहे!

चुनावी समाचार पत्र–पत्रिकाओं के छप्पन भोग बन चुके हैं। इस चुनावी समर में इन्दिरा गाँधी एक प्रकार से नायक के रूप में उभर रही हैं। वे एजेण्डा तय करती हैं, अन्य पार्टियाँ उस पर सिर्फ़ 'रिएक्ट' करती हैं। जनता पार्टी का ताश का घर पूरी तरह ढह चुका है; जनसंघ का भाजपा के रूप में अवतार हो चुका है; बहुगुणा कांग्रेस में लौट चुके हैं; चरण सिंह भारतीय क्रान्ति दल का झंडा ऊँचा किए हुए हैं, चन्द्रशेखर के नेतृत्व में जनता पार्टी जैसे–तैसे अपना वजूद बनाए हुए है; संगठन कांग्रेस घिसट रही है। पर वामदलों का अपना स्वतंत्र अस्तित्व सुरक्षित है। उसके तीनों गढ़–प. बंगाल, केरल और त्रिपुरा यथावत् हैं। सी.पी.आई. (एम.एल.) यानी नक्सलपंथी सक्रिय हैं, लेकिन भूमिगत हैं। कतिपय क्षेत्रों में इसका आब–ताब पहले जैसा ही है। कांग्रेस, संजय गाँधी की रणनीति पर लगभग चल रही है, क्योंकि जनता पार्टी देसाई–सरकार और चरण सिंह–सरकार के पतन में परोक्ष व प्रत्यक्ष रोल संजय गाँधी का रहा है। उन्हें ही इन दोनों सरकारों के पतन का सूत्रधार माना जा सकता है। यदि इन्दिरा गाँधी की सत्ता में पुनर्वापसी होती है तो इसके श्रेय के एकमात्र दावेदार संजय गाँधी होंगे। इस दफ़े इन्दिरा जी अपनी पुरानी सीट रायबरेली के साथ–साथ आंध्र प्रदेश की मेढक सीट से भी चुनाव लड़ रही हैं। वे स्वयं को उत्तर भारत और दक्षिण भारत की एकमेव नेता के रूप में फिर से स्थापित कर रही हैं। अधिकांश जनमत सर्वेक्षण इन्दिरा वापसी की भविष्यवाणी कर रहे हैं। 'खंडित जनादेश' की संभावनाएँ भी व्यक्त की जा रही हैं।

मधु की डिलीवरी का समय पास आने लगा है। मधु सब्जी मंडी स्थित अपने दादा-दादी के पास रहने के लिए चली गई है, क्योंकि हॉस्पीटल वहाँ से पास है। इमरजेंसी में वहाँ तुरंत पहुँचा जा सकता है। मेरे लिए भी जच्चा-बच्चा का यह पहला अनुभव होगा। गर्भ धारण करना, प्रसव-पीड़ा झेलना और बच्चे को जन्म देना, क्रान्ति लाने से कम नहीं है! दोनों ही स्थितियाँ नई निर्मिति करती हैं। इस निर्मिति-प्रक्रिया में दुखद व सुखद, दोनों प्रकार के अन्तों की संभावनाएँ बनी रहती हैं; एबॉर्शन, मिस कैरेज और सीजिरीयन को ध्यान में रखना होता है; तैयारी अच्छी है तो 'नॉरमल डिलीवरी' होती है, रक्तस्राव कम होता है। व्यवस्था परिवर्तन को भी इन तमाम चरणों से गुज़रना पड़ता है। इतिहास इस सच्चाई का साक्षी है; भारत के स्वतंत्रता-संग्राम पर नज़र डालिए, 1857 से 1947 तक कितने उतार-चढ़ाव आए; आंदोलनों को मुल्तवी करना पड़ा; जय-पराजय होती रही; 15 अगस्त, 1947 को 'स्वतंत्रता-जन्म' एक सामान्य-स्वाभाविक डिलीवरी कहाँ थी; भारत को विभाजित करके, लाखों लोगों का ख़ून बहाकर, बापू की बलि चढ़ाकर स्वतंत्रता को जन्म मिलना 'सीजिरीयन डिलीवरी' के समान ही था न!

ख़ैर, मधु और मैं हर स्थिति के लिए तैयार हैं। ताई गाँव में ही है। मैंने उन्हें इसकी सूचना पत्र से दे दी है। मधु के पीहर ने डिलीवरी के मोर्चे को पूरी तरह से सँभाल रखा है।

इधर 'नई दुनिया' से पत्र आ गया है। सम्पादक मुझे चुनाव कवरेज के लिए भेज रहे हैं। कुछ अग्रिम राशि भी भेज दी गई है। तार-प्रेषण अधिकार भी साथ में भेज दिया गया है। चुनावों के बाद ही मेरी नियुक्ति संभव हो सकेगी। पर इंदौर से संकेत सकारात्मक हैं। वैसे मैंने अभी तक श्रम संस्थान को छोड़ा नहीं है, असमंजस की स्थिति बनी हुई है।

16 दिसंबर, 1979 को नॉरमल डिलीवरी हो जाती है। मधु पुत्री को जन्म देती है। मैं बच्ची के जन्म के बाद हॉस्पीटल पहुँच रहा हूँ। मधु कुछ शिकायती अंदाज़ में कहती हैं, "तुम्हें ऐसे समय में मेरे पास होना चाहिए था। मुझे कुछ भी हो सकता था! हर पत्नी की इच्छा होती है कि बच्चे के जन्म के समय पति उसके पास ही हो।" मैं निरुत्तर हूँ, स्वयं को अपराधी महसूस कर रहा हूँ। पर अब हो भी क्या सकता है! मधु विवशताभरी ख़ामोशी में डूब जाती है, और मैं निर्निमेष दृष्टि से उसे देख रहा हूँ। इसी बीच छोटी बहन नीता मेरे हाथों में गर्मवस्त्रों में लिपटी बच्ची को रख देती है और कह रही है, "लीजिए अपनी अमानत को। यह अपनी सूरत लेकर आई है।" मैं बच्ची को हाथों में ले लेता हूँ। एक ऐसी अनुभूति हो रही है जिसका न वर्णन किया जा सकता है, और न ही व्याख्या। सिर्फ़ यही कह सकता हूँ, "मैं पिता बन चुका हूँ।" (भविष्य की 32 क्रिस्ट रोड निवासी डॉ. गनस्विता जोशी का)

मैं, मधु और ससुराल वालों को 'नई दुनिया' के घटनाक्रम से अवगत कराता हूँ, और यह भी बतलाता हूँ कि मुझे शीघ्र ही चुनाव कवरेज के लिए उत्तर प्रदेश और मध्य प्रदेश की यात्राओं पर निकलना पड़ेगा। फ़ोन से सम्पर्क में रहूँगा। यह सुनकर मधु उदास है, लेकिन कोई विकल्प भी तो नहीं है!

मैं तीन रोज़ के पश्चात् लखनऊ, इलाहाबाद, बनारस और रायबरेली व अमेठी के निर्वाचन क्षेत्रों के कवरेज़ के लिए निकल पड़ा हूँ। पत्रकारिता-जगत् की दिशा में उड़ान भरने की पट्‌टी तैयार हो चुकी है।

दूसरी आज़ादी का भ्रम : नायिका की वापसी; लौटना ख़बरों की दुनिया में

जे पी (जयप्रकाश नारायण) के नेतृत्व में शुरू हुई सम्पूर्ण क्रान्ति और दूसरी आज़ादी का आंदोलन 'तिनकों का जहाज' निकला। एक ऐसा जहाज जिसे भाँति-भाँति के तिनकों (जनसंघ, राष्ट्रीय स्वयंसेवक संघ, समाजवादी, भारतीय क्रान्ति दल, युवा तुर्क, असंतुष्ट कांग्रेसी आदि) से तैयार किया गया था। राजसत्ता के महासागर (1977 में केन्द्र में शासन) में उतरते ही यह जहाज डगमग-डगमग करने लगा, इसमें सुराख़ होने लगे और सवार यात्री (प्रधानमंत्री मोरारजी देसाई, चन्द्रशेखर, जगजीवन राम, चौ. चरण सिंह, मधु लिमये, जार्ज फर्नांडिज, राजनारायण, अटल बिहारी वाजपेयी, लालकृष्ण आडवाणी, हेमवती नन्दन बहुगुणा आदि) इसे मझधार के हवाले कर सुरक्षित तटों की ओर लपकने लगे। अन्ततः प्रधानमंत्री मोरारजी देसाई के नेतृत्व में गठित सरकार और युवा तुर्क चन्द्रशेखर की अध्यक्षता में स्थापित जनता पार्टी का तिनकों का जहाज नेताओं की महत्त्वाकांक्षाओं के भँवर की भेंट चढ़ गया। राजसत्ता की सुपर खिलाड़ी इन्दिरा गाँधी के झाँसे में फँसकर चौ. चरण सिंह ने भी अपना सर्वनाश किया। देसाई-सरकार के पतन के बाद चरण सिंह-सरकार भी तट पर नहीं लग सकी। इन्दिरा-संजय गाँधी के भँवर में फँसकर चरण सिंह-सरकार भी अकाल मृत्यु को प्राप्त हुई। मध्यावधि चुनावों के पश्चात् इन्दिरा गाँधी की धमाकेदार वापसी हुई और 14 जनवरी, 1980 को उन्होंने प्रधानमंत्री पद की शपथ ली। लगभग चौंतीस महीनों के सत्ता बनवास के पश्चात् वे एक बार फिर से सत्ता रूढ़ हो गई हैं। नवम्बर से दिसम्बर 1979 के दौरान अपने तूफ़ानी चुनाव अभियान में उन्होंने प्रतिदिन क़रीब 20 जनसभाओं को सम्बोधित किया और 384 निर्वाचन क्षेत्रों को दिन-रात नापा। जनता उन पर जुनूनी रूप से न्योछावर थी और 351 सीटों को उनके फैले आँचल में डाल दिया। इन्दिरा जी ने उत्तर भारत (रायबरेली) और दक्षिण भारत (मेडक) की दो...दो लोकसभा सीटों से विजयी होकर अपने नेतृत्व की अभेद्यता को पुनर्स्थापित कर दिया; जनता पार्टी, लोकदल, भारतीय जनता पार्टी सहित कोई भी विरोधी दल 54 सीटें प्राप्त करने में विफल रहा। लोकसभा में प्रतिपक्ष नेता की पद-प्राप्ति के लिए सांसदों की यह संख्या आवश्यक है। इन्दिरा गाँधी की पुनर्वापसी के सैलाब में उनके विरोधियों का 'ताश का बाँध' फुर्र से ढह गया।

मध्यावधि चुनावों की घोषणा के साथ मेरी भी पत्रकारिता में पूर्णकालिक वापसी हो गई थी। मैंने भी 'नई दुनिया' के लिए दिल्ली, उत्तर प्रदेश, मध्य प्रदेश, राजस्थान जैसे

राज्यों के कतिपय निर्वाचन क्षेत्रों का दौरा किया, मतदाताओं को समझने का प्रयास किया और उनके मन-मस्तिष्क में बैठी इन्दिरा गाँधी को देखा। इन्दिरा गाँधी अपने सम्पूर्ण आब-ताब के साथ 'साउथ ब्लाक' (प्रधानमंत्री कार्यालय) पर काबिज़ होने जा रही हैं, यह साफ़ दिखाई दे रहा था और जनता का भी यही जनादेश निकला।

मैं 1971 के पश्चात् 1979 में चुनाव रिपोर्टिंग कर रहा था। क़रीब नौ वर्ष के लम्बे ब्रेक के पश्चात् पत्रकारिता के अखाड़े में उतरना मुझे अज़ीब-सा लग रहा है। मैं इसमें मन से रम नहीं पा रहा हूँ। इस नौ सालों की अवधि में काफ़ी कुछ बदल चुका है। हालाँकि इसके दाँव-पेंच मैं भूला नहीं हूँ। लेकिन न जाने क्यों मुझे इससे वितृष्णा-सी हो रही है। पत्रकारिता में पहली जैसी सार्थकता नहीं लग रही है। इसका खोखलापन अधिक साल रहा है। पत्रकारों ने फिर से इन्दिरा जी की वंदना शुरू कर दी है। हिन्दी के सम्पादक संजय गाँधी का क़सीदा पढ़ने लगे हैं। पत्र-पत्रिकाओं में आपात्काल के नारे 'India is Indira, Indira is India' की गूँज फिर से सुनाई दे रही हैं। प्रेस ने जल्दी ही आपात्काल को भुला दिया है, और इसके साथ ही दूसरी आज़ादी की प्रतिनिधि जनता पार्टी-सरकार को भी दफ़ना दिया है; मोरारजी देसाई और चौ. चरण सिंह की सरकारों को भारतीय राजनीति का 'डरावना स्वप्न' के रूप में चित्रित किया जा रहा है। ग़ज़ब का 'गिरगिटी दृष्टि रंगतरण' मेरी बिरादरी में दिखाई दे रहा है, एक आपात्काल पूर्वदृष्टि; दो, आपातकालीन दृष्टि; तीन, जनता पार्टी-शासन कालीन दृष्टि; चार, इन्दिरा वापसी पूर्व दृष्टि; और पाँच उत्तर इन्दिरा पुनर्वापसी दृष्टि—मुख्यधारा की पत्रकारिता में इन पाँचों दृष्टियों में कोई तारतम्यता नहीं है। यदि कोई तारतम्यता है तो बस एक ही है और वह है 'सत्तानिष्ठा' की। यह सत्तानिष्ठा ही प्रेस दृष्टि के रूप-रंग को तय कर रही है। यद्यपि, प्रेस में 'सम्पादक अभी जीवित है। लेकिन वैचारिक पत्रकारिता का नेतृत्व करने वाली साप्ताहिक पत्रिका 'दिनमान' का अवसान काल शुरू हो चुका है। 'साप्ताहिक हिन्दुस्तान' को भी ग्रहण लग चुका है। अब रघुवीर सहाय, मनोहरश्याम जोशी के पहले जैसे सम्पादकीय जलवे कहाँ!

मैं पत्रकारिता में लौट तो आया हूँ, लेकिन 'एक्टिविज़्म' और रिसर्च के 'हैंगओवर' से निज़ात नहीं पा सका हूँ। मुझ में अब भी सक्रिय राजनीति और सर्जनात्मक शोध का ज्वार-भाटा जीवित है। मैं पत्रकारिता में रहूँ या फिर से पलायन करूँ, यह कश्मकश मुझे लगातार बेचैन किए रहती है। इसी मनोदशा में मैं एक रोज़ चौथी बार प्रधानमंत्री बनी इन्दिरा गाँधी के मुँह बोले तीसरे पुत्र उर्फ़ छिंदवाड़ा से नवनिर्वाचित सांसद कमलनाथ से भिड़ जाता हूँ।

हुआ यह था कि मध्य प्रदेश भवन में इन्दिरा गाँधी के सम्मान में स्वागत भोज का आयोजन किया गया था। संजय गाँधी, कमलनाथ सहित सभी नवनिर्वाचित कांग्रेसी सांसद भी मौजूद थे। स्वागत कर्त्ता थे म.प्र. विधानसभा में प्रतिपक्ष के कांग्रेसी नेता और संभावी मुख्यमंत्री अर्जुन सिंह। हम पत्रकार भी निमंत्रित थे। इस अवसर पर इन्दिरा गाँधी और संजय गाँधी के बाद कमलनाथ 'प्रमुख आकर्षण' थे। इसका आधार भी था। जनता पार्टी-सरकार के पतन, चौ. चरण सिंह को बाग़ी बनाने और कांग्रेस की सत्ता में पुनर्वापसी की रणनीति के सूत्रधार संजय गाँधी व कमलनाथ को माना गया था। इसीलिए जब संसद भवन के केन्द्रीय कक्ष में इन्दिरा जी को कांग्रेस संसदीय दल का नेता चुना जा रहा था

तब संजय गाँधी की कीर्ति देखने लायक थी। मैंने देखा था कि किस प्रकार बसंत साठे जैसे कई नेता संजय गाँधी की तुलना कृष्ण से कर रहे थे। कमलनाथ पर भी शब्द-पुष्प वर्षा की जा रही थी। हर मुमकिन मिथकीय संज्ञाओं-विशेषणों से इन्दिराजी और संजय व कमलनाथ को नवाजा जा रहा था। इस स्तुतिगान का मौन दर्शक मैं भी बना था। मुझे इस स्तुति-नाट्य मंचन से घिन हो रही थी। म.प्र. भवन में आयोजित स्वागत-समारोह ने भी मुझ में घिन को भड़का दिया था।

कमलनाथ क़तार बाँधे सांसदों से अभिनन्दन बटोरते और उन्हें अपनी दिखावटी मुस्कराहटों से उपकृत करते हुए हम पत्रकारों के पास आए। जब उन्हें मेरा परिचय दिया गया कि मैं दिल्ली में 'नई दुनिया' का प्रतिनिधि हूँ, तो वे जमकर भड़क उठे। चीखते हुए कहने लगे कि 'नई दुनिया' ने मेरे खिलाफ़ बहुत लिखा है। मैंने उन्हें बतलाया कि मैंने उनका 'चुनाव कवर' नहीं किया था। 'नई दुनिया' में आपके सम्बन्ध में क्या प्रकाशित होता रहा है, मैं नहीं जानता। पर कमलनाथ सुनने वाले कहाँ थे। वे तो आपे से बाहर होने लगे थे। उन्होंने धमकी भरे स्वरों में कहा कि अगर आप छिंदवाड़ा में होते तो आज यहाँ नहीं होते। उनके इस आपत्तिजनक व्यवहार से हम सभी पत्रकार सकते में थे। पास खड़े सांसद उन्हें शांत करने की कोशिश कर रहे थे। मेरा भी धैर्यबाँध टूटने लगा। मैं अपने एक्टिविस्ट रंग में आ गया। उन्हें धमकी दी कि मैं उनके व्यवहार की शिकायत दूसरे कोने में बैठी इन्दिरा जी से करने जा रहा हूँ। मैं जाने भी लगा। कमलनाथ मेरे इस अप्रत्याशित रूप से अवाक् रह गए। मेरी धमकी को देखकर कमलनाथ ठंडे पड़ने लगे। दूसरे लोगों ने बीच-बचाव किया। सुभाष यादव, प्रतापभानु शर्मा, रामेश्वर नीखरा जैसे युवा सांसद उन्हें अपने साथ खींच कर ले गए। साथी पत्रकारों ने मुझे भी समझाया। हितवाद के अनिल चक्रवर्ती, भास्कर के जगन्नाथ शास्त्री जैसे पत्रकारों ने कहा कि मेरी नई-नई नौकरी है। 'नई दुनिया' के तीनों मालिक (लाभचंद छजलानी, नरेन्द्र तिवारी और महेन्द्र सेठिया) मूलत: कांग्रेस समर्थक हैं। यह विवाद मेरी नौकरी ले सकता है। लेकिन मुझ में बैठा वामपंथी एक्टिविस्ट हार मानने के लिए तैयार नहीं था। मेरी शब्दावली भी वापमंथी थी। मैं कमलनाथ को 'बुर्जुआ और लुम्पन सांसद' कह रहा था। मेरी नौकरी भी जा सकती है, इस भय से मैं मुक्त था। स्वागत भोज की समाप्ति के पश्चात् मैंने रात्रि में ही अभयचंद छजलानी (डिफेक्टो सम्पादक) को एस.टी.डी. काल लगा दिया और कमलनाथ से टकराव की घटना का विवरण सुना दिया।

मैंने फ़ोन पर यह भी कह दिया, "आप चाहें तो मेरा इस्तीफ़ा ले सकते हैं। मैं अपनी वजह से आपको संकट में नहीं डालना चाहता हूँ।" उन्होंने मेरे उद्वेलित स्वरों को धैर्यपूर्वक सुना और बोले, "जोशी जी, आप इतने उत्तेजित मत होइए। इस तरह के कमलनाथ आते-जाते रहते हैं। यदि हम डरने लगे तो अख़बार नहीं निकाल सकते, पत्रकारिता नहीं कर सकते। आपको त्यागपत्र देने की आवश्यकता नहीं है। आप निडर होकर अपना कार्य करते रहें।"

पर इस घटना ने मुझे हिला कर रख दिया। मैं यह सोचने के लिए विवश हूँ कि क्या मुझे इस दलदल में फँसना चाहिए? क्या मुझे इन घटिया नेताओं को रोज़-ब-रोज़ 'शब्दों का ताज़' नहीं पहनाना पड़ेगा? मैं कब तक इन नेताओं से टकराता रहूँगा? यदि मुठभेड़ें

करनी ही हैं तो क्यों नहीं 'अरण्य' में लौटा जाए? अरण्य को जगाया जाए। वहीं से मुठभेड़ की तैयारी की जाए। मैं इन भावनाओं के ज्वार में बहने लगा हूँ। मैंने तय कर लिया है कि मुझे बस्तर लौट जाना चाहिए।

मैं डॉ. ब्रह्मदेव शर्मा जी से अपनी इस घुटन की चर्चा करता हूँ। वे मेरी कशमकश से सहमत हैं। वे भी बस्तर जाने का कार्यक्रम बना रहे हैं। इस समय वे म.प्र. शासन में आदिवासी विभाग के सचिव हैं। बस्तर रवाना होने से पहले मैं मधु से भी अपनी बेचैनी शेयर करता हूँ और बस्तर जाने के सम्बन्ध में बतलाता हूँ। वह ख़ामोश है। वह नवजात बच्ची की माँ बनी है। फ़क़त चंद महीनों की माँ! मैं दोनों को मधु के माता-पिता के पास छोड़कर जा रहा हूँ। मैं सिर्फ़ स्वयं की संतुष्टि में लीन हूँ। जच्चा-बच्चा के प्रति तटस्थ-सा हूँ! 'नई दुनिया' को मैं फ़ोन पर अपनी मनोदशा से अवगत कराता हूँ। सम्पादक राजेन्द्र माथुर मेरे निर्णय से सहमत नहीं हैं। फिर भी वे इस उद्विग्नता से उबरने के लिए कुछ रोज़ का अवकाश दे देते हैं। नरेन्द्र तिवारी जी और अभय छजलानी मेरे इस क़दम से अवाक् हैं। पर दोनों ही मेरी भावनाओं का सम्मान कर रहे हैं।

मैं बस्तर निकल पड़ता हूँ, डॉ. शर्मा के साथ। शर्मा जी चाहते हैं कि बस्तर में 'मेरा गाँव-मेरा राज' का अलख जगाया जाए। इस नारे के इर्द-गिर्द आदिवासियों को संगठित किया जाए। मैं भी सहमत हूँ। हम लोग चार-पाँच रोज़ साथ रहते हैं। वे लौट आते हैं और मैं जगदलपुर में रुक रहा हूँ। पुराने साथियों के साथ मैं अपनी भावनाएँ शेयर कर रहा हूँ। अधिकतर मित्रों की सलाह एक ही है-"तुम्हें लौट जाना चाहिए। अब तुम अकेले नहीं हो। जीवन में व्यावहारिक बनना होगा। भावुकता से काम नहीं चलेगा। 'नई दुनिया' जैसा प्रतिष्ठित अख़बार आसानी से नहीं मिलता है। तुम्हें लौटना होगा।" ये प्रतिक्रियाएँ मुझ में हलचल मचा रही हैं। मैं अपने निर्णय पर पुनर्विचार कर रहा हूँ। बस्तर के कुछ गाँवों का दौरा करके मैं दिल्ली लौट रहा हूँ। आपात्काल में मुझे बस्तर से निष्कासित किया गया था, और अब मैं स्वेच्छापूर्वक 'आत्म निष्कासन' कर रहा हूँ। पता नहीं मेरे इस संक्रमणकाल का अन्त कहाँ व कैसे होगा? यह सवाल मुझ पर सवार है और मैं दिल्ली लौट रहा हूँ।

'नई दुनिया' ने मुझे फिर से स्वीकार कर लिया है। सभी (बाबा राहुल बारपुते, तिवारी, राजेन्द्र माथुर, अभय जी) मेरे लौटने से प्रसन्न हैं, और संयम व विवेक से काम लेने की सलाह दे रहे हैं। मेरी अच्छी सेवा शर्तें तय कर दी जाती हैं; जंगपुरा एक्सटेंशन जैसी पॉश कॉलोनी में किराये पर आवास; टेलीफोन व स्कूटर की व्यवस्था। मेरा टोटल पैकेज सम्पादक माथुर से अधिक है। सम्पादकीय विभाग में इसे लेकर तनिक खिन्नता भी है। दुःखी साथियों को सम्पादक माथुर साहब का एक ही उत्तर है, "अरे भाई! जोशी जी अरण्य से लौटे हैं। उनका बुर्जुआकरण जो करना है!" रज्जू बाबू उर्फ़ माथुर साहब की संवेदनशीलता दुर्लभ है। उन्हें अपने साथियों की गरिमा की रक्षा की कला आती है। वे निःसंदेह मानवीय इंसान और आलाश्रेणी के सम्पादक हैं। दबावों व प्रलोभनों से मुक्त।

मैं रफ़्ता-रफ़्ता पत्रकारिता में रवाँ होने लगा हूँ। नई परिस्थितियों के साथ मैंने पटरी बैठाना शुरू कर दिया है। रफ़ी मार्ग स्थित आई.ए.एन.एस. में 'नई दुनिया' का विधिवत् ब्यूरो खोल दिया गया है। सत्ता के गलियारों और ग्लैमर की दुनिया का अपना अलग ही

रंग-मिज़ाज होता है। मैं इसका पूर्ण हिस्सा बन पाऊँगा, इसमें रम जाऊँगा, इसका मुझे विश्वास नहीं है। मार्क्सवाद का मुझमें सुरूर व गुरूर अभी बाकी बचे हैं। वामपंथी पत्रकार के तौर पर मेरी विशिष्ट पहचान साबुत है। यह पहचान मुझे नेताओं और पत्रकारों की भीड़ में खो जाने से रोकती है।

मैं नौकरशाहों और धनपतियों के साथ दिल खोल घुल नहीं पाता हूँ। सागर में हूँ, मगर, मगर से बैर जारी है!

दिसम्बर, 1980 गाँव में माँ का निधन हो गया है। मैं और मधु दोनों ही ट्रेन से बसवा रवाना हो गए हैं। एक वर्षीय बिटिया को नानी के पास छोड़ दिया है। जब तक हम गाँव पहुँचते हैं, ताई का दाह-संस्कार हो चुका होता है। यह कैसा संयोग है कि मैं दोनों (माता-पिता) के दाह-संस्कार से वंचित रहता हूँ! अलबत्ता, मैं और मधु गंगा में ताई का अस्थि-विसर्जन ज़रूर करते हैं। सूरज गाँव का मोर्चा सँभालता है।

तेरहवीं की बात उठती है। मैं इसका विरोध कर रहा हूँ। अन्ततः मैं एक शर्त के आधार पर इसे मान लेता हूँ। मेरी शर्त है कि तीन-चार मेहतरानियों को भी पंगत में बैठाया जाए। काफ़ी बहस के बाद मेरी माँग को मान लिया गया है। मैं संतुष्ट हूँ। इस अंतिम संस्कार के बाद हम लोग दिल्ली लौट आए हैं।

क़रीब डेढ़ वर्ष का वक़्त बीत चुका है। पी.आई.बी. (प्रेस इन्फोरमेशन ब्यूरो) की मान्यता (एक्रीडीटेशन) के लिए मुझे आवश्यक 'सुरक्षा अनुज्ञापत्र' (Secutiry Clearance) नहीं दिया जा रहा है। आई.बी. (Intelligence Bureau) मुझे अब भी 'सुरक्षा ख़तरा' के रूप में देखती है, जबकि में इस पूँजीवादी व्यवस्था के साथ 'एडजेस्ट' करने लगा हूँ। अजीब विरोधाभास है इस निज़ाम का! 'नई दुनिया' मेरे साथ खड़ी है। तिवारी जी और रज्जू बाबू कहते हैं, "अरे जोशी जी, आप क्रान्ति करने गए थे, नहीं हुई। हाजी मस्तान थोड़े ही बनने गए थे। हम सुप्रीम कोर्ट तक जाएँगे। सरकार को झुकना पड़ेगा। आप चिंता न करें।" और सच! सरकार झुकी। मुझे अन्ततः पी.आई.बी. का 'मान्यता पत्र' प्राप्त हो गया, बिना किसी विचारधारात्मक समझौते या फ़िसलन के। इसका श्रेय मैं प्रबंधकों और सम्पादक (राहुल बारपुते और राजेन्द्र माथुर) को दूँगा। इतना ही नहीं, एक बार कांग्रेस के कतिपय सांसदों ने अब्बू जी (अभयचंद छजलानी) पर मुझे ब्यूरो प्रमुख पद से हटाने के लिए दबाव भी डाला। इन सांसदों की दलील थी कि मैं खांटी वामपंथी हूँ। नक्सलपंथियों से मेरा सम्बन्ध रहा है। इमरजेंसी में मेरे खिलाफ़ 'मीसा वारंट' भी जारी किया गया था। इसलिए मुझे पदमुक्त कर आलोक मेहता जैसे किसी भरोसेमंद को ब्यूरो प्रमुख बना दिया जाए। ऐसे सांसदों को अब्बूजी ने एक ही जवाब दिया, 'देखिए, जोशीजी के अपने राजनीतिक विचार हैं। यह बतलाएँ कि उनकी रिपोर्टिंग कैसी है? क्या उनका कवरेज़ बायस्ड है सांसदों ने कहा, 'उनकी रिपोर्टिंग से हमें कोई शिकायत नहीं है। उनका ऑबजेक्टिव कवरेज़ रहता है।' तब ठीक है। जिस रोज़ वे समाचारों में वैचारिक घालमेल करने लगेंगे, तब हम कार्रवाई करेंगे।' सांसद संतुष्ट हो गए। मैंने भी 'तथ्य पवित्र होते हैं, और विचार अपने होते हैं' की नीति का पालन किया। वास्तव में संकट की घड़ियों में प्रबंधक और सम्पादक, दोनों का संरक्षण मुझे मिलता रहा है। मैं समझता हूँ भविष्य में ऐसे मालिकों और सम्पादकों की प्रजाति लुप्त होती चली जाएगी।

नया आवास और नया रोल, दोनों रास आ रहे हैं। अब इन्दिरा जी अपनी पहली जैसी चमक-धमक से रीती लग रही हैं। सत्ता में धमाकेदार वापसी के चंद महीनों के भीतर उन्हें निजी त्रासदी का सामना करना पड़ा। 23 जून, 1980 को राजधानी दिल्ली में ही छोटे पुत्र व अमेठी से निर्वाचित संजय गाँधी की मृत्यु हो गई। वे एक पायलट के साथ हवाई सैर पर थे। दोनों की मृत्यु घटनास्थल पर हो गई। इस दुर्घटना को लेकर एक नहीं, अनेक अफ़वाहें संसद गलियारों के भीतर-बाहर हफ़्तों गरम रहीं हैं। संजय गाँधी के प्लेन-क्रैश को समुद्रपारीथ षड्यंत्र का हिस्सा माना जा रहा है। क्या सच है, क्या असत्य, मैं नहीं जानता। पत्रकार के नाते इसकी तह में जाना चाहिए। लेकिन मेरी सीमाएँ हैं। मैं स्वयं को असमर्थ पा रहा हूँ, क्योंकि आवश्यक संसाधन मेरे पास नहीं हैं। वैसे मैं जानता हूँ सत्ता-गलियारों द्वारा रचित साजिशों का पर्दाफ़ाश आसानी से नहीं होता है, वर्षों लगते हैं। इसके सूत्रधार भीतर व बाहर, दोनों जगह होते हैं।

पर एक बात तय है। यदि यह साजिश है तो दूसरे सूत्रधारों ने इस हवाई दुर्घटना के माध्यम से जहाँ संजय गाँधी की हत्या की है, वहीं उन्होंने 1966-1977 वाली विद्रोही इन्दिरा गाँधी की भी हत्या कर डाली है। वे काफ़ी टूटी हुई लग रही हैं। उनका घर-परिवार अशांति की चपेट में आ चुका है; सास इन्दिरा उर्फ़ प्रधानमंत्री श्रीमती इन्दिरा गाँधी और पुत्रवधु उर्फ़ जवान विधवा माँ मेनका गाँधी के बीच औसत भारतीय परिवार की भाँति सास-बहु कलह फूट चुकी है। इस कलह पर भी ध्यान रखना पड़ रहा है।

मैं फिर से संसदीय रिपोर्टिंग कर रहा हूँ। दोनों सदनों में भव्य वक्ताओं का जमघट है; अटलबिहारी वाजपेयी, चंद्रशेखर, मधु दण्डवते, जार्ज फर्नांडिस, समर मुखर्जी, इन्द्रजीत गुप्त, लालकृष्ण आडवाणी, हेमवतीनन्दन बहुगुणा, बाबू जगजीवन राम जैसे प्रखर नेताओं को सुनना, हम पत्रकारों के लिए ज्ञानवर्द्धक होता है। इनके शब्दों में इतिहास, वर्तमान का यथार्थ और भविष्य की तस्वीर रहती है। भावना और विवेक की रसधारा इनके सम्बोधनों में बहती रहती है। इन्दिरा जी स्वयं इन्हें ग़ौर से सुनती हैं।

बँधुआ-मज़दूर की कथाएँ अब भी मेरा पीछा कर रही हैं। रीवाँ के 'तीन लंगड़े गाँवों की कहानी'[1] से देश में तहलका मच गया है। विषाक्त मटरा दाल के प्रभावों से पीड़ित इन तीन गाँवों का अध्ययन सन् 1979 में शुरू किया गया था। मेरे निर्देशन में तीन-चार सदस्यों की टीम ने विकलांग बंधक श्रमिकों की अमावनीय जीवन-स्थितियों को उद्‌घाटित किया है। अध्ययन रिपोर्ट का लोकार्पण भी मुख्यमंत्री अर्जुन सिंह ने किया। इसके चौकाने वाले निष्कर्षों की गूँज भी लोकसभा में सुनाई दी है। प्रधानमंत्री ने भी इसे गम्भीरता से लिया है। अर्जुन सिंह ने एक रोज़ मुझ से कहा भी कि इस रिपोर्ट के कारण इन्दिराजी के यहाँ उनकी पेशी हो चुकी है। उन्होंने इन बंधक श्रमिकों की ओर ध्यान देने का निर्देश दिया है। दिलचस्प बात यह है कि यह अध्ययन समृद्ध राजपूत ज़मीदारों के खिलाफ़ है, जबकि मुख्यमंत्री स्वयं इस जाति और पड़ोसी क्षेत्र चुरहट से हैं। उन्होंने निःसंकोच इसे जारी किया। इस अवसर पर स्वामी अग्निवेश और विगत में मुक्त हुए अनेक बंधक श्रमिक मौजूद थे।

सन् 1982 के आरम्भ में हम लोगों ने 'बँधुआ मुक्ति मोर्चा' बनाया है। देश भर से आए कई दर्जन एक्टिविस्टों ने दो रोज़ तक इस मुद्दे पर बहस की। इस मंथन का परिणाम

1. देखें-'आदमी, बैल और सपने'; सामायिक प्रकाशन, पृ. 124, दिल्ली

था 'मोर्चा'। अध्यक्ष के रूप में स्वामी अग्निवेश को इसकी कमान सौंपी गई, और मुझे महामंत्री बनाया गया। विगत प्रेत बन कर उस समय तक पीछा करता रहता है जब तक आप स्वयं अपनी नयी पहचान में जन्म नहीं ले लेते हैं। मैं अभी तक 'डीलिंक' नहीं कर सका हूँ इस प्रेत से! शायद यही वजह है कि मुझे स्वामी अग्निवेश के साथ यूरोप व अमेरिका की यात्रा पर जाना पड़ रहा है।

जुलाई 1983 में स्वामी अग्निवेश, सांसद इंद्रवेश और मैं हॉलेण्ड, पं. जर्मनी, लंदन, स्वीज़रलैण्ड और अमेरिका की यात्रा पर निकल पड़े हैं। ब्रिटेन की Anti Slavery Society तथा कुछ अन्य संस्थाओं का निमंत्रण स्वामी जी को मिला है। मेरी यह पहली विदेश यात्रा है, या यह कहना अधिक सटीक होगा कि विश्व की सबसे समृद्ध व विकृत 'भोगवादी संस्कृति' से मेरा प्रथम साक्षात्कार हो रहा है।

यहीं पहली दफ़ा फ्रैंकफर्ट में 'Peep in show' देखा, जिसमें नितांत नग्न स्त्री-पुरुषों को देखा, आँखों देखी परसंभोग-क्रिया को देखा। शहर कोलोन में 'Blue Film show' भी देखा। अग्निवेश भी साथ में थे। इस शो से मुझे बेहद घिन भी हुई। इन क्षणों में मैंने स्वामी जी से पूछा, "क्या कोई व्यक्ति सौ प्रतिशत ब्रह्मचारी रहकर जीवन जी सकता है?" उनका जवाब नकारात्मक है। "यह देह की आवश्यकता है। इसकी पूर्ति के अपने-अपने तरीक़े होते हैं।" उन्होंने कहा।

यूरोप के चंद शहरों-हैग, एम्सर्डन, रोटेर्डम (हॉलैण्ड), ब्रुसेल्स (बेल्जीयम); फ्रैंकफर्ट, बोन, कोलोन, हैडलवर्ग (पं. जर्मनी); लंदन, ऑक्सफोर्ड (ब्रिटेन); जिनेवा (स्वीट्ज़रलैण्ड) जैसे नगरों की दुनिया देखने के पश्चात् मेरा जी इस यात्रा से उचाट होने लगा है। मैं यात्रा के अंतिम पड़ाव-अमेरिका नहीं जाना चाहता हूँ। स्वामी जी को न्यूयार्क व वाशिंगठन जाने से साफ़-साफ़ मनाह कर देता हूँ। अग्निवेश जी दुखी हैं। इंद्रवेश भी अमेरिका नहीं जा रहे हैं। वे जर्मनी से भारत लौटना चाहते हैं। मैं भी दिल्ली लौट जाना चाहता हूँ। टिकट में यात्रा मार्ग का संशोधन कराने के बाद मैं भी लुफ्तांजा से स्वदेश लौट रहा हूँ। अब अग्निवेश जी अकेले ही अमेरिका जा रहे हैं।

मेरे लिए यात्रा के अधबीच से दिल्ली लौटना ठीक ही रहा है। हम हिन्दी के पत्रकार अक़सर 'कुढ़न व कुंठा' की चपेट में रहते हैं। इसका मुख्य कारण है, 'अभावों की संस्कृति और अवसरों का अकाल'। मेरी विदेश यात्रा भी 'कुढ़न व कुंठा'[1] की चपेट में आ गई है। इसे सीआईए प्रायोजित बताया जा रहा है। साप्ताहिक 'दिनमान' ने तो मुझे और अग्निवेश को 'सीआईए एजेंट' तक बना दिया है। कन्हैयालाल नन्दन के सम्पादन में प्रकाशित 'दिनमान' के सूत्रों का कहना है कि एक ईर्ष्यालु व कांग्रेसी संवाददाता ने बग़ैर नाम से कथित रूप से यह ख़बर लिखी है। अग्निवेश जी गुस्से में हैं। सम्पादक कन्हैयालाल नन्दन और प्रबंधक रमेशचन्द्र जैन को पत्र लिखे हैं।

समान विचारधर्मी आनन्दस्वरूप वर्मा, पंकज बिष्ट, इब्बार रब्बी सहित अनेक मित्र इस ख़बर की आलोचना कर रहे हैं। 'नवभारत टाइम्स' के सम्पादक राजेन्द्र माथुर (1982 के अन्त में 'नई दुनिया' से त्यागपत्र देकर नभाटा में आ गए थे।) राहुल बारपुते, नरेन्द्र तिवारी, प्रभाष जोशी जैसे वरिष्ठ पत्रकार भी इस ख़बर को अविश्वसनीय और कुढ़न से

1. विस्तार के लिए देखें-'हस्तक्षेप'; सामायिक प्रकाशन, पृ. 157, दिल्ली

उपजी मान रहे हैं। वास्तव में मेरा ब्यूरो प्रमुख बनना कतिपय पत्रकारों को रास नहीं आया है। इन पत्रकारों की नज़र इस पद पर गड़ी हुई थी। वे आज भी मुझे हटाने की खुराफात में सक्रिय हैं और अभयजी को भड़काते रहते हैं। लेकिन, उनका तीर हर बार निशाने से फिसल जाता है। इस बार भी इन पत्रकार मित्रों को निराश होना पड़ रहा है। 'नई दुनिया' का सम्पादकीय विभाग मेरे साथ चट्टान की भाँति खड़ा हुआ है और इसे रद्दी की टोकरी के हवाले कर दिया गया है। इसकी मुख्य वजह यह है कि मेरे 'मिशन उखाड़' के संचालक मालवा के एक 'सफारी पत्रकार' की खुद की छवि 'दलाल' की है। दिल्ली, भोपाल, इंदौर और उज्जैन के मीडिया क्षेत्रों में यह पत्रकार 'मालिक-प्रबंधक चरणस्पर्शी' पत्रकार के रूप में कुख्यात है। इसलिए इसे गम्भीरता से नहीं लिया गया है। मेरे लिए यह प्रकरण एक सबक़ के समान है। खुशी इस बात की है कि मेरी छवि इस प्रकरण से अप्रभावित रही है। मेरी प्रतिबद्धता की छवि मेरा कवच बनी रही है। सच, यदि आपके कार्यों का आधार ठोस है, सत्य पर आधारित है तो आसानी से असत्य-प्लावन आपके तट को काट नहीं सकेगा।

वैसे मैं देख रहा हूँ कि पत्रकारिता का परिदृश्य तेज़ी से बदलता जा रहा है। अब पत्रकार अपने प्रोफाइल व काया-भाषा में गहरी रुचि लेने लगे हैं। अब पत्रकारों में थ्रीपीस एवं सफारी मार्का प्रजाति उभर रही है। पहले यह प्रजाति अँगरेज़ी प्रेस तक सीमित थी, लेकिन इधर कुछ समय से हिन्दी प्रेस भी इससे समृद्ध होने लगी है। सम्पादकों के साथ-साथ ब्यूरो प्रमख और विशेष संवाददाता भी सफारी सूट और थ्रीपीस (कोट-पैंट-टाई-जॉकिट) के शौक़िन बन रहे हैं। इस दृष्टि से संपादक कन्हैयालाल नन्दन लाज़वाब हैं। सुना जाता है, नन्दन जी का ब्रेकफास्ट, लंच और डिनर प्राय: नेता, मंत्री, अफ़सर और राजनायिक के साथ होते हैं। राजेन्द्र अवस्थी को सेठों की सोहबत पसंद है। वैसे नेता, मंत्री-संत्री अवस्थी जी की भी अंटी में रहते हैं। संयोग से, ये दोनों ही मेरे पड़ोसी हैं। ग़नीमत यह है कि मेरा आवास शुरू में है, मध्य में नहीं है। इस तरह मैं 'सैंडविच' बनने से बच गया हूँ। पर यह अलग बात है कि नन्दन और अवस्थी, दोनों सम्पादकों के शिष्य सम्प्रदाय जुदा-जुदा हैं; एक अधिक आधुनिक चतुर-चपल और 'गो-गोटर' है, जबकि दूसरा ढीला- ढाला-सामन्ती क़िस्म का है। पर दोनों सम्प्रदाय हैं सत्तासेवी और अवसर मारक हैं।

मेरा ट्रेडमार्क आज भी 'लाल झोलावाला' है जो कि सभी छोटे-बड़े अवसरों पर कंधे से झूलता रहता है। मैं कैजुअल पहनना ज़्यादा पसंद करता हूँ, खादी का कुर्त्ता-पाज़ामा पहनता हूँ, जीन पर लम्बा कुर्त्ता डाल लेता हूँ। चप्पल व सैंडिल पहनना भाता है। कई लोगों ने समझाया भी है कि मैं अपनी 'सर्वहारा' या 'फटीचर' जीवन-शैली से मुक्ति पा लूँ। मैं भी अपने समकक्ष ब्यूरो प्रमुखों के समान 'टिपटाप' रहना शुरू करूँ, कीमती वस्त्र पहनूँ, कोसा के कुर्ते में लिपटा रहूँ, कलाई कीमती घड़ी से शोभित रहे। यदि मुझे कैरियर बनाना है, राजधानी के हिन्दी दैनिकों में से किसी का सम्पादक बनना है, मंत्रियों व नौकरशाहों में अपनी पैठ बैठानी है तो 'सेल्फ प्रोजेक्शन' करना होगा, खुद की मार्केटिंग करनी होगी और वामपंथी छवि को तिलांजलि देनी होगी! हज़ार कोशिशों के बावजूद मैं स्वयं को बदल नहीं पा रहा हूँ। यदि मैंने स्वयं को बलात् बदलने की कोशिश की तो

मैं अपना बहुत कुछ गँवा दूँगा। इसलिए मैंने मन बना लिया है, 'अपने राम तो अपनी चाल से ही चलते रहेंगे।'

देश की राजनीति में नया आयाम जुड़ने लगा है। पंजाब में खालिस्तान का नारा गूँजने लगा है। पंजाब को शेष भारत से अलग करने और 'खालिस्तान' के रूप में एक स्वतंत्र राष्ट्र की स्थापना की ख़बरें प्रेस में छपने लगी हैं। कहा जा रहा है कि इस माँग की जड़ें सीमा पार फैली हुई हैं। पाकिस्तान इसे गुप्त रूप से अपना समर्थन दे रहा है। इस देश की शक्तिशाली गुप्तचर एजेंसी आई.एस.आई. 'खालिस्तान आंदोलन' को कामयाब बनाने के लिए बेताब है।

वास्तव में, 'खालिस्तान आंदोलन' के सूत्रधार संत भिंडरावाला को कांग्रेस की घिनौनी सियासत की पैदाइश माना जाता है। पंजाब के शक्तिशाली नेता प्रकाश सिंह बादल और उनके नेतृत्व में सक्रिय अकाली दल को सबक़ सिखाने के लिए भिंडरावाला को सभी प्रकार के संसाधानों से लैस किया गया। दूसरा सिलसिला तब शुरू हुआ था जब इन्दिरा जी प्रतिपक्ष में थीं, और संघर्ष कर रही थीं (1977-79)। पंजाब के दो दिग्गज कांग्रेसी पहलवान-दरबारा सिंह और ज्ञानी जैल सिंह ने अपनी-अपनी चालें चलीं। शायद इन्दिरा जी इन शातिर पहलवानों के दाँव-पेंच ठीक से समझ नहीं सकीं। जिसका परिणाम है संत भिंडारावाला का उदय और 'खालिस्तान आंदोलन'। आज भिंडरावाला कांग्रेस के लिए ही नहीं, पूरे देश के लिए 'भस्मासुर' बन चुका है। इन्दिराजी की तात्कालिक राजनीति के पासे पिटते जा रहे हैं।

कांग्रेस ऐसा ही खेल बम्बई में भी खेल चुकी थी। क़रीब दो दशक पहले इसने समाजवादी व साम्यवादी शक्तियों और श्रमिक संगठनों को मटियामेट करने के लिए 'शिवसेना' को ज़मकर गिज़ा खिलाई। बाल ठाकरे तूफ़ानी रफ़्तार से बम्बई मंच पर उभरे। आज शिवसेना कांग्रेस को सीधी चुनौती दे रही है। बाल ठाकरे दिल्ली को भी चिढ़ाते हैं। कट्टर दक्षिणपंथी व कट्टरवादी शक्तियाँ इस महानगर के पारम्परिक बहुरंगी ताने-बाने को ध्वस्त करने पर आमादा हैं। कांग्रेस का नेतृत्व शिवसेना के सामने बेबस है। यह उसकी विवशता बन चुका है। शिवाजी और मराठा अस्मिता के नाम पर 'उपराष्ट्रवाद' का उभार है। और पंजाब में भी इसी उपराष्ट्रवाद (सिखवाद या सिख केन्द्रित राष्ट्र) का ज्वार उठ रहा है।

मैं समझता हूँ, जब राजनीतिक दल अपने अस्तित्व रक्षा व काया-विस्तार के लिए धर्म-मज़हब-नस्ल-संस्कृति का इस्तेमाल करते हैं, तब परिणाम घातक निकलते हैं। ऐसा लगता है हमारे नेता आज भी हिटलर-मानसिकता की नुमाइश मात्र हैं। यदि ऐसा नहीं होता तो क्या बाल ठाकरे, भिंडरावाला जैसे उग्र कट्टरवादी नेता उभरते? कांग्रेस के लिए श्रेष्ठ मार्ग तो यही रहता कि वो अपने विरोधियों से निपटने के मामले में प्रोफेशनल राजनीतिक शक्तियों का सहारा लेती। लेकिन, उसने 'शॉर्ट-कट' चुना और आज पूरे देश को बाल ठाकरे व भिंडरावाला के कोड़ों की मार झेलनी पड़ रही है; पंजाब में आतंकवादी घटनाएँ शुरू हो चुकी हैं; ग़ैर-सिखों को बसों से उतार कर मारा जा रहा है; स्वर्ण मंदिर में प्रवेश से दहशत होने लगी है; भिंडरावाला के खाड़कुओं

ने मंदिर परिसर में डेरा डाल रखा है; नई दिल्ली और चंडीगढ़ के सत्ता प्रतिष्ठान मूक दर्शक बने हुए हैं।

इस परिदृश्य में पत्रकार की सक्रियता बढ़ जाती है। चूँकि मैं मूलत: ब्यूरो प्रमुख यानी रिपोर्टर हूँ इसलिए मेरा पंजाब आना-जाना शुरू हो गया है। पंजाब की पिंड-संस्कृति से मेरा पहला साक्षात्कार है। मैं गाँवों में खूब घूमता हूँ, कवरेज़ के लिए चंडीगढ़, अमृतसर, जालंधर, पटियाला, फिरोज़पुर, गुरुदासपुर जैसे शहरों में जाता हूँ। स्वर्ण मंदिर में ही मैं भिंडरावाला, संत लोगोंवाल जैसे नेताओं के इंटरव्यू[1] कर चुका हूँ।

राजनीति की तात्कालिकताएँ अक़सर त्रासदीपूर्ण हैं। तात्कालिक समाधान आत्मघाती भी निकल जाते हैं। अब पंजाब के साथ-साथ असम भी अशांत हो चुका है। 18 फरवरी, 1983 को नेल्ली क्षेत्र में साम्प्रदायिक दंगों के कारण कई हज़ार (2 से 5 हज़ार) मानुष हिंसा की भेंट चढ़ चुके हैं। यह दंगा या हिंसा नहीं है, बल्कि मुसलमानों का नरसंहार है। मैं दिल्ली से गुवाहाटी के लिए भागता हूँ। गुवाहाटी में सर्किट हाउस में असग़र अली इंजीनियर मिल जाते हैं। हम दोनों टैक्सी में नेल्ली के हिंसाग्रस्त गाँवों में जाते हैं। पीड़ितों से मिलते हैं। नरसंहार[2] के असली कारणों को कुरेद-कुरेद कर पूछते हैं; भूमि समस्या, क़र्ज़ग्रस्तता; स्थानीय व बाहरी मुसलमान, मुस्लिम-हिंदू सम्बन्ध, घुसपैठ वोटों की राजनीति जैसे कारण प्रमुखता से सामने आते हैं।

हम दोनों दारांग ज़िले में भी जाते हैं। यह ज़िला भी अशांत है। वैसे मैं इस इलाक़े से अपरिचित नहीं हूँ। 1978 में दारांग के 'पनेरी' कस्बा में बंधक श्रमिक शिविर लगा चुका हूँ। दर्जनों श्रमिकों को मुक्त कराया था। तब बंधकों की पहचान के सिलसिले में मैंने तेज़पुर, भूटान सीमा क्षेत्र, कई चाय बाग़ानों की यात्राएँ की थीं। 1983 की इस यात्रा में वे सभी पीड़ित चेहरे, गुलामी की गाथाएँ याद आ रहे हैं। असम की यह तीसरी यात्रा है। 1971 में पहली यात्रा में मैं रिपोर्टर था, 1978 की यात्रा में हस्तक्षेपवादी शोधकर्त्ता और अब फिर से पूर्णकालिक रिपोर्टर के रूप में नरसंहार को कवर करने आया हुआ हूँ। बड़ा अटपटा लग रहा है यह यात्रा मार्ग!

1983-84 का समय इन्दिरा गाँधी के नेतृत्व के लिए बेहद चुनौतीपूर्ण है। उनका नेतृत्व अग्नि-परीक्षा से गुज़र रहा है। हालाँकि वे अपनी निजी त्रासदी से उभर चुकी हैं, और निर्णय प्रदर्शन की ओर लौट रही हैं। इस काल में जहाँ भीषण नरसंहार हुआ, वहीं अगले महीने मार्च के पहले सप्ताह में गुटनिरपेक्षता आंदोलन (नाम) भी आयोजित करना पड़ा। फिदेल कास्त्रो, यासर अराफ़ात जैसे महान् जुझारू नेताओं ने भी इस शिखर सम्मेलन में शिरकत की। देखने लायक था यह ऐतिहासिक दृश्य, इन्दिरा गाँधी ने एक बार फिर अपने नेतृत्व कौशल की छाप तीसरी दुनिया के नेताओं पर जमायी। महान् क्रान्तिकारी कास्त्रो ने जहाँ इन्दिरा जी का स्निग्धतापूर्ण आलिंगन किया, वहीं अराफत उन्हें 'बड़ी बहन-बड़ी बहन...प्रिय बहन' से सम्बोधित करते रहे।

---

1. विस्तार के लिए देखें : 'कठघरे में', सारांश प्रकाशन, दिल्ली; और 'साक्षात्कार : सिद्धांत और व्यवहार', ग्रंथशिल्पी, दिल्ली।
2. विस्तार के लिए देखें : 'ताम्बूल के वनों में मौत की फसल', पृष्ठ 146; पु. हस्तक्षेप, सामयिक प्रकाशन, दिल्ली।

मार्च के इस ऐतिहासिक आयोजन के पश्चात् इसी वर्ष नवम्बर में राष्ट्रमंडल अध्यक्षों (चोगम) का पाँच दिवसीय जमावड़ा लगा कर इन्दिरा जी ने पुनः विश्व से अपने नेतृत्व की धाक मनवा ली है। ब्रिटेन की 'आयरन लेडी या शॉपकीपर पी.एम.' मारग्रेट थैचर भी शासनाध्यक्षों के इस जमावड़े में मौजूद थीं। दोनों महिला प्रधानमंत्री अपने-अपने फ़न की निष्णात थीं। पूर्व औपनिवेशिक देशों के नेताओं ने इन दोनों महिला शासन प्रमुखों के जौहर देखे।

हम पत्रकारों के लिए ऐसे आयोजनों का कवरेज़ भी कम चुनौतीपूर्ण नहीं होता है। वर्ष भर मेरी व्यस्तता रही। नेल्ली से लौटकर मैं आई.एन.एस. दक्षिण ब्लाक और विज्ञान भवन (आयोजन स्थल) के बीच स्कूटर दौड़ाता रहा, इंदौर को ख़बरें भेजता रहा।

1984 का वर्ष तो हम पत्रकारों के लिए घटनाओं का 'ज्वालामुखी' साबित हुआ; एक कांग्रेस का अधिवेशन; दो, अमृतसर के स्वर्ण मंदिर में ऑपरेशन ब्ल्यू स्टार; तीन, मंदिर में सेना का प्रवेश, खालिस्तानी आतंकवादियों के विरुद्ध कार्रवाई; चार, आतंकवादी सफ़ाया अभियान में भिंडरावाला और उनके सैकड़ों अनुयायी मारे गए, 80 से अधिक सैनिकों की भी जानें गईं; पाँच, अकाल तख़्त साहब को काफ़ी क्षति पहुँची और मुख्य पूजास्थल हरमंदर साहब भी फ़ौज-खाड़कू टकराव की मारों से बच नहीं सका, इसका ज़िस्म भी जख़्मी हुआ; छह, हिंदू-सिख सम्बन्ध जगह-जगह से तिड़के; सात, पाकिस्तान को कुछ तसल्ली हुई और पाकिस्तान विभाजन (दिसम्बर 1971) का सांकेतिक प्रतिशोध[1] ले लिया। और इस तरह 'ज्वालामुखी' की पटकथा के पहले भाग का अन्त होता है।

जहाँ इन्दिरा गाँधी ने अपनी 'निर्णय शक्ति' का प्रचण्ड प्रदर्शन किया, वहीं देश के जुझारू सिख समुदाय के एक खासा हिस्से को अपना दुश्मन भी बना लिया। मेरे पंजाब के दौरे बढ़ गए। उत्तेजित सिख समुदाय को शांत करने के लिए सरकार सक्रिय हो गई, लेकिन प्रधानमंत्री इन्दिरा गाँधी और ज्ञानो जैल सिंह के बीच दूरियाँ बढ़ने लगीं। इसका बड़ा कारण यह था कि इन्दिरा जी ने अमृतसर में सैन्य कार्रवाई के मामले में राष्ट्रपति जैल सिंह को विश्वास में नहीं लिया था। उन्हें सूचित तक नहीं किया गया। प्रधानमंत्री के इस रवैये से सिख राष्ट्रपति बेहद आहत हैं। राजनीतिक व प्रशासनिक गलियारों की गुफ़्तगू पर यक़ीन करें तो इन्दिरा जी को आशंका थी कि अगर इस अभियान की भनक भी ज्ञानी जी को लग गई तो भिंडरावाला और उनके हज़ारों खाड़कू स्वर्ण मंदिर से सुरक्षित फ़रार हो जाएँगे। माना यह भी जा रहा है कि यदि इन्दिरा गाँधी यह क़दम नहीं उठातीं तो भिंडरावाला स्वर्ण मंदिर में ही 'स्वतंत्र खालिस्तान राष्ट्र' की घोषणा कर डालते। पाकिस्तान और कुछ देश इस नए राष्ट्र को तत्काल मान्यता भी दे देते। पंजाब फिर पंजाब नहीं रहता, विश्व भर के सिखों का एक स्वतंत्र व सम्प्रभुता सम्पन्न राष्ट्र बन जाता। इसके अन्य दूरगामी परिणाम निकलते। देश में मौजूद उपराष्ट्रीयताओं की महत्वाकांक्षाएँ बलवती होने लगतीं। प्रधानमंत्री ने अपनी संकल्पबद्धता के साथ इस संभावना का अन्त कर दिया।

1. देखें : 'पंजाब : अन्तर्विरोधों के मुखौटे', पृष्ठ 119; पु. हस्तक्षेप, सामयिक प्रकाशन, दिल्ली।

हिंसक सुबह और त्रासदियों की पटकथा!

31 अक्टूबर की सुबह मेरे पत्रकारीय जीवन का एक ऐसा हिस्सा बन गई है जो कि कभी सुप्त नहीं होगा, और न ही मुझसे जुदा होगा।

सुबह के साढ़े नौ बज रहे हैं। मैं तीन मूर्ति लेन जा रहा हूँ। कर्नाटक के राज्यसभा सांसद ख़ान ने अपने यहाँ कतिपय पत्रकारों को नाश्ते पर बुलाया है। मैं स्कूटर से औरंगज़ेब रोड से तीन मूर्ति लेन जा रहा हूँ। इसी मार्ग पर प्रधानमंत्री का सरकारी निवास है। तीन मूर्ति, चाणक्यपुरी, पालम हवाई अड्डा, सरदार पटेल मार्ग जाने के लिए प्रधानमंत्री निवास से सटे मार्गों (अक़बर रोड, औरंगज़ेब रोड) से गुज़रना पड़ता है। मुझे देर हो गई है इसलिए स्कूटर तेज़ चला रहा हूँ। सांसद ख़ान आज कुछ सनसनीखेज़ खुलासा करने वाले हैं। इसलिए मैं उतावला हूँ।

अरे, यह क्या!

मैं देख रहा हूँ प्रधानमंत्री के निवास क्षेत्र में पुलिस का भारी बंदोबस्त है। यातायात को रोक दिया गया है। इसे 'डाइवर्ट' किया जा रहा है। मैं स्कूटर को फुटपाथ पर चढ़ाता हूँ। पार्क कर देता हूँ। मैं पास खड़े सिपाही को अपना प्रेस कार्ड दिखता हूँ। वो मुझसे कह रहा है, 'सर, ग़ज़ब हो गया है।'

'क्या हुआ? इतनी पुलिस क्यों है?'

'आप एम्स दौड़िए! पी.एम. को गोलियाँ लगी हैं। उन्हें वहीं ले जाया गया है। उनके साथ सोनिया जी गई हैं।'

'गोलियाँ किसने चलाई हैं?'

'यह मैं ठीक से नहीं जानता। इतना ही सुना है कि उनके दो बॉडीगार्डों ने दनादन गोलियाँ चलायीं। आप न्यूज़ के लिए वहीं दौड़ जाइए।'

मैं इस घटना के लिए तैयार नहीं था। इन्दिरा जी जैसी लोकप्रिय नेता ऐसी नियति का सामना करेंगी, मेरे लिए सब अप्रत्याशित लग रहा था। पिछले वर्ष दो-दो सफल आयोजनों के बाद से ही विश्व में उनकी फिर से धाक जमने लगी थी। स्वर्ण मंदिर-त्रासदी के बाद से वे ज़रूर विवादास्पद बनने लगी थीं। लेकिन, उनके ही अंगरक्षक उन पर गोलियाँ दागेंगे, यह हम प्रेसवालों के लिए अविश्वसनीय था!

ख़ैर, मैं एम्स जाने के बजाय पहले रफ़ी मार्ग स्थित दफ़्तर पहुँचता हूँ। इंदौर मुख्यालय में अभय जी को ताजा घटनाक्रम की जानकारी देता हूँ। उन्हें भी सुनकर धक्का लगता है। रेडियो पर भी ख़बर प्रसारित हो जाती है। अंगरक्षकों की पहचान को अभी गुप्त रखा जा रहा है। मैं ख़बर भेजने की व्यवस्था में जुट जाता हूँ। मधु को भी फ़ोन पर सब कुछ बतला दिया जाता है। उसे मेरा वृत्तांत अविश्वसनीय लग रहा है। बॉडीगार्डों को लेकर अभी तक रहस्य बना हुआ है।

मैं रफ़ी मार्ग से एम्स पहुँच गया हूँ। अब तक राजधानी दिल्ली सदमे की गिरफ़्त में आ चुकी है। एम्स के बाहर ज़बरदस्त भीड़ जमा हो चुकी है। सड़कों पर अव्यवस्था फैलने लगी है। उन वाहनों और स्कूटरों को रोका जा रहा है जिनमें सिख सवार हैं, क्योंकि अब तक लोगों को बॉडीगार्डों की असली पहचान का पता चल चुका है। इसलिए हर जगह सरदारों को रोका जा रहा है। उन्हें पीटा जा रहा है। उनके वाहनों को आग लगायी जा रही

है। आई.एन.ए. मार्केट से लेकर एम्स तक गुंडागर्दी का राज फैल चुका है। ग्रीन पार्क और साउथ एक्सटेंशन में भी स्थिति बिगड़ने लगी है। सरदार लोग अपनी दुकानों, स्कूटरों, टैक्सियों को लावारिस छोड़ अपनी सुरक्षा के लिए इधर-उधर भाग रहे हैं। राष्ट्रपति ज्ञानी जैल सिंह और सांसद पुत्र राजीव गाँधी, दोनों ही दिल्ली से बाहर हैं। दोनों अविलम्ब लौट रहे हैं।

मुख्यमंत्री अर्जुन सिंह दिल्ली पहुँच चुके हैं। वे बतला रहे हैं, ''रात्रि में ही राजीव जी को प्रधानमंत्री पद की शपथ दिलाई जा रही है। प्रणव मुखर्जी चाहते हैं कि उन्हें प्रधानमंत्री बनाया जाए। वे वरिष्ठ नेता हैं। प्रणव जी ने स्वयं को एक्सपोज़ कर दिया है। अब वे कभी नहीं बन सकेंगे।''

मैं फ़ोन पर इंदौर-डेस्क को ख़बर लिखा देता हूँ। ज्ञानी जी लौट चुके हैं। वे भी राजीव जी को प्रधानमंत्री पद की शपथ दिलाने के पक्ष में हैं। वे इन्दिरा जी का क़र्ज़ उतारना चाहते हैं, क्योंकि उन्होंने ही उन्हें 1982 में राष्ट्रपति बनाया था। वे इन्दिरा जी से गहरे तक उपकृत थे। वे राजीव गाँधी को शपथ दिला कर उऋण होना चाह रहे हैं। लेकिन जनता में राष्ट्रपति ज्ञानी जी को लेकर गुस्सा है। जब वे एयरपोर्ट से सीधे एम्स पहुँचे थे तब लोगों का गुस्सा फुटा, उनके विरुद्ध नारेबाजी की। इन संवेदनशील क्षणों में राष्ट्रपति ने परिपक्व राजनेता का परिचय दिया, अपने भावों को संयत रखा और तनावपूर्ण वातावरण को चीरते हुए राष्ट्रपति भवन लौट गए।

मैं राष्ट्रपति भवन पहुँच चुका हूँ। पी.टी.आई. के हरिहर स्वरूप कह रहे हैं कि प्रणव जी को शपथ दिलाई जाएगी। दूसरे वरिष्ठ पत्रकारों का भी यही मत है। लेकिन मैं असहमत हूँ। मैं मंद-मंद मुस्करा रहा हूँ क्योंकि अर्जुन सिंह जी से प्राप्त जानकारी झूठी नहीं हो सकती। अन्ततः राजीव गाँधी प्रधानमंत्री पद की शपथ लेते हैं, राष्ट्रपति ज्ञानी जैल सिंह, नेहरू-गाँधी परिवार के उपकारों का सत्यनिष्ठापूर्वक ऋण अदा कर देते हैं। इसके साथ ही डरावने स्वप्न की लम्बी सुरंग हम दिल्लीवासियों के लिए शुरू हो गई है।

मुझे स्टोरी फाइल करते-करते रात्रि के बारह बज चुके हैं। अर्धरात्रि में बिल्डिंग से बाहर आता हूँ। मैं देख रहा हूँ रफ़ी मार्ग पर सन्नाटा पसरा हुआ है। सिर्फ़ पुलिस की गाड़ियाँ ही इसे चीर रही हैं, सांय-सांय करते हुए। शायद रात्रि-कर्फ़्यू है। मैं कुछ भयभीत भी हूँ। मुझे अकेले ही स्कूटर पर जंगपुरा एक्सटेंशन पहुँचना है। तेरह-चौदह किलोमीटर लम्बा फ़ासला है यह। इंडिया गेट, जाकिर हुसैन मार्ग, ओबेराय फ्लाई ओवर सब दूर ख़ामोशी है, लोदी शवदाह संस्कार गृह जैसी। जंगपुरा क्षेत्र में गश्त जारी है।

क्योंकि भोगल और जंगपुरा एक्सटेंशन में सरदारों के अच्छे-खासे परिवार हैं। मेरा मकान मालिक भी सिख है। इस नब्बे वर्षीय बंदे की जड़ें रावलपिंडी से शुरू होती हैं। 1947 के भारत-पाक विभाजन ने उसे जंगपुरा में लाकर फेंक दिया है।

मैं सही सलामत अपने घर ई-30 में पहुँच गया हूँ। पत्नी और दोनों बेटियाँ जगी हुई हैं। मुझे पाकर वे मुक्तभाव से साँसें लेने लगती हैं। मधु बतलाती है, ''बाऊजी (मकान मालिक) बहुत दुखी हैं। इन्दिरा जी के सिख हत्यारों को गालियाँ दे रहे थे। कह रहे थे-उन्होंने यह पाप किया है। रब उन्हें कभी माफ़ नहीं करेगा।'' सरदारी हीरा अकेले ही रहते हैं अपने मकान में। उनके साथ एक हिंदू नौकर है। उनके 7 बेटे-बेटियाँ अपने

परिवारों के साथ विभिन्न शहरों में रहते हैं। सबसे छोटा बेटा कर्नल है। आजकल सिक्किम में उसकी पोस्टिंग है। वही अपने वृद्ध पिता की देखभाल करता है। मुझ समेत दो हिंदू किरायेदार हैं। मधु समय-समय पर सरदार जी की देखभाल करती रहती है। हम चारों प्राणी सहमे-सहमे सो जाते हैं।

एक नवम्बर के अख़बार इन्दिरा जी की हत्या की ख़बरों से रंगे हुए हैं। दिल्ली समेत कई शहरों में हुई हिंसक घटनाओं की ख़बरें प्रथम पृष्ठ से लेकर अंतिम पृष्ठ तक फैली हुई हैं। जंगपुरा एक्सटेंशन से सटे भोगल क्षेत्र में तनाव का माहौल है, सरदारों ने आत्मरक्षा में देसी कट्टे, तलवारें, कृपाण, गंड़ासे जैसे शस्त्र तैयार रखे हुए हैं। प्रतिशोध में उबले हुए हिंदू भी अपने छोटे-मोटे शस्त्रों से लैस हैं। मैं भोगल जा रहा हूँ। बच्चियों को दूध चाहिए। मार्ग में मुझे चेतावनियाँ भी मिल रही हैं। घर लौटने के लिए कहा जा रहा है। लेकिन मैं अपना 'प्रेसकार्ड' दिखाता हुआ आगे बढ़ रहा हूँ। जैसे-तैसे दूध की एक थैली मिल गई है।

अरे यह क्या? बचो...बचो...भागो...भागो...! मैं देख रहा हूँ, एक मकान की छत से गोलियाँ बरसाई जा रही हैं। गोलियाँ चलाने वालों के सरों पर पीली पाग है। जाहिर है, ये लोग सरदार हैं। मैं तेज़ी से दौड़ता हुआ अपनी जान बचाता हूँ, एक मकान की ओट लेकर। दो-तीन छर्रे मेरे पास आ गिर पड़े हैं। मैं अनहोनी से आशंकित हो गया हूँ। मुझे अगरतल्ला और जैसोर-खुलना की घटनाएँ याद आने लगी हैं। मौत तब भी मेरे सामने खड़ी थी, और इस समय भी। किसके भाग्य से तब बचा था, और इस समय सुरक्षित घर लौट रहा हूँ, मैं इसकी व्याख्या करने में असमर्थ हूँ!

घर पहुँचते ही मेरा क्रोध मधु पर फूट पड़ा है। मैं उसके तीव्र आग्रह के कारण ही भोगल गया था। ऐसे माहौल में भोगल में मेरे साथ कुछ भी घट सकता है, मैंने ऐसी आशंका व्यक्त भी की थी। लेकिन, जब पत्नी अपनी पर आ जाए तो बचाव सिकुड़ जाता है। ख़ैर, मेरा नज़ला भोजन पर भी उतरता है। मैं खाली पेट लाजपत नगर की तरफ़ निकल गया हूँ। कंधे से मेरा कैमरा झूल रहा है।

जंगपुरा की रेलवे लाइन पार करके मैं लाजपत नगर में हूँ। मेरे सामने गुरुद्वारा है। धू-धू करके यह जल रहा है। स्थानीय व बाहर के हिंदू इस अग्निकांड में सक्रिय हैं। सिखों को चुन-चुन कर गालियाँ दे रहे हैं। गुरुद्वारे के सिख अपनी जान बचा कर भाग गए हैं। कुछ विवेकशील हिन्दुओं ने भी भागने में उनकी मदद की है। पहरावे, बोलचाल और काया भाषा से ये उन्मादी हिंदू हाशिये के वर्गों के लगते हैं। खुरदरापन इनकी उपस्थिति से फूट रहा है।

मैं फटाफट कैमरा क्लिक कर रहा हूँ, फ़ोटो ले रहा हूँ। अचानक भीड़ में से कुछ का ध्यान मेरी तरफ़ आ गया है। वे जोर से चीखते हैं, 'फ़ोटो मत लो। पुलिस पकड़ेगी। कैमरा छीन लो।' मैं घबरा गया हूँ। मैं सपाट से स्कूटर स्टार्ट करता हूँ। दो-तीन लोग मुझे पकड़ने के लिए स्कूटर के पीछे दौड़ रहे हैं। मैंने स्कूटर की गति तेज़ कर दी है! वे दौड़ते ही आ रहे हैं। उनके हाथ में मेरे कैमरे का कवर आ गया है। वह लटक रहा था। वे एक झटके से इसे खींचते हैं। रेस और तेज़ कर दी है। वे मुझे पकड़ने, कैमरा छीनने की कोशिश में फिसल जाते हैं, लेकिन चमड़े का कवर उनकी पकड़ में रह जाता है।

अब मैं उनकी पकड़ से बहुत दूर जा चुका हूँ। दफ़्तर पहुँच कर ख़बर लिखता हूँ। हवाई जहाज से फ़िल्म रोल इंदौर भिजवाता हूँ। दिल्ली पूरी तौर पर अशांत हो चुकी है। नवनियुक्त युवा प्रधानमंत्री राजीव गाँधी का प्रथम राष्ट्रीय सम्बोधन भी सिख-विरोधी हिंसा का शमन करने में नाकाम है। इसकी चंद पंक्तियाँ 'आग में घी' की भूमिका निभा रही है। सिख आवासित कॉलोनियाँ हिंसा से घिर चुकी हैं। मैं त्रिलोकपुरी, ग़ाज़ीपुर सहित कई बस्तियों में घूम रहा हूँ। निचले व ग़रीब सिख इन बस्तियों में बसते हैं। ये मज़हबी और रामगढ़िया सिख इस अधम राजनीतिक हिंसा की समिधा बन चुके हैं। धू-धू उनके घर जल रहे हैं; साइकिल-स्कूटरों, मंजियों-ट्रंकों-कपड़ों की चिताएँ, अनाथ बच्चे-बच्चियाँ अंगार में अपने माता-पिता के आकारों को खोज रहे हैं; सिख ढाबों के तंदूर भभक रहे हैं; उनके भीतर की दुनिया में कल्पना ही झाँक सकती है; बाहर कढ़ाई-भगोने रीते पड़े हैं; रोटी-साग-सब्जियाँ लूटे जा चुके हैं। दिल्ली के अख़बार बर्बरता-जंगली राज की कहानियों से सने हुए हैं। धरा के अभागे, अभागों से लड़ रहे हैं! कैसी है ये विडम्बनाएँ, कैसी हैं ये त्रासदियाँ! 1947 के विभाजन के पश्चात् यह पहली अग्नि-परीक्षा है, भारतीय गणतंत्र की! इस परीक्षा में यह 'निखर रहा है, इसमें संदेह है। पर इसमें यह झुलस रहा है, यह संदेह से परे है !

समय-चक्र अपनी गति से चलता रहता है। हम इसके सहयात्री बनते-बिछुड़ते रहते हैं। कहावत है, समय घावों का सबसे बड़ा दर्जी होता है। वह इनकी कटाई-छँटाई-सिलाई करता रहता है। यह सिलसिला चलता रहता है, पुराने घाव भरते रहते हैं, नए घाव बनते रहते हैं। देश 31 अक्टूबर की त्रासदी से अभी उभर कहाँ पाया है? तीन दिसम्बर की भोपाल गैस त्रासदी ने भारत को ही नहीं, पूरे विश्व को हिलाकर रख दिया है। यूनियन कार्बाइड गैस रिसाब ने हज़ारों भोपालवासियों की ज़िंदगियों को लील लिया है। यह इस सदी की भीषणतम औद्योगिक दुर्घटना है। देश का केन्द्रीय निज़ाम फिर हिल गया है। युवा नेतृत्व की तीस-पैंतीस दिनों में दूसरी बार अग्नि-परीक्षा है। जहाँ दिल्ली में सिखों का हाहाकार है, वहीं प्रदेश राजधानी भोपाल में ज्वालामुखी धधक रहा है मौतों का, घायलों का, चीत्कारों का। राजनीति और नौकरशाही अकर्मण्यता व बेईमानी की पराकाष्ठा दिखाई दे रही है!

इस भोपाल औद्योगिक ज्वालामुखी का एहसास मैं कर रहा हूँ प्रेस, रेडियो और दूरदर्शन के माध्यम से। कितने ही ज्वालामुखी फूटते रहें, धधकते रहें, न समय रुकता है, न इंसान ठहरता है, और न ही राष्ट्र जड़ होता है। राजीव गाँधी के नेतृत्व में आम चुनाव होते हैं। मैं अमेठी, रायबरेली, इलाहाबाद सहित अनेक निर्वाचन क्षेत्रों का दौरा करता हूँ। चुनाव वायुमंडल में सिर्फ़ इन्दिरा जी की आत्मा का वास दिखाई दे रहा है। कांग्रेस पार्टी प्रचण्ड बहुमत (414) से एक बार फिर सत्तारूढ़ हो गई है। 'सहानुभूति लहर' पर सवार होकर इन्दिरा गाँधी के ज्येष्ठ पुत्र राजीव गाँधी ने दो-ढाई महीनों के भीतर दूसरी बार प्रधानमंत्री पद की शपथ ली है। सरदार राष्ट्रपति ज्ञानी जैल सिंह जी ने उन्हें एक बार फिर से उपकृत किया है। राजीव गाँधी के युवा मंत्रिमंडल को 'बाबा लोग-सफारी लोग मंत्रिमंडल' कहा जा रहा है, क्योंकि इसमें अरुण नेहरू, अरुण सिंह जैसे 'आकाशीय नेता' शामिल हैं।

मध्य प्रदेश विधानसभा के चुनाव होते हैं। विश्व की भीषणतम औद्योगिक दुर्घटना के बावजूद अर्जुन सिंह के नेतृत्व में कांग्रेस फिर से चुनान जीत गई है, भारी बहुमत से। इससे पहले प्रदेश की सभी 40 लोकसभाई सीटों पर भी कांग्रेस विजयी हुई थी। अर्जुन सिंह के नेतृत्व का यह बेजोड़ कमाल है। लेकिन मेरी दृष्टि में लोकसभा और प्रदेश विधानसभाओं के चुनाव परिणामों में भारतीय मतदाता की 'भावुकता' की गंध भी घुली हुई है। जनादेश यह भी दर्शाता है कि भारतीय मतदाता का पूर्णरूपेण लोकतंत्रीकरण व विवेकीकरण होना अभी शेष है।

आम चुनावों के बावजूद पंजाब अशांत बना हुआ है। हिंसा की घटनाएँ लावा बनती जा रही हैं। मुझे इन्हें कवर करने के लिए जब-तब पंजाब जाना पड़ रहा है। अर्जुन सिंह को मुख्यमंत्री पद से हटाकर पंजाब का राज्यपाल बना कर चंडीगढ़ भेज दिया गया है। मेरी भी आवाजाही बढ़ गई है। कश्मीर भी अशांत हो चुका है। मैं जम्मू-श्रीनगर की घटनाओं को भी कवर कर रहा हूँ। दोनों ही पड़ोसी राज्यों में असुरक्षा का माहौल है, चप्पे-चप्पे पर खतरा है। लेकिन मेरे लिए रिपोर्टिंग का यह काल रोमांचकारी है, नाना 'थ्रिलों' से भरपूर!

सन् 1984 से आरम्भ हुआ नए अनुभवों का यह सफ़र पड़ाव मुक्त जारी रहता है। इसमें नए-नए आयाम जुड़ते रहते हैं; प्रधानमंत्री राजीव गाँधी की राजकीय यात्राओं (लंदन, बहामा, हवाना, न्यूयार्क, हैग और मास्को) के मीडिया दल में शामिल किया जाना; महान् क्रान्तिकारी नेता फिदेल कास्त्रो का राजकीय भोज पर दर्शन; न्यूयार्क स्थित राष्ट्रसंघ की महासभा की प्रेस दीर्घा से कवरेज; स्कूली दिनों की स्मृतियों का रेला और स्वप्न का साकार होना; एम्सर्डन हवाई अड्डे से मास्को की ओर नाटकीय कूच; क्रान्ति की जन्मभूमि का प्रथम साक्षात् स्पर्श व लाल चौक क्षेत्र में स्थित होटल में ठहरना और विमान में राजीव गाँधी का इंटरव्यू।[1]

वैसे विदेश-यात्राओं का सिलसिला 1983 से शुरू हुआ था, लेकिन 1985 से इसने रफ़्तार पकड़ी। विशिष्ट व्यक्तियों (राष्ट्रपति, उपराष्ट्रपति, प्रधानमंत्री और विदेश मंत्री) की राजकीय यात्राओं का 1998 तक निरंतर कवरेज किया। पर पाकिस्तान, अफ़गानिस्तान, श्रीलंका के अशांत क्षेत्रों की रिपोर्टिंग मेरे पत्रकारीय व्यक्तित्व के लिए दुर्लभ चुनौती थीं। 1987 में काबुल की जिस होटल में मैं रुका था, वहीं गोलाबारी हो रही थी। ग्रामीण इलाक़ों की यात्रा तो बेहद ख़तरनाक थी, बारूदी सुरंगें बिछी हुई थीं। लेकिन सामन्तकालीन व कबीलाई समाज में समतावादी आधुनिकता के हो रहे प्रयोगों को देखने की उमंग[2] तालिबानी-मुज़ाहिदीनी ख़तरों पर भारी पड़ रही थी! काबुल में अमेरिका के विरुद्ध जबरदस्त माहौल देखने को मिला। 1990 में चीन की यात्रा में भी मैंने काफ़ी अनुभव-राशि बटोरी। भारतीय मीडिया दल के नेता के रूप में मैंने हांगकांग, बीजिंग, शंघाई तथा कुछ ग्रामीण इलाक़ों की यात्रा की थी। तब माओ का यह देश 'दो पहियों पर राष्ट्र' (साइकिल व मोटरबाइक) दिखाई दिया था; साइकिलों की रेलमपेल; झेंपती-सी गुज़रती कारें; ठेलों से अटे-पटे फुटपाथ। शंघाई ज़रूर न्यूयार्क का 'नक़लची नगर'[3] लग रहा था।

---

1. देखें : 'विदेश रिपोर्टिंग', राजकमल प्रकाशन, दिल्ली।
2. देखें : 'अपनों के पास-अपनों से दूर', सामयिक प्रकाशन, दिल्ली।
3. देखें : 'अपनों के पास-अपनों से दूर', सामयिक प्रकाशन, दिल्ली।

सन् 1984 में हुआ राजीव गाँधी का 'नाटकीय उत्थान' अब 1987 में अवसान की ओर लुढ़कने लगा है। उनके नेतृत्व में छेद होने लगे हैं; अमिताभ बच्चन ने लोकसभा से इस्तीफ़ा दे दिया; अरुण नेहरू ने साथ छोड़ दिया; शहबानो मुद्दे पर आरिफ़ मोहम्मद ख़ाँ भी सरकार से अलग हो गए; रक्षामंत्री विश्वनाथ प्रताप सिंह ने बग़ावत कर दी है; बोफोर्स तोपों के सौदे में दलाली खाने की तोपें संसद के भीतर-बाहर गूँज रही हैं; 'राजीव गाँधी चोर है—गली-गली में शोर है' का नारा छोटे-छोटे शहरों-क़स्बों में सुनाई दे रहा है; 'मि. क्लीन' की छवि ध्वस्त हो चुकी है; विरोधी दलों के हौसले बुलंदी पर हैं, एकजुट हो रहे हैं।

नवम्बर के प्रथम सप्ताह में 1989 में मैं उपराष्ट्रपति डॉ. शंकरदयाल शर्मा के साथ लंदन आया हुआ हूँ। मैं बी.बी.सी. को दिए गए अपने इंटरव्यू में निश्चयात्मक स्वरों में कांग्रेस की पराजय और वी.पी. सिंह के नेतृत्व में विपक्ष की विजय की तर्कों के साथ भविष्यवाणी कर देता हूँ। दिल्ली लौटने पर अभय जी मुझे बतलाते हैं कि राजीव गाँधी के सचिव पार्थ सारथी मुझ से खफ़ा हैं। उन्होंने फ़ोन पर अपनी नाराज़गी व्यक्त करते हुए कहा था कि हम लोगों (पी.एम. ऑफिस) को जोशी जी से ऐसी उम्मीद नहीं थी। उन्हें बी.बी.सी पर कांग्रेस की जीत की बात कहनी चाहिए थी।' मेरी अभय जी से एक ही प्रतिक्रिया थी, "अब्बू जी, वे नौकरशाह हैं, जन-भावना से अनभिज्ञ हैं। मैं इस समय भी यक़ीन के साथ कह सकता हूँ कि कांग्रेस हार रही है। अगले कुछ दिनों में परिणाम सामने आ जाएँगे।" अभय जी ने मेरी बात का समर्थन किया। मैं अपने लम्बे पत्रकारीय अनुभवों से उपजे आत्मविश्वास के साथ चुनाव कवरेज पर रवाना हो गया।

नवम्बर के अंतिम सप्ताह में स्थिति स्पष्ट हो गई। नवीं लोकसभा में राजीव के नेतृत्व में कांग्रेस को सिर्फ़ 197 सीटें मिल सकीं। दो सौ से अधिक सीटों का उन्हें घाटा हुआ। जबकि उनके कट्टर विरोधी वी.पी. सिंह के जनता दल और उनके सहयोगी दलों को स्पष्ट बहुमत प्राप्त हो गया। वाम मोर्चा और भाजपा ने भी वी.पी.सिंह सरकार को बाहर से अपने समर्थन की घोषणा की है, क्योंकि वे कांग्रेस को हर कीमत पर सत्ता से बाहर रखना चाहते हैं। बावजूद इस पराजय के राजीव प्रतिपक्ष के प्रभावशाली नेता हैं। उनके चेहरे पर सौम्यता खिली रहती है। एक अनूठी मासूमियत के वे धनी हैं। वे हार कर भी विजयी लगते हैं, जबकि वी.पी. सिंह की 'फ़कीर' की छवि है, परन्तु 'विभीषण' की प्रेत-छाया भी उनका पीछा करती है। वे जीते हुए हारे-से लग रहे हैं!

एक दिलचस्प घटना घटी। मैं बीकानेर हाउस से जयपुर के लिए बस पकड़ रहा था। वहीं मेरे पड़ोसी देवी प्रसाद त्रिपाठी (डी.पी.टी.) मुझसे टकरा गए। उनके पास निर्वाचन क्षेत्रवार संभावित कांग्रेस सीटों का ब्योरा था। उनके मत में कांग्रेस को स्पष्ट बहुमत प्राप्त होगा (280-300) और राजीव गाँधी पुनः प्रधानमंत्री बनेंगे। मैंने उनसे सख़्त असहमति व्यक्त की और कांग्रेस की स्पष्ट हार की घोषणा कर दी। वे नाराज़ हो गए। वे मेरे पुराने मित्र हैं। उनकी नाराज़गी बुरी नहीं लगी, लेकिन उनके लिए मेरे दिल में सहानुभूति ज़रूर उमड़ी। वे राज्यसभा में पहुँचना चाहते थे। 1987 से प्रयास भी कर रहे थे। डी.पी.टी. को उम्मीद थी कि 1988 में राजीव गाँधी उन्हें राज्यसभा का सदस्य बनवा देंगे। मैंने उनसे तब भी एक ही बात कही थी, "त्रिपाठी जी, राजनीतिक उपहारों का

सम्बन्ध व्यक्ति के वज़न से जुड़ा हुआ होता है। आपके पास इस समय न जन का वज़न है, और न ही धन का वज़न। राजनीति की मंडी में अभी बौद्धिक वज़न का भाव उतार पर है।'' डीपीटी[1] ख़ामोश रहे। वे आत्मछलावा की चपेट में थे। अन्ततः राजीव गाँधी के नेतृत्व में कांग्रेस बुरी तरह से चुनाव हारी। बोफोर्स तोपों ने राजीव गाँधी के इक्कीसवीं सदी के सपने को उड़ा कर रख दिया। डीपीटी पराजितों की भीड़ में खो गए, लेकिन उनमें बला की ऊर्जा है 'अस्तित्व संघर्ष' की! यह कभी-न-कभी रंग खिलायेगी ज़रूर। लेकिन इस घटना से इतना संकेत तो मिलता ही है कि राजीव गाँधी कैसे-कैसे चुनावी आकलन के शिकार हुए!

फ़कीर प्रधानमंत्री वी.पी. सिंह की ज़मीन तेज़ी से धँसने लगी है। पार्टी व सरकार में सिंह बनाम देवीलाल दंगल शुरू हो गया है। देश भर में मंडल-कमंडल की परस्पर विरोधी शक्तियों ने सिंह-सरकार की चूलें हिलाकर रख दी हैं; मंडल परचम तले सामाजिक न्यायवादी शक्तियों (पिछड़ा वर्ग) का उभार है; कमंडल ध्वजावाहक के रूप में संघ मंडली ने अयोध्या पर धावा बोल दिया है; सोमनाथ से अयोध्या रथयात्रा पर लालकृष्ण आडवाणी सवार हैं; बिहार में रथयात्रा को रोक दिया गया है; चंद्रशेखर व देवीलाल ने बगावत कर दी है; कांग्रेस ने 1979 का समर्थन जाल फिर से फैला दिया है; अन्ततः सिंह-सरकार शैशवकाल में ही अकाल मृत्यु की नियति को प्राप्त हो गई है। सारांश में, विभीषण के हाथ न लंका लगी, और न ही अयोध्या! युवा तुर्क राजनीति के घाघ चंद्रशेखर की नियति भी वी.पी. सिंह से अलहदा कहाँ रही! चंद हफ़्तों में ही कांग्रेस ने चन्द्रशेखर को शह और मात दे दी। 1979 के इतिहास को दोहराते हुए राजीव गाँधी के नेतृत्व में कांग्रेस ने शेखर-सरकार से अपना समर्थन वापस ले लिया। उन्होंने 1979 की इन्दिरा-संजय गाँधी की पटकथा को दोहराया भर है! 1991 में मध्यावधि चुनाव की घोषणा हो चुकी है। हम पत्रकार गर्मी में तपने के लिए अभिशप्त हैं, चुनाव कवरेज़ जो करना है!

दुखान्त की पूर्व संध्या। अशोक मार्ग स्थित कांग्रेस नेता मार्ग्रेट अल्वा का बंगला। शाम का समय। राजीव गाँधी के साथ मध्यावधि चुनावों को लेकर हम दस-बारह पत्रकारों की गपशप चल रही है। पूर्व प्रधानमंत्री अपनी पार्टी की विजय के प्रति आश्वस्त हैं। मस्तमौला इंसान दिखाई दे रहे हैं। वे अगली सुबह चुनावी दौरे पर उडीशा और तमिलनाडु निकल रहे हैं। रात्रि-भोज के पश्चात् मैं दफ़्तर लौट आया हूँ और इंदौर ख़बर भेज रहा हूँ। जीवित राजीव गाँधी का यह मेरा अंतिम समाचार होगा, इससे मैं अनभिज्ञ हूँ।

20 मई सामान्य रहा। राजीव गाँधी ने भुवनेश्वर में अपना चुनावी पड़ाव डाला। देश में चुनाव अभियान अपने शिखर पर है। मीडिया में नेताओं के भाषण ही सुर्खियों में हैं। पूर्व प्रधानमंत्री भी इन सुर्खियों में हैं। 21 मई के सुबह भी आम है। कुछ भी तो असामान्य नहीं है। सब कुछ अपने ढर्रे से लगा हुआ है। मैं भी अगले रोज़ चुनाव कवरेज़ पर जाने की तैयारी कर रहा हूँ। हम मीडिया वालों को लग रहा है कि इस बार राजीव गाँधी फिर

1. देवी प्रसाद त्रिपाठी का राज्यसभा का सदस्य बनने का स्वप्न क़रीब दो दशक के बाद साकार हुआ। शरद पवार की राष्ट्रवादी कांग्रेस के टिकट से वे 2012 में राज्यसभा में पहुँचे।

से सत्ता में आ जायेंगे। कांग्रेस को दो सौ से अधिक सीटें प्राप्त हो जाएँगी। जोड़-तोड़ कर कांग्रेस अपनी सरकार बना लेगी। इस दफ़ा राष्ट्रपति वेंकटरमण कांग्रेस अध्यक्ष राजीव गाँधी को इनकार नहीं कर सकेंगे। 1989 के चुनाव में भी कांग्रेस सबसे बड़ संसदीय दल के रूप में उभरी थी। लेकिन राष्ट्रपति ने विभिन्न संकेतों के माध्यम से राजीव गाँधी को बुलाने से इनकार कर दिया था। वे नरसिंह राव के पक्ष में थे, जबकि कांग्रेस की पहली पसंद राजीव गाँधी थे। यदि इस बार 1989 की पुनरावृत्ति होती है तो राजीव गाँधी के नेतृत्व में कांग्रेस देश में राजनीतिक संकट खड़ा कर सकती है। राजधानी के मीडिया गलियारों में ऐसी चर्चाएँ चहलक़दमी कर रही हैं।

लेकिन 21 मई की रात्रि को तो सुदूर दक्षिण में चेन्नई से 70-75 कि.मी. दूर पेरुम्बदूर में राजीव गाँधी व देश के लिए कोई दूसरी ही पटकथा लिखी जा रही थी। रेडियो पर एक चुनावसभा में जबरदस्त विस्फोट और राजीव गाँधी के घायल होने का समाचार प्रसारित किया जा रहा था। धीरे-धीरे मालूम हुआ कि उन पर आत्मघाती मानव बम ने उन पर हमला किया है। मैं मधु को साथ लेकर कार से 10 जनपथ की तरफ़ निकल पड़ा हूँ। चारों तरफ़ सन्नाटा फैला हुआ है। शायद लोगों को 'अनहोनी' का पता चल चुका है।

जंगपुरा एक्सटेंशन से लेकर जनपथ तक इक्की-दुक्की कारें दिखाई दे रही हैं। अलबत्ता पेट्रोल जीपें ज़रूर दौड़ रही हैं। इंडिया गेट पर सिपाही गश्त लगा रहे हैं।

10 जनपथ के बाहर उत्तेजित भीड़ है। बड़ी मुश्किल से हम लोग 10 जनपथ चौराहे तक पहुँच पाते हैं। भीड़ चंद्रशेखर, वी.पी. सिंह और प्रेस के खिलाफ़ नारे लगा रही है। भीड़ के निशाने पर प्रेस इसलिए है क्यांकि पिछले दो-तीन सालों से यह राजीव गाँधी को 'खलनायक', 'बोफर्स चोर' चित्रित करता आ रहा था। भीड़ में वी.पी. सिंह को 'जयचंद', 'मीरजाफ़र' की पदवियाँ दी जा रही हैं। पेरुम्बदूर में हुए आत्मघाती विस्फोट के षड्यंत्रकारियों में चंद्रशेखर व चन्द्रास्वामी के नामों को उछाला जा रहा है। कांग्रेस सांसद अहलूवालिया तो खुल कर प्रधानमंत्री चंद्रशेखर को कठघरे में खड़ा कर रहे हैं। मुझे देखते ही दो-एक कांग्रेसी मित्र कह रहे हैं, "जोशी जी, आप यहाँ से तुरंत निकल जाइए। यदि भीड़ को आपकी पहचान हो गई तो हमला बोल देगी। भाभी जी को भी साथ ले जाइए।"

स्थानीय कांग्रेसी नेता चतरसिंह की आशंका सही निकली। हम दोनों जैसे ही कार में बैठते हैं, स्टार्ट करते हैं, लोगों का ध्यान मेरी कार के विड स्क्रीन पर चिपके 'प्रेस लेबल' पर चला जाता। वे शोर मचा रहे हैं, हमारी ओर लपक रहे हैं, प्रेस को माँ-बहन की गालियाँ दे रहे हैं। मैं कार को जैसे-तैसे बचाते हुए मोतीलाल मार्ग पर ले आया हूँ। कुछ लोग अब भी मेरे पीछे दौड़ रहे हैं। एक मोटरबाइक भी पीछे आ रही है। हम दोनों पसीने-पसीने हो चुके हैं। वैसे मधु हिम्मती है, मनोबल ऊँचा थामे हुए है।

अब मेरी कार सुरक्षित क्षेत्र में पहुँच चुकी है। हम रफ़ी मार्ग स्थित ऑफिस में आ लगे हैं। मैं फ़ोन पर 'आँखों देखा दृश्य' लिखा रहा हूँ। अभय जी हिदायत दे रहे हैं, "ज़्यादा जोख़िम उठाने की ज़रूरत नहीं है। सावधानी से काम लो।"

"जी!"

मैं फ़ोन रख देता हूँ।

यह त्रासद संयोग है कि मैं जुलाई 1987 में उस कोलम्बो यात्रा में भी शामिल था जब प्रधानमंत्री राजीव गाँधी पर निरीक्षण परेड के दौरान एक सैनिक ने कातिलाना वार किया था, वे बाल-बाल बचे थे। फिर भी राजीव जी विशेष विमान में हम पत्रकारों के बीच पहुँच कर 'मृदुल मुस्कान' से सभी को अचंभित कर रहे थे। अपनी ग्रीवा के पृष्ठभाग पर उभरे निशान को ऐसे दिखला रहे थे गोया कि कुछ घटा ही नहीं है, सब कुछ सामान्य है! फिर याद आया, 19 मई की शाम भी तो ऐसी ही थी। तब भी उनकी 'पारदर्शी खिलखिलाहटें' वातावरण में गूँज रही थीं। रणभूमि की ओर कूच करते हुए मानो कोई योद्धा अपने संभावित उत्सर्ग का अभिनन्दन कर रहा हो! और सच, अड़तालीस घंटों के भीतर ही राजीव का प्राणोत्सर्ग यथार्थ में अवतरित हो गया! 31 अक्टूबर, '84 की सुबह मैंने इन्दिरा जी पर घातक आक्रमण की ख़बर भी संयोगवश सुनी थी, उनके सरकारी आवास से गुज़रते हुए। ऐसे त्रासदीपूर्ण संयोग किसी भी व्यक्ति के तंतुओं को झकझोर कर रख देते हैं पतझर में दरख्तों की भाँति! लेकिन मुझे में बैठा रिपोर्टर इसे 'प्रोफेशनल हैजार्ड' की शक्ल में देख रहा है!

किसी ने ठीक ही कहा है कि पत्रकारिता झटपट में रोज़ाना लिखा जाने वाला इतिहास है। यह पल-पल की घटनाएँ समेटता है, उसे क्रमबद्ध- शब्दबद्ध-चित्रबद्ध, दृश्यबद्ध करता हुआ उन्हें इतिहास की शक्ल दे डालता है। पत्रकार हर छोटे-मोटे पात्र को इतिहास में दर्ज़ करता है, भले ही उसमें इसकी पात्रता न भी हो। वह महिमामंडित भी होता है, और खण्डित भी होता है। शायद इस प्रक्रिया के माध्यम से पत्रकार इतिहास का लोकतांत्रीकरण करता है। पत्रकारिता को 'इतिहास का लोकतंत्र' भी कहा जा सकता है। पर इसका दिलचस्प पहलू यह है कि पत्रकार स्वयं न तो इतिहास-निर्माता होता है, और न ही इतिहासकार! वह रहता पत्रकार ही है। प्रति क्षण नई-नई घटनाओं से टकराना, जाने-अनजाने में इतिहास निर्माताओं के सम्पर्क में आना, घटनाओं को प्रभावित करने या उनकी निर्मिति करने का भ्रम पालना और इतिहास से स्वयं को गोल रखना, पत्रकार की यही नियति है!

मैंने भी यह विडम्बनापूर्ण अनुभव-यात्रा की है। कांग्रेस के वरिष्ठ नेता और विभिन्न पदों (मंत्री, मुख्यमंत्री, कैबीनेट मंत्री, राज्यपाल, पार्टी उपाध्यक्ष) पर रहने वाले अर्जुन सिंह के साथ सघन सम्पर्क ने मुझे सत्ता के ठोसपन और खोखलेपन का समांतर एहसास कराया है। चूँकि लम्बे समय तक मैंने 'राजनीतिक पत्रकार' की पारी खेली है इसलिए राष्ट्रपतियों, प्रधानमंत्रियों, मंत्रियों और प्रतिपक्ष के नेताओं के सम्पर्क में आया हूँ, उनके साथ साक्षात्कार करता रहा हूँ। लेकिन राज्य (मध्य प्रदेश) स्तर से राष्ट्रीय स्तर के नेता बनने वाले अर्जुन सिंह के साथ सम्बन्धों की विशेष पारी खेली; प्रोफेशनल दायरे से बाहर जाकर।

सच! 1992 से 1996 का दौर बेहद नाजुक था। रामजन्मभूमि आंदोलन ने देश में हिन्दुत्व का उभार पैदा कर दिया था; लालकृष्ण आडवाणी, मुरलीमनोहर जोशी, उमा भारती, अशोक सिंहल जैसे संघ-परिवार के नेता हिन्दुत्व ज्वार पर सवार थे। मंडल या सामाजिक-न्यायवादी शक्तियाँ (मुलायम सिंह, लालू प्रसाद, नीतीश कुमार, शरद यादव आदि) भी हिन्दुत्व उभार (या कमंडलवादी शक्तियाँ) को रोक नहीं पा रही थीं। मुझे

अयोध्या में बाबरी मस्ज़िद का ध्वंस सन्निकट लग रहा था। प्रधानमंत्री नरसिम्हा राव और अर्जुन सिंह के बीच मतभेद गहरे होने लगे थे। अर्जुन सिंह ने अपने 1, रेसकोर्स निवास पर मुझसे अपनी इन आशंकाओं को तीन-चार बार शेयर भी किया कि 6 दिसम्बर को अयोध्या में कारसेवक बाबरी मस्ज़िद को ढहा देंगे। प्रधानमंत्री की ख़ामोशी रहस्यपूर्ण है। ऐसा लगता है कि वे भी चाहते हैं कि यह मस्ज़िद गिर जाए। उनमें संघ के पुराने संस्कार जाग रहे हैं। इसलिए कारसेवकों के प्रति नरम रुख अपनाया जा रहा है। संघ व भाजपा के साथ उनकी कोई 'योजनाबद्ध समझदारी' लगती है। अर्जुन सिंह की आशंकाएँ विश्वास मिश्रित थीं। वे अयोध्या जाने पर आमादा थे। 6 दिसम्बर की त्रासदी से पहले वे एक रोज़ के लिए लखनऊ तक गए भी। नई दिल्ली स्टेशन पर मैंने उन्हें विदाई दी थी।

6 दिसम्बर को ट्रेजडी घटी। मस्ज़िद गिरा दी गई। प्रधानमंत्री राव और अर्जुन सिंह बाबरी मस्ज़िद को बचा नहीं सके। दोनों ही नेताओं ने अपने-अपने ढंग से परोक्षरूप में खलनायक और कायर की भूमिका निभायी; राव ने संविधान के साथ विश्वासघात किया; अर्जुन सिंह ने रावमंत्रिमंडल से त्यागपत्र न देकर कायरता व सत्ता मोह का परिचय दिया। वे 'हिंदू क्रोध' (Hindu Backlash) से भयभीत थे और उनके इस कायरता-प्रदर्शन के साथ ही इतिहास उनके हाथों से फिसल गया।[1] वे इतिहास-निर्माता बनते-बनते रह गए। मैंने अपनी भावनाओं से अर्जुन सिंह को अवगत भी करा दिया। सुदीप बनर्जी भी चाहते थे कि अर्जुन सिंह राव-सरकार से इस्तीफ़ा दे दें, मैदान में कूदें। माखनलाल फोतेदार ने स्वयं मुझसे कहा था कि यदि अर्जुन सिंह इस्तीफ़ा देते तो उनके साथ दस-ग्यारह मंत्री भी इस्तीफ़ा दे देते। वे स्वयं सरकार छोड़ देते।

इससे जुड़ी घटना यह भी है कि राष्ट्रपति शंकरदयाल शर्मा स्वयं भी 'बाबरी ध्वंस' पर राष्ट्रीय सम्बोधन से झिझक रहे थे। उनके सचिव व विश्वासपात्र एस.एस. सोहनी ने अगले रोज़ 7 दिसम्बर को मुझे बतलाया कि प्रधानमंत्री राव का संदेश मिला था कि राष्ट्रपति इस घटना से तटस्थ रहें, किसी भी प्रकार की प्रतिक्रिया न दें। सोहनी ने डॉ. शर्मा को सलाह दी, "राष्ट्रपति जी, आप भारतीय गणतंत्र व संविधान के प्रमुख हैं। बाबरी मस्ज़िद का ढहना सामान्य घटना नहीं है। इससे संविधान को आघात पहुँचा है। राष्ट्रपति होने के नाते आपका संवैधानिक उत्तरदायित्व है कि आप इस घटना पर राष्ट्र को सम्बोधित करें। अन्यथा आपकी ख़ामोशी इतिहास में न्यायपूर्ण ढंग से दर्ज़ नहीं होगी।" सोहनी की इस राय के बाद राष्ट्रपति का पाँच मिनट का राष्ट्रीय प्रसारण हुआ। सोहनी ने ही सम्बोधन लिखा। इतिहास में ऐसे अनेक गुप्त-गुमनाम हस्तक्षेप होते रहते हैं!

अर्जुन सिंह 1993 से प्रधानमंत्री बनने के लिए उतावले होने लगे थे। हालाँकि वे शुरू से ही प्रधानमंत्री बनना चाहते थे। उन्हें विश्वास था कि करुणाकरण जैसे नेता उनका समर्थन करेंगे। लगने भी लगा था कि कांग्रेस कार्यकारिणी उन्हें अगला प्रधानमंत्री बनाएगी। इसीलिए 20 कैनिंग लेन स्थित उनके निवास पर वी.आई.पी. सुरक्षा व्यवस्था भी की गई। अर्जुन सिंह एक तरफ़ सोनिया गाँधी को कांग्रेस की केन्द्रीय राजनीति में लाना चाहते थे, उन्हें धुरी बनाना चाहते थे, दूसरी तरफ़ वे ऐसी स्थितियाँ भी पैदा करना चाहते थे ताकि केन्द्र में जल्दी नेतृत्व परिवर्तन हो जाए। सुदीप बनर्जी और सुनील कुमार (अर्जुन सिंह के

1. विस्तार के लिए देखें : 'अर्जुन सिंह-एक सहयात्री इतिहास का', राजकमल प्रकाशन, दिल्ली।

विश्वासपात्र पी.एस.) के निवासों पर गुप्त बैठकें भी हुआ करती थीं। इनमें नेतृत्व-परिवर्तन की संभावित रणनीति पर विचार किया जाता। पृथ्वीराज रोड स्थित एक लग्जरी अपार्टमेंट में अर्जुन सिंह की एक महिला मित्र के यहाँ भी मैं तीन-चार बार गया, जहाँ विभिन्न पैंतरों के बारे में सोचा जाता था। इस महिला का सम्बन्ध किसी सामन्ती ठिकानेदार से था। भाजपा और अन्य दलों के प्रभावशाली नेताओं के साथ भी इस महिला के सम्बन्ध थे। अर्जुन सिंह जैसा कोई भी बड़ा नेता एक-दो सलाहकारों पर निर्भर नहीं रहता है, उसके कई गुप्त सहयोगी होते हैं। विभिन्न प्रकार की गोपनीय कार्रवाइयों के लिए गुप्त-सहयोगियों की श्रेणियाँ होती हैं। इसलिए मुझे यह कभी भ्रम नहीं रहा कि अर्जुन सिंह हम दो-तीन लोगों पर ही निर्भर हैं। मैं समझता हूँ उन्हें कई स्रोतों से सूचनाएँ व दस्तावेज़ मिला करते थे। लेकिन प्रगतिशील रीति-नीतियों, धर्मनिरपेक्षता, अमेरिकी वर्चस्ववाद के विरुद्ध मामलों में मुझे और सुदीप जी को ज़रूर विश्वास में लिया जाता था। अर्जुन सिंह ने कभी भी पूँजीवाद और भूमंडलीकरण का अंध समर्थन नहीं किया।

हर्षद मेहता कांड और हवाला कांड के समय हम सभी को लग रहा था कि राव साहब त्यागपत्र दे देंगे, क्योंकि अर्जुन सिंह ने चारों ओर से उनकी घेराबंदी कर डाली थी। फोतेदार की लॉबी भी सक्रिय हो गई थी। राजस्थान के शिवचरण माथुर जैसे कई नेताओं के साथ भी अर्जुन सिंह की मुलाक़ातें होती रहती थीं। शरद पवार भी नेतृत्व परिवर्तन चाहते थे। अर्जुन सिंह ने मुझे दो-तीन दफ़े बतलाया भी कि शरद पवार प्रधानमंत्री का साथ छोड़ने के लिए तैयार हैं, बशर्ते उन्हें नेतृत्व-परिवर्तन के पश्चात् नई सरकार में 'उप प्रधानमंत्री' का दर्ज़ा दे दिया जाए। अर्जुन सिंह-सरकार का शिखर-नौकरशाही तंत्र कैसा होगा, कौन-कौन नौकरशाह उसमें होंगे। इसकी भी क़वायद की गई। अ. सिंह का कतिपय दक्षिण भारतीय नौकरशाहों पर अटूट विश्वास था। लेकिन सुरक्षा व गुप्तचरी से जुड़े मामलों में वे राजपूत अफ़सरों पर अधिक विश्वास करते थे। ज्योतिष और साधु-संतों पर अर्जुन सिंह और श्रीमती सरोज सिंह का अटूट विश्वास रहा है। इसलिए मैंने सोहनी को एक रोज़ अर्जुन सिंह से मिलवा दिया। दोनों में मुलाक़ात होती रहीं।

राष्ट्रपति के सचिव एस.एस. सोहनी की ज्योतिष में गहरी रुचि थी। उनकी राजीव गाँधी और अफ़गानिस्थान के राष्ट्रपति नजीबुल्ला के सम्बन्ध में की गई भविष्यवाणियाँ सही भी निकलीं। सोनिया गाँधी के सम्बन्ध में उन्होंने मुझसे कहा था, "देख लेना जोशी जी, यह महिला भारत पर दस साल राज करेगी।" (यह सच निकला। 2004 से 14 तक सोनिया गाँधी डीफेक्टो पी.एम. रहीं भी) उन्होंने मार्च 1991 में राजीव गाँधी के सम्बन्ध में कहा था, "यदि राजीव जी जून-जुलाई तक 'सरवाई' कर गए तो दो टर्म प्रधानमंत्री रहेंगे।" यह भविष्यवाणी सही निकली। अपदस्थ अफ़गानी राष्ट्रपति के बारे में भी उनकी भविष्यवाणी ग़लत नहीं रही। अर्जुन सिंह के बारे में उन्होंने कहा था कि वे एक रोज़ पी.एम. बनेंगे। राव-मंत्रिमंडल से हटने के बाद भी उन्होंने मुझ से कहा था, 'जोशी जी, आपके मित्र कुछ प्रतीक्षा के बाद फिर से मंत्री बनेंगे। इसके बाद पी.एम.।' यह भविष्यवाणी आंशिक रूप से सही निकली। अ.सिंह 2004 में दूसरी बार मानव संसाधन मंत्री बने भी और पाँच वर्ष तक रहे, लेकिन प्रधानमंत्री बनने का स्वप्न साकार नहीं हुआ। इस अथाह व अव्याख्यायित पीड़ा के साथ उनके जीवन का पटाक्षेप हो गया।

मेरे मत में नरसिंह राव अर्जुन सिंह से कहीं अधिक उस्ताद खिलाड़ी निकले। उन्होंने अर्जुन सिंह की हर 'शह' को उनकी ही 'मात' में बदल दिया। कतिपय वैश्विक शक्तियों ने भी राव साहब का साथ दिया। डॉ. मनमोहन सिंह भी इन्हीं बैसाखियों पर टिके रहे और अर्जुन सिंह की चालों को पीटते रहे। अर्जुन सिंह और सोनिया गाँधी के बीच आधारभूत विश्वास का सदैव अभाव रहा है। राजीव गाँधी ने भी अर्जुन सिंह पर कभी भी अटूट भरोसा नहीं किया था। जबकि अर्जुन सिंह की नेहरू-गाँधी परिवार के प्रति अटूट निष्ठा रही। आख़िर दोनों के बीच अविश्वास के कौन से अज्ञात कारण हो सकते हैं? क्या अर्जुन सिंह की राजीव-सोनिया गाँधी के प्रति निष्ठा छद्म थी? क्या गाँधी दम्पति अर्जुन सिंह के राजनीतिक चातुर्य से भयभीत थी? क्या अर्जुन सिंह अति महत्त्वाकांक्षी थे और राहुल गाँधी के लिए 'खलनायक' बन सकते थे? मैं अपने ही इन प्रश्नों का उत्तर देने में असमर्थ हूँ। इतना ज़रूर कह सकता हूँ, अर्जुन सिंह की राजनीतिक कौशल क्षमता और बौद्धिकता से अधिकांश नेता आक्रांत रहते थे। उन पर भरोसा नहीं करते थे। यह मैं विश्वासपूर्वक कह सकता हूँ कि अर्जुन सिंह की साँसों के पोर-पोर में राजनीति थी, लेकिन व्यापक परिप्रेक्ष्य में वे संवेदनशील भी थे। सारांश में, मैं अर्जुन सिंह को 'Left to the Centse' के रूप में याद करना चाहूँगा!

चीज़ें अपनी रफ़्तार से चल रही हैं। एक दशक (1989-1999) की अवधि में लोकसभा के पाँच चुनाव (1989, 91, 96, 98 और 99) हुए, और आठ बार छह नेताओं (वी.पी. सिंह-1989; चंद्रशेखर-1990; नरसिंह राव-1991; अटलबिहारी वाजपेयी-1996; एच.डी.देवगौड़ा-1996; इन्द्रकुमार गुजराल-1997; अटलबिहारी वाजपेयी-1998 व 1999) ने प्रधानमंत्री पद की शपथें लीं। 'झटपट-चुनाव और ताबड़-तोड़ प्रधानमंत्री ड्रामा' का दिलचस्प दृश्य यह है कि भाजपा के अटल जी 1996 में सिर्फ़ 13 दिन के प्रधानमंत्री रहे। देश में पहली दफ़ा कट्टर दक्षिणपंथी शक्तियों (संघ+भाजपा) का प्रतिनिधित्व करने वाला उदारवादी या नेहरूवीय छवि का नेता प्रधानमंत्री पद की शपथ लेता है, और उसकी सरकार की ठीक 13वें रोज़ 'तेरहवीं' कर दी जाती है। मीडिया के शब्दकोश में 'तेरहवीं' शब्द दर्ज़ हो जाता है और राजनीतिक दुर्घटना से इसे जोड़ दिया गया है।

यह लोकतंत्र की कैसी विडम्बना है, कैसा विरोधाभास है? पर यही नेता 1998 में दूसरी दफ़ा शपथ लेता है। साल भर साउथ ब्लाक का शासक रहता है। लोकसभा फिर भंग हो जाती है। नए चुनाव होते हैं। अटलजी तीसरी दफ़े प्रधानमंत्री पद की शपथ लेते हैं। और पाँच वर्ष (2004) तक इस पद पर रहते हैं।

1996 में वाजपेयी-सरकार की 'तेरहवीं' के पश्चात् 'कौन बने प्रधानमंत्री?' का एक बार मंचन किया जाता है। 1989 के कटु अनुभवों और अपनी सेहत को ध्यान में रखकर वी.पी. सिंह दूसरी बार प्रधानमंत्री बनने से इनकार कर देते हैं, लेकिन पश्चिम बंगाल के मुख्यमंत्री और देश के वरिष्ठतम् खांटी वामपंथी नेता ज्योति बसु को प्रधानमंत्री बनाने का सुझाव देते हैं। उनके सुझाव से सभी वरिष्ठ नेता सहमत हैं। देश में बहस शुरू हो जाती है कि क्या कॉमरेड ज्योति बसु को पी.एस. बनना चाहिए? क्या कांग्रेस और दूसरी बुर्जुआ पार्टियाँ बसु-सरकार को चलने देंगी? वाजपेयी सरकार की भाँति बसु-सरकार

की भी अल्पकाल में ही 'तेरहवीं' हो सकती है? क्या देश के सत्ता-मोह में वामपंथ अपनी शुद्धता नहीं खो देगा, बदनाम नहीं होगा?

वामपंथी और गै़र-वामपंथी क्षेत्रों में इस मुद्दे को लेकर जबरदस्त बहस छिड़ी हुई है। बौद्धिक वर्ग विभाजित है; एक वर्ग चाहता है कि ज्योति बाबू प्रधानमंत्री बनें; देश के समक्ष वैकल्पिक राजनीति एवं शासन शैली का चित्र रखें; वामपंथी शासन किस प्रकार से पूँजीवादी शासन-प्रशासन से अलहदा होता है, इसे नीति-कार्यों से स्थापित करें; वाम शक्तियों की हिन्दी भारत में विस्तार करे; भूमंडलीकरण व नव-उदारवाद के दौर में भारत की प्रयोगात्मक विशिष्टता को रेखांकित करें; दूसरा वर्ग नई सरकार को बाहर से समर्थन देने के पक्ष में है; कांग्रेस के विगत-इतिहास को देखते हुए उस पर 'राजनीतिक आश्रिता' को आत्मघाती मानता है; कोयले की खान में उतरने पर काले रंग से बचाव असंभव है। सी.पी.एम. के महासचिव कॉमरेड सुरजीत से ज्योति बसु को प्रधानमंत्री बनने की अनुमति देने के लिए औपचारिक रूप से अनुरोध भी किया गया है। मुख्यमंत्री बसु की प्रतिक्रिया है कि वे इस चुनौती को स्वीकार करने के लिए तैयार है, बशर्ते कि पार्टी इसकी इज़ाज़त दे।

मैं और मेरे कुछ मित्रों की राय है कि पार्टी को यह पद स्वीकार नहीं करना चाहिए। कांग्रेस और अन्य बुर्जुआ दल मूलत: अविश्वसनीय होते हैं। इनके नेताओं (देवगौड़ा, इन्द्रकुमार गुजराल, वी.पी. सिंह, लालू प्रसाद, मुलायम सिंह, शरद यादव, चन्द्रशेखर आदि) पर भरोसा करना 'राजनीतिक हाराकीरी' होगी। मैं, पंकज बिष्ट, श्यामबिहारी राय आदि कसके विरुद्ध प्रचार भी करते हैं। आई.ए.एन.एस. के पत्रकार क्षेत्रों में मैं सक्रिय हो गया हूँ जबकि पंकज बिष्ट लेखकों के बीच इस दृष्टिकोण को लेकर सक्रिय है कि ज्योति बाबू के प्रधानमंत्री बनने से वामपंथी शक्तियों पर किस प्रकार के प्रभाव पड़ेंगे। इसके विपरीत जलेस के चंचल चौहान कामरेड सुरजीत के साथ थे। चौहान जैसे साथी चाहते हैं कि एक दफ़ा के 'प्रयोग' से पलायन नहीं करना चाहिए। सोमनाथ चटर्जी जैसे वरिष्ठ नेता भी इस प्रयोग के पक्ष में हैं। वी.पी. सिंह के अनुरोध पर पार्टी नेतृत्व ने दो-दो दफ़े केन्द्रीय समिति की आपात बैठक बुलाई, विस्तार से चर्चा भी की, लेकिन अन्तत: प्रधानमंत्री पद की उम्मीदवारी अस्वीकार कर दी गई। दक्षिण के सदस्य, विशेष रूप से केरल, इस मुद्दे पर कोई समझौता करने के लिए तैयार नहीं थे। प्रकाश करात भी किसी प्रकार का लचीला रुख अपनाने के खिलाफ़ हैं।

मैं इस 'अस्वीकार' को पार्टी के सिद्धांतों की 'विजय और महात्याग' के रूप में देखता हूँ। जहाँ मैंने भाजपा के सत्ता-लोभ की पराकाष्ठा (तेरहवीं) देखी, वहीं मार्क्सवादी पार्टी के 'सत्ता-महात्याग' के दर्शन भी किए हैं। प्रधानमंत्री का पद पार्टी को उसके सिद्धांतों से विचलित नहीं कर सका है। यह इसकी लोभ पर ऐतिहासिक विजय है, तो राजनीतिक कट्टरतावाद एवं शुद्धतावाद के समक्ष पराजय भी है।

पराजय इसलिए क्योंकि पार्टी ने अपनी शुद्धता को संभावी 'ऐतिहासिक प्रयोग' और 'बृहतर जनहितों' के बनिस्बत अधिक तरजीह दी थी। कई वर्ष बाद जब मैं इस घटना का पुनरावलोकन करता हूँ तो मुझे ऐसा लगता है कि पार्टी के रूप में वामपंथी आंदोलन से एक और 'राजनीतिक ब्लंडर' हुआ, बल्कि देश की सबसे बड़ी वाम पार्टी ने ऐतिहासिक

भूमिका निभाने से पलायन किया। इस ऐतिहासिक अवसर को पकड़ना चाहिए था। भारत की जनता के समक्ष राष्ट्रीय स्तर पर अपने शासन-कौशल व क्षमता को प्रदर्शित करना चाहिए था। बेशक, असफलताओं की संभावनाएँ प्रबल थीं। लेकिन सफलताओं की संभावनाओं के द्वार भी नहीं बंद किए जाने चाहिए थे। आख़िर राजनीति को 'संभावनाओं का खेल' भी माना जाता है। प्रयोगों की कोख में ही संभावनाएँ, सफलताएँ, असफलताएँ पलती हैं। तब ऐसे प्रयोग से इनकार क्यों? मैं भी आज उक्त 'अक्षम्य इनकार' के लिए स्वयं को कोस रहा हूँ!

मुझे अब अपनी 'ब्यूरो प्रमुख' की भूमिका से बोरियत होने लगी है। हालाँकि इसे मैंने 1986 और 1991 में तोड़ने के प्रयास भी किए। भोपाल जाकर 'दैनिक भास्कर' का मैं कार्यकारी सम्पादक बना। फ़क़त चार रोज़ के लिए। इसके पश्चात् 1991 में 'राष्ट्रीय सहारा' के नोएडा संस्करण का स्थानीय सम्पादक सलाहकार रहा। डेढ़ महीने इस पद पर टिका। दोनों ही जगह (भोपाल व नोएडा) 'नई दुनिया' की अपेक्षाकृत अधिक पैसा और बड़ा पद था, लेकिन परिवेश व कार्य की तृप्ति दोनों ही अख़बारी संस्थानों में नहीं मिली। 'राष्ट्रीय सहारा' के वरिष्ठ सहयोगी माधवकांत मिश्र ने तो मेरे संबंध में भविष्यवाणी ही कर दी थी कि मैं तीन महीने से अधिक नहीं टिक पाऊँगा। हुआ यह कि मैं अक्सर स्कूटर से सेक्टर 11 स्थित सहारा दफ़्तर जाया करता था। हेलमेट बाहर गेट पर ज़मा कर दिया करता था। एक दिन माधवकांत मिश्र जी ने हेलमेट रखते हुए मुझे देखा तो विनम्रतापूर्वक कहने लगे, "भाई साहब, अन्यथा न लें तो एक सलाह दूँ।"

"बिल्कुल बुरा नहीं मानूँगा। आप बेहिचक बोलिए, मिश्र जी!"

मैं उन्हें सलाह के लिए उकसाता हूँ। फिर भी वे संकोच के साथ कहने लगे, "जोशी जी, ऐसा करिए-हेलमेट को अपने साथ अंदर सम्पादकीय विभाग में ले चलिए। इसके स्थान पर आप चौकीदार के पास अपने दिमाग़ को डिपोज़िट करिए। यदि ऐसा नहीं करेंगे तो तीन महीने से अधिक सहारा में टिक नहीं पायेंगे।" हम दोनों ही जोर से हँसे। लेकिन मज़ाक में की गई यह टिप्पणी कितनी सटीक रही कि मैंने डेढ़ महीने के तत्काल बाद फैक्स से ही अपना इस्तीफ़ा भेज दिया, सहाराश्री सुब्रत राय को! वे भी आश्चर्यचकित थे। यद्यपि मेरे प्रति उनका व्यवहार अच्छा था। मेरे विचारों का उन्होंने सम्मान ही किया। मेरे कहने से चर्चित साप्ताहिक 'हस्तक्षेप' निकाला। इसका नामकरण भी मैंने ही किया। लेकिन सहारा संस्थान में 'प्रोफेशनल संस्कृति' का अकाल ही मुझे मिला। 'नई दुनिया' ने मेरी पत्रकारीय आदत को बिगाड़कर रख दिया है। इसने मुझे 'बाज़ारू पत्रकारिता' के लिए नहीं छोड़ा है। 'नई दुनिया' संस्थान मेरे लिए पत्रकारिता का आदर्श है।

इन क्षणों में मुझे सूरदास याद आ रहे हैं-

'मेरा मन अनत कहाँ सुख पावे,
जैसे उड़ि जहाज को पंछी,
फिर जहाज पे आवे।'

और 'दैनिक भास्कर' व 'राष्ट्रीय सहारा' से उड़ कर मेरो मन पुनि 'नई दुनिया' पे आवे! मेरी मनोदशा की इससे सटीक अभिव्यक्ति क्या हो सकती है?

पर मन तो स्थिर कब रहा है? इसे बाँधने के चक्कर में बड़े-बड़े ऋषि-मुनि- योगी इसके सामने हारे हैं। उनके 'प्रयोग' विफल रहे हैं। वैसे मन चंचल न रहे, उड़ि-उड़ि न जाए, तो मानव सभ्यता की गतिशीलता का ही अन्त हो जाएगा। अन्वेषणों-आविष्कारों की कल्पना में ही मौत हो जाएगी। मैं समझता हूँ, अपनी सीमाओं को ट्रांसेंड करने का दूसरा नाम ही 'मन' है। मन 'अनन्त' को सीमाओं में बाँधता है, और स्वयं अतल-अनन्त भी रहता है! बड़ी दिलरूप दास्तान है इस मन की! मेरा इससे पार पाना मुश्किल है। तब मैं नत मस्तक हूँ, इसके सामने!

सच तो यह है कि सक्रिय राजनीतिक पत्रकारिता एक तरह से 'मृग मरीचिका' है। राजसत्ता को हाँकने के भ्रम में राजनीतिक पत्रकार जीते रहते हैं। टाइम्स ऑफ इंडिया के एक सम्पादक ने शेखी बघारते हुए लिख मारा कि वह प्रधानमंत्री के पश्चात् देश का सबसे शक्तिशाली व्यक्ति है। ऐसी मृगतृष्णा राजनीतिक पत्रकार को हमेशा बेचैन बनाए रखती है। वह भागता रहता है...भागता रहता है; कभी साउथ ब्लाक, कभी नॉर्थ ब्लाक, कभी राष्ट्रपति भवन, कभी संसद, कभी साउथ एवेन्यू, कभी नॉर्थ एवेन्यू (सांसदों के निवास), कभी चाणक्यपुरी (दूतावास), कभी कॉकटेल पार्टियाँ-कभी पाँच सितार डिनर; कभी प्रायोजित विदेश यात्राएँ, कभी देशी हवाई दौरे!

अब मैं इस मरीचिका से मुक्त होना चाहता हूँ। भ्रम के जालों को चीरना चाहता हूँ। मेरे लिए रोज़मर्रा की पत्रकारिता में पठार आ चुका है। मैं स्वयं को 'रिइन्वेंट' करना चाहता। मुझे अब नया रोल चाहिए।

मन बेतहाशा चंचल हो चुका है। इसे नई उड़ान, नई मंज़िल चाहिए। मैं अब कुछ ठोस करना चाहता हूँ। मन के किसी कोने में सुप्त पड़ी प्रोफेसर बनने की महत्वाकांक्षा जाग्रत हो चुकी है। मैं मीडिया के अकादमीय क्षेत्र में सक्रिय भूमिका निभाने के लिए व्यग्र होता जा रहा हूँ। मैंने अपने परिवार को अपनी ताज़ा कश्मकश का एहसास करा दिया है। इससे घर में भूकम्प आ गया है। सक्रिय पत्रकारिता की लम्बी व सफल पारी खेल चुकने के पश्चात् यदि मैं नवोन्मेष की दिशा की ओर बढ़ता हूँ तो किसी को क्यों शिकायत होनी चाहिए, क्यों आशंकाओं का शिकार होना चाहिए? लेकिन अब मैं पीछे क़दम उठाने वाला नहीं हूँ।

''प्रत्येक आत्मकथा का सम्बन्ध दो पात्रों के साथ रहता है–एक डॉनप क्विजोट, अहं, और दो सांचो पांजा, स्वयं''

(डब्ल्यू.एच. ऑदेन)

(every autobiography is concerned with two characters, a Don Quixote, the Ego, and Sancho Panza, the Self)

–W.H. Auden

भाग : दो

भोपाल गमन : पत्रकार से मीडिया शिक्षक, लेखकों का मात्रोशियका रूप!

मैंने भोपाल जाने का अन्ततः निर्णय ले लिया है। इसके साथ ही उम्र की पचपन पार दहलीज़ के लाँघने के साथ ही जीवन में फिर से प्रयोग-यात्रा शुरू होने जा रही है; कर्म क्षेत्र का परिवर्तन-सक्रिय पत्रकारिता से अध्यापकीय व प्रशासनकीय भूमिका; पत्रकारिता लेखन से अकादमीय लेखन; सत्ता के चकाचौंधी गलियारे से सामान्य व संघर्षरत विद्यार्थियों के बीच; और राष्ट्रीय राजधानी दिल्ली से बेमारू मध्य प्रदेश की राजधानी और 1984 की विश्व कुख्यात् गैस त्रासदी से अभिशप्त नगरी भोपाल में गमन! जाहिर है, मैं जा रहा हूँ तो परिवार भी जाएगा। छोटी बेटी त्रीना और बेटा अमन को भी भोपाल में नए सिरे से पढ़ाई शुरू करनी होगी। त्रीना कॉलेज में जाएगी और अमन का प्रवेश सातवीं कक्षा में होगा। बड़ी बेटी मनस्विता दिल्ली में ही रहकर एम.एस.सी. करेगी। इस प्रकार दो दशक पुराना घोसला उखड़ेगा, फिर से उसे बसाया भी जाएगा। फिर भी बड़ी बेटी के कारण यह दिल्ली और भोपाल के दो छोरों के बीच बँटा रहेगा। मैं इन तमाम परिवर्तनों को एक साथ वहन करने जा रहा हूँ।

मैं 30 अप्रैल, 1999 को 'नई दुनिया' से मुक्त होकर भोपाल मोर्चे की ओर कूच कर रहा हूँ। इस समय मैं अकेला ही जा रहा हूँ। सुबह भोपाल स्टेशन पर रजिस्ट्रार सच्चिदानंद जोशी और कुछ शिक्षकगण मुझे लेने के लिए पहुँचे हुए हैं। फ़िलहाल मुझे एक होटल में रुकवा दिया गया है।

तीन-चार रोज़ यहाँ गुज़ारने के बाद मैं एक सरकारी रेस्ट हाउस में शिफ्ट हो जाता हूँ। मुख्यमंत्री सिंह अपने अधिकार से दो कमरे मुझे इस रेस्ट हाउस में आवंटित कर देते हैं। कमला प्रसाद, आग्नेय, विजय बहादुर सिंह, राजेश जोशी, रामप्रकाश त्रिपाठी, भगवत रावत, विनय कुमार दुबे, राजेन्द्र शर्मा जैसे लेखक, कवि मित्रों का मेरे यहाँ आना-जाना लगा रहता है। तीन महीने यहीं ठहरने के बाद मैं स्थायी रूप से शामला हिल स्थित अंसल अपार्टमेंट में रहने चला आया हूँ। मेरी पहली पड़ोसिन है जया भादुड़ी की माताजी यानी श्रीमती तरुण भादुड़ी। इसी अपार्टमेंट में मेरे ऊपर रहती हैं जया जी की छोटी बहन श्रीमती वर्मा।

इसी अंसल परिसर में बसे हुए हैं मेरे गुरु-तुल्य और सबसे घनिष्ठ श्रद्धेय हबीब तनवीर साहब। वे मेरे घर से कुछ फ़ासले पर हैं। आग्नेय भी अंसल अपार्टमेंट में हैं। कृष्णा सोबती जी ने भी यहाँ एक छोटा फ्लैट ले रखा है। आबोहवा और सुबह की सैर

की दृष्टि से यह जगह मुझे बेहद पसंद है। इसके साथ ही दूरदर्शन आकाशवाणी भी दूर नहीं है। अशोक लेक व्यू और जेहनुमा जैसे होटल भी पड़ोस में ही हैं। मधु की छोटी बहन डॉ. अर्चना सिद्धार्थ का सरकारी क्वार्टर भी इस क्षेत्र में है। वे आकाशवाणी, भोपाल केन्द्र में कार्यक्रम अधिकारी (पेक्स) हैं।

शाहपुरा स्थित एक सहकारी भवन में भा.च.रा. पत्रकारिता विश्वविद्यालय स्थित है। इसी भवन में प्रशासकीय कार्यालय है, और स्नातकोत्तर पाठ्यक्रम की कक्षाएँ भी चलती हैं। कभी यहाँ छात्रावास भी हुआ करता था। अब इसे समाप्त कर दिया गया है। इसी भवन में महानिदेशक शरतचंद्र बेहार और कार्यपालक निदेशक अर्थात् रामशरण जोशी दोनों के दफ़्तर भी हैं। रजिस्ट्रार भी यहीं बैठते हैं।

विश्वविद्यालय के शिक्षकों में पुराने परिचित कमल दीक्षित हैं। वे समाजवादी पृष्ठभूमि से है। 1970-71 के आसपास दिल्ली में मिले थे। इससे पहले 'हिन्दुस्थान समाचार' में मुलाक़ात हुई थी। दीक्षित के साथ ही मैंने जीवन में पहली दफ़ा अज़मेरी गेट के एम.जी. रोड पर बसी अभिशप्त चन्द्रमुखियों के दर्शन किए थे। दोनों सिर्फ़ सीढ़ियों से उतरते-चढ़ते और अभिशप्तताओं के दर्शनों से धन्य होते रहे थे। नैतिक वर्जनाएँ दमित इच्छाओं पर भारी पड़ीं! आज हम यहाँ दोनों शिक्षक की भूमिका में मिल रहे हैं, इन तीन दशकों में न जाने कितनी नदियाँ-घाट पार उतरते हुए! दीक्षित भी अपनी सक्रिय पत्रकारिता से संन्यास ले अपने अनुभवों का चरणामृत यहाँ बाँट रहे हैं। चूँकि विश्व-विद्यालय की श्रेणी तंत्र में मैं दीक्षित से काफ़ी सीनियर हूँ, इसलिए वे सम्मान भी दे रहे हैं। वैसे वे पुराने स्कूल के अच्छे शिक्षक माने जाते हैं। विद्यार्थियों में उनका सम्मान भी है। माउंट आबू में ब्रह्मकुमारियों के यहाँ मीडिया कार्यशालाओं का आयोजन भी वे करते रहते हैं। दीक्षित प्रगतिशील हैं, लेकिन उनके साथ चर्चाओं से मेरा मत यह बना है कि वे देश में व्यवस्था परिवर्तन तो चाहते हैं लेकिन 'सीधा व जजमानी व्यवस्था' बनी रहे, यह भी उनकी हार्दिक कामना है। दूसरे शब्दों में, आज और बीते कल के बीच परस्पर अबाध सहवास चलता रहे!

वास्तव में विश्वविद्यालय में आकर ही शिक्षक वर्ग से मेरा नियमित पाला पड़ा है। दीक्षित के अलावा श्रीकांत सिंह, शुक्ला, निगम, पी.पी.सिंह सहित एक दर्जन से अधिक नियमित अध्यापक हैं। कंप्यूटर विभाग के शिक्षक अलग से हैं। इन सभी के अपने-अपने 'प्रभाव द्वीप' हैं। सम्पर्क-प्रभाव, सक्रियता और सहयोग की दृष्टि से सबसे अधिक लोकप्रिय हैं पी.पी. सिंह। विद्यार्थी इनके मुरीद रहते हैं। विश्वविद्यालय से बाहर इनका जन-सम्पर्क दायरा व्यापक है। श्रीकांत सिंह कर्मठ और स्पष्टवादी हैं। निगम दलित वर्ग से हैं, और सवर्ण शिक्षक उन्हें परोक्ष रूप से अपनी उपेक्षा के निशाने पर रखते हैं। वैसे वे भी कम नहीं हैं, आत्मसुरक्षा में शकुनि शैली में अपने विरोधियों को नचाये रखते हैं। यह शैली औरों की भी है। वे इसे चतुराई से छिपाए रखते हैं, स्वयं को 'एक्सपोज़' नहीं होने देते हैं। विश्वविद्यालय में अतिथि अध्यापकों की भरमार है।

कभी-कभी किन्हीं अतिथि अध्यापकों की मासिक मानदेय राशि नियमित अध्यापकों से अधिक हो जाती है या उनके समान रहती है। यह सब मुझे अविश्वसनीय लगा। यदि एक अतिथि अध्यापक नियमित अध्यापक के समान कमाता है तो तदर्थ रूप से उसे

अनुबंध पर नियमित अध्यापक क्यों न रख लिए जाए? विभागाध्यक्ष इससे सहमत नहीं हैं। वे तदर्थ नियुक्तियों का विरोध कर रहे हैं। ऐसी स्थिति में मैंने अतिथि अध्यापकों पर नियंत्रण रखने की योजना बनाई है। इस योजना के माध्यम से इस व्यवस्था का दुरुपयोग रोका जा सकेगा। विभाग प्रमुख इस योजना से भी असहमत हैं। लेकिन अन्ततः इसे लागू करना पड़ा। इसका परिणाम यह निकला है कि अतिथि अध्यापकों की मानदेय राशि पचास प्रतिशत कम हो गई है। मेरे इस क़दम से महिला और पुरुष, दोनों ही अतिथि अध्यापक दुखी हैं। संभव है, इनमें से कोई मुझे सबक सिखाने की प्रतिज्ञा भी कर रहा हो! पर इससे डरना कैसा? पद, पैसा और सत्ता के साथ ख़तरे जुड़े न रहें तो इन तीनों की हैसियत ही क्या रह जाएगी? यह सब कुछ सोचकर ही मैंने ख़तरों के छत्ते में हाथ डाल दिया है।

सम्पूर्ण विश्वविद्यालय में सबसे अधिक 'स्मार्ट मैन' के रूप में विख्यात् कोई है तो वे रजिस्ट्रार जोशी हैं। एक समय की प्रख्यात् कथाकार मालती जोशी के छोटे पुत्र हैं। जोशी स्वयं भी नाट्य निर्देशक और मंच-अभिनेता हैं। इनका अपना ग्रुप है। वाणी से इतने मीठे कि गुड़-शक्कर-चीनी भी लजा कर रसातल में चली जाए। दीक्षित, श्रीकांत सहित लगभग सभी शिक्षकों ने मुझे एक ही चेतावनी दी, 'सर! इनसे सावधान रहना! वरना आप यहाँ से चलते बनेंगे।' निःसंदेह जोशी नाना लीलाओं के धनी हैं। उनमें एक ही समय में कौरव और पांडवों को साधने की कला है। रजिस्ट्रार पद उनके लिए छोटी थड़ी है। उनकी कार्यक्षमता व कलाओं को देखते हुए मैं यह कह सकता हूँ कि यह व्यक्ति दूर तक जाएगा।

मेरा यह मत 2005 में कोरा मत न रहकर बल्कि वास्तविकता में बदला भी। 2003 में छत्तीसगढ़ में भाजपा सत्तारूढ़ हुई। इसलिए छत्तीसगढ़ में भाजपा की सरकार के बनने और कुशाभाऊ ठाकरे पत्रकारिता विश्वविद्यालय की स्थापना के साथ ही जोशी की उड़ान शुरू हो गई। वे देखते ही देखते देश के दूसरे पत्रकारिता विश्वविद्यालय के कुलपति बन गए। इतना ही नहीं, पहली पारी की समाप्ति के बावजूद दूसरी पारी भी ले ली। एस.सी. जोशी का परिवार शुरू से ही संघ व भाजपा से जुड़ा रहा है। जोशी के पिता संघ के कर्मठ समर्थक थे। वैसे जोशी का सार्वजनिक बाना ज़रूर उदारवादी दिखाई देता है, लेकिन वे संघ परिवार के साथ सघनता से संबद्ध हैं।

मुझसे वे कहते रहे हैं, "सर! देख लेना मेरे दिन अब अच्छे आने वाले हैं।" वे अक़सर ज्योतिषियों के पास जाया करते थे। पूजा-पाठ में रमे रहते हैं। मंदिरों के साथ-साथ सिद्ध मज़ारों पर भी वे सिज़दा करते रहते हैं। ईश्वर या ग़ैबी ताक़तों से फ़ायदा लेने के मामले में जोशी की धर्मनिरपेक्षता शक़ के दायरे में नहीं है। और मनुष्यों व संस्थाओं से लाभ लेना है तो उनका प्रगतिशीलता का चोला भी कलफ़दार तैयार रहता है। एक समय ऐसा भी आया था जब विश्वविद्यालय महापरिषद् के अध्यक्ष व मुख्यमंत्री दिग्विजय सिंह इनकी गतिविधियों व संदिग्ध निष्ठा को देखते हुए इन्हें निलम्बित करना चाहते थे। महानिदेशक बेहार ने भी सिंह के निलम्बन की मौखिक सिफ़ारिश की थी। दिल्ली स्थित मध्य प्रदेश भवन में जब मुख्यमंत्री ने अपने इस इरादे को जाहिर किया तो मैंने इससे असहमति व्यक्त की, क्योंकि विश्वविद्यालय में संघ के तत्त्वों की गहरी पैठ है। कितनों को बीन-बीन कर बाहर फेंकेंगे? इन तत्वों को बेअसर केवल नेतृत्व (महानिदेशक) अपनी रणनीति से ही कर सकता है। यद्यपि, यह भी सच है कि मैं जोशी-दंश के निशाने पर निरंतर

रहा हूँ। एक ओर वे मुझे अपने यहाँ यदा-कदा नाश्ते और भोजन पर बुलाते रहे, वहीं शिक्षकगण और विद्यार्थियों को मेरे विरुद्ध भड़काते भी रहे। जोशी की जितनी पुख़्ता क़िलेबंदी थी, उसमें सेंधमारी मेरी भी थी। दीक्षित, सिंह, शुक्ला और कुछ अन्य कर्मचारीगण मुझे नियमित रूप से उनकी गतिविधियों की सूचना देते रहते। सत्ता में रहने के लिए आत्मरक्षा और आवश्यकतानुसार प्रतिआक्रमण की तैयारी होनी चाहिए। इसके लिए मैंने अपने विश्वासी लोगों का गुप्त सूचना तंत्र भी रखा। जाहिर है, समान विचारधर्मियों का सहयोग मिलता रहा। वरना, मुझे चंद महीनों के भीतर ही बैरंग दिल्ली लौटा दिया जाता। कई घटनाएँ हुई हैं, जिनसे मैंने बहुत कुछ सीखा और मुझे स्वयं की क्षमताओं की थाह लेने का अवसर भी मिला।

विश्वविद्यालय में सही मायनों में यदि कोई बुद्धिजीवी है तो दीपेन्द्र बघेल है। आधुनिक विमर्शों और पश्चिमी चिंतन से पूरी तौर पर बावस्ता। बुरी तरह पढ़ाकू, ज्ञान-पिपासु। पर दीपेन्द्र कुछ अधूरेपन में धँसा हुआ भी है। मौलिक चिंतन-विश्लेषण की भी कमी है। लेखन के क्षेत्र में लगभग सिफ़र है। अच्छा अध्यापक बनने के सभी गुणा दीपेन में मौजूद हैं लेकिन प्रशासनिक कैडर होने के कारण पूर्णकालिक शिक्षक बनाने में तकनीकी अड़चन है। फिर भी अंशकालिक शिक्षक के बतौर जनसंचार विभाग में दीपेन का सहयोग लिया जा रहा है। बेहार साहब की उदारता के बग़ैर यह संभव नहीं था। वैसे मैं तो दीपेन को पूरी तौर पर शिक्षण क्षेत्र में स्थानान्तरित करने के पक्ष में हूँ। प्रशासनिक विभाग में कई ऐसे और व्यक्ति भी हैं जिनकी कार्यक्षमता का पर्याप्त उपयोग नहीं हो रहा है। जो व्यक्ति संघ पृष्ठभूमि से नहीं हैं, उन्हें किनारे पर रखा गया है। इनमें एक ऐसे ही व्यक्ति राजेश पाठक हैं। प्रगतिशील और उदारवादी हैं। अपने कामों में निपुण हैं। मैं समझता हूँ विश्वविद्यालय की प्रशासनिक और शिक्षण, दोनों शैलियों में आमूलचूल परिवर्तन की आवश्यकता है। चूँकि यह देश का प्रथम पत्रकारिता विश्वविद्यालय है, इसलिए इसे पत्रकारिता शिक्षक क्षेत्र में पथ-प्रदर्शक की भूमिका निभानी चाहिए। यह तभी संभव है जब विश्वविद्यालय के परिवेश में रेडिकल परिवर्तन लाये जाएँ।

मैं तो अब तक विद्यार्थी, राजनीतिकर्मी और पत्रकार रहा हूँ। जीवन में यह पहला अवसर है जब मुझे प्रोफेसर और प्रशासक, की दो भूमिकाओं को समांतर निभाना पड़ेगा। बेहर साहब तो जीवन-पर्यन्त प्रशासक ही रहे हैं। भारत में जब कोई आई.ए.एस. या आई.पी.एस. बन जाता है तो वह स्वयं को सभी भूमिकाओं का पुंज मानकर चलता है। उसमें एक साथ चिंतक, लेखक, शासक-प्रशासक और संचारक होने का 'भ्रम' पैदा हो जाता है। बेहार साहब में अनेक स्वागत योग्य गुण हैं, लेकिन इसके साथ ही उनमें इस भ्रम के उग्र 'लक्षण' भी हैं। वे मुख्यमंत्री के सलाहकार हैं, और महानिदेशक भी हैं। तो उनके लिए इस विश्वविद्यालय का प्रशासन कोई चुनौती नहीं हैं। इससे पहले भी वे बिलासपुर गुरु घासीदास विश्वविद्यालय के संस्थापक कुलपति पद पर रह चुके हैं, और साथ ही राज्य सरकार में सचिव भी थे। यह अलग बात है कि मीडिया विश्वविद्यालय की कमान का अनुभव उन्हें नहीं है। उनका मानना है कि जब बच्चा पैदा होता है तो वह रोने के साथ ही संचार करने लगता है। इसके साथ ही उसके संचार शिक्षण-प्रशिक्षण-अनुभव का सिलसिला शुरू हो जाता है, जो कि जीवन-पर्यन्त चलता रहता है। इस दृष्टि से बेहार साहब

अभूतपूर्व संचार निधि से समृद्ध हैं। ऐसा उनका विश्वास है! अब विसंगति यह है कि मेरे पास तो केवल पच्चीस-तीस वर्ष का अनुभव है, औपचारिक पत्रकारिता का। यह अलग बात है, मैं भी रोते हुए ज़रूर पैदा हुआ होऊँगा, आंदोलन में रहने के कारण मेरा संचार शिक्षण भी हुआ होगा। अलबत्ता सरकारी प्रशासन के अनुभव क्षेत्र में मैं 'सिफ़र' हूँ। अब इसका गिला करने से कोई फ़ायदा नहीं, आधी से ज़्यादा उम्र गुज़र चुकी है। अब तो वानप्रस्थ शुरू हो जाना चाहिए। ख़ैर! विश्वविद्यालय में ही बेहार साहब के सान्निध्य में प्रशासन का अनुभव प्राप्त करके स्वयं को क्यों न धन्य किया जाए!

अब हुआ यह है कि विश्वविद्यालय में पद सँभालते ही मुझे अग्नि-परीक्षा देनी पड़ रही है। विश्वविद्यालय के पत्रकारिता विद्यार्थियों और कंप्यूटर पाठ्यक्रम के छात्रों के दो गुटों के बीच जम कर झगड़ा हो गया है। दो-तीन छात्र घायल भी हुए हैं। उन्हें तत्काल अस्पताल में भर्ती कराया गया। छात्रों की पकड़ा-धकड़ी हुई। मुझे और जोशी को थाना जाना पड़ा। इस छात्र-संघर्ष के समय बेहार साहब दिल्ली में थे। रात्रि को विमान से आए। हम जोशी द्वय दिन भर के घटना-चक्र से अवगत कराने के लिए महानिदेशक के निवास पर पहुँचे। घटना का विवरण सुनने के बाद बेहार साहब का छूटते ही आदेश है कि कक्षाएँ स्थगित कर दी जाएँ और विश्वविद्यालय बंद कर दिया जाए। मैंने इससे असहमति जाहिर की। मेरी असहमति के दो तर्क थे : पहला तर्क यह था कि इसका ग़लत संदेश जाएगा; विद्यार्थी सोचेगा कि प्रशासन डर गया है और वह नेतृत्व पर हावी हो जाएगा; दूसरा तर्क यह है कि इसकी क्या गारंटी है कि विश्वविद्यालय के दुबारा खुलने पर छात्र-उत्पात नहीं होगा? मेरा यह भी मानना है कि यह एक सामान्य घटना है। बेहार साहब मेरे तर्कों से सहमत नहीं हैं। वे बंद करने के पक्ष में हैं। मैं कक्षाएँ जारी रखने के पक्ष में हूँ। रजिस्ट्रार नाप-तौल कर बोल रहे हैं। हो सकता है, हम दो ग़ैर-संघी प्रशासकों के मतभेदों का आनंद भी वे ले रहे हों! मुझे यह भी कहना पड़ रहा है कि बेहार साहब आप जीवन-पर्यन्त क़ानून का पालन करवाते रहे हैं, और मैं क़ानून तोड़ने और नए बनाने वालों के साथ रहा हूँ। मुझे मालूम है, ये छात्र किस हद तक जा सकते हैं। इनका गुबार निकल चुका है इसलिए अगले रोज़ शांति ही रहेगी। मेरे तर्कों को सुनकर बेहार साहब ने कहा, "ठीक है आप कार्यपालक निदेशक हैं—खोलिए...अपनी रिस्क पर खोलिए। कुछ होता है तो आप ज़िम्मेदार होंगे।" मैंने सहमति व्यक्त की।

विश्वविद्यालय खुल गया है। कक्षाएँ शांतिपूर्वक चल रही हैं। शिक्षकों की बैठक में बेहार साहब ने सभी को यह भी बता दिया है कि कार्यपालक निदेशक विश्वविद्यालय को बंद करने के पक्ष में नहीं हैं, इसलिए कक्षाएँ चल रही हैं। "परिसर में शांति बनी रहे, यह ज़िम्मेदारी जोशी जी की जितनी है उतनी ही आप सभी की है।" बैठक में अच्छी बात यह रही कि शिक्षकों ने विश्वविद्यालय को खोले रखने का समर्थन किया। इसके बाद छात्रों में कोई झगड़ा नहीं हुआ।

कई रोज़ के बाद कतिपय लोगों से मालूम हुआ कि इस छात्र-संघर्ष के पीछे कुछ शरारती तत्त्वों की लम्बी योजना थी। वे विश्वविद्यालय में अशांति फैलाकर बेहार साहब और मुझे, दोनों के नेतृत्व को नाकाम व निष्प्रभावी दिखलाना चाहते थे। ये तत्त्व चाहते थे कि हम विश्वविद्यालय से चले जाएँ, या मुझे हटा दिया जाए। वैसे मैंने तय कर भी

लिया था कि यदि फिर से हिंसक छात्र-टकराव होते हैं तो मैं इस्तीफ़ा देकर दिल्ली लौट जाऊँगा। लेकिन मेरा अनुमान सही निकला, स्थिति नियंत्रण में रही और बेहार साहब ने मेरा समर्थन किया।

वैसे बेहार साहब विश्वविद्यालय में कुछ अनोखा करने के पक्ष में रहते हैं। वे शिक्षण पद्धति में रेडिकल परिवर्तन चाहते हैं। इसलिए शिक्षकों की वे क्लास भी लेते रहते हैं। मैं उनकी इन क़वायदों से काफ़ी कुछ सीख भी रहा हूँ। शिक्षकगण दुखी रहते हैं। कुछ तो कहने लगे हैं कि महानिदेशक को 'वरबल डायरिया' (मौखिक दस्त) की बीमारी है, क्योंकि उनकी घंटों लम्बी कक्षाएँ होती हैं।

विश्वविद्यालय में नक़ल होती है। इसे रोकने के लिए मैंने सुझाव दिया कि ग़ैर-पारम्परिक ढंग से प्रश्नपत्रों की रचना की जाए, और परीक्षार्थियों को पुस्तक रखने की छूट दे दी जाए। सभी शिक्षकों से प्रयोगत्मक प्रश्न-पत्रों को तैयार करने के लिए कहा गया। मैंने भी क़रीब 12 प्रश्नपत्र बनाए हैं। दिन भर बैठक हुई। मेरे प्रश्नपत्रों को बेहार साहब ने पसंद किया। शिक्षकों में से पी.पी. सिंह ने मेरा समर्थन किया, और शेष तटस्थ रहे। शिक्षकों की आपत्ति है कि ऐसे प्रश्नपत्रों के लिए शिक्षण पद्धति भी बदलनी होगी। शिक्षक को काफ़ी पढ़ना पड़ेगा। बानगी के तौर पर मैं यहाँ दो-चार पंक्तियाँ देना चाहता हूँ—एक : यदि 'इंडियन ओपीनियन' का सम्पादक 'सामना' के सम्पादक का साक्षात्कार लेता है तो उसके कौन से प्रश्न होंगे; दो : यदि एक टी.वी. एंकर सामन्तवाद, पूँजीवाद, समाजवाद, लोकतंत्र और तानाशाही के प्रतिनिधियों को बहस के लिए बुलाता है तो वह इसका संचालन किस प्रकार करेगा? इस प्रकार के प्रश्नपत्रों के रहते हुए यदि परीक्षा में पुस्तक रखने की छूट दे दी जाती है तो भी कोई फ़र्क़ नहीं पड़ेगा। पुस्तकों को उलटने-पुलटने में ही परीक्षार्थी का समय निकल जाएगा। सारांश में, जब तक परीक्षार्थी पढ़ कर नहीं आएगा, वह सफलतापूर्वक परीक्षा नहीं दे सकेगा। शिक्षकों को यह प्रयोग रास नहीं आया है, और अन्त में हम अपनी-अपनी सुरक्षित गुफाओं में लौट गए हैं। बेहार साहब अपना मोटा चश्मा पोंछने में लग गए हैं।

जब तक मैं भोपाल रहा हम दोनों को हिलाये रखने की कोशिशें निरंतर चलती रहीं। विश्वविद्यालय परिसर का विस्तार हो गया है। एक और परिसर खुल गया है। संयोग से यह शैक्षणिक परिसर प्रदेश भाजपा कार्यालय के बिल्कुल पास है। हमारे कतिपय क्षिक्षक और विद्यार्थी भाजपा नेता प्रकाश झा से निरंतर सम्पर्क में रहते हैं, सलाह-मशविरा करते रहते हैं, इसकी जानकारी मुझे मिलती रहती है। इसमें कोई हर्ज़ भी नहीं है। लोकतांत्रिक व्यवस्था का यह सामान्य लक्षण है। यदि ऐसा नहीं होता है तब ज़रूर आश्चर्य होगा। पर परेशानी का सबब यह है कि जब राजनीति से प्रेरित होकर टुटपूंजिया हरकतें की जाने लगें। नए परिसर में इस तरह की हरकतें बढ़ने लगी हैं। बेहार साहब प्राय: यात्राओं पर चले जाते हैं। उनके पास अलग से मुख्यमंत्री के भी काम होते हैं। वैसे उनके लिए यह विश्वविद्यालय है भी छोटा। एक तरह से उनके लिए विश्वविद्यालय एक ठौर है जिसके तामझाम के ज़रिये वे अपनी बहुआयामी गतिविधियाँ अबाधरूप से देश भर में चलाते रहते हैं। उनकी अनुपस्थिति में मोर्चा मुझे सँभालना पड़ रहा है। यह भी एक चुनौती है मेरे लिए; फाइलों का निपटान; शिक्षकों-कर्मचारियों की समस्याएँ; पत्रकारिता और कंप्यूटर

विद्यार्थियों में अनुशासन बनाने रखना; तीन-तीन परिसरों को सँभालना; कक्षाएँ लेना। इसके साथ ही परिसरों में सक्रिय परस्पर विरोधी विचारधारों के लोगों में संतुलन बनाए रखना आसान नहीं हैं। छोटी-मोटी साजिशें अलग से चलती ही रहती हैं।

सूचनाएँ मिल रही हैं कि विश्वविद्यालय में एक बड़ा आंदोलन करने की तैयारियाँ चल रही हैं। इसमें ऐसे भूतपूर्व विद्यार्थी भी शामिल हैं जिनका सम्बन्ध संघ परिवार से है। नेपथ्य में विश्वविद्यालय के कतिपय अधिकारी और शिक्षकगण भी सक्रिय हैं। मेरा तंत्र इन तत्त्वों की गतिविधियों की जानकारी देता रहता है। बेहार साहब को भी अवगत करा दिया जाता है। लेकिन आंदोलन करना, हड़ताल पर जाना, धरना देना, हम सभी का लोकतांत्रिक अधिकार है। इसलिए प्रशासक के साथ-साथ शिक्षक होने के नाते मैं इन अधिकारों की रक्षा करने के पक्ष में हूँ। यह सही है कि मेरी उदारता के ग़लत अर्थ भी लगाए जाते हैं, इसका दुरुपयोग भी होता है। पर आधारभूत मूल्यों की तिलांजली देकर समझौता करना मेरे लिए संभव नहीं है। पूरी जानकारी होने के बावजूद मैं असंतोष के विस्फोट का सामना करने की मानसिक तैयारी कर चुका हूँ। और अन्ततः असंतोष फूट पड़ा है!

विद्यार्थियों को मुद्दा मिल गया है। मुद्दा है यू.जी.सी. द्वारा विश्वविद्यालय की डिगरियों की मान्यता के सम्बन्ध में अस्पष्टता पैदा करना। पहले प्रदर्शन, धरना और अन्त में हड़ताल शुरू हो जाती है। हम दोनों के खिलाफ़ नारेबाजी-प्रदर्शनबाजी का मौसम शुरू हो गया है। मैं विद्यार्थियों को समझाने की हज़ार कोशिश कर रहा हूँ, लेकिन वे कहाँ मानने वाले हैं। चूँकि शैक्षणिक परिसर का प्रभारी मैं हूँ इसलिए सीधे निशाने पर भी हूँ। हड़ताली छात्रों के तेवर आक्रामक होने लगे हैं। वे घेराव पर भी आमादा हैं। एस.सी. जोशी के साथ मैं तम्बू में बैठे हड़ताली-विद्यार्थियों से भी मिलता हूँ। यह जानते हुए भी कि इसमें कुछ छात्र रजिस्ट्रार जोशी के क़रीब हैं, मैं हर ख़तरे को ध्यान में रख कर सभी विद्यार्थियों की सुनता हूँ। वे खुल कर अपनी भड़ास निकाल दें, मेरी यही रणनीति है। उनकी चाल है मुझे उत्तेजित करने, मुझे भड़काने की। इसलिए जहाँ वे मेरी प्रशासनिक भूमिका पर कड़े से कड़ा प्रहार कर रहे हैं, वहीं वे मेरे निजी जीवन-शैली को भी कठघरे में खड़ा कर रहे हैं। एस.सी. जोशी पर यदा-कदा धौल ज़मा देते हैं। मैं स्थिति की नज़ाकत को समझ कर हँसते हुए विद्यार्थियों के वाक्-वाणों को झेल लेता हूँ, और अन्ततः मैं उनके शिविर से उठ कर आ रहा हूँ। काफ़ी दूर खड़े शिक्षकगण तमाशाबीन बने हुए हैं, और भाजपा दफ़्तर के बाहर खड़े कुछ केसरिया टोपीधारी भी देख रहे हैं। मेरे आने के पाँच-सात मिनट बाद जोशी भी लौट रहे हैं। वे मुझसे इतना ही कहते हैं, "सर! वे मान नहीं रहे हैं।" मैं उनकी बात सुन कर कार में बैठ गया हूँ।

यहीं ग़ालिब का एक शे'र याद आ रहा है–

ख़बर थी कि ग़ालिब के उड़ेंगे पुर्जे,
देखने हम भी गए थे, पे तमाशा न हुआ!

सवाल यह भी उठा कि पुलिस को परिसर में बुला कर छात्रों के डेरे- तम्बू उखड़वा दिए जाएँ। पुलिस कार्रवाई हो। मैं इसके विरुद्ध हूँ, क्योंकि इससे स्थिति बिगड़ेगी और

हमारे नेतृत्व पर सवाल उठेगा। हम विद्यार्थियों का विश्वास खो देंगे। मैं आंदोलन को शांतिपूर्वक समाप्त करवाने के लिए अपने मित्रों का सहयोग लेता हूँ। अतिथि अध्यापक व साहित्यकार विजय बहादुर सिंह को सक्रिय करता हूँ। बेहार साहब भी अपने अफ़सरी हठ को फाइलों तले दबा आगे बढ़ते हैं। बघेल व अन्य सहयोगी विद्यार्थियों को समझाने में जुट जाते हैं। इसका सकारात्मक परिणाम निकला है। परिसर में ही दाल-बाटी, लिट्टी-चोखा के सामूहिक सांध्य भोज के साथ विद्यार्थियों और प्रशासक व शिक्षकगण के बीच इस प्रायोजित व अप्रिय घटना का सुखांत पटाक्षेप हो गया। इसके सूत्रधारों को फिर से निराश होना पड़ा। सूत्रधारों को उम्मीद थी कि इस दफ़े हम दोनों में से किसी एक की बलि ज़रूर चढ़ जाएगी। पर मैं और बेहार साहब अपने मोर्चों पर ज़मे रहे। उनकी तोपें ठंडी पड़ गईं!

मुझे दो वर्ष विश्वविद्यालय में काम करते हो रहे हैं। इसके नट-बोल्ट कहाँ-कहाँ ढीले, कहाँ-कहाँ मज़बूत हैं, इसका थोड़ा-बहुत ज्ञान मुझे हो गया है। फिर भी मुझे यहाँ फूँक-फूँककर क़दम रखना पड़ रहा है। अनुभव-दर-अनुभव हो रहे हैं। एक अनुभव तो मुझे काफ़ी कुछ सिखा गया है। कैसे व्यक्ति के सार्वजनिक जीवन की हत्या की जाती है और उसे कैसे रोका जा सकता है, इसका पाठ भी मैंने यहीं आकर सीखा है। चरित्र हनन की घिनौनी घटना का शिकार होते-होते मैं बच सका हूँ।

घटना इस प्रकार है। देश भर में विश्वविद्यालय से संबद्ध व मान्यता प्राप्त प्राईवेट इंस्टीट्यूट हमारे पत्रकारिता व संचार और कंप्यूटर के पाठ्यक्रमों को चलाते हैं। कंप्यूटर पाठ्यक्रमों का तो अलग ही गोरखधंधा है। प्राइवेट इंस्टीट्यूटों का कन्याकुमारी से लेकर कश्मीर तक संजाल फैला हुआ है। काठमांडू में भी हमारे पाठ्यक्रमों को चलाया जाता है। इन इंस्टीट्यूटों से विभिन्न पाठ्यक्रमों की दर से निर्धारित शुल्क विश्वविद्यालय को प्राप्त होते हैं। एक प्रकार से विश्वविद्यालय के प्राण इस शुल्क राशि में तोते के समान बसे हुए हैं। शुल्क आवक रुक जाए तो विश्वविद्यालय के प्राण रुँध जाएँगे। यह धन ही विश्वविद्यालय की सम्प्रभुता की रक्षा कर रहा है, क्योंकि राज्य सरकार से 'टोकन राशि' ही मिल रही है। वह भी देर-सबेर बंद की जा सकती है।

ख़ैर! यहाँ भोपाल स्थित एक निजी संस्था की प्रबंधक के साथ हुए छविहंता अनुभव का यहाँ संदर्भ है। यह प्रबंधक विश्वविद्यालय के कुछ पत्रकारिता- पाठ्यक्रमों को संचालित करती है। नेताओं, अफ़सरों, पत्रकारों, लेखकों और स्वयंसेवी संगठन कर्मियों के बीच भी उठती-बैठती है। महानिदेशक बेहार साहब और एस.सी. जोशी के साथ भी इसके अच्छे संबंध हैं। संघ परिवार में घुसपैठ है, तो कांग्रेसियों के बीच भी है।

परीक्षक नियंत्रक आर्य संबंधित महिला प्रबंधक की मौखिक शिकायत दो-तीन दफ़े कर चुके हैं। आर्य का कहना है कि यह उन पर अनुचित दबाव डाल रही है। वे दबाव डालकर अपनी संस्था का रिजल्ट ऊँचा रखना चाहती है ताकि अधिक विद्यार्थियों को आकृष्ट कर सके। इसके लिए परीक्षा-नियमों और कॉपी-जाँच में अनुकूल ढील देने की माँग कर रही है। आर्य भी खुर्राट नियंत्रक हैं। उन्होंने इस महिला से कह दिया है कि नियमों में परिवर्तन और ढील देना कार्यपालक निदेशक का अधिकार क्षेत्र है। जबकि सच यह है कि नियंत्रक ही ऐसा कर सकते हैं। आर्य मुझे ढाल बना रहे थे। जब प्रबंधक

का फ़ोन आया तो मैंने अपनी असमर्थता व्यक्त कर दी और नियंत्रक को ही इस मामले में सक्षम अधिकारी बताया।

एक रोज़ भाजपा समर्थक स्वदेश दैनिक में मेरे विरुद्ध एक छोटा-सा समाचार छपता या छपवाया जाता है। समाचार में कहा गया है कि कार्यपालक निदेशक प्रो. रामशरण जोशी अपने विश्वविद्यालय में एक अतिथि प्राध्यापिका को प्रताड़ित कर रहे हैं। इस प्राध्यापिका का मानदेय बिल कचोटने वाला हुआ करता था। इसी प्रकार के और सभी के बिलों के परीक्षण के निर्देश मैंने दे दिए थे। प्रभावित लोगों का आहत होना स्वाभाविक था। यह प्राध्यापिका ज़रूरत से अधिक उद्विग्न हो उठी। कुछ विरोधी नियमित शिक्षकों ने भी इसे भड़का दिया। नतीजा निकला स्वदेश में समाचार। संदर्भित प्रबंधिका ने इसे मुद्दा बनाकर मुझे फ़ोन किया।

विचित्र संयोग यह रहता है कि जिस क्षण प्रबंधिका का फ़ोन आता है, ठीक उसी समय रजिस्ट्रार जोशी भी मेरे कमरे में दाख़िल होते हैं। यह महिला इस समाचार को लेकर अनाप-शनाप बोलती है, और धमकी देती है कि मैं इस मुद्दे दो लेकर प्रेस कॉन्फ्रेंस बुला रही हूँ। वहीं प्रताड़िता को मीडिया के सामने पेश करूँगी।

मैंने जोशी के सामने ही विनम्रतापूर्वक सिर्फ़ यही प्रतिक्रिया दी, "आप मीडिया से बातचीत करने के लिए पूरी तौर पर स्वतंत्र हैं। केवल इतना बतला दें कि यह किस जगह होगी ताकि मैं भी उस समय मौजूद रहूँ और आप मुझे दोषी के रूप में पेश कर सकें। संबंधित प्राध्यापिका को अवश्य लाएँ। आपसे मेरी यह अपील है।" फ़ोन मैंने काट दिया और जोशी मेरे चेहरे को ताकते रहे। उन्हें उम्मीद होगी कि इसके बाद मैं अपना मानसिक संतुलन गँवा दूँगा और उनसे इस महिला से रक्षा की भीख मागूँगा। कुछ देर बाद जोशी मेरे कमरे से चले गए। इसके बाद मैं बचाव रणनीति में जुट गया। मैंने तुरंत ही हिन्दी ग्रंथ अकादमी में रामप्रकाश त्रिपाठी के साथ-साथ विजय बहादुर जी को फ़ोन किया। दोनों को इस घटना की जानकारी दी। दोनों की एक ही सलाह थी, "जोशी जी! आप बेफ़िक्र रहें। हम इस महिला को जानते हैं। हम सब ठीक कर देंगे।" रामप्रकाश त्रिपाठी तुरंत ही प्रबंधिका से मिले। त्रिपाठी जी ने भी इस महिला को 'जैसे-को-तैसा जवाब' देने की धमकी दे डाली। विजय बहादुर जी ने भी इसे फ़ोन पर हड़काया। शिक्षक श्रीकांत सिंह को जब इस घटना का पता चला तो उन्होंने भी तुरंत ही तथाकथित अतिथि प्रताड़िता से सम्पर्क कर इसके संभावित अप्रिय परिणामों के बारे में आगाह किया। इस अभ्यागिका ने श्रीकांत सिंह को बतलाया कि उसे इस घटना में जबरन घसीटा जा रहा है। उसका इससे कोई लेना-देना नहीं है। वह किसी भी प्रेस कॉफ्रेंस में नहीं जाएगी। स्वदेश में समाचार भी उसकी जानकारी के बग़ैर छपा है।

छोटे शहर का लोकवृत्त सीमित होता है। लोकवृत्त कर्मी (लेखक, पत्रकार, बुद्धिजीवी, एनजीओ आदि) भी गिने-चुने होते हैं। कौन किस गली से आता-जाता है, किसने अपने छेदों पर पैबंद सजा रखे हैं, नगर की लन्तरानियों में इन सबका भोंपू बजता रहता है। शायद यही वजह है कि रामप्रकाश, विजय बहादुर जी, श्रीकांत सिंह की इस प्रबंधिका पर गुलेलबाजी कारगर रही। यह मोर्चा भी ठंडा पड़ा। इस घेरेबंदी से मैं बग़ैर खरौंच के फिर निकल आया हूँ!

सच, इस विश्वविद्यालय में हर रोज़ मुझे नया सबक सीखने को मिल रहा है। अनुभवजन्य यथार्थ, अवलोकन यथार्थ और श्रव्य यथार्थ से कहीं अधिक ठोस व टिकाऊ होता है। चीज़ें सतह पर जितनी सहज व समतल दिखाई देती हैं, असलीयत में वे वैसी होती नहीं हैं। परत में परत छिपी रहती हैं।

पहले मैं समझता था कि हम पत्रकार ही परले दरजे के छाकटे होते हैं। हमारी तीरंदाज़ी के सामने कोई नहीं टिक सकता। वाक्वीर, जुगाडू और समय चरवाहा के रोल हमसे उम्दा दूसरे अदा नहीं कर सकते! यह मेरा कोरा भ्रम निकला। इस मामले में पत्रकारों पर शिक्षक भारी पड़ते हैं। मेरे सामने ये लोग तय कुछ करते हैं, कमरे से बाहर निकल कर ठीक विपरीत बोलते और करते हैं। साझा निर्णयों को झुठला देते हैं। अतिथि शिक्षकों पर बोझ लाद देते हैं। 'ये लोग झूठे हैं' या 'झूठ बोल रहे हैं' यह टिपण्णी तक मैं फाइलों में दर्ज़ कर चुका हूँ। वाक़ई, इस स्थिति से मुझे गहरी पीड़ा होती है, भावनात्मक ठेस लगती है, क्योंकि मैं शिक्षक वर्ग को ऊँचे पायदान पर रखता आया हूँ। लेकिन अपवाद यहाँ भी हैं जिनकी निष्ठा व कार्यपूजा अभेद्य है।

एक दिलचस्प वाक़या घटा है। विश्वविद्यालय कर्मचारी संघ के नेता प्रदीप डहेरिया ने एक सवर्ण शिक्षक पर जाति-सूचक गाली का आरोप लगाया है। मामला थाने तक पहुँच गया है। शिकायत दर्ज़ हो चुकी है। नेता दलित पृष्ठभूमि से हैं जबकि शिक्षक ब्राह्मण जाति से हैं।

मुझे विश्वविद्यालय में यह देखकर अवश्य आश्चर्य हुआ है कि प्रशासनिक और शैक्षणिक, दोनों ही क्षेत्रों के नेतृत्व-मचानों पर ऊँची जाति, विशेष रूप से ब्राह्मण लोग क़ब्ज़ा किए हुए हैं। बौद्धिक व पत्रकारिता क्षेत्रों में व्यंग्य से इसे 'ब्राह्मण पत्रकारिता विश्वविद्यालय' भी कहा जाता है। इसका इतिहास ही कुछ ऐसा है। सर्वप्रथम ब्राह्मण वर्ग के स्वतंत्रता-सेनानी व कवि माखनलाल चतुर्वेदी के नाम पर इसकी स्थापना हुई है। इसके प्रथम महानिदेशक एवं कार्यपालक निदेशक भी ब्राह्मण (राधेश्याम शर्मा और चतुर्वेदी) हुए हैं। तब से ही विश्वविद्यालय के प्रत्येक विभाग में शर्मा, त्रिपाठी, दीक्षित, जोशी, मिश्र, पाण्डेय, शुक्ल, दुबे, पाठक जैसे नामों की भिनभिनाहट है। अतिथि शिक्षकों में भी ब्राह्मण और अन्य ऊँची जातियों (वैश्य, कायस्थ, राजपूत, खत्री आदि) का वर्चस्व रहता है। डॉ. भगीरथ प्रसाद कुछ समय के लिए अपवाद तौर पर इसके महानिदेशक ज़रूर रहे हैं। वे दलित परिवार से आई.ए.एस. अधिकारी हैं। लेकिन ऊँची जाति का बैताल तो चिपके ही रहता है, आसानी से पिंड कहाँ छोड़ता है? विडम्बना देखिए, डॉ. प्रसाद के बाद जो नया नेतृत्व आया है, वह भी द्विज ही है-महानिदेशक बेहार साहब छत्तीसगढ़िया ब्राह्मण हैं, और मैं, कार्यपालक निदेशक भी राजस्थानी ब्राह्मण हूँ। रजिस्ट्रार सच्चिदानन्द जोशी भी ब्राह्मण हैं। महानिदेशक और मेरा, दोनों के निजी सहायक भी ब्राह्मण हैं। जाति की सुई जहाँ से चली थी, वहीं पहुँच गई है!

मेरे आने के तुरंत बाद नया शैक्षणिक परिसर खोला गया। कई दिनों तक बहस चलती रही कि इसका प्रभारी किसे बनाया जाए? ऊँची जाति के शिक्षकों को उम्मीद थी कि उनमें से किसी एक को इसका उत्तरदायित्व मिलेगा। लेकिन मैंने डॉ. निगम को इसका प्रभारी बना दिया। डॉ. निगम दलित पृष्ठभूमि से हैं, और शायद धर्मपरिवर्तित ईसाई भी

हैं। उनका उपनाम 'निगम' कायस्थ होने का भ्रम पैदा करता है, लेकिन हैं वे अनुसूचित जाति से। जब उन्हें बनाया तो कतिपय सवर्ण शिक्षकों ने उनके विरुद्ध मुझ से कई प्रकार की अनर्गल बातें कहीं। उन्हें निम्न कोटि का चोर कहा; ऑफिस की स्टेशनरी व अन्य वस्तुओं को घर ले जाना; स्पोर्ट्स के सामानों की खरीदारी में हेराफेरी; यात्राओं के झूठे-सच्चे टिकट देना; विद्यार्थियों से घर के लिए वस्तुएँ मँगाना। इन सवर्ण शिकायतकर्त्ताओं को मैंने यह कहकर निरुत्तर किया कि इस प्रकार की बातें तो मैं सवर्ण अधिकारियों के सम्बन्ध में भी सुनता हूँ। एक भूतपूर्व विश्वविद्यालय के शिखर अधिकारी के बारे में यह भी सुना है कि वे प्रथम श्रेणी का टिकट लेते, उसी की फ़ोटो प्रति करवाते और दूसरी श्रेणी में यात्रा करते और ऑफिस से प्रथम श्रेणी का किराया वसूलते। आज भी सवर्ण अधिकारी व शिक्षकगण अपने सगे-संबंधियों से मिलने के लिए दफ़्तरी काम निकाल लेते हैं और दौरों पर चल पड़ते हैं। विश्वविद्यालय से संबद्ध निजी संस्थाओं से विज्ञापन बटोर कर स्मारिका निकालते हैं, और अपने निजी कार्यक्रमों के लिए चंदा वसूली करते हैं। भ्रष्टाचार-कदाचार और निजी निर्बलताओं को जाति के चश्मों से नहीं देखा जाना चाहिए। इससे यही प्रकट होता है कि सवर्ण लोग ही 'छप्पन भोग' के अधिकारी बने रहें!

मुझे विश्वविद्यालय में यह भी अनुभव हुआ कि जब आरक्षित वर्ग के विद्यार्थी प्रथम श्रेणी में उत्तीर्ण हो जाते हैं, फिर भी उन्हें कोटे की श्रेणी में रखा जाता है। नियुक्तियों के मामले में भी यही नीति अपनायी जाती है। यह ग़लत है। यदि किसी दलित या आदिवासी में सामान्य श्रेणी में आने की प्रात्रता है तो उसे इसी माध्यम से आगे बढ़ने का अवसर मिलना चाहिए। उसमें आत्मविश्वास, आत्मसम्मान और आत्मनिर्भरता के पुष्प खिलने लगेंगे। कालांतर में वह स्वयं भी आरक्षण की परजीविता से पिंड छुड़ाना चाहेगा। 'नई दुनिया' में ब्यूरो प्रमुख रहते हुए मुझे इसका सुखद अनुभव हुआ है। ब्यूरो में चतुर्थ श्रेणी के दो कर्मचारी दलित परिवारों से थे। मेरे रहते हुए उनमें इतना आत्मविश्वास पैदा हो गया था कि वे धीरे-धीरे आरक्षण व्यवस्था का ही विरोध करने लगे थे। उन्होंने अपने बच्चों को स्कूल में सामान्य श्रेणी के माध्यम से प्रवेश दिलवाया।

मैं वापस डॉ. निगम की ओर लौट रहा हूँ। डॉ. निगम विश्वविद्यालय में अधिकांश शिक्षकों से वरिष्ठ हैं, लेकिन उन्हें कभी आदर-सम्मान का उत्तरदायित्व नहीं सौंपा गया। जब उन्हें परिसर-प्रभारी बनाया गया तो उनकी आँखों से निर्मल जल झरने लगा। मेरे लिए यह गंगा-कावेरी धाराएँ थीं। इस प्रयोग में बेहार साहब का भी पूरा समर्थन मिला।

यहीं मैंने एक प्रयोग और किया। नए परिसर में 15 अगस्त और 26 जनवरी को ध्वजारोहण का उत्तरदायित्व चतुर्थ श्रेणी के सफ़ाई कर्मचारी को सौंपा। जब इस दलित कर्मचारी ने झण्डा फहराया तो ऊँची जाति के लोगों ने 'नाक-भौं चढ़ाई'। फिकरे भी कसे कि मैं विश्वविद्यालय में साम्यवाद ला रहा हूँ। ऐसी जाति व वर्ग प्रेरित पूर्वाग्रहों से भरी आलोचनाओं को मेरा एक ही उत्तर था-बंधु, यह साम्यवाद नहीं है, मानवतावाद व समान-नागरिकतावाद है। यदि यह कार्य संविधान या विश्वविद्यालय के नियमों के विरुद्ध है तो मेरे विरुद्ध कार्रवाई की जा सकती है। इसका अच्छा प्रभाव आरक्षित वर्ग के लोगों में पड़ा। सवर्णों ने यह ज़रूर कहा, "जोशी जी, सस्ती लोकप्रियता मार रहे हैं!"

मेरा जवाब रहता, "मुझे विश्वविद्यालय के सौ-डेढ़ सौ मतों के बल पर संसद का चुनाव जो लड़ना है!"

जातिगत आग्रहों और पूर्वाग्रहों के परिवेश में मैंने जब कर्मचारी संघ के नेता डहेरिया की शिकायत सुनी तो इससे मुझे हैरत नहीं हुई। एक रोज़ मैंने डहेरिया को अपने कक्ष में बुलाकर शिकायत की तह में जाने की कोशिश की। डहेरिया मेरा काफ़ी सम्मान करते हैं। मुझ पर विश्वास भी करते हैं। चाय पिलाने के पश्चात् डहेरिया से मैंने सीधे पूछ लिया कि तुम्हारी शिकायत में कितनी सच्चाई है? डहेरिया ने कुछ संकोच के साथ कहा कि वह संबंधित शिक्षक मुझे बहुत परेशान करते हैं। हम छोटे कर्मचारियों को नीची नज़रों से देखते हैं। मैंने डहेरिया से कहा कि यह तो मुझे मालूम है, लेकिन क्या उन्होंने तुम्हें जातिसूचक गाली दी थी? डहेरिया ने मुस्कराते हुए जवाब दिया कि सर! अपमानित किया था, जातिसूचक गालियाँ नहीं दी थीं। मैं उन्हें सबक सिखाना चाहता हूँ इसलिए थाने में ऐसी शिकायत दर्ज़ करायी है। अब शिक्षक महोदय मज़ा चखेंगे। मुझे परेशान नहीं करेंगे।

डहेरिया की बात से मैं चकित नहीं हुआ। मुझे इस शरारत का आभास पहले से ही था, इसीलिए मैंने डहेरिया को अलग से मिलने के लिए बुलाया था। यह शरारत सुनने के बाद मैंने डहेरिया से कहा, "देखो मित्र, इस समय तुम कर्मचारियों के नेता हो। सभी जाति के कर्मचारी तुम्हें अपना नेता मानते हैं। ब्राह्मण कर्मचारी भी तुम्हें लीडर कहते हैं। इस घटना के बाद तुम दलित व पिछड़ों के नेता रह जाओगे, ऊँची जाति के कर्मचारी तुम से छिटकने लगेंगे। राजनीतिक रूप से तुम्हें इस घटना से घाटा होगा।"

"आप ठीक कह रहे हैं।"

"तुम्हें सभी वर्गों व जातियों का प्रतिनिधित्व करना है, न कि केवल दलितों का ही, समझे?"

"फिर क्या किया जाए, सर! तीर तो चल चुका है?"

"तुम संबंधित शिक्षक से बात करो। मामले को सुलझाओ ताकि सभी जाति के कर्मचारी, अधिकारी और शिक्षकों का विश्वास व समर्थन तुम्हें मिलता रहे।"

डहेरिया को मेरा सुझाव पसंद आया है। नेता को अपनी ग़लत चाल का एहसास तो हो गया है। इसका हल कैसे निकला जाए, इस संबंध में डहेरिया ने विचार करने का वादा किया है। चूँकि यह पुलिस-प्रकरण बन चुका है, थाने का एक अधिकारी विश्वविद्यालय में जाँच के लिए आया भी है, इसलिए इसके सभी पहलुओं को ध्यान में रखकर ही हल निकालना संभव होगा। यह कह कर प्रदीप डेहरिया चले गए। लोकतंत्र को सेहतमंद रखने के लिए यह ज़रूरी है कि निजी संकीर्ण हितों के ख़ातिर संवैधानिक सुविधाओं के दुरुपयोग से बचें। यह घटना मेरी अनुभव राशि का हिस्सा बन गई है।

इधर मार्च 2001 में विश्वविद्यालय की शासी परिषद् ने नोएडा में नया विस्तारित परिसर खोलने का निर्णय लिया है। बेहार साहब चाहते हैं कि मैं इस परिसर का उत्तरदायित्व सँभालूँ। दूसरे शब्दों में मेरा भोपाल से नोएडा तबादला किया जा रहा है। जुलाई से परिसर में तीन पाठ्यक्रमों (मुद्रण पत्रकारिता, इलैक्ट्रोनिक पत्रकारिता और जन संचार) का शिक्षण शुरू कर दिया जाएगा। मैं भी भोपाल से दिल्ली लौटना चाहता हूँ। चूँकि परिवार भोपाल

में रहना नहीं चाहता है। भोपाल के कॉलेज व स्कूल में प्रवेश लेने के बावजूद छोटी बेटी और बेटा दिल्ली लौट चुके हैं। मुझे अकेला ही अंसल अपार्टमेंट के बड़े फ्लैट में रहना पड़ रहा है। मेरे साथ विश्वविद्यालय का बहादुर है जो कि हम दोनों के लिए खाना पका लेता है। परिवार का भोपाल में दिल रमे, इसके लिए कई जतन भी किए। मगर मधु, त्रीना और अमन ने मेरी तमाम कोशिशों को खारिज़ कर दिया। वे हर बात पर दिल्ली और भोपाल की तुलना का सीरियल चला देते; कभी जीवन-शैली का एपीसोड जुड़ता; कभी शिक्षा स्तर की बात उठती; कभी परम्परा, नवाबी मानसिकता और आधुनिकता को लेकर बहसें होतीं; दिल्ली व भोपाल के एक्सपोजरों के बीच दौड़ लगती; कहाँ दिल्ली के चमचमाती सड़कें, कनॉट प्लेस, साउथ एक्सटेंशन, मंडी हाउस और कहाँ भोपाल का न्यू मार्केट, विट्ठल मार्केट की तुलना परेड का एपीसोड जुड़ता! कुल ज़मा सबब यह है कि यह झीलों की नगरी राष्ट्रीय राजधानी की तड़क-भड़क व भागमभाग ज़िन्दगी के सामने बोदी ही रही। दिल्ली के राजपथ पर विचरता सत्ता-भ्रम, जनपथ-कनॉट प्लेस में प्रवाहित सुखों की एंद्रजालिकता, महानगर के मॉलों में जड़े पुतले-पुतलियों का जादुई आकर्षण! कौन जाए इन सबको छोड़कर? पाँच वर्ष अकेले भोपाल में रहना, कई तनावों को बुलावा देना है। इसलिए मैंने यह प्रस्ताव स्वीकार कर लिया है।

मैं विश्वविद्यालय में आने से पहले तक श्रमिकों व कर्मचारियों के लिए लड़ता व लिखता रहा हूँ। लाल झंडा यूनियन में यही सब कुछ किया। इससे हिन्दुस्थान समाचार यूनियन में रहते हुए भी पत्रकारों व ग़ैर-पत्रकारों के लिए आंदोलन किए। स्वामी अग्निवेश की अध्यक्षता में स्थापित बँधुआ मुक्ति मोर्चा के महामंत्री के रूप में मुक्ति आंदोलनों में भी सक्रिय भूमिका निभायी। लेकिन विश्वविद्यालय में प्रशासक होने के कारण भी स्थिति भिन्न है; मैं और कर्मचारी आमने-सामने हैं। मैं पाल के इस पार अधिकारों व सत्ता से सुसज्जित हूँ, जबकि पाल के उस पार खड़े कर्मचारी आदेशों-निर्देशों पर तैनात हैं। सम्बन्धों के संदर्भ बिल्कुल बदले हुए हैं। ऐसे भी क्षण आते हैं जब तीव्र इच्छा होती है कि मैं इस पाल को लाँघ कर उनके साथ खड़ा हो जाऊँ। दिल-दिमाग़ के किसी कोने में बैठा एक्टिविस्ट बच्चों की भाँति मचलने लगता है। हाथ में परचम हो, जुबां पर नारा हो, और पाँत में खड़ा हूँ, कार्यपालक की कुर्सी पर बैठे ख़्यालों का यह रेखा चित्र मैं बनाने लगता हूँ। दोस्त अरुण प्रकाश ने एक बार कहा था, "जोशी जी! आप किसी भी जगह रहें, रहेंगे एक्टिविस्ट ही!" शायद यही सोचकर उन्होंने अपना कहानी-संग्रह 'लाखों के बोल सहे' मुझे समर्पित किया है।

आंदोलनकारी से पत्रकार, और पत्रकार से अफ़सर में रूपांतरण की प्रक्रिया द्वंद्व मुक्त नहीं होती है। आत्मसंघर्ष से गुज़रना पड़ता है। जब भी कर्मचारी अपनी ज़ायज़ माँगों का ज्ञापन देते हैं, प्रदर्शन करते हैं, नारे लगाते हैं तब द्वंद्वों का सैलाब उमड़ने लगता है। मैं इन द्वंद्वों से जूझने लगता हूँ। इनका समाधान करने के काबिल मैं नहीं रह गया हूँ। बस, बहे चला जा रहा हूँ इस सैलाब में, और द्वंद्वों को मैं 'डिफ्यूज़' कर डालता हूँ। बस!

महामंत्री प्रदीप डहेरिया के नेतृत्व में सभी श्रेणी के कर्मचारी फिर से आंदोलित हो उठे हैं। आश्वासन देने के बावजूद प्रशासन (महानिदेशक + कार्यपालक निदेशक + रजिस्ट्रार) कर्मचारी संघ की माँगों को पूरा करने में एक प्रकार से झूठा साबित हुआ है।

चूँकि बेहार साहब देश-प्रदेश-विदेश के दौरों पर रहते हैं। रजिस्ट्रार जोशी को एक साथ कई खानों में पैर ज़माये रखने की महारत हासिल है, इसलिए उनके इशारों पर विश्वविद्यालय में शह और मात नाचती हैं। अब बचा रहता हूँ मैं अकेला। पलायन मेरी फ़ितरत नहीं रही है, और न ही मुझे शकुनि की भूमिका पसंद है। मुझे मालूम है, इस दफ़े डहेरिया ने अपनी पूरी ताक़त के साथ अपनी सेना को मेरे खिलाफ़ मैदान में उतार दिया है। आफिस के बाहर प्रदर्शन-मुर्दाबाद का सिलसिला फिर से शुरू हो गया है।

इधर भोपाल-पड़ाव की समाप्ति भी क़रीब आ चुकी है। हालाँकि मैंने मई महीने (2001) से ही नोएडा में काम करना शुरू कर दिया था। लेकिन औपचारिक मुक्ति चार महीने पश्चात् अगस्त के अंतिम सप्ताह में ही संभव हो सकी। नोएडा सेक्टर 20 में विश्वविद्यालय की शाखा खोलने के लिए मकान किराये पर ले लिया गया है। अब इसे अस्थायी परिसर की शक्ल देना है। भोपाल से प्रस्थान की तमाम औपचारिकताएँ पूरी हो चुकी हैं। पत्रकारिता विभाग के अध्यक्ष पी.पी. सिंह ने विभाग में ही विदाई पार्टी रखी है। डहेरिया के नेतृत्व में कर्मचारी मेरे खिलाफ़ जुलूस निकालने की तैयारी कर रहे हैं। मुझे डहेरिया का यह व्यवहार आश्चर्यजनक लग रहा है। मुझे भोपाल से विदाई के क्षणों में आशा थी कि डहेरिया और उनके साथी अप्रिय स्थिति पैदा नहीं करेंगे, क्योंकि माँगों की पूर्ति का उत्तरदायित्व केवल महानिदेशक और महापरिषद् व शासी परिषद् का है। मेरे किसी उत्तराधिकारी का भी चयन नहीं किया गया है। एस.सी. जोशी की नजर इस पद पर ज़रूर गड़ी हुई है। वे अति महत्त्वाकांक्षी व्यक्ति हैं। इसमें कुछ हर्ज़ भी नहीं है। लेकिन, मैं नहीं समझता कि बेहार साहब उन्हें यह पद देंगे, क्योंकि वे जोशी को हमेशा संदेह के घेरे में ही रखते हैं। किसे कितनी तरज़ीह देनी है, किसे कितनी देर हाशिये पर रखना है, कौन सुई की नोक में से हाथी निकाल सकता है, और कौन इसमें धागे को फँसा सकता है, इसकी परख उन्हें है। इसीलिए मेरे पक्ष में बेहार साहब जहाँ उदारवादी हैं, वहीं खुर्राट नौकरशाह भी हैं।

फिर भी डहेरिया प्रदर्शन और जुलूस निकालने पर आमादा हैं। उनकी योजना है कि जब विदाई पार्टी शुरू हो उसी समय विभाग के बाहर जुलूस लेकर पहुँचा जाए और ज़िंदाबाद-मुर्दाबाद किया जाए। कुछ लोग मुझे सलाह दे रहे हैं कि विदाई पार्टी स्थगित कर दी जाए, लेकिन मैं इस पक्ष में नहीं हूँ। पी.पी. सिंह विश्वास दिला रहे हैं कि वे सब कुछ सँभाल लेंगे। डहेरिया उत्पात नहीं मचाएँगे। बघेल कह रहे हैं, "सर! डहेरिया ने प्रदर्शन की योजना त्याग दी है। आप निश्चित रहें।" पर मेरा उत्तर है, "हो सकता है बघेल तुम्हारी सूचना सही हो, लेकिन मेरी एक ही जानकारी है कि जब विदाई पार्टी शुरू होगी तब जुलूस पहुँचेगा और नारेबाजी शुरू हो जाएगी!" बघेल मुझसे सहमत नहीं हैं। उन्हें पक्का विश्वास है कि सब कुछ शांतिपूर्वक निपट जाएगा। मेरी विश्वविद्यालय में कार्यशैली यही रही है कि सूचनाओं को यथावत् न लिया जाए। इन्हें क्रॉस चैक किया जाए। अतः इसके बाद ही अगली कार्रवाई की जाए! मैंने विश्वविद्यालय में क्रॉस चैकिंग की व्यवस्था की हुई थी। क्रॉस चैकिंग मैंने पत्रकारिता से सीखी थी, सो वही आदत अभी तक मुझ में जमीं हुई है। इस दफ़ा भी मैंने यही किया है। मैं प्रत्येक स्थिति का सामना करने की मानसिक व शारीरिक तैयारी से विदाई पार्टी में जा रहा हूँ।

पत्रकारिता विभाग के हॉल में पार्टी की शुरुआत होती है। महानिदेशक को छोड़ इसमें सभी शिक्षक मौजूद हैं। रजिस्ट्रार भी हैं। संचालन पी.पी. सिंह कर रहे हैं। इस अवसर पर सामान्य रूप से जो बखान किया जाता है, वक्ताओं ने वही किया है। अभी तक सब कुछ शांतिपूर्वक चल रहा है। अंतिम वक्ता के बोलने के साथ-साथ बाहर शोर सुनाई देने लगा है। मैं बघेल की तरफ़ देखता हूँ। वो ख़ामोश हैं। सिर झुकाए हुए हैं। शोर तेज़ हो रहा है। कुछ शिक्षक स्तब्ध हैं, कुछ भावहीन लग रहे हैं। एस.सी. जोशी इधर-उधर देख रहे हैं। मैं सिंह से कह रहा हूँ, "आप जारी रखें। अपने ही मित्र लोग हैं। उन्हें अपना काम करने दें।" अंतिम वक्ता के बाद सिंह का आग्रह है कि मैं भी कुछ शब्द कहूँ। मैं जैसे ही बोलने लगता हूँ, 'रामशरण जोशी मुर्दाबाद' और 'कर्मचारी संघ ज़िंदाबाद' के नारे और तेज़ हो जाते हैं। चूँकि मैं स्वयं यूनियन की कोख जाया हूँ इसलिए ऐसे दृश्यों का अभ्यस्त रहा हूँ, बल्कि इन्हें गढ़ता भी रहा हूँ। इनमें भाँति-भाँति के रंग भरता रहा हूँ; दिल्ली में कितनी ही दफ़े जुलूस निकाले, प्रदर्शन किए; धरने पर बैठा और ज़िंदाबाद-मुर्दाबाद किया। वैसे तो विटामिन-प्रोटीन की चिंता मेरे लिए एक तरह से निषेध थी, लेकिन ऐसे दृश्य इन दोनों की पूर्ति कर दिया करते थे! इस तरह की घटनाओं से आंदोलनकर्मी या यूनियनकर्मी का हमेशा 'कैलोरी इनटेक' बढ़ता रहता है!

अत: मैं अपने विदाई सम्बोधन को बीच में ही रोक रहा हूँ, "दोस्तो, मैं पाँच मिनट के लिए आप से क्षमा चाहूँगा। मेरे कुछ दोस्त मुझे नीचे याद कर रहे हैं। उन्हें भी सुन लेता हूँ।" कुछ शिक्षकगण मुझे आगाह कर रहे हैं, "जोशी जी, नीचे मत जाइए। आपके साथ बदसुलूकी हो सकती है।"

"कोई बात नहीं। दोस्तों के विदाई-तोहफ़ों का अपमान नहीं करना चाहिए।" यह कह कर मैं बाहर प्रदर्शनकारियों के साथ खड़ा हो गया हूँ। मेरे पीछे दौड़े-दौड़े पी.पी. सिंह और बघेल आते हैं।

मुझे देखते ही डहेरिया सकते में हैं। आंदोलनकारी कर्मचारियों ने मेरी इस औचक उपस्थिति की उम्मीद नहीं की होगी। मैं डहेरिया के हाथ से यूनियन का झंडा अपने हाथों में ले लेता हूँ और नारे लगा रहा हूँ, "कर्मचारी यूनियन ज़िंदाबाद...ज़िंदाबाद... रामशरण जोशी...मुर्दाबाद...मुर्दाबाद!" लेकिन कोई भी कर्मचारी मेरा साथ नहीं दे रहा है। ख़ामोशी ने उन्हें दबोच लिया है। मुझे भी इस ख़ामोशी की उम्मीद नहीं थी। इस ख़ामोशी की गहराई को महसूस करने के लिए मैं इन लोगों से कह रहा हूँ, "आइए, आप लोग मेरे साथ नारे लगाइए-रामशरण जोशी मुर्दाबाद...मुर्दाबाद!...!!...!!!" लेकिन इन लोगों की ख़ामोशी तिड़कती नहीं है। सभी लोग जड़वत् हैं। मेरी इस उपस्थिति और हस्तक्षेप का अनुकूल असर हुआ है। इसका लाभ उठाते हुए मैं कर्मचारियों से कह रहा हूँ, "दोस्तो, अब आप लोग अपने-अपने काम में लग जाएँ। चाहें तो मेरे साथ ऊपर आकर चाय पियें।"

"नहीं सर! हम लोग जा रहे हैं।" डहेरिया हाथ जोड़कर अपने साथियों के साथ लौट रहे हैं। और मैं वापस आकर अपना अधूरा सम्बोधन शुरू कर रहा हूँ। आज के दृश्य के पटकथा लेखक ने ऐसे पटाक्षेप की उम्मीद कतई नहीं की होगी! उसने यह भी नहीं सोचा होगा कि मैं खुद ही अपने खिलाफ़ नारेबाजी करने पहुँच जाऊँगा! जोशी सहित सभी लोग

शिक्षकगण मेरे इस अप्रत्याशित हस्तक्षेप से हतप्रभ हैं। मैं शांतिपूर्वक सभी के प्रति आभार व्यक्त करता हूँ और वापस अपने ऑफिस में लौट आता हूँ।

एक घंटे के बाद प्रदीप डहेरिया मुझसे मिलने के लिए पहुँचे हुए हैं। मैं उन्हें बैठने के लिए कहता हूँ और चाय मँगवाता हूँ। इस बीच डहेरिया कह रहे हैं–

"सर! आज की घटना के लिए मैं माफ़ी माँगता हूँ।"

"माफ़ी की क्या बात है? प्रदर्शन करना, नारेबाजी करना आपका अधिकार है। मुझे कोई शिकायत नहीं है।"

"नहीं सर, वो बात नहीं है...!"

"फिर क्या बात है?"

"विदाई के मौके पर ऐसा नहीं करना चाहिए था।"

"कोई बात नहीं। मन की भड़ास निकल जानी चाहिए।"

"सर! मैं आपसे एक विनती करना चाहता हूँ।"

"क्या?"

"हम सभी कल शाम होटल में आपको विदाई भोज देना चाहते हैं! मनाह मत करिए!"

"अरे... आज हो तो गया?"

"हम सभी कर्मचारी लोग मिल कर देना चाहते हैं। इस भोज में आप और बेहार साहब रहेंगे, शिक्षक और अधिकारी लोग नहीं होंगे।"

"इतने ख़र्च की क्या ज़रूरत है?"

"आज की घटना के लिए हम सभी को पछतावा है। आप कल शाम ज़रूर पधारें।" डहेरिया ने मेरे कमरे के बाहर खड़े अपने अन्य तीन-चार साथियों को भी अंदर बुला लिया है। ये सब मिलकर कल के रात्रि भोज में शामिल होने का आग्रह कर रहे हैं। मैं इनकी भावनाओं का आदर करते हुए अपनी स्वीकृति दे देता हूँ, और बेहार साहब से भी फ़ोन पर उनके इस भोज में शामिल होने के सम्बन्ध में पूछ लेता हूँ। वे डहेरिया को अपनी स्वीकृति पहले ही दे चुके हैं। उन्होंने अपनी मौजूदगी की पुष्टि कर दी है।

अगले दिन परिसर के पास स्थित एक अच्छी होटल में विदाई रात्रि भोज का आयोजन किया गया है। बेहार साहब आ चुके हैं। इस भोज में शामिल होने से पहले मैंने डहेरिया के 'यू टर्न' का राज़ ज़रूर जान लिया था। नेताजी का हृदय-परिवर्तन जेनुइन है या यह भी उनकी रणनीति का एक हिस्सा है, इस सम्बन्ध में अपने कतिपय गुप्त सूत्रों से क्रॉस चैक अवश्य करा लिया था। सभी तरफ़ से सकारात्मक संकेत मिलने के बाद ही मैं यहाँ आया हूँ। वरना मैं रात्रि में ही मनाह कर देता। वैसे भी यदि मेरे साथ कोई अप्रिय घटना घटती है तो बेहार साहब उसके साक्षी बनेंगे ही। मैंने इसे ध्यान में रखकर यह रिस्क ली है। वरना मैं ऐसा नहीं करता।

मैं देख रहा हूँ इस भोज का वातावरण अत्यंत शालीन, अनौपचारिक और आत्मीय है। भोजन से पहले यूनियन के पदाधिकारी एक-एक करके हम दोनों का आत्मीय स्वागत करते हैं। दो-दो शब्द हम लोगों के सम्मान में बोल भी रहे हैं। और अन्त में प्रदीप डहेरिया इस भावभीनी विदाई बेला में मेरा प्रशस्ति-पत्र पढ़ते हैं। यूनियन के नेता द्वारा प्रस्तुत यह प्रशस्ति अब तक के मेरे जीवन-काल की अनुपम अनुभूति है जिसमें भावनाओं की

निर्मलता, वैचारिक प्रतिबद्धता की स्पष्टता और सम्बन्धों की संवेदनाशीलता की अनुगूँजें हैं। मेरे लिए यह संध्या नितांत अप्रत्याशित और बेहार साहब के लिए अविश्वसनीय है। मैं इन श्रमवीरों की प्रशस्ति को अपने जीवन से कभी काट नहीं सकूँगा। इसलिए इसे मैं जस-का-तस यहाँ रख रहा हूँ :

मैं नमन करता हूँ विश्वविद्यालय के कार्यपालक निदेशक एवं हमारे बड़े भाई कॉमरेड रामशरण जोशी को। और मैं सादर नमस्कार करता हूँ अपने संघ के सभी सदस्यों को, साथियों को।

मित्रों आज की यह शाम और यह क्षण बहुत ही मार्मिक क्षण है, हम एक ऐसे युगपुरुष को विदाई दे रहे हैं, जो जीते जी अपने आप में एक संस्था बन गए हैं, जिन्होंने अन्याय, अत्याचार, शोषण के खिलाफ़ सदैव अपनी आवाज़ को कलम के द्वारा मुखरता से उठाया है। कलम का यह सिपाही कोई और नहीं, हमारे अपने कॉमरेड रामशरण जोशी हैं। इस विश्वविद्यालय के विकास के योगदान में कॉमरेड का अतुल्य योगदान स्वर्ण अक्षरों में सदैव अंकित रहेगा।

मित्रों! जीवन एक यात्रा है। यात्रा के इस महासंग्राम में मुसाफ़िर मिलते हैं, और बिछुड़ जाते हैं, लेकिन उनकी स्मृतियाँ सदैव हमारे मस्तिष्क-पटल पर अंकित रहती हैं। जोशी जी के साथ गुज़रा हुआ वक़्त हम कभी नहीं भूल पायेंगे। जोशी जी की उदारता के बारे में मैं क्या कहूँ। वे कितने सहज हैं कि कार्यपालक निदेशक जैसे महत्वपूर्ण पद पर आसीन होते हुए भी संचार परिसर के बाहर चाय-ठेले पर खड़े होकर हम जैसे छोटे से छोटे कर्मचारियों के साथ चाय पी लेते हैं। यही नहीं, यदि वे कहीं जा रहे होते हैं तो अपनी गाड़ी रोकर पूछते हैं कि कहाँ जा रहे हो? आओ बैठो, तुम्हें रास्ते में छोड़ते हुए चला जाऊँगा। ऐसे तो उनके व्यक्तित्व में अनेक मानवीय पहलू हैं जिन पर अगर में बोलने लगूँगा, तो पूरी रात भी कम पड़ जाएगी। उनकी शैक्षणिक प्रतिबद्धता के बारे में क्या कहूँ, छोटी मुँह बड़ी बात होगी। उनके नेतृत्व में विश्वविद्यालय ने शिक्षा-जगत् में अनेक मील के पत्थर स्थापित किए हैं, और शायद इसलिए एक और बड़ी चुनौती का सामना करने के लिए विश्वविद्यालय ने कॉमरेड रामशरण जोशी जी के मजबूत कंधों पर विश्वास व्यक्त करते हुए दिल्ली स्थित नोएडा केन्द्र की ज़िम्मेदारी सौंपी है। हमारी हार्दिक शुभकामनाएँ कि वे नोएडा परिसर को उस उत्कर्ष पर पहुँचायें कि दिल्ली के तथाकथित बुद्धिजीवी उसे आई.आई.एम.सी. से बेहतर कहने एवं मानने के लिए मजबूर हो जाएँ।

हमें आशा ही नहीं, विश्वास है कि वे ऐसा करके दिखा देंगे। मित्रों! कहना बहुत कुछ चाहता हूँ, लेकिन अपनी बात को संक्षिप्त करते हुए यही कहना चाहूँगा कि जोशी जी जैसा कार्यपालक निदेशक इस विश्वविद्यालय के इतिहास में पूर्व में कभी नहीं आया, उनकी सौम्यता और शालीनता के बारे में क्या कहूँ? हम भले ही कभी उद्वेलित हो गए हों, पर उन्होंने कभी अपना आपा नहीं खोया। अभी हाल ही में हमारे एक साथी की बर्खास्तगी को लेकर विश्वविद्यालय का कर्मचारी संघ उद्वेलित हो गया था, लेकिन जोशी जी ने बड़ी ज़िम्मेदारी से अपने दायित्वों का निर्वहन करते हुए न बल्कि हमें सहजता से सुना, बल्कि हमारे उक्त साथी को पुनः सेवा में बहाल कराने की पहल भी की। हम

कॉमरेड जोशी जी से उम्मीद करते हैं कि हमारे साथी की सेवा बहाली शीघ्र ही कराएँगे। ऐसे अनेक संस्मरण हमारी स्मृतियों में सदैव के लिए अंकित रहेंगे।

अन्त में, मैं कॉमरेड जोशी जी से यह कहना चाहूँगा कि लड़ाई जब कभी भी हमने लड़ी है, तो वह केवल हमने भूख, पेट और रोटी के लिए लड़ी है। भूखा व्यक्ति मर्यादाओं और सीमाओं को नहीं पहचानता है। जोशी जी आपसे ज़्यादा भूख की लड़ाई को कौन पहचानता है। आपने स्वयं बस्तर में इस लड़ाई को लड़ा है और आज भी यह लड़ाई आप अनवरत लड़ रहे हैं, और मैं सोचता हूँ कि यही कारण रहा है कि जोशी जी भूख और ग़रीबी की लड़ाई को लड़ने के लिए प्रतिबद्ध एवं वचनबद्ध हैं।

जोशी जी, अंतिम शब्दों के साथ यही कहना चाहता हूँ कि हमारे दिलों में आपके लिए कोई कड़वाहट नहीं है, जाने-अनजाने में आपकी भावनाओं को कर्मचारियों के द्वारा कोई ठेस पहुँची हो, तो परिवार के बुर्जुग होने के नाते उसे भूल जाएँ।

एक बार मैं पुन: कर्मचारी संघ की ओर से जोशी जी को हार्दिक शुभकामनायें देते हुए आशा व्यक्त करता हूँ कि वे दिल्ली स्थित नोएडा केन्द्र को एक बेहतर संस्थान के रूप में विकसित करके माखनलाल चतुर्वेदी राष्ट्रीय पत्रकारिता विश्वविद्यालय के भोपाल परिसर के साथ-साथ दिल्ली स्थित नोएडा परिसर को भी गौरवान्वित करके दिखा देंगे।

प्रशस्तिवाचन के पश्चात् वातावरण की पलकें नम हो गई हैं। डहेरिया[1] का गला रुँध गया है। मैं स्वयं भी नि:शब्द हूँ, भावों-विचारों की इस निर्मल धारा के सामने!

भोपाल अध्याय की समाप्ति से पहले मैं इसके साथ अपने नए-पुराने रिश्तों को यहाँ याद कर लूँ। मैंने भोपाल में दो समांतर धरातलों पर विविध अनुभवों से ओत-प्रोत जीवन जिया (मई 1999-अप्रैल 2001) है। यदि दो वर्षीय भोपाल पड़ाव नहीं होता तो मैं नाना रसीले-कुसैले अनुभवों से वंचित ही रहता।

मेरी भोपाल से यारी-दोस्ती काफ़ी हिचकोले वाली रही है। 1965 में यहाँ एक परीक्षार्थी के बतौर आया; 1967 में पूर्ण कालिक रिपोर्टर बना और हठात् चला गया; 1986 में 'दैनिक भास्कर' का कार्यकारी सम्पादक बना और फ़क्त चार रोज़ बाद इस्तीफ़ा देकर बैरंग दिल्ली लौट गया; और 1999 में शुरू की पारी ठीक दो वर्ष चली। पर 1965 से 2001 के बीच के वर्षों में मैं दर्जनों यात्राएँ भोपाल की कर चुका हूँ। कभी यहाँ से मन नहीं भरा और न ही उकताहट हुई। यह परिवार के सदस्यों को ज़रूर मोहित नहीं कर सका, पर मैं तो इस पर फ़िदा हूँ। अजीब कशिश है इसमें। 'हंस' में शानी जी तो भोपाल पर लाज़वाब रिपोर्ताज़ लिख चुके हैं। मैं तो सिर्फ़ इतना ही कह सकता हूँ कि मैं इसकी बाँहों में समा जाऊँ। इसके बाद जो कुछ हो, यहीं हो! बसने के लिए शामला पहाड़ियों पर बसे अंसल अपार्टमेंट्स से बेहतर क्या जगह हो सकती है मेरे लिए? पहाड़ी है, खुला आकाश--शीतल बयार है, अरण्य है, सिंह-गर्जना से शुरू होती भोर है, पहाड़ियों की बाँहों से घिरा नज़र आता झील का झिलमिलाता आँचल है, और टहलने-दौड़ाने के

1. प्रदीप डहेरिया 2013 में भोपाल में विश्वविद्यालय के आयोजन में मिले। उन्होंने मेरी इच्छा के विरुद्ध चरण-स्पर्श किए। आजकल वे सहायक प्रोफेसर हैं।

लिए सीधे सपाट टेढ़े-मेढ़े रास्ते हैं। प्रदूषण, शोर-शराबा और बेलगाम दौड़ के माहौल में यह सब कुछ किसी उल्लास-उत्सव से कम नहीं है! मेरा दुर्भाग्य यह है कि मैं इस अपार्टमेंट्स में अपना कोई फ्लैट खरीद नहीं सका। 'काश!' के साथ मुझे यहाँ से जाना पड़ रहा है!

मैंने यहाँ दो वर्ष का काल दो समांतर धरातलों के जीवनानुभवों के साथ बिताया है। भोपाल-प्रवास, इन दोनों को साथ रखे बग़ैर अधूरा ही रहेगा। दोनों परस्पर पूरक हैं। विश्वविद्यालय में प्रोफेसरी एवं अफ़सरी की। यह एक औपचारिक व अनुशासित धरातल है जिस पर विचरने के निधारित नियम-क़ायदे हैं। इसके अनुभवों की चंद अहम् दृश्य-प्रस्तुतियाँ मैं कर चुका हूँ। लेकिन इसके बरअक्स एक और धरातल है जिसका कोई दायरा नहीं है, जहाँ खुला आकाश है, औपचारिकता के बजाय बेतक़ल्लुफ़ी है, बहसें हैं-संवाद हैं, कविता-नाटक-संगीत है, रस-रंग एवं लन्तरानियाँ हैं, अभिसार व अभि-सारिकाएँ हैं।

विश्वविद्यालय से फ़ुरसत मिलते ही इस समांतर भोपाल में मैं ठीक वैसे ही शामिल होता जिस प्रकार एक मज़दूर अपनी पाली की समाप्ति पर कारख़ाने से घर पहुँचता है। इस भोपाल के स्थायी बाशिंदे थे-कमांडर उर्फ़ डॉ. कमला प्रसाद, मंजूर एहतेशाम, इज़लाल मज़ीद, डॉ. विजय बहादुर सिंह, भगवत रावत, रामप्रकाश त्रिपाठी, शशांक, राजेश जोशी, आग्नेय, राजेन्द्र शर्मा, विनय कुमार दुबे आदि। हबीब तनवीर, मोना जी, सुदीप बॅनजी, एल.के. जोशी, ज़ैदी (सम्पादक, हिन्दुस्तान टाइम्स) लज्जाशंकर हरदेनिया जैसे बाशिंदों के साथ साहित्येतर बैठकी हुआ करती थी। यदि इन बाशिंदों का साथ न मिला होता तो भोपाल मेरे लिए रसहीन और बेनूर ही रहता। काफ़ी कुछ जाना-सीखा है इन दोस्तों की सोहबत से।

1983 में इन्दिरा जी ने भोपाल को देश की सांस्कृतिक राजधानी की पहचान देकर इसके साथ न्याय ही किया था। हिन्दी प्रदेशों की राजधानियों को मैंने जब-तब देखा है, लेकिन भोपाल जैसी सांस्कृतिक जीवंतता के दर्शन मुझे वहाँ नहीं हुए। यहाँ तक कि मेरी गुलाबी गृहनगरी जयपुर में भी ऐसी जीवंतता नहीं मिलेगी। भोपाल में चाहे वामपंथी रहें या दक्षिणपंथी या मध्यममार्गी, तमाम खेमों में सांस्कृतिक थिरकनें गूँजती हुई मिलेंगी। कैलाश पंत, प्रभाकर श्रोत्रिय, राजेश जोशी जैसे संस्कृति-साहित्य कर्मियों के संगठित घराने हैं। इन सबसे अलहदा हैं धनंजय वर्मा, रमेश चन्द्र शाह और विजय बहादुर सिंह। इनके एकल घराने हैं जो कि हर जगह हैं, और कहीं भी नहीं हैं। कृषि-सम्बन्धों में एक शब्द आता है 'Absentee Landlordism' (ग़ैर-हाज़िर भूस्वामीवाद)। भोपाल के साहित्य-संस्कृति इलाक़े में अशोक वाजपेयी के घराने को इस शब्द से परिभाषित किया जा सकता है। अर्थात् 'Absentee Cutture-Lordism' (अनुपस्थित संस्कृति स्वामित्ववाद) जब भी वे दिल्ली से भोपाल में अवतरित होते हैं, उनके साहित्यिक-सांस्कृतिक बटाईदार-उदयन वाजपेयी, ध्रुव शुक्ल, मदन सोनी आदि बुलेट गति से हरक़त में आ जाते हैं। वे दिल्ली रहें या पेरिस, उनका यह अनुपस्थित साहित्य-संस्कृति स्वामित्व अभेद्य है। निःसंदेह भोपाल को सांस्कृतिक राजधानी में रूपांतरित करने का श्रेय जितना तत्कालीन मुख्यमंत्री अर्जुन सिंह जी को दिया जाता है, उसके बराबर के हिस्सेदार उनके तत्कालीन

संस्कृति सचिव रहे अशोक वाजपेयी भी हैं। यही वजह है कि ये भोपाल के विविध आयामी संस्कृतिकर्मियों के चहेते भी हैं, और लगभग सभी घरानों के कम-अधिक ईर्ष्या के पात्र भी बने रहते हैं।

वास्तव में, भोपाल प्रत्येक दृष्टि से मेरी कर्मभूमि रही है। 1967 में पूर्णकालिक पत्रकारिता की शुरुआत इसी शहर से हुई थी, और इंदौर से प्रकाशित हिन्दी के सर्वश्रेष्ठ दैनिक 'नई दुनिया' के दो दशक तक दिल्ली ब्यूरो प्रमुख (1980-99) रहते हुए इस झील-नगरी से मुझे बेलौस आदर-सम्मान, प्यार सभी कुछ मिला। विगत दो वर्षों में सघनता के साथ इसकी पुनरावृत्ति ही हुई है; सम्मेलनों व गोष्ठियों के उद्घाटन किए व अध्यक्षताएँ कीं; अनेक पुस्तकों के लोकार्पण किए; स्वागत शाल व नारियल बटोरे; पाँच सितारा होटलों में लंच-डिनर-कॉकटेल का आनंद लिया; पारिवारिक समारोहों-आयोजनों में उपस्थिति का सुख अलग से भोगा। आकाशवाणी और दूरदर्शन के केन्द्रों के विशेष आयोजनों के संचालन और साक्षात्कारों का सिलसिला भी चलता रहा। जीवन में यह पहला अवसर था जब मैं इस शहर के लोकवृत्त के लिए इतना चुम्बकीय बना रहा। वैसे भोपाल के लोकवृत्त ने मुझ में चुंबकत्व मेरे व्यक्तित्व के कारण नहीं खोजा होगा, बल्कि इसके इतर कारण भी रहे होंगे। मैं प्रोफेसर होने के साथ-साथ कार्यपालक निदेशक था। लोगों को उपकृत करने की शक्ति मेरे पास थी। वरिष्ठ पत्रकार होने के कारण राज्य के राजनीतिक और नौकरशाही तंत्र में अभी तक मेरी पैठ यथावत् थी। मुख्यमंत्री दिग्विजय सिंह से अक़सर मुलाक़ातें होती रहती थीं। अर्जुन सिंह जी जब भी दिल्ली से भोपाल आते, वे अपने यहाँ मिलने के लिए अवश्य बुलाते या अंसल अपार्टमेंट भी आ जाते। छोटे से लोकवृत्त में इन घटनाओं की 'टकसाली एहमियत' होती है, और बग़ैर जानकारी या कोशिशों के यह स्वत: भुनती रहती है। इसलिए इस परिधि-सत्ता से उत्पन्न 'हल्दी की गाँठ' ने मुझमें अनायास ही चुम्बक भर दिया! वरना मैं तो स्थूल पत्रकार ही था, और हूँ, न कि सूक्ष्म सृजनकर्मी! यह अलग बात है कि मुझे एक साथ कई भूमिकाओं (पत्रकार, समाज विज्ञानी, लेखक, अधिकारी, राजनीतिकर्मी, आदिवासी विशेषज्ञ आदि इत्यादि) के धनी के रूप में देखा जाता है। मैंने भी कुछ संकोच, कुछ विभ्रम के साथ इन भूमिकाओं में रस ले लिया!

इन भूमिकाओं को निभाते समय सब कुछ सहज व प्रिय रहा हो, ऐसा भी नहीं था। एक-दो दफ़े मुझे अपमानजनक क्षणों का भी सामना करना पड़ा है। एक बार हुआ यह कि न्यू मार्केट के पास पर्यटन विभाग के एक होटल में चल रहे रस-रंग के साथ मैं डिनर में आमंत्रित था। विनय कुमार दुबे का मैं अतिथि था। इस सांध्यकालीन रस-रंग में डॉ. कमला प्रसाद, राजेश जोशी, राजेन्द्र शर्मा, आग्नेय आदि भी निमंत्रित थे। दिल्ली से विष्णु नागर भी पहुँचे हुए थे। सभी प्रकार के विषयों पर सामान्य चर्चा चल रही थी। रस-रंग के दो-दो दौर चल चुके थे। रस-रंग से भीगे इन क्षणों में न जाने कवि आग्नेय को क्या ख़ब्त सवार हुआ कि उन्होंने उबलते हुए कहा, "देखिए, इस संगत में जोशी जी का क्या काम है?" यह सुनते ही सब सकपका गए। मैं भी चौंक उठा। वे कहने लगे, "हम लोग लेखक, कवि, साहित्यकार, आलोचक हैं। जोशी जी, इनमें से कोई भी नहीं हैं, खालिस पत्रकार हैं। इन्हें हम लोगों के बीच नहीं बैठना चाहिए। ये हमेशा हम लोगों

के बीच ही दिखाई देते हैं।" मैंने उन्हें बताया कि मैं यहाँ अनामंत्रित नहीं हूँ, आयोजक दुबे के निमंत्रण पर यहाँ आया हूँ। पर आग्नेय जी की रट में ब्रेक था ही नहीं। वो तो ब्रेक मुक्त बोले चले जा रहे थे–

"पत्रकारों को अपने ही दायरे में रहना चाहिए। साहित्यकारों के साथ इस प्रकार घुलना-मिलना नहीं चाहिए।"

राजेश जोशी कहने लगे, "आपको क्या परेशानी है? पत्रकार भी लेखक हो सकता है!"

विष्णु नागर ने भी अपनी बात रखी, "लेखक भी पत्रकार होते रहे हैं, और आज भी हैं।" आग्नेय किसी के तर्क को सुनने के लिए तैयार नहीं थे। मैंने उन्हें बताया, "माखनलाल चतुर्वेदी, अज्ञेय, धर्मवीर भारती, रघुवीर सहाय, मनोहर श्याम जोशी के सम्बन्ध में आप क्या कहेंगे? ये साहित्यकार भी हैं, पत्रकार भी।" आग्नेय मेरी बात काटते हुए कहते हैं, "यह तो ठीक है। लेकिन पत्रकार लेखक नहीं हो सकता।"

"आग्नेय जी ऐसा भी नहीं है। चार्ल्स डिकन्स, हेमिंग्वे, मार्खेज मूलतः पत्रकार हैं। मार्खेज तो आज भी रिपोर्टिंग करते हैं। भारत में ही लें तो मराठी के अरुण साधु पत्रकार पहले हैं, कथाकार बाद में हैं। विष्णु खरे पत्रकार भी हैं, बड़े कवि भी। नागर जी यहाँ बैठे हुए हैं। ये कवि और पत्रकार दोनों ही हैं। उदय प्रकाश अच्छे पत्रकार के साथ-साथ बड़े कथाकार भी हैं।" कमला जी ने हस्तक्षेप करते हुए कहा, "सृजनकर्म को संकीर्ण मत बनाइए। लेखक और पत्रकार, दोनों का सम्बन्ध लेखन-कर्म से है। कोई भी लेखक हो सकता है और कोई भी पत्रकार। दोनों एक-दूसरे के मध्य क्यों नहीं बैठ सकते?" रस-रंग की बैठकी में मौजूद किसी ने भी आग्नेय का समर्थन नहीं किया। वे फिर भी अपनी बात पर अड़े हुए थे। वे मुझे एक प्रकार से अवांछित व्यक्ति उसी प्रकार घोषित कर रहे थे जिस ढंग से समय-समय पर भारत-पाकिस्तान एक-दूसरे के राजनयिक को 'अवांछित' या Persona-non grata घोषित करते रहते हैं। रस-रंग के साथ-साथ रस-भंग भी शुरू हो गया। इन लेखक-कवियों की शुचिता अभेद्य रहे, इसलिए इनकी बज़्म से मैं उठकर चला आया। मेरे पीछे-पीछे कमला प्रसाद, राजेन्द्र शर्मा भी चले आए। एक-दो और लोग भी उठने लगे। विनय दुबे दौड़े-दौड़े आए और हम सभी को मना कर सीधे डिनर में ले गए। आग्नेय जी के मन में क्या पूर्वाग्रह रहा, मैं समझ नहीं पाया। हम भोपाल में एक-दूसरे के पड़ोसी भी रहे हैं। वे दिल्ली में मेरे घर आते-जाते रहे हैं। कभी वे स्वयं को नक्सलपंथी कहते रहे हैं। ऐसी घटनाएँ एक-दो और भी घटी हैं, लेकिन मैं उन्हें जीवन की अपरिहार्य विविधताओं के रूप में देखता हूँ। यदि ऐसा न रहे तो सचमुच यह जीवन एकरंगी-एकरसी बन कर रह जाएगा, नवरसों पर क्या बीतेगी! जीवन से जल्दी ही ऊब होने लगेगी। मैं तो आग्नेय जी का कृतज्ञ हूँ कि उन्होंने भोपाल में इस विविधता का भी रसपान करा दिया!

वाक़ई भोपाल में मैंने नाना प्रकार के रस-रंग और रसपान किए हैं, ठेठ मध्ययुगीनता, आधुनिकता, जातिवाद, क्षेत्रीयता, उदात्तता, कृपणता, बहुरूपियता आदि सभी व्यंजनों का इस शहर में लुत्फ़ लिया है। जब किसी ऐसी बज़्म का मेज़बान मैं हूँ, और वहाँ मेहमान समेत सभी 'अवांछित' नज़र आने लगें तो वहाँ का माज़रा भी कम दिलचस्प नहीं होना चाहिए! लेकिन इस हंगामेदार माज़रे का तजुर्बा मुझे हो चुका है।

प्रभाष जोशी ने बेहार साहब को पत्रकारों की बिरादरी में ज़माने और उससे मान्यता हासिल करने के लिए एक तीन दिवसीय संगोष्ठी की क़वायद की योजना बनाई है। इसकी वज़ह यह है कि भोपाल के स्थानीय पत्रकारों में बेहार साहब की छवि विवादास्पद है। उन्हें बातूनी व एक्टिविस्ट नौकरशाह समझा जाता है। विश्वविद्यालय के संविधान के अनुसार किसी वरिष्ठ व अनुभवी पत्रकार को ही महानिदेशक बनाया जा सकता है। बेहार साहब को स्वीकार करने के लिए पत्रकार समुदाय तैयार नहीं था। अत: प्रभाष जोशी जी ने बेहार साहब की स्वीकार्यता पर हिन्दी के बौद्धिक समाज की मुहर लगवाने की दृष्टि से यह योजना बनाई।

प्रभाष जी ने यह सम्पूर्ण योजना स्वयं तैयार की। सत्र और अतिथि वक्ताओं के नाम भी स्वयं ने ही तय किए। मुझे आरम्भ से अन्त तक लापता रखा। सभी शिक्षक इससे आश्चर्यचकित थे। मुझे भी अज़ीब लग रहा था। इस पूरी योजना में दो संघियों को ख़ास फोकस में रखा गया–जवाहरलाल कौल (मुख्य वक्ता) और रजिस्ट्रार सच्चिदानन्द जोशी। प्रभाष जी इससे दो संदेश देना चाहते थे : एक, बेहार साहब की पत्रकारीय ताज़पोशी; दो, रामशरण जोशी का हाशियाकरण। मेरे लिए संगोष्ठी की 'थीम' महत्त्वपूर्ण थी। मैं अपनी पुस्तक 'मीडिया विमर्श' में मीडिया के बाज़ारीकरण से जुड़े मुद्दे पहले ही उठा चुका हूँ। इसलिए बड़े लक्ष्य को ध्यान में रखकर मैंने अपनी उपेक्षा को पीना ही बेहतर समझा। हालाँकि भोपाल बाहर के अतिथि पत्रकारों को प्रभाष जी का यह रवैया अच्छा नहीं लगा। ख़ैर!

अत: विश्वविद्यालय की ओर से जनवरी, 2000 में एक तीन दिवसीय संगोष्ठी का आयोजन किया गया। विषय था 'मीडिया और बाज़ारवाद' जिसमें मीडिया विशेषज्ञ, समाज-विज्ञानी और साहित्यकार आमंत्रित थे। आमंत्रितों में डॉ. नामवर सिंह, अशोक वाजपेयी, केदारनाथ सिंह, श्रीलाल शुक्ल, सुधीश पचौरी, नन्दकिशोर त्रिखा, राजकिशोर, जवाहरलाल कौल, देवदत्त, ओम थानवी, श्रवण कुमार गर्ग आदि विद्वान् शामिल थे। संगोष्ठी के दूसरे दिन मीडिया की भाषा के सवाल पर मेरी और अशोक वाजपेयी के बीच खासी मुठभेड़ हो गई थी। वे प्रेस को जमकर गरिया रहे थे। उनसे मैंने एक ही प्रश्न किया कि क्या समाचारों को कविता और सम्पादकीय को कथाशैली में लिखा जाना चाहिए? इस प्रश्न पर वे उबल पड़े। मेरा भी पारा चढ़ गया। राजकिशोर ने मेरा साथ दिया। वे अपने ही दुर्ग में अलग-थलग लगने लगे।

उन्होंने अपने ही घर भोपाल में मेरे जैसे सामान्य पत्रकार के हमले की उम्मीद कतई नहीं की थी। वे तिलमिला गए। ध्रुव शुक्ल, उदयन वाजपेयी, दीपेन्द्र बघेल, विजयदत्त श्रीधर (सप्रे संग्रहालय) जैसे समर्थकों के चेहरे फीके पड़ गए, क्योंकि यहाँ के सांस्कृतिक जगत् में उन्हें एक प्रकार से 'डेमी गॉड' का दर्ज़ा मिला हुआ है, और वहीं मेरे जैसे बाहरी द्वारा हमला! बिल्कुल नामंजूर!

यह घटना अप्रत्याशित ही नहीं, असहनीय थी। इस मुठभेड़ को देखकर नामवर सिंह जी ने प्यारी-सी टिप्पणी भी कसी, "जोशी जी का सात्विक क्रोध समझ में आता है।" बेहार साहब, प्रभाष जोशी सहित किसी भी वरिष्ठ विद्वान् ने अशोक जी का समर्थन नहीं किया। अलबत्ता, श्रीधर ने अपने वक्तव्य में यह कह कर रोष व्यक्त किया कि

भोपाल में अशोक जी की आलोचना नहीं होनी चाहिए थी। अशोक जी ने इस मुठभेड़ को अपने निजी घावों में दर्ज[1] कर लिया। इस मुठभेड़ के बाद अशोक जी भोपाल से कूच कर गए।

ख़ैर, इस घटना का सिर्फ़ इतना ही महत्त्व है कि यह बज़्म की पूर्व पीठिका है। सांध्यकालीन रस-रंजन प्रेमियों का ध्यान रखने की ज़िम्मेदारी मेरे हवाले की गई। अशोक लेक व्यू होटल के एक कमरे में इन प्रेमियों की रस-रंजन बैठकी शुरू हुई, जिसमें शामिल हुए डॉ. नामवर सिंह, श्रीलाल शुक्ल, केदारनाथ सिंह, कमला प्रसाद, राजेश जोशी, आग्नेय, राजेन्द्र शर्मा आदि। मेज़बान का रोल मुझे अदा करना ही था। बज़्म का बंदोबस्त एस.सी. जोशी और राजेश पाठक ने किया।

शाम को सात बजे रस-रंजन का दौर शुरू होता है। होटल के एक कमरे के एक कोने में श्रीलाल शुक्ल व केदारनाथ सिंह बैठे हुए हैं, कमरे की बीच दीवार से सटे नामवर जी हैं, उनके बगलगीर हैं राजेश जोशी व कमांडर कमला जी। मेरे साथ बैठे हैं आग्नेय। (इस समय मुझे 'अवांछित' मान रहे हैं या नहीं, मैं नहीं जानता। यदि हूँ भी तो वे मुझे रस-रंजन के लिए झेल रहे होंगे!) साक़ी की भूमिका में राजेन्द्र शर्मा हैं। वैसे उन्हें रस-रंजन बैठकियों का 'इंतज़ामअली' माना जाता है। दो-एक दौर शुरू होने के बाद शुक्ल जी बोलते हैं :

"जोशी जी, आज आपका क्रोध वाक़ई सात्विक और उचित था।"

"आपने हस्तक्षेप करके सही किया।" केदारजी व्यंग्यश्री के सुर में सुर मिलाते हैं।

"इसीलिए मैंने जोशी जी के क्रोध को सात्विक कहा था। इनका न कोई आग्रह है, न पूर्वग्रह।" नामवर जी अनौपचारिक अध्यक्ष पद से बोलते हैं। वैसे ऐसी बज़्म की सदारत नामवरजी ही करेंगे, ऐसा हम सभी मानकर चलते हैं। उनके तेवरों को ध्यान में रख कर बैठकी का रंग जमता-उतरता रहता है।

"नामवरजी, अशोक जी मीडिया की चीराफाड़ी कर रहे हैं। पहले अपने विश्वविद्यालय[2] को तो ठीक कर लें!" कमला जी ने चर्चा में नया मोड़ जोड़ा। वैसे भी प्रगतिशील लेखक संघ और जनवादी लेखक संघ के निशाने पर अशोक वाजपेयी हमेशा से रहे हैं। वे भी वामपंथियों को जब-तब लतियाते रहते हैं।

"कमला, तुम ठीक कह रहे हो। हिन्दी विश्वविद्यालय की दुर्गति बना रखी है।" नामवर जी ने इसमें ईंधन डाल दिया है। इसके बाद तो श्रीलाल शुक्ल, केदार जी, आग्नेय, राजेश जोशी सभी का इस निंदा हवनकुंड के चारों ओर अशोक जी को लेकर 'कुरु-कुरु स्वाहा' शुरू हो गया है! उधर इंतज़ामअली निष्ठापूर्वक अपनी भूमिका निभाते जा रहे हैं। मैं भी इस 'कुरु-कुरु स्वाहा' में यह कहते हुए समिधा डाल रहा हूँ, "अगर अशोक जी इतने नाकारा कुलपति हैं तो आप सभी लोग ज्ञापन तैयार करें। इस ज्ञापन पर आप लोगों

1. अशोक वाजपेयी ने इस घटना के 6 वर्ष पश्चात् 'जनसत्ता' के अपने स्तंभ 'कभी-कभार' में मुझ पर तीन बार हमले किए। एक तो तथ्यात्मक रूप से ही ग़लत था। उन्होंने लिखा कि मैं विश्वविद्यालय में कभी भी प्रोफेसर नहीं था। जबकि मेरी मूल नियुक्ति 'प्रोफेसर' के पद पर ही हुई थी, कार्यपालक निदेशक का अतिरिक्त भार था ताकि मुझे वाहन-आवास की सुविधाएँ मिल सकें।
2. महात्मा गाँधी अन्तरराष्ट्रीय हिन्दी विश्वविद्यालय, वर्धा। अशोक वाजपेयी इसके प्रथम कुलपति हैं।

के साथ-साथ देश के सभी हिन्दी साहित्यकारों और विद्वानों के हस्ताक्षर रहें। इसमें कुलपति को तत्काल हटाने की माँग रखी जाए। इसे मानव संसाधन मंत्री मुरलीमनोहर जोशी को सौंप दिया जाए या राष्ट्रपति को दे दें।"

मेरी इस बात का समर्थन कमला जी, राजेश जोशी, आग्नेय, राजेन्द शर्मा कर रहे हैं। ये लोग भी कह रह हैं, "ज्ञापन तैयार किया जाए। हम लोग हस्ताक्षर करने के लिए तैयार हैं।" लेकिन इस बैठकी में मौजूद मेरे शब्दों को सुनते ही हिन्दी के 'दिग्गज सिरजनहार' शोकसंतप्त दिखाई दे रहे हैं। इन बड़का लोगों के कारण भरी बज़्म में सन्नाटा छा गया है। मुझे लग रहा है 'कुरु-कुरु स्वाहा' के स्थान पर अब कोई शोक गीत शुरू होने वाला है! पाँच मिनट की ख़ामोशी को तोड़ते हुए श्रीलाल जी कह रहे हैं, "भाई जोशी, बात तो तुम ठीक कह रहे हो। किया भी यही जाना चाहिए..." बात को काटते हुए कमला जी कहने लगे, "श्रीलाल जी, फिर देरी किस बात की है?"

"भाई कमला, सुनो...अशोक जी से मेरे पारिवारिक सम्बन्ध हैं। मेरे रिश्तेदार हैं। इसलिए मेरे सामने धर्मसंकट है।" केदार जी भी शुक्ल जी की लय-में-लय मिलाते हुए कहने लगे, "जोशी जी, वर्धा विश्वविद्यालय गर्त में पहुँच गया है, हैदराबाद का उर्दू विश्वविद्यालय काफ़ी आगे है। पर मैं हस्ताक्षर नहीं कर सकता।"

"क्यों, केदार जी?" मैं जानना चाह रहा हूँ।

"अशोक जी के मुझ पर कई एहसान हैं। उन्हीं के कारण मैंने जीवन में पहली दफ़ा दिल्ली से भोपाल हवाई-यात्रा की, भारत भवन में कई बार काव्य-पाठ के लिए बुलाया गया, बड़ी होटल में ठहाराया गया। मेरा भरपूर सम्मान किया।" मैं मन में सोच रहा हूँ, 'हम हिन्दी के लोग कितने दरिद्र हैं! विमान यात्राओं, काव्य-पाठों और होटल मेहमाननवाजी में अपनी अन्तर्रात्मा को तिरोहित किया जा सकता है!' बैठकी की आसंदी से नामवर जी बोले--

"मैं क्या करूँ? मेरे तो हाथ कटे हुए हैं। मैंने ही अशोक का इस पद पर चयन करवाया था। मैं ही उन्हें हटाने की माँग करता हूँ तो देश में क्या संदेश जाएगा?"

नामवरजी के इस धर्मसंकट के कारण हम लोगों के बीच एक बार फिर से ख़ामोशी पसर गई है। इन बड़काओं को छोड़ हम लोग एक-दूसरे का मुँह ताक रहे हैं। मैं फिर से इस ठहरे रस-रंग में हरक़त पैदा करने की कोशिश करता हूँ, "ऐसा करते हैं नामवर जी, ज्ञापन का विचार छोड़ते हैं। इसके स्थान पर एक सामान्य वक्तव्य जारी करते हैं जिसमें अशोक वाजपेयी का नाम लिए बग़ैर सरकार से विश्वविद्यालय में सुधार करने की पुरज़ोर माँग की जाए।"

"अरे भाई, परोक्ष रूप से निशाने पर अशोक ही होंगे न!" नामवर जी बोले।

"इस समय कुलपति कौन है? अशोक हैं। उन्हीं के कारण विश्वविद्यालय की यह हालत हुई है। वक्तव्य के घेरे में तो वे ही आएँगे न?" नामवरजी के बाद शुक्ल जी ने भी बाहर खिसकने की गली तलाश ली है!

"बिल्कुल सही...बिल्कुल सही है, बंधु! मैं तो इससे कतई सहमत नहीं हूँ। उनसे मेरे कई काम पड़ते हैं!"

केदार जी ने तो बेहिचक अपने हथियार डाल दिए हैं। बड़का छोड़ हम शेष सभी सकते में हैं। अब क्या करें हम? बस! एक-एक और पैग बना लेते हैं। यह क़वायद ऐसा

हश्र बरपाएगी, मुझे उम्मीद नहीं थी। ये जमुनापारी-सरयूपारी बड़का लोग हिन्दी की 'अशोकलाठ' निकलेंगे, ऐसा मैंने सोचा था। पर ये तो चंद झोंकों से ही फुसफुस कर गिर पड़े! अन्त में, मैं तल्ख़ी के साथ कह रहा हूँ, "आज के बाद हम हिन्दी विश्वविद्यालय का नाम नहीं लेंगे, और न ही अशोक जी की मज़म्मत करेंगे।"

बड़का लोगों के सर ऐसे झुके हुए हैं गोया कि वे द्रौपदी हार बैठे हों! मेरी नज़र में हम सभी एक-दूसरे के लिए 'अवांछित' बन चुके हैं!

काठ की एक रूसी गुड़िया होती है—मात्रोशियका। ऊपर से यह बड़ी और एक ही दिखाई देती है। असल में, यह एक नहीं है, बहुगुड़िया है। ऊपरी गुड़िया को हटाओ तो दूसरी गुड़िया निकल आएगी, फिर तीसरी और चौथी। इस प्रकार गुड़ियाओं की एक शृंखला बन जाएगी। एक ही गुड़िया में कई छवियाँ, कई रंग, कई आकार निवास करते हुए मिलेंगे। इसकी विशेषता यह है कि बृहत आकर से शुरू होकर यह बौनी होती जाती है, एकरूपी से बहुरूपी बनती जाती है। कुछ ऐसा ही अनुभव मुझे इस बज़्म में और भोपाल के निरालानगर के सान्निध्य में हुआ है!

निरालानगर अभी बस ही रहा है। भोपाल नगर की साहित्यिक धड़कन को सुनना है तो निरालानगर के साथ सत्संग किए बग़ैर यह संभव नहीं है। पैंतीस फ्लैटों के इस नगर में डॉ. कमला प्रसाद, डॉ. रमेशचन्द्र शाह, डॉ. विजय बहादुर सिंह, राजेश जोशी, रामप्रकाश त्रिपाठी, राजेन्द्र शर्मा, विनय दुबे जैसी विभूतियाँ निवास करती हैं। दिल्ली या कहीं अन्यत्र से अवतरित होने वाली साहित्यिक विभूतियाँ निरालानगर न आएँ या इसके बाशिंदे उनकी अगवानी न करें, सांध्य- सत्संग न हो, तो यह अपने में घटना होगी। इसलिए निरालानगर और विभूतियाँ, दोनों ही सत्संग के लिए प्रतीक्षारत रहते हैं। इस सत्संग में शामिल होने का मुझे भी गाहे-बगाहे सौभाग्य प्राप्त होता रहा है। कमला जी, विजय बहादुर जी, विनय दुबे, राजेन्द्र शर्मा की अतिथि सूची में मेरा नाम दर्ज़ रहता ही है। नामवर जी, केदार जी, मैनेजर पाण्डेय, राजेन्द्र यादव सहित अनेक नाम इस फ़ेहरिस्त में हैं जिनके साथ सत्संग जमता रहा है। इन सत्संगों में शशांक भी शामिल हो जाते हैं। वैसे वे अन्यत्र रहते हैं। रामप्रकाश त्रिपाठी का रस-रंजन से बैर है, और शाह जी की वाजपेयी मंडली के साथ घुटती है।

अक़सर सत्संग की शुरुआत मार्क्सवादी सौंदर्य से होती है। इससे उछल कर सत्संग का सिलसिला तार सप्तक, दूसरी परम्परा, उत्तर-आधुनिकता, छायावाद, रामचन्द्र शुक्ल, प्रेमचन्द, भारतेन्दु हरिश्चन्द्र कबीर, रैदास तक यात्रा करता है। इस यात्रा में मीर, ग़ालिब, निराला, मुक्तिबोध, केदारनाथ अग्रवाल, बाबा नागार्जुन, त्रिलोचन शास्त्री, रामविलास शर्मा, हजारीप्रसाद द्विवेदी, सज्जाद ज़हीर, फ़ैज़, मंटो, इस्मत चुग़ताई जैसी विभूतियाँ स्थायी सहयात्री रहती हैं। भूले-भटके अज्ञेय, निर्मल वर्मा, राजेन्द्र यादव, मोहन राकेश, रघुवीर सहाय, सुमित्रानन्दन पंत, श्रीकांत वर्मा, धर्मवीर भारती, धूमिल, गोरख पाण्डे जैसे लोग भी इस यात्रा में कुछ दूर तक साथ चलते रहते हैं। उत्तर-आधुनिकता की छिलाई की जाती है। हिन्दी के दलित साहित्य को दयाभाव से देखा जाता है। वैसे ओमप्रकाश वाल्मीकि, धर्मवीर, मोहनदास नैमिशराय जैसे दलित लेखक चर्चा में बरबस आ ही जाते हैं। लेकिन मराठी के दलित साहित्य से सत्संग यात्रा ज़रूर चमत्कृत रहती है। बाबूराव बागुल, नारायण सुर्वे,

नामदेव ढसाल, दया पवार, शरण कुमार लिम्बाले, अरुण काम्बले, शांताबाई काम्बले, राजा ढाले, बामन निम्बालकर की कृतियों पर टिप्पणियाँ चलती रहती हैं।

जैसे-जैसे रस-रंग के साथ निंदा रस चढ़ने लगता है वैसे-वैसे हम सबकी भीतरी गाँठें खुलने लगती हैं। हम अपनी विलोम यात्रा शुरू कर देते हैं; उत्तर-आधुनिकता, आधुनिकता, साम्यवाद, समाजवाद, पूँजीवाद आदि के गलियारों से गुज़रते हुए सामन्तवाद व मध्यकाल में पहुँच जाते हैं; सवर्णवाद व हिन्दी पट्टी (अवध व पूर्वी उत्तर प्रदेश और बिहार), हिन्दी राष्ट्रीयता आदि चुस्कियों के साथ डुबकियाँ लगाते हैं; दलित व आदिवासी भारत हाशिये पर रहता है। हम लोग मार्क्सवाद के महासागर में तैरते हुए ब्राह्मण, राजपूत, वैश्य, कायस्थ, भोजपुरी, मैथिली, राजस्थानी के तरणतालों में गर्व व अहं के डाइविंग बोर्ड से छलाँग लगाने लगते हैं। मध्यरात्रि तक यह सिलसिला जारी रहता है। इसके पश्चात् अतिथि बड़का के सुवचनों के साथ सत्संग-विसर्जन की घोषणा और हम रस-रंग प्रेमियों का अपने-अपने घरों की ओर प्रस्थान शुरू हो जाता है! अगली सुबह हम फिर से 'नैनो योनि' से 'मेगा योनि' में अवतरित होने की क़वायद शुरू कर देते हैं!

इस दृष्टि से दिल्ली भी अपवाद नहीं है। इस महानगर में भी मुझे ऐसे अनुभव हुए हैं। यहाँ के बौद्धिक जगत् में वही मवाद बहता है जिसे मैंने भोपाल में देखा है। फ़रक़ यह है कि महानगर का विराट डील-डौल अपने मवाद को बड़ी ख़ूबसूरती से ढके रखता है; किस अंग में मवाद जमा है, आसानी से पता नहीं चलता है। भोपाल छोटा शहर है, किसके यहाँ कौन पावणा आया है, उसकी हंडिया में क्या पका है, कितने ब्रांडों से सजेगा रस-रंजन, यह सब कुछ छिपा नहीं रहता है। भोपाल भोला और आत्मीय शहर है। दिल्ली जैसी लाग-लपेट, जटिलताएँ, कुटिलताएँ नहीं हैं। सौदेबाजी भी नहीं है।

दिल्ली और भोपाल के साझे अनुभवों की दृष्टि से मैं इतना ज़रूर कह सकता हूँ कि हिन्दी के सृजनकर्मियों में वैचारिक आधुनिकता के साथ-साथ प्रायोगिक आधुनिकता आने में अभी और वक़्त लगेगा। अभी से अपने यथार्थवादी जीवन में ये त्रिशंकु बने हुए हैं; न तो ये पूरी तौर से सामन्ती व कृषियुगीन मानसिकता व सम्बन्धों से मुक्त हो सके हैं; और न ही औद्योगिक व उच्च तकनोलॉजीय आधुनिकता और जीवन-शैली के साथ विवेक संगत तालमेल बैठा पा रहे हैं। इसी वजह से हम लोगों में बैठी विसंगतियाँ व विद्रूपताएँ समय-समय पर उभर कर डंक मारने लगती हैं, अपनों को ही!

सार्थक साहित्येतर बैठकियाँ हबीब साहब, सुदीप बॅनर्जी, एल.के. जोशी, भगीरथ प्रसाद जैसे लोगों के साथ मेरी ख़ूब जमती। जब भी मुझे राजनीतिक चर्चाओं की हुड़क लगती, मैं चार इमली स्थित सुदीप जी के यहाँ पहुँच जाता। वे खुद भी मेरे यहाँ जो आ जाते और देर रात तक देश-विदेश के राजनीतिक घटनाचक्र पर विचारों का आदान-प्रदान होता। कभी-कभी हम दोनों हबीब साहब के यहाँ जमा हो जाते, या मेरे यहाँ बैठकी की जाती। अगर हबीब साहब कुछ नया लिखते तो मुझे और सुदीप जी को सुनाने के लिए अपने यहाँ बुला लेते। वहीं खाना-पीना होता। इन बैठकियों का मिज़ाज निरालानगर की बैठकियों से नितांत अलहदा हुआ करता था। इनमें गाँठें, कुंठाएँ नहीं, विचार खुला करते थे। यहाँ भी रस-रंग रहता, लेकिन सलीके का। इसमें निंदा रस का 'फ्लेवर' नहीं रहा करता था। हम लोगों की बहस के केन्द्र में अन्तर्विरोधों की पहचान, इनका क्रमकरण,

परिवर्तन के नए माध्यम, सशस्त्र क्रान्ति की प्रासंगिकता, फासीवाद के नए संस्करण, एकल धुव्रीय से बहुध्रुवीय व्यवस्था की ओर, भूमंडलीकरण के प्रभाव जैसे मुद्दे हुआ करते थे। जाहिर है, कांग्रेस और देश की राजनीति में अर्जुन सिंह की भावी भूमिका की भी चर्चा केन्द्र में रहती। अर्जुन सिंह अभी चुके नहीं हैं, देश में 'लेफ्ट ऑफ सेंटर' का स्पेस भरा नहीं है, ऐसा हम लोगों का मोटा मत हुआ करता था। हम लोगों का यह भी मत रहा है कि धर्मनिरपेक्षता और साम्प्रदायिकता के बीच मौजूद अन्तर्विरोधों का निर्णायक रूप से समाधान होना अभी बाक़ी है। कांग्रेस केवल इनका 'डिफ्यूज़न' करती है, इसका वैज्ञानिक ढंग से समाधान करने से कतराती है।

स्थानीय पत्रकारों के साथ सम्बन्ध ज़रूर रहे, लेकिन यारी-दोस्ती नहीं कर सका। वैसे मध्य प्रदेश की सियासत का रसपान करने के लिए मैं हरखेमा अज़ीज़ मदनमोहन जोशी, अफ़सरों के चहेते सुरेश महरोत्रा, मुख्यमंत्री के क़रीबी हरदेनिया, एन.के. सिंह, उमेश त्रिवेदी जैसे सक्रिय पत्रकारों के साथ बैठकियाँ चलती रहती थीं। जन-सम्पर्क आयुक्त एल.के. जोशी अक्सर अपने यहाँ चुनिंदा पत्रकारों की कॉक्टेल पार्टी रखा करते थे। पूर्व पत्रकार होने के नाते मुझे भी इसमें शामिल कर लिया जाता। फिर ऐसी पार्टियों में सतही सियासत पर सतही चर्चाओं के पेंग मैं मार लिया करता था।

भोपाल के इन दोनों रूपों से विदा लेते हुए खुशी और दुःख के बीच की अनुभूति मुझे हो रही है। खुशी इस बात की है कि सन् 2000 में अर्जुन सिंह जी राज्यसभा के लिए मध्य प्रदेश विधानसभा से चुन लिए गए हैं। मेरे लिए यह सुखद संयोग है कि वे राज्यसभा के लिए नामांकन पत्र भरने से एक-दो रोज़ पहले मेरे अंसल फ्लैट में आए थे। एक घंटे तक उन्होंने राजनीति, अमेरिका, भूमंडलीकरण और भोपाल की गतिविधियों के सम्बन्ध में चर्चा की थी। प्रदेश सरकार की सेहत कैसी है, इस पर भी सरसरी चर्चा हुई। अर्जुन सिंह जी क़रीब पाँच वर्ष बाद संसद में प्रवेश करेंगे, और राज्यसभा में पहली दफ़ा। इसकी खुशी छिपी हुई थी उनमें, इसे मैंने महसूस किया था। जिन क्षणों में विधानसभा भवन में नामांकनपत्र भरा जा रहा था, मैं भी उनके साथ मौजूद था। नामांकनपत्र भरने के पश्चात् मैंने देखा उनकी आँखें डबडबा रही हैं। उन्होंने अत्यंत आत्मीयता से मेरे कंधे पर अपना हाथ रखा। कुछ दूर तक मैं उनके साथ चलता रहा। मुख्यमंत्री दिग्विजय सिंह सहित सभी वरिष्ठ नेता उनके साथ थे, पुत्र राहुल भी। मेरे लिए ये गर्व के क्षण थे!

दुःख इस बात का रहेगा कि अब यह भोपाल राजधानी सिकुड़ चुकी है। नवम्बर, 2000 में छत्तीसगढ़ के जन्म के साथ ही राजधानी भोपाल का वह रूप बदल चुका है जिसे मैंने मार्च 1965 में पहली बार देखा था। सभी को मध्य प्रदेश के विभाजन का दुःख है। भोपाल में ऐसे सैकड़ों अधिकारी व कर्मचारी हैं जो कि रायपुर, बिलासपुर, रायगढ़, बस्तर जैसे क्षेत्रों से हैं। भोपाल छोड़ने की उनकी पीड़ा को मैंने देखा है। संयुक्त मध्य प्रदेश देश का सबसे बड़ा प्रदेश हुआ करता था। आज इसका यह दर्ज़ा छिन चुका है। क्षेत्रफल की दृष्टि से मेरे गृह राज्य राजस्थान ने इसे प्रतिस्थापित कर दिया है। लेकिन मध्य प्रदेश मेरी कर्मभूमि ही नहीं, पहचान भूमि भी रही है; बस्तर में इमरजेंसी काल बिताया; आदिवासी क्षेत्रों में शोध कार्य किया; पूर्णकालिक पत्रकार की शुरुआत भोपाल से हुई; विधानसभा की रिपोर्टिंग भोपाल में की; इंदौर-'नई दुनिया' में दो दशक की पारी

खेली; राष्ट्रीय स्तर का 'शरद जोशी सम्मान' प्राप्त किया; प्रोफेसर व प्रतिकुलपति बन कर आया; अर्जुन सिंह जैसे नेता का सान्निध्य मिला। इस विभाजन से मुझे मेरे जीवन की इन तमाम स्मरणीय घटनाओं की धुरी भोपाल ...देश की सांस्कृतिक राजधानी के आब-ताब पर अब पाला पड़ना जैसा प्रतीत हो रहा है!

पर संतोष यही है कि मेरी उप-कर्मभूमि छत्तीसगढ़ का विकास होगा, भारतीय गणराज्य में इसकी स्वतंत्र पहचान बनेगी। यह कामना मेरी पीड़ा को हलका भी कर रही है, और इसी के साथ मैं दोपहर में शताब्दी से नई दिल्ली के लिए रवाना हो रहा हूँ।

स्टेशन पर कमला जी, विजय बहादुर जी, पी.पी. सिंह, बघेल, श्रीकांत सिंह, राजेश पाठक, एस.सी.जोशी सहित कई शिक्षक व कर्मचारी विदाई दे रहे हैं। कर्मचारी संघ के आभामयी भोज और अविस्मरणीय प्रशस्ति के साथ भोपाल पड़ाव (नि:संदेह अंतिम) का भी पटाक्षेप हो रहा है!

पूरे दो साल भोपाल-पड़ाव के बाद मैं दिल्ली लौट आया हूँ। राजधानी दिल्ली, मयूर विहार और इसके बाशिंदे-राजेन्द्र यादव, पंकज बिष्ट, असग़र वजाहत, परवेज़ अहमद, विष्णु नागर जैसे दूर-क़रीबी मित्रगण यथावत् हैं। बड़ी बेटी आई.आई.टी. होस्टल, छोटी दिल्ली विश्वविद्यालय और बेटा मयूर विहार के स्कूल में हैं।

फ्लैट नम्बर 105 भी बदला नहीं है। पुराना है। घर ज़रूर उखड़ा-उखड़ा लग रहा है। पत्नी मधु को विश्वास नहीं हो पा रहा है मेरे लौटने का। वह शुरू से ही 'नई दुनिया' छोड़ भोपाल जाने के विरुद्ध रही है। यही वजह थी कि उसने भोपाल में बसना स्वीकार नहीं किया। मैं समझता हूँ, उसमें कोई मानसिक ग्रंथि रही है। आज भी वह उसमें जमी बैठी है। जब भी हम दोनों अकेले में होते हैं उसका यह राग शुरू हो जाता है, "तुम मुझसे पूछे बग़ैर भोपाल गए ही क्यों? मुझसे सलाह भी नहीं ली और चल दिए!" मैंने हज़ार बार कहा कि मैं लौट भी तो आया हूँ। भोपाल विदेश तो था नहीं। वैसे भी मैं महीने में एक बार दिल्ली का चक्कर लगाता रहा हूँ। दिन में एक बार भोपाल से एस.टी.डी. पर बात भी हो जाया करती थी। बच्चे तुम्हारे साथ ही रहे। अकेलापन तो मैंने काटा है। लेकिन मधु के तनाव में कोई कमी नहीं आई। इधर मुझे नोएडा-परिसर को शुरू करना था।

मैंने कुछ मनोचिकित्सकों से भी सलाह ली। मधु को दो-एक दफ़ एम्स में दिखाया भी। वैसे व्यवहार सामान्य रहता, काम-काज में भी कोई कमी नहीं थी। लेकिन भोपाल जाने की ग्रंथि दिमाग़ से लुप्त होने का नाम नहीं ले रही है। यह एक प्रकार का 'fixation complex' है। जब कोई घटना या बात गाँठ बन जाए, तो वह आसानी से पिघलती नहीं है। मनोचिकित्सकों का यही कहना है कि मैं पत्नी के प्रत्येक कार्य की प्रशंसा करूँ। उसे सकारात्मक बतलाऊँ। अनावश्यक झगड़ों से बचूँ। मैं इसकी भरसक कोशिश भी कर रहा हूँ। सलाह मुझे यह भी मिली है कि यह ग्रंथि समय के साथ स्वत: ही दूर हो जाएगी। विशेष चिंतित होने की ज़रूरत नहीं है। सच! मैं स्वयं भी बेहद तनावों से गुज़र रहा हूँ।

आज मुझे अपनी इस ग़लती का एहसास ज़रूर हो रहा है कि मैंने स्त्री-मनोविज्ञान, सेक्स, प्रेम, स्त्री-पुरुष सम्बन्ध, पति-पत्नी जैसे विषयों से संबंधित कोई भी साहित्य नहीं पढ़ा। अनेक बार विदेश यात्राएँ मैं कर चुका हूँ, लेकिन सेक्स या पोर्नोग्राफी की न कोई

पुस्तक खरीदी और न ही पत्रिका। मुझे याद है किस प्रकार मेरे पत्रकार साथी लंदन, फ्रैंकफर्ट, एम्ससर्डम, हैग, न्यूयार्क जैसे शहरों में 'सेक्स शॉप' पर टूटते रहे हैं। 'पीप-इन-शो' पर पिलते रहे हैं। सेक्स साहित्य खरीदते। कृत्रिम सेक्स ऑरगन खरीदते रहते। पूरी गोपनीयता के साथ उन्हें दिल्ली ले आते। सेक्स फ़िल्मों और साहित्य से मेरा आज भी कोई नैतिक परहेज़ नहीं है। लेकिन यह रुचि का मामला है। मुझे आज भी इनसे 'उबकाई' आएगी!

स्त्री-मनोविज्ञान और स्त्री-पुरुष सम्बन्धों का विधिवत् अध्ययन मुझे रहता तो अच्छा होता। कुछ पहलुओं को वैज्ञानिक ढंग से समझने का अवसर मिलता। राजनीतिक दर्शन और प्रायोगिक राजनीति मुझ पर इस क़दर हावी रहे हैं कि सेक्स, प्रेम, स्त्री जैसे विषय लगभग त्याज्य रहे हैं! मैं इन विषयों के बाबत आज भी किसी अन्तरंग मित्र के साथ बात करना फ़िज़ूल समझता हूँ। मैं नहीं समझता पंकज बिष्ट, इब्बार रब्बी, अरुण प्रकाश, महेन्द्र मधुप जैसे दोस्तों के साथ सेक्स या प्रेम पर कभी कोई बात की हो! अक़सर राजेन्द्र यादव मुझे इस प्रकार के तमाम विषयों पर चर्चा के लिए उकसाते भी रहते हैं। एक बार उन्होंने अपने यहाँ एक फ्रेंच फ़िल्म 'दी वूमैन' की स्क्रीनिंग भी की। लेकिन मेरे लिए यह असहनीय थी। मैं बीच में से ही उठ कर चला गया। मार्क्स सहित विश्व प्रख्यात् विचारकों के निजी जीवन व सेक्स-जीवन से संबंधित पुस्तक 'intellectual' भी उन्होंने मुझे पढ़ने-समझने, प्रेम व सेक्स में गुनी होने के लिए दी थी, लेकिन उसे पूरी पढ़े बग़ैर ही मैंने लौटा दी थी। इसके बाद मुझे वे 'बौद्धिक आतंकवादी' कहने लगे थे। सच! मैं अब भी इन्हें अपने लिए 'अपच' समझता हूँ। मैं विवश हूँ। संभवत: इस अपचता के कारण ही मैं पत्नी के मर्म को नहीं समझ सका, सुखदा-फसाना अधूरा ही रहा!

मुझे लगता है, मधु के जीवन में कहीं ख़ालीपन है जिसे मैं भर नहीं पाया हूँ। एक शाम तनावों के बीच अचानक मधु की विचित्र अभिव्यक्ति फूट पड़ी। मुझसे कहती है, "मुझे कभी-कभी यह लगता है कि यह कौन (मैं) आदमी आ गया है। तुम्हारे आने से परायापन-सा लगता है।" मैं यह सुन कर धक् रह गया। मैं इन शब्दों के मर्म को पकड़ नहीं पा रहा हूँ। सामन्ती परिवेश व पुरुष वर्चस्व के कारण स्त्री का तल एक तरह से 'अतल' होता है। पति जितनी उन्मुक्तता के साथ स्वयं को उघाड़ सकता है, पत्नी वैसा नहीं कर सकती। वह अनेक ज्ञात-अज्ञात आशंकाओं की बंदिनी होती है। इस बंदी स्थिति से मुक्ति तभी संभव है जब वैचारिक व काया-मुक्ति के साथ-साथ आर्थिक परतंत्रता का अन्त हो जाए। अत: स्त्री के रूप में मधु की पीड़ा इस बहुपरतीय 'आंतरिक औपनिवेशिकता' या बक़ौल प्रभा खेतान 'अंतिम उपनिवेश' की देन है।

ख़ालीपन तो मुझे भी सालता है, लेकिन मेरी बाहरी समांतर दुनिया (नोएडा परिसर, रेडियो, टीवी, प्रेस क्लब, रिवर साइड क्लब, मित्रगण) होने के कारण मुझ पर यह हावी नहीं हो पाता है। यह बाहरी दुनिया ख़ालीपन व अधूरेपन के 'निकास' की भूमिका निभाती है। जब कोई व्यक्ति अपने घर में ही सिमटा रहेगा तो वह ख़ालीपन के दंशों से घिरा रहेगा। औसत भारतीय स्त्री इस दंश की शिकार होती रहती है। तब पत्नी कैसे अपवाद हो सकती है?

मधु में चित्रकारी की अद्‌भुत क्षमता है। हाथ सधा हुआ है। प्रोर्ट्रेयट व लैण्डस्केप अच्छा बना सकती है। मैं कहता भी हूँ कि इस प्रतिभा को बाहर आने दो। फ्लैट 105

की बॉलकनी में बैठकर अच्छे चित्र बना सकती हो। वहाँ से यमुना का पाट दिखाई देता है। हमारी छत से संसद, इंडिया गेट से लेकर जवाहरलाल नेहरू स्टेडियम, हुमायूँ मक़बरा और लोटस टेम्पिल तक आँखों में भरा जा सकता है, कैनवस पर उतारा जा सकता है। बाद में इन सबकी एकल प्रदर्शनी लगायी जा सकती है। दोनों बच्चे भी अपनी माँ को चित्रकारी के लिए गाहे-बगाहे कहते रहते हैं। मधु 'हाँ...हूँ' में टाल देती है, और वापस आत्मद्वीप में क़ैद हो जाती है। इससे हम सभी दुखी हैं। बस मेरे भोपाल-पड़ाव की ग्रंथि उस पर हमेशा हावी रहती है।

अभी हमने वैवाहिक जीवन के पच्चीस वर्ष पूरे किए हैं। इस अवसर पर बड़ी बेटी मनस्विता ने एथेंस से हम लोगों के लिए ऑनलाइन उपहार भिजवाया और सेक्टर-18 में डिनर की व्यवस्था की। इस रजत जयंती के क्षणों में भी हम दोनों सामान्य नहीं थे। दिमाग़ों में तनाव था। परिवार के एक सदस्य ने कामना भी की कि अगले जन्म में भी यह जोड़ी बनी रहे, तो मेरे मुँह से स्वत: ही 'नकार' फूट पड़ा! ख़ैर! दूसरे सदस्य ने स्थिति को तुरंत ही सँभाल लिया। शांति व उत्साह के वातावरण में हम सभी ने रात्रिभोज का आनंद लिया। राहत की बात यह है कि हम दोनों में से कोई भी तनाव को चरम बिंदु तक नहीं ले जाता है। तनाव किसी एक को टूटन में धकेले, ऐसी नौबत पैदा नहीं होती है। अलबत्ता, कहीं यह ज़रूर सालता है कि अगर हम दोनों परिवारेतर भी परस्परपूरक की भूमिका निभाते रहते, तो शायद अधिक रचनात्मक परिणाम निकलते!

इस जब-तब के मानसिक विलगन के बावजूद दैहिक विलगन की नौबत कभी पैदा नहीं हुई। यह भी एक प्रकार का विसंगतिपूर्ण समीकरण है जिसमें मस्तिष्क और देह अपनी-अपनी स्थितियों के साथ एकमेव हैं। यह एक द्वंद्वात्मक स्थिति है, जिसके साथ भारत जैसे सामन्ती समाजों में पति-पत्नी को एकमेवता के साथ जीना पड़ता है! ख़ैर! इस निजी व्यथा-कथा को यहीं विराम! अब मैं बहिर परिवेश की ओर लौट रहा हूँ।

राजनीतिक दिल्ली में अटल बिहारी वाजपेयी की एनडीए सरकार बदस्तूर जारी है। अटल-अडवाणी की जुगलबंदी की धूम है। इसके पश्चात् मुरलीमनोहर जोशी (मानव संसाधन मंत्री) जसवंत सिंह (विदेश मंत्री) यशवंत सिन्हा (वित्तमंत्री) जॉर्ज फर्नांडिज़ (रक्षामंत्री) प्रमोद महाजन (संचार मंत्री), सुषमा स्वराज (सूचना प्रसारण मंत्री) और अरुण जेटली (विधिमंत्री) की राग-रागिनियाँ सुनाई देती हैं। बीस-बाइस पार्टियों का यह महाभानुमति-कुनबा (एनडीए सरकार) मजबूती के साथ रायसिन्हा पहाड़ी पर बैठा बंसी बजा रहा है!

वैसे वाजपेयी सरकार को लगातार आघात पर आघात सहने पड़ रहे हैं; 1999 में लाहौर सद्‌भाव बस यात्रा का दुखांत पटाक्षेप; जुलाई 1999 में कारगिल जंग; दिसंबर 1999 में एयर इंडिया विमान का अपहरण; 2001 में नाकाम वाजपेयी-मुशर्रफ़ आगरा शिखरवार्ता; 2001 में भाजपा अध्यक्ष बंगारू लक्ष्मण का स्टिंग ऑपरेशन व रिश्वत कांड और दिसम्बर 2001 में संसद पर आतंकवादी हमला; 2002 की गुजरात साम्प्रदायिक विभीषिका; प्रमोद महाजन के निजी जीवन के विवाद और पद दुरुपयोग के आरोप। आर्थिक नीतियों के मामले में वाजपेयी की सरकार ने नव-उदारवादी आर्थिक नीतियों को ही आगे बढ़ाया

है। भूमंडलीकरण के प्रति यह सरकार समर्पित है; उदारीकरण, निजीकरण और विनिवेशी-करण की आँधियाँ देश में चल रही हैं। वाजपेयी जी ने भारतीय प्रेस में 26 प्रतिशत विदेशी पूँजी की छूट दे दी है। देश में पहली बार ऐसा हुआ है जब विदेशी पूँजी भारतीय पत्र-पत्रिकाओं में प्रवेश करेगी। प्रथम प्रधानमंत्री जवाहरलाल नेहरू से लेकर इंद्रकुमार गुजराल तक, सभी प्रधानमंत्रियों ने भारतीय प्रेस में विदेशी पूँजी के लिए दरवाज़े बंद रखे थे। तर्क यही दिया गया था कि विदेशी पूँजी अख़बारों के माध्यम से अपने राष्ट्रीय हितों को ध्यान में रखकर भारतीय जनमत को अनुकूलित करने की कोशिश करेगी। लेकिन भारतीयपन व स्वदेशी जागरण से ओत-प्रोत प्रधानमंत्री वाजपेयी ने इस दलील को खारिज़ करते हुए विदेशी पूँजी को भारतीय प्रेस में खुल कर खेलने की छूट दे दी है। तर्क यही है कि भूमंडलीकरण के एजेंडे पर देश को आगे बढ़ाना है। विदेशी पूँजी से भारतीय प्रेस का विस्तार होगा, नए रोज़गारों का सृजन होगा। जब सब जगह विदेशी पूँजी की बरसात है तो भारतीय प्रेस इससे क्यों अछूती रहे? इलैक्ट्रोनिक मीडिया में पहले से ही विदेशी पूँजी के जलाशय बन चुके हैं। संक्षेप में, वाजपेयी-सरकार राष्ट्रीय पूँजीपति वर्ग को परम्परागत दुर्गों से अपदस्थ कर उसे भूमंडलीकृत बनाना चाहती है।

भूमंडलीकरण की बरसात में कवि प्रधानमंत्री वाजपेयी की संवेदनशीलता इतनी भीग चुकी है कि यह गल कर स्पदनहीन बन चुकी है। इसका दृश्य मैंने पिछले दिनों 7 रेस कोर्स रोड स्थित प्रधानमंत्री निवास पर देखा भी। माज़रा यह था कि वाजपेयी जी ने 'एडीटर्स गिल्ड ऑफ इंडिया' के सदस्यों को अपने यहाँ रात्रि भोज पर बुलाया था। सदस्य के नाते मैं भी निमंत्रित था। भोज से पहले वाजपेयी-सदस्य संवाद हुआ। संवाद में अनेक प्रश्न पूछे गए। कालाहांडी में भूख से मौतें और अन्न-सड़ान से संबंधित मैंने भी एक-दो सवाल दागे। उन्होंने उत्तर में दोनों बातें घुमा-फिरा कर स्वीकार भी की। प्रधानमंत्री के निम्न उत्तर थे : एक, भूख से नहीं कुपोषण व पेचिस से मौतें हुई हैं; आदिवासी तक दूर-दराज अंचलों में खाद्यान्न पहुँचना मुश्किल है; तीन, इन क्षेत्रों में खाद्यान्न ढुलाई काफ़ी महँगी होती है; चार, अन्न के निःशुल्क वितरण का बाज़ार भाव पर प्रतिकूल प्रभाव पड़ेगा। इसके पश्चात् मेरे पूरक प्रश्न थे : एक, आप जब प्रतिपक्ष के नेता थे तब ऐसी मौतों को 'भूख-मृत्यु' बताया करते थे, क्या भूमिका परिवर्तन से भूख-मृत्यु की परिभाषा भी बदल जाती है? दो; क्या कल्याणकारी राज्य के लिए ढुलाई की लागत उसके नागरिक के जीवन से बड़ी होती है; क्या प्रधानमंत्री को पहले नागरिक के जीवन की चिंता करनी चाहिए या बाज़ार भाव की? इन पूरक प्रश्नों से कवि प्रधानमंत्री विचलित हो गए। उन्होंने भरोसा दिलाया कि वे इस संबंध में ज़रूर कुछ करेंगे। बाद में भोज के समय चुटकी लेते हुए वाजपेयी कहने लगे, "पत्रकार महोदय, आज तो आपने मुझे कठघरे में ही खड़ा कर दिया?" मैंने सिर्फ़ यही कहा, "वाजपेयी जी, मैंने तो केवल आपका विगत कर्म (वाजपेयी जी पत्रकार भी रह चुके हैं।) पूरा किया था!" दोनों मुस्कराते हुए विविध व्यंजन-युक्त भोजन की ओर बढ़ गए।

प्रधानमंत्री वाजपेयी के उत्तरों से राज्य की प्राथमिकताओं का संकेत ज़रूर मिला। राज्य का कल्याणकारी राज्य चरित्र अब बाज़ार-संस्कृति के साथ संसर्ग को प्राथमिकता पर रख रहा है, यह साफ़ हो चुका है। यह सब भूमंडलीकरण और इसकी त्रिसहेली मोहनियों

(उदारीकरण, निजीकरण और विनिवेशीकरण) का ज़ादू है जो कि वाजपेयी-सरकार के सिर में धमाल मचाए हुए है!

इन त्रिमोहनियों ने ऐसा मायाजाल रचा है कि भाजपा ने देश में 'इंडिया शाइनिंग' और 'इंडिया फील गुड फैक्टर' का निनाद शुरू कर दिया है। प्रमोद महाजन ने इस निनाद की कमान सँभाल रखी है। निनाद से उत्साहित होकर समय से चार-पाँच महीने पहले ही लोकसभा के चुनाव कराये जा रहे हैं। मीडिया भी इस निनाद में लीन हो चुका है। भाजपा व एनडीए की पुनर्वापसी की घोषणाएँ की जा रही हैं। आडवाणी जी को वाजपेयी का उत्तराधिकारी माना जा रहा है। फ़िलहाल अयोध्या हाशिये पर है, वैसे 'राम और रोटी' का नारा भी गूँजता रहता है। चुनाव सर्वेक्षण में मेरे नोएडा परिसर के विद्यार्थी भी हिस्सा ले रहे हैं।

अपनी और राजनीति की बातों के बाद मैं नोएडा परिसर की ओर लौटता हूँ। मुझे उम्मीद नहीं थी कि यह परिसर निर्धारित समय पर शुरू हो सकेगा। लेकिन 2001 के मई-जून में नोएडा सेक्टर-20 में दिन-रात काम चला और 6 कक्षाएँ व एक स्टूडियो का निर्माण हुआ, एक सुन्दर पुस्तकालय भी बनाया गया। पहली दफ़ा लगा कि मैं आवश्यकतानुसार छोटा-मोटा ले आउट तैयार कर सकता हूँ, आंतरिक साज-सज्जा का आइडिया भी दे सकता हूँ। विश्वविद्यालय के शासी परिषद् के तीन बड़े सदस्य-न्यायाधीश सामन्त, अजित भट्टाचार्य और प्रभाष जोशी भी यह सब देखकर आश्चर्यचकित थे। महानिदेशक बेहार को अविश्वसनीय लगा, क्योंकि मैंने तो यहाँ शून्य से शुरू किया था। साठ रोज़ के भीतर तिनका-तिनका जमा करते हुए शैक्षणिक नीड़ बना लिया। प्रशासनिक व कैंटीन की व्यवस्थाएँ अलग से थीं।

मैं चाहता हूँ कि नोएडा परिसर का उद्घाटन प्रभाष जोशी करें। उस अवसर पर अजित भट्टाचार्य भी रहें। दोनों ही महापरिषद् के सदस्य हैं और देश के प्रतिबद्ध वरिष्ठ पत्रकार भी हैं। इसलिए मैं दोनों को निमंत्रित करने के लिए गया। अजित दा के बाद मैं प्रभाष जी के पास पहुँचा। बातचीत के दौरान अनायास-ही एक अप्रत्याशित सत्य उनके मुँह से फूट पड़ा। हुआ यह कि नोएडा परिसर के खुलने और समय पर शुरू करने पर प्रसन्नता व्यक्त करते हुए वे कहने लगे,

"रामशरण जी, वैसे तो विश्वविद्यालय के महानिदेशक पद पर आपको ही होना चाहिए था, लेकिन बेहार साहब के दबाव के कारण मुख्यमंत्री को उनकी बात माननी पड़ी। मैं पंकज मिश्र (घोर संघी) को लाना चाहता था, लेकिन दिग्विजय सिंह तैयार नहीं हुए। मदनमोहन जोशी, बेहार साहब के अधीन काम नहीं करना चाहते थे। अजित दा और सावंत साहब आपको चाहते थे। मुख्यमंत्री भी आपके नाम पर सहमत थे। फिर भी मैं मानता हूँ, आपके साथ न्याय नहीं हुआ है। जो हो गया है, सो हो गया। अब आप शेष तीन वर्ष भी बेहार साहब के साथ निभाइए।"

"जोशी जी, मुझे इसकी जानकारी शुरू से ही थी। मैंने आपसे इसकी शिकायत भी नहीं की। मेरी जानकारी में तो यह भी है कि आप रामबहादुर राय को लाना चाहते थे जिसे दिग्विजय सिंह जी ने तुरंत ही नामंजूर कर दिया। मिश्र भी घोर जनसंघी हैं।"

मेरी यह बात सुनकर जोशी जी सन्न रह गए। कुछ नहीं बोले। कुछ ख़ामोशी के बाद कहने लगे–

"अच्छा, अब परिसर देखने कब आना है?"

"अजित दा से बात हो चुकी है। आप दोनों मिलकर इसी सप्ताह तारीख़ तय कर दें।" यह कह कर मैं चला आया। संक्षेप में, प्रभाष जी परिस्थितिवश भाजपा विरोधी हो गए हैं!

चूँकि मैं इसका स्वतंत्र प्रभारी हूँ इसलिए इसकी सफलता या असफलता, दोनों की ज़िम्मेदारी मेरी है। अत: काफ़ी सोच–विचार व परामर्श के साथ इसके संचालन की योजना बनाई। वास्तव में, नोएडा परिसर घटनाओं से भरपूर रहा है। परिसर के शुरू होने के कुछ महीने बाद ही न्यूयार्क के दो बहुमंजिला भवनों पर 11 सितम्बर को आत्मघाती आतंकवादियों ने दो विमानों से हमला कर दिया। इस घटना के तीन महीने बाद 13 दिसम्बर को भारतीय संसद पर भी आतंकवादियों ने हमला किया। संयोग से इस समय राहुल देव जन–संचार की कक्षा ले रहे थे और टीवी पर हमले का लाइव प्रसारण चल रहा था। इन घटनाओं से मीडिया आतंकवाद और कवरेज के विभिन्न पक्षों का व्यावहारिक शिक्षण–प्रशिक्षण का अवसर विद्यार्थियों को मिला।

'मीडिया, समाज, राज्य और राष्ट्रवाद' को लेकर मैंने पाँच दिन की व्याख्यान शृंखला का आयोजन रखा। मैं चाहता था कि मीडिया के विद्यार्थी समझें कि इन विषयों के अन्तर्सम्बन्ध क्या हैं? मेरी कोशिश यह भी है कि विद्यार्थियों को विभिन्न विचारधाराओं के साथ संवाद का अवसर दिया जाए। कौन–सी विचारधारा अच्छी है, इसका निर्णय विद्यार्थी के विवेक पर छोड़ दिया जाए। इस प्रयोजन को ध्यान में रख कर मैंने भाजपा के 'पाञ्चजन्य' के सम्पादक तरुण विजय, 'मैनस्ट्रीम' के सम्पादक सुमित चक्रवर्ती, 'लोक लहर' के सम्पादक राजन शर्मा, 'पॉयनियर' के सम्पादक चंदन मित्रा जैसे वरिष्ठ पत्रकारों को अतिथि व्याख्यान के लिए अलग–अलग दिन बुलाया। आश्चर्य की बात यह रही कि विद्यार्थियों ने तरुण विजय के राष्ट्रवाद को खारिज कर सुमित, राजन शर्मा और चंदन मित्रा के व्याख्यानों को पसंद किया, क्योंकि इन वक्ताओं ने ऐतिहासिक परिप्रेक्ष्य में मीडिया, समाज, राज्य और राष्ट्रवाद के अन्तर्सम्बन्धों को व्याख्यायित किया। तरुण ने नारेबाजी के माध्यम से संघ व भाजपा की दृष्टि की जुगाली की।

कथाकार मनोहरश्याम जोशी के पटकथा लेखन पर व्याख्यान ने भी विद्यार्थियों को मोहित किया। 2002 में जोशी जी ने न जाने किस पीनक में आकर मुझ पर एक लम्बा लेख लिख मारा था, 'साहित्य का वीरबालक'। पहले यह 'कथा देश' में छपा था, फिर 'जनसत्ता' ने इसका पुनर्प्रकाशन किया। क्योंकि यह सनकपन में लिखा गया था इसलिए इसमें कई तथ्यात्मक ग़लतियाँ भी रहीं। मिसाल के तौर पर, मेरा विश्वविद्यालय में चयन मई 1999 में हुआ था। जोशी जी ने लिख मारा कि भाजपा–सरकार ने रामशरण की नियुक्ति की और वे वामपंथी होने के बावजूद भाजपा से लाभ उठा रहे हैं। जोशी जी कथाकार के साथ–साथ पत्रकार भी रहे हैं। उन्हें मालूम होना चाहिए था कि मध्य प्रदेश में कांग्रेस 1993 में सत्तारूढ़ हुई थी और उसने दूसरी पारी की शानदार शुरुआत 1998 में भी की। विश्वविद्यालय के दोनों पदों पर चयन दिग्विजय सिंह (विश्वविद्यालय महापरिषद् के

अध्यक्ष) न्यायाधीश सावंत, अजित भट्टाचार्य और प्रभाष जोशी ने किया था। क्या इन चारों को या इनमें से किसी एक को भाजपा समर्थक कहा जा सकता है? जोशी जी ने इन तथ्यों को 'चैक' किए बग़ैर ही अनाप-शनाप लिख मारा। लेख में और भी कई अनर्गल बातें लिखी गईं थीं। डॉ. पी.सी. जोशी भी इस लेख से व्यथित थे। उन्होंने फ़ोन करके दु:ख भी व्यक्त किया था।

इस विवादास्पद लेख के बावजूद मैंने जोशी जी को व्याख्यान के लिए आमंत्रित किया, क्योंकि वे मेरी दृष्टि में इस विषय के सर्वथा योग्य अतिथि वक्ता थे। मैं सदैव इस मत का रहा हूँ कि निजीवृत्त के पूर्वाग्रहों व कुंठाओं से आपकी लोकवृत्त की भूमिका निर्देशित नहीं होनी चाहिए। भविष्य में भी मेरा यही मत रहेगा।

मेरे नोएडा परिसर के कार्यकाल में डॉ. तुलसी राम, राजेन्द्र यादव, डॉ. प्रभा खेतान, डॉ. पुष्पेश पंत, प्रयाग शुक्ल, डॉ. चंदन मित्रा, रजत शर्मा, डॉ. देवेश किशोर, डॉ. सुभाष धूलिया, डॉ. सतीश मिश्र, डॉ. सुधीश पचौरी, ओम थानवी, प्रियदर्शन, इब्बार रब्बी जैसे कई विख्यात् अतिथि वक्तागण व्याख्यानों के लिए आते रहे हैं।

नोएडा परिसर में कई दफ़े अप्रिय निर्णय लेने के लिए विवश होना पड़ता है। ऐसे क्षणों में धर्म संकट कहें या दुविधा, से मैं घिर जाता हूँ। अध्यापक के साथ-साथ प्रशासक होने के नाते इस परिसर में भी ऐसे निर्णय लेने पड़े हैं जो कि एक पूर्व आंदोलनकारी को स्वीकार नहीं था। मुझे याद है जब मैंने इस विश्वविद्यालय में अपनी पारी शुरू की थी तब अंग्रेजी दैनिक एम.पी. क्रॉनिकल की प्रतिनिधि ने मेरा साक्षात्कार करते हुए विचलित करने वाला एक सवाल पूछ लिया। सवाल था, "आप नक्सलवादी आंदोलन से जुड़े रहे हैं। इस पृष्ठभूमि के संदर्भ में एक नौकरशाह की भूमिका निभाते समय कैसा महसूस करते हैं?" कुछ क्षणों के लिए इस सवाल से मैं स्तब्ध रह गया। फिर स्वयं को भीतर से सँजोते हुए इतना ही कह सका कि मुझे इस अन्तर्विरोध के साथ काम करना पड़ता है। मैं इसका कोई माकूल समाधान नहीं खोज पाया हूँ। लेकिन हर रोज़ की अपनी डिमांड, चुनौती होती हैं। इसे ध्यान में रख कर मेरा रेसपोंस होता है।

'हंस' के सम्पादक राजेन्द्र यादव जी की प्राय: शिकायत रहती है कि मैं परिसर में 'नौकरशाह' बन जाता हूँ। मेरा उनसे यही कहना रहता है कि किसी भी संस्था को चलाने के लिए न्यूनतम अनुशासन व नियमन ज़रूरी होते हैं। वरना अराजकता आपको दबोच लेगी। इसी को ध्यान में रखते हुए दो-तीन दंगई किस्म के विद्यार्थियों को विश्वविद्यालय से कुछ समय के लिए निष्कासित भी करना पड़ा। पर्याप्त उपस्थिति और समय पर फ़ीस नहीं अदा करने के कारण भी कतिपय छात्रों के विरुद्ध कार्रवाई करनी पड़ी। शिक्षण में सुधार के लिए भी जब-तब निर्देश जारी करने पड़ते हैं। परीक्षा के समय कड़ाई से नियमों का पालन करना पड़ता है। शिक्षकों को भी कसना होता है। बाहरी दबावों को कैसे झेला जाए, इसकी तरकीब भी प्रशासक को आनी चाहिए। लेकिन अपने कार्यों का निष्पादन तभी सफलतापूर्वक किया जा सकता है जब आप स्वयं भी पथ-विचलन की चपेट में न आएँ।

भोपाल की भाँति मुझे नोएडा परिसर में भी विद्यार्थी असंतोष का सामना करना पड़ा है। हुआ यह कि राजेन्द्र यादव जी के अति आग्रह पर उनकी एक चहेती को मैंने एम.ए. में प्रवेश दे दिया। उसने विधिवत् लिखित परीक्षा पास की थी। वैसे इन्टरव्यू में उसके साथ

कुछ रियासत की गई। वह अति महत्त्वाकांक्षी विद्यार्थी थी और कभी भी समय पर फ़ीस देना उसने नहीं सीखा था। यादव जी का दबाव रहता कि मैं उसका स्थायी रूप से फ़ीस से पिंड छुड़वा दूँ। यह मेरे लिए असंभव था। क्योंकि ऐसा कोई प्रावधान नहीं था। इससे दुखी होकर उक्त छात्रा ने बिहार के विद्यार्थियों को भड़का दिया, क्योंकि वह ख़ुद भी बिहार से थी। वे हड़ताल पर उतारू हो गए। दूसरे प्रदेश के विद्यार्थियों ने इसका विरोध किया। संघर्ष की स्थिति पैदा हो गई। यह छात्रा यादव जी को भी मेरे विरुद्ध भड़काती रही। एक रोज़ मैत्रेयी पुष्पा मुझसे मिलने आई हुई थीं। उक्त छात्रा मेरे कमरे में आ धमकी और अनाप-शनाप बोलने लगी। उसने सोचा था कि हड़ताल की धमकी देकर वह मुझे भयभीत कर देगी और फ़ीस माफ़ करा लेगी। मैत्रेयी जी भी उसके व्यवहार से धक् रह गईं। उन्हें यह आशा नहीं थी कि यह लड़की इस तरह उबल कर मुझ से बात करेगी।

यादव जी के माध्यम से मैत्रेयी जी भी इस छात्रा के काम-धाम से परिचित थीं। स्थिति को नियंत्रित करने के लिए मुझे यादव जी की उक्त चहेती को विश्वविद्यालय से निष्कासन की चेतावनी तक देनी पड़ी। तब जाकर गाड़ी पटरी पर लौटी। यादव जी से मेरी शिकायत की गई। गनीमत यह रही कि यह माज़रा मैत्रेयी जी की उपस्थिति में घटा था इसलिए यादव जी को अन्ततः मज़बूरन ख़ामोश हो जाना पड़ा। वरना इस छात्रा ने तो हम दोनों के बीच संवादहीनता की स्थिति पैदा कर दी थी। ख़ैर! जैसे-तैसे परिसर को अनुशासित रखा।

नोएडा परिसर में मेरा कार्यकाल तीन वर्ष का था। दो वर्ष भोपाल में बीत चुके थे। इसी बीच सन् 2002 में बड़ी बेटी मनस्विता पी-एच.डी. करने के लिए अमेरिका रवाना हो गई। एथेंस स्थित ओहायो विश्वविद्यालय में उसका रजिस्ट्रेशन हो गया था। वहीं से उसे स्कॉलशिप मिल गई। परिवार के लिए यह बड़ी उपलब्धि थी। मैंने कल्पना नहीं की थी कि मेरा कोई बच्चा उच्च शिक्षा के लिए विदेश जाएगा, और वह भी लड़की! अच्छी बात यह थी कि परिवार में मनस की अमेरिका में पढ़ाई को लेकर कोई दुविधा नहीं हुई। बैंक से मुझे एक लाख रुपए का शिक्षा- ऋण लेना पड़ा। मनस ने स्वयं एक वर्ष के भीतर इसे अदा भी कर दिया। हम लोगों पर कोई भार नहीं पड़ा। वास्तव में जयपुर समेत जोशी परिवार की यह पहली सदस्य थी जो कि पी-एच.डी. के लिए विदेश गई। हम सभी के लिए यह खुशी एक प्रकार से 'दिवा-स्वप्न' समान थी!

2003 में मध्य प्रदेश, छत्तीसगढ़, दिल्ली, राजस्थान आदि प्रदेशों की विधानसभाओं के चुनाव हुए। इन चुनावों में कांग्रेस दिल्ली को छोड़ शेष तीनों राज्यों में हार गई। मध्य प्रदेश में उमा भारती के नेतृत्व में भाजपा सरकार सत्तारूढ़ हो गई। उमा भारती के मुख्यमंत्री बनने का प्रभाव विश्वविद्यालय पर भी पड़ रहा है। महानिदेशक बेहार साहब पर पद से इस्तीफ़ा देने का दबाव बढ़ रहा है। वे टाल-मटोल कर रहे हैं। वे अप्रैल तक अपना कार्यकाल पूरा करना चाहते हैं, लेकिन मुख्यमंत्री उमा भारती इसके लिए कतई तैयार नहीं हैं। वे उन्हें तीन महीने पहले ही पद-मुक्त कर देना चाहती हैं, क्योंकि भाजपा सरकार के कार्यकाल में नियुक्ति महानिदेशक राधेश्याम शर्मा के साथ भी कांग्रेस सरकार के मुख्यमंत्री दिग्विजय सिंह ने कोई उदारता नहीं बरती थी। मुख्यमंत्री ने शर्मा जी को भी समयपूर्व पद छोड़ने के लिए विवश कर दिया था। शर्मा जी संघ कैडर के व्यक्ति थे।

वैसे वे वरिष्ठ पत्रकार भी थे। उमा भारती भी वही सुलूक बेहार साहब के साथ करना चाहती हैं। बेहार साहब गद्दी से चिपके रहना चाहते हैं। दबाव बढ़ता जा रहा है। वे मुझे फ़ोन करते हैं :

"जोशी जी, आप भोपाल आ सकते हैं?"

"क्यों?"

"मैं इस्तीफ़ा दे रहा हूँ। मेरा चार्ज ले लीजिए।"

"आपने मुझे इस योग्य समझा, धन्यवाद! लेकिन मैं अब भोपाल आने में असमर्थ हूँ।"

"क्यों?"

"मेरा कार्यकाल भी अप्रैल के अन्त में समाप्त हो जाएगा! चंद महीनों के लिए एक्टिंग महानिदेशक बनने से क्या लाभ है? मुझे भाजपा सरकार में काम करना है नहीं!"

"उमा भारती तो आपको जानती हैं?"

"वो बात ठीक है। लेकिन मैं उनकी विचारधारा का व्यक्ति तो नहीं हूँ, यह भी वो अच्छे ढंग से जानती हैं।"

"तब ठीक है। मैं दुबे जी को चार्ज दे रहा हूँ।"

"जैसा आप उचित समझें।" फ़ोन कट जाता है।

संयोग से इस वार्तालाप के समय जामिया मिल्लिया इस्लामिया के प्रोफेसर डॉ. दुर्गा प्रसाद मेरे साथ मौजूद हैं। हुआ यह है कि मैं दुर्गा जी के विभाग में आयोजित गोष्ठी में भाग लेकर लौट रहा था। दुर्गा जी मुझे कार तक छोड़ने के लिए आए हुए हैं। इसी समय भोपाल से बेहार साहब का फ़ोन आ गया और दुर्गा जी की उपस्थिति में ही मैंने उनसे वार्तालाप किया है।

"आश्चर्य है, आपने चार्ज लेने से इनकार कर दिया?" दुर्गा जी मुझे हैरत से ताकते हुए पूछ रहे हैं।

"क्या करता? मुझे अन्ततः दिल्ली लौटना पड़ता! उमा भारती के साथ मैं कैसे काम कर सकता हूँ?"

"आपने सही निर्णय लिया है। मुझे इससे खुशी हुई है। मेरी नज़र में आपका आदर और बढ़ गया है।"

"धन्यवाद!"

यह कह कर मैं कार में बैठ कर नोएडा परिसर लौट आया हूँ। मेरे स्टाफ को उम्मीद है कि मेरा कार्यकाल बढ़ जाएगा, क्योंकि उमा भारती मेरा सम्मान करती हैं। भोपाल मुख्यालय में भी यही आम धारण है कि मुख्यमंत्री मुझे एक्सटेंशन दे देंगी। इस धारणा की एक वजह है। हुआ यह था कि सन् 2001 में मैं जैसे ही अपने दफ़्तर (भोपाल) से बाहर निकल कर गाड़ी में बैठने लगा था कि ठीक उसी समय उमा भारती भी भाजपा कार्यालय से बाहर निकल कर अपनी कार में बैठ रही थीं। विश्वविद्यालय का शैक्षणिक परिसर और भाजपा कार्यालय लगभग आजू-बाजू हैं। उमा भारती उस समय सांसद थीं। उन्होंने जैसे ही मुझे देखा वे अपनी कार छोड़ मेरी तरफ़ दौड़ी आईं। मेरे पास पहुँचते ही मेरा दायाँ हाथ पकड़कर अपने सिर पर रख लिया और कहने लगीं–"गुरुजी, मुझे

आशीर्वाद दें...गुरुजी मुझे आशीर्वाद दें।" कई लोग जमा हो गए। फ़ोटोग्राफर भी क्लिक करने लगे।

"उमा जी, मैं आपका गुरु कैसे हुआ? मैं तो केवल पत्रकार शिक्षक हूँ।" वे मेरा हाथ लगातार अपने सिर से चिपकाये हुए थीं। मुझे सब कुछ अज़ीब लग रहा था। मेरा स्टाफ और विद्यार्थी भी मुझे देख रहे थे। ख़ैर! पाँच मिनट के बाद वे अपनी कार में बैठ कर चली गईं और मैं ठगा-सा खड़ा रहा! लोगों की नज़रों में मेरा ग्राफ चढ़ गया। क्या है कि जब मैं लोकसभा की रिपोर्टिंग करता था तब वे प्रायः मुझ से खुल कर बात कर लिया करती थीं। वे मुझ पर विश्वास किया करती थीं। याद आया, एक रोज़ सदन में उन्होंने किसी मुद्दे पर कांग्रेस के वरिष्ठ नेता माधवराव सिंधिया की तीखी आलोचना की थी। संयोग से मैं उस समय लोकसभा की प्रेस दीर्घा में मौजूद था। भाजपा की नेता होने के कारण उमा भारती ने सिंधिया पर आक्रमण करके अपना स्वाभाविक कर्म किया था। सिंधिया उनके प्रहारों से तिलमिला उठे थे। उमा भारती के प्रहारों के समय भाजपा की वरिष्ठ नेता श्रीमती विजयराजे सिंधिया भी सदन में अग्रिम पंक्ति में बैठी हुई थीं। सामने उनके पुत्र सिंधिया उमा के प्रहारों का सामना कर रहे थे, इधर उनकी माता श्रीमती सिंधिया इस वाक्‌बाणों के प्रहारों की मूक दर्शक बनी हुई थीं। मुखमुद्राएँ उनकी गम्भीर थीं। प्रेस दीर्घा में हम पत्रकार इसका आनन्द ले रहे थे।

अगले रोज़ संसद के गलियारे में उमा भारती टकरा गईं। मैंने उनके तीखे प्रहारों की प्रशंसा की। वे मुझे पुस्तकालय के एक कोने में ले गईं। फिर मन की पीड़ा वे शेयर करने लगीं। उन्होंने कहा कि जोशी जी क्या बताऊँ, सिंधिया जी पर प्रहार करके मैंने राजमाता जी को दुखी कर दिया है। वे नाराज़ भी हैं। मैंने उनसे कहा, "आपने कोई अनुचित कार्य तो नहीं किया था। प्रतिपक्ष के सदस्य का धर्म ही निभाया था। श्रीमती सिंधिया भी सदन में मौजूद थीं। माँ-बेटे हुए तो क्या, दोनों अलग-अलग पार्टी के नेता हैं!"

उमा भारती भारी मन से कहने लगीं, "वो तो सब ठीक है, जोशी जी! लेकिन राजमाता जी को अपने पुत्र की आलोचना रास नहीं आई। आप जानते हैं नहीं।" उन्होंने बाद में मुझे अपने पास बुलाकर कहा, 'उमा, भैया (सिंधिया) की इतनी तीखी आलोचना नहीं करनी चाहिए थी। तुम्हें अभी बहुत आगे जाना है। अपनी वाणी पर नियंत्रण रखो।' मैं क्या कहती? राजमाता जी के इन शब्दों से मैं सन्न रह गई!"

"पर उमा जी, दोनों अलग-अलग पार्टी में हैं। इससे माता जी को क्यों परेशानी होनी चाहिए?" मैंने पूछा-

"देखिए, राजमाता जी के मुझ पर कई एहसान हैं। वे हृदय की नेक महिला हैं। वे दिल से चाहती हैं कि मैं पार्टी में आगे बढ़ूँ। पर जब पुत्र का प्रश्न उठ जाता है तब वे भाजपा की नेता न होकर एक करुणामयी माँ बन जाती हैं। दोनों माँ और पुत्र भीतर से एक हैं।"

"आश्चर्य है!"

"देखिए, आप तो वामपंथी हैं। सब चीज़ों को समझते हैं। समाज की बनावट जानते हैं। मैंने अपने-गाँवों में इन सामन्तों के अत्याचारों को बचपन से देखा है, झेला है। वहाँ के ठाकुर काफ़ी अत्याचारी हुआ करते थे। निचली-पिछड़ी जातियों के लोगों को पीटा

करते थे। जबरन बेगार लेते। औरतों के साथ-अशोभनीय व्यवहार करते। सब सामन्त लोग एक हैं, किसी भी पार्टी में रहें।"

"आप ठीक कह रही हैं, उमा जी!"

"मुझे तो थोड़ी-बहुत चिंता है, क्योंकि राजमाता जी का मामला है। वे पार्टी की उपाध्यक्ष हैं।"

"तब आप क्या करेंगी?"

"देखती हूँ...जो तीर तरकश से निकल गए हैं...उन्हें वापस तो नहीं ले सकती। आगे थोड़ा संयम से काम लूँगी।"

यह कह कर वे चली गईं। साउथ एवेन्यू स्थित मैं उनके फ्लैट में मिलने के लिए जाता भी रहा हूँ। गोविंदाचार्य से भी मेरी वहाँ दो-तीन बार मुलाक़ातें हुई हैं। इस नाते उनके साथ मेरा ठीक-ठाक संबंध है। लेकिन मुझे यह भी याद रखना चाहिए कि वे मूलतः राजनीतिज्ञ हैं और संघ परिवार की अन्तरंग सदस्या हैं। हम परस्पर विरोधी मार्गों के पथिक हैं।

इस घटना के दो रोज़ बाद चंदन मित्रा परिसर में व्याख्यान देने आए हुए हैं। व्याख्यान के पश्चात् मेरे कक्ष में हम दोनों साथ-साथ चाय पी रहे हैं। वे पूछ रहे हैं-

"जोशी जी, आपका टेन्यूर यहाँ कब तक है?"

"अप्रैल के अन्त तक।"

"अरे! इसके बाद क्या प्लान है?"

"कुछ नहीं! फ्री-लॉसिंग करूँगा।"

"अरे आपने इस कैम्पस को जमा दिया है। यहीं कंटीन्यू कीजिए।"

"वो कैसे?" मैं आश्चर्य से पूछता हूँ।

"मैं दीदी (उमा भारती) से बात कर लूँगा। आज ही फ़ोन पर बात हो जाएगी। you don't worry."

"नहीं मित्रा जी, ऐसा मत करिए। इसका ग़लत मैसज़ जाएगा।"

"वो कैसे?"

"लोग यही कहेंगे कि नौकरी के लिए मैंने पाला बदल लिया है और संघ को अपना लिया है।"

"अरे छोड़िए इन बातों को। अब देखिए, एम.जे. अक़बर भाजपा में हाथ-पैर मार रहे हैं। राज्यसभा में पहुँचना चाहते हैं।"

"उनकी बात अलग है। मेरे पास थोड़ी-बहुत विचारों व कमिटमेंट की ज़मा पूँजी है। एक-दो साल की नौकरी के लिए इस पुरानी पूँजी को फूँकना नहीं चाहता। आपने मेरी चिंता की है, इसके लिए थैंक्स!"

"अरे थैंक्स की कोई बात नहीं है। you deserve extension. लेकिन मैं आपके विचारों की रैसपैक्ट भी करता हूँ।" यह कहकर डॉ. मित्रा चले गए और मैं आत्मसंतोष से भर गया हूँ।

इसी प्रकरण से जुड़ा एक और दिलचस्प अनुभव मेरी प्रतीक्षा कर रहा है। एक सप्ताह बाद मैं दिल्ली स्थित मध्य प्रदेश भवन में पूर्व-मुख्यमंत्री दिग्विजय सिंह के प्रति आभार

व्यक्त करने के लिए आया हुआ हूँ। इस समय भी उनसे मिलने वालों की कमी नहीं है। वे बाहर लॉन में ही सभी से मिल रहे हैं। दस मिनट की प्रतीक्षा के बाद वे मुझे अपने कक्ष में ले जा रहे हैं–

"जोशी जी, चलिए अंदर बात करते हैं।"

"यह ठीक रहेगा।"

"कैसे आना हुआ?"

"आभार व्यक्त करने आया हूँ।"

"किस बात का?"

"यही कि मेरा कार्यकाल 30 अप्रैल को खत्म हो रहा है। आपकी वजह से मैं इस पद पर पाँच वर्ष रह सका हूँ।"

"अरे, इसमें मेरा कुछ नहीं है। सलैक्शन कमेटी ने आपका चयन किया था। मैंने तो केवल साइन किए थे।"

"यह आपका बड़प्पन है!"

"मैं उमा को अभी बोल देता हूँ। आपको एक एक्सटेंशन दे दें। मेरे पास और भी लोग काम के लिए आ रहे हैं।"

"लेकिन वो तो भाजपा की मुख्यमंत्री हैं। आपकी बात क्यों मानने लगीं?"

"जोशी जी, इन बातों को छोड़िए। आपको एक्सटेंशन देने में उमा को कोई दिक़्क़त नहीं होगी। आपका परिवार है। दो लड़कियाँ हैं। एक-दो वर्ष काम कीजिए।"

"धन्यवाद! आपको मेरी चिंता है। लेकिन भाजपा मुख्यमंत्री का यह उपकार मेरे लिए भारी पड़ेगा!"

"वो कैसे?"

"चूँकि उमा जी संघ परिवार की प्रतिनिधि हैं और मेरी वैचारिक पृष्ठभूमि से आप परिचित हैं।"

"आप लैफ्टिस्टट लोग बहुत विचित्र होते हैं। यहाँ लोग उमा से काम कराने के लिए भीड़ लगाए हुए हैं...और आप हैं कि भाग रहे हैं?"

"ऐसा नहीं है कि मुझे काम नहीं चाहिए। लेकिन काम की कीमत ज़्यादा ही चुकानी पड़ जाएगी...इसलिए...।"

"मैं समझ सकता हूँ....पर आप लोग होते हैं बहुत हठी। फिर भी मैं आपके इस स्टैंड से खुश हूँ। ऐसे दौर में आप जैसे लोग भी होने चाहिए। जोशी जी, यदि किसी चीज़ की ज़रूरत रहे तो बेहिचक आ जाइए।"

मैं जैसे ही कमरे से बाहर आया हूँ मैं देख रहा हूँ कि प्रसिद्ध मार्क्सवादी अर्थशास्त्री प्रो. प्रभात पटनायक दिग्विजय सिंह से मिलने जा रहे हैं। मुझे थोड़ी सी हैरानी हो रही है, "अरे, प्रो. पटनायक आप यहाँ कैसे?"

"कोई ख़ास बात नहीं। आज मि. सिंह का मेरे यहाँ डिनर है।"

"डिनर...क्या आप लोग एक-दूसरे को जानते हैं?"

"इंदौर में हम लोग साथ-साथ पढ़े हैं। इसलिए तब की फ्रेंडशिप है।"

"तब ठीक है।"

पटनायक दिग्विजय सिंह के कमरे की तरफ़ बढ़ जाते हैं, और मैं भवन के गेट की ओर। इस हठात् वाक़्या से कांग्रेस नेता व पूर्व मुख्यमंत्री दिग्विजय सिंह के रिश्तों की निर्वाह-शैली की झलक ज़रूर मिल जाती है!

मध्य प्रदेश के एक मुख्यमंत्री हुए थे गोविंद नारायण सिंह। वे 1967 में कांग्रेस के मुख्यमंत्री द्वारकाप्रसाद मिश्र की सरकार को गिरा और कांग्रेस को विभाजित कर राज्य की पहली ग़ैर-कांग्रेसी सरकार के मुख्यमंत्री बने थे। हालाँकि उनकी सरकार की अकाल मृत्यु भी हो गई थी। वे अक़सर संसद भवन के सेंट्रल हाल में खाली समय में बैठकर युवा सांसदों को ज्ञान बाँटा करते थे। उन्हें शासन करने और फाइल-निपटान के गुर सिखाया करते थे। हम पत्रकार भी यदा-कदा उनकी पाठशाला में शामिल हो जाया करते और चाय-पकौड़े उड़ा लिया करते थे।

एक रोज़ उन्होंने बड़े मार्के का पाठ पढ़ाया। उन्होंने कहा कि नीतिगत महत्त्वपूर्ण फ़ैसलों और वित्तीय मामलों से संबंधित फाइलों की प्रतिलिपियाँ अपने पास ज़रूर रखें। फाइलों पर अपनी टीपों की नक़ल भी अपने पास रखना न भूलें, क्योंकि विपरीत समय में ये फाइलें गायब हो सकती हैं। आपको फँसाया जा सकता है। उस समय तो यह गुर फ़ालतू का लगा। लेकिन विश्वविद्यालय में कार्यपालक की भूमिका निभाते हुए गोविंद नारायण सिंह के गुर याद आने लगे। भोपाल और नोएडा परिसरों में कार्य करते हुए मैंने सेंट्रल हॉल में सीखे पाठों का पालन किया। इसका लाभ भी मिला है।

हुआ यह है कि अप्रैल, सन् 2004 समाप्ति पर है। पाँच वर्ष की अवधि का कार्यकाल पूरा हो रहा है इसलिए मैं भोपाल जा रहा हूँ ताकि मुख्यालय में अपना हिसाब-किताब समेट सकूँ। मुझे अपना प्रोवीडेंट फंड, अर्जित अवकाश, ग्रेचुएटी और अन्य राशि विश्वविद्यालय से लेनी है। अत: एहतियातन मैं अपने साथ अपने निजी प्रकरण से संबंधित फाइल की प्रतिलिपि भी ले लेता हूँ। यह फाइल 2003 में मेरी सूरीनाम-यात्रा से संबंधित थी। उस वर्ष वहाँ विश्व हिन्दी सम्मेलन का आयोजन किया गया था। महापरिषद् के अध्यक्ष व मुख्यमंत्री सिंह ने अंतिम समय में मेरी यात्रा को स्वीकृति दी थी और सरकार से इसका भुगतान करने की व्यवस्था की थी। यह भी निर्णय लिया गया था कि तात्कालिक रूप से विश्वविद्यालय अपनी तरफ़ से यात्रा-व्यय वहन करेगा। इसके पश्चात् व्यय-विवरण प्रस्तुत करने के बाद सरकार इसे अदा कर देगी। इस सम्बन्ध में फाइल व नोटशीटों की प्रतिलिपियाँ अपने पास सुरक्षित रख लीं। मुझे एकाउंट विभाग के एक व्यक्ति ने इस सम्बन्ध में आगाह भी कर दिया था कि आपके साथ अंतिम क्षणों में 'चोट' हो सकती है!

मेरी आशंका सही निकली। रजिस्ट्रार जोशी ने मुझे सूचित किया कि सूरीनाम-यात्रा का पैसा (क़रीब सवा लाख) आपके हिसाब में से काटा जा रहा है, क्योंकि आपकी यात्रा पर किसी की स्वीकृति नहीं है। मैं प्रभारी कार्यपालक निदेशन दुबे से तत्काल मिला। उन्हें मुख्यमंत्री और महानिदेशक बेहार साहब के बीच चली नोट शीट का संदर्भ बतलाया। इस प्रकरण से संबंधित पूरी फाइल रजिस्ट्रार के पास है, इसकी भी जानकारी दी गई। जोशी को दुबे ने अपने कक्ष में बुलाकर सभी काग़ज़ात लाने के लिए कहा। तब उन्होंने ग़ैर-ज़रूरी काग़ज़ात लाकर उनके सामने रख दिए। इन काग़ज़ातों से मेरी यात्रा की स्वीकृत

की पुष्टि कहीं नहीं हो रही थी। मैंने जोशी से कहा कि यह पूरी फाइल नहीं है। इसमें अमुक-अमुक टीप मौजूद नहीं हैं। सच्चिदानन्द ने अन्य काग़ज़ात होने से साफ़ इनकार कर दिया। मैं हँसा और क्रोधित भी हुआ। मैंने दोनों से कहा कि कोई बात नहीं है, "मेरे पास पूरी फाइल सुरक्षित है, आप चैक बनाएँ। मैं अभी होटल से फाइल लाकर यहाँ रख देता हूँ। इससे स्थिति साफ़ हो जाएगी।"

दुबे कहने लगे, "जोशी जी, मैं यहीं बैठा हूँ। आप जाकर फाइल ले आएँ। निश्चिंत रहें, आपके साथ अन्याय नहीं होने दिया जाएगा।"

जोशी भी कहने लगे, "सर! मैं भी फिर से फाइल ढूँढता हूँ।" दुबे जी और मैं हँस दिए।

मैं होटल गया और सभी संबंधित काग़ज़ात एकत्रित किए। उनकी फ़ोटो प्रतियाँ फिर से तैयार करा कर मैं दुबे जी के पास पहुँच गया। वे कहने लगे,

"अरे जोशी जी, अब इनकी ज़रूरत नहीं है।"

"क्यों?"

"सच्चिदानन्द को फाइल मिल गई है। आपका प्रकरण स्पष्ट है। मुख्यमंत्री और बेहार साहब की स्वीकृतियाँ मौजूद हैं। कार्यकारी महानिदेशक बोस साहब भी इन टीपों से संतुष्ट हैं। उन्हें फ़ोन पर सुना कर मौखिक स्वीकृति ले ली गई है। लीजिए, आप भी उनसे फ़ोन पर बात कर लें।"

दुबे जी ने वल्लभ भवन में बोस को फ़ोन मिला कर मुझे दे दिया।

"सर! रामशरण जी मेरे कमरे में हैं। आप बात कर लीजिए।" मैं उनसे फ़ोन ले लेता हूँ।

"नमस्कार मि. बोस!"

"नमस्कार जोशी जी! माफ़ करिए मेरे स्टॉफ की असावधानी के कारण आपको बेकार परेशानी हुई। आपको सभी चैक देने के इंस्ट्रेक्शन मैंने मि. दुबे को दे दिए हैं।"

"धन्यवाद! फिर मिलेंगे।" यह कह कर मैं फ़ोन काट देता हूँ।

"जोशी जी, आप यहीं बैठिए। सभी चैक यहीं आ जाएँगे।" दुबे जी ने मुझे आश्वस्त किया।

मैं वहीं बैठा रहा। इसी बीच चाय-जलपान आया। कुछ चुप्पी के पश्चात् मैंने फाइल-प्रकरण को कुरेदते हुए पूछा–

"अच्छा, यह बतलाइए इस सम्बन्ध में श्रीकांत सिंह को किसने भड़काया?"

"देखिए जोशी जी, आप जानते ही हैं यहाँ की कार्यशैली। रजिस्ट्रार जोशी ने एक-दो लोगों को भड़का दिया और आपका प्रकरण उठवा दिया। मुझे भी इसकी जानकारी नहीं थी। मुझे भी कहा गया कि आपके हिसाब में से यह राशि काट ली जाए। बोस साहब को भी अँधेरे में रखा गया।"

"अब अचानक फाइल कैसे मिल गई?"

"यदि आपके पास ये संबंधित काग़ज़ात सुरक्षित नहीं रहते तो शायद आपकी फ़ाइल लापता ही रहती!"

सूरीनाम-यात्रा से जुड़ी एक और मज़ेदार घटना यहाँ याद आ रही है। विश्व हिन्दी सम्मेलन में कौन जाएगा, यह तय करने के लिए बेहार साहब ने शुरू में तीन सदस्यीय

समिति का गठन किया था। इसके सदस्य थे डॉ. नामवर सिंह, प्रभाष जोशी और विश्वनाथ त्रिपाठी। समिति के गठन के दो सप्ताह पश्चात् दिल्ली में आयोजित एक गोष्ठी कम–कॉकटेल में नामवर जी से भेंट हो गई। वे सबके सामने मुझ से कहते हैं, "जोशी जी, आप सूरीनाम जाने की तैयारी कर रहे हैं न?"

"नामवर जी, मुझे तो कोई जानकारी है नहीं।"

"अरे नहीं भाई, हम तीनों ने आपको विश्व हिन्दी सम्मेलन में भेजने की सिफ़ारिश कर दी है। पत्र जा चुका है। आप तैयारी करिए।"

"धन्यवाद!"

पास में बैठे राजेन्द्र यादव, विकास राय और अन्य सभी ने एक स्वर से कहा, "आपने सही व्यक्ति का चयन किया है।"

"जोशी जी हमारे–अपने हैं। इन्हें ही जाना चाहिए।" नामवर जी पैग चढ़ाते हुए बोले।

नामवर जी का फ़ैसला सुन कर मैं खुश था। मैंने अगले दिन रजिस्ट्रार जोशी को फ़ोन किया। उन्हें नामवर जी की बातों से अवगत कराया। सच्चिदानंद जोशी जोर से हँसे। मैं समझ नहीं सका। उन्होंने फ़ोन पर प्रभाष जी द्वारा प्रेषित पत्र को यथावत् पढ़कर सुना दिया। पत्र के अनुसार समिति के तीनों सदस्यों की राय है कि विश्वविद्यालय की तरफ़ से किसी को भी न भेजा जाए। मैं निरुत्तर था। जोशी चुटकी लेते हुए बोले, "सर, ये तीनों आपके वामपंथी मित्र हैं! नामवर जी ने आपसे ऐसा क्यों कहा, आप ही बेहतर जाने!" मैं ख़ामोश रहा। इससे तीनों का असली रूप उजागर हो गया। प्रभाष जी ने जब मुझे सूरीनाम में देखा तो मेरी उपस्थिति को वे पचा नहीं सके। एक सत्र में मुझे निशाना करते हुए उन्होंने कहा था, "लोग बग़ैर तैयारी के चले आते हैं।" दरअसल, इस सत्र में मैंने तरुण विजय की कड़ी आलोचना की थी। उन्होंने अपने पत्र में वामपंथी पत्रकारों को देशद्रोही तक बतलाया था। वास्तव में, हम हिन्दी वाले कई मामलों में जटिल, कुटिल, दोगले और दरिद्र हैं!

दुबे जी के सहायक ने फिर से चाय ला दी है। हम दोनों चाय की चुस्कियों के साथ फाइल 'लापता' दोहराते हुए ठहाका जमा रहे हैं! थोड़ी देर में सभी चैक बनाकर सच्चिदानन्द जोशी कमरे में ले आए हैं। मैंने दुबे जी और जोशी जी के प्रति आभार व्यक्त किया। इसके साथ–साथ मन–ही–मन स्व. गोविंद नारायण सिंह को भी 'दाद' देता हुआ मैं शाहपुरा मुख्यालय से बाहर आ गया हूँ।

माखनलाल चतुर्वेदी राष्ट्रीय पत्रकारिता विश्वविद्यालय अलविदा!

कैसे-कैसे दृश्यान्तर : अटल की विदाई और सोनिया-उदय; बाल श्रमिक से बाल भवन अध्यक्ष!

देश का राजनीतिक परिदृश्य तेज़ी से बदल रहा है। एनडीए सरकार ने समय से पहले चौदहवीं लोकसभा के चुनाव कराने की घोषणा कर दी है। वाजपेयी सरकार अपने दो मंत्रों : India Shining and Feel Good Factor से लैस होकर चुनाव समर में उतर रही है। प्रचार युद्ध की दृष्टि से प्रधानमंत्री वाजपेयी और उप-प्रधानमंत्री आडवाणी के विश्वास पात्र प्रमोद महाजन इसके सारथी बने हुए हैं। सामान्यत: यही माना जा रहा है कि आडवाणी देश के अगले प्रधानमंत्री होंगे। चैनलों में भी एनडीए सरकार की वापसी और आडवाणी की ताज़पोशी की घोषणाएँ की जा रही हैं।

कांग्रेस की कमान इसकी अध्यक्षा सोनिया गाँधी के हाथों में है। राहुल गाँधी भी अमेठी से चुनाव लड़ रहे हैं। मीडिया और राजनीतिक क्षेत्रों की आम धारणा यही है कि यदि कांग्रेस सत्ता में आती है तो सोनिया गाँधी प्रधानमंत्री बनेंगी। वैसे क़तार में अर्जुन सिंह, प्रणव मुखर्जी, मनमोहन सिंह जैसे नेता भी माने जा रहे हैं। पत्रकार आलोक तोमर ने अपने स्तंभ में ज़रूर विश्वासपूर्वक लिखा है कि मनमोहन सिंह अगले प्रधानमंत्री होंगे, सोनिया गाँधी नहीं। चैनल डॉ. मनमोहन सिंह को प्रोजेक्ट नहीं कर रहे हैं। सरकारी मीडिया तो क़यासबाजी से बचता है। यह उसकी घोषित नीति है।

2004 के चुनाव परिणामों ने मीडिया की भविष्यवाणियों के पोपलेपन को उजागर कर दिया है; कांग्रेस ने भाजपा को पराजित कर दिया है; भाजपा बौखला गई है; सुषमा स्वराज ने विदेशी मूल के मुद्दे को उठा कर घोषणा की है कि यदि सोनिया गाँधी प्रधानमंत्री बनती हैं तो वे अपना केश मुंडन करा लेंगी व सफ़ेद साड़ी पहनेंगी। दूसरी तरफ़ कांग्रेस सांसद व अन्य सहयोगी दल सोनिया गाँधी को प्रधानमंत्री बनाना चाहते हैं। यह परिदृश्य 'सस्पेंस' से भर चुका है। तनाव तो है ही। सुषमा जी के तेवर भी आक्रामक होते जा रहे हैं। सोनिया गाँधी कांग्रेस संसदीय दल की नेता चुन ली जाती हैं। राष्ट्रपति डॉ. अब्दुल कलाम उन्हें सरकार बनाने का निमंत्रण देते हैं।

अरे यह क्या? इस नाटक ने हैरतअंगेज़ मोड़ ले लिया है! सोनिया गाँधी ने अपने नाम के बजाय अर्थशास्त्री डॉ. मनमोहन सिंह के नाम का प्रस्ताव रख दिया है। सेंट्रल हॉल में कुछ क्षणों के लिए स्तब्धता छा गई है। फिर सांसदों का समवेत स्वर गूँजता है : सोनिया... सोनिया...सोनिया! वे अपनी बात पर अड़ी रहती हैं। अन्तत: सर्वसम्मति से डॉ. मनमोहन सिंह भावी प्रधानमंत्री के रूप में उभरते हैं। मुझे ऐसा लग रहा है कि इस नाटक की पटकथा

पहले से ही लिखी जा चुकी थी। इसका निर्देशन भी किसी सुदूर सत्ताध्रुव से किया जा रहा है। डॉ. सिंह को प्राय: विश्व बैंक का भरोसेमंद अश्व माना जाता है। यहाँ यह याद करना सटीक ही रहेगा कि सन् 1991 में नरसिंह राव-सरकार में वित्तमंत्री के नाते डॉ. सिंह ने ही भूमंडलीकरण के अश्वमेध की शुरुआत की थी, और उदारणीकरण, निजीकरण एवं विनिवेशीकरण के अश्वों को राजपथ से जनपथ तक खुला छोड़ दिया था।

आज इसका उत्कर्ष काल है। इस पृष्ठभूमि में मैं अपने निजी स्वतंत्र मार्ग पर आ पहुँचा हूँ।

कभी-कभी लगता है जीवन का दूसरा नाम प्रयोगशाला है। इस प्रयोगशाला में विडम्बनाओं, विसंगतियों, विरोधाभासों, समयोगों, अनुकूलताओं, प्रतिकूलताओं आदि के समीकरण के प्रयोग अहर्निश चलते रहते हैं। कब कौन-सा प्रयोग घटेगा, कौन-सा सफल या निष्फल रहेगा, मैं नहीं समझता कोई इसकी त्रिश्वासपूर्वक समय-तिथि-स्थान की भविष्यवाणी कर सकता है। औरों की बात मैं नहीं कह सकता, लेकिन स्वयं के सम्बन्ध में तो यह निचोड़ एक सौ प्रतिशत सही है। अप्रत्याशित प्रयोग-दर-प्रयोग मैं करता आ रहा हूँ। यह अलग बात है कि मैं अनागत प्रयोगों के लिए अपने दरवाज़े खुले रखता हूँ, परिणामों की परवाह किए बग़ैर।

1956-57 का बाल या किशोर श्रमिक किसी दिन राष्ट्रीय बाल भवन दिल्ली, का अध्यक्ष बनेगा, यह उसने नहीं सोचा था! सच, मेरे 'रोड मैप' में राष्ट्रीय बाल भवन का पड़ाव दूर-दूर तक नहीं था! यह वह संस्था है जिसकी संस्थापक अध्यक्ष श्रीमती इन्दिरा गाँधी थीं। डॉ. कर्ण सिंह, पुपुल जयकर, श्रीमती राज थापर, बेगम बिलकीस लतीफ़ जैसी अभिजन शख़्सियतें भी इन्दिरा जी की उत्तराधिकारी रह चुकी हैं। इस अभिजन वर्ग का अन्त करने का स्वप्न ज़रूर संजोया था मैंने। लेकिन आज मैं खुद ही इसके वृत्त में शामिल हो गया हूँ! यह विडम्बना नहीं है तो क्या है? यह जीवन का विरोधाभास ही तो है! यद्यपि यह भी सत्य है कि इस वृत्त में प्रवेश कोरा 'भ्रम' है, 'आत्म छलावा' है। लेकिन विडम्बना देखिए कि इस एहसास के साथ फिर भी मैं इससे चिपके जा रहा हूँ!

माखनलाल चतुर्वेदी राष्ट्रीय पत्रकारिता विश्वविद्यालय से सेवानिवृत्ति के पश्चात् मैं एक प्रकार से 'विश्राम काल' में पहुँच गया था। लम्बे समय के बाद निश्चिंतता के कुछ क्षण मिले थे। वैसे इन दिनों में भी मैं रेडियो, टेलीविजन जाता रहा हूँ। विगत चार वर्षों से मैं एफ.एम.-दो पर ज़रूर कामेंट्री कर रहा हूँ, महीने में चार-पाँच दफ़े बुला लिया जाता हूँ। अन्य प्रोग्राम भी देता रहता हूँ। पत्र-पत्रिकाओं में लिखा भी। लेकिन मैंने नियमित स्तम्भकार के रूप में स्वयं को स्थापित करने से परहेज़ ही किया। मुझे चिढ़ होती थी किसी चीज़ को दोहराने में। विगत पाँच सालों में मुख्यधारा के अख़बारों (नवभारत टाइम्स, हिन्दुस्तान, जागरण, अमर उजाला आदि) के किसी भी सम्पादक के कक्ष में मैं नहीं गया। मैंने यही ठानी है कि इस चरण में थोड़ा-बहुत पर्यटन, गम्भीर अध्ययन व लेखन करना चाहिए। मैं 'क्लासिक्स' को पढ़ना चाहता हूँ।

दिल्ली लौटने के पश्चात् मैं सांसद अर्जुन सिंह जी, सुदीप बॅनर्जी आदि से भी गाहे-बगाहे मिलता रहा हूँ। पुराने सम्बन्ध होने के नाते मैं माखनलाल फोतेदार, दिग्विजय सिंह, जनार्दन द्विवेदी, सुरेद्र मोहन, प्रकाश करात, सीताराम येचुरी, एस.एस. सोहनी

(डॉ. शंकरदयाल शर्मा के पूर्व सचिव) सहित अनेक पुराने पत्रकारों (हरीश खरे, एच. के. दुआ, चंदन मित्रा आदि) से भी मिलता रहता था। लेखक मित्रगण अपनी जगह थे ही। सप्ताह में एक बार प्रेस क्लब भी चला जाया करता था। महीने में एक दफ़े इंडियन कॉफी हाउस में भी कॉफी की चुस्कियों के बीच मित्रों से गपशप हो जाया करती थी।

आठ वर्ष के सत्ता वियोग में तपने के पश्चात् कांग्रेस फिर से सत्तारूढ़ हो चुकी है। डॉ. मनमोहन सिंह प्रधानमंत्री पद की शपथ ले चुके हैं। उनके मंत्रिमंडल में अर्जुन सिंह, प्रणव मुखर्जी, चिदम्बरम्, शरद पवार सहित सहयोगी दलों के दिग्गजों या उनके भरोसेमंद प्रतिनिधियों को शामिल किया गया है। सोनिया गाँधी कांग्रेस अध्यक्ष होने के साथ-साथ संयुक्त प्रगतिशील गठबंधन (यूपीए) की भी अध्यक्ष हैं। राजधानी और मीडिया गलियारों में एक ही आमधारणा है कि सत्ता की वास्तविक नकेल सोनिया जी के हाथों में ही रहेगी, डॉ. सिंह 'जड़ाऊ-खड़ाऊ प्रधानमंत्री' की भूमिका निभाएँगे। यह धारणा शत- प्रतिशत सही न भी हो, लेकिन इतना अवश्य है कि देश के शिखर तंत्र में सत्ता के 'दो ध्रुव' अवश्य बन चुके हैं। मनमोहन सिंह-सरकार के सफल व प्रभावशाली संचालन की अपरिहार्य शर्त रहेगी–कांग्रेस अध्यक्ष और प्रधानमंत्री के बीच जीवंत तालमेल। इस तालमेल तंत्र में सोनिया गाँधी हावी रहती हैं तो कोई आश्चर्य नहीं है, क्योंकि उन्होंने डॉ. सिंह को प्रधानमंत्री बना कर जनता की दृष्टि में 'त्याग की मूर्ति' का स्थान प्राप्त कर लिया है। भारत में सदैव त्याग की महिमा व उपासना की परम्परा रही है। भले ही यह स्वेच्छा से किया गया हो या विवशता से, पर इसका रूप या दिखावा होना चाहिए। सोनिया गाँधी के मामले में उनके त्याग के प्रति मिश्रित भाव भी हैं। यदि सुषमा स्वराज का अकाट्य विरोध नहीं होता तो क्या वे इस पद का त्याग करतीं? क्या वे स्वयं 1998 में प्रधानमंत्री नहीं बनना चाहती थीं? अर्जुन सिंह या प्रणव मुखर्जी जैसे किसी कद्दावर नेता के बजाय एक बोदे व्यक्ति को प्रधानमंत्री क्यों बनाया गया? इन प्रश्नों ने त्याग की निर्मलता को संशकित अवश्य बना दिया है। फिर भी त्याग तो त्याग ही है, इसका लाभ सोनिया जी को मिल रहा है। त्याग की मूर्ति के रूप में उनकी छवि लोगों के दिल-दिमाग़ों में फ़िलहाल निश्चित रूप से उतरती जा रही है। इसकी तासीर कब तक बनी रहेगी, यह नहीं कहा जा सकता।

मनमोहन सिंह ने अर्जुन सिंह को मानव संसाधन विकास मंत्री बनाया है। उनके पास यह मंत्रालय नरसिंह राव की सरकार में भी था। 1991 में वे शारीरिक व राजनीतिक रूप से सशक्त नेता हुआ करते थे और प्रधानमंत्री पद के प्रबल दावेदार भी। लेकिन 2004 में उनमें पहले जैसा सियासी आब-ताब कहाँ, और न ही उनकी काठी में वैसा दम-खम बचा है। अलबत्ता दिमाग़ और वैचारिक प्रतिबद्धता सही सलामत ही नहीं हैं बल्कि चैतन्य व सक्रिय हैं। आज भी नेहरूवीय समाजवाद, धर्मनिरपेक्षता, बहुलतावाद, गुटनिरपेक्षता जैसे भारतीयता के आधार मूल्यों में उनकी अक्षय आस्था बनी हुई है। नेहरू-गाँधी परिवार के प्रति उनकी निष्ठा भी कहीं से तिड़की हुई नहीं है। वाम दलों के प्रति उनका झुकाव यथावत् है। राष्ट्रपति पद के लिए वे सर्वथा योग्य उम्मीदवार हो सकते हैं। पर इस पद की वैकेंसी कहाँ है? फ़िलहाल डॉ. अब्दुल कलाम इस पद पर जमे हुए हैं और 2007 तक रहेंगे। मैं समझता हूँ, इस यूपीए सरकार में काबीना पद उनकी नेहरू-गाँधी परिवार के प्रति दशकों पुरानी अनवरत निष्ठा का पारितोषिक है।

मानव संसाधन मंत्री की दूसरी पारी के आरम्भ के अवसर पर मैं अर्जुन सिंह जी को उनके तुग़लक क्रिसेंट मार्ग पर स्थित निवास पर बधाई देने आया हुआ हूँ। बधाई देने वालों की भीड़ पहले से मौजूद है। सुदीप बॅनजी और दूसरे अधिकारीगण भी वहाँ पहुँचे हुए हैं। भीड़ समाप्ति के बाद मैं उनसे अकेले में उनके कक्ष में मिलता हूँ। बधाई देता हूँ। अर्जुन सिंह जी कहने लगे–

"अरे जोशी जी, आपको बधाई देने की क्या ज़रूरत है?"

"फिर भी...आत्मिक प्रसन्नता का अपना स्थान है।"

"सो तो ठीक है। आप ज़रा सुदीप से मिल लें। कुछ तात्कालिक रूप से सोचा है।"

"धन्यवाद! मैं इसलिए तो आया हूँ नहीं। पहले आप मंत्रालय को अपनी मुट्ठी में ले लें।"

"वो सब चलता रहेगा। आपको हमारी कुछ मदद करनी है। कल सुदीप से मिल लें।"

"ज़रूर मिल लूँगा।"

यह कहकर मैं उनके कक्ष से बाहर आ गया। वैसे सुदीप जी से मेरी अक़सर मुलाक़ात होती भी रहती है। वे कृषि मंत्रालय में पदस्थ हैं। वे मेरे अभिन्न शुभचिंतक रहे हैं। वे चाहते हैं कि मैं पत्रकारिता में लौट जाऊँ, किसी बड़े पेपर में ऊँचा पद ले लूँ। उन्होंने 'दैनिक भास्कर' के प्रबंध सम्पादक व मालिक रमेश अग्रवाल से बात भी की। भोपाल में मेरी रमेश अग्रवाल और उनके बड़े पुत्र गिरीश से मुलाक़ात भी हुई थी। चंडीगढ़ संस्करण के स्थानीय सम्पादक की नियुक्ति लगभग तय हो गई थी। लेकिन उनके कतिपय वरिष्ठ सलाहकारों व सहयोगियों के कड़े विरोध ने मेरी संभावित नियुक्ति को रद्द करा दिया। प्रबंधकों से कहा गया कि रामशरण जोशी कट्टर वामपंथी हैं। उनकी अपनी लॉबी है। भूमंडलीकरण के दौर में उन्हें वरिष्ठ पद पर लाना ठीक नहीं रहेगा। जूनियर अग्रवाल ने बाद में मुझ से स्वीकार भी किया कि आपका हमारे भीतर भारी विरोध है। आप किसी 'जूनियर पोजीशन' पर आ जाइए। मैंने इसे अस्वीकार कर दिया। वास्तव में मेरी नियुक्ति का विरोध करने वाले वे लोग थे जो 'नई दुनिया' में अदना पदों पर थे। उन्हें भय था कि मेरे भास्कर ग्रुप में प्रवेश से उनके पदों को स्वत: ही ग्रहण लगना शुरू हो जाएगा। वैसे मैं अब दैनिक पत्रकारिता में लौटना भी नहीं चाहता हूँ। मैं इस निष्कर्ष पर पहुँच चुका हूँ कि सक्रिय पत्रकारिता पीछे छूट चुकी है। अब इस अखाड़े में फिर से उतरना मेरे बूते से बाहर की बात है। 'नई दुनिया' में जिस स्वाभिमान, गर्व और ग्लैमर के साथ दो दशकों तक पारी खेली थी, उसकी यथावत् पुनरावृत्ति आज असंभव है। अत: मुख्यधारा की सक्रिय पत्रकारिता को अलविदा!

कृषि भवन में सुदीप बॅनर्जी के कक्ष में मैं पहुँचता हूँ। सामान्य चर्चा के बाद हम दोनों मुद्दे पर लौटते हैं।

"तो जोशी जी, क्या सोचा है?"

"सुदीप जी, अभी तो आराम ही कर रहा हूँ।"

"कुछ कॉलम शुरू क्यों नहीं कर देते?"

"मैं फ़िलहाल मानसिक रूप से तैयार नहीं हूँ।"

"अर्जुन सिंह जी से मुलाक़ात हो गई है?"

"कल हुई थी। उन्होंने कहा है कि मैं आपसे मिल लूँ। बतलाइए, क्या करना है?"

“आपके उपयोग को लेकर चर्चा हुई है। फ़िलहाल कोई स्थायी भूमिका नज़र नहीं आ रही है। मैं अगले कुछ दिनों में एच.आर.डी. में पहुँच जाऊँगा। ट्रांसफ़र की प्रक्रिया शुरू हो चुकी है। मेरे पहुँचने के बाद ही आपके क़द के मुताबिक पद तलाशा जाएगा। इसी बीच आपको मंत्रीजी की मदद करनी है।”

“मैं क्या मदद कर सकता हूँ?”

“देखिए, राष्ट्रीय बाल भवन, दिल्ली के अध्यक्ष का पद खाली हुआ है। राजपूत लॉबी मंत्रीजी पर दबाव डाल रही है कि अजय सिंह को फिर से अध्यक्ष बना दिया जाए।”

“तब समस्या क्या है?”

“अजय सिंह बीजेपी के आदमी हैं। डॉ. मुरलीमनोहर जोशी के विश्वासपात्र हैं। उन्हें कंटीन्यू कराने पर बवाल नहीं मच जाएगा?”

“यह बात तो ठीक है। तो इसमें मैं क्या कर सकता हूँ?”

“देखिए, कुछ समय के लिए आपको बाल भवन का अध्यक्ष पद सँभालना है। यह अवैतनिक पद है, लेकिन अति सम्मानित व ग्लैमर का पद है। इसकी प्रथम अध्यक्षा इन्दिरा जी थीं। इससे इस पद के महत्त्व का अंदाज़ लगाया जा सकता है।”

“लेकिन मुझे करना क्या होगा?”

“आपको तीन-चार महीने इस पद पर रहना है। अध्यक्ष होने के नाते आपको गाड़ी, पी.ए. टेलीफोन यात्रा-भत्ता आदि की सुविधाएँ दी जाएँगी। देश में जहाँ भी बालभवन की शाखाएँ हैं, आप वहाँ की यात्रा कर सकेंगे। इसकी डायरेक्टर मधु पंत हैं। मैं उन्हें आपके साथ सहयोग करने के लिए बोल दूँगा।”

“वैसे मैं इस पद पर कब तक बना रहूँगा?”

“देखिए, कांग्रेस के शासन में 10 जनपथ ही बाल भवन के अध्यक्ष और उपाध्यक्ष तय करते आए हैं। सोनिया जी ने अभी नाम तय नहीं किए हैं। उनका फोकस सरकार पर है। मैं समझता हूँ अगस्त-सितम्बर तक नाम तय हो जाएँगे। इसी बीच मैं आपके लिए उचित जगह तलाश भी लूँगा। मेरे ध्यान में अभी केंद्रीय हिन्दी संस्थान, आगरा, और नेशनल बुक ट्रस्ट हैं। देखते हैं क्या होता है। मंत्रीजी चाहते हैं कि आप तब तक इस पद को सँभाले रहें। यदि आप तैयार हैं तो मैं उन्हें बोल देता हूँ।”

“ठीक है, एक यह भी प्रयोग कर लिया जाए!”

“मैं समझता हूँ, अच्छा ही रहेगा। एक नया अनुभव होगा।”

इस वार्तालाप के पश्चात् मैं कृषि भवन से चला आता हूँ। अगले रोज़ अर्जुन सिंह जी के यहाँ से फ़ोन आता है। मैं उनकी कोठी पर पहुँच कर बाल भवन के अध्यक्ष पद की नियुक्ति-पत्र अर्जुन सिंह जी के हाथों से ही प्राप्त कर लेता हूँ। पत्र देते हुए वे कहते हैं–

“जोशी जी, यह बिल्कुल नई चुनौती है। हो सकता है आपको अजीब लगे, और लोगों को भी। सँभाल लेंगे ना?”

“आपका सान्निध्य मिलता रहा तो इस भूमिका को भी निभा दूँगा।”

“एक बात और है। यह नितांत अस्थायी व्यवस्था है। मुझे जैसे ही सोनिया जी से संकेत मिलेगा, मैं आपको बतला दूँगा। अपना त्यागपत्र तैयार रखना। किसी को कुछ कहने की आवश्यकता नहीं है।”

"जी! आप निश्चिंत रहिए। मैं आपकी अपेक्षाओं पर खरा उतरने की पूरी कोशिश करूँगा।"

यह कह कर मैं चला आया। अगले रोज़ कोटला रोड स्थित बाल भवन अपनी खटारा मारुति चलाते हुए मैं पहुँच गया। मुझे देखकर निदेशक डॉ. मधु पंत भौंचक्की रह गई हैं। उन्हें उम्मीद थी कि मैं धूम-धड़ाका करते हुए यह पद सँभालूँगा। साथ में लोग-बाग होंगे। मैं तो अकेले ही मंत्रीजी का पत्र लिए पहुँच गया हूँ। वे स्वागत करती हैं।

"सर! आप फ़ोन कर देते। मैं यहाँ से गाड़ी भिजवा देती। आप हमारे अध्यक्ष हैं।"

"इसकी कोई ज़रूरत नहीं समझी। मैं इस तरफ़ आया हुआ था, सोचा आप लोगों से भी मिल लूँ।"

"ठीक किया! आइए, मैं आपका चैम्बर दिखा देती हूँ।"

डॉ. पंत मुझे अध्यक्ष के चैंबर में ले आई हैं। इसमें नेहरू जी और इन्दिरा जी के चित्र लगे हुए हैं। अब तक के अध्यक्षों के नामों की पट्‌टी भी लगी हुई है। यह एक भव्य चैंबर है। फर्नीचर भी इसी के अनुरूप है। अच्छे-खासे ढंग से सुसज्जित किया गया है इसे। बिल्कुल काबीना मंत्री का कक्ष लगता है। और हो भी क्यों न? जब इन्दिरा जी, डॉ. कर्ण सिंह, पुपुल जयकर आदि कुलीनगण इसे सुशोभित कर चुके हैं। मैं तो इन लोगों के मध्य 'तदर्थ क्षेपक' हूँ जिसे हठात् ठूँस दिया गया है। लेकिन, जब मैं यहाँ ठूँस ही गया हूँ तो क्यों न इस पद और कक्ष को अपनी ही चाल-चलन से चलाया जाए!

पत्रकारिता एक ऐसा पेशा होता है जिसमें आपकी मुठभेड़ें आए दिन विसंगतियों, विभिन्नताओं, विरोधाभासों, विपरीत चरम बिंदुओं से होती रहती हैं; सामान्यजन से लेकर राष्ट्रपति; श्रमिक से लेकर उद्योगपति; वंचित से लेकर पूँजीपति; चपरासी से लेकर कैबिनेट सचिव; सिपाही से लेकर सेनाध्यक्ष तक पत्रकार निर्भयतापूर्वक आवाजाही करता है। अतियों से भरा यह विशाल वृत्त काफ़ी कुछ सलीका व हुनर सिखा देता है पत्रकार को। मैं भी इसी वृत्त का प्राणी हूँ। अत: इस कक्ष की कुलीनता मुझसे अनुकूलित होगी, न कि मैं इससे, यह तो मैं मन में ठान लेता हूँ।

बाल भवन के संविधान व एजेंडे का अध्ययन करता हूँ। प्रत्येक विभाग के काम-काज का बारीकी से निरीक्षण करता हूँ। मैं जानता हूँ मेरे पास समय बहुत कम है इसलिए भवन की कार्यशैली में कुछ ऐसे हस्तक्षेप करना चाहता हूँ जो इसे कुछ झकझोर सके। नेहरू-काल में बाल भवन की स्थापना समाज के सबसे कमजोर व वंचित वर्गों के बच्चों को विभिन्न खेलकूदों व मनोरंजन के माध्यम से शिक्षण-प्रशिक्षण देने के लिए की गई थी। दलित और आदिवासी बच्चों के द्वार पर इसे ले जाया जाना था, या उनके लिए इसके दरवाज़े खोलना था। उन्हें बाल भवन की धारा में शामिल करने के लिए विशेष क़दम उठाये जाने थे जिससे कि उनमें सर्जनात्मकता और निहित प्रतिभा को जाग्रत किया जा सके। लेकिन इस दिशा में बाल भवन सुस्त या ठंडा ही नज़र आया। स्थापना के क़रीब पचास वर्षों और स्पष्ट घोषित उद्देश्यों के बावजूद बाल भवन ने अभी तक आदिवासी बच्चों के लिए कोई विशेष कार्यक्रम नहीं किए और न ही सम्मेलन किया है। मलिन बस्तियों के बच्चे भी इससे कटे रहे हैं। केवल साधन-सम्पन्न वर्ग के बच्चे, किशोर और उनके माता-पिता ही इस संस्था से जुड़े हैं। कार और स्कूटर वाले अभिभावकों का ही

मैं यहाँ जमावड़ा देखता हूँ। आश्चर्य तो यह है कि कोटला मार्ग स्थित यह बाल भवन रविवार को बंद रहता है, जबकि अधिकांश अभिभावक व बच्चे इस रोज़ ही आना चाहते हैं।

मैंने अध्यक्ष पद का चार्ज लेने के बाद डॉ. पंत को निर्देश दिया कि बाल भवन रविवार को खुला रखा जाए। दूसरा निर्देश दिया कि मलिन बस्तियों–झुग्गी–झोपड़ियों से क़रीब चालीस–पचास बच्चों को प्रत्येक शनिवार व रविवार को यहाँ लाया जाए। इसके लिए डीटीसी बसों की विशेष व्यवस्था की जाए। इन बच्चों को वांछित नाश्ता भी दिया जाए और उद्देश्यपूर्ण बाल फ़िल्मों ('बूट पालिश', 'हम पंछी एक डाल के', 'जागृति, 'अब दिल्ली दूर नहीं' आदि) का प्रदर्शन भी किया जाए। बाल चलचित्र समिति से सम्पर्क कर बाल फ़िल्में प्राप्त की जाएँ।

बाल भवन के इतिहास में ऐसा प्रयोग पहली बार किया गया। गंदी बस्तियों तक पहुँचने के लिए मैंने एनजीओ की सहायता ली है। दलित बुद्धिजीवी व एक्टिविस्ट अशोक भारती ने मेरी इस पहल में विशेष सक्रियता दिखलाई है। उनके सहयोग से मैंने कुछ बस्तियों का दौरा कर इस काम के लिए चुना है।

मैं चाहता हूँ कि इस संस्था का चरित्र बदले। यह आमजन समाज से जुड़े। इसके पास विपुल संसाधन हैं जिनका अधिकांश लाभ मध्यवर्ग व उच्च मध्यवर्ग की संतानों को मिल रहा है। जबकि ऐसा नहीं होना चाहिए। यद्यपि मधु पंत मेरे कार्यक्रमों के प्रति उत्साह दिखाती हैं, लेकिन वे खांटी ब्यूरोक्रेट भी हैं। कुलीन संस्कार उनमें उचकते–कूदते रहते हैं। वंचित वर्गों के बालकों–किशोरों के प्रति संकोच भाव भी उनमें रहता है। लेकिन काम लेना मुझ से आता है।

एक रोज़ मैं हबीब तनवीर साहब को बाल भवन ले आया। उन्होंने निदेशक पंत और लोगों को बतलाया कि किस प्रकार इस संस्था को आम लोगों के बालकों के लिए उपयोगी बनाया जा सकता है। इसके साथ ही इसे किस प्रकार लोक संस्कृति से जोड़ा जाए। गाँवों के पास इसे कैसे ले जाया जा सकता है। इस सम्बन्ध में उन्होंने अपने सुझाव भी दिए।

हिन्दी का साहित्यिक समाज तो लगभग भवन से कटा हुआ है बल्कि अपरिचित है। इस बेगानेपन को दूर करने के लिए बाल साहित्य पर एक दिवसीय संगोष्ठी रखी गई, जिसमें रमेश उपाध्याय, प्रदीप पंत, पंकज बिष्ट, इब्बार रब्बी, नासिरा शर्मा आदि ने भाग लिया। एक औपचारिक सांध्य भोज भी रखा। राजेन्द्र यादव, असग़र वजाहत, डॉ. निर्मला जैन, विष्णु नागर, पंकज बिष्ट, सुदीप बॅनर्जी, लीलाधर मंडलोई, जुबेर रिजवी सहित अनेक कवि–लेखक व पत्रकारों ने लोक–संगीत और भोजन का आनन्द लिया। इस अवसर पर लेखक मित्रों को बताया कि किस प्रकार के कार्यक्रमों के माध्यम से बाल भवन को 'तलछट वर्गों के बालकों के साथ जोड़ने के प्रयास किए जा रहे हैं। संक्षेप में, इस अज़ीम संस्था का विभद्रलोकीकरण हो जाए, मेरा कुल प्रयास यही है।

इसके साथ ही निदेशक को जबलपुर में छत्तीसगढ़, मध्य प्रदेश और झारखंड के आदिवासी बालकों–किशोरों का दो दिवसीय सम्मेलन के आयोजन की व्यवस्था करने का भी निर्देश दिया। तय यह भी किया कि सितम्बर में अर्जुन सिंह जी इस सम्मेलन का उद्घाटन करेंगे।

बाल भवन की 'कार्यकारिणी का पुनर्गठन किया गया जिसमें डॉ. कमला प्रसाद, श्रीमती माला हाशमी, डॉ. नासिरा शर्मा जैसे संस्कृति व साहित्यकर्मियों को रखा गया। इस कार्यकारिणी से दो बड़े प्रोजेक्ट भी स्वीकृत कराये। पहला प्रोजेक्ट गुजरात के साम्प्रदायिक हिंसा पीड़ित बच्चों से संबंधित है। इस प्रोजेक्ट के अन्तर्गत चुनिंदा हिंदू व मुस्लिम बालकों को दिल्ली बाल भवन में लाकर एक सप्ताह रखा जाए और उनकी सर्जनात्मकता-रचनात्मकता की परख की जाए। मैं देखना यह चाहता हूँ कि 2002 के साम्प्रदायिक दंगों ने दोनों समुदायों के बालक-किशोर मनों को कितना प्रभावित किया है? उनकी सर्जनात्मकता व कल्पनाशीलता को किस प्रकार के आघात लगे हैं? उनके मन-मस्तिष्क पर किस प्रकार के चित्र अंकित हुए हैं? दोनों समुदायों के बालकों-किशोरों को शिविर में संयुक्त रूप से रखा जाए। उन्हें लेखन, चित्रकारी, संगीत, नाटक जैसी रचनात्मक गतिविधियों से जोड़ा जाए। बाद में उनकी रचनाओं, चित्रों आदि का प्रकाशन भी हो।

दूसरा प्रोजेक्ट यह है कि बाल भवन से संबद्ध केन्द्रों के माध्यम से देश भर में बालकों-किशोरों के स्वप्नों का सर्वेक्षण कराया जाए। इस सर्वेक्षण के माध्यम से सोलह वर्ष की आयु तक के बालकों की आशाओं, आकांक्षाओं को संकलित कर उनका विश्लेषण किया जाए। इसमें दलित व आदिवासी पृष्ठभूमि के बालकों-किशोरों पर भी फोकस रहना चाहिए।

भवन के तंत्र का मैं अधिकतम् उपयोग करना चाहता हूँ। इसकी निजी वजह भी है। किशोरावस्था की वंचन-ग्रंथि से मैं मुक्त नहीं हो पाया हूँ। आज जब मैं बालकों-किशोरों को भवन के विभिन्न कार्यक्रमों में देखता हूँ तो मुझे अपने दिन याद आ जाते हैं। तेरह-चौदह वर्ष की आयु में मैंने उन्मुक्तता के साथ कभी खेलकूद में भाग लिया हो, मुझे याद नहीं है। सिर्फ़ इतना याद है, बारह-चौदह घंटे खटना ही मेरा मनोरंजन-खेलकूद था; सुबह आठ से रात्रि आठ तक काम; मालिक की गालियाँ व थप्पड़ खाना; गर्मी-ठंड-बरसात में चिट्ठियाँ पहुँचाना। इन्हीं कामों में मैं फुटबाल, बॉलीबॉल, क्रिकेट, नाटक, चित्रकारी, गायन, अन्त्याक्षरी, वाद-विवाद प्रतियोगिता आदि को तलाशा करता था! आज जब मैं 1956-57 में लौट कर किशोरों को देख रहा हूँ तो यही लग रहा है कि मैं ही सर्वत्र खेल रहा हूँ; हर किशोर में मैं हूँ; जयपुर के क्रीड़ा मैदानों में हूँ; हर प्रतियोगिता में भाग ले रहा हूँ; ट्राफियाँ मिल रही हैं। फिर मैं वर्तमान में लौट आता हूँ और बाल भवन का अध्यक्ष बन जाता हूँ। अध्यक्ष के रूप में मैं अपनी किशोरावस्था को जीने लगा हूँ; मेरे इस साठोत्तरी जीवन-काल की यह 'पुनर्नवा-उपलब्धि' है!

बाल भवन में वंचित वर्ग के बालकों-किशोरों की भागीदारी को सुनिश्चित करने के उद्देश्य से मैंने जयपुर, पांडिचेरी और अन्य केन्द्रों के दौरे भी किए। वहाँ भी इसी उद्देश्य को ध्यान में रख कर आयोजन किए गए। लेकिन हर जगह निहित स्वार्थों के गढ़ भी मिले जिन्हें मैं इस अल्पावधि में ध्वस्त कर पाऊँगा, यह संभव नहीं लगता। मधु पंत और कतिपय नौकरशाहों की जड़ें काफ़ी गहरी हैं। अधिकारियों और कर्मचारियों के बीच जितना गहरा अविश्वास है, उतनी ही गुटबाजी है। पंत की जड़ें मंत्रालय और भवन के तंत्र में गहरी फैली हुई हैं। उनके सम्बन्ध में अनेक प्रकार की अवांछित चर्चाएँ भी फैली हुई हैं। किसे गम्भीरता से लिया जाए, कहना कठिन है। फिर मुझे यहाँ के झमेले में पड़ना भी नहीं चाहिए।

यहाँ भी मेरा यह आत्मसंघर्ष है कि कर्मचारियों के साथ किस प्रकार न्याय किया जाए? तदर्थ व अस्थायी लोगों को पक्का कैसे कराया जाए? डॉ. मधु पंत कई प्रकार की तकनीकी अड़चनें खड़ा कर देती हैं। वे अपने कार्यकाल को बढ़वाने में जितनी व्यग्र हैं, कर्मचारियों के कल्याण और भवन की कार्यशैली में आमूलचूल परिवर्तन के प्रति उतनी ही संकोची व उदासीन लगती हैं। लेकिन उनकी प्रदर्शन-शैली अद्‌भुत है। वे व्यक्ति और अवसर को परखने व भुनाने में पटु हैं। मैं समझता हूँ 'जैसा तंत्र है वैसा मंत्र है!.' फिर किसी से अपवाद बनने की अपेक्षा क्यों की जाए? यह समय 'मौसम व अवसर वैज्ञानिकों' का है!

अगस्त महीने में सुदीप बॅनर्जी बाल भवन आते हैं। हम लोग साथ- साथ लंच लेते हैं। फिर वे मुझसे अचानक कहते हैं–

"जोशी जी, आपके त्यागपत्र का क्या हुआ? आपने अभी तक दिया नहीं?"

"मैंने मनाह कब किया? आपने माँगा ही नहीं। बताइए कब देना है?"

"देखिए, अगले एक-दो रोज़ में मंत्रीजी को दे दें। दस-जनपथ से फ़ोन आया था।"

"मुझे कोई परेशानी नहीं है।"

"इस बात का ध्यान रखें कि आपके त्यागपत्र की भनक किसी को न लगे। डॉ. पंत को भी नहीं।"

"ठीक है!"

"इसकी घोषणा मंत्रालय करेगा।"

"आप जैसा कहें, मैं वैसा ही करूँगा। आप निश्चिंत रहें।"

"आप इस हठात् त्यागपत्र को अन्यथा तो नहीं ले रहे हैं न?"

"अरे नहीं! हम तीनों (अर्जुन सिंह जी सहित) के बीच यह अंडरस्टेंडिंग पहले रोज़ से ही है। आप निश्चिंत रहें। मेरा त्यागपत्र कल या परसों मंत्रीजी को पहुँच जाएगा।"

"यही अच्छा रहेगा।"

यह कहकर सुदीप जी मंत्रालय चले गए। मैं अपने घर आया और अपने हाथों से त्यागपत्र टाइप कर अर्जुन सिंह जी को सौंप रहा हूँ–

"क्या है?"

"सुदीप जी, कल आए थे। त्यागपत्र आपको सौंप रहा हूँ।"

"ठीक है! जनपथ ने पूछा था। मैं उन्हें कह दूँगा त्यागपत्र आ गया है।" अर्जुन सिंह जी अपनी स्थिति स्पष्ट करते हैं। यह उनका बड़प्पन है।

"आप जैसा उचित समझें। बस, त्यागपत्र स्वीकार करने से एक सप्ताह पहले बतला देंगे तो सुविधा होगी।"

"वो कैसे?"

"मैं अधूरे काम निपटा लूँगा और बाल भवन जाना बंद कर दूँगा।"

"सो तो ठीक है। मैं समझता हूँ, दो-एक महीने लग जाएँगे।"

"बिल्कुल ठीक है। मैंने थोड़ी-बहुत गतिविधियाँ इसलिए की हैं ताकि इस संस्था को जनता के पास ले जा सकूँ। इसकी सार्थकता सिद्ध की जा सके।"

"अब आपको भवन से कहीं अन्यत्र जाना है इसलिए प्रचार से बचें।"

"जी!" यह कह कर मैं उनके चैम्बर से बाहर आ गया। उन्होंने मेरा इस्तीफ़ा अपनी ज़ेब में रख लिया।

अध्यक्ष पद पर रहते हुए एक रोज़ अशोक टंडन मुझसे मिलने बाल भवन आए। अशोक टंडन पूर्व प्रधानमंत्री वाजपेयी के प्रेस सलाहकार रहे हैं। वैसे 'हिन्दुस्थान समाचार' के समय से हम दोनों एक-दूसरे से परिचित हैं। मुख्यमंत्री उमा भारती ने टंडन को नोएडा परिसर में मेरा उत्तराधिकारी बनाया है। वे नोएडा परिसर के सम्बन्ध में कुछ चर्चा करना चाहते हैं। एक घंटे की चर्चा में मैं उन्हें नोएडा परिसर का पूरा इतिहास और कार्यशैली बतला देता हूँ, स्टाफ की जानकारी दे देता हूँ। दरअसल वे मीडिया शिक्षण क्षेत्र में नितांत नौसिखिया हैं। वे अपने कैरियर में एक प्रकार से 'हैंड आउट व प्रेस विज्ञप्ति पत्रकार' रहे हैं, लेकिन संघ पृष्ठभूमि होने के बावजूद मैं उन्हें उदारवादी मानता हूँ। यही वजह है कि वाजपेयी जी ने उन्हें अपने प्रेस सलाहकार के रूप में चुना। टंडन मिलनसार व सहयोगी क़िस्म के हैं। 1998-99 में मेरे साथ उनके मित्रवत् सम्बन्ध रहे हैं। 1998 में मैं वाजपेयी जी की राजकीय न्यूयार्क-यात्रा में उनके मीडिया दल का सदस्य भी था। टंडन भी साथ थे। प्रधानमंत्री के कवरेज़ के लिए कई घरेलू यात्राएँ भी हम दोनों साथ-साथ कर चुके हैं। इस नाते परस्पर विश्वास के सम्बन्ध अभी तक बने हुए हैं। वैसे, हम दोनों परस्पर विरोधी ध्रुव के व्यक्ति हैं।

नोएडा परिसर के सम्बन्ध में पुख़्ता 'ब्रीफिंग' के बाद हमारी बातचीत में नया मोड़ आता है। यह मोड़ हम दोनों को 2002 की गुजरात हिंसा की घाटी में उतार देता है। इस डरावनी घाटी में उतरने के बाद मैं अशोक टंडन से सीधा प्रश्न करता हूँ-

"अशोक, आप वाजपेयी के अत्यंत क़रीब रहे हैं। उन्हें दक्षिण एशिया के आला राजनेता के रूप में देखा जाता है। जब 2002 में गुजरात जल रहा था तब वे संवेदनशील प्रधानमंत्री होते हुए भी मूक दर्शक क्यों बने रहे? उन्होंने मुख्यमंत्री नरेन्द्र मोदी को केवल 'राजधर्म' के पालन की नसीहत देकर ही प्रधानमंत्री धर्म का पालन किया। इससे आगे वे क्यों नहीं बढ़े?"

अशोक टंडन शांत हैं, स्तब्ध नहीं। वे कुछ कह नहीं पा रहे हैं। सोच में डूबे हुए लग रहे हैं। मैं फिर से अपना प्रश्न दोहराता हूँ। वे काफ़ी कुछ सोचते हुए कहते हैं, "जोशी जी, मैं अपनी कुछ बातें आपसे शेयर कर रहा हूँ लेकिन इसका अभी उपयोग न करें। वक़्त आने पर सच स्वत: सामने आ जाएगा। पर प्रतीक्षा करनी होगी!'

जहाँ तक मैं जानता हूँ, वाजपेयी जी नरेन्द्र मोदी को मुख्यमंत्री पद से हटाना चाहते थे। सब कुछ तय भी हो गया था। लेकिन अचानक इसमें नाटकीय परिवर्तन आ गया। विशेष विमान से दिल्ली से गोवा जाते हुए मार्ग में उन्हें अपने निर्णय पर पुनर्विचार करना पड़ा। एक तरह से उन्हें पुनर्विचार के लिए विवश किया गया। वे पार्टी की बैठक में भाग लेने के लिए गोवा जा रहे थे।"

"इसके पीछे क्या वजह रही होगी?"

"जहाँ तक मेरी जानकारी है, वाजपेयी जी और आडवाणी के बीच गम्भीर विचार-विमर्श हुआ था। आडवाणी जी, मोदी-सरकार को बर्ख़ास्त करने या नेतृत्व परिवर्तन

के पक्ष में नहीं थे। वे किसी भी प्रकार की कार्रवाई के विरुद्ध थे। मैं समझता हूँ आडवाणी जी के दबाव के कारण वाजपेयी जी ने अपना निर्णय बदला होगा!"

"देखिए अशोक जी, इस तरह की कुछ बातें छन कर मीडिया में आ चुकी हैं। मैं समझता हूँ, दबाव के और भी कुछ कारण रहे होंगे?"

"जोशी जी, यह अत्यंत संवेदनशील मामला है। मेरे पास कोई ठोस सुबूत नहीं हैं। लेकिन जिस प्रकार की परिस्थितियाँ बन गई थीं, उससे वाजपेयी जी सहम गए थे। इस सहमने में भय शामिल है। इस भय के कई रूप हैं। शायद कतिपय क्षेत्रों से उन्हें सभी प्रकार का भय हुआ होगा! धमकियाँ मिली होंगी!"

"क्या उन्हें संघ व पार्टी सांसदों की नाराजगी, उनके नेतृत्व के विरुद्ध बग़ावत या कोई और गम्भीर आशंका थी?"

"मैं इतना ही कह सकता हूँ कि उन्हें सभी प्रकार की आशंकाएँ हुई होंगी! आप तो बुद्धिजीवी हैं। इतिहास की धारा से परिचित हैं। सत्ता के लिए षड्यंत्र हमेशा चलते रहते हैं। कठोर निर्णयों की कीमत चुकानी पड़ती है। शायद वाजपेयी जी बड़ी कीमत चुकाने से सहम गए होंगे। कवि हृदय हैं इसलिए विभिन्न प्रकार की आशंकाओं-भय से वे घिरे रहे होंगे। जयचंद, ब्रूटस, मीरजाफ़र तो हर पार्टी में हैं। मैं समझता हूँ, वाजपेयी जी और आडवाणी जी भीतर ही भीतर मोदी जी से भयभीत रहे होंगे। इसलिए उन्होंने 'राजधर्म' के पालन की सीख देना ही पर्याप्त समझा।"

"क्या आडवाणी जी कभी प्रधानमंत्री बन सकेंगे?"

"देखिए, 2004 का चुनाव आडवाणी जी के लिए सुनहरा अवसर था। यदि इस बार एन.डी.ए. को बहुमत मिल जाता तो वे निश्चित ही प्रधानमंत्री बनते, वाजपेयी जी तो पीछे हट गए थे।"

"क्या 2009 में कोई संभावना नहीं बनेगी?"

"मैं यह विश्वास के साथ नहीं कह सकता! तब तक कई संभावनाएँ पैदा हो जाएँगी। मैं इतना अवश्य कह सकता हूँ कि वाजपेयी अब सत्ता के खेल से बिल्कुल बाहर हो चुके हैं। उनके लौटने की कोई संभावना नहीं है। उन्होंने आडवाणी जी के लिए खुला मैदान छोड़ दिया है।"

अशोक टंडन के दबे स्वरों में काफ़ी कुछ छिपा है। मैं समझ सकता हूँ कि उनके लिए दहलीज़ लाँघना संभव नहीं हैं। लाँघने में कई खतरे हैं। पाँच-छह वर्षों तक उन्होंने प्रधानमंत्री वाजपेयी के साथ सत्ता-ड्रामा को बहुत समीप से देखा है। इस ड्रामा का प्लॉट-संवाद कहाँ रचे जाते हैं, संवाद कौन बुलवाता है, कब खलनायक नायक को दबोच लेगा, कौन ब्रूटस होगा, सीजर की कैसी नियति होगी, अशोक को इसका एहसास होगा!

वास्तव में, मंच पर सत्ता ड्रामा जितना दृश्यमान होता है, उससे कहीं अधिक यह नेपथ्य में मंचित होता है, और साथ ही अदृश्यमान रहता है। नेपथ्य से प्रोम्पटर मंच पर पात्रों से काफ़ी कुछ बुलवाता रहता है। नाटक के नेपथ्य-मंचन को लेकर दर्शक अँधेरे में ही रहते आए हैं!

निजी जीवन इससे अलग कहाँ है? नेपथ्य और मंच या अदृश्य व दृश्य, दोनों के साथ समांतर रूप से हम लोग जीते रहते हैं। बहुत कम जीवन ऐसे होते हैं जहाँ नेपथ्य और मंच

के मध्य पारदर्शिता का सम्बन्ध रहता है, दोनों मंचों में कोई अन्तर नहीं रहता है, बल्कि दोनों परस्परपूरक होते हैं। विश्वास का सेतु दोनों को जोड़े रखता है। किसी एक के द्वारा विश्वासघात का अर्थ है पारदर्शिता की मृत्यु!

पिछले कुछ समय से 'हंस' के सम्पादक राजेन्द्र यादव मेरे पीछे पड़े हुए हैं। वे अपनी पत्रिका में 'मेरे विश्वासघात' या 'मेरी आत्मस्वीकृतियाँ' की सीरीज़ शुरू करना चाहते हैं। वे चाहते हैं कि मैं पारदर्शिता के साथ अपने उन कोनों को उद्घाटित करूँ जिन्हें यादों में छिपा रखा है। उन क्षणों को पुनर्जीवित करूँ जो कि कमज़ोर रहे हैं, और साथ ही वे मुझे राजनीतिक एक्टिविस्ट व बौद्धिक के बजाय 'मानवीय' रूप में सामने रखें। आदमी औरों के साथ ही नहीं, स्वयं के साथ भी विश्वासघात करता है। स्वयं के द्वारा स्वयं के विरुद्ध, किए गए विश्वासघातों को कौन देख पाता है? नेपथ्य में व्यक्ति स्वयं ही इसका एकल दर्शक से लेकर निर्देशक होता है। वह खुद ही इसका नायक या खलनायक होता है। इसलिए नेपथ्य में मंचित विश्वासघातों के नाटक को सामने वाले मंच पर दर्शकों के समक्ष मंचित करना चाहिए।

यादव जी मुझसे ही 'मेरे विश्वासघात' लिखने के लिए कह रहे हैं, ऐसा नहीं है। वे पिछले तीन-चार महीनों में कई लोगों से कह चुके हैं। यादव जी का कहना है कि डॉ. प्रभा खेतान, सागर के कांतिकुमार जैन और कुछ अन्य लोगों ने लिखने का वादा किया है। यादव जी की फ़ेहरिस्त में डॉ निर्मला जैन, विभूति नारायण राय, अशोक वाजपेयी, मैत्रेयी पुष्पा, पंकज बिष्ट आदि भी शामिल हैं। अब यादव जी चाहते हैं कि मैं तो लिखूँ ही, साथ ही मैं डॉ. ब्रह्मदेव शर्मा, मेधा पाटकर, अरुणा राय जैसी सामाजिक हस्तियों को भी 'हंस' की सीरीज़ में लिखने के लिए प्रेरित करूँ, क्योंकि इन सभी की जिंदगियों में 'आत्मविश्वासघात' न घटे हों, ऐसा हो नहीं सकता। इनसे सम्पर्क कर इन्हें तैयार करने की ज़रूरत है।

संयोग था कि राजेन्द्र भवन के सभागर में आयोजित एक कार्यक्रम में हम तीनों-मेधा जी, यादव जी और मैं टकरा गए। कार्यक्रम के पश्चात् मैं दोनों को बाल भवन ले गया। अपने चैम्बर में इन दोनों को बैठा दिया। मैं भी इन लोगों के साथ बैठ गया। यादव जी ने देश की विख्यात् व प्रतिष्ठित आंदोलनकर्मी मेधा को अपने जाल में उलझाने की अथक कोशिशें कीं। उन्हें पारदर्शिता, ईमानदारी, रूसो, गाँधी आदि की दुहाई देकर आधा घंटे तक उकसाते रहे। वे अपनी एक ही बात पर अड़ी रही, "देखिए यादव जी, मैं जोशी जी के कहने पर आपसे मिल रही हूँ। मेरा निजी जीवन भी सार्वजनिक जीवन है, कुछ भी छिपा हुआ नहीं है जनता से। मैं और क्या बतलाऊँगी?" यादव जी भी आसानी से हार कहाँ मानने वाले थे! धुन के पक्के थे। शिकार कैसे किया जाता है, यह कौशल इस कथाकार-सम्पादक से सीखना चाहिए।

यादव जी ने मेधा जी के संवेदनशील क्षणों को जाग्रत करने की अथक कोशिश की, "देखिए, मेधा जी, यह सही है कि आपका जीवन पारदर्शी है। सब कुछ जनता के समक्ष है। आप जनता से प्यार करती हैं। 'नर्मदा बचाओ आंदोलन' चलाती हैं। क्या आपको स्वयं से प्रेम नहीं है? संवेदनाओं, भावनाओं के बग़ैर कोई व्यक्ति समाज से प्रेम कैसे कर सकता है? कुछ तो निजी...निहायत व्यक्तिगत रहता है? वही लिख डालिए।"

मेधा जी कहाँ हार मानने वाली थीं। वे बोली, "जो कुछ मेरा निजी था, वो तो सब कुछ समाज को दे दिया। अब कुछ बचा ही नहीं है!"

"ठीक है, कुछ शेष नहीं है। लेकिन आपने समाज को कब, कैसे दिया? क्यों दिया? इसके पीछे कौन-सी भावनाएँ थीं? आप जब किशोरी से युवती बनती हैं, युवती से प्रौढ़ महिला बनती हैं, प्रौढ़ महिला से समाज एक्टिविस्ट बन जाती हैं...क्या इस लम्बी यात्रा में सब कुछ ठीक-ठाक-सपाट चलता रहा है? कुछ तो ऐसा घटा होगा जो आपका निहायत व्यक्तिगत होगा? ऐसा भी घटा होगा जिसे नहीं घटना चाहिए! आपने कभी खुद के विरुद्ध फ़ैसले लिए होंगे...ऐसे भी क्षण आए होंगे जब आप स्वयं से लज्जित हुई होंगी...मुझे यही सब कुछ चाहिए।"

यादव जी फिर उन्हें घेरने की कोशिश करते हैं।

एक बारगी तो लगा कि मेधा जी घिर चुकी हैं लेकिन वे तुरंत ही सँभल गईं। यादव जी का जाल छोटा पड़ गया। वे उठती हुई कहने लगीं, "ठीक यादव जी, मैं कुछ सोचूँगी। अभी कोई वादा नहीं करती। मुझे कुछ लगा तो जोशी जी को बोल दूँगी।"

यादव जी गुगली फेंकते हैं, "मेधा जी, मैं रिकॉर्ड कर लूँगा। अपना आदमी भेज दूँगा। उनहें लिखवा दीजिए। सब कुछ आपकी मर्जी से ही प्रकाशित होगा। दुनिया के बड़े-से-बड़े लोगों ने अपने निजी जीवन को सार्वजनिक किया है। आप जो भी लिखेंगी, ऐतिहासिक होगा।"

"ठीक है-ठीक है...मैं देखूँगी।" यह कह कर मेधा जी अपने सहायक के साथ कार में बैठ जाती हैं, पीछे रह जाते हैं हम दोनों। यादव जी मेरी तरफ़ मुड़ते हैं, "मैं समझता हूँ मेधा ज़रूर लिखेंगी। आप देख लेना!"

"मुझे नहीं लगता है। उन्हें लम्बा सार्वजनिक जीवन जीना है। ऐसा-वैसा लिखने का अर्थ होगा उनके सार्वजनिक जीवन का अन्त।"

"अरे, इससे कोई फ़रक़ नहीं पड़ता है। जनता इसे पसंद करेगी। नेता को बोल्ड होना चाहिए।"

"यादव जी, भारत में निजी घटनाओं का प्रभाव पड़ता है। जनता अपने नेता को किसी भी रूप से विशेष रूप से नैतिक रूप से, स्खलित नहीं देखना चाहती। औसत हिंदू के आदर्श 'राम' हैं, कृष्ण नहीं! हम पाखंडी लोग 'स्खलन' के सार्वजनिक रूप से घृणा, और निजी रूप से इससे प्रेम करते हैं!"

"मैं इसी दोहरेपन को बाहर लाना चाहता हूँ!"

"यादव जी, आपका कुछ नहीं बिगड़ेगा...मेधा जी के लिए परेशानियाँ खड़ी हो जाएँगी।"

"अरे कुछ नहीं होगा, जोशी जी! ख़ैर आप तो लिख डालिए। मेधा जी को छोड़िए।"

"मेधा जी का तो काफ़ी कुछ स्टेक पर है, मेरा कुछ नहीं है। मैं अगले सप्ताह तक आपको ज़रूर कुछ लिख दूँगा।"

"मैं एक वर्ष तक छापता रहूँ, इतना लिखना। आप तो निर्भीक हैं... मनोहरश्याम जोशी के शब्दों में 'साहित्य के वीर बालक' हैं।"

"हूँ या नहीं, इसे छोड़िए! मेरा साहित्य से कुछ लेना-देना नहीं है। जोशी जी ने जो कुछ लिखा है वो खुंदक में लिखा है। तथ्यात्मक रूप से ग़लत लिखा है। ख़ैर!"

"अब छोड़ो यार! जोशी जी को मारो गोली। बस! अगले सप्ताह लिख डालो।"

"ठीक है, मैं दे दूँगा।"

मैं यादव जी को उनकी कार में विदा करता हूँ, और अपनी कार में बैठकर उनके प्रस्ताव पर सोचने लगता हूँ।

यादव जी का प्रस्ताव आत्मसंघर्ष के समान है। पहली दफ़ा मैं आत्मसंघर्ष करूँगा, ऐसा भी नहीं है। मुझे याद आ रहा है। 1963 या 1964 में अंसारी रोड (दरियागंज) से साप्ताहिक 'ग्राम सेवक' निकला करता था। इसमें एक उपसम्पादक रतन सिंह शाण्डिल्य थे। उनके कहने पर मैंने स्कूल के दिनों की एक आत्मस्वीकृति 'जब मैंने अँगूठी चुराई' लिखी थी। क़िस्सा यह था कि मैंने अपने एक चचेरे भाई की अँगूठी चुरा कर बेच दी थी। इस घटना का विस्तार से वर्णन किया था। इस आत्मस्वीकृति की परिवार में काफ़ी चर्चा हुई। इस साहस पर प्रशंसा भी मिली। वास्तव में 'आत्मनिरीक्षण' मैंने सातवीं कक्षा में ही सीख लिया था। आयु के साथ-साथ आत्मनिरीक्षण की प्रक्रिया पहले से अधिक गहन व विश्लेषणात्मक होती चली गई। निजी जीवन से शुरू होने वाली यह यात्रा लोकवृत्त से भी जा जुड़ी जिसमें आत्मालोचना का पुट भी शामिल हुआ। पिता और शिक्षक से प्रेरित यह प्रवृत्ति मार्क्सवाद को समझने और वैज्ञानिक दृष्टि को विकसित करने में मेरी सहायक भी बनी।

यादव जी के कहने पर पहले भी मैं एक आत्मस्वीकृति लिख चुका हूँ जो कि खालिस श्रमिक, आंदोलन व पार्टी से संबंधित थी। कई वर्ष पहले 'हंस' में ही प्रकाशित 'एक सांस्कृतिक कमीसार की आत्मस्वीकृतियाँ' भी चर्चित रही है। लेखक व राजनीतिक कर्मियों के बीच इसे लेकर खासी चर्चा हुई थी। उक्त आत्मस्वीकृतियों में मैंने सर्वेश्वरदयाल सक्सेना के चर्चित नाटक 'बकरी' के प्रथम मंचन और पार्टी की दृष्टि (सीपीएम) से संबंधित कुछ घटनाओं के माध्यम से मैंने स्वयं को कठघरे में खड़ा किया था। साहित्य, राजनीति और यांत्रिक दृष्टि के अन्तर्द्वंद्वों को सामने रखा था। (देखें, परि.-2) अतः आत्मस्वीकृति या विश्वासघात लिखना मेरे लिए नया नहीं है।

पर यादव जी का ताज़ा प्रस्ताव एक मायने में ज़रूर नया है। आत्मस्वीकृतियाँ-विश्वासघात लोकवृत्त के नहीं, निजी जीवन के स्खलनों के प्रतिनिधि होने चाहिए, इसलिए मुझे इसमें कुछ नयापन महसूस हो रहा है। अब मेरे सामने प्रश्न यह है कि किन स्खलनों को चुनूँ, इस काम के लिए? जब जीवन में स्खलनों-फिसलनों की भरमार रहे तब चुनाव करना आसान नहीं रहता। इस साठ साल की यात्रा में कादा-कीचड़ से पाला न पड़ा हो, मन-मस्तिष्क इनसे अछूता रहा हो, पाँव डगमगाते हुए न सने हों, ऐसा होना तो ईश्वरत्त्व की प्राप्ति ही कहलाएगा न! वैसे यह ईश्वर नामक चीज़ भी कम विवादास्पद नहीं है। फिर इसके फेर में क्यों पड़ा जाए!

मैं समझता हूँ, इसे साठ वर्ष की यात्रा कहना भी ग़लत होगा। यात्रा ग़फ़लत में नहीं, कुछ होश-कुछ तैयारी के साथ की जाती है। कहाँ जाना है, पड़ाव कहाँ-कहाँ होंगे, गंतव्य क्या होगा? इन प्रश्नों से मुठभेड़ तो करनी ही पड़ती है। इसके लिए थोड़ी-बहुत होशमंदी की ज़रूरत तो होती है। इस दृष्टि से इस यात्रा से शुरू के तेरह वर्ष मैं घटाये देता हूँ।

मैं समझता हूँ मुझे इस यात्रा में 1956 से 2004 तक के समय को शामिल करना चाहिए। फिर देखना चाहिए कि होशमंदी में पाँव कहाँ-कहाँ, कब-कब सने हैं? वे कौन-से स्खलन हैं जो प्रेत-छाया बन कर मेरे साथ चलते रहते हैं? स्खलनों के रूप भी अनेक होते हैं; कुछ अनायास-अप्रत्याशित घट जाते हैं; कुछ नासमझियों की पैदाइश होते हैं; विवशताएँ भी इन्हें जन्म देती हैं; निजी कमजोरियाँ भी इनकी ओर धकेलती रहती हैं; मानव स्वभाव से जुड़े स्खलन भी होते हैं; सम्पूर्ण जागरूकता में भी इनका होना लगा रहता है।

आख़िर स्खलन क्या बला है? यह प्रश्न भी मुझे बुरी तरह से आंदोलित किए हुए है। मैं जीवन के किसी प्रसंग विशेष को 'स्खलन' कहूँ, लेकिन यह भी ज़रूरी नहीं है कि अन्य भी उसे वैसा ही समझें। अन्य उसे सामान्य व स्वाभाविक भी कह सकते हैं। बहुतों के लिए जीवन की निर्बलताएँ उसकी मानवीयता की प्रतीक होती हैं जो व्यक्ति को हाड़-मांस का मनुष्य बनाए रखती हैं, अमूर्त ईश्वर और मूर्तवत् देवता नहीं! पता नहीं, स्खलन की सही व अंतिम परिभाषा क्या हो सकती है? मैं नहीं कह सकता। शब्दकोश में इसके अर्थ ज़रूर हैं। मेरे तईं तो वही स्खलन होगा जो चीज़ स्वयं द्वारा निर्धारित मूल्यों तथा मनुष्य के श्रेष्ठत्त्व की रक्षा के लिए विकसित व व्यवहृत आदर्शों के प्रतिकूल जाती हो, जिसमें कहीं पाप का बोध होता हो, समाज उसमें नैतिक पतन और राज्य उसे 'अपराध' समझता हो।

सच! मेरे लिए आत्मस्वीकृतियों और विश्वासघातों के लिए स्खलन का चुनाव आत्मसंघर्ष के समान है। कई दफ़े यह भी सोचा कोई बहाना बना कर इसे टाल दिया जाए। मैं इस समय राष्ट्रीय बाल भवन का अध्यक्ष हूँ, तीन सयाने बच्चे हैं, पत्नी है। इन सब पर क्या प्रभाव पड़ेगा? थोड़ा-बहुत राजनीतिक विगत भी रहा है। इस विगत ने मुझे एक पहचान दी है, जो आज भी है। मित्रगण मेरे सम्बन्ध में क्या सोचेंगे? स्खलन से जुड़े पात्रों पर क्या बीतेगी?

यादव जी के प्रस्ताव को स्वीकार करने का अर्थ होगा स्वयं का भंजन। इस आत्मभंजन की परिणति क्या होगी? यह मैं सोच नहीं पा रहा हूँ। प्रश्नों का घटाटोप छाया हुआ है। इससे मैं कैसे उभरूँ, समझ नहीं पा रहा हूँ!

काफ़ी सोचने के बाद मैं उन विश्वासघातों को पकड़ने की कोशिश करता हूँ, जिनसे मैं बुरी तरह से आहत हुआ हूँ, भीतर और बाहर धरातलों पर स्वयं से ठगा अनुभव करता हूँ, और जिनकी टीस आज भी जब-तब उभरती रहती है। सोचता हूँ, आत्मस्वीकृतियों के ज़रिये इन विश्वाघातों को बह जाने (कैथारसिस) दूँ। शायद यह विरेचन मुझे ख़लिश से मुक्ति दिला दे!

मैं तेइस-चौबीस बरस पीछे लौट जाता हूँ। आपात्काल के पड़ाव का पुनरावलोकन करता हूँ। मैं समझता हूँ, बस्तर में बीता यह ऐसा काल खण्ड है जीवन का जहाँ आत्मविश्वासघात मुझे दबोचते रहते हैं। मैं अपनी विचारधारा के साथ भी ठगी करता हूँ, और खुद के द्वारा तयशुदा रास्ते से भी भटकता रहता हूँ। इस भटकन में, इस ठगी में पाप और अपराध-बोध, दोनों ही समाये हुए हैं। यदि इसमें कोई राहत शेष है तो वो इतनी-सी है कि आत्मविश्वासघातों का मेरा एहसास मरा नहीं है। तसल्ली के लिए यह क्या कम है!

तो मैं राजेन्द्र यादव जी को विश्वासघातों की दो किस्तें सौंप देता हूँ। दो रोज़ बाद फ़ोन आता है–

"पंडित जी, इसे हिन्दी समाज पचा नहीं पाएगा। आपकी धज्जियाँ उड़ा दी जाएँगी। सोच लें?"

"क्या सोचूँ? पूरी पारदर्शिता से लिखा गया है।"

"कुछ इसे बदलना है तो बदल दें। बहुत विस्फोटक है। वैसे मैं तो यही चाहूँगा कि यह इसी रूप में सामने आए। अपनी आत्मकथा एक वर्ष तक 'हंस' में लिखते रहें।"

"क्या आप छापना चाहेंगे?"

"बिल्कुल...मगर इतनी ही विस्फोटक होनी चाहिए...।"

"यादव जी, वह नाटकीयता कहलाएगी। 'हंस' की सेल तो बढ़ जाएगी, लेकिन वह भी एक प्रकार से विश्वासघात ही होगा। जीवन में 'सेंसशन' ही नहीं होता है...और भी बहुत कुछ होता है। मैं समझता हूँ मुझे स्वाभाविकता से काम लेना चाहिए।"

"ठीक है पंडित जी, आप जैसा सोचते हैं वैसा ही लिखें। आपके बाद प्रभा खेतान के विश्वासघात छापूँगा। उनका लेख आ चुका है।"

"बस! फिर क्या है? इसके बाद तो क़तार लग जाएगी।"

"पंडित जी, तैयार रहना झेलने के लिए!"

यादव जी की इस चेतावनी के बाद फ़ोन कट जाता है। इसके एक सप्ताह के पश्चात् सुदीप जी का फ़ोन आता है। वे कह रहे हैं, "जोशी जी, आपको 31 अक्टूबर से इस पद से मुक्त किया जा रहा है। 10, जनपथ को नया आदमी मिल गया है। आप नवम्बर या दिसम्बर से केन्द्रीय हिन्दी संस्थान के लिए तैयार रहें। सर (अर्जुन सिंह) से बात हो चुकी है। किसी दिन मुझसे शास्त्री भवन में आकर बात कर लें।"

"धन्यवाद!"

मैं अगले पड़ाव के लिए आश्वस्त हो चुका हूँ। लेकिन 'झंझावत' मेरी प्रतीक्षा भी कर रहा है। इससे बेख़बर हूँ मैं!

अटपटे मरहले : मेरे विश्वासघात; न्यूयार्क में विश्व मंच पर हिन्दी!

एब्सर्ड इत्तिफ़ाक़ काफ़ी तकलीफ़देह होता है। इसे आसानी से भुलाया भी नहीं जा सकता। इसका प्रेत पीछे पड़ा रहता है। ऐसे ही एक इत्तिफ़ाक़ ने मुझे घेरा, 2004 के अंतिम महीनों में।

मैंने अपना वादा निभाया और राजेन्द्र जी को 'मेरे विश्वासघात' की दो किस्तें 'हंस' में छपने के लिए दे दीं। पहली किस्त का प्रकाशन अक्टूबर के अंक में हुआ। ठीक इसी महीने की इकतीस तारीख़ से मुझे राष्ट्रीय बाल भवन के अध्यक्ष पद से मुक्त कर दिया गया। अर्थात् अगस्त में मानव संसाधन मंत्री अर्जुन सिंह जी को दिया गया मेरा त्यागपत्र स्वीकृत हो गया। ये दो घटनाएँ एक साथ घटीं; एक ओर 'हंस' में पहली किस्त के प्रकाशन से 'हिन्दी भूमंडल' में कोहराम मचना; दूसरी ओर इसी समय बाल भवन से मेरी मुक्ति। इन दोनों घटनाओं का कोई अन्तःसम्बन्ध नहीं है, लेकिन आलोचकों ने मेरे त्यागपत्र को 'मेरे विश्वासघात' की किस्त से नत्थी कर दिया। प्रचारित यही किया गया कि अर्जुन सिंह ने 'हंस' में विवादास्पद लेख के प्रकाशन के कारण ही रामशरण जोशी को पदमुक्त किया है। आलोचकों ने यह भी समझने की तकलीफ़ नहीं की कि त्यागपत्र को स्वीकार करना और पदमुक्त करना, दोनों में अन्तर होता है। आलोचकों ने इस अन्तर को जाने-अनजाने में नज़रअंदाज़ किया। इससे विवाद ने तूल पकड़ा। मेरी भी चूक इसमें रही, क्योंकि मैंने त्यागपत्र की अन्तर्कथा को खोलना मुनासिब नहीं समझा। मैं औपचारिक रूप से कुछ कहता तो इसके ग़लत अर्थ निकलते। विवाद में नया ईंधन गिरता। अर्जुन सिंह और सुदीप बॅनर्जी के साथ मेरे वर्षों पुराने सम्बन्धों पर प्रतिकूल प्रभाव पड़ता। इसलिए मैंने चुप्पी को ही अपना कवच बनाया। वैसे इस 'हंस' विवाद से दोनों ही दुखी हुए। सिंह-विरोधियों को अर्जुन सिंह जी पर प्रहार करने का अवसर भी मिला। कांग्रेस पार्टी के कतिपय सूत्रों पर विश्वास करूँ तो मैं कह सकता हूँ कि इस पार्टी के महासचिव जनार्दन द्विवेदी इस विवाद को लेकर विशेषरूप से सक्रिय रहे। उनके उकसावे पर कतिपय पत्रकार भी पत्रकार-बिरादरी में मेरे विरुद्ध विषवमन कर रहे हैं, और मानव संसाधन मंत्री तो उनके निशाने पर हैं ही। मेरे शुभचिंतकों की एक ही सलाह है, "जोशी जी, आप रिएक्ट न करें। फ़िलहाल सभी प्रहारों को मुस्कुराते हुए सहन कर लें।" इसलिए मैंने इस सम्पूर्ण विवाद और हमलों पर बतौर रणनीति 'ख़ामोशी' अपना रखी है।

लेकिन मैं समझता हूँ इस विवाद की सम्पूर्ण अन्तर्कथा को अब यहाँ खोल देना चाहिए। इससे धुंध छटेगी।

आख़िर इन दोनों किस्तों[1] में ऐसा क्या है जिससे मित्र और विरोधी, दोनों ही समान रूप से उद्वेलित हैं? इस बवंडर को जानने के लिए मैंने इन दोनों किस्तों को परिशिष्ट में रखा है। लेकिन आत्मकथा के प्रवाह को अबाधित रखते हुए इस बवंडर ने मुझे कितनी गहराई से घेरे रखा हुआ है, इस पर चर्चा मैं यहीं करूँगा।

यह दावा करना कि मैं इस बवंडर से अप्रभावित हूँ, नितांत झूठ बोलना होगा। सच तो यह है कि मैंने इस पैमाने के बवंडर की कल्पना नहीं की थी। ऐसा सोचने के पीछे मेरे कुछ कारण थे। सबसे पहले, मैं हिन्दी का कोई 'सितारा पत्रकार (राजेन्द्र माथुर, प्रभाष जोशी आदि) हूँ नहीं, और न ही साहित्यिक सम्पादक या पत्रकार (धर्मवीर, अज्ञेय, भारती, रघुवीर सहाय, मनोहरश्याम जोशी, राजेन्द्र यादव, कमलेश्वर आदि) ही हूँ। दिग्गज सोशल एक्टिविस्टों (बी.डी. शर्मा, मेधा पाटकर, अग्निवेश, अरुणा रॉय आदि) और बुद्धिजीवियों (अनिल सद्गोपाल, कृष्ण कुमार, श्यामाचरण दुबे, पी.सी. जोशी, एज़ाज़ अहमद आदि) की श्रेणी में शामिल होने की पात्रता भी मुझ में नहीं है। मैं खांटी और संगठनी मार्क्सवादी (नामवर सिंह, डॉ. मुरलीमनोहर सिंह, डॉ. कमला प्रसाद, चंचल चौहान, अली जावेद, खगेन्द्र ठाकुर, शिवकुमार मिश्र, मैनेजर पाण्डेय आदि) भी नहीं हूँ। रहा प्रश्न साहित्यकारों का, इनकी दोस्ती मुझे ज़रूर प्राप्त हुई है, लेकिन इनके सृजन कर्म से मेरा कोई नाता-रिश्ता नहीं है। अलबत्ता, डॉ. प्रमोद वर्मा, रमेश उपाध्याय, पंकज बिष्ट, इब्बार रब्बी, डॉ. निर्मला जैन, डॉ. शमीम हनफ़ी, डॉ. प्रभा खेतान, अरुण प्रकाश, असग़र वजाहत, प्रदीप पंत, जुबेर रिज़वी, मंगलेश डबराल, शशांक, राजेश जोशी जैसे विभिन्न पीढ़ियों के अनेक सर्जनकर्मियों की बिरादरी की सोहबत ज़रूर मिलती रही है। पर इनकी 'समान दर्जा-बिरादरी' का भ्रम मुझमें कभी नहीं रहा। मैं स्वयं को औसत से तनिक ऊँचे क़द और विशिष्ट श्रेणी का पत्रकार मानता रहा हूँ। यदि थोड़ी-बहुत जन प्रतिबद्धता, शोध व विश्लेषणात्मक दृष्टि, अल्पकालिक सामाजिक-राजनीतिक जीवन जैसी चीज़ों से मुझमें विशिष्टता-बोध जन्मी है तो इसे मैं मनुष्य की स्वाभाविक प्रवृत्ति ही कहूँगा। वास्तव में यह बोध प्रवृत्ति-प्रक्रिया की स्वाभाविक परिणति है जिसे प्रत्येक विवेकशील व सक्रिय व्यक्ति में देखा जा सकता है। मेरी इस अकिंचन विशिष्टता में भी इतनी विस्फोटकता छिपी हुई है, यह मेरी सोच की सीमाओं से परे था।

लिखते समय मैंने यही सोचा था 'मेरे विश्वासघात' प्रकाशित होंगे, उन्हें सहजता से पढ़ा जाएगा, और पाठकों की स्मृतियों में स्वाभाविकता के साथ अंकित हो जाएँगे। संक्षेप में, हिन्दी के बुद्धिजीवी, लेखक और पाठक इन आत्मस्वीकृतियों को जीवन की 'सामान्य फिसलन' के रूप में देखेंगे, न कि किसी असाधारण घटना या फिनोमेनन के रूप में। लेकिन मेरा यह ऐसा सोचना ग़लत था। जब कोई घटना, अनुभव और विचार निजीवृत्त से बाहर आकर लोकवृत्त में प्रवेश करते हैं तो सम्पूर्ण 'डायनमिक्स' बदल जाती है। यदि उत्तर-आधुनिकतावादियों की दृष्टि से कहें तो इस डायनमिक्स के तहत निजी अनुभूतियों की अन्तर्वस्तु का 'डीकंस्ट्रक्शन' और 'रीकंस्ट्रक्शन' की प्रक्रिया आरम्भ हो जाती है। लोकवृत्त में प्रवेश के साथ ही रचना में अदृश्य स्वायत्तता पैदा हो जाती है

1. विस्तार के लिए देखें परिशिष्ट-दो : 'मेरे विश्वासघात-मेरी आत्मस्वीकृतियाँ', हंस, अक्टूबर, 2004।

जो कि बहु आयामी संकेत सम्प्रेषित करती है। इन रीकंस्ट्रेक्शन से जनित संकेत रचनाकार को भी अचंभित कर डालते हैं। उसकी रचना उसके लिए ही अजनबी-सी प्रतीत होती है। वह यह सोचने के लिए विवश हो जाता है कि क्या पुनर्सरचना से सम्प्रेषित संकेत उसकी रचना की अन्तर्वस्तु के ही हिस्से हैं? यह स्थिति इसलिए पैदा होती है, क्योंकि लोकवृत्त रचना को उसके सृजक से स्वतंत्रता दिला देता है। रचना और रचनाकार, दोनों ही समांतर स्वतंत्र इकाइयाँ बन जाते हैं। अत: विश्वासघात और आत्मस्वीकृतियों से उत्पन्न विवाद को मैं इसी परिप्रेक्ष्य में देखना सही समझता हूँ।

इसका यह अर्थ भी नहीं है कि मैं स्थितप्रज्ञावस्था में पहुँच गया हूँ। जब तक भाव, भावुकता, संवेदनशीलता अर्थात् जीवन के नव रसों का संचार चुस्त-दुरुस्त है तब तक स्थितप्रज्ञावस्था केवल पाखंड मात्र है। मिथकीय नायक-नायिकाओं को जाने दीजिए। मैं उनकी प्रजाति का नहीं हूँ। मैं बीती सदी में जन्मा और 21वीं सदी में सम्पूर्ण विवेक के साथ साँसों में रमा इंसान हूँ। मुझ पर सभी प्रकार के प्रभाव पड़ रहे हैं; मधु और छोटी पुत्री त्रीना दुखी हैं; कई मित्रों के लिए अवांछित बन गया हूँ, परोक्ष-बहिष्कार का सामना करना पड़ रहा है; उपहास का पात्र भी बन गया हूँ, राजेन्द्र यादव ने मुझे 'उल्लू' बना दिया है; मेरे कारनामों से मार्क्सवादी बदनाम हुए हैं; क्रान्ति के नाम पर आदिवासियों का उत्पीड़न किया; लेखक व जन-संगठनों को मेरी भर्त्सना करनी चाहिए; महिला संगठनों को प्रदर्शन करना चाहिए। अंग्रेजी शब्द का प्रयोग करूँ तो कई क्षेत्रों में मैं 'Perso'na non grata' बन चुका हूँ। क्या इससे पीड़ा नहीं होगी? क्या मानसिक आघात नहीं लगेगा?

यह सही है पीड़ा की इन घड़ियों में कुछ आत्मीय सम्बन्धों की परख भी हुई है। कुछ आत्मीय-जनों ने मुझे अपनी चौखट पार रखा जबकि अनपेक्षित जनों ने दरवाज़ा ही खोल दिया। इस दौर में तीन आत्मीय मित्रों के साथ हुए अनुभवों से मैं स्वयं को चाहकर भी मुक्त नहीं करा पाऊँगा।

हुआ यह है कि 'हंस' में जैसे ही इन किस्तों का प्रकाशन हुआ और बवंडर उमड़ा वैसे ही पुराने आत्मीय मित्र अरविंद जैन का दनदनाता हुआ फ़ोन आता है :

"भाई साहब, आपने यह क्या कर दिया है?"

"क्यों, क्या हुआ?"

"सभी जगह आपकी आलोचना की जा रही है। सभी लोग आपसे घृणा कर रहे हैं।"

"मैंने तो ईमानदारी से आत्मस्वीकृतियाँ लिखी हैं। इनका स्वागत होना चाहिए।"

"हिन्दी संसार इतना उदार व प्रगतिशील नहीं है। आपने अक्षम्य अपराध किया है। ताऊ (यादव जी) ने आपको बेवकूफ़ बना दिया है और अपने 'हंस' का सर्क्यूलेशन बढ़ा लिया है।"

"ख़ैर! अब यह तीर तो लौटेगा नहीं। कभी-कभी बंदूक बैक फॉयर कर जाती है। तुम दोस्त हो, रास्ता बतलाओ?"

"कोई रास्ता नहीं बचा है...सिवाय आत्महत्या के!"

"क्या मतलब है तुम्हारा?"

"मैं मज़ाक या तैश में नहीं, शांति से कह रहा हूँ—आत्महत्या ही एक मात्र मार्ग बचा है। अब आपको आत्महत्या करनी होगी।"

"अच्छा ऐसा करते हैं–हम दोनों आज शाम ही श्रीराम सेंटर में मिलते हैं। इस विवाद पर चर्चा करके कुछ हल निकालते हैं।"

"ठीक है, मैं शाम 6 बजे पहुँच रहा हूँ। वैसे मिलने से कोई लाभ है नहीं..."

"फिर भी...।"

"ओके!" फ़ोन बंद।

मैं निर्धारित समय पर मंडी हाउस स्थित श्रीराम सेंटर पहुँच जाता हूँ। दो घंटे तक इंतज़ार करता हूँ लेकिन 'औरत होने की सज़ा' फेम के लेखक अरविंद कुमार 'आंसू' का साया भी वहाँ नमूदार नहीं होता है। अरविंद से मेरे सम्बन्ध 1972 से हैं जब वे रोहतक में रहा करते थे। उन दिनों वे कविता व गीत लिखा करते थे और अपने नाम के आगे 'आँसू' का तखल्लुस लगाया करते थे। मैं रोहतक में स्वामी अग्निवेश से मिलने जाया करता था, वहीं 'आँसूजी' से मुलाक़ात हुई। कालांतर में यह और घनी होती गई। मैंने सोचा था, अरविंद पेशे से वकील हैं, कोई रास्ता निकल ही आएगा। ख़ैर! मैं वापस रात्रि में घर लौट आया। अरविंद जैन के साथ संबंधों का अध्याय यहीं ठहर गया है।

इस घटना के एक–दो रोज़ बाद मेरे अनन्य मित्र अरुण प्रकाश का फ़ोन आता है। वे इस विवाद से बेहद व्यथित हैं। पहले वे हमदर्दी के दो–चार शब्द कहते हैं, फिर अनुनययुक्त सलाह देते हैं, "भाई साहब, आप दिल्ली से तीन–चार महीने के लिए ग़ायब हो जाइए।"

"क्यों?"

"यहाँ से चले जाने से विवाद शांत पड़ जाएगा, लोगों का ध्यान आप पर से हट जाएगा।"

"लेकिन यह तो पलायन हुआ, कायरता हुई...?"

"अब यह सब न सोचें। व्यावहारिकता का तकाज़ा यही है कि आप कुछ महीनों के लिए दिल्ली से दूर रहें।"

"युद्ध क्षेत्र से मैंने भागना सीखा नहीं है। फिर भी आपकी सलाह पर सोचूँगा। क्या हम लोग मिल सकते हैं? कुछ मनोबल बढ़ेगा।"

"जोशी जी, अभी तो मिलना न संभव है...और न ही मुनासिब। नया- नया सम्पादक (समकालीन साहित्य) बना हूँ...लोग क्या कहेंगे?"

"ठीक है, कोई बात नहीं अरुण जी...मैं तो मोर्चे पर डटा रहूँगा।"

"आपकी जैसी इच्छा।"

और अरुण फ़ोन रख देते हैं। एक और आलम्बन गिरता हुआ प्रतीत हुआ!

तीसरा भावनात्मक आघात पंकज बिष्ट को सम्बोधित राजेन्द्र यादव के अप्रत्याशित पत्र से पहुँचा है। इस पत्र की पृष्ठभूमि में 'जनसत्ता' और सम्पादक ओम थानवी हैं। मुझे चारों ओर से घिरा देख 'समयांतर' के सम्पादक पंकज बिष्ट ने मेरे पक्ष में मोर्चाबंदी शुरू की। यह किस्सा कुछ इस प्रकार है। 'हंस' में दोनों किस्तों के प्रकाशन से विमर्श, विवाद और प्रहारों का सिलसिला शुरू हो गया। इस हवनकुंड की अग्नि को भड़काने में दैनिक 'जनसत्ता' ने जब–तब ईंधन डालना शुरू कर दिया। इस समिधा–संयोजन में एक मर्सीनरी मसिजीवी अग्रिम पंक्ति में जमा रहा। कई लेख लिखे और मुझे तार–तार करने की उसने

हरचंद कोशिश की। ऐसे शब्दों का प्रयोग किया गया जिनका यहाँ उल्लेख मात्र मेरे लिए अशोभनीय रहेगा। इसके अलावा भी कतिपय जाने-माने लेखक व आलोचकों ने भी अपने-अपने शब्द सामर्थ्य का ईंधन इसमें डाला। इन शब्द कर्मकांडियों में ऐसे भी शब्द-योद्धा हैं जो एक साथ दोहरा-तिहरा जीवन जीते हैं, विश्वविद्यालयों व महाविद्यालयों में शिक्षिकाओं व शोधार्थियों के साथ अपनी अन्तरंगताओं के लिए चर्चित हैं। बहुप्रेमिका और द्विपत्नी प्रथा के ध्वजा़वाहक (शहरवाली एवं गाँववाली) हैं। अजय कुमार ने तो अपनी पत्रिका 'उद्भावना' के दो विशेषांक ही निकाल डाले! एक बड़बोले उत्तर-आधुनिकता-जीवी ने कई लेख लिख मारे। मर्सीनरी मसिजीवी ने भी कई छद्मनामों से विभिन्न दैनिकों और पत्रिकाओं में इस बवंडर को भुनाकर महीनों तक अपना गैस चूल्हा जलाए रखा!

मित्र पंकज बिष्ट इस पूर्वग्रह-ग्रस्त अभियान को माकूल जवाब देना चाहते थे। उन्होंने स्वतः ही इस अभियान के विरुद्ध मोर्चाबंदी की। 'समयांतर' में मर्सीनरी मसिजीवी व अन्य दोहरे चरित्रजीवी लेखकों की खासी ख़बर ली। ज़ाहिर है उनके पैने प्रहारों से सम्पादक ओम थानवी भी बच नहीं सके। पंकज बिष्ट ने सम्पादकीय ख़ामियों को उजागर करना शुरू कर दिया। इन प्रहारों से थानवी जी कम दुखी नहीं हुए। लेकिन उनसे कहीं अधिक तिलमिलाहट 'हंस' के सम्पादक राजेन्द्र यादव को हुई। उन्होंने न जाने किस तुनक में आकर पंकज को एक पत्र लिख मारा। उन्होंने थानवी के पक्ष में गुहार लगाते हुए यह हास्यास्पद तर्क दिया कि 'समयांतर' में 'जनसत्ता' और उसके सम्पादक की आलोचना करने से दैनिक के मालिक (इंडियन एक्सप्रेस घराना) जनसत्ता को बंद कर देंगे, साम्प्रदायिकता के विरुद्ध लड़ाई कमजोर पड़ जाएगी और प्रगतिशील व धर्मनिरपेक्षवादी शक्तियों को गहरा आघात पहुँचेगा। क्या एक्सप्रेस का मैनेजमेंट इतना मूर्ख था कि वह 'समयांतर' जैसी लघु पत्रिका में छपने वाली टीका-टिप्पणियों से प्रभावित होकर 'जनसत्ता' जैसे प्रतिष्ठित दैनिक को बंद और अपने सम्पादक की छुट्टी कर देता? मेरे मत में यादव जी का यह क़दम मूर्खतापूर्ण तो था ही लेकिन मक्कारी से प्रेरित भी था। अक़सर तात्कालिक बौने स्वार्थ उन्हें दबोचे रहते हैं। छपास के वे चिरपिपासू रहे हैं। किसी भी प्रकार की मीडिया सत्ता, चाहे वह कितनी ही नाटी क्यों न रहे, के वे परम उपासक रहते हैं। अतः सम्पादक ओम थानवी व 'जनसत्ता' की पैरवी में यादव जी का पत्र उनकी जटिल-कुटिल स्वार्थ प्रवृत्ति का ही प्रतिनिधित्व करता है।

यादव जी चाहते तो वे सम्पादक थानवी को मेरे विरुद्ध चलाये जा रहे अभियान को बंद करने सम्बन्धी पत्र भी लिख सकते थे। वे चाहते तो अपने यहाँ 'हंस' में भी 'जनसत्ता' के अभियान का माकूल ज़वाब दे सकते थे। लेकिन इस प्रकरण पर उनके सम्पादकीय पृष्ठ पर शव-ख़ामोशी पसरी रही, और अब भी है। यह वैसी ही स्थिति है जब कोई सेनापति अपने सैनिक को रणभूमि में विपक्षी सेना के आक्रमणों का अकेले ही सामना करने के लिए छोड़ देता है। लेकिन जब यह सैनिक आत्मरक्षा में प्रत्युत्तर देने लगे तो उसका सेनापति दुखी हो जाए और शत्रुपक्ष के सेनापति की रक्षा में सक्रिय हो जाए!

दरअसल राजेन्द्र यादव जी योजनाबद्ध तरीके से विमर्श शुरू कर उसे विवाद की शक्ल दे देते हैं। ऐसे कारनामों के वे उस्ताद हैं। उन्हें विमर्शजनक या प्रेमी कहने के बजाय

'विवाद गिद्ध' कहना अधिक ठीक रहेगा। उनके इस पत्र ने मुझे बहुत भीतर तक हिला कर रख दिया है।

सच में, इन विषादपूर्ण क्षणों में अरुण प्रकाश, अरविंद जैन और राजेन्द्र यादव का मेरे प्रति ऐसा अप्रत्याशित व्यवहार मेरी समझ से परे है। केवल इतना ही कह सकता हूँ कि यह मेरे लिए 'रहस्यमय' है। इस त्रासद अनुभव के बावजूद मैंने तीनों के साथ सम्बन्धों का पटाक्षेप नहीं किया है। अलबत्ता ठिठुरन इनमें ज़रूर जा मिली है।

मेरे पक्ष में पंकज बिष्ट की मोर्चाबंदी भी मेरे लिए उसी प्रकार अप्रत्याशित व रहस्यमय है जिस प्रकार अरुण प्रकाश, अरविंद जैन और राजेन्द्र यादव का व्यवहार! हम हिन्दी वालों के बीच पंकज बिष्ट शुद्धतावाद व नैतिकतावाद की प्रतिमूर्ति माने जाते हैं। वे मेरे सहपाठी ज़रूर रहे हैं लेकिन मुझे उनसे अपनी अनुचित हिमायत की कतई कभी उम्मीद नहीं रही है। आत्मस्वीकृतियों और विश्वासघातों से उठे विवाद पर पंकज मेरे पक्ष में उतरेंगे, यह तो मैं सोच भी नहीं सकता था, क्योंकि इन विवादास्पद लेखों का सम्बन्ध मेरी निजी ज़िन्दगी से है। इनके माध्यम से मैंने कोई वैचारिक या राजनीतिक प्रश्न तो उठाये नहीं हैं। नितांत अन्तरंगता से जुड़े अनुभवों को ही मैंने इन किस्तों में सामने रखा है। इनमें मेरे अन्तर्द्वन्द्व ही उभरे हैं। तब 'समयांतर' जैसी वैचारिक व प्रतिबद्ध पत्रिका में सम्पादक द्वारा इस विवाद का उठाया जाना अब भी मेरे लिए अबूझ पहेली है। आश्चर्य का विषय तो यह है कि पंकज ने इरा राग्बन्ध गें गुझरो कोई चर्चा नहीं की, रवविवेक रो ही गोर्चा खोला।

पंकज बिष्ट हठी, धुनी और निशानाबद्ध इंसान हैं। उनकी यह फ़ितरत ताज़ा नहीं, कॉलेज के दिनों से है। एक दफ़े जो ठान लिया, उन्हें डिगाया नहीं जा सकता। वे किसी पहल को उसकी तार्किक परिणति पर पहुँचाकर ही दम लेते हैं। 'सेल्फ राइचिस्निस' की धारा उनमें रहती है, कभी यह उफान पर होती है, कभी मंद-मंद बहती है। मैं समझता हूँ यह प्रवृत्ति दोष नहीं, बल्कि भीड़ से हटकर जोख़िम भरे पथ पर चलने की यह आवश्यक शर्त है। एक बात और। पंकज में 'पॉलेमिक्स' की अद्‌भुत क्षमता है। कॉलेज और सरकारी सेवाकाल में यह सुप्त रही होगी, लेकिन 'समयांतर' में इसका ग़ज़ब का प्रस्फुटन हुआ है। पॉलेमिक्स के क्षेत्र में पंकज से भिड़ना खुद को लहूलुहान करना है। पंकज ने इन दोनों किस्तों में भी ऐसे पहलुओं को खोज लिया जिनका सरोकार व्यक्ति के साथ-साथ समाज, व्यवस्था और राजनीति से है। मैंने अपनी बात सहज ढंग से कही है, लेकिन पंकज ने उसमें वैचारिकता व तार्किकता का आयाम जोड़कर उसे नया रूप दे दिया है। पंकज बिष्ट ने 'समयांतर' के चार-पाँच अंकों में इस विवाद पर धुआँधार पालेमिक्स की। राजेन्द्र जी इस पॉलेमिक्स की तपिश को बर्दाश्त नहीं कर सके और उद्विग्नता में 'जनसत्ता' व सम्पादक ओम थानवी की हिमायत में पंकज को पत्र लिख मारा। मेरे लिए पंकज की पॉलेमिक्स और राजेन्द्र जी का पत्र, दोनों ही अनूठे अनुभव हैं!

इस अनुभव को समेटने से पहले मैं सम्पादक मित्र ओम थानवी के सम्बन्ध में अपनी स्थिति साफ़ कर दूँ तो ठीक रहेगा। यदि ऐसा नहीं करूँगा तो थानवी जी के प्रति न्याय नहीं होगा। मेरे पक्ष में उन्होंने पारदर्शी-प्रेमी व विख्यात् साहित्यकार विजय बहादुर सिंह का एकमात्र लेख छाप कर अपना सम्पादकीय कर्त्तव्य ज़रूर प्रदर्शित किया है। लेकिन मेरे विरोध में दस-ग्यारह लेखों को छापा गया। इससे इतना तो प्रतीत होता ही कि उन्होंने

इस विवाद में सम्पादकीय संतुलन व ऑब्जेक्टिविटी का परिचय नहीं दिया। उन्होंने ऐसा किस विवशता या योजना के तहत किया है, ये वे ही जानें। फिर भी मैं यह अवश्य कहूँगा कि उन्होंने मुझसे भी अपना पक्ष रखने का अनुरोध किया था। इससे पहले भी जब उन्होंने अपने रविवारीय अंक में कथाकार मनोहरश्याम जोशी का 'कथादेश' में प्रकाशित 'साहित्य का वीर बालक' लेख को लिफ्ट करके छापा था तब भी मुझे प्रत्युत्तर लिखने के लिए कहा था। जोशी जी के उक्त लेख के केन्द्र में मैं ही था। लेकिन मैंने दोनों ही अवसरों पर प्रत्युत्तर देने से विनम्रतापूर्वक इनकार कर दिया। थानवी जी मेरे इस रुख से खुश नहीं थे। वे चाहते थे कि मैं खुल कर इन आक्रमणों का उत्तर दूँ। प्रत्युत्तर के प्रति उदासीनता के मामले में मेरी यही सोच थी और है कि इससे विवाद नाहक तूल पकड़ता है, लोगों को फोकट का आनंद मिलता है, पत्र-पत्रिका का वितरण व प्रसार बढ़ता है, और विमर्श लुप्त हो जाता है। इसका एक पक्ष यह भी है कि 'साहित्य का वीर बालक' और 'मेरे विश्वासघात' निहायत व्यक्ति केन्द्रित हैं, समाज और विचारधारा केन्द्रित नहीं हैं।

मनोहरश्याम जोशी ने अपने लेख में मेरे विरुद्ध भड़ास निकाली थी, न कि कोई वैचारिक मुद्दा उठाया। चटखारे लेने के लिए उन्हें क्यों प्रत्युत्तर देता? वैसे भी वे भाषा के बाज़ीगर हैं, न कि गम्भीर व प्रतिबद्ध विचारक। तब दोनों ही विवादों के प्रत्युत्तर देने में शब्द ऊर्जा ही नष्ट होती न! मैंने इस ऊर्जा को संजोकर रखा। बस!

बेशक 'जनसत्ता' को राजनीतिक व बौद्धिक क्षेत्रों में गम्भीरता से लिया जाता है। यही स्थिति 'समयांतर' की है। 'हंस' की साहित्यिक क्षेत्रों में गहरी पैठ है। 'उद्भावना' का महत्त्व भी घाट नहीं है। इसके सम्पादक अजय कुमार को सीपीएम के महासचिव कामरेड सुरजीत सिंह का सन्निध्य प्राप्त है। जाहिर है जब ऐसी पत्र-पत्रिकाएँ 'मेरे विश्वासघात' का विवाद उछालेंगी तो इसे गम्भीरता से न लिया जाए, यह कैसे हो सकता है? और हुआ भी यही। मेरे कतिपय विरोधियों ने इस विवाद पर राजनीतिक रोगन चढ़ाकर इसे कामरेड सुरजीत तक पहुँचा दिया। उनकी कोशिश थी कि पार्टी के जन-संगठन (जनवादी लेखक संघ, जनवादी महिला संगठन, दिल्ली जर्नलिस्ट यूनियन आदि) अपना वक्तव्य जारी कर मेरी कड़ी भर्त्सना कर दें। इन अप्रत्याशित प्रयासों के सम्बन्ध में मेरे तीन मित्रों : मुरलीमनोहर प्रसाद सिंह, चंचल चौहान और रेखा अवस्थी ने मुझे परत-दर-परत जानकारी दी। तीनों ही पार्टी के सदस्य हैं और जन संगठन व विभिन्न जन आंदोलनों में सक्रिय भी रहते हैं। तीनों ने अपने-अपने तरीके से मेरे मित्र विरोधियों के प्रयासों का कड़ा विरोध किया और पार्टी को इस विवाद से दूर रखने का स्टेंड लिया। जब यह मामला कॉमरेड सुरजीत के पास पहुँचा तो उन्होंने इसे पॉलिट ब्यूरो के सदस्य कामरेड प्रकाश करात को सौंप दिया। उन पर भी मेरे विरुद्ध कार्रवाई करने के लिए दबाव बनाया। उन्होंने समझदारी यह दिखलाई कि इस मामले में अगला क़दम उठाने से पहले मुरली बाबू और चंचल चौहान से सलाह ले ली। दोनों ने कामरेड करात को भी वही राय दोहरा दी जिसे कामरेड सुरजीत को दी गई थी। करात से कहा गया कि यह लेखकीय स्वतंत्रता का मामला है। इसमें किसी भी प्रकार के हस्तक्षेप से बचना चाहिए। अन्ततः करात ने मेरे प्रकरण पर अंतिम निर्णय लेने की ज़िम्मेदारी कामरेड वृंदा करात को सौंप दी।

एक समय था जब मैं और वृंदा एक साथ दिल्ली के श्रमिक आंदोलनों में सक्रिय रहा करते थे। यह समय 1974–75 का है। उन दिनों मैं लाल झंडा यूनियन में पार्टी इकाई का पूर्णकालिक सचिव हुआ करता था। वे भी कलकत्ता से दिल्ली आई थीं। तब से हम एक–दूसरे को जानते हैं। 'हंस' विवाद को लेकर मेरे प्रति वृंदा करात के क्या विचार हैं, मैं पहले ही इससे अवगत हो चुका था। हम दोनों के एक समान मित्र हैं एस.एस. सोहनी। उन्होंने एक रोज़ मुझे प्रेस क्लब में बतलाया था, "वृंदा आपसे बहुत नाराज़ हैं। आप उनसे मिलकर उनकी ग़लतफ़हमी दूर कर दें। वैसे मैंने अपने आप आपकी पैरवी कर दी है। अब आप भी मिल लें। आप दोनों ही 'कंटेम्परेरी' हैं।"

"क्या मुझे स्वयं ही उनसे मिलने की पहल करनी चाहिए?" मैंने पूछा। उनका जवाब था, "इसमें हर्ज़ ही क्या है? आप दोनों ही मार्क्सवादी हैं।"

"ठीक है, मैं मिलने के सम्बन्ध में सोचता हूँ।"

लेकिन मैं वृंदा करात से यही सोचकर नहीं मिला कि मैंने कोई ग़लत काम नहीं किया है। मैंने ईमानदारीपूर्वक स्वयं को ही कठघरे में खड़ा किया है। यदि यह अपराध है तो मुझे दंड स्वीकार है। मैंने अपनी सफ़ाई देने के लिए कॉमरेड वृंदा करात के पास नहीं जाने का निर्णय लिया। मुझे अंदेशा ज़रूर रहा कि मेरे विरोधियों के दबाव में वृंदा कोई क़दम उठा सकती हैं। अपने संगठन की तरफ़ से वक्तव्य जारी कर सकती हैं। ख़ैर!

इस पृष्ठभूमि में कामरेड वृंदा करात ने मुरली बाबू, चंचल चौहान और रेखा अवस्थी को अंतिम रूप से बुलाया। तीनों ही पूरी तैयारी से वृंदा के साथ बैठक में पहुँचे। तीनों ने पाब्लो नेरूदा तथा अन्य लेखकों की विवादास्पद आत्मकथाएँ और रचनाएँ भी अपने साथ ले लीं। बैठक में बहस के दौरान नेरूदा तथा दूसरे लेखकों की रचनाओं के उन उद्धरणों को वृंदा करात के सामने रखा गया जिन्हें अश्लील कहा जा सकता है। तीनों ने दलील दी कि यदि रामशरण जोशी की आत्मस्वीकृतियाँ अश्लील हैं तो नेरूदा की भी हैं। इन्हें भी खारिज़ किया जाना चाहिए। तीनों ने यह भी कहा कि हमें लेखक की अभिव्यक्ति की स्वतंत्रता की रक्षा करनी चाहिए। साथी चंचल चौहान ने तो मेरे पक्ष में वक्तव्य तैयार कर लिया था जिसे उन्होंने मुझे बाद में दिखलाया भी। अन्ततः बैठक में निर्णय लिया गया कि पार्टी और जन–संगठन इस विवाद में कोई हस्तक्षेप नहीं करेंगे। इसके साथ ही पार्टी की तरफ़ से विवाद का पटाक्षेप हो गया और मेरे विरोधी मित्र इधर–उधर दुबकने लगे।

फिर भी इस विरोधी मित्र चौकड़ी ने हिम्मत नहीं हारी। पार्टी की तरफ़ से दिल्ली में एक तीन दिवसीय संगोष्ठी का आयोजन किया गया। इस आयोजन का उद्देश्य था हिन्दी पट्टी के विभिन्न पक्षों पर विमर्श। लेकिन इस चौकड़ी ने मुझे यहाँ भी घसीटने की कोशिश की। जामिया विश्वविद्यालय के प्रो. दुर्गा प्रसाद पर दबाव डाला गया कि वे अपने वक्तव्य में 'मेरे विश्वासघात' के विवाद को उठाएँ और मेरी आलोचना करें ताकि सर्वसम्मति से मेरे विरुद्ध प्रस्ताव पारित कराया जा सके। लेकिन दुर्गा प्रसाद ने इस चौकड़ी के सदस्यों के सामने झुकने से साफ़ इनकार कर दिया। कतिपय अन्य वक्ताओं पर भी ऐसा ही दबाव बनाया गया था। पर सभी ने चौकड़ी को निराश किया। इस चौकड़ी में लघु पत्रिका के सम्पादक, कथाकार, प्रोफेसर जैसे लोग शामिल थे।

मैं समझ नहीं पा रहा हूँ कि हम हिन्दी के लोग दोगले, पाखंडी क्यों होते हैं? हम पारदर्शी जीवन जीना क्यों नहीं जानते? हम लोग नैतिकता के मामले में 'सलेक्टिव' क्यों हो जाते हैं? क्यों अपने स्खलनों की सड़ांध को प्रखर वक्तृता और जादुई कथा शैली से ढाँपे रखना चाहते हैं? कभी तो यह मैनहोल खुलेगा और दोगली ज़िन्दगी का गटर खुद-ब-खुद बाहर बहेगा! तब क्या वे नंगे नहीं हो जाएँगे? ऐसी विकृत नैतिकता को ओढ़े रखने का क्या लाभ? चौकड़ी की इस विखंडित नैतिकता से उठने वाले इन सवालों से मैं आहत हूँ।

यह सन् 2004-05 का समय मेरे लिए अग्नि परीक्षा के समान है, क्योंकि मेरे लिए यह नितांत पहला अनुभव है। राजनीतिक पत्रकारिता का परिवेश भिन्न था। आलोचना-प्रत्यालोचना वहाँ का स्थायी स्वाभाविक खेल है। वहाँ वैयक्तिक और सामाजिक दायरे एक-दूसरे में गड्डमड्ड रहते हैं। पाखंड राजनीति का गहना है। गैंड़ा भी खुद को बौना समझे नेताओं के बीच पहुँचकर, ऐसे लोगों से मुठभेड़ें रही हैं और उनकी पत्रकारिता की है। लेकिन लेखकों के अखाड़े का अनुभव मुझे नहीं था। इन क्षणों में मित्र सुधीश पचौरी के चंद शब्द याद आ रहे हैं। एक रोज़ हम दोनों हिन्दुस्तान टाइम्स अपार्टमेंट के बाहर टकरा गए। इस बवंडर को लेकर कुछ गरम चर्चा हो गई। वे बोले, "प्यारे जोशी भाई, हम दोनों समकालीन हैं। अब तुम साहित्यकारों के अखाड़े में आए हो। दाँव-पेंच सीखे बग़ैर ही इसमें कूद पड़े हो। झेलो और झुलसो!" उनकी यह टिप्पणी सटीक लगती है। लेकिन मैं तो परम्परागत दृष्टि से रचनात्मक सृजनकर्मी हूँ नहीं, विशुद्ध पत्रकार ही हूँ। फिर भी न जाने इस प्रजाति के बंधु मुझ पर क्यों टूट पड़े हैं?

वैसे चंद महीनों का वक़्त बीत जाने के पश्चात् मैंने दोनों किस्तों का पुनरावलोकन भी किया है। इसी बीच कोलकत्ता से डॉ. प्रभा खेतान का फ़ोन भी आया था। दोनों लेखों पर लम्बी चर्चा भी हुई। उन्होंने यह भी रोचक जानकारी दी, "जोशी जी, आपके विवाद को देखते हुए मैंने अपनी आत्मस्वीकृतियाँ वापस मँगवा ली थीं। राजेन्द्र यादव जी लौटाना नहीं चाहते थे। लेकिन दबाव डालने के बाद मेरी पाँडुलिपि भेज दी। मैं इस तूफ़ान में घिरना नहीं चाहती थी।"

मेरी दोनों किस्तों के सम्बन्ध में उनकी एक टिप्पणी मार्के की लगी। वे कहती हैं, "जोशी जी, अन्यथा मत लेना। मैं आपकी आलोचना भी नहीं कर रही हूँ...बस अपनी भावनाएँ आपसे शेअर कर रही हूँ। देखिए, आपने कुछ शब्दों व वर्णन के मामले में असावधानी दिखलाई है, पुरुष वर्चस्ववादी मानसिकता से काम लिया है। अक़सर पुरुष रचनाकार यह नहीं सोचते हैं कि उनकी भाषा, उनके शब्दों, उनके कथनों का स्त्री के मन-मस्तिष्क पर कैसा प्रभाव पड़ता है? वे अपनी पुरुषवादी मानसिकता से काम लेते हैं और जाने- अनजाने में स्त्री के भाव-जगत् को आहत करते हैं। आपसे भी यह चूक हुई है। आपने जो कुछ कहा है उसमें निश्चित ही साफ़गोई है। मुझे इससे इनकार नहीं है, लेकिन स्त्री की भावनाओं को ध्यान में रखकर वही बातें कलात्मक ढंग से भी कही जा सकती थीं। इस मामले में आपने असावधानी से काम लिया है। आगे जब और किस्तें लिखें तब मेरी इन बातों का ध्यान रखना।"

मैं प्रभा जी की बातों से शत-प्रतिशत सहमत हूँ। सच है, सत्य की रचनात्मक प्रस्तुति उसे और निखारती है, जबकि उसकी भोंड़ी शक़्ल सनसनी व वितृष्णा पैदा करती है। शायद

मैं इस बारीक अन्तर को समझ नहीं पाया और लेखन में चूक कर गया। इस दृष्टि से यादव जी भी अपना सम्पादकीय धर्म निभाने में फिसले हैं, या उन्होंने सुविचारित तरीके से ऐसा किया है ताकि किस्तों को सनसनीखेज़ बनाया जा सके! ख़ैर, यह बवंडर निरर्थक नहीं है। पर इससे बाहर निकलने से पहले मैं इस बात से ज़रूर हैरत में हूँ कि मेरे आलोचकों में नब्बे प्रतिशत से ज़्यादा ऊँची जाति के लोग हैं, जिनमें भी अधिकांश ब्राह्मण हैं।

एक लघु पत्रिका के ब्राह्मण सम्पादक लेखक ने तो पंकज बिष्ट को चिट्ठी ही लिख मारी की कि रामशरण जोशी को फाँसी पर चढ़ा देना चाहिए। यह पत्र निजी था, प्रकाशन के लिए नहीं था। ऊँची जाति के बुद्धिजीवियों व पाठकों की यह वर्गीय नैतिकता भी उजागर हुई कि जोशी की ये किस्तें मनगढ़ंत हैं, क्योंकि 'ब्राह्मण-पुत्र' ऐसा कभी नहीं कर सकता! ब्राह्मण और ऊँची जाति के लोग तो पवित्र, निरापद और निष्कलंक होते हैं!

इसके विपरीत हाशिये के वर्गों के बुद्धिजीवियों, लेखकों और पाठकों ने मेरे 'सेल्फ एक्सपोज़र' को कम-अधिक पसंद ही किया। पक्ष में लेख व पत्र भी लिखे।

सारांश यह है कि इस बवंडर को लेकर विभक्त नैतिकताओं का दृश्य निर्मित हुआ। इससे एक आइडिया भी मुझे मिला। मैंने यादव जी से 'नैतिकताओं के टकराव' की थीम पर 'हंस' का विशेषांक निकलवाया। इतनी उत्साहजनक सामग्री प्राप्त हो गई कि दूसरा अंक भी निकालना पड़ा। दोनों अंकों का सम्पादन मैंने ही किया। दोनों अंकों के माध्यम से वर्णगत व वर्गगत, जेंडरगत नैतिकताओं तथा धार्मिक नैतिकताओं के टकरावों को रेखांकित किया गया। यह सच है, मेरा मक़सद था इन अंकों के माध्यम से अपने आलोचकों को विचारोत्तेजक रेसपोंस देना और विमर्श की शुरुआत करना। मेरा यह प्रयास निष्फल नहीं गया। इससे अच्छी बहस चली है। सार तत्त्व यह है कि मैंने इस बवंडर से काफ़ी कुछ सीखा है।

इस बवंडर ने मुझे तनाव ज़्यादा दिए हैं, व्यस्तता नहीं। माखनलाल चतुर्वेदी पत्रकारिता विश्वविद्यालय से मुक्त होने के पश्चात् कुछ आर्थिक अभाव और ख़ालीपन ज़रूर खल रहे हैं। वैसे तो आज भी मेरी आवश्यकता आधारित अर्थव्यवस्था है। खर्चों को सीमित कर रखा है। लेकिन दिमाग़ के एक कोने में दोनों बेटियों के विवाह को लेकर यदा-कदा चिंता ज़रूर उठती रहती है। त्रीना और अमन की पढ़ाई अभी चल ही रही है। बड़ी बेटी मनस से मैं निश्चिंत हूँ। वह आत्मनिर्भर है। ज़रूरत पड़ने पर वह स्वेच्छा से सहयोग भी कर देती है। संतोष की बात यह है कि त्रीना 'समर जोब' कर लेती है। मैंने उसे 'श्रम की गरिमा' के लिए प्रेरित किया है इसलिए उसने नोएडा सेक्टर-18 में पीज़ा हट में वेटरेस्स का काम भी किया। साथ ही उसने दिल्ली विश्वविद्यालय में राजनीतिशास्त्र में एम.ए. की पढ़ाई भी की। यह मुझे अच्छा लगा। अमन को भी मैं समर जोब के लिए प्रेरित करता रहता हूँ। वैसे मेरे किशोर-जीवन का उदाहरण तीनों बच्चों के सामने रहता है।

इन तनावपूर्ण क्षणों में एक रोज़ ममता दम्पति का कोलकत्ता से फ़ोन आया। दोनों मुझसे एक सप्ताह के लिए अपने यहाँ पत्रकारिता के एक-दो पेपर पढ़वाना चाहते हैं। वे माखनलाल चतुर्वेदी पत्रकारिता विश्वविद्यालय के मीडिया पाठ्यक्रम अपने यहाँ चला रहे हैं। ममता जी इसकी संचालिका हैं। मुझे इस निमंत्रण की ज़रूरत थी। मैंने स्वीकार

कर लिया। आने-जाने, रहने, भोजन और मानदेय की सम्मानजनक व्यवस्था कर दी गई है।

मैं भारतीय भाषा परिषद के अतिथि कक्ष में ही ठहरा हुआ हूँ। रोज़ तीन घंटे पढ़ाता हूँ। फिर शाम को कालिया जी से गपशप होती है, कभी प्रभा जी अपने यहाँ बुला लेती हैं। वहीं भोजनादि भी हो जाता है। हम दोनों के बीच जमकर बातें होती हैं। अधिकांश समय सीपीएम, माहेश्वरी दम्पति और यादव जी को लेकर खप जाता है। प्रभा जी का मानना है सीपीएम अपने मार्ग से भटक रही है, इसमें कई प्रकार की विकृतियाँ जन्म ले रही हैं, निचले स्तर पर अपराधी तत्त्व हावी हो रहे हैं। प्रभा खेतान माहेश्वरी दम्पति को लेकर अपनी आशंकाएँ भी मुझसे शेअर करती हैं। प्रभा जी को भय है कि किसी रोज़ अरुण और सरला, दोनों ही ज़मीनों के घोटाले में फँसेंगे। साल्ट लेक की ज़मीनों में काफ़ी घपला है। माहेश्वरी परिवार के कतिपय सदस्य इन घोटालों में लिप्त माने जाते हैं।

मैं नहीं जानता प्रभा खेतान की आशंकाओं का आधार कितना ठोस है, लेकिन इन दोनों समर्पित व्यक्तियों के सम्बन्ध में ऐसी चर्चाएँ भी अजीब हैं। कुछ अन्य लोगों से भी ऐसी बातें सुनने को मिलती हैं।

यादव जी के प्रति प्रभा जी की धारणा काफ़ी नकारात्मक है। वे उन्हें लोभी, यौन कुंठालु, प्रचार-प्रेमी मानती हैं। वे विमर्श खड़ा करते हैं, लेकिन जल्दी ही उसे झटका देते हैं। इन सबके बावजूद प्रभा जी राजेन्द्र यादव जी को कभी 'डिच' नहीं करेंगी, न ही 'डम्प' करेंगी। दोनों के बीच रिश्तों का पुल दशकों पुराना है, और अभी भी मज़बूत है। मेरा ऐसा विश्वास है।

इस चुनौतीपूर्ण समय में मुझे एक ठौर मिला है पैर टिकाने के लिए। 2005 के मध्य में फादर डोमनिक टकरा गए। ये कैथोलिक चर्च के हैं और दिल्ली में अखिल भारतीय कैथोलिक परिषद् के मीडिया प्रभारी हैं। जीटीवी चैनल के लिए धर्मगुरुओं की परिचर्चा के संचालन के समय डोमनिक से भेंट हुई थी। फादर मूलतः इंदौर के हैं और 'नई दुनिया' के समय से मेरे नाम से परिचित हैं। आपसी बातचीत में उन्होंने मेरी व्यस्तताओं के बारे में पूछ लिया और इसके साथ ही निस्कोर्ट में अतिथि प्रोफेसर के रूप में अध्यापन का प्रस्ताव भी रख दिया। मैंने तुरंत अपनी स्वीकृति दे दी।

एक सप्ताह बाद निस्कोर्ट से डायरेक्टर फादर सेबेस्तीयन का फ़ोन आया और अगले रोज़ बुला लिया। ग़ाज़ियाबाद के वैशाली क्षेत्र में स्थित निस्कोर्ट यानी National Institute of Social Communication, Research and Training में निदेशक से मिला। सप्ताह में पाँच रोज़ चार घंटे अध्यापन (9 से 1) और 10 हज़ार रुपए मानदेय के रूप में लेने का प्रस्ताव रखा।

यद्यपि यह राशि सम्मानजनक नहीं थी, लेकिन दूसरा कोई विकल्प भी नहीं था। यही सोच कर कि यह एक ठौर है, इससे कुछ तो सहायता मिलेगी। इसलिए मैं पढ़ाने के लिए तैयार हो गया। यहाँ मुझे कभी एक, कभी दो कक्षाएँ लेनी होती हैं। मेरे लिए राहत की बात यह है कि निस्कोर्ट माखनलाल चतुर्वेदी पत्रकारिता विश्वविद्यालय से संबद्ध है और यहाँ पढ़ाये जा रहे सभी पाठ्यक्रमों से मैं पहले से ही परिचित हूँ। इन पाठ्यक्रमों के कुछ पेपर तो मैंने ही तैयार किए हैं। मुझे खुशी भी हुई कि मेरे हटने के बाद भी विश्वविद्यालय

इन्हें यथावत् रखे हुए है। निदेशक सेबेस्तीयन और डीन फादर जोन एडीपल्ली ने मेरे आगमन का स्वागत किया। चूँकि विश्वविद्यालय से मेरा पुराना सम्बन्ध रहा है इसलिए निस्कोर्ट के संचालकों ने मेरी उपस्थिति को एक सुखद 'उपलब्धि' के रूप में देखा।

निस्कोर्ट का प्रबंधन सीबीसीआई (Catholic Bhishops Conference of India) द्वारा किया जाता है। यह भारत में कैथोलिक ईसाइयों की शिखर संस्था है। सीबीसीआई के नीति-निर्देशों के अनुसार निस्कोर्ट अपना कार्य संचालन करता है। मुझ समेत तीन शिक्षकों को छोड़कर शेष सभी कैथोलिक ईसाई हैं। प्रो. टी. थोमस कोशी सीरियन यानी ओर्थोडोक्स चर्च के हैं।

निस्कोर्ट में मेरी अध्यापन पारी की शुरुआत काफ़ी दिलचस्प रही। हुआ यह कि मेरे ज्वाइन करने के तीन-चार रोज़ बाद ही निस्कोर्ट के प्रांगण में उत्तर भारत के कैथोलिक चर्च के प्रमुख धार्मिक नेताओं (बिशप, आर्च विशप, कार्डीनल आदि) के स्वागत में रात्रि भोज का आयोजन किया गया। इस स्वागत भोज में मुझे अपना परिचय देने और दो शब्द बोलने के लिए कहा गया। मैं दुविधा में डूब गया, क्योंकि धार्मिक नेताओं की सम्बोधन शैली से मैं अपरिचित था। चैनल पर कार्यक्रम का संचालन अलग बात है और ईसाई धार्मिक नेताओं को सम्बोधित करना दूसरी बात है। वैसे निस्कोर्ट का प्रस्ताव स्वीकार करते समय मैंने निदेशक और डीन, दोनों को ही अपनी वैचारिक पृष्ठभूमि से अवगत करा दिया था। दोनों ने ही मेरी वामपंथी प्रतिबद्धताओं का स्वागत किया था। बल्कि फादर जॉन की टिप्पणी थी, "हम आस्तिकों के बीच एक नास्तिक का स्वागत है। दोनों के बीच खूब जमेगी।" वहीं बैठी लाइब्रेरी इंचार्ज सिस्टर बोली, "मि. जोशी, बेफ़िक्र रहें, हम आपको 'बिलीवर' बना देंगे।" मैं मुस्कराया और मन-ही-मन कहा कि उम्र के इस पड़ाव पर एक खांटी निरीश्वर-वादी व मार्क्सवादी को बदलने की क़वायद नाकाम ही रहेगी। तो भी विचारों का टकराव दो परस्पर विरोधी पक्षों की जीवंतता का प्रतीक तो है ही!

जब डीन जॉन ने रात्रि भोज के अवसर पर मुझसे बोलने का अनुरोध किया तब मैंने उनसे कहा–

"फादर आप जानते ही हैं कि मैं मार्क्सवादी हूँ। ये आपके चर्च के शिखर नेता हैं। निस्कोर्ट के संरक्षक भी ये ही लोग हैं। कुछ ग़लत-सलत बोल गया तो...।"

"मि. जोशी, मैं काफ़ी सोच कर ही आपको बोलने के लिए कह रहा हूँ। आपको बोलने की पूरी स्वतंत्रता है। परिणाम क्या निकलेगा, यह मुझ पर छोड़ दें। आप निश्चिंत होकर बोलें।"

इस अवसर पर पूरी फैकल्टी, विद्यार्थी और युवा प्रीस्ट व सिस्टर छात्र-छात्राएँ मौजूद थीं। मैं अपने एक्टिविस्ट अंदाज़ में माइक से जा भिड़ता हूँ। मैंने अँगरेज़ी में अपना संक्षिप्त भाषण शुरू किया–

"आदरणीय धर्मगुरुओ,

आप सभी का मैं रामशरण जोशी स्वागत करता हूँ। मेरा सामान्य परिचय निस्कोर्ट की फाइलों में मौजूद है, जो नहीं है वो आपको बतलाने जा रहा हूँ।

मैं एक ऐसी वैचारिक पृष्ठभूमि का हूँ जहाँ ईश्वर और धर्म को एक प्रकार से Persona non grata समझा जाता है। अत: आप मुझे निरीश्वरवादी कह सकते हैं। वैसे मैं स्वयं

को बुद्ध के मार्ग के अधिक क़रीब पाता हूँ। मेरे लिए क्राइस्ट ईश्वर की संतान न होकर क्रान्तिकारी हैं जिन्होंने अपने समय की आततायी सत्ता व्यवस्था को चुनौती दी और करुणा, दया, त्याग और शोषितों- उत्पीड़ितों की एकजुटता के माध्यम से इसे बदलने की कोशिश की। ईसा मेरे क्रान्तिकारी आदर्श और मित्र रहे हैं और आज भी हैं। आज के शोषित समाज को जाग्रत करने और उत्पीड़क व्यवस्था को बदलने के लिए ईसा की क्रान्तिकारी व्याख्या की ज़रूरत है। धन्यवाद!"

तालियों की गड़गड़ाहटों से इस संक्षिप्त सम्बोधन का अन्त हुआ। विशेषरूप से युवा फादर, प्रीस्ट और सिस्टर विद्यार्थियों ने मुझे घेर लिया और जम कर प्रशंसा की। डीन जॉन और मित्र थोमस तो बेहद प्रसन्न थे ही। जॉन कहने लगे, "मि. जोशी, मुझे आपसे यही अपेक्षा थी। आपने क्राइस्ट को सही परिप्रेक्ष्य में समझा है। बहुत-बहुत धन्यवाद!"

प्रो. थोमस बोले, "जोशी जी, आपकी बोल्ड स्पीच थी। धर्मगुरुओं के बीच आपने वैचारिक साहस का परिचय दिया है।"

भोज के दौरान वरिष्ठ धर्मगुरुओं ने भी भाषण का स्वागत किया। एक पादरी ने कहा, "मि. जोशी, कुछ समय पहले तक चर्च कम्युनिस्टों को दूर रखता था। केरल में तो यही स्थिति थी। आज आप हम लोगों के बीच आए हैं, आपका हार्दिक स्वागत है। क्या आप हमारे इस उदार परिवर्तन का स्वागत नहीं करेंगे?"

"क्यों नहीं? मैं केरल के बारे में नहीं जानता। पर मैं यह ज़रूर-बतला सकता हूँ कि मुझे अपने सक्रिय राजनीतिक जीवन के दौरान अनौपचारिक रूप से पादरियों का सहयोग मिलता रहा है। चर्च के आँगन में मैंने भूमिगत बैठकें भी की हैं। आपने मुझे अपने यहाँ जो अवसर दिया है इसके लिए मैं हार्दिक रूप से आपका आभारी हूँ।"

निस्कोर्ट में अध्यापन से ईसाई जगत् की कार्यशैली में थोड़ा-बहुत भीतर झाँकने का अवसर ज़रूर मिला है। कुछ भ्रम टूटे भी हैं। निस्कार्ट में अध्ययनरत विद्यार्थियों की दो प्रकार की श्रेणियाँ हैं : एक, सामान्य विद्यार्थी जो कि विभिन्न समुदायों के हैं और आम कॉलेजों व विश्वविद्यालयों से हैं; दो, इस श्रेणी में विभिन्न राज्यों के चर्चों द्वारा मनोनीत युवा पादरी व सिस्टर हैं। इन्हें भी मीडिया की शिक्षा (मुद्रण व इलैक्ट्रोनिक पत्रकारिता एवं संचार में एम.ए. और डिप्लोमा) दी जाती है ताकि अपने चर्चों में लौटकर ये विद्यार्थी धार्मिक उत्तरदायित्वों के साथ-साथ मीडिया व जनसम्पर्क का मोर्चा भी सँभाल सकें। इन विद्यार्थियों में उडीशा, झारखंड, छत्तीसगढ़, बिहार, उत्तर-पूर्व जैसे राज्यों के पिछड़े व अशांत क्षेत्रों के पादरी व सिस्टर भी शामिल रहते हैं। ये अपने चर्च लिबास में कक्षा में शिक्षा ग्रहण करते हैं। सामान्य विद्यार्थी की भाँति चर्चाओं में हिस्सा लेते हैं और आधुनिक राजनीतिक-आर्थिक चिंतकों को भी कोट करते हैं। बाइबल के संदर्भों का उपयोग नहीं के बराबर करते हैं। मुझे यहाँ इस सच्चाई को भी स्वीकार करना चाहिए कि निस्कोर्ट का कैथोलिक नेतृत्व अपने समाज और चर्च प्रबंधन के प्रति विवेचनात्मक दृष्टि रखता है। युवा पादरियों और सिस्टर के लिए एक शॉर्टटर्म पाठ्यक्रम है। इस पाठ्यक्रम के माध्यम से इन धार्मिक विद्यार्थियों में विवेचनात्मक चेतना पैदा की जाती है। यह बतलाया जाता है कि ईसाई समुदाय और धार्मिक नेतृत्व किस प्रकार के निहित स्वार्थों की पूर्ति के लिए ईसा मसीह, चर्च और ईसाई धर्म का इस्तेमाल करते हैं; अंध-विश्वासों और ऊँच-नीच

की भावनाओं से ग्रस्त हैं। आलोचनात्मक चेतना को पैदा करने के लिए कक्षाओं में बहसें, नाटक व अतिथि वक्ताओं के माध्यमों को अपनाया जाता है। मेरी पहल पर ही स्वामी अग्निवेश, डॉ. तुलसीराम, विभूति नारायण राय, प्रो. अरुण कुमार, अमित सेन गुप्ता, डॉ. चंदन मित्रा जैसे समाजकर्मी व बुद्धिजीवियों को सम्बोधन के लिए बुलाया गया।

मेरे कहने पर उत्तर-भारत के प्रोटेस्टेंट चर्च के प्रमुख नेता फादर संतराम को भी सम्बोधन के लिए बुलाया गया था। ये दलित ईसाई पृष्ठभूमि से हैं और वामपंथी रुझान के हैं। 1983 में फ्रैंकफर्ट से दिल्ली लौटते समय मेरी संतराम से विमान में भेंट हो चुकी थी। वे 'विश्व चर्च परिषद्' के सम्मेलन से लौट रहे थे। उन दिनों दक्षिण अमेरिका में 'लिबरेशन थियोलोजी' का काफ़ी शोर था। फादर संतराम ने बतलाया था कि इस विश्व परिषद् में सीआईए की गहरी पैठ हो चुकी है। अनेक ईसाई धर्मगुरु अमेरिका व सीआईए के प्रभाव में हैं। इनका एक मात्र लक्ष्य समाजवादी व्यवस्था को नाकारा व मानव-विरोधी सिद्ध करना है। उन्होंने निस्कोर्ट में प्रगतिशील वक्तव्य दिया जिसे सभी ने पसंद भी किया।

डीन जॉन, प्रो. थोमस और मैं, हमारी त्रिमूर्ति एक प्रकार से निस्कोर्ट को बौद्धिक नेतृत्व देती है। हम लोगों के मध्य आपसी समझदारी यह है कि निस्कोर्ट में धर्मनिरपेक्ष, प्रगतिशील और मध्य वामपंथी वातावरण को प्रोत्साहित किया जाए—अर्थात् 'लेफ्ट-ऑफ-दी सेंटर' के मार्ग पर संस्था की बौद्धिक गतिविधियों को चलाया जाए।

यद्यपि निस्कोर्ट में प्रमुख अवसरों का आरम्भ ईश वंदना से किया जाता है। यह केवल औपचारिकता मात्र होता है। इसके पश्चात् ऐसा कोई अनुष्ठान नहीं होता है जिसमें ईसाइयत की गंध घुली हो। अलबत्ता चर्च विद्यार्थियों के विशेष मीडिया कोर्सों को देखकर यह इच्छा अवश्य होती है कि हिंदू पुजारियों, साधु-संतों और साध्वियों के लिए भी ऐसे कोर्स बनाए जाएँ। उन्हें भी मंदिर-मठ के संचालन एवं प्रयोग के लिए आलोचनात्मक चेतना से लैस किया जाए। धार्मिक अंधविश्वास और जातिगत भेदभाव के विरुद्ध उनमें चेतना पैदा की जाए। उन्हें लोकतांत्रिक जीवन-दृष्टि के साथ अपने धार्मिक कृत्यों के परिपालन के लिए संस्कारित किया जाए। इक्कीसवीं सदी के मीडिया के प्रयोग का तरीका उन्हें सिखाया जाए। निस्कोर्ट के नए निदेशक फादर ज्यूड बोथेलो और डीन फादर जॉन से भी मैंने अपने इन विचारों की चर्चा की। वे पुजारियों और महंतों के लिए कोर्स का निर्माण करने के लिए तैयार हैं। पर समस्या यह है कि क्या हिंदू धार्मिक नेतृत्व इसके लिए तैयार हो जाएगा? मैं भी इस सम्बन्ध में कोई स्पष्ट उत्तर नहीं दे सका। सिर्फ़ इतना ही कह सका कि मैं इसकी संभावनाओं का पता लगाऊँगा। जब हमारे धार्मिक नेता आधुनिक सुख-सुविधाओं और वैज्ञानिक उपलब्धियों (बिजली, विमान, रेल, मोबाइल, लेपटॉप, सुसज्जित आश्रम, प्रचार तंत्र आदि) का जमकर उपभोग करते हैं, तब उन्हें आधुनिक लोकतांत्रिक चिंतन व जीवन-शैली को अपनाने से चिढ़ क्यों है? वे क्यों सामन्ती मूल्यों में धँसे रहना चाहते हैं? यह विरोधाभास क्यों है? मैं समझ नहीं पा रहा हूँ। तमाम आधुनिक व आलोचनात्मक दृष्टि के बावजूद ईसाई समाज में भी वे खड्डे हैं जिन्हें मैं अपने यहाँ देखता हूँ। निस्कोर्ट में प्रांतीय भेदभाव, ऊँच-नीच, वर्गीय भेद, अगड़ा-पिछड़ा सभी कुछ देखने को मिला है। ईसाई धर्मगुरुओं, फादर, सिस्टर, ईसाई विद्यार्थियों में हिंदू समाज के सभी दोष मौजूद हैं; सवर्ण जाति के पादरी; ओर्थोडोक्स चर्च के ईसाई स्वयं को ब्राह्मण

पृष्ठभूमि का मानते हैं; मल्लू या मलियाली पादरी और ग़ैर-मलियाली पादरी; अगड़े पादरी व पिछड़े पादरी; दलित व आदिवासी पादरी बनाम शेष श्रेष्ठ वर्गीय पादरी आदि। मूल सामाजिक व वर्गीय पृष्ठभूमि के आधार पर पादरी, सिस्टर और विद्यार्थी विभाजित रहते हैं। गहरे अन्तर्विरोध इनमें पनपते-उभरते रहते हैं। एक दफ़ा जयपुर की एक प्रोटेस्टेंट छात्रा ने अपने यहाँ डिनर पर बुलाया और अपने माता-पिता से मिलवाया। पिता दलित पृष्ठभूमि व गहरे साँवले थे जबकि माँ गौरवर्ण की थीं। पिता में खुरदरापन था जबकि माँ अत्यंत नफ़ासत वाली थीं। भोजन पर वार्तालाप में माँ चतुराई के साथ दबे स्वरों में कहती हैं, ''जोशी सर, मैं बंगाली ब्राह्मण परिवार से हूँ। सौ वर्ष पहले मेरे दादा-दादी कनवर्ट हुए थे।" ये चंद शब्द मन की परतों को उघाड़ने के लिए काफ़ी हैं।

साधु-संतों और महामंडलेश्वरों के समान यह ईसाई धार्मिक नेतृत्व भी तमाम प्रकार की निजी निर्बलताओं में लिप्त रहता है। लोभ-लालच, राग-द्वेष, ममता, अनुशंसा, पक्षपात, यौन कुंठाएँ, भोग-विलास, विदेश यात्राओं की चाहत, अच्छे चर्चों एवं संस्थाओं में नियुक्तियाँ, सेवानिवृत्ति व वृद्धावस्था की चिंताएँ जैसी औसत गृहस्थ की प्रवृत्तियाँ इन पादरियों और सिस्टरों में कुलबुलाती रहती हैं। शायद ये प्रवृत्तियाँ ही इन्हें इंसान बनाए रखती हैं, देवत्त्व से भाव के बजाय धरा से जुड़ी हाड़-मांस की आदमीयत भी इनमें बनी रहती है। इन पादरियों, ननों, सिस्टरों में दया, करुणा, त्याग, परोपकारिता, आत्मपीड़न का आनन्द आदि की धाराएँ भी प्रबल वेग से प्रवाहित होती हैं। तमाम संकटों के बावजूद ये यीशु के जीवनदानी अत्यंत दुर्गम क्षेत्रों में धरा के अभागों की सेवा में समर्पित रहते हैं। यह मैंने देखा है, एक दफ़ा नहीं, कई दफ़े।

तमाम प्रकार की विसंगतियों के मध्य मेरे और इन पादरियों के बीच रस-रंजन के साथ-साथ राजनीति पर बहसें भी कम नहीं होती हैं। कैथोलिक पादरियों को 'ड्रिंक' की अनुमति है, लेकिन वे शादी नहीं कर सकते। इसके विपरीत ओर्थोडोक्स या सीरियन चर्च के पादरी न तो 'ड्रिंक' कर सकते हैं, और न ही विवाह। प्रोटेस्टेंट चर्च के धर्मगुरु दोनों काम कर सकते हैं : विवाह कर सकते हैं, और शराब भी पी सकते हैं। कैथोलिक पादरियों को मिली छूट के कारण निस्कोर्ट में महीने में एक-दो बार कॉकटेल जम जाती है। मैं, निदेशक ज्यूड बोथेलो (मूलत: कोंकणी), डीन जॉन (मलयाली), डीजस (तमिल) तथा अन्य पादरी शिक्षक ड्रिंक पर बैठते हैं और दुनिया-जहान की चर्चा करते हैं। राजनीतिक मुद्दों पर बहसें अधिक होती हैं। सोनिया गाँधी के प्रति ये 'सोफ्ट' रहते हैं, लेकिन राहुल गाँधी में ठोस संभावना नहीं देखते हैं। धर्मनिरपेक्षता के प्रबल समर्थक होने के कारण अर्जुन सिंह के प्रति इनमें विशेष आदरभाव रहता है। कोलकत्ता डायसिस के डीजस की सीपीएम के प्रति सकारात्मक दृष्टि रहती है। डीजस कहते हैं कि बंगाल की वामपंथी सरकार चर्च के प्रति सहयोगपूर्ण दृष्टि रखती है। बंगाल का चर्च सीपीएम का समर्थक है। बोथेलो के शब्दों में, "मि. जोशी, हमें अपने तर्कों से आंदोलित करते हैं, तमाम संकीर्णताओं-सीमाओं से ऊपर ले जाते हैं। विराट मानवता से हमें जोड़ देते हैं, इसीलिए हम इन्हें कॉकटेल पर बुलाते हैं ताकि कुछ राहत महसूस कर सकें!"

बोथेलो के शब्दों का सभी पादरी, शिक्षक समर्थन भी करते हैं। मैं नहीं कह सकता कि ज्यूड के शब्द कितने 'जेनुइन' हैं, लेकिन इतना ज़रूर जानता हूँ कि मैं पूरी स्पष्टता

व निडरता से अपने विचारों को रखता हूँ। इन विचारों के आदान-प्रदान में धर्म और मार्क्स, दोनों की सीमाओं व विफलताओं को भी हम लोग स्वीकार करते हैं।

मेरे और इन पादरियों के बीच हास-परिहास चलता रहता है। मैं ज्यूड बोथेलो, फादर जॉन डीजस और दूसरे पादरियों और ननों को मज़ाक़ में ईश्वर का 'होल टाइमर व वेज अर्नर' कहता रहता हूँ। साथ ही मैं स्वयं को भी क्रान्ति व पार्टी का भगोड़ा 'होल टाइमर व वेज अर्नर' बतलाता रहता हूँ,

"हम दोनों ही नाकारा 'वेज अर्नर' कहे जाएँगे। हम लोगों को न तो मोक्ष दिला ही सके, और न ही इस धरा को स्वर्ग बना सके! यीशु और मार्क्स, दोनों ही हम नालायकों पर आँसू बहा रहे होंगे!"

मेरे इन शब्दों के साथ ठहाकों से कमरा गूँजने लगता है।

जीवन के रंगमंच पर कब दृश्यान्तर होने लगे, इसकी घोषणा कौन विश्वास के साथ कर सकता है? होते होंगे कोई विरले लोग जो नगाड़ा बजा कर दृश्यान्तर व पटाक्षेप की घोषणा कर सकते हैं। पर इसका इल्म व कूबत, दोनों मुझमें नहीं हैं। बस! यूँ ही समय के साथ बहे जा रहा हूँ, कहाँ लंगर डालना है, ऐसे किसी तट की पहचान भी नहीं की है। मौजें अपने आप उठती हैं और कश्ती की दिशा बदल डालती हैं। निस्कोर्ट में पढ़ाते समय ऐसा ही कुछ घटा है।

मेरी क्लास के खत्म होने के चंद सैकेंड पहले मेरे मोबाइल की स्क्रीन पर एक अप्रत्याशित नंबर उभरता है। यह नंबर मानव संसाधान मंत्रालय के शिक्षा सचिव व मित्र सुदीप बनर्जी का है। मैं सुदीप जी से बात करने के लिए क्लास से बाहर आ जाता हूँ।

28 अप्रैल, 2006

"जोशी जी, कहाँ हैं आप?"

"मैं दिल्ली में ही हूँ। बोलिए।"

"क्या आज हम मिल सकते हैं?"

"आज संभव नहीं है। यदि आवश्यक है तो कल मिला जा सकता है।"

"ठीक है, कल दोपहर 3 बजे शास्त्री भवन आ जाइए। आवश्यक कार्य है।" इस वाक्य के पश्चात् मोबाइल कॉल बंद हो गई।

क़रीब पौने दो वर्ष के बाद सुदीप बॅनर्जी की आवाज़ मैं सुन रहा था। तय नहीं कर पा रहा था कि आख़िर मुझे यकायक याद करने की क्या वजह हो सकती है। कई प्रकार के विचार दिमाग़ में उमड़ने-घुमड़ने लगे थे। फिर भी यक़ीन के साथ किसी नतीज़े पर पहुँचने में मैं असमर्थ था। अतः दिमाग़ी कसरत करने के बजाय 24 घंटे की प्रतिक्षा करना ही बेहतर समझा।

मैं अगले दिन निर्धारित समय पर मानव संसाधान विकास मंत्रालय के सचिव सुदीप बॅनर्जी के कक्ष में मौजूद था। दोनों के बीच सामान्य शिष्टाचार का आदान-प्रदान हुआ। हम दोनों सोफ़े पर बैठ गए। चाय आ गई। सुदीप जी के चेहरे की भाषा बतला रही थी

कि वे दुविधाग्रस्त हैं। थोड़े-बहुत असहज हैं। दोनों के बीच कुछ मिनट चुप्पी पसरी रही। मुझे भी अटपटा-सा लग रहा था। ख़ामोशी को तोड़ने का निर्णय मुझे ही करना पड़ा था।

"तो कहिए सुदीप जी, मुझे किसलिए याद किया?"

"याद तो मैं करता ही रहता हूँ। मंत्रीजी (अर्जुन सिंह) और आपके मित्र सुनील (सुनील कुमार, संयुक्त सचिव) के साथ बातचीत में कभी-कभार आपका उल्लेख हो ही जाता है।"

"सुदीप जी, आप मेरे पहले मित्र हैं, और सुनील कुमार बाद में। आपको याद होगा आपने ही मुझे उनसे मिलवाया था।"

"अरे! मैं ऐसे ही कह रहा हूँ। वे हम दोनों के अच्छे मित्र हैं। मंत्रीजी आपके शुभचिंतक हैं ही।"

"सो तो ठीक है। अब मुद्दे पर आया जाए। कैसे आपने याद किया?" मैंने अपनी उत्सुकता दोहराई।

"जोशी जी, मुझे लोगों ने बतलाया कि आप मुझसे नाराज़ हैं। मैं भी कुछ अपराधी-सा महसूस कर रहा था। हंस-प्रकरण (अक्तूबर, 2004) के बाद कुछ ऐसी परिस्थितियाँ बनीं कि हम लोग मिल नहीं सके और न ही आपके लिए कुछ किया जा सका। मंत्रीजी ने भी एक-दो बार चिंता जाहिर की।"

"कोई बात नहीं, सुदीप जी। इस तरह के उतार-चढ़ावों का मैं अभ्यस्त हूँ।" मैं महसूस कर रहा था कि उनके भीतर गहरी हलचल मची हुई है। यह हलचल व्यक्त होने के लिए व्यग्र है, लेकिन सुदीप जी इसे प्रकट करने से हिचकिचा रहे थे। वे ऐसे क्षणों की प्रतीक्षा में थे जब वे अपने भीतर को बाहर खोलकर रख दें। आख़िर फिर मुझे ही पहल करनी पड़ी। पत्रकार की फ़ितरत ही ऐसी होती है कि वह ख़ामोशी को सहन नहीं कर सकता।

"अब चलिए, जो कुछ हुआ सो हुआ। आप अपने दिल पर कोई बोझ मत रखिए। मुझे यहाँ बुलाने का प्रयोजन बतला दीजिए।"

"इस समय आप क्या कर रहे हैं?" सुदीप जी अब भी मुख्य विषय पर आने से कतरा रहे थे।

"कुछ विशेष नहीं। बस एक मीडिया संस्थान में थोड़ा-बहुत पढ़ाता रहता हूँ।"

"देखिए, मैं आपके सामने एक ऐसा प्रस्ताव रख रहा हूँ, जिसे आप संभवतः पसंद न करें। लेकिन मंत्रीजी ने कहा है कि मैं आपसे बात करूँ। यह प्रस्ताव ऐसा नहीं है जिससे आपको किसी प्रकार की नियमित आय प्राप्त हो। लेकिन यह चैलेंजिंग है। दो वर्ष पहले आपसे इस सम्बन्ध में चर्चा भी हुई थी।"

"कैसा प्रस्ताव, मुझे याद नहीं आ रहा है?"

"क्या आप केंद्रीय हिन्दी संस्थान का उपाध्यक्ष बनना पसंद करेंगे?"

"मैं समझा नहीं और यह कैसे संभव है? कमला प्रसाद जी तो इसके उपाध्यक्ष हैं।"

लेकिन हम उन्हें हटाकर आपको इस पद पर लाना चाहते हैं। क्या आप इसे स्वीकार करेंगे?"

मैं सुदीप जी के इस प्रस्ताव को सुनकर हक्का-बक्का रह गया! मेरे लिए यह कल्पनातीत था कि कमला प्रसाद जी को इस ढंग से हटाकर उनके स्थान पर मुझे बनाने

की पेशकश की जाएगी! कमला जी ने ऐसा कुछ किया भी नहीं था जिससे ऐसी अप्रिय स्थिति निर्मित हो। उनके विरुद्ध संस्थान में किसी प्रकार का असंतोष या भ्रष्टाचार की शिकायत भी सुनने को किसी को मिली नहीं थी। तब इस अप्रत्याशित प्रहार का शिकार उन्हें क्यों बनाया जा रहा है? मैं स्वयं से पूछ रहा था। अन्त में मैंने ये तमाम सवाल सुदीप जी पर दाग ही दिए।

"नहीं, ऐसा कुछ नहीं है लेकिन हम उन्हें सबक सिखाना चाहते हैं। यदि वे हमारे साथ खेल खेल सकते हैं तो हम भी उन्हें चौंका सकते हैं।"

"ऐसा उन्होंने क्या किया है जिससे यह नौबत पैदा हो गई है।" अधीर स्वरों में मैंने पूछ.।

"हम लोगों ने तय किया था कि महात्मा गाँधी अन्तरराष्ट्रीय हिन्दी विश्व- विद्यालय, वर्धा का चांसलर कमलेश्वर जी को बनाया जाएगा। मंत्रीजी भी पूरी तरह से आश्वस्त थे कि कमला प्रसाद जी के नेतृत्व में इसी (कार्यकारिणी) कमलेश्वर का नाम प्राथमिकता पर रखेगी। लेकिन कमला प्रसाद जी ने ऐसा नहीं किया। उन्होंने नामवर सिंह जी को प्राथमिकता पर रखकर उन्हें चांसलर बनवा दिया। यह बात मंत्रीजी और मुझे अच्छी नहीं लगी। इसलिए हम भी उन्हें झटका देना चाहते है।" अब सुदीप जी खुलने लगे थे।

"सो तो ठीक है, लेकिन क्या आपने सोचा है कि अपने लेखक समुदाय पर इसकी क्या प्रतिक्रिया होगी? कमला प्रसाद जी स्वयं क्या सोचेंगे?"

"यह आप मुझ पर छोड़ दीजिए। मैं सब देख लूँगा। बस आप बतलाइए कि क्या आप इसे स्वीकार करना चाहेंगे? हमें किसी-न-किसी को तो उपाध्यक्ष बनाना ही होगा, तब आप क्यों नहीं? मंत्रीजी भी यही चाहते हैं।"

अब सुदीप जी अपनी उलझन से मुक्त थे, और मैं उलझनों में घिरा हुआ था। पाँच-दस मिनट इधर-उधर की बातें कीं। थोड़ी-बहुत राजनीतिक चर्चा हुई। अन्त में इस ब्रेक के बाद मैंने अपनी सहमति देते हुए कहा, "कमला जी को आप सँभालेंगे। सूचित भी आप ही करेंगे।"

"आप इसकी चिंता न करें, यह हमारी ज़िम्मेदारी है। आपको पहली मई से यह कार्यभार सँभालना है। इस पद पर रहते हुए आप काफ़ी काम कर सकते हैं। दुनिया भर में घूम सकते हैं। पत्र-पत्रिकाओं में कॉलम लिख सकते हैं। कोई रोक-टोक नहीं है।"

इधर आधा घंटे की मुलाक़ात के बाद मैं शास्त्री भवन से बाहर निकल आया। अगले दिन 30 अप्रैल की दोपहर कमलेश्वर जी का बधाई फ़ोन आया। शाम तक कमला जी का भी फ़ोन भोपाल से पहुँचा। मैंने दोनों से इस सम्बन्ध में अनभिज्ञता व्यक्त की, क्योंकि मेरे पास मंत्रालय से कोई औपचारिक सूचना तब तक नहीं थी। 1 मई को औपचारिक पत्र मुझे दे दिया गया। पत्र सौंपते हुए सुदीप जी ने मुझसे यह अवश्य कहा, "जोशी जी, याद रखिए कमला प्रसाद जी हम सभी के मित्र हैं। ठीक है ऐसा निर्णय हमें लेना पड़ रहा है लेकिन मैं चाहूँगा कि आप उन्हें संस्थान से जोड़े रखिए। उन्हें विभिन्न कार्यक्रमों में बुलाते रहिए।" मैंने सहमति में अपना सिर हिलाया और नियुक्ति-पत्र को ज़ेब के हवाले करते हुए उनसे विदा ली।

सुदीप जी का फ़ोन मिलने से कुछ रोज़ पहले का एक वाकया है। अर्जुन सिंह जी ने मुझे अपने बंगले पर मिलने के लिए बुलाया था। उस रोज़ उन्होंने मुझसे एक मार्के की बात कही थी। शाम का समय था। हम दोनों ही उनके ऑफिस चैम्बर में चाय पी रहे थे। पहले तो सामान्य राजनीतिक चर्चा हुई। डॉ. मनमोहन सिंह की आर्थिक नीतियों और अमेरिका के प्रति अंध समर्पण के संबंध में जन प्रतिक्रियाओं से मैंने उन्हें अवगत कराया। चाय समाप्ति के पश्चात् उन्होंने मुझसे एक अप्रत्याशित सवाल कर डाला–

"जोशी जी, आपने 'हंस' में जो कुछ लिखा है, क्या आप उसे वापस ले रहे हैं?"

"ऐसा तो नहीं है...और न ही मैंने सोचा है।"

"सोचना भी मत। जो लिख दिया है, उसका खंडन मत करना।"

"मैं समझा नहीं– "

"मैं इस विवाद को जानता हूँ। आपने जो लिखा है, उस पर टिके रहिएगा... "

"जी... "

"बाकी का काम मुझ पर छोड़ दीजिए, आगे का क्या करना है?"

"जैसा आप चाहें...!"

यह कह कर मैं आ गया। उस रोज़ मैं उन्हें समझ नहीं सका। अर्जुन सिंह जी की टिप्पणी मुझे रहस्यमय लगी। वैसे इतना अवश्य जानता था कि वे न तो बेसबब बोलते हैं और न ही सुनना चाहते हैं। वे किसी के लिए कुछ करते हैं तो चुपचाप कर डालते हैं। आज जब सुदीप जी के माध्यम से संस्थान के उपाध्यक्ष का पदभार सँभालने का न्यौता मिला है तो मुझे अर्जुन सिंह जी के प्रश्न और वरिष्ठ मित्र कमला जी की गद्दी पर बैठना मेरे लिए अजीबो-ग़रीब इत्तेफ़ाक़ है!

ख़ैर, अब मैं अपनी और परिवार की बात करता हूँ। मधु और तीनों बच्चों की अक़सर एक शिकायत रहती है। चारों कहते हैं जोशी परिवार के साथ किस्मत का अजीब आँख-मिचौली का खेल बेखटके चलता रहता है। यह हमें न तो अर्श पर ही ले जाती, न ही फ़र्श से चिपकने देती है। अर्श और फ़र्श के बीच जोशी-परिवार झूलता रहता है। औसत मध्यवर्गीय हिन्दुस्तानी का यही तकिया कलाम होता है–हाय! हमारा भाग्य खोटा है! कभी साथ नहीं देता। बीच में झुलाये रखता है!

मैं जब स्वयं की जीवन-यात्रा को मुड़-मुड़कर देखता हूँ तो यह बंदा भी इस तकिया-कलाम की चपेट में आकर शेष चारों के साथ सुर-में-सुर मिलाने लगता है। मैं नाकामियों और उपलब्धियों को तुलनात्मक दृष्टि से कम-अधिक तौलना शुरू कर देता हूँ। हालाँकि यह ठीक नहीं है। फिर भी यही लगता है, फुटपथिया मुहावरे में कहूँ तो, 'ऊपर वाला कभी मेहरबान नहीं हुआ, छप्पर फाड़ कर कभी नहीं मिला।' पूरा कुआँ खोदा, कभी पानी नहीं मिला, मिला तो आधा मीठा या खारा मिला। निदा फाज़ली के शब्दों को यहाँ दोहराऊँ तो यही कहूँगा ना; 'कभी किसी को मुकम्मल ज़हान नहीं मिलता, किसी को ज़मीं तो किसी को आसमां नहीं मिलता।' चलिए, यह आधा-अधूरा टुकड़ा ही सही ज़मीं का। इससे ही तसल्ली की जाए !

अब देखिए, आज मैं केन्द्रीय हिन्दी संस्थान का उपाध्यक्ष हूँ। दो वर्ष पहले 2004 में मैं राष्ट्रीय बाल भवन का अध्यक्ष था। तब मुझे भवन की तरफ़ से एम्बस्डर कार दी

गई थी, साथी ही में एक निजी सहायक भी। आज उपाध्यक्ष के नाते लम्बी वातानुकूलित कार और निजी सहायक मिले हैं। साथ ही अन्य सुविधाएँ (टेलीफोन, मोबाइल, फैक्स, प्रिंटर, कंप्यूटर आदि) भी। देश के जिस कोने में मैं जाना चाहूँ, जा सकता हूँ। तब डॉ. मधु पंत निदेशक थीं, आज मेरे पुराने मित्र व प्रखर समाजवादी आलोचक डॉ. शभुनाथ संस्थान के निदेशक हैं।

ये दोनों ही मानद पद हैं। इनके साथ मान-सम्मान, घोड़ा-गाड़ी, लाव-लशकर सभी कुछ हैं। भवन और संस्थान के श्रेणी तंत्र में कैबिनेट मंत्री अर्जुन सिंह के बाद मेरा स्थान है। इस लम्बे-चौड़े तामझाम के बावजूद इन संस्थाओं में अध्यक्ष और उपाध्यक्ष को 'भूखा भजन' के धर्मपथ पर चलना पड़ता है। तो मैं भी 'मानसिक व शारीरिक श्रमदान' में लीन हूँ!

वास्तव में इस तरह के जड़ाऊपदों की दरकार उन लोगों की ज़रूरत है जिनके पेटों में फसले बहार लहरा रही है, पर उनका सामाजिक जीवन श्रद्धा व प्रेरक उपलब्धियों से रीता है। इसलिए अभिजन लोग ऐसे शोभाजड़ित पदों से श्रद्धा की फसल काटने की जुगाड़ में रहते हैं। फसल काटते भी हैं और अपने छोटे-मोटे समाज के मुकुट भी बन जाते हैं। यह तो एक दस्तूर है इस सामन्ती-पूँजीवादी समाज का!

सच कहूँ, मेरे पास तो इन पदों के लायक ठीक-ठाक वस्त्र भी नहीं हैं। अपने राम तो वही खादी का कुर्ता-पाज़मा, जींस पेंटों से काम चलाते हैं। फेब इंडिया से कुछ कपड़े ज़रूर ख़रीद लिए हैं। निजी सहायक अवधेश को बैठाने के लिए अलग से जगह भी नहीं है। जैसे-तैसे अपने स्टेडी-कम-बैठक रूम में उसे ठुसेड़ा है। मधु और दोनों बच्चों को इससे असुविधा रहती है, क्योंकि तीनों को मास्टर बाथरूम में इस कमरे से जाना होता है। मधु तो मुझ पर अक़सर झल्ला-पड़ती है। मैं भी सोचता हूँ, कहाँ की फ़जीहत मोल ले ली! कमला प्रसाद जी और कुछ मित्रजन अलग से नाराज़ हैं। ग़लतफ़हमियाँ पाले हुए हैं। उनके दिमाग़ों में एक ही बात है और वो यह है कि कमला जी को उपाध्यक्ष पद से अपदस्थ करने की योजना का सूत्रधार मैं ही हूँ। सच्चाई तो यह है कि मैं इतने दिनों के बाद भी हैरत में हूँ कि अर्जुन सिंह जी और सुदीप बॅनर्जी ने उन्हें इस अपमानजन ढंग से क्यों हटाया? उनसे त्यागपत्र माँगा जा सकता था। वे पद छोड़ने से कभी इनकार नहीं करते। कमला जी की हठात् पदमुक्ति को लेकर भाँति-भाँति की चर्चाएँ भी संस्थान में सुनने को मिलती हैं। उनकी कार्यशैली और कुछ निर्णय विवादास्पद रहे हैं। निहित स्वार्थों की पूर्ति में वे लिप्त होने लगे थे। अब ये चर्चाएँ कितनी मनगढ़ंत हैं, कितनी सही, कहना कठिन है।

पर इतना कहा जा सकता है, पद में ही कीर्ति और अपकीर्ति का समान वास रहता है। पदधारी पर निर्भर करता है कि वो इनकी सही पहचान करे। अब देखिए, पद की तासीर इसे कहते हैं। संस्थान का उपाध्यक्ष बनते ही दो वर्ष पुराना 'हंस बवंडर' काफ़ूर हो गया है, कई गुण मुझमें जड़े जा रहे हैं—मंत्री अर्जुन सिंह ने सही व्यक्ति को सही पद पर बैठाया; वरिष्ठ साहित्यकार, लेखक; वरिष्ठतम् पत्रकार व समाज चिंतक; क्रान्तिकारी-प्रतिबद्ध समाजकर्मी, आदमी-बैल और सपने के महान् लेखक; आदिवासी समाज के जनवादी समाजशास्त्री; जोशी के नेतृत्व में संस्थान दौड़ेगा आदि-आदि। बवंडर में सक्रिय कुछ

आलोचकों ने तो निजी रूप से माफ़ियाँ माँगी हैं। अपनी पत्रिका के दो विशेषांक निकालने वाले सम्पादक बोले, "जोशी जी, आप मुझसे नाराज़ तो नहीं हैं? विगत को भूल जाइए।"

हिन्दी के कतिपय बड़बोले लेखक, समीक्षक और प्रोफेसर, जो कि अपनी यौन कुंठाओं व कृत्यों के लिए साहित्यकार समाज में कुख्यात भी हैं, भी मेरी प्रशंसा में जुट गए हैं। संगोष्ठियों में आदरणीय व श्रद्धेय से सम्बोधित करने लगे हैं। व्यक्तिगत रूप से आकर कहते भी हैं, "जोशी जी, पुरानी बातों को भूल जाइए। आप हमसे नाराज़ मत रहिए। हम तो आपके मित्र हैं। कोई सेवा बतलाइए। आप हिन्दी का कल्याण कर सकते हैं...।" गोष्ठियों-संगोठियों और निजी मेल-मिलापों में भी इतना स्तुति गान किया जाने लगा है कि मुझमें भी 'कुछ होने' का भ्रम मुझे पैदा होने लगा है! वैसे मैं इस दरबारी संस्कृति से ख़ूब वाक़िफ भी हूँ।

इन सबके बीच मुझे एक ताज़ा रोचक अनुभव याद आ रहा है। इस अनुभव के जनक हैं मर्सीनरी मसिजीवी। एक रोज़ वे इंडिया इंटरनेशनल लॉबी में अपने चंद लेखक, कवि और पत्रकार मित्रों के साथ टकरा गए। वे कहने लगे–"जोशी जी, मैं आपसे कुछ कहना चाहता हूँ।"

"आप आदेश दीजिए, कहिए मत!" मैं चुटकी लेता हूँ।

"मैं आपसे फिर से मित्रता करना चाहता हूँ।"

"हम लोगों में दुश्मनी कब थी? हम लोग मित्र कल भी थे, आज भी हैं।"

"नहीं, पिछले दिनों काफ़ी कुछ घट गया था न!"

"क्या?" मैं जानबूझ कर अनजान बना रहा।

मैं उनकी बात की तह में जाना चाहता था। मैं जानता हूँ ये महाशय न निरर्थक लिखते हैं, न ही बोलते हैं, और न ही दोस्ती रखते हैं। अगर आप सम्पादक हैं, पारिश्रमिक देने की स्थिति में हैं, तो ये आपकी भड़ैती सेवा में हरदम तैनात रहेंगे। जिस प्रकार जिन्न अपने आका के लिए कुछ भी कर सकता है, ठीक उसी अंदाज़ में यह 'कॉलम जिन्न' भी अपने 'आका सम्पादक' के ख़ातिर कुछ भी कर सकता है। सभी मज़हब के छद्म नामों से पक्ष और विरोध में लिख सकता है। बस, इस 'मसिमित्र जिन्न' की एक मामूली शर्त होती है आका सम्पादक से, और वह है पारिश्रमिक 500 रुपए से 2000 रुपए तक मिल जाए!

"आप सब जानते ही हैं, जोशी जी।"

"अरे, आपने जो थोड़ा-बहुत लिख दिया था, उसी की बात कर रहे हैं न?"

"हाँ-हाँ...।"

"वो तो आपका लोकतांत्रिक अधिकार था।"

"फिर भी आप नाराज़ होंगे मुझसे?"

"बिल्कुल नहीं...।"

"तो भी मैं नए सिरे से मित्रता चाहता हूँ।"

"पहली बात, हम दुश्मन नहीं हैं। दूसरी बात, यदि आप फिर से मित्रता चाहते ही हैं तो मेरी एक छोटी-सी शर्त है...।"

"बतलाइए?"

"मित्रता में पारदर्शिता होनी चाहिए।"

"जोशी जी, आप ठीक कहते हैं। आप जैसी पारदर्शिता मैं नहीं निभा सकता।"

"कोई बात नहीं। हम दोनों के बीच आज जैसी मित्रता है वैसी बनी रहेगी, बंधु।"

बात समाप्त हो गई। पर मैं इस मर्सीनरी मसि जिन्न की इस स्पष्टवादिता का कायल ज़रूर हो गया। ये सज्जन सम्बन्धों में पारदर्शिता निभाने से इनकार करेंगे, इसकी मुझे उम्मीद नहीं थी। यह व्यक्ति कुछ आर्थिक लाभ संस्थान से उठाना चाहता है, यह मैं जानता हूँ। मेरी सहमति के बग़ैर आर्थिक लाभ मिलना संभव नहीं है। फिर भी इस मसिजीवी ने जिस ईमानदारी के साथ अपने दिल-दिमाग़ की जटिलता या कुटिलता को उघाड़ कर रखा है, उसका सम्मान किया जाना चाहिए।

संस्थान के उपाध्यक्ष पद पर रहते हुए काफ़ी कुछ सीखने-जानने का अवसर मिल रहा है। यद्यपि संस्थान के कार्यकारी प्रमुख डॉ. शभुनाथ साव हैं, लेकिन महत्वपूर्ण फ़ैसलों पर मेरी स्वीकृति की मुहर भी आवश्यक है। अध्यक्ष द्वारा प्रदत्त अधिकारों का उपाध्यक्ष प्रयोग करता है। इस नाते नीति निर्णय प्रक्रिया में उसका प्रत्यक्ष-परोक्ष हस्तक्षेप रहता है। निदेशक अपनी इच्छा से उपाध्यक्ष को 'बायपास' नहीं कर सकता। हालाँकि, मेरी और शंभुजी की टीम ठीक है। दोनों में सहयोग रहता है। फिर भी मानवगत स्वभाव है, हमारे अहं भी टकराते रहते हैं। जीवन में पहली दफ़ा इतने अधिकारों का सुख उन्हें मिला है इसलिए वे कभी-कभी इन्हें लेकर बौरा भी जाते हैं, और हिन्दी के फिदायिन बनते हुए घोषणा कर डालते हैं, "मैं हिन्दी का भगत सिंह हूँ। हिन्दी के लिए मैं अपने प्राणों की बलि देने के लिए तैयार हूँ।" वैसे वे लेखनी के धनी और प्रखर वक्ता हैं। ईमानदार व कर्मठ हैं। संस्थान के भ्रष्ट तत्त्व उनसे आतंकित भी रहते हैं। इसलिए, मैं उनके चिरकुटपन जो कि यदा-कदा अपनी करामात भी दिखाता रहता है, को सहन कर लेता हूँ। फिर भी मैं कह सकता हूँ, संस्थान की प्रगति की दृष्टि से वे निश्चित ही उपयोगी अधिकारी हैं। यदि वे अपनी महत्वाकांक्षाओं और वाणी को संयमित कर लें, व्यवहार में नफ़ासत ले आएँ, टुच्ची हरकतों से मुक्ति ले लें, तो शंभु जी कुंदन हैं।

पुरस्कारों-सम्मानों की राजनीति क्या होती है, किन-किन तिकड़मों से इन्हें प्राप्त किया जाता है, इसे मैंने संस्थान में गहराई से जाना है। मैं अपने जीवन में सम्मान-पुरस्कार प्राप्त करता रहा हूँ लेकिन निर्णयकर्त्ता व प्रदानकर्त्ता बनने के अवसर कम ही मिले। पर उपाध्यक्ष के रूप में दोनों प्रकार की भूमिका निभाने के प्रचुर अवसर मुझे मिले हैं। मेरे कार्यकाल में पाँच वर्षों के एक करोड़ रुपए से अधिक के पुरस्कार राष्ट्रपति द्वारा प्रदान किए गए हैं। इनमें दो सालों का बैकलॉग भी शामिल है।

पुरस्कृत व्यक्तियों के चयन पूर्णरूपेण प्रतिभा, लेखकीय उपलब्धियों, कृति गुणवत्ता, निष्पक्षता, सत्यनिष्ठता जैसी कसौटियों के आधार पर किए गए हों, ऐसा दावा पाखंड में सना होगा। चूँकि मेरी अध्यक्षता में पुरस्कार चयन समितियों की बैठकें हुआ करती थीं इसलिए तिकड़मों के कमाल को मैंने क़रीब से देखा है।

पुरस्कारों में जबरदस्त राजनीति होती है। फ़ोन आते हैं-दबाव पड़ते हैं; चापलूसी का चरम देखने को मिलता है; दावतों-कॉकटेलों पर बुलाये जाते हैं; बहुरंगी उपहार आपकी प्रतीक्षा करते हैं; व्यक्तिगत वफ़ादारी जातिवाद-भाई भतीजावाद- सूबावाद आपको दबोचते हैं। मैं अपने अनुभवों के आधार पर कहता हूँ कि बहुत कम पुरस्कार निरापद होते हैं।

पुरस्कार चयन में मैं भी मानवगत निर्बलताओं का शिकार हुआ हूँ। अपने कतिपय पसंदीदा व्यक्तियों को पुरस्कृत करवाया। दो-एक प्रकाशकों से वादा किया था, उनके लेखकों को पुरस्कृत किया। इस संबंध में दो-तीन अनुभव ज़रूर शेयर करने लायक हैं। वर्षों पुराने एक मित्र प्रकाशक के निरंतर आग्रहपूर्ण दबाव के कारण उसके एक भड़कीले व सफारी पत्रकार को पुरस्कृत किया। अर्जुन सिंह जी को यह अच्छा नहीं लगा। यहाँ तक कि जब राष्ट्रपति प्रतिभा पाटिल उसे पुरस्कार दे रही थीं तब भी मंत्रीजी ने व्यंग्यपूर्ण अंदाज़ में मुझसे पूछा, "अच्छा, आपने इन्हें भी दे दिया?" मैं चुप रहा। मैं स्वयं भी इस व्यक्ति के लिए अपराधबोध से ग्रस्त हूँ। इस जड़ाऊ पत्रकार ने शायद ही कोई क्षेत्रीय और राष्ट्रीय पुरस्कार छोड़ा हो! इसके लिए इस होनहार प्रकाशक ने हर मुमकिन युक्ति अपनाई। लॉबिंग की वजह से पुरस्कारों की बरसात होती रही। दो-तीन व्यक्तियों के मामले में पुरस्कार दिलाने के लिए समिति में ऐसे निर्णायकों को रखना पड़ा जो इशारों पर काम करें। पसंदीदा आलोचक, पत्रकार, लेखक पुरस्कृत भी किए गए। वैसे कुछ नहीं भी किए जा सके।

एक बार चयन समिति की बैठक में तनावपूर्ण स्थिति पैदा हो गई थी। निर्णायक मंडल के सदस्यों में विख्यात् शिक्षाविद्, आलोचक, कवि, लेखक आदि थे। बैठक में जब नामों पर चर्चा हो रही थी तब 'समयांतर' के सम्पादक पंकज बिष्ट के नाम को लेकर तनाव पैदा हो गया। देश के एक प्रसिद्ध शिक्षाशास्त्री व लेखक ने कड़े शब्दों में आपत्ति उठाते हुए कहा कि पंकज बिष्ट को एक लाख का पुरस्कार नहीं दिया जाना चाहिए। मैंने आपत्ति की वजह पूछी तो वे कहने लगे कि पंकज बिष्ट ने अपनी पत्रिका में मेरे विरुद्ध चंद पंक्तियाँ लिखी थीं और मुझे अर्जुन सिंह के परिवार का क़रीबी व्यक्ति बताया गया था। उनका समर्थन एक वरिष्ठ आलोचक सदस्या ने भी किया। अन्य सदस्य चुप रहे। निदेशक मेरी तरफ़ ताकते रहे। मैं पंकज बिष्ट को पुरस्कार दिलाना चाहता था। अध्यक्ष पद से मैंने कहा, "देखिए, हम लोगों को मनोगत ढंग से नहीं सोचना चाहिए। आपने पंकज बिष्ट की योग्यता पर सवाल नहीं उठाया है, व्यक्तिगत बात की है। मेरे विरुद्ध 'जनसत्ता' में ओम थानवी 11 लेख छाप चुके हैं। राजकिशोर ने भी मेरे विरुद्ध एक नहीं, अनेक लेख लिखे और टिप्पणियाँ की हैं। फिर भी इसी बैठक में मैंने दोनों के नामों का समर्थन किया है, क्योंकि हमें सार्वजनिक कामों में सब्जेक्टिव होने से बचना चाहिए।"

"जोशी जी, मैं आपके समान उदार और लोकतांत्रिक नहीं हूँ। फिर भी आप कह रहे हैं तो पंकज बिष्ट को दे दिया जाए।" अन्ततः समिति के अन्य सदस्यों ने अपनी ख़ामोशी को ताक पर रखते हुए पंकज बिष्ट के नाम पर अपनी सहमति दे दी। लेकिन इस बात पर आश्चर्य अवश्य हुआ कि हम हिन्दी के बौद्धिक लोग इतने बौने क्यों हो जाते हैं? क्यों नहीं हम अपनी कार्यशैली में लोकतांत्रिक होते हैं? विदेश में शिक्षित-दीक्षित होने के बावजूद आधुनिकता के मर्म से कटे रहते हैं।

पंकज बिष्ट और ओम थानवी को पुरस्कृत करने की पृष्ठभूमि में मेरे दो प्रमुख कारण थे। दोनों ही सामन्तवाद व साम्प्रदायिकता विरोधी हैं और धर्मनिरपेक्षता एवं बहुलतावाद के प्रबल समर्थक हैं। इसके अलावा दोनों ही समर्पित पत्रकार हैं; पंकज बिष्ट मिशनरी पत्रकार हैं; ओम थानवी एक सच्चे प्रोफेशनल पत्रकार हैं। पुरस्कारों की कसौटियों को निर्धारित करते समय मैंने और शंभु जी ने संयुक्त रूप से यह भी तय किया था कि

चयन-प्रक्रिया में इस बात का अनिवार्य रूप से ध्यान रखा जाए कि चयनित व्यक्ति भारतीय संविधान की आधारभूत भावनाओं (धर्मनिरपेक्षता, समाजवाद, लोकतंत्र, सामाजिक न्याय, अस्पृश्यता विरोधी, प्रगतिशीलता आदि) का दुश्मन कदापि नहीं होना चाहिए।

इन मूल्यों पर हमने कोई समझौता नहीं किया। पुरस्कारों में 'लेफ्ट- ऑफ-दी-सेंटर' की विचारधारा का पालन किया और प्रतिक्रियावादियों- साम्प्रदायिकतावादियों को पुरस्कारों की चौखट से बाहर ही रखा।

इस मामले में मैंने वैचारिक सब्जेक्टिविटी से काम लिया है। वस्तुनिष्ठिता की दृष्टि से इस वैचारिक पूर्वाग्रहता का दोषी मुझे कहा जा सकता है। इसका मुझे अफ़सोस नहीं है।

शायद यही वजह थी कि पंकज बिष्ट ने मुझसे अनौपचारिक रूप से ओम थानवी को पुरस्कृत करने का अनुरोध भी किया था, क्योंकि साम्प्रदायिकता विरोध के क्षेत्र में वे दृढ़ता के साथ निरंतर टिके हुए हैं। हालाँकि पंकज बिष्ट और ओम थानवी एक दूसरे के विरुद्ध फिकरे भी कसते रहते हैं। जब पंकज की ओर से यह आग्रह हुआ तो मुझे बहुत अच्छा लगा। मैंने शंभुनाथ से इस सम्बन्ध में चर्चा की। हम दोनों ने तय किया कि 'जनसत्ता' के सम्पादक को एक लाख के पुरस्कार से नवाज़ा जाना चाहिए। शंभु जी अपने घनिष्ठ मित्र राजकिशोर को भी पुरस्कृत करना चाहते थे। मैंने उन्हें अपनी सहमति दे दी। निदेशक का झुकाव समाजवादियों की तरफ़ था जबकि मेरा वामपंथियों की ओर।

पुरस्कारों को लेने की दृष्टि से मुझे तीन व्यक्तियों—सच्चिदानन्द सिन्हा, पंकज बिष्ट और राजकिशोर का विशेष स्मरण आता है। शंभु जी का आग्रह था कि सिन्हा जी को पुरस्कृत किया जाना चाहिए। मेरे भी वे आदरणीय चिंतक हैं। मैंने अपनी सहमति दे दी। सिन्हा जी के नाम की घोषणा कर दी गई। पर उन्होंने इसे लेने से इनकार कर दिया। शंभु जी ने सम्पर्क कर सिन्हाजी से अनेक बार पुरस्कार लेने का आग्रह किया। मैं भी चाहता था कि वे इसे प्राप्त करें। मैंने अपना भी आग्रह उन तक पहुँचाया। यह सुझाव भी दिया कि वे पुरस्कार की राशि को समाज कल्याणार्थ में दान दे दें। लेकिन उन्होंने इसे किसी भी तर्क से लेने से मना कर दिया। वे सैद्धांतिक रूप से पुरस्कारों के विरोधी रहे हैं। वास्तव में सिन्हा जी को पुरस्कृत करने का अर्थ था संस्थान के नेतृत्व को पुरस्कृत करना। सिन्हा जी ने हम दोनों को ही पुरस्कृत होने से वंचित कर दिया!

दूसरी घटना पंकज बिष्ट की है। जब निर्णायक मंडल ने उनके नाम पर अपनी सहमति की मुहर लगा दी, तब मैंने उन्हें पुरस्कार की सूचना दे दी। उन्होंने इसे तत्काल ही अस्वीकार कर दिया। शंभु जी से भी इस सम्बन्ध में चर्चा हुई। सच्चिदानन्द जी के पश्चात् पंकज बिष्ट का लेने से इनकार करने से मेरे सामने धर्म-संकट पैदा हो गया। मैंने पंकज बिष्ट को फिर समझाया और कहा कि इस एक लाख रुपए की राशि को बनारस के उन किसान परिवारों में बाँट सकते हो जो कि आत्महत्याओं की घटनाओं से पीड़ित हैं। 'समयांतर' में इनकी विशद रपट भी तुमने प्रकाशित की है। पंकज बिष्ट को यह सुझाव ठीक लगा। उन्होंने पुरस्कार की राशि में से 10 हज़ार रुपए पंजाब के दलित नेता संता सिंह को भेजे, जिनके हाथ-पैर ज़मींदारों ने काट दिए थे, शेष 90 हज़ार रुपए पीड़ित किसान परिवारों में समान रूप से बाँट दिए। इस अवसर पर मैं भी बनारस में मौजूद था। सिन्हा जी और पंकज, दोनों ने ही अपने-अपने अंदाज़ में अनुकरणीय आदर्श सामने रखा।

तीसरी घटना राजकिशोर की है। राजकिशोर ने पहले पत्र लिखकर पुरस्कार लेने से मना कर दिया था। वे दुखी थे, क्योंकि उन्हें और मणिमाला को 50-50 हज़ार रुपए का विभाजित पुरस्कार दिया जा रहा था। उनका व्यंग्यात्मक तर्क था कि पंकज बिष्ट और मणिमाला उनसे अधिक योग्य पत्रकार हैं। वैसे मैं उन्हें एक लाख रुपए का पुरस्कार देने के पक्ष में था, लेकिन दो सदस्यों ने उनके नाम का घोर विरोध किया। घोर विरोध करने वालों में एक समाजवादी शिक्षाशास्त्री थे और दूसरी वरिष्ठ आलोचक थीं। दोनों ने सुझाव दिया कि राजकिशोर और मणिमाला के बीच इस राशि को समान रूप से विभाजित कर दिया जाए। मेरा कहना था कि दोनों में से किसी एक को अगले वर्ष दे दिया जाए। शंभुनाथ इस पक्ष में नहीं थे। वे राजकिशोर को पहले वर्ष ही पुरस्कार दिलवाना चाहते थे। नतीजतन, हमें पुरस्कार राशि को विभाजित करना पड़ा।

जब राजकिशोर ने नहीं लेने का पत्र लिखा तो मैंने शंभुजी को उनके पास उन्हें मनाने के लिए भेजा। राजकिशोर ने तत्काल ही दूसरा पत्र लिख दिया जिसमें उन्होंने पुरस्कार की स्वीकृति दे दी, पर वे पुरस्कार वितरण समारोह में नहीं आए। संस्थान के दो व्यक्ति पुरस्कार और चैक लेकर उनके घर गए तो उन्होंने दोनों वस्तुओं को झटपट स्वीकार कर लिया। मैं सोच रहा था कि वे हमारे कर्मचारियों को बैरंग लौटा देंगे। पर उन्होंने इस मामले में व्यावहारिक समझदारी का परिचय दिया और संस्थान उनके इस कृत से उपकृत हुआ!

पुरस्कार चयन व वितरण को लेकर नाना प्रकार के अनुभव हुए हैं। संस्थान ने अपने इतिहास में अभी तक किसी भी महिला आलोचक को पुरस्कृत नहीं किया था। लेखिकाएँ अवश्य पुरस्कृत हो चुकी थीं। महिला आलोचकों में डॉ. निर्मला जैन ही सबसे वरिष्ठ हैं, यह मुझे लगा। निर्मला जी भी पुरस्कार के प्रति अपनी जिज्ञासा यदा-कदा व्यक्त करती रही हैं। पर मैंने देखा उनका विरोध भी कम नहीं है। उनके परम मित्र राजेन्द्र यादव जी ने मुझे बारम्बार निर्मला जी को पुरस्कृत करने के विरुद्ध ख़बरदार भी किया। वे मन्नू भंडारी या मैत्रेयी पुष्पा को पुरस्कार दिलवाना चाहते थे। निर्णायक मंडल में डॉ. इंद्रनाथ चौधरी, डॉ. कमला प्रसाद जैसे वरिष्ठ सदस्य उनके ख़िलाफ़ थे। भारी विरोध के बीच मैंने एक ही स्टैण्ड लिया कि अभी तक किसी भी महिला आलोचक को न तो संस्थान का पुरस्कार मिला है, और न ही साहित्य अकादेमी ने पुरस्कृत किया है। डॉ. निर्मला जैन को पुरस्कृत करने का अर्थ होगा संस्थान के पुरस्कारों के इतिहास में नया अध्याय जोड़ना। निर्मला जी के विरोधी डॉ. विश्वनाथ त्रिपाठी को उनकी आत्मकथा के लिए पुरस्कृत करना चाहते थे। उनकी आत्मकथा 'नंगातलाई का गाँव' का मैं भी प्रशंसक हूँ। उन्हें अगले साल दिया जा सकता है। वैसे काशीनाथ सिंह जी के लिए भी कम लॉबिंग नहीं थी। तब जाकर निर्मला जैन जी के नाम पर सहमति हुई।

मैंने यह भी देखा कि संस्थान के पुरस्कृत व्यक्तियों में बिहार व उत्तर प्रदेश के लोगों की भरमार है, मध्य प्रदेश, राजस्थान सहित अन्य हिन्दी प्रदेश उपेक्षित रहे हैं। मैं और निदेशक शंभु जी इन दोनों प्रदेशों की मोनोपोली को तोड़ना चाहते थे। इसे ध्यान में रखकर मैंने इन उपेक्षित प्रदेशों के सृजनकर्मियों पर निगाह दौड़ायी। राजस्थान के ओम थानवी, हरिराम मीणा, ऋतुराज, डॉ. महेन्द्र मधुप जैसे पत्रकार, कथाकार, कवि आदि को पुरस्कृत किया गया। हालाँकि महेन्द्र मधुप 'शरदकृषि' के सम्पादक हैं लेकिन उनका चयन विशुद्ध

मित्रता के कारण किया गया। उनसे भी अधिक योग्य व्यक्ति उस वर्ष थे। इसी राज्य से साहित्येतर विधाओं के लिए योग्य व्यक्ति पुरस्कृत हुए। मैं राजस्थान को राष्ट्रीय पुरस्कारों के नक़्शे पर लाना चाहता था। मध्य प्रदेश से कमला प्रसाद जी, मंजूर एहतेशाम, रमेशचन्द्र शाह जैसे आलोचक व कथाकार पुरस्कृत हुए। मैं अपने समीपी मित्र विजय बहादुर सिंह, सुरेश पंडित, शशांक, प्रभु जोशी को पुरस्कार नहीं दिला सका, इसका दुःख रहेगा। वरिष्ठ कथाकार उदय प्रकाश को भी नहीं मिल सका। मैं समझता हूँ इसमें मुझसे कहीं चूक हुई है।

यहाँ मैं मित्र असग़र वजाहत की चर्चा करूँगा। मैं उन्हें कथा-साहित्य का पुरस्कार देना चाहता था। शंभुजी भी तैयार थे। लेकिन हमारी एक तकनीकी अड़चन थी। वे हमारी महापरिषद् के वरिष्ठ सदस्य थे। वे मेरे पड़ोसी भी हैं। हम दोनों निकट के पार्क में सुबह की सैर पर मिलते भी हैं। एक रोज़ सैर करते हुए मैंने उनसे कहा-

"असग़र, तुम हमारी परिषद् से इस्तीफ़ा दे दो।"

"क्यों? क्या तुम मुझे निकालना चाहते हो? ऐसे ही निकाल दो भाई?"

"अरे, यह बात नहीं है।"

"तो क्या बात है?"

"तुम्हें पुरस्कार जो देना है। परिषद् का सदस्य रहते हुए तुम्हें नहीं दिया जा सकता। यह तकनीकी समस्या है।"

"अरे यार छोड़ो, मेरे बजाय किसी और ज़रूरतमंद को दे दो। मुझे तो अवार्ड मिलते ही रहते हैं। मैं इस्तीफ़ा नहीं दूँगा।" असग़र ने दो टूक जवाब दिया और यह अध्याय समाप्त हुआ। इस घटना का यहाँ ज़िक्र इसलिए किया कि सामान्यतः हम सभी पुरस्कार प्राप्ति के लिए दौड़-धूप करते हैं, भाँति-भाँति के हथकंडे अपनाते हैं, लेकिन असग़र वजाहत ने ऐसा न करके अपने बड़प्पन का परिचय दिया। मुझे अच्छा लगा।

प्रायः राजनीतिक शासकों की छवि यह है कि वे अपने मातहतों को स्वतंत्रतापूर्वक काम नहीं करने देते हैं। वे बार-बार हस्तक्षेप करके अपने उचित-अनुचित काम करवाने के लिए दबाव डालते हैं। मेरा अनुभव इस आम धारणा के नितांत विपरीत रहा है। राष्ट्रीय बाल भवन और संस्थान, दोनों संस्थाओं के कार्यकालों के दौरान कैबिनेट मंत्री अर्जुन सिंह ने मुझ पर अपवाद स्वरूप भी किसी काम के लिए दबाव तो क्या, कहा तक नहीं है। संस्थान द्वारा लाखों रुपयों के पुरस्कार बाँटे जा चुके हैं, लेकिन उन्होंने एक दफ़ा भी अपनी ओर से किसी व्यक्ति विशेष को पुरस्कृत करने के लिए प्रत्यक्ष या परोक्ष रूप से नहीं कहा। मैं जब भी पुरस्कृत व्यक्तियों की अंतिम सूची की फाइल लेकर उनके पास जाता, वे बिना किसी पूछताँछ के उस पर हस्ताक्षर कर देते। वे किसी नाम की सिफ़ारिश नहीं करते, और न विरोध ही। एक सफारी पत्रकार, जो कि मालिकों व प्रबंधकों के चरणस्पर्शी के रूप में चर्चित रहते हैं, के नाम को देखकर उन्होंने यह भी नहीं कहा, "जोशी जी, इसे हटा दीजिए।"

भवन और संस्थान के सर्वेसर्वा अर्जुन सिंह ने पुरस्कार ही नहीं, किसी भी व्यक्ति की सही या ग़लत नियुक्ति के लिए मुझसे नहीं कहा, और न ही किसी के माध्यम से मुझे निर्देश दिलवाए। वे चाहते तो बहुत कुछ कर सकते थे। उन्होंने मुझे ही पूर्ण स्वतंत्रता दी हो, ऐसा भी नहीं है। अर्जुन सिंह जी ने अपने प्रथम कार्यकाल (1991-94) के दौरान

देश के एक विख्यात् आलोचक को भी राजा राममोहन राय लाइब्रेरी फाउंडेशन के अध्यक्ष के रूप में पूर्ण स्वतंत्रता दी थी। इस फाउंडेशन के माध्यम से करोड़ों रुपयों की पुस्तकों की सरकारी ख़रीद (अंग्रेजी व हिन्दी) की जाती है। प्रकाशकों और लेखकों को उपकृत करने का अपार अवसर संबंधित अध्यक्ष को मिलता है। इसमें घपले की संभावना पूरी रहती है। संदर्भित आलोचक 'श्री' पर भी घोटाले के आरोप लगे। उन्होंने हिन्दी के एक प्रकाशक विशेष को जमकर उपकृत किया था। यह परस्पर सहयोग का मामला था। तत्कालीन संयुक्त सचिव सुदीप बनर्जी भी इस प्रकरण से परिचित थे। 'देशबंधु' के स्व. सम्पादक मायाराम सुरजन ने तो अर्जुन सिंह जी से इस प्रकरण की जाँच करवाने की माँग तक कर डाली थी। जाँच की प्रक्रिया शुरू भी हुई। प्रकरण सम्बन्धी अपनी सफ़ाई देने के लिए यह शिखर आलोचक मंत्रीजी की कोठी पर भी गए थे। साथ में उनके फाइल भी थी। संयोग से उस रोज़ मैं मंत्रीजी के पी.एस. के साथ बैठा हुआ था। उनसे ही इस माजरे का पता चला।

आलोचक 'श्री' का सौभाग्य यह रहा कि इसी बीच मायाराम जी का देहान्त हो गया और प्रकरण-जाँच ठप पड़ गई। इस प्रकरण के बावजूद अर्जुन सिंह जी ने अध्यक्ष 'श्री' आलोचक के कार्यों में न कोई हस्तक्षेप किया, और न ही किसी पुस्तक विशेष की ख़रीद की सिफ़ारिश की। यह सब कुछ मैं अपनी निजी जानकारी के आधार पर कह रहा हूँ।

पुस्तकों की सरकारी ख़रीद के सम्बन्ध में मैं यहाँ इतना ज़रूर कहूँगा कि इससे हिन्दी में स्वस्थ प्रकाशन संस्कृति की विकास प्रक्रिया अवरुद्ध हो रही है। यह मेरा वैयक्तिक अवलोकन है। मैं भी संस्थान के उपाध्यक्ष के नाते फाउंडेशन का तीन वर्ष सदस्य (2006-09) था। दबाव और लोभ, दोनों से मेरा भी पाला पड़ा था। फाउंडेशन की पुस्तक चयन समिति की बैठक से पहले कतिपय नामी-गिरामी प्रकाशन के प्रबंधकों के फ़ोन आया करते थे कि यदि आपने इतने लाख की पुस्तकों का चयन नहीं किया तो हम मंत्री और प्रधानमंत्री से आपकी शिकायत करेंगे। आप पर अनियमितताओं के आरोप जड़ेंगे। ये प्रकाशक ख़रीदी पर अपनी पूरी मोनोपोली चाहते थे और छोटे प्रकाशकों को ख़रीद से बाहर खदेड़ना चाहते थे। घटिया क़िस्म की पुस्तकों की खरीद के लिए चयनकर्त्ताओं को विभिन्न प्रकार से घेरने (उपहार, यात्राएँ, कॉकटेल पार्टियाँ, कुत्सित प्रचार आदि) का सिलसिला चला करता था। आत्मकथा का दूसरा नाम है 'आत्मदर्पण' और आधुनिक शब्दावली में कहा जाए तो आत्मकथा एक प्रकार से 'पीसीसीटीवी कैमरा' (Personal Close Circuit T.V. Camera) है। यह कैमरा तसदीक़ कर रहा है कि इस पोखर में से चंद चषक मैं भी चढ़ा चुका हूँ!

वास्तव में, सम्बन्धों को निभाने की कला में अर्जुन सिंह जी अनुपम व्यक्ति थे। अब ऐसे राजनेताओं की प्रजाति प्रायः लुप्त होती जा रही है। उनके अपने अपमानित न हों, इसके लिए वे किसी भी हद तक जा सकते हैं, संकट में हमेशा साथ खड़े रहते हैं। उपाध्यक्ष पद पर रहते हुए मुझे उनकी इस अद्वितीय कार्यशैली के ताज़ा दर्शन हुए। सच, मैं इसे देखकर दंग रह गया। नौकरशाह अपने राजनीतिक शासक को किस प्रकार नीचा दिखाने के कुचक्र रचते हैं, और इसे कैसे परास्त किया जा सकता है, इसकी कला अर्जुन सिंह जी से सीखी जा सकती है।

क़िस्सा यह है कि सन् 2008 में राष्ट्रपति भवन में पुरस्कारों का वितरण-समारोह आयोजित किया जाने वाला था। परम्परा के अनुसार राष्ट्रपति संस्थान के पुरस्कारों को प्रदान करते हैं। जब 2006 में मैंने उपाध्यक्ष पद सँभाला था तब राष्ट्रपति डॉ. अब्दुल कलाम ने विज्ञान भवन में इन पुरस्कारों का वितरण किया था। अगले वर्ष 2007 में राष्ट्रपति भवन में ही श्रीमती प्रतिभा पाटील ने विद्वानों को पुरस्कृत किया। मेरे कार्यकाल का तीसरा आयोजन भी राष्ट्रपति भवन में ही निश्चित किया गया। इस समारोह के मंच पर आसन-व्यवस्था के अनुसार राष्ट्रपति मध्य में बैठते हैं, उनकी दाहिनी तरफ़ कैबिनेट मंत्री और बाईं तरफ़ उपाध्यक्ष बैठते आए हैं। लेकिन मंत्रालय की एक संयुक्त सचिव अपने राज्यमंत्री को प्रसन्न करना चाहती थी। उसने इस क्रम में परिवर्तन की चाल चली। उसने उपाध्यक्ष के स्थान पर राज्यमंत्री को बैठाने की योजना बड़ी ख़ूबसूरती से बना डाली। मुझे जब इसकी जानकारी मिली तब मैंने अर्जुन सिंह जी से इसका उल्लेख किया। उन्होंने तत्काल ही अपने पी.एस. गोयल को हिदायत दी कि वे राष्ट्रपति भवन के समारोह में परम्परागत आसनक्रम सुनिश्चित करें। मैं आवश्स्त हो गया।

लेकिन, जब समारोह के दिन मैं राष्ट्रपति भवन पहुँचा तो क्रम बदला हुआ था। मेरे बैठने की व्यवस्था दर्शकों की प्रथम पंक्ति में कर दी गई। मैंने जब वहाँ मौजूद राष्ट्रपति के मिलिट्री सचिव से पूछा तो उन्होंने मंत्रालय के सचिव से परामर्श किया और मुझसे कहा गया कि मैं राष्ट्रपति के सामने वाली प्रथम पंक्ति में बैठूँगा और मेरी जगह राज्यमंत्री बैठेंगी। मंत्रीजी के स्पष्ट निर्देश के बावजूद नौकरशाहों ने क्रम को बिल्कुल उलट कर रख दिया था। मैं हकबका गया। पी.एस. गोयल भी दृश्य से ग़ायब थे। राज्यमंत्री पहुँच चुकी थीं। मैंने राष्ट्रपति के सचिव से अनुरोध किया कि वे मंत्रीजी की प्रतीक्षा करें और इस सम्बन्ध में उनसे ही अंतिम निर्देश प्राप्त करना बेहतर रहेगा। सचिव समझ गए कि इसमें कहीं कोई खेल है। इसी बीच अर्जुन सिंह जी समारोह मंच के पास व्हील चेयर पर पहुँच गए। मिलिट्री सचिव ने मंत्रीजी को मंच पर आसन क्रम की जानकारी दी। अर्जुन सिंह जी ने सचिव से कहा कि आसन क्रम पूर्व की भाँति यथावत् रहेगा। मंच पर उपाध्यक्ष बैठेंगे। सचिव ने तुरंत ही राज्यमंत्री के नाम की पट्टी मंच से हटा कर सामने वाली पंक्ति में उसी स्थान पर लगा दी जहाँ मेरी लगायी गई थी। मैं विगत की भाँति राष्ट्रपति की बाईं तरफ़ ही बैठा। वहाँ मौजूद नेपथ्य में इसे खेल की सूत्रधार संयुक्त सचिव और मंत्रालय के सचिव ख़ामोशी के फ्रेम में जड़े रहे। समारोह के अन्त तक। इस हद तक अर्जुन सिंह ही जा सकते थे, कोई और नेता नहीं!

अर्जुन सिंह जी के सम्पर्क में रहकर राजनीतिक सत्ता के गलियारों को ज़रूर समीप से देखा है। अपने मिज़ाज या क्रान्ति के भ्रम के कारण यह पूँजीवादी निज़ाम मुझे डकार नहीं सका। इन गलियारों में मैं अज़नबी ही रहा हूँ। लिप्तता मेरी रगों में घुल नहीं सकी है। अवसर ज़रूर मिलते रहे हैं। अर्जुन सिंह जी मेरी चंद आधारभूत आस्थाओं का सम्मान करते आए हैं। यही वजह है कि जब उन्हें लीक से हटकर, जन चेतना को जाग्रत करने वाले और वामपंथी राजनीति को रचनात्मक शैली में गुंजित करने वाले भाषणों की ज़रूरत होती तो है वे सुदीप बनर्जी या मुझे याद करते हैं। इसी भावना से मुझे उन्होंने एक महत्त्वपूर्ण

भाषण लिखने का उत्तरदायित्व सौंपा है। यह अवसर है भारत के प्रथम स्वतंत्रता-संग्राम की 150वीं जयंती का समापन समारोह। इस पाँच दिवसीय जयंती (7 मई से 11 मई, 2007) का आयोजन देश भर में किया जा रहा है। संस्थान भी देश के विभिन्न कोनों में संगोष्ठियाँ कर रहा है। 11 मई की सुबह लालक़िले की प्राचीर पर इसका समापन होगा। मानव संसाधन मंत्री के रूप में अर्जुन सिंह जी लालक़िले से राष्ट्र को सम्बोधित करेंगे। इसी अवसर के लिए मुझसे सम्बोधन लिखने के लिए कहा गया है। हम दोनों के बीच उन बिंदुओं पर पहले चर्चा हुई जिन्हें भाषण में रेखांकित किया जाना है।

मेरे लिए इस सम्बोधन को लिखना वैयक्तिक रूप से ऐतिहासिक अनुभूति है। मैं भी कभी इन प्राचीरों से राष्ट्र को सम्बोधित करूँ, यह तमन्ना किशोर काल से रही है। संघर्ष के काल (1962-64) में मैं कभी-कभी शाम को रामलीला मैदान के मंच पर चढ़कर सन्नाटे में पसरे विशाल मैदान को हवा में सम्बोधित किया करता था; न माइक-न श्रोता; क्या आनन्द आया करता था! मैंने इसी मैदान से नेहरू जी को भाषण देते हुए सुना था। बस! तब से सपना आँखों में झूलने लगा था। इस भोले सपने को पाले रखते हुए ही मैंने संघर्षों के बीहड़ पार किए हैं। विपथगामी बनने से मुझे यह बचाता रहा है। भ्रम के रूप में ही सही, क्रान्ति की तमन्ना ज़िंदा है मुझमें, सिर्फ़ इस सपने की बदौलत।

आज जब मैं यह सम्बोधन लिखने बैठा हूँ तो उसी असंभव स्वप्न का अक्स मुझे प्रत्येक अक्षर में चमकता हुआ लग रहा है। उसकी गूँज मैं सुन रहा हूँ और यही सब कुछ सम्बोधन में उतर आया है।

आज जब 11 मई को अर्जुन सिंह जी लालक़िले की प्राचीर से विशाल समारोह व देश की जनता को सम्बोधित कर रहे थे तब मुझे अपना सपना सच होता हुआ लग रहा था। प्रोक्सी रूप में ही सही, इसे कहते हैं भ्रम और यथार्थ का सहवास!

सन् 2007 में एक सुखद समाचार मिला है। छोटी पुत्री त्रीना जून में अमेरिका जा रही है। न्यूयॉर्क प्रांत के सैरीक्यूस विश्वविद्यालय के मीडिया कोर्स में उसे प्रवेश मिल गया है। वैसे अन्य पाँच विश्वविद्यालय में भी उसे प्रवेश मिले हैं, लेकिन विचार-परामर्श के बाद सैरीक्यूस का चयन किया गया है। हालाँकि वह दिल्ली विश्वविद्यालय से राजनीति विज्ञान में पहले ही एम.ए. कर चुकी है, लेकिन अब मीडिया में भी मास्टर करना चाहती है। अपने कैरियर के रूप में उसने मीडिया का चुनाव किया है। इसके लिए उसने पहले निस्कोर्ट से डिप्लोमा किया, और अब उसे जी.आर.ई. की परीक्षा के माध्यम से प्रवेश मिला है। उसने अपनी कमाई से डेढ़ लाख रुपए जमा किए हैं, क़रीब एक लाख रुपए की और ज़रूरत है। मैंने इस सम्बन्ध में डॉ. प्रभा खेतान से बात की और वे कुछ आर्थिक सहयोग देने के लिए तैयार हैं। पिछले दो सालों से मैं उनके वैचारिक लेखन के सम्पादन कार्य में अपना योगदान दे रहा हूँ। इससे पहले उनकी आत्मकथा 'अन्या से अनन्या' में भी थोड़ा-बहुत सहयोग किया था। मैं कलकत्ता जाता और वे अपने अनुभवों की कथाशैली में रिकॉर्ड करा दिया करती थीं। दिल्ली आकर उन्हें ट्रांसक्राइब करता। फिर हम दोनों फ़ोन पर सामग्री के सम्बन्ध में चर्चा करते। इसके बाद उन्हें टेप सहित टंकित सामग्री भेज दी जाती। यह व्यवस्था राजेन्द्र यादव जी के माध्यम से हुई थी। उन्हें उनके वैचारिक

लेखन में अंतिम सुधार-संशोधन के लिए मेरी ज़रूरत थी, और मुझे पैसों की। मेरे लिए यह 'डील' उपयोगी रही, और दोनों बच्चों की पढ़ाई सुविधापूर्वक चलती रही। जीवन में 'फ्री लंच' के अवसर दुर्लभ ही होते हैं, यह मैं हमेशा याद रखता हूँ। वैसे आत्म-स्वाभिमान के लिए यह आवश्यक भी है।

इसी न्यूयार्क में 13 से 15 जुलाई को आठवाँ विश्व हिन्दी सम्मेलन होगा। मैं राष्ट्रीय प्रतिनिधि मंडल का सदस्य होने के साथ-साथ संस्थान के प्रतिनिधि दल के नेता रूप में भी उसमें भाग लूँगा। 'विश्व मंच पर हिन्दी' थीम पर आधारित इस आठवें विश्व हिन्दी सम्मेलन के लिए गठित त्रिसदस्यीय आयोजन समिति का भी सदस्य मुझे बनाया गया है। यद्यपि इससे पहले 1993 के मॉरीशस सम्मेलन में भी राष्ट्रीय प्रतिनिधि मंडल का मैं सदस्य था और सूरीनाम सम्मेलन (2003) में मैंने अपने विश्वविद्यालय का प्रतिनिधित्व किया था। लेकिन इस सम्मेलन की कुछ महत्त्वपूर्ण समितियों में मुझे सक्रिय भूमिका निभाने का अवसर मिल रहा है। सम्मेलन स्थल पर पुस्तक प्रदर्शनी के स्थान आवंटन समिति का मैं उपाध्यक्ष हूँ, अध्यक्ष डॉ. इन्द्रनाथ चौधरी हैं। चूँकि वे कोलकत्ता में हैं इसलिए इस समिति के कार्यकारी अध्यक्ष की भूमिका मैं निभा रहा हूँ। इस समिति में मुझे अँगरेज़ी प्रकाशकों की आक्रामकता और हिन्दी प्रकाशकों के दब्बूपन व हीनता के दर्शन हुए। 'नेशनल बुक ट्रस्ट' के मुख्यालय में हुई अंतिम बैठक में तो एक अँगरेज़ी प्रकाशक ने मुझे धमकी तक दे डाली। उसने कहा कि मैं प्रधानमंत्री डॉ. मनमोहन सिंह और मानव संसाधन मंत्री अर्जुन सिंह से शिकायत करूँगा। मैं न्यूयार्क में प्रदर्शनी नहीं होने दूँगा। ट्रस्ट के निदेशक की उपस्थिति में हुई इस बैठक में मैं उक्त प्रकाशक से भिड़ गया। मैंने कहा कि सबसे पहले अपनी धमकी वापस लो। इसके बाद ही बैठक की कार्यवाही आगे चलेगी। अँगरेज़ी के प्रकाशक चाहते थे कि उन्हें हिन्दी प्रकाशकों से अधिक जगह दी जाए, उन्हें न्यूयार्क आने-जाने का टिकट सरकार दे, और उनकी पुस्तकों को ले जाने के ख़र्च का वहन भी करे। अध्यक्ष के नाते मैंने एक और दो माँगें नामंजूर कर दीं। मेरा तर्क था कि आपको स्थान नि:शुल्क दिया जा रहा है। भूमि आवंटन के मामले में मैं हिन्दी और अँगरेज़ी के प्रकाशकों के बीच कोई भेदभाव नहीं करूँगा, आवश्यकता व माँग के आधार पर समान दृष्टि अपनाऊँगा। मेरी इस घोषणा से अँगरेज़ी के प्रकाशक उखड़ गए। बैठक के बहिष्कार की धमकी देने लगे। लेकिन मुझे सबसे अधिक कोफ़्त हिन्दी प्रकाशकों से हुई। बैठक में हिन्दी के दिग्गज प्रकाशक मौजूद थे। रवीन्द्र कालिया जैसे वरिष्ठ साहित्यकार व 'नया ज्ञानोदय' के सम्पादक भी ख़ामोश रहे। वाणी प्रकाशन के अरुण माहेश्वरी के रुख ने भी मुझे निराश किया। जबकि उनकी ही लड़ाई लड़ी जा रही थी। इससे एक रोज़ पहले डॉ. चौधरी ने भी फ़ोन पर सलाह दी थी की कि मैं अँगरेज़ी के प्रकाशकों को नाराज़ करने से बचूँ। इनके हाथ काफ़ी लम्बे और ऊँचे हैं। मेरा उत्तर था कि सम्मेलन की केन्द्रीय संयोजन समिति और विदेश मंत्रालय के निर्देशों के अन्तर्गत जो भी संभव होगा, वो मैं करूँगा। मैंने देखा कि हम हिन्दी वालों पर अँगरेज़ी का भयानक दबदबा रहता है। डॉ. चौधरी प्रकांड विद्वान् हैं, भाषाविद् हैं लेकिन अँगरेज़ी प्रकाशकों से पंगा लेने से वे कतराते हैं। वे हिन्दी वालों पर गुर्रा सकते हैं लेकिन अंग्रेजी वालों से मिल कर चलना चाहते हैं! इसकी एक ही वजह है–'अँगरेज़ी आपको राजसत्ता के गलियारे में पहुँचा देती

है। इसके माध्यम से आप ऊँचे पदों और विदेश दौरों को हथिया लेते हैं। इसके विपरीत हिन्दी और अन्य भारतीय भाषाओं के माध्यम से आप सत्ता-परिधि को स्पर्श भर कर सकते हैं, छिछले व बासी फ़ायदों को आप बटोर सकते हैं। सारांश में, भारतीय भाषाएँ गऊ हैं जिनके प्रयोग से सत्ताधारी केवल वोटों का दोहन करते हैं। सत्तासीन होने के पश्चात् वे शेरनी (अंग्रेजी) की सवारी और गऊ पालकों (जनता) को आक्रांत करने लगते हैं!

इसके अपराधी हम हिन्दी वाले भी हैं। हम लोग मंत्रियों और सांसदों के साथ-साथ नौकरशाहों (सचिव स्तर से लेकर हिन्दी जनसम्पर्क अधिकारी) के 'चारण' बनने में स्वयं को गौरवान्वित समझते हैं। हम लोग नौकरशाहों को 'कबीर', 'लोर्का', 'मुक्तिबोध' आदि घोषित कर देते हैं। नौकरशाह भी हमारी टट्टूगिरी से आह्लादित होकर हम हिन्दी प्रेमियों-सेवकों-भांड़ों को 'उतरन लाभों' से सुशोभित करते रहते हैं। यह अप्रिय धारणा शून्य या किसी पूर्वग्रह से पैदा नहीं हुई है। इसके आधार हैं पत्रकारिता काल के अनुभव और विश्व हिन्दी सम्मेलनों में शिरकत।

हम हिन्दी वाले भयानक संकीर्णताओं, पूर्वग्रहों, गुटबाजियों, भाई-भतीजावाद, निजी निहित स्वार्थों से निरंतर ग्रस्त रहते हैं। शासक इस स्थिति का सही-ग़लत फ़ायदा भी उठाते हैं। न्यूयॉर्क सम्मेलन में कतिपय स्वयंभू हिन्दी योद्धाओं की क्षुद्रताओं के कारण कई दफ़े तनावपूर्ण स्थितियाँ पैदा भी हुईं। प्रतिक्रियावादी शक्तियाँ यहाँ भी सक्रिय थीं। सूरीनाम सम्मेलन में तो मेरी इनसे सीधी मुठभेड़ हो ही चुकी थी। लेकिन यहाँ भी ये शक्तियाँ हिन्दी पर अपना एकाधिकार जमाये रखने में पीछे नहीं थीं। भाषा को जैसे ही धर्म और जाति से जोड़ा जाता है वहीं से उसमें विद्रूपताएँ पैदा होने लगती हैं, उसका दायरा सिकुड़ने लगता है। उर्दू के साथ भी यही हुआ है। आज भी हिन्दी पर ऊँची जातियों का ही आधिपत्य है। तीनों सम्मेलनों में मैंने सर्वण साहित्यकारों व पत्रकारों का दबदबा पाया है। तमाम प्रतिनिधि मंडल व समितियों में ब्राह्मण, वैश्य, राजपूत, कायस्थ जैसी जातियों के आलोचकों, साहित्यकारों और अधिकारियों की भरमार रहती है। इनमें मैं भी शामिल हूँ। हाशिये के वर्गों (दलित, आदिवासी, पिछड़े) के सृजनकर्मियों व बुद्धिजीवियों को तट पर ही रखा जाता है, या अनुकंपा भाव से उन्हें समिति में स्थान दिए जाते हैं। यह स्थिति हिन्दी को जनता से नहीं, सत्ता से जोड़ती है। सम्मेलनों में हिन्दी भक्तों के दोगले तेवरों से सामना मेरा बार-बार हुआ है।

आठवें सम्मेलन की ही बात है। न्यूयॉर्क के लिए गठित त्रिसदस्यीय शिखर समिति का सदस्य होने के बावजूद ऐसे ही तत्त्वों ने विदेश मंत्रालय के अधिकारियों से मिलकर चुपचाप बैठक बुला ली। मुझे भनक भी नहीं लगने दी। किसी तरह मुझे इसकी जानकारी मिली और मैं बैठक में ही सीधे जा धमका। मुझे देखते ही सभी सकपका गए। बैठक में संयुक्त सचिव के अलावा डॉ. लक्ष्मीमल सिंघवी, रत्नाकर पाण्डेय, चित्रा मुद्गल, मृणाल पाण्डे, मधु गोस्वामी (निदेशक) सहित और तीन-चार हिन्दी परजीवी मौजूद थे। न्यूयार्क स्थित भारतीय विद्या भवन के कर्ताधर्ता भी थे। घोषणा-पत्र तथा कुछ अन्य महत्त्वपूर्ण निर्णयों को लेकर चर्चा हो रही थी। बैठक की कार्यवाही ठप्प करनी पड़ी। मैंने कुछ मामलों को लेकर धमकी दी कि यदि आप लोगों ने अपना रवैया नहीं बदला तो मैं सार्वजनिक वक्तव्य जारी करूँगा, सम्मेलन के अधिकृत मंत्री आनन्द शर्मा से शिकायत की जाएगी

और संसद में मामला उठवाया जाएगा। सब के चेहरे फक् हो गए। आयोजन स्थल पर कतिपय घोर दक्षिणपंथी विभिन्न प्रकार की अफ़वाहें फैला रहे थे। विश्व हिन्दी सम्मेलन को अपने कब्ज़े में लेने की जुगत में थे और ऐसा घोषणा-पत्र इस सम्मेलन से पारित करवाना चाहते थे जिसका फ़ायदा साम्प्रदायिकतावादी सांस्कृतिक व राजनीतिक शक्तियों को मिले। मेरे तेवरों को देख कर न्यूयॉर्क स्थित भारतीय विद्या भवन के निदेशक को अधिकृत किया गया कि वे तुरंत संगोष्ठी में जाएँ और मंच से ही अफ़वाहों का ज़वाब दें। मेरी आपत्तियाँ विदेश राज्यमंत्री शर्मा तक पहुँचीं। वे तुरंत ही आयोजन स्थल पर पहुँचे और हम लोगों की बैठक बुलाई गई। घोषणा-पत्र की रूपरेखा तय की गई। यह निर्णय भी लिया गया कि समापन सत्र में मृणाल पाण्डे घोषणा-पत्र को रखेंगी। यदि वे इनकार करती हैं तो मैं पढ़ूँगा। मैंने और मधु गोस्वामी ने मिलकर घोषणा-पत्र तैयार किया। तब कहीं संकीर्ण सांस्कृतिक राष्ट्रवाद के रोगन से इसे बचाया जा सका। यह मेरे लिए एक कठिन चुनौती थी जिसका सामना मैंने सफलतापूर्वक किया। एक प्रकार से यह सूरीनाम अनुभव की पुनरावृत्ति ही थी। उस सम्मेलन में भाजपा के मुख साप्ताहिक पत्र-पाञ्चजन्य के सम्पादक तरुण विजय ने बाक़ायदा अपना पेपर वितरित करके वामपंथी पत्रकारों-लेखकों को 'देशद्रोही' तक कह डाला था। मैंने इसके विरुद्ध खुली आवाज़ उठायी थी। मेरे समर्थन में डॉ. कमला प्रसाद, डॉ. रमेश दीक्षित, वंदना मिश्र, राजेश जोशी, पंकज शर्मा सहित अनेक श्रोतागण खड़े हो गए थे। सम्मेलन के संचालकों में से एक वरिष्ठ कथाकार चित्रा मुद्गल दौड़ी-दौड़ी आईं। उत्तेजित श्रोताओं को शांत किया और पेपर वापस लेने की घोषणा की। परन्तु इस विवाद के समय सम्मेलन में भाग ले रहे असग़र वजाहत की तटस्थता हम सभी को नागवार लगी। वे सुरक्षित मुंडेर पर बैठे रहे। मेरा तर्क एक ही था कि हम हिन्दी को भारतीय राष्ट्र राज्य की दृष्टि से देखें, न कि दक्षिणपंथी या वामपंथी या हिन्दुत्ववादी दृष्टि से।

मनुष्य के सभी स्वप्न साकार होने लगें तो शायद उनका अस्तित्व ही संकट में फँस जाएगा। स्वप्न का सीधा अर्थ है मनुष्य की क्षमता व संभावनाओं को निरंतर असीम व आविष्कारशील बनाए रखना। मैं तो ऐसा ही समझता हूँ।

1985 में जब मैंने पहली बार संयुक्त राष्ट्रसंघ के मुख्यालय में प्रवेश किया था तब 1957-58 का स्वप्न साकार हुआ था। उस समय मैं प्रेस दीर्घा में बैठा हुआ महासभा में राजीव गाँधी के भाषण को सुन रहा था, तब उनके नाना नेहरू जी मेरे मस्तिष्क पटल पर उतर आए थे, और मैं एक ही झटके में वर्षों-मीलों पीछे की यात्रा कर आया था, बैठे-बैठे। महासभा की आखिरी रिपोर्टिंग मैंने 1998 में तत्कालीन प्रधानमंत्री अटलबिहारी वाजपेयी की की थी। तब मस्तिष्क के किसी कोने में हल्की-सी हरकत हुई, 'काश! मुझे भी कभी इस मुख्यालय में बोलने का मौका मिले!' यह स्वप्न जन्मा और फिर कोमा में चला गया।

संयोग देखिए। आठवें सम्मेलन का उद्घाटन ही राष्ट्रसंघ के मुख्यालय के एक सभागार में 13 जुलाई, 2007 को हुआ। उद्घाटन सत्र के तत्काल पश्चात् संगोष्ठी आरम्भ होती है। इस संगोष्ठी के बीज वक्ता के रूप में मैं सभागार में उपस्थित विश्व के विभिन्न कोनों से आए सैकड़ों हिन्दीप्रेमी और कर्मियों को सम्बोधित करता हूँ। दर्शक दीर्घा में मधु

और बड़ी बेटी मनस्विता भी मुझे सुनती हैं। मनस विशेष रूप से ओहायो से न्यूयार्क आई है। मधु तो भारत से साथ ही गई थी। सच! 1998 का स्वप्न 2007 में साकार हुआ, नौ वर्ष के अन्तराल के बाद। ऐसे पलों की अनुभूति को शब्दों में पिरोया नहीं जा सकता, केवल इन्हें जिया जा सकता है, और स्मृति में अंतिम पल तक संजोकर रखा जा सकता है! यही है एक स्वप्न का साकार होना। इसके पश्चात् दूसरे स्वप्न की यात्रा आरम्भ हो जाती है।

इस न्यूयार्क पड़ाव (12 से 16 जुलाई) में बेटे अमन की कमी ज़रूर खल रही है। त्रीना तो सैरिक्यूस से मिलने यहाँ पहुँची और दो रोज़ साथ रहकर विश्वविद्यालय लौट गई। मनस हम दोनों को बस से फ्रेमिंगहेम (बॉस्टन के समीप) ले चली है। अमेरिका कई दफ़े आ चुका हूँ, लेकिन पहली बार मैं इतनी लम्बी बस-यात्रा कर रहा हूँ। क़रीब 6 घंटे के बाद हम यहाँ पहुँचे और कार्तिक (भावी जीवन-साथी) के यहाँ रुके। सप्ताह भर के पड़ाव में बॉस्टन देखा, निआगरा फॉल देखने गए और मध्य मार्ग में सैरिक्यूस में त्रीना के साथ दो रोज़ गुजारे। सातवें रोज़ बॉस्टन से विमान लेकर कोलम्बस पहुँचे। मनस के दो-तीन सह-शोधार्थी हम लोगों को लेने के लिए विमान तल पहुँच गए। वहाँ से डेढ़ घंटे की कार यात्रा से एथेंस जा टिके जहाँ मनस 2002 से ओहायो विश्वविद्यालय में शोधार्थी के साथ-साथ सहायक अध्यापिका भी है।

एथेंस एक प्रकार का बड़ा कस्बा है, प्यारा, शांत और प्राकृतिक सुंदरता से भरपूर। जंगल, पहाड़ों ने इसे अपनी गोद में बैठा रखा है। मेरे परिवार की पहली लड़की अपने दम पर एस्ट्रो फीजिक्स में पी-एच.डी. कर रही है, ग्रामीण पृष्ठभूमि के एक मध्यवर्गीय पिता के लिए इससे अधिक 'सुख' क्या हो सकता है! जननी मधु भी आत्मिक संतोष से ओत-प्रोत है।

क़रीब डेढ़ महीने ठहरने के बाद मैं अकेले ही दिल्ली लौट रहा हूँ, मधु कुछ और दिल बिताने के बाद आएगी। कोलम्बस एयरपोर्ट पर त्रीना भी सैरिक्यूस से पहुँच गई है। वह बतला रही है, "पापा, मुझे 'ओन-कैम्पस जॉब' मिल गया।" हम सभी के लिए यह सुखद ख़बर है! वैसे फ़ीस में तीस प्रतिशत की राहत उसे पहले ही मिल चुकी है। अगले सैमिस्टर में उसे 'टीएशिप' (सहायक अध्यापक) भी मिल जाएगी। बड़ी बहन तो है ही उसकी देखभाल के लिए। अब मैं दोनों बेटियों से निश्चिंत हूँ।

भारत लौटते ही मैं अर्जुन सिंह जी की जीवनी–'अर्जुन सिंह : एक सहयात्री इतिहास का' को लिखने में व्यस्त हो जाता हूँ।

हुआ यह था कि न्यूयॉर्क रवाना होने से पहले अर्जुन सिंह जी ने मुझे अपने निवास पर बुलाया था। उनकी इच्छा थी कि मैं उनकी जीवनी लिखूँ। वैसे कई वर्ष पहले मैंने उन्हें सुझाव दिया था कि वे आत्मकथा लिखें। लेकिन वे टालते रहे और कहते रहे कि अभी वक़्त नहीं आया है। 2005 में उनका कई खंडों में अभिनंदन ग्रंथ भी प्रकाशित हो चुका था जिसकी तैयारी 1990 से ही की जा रही थी। इस ग्रंथ के चुनिंदा लेखों के संकलन के प्रकाशन की तैयारी भी अलग से चल रही थी। डॉ. कन्हैयालाल नन्दन इसके सम्पादन में लगे हुए थे।

अब अर्जुन सिंह जी चाहते हैं कि मैं स्वतंत्र रूप से उनकी जीवनी पर काम करूँ। अमेरिका से लौटने के पश्चात् मैं उनके साथ नए सिरे से इस विषय पर चर्चा करने के लिए पहुँचता हूँ। अपने साथ एक संक्षिप्त रूपरेखा भी ले जाता हूँ। वे चाहते हैं कि मैं आब्जेक्टिव ढंग से उनकी राजनीतिक जीवनी लिखूँ। मैं उन्हें 1967 से जानता हूँ। मैंने विभिन्न भूमिकाओं (मंत्री, प्रतिपक्ष नेता, मुख्यमंत्री, पंजाब का राज्यपाल, कैबिनेट मंत्री, इन्दिरा-तिवारी कांग्रेस के कार्यकारी अध्यक्ष आदि) में उनकी सघन रिपोर्टिंग 'नई दुनिया' के लिए की है। उन्हें समीप से देखता आ रहा हूँ। राजनीति के कुछ बुनियादी सवालों (समाजवाद, बहुलतावाद, धर्मनिरपेक्षता, सामाजिक न्याय, नक्सलवाद की समस्या, भूमि सुधार, आदिवासी जगत् आदि) को लेकर हम दोनों के मध्य समान दृष्टि रही है। परस्पर विश्वास का सेतु हम लोगों के बीच सालों से बना हुआ है। शायद सम्बन्धों की इस पृष्ठभूमि को ध्यान में रख कर वे मुझसे जीवनी लिखवाना चाहते हों।

मैं उनसे एक ही बात कहता हूँ कि यह जीवनी तथ्यों पर आधारित होगी, आग्रह-पूर्वाग्रहों पर नहीं। इसके लिए मुझे सभी आवश्यक गोपनीय दस्तावेज़ भी उपलब्ध कराने होंगे। आवश्यकतानुसार संसाधन भी। ज़रूरत पड़ने पर बीच-बीच में चर्चा के लिए समय देना होगा। वे इन बिंदुओं पर सहमत हैं। वे स्वयं ही कहते हैं, "जोशी जी, आपको मेरी तरफ़ से वांछित सहयोग मिलेगा। बस! इसे ईमानदारीपूर्वक लिखिए। केवल, एक-दो बातों का ध्यान रखें, जीवनी को अतिशयोक्ति व मनोगत दृष्टि से बचाना होगा, स्तुतिगान कतई नहीं होना चाहिए। आप अपनी विवेचनात्मक दृष्टि से लिखें।" उन्होंने अपने वर्षों से विश्वासपात्र सहायक यूनुस को बुलाया और निर्देश दिए कि जोशी जी को माँगने पर गोपनीय दस्तावेज़-पत्र आदि दे दिए जाएँ। इन्हें जिस चीज़ की ज़रूरत रहे, उपलब्ध करायें। उन्होंने मुझसे इतना अवश्य कहा, "जोशी जी, अनावश्यक विवाद मैं नहीं चाहता हूँ।" लेकिन मैं जानता हूँ, अर्जुन सिंह जैसे चुनौतियों से भरे राजनेता की जीवनी विवाद मुक्त कैसे रह सकती है? कुछ-न-कुछ तो विवाद उठेंगे ही। वे अपने समकालीन नेताओं पर भारी पड़ते हैं।

मेरे सामने चुनौती यह थी कि सामन्ती पृष्ठभूमि और शासक दल के नेता को किस परिप्रेक्ष्य में देखा जाए। इससे पहले मैंने किसी की जीवनी नहीं लिखी थी। मेरा यह नितांत पहला अनुभव था। इस विधा को सही ढंग से समझने के लिए भारत सहित विश्व के विभिन्न राजनेताओं (गाँधी, नेहरू, माओ, चे होची मिन्ह, मंडेला, बाबर, रूसो, चैपलिन, इन्दिरा गाँधी आदि) की आत्मकथाएँ और जीवनियाँ पढ़ीं। अन्त में मैंने निम्न बिंदुओं पर स्वयं को केंद्रित किया :

1. सामन्ती पृष्ठभूमि से लोकतांत्रिक परिवेश में प्रवेश और सक्रंमण काल का आत्मसंघर्ष।
2. लोकतांत्रिक संस्थाओं और प्रतिस्पर्धात्मक राजनीति के साथ मुठभेड़ें।
3. राजनीतिक जीवन-यात्रा के दौरान समाज के आधारभूत प्रश्नों के प्रति प्रतिबद्धता।
4. नेहरू काल से लेकर मनमोहन सिंह काल अर्थात् नेहरूवादी समाजवाद से लेकर भूमंडलीकरण या मुक्त अर्थव्यवस्था की संक्रमण यात्रा में वैचारिक स्थिति एवं निरंतरता।

5. नेहरू-गाँधी परिवार के साथ सम्बन्ध।
6. समकालीन नेताओं (नरसिंह राव, प्रणव मुखर्जी, मनमोहन सिंह आदि) के साथ सम्बन्ध।
7. कांग्रेस से मोहभंग और अलग पार्टी का गठन तथा पुनर्प्रवेश।
8. महत्वाकांक्षा और विफलता। पटाक्षेप।

इन बिंदुओं को लेकर अर्जुन सिंह जी के साथ वार्ता का सिलसिला जब-तब चलता रहा। यूनुस ने अनेक महत्त्वपूर्ण गोपनीय दस्तावेज़ भी सौंप दिए। फाइलें दीं देखने को। उनके सबसे अधिक विश्वासपात्र अधिकारी सुदीप बनर्जी और सुनील कुमार के साथ विचारों का आदान-प्रदान हुआ। दोनों ने अर्जुन सिंह जी की प्रशासकीय कार्यशैली से जुड़ी कई महत्त्वपूर्ण जानकारियाँ भी दीं। मैंने सतना, रीवाँ, चुरहट, सीधी, भोपाल जैसी जगहों की यात्राएँ कीं। राजनीतिक कर्मियों के साथ-साथ बुद्धिजीवियों, पत्रकारों, लेखकों के माध्यम से भी अर्जुन सिंह को समझने का प्रयास किया।

मैं इस निष्कर्ष पर पहुँच चुका हूँ कि कांग्रेस की राजनीति में अर्जुन सिंह का पटाक्षेप हो चुका है। प्रधानमंत्री या राष्ट्रपति बनने की संभावनाएँ सूख चुकी हैं। सोनिया गाँधी और अर्जुन सिंह के बीच गहरा अविश्वास है। वे उन्हें राहुल गाँधी के लिए 'संभावी ख़तरे' के रूप में देखती हैं।

मैं समझता हूँ नेहरू-गाँधी परिवार और अर्जुन सिंह के बीच अविश्वास की खाई राजीव गाँधी के समय से ही बन चुकी थी। इस समय तो यह और गहरी व चौड़ी हुई है। मैं यह समझने में असमर्थ हूँ कि कांग्रेस के प्रभावशाली क्षेत्रों में अर्जुन सिंह जी को न जाने क्यों गहरे संदेह से देखा जाता है? सभी वरिष्ठ नेता और नौकरशाह उनसे भयभीत रहते हैं। अमेरिकी लॉबी तो उन पर कतई विश्वास नहीं करती है जबकि सोवियत संघ का पतन हुए दो दशक बीत चुके हैं। इसमें दम भी है क्योंकि कैबिनेट स्तर के मंत्रियों के बीच वे आज भी 'अमेरिका विरोधी' माने जाते है; भारत में विदेशी विद्यालयों के प्रवेश में बाधक हैं; अमेरिकी या पश्चिमी शिक्षा पद्धति को भारत में यथावत् लागू करने के विरोधी हैं; अपनी फाइल में अमेरिका विरोधी टिप्पणी कर चुके हैं; स्वदेशी हितों को वे प्राथमिकता देते हैं; शिक्षा के अंध निजीकरण के विरोधी हैं। आज की भूमंडलीकरण की टकसाल में ऐसे सिक्के को तो 'खोटा' ही कहा जाएगा न! अन्ततः एक रोज़ इस सिक्के को सोनिया-मनमोहन सिंह टकसाल से बाहर खदेड़ दिया जाएगा। मैं इस नतीजे़ पर पहुँच चुका हूँ और अर्जुन सिंह जी के साथ मैं अपने विचारों को शेयर भी कर चुका हूँ।

जब सन् 2007 में पार्टी की तरफ़ से श्रीमती प्रतिभा पाटिल की उम्मीदवारी घोषित कर दी गई तो इसका गहरा आघात मेरे जीवनी के नायक को लगा था। वे गहरे विषाद में डूब गए थे। मैं जब उनसे उनके निवास में मिला तब वे अपनी कुर्सी में धँसे हुए थे। हताश! इस घोषणा से पहले स्वयं उन्होंने विश्वास भरे मन से कहा था कि सोनिया जी उनके साथ हैं। उन्हें पार्टी का राष्ट्रपति प्रत्याशी बना दिया जाएगा। उन्होंने यह बात भी मुझसे शेयर की थी कि वामदल भी उनका समर्थन करेंगे। अब कोई बाधा नहीं है। वे घोषणा के अंतिम क्षण तक इस विश्वास से प्रफुल्लित थे। मुझे भी खुशी थी, लेकिन मैं भीतर

से आश्वस्त नहीं था। सोनिया गाँधी मेरे जीवनी-नायक के साथ न्याय करेंगी, नेहरू-गाँधी परिवार के प्रति छह दशक एकनिष्ठ वफ़ादारी का उन्हें पुरस्कार मिलेगा, मुझे कतई यक़ीन नहीं था और आख़िरकार वही हुआ। मेरी आशंका पूर्ण सत्य में बदल गई।

मैंने स्थिति की नज़ाकत को भाँप कर अपनी ही सेनाओं के बीच अलग-थलग पड़े सेनापति से पूछना उचित नहीं समझा। वैसे अर्जुन सिंह जी अपने भावों को छिपाने में अद्वितीय रहे हैं। वेदना कितनी ही सघन-गहन क्यों न रहे, उसे उभरने की स्वतंत्रता अर्जुन सिंह जी आसानी से उसे नहीं देते हैं। पर इस समय मैं देख रहा हूँ, उनके चेहरे पर लौ संघर्षरत है, अपने जीवन के लिए।

मैं उनके कक्ष से बाहर आ जाता हूँ। पीछे से एक सहायक हाँफता हुआ मेरे पास आता है, "सर, रानी सा'ब (श्रीमती अर्जुन सिंह) आपसे बात करना चाहती हैं।" मैं लौटता हूँ और यूनुस के कमरे में बैठ जाता हूँ। मैं इंटरकॉम पर बात करता हूँ। वे चीखती हैं और सोनिया गाँधी पर अपशब्दों से हमला कर देती हैं।

वे जमकर अपने दिल की भड़ास निकालती हैं। मैं ख़ामोशी से उनका गुबार निकल जाने देता हूँ। उनके गुबार से एक-दो पंक्तियों को चुनकर और सधे हुए शब्दों में उन्हें ढाल कर 'जीवनी' में शामिल कर लेता हूँ।

जीवनी-लेखन चलता रहता है। ज़रूरत पड़ने पर उनसे चर्चा भी होती रहती है। लेखन-कार्य समाप्त होने पर मैं अर्जुन सिंह जी को पाँडुलिपि दिखा देता हूँ। वे इसे अपने पास रख लेते हैं। एक महीने के पश्चात् वे मुझे कुछ संशोधनों के साथ लौटा देते हैं। उनकी पैनी नज़र मेरी तथ्यात्मक ग़लतियों को पकड़ लेती है। निजी सहायक यूनुस के कई वाक्यों को हटवा देते हैं जो कि स्वामिभक्ति से अतिरंजित लग रहे थे। इतना ही नहीं, उन्होंने मुझसे तो असहमति व्यक्त की है लेकिन यूनुस को अपने कक्ष में बुलाकर काफ़ी डाँटा भी। अर्जुन सिंह अपने तने तेवरों से कहते हैं, "यूनुस, तुम्हें कितनी बार कहा है जोशी जी को मिसगाइड मत करना। जोशी जी, आप भी इसकी बातों में न आएँ। आप घटनाओं को मुझसे चैक कर लिया करें।"

अर्जुन सिंह ने संशोधित पाँडुलिपि में उन पंक्तियों को यथावत् रखा जिनमें श्रीमती सिंह के क्रोध को मैंने अत्यंत शालीन शब्दों में व्यक्त किया था। यद्यपि उन्होंने आरम्भ से अन्त तक पाँडुलिपि पंक्ति-दर-पंक्ति पढ़ी। कई स्थानों पर उन्होंने संशोधन के लिए कई पंक्तियों को रेखांकित भी किया। पर उन्होंने मैडम (श्रीमती सिंह) की पंक्तियों को छुआ तक नहीं है। पंक्तियों के सम्बन्ध में चर्चा तक नहीं की।

इसके पीछे उनकी कोई तो मंशा होनी चाहिए, ऐसा मैं सोचता हूँ। इसका भी आधार है। कुछ महीने पहले कन्हैयालाल नन्दन जी के संकलन का पूरी भव्यता के साथ लोकार्पण किया गया था। इस लोकार्पण में राष्ट्रपति, प्रधानमंत्री और लोकसभा अध्यक्ष मंचासीन थे। भारत के राजनीतिक शक्तिशाली व्यक्तित्वों में सोनिया जी ही अनुपस्थित थीं। अर्जुन सिंह जी ने अपने सम्बोधन में पहले अपनी पत्नी की प्रशंसा की थी। इसके पश्चात् उन्होंने इन्दिरा गाँधी व संजय गाँधी के समय की निष्ठा-कसौटियों की भरपूर प्रशंसा की। इसके पश्चात् बोले कि वर्तमान समय में निष्ठा, वफ़ादारी की कसौटियाँ बदल चुकी हैं। परोक्षरूप से उनके कटाक्ष निशाने पर सोनिया गाँधी और राहुल गाँधी थे। उन्होंने राजीव गाँधी के

प्रति भी उदारता नहीं बरती। संसद भवन एनेक्सी के सभागार में सन्नाटा छा गया था। नेहरू-गाँधी परिवार के खानदानी विश्वासपात्र फोतेदार भी अपने परममित्र अर्जुन सिंह के भाषण से हैरान थे। इस पृष्ठभूमि में मेरी यही धारणा बनी है कि अर्जुन सिंह जी ने सोच-विचार कर ही उन पंक्तियों को हटाया नहीं था।

एक राजनेता का यह रूप मेरे लिए अप्रत्याशित था। आमतौर पर नेतागण वंदना प्रिय होते हैं, अपने सहायकों-सेवकों से चारण-संस्कृति का चरम रूप पसंद करते हैं। इस दृष्टि से मैं अर्जुन सिंह को अपवादों की श्रेणी में रखूँगा। मेरा यही अनुभव रहा है।

"अर्जुन सिंह : एक सहयात्री इतिहास का" का शीर्षक अर्जुन सिंह को पसंद नहीं है। उनकी आपत्ति है, "यह कुछ अतिशयोक्तिपूर्ण लगता है। मैं, इतिहास निर्माता हूँ, इससे ऐसा प्रभाव पैदा होता है। मैं ऐसा कुछ नहीं हूँ।" मैं उनसे सहमत नहीं हूँ। शीर्षक आकर्षक लगने के साथ-साथ मैं समझता हूँ यह अर्जुन सिंह की सम्पूर्ण जीवन-यात्रा का प्रतिनिधित्व करता है। मेरे मत में केवल राष्ट्र-नायक ही इतिहास निर्माता नहीं होते हैं, बल्कि लघु स्तरों पर इतिहास-निर्माण की प्रक्रिया निरंतर चलती रहती है। यदि अर्जुन सिंह प्रधानमंत्री या राष्ट्रपति बन जाते तो इतिहास निर्माता की प्रक्रिया स्थिति सापेक्ष होती। लेकिन क्या भगत सिंह, सुभाषचन्द्र बोस इतिहास निर्माता नहीं थे? क्या गाँधी जी, नेहरू, पटेल, इन्दिरा गाँधी जैसे राजनेता ही इतिहास निर्माता रहे हैं? यहाँ मैं अपने जीवनी-नायक की तुलना इन महान् पुरुषों से नहीं कर रहा हूँ। मैं केवल इतिहास निर्माता की स्थिति सापेक्षता का उल्लेख कर रहा हूँ। एक तरह से हम सभी अपने-अपने द्वीपों के इतिहास निर्माता प्रत्यक्ष व परोक्ष रूप में होते हैं।

जीवनी तैयार हो चुकी है। अर्जुन सिंह जी की इच्छा थी कि राजकमल प्रकाशन इसे प्रकाशित करे। मैंने प्रकाशक अशोक माहेश्वरी से इस सम्बन्ध में बात की। वे इसके प्रकाशन के लिए सहर्ष तैयार हो गए। तय किया गया कि प्रकाशक से पाँच सौ प्रतियाँ खरीदकर अर्जुन सिंह के मित्रों, मीडियाकर्मियों और कांग्रेस क्षेत्रों में उपहार के रूप में वितरित की जाएँगी। यूनुस इसका प्रबंध करेंगे। लोकार्पण की ज़िम्मेदारी भी उन्हें ही सौंपी गई।

वैसे अर्जुन सिंह जी चाहते थे कि इसका लोकार्पण चुनावों के बाद हो। पर मेरे आग्रह पर उन्होंने चुनावों से पहले लोकार्पण की सहमति दे दी। मुझ में बैठे अधीर पत्रकार से एक चूक हो गई। जीवनी की दो-तीन प्रतियाँ मैंने अपने मित्र पत्रकारों को प्रचार के लिए उपलब्ध करा दीं। वैसे तय यह था कि लोकार्पण अवसर पर ही प्रतियाँ वितरित की जाएँगी।

जैसा कि मेरा अनुमान था, जीवनी की चंद पंक्तियों से विवाद का विस्फोट हो ही गया। इन परिष्कृत पंक्तियों में मैंने श्रीमती सिंह की वांछित भावनाओं को ही गुंजित किया था। पर वे बेहद नाराज़ हुईं। उन्होंने मुझे फ़ोन पर इन पंक्तियों का खंडन करने के लिए कहा। मैं गुजरात की यात्रा पर था जहाँ फ़ोन आया। वीना सिंह (पुत्री) का भी फ़ोन पर ही गुस्सा बरसा। हम दोनों के बीच गरमागरमी हुई। अर्जुन सिंह जी से मैंने अहमदाबाद से फ़ोन पर बात की और मीडिया में उठे विवाद को देखते हुए लोकार्पण कार्यक्रम रद्द कर दिया गया। शायद अर्जुन सिंह जी सोनिया गाँधी को और अधिक नाराज़ नहीं करना चाहते थे।

दिल्ली लौटकर मैंने मार्च के पहले सप्ताह में ही केन्द्रीय हिन्दी संस्थान के उपाध्यक्ष पद से त्यागपत्र दे दिया। अर्जुन सिंह जी इसे ले नहीं रहे थे। मेरा आग्रह था कि अब और इस पद पर मैं बना रहना नहीं चाहता हूँ। यद्यपि मेरा कार्यकाल 2011 तक है। लेकिन मैं मार्च से ही इसे छोड़ना चाहता हूँ। अर्जुन सिंह जी बोले, "जोशी जी, आप अपना कार्यकाल पूरा करिये। मैं अपने उत्तराधिकारी से आपके सम्बन्ध में कह दूँगा।"

"यह आपका बड़प्पन है। लेकिन मैं मानता हूँ कि आपने मुझे इस पद पर बैठाया, आदर-सम्मान दिया। यह ज़रूरी नहीं है कि आपके उत्तराधिकारी के साथ इसी प्रकार के समीकरण रहें?"

"अच्छा, यदि मैं मंत्री बने रहता हूँ तो आपको कोई दिक्कत है?"

"तब शायद नहीं...।"

"ठीक है, मैं इसे तभी स्वीकार करूँगा जब लगेगा कि मुझे सरकार से बाहर रखा जा रहा है।"

"जी, यह ठीक रहेगा।"

मैं काफ़ी पहले ही इस नतीज़े पर पहुँच चुका था कि अर्जुन सिंह जी का राजनीतिक पटाक्षेप[1] हो चुका है। और हुआ भी यही है। कांग्रेस के नेतृत्व में यूपीए ने तो अपनी दूसरी पारी आरम्भ कर दी है लेकिन मेरे जीवनी के नायक को सरकार से बाहर ही रखा गया है। प्रधानमंत्री मनमोहन सिंह ने उन्हें अपनी सरकार में शामिल नहीं किया। नई सरकार के शपथ लेने से चार रोज़ पहले मेरे त्यागपत्र को स्वीकार कर लिया गया। इसके साथ ही अर्जुन सिंह जी का एक औपचारिक आभार पत्र भी मिला। मैं उनसे अकबर मार्ग स्थित बंगला-17, पर मिलने गया। सब कुछ बदल चुका है। अर्जुन सिंह जी अपने कक्ष में सामान्य भाव से बैठे हुए हैं। दृश्य-परिवर्तन से उन्होंने समझौता कर लिया है। वे कह रहे हैं, "जोशी जी, मैं अपनी आत्मकथा को अंग्रेजी में पूरा कर रहा हूँ। आधी लिखी जा चुकी है। इसका शीर्षक है : 'A Tryst with Time'[2] लेकिन यह बदला जा सकता है।"

"यह तो मेरे लिए अच्छी ख़बर है। आप इसमें व्यस्त रहेंगे।"

"आप राजकमल प्रकाशन से ही इसके हिन्दी अनुवाद के प्रकाशन की बात कर लें।"

"मैं कर लूँगा।"

"मैं इसका साथ-साथ अनुवाद भी करा रहा हूँ। आप तैयार रहें।"

"जी!"

इसके बाद मैं चला आया। अब मैं अगले मोर्चे की लड़ाई की तैयारी करने लगा हूँ।

आज अभिभावकीय उत्तरदायित्वों की दृष्टि से मैं कुछ हल्का ज़रूर महसूस कर रहा हूँ। यदि कर्मकांडी पिता के नाते कहा जाए तो मैं 'कन्यादान' के भार से मुक्त हो गया हूँ। विगत दो वर्षों में दोनों बेटियों का विवाह हो गया। दोनों ने स्वयं ही अपने लिए

---

1. देखें : 'अर्जुन सिंह : एक सहयात्री इतिहास का', राजकमल प्रकाशन, दिल्ली।
2. बाद में अर्जुन सिंह के मरणोपरान्त यह आत्मकथा : 'A Grain of Sand in the Hourglass of Time' शीर्षक से प्रकाशित हुई।

वर चुने हैं। मैंने दोनों से बहुत पहले साफ़-साफ़ शब्दों में कह दिया था कि वे अपना जीवन-साथी चुनने के लिए स्वतंत्र हैं। इसमें किसी जाति-धर्म का बंधन नहीं है। यदि जाति से बाहर वे अपना साथी चुनती हैं तो मुझे दिली खुशी होगी। विवाह से पहले मैंने दोनों से यह भी कहा था कि यदि वर-चयन में तुम इस पहलू का भी ध्यान रख सको कि तुम्हारा भावी साथी और उसका परिवार कहीं पुराणपंथी व पुरुष-वर्चस्ववादी तो नहीं है, तो ठीक रहेगा। वर और उसका परिवार प्रगतिशील, लोकतांत्रिक और धर्मनिरपेक्ष हैं तो तुम लोगों के दाम्पत्य जीवन में जीवन-दृष्टि व शैली से जुड़े तनाव कम रहेंगे। तुम दोनों मुक्त वातावरण में साँस ले सकोगी। वरना यात्रा के आरम्भ में सांस्कृतिक टकराव शुरू हो जाएँगे। इस चेतावनी की वजह यह है कि तीनों बच्चों को घर में आधुनिक लोकतांत्रिक परिवेश मिलता रहा है। सहमति-असहमति के अधिकार का तीनों ने प्रयोग किया है। तीनों ने अपनी इच्छानुसार कैरियर चुना है। भावी जीवन-साथी के यहाँ दोनों बेटियाँ घुटन से मुक्त रहें और उनकी स्वतंत्र निर्णय क्षमता बनी रहे, इसलिए एक पिता के नाते उन्हें सावधान किया गया था।

मनस्विता ने चैन्नई के कार्तिकेन करुणानिधि को अपने जीवन-साथी के रूप में एथेन्स (ओहायो) में चुना। दोनों विश्वविद्यालय में थे और धीरे-धीरे प्रेम-सूत्र में बँधते चले गए। बेटी ने अपनी पी-एच.डी. समाप्त करने के पश्चात् चैन्नई में विवाह करने का निर्णय लिया। दिसंबर (2008) के दूसरे सप्ताह में दक्षिण भारतीय ढंग से विवाह का दिन तय किया गया। परिवार के क़रीबी सदस्य चैन्नई पहुँच गए। अमेरिका से भी दोनों के मित्रगण पहुँचे। विवाह अत्यंत सुरुचिपूर्ण ढंग से सम्पन्न हुआ। मधु के आग्रह पर दूसरे दिन उत्तर भारतीय पंडित ने भी उत्तर भारतीय पद्धति से विवाह कराया। पत्नी की भावनाओं का आदर करते हुए इस विसंगति को सहन करना पड़ा, क्योंकि विवाह विवाह है, चाहे किसी भी पद्धति से क्यों न हो!

लेकिन मैंने दोनों ही पद्धतियों के समय यह शर्त ज़रूरी लगा दी थी कि मैं 'कन्यादानम्' किसी भी स्थिति में नहीं कहूँगा। यदि श्लोक में कहीं 'पुत्रदानम्' लिखा है तो मुझे 'कन्यादानम्' कहने में कोई दिक़्क़त नहीं है। दोनों पंडितों ने इससे इनकार कर दिया। तब मैंने भी 'कन्यादानम्' का उच्चारण नहीं किया।

ब्राह्मणवादी व्यवस्था हम भारतीयों का पिंड आसानी से नहीं छोड़ेगी। इसकी गिरफ़्त ढीली तो हो रही है, लेकिन गह टूट नहीं रही है। हुआ यह कि मेरे भावी समधी ब्राह्मण पुजारी से ही वैवाहिक कर्मकांड सम्पन्न कराना चाहते थे। मधु भी यही चाहती थी। मैं इससे असहमत था। मैंने कार्तिक के पिता डॉ. करुणानिधि से कहा भी कि आप लोगों ने तो तमिलनाडु में इस उत्पीड़क व्यवस्था के विरुद्ध लड़ाइयाँ लड़ी हैं। फिर आप लोग अभी तक इससे क्यों चिपके हुए हैं? उनका संक्षिप्त उत्तर था, "सर! आप मार्क्सवादी हैं, वामपंथी हैं। हम नहीं हैं।" तब मैंने अपने प्रति उत्तर में कहा, "फिर तो करुणानिधि जी, यह ब्राह्मणवादी व्यवस्था भारत में बनी रहेगी। इसके नए-नए अवतार देखने को मिलेंगे ही!"

एक और दिलचस्प अनुभव इस अवसर पर हुआ। मनस्विता दुल्हन के रूप में दक्षिण भारतीय परिधान में थी। दूल्हा की बड़ी बहन ने टिप्पणी की, "मनस बिल्कुल दक्षिण

भारतीय ब्राह्मण दुल्हन दिखाई दे रही है।" दूसरे शब्दों में 'ब्राह्मण दुल्हन' की उपमा दी गई। उपमा, प्रतीक, बिम्ब आदि भी वर्ग व जाति सापेक्ष होते हैं।

मेरे समधी पिछड़े वर्ग से हैं। पति-पत्नी दोनों ही धर्मभीरु हैं, पूजा-अर्चना में विश्वास करते हैं। उत्तर व दक्षिण भारत का नियमित रूप से तीर्थाटन करते रहते हैं। वैसे कई दृष्टियों से हैं प्रगतिशील। वे दहेज के लेन-देन के ख़िलाफ़ हैं। फिर भी दलित व पिछड़ों की उपचेतना में ब्राह्मणवादी संस्कार ज़रूर गहरे से पैठ किए हुए हैं। यह एक प्रक्रिया भी है। शासित वर्ग हमेशा शासक वर्ग और उसकी वर्चस्ववादी संस्कृति एवं जीवन मूल्यों का आन्तरिकीकरण करता है। वह भ्रम को यथार्थ में जीने लगता है। उसमें समांतर या वैकल्पिक संस्कृति के आविष्कार की इच्छाशक्ति सुप्त हो जाती है। वास्तव में उत्तर भारत में सामाजिक न्याय के सूत्रधार आज नव-ब्राह्मणवाद के वाहक नज़र आ रहे हैं। राजनीतिक रूप से उन्होंने ब्राह्मणों को सत्ता से ज़रूर अपदस्थ कर दिया है लेकिन सामाजिक-सांस्कृतिक दृष्टि से वे उन्हें 'रिप्लैस' नहीं कर सके हैं। क्या शरद यादव, मुलायम सिंह यादव, लालू प्रसाद यादव, नीतीश कुमार, उमा भारती, मायावती जैसे नेता उत्तर-भारत में सामाजिक सुधार कर सके, वैकल्पिक जीवन-शैली विकसित कर सके? वास्तव में ये लोग विशाल ब्राह्मणीय व्यवस्था में ही समाहित हो गए हैं। इसे कहते हैं 'Diffusion of Contradictions'।

चैन्नई के बाद दिसंबर के अन्त में दिल्ली में मनस-कार्तिक विवाह का स्वागत-आयोजन किया गया। दोपहर के भोज पर लेखक-पत्रकार मित्र वर-वधू को आशीर्वाद देने के लिए एकत्रित हो गए। निस्कोर्ट से पादरी मित्र भी इस अवसर पर मौजूद रहे। जयपुर, अलवर और आगरा से भी मित्र अतिथि पहुँचे। मेरी क़रीब आधी सदी दिल्ली में बीती है। तीन दशकों से वैवाहिक जीवन जी रहा हूँ। इस लम्बे काल में मैं कभी कोई बड़ा पारिवारिक आयोजन नहीं कर सका हूँ; साठ वर्ष कब पूरे हो गए, याद ही नहीं आया; विवाह की जयंतियाँ दिमाग़ में अटकी ही नहीं; घर की चारदीवारी में बच्चों के जन्मदिन सिमटे रहे। यही सब सोचकर कर्जन रोड स्थित अधिकारियों के क्लब में सीमित अतिथियों के लिए सादगीपूर्ण स्वागत समारोह रख लिया। राजेन्द्र यादव, मन्नू भंडारी, डॉ. शमीम हनफी, सुधा अरोड़ा, विश्वनाथ त्रिपाठी, निर्मला जैन, अरुण प्रकाश, पंकज बिष्ट, इब्बार रब्बी, रमेश उपाध्याय, सुरेश पंडित, असग़र वजाहत, चंचल चौहान, मुरली बाबू, रेखा अवस्थी जैसे मित्रों की उपस्थिति से जोशी-परिवार चहक उठा! अर्जुन सिंह जी सवा-डेढ़ घंटे रहे। हम सब निहाल हुए!

हमारे परिवार में विवाह की दृष्टि से यह मध्यांतर था, छोटी बेटी त्रीना का विवाह बाकी था। इसे लेकर मेरे, मधु और त्रीना के बीच थोड़ी-बहुत खींचतान चलती रही है। अमेरिका में शिक्षा समाप्ति के पश्चात् त्रीना दिल्ली लौट आई है। दैनिक 'पॉयनियर' में वह सहायक सम्पादक भी बन गई है। उसने भी अपना साथी चुन लिया है। उसका बॉयफ्रेंड कनाडा की पुलिस सेवा में है। वैसे वह मूलतः दिल्ली की मयूर विहार कॉलोनी से ही है। एक प्रकार से पड़ोसी रहा है। लेकिन सात-आठ साल पहले उसका परिवार कनाडा में जा बसा था, बेहतर जीवन की तलाश में। त्रीना और अनिरुद्ध, दोनों के मेल-मिलाप का सिलसिला उस समय शुरू हुआ था जब वे किशोर थे, हायर सेकेंडरी के विद्यार्थी

थे। लेकिन विश्वविद्यालय के शिक्षा-काल में दोनों अलग-अलग हो गए। मुलाक़ातें होती रहीं। सैरिक्यूस में भी दोनों का मिलना चलता रहा। त्रीना तो उसके यहाँ (टोरंटो के पास) भी हो आई। उसके माता-पिता को भी बेटी पसंद है।

अनिरुद्ध के माता-पिता मूलत: राजस्थान के जाट हैं। आर्यसमाजी हैं। ओखला की प्रसिद्ध 'सम्राट प्रेस' के परिवार से हैं। अच्छी बात यह है कि यह परिवार भी खुले विचारों का है। त्रीना और अनिरुद्ध के विवाह को लेकर किसी को दिक़्क़त नहीं है, लेकिन समय को लेकर एक राय नहीं है। मधु चाहती है कि यह विवाह दो-तीन वर्ष ठहर कर होना चाहिए जबकि बेटी चाहती है कि 2010 के शुरू तक सम्पन्न हो जाए। मैं दोनों के बीच उलझा हुआ हूँ। दोनों के अपने-अपने तर्क हैं। पर बेटी की जिद्द के सामने हम दोनों झुक जाते हैं। फरवरी में विवाह तय हो जाता है।

नोएडा के रैडिस्सन होटल में दोनों परिवार मिलकर आर्य समाज पद्धति से विवाह समारोह का प्रबंध करते हैं। इस विवाह की सूरत चैन्नई-विवाह से भिन्न थी। इस विवाह पर उभरते नव मध्यवर्ग की इच्छाओं की छाप अधिक थी जबकि चैन्नई-विवाह सांस्कृतिक दृष्टि से घना था। चैन्नई में नादस्वरम् की गूँज थी जबकि रैडिस्सन के विवाह मंडप पर आधुनिक सौंदर्यबोध की शालीन छाप थी। सभी अतिथियों ने मंडप और प्रकाश सज्जा को पसंद किया। इस श्रेय की हक़दार त्रीना है। उसके निर्देशन में प्रोफेशनलों ने विवाह स्थल को आकर्षक बनाया।

विवाह समारोह का आरम्भ निस्कोर्ट के पादरी जॉन एडपल्ली द्वारा संस्कृत के प्रसिद्ध श्लोक : 'तमसो मा ज्योतिर्गमय' के मधुर गान से हुआ। पादरी केरल से हैं और संस्कृत के ज्ञाता हैं। उनके इस गायन ने पाणिग्रहण के क्षणों को बहुरंगी संस्कृति से समृद्ध ही किया!

यहाँ मुझे 'कन्यादान' के उच्चारण की समस्या का सामना नहीं करना पड़ा, क्योंकि आर्य समाज की विवाह-पद्धति में 'पाणि-ग्रहण' कहा जाता है। इसमें किसी 'जेंडर वर्चस्व' की गंध नहीं है। स्त्री-पुरुष, दोनों समान हैं। दोनों ही अपने हाथों का आदान-प्रदान कर रहे हैं। मुझे यह अधिक सहज व सुविधाजनक लगा।

दो दिन बाद मैंने रिवरसाइड क्लब में लेखक-पत्रकार व समाजकर्मी मित्रों के लिए दोपहर में संक्षिप्त स्वागत आयोजन किया। लेखक व पत्रकार मित्रों के अलावा डॉ. ब्रह्मदेव शर्मा, रघु ठाकुर, हिम्मत शाह (उदयपुर) जैसे वरिष्ठ मित्रों ने इस पावन अवसर का मान बढ़ाया। साँस की बीमारी के बावजूद अरुण प्रकाश अपने रेस्परटॉरी उपकरण के साथ आए। इससे मुझे अरुण प्रकाश की अनन्यता की अनुभूति हुई।

और इस तरह सड़सठ बसंत-पतझरों के साथ अब मैं परम्परागत पारिवारिक उत्तरदायित्वों से भारमुक्त महसूस कर रहा हूँ। वैसे दोनों विवाह के सम्पूर्ण श्रेय की हक़दार दोनों बेटियाँ हैं। दोनों ने ही वैवाहिक तैयारियों में भाग-दौड़ की। मैं तो मूकदर्शक बना रहा। दहेज से भी दोनों दामादों ने मुझे मुक्त रखा। दोनों समधियों ने प्रत्येक काम में आत्मीय सहयोग किया। इससे मैं अनावश्यक क़र्ज़-भार से बच गया हूँ।

ताऊजी उतर आए हैं : जयपुर से बापू की कर्मभूमि में!
दिल्ली-जयपुर-वर्धा-बॉस्टन गमन

मैं सड़सठ बरस का हूँ। मुझे लग रहा है मेरे पिता मुझ पर उत्तर आए हैं। मैं 'ताऊजी' बन गया हूँ। वे इसी जयपुर में साठ पार कर काम पर जाया करते थे। पहले पॉवर हाउस में एडोहक् क्लर्क थे। सुबह जाते, शाम ढले आते। कोई 6 किलोमीटर का सफ़र तय करते। हारे-थके घर लौटते। कुछ बरस ऐसे ही चला। फिर नौकरी से छुट्टी हो गई। घर बैठना पड़ा, कुछ महीने।

किसी ने सुझाव दिया एम.आई. रोड स्थित टेलीग्राफ ऑफिस में तार लिखने का। सुबह आठ बजे घर से निकल जाते। चार किलोमीटर का सफ़र तय करते। अँधेरे होते-होते घर लौटते। रास्ता और लम्बा हो जाता, थकान से। पॉवर हाउस में थे तो माहवार 70 रुपए पगार मिला करती थी, बेनागा। अब ढाई-तीन रुपए कमा लेते हैं। जितने तार लिखो, उतना मेहनताना। बरसात में तो डेढ़-दो रुपए ही। इतवार तो बैरंग रहता। ऑर्डीनरी, एक्सप्रेस, अर्जेंट, तीनों के अलग-अलग रेट। कुछ भी नियमित नहीं था, सब कुछ हवा के झोंके हुआ करते थे।

जब मैं ताऊजी को देखता, दुआ यही मनाता कि मुझे कभी इन दृश्यों का पात्र न बनना पड़े। सर्दी-गर्मी-बरसात, इन सबकी याद बुढ़ाती काया पर बिजली बन कर चमकती है। तब साठ पहुँचते-पहुँचते ईश्वर याद आने लगता है। औसत हिन्दुस्तानी को। तब पचपन में 'रिटायर्टमेंट' हुआ करता था। पैंसठ के बाद हर दिन को बोनस या खुदा का करम माना जाता था।

"इस जनम में अच्छे करम किए होंगे, तभी अब तक भले चंगे हैं न!" सभी घरों का यह तकिया क़लाम हुआ करता था।

"खुदा ताऊजी ने पिछले और इस जनम में ज़रूर अच्छे करम किए हैं, तभी इस उम्र में काम कर रहे हैं। सत्तर के होने जा रहे हैं, कोसों रोज़ पैदल चलते हैं।" परिवार की औरतों के मुँह से मैं सुना करता था। पर मेरी नज़र में ताऊजी का काम करना चयन नहीं, विवशता थी। मैं चयन करूँ, विवशता से इतिहास को ने दोहराऊँ, यह स्वप्न हुआ करता था मेरा।

आज सन् 2010 में मैं पिताजी के इतिहास को दोहराने के लिए जयपुर आ गया हूँ। यह मेरा 'चयन' नहीं, विवशता है। गणित सब गड़बड़ा चुका है। मैंने हिसाब लगाया था, पन्द्रह हज़ार रुपए महीने में घर के कूकर की सीटी बजती रहेगी-भाप निकलती रहेगी। अपने राम लिखेंगे, अच्छा पढ़ेंगे! मधु के साथ घूम लिया करेंगे, थोड़ा-बहुत सैर-सपाटा

हो जाया करेगा। यही सब ध्यान में रख कर बैंक में फिक्स्ड डिपोजिट कराये, डाकघर में मासिक आय का खाता खोला। कुछ किसान-पत्र, एन.एम.सी. ख़रीदे। रेडियो और चैनलों से प्रेस व रिवर साइड क्लबों का ख़र्चा निकल आता है। संगोष्ठियों और मीडिया क्लासों में बोलने से कुछ आय हो जाती है। इसमें पेट्रोल का ख़र्चा निकल आता है।

हिन्दी में लेखन पर जीवित रहना ईश्वर से 'अभयदान' की प्राप्ति के समान है। जाने दीजिए निर्मल वर्मा, राजेन्द्र यादव, मन्नू भंडारी, कमलेश्वर जैसे कथाकारों को। उनकी बात अलग है। मेरे जैसे साहित्येतर विषयों के लेखकों के लिए मार्केट ही कहाँ बना है? औसत हिन्दी पाठक कविता-कहानी-उपन्यास का दीवाना होता है। साहित्येतर विषयों (अर्थशास्त्र, समाजशास्त्र, इतिहास आदि) से वह दूर भागता है। फिर रॉयल्टी के मामले में हमारे हिन्दी के प्रकाशक भी तो 'कैसीनो शैली' से काम लेते हैं!

मेरे सम्पर्क दायरे में आम धारणा यह है कि मैंने राजनीतिक पत्रकारिता की है। राष्ट्रपतियों, प्रधानमंत्रियों, मुख्यमंत्रियों की रिपोर्टिंग की है। अर्जुन सिंह जैसे राजनेता का मुझे सान्निध्य मिला है। राष्ट्रीय पुरस्कार मिलते रहे हैं। तब तो घर में पकवान, मक्खन, चिकन उड़ने चाहिए! पर सच तो यह है कि सूखी दाल-रोटी, एक सब्जी को ध्यान में रखकर ही जोशी परिवार का बजट बनता है। मेरे और मधु के बीच खींचतान चलती रहती है। इसका सुफल यही निकलता है कि इस नागरिक का बजट घाटे का नहीं रहता है। चूँकि यह घाटे का नहीं होता है इसलिए मैं इसे फ़ायदे का बजट मानता हूँ। अलबत्ता, देश के बजट की बात न्यारी है। लेकिन हमारे डॉ. मनमोहन सिंह के भूमंडलीकरण मिशन ने थोड़ी-बहुत ज़मीर वाले नागरिक को भी झकझोर कर रख दिया है। रुपए का परोक्ष अवमूल्यन होने लगा है। जब मैं बुढ़ापे के लिए बजट बना रहा था, तब मुद्रास्फीति तो मेरे ज़ेहन में ही नहीं थी।

आज मेरा अनुमान ग़लत निकल गया है। महँगाई ने मुझे इतिहास दोहराने के लिए विवश कर दिया है। मैं निजी क्षेत्र के विश्वविद्यालय जे.एन.यू. (Jaipur National University) के जन-संचार विभाग के निदेशक के रूप में कार्य करने के लिए जयपुर आ गया हूँ। पगार के रूप में 65 हज़ार रुपए माहवार और कैम्पस में ही चार बैडरूम के फ्लैट की व्यवस्था की गई है।

बीती सदी के पाँचवें दशक और इस सदी के पहले दशक में समानता तो नहीं है; ताऊजी 60-70 रुपए कमाया करते थे, और मैं 65 हज़ार रुपए! लेकिन हम दोनों के बीच दो समानताएँ हैं : आर्थिक विवशता और आयु। मैं जब भी अपनी एल्टो कार में मिर्ज़ा इस्माइल रोड से गुज़रता हूँ, केन्द्रीय तारघर से मेरा सामना हो जाता है; पेड़ की छाँव तले, कुर्सी-टेबल लगाए और तार लिखते हुए ताऊजी दिखाई देते हैं। गोया वो मुझे इशारों से बुला रहे हैं; आज की कमाई का हिसाब दे रहे हैं; राशन-पानी ख़रीदने के लिए एक-डेढ़ रुपए दे रहे हैं; दिन ढले वे खरामा-खरामा घर लौट रहे हैं। बगल में छाता दबाये, सिर पर अँगरेज़ी टोप रखे, दूसरे हाथ में से झोला थामे और अपने हाल पर हँसते हुए जूते पहने। कभी मैं उनसे आगे निकल जाता हूँ, कभी वे मुझे पीछे छोड़ देते हैं। दोनों को जल्दी है घर पहुँचने की, साग-भाजी-आटा-दाल ख़रीद कर चूल्हा जलाने की। तभी तो हँड़िया फुदकनी शुरू होगी न!

आज मैं स्वयं व जयपुर को पाँच अंकों वाली पगारी और कार स्वामी की नज़रों से देख रहा हूँ। स्मृति पटल पर उन दिनों की स्मृति फ़िल्म चलने लगती है; एम.आई. रोड पर स्थित इण्डियन मोटर्स में 15 रुपए माहवार की नौकरी; प्रेमनाथ मोटर्स के पेट्रोल पम्प पर 20 रुपए का वेतन; जयपुर की सड़कों पर चीखते हुए अख़बार बेचना; पॉवर हाउस व मेटल इंडस्ट्री में 65-70 रुपए का कैजुअल वर्कर; मालिकों से डाँट-फटकार, थप्पड़ खाना; चिलचिलाती धूप में मीलों नंगे पैर चलना; साइकिल पर सामान ढोना!

कहाँ धूप ढलती थी, कहाँ से छाँव शुरू होती थी, इसका अन्तर-बोध ही नहीं था। किशोर काल कब आया, कब खिसक गया, पता ही नहीं चला! पता भी कैसे चलता, खेल मैदान का मार्ग जो गुम हो गया था। फुटबाल, हॉकी, बॉलीबॉल, क्रिकेट किशोर जोशी के शब्दकोश से ग़ायब थे। दस-बारह घंटे खटते रहना ही मनोरंजन था!

आज मैं पैदल, कार से, उन तमाम गलियों-कूचों से पुनर्दोस्ती करता हूँ जहाँ कितनी शामें-रातें बितायी थीं काम में, आवारागर्दी में। मकान वही हैं, दुकानें वही हैं, दरख़्त वहीं हैं और गलियाँ भी, पर वक़्त का एहसास अलग-अलग है। उस एहसास में ज़िल्लत थी तो मस्ती भी; संघर्ष था, तो सपने भी; संकरी-घुमावदार गलियाँ थीं तो विराट दरवाज़ा और चौड़े रास्ते भी।

आज के एहसास में ठहराव है; उत्तेजना है, आनन्द है; नाम-प्रतिष्ठा- आदर-सम्मान है, आत्मीयता नहीं; नाटक जारी है पर क्लाईमेक्स धुँधला है; गलियाँ-रास्ते सन्नाटों की गिरफ़्त में हैं और दरवाज़ा तनहा खड़ा है!

तब के यार-दोस्त आज भी हैं, कुछ विदा हो चुके हैं संसार से। पर बड़ौदिया के यारों और मेरे बीच फ़ासला है जिसका कोई आकार नहीं है, पर महसूस होता है दोनों तरफ़। मिटाने पर मिटता नहीं है। तब वो बस्ती-वो लोग हुआ करते थे। आज मेरे पास बस्ती नहीं है, लोकवृत्त है।

बड़ोदिया के पार फैले जयपुर के इस लोकवृत्त में बसते हैं राजनीतिकर्मी, एनजीओ, बुद्धिजीवी, लेखक-पत्रकार, विश्वविद्यालयी समाज। इस साठोत्तरी लोकवृत्त के नागरिकों में ताराप्रकाश जोशी, नन्द भारद्वाज, विनोद भारद्वाज, ईश मधु तलवार, हरिराम मीणा, हेतु भारद्वाज, गोविंद माथुर, सन्नी सेबस्तीन, ओम सैनी, डॉ. के.एल. शर्मा (वीसी), जयदेव, डॉ. महेन्द्र मधुप, पीसी गाँधी, अशोक गहलौत, श्रीलता स्वामीनाथन्, अरुणा रॉय, कविता श्रीवास्तव, डॉ. रवि चतुर्वेदी आदि से प्रायः मुठभेड़ें हुआ करती हैं। बस्ती और सिविल सोसाइटी या लोकवृत्त के बीच की खाई न तो बस्ती के लोग (छीतर खाँ, हनुमान सहाय, कन्हैयालाल, बाबूलाल यादव...) पाट सकते हैं, और न ही लोकवृत्त के नागरिक इसे भर सकते हैं। अलबत्ता, खाई पर से छलाँग लगायी जा सकती। मैंने भी लगायी थी बरसों पहले। आज इस लोकवृत्त का सीमांकन विश्वविद्यालय, जवाहर कला केन्द्र, दूरदर्शन, इण्डियन कॉफी हाउस, पिंक सिटी प्रेस क्लब, आकाशवाणी, रवीन्द्र भवन, बिरला सभागार, सेन्ट्रल पार्क, एयरपोर्ट जैसे ठिकानों से होता है।

विभिन्न रोलों में मैंने इस गुलाबी नगरी को देखा है। जब बाल श्रमिक व विद्यार्थी था, तब यह नगरी ही सब कुछ थी, मेरी अंतिम शरणस्थली। सामन्ती संस्कारों की चुनरी ओढ़े हौले-हौले चलती थी यह दुलहन! वामपंथी राजनीतिकर्मी की नज़रों में यह नगरी श्रमिक

आंदोलनों के लिए उपजाऊ भूमि हुआ करती थी; तेज़ी से बढ़ता शहरीकरण व उद्योगिकरण; इंटक-सीट्र-एटक की तगड़ी मौजूदगी; इंडियन कॉफी हाउस में कॉफी-कपों में उठते क्रान्ति के तूफ़ान। जब मैं उभरता सितारा पत्रकार बना तो मेरा जयपुर सचिवालय, विधानसभा भवन, सिविल लाइन, प्रेस क्लब, रेस्तरां-होटल (गणगौर. तीज, रामबाग, मानसिंह पैलेस, नीरोज़, एल.एम.बी.,...) आधुनिक शोरूमों में थिरकता था। आज जब मैं मीडिया प्रोफेसर हूँ तो राजस्थान विश्वविद्यालय, निजी विश्वविद्यालयों, शोध-अध्ययन संस्थानों, प्रेस प्रतिष्ठानों, आधुनिक मालों में चहलक़दमी करता हुआ लगता है। नव उपभोक्तावादी जयपुरी मेरे भावी महानगर मेट्रो में सफ़र कर रहे हैं। हाईटेक संस्कृति में संलिप्त इस भावी महानगर में सामन्ती चुनरीवाली नगरी को खोजूँ तो कहाँ खोजूँ?

शायद अब मॉलों के शोरूमों में सज़ी असंख्य अभिसारिकाओं में इसका अवतार हो चुका है। मैं इन अभिसारिकाओं को निहार सकता हूँ, विंडो शॉपिंग कर सकता हूँ, पर हम आलिंगन नहीं कर सकते एक दूसरे का। आज ऐसी है अभिसारिकाओं वाली यह गुलाबी नगरी! और मेरे पोर-पोर में समाये रहने वाले इस जयपुर में पचास बरस बाद वापसी की है मैंने। मिश्रित प्रतिक्रियाओं के बीच जयपुर वापसी हुई है। किसी ने इस नगरी की 'भूली-भटकी संतान' की वापसी कह कर मेरा स्वागत किया। कोई कहता है कि मुझे जयपुर का 'क़र्ज़ उतारना' चाहिए। जयपुर की बौद्धिक गतिविधियों में सक्रिय भूमिका निभानी चाहिए। कुछ ऐसे भी मित्र हैं जिन्हें मेरा लौटना रास नहीं आया है। वे मेरी उपस्थिति को एक तरह से उनके एकाधिकार को चुनौती के रूप में देख रहे हैं। ऐसे व्यक्तियों में मेरे अत्यंत पुराने राजनीतिक मित्र भी शामिल हैं। लेकिन यह सब सामान्य प्रतिक्रियाएँ हैं जो कि विविधरंगी मानव प्रवृत्ति का ही प्रतीक हैं।

अलबत्ता, जब मैं पत्रकार ईशमधु तलवार, साहित्यकार नन्द भारद्वाज, गोविंद माथुर, प्रेमचन्द गाँधी, हरिराम मीणा, हेतु भारद्वाज, ज्ञानेश उपाध्याय जैसे मित्रों के साथ होता हूँ तो यह शहर बेगाना नहीं लगता है। जयदेव, योगी जैसे मित्र मेरी निजी आवश्यकताओं को पूरा करने के लिए हमेशा तैयार रहते हैं। इन लोगों के बग़ैर जयपुर में मुझे थार पसरा हुआ प्रतीत होता!

मधु अपनी पुरानी आदत से चिपके रहते हुए जयपुर-प्रवास में भी मेरे साथ नहीं आई है। 1999 में भोपाल भी नहीं गई थी। अब तो मैंने शिकायत करना, दुखी होना भी छोड़ दिया है। जब अकेले ही मोर्चा-दर-मोर्चा लड़ते रहना है, तब शिकवा-शिकायत क्या? सबकी अपनी-अपनी प्राथमिकताएँ, आग्रह-पूर्वाग्रह और सुविधा-असुविधा रहती हैं।

जे.एन.यू. का कैम्पस अलग-थलग है जयपुर शहर से। कोई बीस किलोमीटर दूर होगा। कोई एक महीना तो मैं कैम्पस में रहा, जी नहीं लगा। शाम होने के बाद मुझे कैम्पस अँधेरे में डूबा थार लगता था। मेरे लिए यह स्थिति असहनीय थी। विश्वविद्यालय का फ्लैट छोड़कर बापूनगर में सात हज़ार रुपए महीने किराये पर मकान ले लिया है। बड़ा नहीं है, पर है सलीकेदार। बचपन में मेरा बापूनगर से लगाव भी रहा है। चचेरे भाई ओमप्रकाश जोशी का मकान इसी कॉलोनी में 1958 से है। तो स्कूल के दिनों से ही मैं इस इलाक़े में आता रहा हूँ। बापू नगर में राजस्थान विश्वविद्यालय के सामने किराये के मकान में रहने का मतलब है यादों की वादियों में अहर्निश सैर करना, बौद्धिकों के बीच रहना, सगे-संबंधियों

से मिलते-जुलते रहना। पिंक सिटी प्रेस क्लब और जवाहर कलाकेन्द्र भी पैदल-परिधि में हैं। इसलिए विश्व- विद्यालय से लौटते हुए कलाकेन्द्र के इंडियन कॉफी हाउस में कॉफी पीना, बहस- मुबाहिसा में बौद्धिक कलाबाजी प्रदर्शित करना, और हुड़क उठी तो प्रेस क्लब पहुँच जाना।

प्रेस क्लब की छत के एक कोने में हम कुछ लोगों की बैठकी होती है। जयदेव, गोविंद माथुर, हरिराम मीणा, हेतु भारद्वाज, योगेन्द्र योगी जैसे मित्र इस बैठकी के स्थायी भाव हैं। इस कोने का नामकरण भी किया गया है; 'तख़्तेताउस'! सप्ताह में दो-एक बार इस तख़्तेताउस को हम लोग आबाद कर देते हैं। यह है मेरा विश्वविद्यालय से बाहर का जीवन। बिल्कुल ताज़ा अनुभवों से ओत-प्रोत! एक तरह से जयपुर में नए सिरे से जीवन की शुरुआत। वाह! क्या बात है!

आकाशवाणी और दूरदर्शन को छोड़ भारत में प्रिंट और इलैक्ट्रोनिक पत्रकारिता पर निजी क्षेत्र का ही कब्ज़ा बना हुआ है। मैंने भी अपना पत्रकारीय जीवन निजी क्षेत्र में ही गुज़ारा है। पर पत्रकारिता-शिक्षण की शुरुआत मैंने सार्वजनिक क्षेत्र के माखनलाल चतुर्वेदी पत्रकारिता विश्वविद्यालय से की थी। विडम्बना यह है कि अब मैं निजी क्षेत्र के विश्वविद्यालय में शिक्षक की भूमिका निभा रहा हूँ। लेकिन इससे एक फ़ायदा मुझे ज़रूर है। दोनों का तुलनात्मक अनुभव मैं जे.एन.यू. में बटोर सकता हूँ।

जयपुर में एक ही निजी विश्वविद्यालय हो, ऐसा नहीं है। इस शहर की चारों दिशाओं से निजी विश्वविद्यालय ने घेराबंदी कर रखी है। एक दफ़े जो विद्यार्थी इस घेराबंदी में फँस गया, वो इससे बाहर आसानी से नहीं जा सकता। राजस्थान के सभी बड़े शहरों में निजी विश्वविद्यालय की कुकुरमुत्ता-संस्कृति फैल चुकी है। जे.एन.यू. इसी संस्कृति की पैदाइश है।

विश्वविद्यालय के जनसंचार विभाग के निदेशक पद पर कार्य करते हुए मुझे दो महीनों में यह एहसास ज़रूर हो गया कि मैं यहाँ अपने तीन वर्ष का कार्यकाल पूरा नहीं कर सकूँगा। इस विश्वविद्यालय के पास भड़कीला तामझाम है; भव्य इमारत व कैम्पस है; बहुरंगी पाठ्यक्रम हैं; आक्रामक प्रचार अभियान है; देश-विदेश के विद्यार्थी हैं; कुलपति की प्रतिष्ठा है; विश्वविद्यालय के चांसलर बख्शी (मलिक) को कांग्रेस, भाजपा और नौकरशाही का संरक्षण प्राप्त है। विद्यार्थियों को लुभाने के सभी मुमकिन माध्यमों का प्रयोग किया जाता। लेकिन इस पर अकादमीय उत्कृष्टता की इबारत भी लिखी जाए, इसकी चिंता मैनेजमेंट की नहीं है। सभी श्रेणी के शिक्षकों (सहायक प्रोफेसर से लेकर प्रोफेसर) को जल्दी ही ग़लत जगह का एहसास होने लगता है, क्योंकि अकादमीय वातावरण उन्हें अवांछित प्रतीत होने लगता है। किसी भी विश्वविद्यालय की आत्मा फैकल्टी और पुस्तकालय में निवास करती है। यहाँ मुझे यह आत्मा ही 'लापता' लग रही है! पुस्तकालय काफ़ी दयनीय है। काफ़ी हुज़्ज़त के बाद मीडिया की पुस्तकें ख़रीदी जा सकी हैं। इसमें कुलपति की सहायता लेनी पड़ी।

कुलपति डॉ. शर्मा केवल शोभा के व्यक्ति या चमकीले मुखौटा हैं जिनके माध्यम से विद्यार्थियों को आकृष्ट किया जाता है, विश्वविद्यालय के लिए अकादमीय वैधता अर्जित की जाती है। चांसलर बख्शी की छवि काफ़ी विवादास्पद है! उन्हें विद्या का व्यापारी माना

जाता है। जीवन में पहली दफ़ा निजी विश्वविद्यालय में कार्य करते हुए मेरी यह धारणा और मज़बूत हो गई है कि अब भारत में शिक्षा ज्ञान-अर्जन का माध्यम नहीं रह गई है। यह केवल 'कमोडिटी' बन चुकी है जिसके माध्यम से सिर्फ़ पूँजी अर्जन किया जा रहा है। कोई आश्चर्य नहीं, किसी रोज़ भारत सरकार बिरला-टाटा-अंबानी समिति की सभी सिफ़ारिशों को स्वीकार करते हुए विश्वविद्यालयी शिक्षा का निजीकरण कर दे। ऐसी स्थिति में निम्न वर्ग से लेकर मध्यवर्ग की संतानें कॉलेज और विश्वविद्यालय के दर्शन नहीं कर सकेंगी। उच्च शिक्षा पर केवल अमीरों का एकाधिकार स्थापित हो जाएगा। क्या यह सुखद परिदृश्य होगा भारत के लिए?

यह सवाल मुझे यहाँ रहते हुए दिन-रात आतंकित किए हुए है। वैसे मेरे कुछ मित्रों ने मुझे इस विश्वविद्यालय में काम करने के विरुद्ध राय दी थी। इन मित्रों की चेतावनी थी कि मेरा मिज़ाज निजी विश्वविद्यालय की कार्य संस्कृति को झेल नहीं सकेगा। निजी विश्वविद्यालय में ऐसी फैकल्टी चाहिए जिसका मेरुदंड गल गया हो, मस्तिष्क को पाला मार गया हो। फैकल्टी से ऐसी अपरिहार्य अपेक्षाएँ जे.एन.यू. ही नहीं, सभी निजी विश्व-विद्यालय व महाविद्यालय करते हैं। जयपुर में रहते हुए पत्रकार मित्रों ने राजस्थान के निजी विश्वविद्यालय की अनेक अन्तर्कथाएँ मुझे सुनाई हैं। यहाँ तक बतलाया है कि हज़ार दस-दस रुपए में सहायक प्रोफेसर रखे जाते हैं, लेकिन तीस-चालीस हज़ार रुपए पर दस्तख़त कराये जाते हैं। इन सहायक प्रोफेसरों से शिक्षण के साथ-साथ लिपिक कार्य भी कराया जाता है।

जे.एन.यू. में भी ऐसी चर्चाएँ कानों से टकराती हैं। यद्यपि मेरे साथ बख़्शी का व्यवहार फ़िलहाल ठीक-ठाक है। मेरी गरिमा का ध्यान रखा जाता है। मुझे अकादमीय स्वतंत्रता है। मीडिया विद्यार्थी ग्रामीण क्षेत्रों से आने लगे हैं, मेरे लिए यह प्रसन्नता की बात है। अतिथि व्याख्याताओं को भी मैं यदा-कदा बुला लेता हूँ। पर मैं अपना कार्यकाल यहाँ पूरा कर पाऊँगा, इसमें संदेह है। क्योंकि मैं दरबारी संस्कृति का हिस्सा कभी नहीं बन पाऊँगा, इसमें लेशमात्र संदेह नहीं है। यह भी अकाट्य सत्य है कि इस विश्वविद्यालय में बने रहने के लिए दरबारी संस्कृति का वरण अपरिहार्य विकल्प है। आंतरिक द्वंद्व मुझे झकझोरने लगा है। इस द्वंद्व का शमन है विश्वविद्यालय से मुक्ति।

जन-संचार विभाग में एक त्रासदीपूर्ण अनुभव हुआ है। यदि इस लोकतांत्रिक भारत का कोई नागरिक अपनी असली सामाजिक पहचान छिपाने के लिए विवश है तो राष्ट्र व संविधान के लिए अपमानजनक है, नागरिक स्वतंत्रता ढकोसला है!

मेरे विभाग में एक सहायक प्रोफेसर हैं—डॉ. नीरू वर्मा। उनके पति मुस्लिम हैं। नीरू गौरांगी हैं। मीडिया में पी-एच.डी. हैं। अच्छी शिक्षिका हैं। विभागीय कार्यों में निपुण हैं।

मेरा मीडिया विभाग ही नहीं, अन्य विभागों के प्रोफसरान भी मेरी विचारधारा से परिचित हैं। 'राजस्थान पत्रिका' में भी मेरा लेखन चलता रहता है। राजस्थान विश्वविद्यालय के कुछ प्रोफेसरों ने कुलपति डॉ. शर्मा से कहा भी है कि प्रो. जोशी मूलतः वामपंथी हैं। पार्टी के आदमी रहे हैं। आपके यहाँ लम्बे समय तक निभ नहीं सकेंगे। बख़्शी और उनके बीच टकराव निश्चित है। लेकिन डॉ. शर्मा इस बात से प्रसन्न हैं कि उनके यहाँ एक प्रतिबद्ध वामपंथी पहुँच गया है। नीरू भी मेरे विचारों को पसंद करती हैं।

एक रोज़ डॉ. नीरू वर्मा मेरे कक्ष में आती हैं और एक निजी जानकारी मुझसे शेयर करती हैं–

"सर, मैं आपसे कुछ निजी बात करना चाहती हूँ।"

"क्या है?"

"पर एक शर्त है!"

"कैसी शर्त?" मैं पूछता हूँ।

"आप जब तक यहाँ हैं किसी से भी मेरी यह बात शेयर नहीं करेंगे।"

"वादा रहा?"

"सर, मुझे इस विभाग में, विश्वविद्यालय में ऊँची जाति की समझते हैं। कायस्थ समझते हैं।"

"तो क्या?"

"मेरे कामों से सभी प्रभावित हैं। चेहरे व व्यवहार से मैं ऊँची जाति की लगती हूँ न!"

"तुम कहना क्या चाहती हो?" मैं व्यग्रता से पूछता हूँ।

"सर, आप खुले विचारों के हैं, लेफटिस्ट हैं। आप के विचार जाति-धर्म से ऊपर हैं। इससे उत्साहित होकर मैं अपने परिवार की वास्तविक पहचान बता रही हूँ।"

"तो कहिए?"

"मैं दलित हूँ, नीची जाति से हूँ।"

"तो क्या हुआ? इसमें कौन-सा अपराध है?"

"वो तो ठीक है। पर इस समाज में, इस विश्वविद्यालय में दलितों को सम्मान-आदर कहाँ मिलता है? मन में उनके प्रति घृणा रहती है। सब लोग यही समझते हैं कि मैं कायस्थ हूँ इसलिए मेरे साथ भेदभाव नहीं किया जाता है। यहाँ के पीवीसी वर्मा भी मुझे अपनी जाति का समझते हैं।"

"मेरे लिए इससे कोई अन्तर नहीं पड़ता कि तुम किस जाति से हो। मेरा सम्बन्ध तुम्हारी योग्यता व गुणवत्ता से है। ये दोनों ही बातें तुममें हैं। मुझे अपनी सामाजिक पृष्ठभूमि को बताने की ज़रूरत भी तुम्हें नहीं थी।"

"सर, मेरा मन कह रहा था कि मैं आपसे इस सच्चाई को न छिपाऊँ। अब मेरे दिल-दिमाग़ पर से बोझा हट गया है।"

"मैं तुम्हारी भावनाओं का सम्मान करता हूँ। तुम मेरी ओर से निश्चिंत रहो।"

"सर! यदि लोगों को मालूम हो गया कि मैं दलित परिवार से हूँ तो सभी लोगों का मेरे प्रति व्यवहार बदल जाएगा। मुझे नीची नज़रों से देखा जाने लगेगा। विद्यार्थी भी मेरा सम्मान नहीं करेंगे।"

"तुम अपना काम करती रहो। मैं तुम्हें विश्वास दिलाता हूँ कि तुम्हारी यह पहचान गोपनीय रहेगी। पर मैं तुम्हारे इस दृष्टिकोण से सहमत भी नहीं हूँ।"

"क्यों सर?"

"तुम और तुम्हारे पति सुहेल, दोनों ही युवा इतनी ज़ल्दी हार मान गए? मैं तो आज भी लड़ता रहता हूँ।"

"सुहेल तो कहते हैं कि मुझे अपनी दलित पहचान को छिपाना नहीं चाहिए। गर्व के साथ बतलाना चाहिए। मैं ही डर जाती हूँ।"

"क्यों?"

"मेरे कटु अनुभव हैं। मायावती जी के आने-जाने से हमारी सामाजिक स्थिति पर कोई प्रभाव नहीं पड़ा है। शहर हो या गाँव, हमें नीचा ही समझा जाता है।"

"तुम्हारी बात में दम है। फिर भी मेरा यह दृढ़ मत है कि प्रतिरोध के बग़ैर परिवर्तन नहीं आएगा।"

नीरू की घटना मामूली है, लेकिन स्वयं में संगीन भी। यह तमाचा है हमारी तिरसठ साला राजनीतिक स्वतंत्रता पर। सामाजिक-सांस्कृतिक दृष्टि से हम आज भी पराधीन हैं। इस मामले में डॉ. अम्बेडकर शत-प्रतिशत सही थे। यदि राजनीतिक स्वतंत्रता सामाजिक-सांस्कृतिक और आर्थिक स्वतंत्रताएँ दिलाने में अक्षम व नाकाम हैं तो इसे इतिहास के कूड़ेदान के हवाले कर देना चाहिए। नागरिक के सम्पूर्ण विकास के लिए 'समन्वित स्वतंत्रता' लाज़िमी है। दलितों का मौजूदा राजनीतिक नेतृत्व भी समाज में बुनियादी बदलाव लाने में नाकारा दिखाई दे रहा है, या उसकी इच्छा ही नहीं है। यदि वह सामाजिक बदलाव लाएगा तो एक 'राजनीतिक वर्ग' (Political Class) के रूप में उसके वर्गीय हित सुरक्षित नहीं रहेंगे। वजह साफ़ है, दलितों के इस वर्ग का सवर्णों के वर्ग में 'कोआप्शन' होता जा रहा है। इसलिए समाज में व्याप्त परम्परागत आधारभूत अन्तर्विरोधों के वैज्ञानिक समाधान के प्रोजेक्ट को रद्द किया जा चुका है। ऐसा मेरा मत बना है, अनुभव व अवलोकन के आधार पर।

मैं चांसलर बख्शी की कार्यशैली को सुधार नहीं सकता, और डॉ. शर्मा ने भी अपने हाथ खड़े कर दिए हैं। उनके अपने निजी स्वार्थ हैं। एक नई लम्बी कार का तोहफ़ा उन्हें दे दिया गया है। कुलपति ने साफ़ शब्दों में अपनी विवशता जाहिर कर दी है, "जोशी जी, बख़्शी जी जैसे हैं वैसे ही रहेंगे। उन्होंने करोड़ों रुपए के क़र्ज़ लिए हैं। क़र्ज़ की अदायगी उनकी पहली व अंतिम प्राथमिकता है। समृद्ध परिवारों के विद्यार्थी विश्वविद्यालय को मिल रहे हैं। उन्हें और क्या चाहिए? शिक्षा का स्तर कैसा रहे, यह आपकी चिंता है, उनकी नहीं। आपको तक़लीफ़ हो रही है, यह मैं जानता हूँ। पर चतुराई व धैर्य से काम लें और यहाँ के वातावरण को सुधार दें। मैं आपके साथ हूँ।"

मधु, त्रीना और अमन यदा-कदा दिल्ली से आते-जाते रहते हैं। साथ में रहने के लिए मधु तैयार नहीं है। मेरा भी मन उचाट पर है। कुछ अपनों की अता, कुछ परायों का करम है! तब जयपुर से पलायन ही सही!

और मैं त्यागपत्र देकर वर्षान्त व नववर्ष-2011 दिल्ली में परिवार के साथ मनाता हूँ। अलविदा निजी विश्वविद्यालय!

मैं अपने कंधों पर 'वक़्त का क्रॉस' उठाये वर्धा रवाना हो रहा हूँ। एक बार फिर से अकेला-कुछ कपड़े, कुछ पुस्तकें बाँधे वर्धा के लिए निकल पड़ा हूँ। फिर वही पगार की यात्रा, जिसे कुछ महीने पहले जयपुर में 'मार्ग बंद' कह कर खत्म कर आया था! क्या मालूम था मुझे 'मार्ग बंद' का बोर्ड गिरा कर भी इस पगार यात्रा को नई दिशा में

मोड़ना पड़ेगा! तभी तो मेरा यह क्रॉस है! चंद महीने घाट अड़सठ बरसे के मुहाने से इस यात्रा का आग़ाज़ कुछ इस अंदाज़ में होता है।

जनवरी 2011 की शुरुआत है। रविवार है। मोबाइल की गुनगुन सुनाई देती है दूसरी छोर से। जानी-पहचानी आवाज़ प्रश्न कर रही है–

"जोशी जी, क्या कर रहे हैं? व्यस्त तो नहीं हैं?"

"नमस्कार, आपके लिए तो कभी व्यस्त नहीं रहा। कहिए?"

"व्यस्तता से मेरा मतलब आजकल कहीं एंगेज़ तो नहीं हैं...?"

"जयपुर से लौटने के पश्चात् तो मैं खाली ही हूँ... बस दो-चार दिनों के लिए मीडिया क्लासें लेने ज़रूर आता-जाता हूँ। कहिए, आज आपने इसमें कैसी रुचि दिखलाई है–कोई विशेष बात है?"

"यदि आप खाली हैं...इच्छा है तो वर्धा चले जाएँ।"

"क्लास लेने?"

"क्लासें तो लेनी होंगी...पर वहाँ विजिटिंग प्रोफेसर का स्थान खाली है। आपकी आयु क्या है?"

"सड़सठ पार कर चुका हूँ...अगले साल 6 मार्च को अड़सठ पूरे कर लूँगा... बोलें...?"

"फिर तो काम हो जाएगा। यदि आपकी सहमति है तो मैं आज ही विभूतिजी से बात कर लूँ...?"

"मैं आपको सोच कर शाम तक बतलाता हूँ!"

"ठीक है। मैं आपके कॉल की प्रतीक्षा करूँगी।"

यह आवाज़ थी डॉ. निर्मला जैन की। डॉ. जैन को मालूम है मैं जयपुर विश्वविद्यालय की सेवाओं को छोड़ चुका हूँ। अब खाली हूँ। हम दोनों के बीच अच्छे सम्बन्ध हैं। मेरे प्रति मित्रता व स्नेह, दोनों रखती हैं। अपने घर भोजन पर भी बुलाती रहती हैं। लोदी मार्ग स्थित आई.आई.सी. (इंडिया इंटरनेशनल सेंटर) में भी कॉफी पर हम लोगों की बैठकियाँ होती रहती हैं। इस आयु में भी इतनी जीवंतता दुर्लभ है! जब भी मिलेंगी, हिन्दी दुनिया की ढेर सारी हलचलों का रेला कॉफी-टेबुल पर अपने साथ लेकर आएँगी। फ़ोन रहे या साक्षात्, बेलाग बात करेंगी। किसी को बख़्शेंगी नहीं। आलोचक, कथाकार, कवि, शिक्षक, पत्रकार आदि सभी पर उनके 'शब्द द्रौन' चलते रहेंगे। द्रौन-आक्रमण भौगोलिक, रंग-जाति-धर्म, पीढ़ी आदि सीमाओं का लिहाज नहीं करेंगे। ये द्रौन अपना काम समान रूप से जेनुइन तटस्थता व धर्मनिरपेक्षता से करेंगे। पर निर्मला जी के द्रौन-आक्रमण नफ़ासत भरे रहेंगे, कटि-बंध तले नहीं रहेंगे! यह निर्मला जी की संस्कारशीलता है। 2004 में 'मेरे विश्वासघात' पर उठे विवाद के समय निर्मला जी ने मुझ पर भी टिप्पणियाँ की थीं। पर शिष्टतापूर्ण!

मैंने अगले रोज़ निर्मला जी को अपनी सहमति दे दी। वर्धा से कुलपति विभूतिनायण राय का भी फ़ोन आ गया। वे चाहते हैं कि मैं जनवरी में ही महात्मा गाँधी अन्तरराष्ट्रीय हिन्दी विश्वविद्यालय में विजिटिंग प्रोफेसर के पद पर आ जाऊँ। मैंने कहा कि इस सम्बन्ध में विस्तार से चर्चा की आवश्यकता है। उन्होंने चर्चा के लिए विश्वविद्यालय के स्थापना दिवस पर अतिथि वक्ता के रूप में बुला भी लिया। इस अवसर पर 'भारतीय राष्ट्र राज्य

और धर्म-निरपेक्षता' के विषय पर एक संगोष्ठी भी रख ली गई। मुख्य अतिथि के रूप में वरिष्ठ पत्रकार कुलदीप नैय्यर आमंत्रित थे। वर्धा पहुँचने पर विस्तार से चर्चा हुई। उन्होंने बताया कि जन-संचार विभाग में प्रोफेसर का पद खाली है। वैसे विश्वविद्यालय में पाँच प्रोफेसर के पद रिक्त हैं। आप यहाँ अतिथि प्रोफेसर के रूप में सत्तर वर्ष की आयु तक कार्य कर सकते हैं। इस अवधि में वेतन के रूप में 75,000 रुपए दिए जाएँगे। यह समुचित वेतन होगा और बग़ैर किसी वृद्धि के कार्यकाल समाप्ति (6 मार्च, 2014) तक मिलता रहेगा। विभूति नारायण राय चाहते थे कि वे मंच से ही विश्वविद्यालय में मेरे प्रोफेसर पद पर आने की घोषणा कर दें। उनमें उतावलापन काफ़ी रहता है। मैंने उन्हें रोका और कहा कि जून से पहले मेरे लिए यहाँ आना संभव नहीं है। मुझे सोचने के लिए वक़्त दे दें।

दिल्ली लौटकर मैंने मधु और तीनों बच्चों से वर्धा-प्रस्ताव पर चर्चा की। बड़ी बेटी से फ़ोन पर चर्चा हुई। बेटियाँ ज़रूर पक्ष में नहीं थीं कि मैं फिर से कोई नियमित पद सँभालूँ। लेकिन मैं जानता था कि अभी अमन कहीं जमा नहीं है। उसकी पढ़ाई अधूरी है। एम. एस.सी. के लिए फीजिक्स की प्रवेश परीक्षा वह उत्तीर्ण नहीं कर पा रहा है। मैं उससे लगातार कहता आ रहा हूँ कि वह अपना विषय बदल दे। फीजिक्स उसके साथ लगातार बेवफ़ाई कर रही है! 'एक तरफ़ा प्यार' आत्मघाती भी हो सकता है! उम्र बढ़ती जा रही है। 'दो तरफ़ा प्यार' वाला विषय चुन लो, बेहतर यही रहेगा।

ख़ैर! अन्तत: मैं वर्धा जाने का फ़ैसला कर लेता हूँ। 16 जून से अकादमीय सत्र शुरू होता है। मैं 22 जून से अपनी 'पगार यात्रा' पर वर्धा आ पहुँचा हूँ। इसके साथ ही मैंने भीष्म प्रतिज्ञा भी की है कि वर्धा विश्वविद्यालय की प्रोफेसरी ही मेरी अंतिम 'पगार-यात्रा' होगी। इसके पश्चात् 'सड़क बंद-आगे ख़तरा है' का साइन बोर्ड ही लगेगा।

वैसे मैं वर्धा विश्वविद्यालय में इससे पहले कई दफ़े आ चुका हूँ। पूर्व कुलपति गोपीनाथन के समय से मेरा इस विश्वविद्यालय से परिचय है। सबसे पहले मैं मीडिया शिक्षकों (प्रोफेसर, रीडर आदि) की चयन समिति के विशेषज्ञ सदस्य के नाते प्रत्याशियों के इंटरव्यू के लिए आता-जाता रहा हूँ। परीक्षा विशेषज्ञ के रूप में भी आया करता था। आज नियमित वेतनभोगी प्रोफेसर के रूप में मेरी यहाँ 5 मार्च, 2014 तक यात्रा रहेगी। मैंने विभूति जी से स्पष्ट कह दिया है कि मैं भी उनके साथ ही विश्व- विद्यालय से विदा होना पसंद करूँगा। उनका कुलपति कार्यकाल नवम्बर, 2013 तक है।

कुलपति राय के नेतृत्व में इस विश्वविद्यालय ने एक ठोस आकार ज़रूर ले लिया है। गोपीनाथन के समय यह विश्वविद्यालय 'बनजारा किरायेदार' हुआ करता था, न अपना कोई ठौर, न ठिकाना! अशोक वाजपेयी तो इसके 'रिमोट कुलपति' हुआ करते थे। भूमंडलीकरण के युग में जिस प्रकार बहु-राष्ट्रीय कंपनियों के सीईओ न्यूयार्क, टोकियो, लंदन में बैठकर पिछड़े देशों में अपनी कंपनियाँ हाँकते हैं, उसी तर्ज़ व तेवरों के साथ संस्थापक कुलपति अशोक वाजपेयी भी किसान आत्महत्या के इस उपजाऊ इलाक़े विदर्भ के वर्धा क्षेत्र में स्थित विश्व- विद्यालय का संचालन नई दिल्ली से करते रहे हैं। विभूति जी के यहाँ आने से विश्वविद्यालय को खुद का एक मुकम्मल ठिकाना ज़रूर मिल गया है; साफ़-सुथरे परिसर ने जन्म ले लिया है; प्रशासन और अकादमीय भवन बन गए हैं; छात्र-छात्राओं के लिए होस्टल हैं; एक और समांतर परिसर-निर्माण कार्य जारी है;

संग्रहालय बनाया जा रहा है; भवनों और मार्गों के नामों 'अक़बरावादी, निराला सभागार, हबीब तनवीर सभागार, रामविलास शर्मा मार्ग, कामिल बुल्के होस्टल, भगत सिंह, गोरख पाण्डे, अज्ञेय संकुल, राहुल सांकृत्यायन, सावित्री फुलेबाई, बिरसा मुंडा, बाबा नागार्जुन' आदि नामों की अद्भुत छटा यहाँ बिखरी हुई है। संत कबीर के नाम से एक पहाड़ी को विकसित किया जा रहा है जिस पर मध्ययुगीन विद्रोही कवियों का वास होगा। एक काफ़्का कैफ़े भी है। बेलीक चलने वाले शिक्षकों (राकेश मिश्र, अमित राय, अमरेन्द्र शर्मा, संदीप सपकाले आदि) का इसे संरक्षण मिला हुआ है। अनौपचारिक गोष्ठियाँ यहीं होती हैं।

मैंने भी चार मार्गों के नामकरण में अपना योगदान किया है : श्रमिक पथ, एकलव्य पथ, ऋत्विक घटक पथ और सुब्रह्मण्यम भारती पथ। इन नामों को रखते समय विभूति जी विनोदी अंदाज़ में मुझे से कहते हैं, "जोशी जी, इन नामों से पता चलता है आपकी पॉलिटिक्स क्या है?"

"मेरी पॉलिटिक्स तो जग जाहिर है, विभूति जी! वैसे पार्टनर की पॉलिटिक्स साफ़ भी रहनी चाहिए!"

"बेशक! इसीलिए आपको यहाँ लाया गया है। कुछ करिए, मैदान साफ़ है।"

दरअसल, विश्वविद्यालय के पास 'इमारत' तो है, अब इस पर 'इबारत' लिखने की ज़रूरत है। अच्छी इबारत शिक्षक, शिक्षण और पाठ्यक्रम से लिखी जाती है। पाठ्यक्रम भी ठीक-ठाक हैं, लेकिन स्तरीय फैकल्टी की कमी गहरे तक कचोटती है। प्रशासन और शिक्षण, दोनों ही अंगों की रगों में सिफ़ारिशी खून की मात्रा ज़्यादा हो जाने से विश्वविद्यालय की काया जब-तब रुग्णावस्था में भी रहती है। एक दिन रस-रंजन पर मैं और विभूति जी, दोनों ही थे। इस सिफ़ारिशी रक्त की चर्चा चल पड़ी। वे ईमानदारी से कहने लगे, "जोशी जी, मुझ में भी मानवगत निर्बलताएँ हैं। निम्नस्तरीय फैकल्टी इन्हीं निर्बलताओं की देन है।" वैसे यह रक्त ताज़ा नहीं है, वाजपेयी-काल से यह अजस्र प्रवाहित हो रहा है। अलबत्ता, इस रक्त का परिशोधन किया जाए, लोगों की यह न्यूनतम अपेक्षा वर्तमान कुलपति से ज़रूर रहती है। लेकिन एक व्यावहारिक समस्या यह भी है कि अच्छे शिक्षक यहाँ आने से घबराते भी हैं। इसके दो कारण हैं : एक, इसका अत्यंत पिछड़े क्षेत्र में अवस्थित होना; दो, इसका निरंतर विवादास्पद बने रहना। अशोक वाजपेयी से लेकर विभूति नारायण राय तक, यह विश्वविद्यालय विभिन्न कारणों से कुकीर्ति अर्जित करता आ रहा है। विभूति जी के 'छिनाल' प्रकरण ने भी इसकी कुकीर्ति में विवादों का नया कीर्तिमान जोड़ा है। जब मैं दिल्ली में था तब संचार विभाग के प्रमुख अनिल अंकित राय की 'थीसिस' से विवादों का बवंडर जन्मा। परिसर में उनके विरुद्ध 'चोर गुरु' के नारे लगे। मीडिया में उनकी पी-एच.डी. की थीसिस को चोरी का कहा गया। काफ़ी कुप्रचार हुआ। आज भी उन्हें निरापद नहीं माना जा रहा है। अंकित की ढाल विभूति जी बने हुए हैं। वजह है, जातिवाद (भूमिहार) और रिश्तेदारी। परिसर में यह आम धारणा कुलपति के विरुद्ध फैली हुई है।

परिसर में विभूति जी की कार्यछवि की उपमा 'शिवजी की बारात' से दी जाती है। उन्होंने गंगाप्रसाद विमल, से.रा. यात्री, आलोकधन्वा, राजकिशोर, प्रह्लाद अग्रवाल, भारत भारद्वाज, धूमकेतु, सूरज पालीवाल, अनिल अंकित राय, कृष्ण कुमार सिंह, राकेश मिश्र,

महेन्द्र मिश्र, सुरेश शर्मा, कृपाशंकर चौबे, रामशरण जोशी जैसे अनेक भूत-प्रेत-जिन्नों को अपनी बारात में जमा कर रखा है। कार्यकारी परिषद् की वरिष्ठ सदस्या डॉ. निर्मला जैन मुझसे कहती भी हैं कि राय साहब शिवजी के समान भोले भण्डारी हैं। सभी को अपने गले में लपेट लेते हैं। अपने उतावलेपन में निर्णय लेते हैं, यारी-दोस्ती निभाने के लिए नियुक्तियाँ कर डालते हैं। बाद में पछताते हुए मेरे पास दौड़े आते हैं।

निर्मला जैन जी की टिप्पणी में सत्यता है। नमूने के बतौर पुराने नक्सलपंथी बौद्धिक क्षेत्रों से वाहवाही लूटने के लिए आलोकधन्वा को अतिथि लेखक बनाकर विश्वविद्यालय में लाया गया। भूमिहार और मनुहार के आधार पर उनके अतिथि लेखक कार्यकाल को और एक वर्ष बढ़ाया गया। कवि आलोकधन्वा भूमिहार जाति पृष्ठभूमि से हैं और इसका उन्होंने इस काम के लिए भरपूर दोहन भी किया। आलोकधन्वा को परिसर से हठात् पटना भेजा गया, विवादास्पद परिस्थितियों में। इस चेतावनी के साथ कि वे वापस वर्धा का मुँह नहीं देखेंगे। उनकी मासिक पचास हज़ार रुपए की राशि उनके घर ही भेज दी जाएगी। और ऐसा ही होता रहा! मज़े की बात यह है कि वे ठीक तरह से अपना सामान भी समेट नहीं सके। हॉस्टल के कमरे में ही कुछ सामान इस आशा में छोड़ना पड़ा कि कुलपति उन्हें फिर से बुला लेंगे। 'जनसत्ता' में राजकिशोर कुलपति विभूति नारायण राय के खिलाफ़ जब-तब लिखते रहते थे। इस सम्पादक अज़ीज़ चर्चित स्तंभकार के विष-वमन को शमन करने के लिए एक वर्ष के लिए विश्वविद्यालय में अतिथि लेखक बनाया गया। बकौल अंकित राय, उन्होंने विभूति जी की अनुमति से राजकिशोर को वर्धा लाने में अपनी सेवाएँ दी थीं।

इस दृष्टि से मैं भी अपवाद कहाँ हूँ? विभिन्न विवादों के कारण जन-संचार विभाग की छवि ग्रहणग्रस्त है। यह विद्यार्थियों को आकृष्ट नहीं कर पा रही है। विभूति जी चिंतित हैं। वे इसकी छवि को उजली व आकर्षक देखना चाहते हैं। अपने इस उद्देश्य की पूर्ति के लिए वे ऐसी मीडिया शख़्सियत को अपने यहाँ लाना चाहते थे जो 'आल-इन-वन फैक्ल्टी हो; वो सेवानिवृत्त रहे; वरिष्ठ व नामधारी हो; मीडिया में पैठ व अनुभव हो; प्रगतिशील व व्यापक परिप्रेक्ष्य वाला भी रहे; महत्वाकांक्षाओं से अघाया हुआ भी हो; अंकित राय का प्रतिस्पर्धी न बने। इन तमाम बातों को ध्यान में रख कर मुझे विश्वविद्यालय में नियुक्ति दी गई है। मेरा यह मत निजी खोज नहीं है, विभूति जी के साथ होने वाली गाहे-बगाहे चर्चाओं से पैदा हुआ है। विश्वविद्यालय में मेरे आने के तीन-चार रोज़ बाद ही उन्होंने अपने चैम्बर में मुझ से कह दिया था, "देखिए जोशी जी, अंकित राय कैसा व्यक्ति है हम सब जानते हैं। उनके अकादमीय स्तर पर चर्चा करना निरर्थक है। आपकी कोई एम्बीशन नहीं है। जन-संचार विभाग को आगे बढ़ाना है। आपकी ज़रूरत है। अंकित विभाग को प्रशासकीय नेतृत्व देंगे, और आप इसे बौद्धिक रूप से सक्षम बनाएँ। अंकित दफ़्तरी कामकाज में निपुण हैं, पकड़ में नहीं आ सकते!" मैंने कुलपति को अपनी ओर से निश्चिंत कर दिया। जन-संचार में मेरी मौजूदगी को 'थिगली' और 'डिटर्जेन पाउडर' कहा जा सकता है! स्त्री अध्ययन विभाग में डॉ. बासंती रमन की नियुक्ति की कथा भी इससे अलहदा नहीं है। विडम्बना देखिए, साहित्य के व्यक्ति डॉ. शंभु गुप्त स्त्री अध्ययन विभाग के अध्यक्ष हैं। ग़ज़ब यह है कि आलोचक डॉ. शंभु गुप्त को वरिष्ठ स्त्री विशेषज्ञ

डॉ. इलना सेन का उत्तराधिकारी बनाया गया है! ज़ाहिर है, इस व्यवस्था का स्वस्थ संदेश तो बाहर नहीं जाएगा। अत: स्त्री विशेषज्ञ डॉ. रमन को स्टार आकर्षण के रूप में इस विभाग में लाया गया है।

एक और ग़ज़ब यह भी है कि पत्रकार डॉ. सुरेश शर्मा को नाट्य-फ़िल्म विभाग का विभागध्यक्ष बना दिया गया है। पहले उन्हें अतिथि लेखक बना कर विश्वविद्यालय में लाया गया था। वे चांसलर डॉ. नामवर सिंह जी के काफ़ी क़रीब हैं। उनकी सिफ़ारिश पर डॉ. सुरेश शर्मा को अतिथि लेखक बनाया गया था। यद्यपि इसमें मेरा भी कुछ योगदान रहा है। मैंने ही नामवर जी को सुझाव दिया था कि विश्वविद्यालय में एक अतिथि लेखक का स्थान खाली है। सुरेश शर्मा बेरोज़गार हैं। इन्हें यह स्थान दिलाया जा सकता है। उन्होंने विभूतिजी को फ़ोन किया और सुरेश शर्मा वर्धा पहुँच गए!

संयोग से नाट्य-फ़िल्म विभाग के अध्यक्ष डॉ. रवि चतुर्वेदी का कार्यकाल समाप्त हो रहा है। सुरेश शर्मा का जादू विभूति जी पर चढ़ा हुआ है। सुरेश शर्मा स्वयं भी बिहार के भूमिहार हैं। चतुर्वेदी की सेवानिवृत्ति के बाद साक्षात्कार हुए और सुरेश शर्मा का प्रोफेसर के पद पर चयन हो गया। यह आश्चर्यजनक है कि किसी व्यक्ति को चंद महीनों में ही अतिथि लेखक से प्रोफेसर बना दिया जाए, एक ही विश्वविद्यालय में! यह चमत्कार वर्धा विश्वविद्यालय में ही हो सकता है। परिसर के सभी लोग इस घटना से स्तब्ध हैं। अत: मेरी दृष्टि में ये सब पैंबदी क़वायदें हैं, मुकम्मल इंतज़ाम नहीं है।

वास्तव में, यह परिसर आधुनिक ज़रूर है लेकिन इसमें गाँवड़ी मानसिकता का राज है। हिन्दी समाज के चिरकुटपन की तमाम शक्लें यहाँ चलती-फिरती मिल जाएँगी। विभूति जी स्वयं भी चिरकुटी हरकतों से आज़िज हैं। वे कहते भी हैं कि हमारे शिक्षक अकादमीय प्रेम को छोड़ ज़माने भर के प्रेमालाप में लिप्त रहते हैं। टुच्चे लाभों के लिए वे 'चारण' बनने के लिए हमेशा तैयार रहते हैं! यह सही भी है। मैं स्वयं कुछ प्रोफेसरों को हवाई यात्रा के लिए कुलपति के चरणों में गिड़गिड़ाते हुए देख चुका हूँ। विभूति जी ने मेरी ओर देख कर कहा भी, "यह हम हिन्दी वालों का असली रूप है। मैं तो इलाहबाद में काफ़ी देख चुका हूँ। आप भी आनन्द लें!" हालाँकि यह सब रस-रंजन के साथ चल रहा था।

यह भी एक सच्चाई है कि हम लोगों में से अधिकांश विभिन्न प्रकार के अभावों की पृष्ठभूति से आते हैं। हम हिन्दी वालों की दमित इच्छाएँ होती हैं; यौन कुंठाओं के रोगी होते हैं; आर्थिक विपन्नता हमें कायर, लोभी, दरबारी, धूर्त्त और प्रतिक्रियावादी बनाती है; परस्पर अविश्वासी, जटिल व कुटिल होते हैं। दूसरे शब्दों में, हम हिन्दी वालों के मन-मस्तिष्क सामन्ती रहते हैं, और छद्म आधुनिकता की चमड़ी चढ़ी हुई होती है। हाथ कंगन को आरसी क्या? इसी परिसर में एक सुविख्यात् साथी हैं। मेरी ही क़द-काठी के हैं। तनिक श्यामवर्णी हैं। पत्नी के साथ रहते हैं। एक रोज़ वो टकरा गए। मेरे पास गंगाप्रसाद विमल खड़े हुए थे। उन्होंने अपनी पत्नी का परिचय यह कह कर दिया कि ये 'मल' हैं, और मैं 'निर्मल' हूँ। उनकी पत्नी की आँखें ज़मीन को चीरने लगीं। उनके मनोभाव सीता समान रहे होंगे, 'हे पृथ्वी! तू अपनी कोख चीर ताकि मैं तुझमें समा सकूँ!' पर ऐसा हो नहीं सका, न धरती फटी, न वो समा सकीं! वो भगवान राम का युग था, यह राम के सौदागरों का युग है, धरती फटती भी तो कैसे फटती!

यही बेमेल अधेड़ दम्पति परिसर में 'टू-इन-वन' के रूप में भी चर्चित रहते हैं। इस नामकरण का किस्सा यह है कि हमारे मित्र अपनी पत्नी से होस्टल मेस से सुबह शाम एक-एक थाली मँगवाते हैं। टिफिन कैरियर इतना बड़ा रहता है कि उसमें दो लोगों का भोजन ठूँस लिया जाता है, लेकिन रजिस्टर में एक ही थाली लिख दी जाती है। दोनों अपने कमरे में चकवा-चकवी बनकर भोजन करते हैं, जबकि हम सब डाइनिंग हॉल में ही लंच-डिनर लेते हैं। महीनों तक यही सिलसिला चलता रहा। हम सब लोग देखते रहते और साथी की वरिष्ठता को ध्यान में रख कर चुप रहते। लेकिन किचन के लोग दुखी थे। उन्होंने मेस कमेटी के मुखिया से शिकायत कर दी। अन्ततः समिति को कमरे में लंच डिनर ले जाने पर रोक लगानी पड़ी। मेरे इस आदरणीय साथी के एक नहीं, अनेक कारनामें मशहूर हैं। कई बार तो विभूति जी ने इस दम्पति को आपसी 'सिर फुटौवल' से बचाया भी। हालाँकि हमारे इस साथी का वेतन साठ-पैंसठ हज़ार रुपए माहवार है। स्तम्भ लेखन से भी हज़ारों रुपया अलग से कमा लेते हैं। फिर भी चिरकुट बने रहते हैं। तभी तो 'टू-इन-वन' का ख़िताब इस चिरकुटी संस्कृति का शृंगार है!

चिरकुटी संस्कृति के एक नहीं, अनेक नमूने परिसर में हैं। शोधार्थियों और चतुर्थ श्रेणी के कर्मचारियों से घरेलू काम कराये जाते हैं; मुफ्त में आटा-दाल-साग भाजी मँगवायी जाती है; छात्रवृत्ति में से कट वसूला जाता है। ये ऐसे तत्त्व हैं जिनका मासिक वेतन सत्तर हज़ार रुपए से सवा लाख रुपए के बीच है। इनके ड्राइंगरूम भारी भरकम सोफ़ों में धँसे रहते हैं, लेकिन किताबें वहाँ से फ़रार रहती हैं! विभूति जी शिक्षक वर्ग की अकादमीय निर्जीविता से कम दुखी नहीं हैं। आपसी बातचीत में उनकी यह पीड़ा फूट पड़ती है। वे कहते भी हैं, "जोशी जी, हमारे ये शिक्षक अकादमीय चिंतन-लेखन से दोस्ती छोड़ बाकी सभी से यारी-दोस्ती कर सकते हैं !"

चिरकुटी संस्कृति के अनेक दृश्य मैं यहाँ देखता रहता हूँ। इस संस्कृति का हुड़दंगी उत्सव मुझे हिन्दी के कहानीकारों में भी देखने को मिला। यह काफ़ी 'मेलो-ड्रामा' वाला रहा। इस उत्सव में चुनिंदा कहानीकारों को बुलाया गया था। दिन में ये युवा कहानीकार अपनी उत्तर-आधुनिक कहानियों की नुमाइश लगाते, बहसों से श्रोताओं को चमत्कृत करते और रात को रस-रंजन की झड़ी लगा देते। पहले तो कुलपति के आँगन में मधुशाला जमती। इसमें डूबने के बाद ये होनहार कहानीकार अपने कमरों में लौटते। कमरों में मधुशाला को फिर से जगाया जाता। भोर होने तक इसका रतजगा रहता। रस-रंजन का दूसरा चरण हुड़दंग में बदल जाता। यह एहसास काफ़ूर हो जाता कि हम महात्मा के विश्वविद्यालय में हैं। इन चिरकुटी उत्सवधर्मियों को फादर कामिल बुल्के हॉस्टल आँख-कान मूँदकर सहन करता रहता। सच! 'मज़बूरी का नाम महात्मा गाँधी' का जाप दूसरे हॉस्टलवासी शुरू कर देते, जिनमें मैं भी शामिल रहता!

एक रात सुबह चार बजे मेरे कमरे का दरवाज़ा भड़भड़ा उठा। जैसे ही मैं दरवाज़ा खोलता हूँ दो-तीन कहानीकार अपने हाथों में बोतल उठाये कमरे के भीतर जबरन घुसने की कोशिश करते हैं। नशे में अपशब्द बोलते हैं, क्योंकि मैं उन्हें अपने कमरे को मधुशाला में बदलने से इनकार कर देता हूँ। फिर मैं अपने बिस्तर पर लौट कर 'वैष्णव जन तो तेने कहिए...' को गुनगुनाने लगता हूँ और स्वयं से पूछने लगता हूँ, "क्यों नहीं पीर परायी जाणी रे?"

मैं समझता हूँ इस तरह के चिरकुटी उत्सवों से बचा जा सकता है।

यह सही है कुलपति राय अकादमीय पृष्ठभूमि से नहीं हैं। परिसर में उनके विरोधी उन्हें कटाक्ष करते हुए, 'पुलसिया कुलपति' कहते हैं। दूसरी सच्चाई यह भी है कि राय की प्रशासनिक पृष्ठभूमि के कारण ही यह आकारहीन विश्वविद्यालय एक ठोस आकार ले सका है, इसकी पहचान बनी है। विदेशी विद्यार्थी भी यहाँ अध्ययन के लिए आने लगे हैं।

मुझे विभूति जी से कई मुद्दों को लेकर गम्भीर शिकायतें भी हैं। उनकी कार्यशैली के कारण मैं अपमानित भी हुआ हूँ। वे लोगों को भिड़ाने में उस्ताद हैं। बड़ी कारीगीरी के साथ वे लोगों का इस्तेमाल करते हैं। बेइंतहा रस-रंजन प्रिय हैं। वे अपने घर में ही इसकी बैठकी करते हैं। इस रस-रंजन बैठकी में छोटा-बड़ा, सब यक़सा हैं। इसमें न कोई कुलपति है, न कोई प्राध्यापक। परिसर की इस अघोषित 'परहित मधुशाला' में सभी का स्वागत है। मैं भी गाहे-बगाहे दोपेगी सुरा-प्रेमी हूँ। सो, विभूति जी के बुलावे पर मैं इसमें जा धमकता हूँ। इन क्षणों में विभूति जी पक्के समाजवादी होते हैं। सरकारी तौर पर वर्धा ज़िला 'सूखा' है, कुदरत ने भी इसे 'सूखाग्रस्त' बना रखा है। सहरा-ए-वर्धा में विभूति जी का निवास 'नखलिस्तान' है जहाँ ज़ाहिद भी आते हैं और रिंद भी! रस-रंजन को यहीं छोड़ दें। पर है यह परिसर नखलिस्तान। कई प्रयोग यहाँ चलते रहते हैं। एक तरफ़ तो पूर्वी उत्तर प्रदेशीय और बिहारी मानसिकता का जड़वादी सिंड्रोम शिक्षकों, विद्यार्थियों और कर्मचारियों में ठसक ठूँसता है, सरस्वती-पूजन और अम्बेडकर जयंती के आयोजन होते हैं, वहीं सामन्ती-महाजनी नैतिकताओं को चिढ़ाता हुआ 'लिव-इन-रिलेशन' का सिलसिला बेसाख़्ता चल रहा है। मैंने ऐसे सम्बन्धों के बारे में सुना व पढ़ा था। रखैलें और महिला व पुरुष-मित्र देखे थे, अलग-अलग रहते हुए। लेकिन मैं यहाँ आकर शिक्षकों और विद्यार्थियों में इन सम्बन्धों को साक्षात् देख रहा हूँ, परिसर के भीतर व बाहर भी! मार्के की बात यह है कि ऐसे सम्बन्धों को तिरस्कार व अस्वीकार की नज़रों से नहीं देखा जा रहा है। परिसर के साथ-साथ वर्धा के महाजनी समाज में इन सम्बन्धों को प्रत्यक्ष रूप से मौन स्वीकृति मिल रही है। परिसर में ही दो शिक्षक लम्बे समय से साथ-साथ रह रहे थे। कुलपति राय ने इन दोनों का विवाह भी करा दिया है। अपने निवास पर दोनों का स्वागत भोज भी रखा गया।

परिसर के बाहर भी कतिपय विद्यार्थी व शोधार्थी अलग से कमरे लेकर साथ-साथ रह रहे हैं। मकान मालिक व आस-पड़ोस को इन रिश्तों पर कोई एतराज़ भी नहीं है। ये विद्यार्थी मुक्तभाव से घूमते-फिरते हैं। इस उत्तर-औद्योगिक काल की तीव्रता से फैलती हुई नैतिकता के पुजारियों में मेरे विभाग के शोधार्थी भी शामिल हैं। लेकिन इस विषय पर हम लोगों के बीच कभी चर्चा नहीं होती है। मैंने जानबूझ कर कुछ मामलों का सीमांकन किया हुआ है, जिसका मैं पालन करना चाहता हूँ ताकि अध्ययन-अध्यापन सुविधापूर्वक चलता रहे।

इन अवलोकनों के परिप्रेक्ष्य में देखें तो यह परिसर रूढ़िवादी भी है, और रेडिकल भी। कुलपति की परोक्ष स्वीकृति के बग़ैर ये सम्बन्ध संभव नहीं हैं। वैसे इन सम्बन्धों से मुझे झटका लगा है। संभव है, आधुनिक जीवन के सभी आयामों को मैं ठीक से समझ नहीं पा रहा हूँ। यदि ऐसा नहीं रहता तो मुझे इन सम्बन्धों से झटका नहीं लगना चाहिए

था, बल्कि इनका स्वागत करना चाहिए था। इस दृष्टि से विभूति जी मुझसे ज़्यादा रेडिकल हैं। हो सकता है विभूति जी की यह उदारता कइयों को दोषपूर्ण भी लग सकती है।

फिर भी इन चंद दोषों के बावजूद विभूति नारायण राय ने इस विश्वविद्यालय में जितनी अकादमीय स्वतंत्रता दी है, अन्य विश्वविद्यालय में इसकी कमी खलेगी। यदि आप प्रयोगधर्मी हैं, ज्ञान-पिपासु हैं, तब वांछित परिवेश आपका स्वागत भी करेगा। कतिपय प्रकाशकों के चिरकुटपन के बावजूद ग्रंथालय में कुछ राहत मिलेगी। मैंने और प्रो. के.के. सिंह ने साहित्येतर विषयों की देशी-विदेशी पुस्तकों से इसे समृद्ध किया है। विभूति जी ने एक दो सदस्यीय समिति का गठन करके हम दोनों को दिल्ली के विश्व पुस्तक मेले से उत्कृष्ट पुस्तकों के चयन की पूरी छूट दी। हमने इस अधिकार का प्रयोग भी किया है। मैं संतुष्ट हूँ।

इस छोटे से परिसर में दुनिया-जहान की विमर्श-संगोष्ठियाँ हो चुकी हैं; हिन्दी समय; नक्सलवाद, माओवाद, गाँधीवाद और लोकतंत्र; साम्प्रदायिकता व धर्म-निरपेक्षता, सामन्ती समाज व स्त्री-स्वतंत्रता; अमेरिकी वर्चस्ववाद व परमाणु नीति; आतंकवाद व राष्ट्रवाद आदि। समाज विज्ञान से संबंधित मुद्दों को लेकर पाँच रोज़ का सम्मेलन भी हुआ। इन सभी आयोजनों में मैंने सक्रिय भूमिका निभायी भी, पेपर पढ़े, पूँजीवादी व्यवस्था की चिंदी-चिंदी की है। यूपीए सरकार को कठघरे में खड़ा किया है।

मेरा विभिन्न विश्वविद्यालयों में लगातार आना-जाना लगा रहता है। पाँच वर्षों तक मैं स्वयं भी विश्वविद्यालय का संचालन कर चुका हूँ। निजी विश्वविद्यालय में काम करने का तर्जुबा भी मुझे हो चुका है। कुछ विश्वविद्यालय की विभिन्न कमेटियों में भी हूँ। मैं समझता हूँ विश्वविद्यालय का काम केवल डिगरियाँ जनना-बाँटना ही नहीं है, बल्कि मूलतः ज्ञान-सृजन है। यदि विश्वविद्यालय ज्ञान-सृजन, प्रयोगों, आविष्कारों और समकालीन विमर्शों से कटा हुआ रहता है तो वह सिर्फ़ औपचारिक शिक्षा और डिगरियों का कारख़ाना ही होगा, न कि ज्ञान का सागर। मुझे संतोष है कि कुलपति ने इस दूर-दराज़ के विश्वविद्यालय को लगभग सभी समकालीन विमर्शों से जोड़े रखा है जिनकी धमक परिसर में निरंतर सुनाई देती है। यह जीवंत घटना-चक्र मुझे भी प्रासंगिक बनाए रखता है, मानसिक स्तर पर स्वयं के पिण्डदान से मुझे बचाए हुए है।

विभूति जी के सुझाव पर मैंने 'वर्धा-संवाद' परिसर में शुरू किया। हर सप्ताह देश-विदेश के ज्वलंत मुद्दों को लेकर 'गाँधी डूंगरी' (गाँधी हिल्स) पर शिक्षक और विद्यार्थियों का जमावड़ा होता है। कुलपति, उपकुलपति, प्रोफेसर से लेकर आम छात्र-छात्राएँ आते हैं। खुल कर संवाद होता है। कुलपति और विद्यार्थियों के बीच बहस-मुबाहिसा चलता है। कभी-कभार कुलपति को भी विद्यार्थियों के तर्कों से सहमत होना पड़ता है। ऐसे भी मौके आए हैं जब उन्हें अपनी भूल माननी पड़ी है। इसके विपरीत उपकुलपति अरविंदाक्षन लिजलिजी नौकरशाही व यांत्रिकता के मारे हुए हैं।

मेरी लम्बे समय से इच्छा रही है कि हिन्दी में 'भविष्य विज्ञानशास्त्र' विकसित किया जाए। जब इस सम्बन्ध में मैंने विभूति जी से चर्चा की तो वे उछल पड़े। उन्होंने तत्काल मेरे इस विचार का समर्थन किया और इसे आरम्भ करने के लिए कहा। कुछ चुनिंदा बौद्धिक शिक्षकों के साथ इस परियोजना को लेकर बैठकें हुईं। तर्क-वितर्क भी हुए। पर

सभी ने इसकी आवश्यकता को स्वीकार किया। विभूति जी ने इसमें हर संभव सहयोग देने का आश्वासन भी दिया है। लेकिन यह विचार कार्यरूप नहीं ले सका है। मैं स्वयं को बिखरा-बिखरा महसूस कर रहा हूँ। कई काम ओढ़ लिए हैं।

सारांश में दो विभिन्न क्षेत्रों के विश्वविद्यालय में कार्य-अनुभव के आधार पर मेरा अनुभव-निचोड़ यह ज़रूर है कि जहाँ निजी विश्वविद्यालय में पूँजी का 'वर्चस्व' एवं शिक्षा 'कमोडिटी' है, वहीं सरकारी विश्वविद्यालय में नौकरशाही की हुकूमत और शिक्षा 'कर्म-कांड' है, तथा ज्ञान-सृजन गोल है!

विभूति जी चाहते हैं कि मैं दक्षिण अफ्रीका में होने वाले नवें विश्व हिन्दी सम्मेलन में विश्वविद्यालय के प्रतिनिधिमंडल के सदस्य के रूप में साथ चलूँ। लेकिन मैंने इनकार कर दिया है। मैं अब तक तीन-तीन विश्व हिन्दी सम्मेलनों (मॉरीशस-1993, सूरीनाम 2003 और न्यूयार्क 2007) में भाग ले चुका हूँ। इन सम्मेलनों में विविधता, विष्टिता और अनूठेपन का अभाव ही खलता है। ऐसे सम्मेलनों में दो-तीन गुट ही हावी रहते हैं। ऐसे अवसरों पर विभिन्न ब्रांडों के दक्षिण-पंथियों की सियासत का जलवा दिखाई देता है। ऐसे भी दृश्य मैंने देखे हैं जब भारतवंशियों के सनातनी और आर्यसमाजी गुटों के मतभेद पूरी आक्रामकता के साथ इन सम्मेलनों में फूटे। बीच-बचाव किया गया। हालाँकि इन सम्मेलनों के माध्यम से कुछ अच्छे काम भी हुए हैं, विश्व मंच पर थोड़ी-बहुत हिन्दी की गूँज तो सुनाई देने लगी है। लेकिन जब तक देश की राजनयिक नौकरशाही हृदय से इस मिशन में नहीं जुटेगी, तब तक राष्ट्रसंघ में हिन्दी को मान्यता नहीं मिलेगी। इसका एहसास मुझे न्यूयार्क में 1985 से ही हो गया था। आठवाँ सम्मेलन (2007) तो राष्ट्रसंघ में हिन्दी को मान्यता दिलाने के प्रति ही समर्पित था। लेकिन क्या हुआ? आज 2012 है, पाँच वर्ष बीत चुके हैं, न्यूयार्क सम्मेलन का एजेंडा आज भी दिवास्वप्न है! मुझे कभी-कभी लगता है, विश्व हिन्दी सम्मेलन को सार्थक बनाने के लिए हिन्दी को उसके परजीवी नेतृत्व से मुक्ति दिलाने की आवश्यकता है।

विभूति जी के निमंत्रण को विनम्रतापूर्वक अस्वीकार करते हुए उनसे दो अनुरोध किए हैं : एक, सर्वप्रथम मेरे स्थान पर किसी महिला को प्रतिनिधि बनाएँ; दो, किसी ऐसे व्यक्ति को ले जाएँ जो अभी तक न तो विदेश गया और न ही उसने सम्मेलन में भाग लिया हो। बाद में मुझे यह सुन कर अच्छा लगा कि उन्होंने अपने प्रतिनिधिमंडल में एक दलित महिला रीडर को शामिल किया है। दक्षिणी अफ्रीका जाने के बजाय मैं सितम्बर में ही पत्नी के साथ कनाडा और अमेरिका की निजी यात्रा पर निकल गया। चार मास का अवकाश लिया।

हम लोग पहली बार कनाडा आए हैं। छोटा दामाद अनिरुद्ध कनाडा पुलिस में है। यहाँ रहना अच्छा लग रहा है। हमें यात्रा में प्रवासी भारतीयों के दर्शन खूब हो रहे हैं। एडमिंटन से हम लोग वैनकूवर और विक्टोरिया भी गए कार से। तेरह-चौदह घंटे का सड़क मार्ग, मज़ेदार रहा; चमचमाती हुई चौड़ी सड़कें; मीलों लम्बे-चौड़े खेत; विशाल फॉर्म हाउस; मदमस्त गायें और अश्व; घने जंगल, हिम आच्छादित शिखर। लेकिन इन सबके बीच यात्रा भर दिमाग़ में एक सवाल ज़रूर कुलबुलाहट करता रहा : सड़क पर सवा सौ किलोमीटर

रफ़्तार से क़तारबद्ध दौड़ती वाहनों की इस दुनिया में आदमी ग़ायब क्यों है? न सड़क पर है, न खेतों में!

वैनकूवर में मेरे बहुत पुराने मित्र रहा करते थे—डॉ. पी. हरीश शर्मा। वे वामपंथी थे। कनाडा में भी जेल-यात्रा कर आए थे। सातवें दशक में 'साम्राज्यवाद' पर प्रकाशित उनकी पुस्तक की भारत में काफ़ी धूम रही थी। लेकिन उनका निजी जीवन कुछ अराजक भी था। कुछ समय पहले उनका बीमारी से निधन हो गया। वैनकूवर में उनसे मिलने की इच्छा दबी की दबी रह गई। उनके न होने से यह भरा-पूरा सागर-शोर से गूँजता शहर मुझे खाली चुप-सा लग रहा है!

वैनकूवर से हम चारों विक्टोरिया गए। ब्रिटिश कोलम्बिया की राजधानी। यह शहर छोटा है लेकिन मैमनासा है। अति सुंदर और शालीन। जी चाहता है, मैं यहीं झील के किनारे बस जाऊँ! झील किनारे मीलों लम्बे पैदल पथ पर सैर करते हुए मैं अतुलनीय आनन्द में भीग गया हूँ। चैक की कार्लोबेरी और हॉलैंड की राजधानी हैग के बाद मुझे यह जगह मनभावन लगी है, जहाँ बसने के लिए मेरा जी मचल रहा है। पर मैं जानता हूँ यह असंभव है। लेकिन जी तो जी है, तमाम सीमाओं और बंधनों से मुक्त! स्वयं के द्वारा रचित अनन्त आकाश में विचरता यह जी! फिर पड़ावों और मंजिल से है अनजाना यह जी! मेरी मनस्थिति कुछ ऐसी ही हो गई है।

नवम्बर में हिम आगमन का स्वागत करने के बाद पति-पत्नी बोस्टन (अमेरिका) के लिए रवाना हो रहे हैं। दो महीने एडमिंटन में बिता लिए हैं। काफ़ी कुछ देखा है, काफ़ी कुछ छूट भी गया। लेकिन एडमिंटन में अच्छा यह लगा कि त्रीना के सम्पर्क दायरे में उदारवादी व प्रगतिशील लोग हैं। इनमें श्वेत भी हैं और प्रवासी भारतीय भी। कुछ वामपंथी भी हैं। भगत सिंह के मुरीद हैं, और स्व. हरीश शर्मा के दोस्त भी हैं। त्रीना ने अपने घर में बारह-चौदह लोगों का रात्रि भोज मिलन भी रखा, जिसमें सोशल एक्टिविस्ट, बुद्धिजीवी, पत्रकार, प्रोफेसर आए और खुलकर पूँजीवाद व समाजवाद पर चर्चा की। एडमिंडन से एक मासिक टैबलॉइड निकलता है—'एशियन टाइम्स'। इसमें निराला, नागार्जुन, केदारनाथ अग्रवाल, यशपाल, मुक्तिबोध, ओमप्रकाश वाल्मीकि, हजारीप्रसाद द्विवेदी, नामवर सिंह, अज्ञेय, पाश, मंटो, फ़ैज़ आदि की रचनाओं को छापा जाता है। इसके सम्पादक डॉ. कालिया भी आए। वे चंडीगढ़ विश्वविद्यालय में हिन्दी के प्रोफेसर थे। सेवानिवृत्ति के पश्चात् यहीं आकर बस गए हैं।

इस रात्रि भोज में चर्चाओं से इतना तो संकेत मिला कि पूँजीवाद और अमेरिकी दादागिरी के आलोचक मौजूद हैं। सोवियत संघ के पतन से खुश नहीं हैं। परन्तु यह भी सही है कि ये लोग खुलकर मार्क्सवाद का नाम लेने से परहेज़ करते हैं। इनके भीतर कहीं बैठा भय इनकी बाहरी नकेल थामे हुए है।

त्रीना ने कम समय में ही अपना प्रभाव क्षेत्र अच्छा बना रखा है। स्त्री सशक्तिकरण की गतिविधियों में वह खुलकर हिस्सा लेती है। उसने हाल ही में 'पुत्री दिवस' आयोजित करवाया। यहाँ के सामाजिक, बौद्धिक और राजनीतिक क्षेत्रों से प्रशंसा भी बटोरी। हम दोनों को अलबर्टा विधानसभा भवन ले गई। दर्शक दीर्घा से हम लोगों ने सदन कार्यवाही भी देखी। साथ में अनिरुद्ध भी था। मैं यह देख कर तब स्तब्ध रह गया जब हम चारों के परिचय सदन

में पढ़े गए। सदन अध्यक्ष, मुख्यमंत्री और विधायकों ने तालियाँ बजा कर हम लोगों का स्वागत किया। यह भी बतलाया गया कि कुछ रोज़ पहले ही त्रीना जोशी ने 'पुत्री दिवस' आयोजित किया था। वे तब भी हम लोगों के मध्य आई थीं। मेरे परिचय में बतलाया गया कि मैं भारत में वर्षों तक संसद की कार्यवाही कवर करता रहा हूँ, और मैंने कई किताबें लिखी हैं। इस प्रकार का दृश्य मेरे लिए अकल्पनीय था। भारत में यह संभव नहीं है। पुत्री की इस अल्पकालिक उपलब्धि ने पिता में जिस अनुभूति-आनन्द का सृजन किया है, उसे शब्दों में बाँधना मेरे लिए नामुमकिन है। हम पति-पत्नी दोनों ही इससे गद्गद थे!

ऐसे अनुभवों से पके आम-से हम लोग बोस्टन के लोगन हवाई अड्डे पर उतरे। रात्रि के एक बज रहे हैं। दीवाली पूजन हो चुका है। बड़ी बेटी डॉ. मनस्विता जोशी हम दोनों को लेने आई हुई है। उसके पति कार्तिक इन दिनों चेन्नई में हैं। लोगन हवाई अड्डा जाना-पहचाना है। सन् 2007 में भी हम दोनों यहाँ से उड़ान भर चुके हैं।

कुछ रोज़ मनस के साथ रुकने के बाद हम दोनों एथेंस जाते हैं। क़रीब पन्द्रह-सोलह घंटे की सड़क यात्रा है। वह अकेली ही कार चलाती है। बीच में हम एक रात का ब्रेक लेते हैं। अगले दिन की यात्रा हम तीनों को बीते कल से अच्छी लगती है। मनस मुख्य राष्ट्रीय मार्ग के बजाय भीतरी सड़क से ले जाती है। यह सड़क सकरी है, लेकिन जंगल, पहाड़ों से गुज़रती है। सड़क के दोनों ओर इंडियन (मूल निवासी उर्फ़ जनजाति उर्फ़ रेड इंडियन या नेटिव) के खेत-घरों के समीप से दर्शन होते हैं। खेतों में वे काम करते हुए दिखाई दे जाते हैं। जहाँ वाहनों व कृषि उपकरणों से वे आधुनिक सभ्यता के क़रीब दिखाई दे रहे हैं, वहीं वे अपने चेहरे-पोशाक या जीवन-शैली से अपनी मूल पहचान को सम्प्रेषित भी कर रहे हैं।

इस यात्रा में मनस की एक बात मेरे मस्तिष्क को झकझोर कर रख देती है। होता यह है कि मुझे 'चिल बीयर' की हुड़क होती है। हम तीनों एक स्टोर पर रुकते हैं। फास्ट फूड खरीदते हैं। फलों का रस लेते हैं। इसी बीच मेरी नज़र शो केस में रखी बीयर पर अटक जाती है। मैं मनस से बीयर के दो कैन खरीदने के लिए कहता हूँ। वह मनाह कर देती है। मैं नहीं खरीदने का कारण पूछता हूँ तो वह कहती है कि यह यातायात नियमों का उल्लंघन होगा। मैं दलील देता हूँ कि तुम कार चला रही हो, मैं नहीं। तब उल्लंघन कैसे हुआ? उसका जवाब है कि चालक के साथ-साथ उसके सहयात्री को भी 'ड्रिंक' नहीं करनी चाहिए। चूँकि मैं भारतीय माहौल का आदी हूँ, इसलिए फिर कहता हूँ कि इस जंगली-पहाड़ी मार्ग पर कौन-सी पुलिस हम लोगों पर नज़र रखेगी? मनस का ज़वाब है, "पापा, पुलिस देखती है या नहीं, इससे कोई फ़रक नहीं पड़ता है। हम लोग निजी तौर पर क़ानून का पालन कर रहे हैं या नहीं, इससे फ़रक पड़ता है। हम भारतीय अपने देश में क़ानून का पालन करें या न करें, कोई पूछने वाला नहीं है। लेकिन यहाँ अमेरिका में हम लोग स्वयं से पूछते हैं कि क़ानून का पालन किया जा रहा है या नहीं?"

पिछले एक दशक में मनस यहाँ की कार्य संस्कृति में रम चुकी है। एथेंस से लौटते हुए वाशिंगटन-डीसी भी रुके। मैं इस ऐतिहासिक राजधानी में दो-एक दिन और रुकना चाहता था। लेकिन मनस ने मनाह कर दिया। उसका कहना था कि उसे सोमवार से 'घर से काम' (Work From Home) शुरू करना है। इसलिए रविवार की रात तक

फ्रेमिंगहेम पहुँचना पड़ेगा। मैं फिर अपनी हिन्दुस्तानी अक़्ल से पूछता हूँ, "वो तो ठीक है। लेकिन क्या 'घर से काम' करने की उपस्थिति भी तुम्हें लगानी पड़ती है?" मनस कहती है, "बिल्कुल नहीं! मैं स्वयं अपने रिसर्च प्रोजेक्ट की इंचार्ज हूँ। इसलिए मैं स्वयं के प्रति 'रेस्पोसिबल' हूँ। मुझे स्वयं को अपनी 'अटेन्डेन्स' देनी है, किसी और को नहीं। इसलिए मैं समय से घर पहुँच जाना चाहती हूँ।"

और हुआ भी यही। हम रात्रि में घर लौटे। मनस अगले रोज़ अपने स्टडी रूम में 11 बजे चली गई। शाम तक काम करती रही। उसका यह नियमित रुटीन है। जब भी वह घर से काम करती है, वह ऐसा ही करती है। बीच में 'लंच ब्रेक' के लिए बाहर निकली है।

यह देखकर मुझे अपने देश के शिक्षक और शोधार्थियों की कार्यशैली की याद आने लगती है; समय से क्लास में न पहुँचना; बग़ैर तैयारी के लेटलतीफ़ी से पहुँचना; कई दिनों तक ग़ायब रहना और पूरी पगार मारना; कवि-सम्मेलनों व संगोष्ठियों में मौजूद रहना और विश्वविद्यालय से गोल रहना; स्वेच्छाचारिता के साथ शोध करना और पूरी छात्रवृत्ति बटोरना; प्रोफेसरों की चापलूसी में लिप्तता लेकिन शोध कार्य से परहेज़ करना; पैसे देकर शोधग्रंथ लिखवाना; फ़र्जी बिलों से यात्रा-भत्ता वसूलना। मनस की यह कार्यशैली मेरे लिए सीख है, और एक अनूठा अनुभव भी। काश! यह कार्य-शैली मेरे देश की मुख्यधारा होती! पर कल के लिए यह सपना देखा तो जा सकता है!

जीवन में यह पहला अवसर है जब मैं विदेश में 25 दिसम्बर और वर्षान्त मना रहा हूँ, साथ में हैं मधु और मनस। मनस की कार में हम दोनों ग्वाल्फ (कनाडा) की ओर उड़े चले जा रहे हैं। रास्ते भर हिमाच्छादित मकानों पर कंडील जगमगा रहे हैं। हिम मुंडेर प्रकाशोत्सव में नहा रहे हैं। क्रिसमस के उत्सव ने मेरे देश की दीवाली को यहाँ सृजित कर दिया है। बफेलो, न्यागरा फॉल (कनाडा सीमा) तक हम लोग प्रकाश के गलियारे से गुज़रते हुए कनाडा सीमा में प्रवेश करते हैं। दो महीने की अवधि में मैं और मधु दूसरी बार कनाडा आ रहे हैं। त्रीना भी एडमिंटन से ग्वाल्फ पहुँच गई है। हम सभी अगले रोज़ मोन्ट्रीयाल व क्यूबेक (फ्रेंच भाषी क्षेत्र) रवाना हो जाते हैं। सड़क के दोनों ओर वही हिम प्रकाश के गलियारे! इस क्षेत्र की जीवन-शैली मुझे टोरंटो, एडमिंटन और वैनकूवर (अँगरेज़ी भाषी क्षेत्र) से अलहदा लगी। इस क्षेत्र में फ्रेंच भाषा का प्रभाव है। सभी साइनबोर्ड फ्रेंच में हैं। होटल और रेस्त्राओं में भी इसी भाषा का प्रचलन है, अँगरेज़ी में बोलने से यहाँ के लोग संकोच करते हैं। पर अँगरेज़ी भाषी कनाडावाली चपलता की कमी यहाँ ज़रूर खटकी है। जीवन गति कुछ मंथर, कुछ सुस्त, कुछ मस्ती भरी लगी। लेकिन संस्कृति की दृष्टि से यह इलाक़ा अधिक समृद्ध लगा। क्यूबेक छोटा है, पर सुंदर! मोन्ट्रीयाल में टोरंटो जैसी भागमभाग नहीं है।

सप्ताह भर बिताने के बाद हम लोग फ्रेमिंगहेम लौट आए हैं। साथ में त्रीना भी है जिसे बोस्टन से एडमिंटन के लिए उड़ान भरनी है। हम चारों वर्षांत फ्रेमिंगहेम व बोस्टन में मनाते हैं। अमन के साथ-साथ कार्तिक और अनिरुद्ध का अभाव भी खल रहा है, इस वर्षांत के आनन्द के क्षणों में! सन् 2013 की पहली जनवरी को हम पति-पत्नी दिल्ली की दिशा में उड़ चले हैं।

क़रीब सवा चार महीने के अन्तराल के बाद मैं वर्धा लौट आया हूँ। वर्धा वापसी पर एक सुखद समाचार ज़रूर मिला है। डॉ. रमन को स्त्री अध्ययन विभाग में लाया गया है। मेरे लिए यह निजी प्रसन्नता की बात इसलिए है कि मैं इन्हें 1973 से जानता हूँ। मैं उन दिनों बम्बई में चल रहे दलित पैंथर आंदोलन में भाग लेने के लिए वहाँ गया हुआ था। मेरे साथ कुछ और भी साथी थे।

तब डॉ. रमन बम्बई विश्वविद्यालय में प्राध्यापिका हुआ करती थीं। नक्सल आंदोलन के एक सक्रिय नेता देवनाथन के साथ उनका विवाह हुआ था। दोनों ही दक्षिण भारतीय थे। वे उन दिनों भूमिगत थे, पर बासंती काफ़ी सक्रिय थीं। उन्होंने हम लोगों को अपने घर में एक-दो रोज़ ठहराया था। तब मुझे बासंती रमन का सम्पूर्ण व्यक्तित्व काफ़ी आकर्षक लगा था। उनकी एक छाप मेरे मन-मस्तिष्क पर अंकित हो गई थी। इसके बाद संगोष्ठियों में चंद मुलाक़ातें दिल्ली में हुईं। एक दफ़ा राजेन्द्र यादव जी के घर पर भी हुई थी। उस समय उनके साथ कनाडा के पी हरीश शर्मा थे। 1973 की यादें ताज़ा हो गई थीं।

लेकिन, क़रीब चार दशकों के अन्तराल के बाद हम लोग इस विश्वविद्यालय में मिलेंगे और नागार्जुन सराय में दोनों आजू-बाजू के कमरों में ठहरेंगे, यह तो मैंने कभी सोचा नहीं था! पता नहीं क्यों मुझे आत्मिक प्रसन्नता हो रही है! दोनों समान-विचारधर्मी हैं, संगीत-प्रेमी हैं। डॉ. बासंती रमन आज भी अपने भीतर 1973 के आतिथेय और आत्मीयता को संजोए हुए हैं, यह देखकर मुझे खुशी हो रही है। हम लोगों के बीच विभिन्न विषयों को लेकर काफ़ी वार्तालाप होता रहता है, लन्तरानियों के पर लग जाते हैं! बासंती ने एक दफ़ा कहा भी, "तुम डरते हो?" बासंती ने ऐसा क्यों कहा, मैं नहीं जानता। पर मेरे भय के पैर विगत की किन्हीं स्मृतियों में उलझे हुए हैं, यह मैं अवश्य जानता हूँ। जीवन-संयोगों की विचित्र कथा है, कहाँ से शुरू, कहाँ अन्त, यह सब रहस्य है!

मैंने अवधि पूर्व ही विश्वविद्यालय छोड़ने का फ़ैसला कर लिया है। मैंने 20 सितम्बर, 2013 से पद-मुक्त करने का अनुरोध कुलपति से किया है। हालाँकि विभूति जी चाहते हैं कि मैं अपना कार्यकाल पूरा करूँ या नवम्बर में उनके साथ-साथ विश्वविद्यालय से विदाई लूँ। पर मेरा अब यहाँ जी उकताने लगा है। परिसर के माहौल में पहली-सी आत्मीय खुशबू नहीं रही है। तीन अतिथि लेखकों की नई कुमक ज़रूर नागार्जुन सराय में आ धमकी है; दूधनाथ सिंह, विनोद कुमार शुक्ल और ऋतुराज परिसर की शोभा बढ़ा रहे हैं।

परिसर से अंतिम विदाई लेने से पहले मैंने तय किया था कि मैं बस्तर की यात्रा ज़रूर करूँगा। और मैं 14 सितम्बर को टैक्सी से गढ़चिरौली होता हुआ जगदलपुर निकल गया। मेरे सहयात्री बने प्रकाश चंद्रायन और शोधार्थी चंद्रिका पाण्डेय। इस यात्रा के माध्यम से मैंने अपनी चार दशकों की स्मृतियों के पुनरावलोकन की ठानी है।

और इसके साथ ही वर्धा-प्रवास की समाप्ति हो जाती है। पर मैं अतृप्त हूँ इस प्रवास से। बापू की इस कर्मभूमि को मैं आत्मसात् नहीं कर सका हूँ, केवल पर्यटक के रूप में ही मैं वर्धा, सेवाग्राम और पवनार आश्रम आता-जाता रहा हूँ। पर्यटन से प्यास कभी बुझी है! यह अतृप्ति मुझे परेशान करती रहेगी!

यात्रा : बोनसाईकरण से पिण्डदान तक!

मई, 2015

विदेश पड़ावों (बॉस्टन और एडमिंटन) से दिल्ली वापसी हुए क़रीब नौ महीने बीत रहे हैं। नरेन्द्र मोदी–सरकार ने भी अपनी पाँच वर्षीय आभु का पहला साल पूरा कर लिया है। स्वदेश वापसी के समय मेरे दोस्तों ने विनोदी मूड में सलाह दी थी, "जोशी, दिल्ली लौटने के बजाय तुम्हारे लिए बेहतर यही रहेगा कि कनाडा या अमेरिका में राजनीतिक शरण की जुगाड़ कर लो। ओबामा साहब को पटाओ। वरना यहाँ तो तुम्हें तिहाड़ में सरकारी किरायेदार बनना होगा। चोमस्की का इंटरव्यू लेकर तुमने केसरिया सरकार की नाराज़गी जो मोल ले ली है! समझे?"

मैं क्या समझता? लौटना तो घर ही है। तब यारी-दुश्मनी से कैसा परहेज़? अपनों के सितम सहने का एक निराला ही लुत्फ़ होता है, बनिस्बत परायों की दावतें उड़ाने के। जो भी कुछ घटना है, अपनी गली–चौबारे में घटे। मोदी जी और उनके मातृ परिवार की इनायतें कुबूल हैं। दिल्ली और दीगर शहरों के दोस्तों को मेरा यह ज़वाब था। तो अपने राम सपत्नीक अगस्त, 14 में समाचार घोसले में लौट आए। पीछे-पीछे छोटी बेटी त्रीना भी 'लौंग ब्रेक' के लिए दिल्ली आ धमकी।

जब से भारत लौटा हूँ देश का मीडिया लगभग 'मोदीमय' प्रतीत होता है; कोई भी चैनल खोलूँ, 'राग मोदी' सुनाई देता है; पत्र-पत्रिकाओं के सफ़ों से मोदी उठते हुए दिखाई देते हैं जैसे कोई जिन्न नमूदार हो रहा हो! अर्श से फ़र्श तक मोदी ही मोदी हैं! आपात्काल की इन्दिरा गाँधी को भी नरेन्द्र मोदी ने शिक़स्त दे दी है। एक अघोषित सेंसरशिप मीडिया की धमनियों पर शासन कर रही है। राजधानी के मीडियाकर्मियों की यह आमधारणा है। जब से मोदी राष्ट्र के कर्णधार बने हैं, 'एकालाप' ही उनकी सम्प्रेषण शैली है। उन्हें 'संवाद' से परहेज़ है। 'प्रेस कान्फ्रेंस' से उन्हें बैर है। ऐसा क्यों है, वे ही बेहतर जानते हैं। हो सकता है, उनके दिल-दिमाग़ में कोई अज्ञात भय बैठा हो! प्रेस कान्फ्रेंस में विविधापूर्ण प्रश्नों के बीच उन्हें आत्मविश्वास ही दग़ाबाज़ लगता हो। मोदी जी सोचते होंगे, लोकतंत्र के लिए 'दो तरफ़ संवाद' फ़ालतू की बात है, अराजकता है! इसलिए लालक़िले से लेकर संसद राजपथ और दंतेवाड़ा तक 'एकला चलते रहो'; अमेरिका, आस्ट्रेलिया, फ्रांस, कनाडा, चीन, जापान, कोरिया नापते रहो। इन्दिरा जी ने 1971 में 'ग़रीबी हटाओ' नारे का आविष्कार किया था, 2004 में अटल जी ने 'शाइनिंग इंडिया' व 'फील

गुड फैक्टर' को गुंजित किया और नरेन्द्र मोरी ने 2014 में अच्छे दिन' का पंचम स्वर में राग अलापा। लेकिन इन तमाम नारों ने देश की सत्तर-अस्सी फीसदी जनता के साथ 'बेवफ़ाई' ही की।

बेशक मोदी जी की भाषण कला बेजोड़ है। भाषण और कायाभाषा के बीच अद्‌भुत तालमेल है। यह अलग बात है, मंचीय नाटकीयता भाषण की अन्तर्वस्तु को ढाप देती है, उसकी गम्भीरता व ईमानदारी को खोखला बना देती है। अब तो उनके पारसी थिएटर की मंचीय शैली का ज़ादू भी टूटता जा रहा है। दिल्ली के विधानसभा चुनावों (फरवरी, 2015) में प्रधानमंत्री मोदी ने पाँच-पाँच जन चुनाव सभाओं को सम्बोधित किया था। उनकी मंचीय अभिनय-युक्त वक्तृत्व कला किसी भी एन.एस.डी. (नेशनल स्कूल ऑफ ड्रामा) के अभिनेता और बॉलीवुड के सुपर स्टारों को लजा दे! फिर भी उनके मोहक भाषणों का क्या परिणाम निकला? विधानसभा की 70 सीटों में से भाजपा को केवल और केवल तीन सीटों पर ही विजयश्री प्राप्त हो सकी! वास्तव में अरविंद केजरीवाल के नेतृत्व में आप पार्टी ने 67 सीटें जीत कर प्रधानमंत्री नरेन्द्र मोदी को पूर्णतया 'डीमिस्टीफाइड' कर दिया है। मोदी जी के तमाम शस्त्रों को निष्प्रभावी बना दिया। अब मोदी-ज़ादू उतार पर है।

जब से मैं लोटा हूँ, मीडिया में दो शब्द 'फेंकू' और 'पप्पू' खूब उछलते रहे हैं; वर्तमान प्रधानमंत्री मोदी के लिए पर्यायवाची संज्ञा है 'फेंकू', संभावी प्रधानमंत्री राहुल गाँधी की जीवन-शैली को 'पप्पू' से नत्थी किया जाता है। पिछले डेढ़ साल से 'फेंकू बनाम पप्पू जंग' भारतीय राजनीति के चरित्र की पहचान बनी हुई है। यह पहचान कितनी सटीक है या ग़लत, यह विवाद का विषय है। पर शिखर नेताओं की ऐसी पहचान, ऐसे चालू शब्दों का प्रचलन, इसे भारतीय राजनीति का दुखद अध्याय तो कहा ही जाएगा। यह भी कम दुखद नहीं है कि प्रधानमंत्री को 'विजिटिंग पी.एम.' से सम्बोधित किया जाए। राहुल गाँधी ने लोकसभा में चुटकी ली भी कि इन दिनों प्रधानमंत्री मोदी जी भारत यात्रा पर हैं। मोदी जी ने स्वयं ही अपनी यह पहचान गढ़ी है। पिछले बारह महीनों में उन्होंने क़रीब बीस देशों की यात्रा की और पचास से अधिक दिन देश से बाहर रहे। उन्होंने अपने सभी पूर्ववर्ती प्रधानमंत्रियों के रिकार्ड तोड़ दिए हैं। वे भुक्कड़ की भाँति विदेश यात्राओं पर टूट पड़े हैं। ऐसा उतावलापन किसी भी राजनेता को शोभा नहीं देता है, और न ही इतिहास-पुरुष बनने में सहायक होता है। सारांश में, चारों ओर 'चिरकुट शैली' की घटा छाई हुई है।

राहुल गाँधी की कहानी भी इससे अलहदा कहाँ है? इस व्यक्ति में 'प्रधानमंत्री पद' की पैतृक महत्वाकांक्षा पल रही है, लेकिन लगभग दो महीनों तक लगातार देश से लापता रहे! इस अवधि में वे कहाँ रहे, क्या करते रहे और हठात् क्यों वापस आ गए? इन प्रश्नों का उत्तर दिया जाना चाहिए था, लेकिन वे अपनी स्थिति स्पष्ट करने से निरंतर कतरा रहे हैं। ऐसा क्यों है? यह एक पहेली है, रहस्य है। तब मोदी और राहुल गाँधी में फ़रक़ कैसे किया जाए? मेरे मत में, जो व्यक्ति सार्वजनिक क्षेत्र में कूद पड़ता है, उसके निजी क्षेत्र पर भी जनता का अधिकार हो जाता है। उसका निजी कुछ भी नहीं होता है। वह सतत् जननिगरानी में रहता है, और उसे रहना भी चाहिए। इस दृष्टि से तमाम लोकवृत्त

कर्मियों के लिए महात्मा गाँधी सबसे बड़े शिक्षक हैं।

पिछले दिनों मेरे उत्तराधिकारी सुरेश बाफना ('नई दुनिया' के ब्यूरो प्रमुख) नवविवाहिता पुत्री का स्वागत समारोह था। इस अवसर पर सीपीएम के नवनिर्वाचित महासचिव सीताराम येचुरी भी पहुँचे हुए थे। ज़ाहिर है, वे सहजता के साथ पत्रकारों के आकर्षण-केन्द्र बन गए। वैसे भी वे बेहद मिलनसार हैं, पूर्वमहासचिव प्रकाश करात की ठीक विपरीत शैली के धनी हैं! मैंने उनसे एक ही बात कहीं, "कॉमरेड, अब हम लोगों को सिर उठाकर चलने का मौका दें!"

"जोशी जी, मैं शुभकामनाओं और उम्मीदों से इतना झुक रहा हूँ कि क्या बताऊँ! मेरी पूरी कोशिश यही रहेगी।" येचुरी का उत्तर था।

मुझे सुरेश के यहाँ से नोबेल पुरस्कार विजेता कैलाश सत्यार्थी की पुत्री के विवाह में भी जाना था। येचुरी कहने लगे, "जोशी जी, मुझे भी वहाँ जाना था। लेकिन मैं असमर्थ हूँ। मेरी माफ़ी कैलाश जी तक पहुँचा देना!" "तो मैं माफ़ी पहुँचाने के साथ-साथ आपका प्रतिनिधित कर दूँ?" "बिल्कुल...बिल्कुल!" येचुरी हँसी का गुब्बारा छोड़ने लगे। मैं अपने दो उत्तराधिकारियों की पुत्रियों के विवाह में 'सैंडविच' बना हुआ हूँ। जब मैंने स्वामी अग्निवेश के साथ सैद्धांतिक मतभेदों के कारण 1984 में बँधुआ मुक्ति प्रतिष्ठान की सदस्यता और बंधु आमुक्ति मोर्चा के महामंत्री पद से इस्तीफ़ा दे दिया था, तब कैलाश सत्यार्थी ने यह उत्तरदायित्व सँभाला था। आज वही व्यक्ति नोवल लॉरयेट है।

कैलाश सत्यार्थी क्या भव्य आयोजन है; लालकृष्ण आडवाणी सहित मंत्रिगण के यहाँ नेतागण आ रहे हैं—जा रहे हैं; विदेशी मेहमानों की उपस्थिति अलग से है; नाना व्यंजनी भोग हैं; हज़ारों अतिथि व्यंजनों का आनन्द ले रहे हैं। इन क्षणों में ये जुमले भी कानों से टकरा रहे हैं—क्या एनजीओ की माया है? एनजीओ इंडस्ट्री चकाचक है; काश! हम भी ऐसे एनजीओ होते!

इन शब्दों के साथ कैलाश सत्यार्थी से जुड़ी यादें भी उमड़ रही हैं। जब सत्यार्थी मेरे उत्तराधिकारी बने थे तब राउज एवेन्यू के एक सबलेट कमरे में अपनी पत्नी और बच्चे के साथ सिमटे हुए थे। कमरा इतना छोटा था कि न तो सुविधापूर्वक चार डग भरे जा सके थे, न ही तन कर खड़ा हुआ जा सकता था! उसमें रहते हुए सत्यार्थी ने इनती लम्बी यात्रा तय की है! विदिशा (मध्य प्रदेश) से उठे सत्यार्थी के यह यात्रा निसंदेह ऐतिहासिक है। उनके व्यक्तित्व में निखार तब आया जब उन्होंने स्वामीजी का साथ छोड़ अपनी स्वतंत्र राह अपनायी और ख़तरों से खेलते हुए 'बचपन बचाओ' अभियान में लग गए। आज मेरे उत्तराधिकारी की एक स्वतंत्र वैश्विक पहचान है। पुरस्कार की सियासत की दृष्टि से सत्यार्थी ने अपने संरक्षक एवं गुरु स्वामी अग्निवेश को मात दे दी है। स्वामी जी मीलों पीछे रह गए हैं। सत्यार्थी के एनजीओ का मायाजाल सघन व गहन है, दृश्यमान है—अदृश्यमान है!

सन् 1983 में मैंने स्वामीजी के साथ यूरोपीय देशों की यात्रा के दौरान कतिपय फंडिंग एजेंसियों (ऑक्सफोम, एमनेस्टी इंटरनेशनल, एंटी स्लेवरी सोसायटी, नोविब, मिजोरिओ आदि) के मुख्यालयों के दर्शन किए थे। इन एजेंसियों और एनजीओ का

एक अलग ही गोरखधंधा है। ग़रीब-पिछड़ी और विकासशील देशों में इनकी कारगुज़ारियों का अपार जाल फैला हुआ है। इनके असली इरादों और लक्ष्यों को आसानी से नहीं समझा जा सकता। बस, केवल मैं इतना कह सकता हूँ कि ये पूँजीवाद की अत्याधुनिक सेना है जो कि सशस्त्र व नियमित सेना से कहीं अधिक ख़तरनाक व मारक है। एनजीओ सेना पूँजीवादी व्यवस्था के विरुद्ध पैदा होने वाले अन्तर्विरोधों को बड़ी ख़ूबसूरती के साथ शमन करती है, न कि उनका समाधान। क्रान्ति और व्यवस्था परिवर्तन के मार्ग में यह सबसे बड़ी बाधक है, जिसके अस्त्र-शस्त्रों और विस्फोटों की आवाज़ नहीं होती है। उभरते निष्ठावान व समर्पित मध्यवर्गीय युवा वर्ग को यह रिमोट चालित रोबोट बना डालती है। उत्तर द्वितीय महायुद्ध और शीत युद्ध काल की यह विलक्षण रोबोट सेना है जिसने साम्यवादी राजसत्ताओं को पराजित करने में भी अद्वितीय अदृश्य भूमिका निभायी है। इस सदी में भी यह पहली जितनी प्रासंगिक है। भारत में इसने कम कीर्तिमान स्थापित नहीं किए हैं; सामाजिक, सांस्कृतिक, आर्थिक आदि सभी मोर्चा पर यह तैनात है। इसके प्रतिनिधि लोकवृत्त के चमकते सितारे हैं। इन दिनों फोर्ड फाउण्डेशन विवादों में घिरी हुई है, मोदी-सरकार का नजला इस पर उतरा हुआ है। मगर यह दिखावटी यारी-दुश्मनी है।

अब भारत, यूरोप-अमेरिका शिविर का जेनूइन अनुयायी बन चुका है। भविष्य के लिए यह शुभ संकेत नहीं है। स्थितियाँ कोई भी मोड़ ले सकती हैं, क्योंकि यूरोप-अमेरिकी शिविर के आका विश्व को कभी शांत रहने नहीं देंगे और अपने यहाँ अशांति पैदा नहीं होने देंगे। दो-दो विश्वयुद्धों से एंग्लो-सेक्सन राष्ट्रों ने काफ़ी कुछ झेला-सीखा है। इसलिए उत्तर-शीत युद्धकाल में ग़ैर-श्वेत राष्ट्र (इस्लामी देश आदि) ही जंग के मैदान बने हैं। दो-दो खाड़ी युद्धों, अफ़गान युद्ध, अरब उथल-पुथल, आतंकवाद विरोधी अभियान जैसी घटनाओं को नहीं भूलना चाहिए। इनका गहरा असर इक्कीसवीं सदी की मानवता पर पड़ रहा है। मैं समझता हूँ, पूँजीवाद कम-से-कम पाँच दशक पहले सोचता है और पाँच दशक बाद के प्रोजेक्ट पर काम करता है। अगले कुछ सालों में दक्षिण एशिया किसी बड़े युद्ध का मैदान बनता है, भारत-चीन युद्ध भड़कता है, तो हैरत नहीं होनी चाहिए। मैं यह कैसे विश्वास कर लूँ कि श्वेत-शिविर राष्ट्र ग़ैर-श्वेत राष्ट्रों को अपना विश्व-प्रभुत्व स्वेच्छापूर्वक सौंप देंगे? यही नस्ल हम लोगों का "White men's Burden" के रूप में चित्रित करती आई है। तब ये श्वेत राष्ट्र एशियायी-अफ्रीकी राष्ट्रों के वर्चस्व को कैसे पचा सकते हैं? मुझे नहीं लगता, भारत और चीन को सन् 2020 तक विश्व की महा-आर्थिक शक्ति के रूप में निष्कंटक उभरने दिया जाएगा तथा इक्कीसवीं सदी 'एशियायी सदी' कहलाएगी!

इसके लिए देशभक्त, स्वाभिमानी और समतावादी नेतृत्व चाहिए जिसका दक्षिण एशिया में लगभग अकाल है। इस क्षेत्र की राजनीतिक आर्थिक जमात 'दलाल जमात' बनती जा रही है। इस दृष्टि से, भारत को भी अपवाद नहीं कहा जा सकता। विगत कुछ वर्षों के राजनीतिक इतिहास से तो यही सबक़ मिलता है। माओ ने एक जगह कहा भी है, "राष्ट्रवादी हुए बग़ैर अन्तरराष्ट्रवादी नहीं बन सकते। देशभक्त हुए बग़ैर सच्चे कम्युनिस्ट नहीं बन सकते।" दक्षिणपंथी और वामपंथी, दोनों ही प्रकार की राजनीतिक शक्तियों पर

यह कथन लागू होता है। इसलिए देश के वर्तमान परिदृश्य की कोख में अनेक भयावह आशंकाएँ पल रही हैं। इन आशंकाओं से मैं आतंकित हूँ!

दिसम्बर, 2013 में मैंने 32 क्रिस्ट रोड में जीवनकथा का अन्त से आरम्भ किया था। तब मैं सत्तर पार था। आज मैं तिहतर-प्रवेश की दहलीज़ पर खड़ा हूँ। दूसरे शब्दों में 'अन्त का समापन' लिख रहा हूँ–105 समाचार एपार्टमेन्ट्स में बैठ कर।

आज इस फ्लैट में आए क़रीब ढाई दशक गुज़र चुके हैं। जंगपुरा एक्सटेंशन से उठकर जब पाँच सदस्यों का यह जोशी परिवार इस सीमेंट के घोसले में आया था, तब यमुनाजी का पाट दिखाई दिया करता था। दूर-दूर तक हरियाली की चादर बिछी हुई थी। मैं अपनी बॉलकनी और छत से हुमायूँ मक़बरा, लोट्स टैम्पल, नेहरू स्टेडियम, इंडिया गेट, राष्ट्रपति भवन के बुर्ज आदि सब कुछ देख सकता था। घर से राष्ट्र के सत्ता पुंज साउथ ब्लाक का फ़ासला तेरह-चौदह किलोमीटर है। पर, तब आसमान साफ़ रहता था। नील गगन की छाँव कितनी पारदर्शी हुआ करती थी। तब न कोई अक्षरधाम था, न ही राष्ट्रमंडल खेलों का स्टेडियम व एपार्टमेन्ट्स और न ही फ्लाई ओवर! तब 'राष्ट्रमंडल खेल घोटाला' भी कहा था? आज मेरी बॉलकनी के सामने से मैट्रो ट्रेनें धड़ाधड़ गुज़र रही हैं। पहले जो थोड़ा-बहुत शहरी वन क्षेत्र हुआ करता था, वह लुप्त हो चुका है। उसकी क़ब्र पर मैट्रोलाइन बिछा दी गई है मीलों लम्बी। हमारी 'स्काई लाइन' को हाईटेंशन तारों, फ्लाई ओवरों के रैम्प पर फैशन परेड करती रंग-बिरंगी कारों ने ढाप दिया है। एक तेज़ रफ़्तारी सभ्यता मंथर गतिवाली सभ्यता की छाती पर पसर गई है। अब जोशी परिवार इसका बरबस नागरिक है, एक सभ्यता का अन्त है, दूसरी का उदय है!

शायद जीवन की कथा भी इससे भिन्न नहीं है। किसी भी कथा का न अन्त है और न आरम्भ। व्यक्ति अपनी सुविधा और ज्ञान-क्षमता से इसे आरम्भ व अन्त या अन्त व आरम्भ में विभाजित करता रहता है। मैंने भी कुछ-कुछ ऐसा ही किया है। इसकी वज़ह है, क्योंकि सब कुछ अनिश्चित है। जीवन-यात्रा का एक रोज़ निश्चित ही पटाक्षेप होगा। लेकिन यह पर्दा किस रोज़, कहाँ और कैसे गिरेगा, यह तो मुअय्यन नहीं है न! तब आरम्भ और अन्त की विभाजक तारीख़ या 'कट ऑफ डेट' कैसे निर्धारित व परिभाषित की जाए? यह प्रश्न तो अनुत्तरित या पहेली ही रहा न मेरे लिए! अलबत्ता, इन दिनों भूकम्प के झटकों की फ्रीक्विंसी (अप्रैल-मई, 15) बढ़ गई है। प्राकृतिक और राजनीतिक, दोनों ही क्षेत्रों में!

मध्यमवर्ग का सदस्य होने के नाते सोच लिया था सत्तर-पचहत्तर बरस जी लेंगे। इससे ज़्यादा उम्र क्या होगी! सो, इस बंदे ने उसी हिसाब से परिवार के गैस-बर्नर को जलाये रखने के लिए पन्द्रह-बीस हज़ार रुपए महीने का बंदोबस्त कर लिया था। बैंक में एफडी जमा करायी और पोस्ट ऑफिस में मासिक बचत खाता खोला। तब कहाँ सोचा था कि मोहन-मोदी मार्का राजनीतिक अर्थ व्यवस्था की बदौलत कमर तोड़ महँगाई होगी, डालर के सामने रुपया मरियल बनने लगेगा, डेढ़-डेढ़ लाख करोड़ रुपए के घोटालों की बरसात होगी, बैंकों की ब्याज़ दर घटेगी, राज्य दल्ला (फेसीलिटेटर) का रोल अदा करने लगेगा और कारपोरेट घरानों पर बहार उतरेगी! अपने राम तो मस्त थे

कि भारत 'लेफ्ट टू दी सेंटर' की पटरी पर चलता रहेगा। आज तो लेफ्ट ही पटरी से उतर कर पगडंडी पर आ चुका है! तब यह मध्यवर्गीय नागरिक क्या करे! कोई पेंशन तो है नहीं, एफ.डी. की ब्याज दर घटती जा रही है। तब क्या इस परिदृश्य में एक स्वाभिमानी व्यक्ति अपनी जीवन-यात्रा पर विराम लगा दे? आत्महंता किसानों का अनुयायी बन जाए?

यह प्रश्न, यह विचार किसी को भी आतंकित कर सकता है। वास्तव में, आज स्वाभिमान और गरिमा के साथ जीना प्रतिदिन दूभर होता जा रहा है। विकल्प सूखते-सिकुड़ते जा रहे हैं। देश के तथाकथित 'कलश' राष्ट्र के बोनसाईकरण के प्रोजेक्ट पर काम कर रहे हैं। ऐसे दौर में मुझे 'मेरा बंधु' कहानी बरबस याद आ रही है। 2004 में ज्ञानरंजन जी ने अपनी प्रसिद्ध पत्रिका 'पहल' के 76वें अंक में मेरी इस कहानी को प्रकाशित किया था। हालाँकि मैं कहानीकार नहीं हूँ। लेकिन समय के उद्वेगों ने मुझ से यह प्रयोगात्मक कहानी लिखवायी थी। यह टफ व अमूर्त कहानी है जिसमें राष्ट्र की अन्तरात्मा के बोनसाईकरण व आत्मसमर्पण की प्रक्रिया का चित्रण है। ज्ञान जी ने इसे प्रमुखता से प्रकाशित किया था। ज्ञान जी के सम्पादकीय विवेक पर तो सवालिया निशान नहीं लगाया जा सकता। फिर भी आत्मग्रस्त हिन्दी के लेखक समाज की ख़ामोशी को अबूझ पहेली ही कहा जाएगा। एक रोज़ तत्कालीन मुख्यमंत्री शीला दीक्षित के यहाँ आयोजित कलेवा-अवसर पर अशोक वाजपेयी जी ने हैरत से इतना ज़रूर पूछा था, "क्या पहल में प्रकाशित 'मेरा बंधु' कहानी के आप ही लेखक हैं?" "फ़िलहाल तो मैं ही हूँ, अशोक जी!" मैंने विनम्रतापूर्वक उत्तर दिया था। अशोक जी के शब्दों ने भोपाल के 'आग्नेय सिंड्रोम' को पुनर्जीवित कर दिया था। आज यह सिंड्रोम ढह चुका है, मैं यक़ीन के साथ नहीं कह सकता। यह अलग बात है कि मेरे पत्रकार मित्र और अशोक-मंडली के ही अन्तरंग सदस्य ओम थानवी ने दस वर्ष पश्चात् मार्च, 2014 में 'मेरा बंधु' पर टिप्पणी की थी, "कहानी लाजवाब है। कसी हुई और बेलौस है।"

फिर भी मैं कितने और बसंत-पतझर का सहयात्री बनूँगा, यह प्रश्न मुझे निरंतर छकाता रहता है। कभी-कभी तीव्र इच्छा होती है कि यह निरीश्वरवादी कुछ पलों के लिए 'आस्तिक' बन कर उससे कहे, "मुझे इस भूलोक को शांतिपूर्वक अलविदा कहने दे, एक हिचकी के साथ ही अनन्त-अनाम-अज्ञात में मैं विलीन हो जाऊँ, क्योंकि मेरा गणित साफ़ है-अस्पतालों में भर्ती होने का अर्थ है तमाम जमापूँजी का चंद दिनों में स्वाहा हो जाना! इसके पश्चात् स्वतंत्रता की इति और बच्चों पर आश्रित होना। बड़ा तकलीफ़देह होगा वह दिन!"

दयनीयता-अस्साहयता मनुष्य की सबसे बड़ी शत्रु होती है। यह स्थिति नरक समान होती है। मैं इससे बचना चाहता हूँ। मैं अपने पिता की भाँति एक ही पल में जैव से अजैव में रूपांतरण चाहता हूँ। मैं स्वार्थी हो रहा हूँ न! यह 'मोहन-मोदी स्पेशल इफेक्ट्स' हैं; इसे न मैं बदल पा रहा हूँ, और न ही इससे पलायन कर रहा हूँ। मैं समझता हूँ, जब रक्त-मांस का यह चलता-फिरता पिंड अजैव पदार्थ में रूपांतरित हो जाए तो इसे किसी सरकारी अस्पताल या मेडिकल कॉलेज को सुपुर्द कर दिया जाना चाहिए, ताकि कहीं, किसी के लिए यह अपनी अंतिम अकिंचित् भूमिका निभा सके!

मैं सभी भूमिकाएँ निभा चुका हूँ, सिवाय एक को छोड़। भौतिक दृष्टि से मैं स्वयं को असफल नहीं कह सकता, कई उपलब्धियाँ हैं खाते में। पर मैं 'फस्ट्रेशन' से मुक्त हूँ, यह दावा करना ढकोसला कहलाएगा। मेरे जीवन का एकमात्र फस्ट्रेशन या कुंठा यही है कि मैं क्रान्तिकारी नहीं रह सका, क्रान्ति नहीं कर सका, क्रान्ति-पथ से पलायन किया, भगोड़ा बन गया! मैंने मध्यवर्ग की नियति के (या स्वयं का बोनसाईकरण) के वरण के साथ ही स्वयं का पिण्डदान कर दिया! मैं 'मेरा बंधु' बन गया हूँ।

उपसंहार : पटकथा

आघात : एक

धड़ाम 15 जनवरी, 2017

एक जोर की आवाज़ आई–धड़ाम धड़ाम। कमरे में कोई नहीं था उस रोज़।

मैं अकेले फ़र्श पर गिरा हुआ था। धड़ाम से। मेरी हज़ार कोशिशों के बावजूद मेरी टाँगें दिमाग़ से कमांड नहीं ले रही थीं। दायाँ हाथ भी साथ देने से इनकार कर रहा था। मैं पूरे होश में था, लेकिन बेबस। खड़ा नहीं हो सकता था। लग रहा था कोई बड़ा हादसा घट चुका है मेरे साथ। पहली दफ़ा ज़िन्दगी में। पलंग कुछ फ़ासले पर ही था। एक फुट के। पर उस तक पहुँचने का अर्थ था पूरी कायनात को नापना। बस ऐसा ही लग रहा था।

कुछ क्षण पहले ही की बात है। मैं दोपहर के भोजन के बाद सोफ़े पर बैठ गया था। मैं अक़सर लंच के बाद सोफ़े या कुर्सी पर बैठ कर सो लेता हूँ। एक घंटे 1964 से कलकत्ता से यह आदत मेरे साथ चली आ रही है।

सो, नींद टूटने के बाद मैं वाशरूम जाना चाहता था। पेशाब की हाजत जोर पकड़ रही थी। जैसे ही खड़े होने की कोशिश की दोनों पंजे उठ नहीं पा रहे थे। मुड़े जा रहे थे। मैं समझ नहीं पा रहा था। फिर भी जैसे-तैसे मैं वाशरूम तक पहुँचा। खाली नहीं था। साहस बटोर कर कमरे में पलंग तक पहुँच गया। बैठ गया।

इससे पहले सोफ़े पर ही ललाट की बाईं तरफ़ नाक के मध्य से चिरमिराहट उठी ऐसा लग रहा था ललाट के भीतर कुछ सीज रहा है। कोई तड़का लग रहा है। पहली दफ़ा ऐसा ज़िन्दगी में ऐसा हो रहा था। मैं इसे मामूली सिरहन समझा। इस चिरमिराहट के साथ ही वाशरूम की और बढा, फिर पलंग की तरफ़।

कुछ क्षण पलंग पर पैठने के बाद फिर से वाशरूम जाने की कोशिश की। दरवाज़े तक पहुँच भी गया। देखा वह अभी तक रुका हुआ है। मैं वापस पलंग पर लौटना चाहता था। नहीं लौट पा रहा था। इस बार दोनों टाँगे जवाब दे रही थीं। खड़ा भी नहीं हो पा रहा था। इससे पहले कि कुछ सोच सकूँ मैं धड़ाम से फ़र्श पर गिर गया। फ़र्श पर कालीन था इसलिए चोट से बच गया।

कुछ पल इसी दशा में कटे। मैं बोल भी नहीं पा रहा था। लेकिन धड़ाम की आवाज़ सुन कर बड़ी बेटी मनस (मनस्विता) दौड़ी-दौड़ी आई। उसने मुझे देखते ही ओरों को आवाज़ लगाई। फिर पल भर में मधु, मनु (त्रीना), दामाद अनिरुद्ध,

कार्तिक पहुँच गए। अनिरुद्ध ने एम्बुलेंस बुला ली है। मैं अभी तक होश में हूँ। दिमाग़ दुरुस्त है अपनी जगह।

पहले फायरब्रिगेड की गाड़ी पहुँची, फिर एम्बुलेंस पहुँची है। साथ आए लोग मुझ से सवाल कर रहे हैं अंग्रेजी में...

'क्या नाम है?'

'किस तारीख़ को जन्म हुआ?'

इस समय कितने बजे हैं,कहाँ हो?'

मैं सभी सवालों का सही-सही जवाब दे रहा हूँ। वे मेरा हार्ट देख रहे हैं हाथ और पैरों को को देखते हैं। वे खड़ा होने के लिए कह रहे हैं, खड़ा नहीं हो पा रहा हूँ।

अन्त में, सभी तय करते हैं कि मुझे हॉस्पिटल ले जाया जाए। मुझे कुर्सी पर बैठा कर एम्बुलेंस की स्ट्रेचर पर लिटा दिया गया है। मुझे अस्पताल ले जाया जा रहा है। साथ में मनस भी है।

मार्ग में ही कुछ प्रारंभिक सवाल किए जाते हैं, मैं सबका बिलकुल सही जवाब दे रहा हूँ। टाँगों में अब जान लौट आई है। कुछ ज़रूरी टेस्ट किए जा रहे हैं। खून लिया जा रहा है। ब्लड प्रेशर चेक कर रहे हैं। सब कुछ अपनी जगह ठीक है। वे कह रहे हैं–

'क्लॉट अपने आप डीजोल्व हो चुका है। अब मिस्टर जोशी ठीक हैं। फिर भी इमरजेंसी वार्ड में तो ले जाना होगा। हमने रिपोर्ट कर दिया है।'

क़रीब माइनस तीस डिग्री तापमान है। सड़क के दोनों तरफ़ बर्फ़ की विशाल चादर फैली हुई है। क़रीब बीस मिनट के सफ़र के बाद हम लोग हॉस्पिटल पहुँच गए हैं। पीछे-पीछे कार में मधु और छोटे दामाद भी पहुँच गए हैं। मुझे हॉस्पिटल के स्ट्रेचर पर लिटा दिया गया है। कुछ समय इंतज़ार करने के बाद मेरा ब्लड टेस्ट होता है, सिटी स्केन होता है। ईसीजी किया जा रहा है। मुझे प्रॉपर बिस्तर पर लिटा दिया गया है।

बारी-बारी से नर्सें चेक कर रहीं हैं। सवाल दोहराए जा रहे हैं। हाथ-पैरों-उँगलियों की जाँच हो रही है। एक घंटे के बाद डॉ. धारीवाल आते हैं। पूरी जाँच करते हैं। तब तक दूसरी जाँच रिपोर्टे भी पहुँच जाती हैं।

'मिस्टर जोशी, आपका सब ठीक है। कोई ब्लोकेज नहीं है। मामूली ब्लड क्लोट हुआ था। लेकिन वह अपने आप ही घुल गया है। अपने बीपी और सुगर ठीक रखें। भारत पहुँचते ही पूरा चेक करवा लें। अब आप दिल्ली लौट सकते हैं।' डॉक्टर पंजाब के रहने वाले हैं। कई नर्सें भी भारत से हैं। यहाँ इन्हें 'देसी' कहा जाता है।

मैं बिलकुल ठीक हूँ और; खुश हूँ। खड़ा हो सकता हूँ। चल-फिर सकता हूँ। साफ़-साफ़ बात कर सकता हूँ। मुझे 9 जनवरी को लौटना है। आज 5 जनवरी की रात है। हम सभी अपनी कार में खुशी-खुशी घर लौट आए हैं। शैपेल कॉलोनी में।

6 जनवरी का दिन सामान्य है। सोच रहा हूँ सब कुछ ठीक है। तीन रोज़ बाद यानी 9 जनवरी को दिल्ली के लिए उड़ान भरनी है। विश्व पुस्तक मेले के अवसर पर मुझे वहाँ रहना है। मेले में अमुक अमुक से मिलूँगा। नई पुस्तकें खरीद दूँगा। कुछ पुस्तकों का विमोचन करूँगा। शायद मेरी भी दो पुस्तकें आने वाली हैं। अनामिका और आधार

प्रकाशन ने मेले में पुस्तकें लाने का वादा जो किया है। मैं दोनों प्रकाशकों से लगातार सम्पर्क में रहा हूँ। फ़ोन से।

मैं दो साल बाद कनाडा के तेल समृद्ध प्रान्त अल्बर्टा की राजधानी एडमिंटीन आया हुआ हूँ। छोटी बेटी मनु उर्फ़ त्रीना यहीं रहती है। इस दफ़े यहाँ आने का विशेष प्रयोजन रहा है। बीते अगस्त मास में उसने पुत्री को जन्म दिया था। मैं अंतिम सप्ताह में बोस्टन से यहाँ पहुँचा था। तब मौसम बेहद सुहाना था। चूँकि इस शहर की मेरी यह तीसरी यात्रा है, इसलिए देखने को कोई बचा है नहीं। बस! मधु के साथ थोड़ा-बहुत घूम-घाम लिया करता था। 'समयांतर' के वार्षिक अंक के लिए एक बड़ा लेख लिखना ज़रूर था। इसके लिए पुराने वामपंथी नेताओं के इंटरव्यू लेने थे। विषय था उत्तरी अमेरिका में अक्टूबर क्रान्ति के प्रभाव। त्रीना ने इंटरव्यूज का प्रबंध किया। नेताओं, बुद्धिजीवियों आदि से मिल वाया। माइनस 20-30 में काफ़ी भाग-दौड़ की। मुझे मिलवाया। और समय से सामग्री पंकज बिष्ट को ई-मेल कर दी। प्रकाशित भी हो गई है। पत्रिका का पीडीफ जो मिल गया है। बेटी और मैं खुश हैं। अब तो बस फ्लाइट लेने की प्रतीक्षा में वक़्त बीत रहा है। मैं अपना सामान पैक कर रहा हूँ। 6 जनवरी का दिन इसी काम में जा रहा है।

7 जनवरी। सुबह चार बजे।
आघात : दो
धड़ाम-

मुझे नींद नहीं आ रही है। मैं खिड़की से देख रहा हूँ चारों तरफ़ बर्फ़ ही बर्फ़ है। मकानों की छतों-मुडेरों और सड़कों ने बर्फ़ का सफ़ेद विशाल बुर्का ओड़ रखा है। आँखें किसी एक जगह टिकती ही नहीं है। कुछ थकान-सी महसूस होने लगी है। मैं पलंग पर लोट आता हूँ। बगल में मधु गहरी नींद में सो रही है।

पलंग पर टाँगें पसारे में मैं बैठा हुआ हूँ। यूँ ही कुछ सोच रहा हूँ। पाँच-सात मिनट इसमें बीत गए हैं। अचानक फिर दाएँ ललाट के हिस्से में सुरसुराहट शुरू हो रही है। पिछले रोज़ जैसी। मैं व्यग्र हो उठा हूँ मैं मधु को जगाने की कोशिश कर रहा हूँ। मेरी आवाज़ अवरुद्ध हो रही है। हाथ-पैरों को हिलाने की कोशिश कर रहा हूँ। जैसे-तैसे पत्नी को जगाने में सफल हो जाता हूँ। उन्हें संकेतों से समझा देता हूँ। बगलवाले कमरे में सो रहे मनस और कार्तिक को मधु जगाती है। फिर दौड़ी दौड़ी मनु को उठाने जाती है। सब लोग मेरे कमरे में जमा हो जाते हैं। मैं फिर निस्तेज पड़ा हूँ। एम्बुलेंस को बुला लिया गया है। इस दफ़े दो महिलाकर्मी होती हैं। वे भी वही जाँच कर रही हैं जिसका सामना मैं पहली दफ़ा कर चुका था।

फिर से क्लॉट घुल गया है। मैं सामान्य होने लगा हूँ।

'आप चाहें तो हॉस्पिटल मत जाएँ। लेकिन ले जाना ठीक रहेगा।' महिलाकर्मी कह रही हैं।

मैं फिर से एम्बुलेंस में सवार हूँ। पीछे-पीछे आ रही कार में पत्नी और बड़ी बेटी है। छोटा दामाद भी है। मुझे 48 घंटे बाद दिल्ली के लिए रवाना होना है। मैं अब समय

से नहीं लौट सकूँगा। मुझे लग रहा है। महिला चिकित्साकर्मी मुझसे बातें करती जा रही हैं। वे मेरी याददाश्त की जाँच कर रही हैं। अमेरिका, कनाडा, भारत में पिछले दिनों क्या-क्या हुआ। मैं प्रमुख घटनाओं का ब्योरा दे रहा हूँ। उन्हें हैरत हो रही है। इसी बीच वे मेरा सुगर टेस्ट करती हैं। वह सामान्य बतला रही हैं। यही हाल बीपी का है। हाथ-पैरों की शक्ति भी सामान्य निकलती है।

'इट इज स्ट्रेंज!', वे कह रही हैं।

मुझे वही पहली जगह इमरजेंसी वार्ड में लाया गया है। मुझे फिर से स्ट्रेचर पर लिटा दिया गया। पीछे-पीछे कार में आ रहे तीनों परिजन पहुँच जाते हैं। दामाद हॉस्पिटल की ज़रूरी औपचारिकताएँ (रजिस्ट्रेशन, मेडिकल इन्सोरांस का उल्लेख आदि) पूरी कर रहा है। हॉस्पिटल है : नन्स ग्रे हॉस्पिटल। विशेष रूप से स्ट्रोक के मरीजों का यहाँ इलाज होता है।

मैं देख रहा हूँ पेरामेडिकल स्टाफ अधिकतर भारतीय है। साफ़-सफ़ाई कर्मचारी भी भारतीय हैं। अधिकांश पंजाब से हैं। वैसे दूसरे देशों से भी चिकित्साकर्मी हैं। मैं फिर से सभी प्रकार की जाँच-प्रक्रिया से गुज़र रहा हूँ। मुझे फ़िलहाल एक अस्थायी बेड दे दी गई है। क़रीब तीन घंटे के बाद एक डॉक्टर आता है।

'आपकी रिपोर्टें तो नोरमल हैं। अब जल्दी से जल्दी अपने देश लौट जाएँ। वहीं अच्छा ट्रीटमेंट हो सकता है' डॉक्टर दक्षिण अमेरिकी लग रहा है। 'यहाँ सभी जाँच मुश्किल हैं।' वह संकोच के साथ कह रहा है। एक भारतीय नर्स भी आती है। वह भी पंजाबी लहजे में हिन्दी में कह रही है?' अंकल, दिल्ली लौट जाएँ। यहाँ का महँगा इलाज है। पिछले ही दिनों एक इंडियन बुजुर्ग इसी तरह फँस गए थे। उन्हें डिस्चार्ज करते टाइम काफ़ी बखेड़ा हुआ था। उनके पास तो इन्सोरंस भी नहीं था। आप जल्दी लौटें। यहाँ की विंटर बहुत खराब है।' वह हमें आगाह कर रही है। उसकी बातें बड़ी गम्भीरता से सुन रहे हैं हम। डॉक्टर कुछ दवाएँ लिख देता है। दोपहर बाद हम लोग घर लौट आते हैं।

यह अजीब संयोग या अनुभव है। 1913-14 की भरी सर्दी में बोस्टन आया था। उस साल वहाँ बर्फ़ भी काफ़ी पड़ी थी। बर्फ़ीला तूफ़ान आया था। मैं बिलकुल ठीक रहा। बर्फ़ का आनंद लिया। इस वर्ष भी नातिन अनायरा के जन्म के समय पहुँचा हूँ। नवम्बर-दिसम्बर के हिमपात का काफ़ी लुत्फ़ लिया। नए वर्ष के पहले दिन काफ़ी घूमा। हम लोग उन बस्तियों को देखने गए जो क्रिसमस की सजावट के लिए मशहूर हैं। कार से उतरकर मैं काफ़ी चला था। बर्फ़ पर। मधु और मनस ने रोका भी। लेकिन मैं युवा कार्तिक और अनिरुद्ध की तरुणाई से टक्कर लेना चाहता था। कितना दंभ भरा सोचना था मेरा! कितनी दुस्साहसिक आकांक्षा थी! शायद उसका नतीजा है इमरजेंसी वार्ड। दो दफ़े। मैं स्वयं से कह रहा हूँ...

'अब आप अकेले दिल्ली नहीं जा सकते।' मनु सख़्त लहजे में कह रही है।

'अब आपको मम्मी के साथ जाना होगा।' छोटी को बड़ी का सपोर्ट मिल रहा है।

इसका साफ़ अर्थ यह है कि मैं 19 जनवरी को ही वापस जा सकूँगा। मेरे टिकेट की तारीख़ बदलवाने का सिलसिला शुरू हो जाता है। मैं लाचार हूँ। अब क्या हो सकता है, खुद से बुदबुदाता हूँ।

नए कार्यक्रम के अनुसार 19 जनवरी को मैं, मधु, मनस और उसकी बेटी अनाहिता एक साथ एयर पोर्ट के लिए निकलेंगे। मनस और अनाहिता बोस्टन के लिए प्लेन लेंगे, और हम दोनों दिल्ली के लिए। कार्तिक 5 जनवरी को ही अकेला बोस्टन जा चुका है। दिसम्बर के शुरू में मनस परिवार एडमिनटिन पहुँचा था, छुट्टियाँ मनाने।

स्थितियाँ बदल चुकी हैं। ड्रिंक बिलकुल बंद कर दी है। सादा भोजन कर रहा हूँ। दोनों बेटियाँ विशेष ध्यान रख रही हैं, खाने-पीने का। मैं खून को पतला करने और कोलोस्ट्रोल को घटाने की गोलियाँ ले रहा हूँ। दिन सामान्य ढंग से बीत रहे हैं। हम सभी यहाँ से रवानगी के दिन की प्रतीक्षा बेसब्री से कर रहे हैं। कभी-कभी मार्किट चले जाते हैं। रेस्टूरेंट पहुँच जाते हैं। मुझे डाउन टाउन और वाइट एवन्यू घूमना काफ़ी पसंद है। कॉफी पीने के लिए चला जाता हूँ। साथ में परिवार भी रहता है। कोई अप्रिय घटना नहीं घटी। इससे मैं खुश हूँ। दूसरे लोग भी संतुस्ट हैं—चलो, सब ठीक से बीत रहा है। मैंने भारत में अपनी योजना बना डाली है। कुछ सेमिनार के निमंत्रण मुझे मिले हैं, हैदराबाद, सागर, पटना, वर्धा आदि शहरों में जाना है। दो जगह से ऑन-लाइन टिकट भी प्राप्त हो चुके हैं। इन सफ़र की उधेड़बुन में 15 जनवरी आ गई है। सभी सोच रहे हैं संकट टल चुका है, खतरे से बाहर हूँ मैं। उल्लास ही उल्लास!

15 जनवरी। समय दोपहर बाद।
आघात : तीन
धड़ाम-तीन

लंच उपरान्त हम सभी सुस्ता रहे हैं। मनस अपनी तीन वर्षीय पुत्री अनाहिता को लेकर अपने रूम में है, और मनु अपनी नवजात बच्ची के साथ अपने रूम में। मैं और मधु लिविंग रूम में बैठे हुए हैं। साथ में ही हैं अनिरुद्ध के छोटे भाई आदित्य, अनंत (मधु की छोटी बहन अर्चना का पुत्र) और अर्चना सिद्धार्थ। जच्चा-बच्चा को देखने अर्चना कल ही दिल्ली से यहाँ पहुँची हैं। उनका बेटा यहीं रह कर जॉब कर रहा है। अनिरुद्ध अपने काम पर गए हुए हैं।

पुरानी कहावत सुनता आया हूँ बचपन से 'man proposes, god disposes'। मेरी तो ईश्वर में आस्था नहीं रही कभी। हर क़दम पर कुआँ खोदा और पानी पिया। तेरह बरस की उम्र से यही रुटीन रहा है ज़िन्दगी का। अब इस चौहत्तर बरस में इससे क्यों बेवफ़ाई की जाए! सो, मैं बेफ़िक्र हूँ।

लेकिन होनी को कौन टाले। कुछ ऐसा ही होनेवाला है मेरे साथ।

हठात् फिर वही सेंसेशन मुझे दबोचने लगा है। ललाट पर चिरमिराहट उठने लगी है। मैं सतर्क हो जाता हूँ। थोड़ा घबरा भी रहा हूँ। प्रेत की भाँति यह स्ट्रोक मेरे पीछे हाथ धो कर पड़ा हुआ है। इन क्षणों में मुझे बचपन का एक दृश्य याद आ रहा है।

कोई दस बरस का रहा होऊँगा तब। वही ग्राम बड़ोदिया। जयपुर रेलवे स्टेशन के पास। मैं पड़ोसी के घर में बैठा हुआ था। पड़ोसी रेलवे में टीटी थे। उनके पिताजी सत्तर साल के रहे होंगे। अचानक उनका सर चकराने लगता है। कुर्सी पर बैठे हुए थे, दाईं तरफ़ वे गिरने लगते हैं। उनकी पत्नी और बेटा-बहू घबरा जाते हैं। पुत्र टीटी तुरंत रसोई से एक

बड़ा-सा चाकू लेकर आता है। अपनी आँखें बंद करके कुछ बुदबुदाता है। फिर छू-मंतर की तरह चाकू पर तीन बार फूँक मार कर अपने पिता के सर के चारों ओर घुमाता है। बीच-बीच में बोलता जाता है—हे बजरंग बली, आई बला को टाल तू। बूढ़ी माँ कह रही है—तेरे पिता पर भूत-प्रेत का जोर है। हमारे रिश्तेदारों ने 'मूठ' फेंकी है। अब मेहंदीपुर के बालाजी ले जाना होगा। वहीं यह उतरेगी।

'माँ तू चिंता मत कर। शाम की ही ट्रेन से चल देंगे। अभी तो भूत को मैं ही उतारता हूँ। तू देखती रहे। लोटे में पानी भर ला। मिर्च, लोबान, लहसुन भी साथ लेती आना।' टीटी अपनी माँ से कह रहा है। क़रीब आधा घंटे तक भूत-प्रेत को उतारने का उपक्रम चलता रहता है।

मेरे लिए यह दृश्य किसी कौतुक से कम नहीं है। बालाजी दो बार अपनी सौतेली बड़ी बहन के साथ पहली बार वहाँ गया था। दर्जनो स्त्री-पुरुषों को अजीब मुद्राएँ बनाते हुए देखा था। वे बिना थके-रुके अपने सर घुमाते रहते थे। चीखते थे। अपने शरीर को तरह तरह से यातनाएँ देते थे। बीच-बीच में कोई आता उनके ललाट पर भभूत मलता और कोई मंत्र भी पढ़ता जाता। 'हनुमान चालीसा' का पाठ भी चलता रहता। बहुत दिनों बाद मालूम हुआ कि पड़ोसी पक्षाघात के शिकार हो गए हैं। समय से हॉस्पिटल ले जाते तो शायद पक्षाघात से बच जाते। अज्ञानता और त्रासदियाँ पिछड़े समाजों के साथ चिपके ही रहते हैं। 'मुझे किसी की नज़र लग गई है।' यह भाव दिमाग़ में उठने लगा। है। दूर-पास का व्यक्ति कहता रहता है, ''आप चौहत्तर साल के नहीं लगते हैं। देस रहें या परदेस।'' यही सुनने को मिलता है। किसी की 'नज़र' का यह नतीजा है। इसे उतरवानी पड़ेगी। लेकिन, कुछ ही पलों में मुझ में बैठा मार्क्सवादी-विवेकवादी जोशी जाग्रत हो जाता है। ललकारने लगता है, 'यह नहीं हो सकता। तू तो इन अंधविश्वासों के खिलाफ़ लड़ता आ रहा है। घबरा गया? दोनों बेटियों की शादियाँ जाति-बाहर की है। इसके बावजूद, नज़र का विचार क्यों?' मैं तत्काल इस सोच से मुक्ति ले लेता हूँ।

मैं वापस वर्तमान में लौट आया हूँ। खुशकिस्मत हूँ कि भूत-प्रेत की बात अब कोई नहीं कर रहा है। सभी चाहते हैं कि मुझे फिर से इमरजेंसी वार्ड में ले जाया जाए। मैं इस दफ़े कुछ-कुछ चल-फिर सकता हूँ। फिर भी अति फ़िक्रमंदी में एम्बुलेंस बुला ली गई है। वही पिछली बार की प्रक्रिया दोहराई जा रही है। अन्त में तय होता है कि आदित्य मुझे लेकर हॉस्पिटल जाएगा। साथ में जाते हैं पत्नी और बड़ी बेटी। एम्बुलेंस खाली लौट जाती है।

मैं दस रोज़ में तीसरी दफ़े इमरजेंसी वार्ड में हूँ। मुझे हॉस्पिटल में आना-जाना अब एक 'मेलो ड्रामा'-सा लग रहा है—कभी खुशी-कभी ग़म!

फिर से सभी टेस्ट दोहराए जाते हैं। अलबत्ता इस दफ़े एमआरआई और अल्ट्रा साउंड और जोड़ दिए गए हैं।

दो घंटों की प्रतीक्षा के बाद एक डॉक्टर आया है। कोई पैंतीस के आस-पास है। मेरी जाँच करता है। डॉक्टर के पास टेस्ट रिपोर्ट्स पहले से ही हैं। अब वो कह रहा है, आपकी सभी रिपोर्टें ठीक हैं। भारत लौट कर आपको टीआईए की जाँच करवाना है। यहाँ

हम नहीं कर सकते। अभी तक माइक्रो स्ट्रोक आए हैं। यह वार्निंग सिंड्रोम है। मेजर स्ट्रोक आना बाकी है। कब आएगा, मैं नहीं कह सकता। मेरे अब तक के मेडिकल प्रोफेशन में यह तीसरा केस है जो कि बिलकुल यूनिक है। मैं अपने सीनियर्स से बात करता हूँ। कोशिश करता हूँ आपको यहाँ एडमिट करने की।' इतना कह कर डॉक्टर चला जाता है। डॉक्टर मूल रूप से मिस्र देश का है और पिछले कई सालों से कनाडा में अपनी सेवाएँ दे रहा है। जाने से पहले डॉक्टर इतना ज़रूर कह गए, 'मुझे टीआईए टेस्ट की ज़रूरत है। इंडिया में 'यह टेस्ट ठीक से हो सकेगा।'

17 जनवरी।

सुबह हो गई है। मुझे गहन स्ट्रोक अवलोकन रूम में शिफ्ट कर दिया गया है। पिछली रात से मनस और मधु साथ हैं। चिंता की रेखाएँ उनके चेहरों पर साफ़ झलक रही हैं। मैं खुद भी चिंतित हूँ। तीन रोज़ बाद ही तो यहाँ से जाना है। अब क्या होगा? हम सभी को इस सवाल ने घेर रखा है। पंजाब की एक नर्स आती है। निवेदन के लहजे में कहती है," अंकल, मैं चंडीगढ़ के पीजी हॉस्पिटल में काम कर चुकी हूँ। यहाँ तो पैसा कमाने के लिए हूँ। एक बात कह रही हूँ", इधर-उधर देख कर वह कहने लगी,' इंडिया में जितना अच्छा इलाज होता है, यहाँ नहीं। वहाँ के डॉक्टरों को अनुभव ज़्यादा है, यहाँ के लोगों को नहीं। वहाँ मरीज को देखते ही ट्रीटमेंट शुरू कर देते हैं, यहाँ उसके बढ़ने का इंतज़ार करते हैं। तमाम रिपोर्ट मिलने के बाद डॉक्टर आता है। तब तक मरीज तड़पता रहता है। आप जितनी जल्दी हो सके दिल्ली लौट जाएँ। आल इंडिया मेडिकल में दिखाएँ' इतना कह कर वो चली गई। हम एक दूसरे की आँखों में झाँक रहे थे। एक ही सवाल था–क्या किया जा सकता है। ऐसे समय मुझे डॉ. निर्मला जैन का अनुभव याद आया। उन्होंने अमेरिका के इमरजेंसी वार्ड का किस्सा सुनाया था। उनका अनुभव बेहद डरावना था। वे कैंसरग्रस्त छोटी बहन का इलाज करा रही थीं। अन्त में बहन की वहीं मृत्यु हो गई। मैं काँप-सा गया। फिर भी संयत रहा। पर हम सभी लाचार थे। मैं अब तक ठीक-ठाक था। बातचीत सही-सही कर रहा था। उम्मीद थी कि 17 जनवरी को घर भेज देंगे, क्योंकि 19 को तो भारत लौटना ही था।

17 जनवरी।

ब्रेकफास्ट हो चुका है। मधु, मानस, तनु और अनिरुद्ध पास बैठे हुए हैं। हम सभी डॉक्टर के आने का इंतज़ार कर रहे हैं। 'चिंता की कोई बात नहीं है। पैकिंग हो चुकी है। दोपहर तक छुट्टी मिल जाएगी, मनस कह रही है। इसी बीच स्ट्रोक के स्पेशलिस्ट डॉक्टर आ गए हैं। वे हाल-चाल पूछ रहे हैं। मेरी जुबान लड़खड़ा गई है। मैं ठीक से बोल नहीं पा रहा हूँ।

डॉक्टर तपाक से कहते हैं, 'मिस्टर जोशी, आपको मेजर स्ट्रोक हुआ है। आप बोल नहीं पा रहे हैं।' मैं इसका प्रतिवाद करता हूँ। वे अपनी सहायक फीजियो थेरेपिस्ट को बुलाते हैं। वे उन्हें कुछ इंस्ट्रक्शन देते हैं। मुझ से कहा जा रहा है कि मैं चल कर दिखलाऊँ।

वाकई मैं बेड से ठीक से उतर नहीं पा रहा हूँ। थेरेपिस्ट मुझे बाहर गलियारे में ले जा रही है। एक ख़ास ढंग से चलने के लिए कह रही है। बॉडी का संतुलन बनाने के लिए कहती है। मैं ठीक से कर नहीं पाता हूँ। चल भी नहीं पा रहा हूँ। दस मिनट के बाद वापस मुझे अपने रूम में लाया जाता है। डॉक्टर को सब कुछ बतलाया जा रहा है। उनसे कहा जा रहा है, 'पेशेंट तीस मार्क्स ही ले सका है। हाथ-पैरों के अलाईमेंट और कोरडीनेसन नहीं है। इसे ठीक होने में समय लगेगा।'

'अब तो आपको डिसचार्ज नहीं किया जा सकता। हम नहीं चाहते कि आप बाहर गिरें, घायल हो कर यहाँ वापस आएँ।' डॉक्टर का रुख सख़्त हो गया है। किसी के पास कोई विकल्प नहीं है, सिवाय डॉक्टर की सलाह को मानने के।

'हम इन्हें दस-पन्द्रह दिनों के लिए एडमिट कर रहे हैं।' डॉक्टर अपनी सहायक को निर्देश देता है। औपचारिकताओं को पूरा करने की प्रक्रिया शुरू हो गई है। डॉक्टर चला गया है।

एक बार फिर भारत जाना रुक गया है। मनस भी बोस्टन–प्रस्थान को स्थगित कर देती है। टिकटों में परिवर्तन कराया जा रहा है।

मेरी मनोदशा एक पक्षी के समान है जिसके पंख काट दिए गए हैं। चौहत्तर बरस की उम्र में अस्पताल में! मैं कभी अस्पताल में भर्ती नहीं हुआ। इतना भी बीमार नहीं पड़ा कि घर पर ही खाट पकड़ रहूँ। माता-पिता को भी कभी तकलीफ़ नहीं दी। ज़िन्दगी चलते-चलते गुज़र गई। अब बीमार भी हुआ हूँ तो विदेश में, और विदेशी अस्पताल में भर्ती हुआ हूँ! मैं अपनी इस हालत को स्वीकार नहीं कर पा रहा हूँ। मेरी मनोदशा को, मेरी पीड़ा को मेरे परिजन समझ रहे हैं। लेकिन सब लाचार हैं। इन क्षणों में मित्र व कहानीकार अरुण प्रकाश याद आते हैं। अरुण को बार-बार पटेल चेस्ट इंस्टिट्यूट ले जाना पड़ता था। उनके साथ ऑक्सीजन का पोर्टेबल सिलंडर रहा करता था। मेरी दोनों बेटियों के विवाह के अवसर पर भी इसी ढंग से आए थे। एक दफ़े तो श्रीमती अरुण को कह भी दिया था 'भाभी जी, अब अरुण को देह-मुक्ति चाहिए।' 'हाँ भाई साहब, हम लोगों को भी यही लग रहा है। इन्होने बहुत कष्ट झेल लिया।' 'क्या मेरी भी ऐसी हालत तो नहीं हो जाएगी?' मैं खुद से पूछ रहा हूँ। मुझे मृत्यु का आभास होता जा रहा है। यही आभास व्यक्ति को मृत्यु-भय से मुक्त करता है। कुछ ऐसे ही भाव मुझे सालने लगे हैं।

आज सत्रह जनवरी हो चुकी है, पच्चीस-छब्बीस से पहले मुझे यहाँ से छुट्टी नहीं दी जाएगी। फरवरी से पहले मैं भारत नहीं लौट सकूँगा, यह साफ़ है। मैं मनस से वापस बोस्टन जाने की कह रहा हूँ, लेकिन वह यहीं रुकने पर जोर डाल रही है। उसका तर्क है कि दिन में मेरे साथ रहने वाला कोई व्यक्ति होना चाहिए। रात में तो मधु रह जाएगी। मनु की नौकरी नई नई है, इसलिए उसे छुट्टी नहीं मिल सकती। अन्त में तय किया जाता है कि मनस अपने पति को बोस्टन से यहाँ बुला लेगी। उसके साथ अपनी बेटी ऐना को वापस भेज देगी। उसके स्कूल भी जनवरी के अन्त में शुरू होंगे। अस्पताल से मेरी छुट्टी होने के बाद मनस बोस्टन लौट जाएगी। मैं उसका प्रस्ताव अनमने मन से मान लेता हूँ।

मेरी नई दिनचर्या शुरू होने लगी है; सबसे पहले ब्लड लिया जाता है; बीपी लेते हैं; एंटी-स्ट्रोक इंजेक्शन दिया जाता है; फिजियो थेरेपी कराई जाती है; गेम खिलाये जाते हैं; वाक एक्सरसाइज होती है; बोलने का अभ्यास होता है। बहुत ही सादा ब्रेकफास्ट और लंच-डिनर दिया जाता है। मुझे 'वॉकर' थमा दिया गया है। पहले व्हील चेयर दी गई थी जिसे लेने से इनकार कर दिया था मैंने। वॉकर को देख कर मुझे राजेंद्र यादव जी की याद आ रही है–'मैं कहीं उन जैसा तो नहीं बनता जा रहा हूँ!' मैं खुद से बुदबुदा रहा हूँ। मुझे आशंकाओं ने घेर लिया है। सचमुच में मुझे स्वप्न आता है उसी रात। मैं देख रहा हूँ–मैं और राजेंद्रजी कहीं किसी से मिलने जा रहे हैं। मिलने वाले व्यक्ति को कोई राष्ट्रीय पुरस्कार मिला है। उसे बधाई देनी है। साथ में मन्नू जी को भी ले लेते हैं। मुझे हैरत हो रही है राजेंद्रजी बिलकुल ठीक हैं। बैसाखी उनके पास नहीं है। इस हैरत के साथ ही मेरी नींद टूट गई है। मुझे ख़्याल आता है, राजेन्द्र जी तो कभी के देह-मुक्त हो चुके हैं! अब न वॉकर है, न बैसाखी, न व्हील चेयर! सब कुछ फ़ना हो चुका है। क्या मैं भी?

मैं जिस कमरे में हूँ, एक और बेड है। उस पर किसी ट्रक ओपरेटर का इलाज हो रहा है। लेकिन वह स्ट्रोक के बावजूद अपने बेड से ही कारोबार भी करता जा रहा है। वह मोबाइल से ट्रक भेजने, बैंक में चेक आदि जमा करने, माल की डिलीवरी करने सम्बन्धी निर्देश भी देता जा रहा है। हम सब आश्चर्यचकित हैं! सच, पूँजी अर्जन देह पर भारी पड़ता है; ग़रीब की देह पेट के लिए पिसती है,अमीर की देह तिजोरी का पेट मोटा करने के लिए घिसटती है। किसी ने ठीक ही कहा है–चमड़ी चली जाए, दमड़ी न जाए।

18 जनवरी।

इसलिए कि मैं यहाँ लम्बे समय तक रहने वाला हूँ, मुझे स्ट्रोक यूनिट में एक अलग रूम में शिफ्ट कर दिया गया है। यह रूम पहले वाले से काफ़ी आरामदायक है। इसमें रात्रि को परिवार का एक व्यक्ति साथ में रुक भी सकता है। मैं अपनी खिड़की से बाहर हिम आच्छादित विशाल मैदान देख सकता हूँ। हेलिपैड भी दिखाई दे रहा है। दूर-दूर तक मकानों की छतों पर बेफ़िक्र पसरी हुई असीम हिम काया को अपने आगोश में समां लेने के लिए मन कर रहा है। पर अब तो मैं बर्फ़ पर चल भी नहीं सकता। इंसान का मन कितनी उड़ाने भरता है अनंत आकाश में! पर देह तो मन का साथ नहीं दे सकती। उसकी भौतिक सीमाएँ तो असीम-अनंत कहाँ हैं! मुझे तो स्ट्रोक पेशेंट के इसी बेड से ही चिपके रहना है। जाने कब तक!

'पापा, अब आपका रियल टेस्ट है।' मनस कह रही है।

'वो कैसे? मैं समझा नहीं?'

'आप मार्क्सिस्ट हैं। कैसे हार मान सकते हैं? सामना करिए। कुछ यहाँ के अनुभव लिख डालिए।'

'लेकिन मेरी उँगलियाँ तो मेरा साथ नहीं दे रही हैं! अक्षर तो टेढ़े-मेढ़े बन रहे हैं।'

'तो क्या हुआ? मैं कल लेपटॉप ला कर दे दूँगी। उसमें बोल कर रिकॉर्ड करिए। साथ ही में अपने ज़माने के गाने भी सुनिए।'

मनस का यह आइडिया अच्छा लगा। अगले ही रोज़ लेपटॉप आ गया है।

रात्रि को मधु साथ रहती हैं, दिन में कभी मनस, अनंत, अनिरुद्ध, आदित्य बारी-बारी से आते रहते हैं, बैठते रहते हैं। मुझे चिंतामुक्त और प्रसन्नचित्त रखने के उपक्रम में लगे रहते हैं। लेकिन भीतर की पीड़ा को तो मैं ही महसूस कर सकता हूँ। बच्चा होता तो बहल भी जाता। जब समाज, स्थिति और स्वयं को क्रिटीकल ढंग से देखने का रोग लग जाए, तब भावनाओं, आस्थाओं, मन-बहलावे में कैसे रम सकता है दिल मेरा! बस, हाँ-हूँ की बैसाखी से काम चलाना पड़ता है। मैं जिस कमरे में हूँ उसका एक रोज़ का किराया ही तीन हज़ार कनेडियन डालर है यानी भारतीय मुद्रा में क़रीब डेढ़ लाख रुपए। बेटियाँ बीमा कंपनी का हवाला देती हैं। यह सब राशि उससे क्लैम की जाएगी। लेकिन बीमा कंपनियों की कार्य प्रणाली से मैं भली-भाँति परिचित हूँ। दावाकर्ता को तोड़ देती हैं, अनेक क़ानूनी संकटों के भँवर में उसे फँसा देती हैं। यह भी किसी 'स्ट्रोक' से घाट नहीं होता है। उतना ही असर दिखाता है। बेटियाँ इन जटिलताओं से नावाकिफ़ हैं। फिर भी...मैं।

अस्पताल का वातावरण ज़रूर अच्छा है; बेहद साफ़-सुथरा स्टाफ में बला का पेशेवर अनुशासन है। डॉक्टरों में अधिकांश वाइट हैं, वैसे भारतीय, अफ्रीकी, मुस्लिम देशों के भी हैं। निचले स्टाफ में प्रवासी लोग अधिक हैं। यहाँ श्रम की गरिमा है, छोटा-बड़ा का भेद-भाव कम दिखाई दे रहा है। भारतीय अस्पतालों से यहाँ की तुलना करना बचकानापन होगा। इसकी वजह भी है; यहाँ मरीजों की भिनभिनाहट नहीं है; आबादी कम है; मेडिकल स्टाफ पर्याप्त है; पर्याप्त प्रबंधन सुविधाएँ हैं। इस सबके बावजूद अनुभवों और रोगों की विविधता का अभाव ज़रूर खटकता है। भारतीय डॉक्टर का मरीजों और बीमारियों का एक्सपोजर जितना होता है, यहाँ के डॉक्टरों में इसका अभाव है। अलबत्ता, इनके पास बेहद उन्नत किस्म के चिकित्सीय उपकरण हैं, जिनका अभाव हमें अपने सरकारी अस्पतालों में खटकता है।

स्ट्रोक रोगियों के साथ मेरा सम्वाद होता रहता है। कुछ रोगी ऐसे भी हैं जो पकी आयु का अकेलापन दूर करने के लिए यहाँ चले आते हैं। छोटे-मोटे बहाना बना कर कुछ रोज़ चिकित्साकर्मियों के साथ अपना सुख-दुःख साझा करते हैं। 'एलिएनेशन' की समस्या ने यहाँ के समाज को बुरी तरह से जकड़ रखा है। एशियाई प्रवासी समाज भी इसकी चपेट में आ चुका है। भारतीय भी इसके अपवाद नहीं कहे जा सकते। सच! सम्पन्नता ने जहाँ इंसान को तात्कालिक व तकनीकी सुविधाओं से मालामाल कर दिया है, वहीं उसकी संवेदनशीलता, आत्मीयता को चिंदी-चिंदी कर दिया है। सारांश में, वह भौतिक उपलब्धियों की चिता पर लेटा हुआ है। ऐसे रोगी मुझसे ईर्ष्या करते हैं। उनकी पीड़ा है कि मेरे साथ रात्रि में पत्नी और दिन में बेटियाँ होती हैं। घर से रोज़ मनचाहा भोजन भी आ जाता है। अकेलेपन का दंश मुझे सालता नहीं है। एक और बात मैं नोट कर रहा हूँ। वही रोगी खुश हैं जिनकी देख-भाल उनकी बेटियाँ कर रही हैं। इन रोगियों का कहना है कि उनकी बेटियाँ उनके पुत्रों से अधिक संवेदनशील और समर्पित हैं। वे बेटियों के प्रेम के कारण ही पच्चासी वर्ष तक ज़िन्दा हैं। कुछ अपनी अचल सम्पति पुत्रियों के नाम ही कर दी है। अस्पताल

से डिस्चार्ज होने के बाद अपनी पुत्रियों के ही साथ रहेंगे। हम भारतीय जहाँ बेटियों को दोयम दर्जे की संतान समझते हैं, वहीं ये लोग उन्हें 'फ़रिश्ता' समझते हैं।

एक बेन नाम का व्यक्ति मुझसे मिलने आया। कोई पैंसठ बरस का रहा होगा। स्ट्रोक का पुराना पीड़ित व्यक्ति है। कोई दो वर्ष पहले वह इसकी चपेट में आ गया था। इसी अस्पताल में कई रोज़ उसका इलाज चला। इस समय चुस्त-दुरुस्त है। खुद अपनी कार चलाकर आया है। कभी-कभी मोटर बाइक भी चलाता है। इस शहर से क़रीब ढाई घंटे के फ़ासले पर स्थित शहर कैलगेरी में अपनी बेटी के साथ रहता है। स्ट्रोक से पहले गणित का शिक्षक रह चुका है। बेन हर गुरुवार को अस्पताल में आता है और नए मरीजों के साथ अपने अनुभव शेयर करता है। उनका मनोबल बढ़ाता है उसे 'वालंटियर' का दर्जा प्राप्त है। इस समाज में ऐसे व्यक्तियों को गरिमा के साथ देखा जाता है, क्योंकि बिना किसी भौतिक अपेक्षा के निष्काम भाव से सामाजिक कर्म करते हैं। क्या मेरे समाज में ऐसे वालंटियर मिलेंगे? यह सवाल मुझे झकझोर देता है।

बेन मेरे रूम में दो-ढाई घंटे बिताते हैं। साथ में मनस भी है। विभिन्न विषयों पर चर्चा होती है। लम्बे समय तक वे स्ट्रोक के असर से घिरे रहे। चल-फिर नहीं सकते थे और न ही बोल सकते थे।

'ऐसे समय धैर्य की बहुत ज़रूरत है।' बेन सीख देने लगे। मनोबल ऊँचा रखना चाहिए।

बेन का कहना सही है। मैं अधीर हो उठता हूँ। 'एक इन्सान जिसने तेरह साल से किशोर श्रमिक के रूप अपनी बाहरी ज़िन्दगी की शुरुआत की हो, फिर स्वयं को बनाने के लिए ज़माने में निकल पड़ा हो, इसके बाद समाज को बदलना चाहता हो, क्रान्ति लाना चाहता हो,खुद के लिए हॉस्पिटल का मुँह न देखा हो, वह कैसे शांत बैठ सकता है?' मैं खुद से बुदबुदाता रहता हूँ। ऐसे उपायों के बारे में सोचता रहता हूँ जो मुझे अधीरता से उभारता रहे। डॉक्टर का कहना है,' मिस्टर जोशी, अपने को इन क्षणों में तनाव मुक्त रखना ज़रूरी है। काफ़ी आराम की भी ज़रूरत है। वरना फिर से स्ट्रोक का खतरा हो सकता है।'

मैं 'आत्मसंघर्ष' के दौर से गुज़र रहा हूँ। साहस जुटाने की कोशिश कर रहा हूँ; कभी गाने सुनता हूँ; कभी मनोरंजन रूम में जाकर टीवी देखता हूँ-टेबल गेम खेलता हूँ; मधु और मनस के साथ ज़माने भर की बातें करता हूँ। बेन से भी लम्बी बातचीत की, जिसमें शामिल थे रोनाल्ड ट्रम्प, नरेन्द्र मोदी, कनाडा के युवा प्रधानमंत्री त्रिडू, क्राइस्ट। यदि मनस बीच में नहीं रोकती तो हमारी बहस लम्बी खिंच जाती। मैं तो भूल ही गया था कि मैं हॉस्पिटल में हूँ, प्रेस क्लब में नहीं हूँ। गाँधी शांति प्रतिष्ठान के मंच पर बैठ कर मैं संवाद कर रहा हूँ, यह समझ कर मैं बेन से बातें कर रहा हूँ। हालाँकि डॉक्टर की हिदायत यह भी है कि मैं अधिक न सोचूँ, कम बोलूँ। दिमाग़ पर इसका प्रतिकूल असर पड़ सकता है। लेकिन अपनी आदत से बेबस हूँ मैं।

मेरे रूम में एक क्रॉस लटक रहा है दीवार से। इसका सीधा अर्थ है क्राइस्ट। मैं तो ठहरा निरीश्वरवादी। पूर्ण नास्तिक इसलिए नहीं हूँ क्योंकि वैज्ञानिकों ने इसके अस्तित्व को पूर्णरूपेण खारिज नहीं किया है। मनस खुद एस्ट्रोफिजिस्ट है। उससे एक बार पूछा भी था, 'तुम्हारी साइंटिफिक कम्युनिटी में ईश्वर के अस्तित्व के बारे में क्या राय है?' उसका उत्तर था, 'पापा, वैसे तो हम वैज्ञानिक ईश्वर को नहीं मानते हैं। हमें प्रूफ़ चाहिए।

फिर भी कुछ ग्रे एरिया हैं जिनके बारे में अभी क्लैरिटी नहीं है।' डॉ. तुलसीराम अपनी आत्मकथा 'मणिकर्णिका' में एक जगह लिखते हैं कि जब मैंने ईश्वर को जीवन से खदेड़ दिया है तो जाति को क्यों नहीं कर सकता। ईश्वर के मामले में मैं बुद्ध और ग़ालिब के क़रीब अधिक हूँ। ग़ालिब ने ठीक ही कहा है कि "इब्ने मरियम हुआ करे कोई, मेरे दु:ख की दवा करे कोई।" सो, मेरे लिए मरियम का बेटा एक क्रान्तिकारी मित्र है, न कि कोई ईश्वर या उसका पुत्र। मैं पहले ही इस सम्बन्ध में अपने विचार साफ़ कर चुका हूँ। जब तक हॉस्पिटल में रहा इस मित्र को ज़रूर याद करता रहा। छोटी बेटी ने आगाह किया था, 'पापा, आप खुद को नास्तिक घोषित न करें। यहाँ के लोग पसंद नहीं करते हैं। मार्क्सवादियों, नास्तिकों से परहेज करते हैं।' ख़ैर, क्राइस्ट के साथ-साथ चे गुवेरा को याद करना नहीं भूलता हूँ...मैं स्वयं और अपने परिजनों से कहता रहता हूँ, 'जब जीवनपर्यंत दमाग्रस्त क्रान्तिकारी क्यूबा को आज़ादी दिला सकता है, दूसरे देश बोलीविया को मुक्त कराने के लिए अपना सब कुछ छोड़ सकता है, तो मैं इस मामूली झटके का सामना नहीं कर सकता?' सच, क्राइस्ट और चे मेरे साथ हमेशा रहते हैं। गाँधीजी भी याद आते रहते हैं। अगर कोई आस्तिक कहे--ये सब भी ईश्वर के ही रूप हैं, तो मुझे कोई परेशानी नहीं होगी। इन सबके सहारे मेरा आत्मबल सीधा खड़ा हुआ है।

मनोबल तिड़कता नहीं, ऐसा दावा करना सबसे पहले खुद को धोखा देना होगा। मैं भी तिड़क जाता हूँ। ऐसे ही कमजोर क्षणों में अपनी दोनों बेटियों से कह बैठा हूँ, 'अपनी मम्मी का ख़्याल रखना। हो सकता है मैं यहाँ से निकल न पाऊँ!' इन शब्दों में मेरी कोरी भावुकता के साथ व्यावहारिक दृष्टि भी घुली हुई थी। 'कुछ भी हो सकता है,' ऐसा मान कर मैं चल रहा हूँ। मधु और अनिरुद्ध, दोनों भी इन क्षणों के साक्षी बने थे। लेकिन मनस और त्रीना में बला का आत्मविश्वास झलक रहा था। वे बोलीं, 'देख लेना पापा, हम आपको दिल्ली भेज कर ही दम लेंगे। आप फिर से नॉरमल लाइफ लीड करेंगे।'

जब आप अकेले होते हैं तब दिमाग़ में भाँति-भाँति की वैचारिक खरपतवार लहलहाने लगती है; कभी आत्महंता बनते हैं, अगले ही क्षणों में अमर होने की इच्छा बलवती होने लगती है; निर्थकता-अस्तित्ववाद-अनलहक के संगम की अनुभूति होती है; अलगाव, निस्पृहता, संलिप्तता का विरोधाभासी बोध के भँवर में फँसे अनुभव करते हैं; मात और शिकस्त के बीच झूलने लगते हैं; अतीत का बहीखाता खुल जाता है; इसी क्रम में मैं क्रान्तिकारी और भगोड़ा एक साथ बन जाता हूँ। गीता का सन्देश याद आता है और कर्म-निष्काम कर्म के तर्क दबोचने लगते हैं। जीवन क्या है, माया है, नहीं यह सम-विषम यथार्थ का एक पुंज है।

इस खरपतवार को बीन-बीन कर उखाड़ फेंकने में दस रोज़ बीत गए हैं। और अधिक यहाँ रहना मनोवैज्ञानिक स्तर पर कठिन होता जा रहा है। मैं समय से पहले जाने का दबाव बनता हूँ। अब तक क़रीब चालीस हज़ार डॉलर का बिल बन चुका है। डॉक्टर और चार रोज रोकना चाहते हैं। 'आपको चार रोज़ बाद बिना वॉकर के भेजेंगे।' डॉक्टर रोकने के पक्ष में तर्क देते हैं। बेटियाँ और पत्नी भी उनसे सहमत हैं। लेकिन मैं अड़ जाता हूँ, और आखिरकार 26 जनवरी को हॉस्पिटल से आज़ाद हो जाता हूँ। वॉकर मेरे साथ जाता है।

अब 21 फरवरी को फ्लाइट है। मैं और मधु साथ जा रहे हैं। मनस तो दो रोज़ बाद 28 जनवरी को ही बोस्टन चली गई थी, क्योंकि उसकी बेटी अनाहिता अकेली थी।

17 फरवरी। समय शाम।
आघात : चार

'अरे यह क्या! टाँगे मुड़ रही हैं, बाँहों में ऐंठन आ रही है।' मैं फ़ौरन ही अनिरुद्ध को कहता हूँ। मेरा ब्लड प्रेशर भी बढ़ गया है। मुझे अनिरुद्ध अपनी कार में बैठा कर फिर उसी इमरजेंसी वार्ड में लाया है। साथ मधु भी है। फिर से वही पुराना सिलसिला शुरू हो जाता है। इस बार तुरंत इंजेक्शन दिया जा रहा है ताकि फिर स्ट्रोक न आए। इसके बाद ड्रिप पर रखा जाता है। अगले दिन अपराह्न तक क़रीब दस बोतल चढ़ा दी जाती हैं। मैं चंगा हो गया हूँ। डॉक्टर बता रहे हैं, 'इस दफ़े आपका सोडियम लेवल बेहद नीचे गिर गया था। कुछ भी घट सकता था। अब ठीक कर दिया गया। आप यात्रा पर जा सकते हैं। बिलकुल फिट हैं।'

हम शाम को घर के लिए रवाना हो जाते हैं। रास्ते में इडली-डोसा पैक करा लेते हैं। साल्ट जो कम हो गया है। जीभ का चटोकड़ापन तो न जाने कहाँ फ़ना हो गया है! अब तो जीभ की लगाम कसनी पड़ेगी।

मुझे और मधु को 21 फरवरी को शाम की फ्लाइट में दिल्ली के लिए बैठा दिया गया है, वॉकर पीछे रह गया है। मैं अपनी टाँगों से विमान में चढ़ता हूँ। सावधानी के लिए अनिरुद्ध ने एक छड़ी ज़रूर हाथ में थमा दी है...बीस-इक्कीस घंटे बाद हम इन्दिरा गाँधी अन्तरराष्ट्रीय विमानतल पर साबुत उतर रहे हैं। बेटा अमन, नीता और राजेश शर्मा (मधु की छोटी बहन और उनका पति) स्वागत के लिए खड़े हैं।

विदेश जाने से पहले मैं सोचता रहा हूँ 'कभी मैं अशक्त हो जाऊँ, बिलकुल हिल-डुल न सकूँ। बात भी न कर सकूँ, तब मैं क्या करूँगा? मैं किस काम का रह जाऊँगा? क्या ऐसा जीवन मैं जीना चाहूँगा? क्या ऐसे समय में 'मुझे अजानी अनंत यात्रा पर नहीं निकल जाना चाहिए?' कनाडा में आया स्ट्रोक कहीं उसकी ही तो पूर्वपीठिका नहीं थी! इहलाम! जब इस पटकथा का 'सूत्रधार' मैं स्वयं हूँ, तो किस बात का दु:ख, किससे शिकवा-शिकायत! ग़ालिब इस एहसास के नोट पर इस रामगाथा को समाप्त करता हूँ-

"हो चुकी ग़ालिब बलाएँ सब तमाम, बस एक मर्गेनागाहानी और है।"

परिशिष्ट

परिशिष्ट : एक

...और मेरी बेटियाँ

जब आप मेरी बेटी के कमरे में 'गेट क्रैश' करने की कोशिश करेंगे तब उसके दरवाज़े पर ललकारते हुए नारे आपका स्वागत करेंगे, दरवाज़े पर एक बड़ा रंगीन पोस्टर चिपका हुआ है। पोस्टर पर छपे मोटे-मोटे अक्षरों में दो नारे आपको हिला देने के लिए काफ़ी हैं। नारे चीखते हैं : 'डीकॉलोनाईजेशन एंड फ्रीडम टू चूज।' मामला यहीं तक रुकता तो गनीमत रहती। बाज़ार से खरीदे हुए इस पोस्टर के ऊपर बेटी ने अपने हाथ से तैयार किया हुआ पोस्टर भी एक तरह से सुपरइंपोज कर रखा है। उसका नारा है : 'लेट अस डीकॉलोनाईज दिस रूम'। बाज़ारी पोस्टर के नीचे भी एक और नारा चस्पा दिया है। लाल और नीले रंग से बना यह नारा अलापता है : 'चाहत है!'

अब आप दरवाज़े को धकेलते हुए 'डीकॉलोनाईज्ड रूम' में दाखिल हो चुके हैं। लेकिन शॉक आपको यहाँ भी लगेगा। इसलिए सम्हल कर रहिए। अंदर क़दम रखते ही सामने दीवार पर चिपकी दो बाई दो फुट की तस्वीर आपको 'अपसेट' करने के लिए काफ़ी है। तस्वीर से एक गुस्सैल बच्ची झाँक रही है। उसकी मासूम आँखें अंगारे बरसा रही हैं। चेहरा चढ़ा हुआ है, नाक तनी हुई है, बाल बिखरे हुए हैं और फ्रॉक सलवटी व बेतरतीब है। वह दाँत दिखा रही है। पूरा हुलिया बताता है कि यह अपने 'अस्तित्व अश्वमेध' के लिए सड़क पर निकल पड़ी है : 'है किसी में साहस मुझे रोकने का?' उसकी मुद्राओं से लगता है वह कई मोर्चे जीत चुकी है और विजय के लिए अपने विरोधियों को ललकार रही है। पोस्टर पर छपा चार शब्दों वाला नारा विरोधियों के होश उड़ाने के लिए पर्याप्त है। यह नारा घोषणा कर रहा है : 'इट इज माई लाइफ।' आपको आपत्ति है, इस पर? नहीं न! यदि है भी तो इस बालचंडी को इसकी तनिक भी चिंता नहीं है, क्योंकि उसने पहले से ही अपनी 'पोजीशन' ले रखी है। इस पोस्टर के सामनेवाली दीवार पर तीन गुना तीन का एक दूसरा पोस्टर आपको अपनी स्थिति का एहसास कराने और निर्णायक रूप से परास्त करने के लिए तैयार है। पोस्टर का ऐलान है : 'विमेन होल्ड अप हाफ दी स्काई।' अब बताइए, क्या इरादे हैं? क्या ग्रेट क्रेश करना चाहेंगे?'

जब ये पोस्टर लगे थे तब बेटियाँ सत्रह और उन्नीस बरस की थीं। अब तीन साल बीत चुके हैं, पोस्टरों और नारों की स्थिति में कोई चेंज नहीं आया है, बल्कि इन्हें सँवार कर रखा जाता है। हर रविवार को कमरे की साफ़-सफ़ाई के साथ इन पोस्टरों पर जमी गर्द को भी हटा दिया जाता है। गर्द के हटने के साथ ही नारों की रंगीन चमक फिर उभरने लगती है और हैरत में डालने लगती है मुझे और पत्नी को।

आप उत्सुक होंगे जानने के लिए कि हम क्यों चौंक उठते हैं? वजह है...वजह। देखिए, ये 'विस्फोट और डिफाइंग पोस्टर' अचानक मैदान में नहीं उतरे हैं। इन्होंने 'रिप्लेस' किया है किन्हीं दूसरे पोस्टरों को। बड़ी दिलचस्प कहानी है। 'पोस्टरों द्वारा पोस्टरों को बर्खास्त' करने की। मुझे आज भी याद है उन परास्त पोस्टरों के चेहरे। यही दस गुना बारह का कमरा कैसे-कैसे चेहरों से भरा हुआ रहता था? मेरी दोनों बेटियाँ उन चेहरों को सजाया करती थीं। उनकी पूजा करती थीं। शायद वे चेहरे 'रोल मॉडल' भी बने रहे हों, तो कोई तान्तुब नहीं। कनॉट प्लेस की फुटपाथों से बड़ी जिद्द के साथ वे चिकने-चुपड़े ग्लैमर चेहरों वाले पोस्टर खरीदे गए थे। एक पूरी बारात थी दिलों पर राज करने वाले चेहरों की-माधुरी दीक्षित, अमिताभ बच्चन, सलमान खान, शाहरुख खान, आमिर खान, ऋतिक रोशन, काजोल और कुछ हॉलीवुड के सितारे। कितना गुस्सा आया करता था तब मुझे! 'क्या हो गया है इन लड़कियों को? क्या ये फ़िल्मी लोग इनके रोल मॉडल बनेंगे? मैंने ऐसी शिक्षा तो नहीं दी है और न ही दे रहा हूँ?' मैं अपने आपसे सवाल किया करता और खुद पर झल्लाता भी। बेटियों को झाड़ा करता : "यह क्या नुमाइश लगा रखी है? क्या किसी और की तस्वीर नहीं लग सकती? और भी तो हैं। गाँधी हैं, मार्क्स हैं, सुभाष हैं, मेधा पाटकर हैं। ...क्या ये लोग तुम्हें एट्रेक्ट नहीं करते हैं?" पहले तो बेटियाँ चुपचाप सुना करतीं, लेकिन जब मैं बार-बार बोलता तो वे भी धीरे-धीरे प्रतिवाद करने लगतीं, "क्या पापा! आपका जमाना दूसरा था, हमारा ज़माना अलग है। हम वही कर रहे हैं जो हमें अच्छा लग रहा है। अब स्कूल-कॉलेज में कौन पूछता है गाँधी या मार्क्स को? हमारी जनरेशन तो माधुरी दीक्षित, जूही चावला, काजोल, सलमान जैसे लोगों को ही पसंद करती है।" बेटियों के तेवर देखकर मैं धीरे-धीरे ठंडा होने लगता। स्वयं पर शक करने लगता, 'कहीं मैं ग़लत तो नहीं हूँ? इनका स्वाभाविक विकास होना चाहिए। अपने रोल मॉडल नहीं थोपना चाहिए।' शायद मैं स्वयं की सीमाओं के साथ समझौता करने का रियाज कर रहा था। ये सीमाएँ, हो सकता है, कल का यथार्थ बन जाएँ? हो सकता है, ऐसा यथार्थ जो पितृ-सत्ता और पुरुष वर्चस्वता के लिए एक साथ चुनौती प्रस्तुत कर दें। मैं तरह-तरह की आशंकाओं से घिरने लगता और अपनी स्मृतियों की उन तलहटियों में उतरने लगता जिन्हें मैं बहुत पीछे छोड़ आया हूँ।

मैंने अपने ऊँघते गाँव की उन तलहटियों में अनेक तनु व मनु को देखा है। तनु के हाथों में झाड़ू थमा दी गई है। मनु से कह दिया गया है कि वह रोज़ सुबह जंगल में जाए और काबर व लकड़ियाँ समेटकर लाए। तनु रसोई में जुटी हुई है व बर्तन साफ़ कर रही है। मनु पशुओं को चारा डाल रही है और दूध निकाल रही है। तनु से कहा जा रहा है कि वह व्रत रखे, अच्छा पति पाने के लिए। मनु से कहा जा रहा है कि वह भजन-पूजन की तैयारी करे। तनु बड़ी हो गई है और वह दुल्हन बनने जा रही है। मनु दुखी है कि उसका जीजा आयु में उसकी दीदी से काफ़ी बड़ा है-साला बूढ़ा खूसट। तनु ससुराल चली जाती है। मनु अपनी बारी की प्रतीक्षा करती है। तनु को दो बरस बाद चिट्ठी मिलती है कि मनु घर से किसी मनचले के साथ भाग गई है। तनु के माता-पिता को सूचना मिलती है कि उनकी लड़की ने कुएँ में कूदकर आत्महत्या कर ली है। पहले भी ऐसा ही हुआ था इस परिवार में। उसकी चाची ने खुदकुशी की थी। वह दहेज नहीं लाई थी। चाचा नपुंसक

था। एक पड़ोसी ने अपनी बाल विधवा पुत्री को बेचा था किसी बूढ़े को। तनु-मनु जानती थीं इन घटनाओं को; जानती थीं कि उनकी राहें स्कूल की ओर कभी नहीं जाएँगी, क्योंकि उस पर तो उनके भाई का पट्टा जन्म से है। बेशुमार तनु-मनु हैं इन तलहटियों में। कितनी ही मर-खप चुकी हैं। कितनी ही मरती रहती हैं गुमनामी में। कितनी ही झुर्रियों से लदी विलुप्त होने की प्रतीक्षा में हैं। कितनी ही रोज़ पिट रही हैं अपने मर्दों से; खेतों में उन्हें बार-बार गाड़ा जा रहा है-निकाला जा रहा है। उसका हमल गिराया जा रहा है; पिछवाड़े वाले बाड़े में उसे गाड़ा जा रहा है। दाई उसे घोट डालती है; पूरे में दबा देती है; पोखर में फेंक देती है जब उसकी शिनाख्त होती है—वह औरत है; सब कुछ घटता है या होता है। माँ और बाप की निगरानी में। कैसी थी वे तनु? कैसी थी वे मनु? क्यों नहीं की थी 'उफ़ उन्होंने?

अरे, कैसी तलहटियाँ थीं वे? क्या तलहटियाँ लुप्त हो गईं? क्या तनु-मनु तलहटियों से मुक्त हो चुकी हैं? कहाँ...? वहीं हर बरस लगता है मेला। तनु और मनु घिसट रही हैं। पैंया-पैंया चल रही हैं। हग देती हैं अपने पोतड़ों में। गोदियों में मूत देती हैं। नाकें बह रही हैं। मिट्टी खा रही हैं दोनों। गुड़ियों से खेल रही हैं वे। हाँ, गुड़िया ही हैं दोनों। तभी वे भरे मेले में बड़ों की गोदियों में बैठी हैं। अब वे बच्चियाँ नहीं हैं। वे दुल्हन हैं। एक-दो बरस में कितनी सीढ़ियाँ तय कर ली हैं उम्र की-बचपन, शैशवकाल, बालपन, किशोरीपन, कुँआरापन और न जाने क्या-क्या? आज वे एक साथ क्या होने जा रही हैं? वे होने जा रही हैं जो वे नहीं हैं। वे जो होना चाहती हैं उनसे वंचित हो रही हैं। माता-पिता की गोद में बैठी-बैठी वे 'दो से चार' हो रही हैं। वे वय:संधि में प्रवेश कर रही हैं। वे बच्ची से युवती बन रही हैं। वे कुँआरी से विवाहिता बन रही हैं। वे पत्नी, माँ, दादी, विधवा और सती बन रही हैं गोदियों में। एक साथ कितनी भाग्यशालिनी हैं तनु और मनु! वे एक साथ बन बैठी हैं सीता, सावित्री, लक्ष्मी, दुर्गा और न जाने क्या-क्या? काल भी उनके सामने परास्त है, तभी तो बाल पत्नी हैं! 'राज्य' भी फ़रार है, इसीलिए गोदियों में वे सजी बैठी हैं। दुल्हन बनीं। पलों में बच्ची से औरत में रूपांतरण, कितना मोहक और रहस्यमयी है यह दृश्य! क्यों न हो? इन्हीं पलों की कोख से जन्म ले रही हैं शरतचंद्र की नायिकाएँ। बनारस और मथुरा के विधवाधाम, सोनागाछी, कमाटीपुरा और मेरठ की मंडियाँ मुझे दिखाई दे रही हैं। बेशुमार द्रौपदियाँ-जौनसार बावर में चलती-फिरतीं। दो-दो मर्दों के साथ जीवन गुजारतीं या मेरठ, मुम्बई, दिल्ली, कलकत्ता के धड़कते गोश्त-बाज़ारों में लटकती हुई—ठीक चिकन बनीं! ये तलहटियाँ नहीं हैं तो क्या हैं?

लगता है मैं तनु-मनु के साथ अभी तक धँसा पड़ा हूँ अपने बचपन में। टटोलने लगता हूँ खुद के दिलो-दिमाग़ और जिस्म को : 'क्या मैं बड़ा हुआ हूँ? मेरी लम्बाई पाँच फीट पाँच इंच है? फिर क्यों मैं दो फीट का दिखाई दे रहा हूँ? बचपन के सवाल क्यों ज़िन्दा हैं पचास पार पुरुष में? तलहटियाँ मर क्यों नहीं गईं? क्यों तनु-मनु उनमें क़ैद हैं? मैं देख रहा हूँ तनु-मनु रूपकंवर बन गई हैं। उन्हें भंवरीबाई बना दिया गया है। वे फूलन देवी बन चुकी हैं।

''औरतों ने आधा आसमान थाम रखा है।'' मैं फिर से इस पोस्टर की ओर देख रहा हूँ। पोस्टर का नारा गूँज रहा है दिमाग़ में, हथौड़े मार रहा है। एक और यथार्थ जन्म

लेने को तैयार है। तनु-मनु जिरह करती हैं मुझसे। वे बात नहीं मानतीं। अब वे राजा-रानी, परियों, देवी-देवताओं, वार-त्योहार के बारे में बातें नहीं करती हैं। वे भूलने लगी हैं रामायण-महाभारत के मेगा सीरियलों को। उन्हें मिथिकीय नायक-नायिकाएँ लुभाते नहीं हैं। वे अब विवाहेतर सम्बन्धों पर आधारित सीरियलों पर बहस करती हैं। उनकी चीराफाड़ी करती हैं। सीरियलों में नारी पात्रों के चित्रांकन पर अपने विचार व्यक्त करती हैं। वे फेमिनिस्ट नहीं हैं, लेकिन औरत-समानता और औरत-आज़ादी की प्रखर पक्षधर हैं। तभी वे मुझे ललकारते हुए कह रही हैं : ''क्या पापा, जब आपका बेटा रात को बाहर जाता है, देर से आता है तब आपको कोई चिंता नहीं होती है। आप उसे क्लब में ले जाते हैं। बीर में ले जाते हैं, तब उसके बिगड़ने की चिंता नहीं होती है। पर जब आपकी बेटियाँ शाम को बाहर जाती हैं, दोस्तों से मिलती हैं, पार्टी में जाना चाहती हैं तब आपको हमारी फ़िक्र होने लगती है। ऐसा क्यों, पापा? आप खुले दिमाग़ के होते हुए कंजेरवेटिव क्यों बन जाते हैं? अब हम बड़ी हो गई हैं। हमें समान अधिकार और फ्रीडम चाहिए।'' मैं देख रहा हूँ मेरी बहनें शाम को बाहर निकल नहीं पा रही हैं अकेली। उनके साथ किसी बड़े आदमी को भेजा जा रहा है। बाहर निकलती हैं तो गालियाँ खाती हैं। पिटाई खाती हैं; कुलछनी घोषित किया जा रहा है। वे चुपचाप कोकशास्त्र पड़ती हैं। उसके ऊपर चढ़ा हुआ है किसी धार्मिक पुस्तक का आवरण। बिस्तरों में छिपा रखी हैं कैसी-कैसी तस्वीरें। वे श्रीमद्भागवत कथा में बैठने के लिए अभिशप्त हैं। तनु-मनु को नहीं चाहिए यह सब कुछ। टाइम्स ऑफ इंडिया में छपने वाली या बिकनी वाली 'हॉट तस्वीरों' को देखती हैं। उन्हें ये खारिज भी करती हैं और मॉडल की खूबियों भी बतलाती हैं। कितने पॉप सिंगरों के नाम उन्हें याद हैं? माइकल जैक्सन की दीवानी हैं। 'हील दी वर्ल्ड' गुनगुनाहती रहती हैं हमेशा। चिढ़ाती हुई कहती हैं, ''क्या पापा! आपने यह गाना भी नहीं सुना? यदि इसे नहीं सुना तो आप हमारी जनरेशन को जानते नहीं हैं।' एक ही साँस में कई-कई गानों को गुनगुनाने लगती हैं : 'लिविन ला वीडा लोका' (रिकी मार्टिन), 'समर ऑफ 69' (ब्रेन एडम्स) 'लाजर देन लाइफ' (बेकस्ट्रीट बीव्यस), 'अर्थ सोग' (माइकल जैक्सन)। हीनता का एहसास मुझमें पैदा-सा होने लगता है। लगता है 'मैं गया काम से।' मैं बुदबुदाने लगता हूँ। मैं गुनगुनाने लगता हूँ अपने युग को : झंडा ऊँचा रहे हमारा, विजयी विश्व तिरंगा प्यारा; वो शक्ति हमें दो दयानिधे! कर्तव्य मार्ग पर डट जाएँ; खूब लड़ी मरदानी वो तो झाँसीवाली रानी थी; तूफ़ान से लाए हैं कश्ती निकाल के; नन्हे-मुन्ने बच्चे तेरी मुट्ठी में क्या है? ज़रा आँख में भर लो पानी, जो शहीद हुए हैं उनकी ज़रा याद करो कुर्बानी। आँखों में सामने रीलें चलने लगती हैं—जागृति, बूट पॉलिस, तूफ़ान और दीया, हम पंछी एक डाल के, शहीद, दो आँखें बारह हाथ, हकीकत, भगत सिंह. ..आख़िर तनु-मनु कह रही हैं, 'हम आज भंसाली की 'देवदास' देखकर आए हैं, क्या एक्टिंग है? क्या सेट्स हैं? क्या ग्लैमर है?' अब बेटियाँ अकेली फ़िल्में देखती हैं। उनकी अपनी रुचियाँ हैं। अपना संसार-बोध है। मैं इस संसार में 'बाप' के रूप में दीवार पर रंगा हुआ हूँ सिर्फ़ बाप के नाते। शेष इररिलेवेंट है मेरा अस्तित्व। अभी नहीं है, तो हो रहा है। बेटियाँ गा रही हैं, नाच रही हैं। बेटियाँ उरुज पर चढ़ रही हैं, बेटियाँ अन्तरिक्ष में विचर रही हैं; बेटियाँ बोध के नए संसार जन रही हैं; बेटियाँ रिप्लेस कर रही हैं।

कैसी-कैसी शरारतें है तनु-मनु की 21वीं सदी में? अर्द्ध बीसवीं सदी की शरारतें कम नहीं थीं। प्रथम चुंबन का आनंद, जिसमें न ममत्व था, न काम, न अध्यात्म। न ही आकर्षण, न ही वैराग्य-क्या नाम दूँ उन क्षणों को? क्षणों की नायिका, गुड्डी सातवीं कक्षा की छात्रा और इसी कक्षा का छात्र मैं। माँ के चुंबन से अलग भी किसी चुंबन की अनुभूति हो सकती है, इसका एहसास पहली बार तब हुआ जब खेल-खेल में कुछ हो जाया करता था। गुड्डी का स्थान किसी और ने न लिया, कक्षा की यात्रा आगे बढ़ी। पत्र लिख मारा और सब कुछ कह डाला। चुंबन, शैशव से किशोर, किशोर से वयस्क, वयस्क से युवा, युवा से प्रौढ़ बनता चल गया, और प्रत्येक संक्रमण काल की नई ताज़गी की अनुभूति की सृष्टि करता रहा।

तब मैं क्यों तनु-मनु को वंचित रखना चाहता हूँ उन अनुभूतियों से? मुझे क्यों आपत्ति होती है जब उन्हें अपने दोस्तों के पत्र मिलते हैं। नए-नए उपक्रम रच कर मैं उन खतों में क्यों झाँकना चाहता हूँ? क्यों ख़तों की इबारत और लिखनेवाले के साथ पाने वाले के रिश्तों की थाह लेना चाहता हूँ? क्यों मैं टेलीफोन की नब्ज़ को टटोलना चाहता हूँ? रात-बिरात आने वाले टेलीफ़ोन और उन पर चलने वाली चर्चाओं को लेकर मैं क्यों चिंतित हो उठता हूँ? क्यों तनु-मनु पर झल्ला पड़ता हूँ? क्यों मुझे सुनना पड़ता है, "क्या पापा! फ़ोन पर बात करने पर भी पाबंदी है? फ़ोन हमने नहीं किया, उसने किया है, इसमें ग़लत क्या है? खुलकर बातें कर रहे हैं।" 'लेकिन, क्या बातचीत छोटी नहीं हो सकती? आधे घंटे से बातें चल रही हैं।' 'मैं चीखता हूँ। 'आपके ज़माने में चिट्ठियाँ लिखी जाती थीं, अब फ़ोन होते हैं।' उनके प्रतिआक्रमण का जवाब मेरी खामोशी देती है।

मैं और मेरी बेटी। मैं तनु-मनु के कमरे में बैठा हूँ अकेला। दोनों की अनुपस्थिति में गौर से देख रहा हूँ। उनके कमरे को। एक बार फिर नज़र जाती है वाल पोस्टरों पर। 'आधे आकाश को थामे औरतें' वाले पोस्टरों से सटा एक और पोस्टर है। अब तक के पोस्टरों से अलहदा। पोस्टर पर लिखा हुआ है : पोलिटिक्स फॉर बिगनर्स अर्थात् नौसिखियों के लिए राजनीति। सात शीर्षकों में विभाजित पोस्टर काफ़ी दिलचस्प है। प्रत्येक शीर्षक की व्याख्या की गई है और वह भी सिर्फ़ एक पंक्ति में, लेकिन पंक्तियाँ हैं मार्के की। पहला शीर्षक और उसकी व्याख्या है 'समाजवाद' अर्थात् 'तुम्हारे पास दो गायें हैं—इनमें से एक तुम अपने पड़ोसी को दे दो।' दूसरा, 'साम्यवाद' अर्थात् तुम्हारे पास दो गायें हैं, सरकार दोनों ले लेती है और तुम्हें दूध देती है।' तीन, 'फासीवाद' अर्थात् 'तुम्हारे पास दो गायें हैं—सरकार दोनों ले लेती है और तुम्हें दूध बेचती है।' चार, 'नाजीवाद' अर्थात् 'तुम्हारे पास दो गायें हैं-सरकार दोनों ले लेती है और सरकार तुम्हें शूट कर देती है।' पाँच, 'पूँजीवाद' अर्थात् तुम्हारे पास दो गायें हैं—तुम एक बेच देते हो और उससे एक साँड खरीद लेते हो।' छह, 'ट्रेड यूनियनवाद' अर्थात् 'तुम्हारे पास दो गायें हैं—वे तुमसे दोनों ले लेते हैं जिनमें से एक को शूट कर देते हैं, दूसरी से दूध निकालते हैं और उसे फेंक देते हैं। सात, 'नीतिवचन' अर्थात् 'गायों के साथ कोई सम्बन्ध मत रखो। वे तुम्हारे लिए केवल मुसीबतें ही पैदा करती हैं।'

क्या है इस चिकने पोस्टर का सबब? दोनों बेटियों ने क्यों इसे टाँग रखा है? क्या उनकी कोई विचारधारा है? या सिर्फ़ शौक़ या आनंद के लिए इसे रखा हुआ है?

कोई चीज़ बेसबब, बेमाने नहीं होती है इस दुनिया में। खामखयाली में भी स्कीम होती है। तब तनु–मनु क्यों रखने लगी, इन्हें ऐसे ही। ज़रूर कोई वजह होनी चाहिए। मुझे याद आ रहा है, एक बेटी 'समर जॉब' को निकल रही है। दो बरस पहले। वह नोएडा स्थित 'पीजा हट' में काम करने जा रही है। यह बहुराष्ट्रीय रेस्तरां है, वहाँ बेटी चार घंटे काम करती है। शाम, रोज़ाना मैं उससे पूछता हूँ "तुमने यह जॉब क्यों स्वीकार किया? क्या घर में कोई कमी है?" वह कहती है–"बिल्कुल नहीं, लेकिन मुझे ज़िन्दगी का एक्सपीरियेंस लेना है। मार्किट को समझना है। दुनिया कैसे चलती है मुझे जानना है। मुझे पॉकेट मनी कमानी है।" वह बेधड़क कहती हुई चली गई। लगा, मुझ पर हैंडग्रेनेड फेंक दिया गया है। उसने बताया कैसे–कैसे लोग आते हैं रेस्तरां में। कितनी आधुनिकाएँ आती हैं पिज्जा खाने। "पापा! वहाँ टिप्स भी काफ़ी मिलता है। सौ–सौ के नोट फेंक कर चले जाते हैं। लड़कियों को टिप्स ज़्यादा मिलती है, स्टुपिड लोग...पर मैं नहीं लेती हूँ। यदि कोई देता है तो उसे डोनेशन बॉक्स में डाल देती हूँ। दोस्तों को दे देती हूँ। मैं टिप्स क्यों लूँ? यह कॉलोनियल लीगेसी है।" जब वह कहती है कि यह 'औपनिवेशिक विरासत' है तो मुझे आतरिक खुशी होती है, 'चलो, बेटी में यह चेतना मौजूद है। उसमें स्वाभिमान है। वह पंगत से अलहदा है।' मैं सोचता हूँ।

अब देखिए, छोटी बेटी ने पंद्रह दिनों में दो इंटरव्यू दिए और दोनों जगह सलेक्ट भी हो गई। वह एक जगह काम करने भी जाने लगी। काम कॉल सेंटर में था। यह सेंटर मल्टीनेशनल कंपनी का था। पगार थी आठ हज़ार रुपए महीना, सब कटौतियों के बाद। मैं देख रहा हूँ मेरे गाँव के आँगन में तनु–मनुएँ सूत कात रही हैं। मंगोड़ी व पापड़ बना रही हैं। कपड़े सी रही हैं। बीड़ी बना रही हैं। महुआ बीन रही हैं; गोबर थाप रही हैं। लाख व गोंद इकट्ठा कर रही हैं? रंगरेज़न बनी हुई हैं। शाम को बनिया आता है; माल ले जाता है, वह आधे–अधूरे पैसे दे रहा है। तनु–मनुओं में शामिल है मेरी माँ। वह भी थी। कभी कोई तनु–मनु। वह सूत काते के आधे–अधूरे पैसे ले रही है। वह तकरार नहीं करती। वह बनिये से डर रही है। उसकी हथेली पर अठन्नी है। वह उपकृत है। उसे शाम के लिए घासलेट लाना है। तरकारी लानी है। दिया बालना है। रोटी पोनी है, वह सोचती है सब कुछ। वह अधबुझे मन से मजूरी ले रही है और अपने पल्लू में अठन्नी को नहीं, कोहनूर को बाँध रही है। घर का आधा नहीं, पूरा आसमान थामे है यह। गाँव के आँगन की सभी तनु–मनु चिपकी हुई हैं अपने काम–धंधे से और फटी मजूरी से। वे लाँघ नहीं सकतीं। गाँव की सरहदों को, सरहदों के उस पार उन्हें मर्द भेड़िए दिखाई देते हैं। जो भी कुछ, जैसा भी कुछ है, वह सरहद के इस पार रहकर ही करेंगी। मैं जानता हूँ और वे जानती हैं, उनका विकल्प यही है। शायद विकल्प या चुनाव का उनमें बोध ही नहीं है। आधे–अधूरे साबुत आसमान क्या होते हैं? किस–किस के हिस्से होते हैं? निषिद्ध हैं ऐसे सवाल, तनु–मनुओं के लिए।

इस कमरे में जहाँ मैं बैठा हूँ और पोस्टरों से मुखातिब हूँ यहाँ की नायिका तनु–मनु सरहदों की कायल नहीं है। छुटकी कह रही है, 'पापा, आप पूछ रहे हैं कि मैंने यह कॉल सेंटर की नौकरी क्यों छोड़ दी है? बस। पसंद नहीं आई।' मैं हैरान हूँ आठ हज़ार की नौकरी पर इस कम्बख़्त ने लात मार दी। इसे कीमत ही नहीं मालूम, आठ हज़ार रुपए क्या होते

हैं? मुझे ज़िन्दगी के सैंतीस पतझर और बसंत बिताने के बाद यह राशि दिखाई दी थी और इसने है कि...' मैं अपने में बड़बड़ा रहा हूँ। उसने मेरे चेहरे के भाव पढ़ लिए हैं, वह खुद ही बोलती है, "देखिए पापा। कॉल सेंटर की नौकरी में कुछ भी 'ग्रेट' नहीं था। बस, ग्राहकों को दिन-रात फ़ोन करो। उन्हें कमोडिटी बेचने की कोशिश करो। ग्राहकों को बातचीत से खुश करने की कोशिश करो। बार-बार उन्हें सर...सर कहो, चिकनी-चुपड़ी बातें करो। एक ही परपज हमारा रहता है ऑर्डर प्राप्त करना। अब बताइए, इस पूरे प्रोसेस में मैं कहाँ हूँ? यदि कोई है तो प्रोड्यूसर है, उसका एजेंट और कचूमर है। यह सब बनावटी खेल है। लैंग्वेज की जादूगरी, मुझे नहीं चाहिए। मैं चाहती हूँ कि मेरी इमेजीनेशन काम करे, कोई नई चीज़ क्रिएट करूँ, यदि कॉलसेंटर में ही काम करना था तो मुझे नहीं पढ़ना चाहिए था मार्क्स को, रूसो को, लॉस्की को, समझे न आप...?" मैं समझ चुका हूँ मामला गम्भीर है। इसका अपना एक स्वतंत्र ट्रैक बन चुका है जो कि 'नौसिखियों के लिए राजनीति' की तरफ़ ले जाता है। मैं भीतर से खुश हूँ 'कहीं कुछ बदल रहा है।' लेकिन 'क्या मैं भी बदल रहा हूँ?' मैं स्वयं से पूछता हूँ।

हाल की ही बात लीजिए। बड़की तनु का फ़ोन आया था अमेरिका से। वह वहाँ पी-एच.डी. कर रही है एस्ट्रोनोमी में। जब से गई है वह बार-बार फ़ोन करती रहती है। अपनी मम्मी से पूछती है कि राजमा कैसे बनाया जाए? फलाँ सब्जी में कितना तेल-मसाला डाला जाए। एक रोज़ मैं चीख पड़ता हूँ "यह क्या कर रही हो? छोटी-छोटी बातों के लिए इतनी दूर से फ़ोन करती हो? क्या टेक्नोलॉजी इसके लिए है? तुम वैज्ञानिक बनना चाहती हो। फीजिसिस्ट बनना चाहती हो। खाने में भी प्रयोग करो। व्यर्थ में डॉलर फूँक रही हो।" वह भी उसी पंचम स्वर में जवाब देती है, "क्या पापा, आप हमेशा हिदायतें ही देते रहते हैं। दिल्ली में भी देते थे और अब मैं यहाँ हूँ तो भी वही कर रहे हो! मुझे मालूम है कितने डॉलर ख़र्च करने हैं और कितने बचाने हैं। मुझे पर्याप्त स्कॉरशिप मिल रही है।" यह सुनकर मैं लम्बे क्षणों के लिए सुन्न था। हर क्षण मुझे बरस लग रहा था। न जाने क्यों 'एलिएनेशन' सा लगने लगा। स्वयं से सवाल करने लगा कि अब मुझे अपनी बेटियों के साथ किस तरह का व्यवहार करना चाहिए? क्या मुझे फिर से पिता बनना चाहिए? क्या पितृत्व से मुक्त हो जाना चाहिए? क्या मित्र बनना चाहिए? क्या पुरुष बनना चाहिए? क्या मुझे गाँव के गन में पसर जाना चाहिए? क्या तनु-मनु को अजनबी समझना चाहिए? क्या नये सम्बन्धों के साथ जीना सीखना चाहिए? ख़्याल आया, शायद यही उत्तर-आधुनिकता हो—डीकंस्ट्रक्शन, रीकंस्ट्रक्शन और फिर डीकंस्ट्रक्शन; मनुष्य के मनुष्य से सम्बन्ध; जन के समाज के साथ; समाज के राज्य के साथ और इन सभी के योग का सम्बन्ध भौतिक शक्तियों से—क्या सम्बन्धों का ताना-बाना इसी प्रकार बुना और उधेड़ा जाता है।

क्या चाहिए, क्या नहीं चाहिए, इसी गुत्थी को सुलझाने के उपक्रम में मेरी दृष्टि अब अंतिम पोस्टर पर गड़ी हुई है। दो बाई दो का का पोस्टर है। इस रंगीन पोस्टर में दो बच्चे हैं। दोनों ही पश्चिमी पोशाक में हैं। पश्चिमी ही हैं। दोनों ने बीते ज़माने के टोप पहन रखे हैं। बालक पैंट-कोट व नेकटाई में है और बच्ची लाल गाउन में है। बालक के टोप का रंग ब्राउन व काला है और बच्ची का सफ़ेद। दोनों की आँखें 'कविता' बनी हुई हैं। पोस्टर

के नीचे लिखा हुआ है, 'बीइंग विद यू इज फन।' एक बार फिर मैं नये सिरे से सभी पोस्टरों को बारी-बारी से घूर रहा हूँ : डीकॉलोनाइजेशन एंड फ्रीडम टू चूज, लेट अस डीकॉलोनाइज दिस रूम, चाहत है, इट इज माई लाइफ, विमेन होल्ड अप हाफ दी स्काई, पॉलिटिक्स फॉर बिगनर्स और बीइंग विद् द यू। एक और पोस्टर बाथरूम के दरवाज़े पर चुपचाप चिपका हुआ है। नज़रों से बचा रह गया था, अब तक। यह पोस्टर चेतावनी दे रहा है : 'मेरा विश्वास है कि मैं 'यूनिक' हूँ।'

मैं देख रहा हूँ कि मेरे ड्राइंग रूम में, बेड रूम में, स्टडी रूम में, बॉलकनी में, पूरे घर में, तनु और मनु नहीं हैं। वे अब चलती-फिरती 'रिपब्लिक' बन रही हैं। जी हाँ! यह तनु-मनु का रूम नहीं है, एक छोटा-सा उनका अपना 'प्यारा गणतंत्र' है। इसका विस्तार होना चाहिए। क्या गाँव के गन में खेल रही तनु-मनुओं के भी गणतंत्र होंगे?

पोस्ट स्क्रिप्ट

कॉल बेल बज रही है। मैं नीचे जा रहा हूँ। दरवाज़ा खोल रहा हूँ। मेरे सामने कुरियरवाला खड़ा है। पर्ची पर दस्तख़त लेता है और हाथ में एक छोटा-सा पैकेट थमा जाता है। पैकेट खोलता हूँ। पुस्तक निकलती है जिस पर लिखा है 'एम्पायर'। सोचता हूँ कौन भेज सकता है यह पुस्तक? मैं इसे लम्बे समय से खोज रहा हूँ। पिछले दिनों यूरोप और अमेरिका में यह काफ़ी चर्चित रह चुकी है। किसे मालूम हो सकती है मेरी यह 'व्यग्रतावश। मैं आवरण सफ़े को पलट रहा हूँ। मेरे सामने लिखा है : आपके जन्म दिन पर, बहुत-बहुत बधाइयों के साथ एम्पायर। मैं जानती हूँ आप इसके लिए चिंतित हैं। आपकी तनु। मैं जानता हूँ पुस्तक के बारे में कहा जा रहा है कि यह ''21वीं सदी का कम्युनिस्ट घोषणा-पत्र है।'' क्या तनु इस विवादित पुस्तक से परिचित है? मैं अपनी 'लिटिल रिपब्लिक' के सामने अवाक् खड़ा हूँ। बेशुमार जले-अधबुझे गणतंत्रों की परतें दिखाई दे रही हैं।

(जनवरी 2003)

परिशिष्ट : दो

एक सांस्कृतिक कमिसार की आत्मस्वीकृतियाँ

राजेन्द्र यादव जी का सम्पादकीय 'असफल आदर्शों के सौ साल' (मार्च, 2003) को पढ़ते हुए क़रीब 28-30 साल पुरानी घटना ने दिमाग़ पर दस्तक दी। घटना सन् 1974-75 की रही होगी। इतना याद है। तब मैं भारतीय कम्युनिस्ट पार्टी (मार्क्सवादी) का पूर्णकालिक कार्यकर्ता हुआ करता था। पार्टी की चाँदनी चौक इकाई का सदस्य था और कॉरपोरेशन की लाल झंडा यूनियन में सक्रिय था। उन दिनों कॉमरेड चाचा शादीराम इस यूनियन के नेता हुआ करते थे। दिल्ली पार्टी के सचिव थे कॉमरेड मेजर जयपाल सिंह। पार्टी में मुझे लाने का श्रेय मेजर साहब को ही था। इसलिए उनके साथ निकटता भी थी। कॉमरेड चाचा की सामाजिक पृष्ठभूमि ख़ालिस सर्वहारा परिवार की थी और दिल्ली नगर निगम के जल श्रमिक व कर्मचारियों पर उनका एकछत्र राज था। जब मुझे इस यूनियन से संबद्ध किया गया तब पार्टी इकाई के इंचार्ज़ केरल के एक कॉमरेड--शायद मेनन हुआ करते थे। मैंने इस कॉमरेड से ही इकाई का चार्ज़ लिया था। तभी यूनियन की एक मासिक बुलेटिन 'नयी दिशा' का सम्पादन भी किया।

घटना ने दस्तक क्यूँ दी? इसकी कहानी इस प्रकार है। एक रोज़ मुझे संदेश मिला कि मैं पार्टी सचिव कॉमरेड मेजर से मिलूँ। वे तब विट्ठलभाई पटेल भवन में रहा करते थे। पार्टी कार्यालय भी वहीं था। मैं मिलने की वजह समझ नहीं पा रहा था। उन दिनों पार्टी सचिव से मिलना या उनका संदेश मिलना बड़ी बात मानी जाती थी। निर्देश के अनुसार जब मैं उनसे मिलने उनके घर पहुँचा तब वे कॉमरेड प्रकाश करात के साथ बतिया रहे थे। उन दिनों करात जवाहरलाल नेहरू विश्वविद्यालय की छात्र-राजनीति में सक्रिय थे। दो-चार मिनट के पश्चात् करात चले गए। इसके बाद मेजर मुझसे मुख़ातिब हुए और यूनियन व पार्टी इकाई के बारे में सामान्य बातचीत की। इस बीच चाय आई। फिर संजीदा होते हुए उन्होंने मुझे बताया कि चाँदनी चौक स्थित टाउन हॉल के सभागार में 'जन-नाट्य मंच' एक नाटक का प्रदर्शन करेगा। इसका मंचन पूरी तरह से सफल रहे, यह देखना यूनिट और यूनियन का काम रहेगा। मैंने कॉमरेड से पूछा कि नाटक किसका लिखा हुआ है? उन्होंने याद करते हुए बताया कि यह नाटक कवि सर्वेश्वरदयाल सक्सेना ने लिखा है और 'गाँधी जी की बकरी' के नाम से खेला जा रहा है। उन्होंने मुझे निर्देश दिए कि मैं इसकी एक-दो रिहर्सल देखूँ, स्क्रिप्ट पर नज़र डाल लूँ और फिर उन्हें अपनी प्रतिक्रिया से अवगत कराऊँ।

पार्टी सचिव के इस निर्देश का अर्थ था 'एक्स्ट्रा पॉवर'। मैंने स्वयं को चंद पलों में 'कल्चरल कमिसार' में रूपांतरित पाया। मेरे रोम-रोम से सत्ता की लपटें निकल रही थीं! नाटक को बग़ैर देखे-जाने मैंने कई पूर्वग्रहों को दावत दे डाली थी। मैं कुछ खीज के साथ स्वयं से ही बुदबुदाने लगा; आख़िर सर्वेश्वर जी के नाटक को क्यों खेला जा रहा है? वे मार्क्सवादी नहीं हैं और न ही मार्क्सवाद के बारे में जानते हैं; वे मूलतः लोहियावादी या समाजवादी किस्म के हैं और समाज के संबंध में अधकचरी समझदारी रखते हैं; ऐसे व्यक्ति का नाटक बिल्कुल नहीं खेला जाना चाहिए। स्वयं से भिड़ते हुए सहसा मुझे यह भी याद आया कि चंद रोज़ पहले ही मंडी हाउस में घूमते हुए सर्वेश्वर जी ने मुझसे पूछा था कि मार्क्सवाद का अर्थव्यवस्था और राजनीति से क्या सम्बन्ध है? मैं चौंक पड़ा था यह सुनकर। कुछ संयम के साथ झल्लाते हुए मैंने उनसे कुछ इस प्रकार कहा था कि "क्या आप यह बुनियादी बात भी नहीं जानते?"

वे कुछ सोच में पड़ गए। लेकिन उस रोज़ हम दोनों ने मंडी हाउस और कनॉट प्लेस के बीच दो-तीन चक्कर काटे। मार्क्सवाद, अर्थ और राजनीति पर खूब चर्चा की। उन दिनों आज जैसी भीड़ बारहखंभा रोड पर नहीं हुआ करती थी। दरख़्तों के बीच से पैदलचियों के लिए रास्ता गुज़रा करता था। इसलिए इत्मीनान के साथ सर्वेश्वरदयाल सक्सेना ने अपनी शंकाएँ भी सामने रखीं। अपनी असहमतियाँ भी बतलाईं। उनका मत था कि इसे यांत्रिक ढंग से नहीं लिया जाना चाहिए। अलबत्ता, शोषण व उत्पीड़न के ख़िलाफ़ मार्क्सवाद एक निर्णायक हथियार है। ख़ैर!

शुद्ध राजनीतिकर्मी शिखर पर रहे या तल पर, वह प्रायः यांत्रिकता से कार्य करता है। उसके समक्ष विचारधारा व पार्टी के हित सर्वोपरि होते हैं। इसके पश्चात् वह स्वयं के हितों को सामने रखता है। उसे यह याद अवश्य रहता है कि वह संवेदनशील है और उसका सरोकार व्यापक समाज के साथ है। ऐसा है भी। लेकिन व्यावहारिक यथार्थ ऐसा नहीं है; संवेदना, एहसास, सौंदर्यबोध जैसे तत्त्व 'मैकेनिकल' हो जाते हैं; या उनके 'क्रूड फॉर्म' दिखाई देते हैं। साहित्य के 'सौंदर्य बोध' को विचारधारा और पार्टी कार्यक्रम के साँचे में ढालकर देखा जाता है। साहित्य, कला, संस्कृति आदि की बारीकियाँ, जटिलताएँ, सूक्ष्मताएँ, विविधतापूर्ण रंग व क्रियाएँ, सर्जनात्मकताएँ जैसी चीज़ें अक़्सर राजनीतिकर्मी की दृष्टि व क्रिया परिधि से बाहर रहती हैं। ये उसकी प्राथमिकता पर नहीं होती हैं।

ऐसा होना स्वाभाविक भी है। राजनीतिकर्मी को एक साथ कई मोर्चों पर जूझना पड़ता है। उसकी प्रतिबद्धता 'व्यापकता' और 'बृहत्तता' के साथ होती है, न कि 'सूक्ष्मता' व 'विशिष्टता' के साथ। वह राज्य के चरित्र और व्यवस्था परिवर्तन के लिए 'फ़िदाई चोला' पहनता है। वह जेल जाता है, मरता है, वह जेल जाता है, मरता है, खपता है। साहित्य, कला, सौंदर्य जैसे व्यापार विशिष्ट प्रकृति के हैं! तब इनकी तुलना व्यापकता व बृहत्तता वाले कर्म से क्यों की जाए? ये सब 'बाई प्रॉडक्ट' हैं व्यवस्था के। इनके ऊपर ज़रूरत से अधिक ऊर्जा नष्ट करना व्यर्थ है। साहित्य, कला और संस्कृति को राजनीति के अधीन रहना ही चाहिए। राजनीति के क्रियाशील प्रतिनिधि को 'निर्णायक सत्ता' के रूप में देखा व स्वीकार किया जाना चाहिए। उसकी सत्ता को चुनौती का अर्थ है विचारधारा को चुनौती देना। उसके साथ विश्वासघात करना। ऐसे विचार मेरे तब हुआ करते थे।

दरअसल, परिवर्तन की राजनीति राजनीतिकर्मी में संभावी सत्ता का स्वप्न अहंकार पैदा कर देती है। वह इस सत्ता का आंतरिकीकरण करता है और सपने बुनने शुरू कर देता है। वह किसी भी सीमा तक जा सकता है इस प्रक्रिया में; उत्तर क्रान्ति-परिदृश्य में वर्ग-शत्रुओं का सफ़ाया किया जा रहा है; उन्हें सभी प्रकार के सत्ता केंद्रों से हटा दिया गया है; परजीवी पूँजीपतियों को रेगिस्तान में भेजा जा रहा है; यातना-शिविरों में उनसे काम लिए जा रहे हैं; उन्हें कारख़ानों में झोंक दिया गया है; बुर्जुआ लेखन को अरब सागर में फेंक दिया गया है; बुर्जुआ लेखकों को श्रम शिविरों में भेज दिया गया है जहाँ वे श्रम-गीत लिख रहे हैं; वर्ग-संघर्ष की विचारधारा को ध्यान में रखकर ही साहित्य लिखा जा रहा है; साहित्य-कला अब पोस्टर बन चुके हैं और सर्वहारा उन पर चर्चा कर रहा है; कविता-कहानी-उपन्यास, सबके नायक सर्वहारा और किसान बन चुके हैं; मंदिर-मस्ज़िद-चर्चों में वर्ग-चेतना की अध्ययन कक्षाएँ चल रही हैं; सभी धार्मिक व जाति पहचान चिह्न लुप्त हो चुके हैं; व्यक्ति सामूहिकता में रूपांतरित हो चुका है, और सामूहिकता जन का रूप ले चुकी है जो कि सर्वहारा तानाशाही की बुनियाद है; और अब हम सब कमिसार हैं, शेष सभी कैडर व मासेज हैं!

चंद क्षणों के विषयांतर के पश्चात् मैं कवि की ओर लौटता हूँ। जब एक व्यक्ति को मार्क्सवाद की बुनियादी समझदारी ही नहीं है तो उसके नाटक को खेलने की ज़रूरत ही क्या है? इससे पार्टी की बदनामी होगी। सर्वेश्वर जी ने अंड-बंड लिख दिया होगा अपने नाटक में और अब पार्टी को ढोना पड़ेगा! ऐसे संवादों को कटा दिया जाएगा जो मार्क्सवाद विरोधी होंगे। मैं स्वयं से बड़बड़ाया। इस नाटक का इतना लम्बा नाम 'गाँधी जी की बकरी' रखने की क्या ज़रूरत है? 'बकरी' शीर्षक ही पर्याप्त है। जन नाट्यमंच से गाँधी जी को पब्लिसिटी क्यों दी जाए? वे एक बुर्जुआ नेता हैं। हालाँकि कॉमरेड ईएमएस के मत में वे 'ईमानदार बुर्जुआ नेता' हैं। मुझे याद आया। उन्हीं दिनों ऋत्विक घटक ने गाँधी जी को 'सूरेर बाच्चा' भी कहा था। तब ऐसे आदमी के नाम पर लिखे गए नाटक को महत्व नहीं दिया जाना चाहिए। मुझे अपनी रिपोर्ट में क्या लिखना है, यह मैंने रिहर्सल से पहले ही तय कर लिया था। आख़िर मैं 'संस्कृति कमिसार' जो बन चुका था! निर्देश के मुताबिक मैंने नाटक की टाइप्ड स्क्रिप्ट पढ़ी। रिहर्सल देखी। दो-तीन दफ़े। जहाँ तक मुझे याद है, काजल घोष इसका निर्देशन कर रहे थे। रिहर्सल देखने और स्क्रिप्ट पढ़ने के बाद मेरे भीतर बैठा कमिसार तुरंत हरकत में आ गया। टाउन हॉल के पास ही यूनियन का कार्यालय हुआ करता था। नाटक का शो होने से तीन-चार दिन पहले कार्यालय में बैठकर चार-पाँच पृष्ठों की रिपोर्ट तैयार की। आज तीन दशक बाद रिपोर्ट की जो चंद मोटी बातें याद हैं वे इस प्रकार थीं : एक, नाटक के शीर्षक में से गाँधी जी का नाम हटाकर सिर्फ़ 'बकरी' रखा जाए; दो, नाटक में सभी दलों को कोसा गया है; लेखक ने दक्षिणपंथी और वामपंथी दलों का भेद नहीं किया है, इसे दूर किया जाना चाहिए और वामपंथी दलों को कांग्रेस व जनसंघ के साथ नहीं रखा जाना चाहिए; तीन, लेखक ने कतिपय संवादों में टोपियों का ज़िक्र करते हुए लाल टोपी को भी सफ़ेद, केसरिया और दूसरे रंगों की टोपियों के साथ रख दिया है, यह आपत्तिजनक है और इस संवाद को हटा देना चाहिए; चार, कतिपय संवाद विशुद्ध आदर्शवादी, भावुकतावादी और सुधारवादी

किस्म के हैं; पाँच, सुधारवादी व आदर्शवादी एप्रौच मूलत: संशोधनवादी और मार्क्सवाद विरोधी होती है इसलिए ऐसे संवाद होने चाहिए जो कि विचारधारा की कसौटी पर खरे हों और वर्ग-संघर्ष को आगे बढ़ाएँ। संक्षेप में, कमिसार की नज़र में सर्वेश्वर जी मूलत: बुर्जुआ कवि हैं और उनका यह नाटक भी इससे ज़्यादा कुछ नहीं है। अत: इसमें काफ़ी सुधार की ज़रूरत है।

कामरेड मेजर को रिपोर्ट सौंप कर मैं निश्चिंत हो गया। उन्होंने पढ़ने के बाद इतना ज़रूर कहा कि मैं देखता हूँ कि इसमें क्या किया जा सकता है। यदि तुम्हारे 'आब्ज़र्वेशन' सही हैं तो नाटक के चुनाव में सावधानी बरती जानी चाहिए थी। ख़ैर!

नाटक हुआ। मैंने देखा कतिपय स्थलों पर संशोधन किया गया है और टोपियों के रंगों के मामले में घालमेल से बचा गया है। शायद शीर्षक भी छोटा किया गया था और उसमें से 'गाँधी जी' को हटा दिया था। पश्चिमी उत्तर प्रदेश के रहने वाले मेजर शुद्धतावादी और मिलिटेंट कॉमरेड थे। देश के आज़ाद होने के बावजूद वे लम्बे अरसे तक भूमिगत रहे थे। उन्हें सुधारवादी कार्यक्रमों से चिढ़ थी। वे पार्टी को हर दृष्टि से जुझारू देखना चाहते थे। उनके इस रवैये से मैं परिचित था। मुझे विश्वास था कि वे इस स्वयंभू कमिसार को निराश नहीं करेंगे। ऐसा हुआ भी। कुछ को हैरत भी थी कि नाटक में फेर-बदल कैसे हुई? चूँकि कमिसार का काम गोपनीय था इसलिए ऐसे सवालों को सुनकर वह चुपचाप मुस्कराता रहा। उसे अपनी उपलब्धि पर गर्व था और पार्टी में सक्रिय लेखक व संस्कृतिकर्मियों को वह तीन दरज़े नीचे समझा करता था। 'इन लेखकों व कलाकारों का काम पूर्णकालिक राजनीतिक कार्यकर्ताओं व श्रमिक नेताओं के निर्देशों का पालन करना और उनके चश्मे से समाज को देखना है।' मेरे भीतर बैठे एक्टिविस्ट व कमिसार ने मुझे इसका यकीन दिला दिया कि 'ऐसा ही होना चाहिए।' यदि कोई इसका उल्लंघन करता है तो वह 'संशोधनवादी व बुर्जुआ है।'

वह शुद्धतावाद का ज़माना था। इमरजेंसी लगने के कुछ दिन पहले मैंने सोचा कि लाल झंडा यूनियन के महासचिव पंडित किशनलाल शर्मा को पद से हटा देना चाहिए, क्योंकि शिखर पर कोई सवर्ण नहीं रहना चाहिए। वह मिलिटेंट नहीं होता है। इस सोच के सम्बन्ध में कॉमरेड शादीराम से चर्चा की। उन्हें तैयार किया कि वे यूनियन की समस्त बागडोर अपने हाथों में ले लें। पहले वे तैयार नहीं थे। पर बार-बार दबाव डालने पर उन्होंने सहमति व्यक्त कर दी। महासचिव शर्मा के विरुद्ध मैंने एक तरह का 'कू' रचा था। जिस सभागार में नाटक मंचित हुआ था उसी जगह यूनियन की महासभा बुलाई गई और पार्टी इकाई के सचिव होने के कारण मैंने प्रस्ताव रखा कि कॉमरेड चाचा शादीराम को संगठन का सर्वेसर्वा बनाया जाए, क्योंकि इन्दिरा-शासन के जुल्म बढ़ते जा रहे हैं। जेपी का आंदोलन (जयप्रकाश नारायण की सम्पूर्ण क्रान्ति) भी ज़ोर पकड़ता जा रहा है। इसलिए ऐसे नेता की ज़रूरत है जो सर्वहारा पृष्ठभूमि से हो। चंद मिनटों में मेरे प्रस्ताव का अनुमोदन कर दिया गया और इस नाटकीय परिवर्तन से किशनलाल शर्मा भौचक्के रह गए थे। उन्हें उम्मीद नहीं थी कि इस तरह से उनकी लीडरशिप का पटाक्षेप होगा। वे बरसों से महासचिव. पद पर थे और यूनियन की हर इकाई में उनके समर्थक थे। लेकिन मैंने अपनी सीमित पार्टी सत्ता का भरपूर इस्तेमाल किया और उन्हें हठात् जाना पड़ा। स्वयंभू कमिसार के खाते में यह एक और विजय दर्ज़ हुई!

आज 21वीं सदी और भूमंडलीकरण व उत्तर-साम्यवादी सत्ता पतन-युग में राजेंद्र यादव जी के नौ पृष्ठीय सम्पादकीय को पढ़ते हुए जब स्वयंभू कमिसार-यात्रा के अनुभव दस्तक देते हैं तो आत्मालोचना की इच्छा होती है। सम्पादकीय में उठाए गए सवाल नए नहीं हैं, विगत में भी कई बार ऐसे सवालों को उठाकर कम्युनिस्ट पार्टियों और उनकी कार्यशैलियों का पोस्टमार्टम किया जा चुका है। आगे भी चीरा-फाड़ी होती रहेगी।

सवालों का बार-बार उठना और पोस्टमार्टम होना इस बात का सुबूत है कि मार्क्सवाद आज भी उतना ही प्रासंगिक है जितना यह 19वीं व 20वीं सदी में रह चुका है। साम्यवादी व्यवस्था का स्वप्न मनुष्य का एक 'कालजयी स्वप्न' है। साम्यवादी सत्ताओं के उत्थान और पतन का यह अर्थ कदापि नहीं है कि इस प्रक्रिया से 'स्वप्नपूर्ति' या 'स्वप्न-भंग' होता है। अलबत्ता, यह प्रक्रिया 'एक क़दम आगे या दो क़दम पीछे' ज़रूर ले जाती है।

इसी परिप्रेक्ष्य में नवें दशक में पूर्वी यूरोप के घटनाचक्र को देखा जाना चाहिए। सत्ता मोर्चे पर कुछेक लड़ाइयाँ हारने का यह अर्थ बिल्कुल नहीं है कि युद्ध समाप्त हो चुका है या हारा जा चुका है। युद्ध और लड़ाइयाँ आज भी जारी हैं; शक्लें और तौर-तरीक़े ज़रूर बदले हैं इनके। पूँजीवाद, यदि किसी से आतंकित हैं तो वह आज भी साम्यवाद से है। पूँजीवादी चिंतक स्वीकार कर चुके हैं कि साम्यवादी सत्ताओं का पतन हुआ है, साम्यवादी विचारधारा का नहीं। क्यों भूमंडलीकरण, उदारीकरण और निजीकरण के चक्रवात के बावजूद ग़रीब व विकासशील देशों के समान विकसित देशों में भी विषमता गहराई है तथा हाशियाकरण की प्रक्रिया तेज़ हुई है। योरो-अमेरिकी राष्ट्रों में प्रतिवाद के स्वर भी गूँज रहे हैं। ज़रूरी नहीं है कि प्रतिवाद की लड़ाइयों के परिणाम पूँजीवाद के पक्ष में ही रहें। ताज़ा अनुभवों के परिप्रेक्ष्य में विषमता व शोषण विरोधी शक्तियाँ नए ढंग से संगठित व आक्रामक भी हो सकती हैं। लड़ाई के परिणामों से उन्हें वैचारिक रणनीति में मदद भी मिल सकती है।

लेकिन इसका यह अर्थ बिल्कुल नहीं है कि हम अपने 'किए-धरे' पर नज़र ही न डालें! निःसंदेह भारतीय संदर्भों में संगठित व सांस्थानिक साम्यवादी शक्तियों से कई बुनियादी भूलें हुई हैं। समय-समय पर दोनों ही पार्टियों (सीपीआई और सीपीएम) ने आत्मालोचना भी की है। राजेंद्र जी की इस बात से असहमति नहीं है कि वामपंथी शक्तियाँ भारत की वर्ण-सत्ता के खेल को ठीक से नहीं समझ सकी हैं। दरअसल, भारत में वर्ग के निर्माण में वर्ण हमेशा से महत्त्वपूर्ण भूमिका निभाता आया है। सामन्ती व्यवस्था रही हो या पूँजीवादी, जाति का प्रभाव राज्य व राजनीति पर हमेशा रहा है। कम्युनिस्ट नेता इंद्रजीत गुप्त ने अपने निधन से कुछ दिन पहले 'फ्रंटलाइन' को दिए गए अपने एक साक्षात्कार में खुले मन से यह स्वीकार किया था कि हम कम्युनिस्ट जाति की शक्ति को सही ढंग से नहीं समझ सके, और केवल वर्ग की राजनीति करते रहे। रणदिवे ने भी अपने अंतिम दिनों में जाति के महत्त्व को समझा था। श्रमिक आंदोलनों से जुड़े रहने के कारण मेरा यह निजी अनुभव रहा है कि श्रमिक संगठनों में भी शिखर से तल तक जातिवाद की धारा अदृश्यरूप से बहती रहती है। कारख़ाने से बाहर निकल कर वह श्रमिक नहीं रह जाता, बल्कि वह जातियों में विभाजित हो जाता है। सर्वहारा संस्कार व वर्गीय चेतना प्रायः लुप्त रहते हैं। यह अनुभवों के आधार पर कह सकता हूँ। 1973-74 में संगठित क्षेत्र की कुछ इकाइयों का सर्वेक्षण किया था। उसके नतीज़े काफ़ी चौंकाने वाले निकले

थे। सर्वेक्षण से ज्ञात हुआ था कि संगठित क्षेत्र का श्रमिक अपने आचार-विचार-व्यवहार व वैवाहिक सम्बन्धों की दृष्टि से मूलतः ग्रामीण व जातिवादी है। वह श्रमिक संगठनों में अपनी वेतन-वृद्धि व बोनस आदि के लिए प्रवेश लेता है, लेकिन चुनावों के समय वह दक्षिणपंथी दलों के साथ हो जाता है। एक विभक्त व चालाकी भरा व्यक्तित्व उसका होता है। सामन्ती संस्कार उसमें जीवित रहते हैं। इस स्थिति के लिए श्रमिक आंदोलन के नेतृत्व को भी दोषमुक्त नहीं कहा जा सकता। श्रमिक नेतृत्व ने श्रमिक आंदोलन को अधिकतर वेतन-बोनस वृद्धि की लड़ाई तक ही सीमित रखा। वह श्रमिकों का ईमानदारी के साथ राजनीतिकरण नहीं कर सका और व्यवस्था-परिवर्तन की प्रक्रिया से उन्हें जोड़ने में सर्वथा नाकाम रहा। कभी-कभी लगता था कि नेतृत्व स्वयं भी बुनियादी बदलाव से कतरा रहा है। इस ज़रूरत को निस्संकोच स्वीकार किया जाना चाहिए कि नेतृत्व को 'डीक्लास्ड' के साथ-साथ 'डीकास्टे' भी होना चाहिए। लेकिन उत्तर-भारत के अनुभवों की कहानी इस ज़रूरत को चिढ़ाती हुई प्रतीत होती है। पार्टी और संगठनों में अक़सर यह कहा जाता रहा है कि जाति समीकरण में बदलाव का रास्ता 'सुधारवाद' की ओर धकेलता है। पार्टी नेताओं की दलील हुआ करती थी। जब क्रान्ति आएगी तब स्वतः जातिवाद समाप्त हो जाएगा। इसलिए दलितों, आदिवासियों और सामाजिक न्याय के सम्बन्ध में बहुत अधिक सोचने की ज़रूरत नहीं है। केवल वर्गीय दृष्टिकोण से ही कार्य करना चाहिए ताकि क्रान्ति का मार्ग प्रशस्त हो सके।

मुझे लगता है पार्टी नेतृत्व और चिंतक यांत्रिकता के मारे रहे हैं, भारतीय समाज के अन्तर्विरोधों की पहचान, उनके प्राथमिकताकरण, विविधताकरण और समाधानीकरण के मामले में अति सरलीकरण व यांत्रिकीकरण से काम लिया गया। सांस्कृतिक उत्पीड़न और आर्थिक शोषण की डायनमिक्स को ठीक से नहीं समझा जा सका। यही वजह थी कि सातवें दशक में चरमपंथी पार्टी—सीपीआई (एम.एल.) भी भारतीय संदर्भों को नहीं समझ सकी और चीनी कम्युनिस्ट पार्टी के 'फारम्यूलेशन' को अपनाती रही। पिछले ढाई दशकों के घटनाचक्र दर्शाते हैं कि सोवियत संघ के सम्बन्धों में 'सामाजिक साम्राज्यवाद' और 'चीन का अध्यक्ष हमारा अध्यक्ष' जैसे नारे कितने बचकाने रहे हैं! उन दिनों में यह भी प्रचारित किया जाता था कि 'अमेरिकी साम्राज्यवाद' समाप्त हो चुका है और 'सोवियत सामाजिक साम्राज्यवाद' ही विश्व मानवता का दुश्मन है, तथा अमेरिका और चीन की दोस्ती कभी नहीं होगी। पिछले डेढ़ दशक की घटनाएँ ऐसे फारम्यूलेशन की खिल्लियाँ ही उड़ा रही हैं; अमेरिका और चीन के बीच सुविधाजनक मित्रता के उत्सव मनाए जा रहे हैं; चीन में सबसे अधिक विदेशी पूँजी का नियोजन हो रहा है। भारत से कई सौ प्रतिशत अधिक; दो-दो खाड़ी युद्धों से अमेरिकी साम्राज्यवाद के नए संस्करण ही अस्तित्व में आए हैं और अभेद्य (फ़िलहाल) एकलध्रुवीय व्यवस्था का ही विस्तार हुआ है। घटनाओं की इस पृष्ठभूमि में चिंतन, कर्म और परिणाम के मामले में नरमपंथी, मध्यमपंथी और अतिवामपंथी नेतृत्वों की सीमाएँ व त्रासद विफलताएँ ही उजागर हुई हैं। इस दृष्टि से राजेंद्र यादव जी से बुनियादी असहमति नहीं है। मार्क्सवाद, ठहरा हुआ ज्ञान नहीं है, और न ही इसे अंतिम माना जाना चाहिए। यह एक सतत् विकसित ज्ञान-प्रक्रिया है, बशर्ते कि इसे कठमुल्लावादियों के चंगुल से बचाए रखा जाए।

याद रखना चाहिए कि संकीर्णतावाद या कठमुल्लावाद दक्षिणपंथियों में ही नहीं होता है, वामपंथियों में भी होता है। इस सम्बन्ध में एक ताज़ा अनुभव हुआ है। पिछले दिनों मैंने अपने विश्वविद्यालय (मा.च.रा. पत्रकारिता विश्वविद्यालय) में मीडिया विद्यार्थियों को सम्बोधित करने के लिए गाँधी, नेहरू मार्का वामपंथी समाजशास्त्री को निमंत्रित किया था। विषय था, 'मीडिया और राष्ट्रवाद'। लेकिन बाद में उन्होंने आने से इनकार कर दिया। वजह यह थी कि उनके निर्धारित कार्यक्रम से एक सप्ताह पहले संघ परिवार के मुखपत्र 'पाँचजन्य' के सम्पादक तरुण विजय विद्यार्थियों को सम्बोधित कर चुके थे। संबंधित समाजशास्त्री ने मुझे फ़ोन करके अपने आनेकी असमर्थता व्यक्त की और तरुण विजय को बुलाने का प्रोटेस्ट किया। मैंने उन्हें समझाने की असफल कोशिश की कि विश्व-विद्यालय एक सार्वजनिक संस्था है और खुला मंच है। आप भी अपने विचार रखें। लेकिन वे सहमत नहीं हुए। जब विचारधाराओं का सांस्थानीकरण हो जाता है तब वे कई प्रकार के हादसों की शिकार हो जाती हैं। हम यह क्यों भूल जाते हैं कि नक्सलपंथी आंदोलन के बिखराव के दौर में इसके विखंडित गुट व्यक्तियों (सत्यनारायण-गुट, नागीरेड्डी-गुट, चंद्रपुल्ला रेड्डी-गुट, चारू मजूमदार-गुट, असीम चटर्जी-गुट आदि) के नाम से चर्चित हुए, न कि नीति व कार्यक्रमों के आधार पर। विचारधारा पर जब पार्टी तंत्र, और पार्टी-तंत्र पर व्यक्ति-सत्ता हावी होने लगती है तो फिसलनों का विस्फोट अपरिहार्य है। इस दृष्टि से दक्षिणपंथी बिखराव और वामपंथी बिखरावों में कतिपय लाक्षणिक समानताएँ हैं। यद्यपि विचारधारात्मक और कार्यात्मक मतभेदों की भूमिका हमेशा रहती है। लेकिन ज़्यादातर मामलों में इसका पल्लू थामकर निजी एजेंडों पर पार्टी का विभाजन करा दिया जाता है। इस विभाजन में नेताओं के अहम् की भूमिका छद्म रूप से सक्रिय रहती है। तीनों श्रेणी की वामपंथी पार्टियाँ भी इसकी अपवाद नहीं हैं।

आज जब एकलध्रुवीय व्यवस्था का उदय हो चुका है। विश्व में फासीवाद का ख़तरा बढ़ता जा रहा है। विश्व का प्रमुख अन्तर्विरोध नव-अमेरिकी साम्राज्यवाद और भूमंडलीकृत पूँजीवाद बन चुके है, तथा क्षेत्रीय व राष्ट्रीय स्तरों पर मज़हबी कट्टरवाद या आतंकवाद आक्रामक अन्तर्विरोध की शक्ल ले चुके हैं, तब कौन-सी मजबूरियाँ हैं स्थापित वामपंथी पार्टियों के एकत्रीकरण के मार्ग में? पार्टियों की कई स्थापनाएँ पुरानी और अप्रासंगिक हो चुकी हैं। नये मुद्दे-नई चुनौतियाँ हम सभी को ललकार रहे हैं। नृजातीयता, दलित अस्मिता, लिंग समानता, मध्यवर्गीय विद्रूपताएँ, राज्य सम्प्रभुता का शनैःविलोपीकरण, राज्य का अहस्त-क्षेपीकरण जैसे मुद्दे विमर्श के केंद्र बन चुके हैं। 1998 में माकपा की कलकत्ता-कांग्रेस के अवसर पर एक विश्लेषणपरक लेख के माध्यम से इस लेखक ने कुछ सुझाव नेतृत्व के समक्ष रखे थे। राजेंद्र जी की टिप्पणियों के परिप्रेक्ष्य में सुझावों को यहाँ दोहराना प्रासंगिक रहेगा। सुझाव निम्न थे : एक, हिन्दी भारत के अन्तर्विरोधों की नए सिरे से पहचान (क्योंकि वामपंथी शक्तियाँ गंगा-यमुना सांस्कृतिक-आर्थिक-राजनीतिक समीकरणों को झकझोर नहीं सकी हैं।); दो, वर्ण व वर्ग के परस्पर रूपांतरण की प्रक्रिया का वैज्ञानिक अध्ययन व तदनुसार परिवर्तन रणनीति का निर्माण; तीन, सामाजिक न्याय की प्रभावी प्रासंगिकता (देहाती हिन्दी पट्टी में दलित और पिछड़ों के बीच हिंसात्मक अन्तर्विरोध फूटते जा रहे हैं। क्योंकि सवर्णों के पलायन से गाँवों में नेतृत्व

की शून्यता पैदा हो रही है। कौन स्वर्ण-नेतृत्व की जगह लेगा, इसे लेकर दलित और पिछड़ों के बीच हर स्तर पर आक्रामक प्रतिस्पर्धा शुरू हो चुकी है); चार सामाजिक सुधारों को मान्यता और सुधारवाद की पूर्वाग्रह ग्रंथि से मुक्ति; पाँच, शिक्षा व साक्षरता और पर्यावरण कार्यक्रमों को अपनाना; छह, शिशु मंदिर के समान स्कूलों व संस्थाओं का संचालन; सात, सांस्कृतिक कार्यक्रमों में सक्रियता; आठ, वैज्ञानिक ढंग से परम्परागत प्रतीकों का इस्तेमाल; नौ, प्रादेशिक भाषाओं व बोलियों का अधिकाधिक प्रयोग; दस, हिन्दी में मौलिक चिंतन एवं विश्लेषण को प्रोत्साहन; गयारह, क्षेत्रीय एवं स्थानीय नायक-नायिकाओं को अपनाना; बारह, स्वयंसेवी संगठनों के प्रति सहयोगात्मक दृष्टि; तेरह, संघर्षों के नये माध्यमों का विकास; चौदह, ग़ैर-संसदीय राजनीतिक विकल्पों पर विचार; पंद्रह, स्त्री-मुक्ति व समानता का अभियान; सोलह, असंगठित व बाल श्रमिकों को गोलबंद करना; सत्रह, समानविचारधर्मी लोकतांत्रिक मंचों व संगठनों का अधिकाधिक उपयोग; अठारह, सीमांत समाजों (आदिवासी आदि) को सक्रिय करना; उन्नीस, पार्टी इकाइयों एवं जनसंगठनों की नीति-निर्णय प्रक्रिया में ग़ैर-सवर्णों की व्यापक भागीदारी; बीस, धर्म के प्रति पूर्वाग्रहरहित दृष्टि और अन्त में ग़ैर-राजनीतिक नेतृत्वों (बाबा आम्टे, अरुणा राय, मेधा पाटकर, डॉ. ब्रह्मदेव शर्मा, चंडीप्रसाद भट्ट, भंवरी बाई, अग्निवेश आदि) के साथ भी तालमेल रखकर मज़हबी कट्टरवादियों, युद्धोन्मादियों, अंधराष्ट्रवादियों, सांस्कृतिक वर्चस्ववादियों, मध्ययुगीनवादियों जैसी मानवता व लोकतंत्रविरोधी शक्तियों के विरुद्ध मोर्चाबंदी करना। यह अभिसरण (कनवर्जेस) का युग है। समान संचारधर्मी माध्यमों का 'कनवर्जेस' हो रहा है। क्या हम लोग समान विचार, विचारधारा और नीति-कार्यक्रम वालों का कनवर्जेन्स नहीं कर सकते? जब मनुष्य-विरोधी और साम्राज्य-समर्थक शक्तियों का कनवर्जेन्स हो सकता है तो दासता विरोधियों और समता व बहुलता समर्थकों का क्यों नहीं हो सकता? ज़रा सोचिए!

परिशिष्ट : तीन

मेरे विश्वासघात*

रामशरण जोशी पत्रकार, समाजशास्त्री, सामाजिक कार्यकर्ता और कुशल प्रशासक रहे हैं। वे दर्जनों पुस्तकों के लेखक हैं और उन्होंने विश्व की अनेक यात्राएँ की हैं, ज़िन्दगी में जितनी तरह की चुनौतियों को उन्होंने स्वीकार किया है उतनी हममें से बहुतों ने नहीं की...
(राजेंद्र यादव)

कोई तीस-बत्तीस बरस पहले मृणाल सेन की दो फ़िल्में देखी थीं। तब मैं युवा था और श्रमिक आंदोलनों में काफ़ी सक्रिय। एक प्रकार से 'पूर्णकालिक राजनीतिक कार्यकर्त्ता' था। उन दिनों पूर्णकालिक राजनीतिक कार्यकर्त्ता को गर्व के साथ 'होल टाइमर' कहा जाता था। दिल्ली और कलकत्ता के बीच में 'शटलिंग' किया करता था। तब कलकत्ता, वामपंथियों के लिए 'मक्का-मदीना' हुआ करता था, और दिल्ली...आज की शब्दावली में 'प्रोजेक्टर व रिफ्लेक्टर' हुआ करती थी जिससे 'पॉवर पॉइंट प्रजेंटेशन' का काम लिया जाता था। (वैसे दिल्ली आज भी यही भूमिका निभा रही है। काश! कलकत्ता भी 'प्रेरणा पुंज' की भूमिका निभाता रहता।)

मैं मृणाल सेन की फ़िल्मों की चर्चा कर रहा था। वे फ़िल्में थीं : 'कलकत्ता-71' और 'कोरस'। दोनों ही फ़िल्में यथार्थ की फंतासी पर आधारित थीं। दोनों फ़िल्मों की कथावस्तु और पात्र यथार्थ के विभिन्न रूपों के प्रतिनिधि थे, लेकिन फंतासी का मुखौटा वे लगाए हुए थे। क्या फंतासी यथार्थ का जनक है या यथार्थ फंतासी का, क्या दोनों परस्पर पूरक हैं? क्या खुरदरे व घिनौने यथार्थ को सुंदर व सम्प्रेषणीय बनाने के लिए फंतासी के माध्यम को चुना जाता है या इससे आत्मकवच का काम लिया जाता है? प्रतिकूल स्थितियों के घातक हमलों से बचने के लिए फंतासी से बेहत्तर कौन-सी विधा हो सकती है? कोरस में तो व्यवस्था के विरुद्ध सेना विद्रोह कर डालती है, और 'कलकत्ता-71' में शासक वर्ग का किस्त- दर-किस्त विध्वंस या सफ़ाया दिखाया जाता है। यथार्थ और फंतासी की सादृश्यता पारदर्शी रहनी चाहिए, यह आवश्यक है। वरना दोनों 'फार्स' व एक दूसरे के 'कैरीकेचर' प्रतीत होंगे। आजकल टीवी सीरियलों के प्रारम्भ में प्राय: लिखा रहता है कि इसके पात्र व घटनाएँ काल्पनिक हैं। वास्तविकता से इनका कोई सम्बन्ध नहीं हैं। लेकिन पात्र और घटनाएँ समाज से ही लिए जाते हैं। क्योंकि उनका जन्म व मृत्यु, समाज

* संपादित पाठ, देखें मूल पाठ–हंस, अक्टूबर एवं नवम्बर, 2004

से परे की घटनाएँ नहीं हैं। सब कुछ समाज में घटता है, इसलिए वास्तविक व कल्पना के मध्य सादृश्यता की उपस्थिति अपरिहार्य है।

व्यक्तिगत जीवन में भी ऐसा ही सिलसिला चलता रहता है। सूक्ष्म स्तरों पर। कल्पनालोक के कई पात्र और घटनाएँ, वास्तविक जीवन का 'डुप्लीकेट' दिखाई देंगे।

'अरे! इसे मैंने कहीं देखा है? इसे मैं जानता हूँ।' किसी अजनबी चेहरे को देखकर हमारे मुँह से ये शब्द निकल पड़ते हैं। सपनों के पात्र और घटनाएँ, यथार्थ का विस्तार लगने लगते हैं। कब उपचेतना चेतना और चेतना उपचेतना में रूपांतरित होने लगती हैं, इस गोरखधंधे को समझना मेरे जैसे मामूली व्यक्ति के लिए दुष्कर काम है। मैं तो इस प्रक्रिया की परछाइयों को ही पकड़ सकता हूँ। 'मेरे विश्वासघात' के पात्र, घटनाएँ और स्थान, सभी कुछ 'परछाइयाँ' ही हैं, यथार्थ और फंतासी की। दोनों के बीच मौजूद 'सादृश्यता' से पलायन करना भी आत्मछलावा से कम नहीं होगा। यह सादृश्यता आपकी भूमिका और मंच के रूप को निर्धारित करती है।

"**अपनी बेटी को** अपनी जैसी..."

इस वाक्य को मुझे पहले झटके में ही पूरा कर देना चाहिए था। लेकिन मैं ऐसा नहीं कर सका। मैंने उसकी ओर देखा। उसके चेहरे को पढ़ने की कोशिश की। वह कुछ-कुछ फ़क नज़र आ रही थी। वह आशंकित लग रही थीं। वह किसी गहरे भँवर में फँसने जा रही है जिसकी कल्पना उसे थी। मेरे वाक्य का पूरापन कितना विस्फोटक हो सकता है इसका अंदाज़ उसने लगा लिया था। शायद इसीलिए वह गिद्ध की तरह मेरे वाक्य पर टूट पड़ी थी।

"क्या मतलब है आपका...?"

उसकी देह काँपने लगी थी। फिर भी उसने स्वयं को कंपोज़ रखने की पूरी कोशिश की थी। वह अपनी भीतरी कमजोरी को एक्सपोज़ भी नहीं होने देना चाहती थी, लेकिन वह संभावित आक्रमण का जवाब देने से पीछे भी नहीं हटना चाहती थी, आक्रमण और प्रतिआक्रमण के बीच अपनी-अपनी स्थिति की थाह लेने के प्रयास भी पसरे हुए थे।

मैं जानता हूँ मेरे लिए भी यह वाक्य कितना कष्टकर था। इसे मुँह से निकालने के लिए मैंने कम समय नहीं लिया था। काफ़ी रिहर्सल की थी। मेरी एक पंक्ति के वाक्य का उस पर क्या असर होगा, इस सम्बन्ध में मैंने काफ़ी सोचा था। संभव है वह मुझसे क्रोधित हो जाए! वह मुझे थप्पड़ भी मार सकती है। मेरा अपमान कर सकती है। मुझसे हमेशा के लिए सम्बन्ध तोड़ सकती है। लेकिन क्या इन आशंकाओं से आतंकित होकर मुझे अपना 'कर्तव्य' नहीं निभाना चाहिए! मैंने किन रिश्तों से 'कर्तव्य' शब्द का प्रयोग किया है? मुझे इसका 'बोध' उस समय क्यों हुआ था? मेरी 'वो' क्या थी? उसकी बेटी से मेरा क्या रिश्ता था? कुछ भी तो नहीं! फिर भी न जाने कुछ-कुछ अभिभावक जैसे बोध से मैं उस समय निर्देशित हो रहा था।

'कुछ भी परिणाम निकले। वह कुछ भी सोचे। मेरे साथ वह कैसा ही व्यवहार क्यों न करे। पर मुझे चिरैया के संबंध में उसे सावधान करना ही होगा। वरना मैं खुद को कभी माफ़ नहीं कर पाऊँगा।'

मैंने कुछ कष्ट, कुछ निराशा, कुछ विश्वास और कुछ संभावित अप्रियता के मिले-जुले मन से निर्णय लिया कि जब भी उससे मुलाक़ात होगी मैं चिरैया के सवाल पर उसे घेरकर रहूँगा। मैं नहीं चाहूँगा कि वह अपनी बेटी का जीवन बर्बाद करे। वह उसे 'अपनी जैसी' बनाए! 'अपनी जैसी' बनाना उसके लिए एक सहज काम था, लेकिन 'अपने से भिन्न' बनाना उसके लिए दुष्कर कार्य था। यह कार्य एक और बच्चे को जन्म देने से कमतर नहीं होता। शायद वह महसूस करती रही होगी कि चिरैया को स्वयं से 'अलग दीखने वाली' गढ़ना कितना कठिन होगा? एक नई चिरैया अस्तित्व में आए, वह यह कैसे सहन कर सकती थी? शायद यही सोचकर उसने चिरैया को अपना 'प्रोटोटाइप' बनाने का सोचा होगा। उसे इसका अदाज़ा भी रहा होगा कि उसके इस प्रयास का स्वागत नहीं होगा। प्रोटोटाइप बनाने के नतीजे़ अच्छे नहीं निकलेंगे। लेकिन इसकी चिंता उसे कहाँ थी? चिरैया को लेकर चर्चाएँ होने लगी थीं, मुझ तक पहुँच रही थीं, एक-दो मित्रों ने मुझसे कहा था कि मैं चिरैया के भविष्य के सम्बन्ध में उसकी माँ से बात करूँ, वह मेरी 'वार्निंग' पर ध्यान ज़रूर देगी। वह मेरा सम्मान करती है। उसका मुझ पर विश्वास है। यही सब सोचकर मैंने कहना शुरू किया।

"मतलब साफ़ है। तुम समझ रही हो, मैं क्या कहना चाहता हूँ?"

"मैं नहीं समझी...आप क्या कहना चाहते हैं?" वह कुछ हिल गई थी-भीतर और बाहर से। एयर कंडीशंड वेटिंग रूप में हम दोनों एक कोने में जमे हुए थे। दोनों का स्वर इतना ऊँचा नहीं था कि बगल में बैठे यात्री हमारी बात सुन लें! मैं भयभीत ज़रूर था कि कहीं इसका लावा न फूट पड़े! कहीं माँ का रौद्र रूप सामने न आ जाए? यात्री लोग क्या सोचेंगे हमारे बारे में! मान लीजिए बात बढ़ गई, अख़बार में छप गई, मेरी छवि तो पूरी तरह से धूमिल हो जाएगी! इस औरत का कुछ नहीं बिगड़ेगा, क्योंकि यह तो 'अफेयर्स' के मामले में सभी जगह चर्चित है-साहित्यिक मित्रों के बीच, बुद्धिजीवियों के बीच! नि:संदेह विदुषी है। तीक्ष्ण बौद्धिकता की धनी है। प्रगतिशील भी है। पर 'कंफ्यूज्ड मार्क्सवादी' है। लेकिन पति स्पष्ट व कट्टर मार्क्सवादी हैं। यह अलग बात है कि वे कई मामलों में औसत हिन्दुस्तानी की तरह 'मर्दवादी' हैं। मुझसे उन्होंने एक बार कहा था, "जोशी जी! मैं एक डिफीकल्ट मैन हूँ।" यह वाक्य उन्होंने उस समय कहा था जब पति-पत्नी के बीच अर्ध-रात्रि घमासान मचा हुआ था। मैं उनके यहाँ डिनर पर निमंत्रित था। इस घटना पर मैं आगे चर्चा करूँगा।

मैं यहाँ सिर्फ़ इतना कह देना चाहता हूँ कि मैं अपनी साफ़-सुथरी छवि को लकर चिंतित हो उठा था। मैं नहीं चाहता था कि यह किसी भी प्रकार के विवादों में घिरे, ऐसे विवादों में, जिनका मेरी राजनीति, मेरी विचारधारा, मेरी सार्वजनिक भूमिका से कोई सम्बन्ध नहीं है। कोई यह जाने कि मेरा इस औरत से सम्बन्ध है जिसे कतिपय समाजशास्त्री, कथाकार, कवि अपनी चर्चाओं में 'द्रौपदी' सम्बोधित करते हैं! सचमुच, उस रोज़ मैं काफ़ी डर गया था। यात्रीगण हमारी ओर देख भी नहीं रहे होंगे, लेकिन मुझे महसूस हो रहा था कि इसमें से हरेक की निगाह हम दोनों को घूर रही है। 'मुझ पर तो गड़ी हुई है' मैं स्वयं से बुदबुदाया था, क्योंकि उस दिन के अख़बारों में मेरे चित्र छपे हुए थे। मैं किसी मीडिया गोष्ठी को सम्बोधित करने उसके शहर में पहुँचा हुआ था, भोपाल से। मैंने उससे कहा भी...

"तुम थोड़ा धीरे बोलो और सहज होकर सुनो।"

"मैं आवेश में नहीं हूँ, लेकिन मैं आपका आशय समझ नहीं पा रही हूँ?"

"मेरा आशय साफ़ व संक्षिप्त है। चिरैया को अपनी जैसी मत बनाओ।"

"आप क्या कहना चाहते हैं?"

"तुम समझ रही हो, मैं क्या कहना चाहता हूँ? क्या इसे शब्दों का रूप देना ज़रूरी है? कुछ चीज़ों को संकेतों में समझना अच्छा रहता है।"

"मैं चिरैया की माँ हूँ। मैं अपनी ज़िम्मेदारी समझती हूँ। मैं उसे अच्छा ही बना रही हूँ।"

"मैंने यह तो नहीं कहा कि तुम उसे अच्छा नहीं बना रही हो। लेकिन जिस तरह की चर्चाएँ सुन रहा हूँ वे भी ठीक नहीं हैं। बस!"

"यह सब बक़वास है।" वह उखड़ने लगी थी। उसका चेहरा तन गया था। उसकी सिल्क की साड़ी से बेडौल देह उठने लगी थी। मुझे आश्चर्य हुआ मैं इस ज़िस्म पर 'फ़िदा' था? मैंने फिर से उसके पूरे ज़िस्म पर नज़र दौड़ाई। मैंने देह-पारखी बनकर अवलोकन-परीक्षण आरम्भ किया कि चर्बी के टीले किस-किस स्थान पर खड़े हो गए हैं? त्वचा कहाँ-कहाँ जटा बनकर लटकी हुई है? चेहरे की लावण्यता, नयनों की मोहकता और उरोजों की मादकता कितनी शेष रह गई है इसमें? इन सबके साथ मेरा अतीत संलिप्त रहा है। इन सबका बेरूपपन, बेनूरपन, इनका झरना, मैं कैसे सहन कर सकता हूँ? मैं स्वार्थी, घोर स्वार्थी हो चला था। कई वर्षों के बाद वह मेरे इतने समीप बैठी हुई थी।

एक बार इच्छा हुई मैं उसे झकझोर डालूँ। उससे लिपट जाऊँ। मैं उन सभी स्पर्शों की अनुभूति को पुनर्जीवित करूँ जो मेरी निधि बनकर मुझमें कहीं समाई हुई है। शायद सुप्त हैं, लम्बे समय से, लेकिन क्या 'यह सही अवसर है उसे रिवाइव करने का?' मैं स्वयं से पूछता हूँ। मैं अपने ईद-गिर्द लोगों को फिर से देखता हूँ। पता नहीं क्यों असहजता नज़र आ रही है उनमें। हो सकता है यह मेरा कोरा भ्रम हो। सच भी हो सकता है। क्योंकि हम दोनों को बैठे पंद्रह-बीस मिनट बीत चुके हैं। दोनों में से किसी के पास सामान नहीं है। अलबत्ता, मेरे पास एक घंटे बाद की ट्रेन का टिकट ज़रूर है। मुझे अगली गाड़ी से सागर पहुँचना है। इसलिए मैंने समय निकालकर उसे फ़ोन किया था। स्टेशन पर बुलाया था। वैसे उसे स्टेशन आना भी था, क्योंकि उसके पति को हावड़ा-मुंबई ट्रेन से शायद नागपुर की तरफ़ जाना था। वह अपने पति को विदा करके ही मुझसे मिलने ऐसी वेटिंग रूम में पहुँची थी।

पहुँचने से पहले मेरी इच्छा ज़रूर थी कि कहीं एकांत में जाकर बैठें, लेकिन ऐसा स्थान नहीं। एकांत के लिए मुझमें बहुत कुछ मचल रहा था। कितनी यादें, कितनी साक्षी हरकतें, एक गहरी प्यास। पर यह संभव नहीं हो सका। क्योंकि एटेंडेंट ने वीआईपी रूम खोलने से इनकार कर दिया था। वैसे वह भी चाहती थी कि एकांत में बैठकर बीते पलों को फिर से जीने का उपक्रम किया जाए... चाहे कुछ वक़्त के लिए ही सही! पर हारकर हम दोनों को कॉमन रूम में बैठना पड़ा। वह भी असहज मुद्राओं के साथ।

मैंने देखा उसके चेहरे, उसकी गर्दन पर जमा पॉउडर तिड़कने लगा है। वातानुकूलित कक्ष में भी उसे गर्मी लग रही थी। यह जून का महीना था। छत्तीसगढ़ की गर्मी वैसे भी

जलन भरी होती है। लेकिन यह जलन, यह तपिश उसके भीतर की थी। मैं उसे साफ़ देख सकता था। तनाव की लकीरें उसके चेहरे पर उभरने लगी थीं। मैं स्वयं भी ऐसा ही महसूस करने लगा था। मुझे खुद पर शंका होने लगी थी : 'कहीं मैंने पूछकर ग़लत तो नहीं किया?' 'मुझे एक माँ से ऐसा नहीं कहना चाहिए।', 'मैं कौन हूँ यह सब कुछ कहने वाला?', 'मुझे किसी की ज़िन्दगी में दख़ल देने की ज़रूरत क्या है?', 'मैं न पति हूँ; न अभिभावक, न पड़ोसी, न रिश्तेदार–फिर इस सबकी ज़रूरत क्या थी?' 'मैंने चिरैया के बारे में ज़िक्र छेड़कर नाहक माँ की भावना को ठेस पहुँचाई!' 'अब यह एक प्रौढ़ महिला है। सरकारी अधिकारी है–शिक्षा विभाग में। डॉक्टरेट कर रही है। अपना अच्छा-बुरा स्वयं सोचे, अपनी बेटी को जैसा बनाना है, बनाए।'

हम दोनों के बीच कुछ देर के लिए चुप्पी फैल गई। लब चिपक गए, लेकिन आँखें एक-दूसरे की भीतरी पड़ताल लेने के लिए 'एक्स-रे' बनी हुई थीं। इस चुपीतेपन में भीतर शोर मचा हुआ था। सवाल-दर-सवाल उठ रहे थे। बग़ैर जवाब पाए वे सिमटते जा रहे थे। मैं समझता हूँ, उसके भीतर भी कोलाहल मच रहा होगा। काश! मैं तत्वज्ञानी होता तो ज़रूर उसके मन-मस्तिष्क की भाषा पढ़ लेता। लेकिन तत्वज्ञान के अभाव में मैं क़यास ही लगा सकता हूँ जो कि प्रामाणिक नहीं भी हो सकता। इसलिए मैं इस व्यर्थ की क़वायद को यहीं खारिज कर रहा हूँ। मैं केवल स्वयं तक सीमित रहना चाहता हूँ।

मैंने महसूस किया था, मैं दो स्तरों पर स्वार्थी हो रहा हूँ। पहले-पहल मुझे अपनी छवि-अपनी इमेज की चिंता थी। मैं नहीं चाहता था कि मेरा नाम इस द्रौपदी से जुड़े। इस क़स्बाई शहर के लोगों को मालूम नहीं होना चाहिए कि हम दोनों मित्र हैं या हम दोनों के बीच कभी अन्तरंग सम्बन्ध रहे हैं। यद्यपि, उसने मुझे शुरू में संकेत दिया था कि "आपका नाम मेरे साथ जुड़ने लगा है।"

"यह कैसे हो सकता है?" मैं लगभग चीख़ा था। शायद उस पर उबल पड़ा था–"तुमने ही फैलाया होगा?"

"नहीं, ऐसा कुछ नहीं है। लेकिन हम दोनों के सम्बन्धों के बारे में होटल वाला जानता है। स्टेशन आने से पहले मैं होटल गई थी। आप नहीं थे। तब उसने व्यंग्य से कुछ कहा था।"

"मैं नहीं मानता। तुम मनगढ़ंत बात कर रही हो। मेरी समझ में नहीं आ रहा है कि वह हमारी मित्रता को कैसे जानता है?"

"विचलित मत होइए, आप ऑपरेटर से फ़ोन मिलवाते हैं। इससे उसे अंदाज़ा हो गया होगा?"

"इसका मतलब, तुम यहाँ काफ़ी चर्चित हो?"

"कुछ भी समझ लीजिए। लेकिन हम दोनों के सम्बन्धों के बारे में यहाँ का सर्किल जानता है।"

"अब इसे यहीं विराम दें। मैं नहीं चाहता कि यह बात फैले। याद रखो, हम दोनों अब विवाहित हैं।"

उसने मेरी इस बात पर कोई ध्यान नहीं दिया। उसके चेहरे पर 'उपेक्षा भाव' था। मैंने उसक होंठों पर महीन हँसी, शायद तिरस्कारपूर्ण या व्यंग्यपूर्ण, नोट की थी। आँखों में शरारत या विजय उभरी हुई थी। मैं स्वयं को धराशायी महसूस कर रहा था।

स्वार्थ का दूसरा रूप यह था कि मैं उसकी 'दैहिक सम्पदा' के झरने को सहन नहीं कर पा रहा था। मैं इस सम्पदा को अक्षत देखना चाह रहा था। वह सम्पदा जिसे सातवें व आठवें दशक में मैंने समीप से देखा था। कभी इस सम्पदा पर एकछत्र मर्दाना अधिकार ज़माने का स्वप्न देखा था! आज जब यह 'डिक्लाइन' पर है, तो मैं चिंतित हो रहा हूँ! लेकिन मैं इसकी स्वामिनी के साथ अपनी समीपता को सार्वजनिक स्वीकृति से कतरा भी रहा हूँ। 'यह घोर स्वार्थ नहीं, तो क्या है? क्या इसे स्वयं की संवेदनाओं के साथ विश्वासघात नहीं कहना चाहिए?' मैं स्वयं को लिए स्वयं के कठघरे में खड़ा हूँ। फ़ैसला भी स्वयं दे रहा हूँ।

"अब हमें चलना चाहिए।" वह हठात् खड़ी हो गई है।

"शायद अब चलना ही ठीक रहेगा। मुझे भी सागर के लिए ट्रेन पकड़नी है। कल सागर विश्वविद्यालय में पत्रकारिता के विद्यार्थियों को सम्बोधित करना है।"

"ठीक है। आप इसी तरह तरक्की करते रहें। मुझे खुशी है। जब कभी आप टीवी पर दिखाई देते हैं। रेडियो पर बोलते हैं तो कुछ-कुछ महसूस होता है मुझे।" मैंने नोटिस किया उसके ज़िस्म में 'फुरफुरी'-सी फैल गई है। गर्वीला भाव उसके चेहरे पर खेल रहा है।

मैं उसे उसकी कार तक छोड़ने आता हूँ। अब उसके पास मारुति कार है। पिछली बार जब हम मिले थे तब उसके पास फीएट थी। छह-सात वर्षों में इतना परिवर्तन आना स्वाभाविक है। मुझे याद आया। उसे कार की सवारी का शौक़ रहा है। वह सपना देखा करती थी कार-मालकिन बनने का। नगर में कार चलाते हुए लोग उसे देखें। यह तमन्ना रही है उसकी। क़रीब आठ वर्ष पहले उसने अर्धरात्रि को अपनी फीयट में मुझे अपने होटल छोड़ा था। साथ में उसके रिटायर्ड पति भी थे। उस रात हम दोनों ने जमकर पी थी। मैंने आग्रह किया भी था कि मैं कार चलाऊँगा। लेकिन उसने सख़्ती से मना कर दिया, "नहीं जोशीजी, आप नहीं चलाएँगे। आप दोनों ने काफ़ी पी रखी है। मैं चाहती हूँ आप ठीक-ठाक दिल्ली पहुँचे।"

"तुम चलाना भी जानती हो?"

मुझे शंका हुई। मैंने तो उसे सातवें दशक के मध्य में साइकिल चलाते हुए ही देखा था। वह कभी स्टेरिंग सँभालेगी, इसकी कल्पना मैंने नहीं की थी। बिल्कुल दूसरे ही हालात थे तब उसके। "अब इस सुखदा को कार चलाना आता है। मैंने इसकी विविवत् ट्रेनिंग ली है। समझे आप?"

"हाँ-हाँ इसे आता है, आप निश्चिंत कार में बैठें।" लड़खड़ाती आवाज़ में पति बोले, फिर कोई चारा नहीं था। मैं और सुखदा के पति पिछली वाली सीट पर बैठ गए। मैं विवश और आशंकित था। लेकिन सुखदा फर्राटेदार कार चला रही थी। उसने सही सलामत मुझे होटल पहुँचा दिया था, "क्या, मैं पास हूँ न?" उसने पूछा था, "सौ फीसदी।" मैंने उससे कहा था।

आज मैं देख रहा हूँ, मैं उसे कार तक पहुँचा रहा हूँ। वह कार में बैठ गई है। उसने स्टेरिंग सँभाल लिया है। वह गुडबॉय कह रही है, "तुम बिल्कुल नहीं बदले हो। जैसे थे वैसे ही हो।" उसकी कार आँखों से ओझल हो चुकी है।

लेकिन...लेकिन मैं जड़वत् खड़ा हूँ अपने स्थान पर। एक अजीब हलचल अपने में मैं महसूस कर रहा हूँ। मेरा रोम-रोम पुलकित हो उठा है। लग रहा है मैं किशोर हो गया हूँ। मैं युवा प्रेमी बन गया हूँ। मैं किसी बाग़ में हूँ। किसी लाइब्रेरी में हूँ। मंडी हाउस में हूँ। किसी थिएटर में हूँ। नाटक देख रहा हूँ। संगीत सुन रहा हूँ। नदी के तट पर हूँ। चौपाटी-जुहू पर हूँ। घने जंगलों में हूँ। सागौन की क़तारों से गुज़र रहा हूँ। डल किनारे हूँ। कुरकुरी ध्वनि सुनाई दे रही है। हिम आलिंगित शिमला की मॉल रोड से गुज़र रहा हूँ। और हर जगह सुखदा मेरे साथ है। सुखदा ही सुखदा है। पूरी पृथ्वी सुखदा बन चुकी है। कभी किसी शायर की कुछ पंक्तियाँ सुनी थीं-'उसका सरापा मुझसे पूछो, चेहरा ही चेहरा, पाँव से सर तक।' कुछ ऐसी ही अनुभूति उस दिन मुझे हुई थी। सुखदा के जाने के बाद। जब उसने मुझे पहली बार 'तुम' सम्बोधित किया था।

सुखदा से मैं पहली बार नई दिल्ली में टकराया था। शायद 1975 के शुरुआती महीने थे। वह अपनी किसी रिश्तेदार के यहाँ आई हुई थी। उस समय वह शायद कोई शोध कर रही थी। उसे संदर्भ सामग्री की ज़रूरत थी। एक कॉमन सम्पर्क के माध्यम से हम दोनों मिले थे। तब मैं उसे फ़िरोज़शाह मार्ग स्थित 'हाउस ऑफ सोवियत कल्चरल सेंटर' ले गया था। फिर वह नियमित रूप से सेंटर स्थित पुस्तकालय में जाने लगी।

दिल्ली की मुलाक़ातों में उसने मुझे बिल्कुल प्रभावित नहीं किया था। सूरत व सीरत, दोनों मुझे औसत लगी थीं। बिल्कुल क़स्बाई पहरावा था तब की सुखदा का। बेढंगी पोशाक। आबनूसी काया, मांसलता से तलाक़ लिए और हड्डियों की खपच्चियों पर टिकी हुई। पंजे 'रिपल्सिव' लग रहे थे, मोरनी की भाँति। आवाज़ भारी-भारी, रसहीन, गंधहीन, भाषा बनावटी। सुखदा की शब्द-व्यंजना ऐसी कि आपको रीतिकाल में पहुँचा दे। मैं बिल्कुल निराश था उस मुलाक़ात से।

फिर एक दिन कॉमन सम्पर्क से मालूम हुआ कि सुखदा आवश्यक शोध सामग्री बटोरकर छत्तीसगढ़ लौट चुकी है। बात आई-गई हो गई। कुछ दिनों बात पत्र मिला। पत्र में सहयोग के लिए सुखदा ने मेरे प्रति आभार व्यक्त किया था। सुखदा यह लिखना नहीं भूली थी कि यदि मेरा कभी छत्तीसगढ़ आना होता है, तो मैं उसके यहाँ भी आऊँ। मैंने इस पत्र को औपचारिकता पूर्ति के रूप में लिया। इसमें विशेष दिलचस्पी नहीं दिखाई। वैसे छत्तीसगढ़ से मैं अपरिचित नहीं था। इस क्षेत्र की यात्रा मैं 1971 की जनवरी मास में कर चुका था। तब मैंने 'दिनमान' व 'साप्ताहिक हिन्दुस्तान' के लिए चुनाव कवरेज़ किया था। उसी दौरान बस्तर के तत्कालीन ज़िलाधीश व आज के प्रसिद्ध समाजकर्मी व चिंतक डॉ. ब्रह्मदेव शर्मा से मुलाक़ात हुई थी। मुझे क्या मालूम था कि कुछ वर्ष बाद ही मैं छत्तीसगढ़ में वैचारिक व भावनात्मक रूप से 'रमने' जा रहा हूँ!

आपात्काल लग चुका था। मेरे खिलाफ़ मीसा वारंट की तैयारी चल रही थी। संयोग से मुझे आदिवासियों पर अध्ययन का काम मिल गया। मैं चुपचाप दिल्ली से खिसक लिया। मेरे पीछे से मेरे किराए के घर पर पुलिस पहुँची और खाली हाथ लौट आई। मैं अपनी संभावित आपत्तिजनक सामग्री को किसी मित्र के यहाँ छुपा चुका था। यह एक अलग कथा है।

फ़िलहाल मैं सुखदा-एपीसोड पर ही केंद्रित रहना चाहता हूँ।

मैं बस्तर सीधा नहीं पहुँचा। पहले मैं सुखदा के यहाँ गया। मेरा आगमन उसके लिए बिल्कुल 'सरप्राइज़' था। मुझे देखते ही वह भौंचक्की हो गई। बिल्कुल मामूली कपड़ों में थी। ऐसी लग रही थी गोया कि वह स्कूली छात्रा हो। मुझे भीतर लाने के बजाय वह दरवाज़ा खोलकर अंदर कमरे में घुस गई थी। मुझे अजीब लगा। मैंने सोचा कहीं यहाँ आकर मैंने ग़लती तो नहीं की है! ख़ैर, मैं आ चुका था। उल्टे पाँव लौटना मुश्किल था। सुखदा की किसी रिश्तेदार ने मेरा स्वागत किया था। मुझे कुर्सी पर बैठाया गया। पानी दिया गया। मेरी सूरत सुखदा के परिवार के लिए अपरिचित नहीं थी, क्योंकि उसी सप्ताह के 'साप्ताहिक हिन्दुस्तान' के अंक में मेरे लेख के साथ मेरा चित्र छपा हुआ था। मेरे पहुँचने से पहले उसी को पढ़ा जा रहा था। नाटकीय दृश्य था तब का। दस-पंद्रह मिनट के बाद सुखदा सज-धज के साथ अपने कमरे से बाहर आई। अब उसने साड़ी पहनी हुई थी। शायद सफ़ेद रंग की थी। इस समय वह क़स्बाई नहीं लग रही थी। एक किस्म का सोफिस्टीकेशन उसकी इस नयी प्रस्तुति में झलक रहा था। कानों से छोटे-छोटे बुंदे भी झूल रहे थे। यह रूप दिल्ली में देखने को क्यों नहीं मिला, इसे मैं समझ नहीं पाया!

सुखदा के यहाँ की पहली यात्रा सुखद रही थी। क़रीब ढाई रोज़ रुका था। उसने पहली यात्रा में स्वयं को थोड़ा-बहुत खोला था। ढेर सारी बातें की थीं। साहित्य, समाज, राजनीति के बारे में। मार्क्सवाद के सम्बन्ध में उसकी समझदारी काफ़ी कुछ किताबी और यांत्रिक किस्म की थी। वह इसके विभिन्न शेडों व बारीकियों से अपरिचित थी। फिर भी तर्क व विश्लेषण की क्षमता उसमें थी। कुल मिलाकर काफ़ी कुछ रोमांटिक लगी। सब कुछ के बावजूद, वह अपने में 'सिमटी' हुई लगी। कहीं गहरे तक 'आत्ममोह' से ग्रस्त। एक प्रकार का 'नारस्सिज़म' उसके परिवार में छाया हुआ था। इसकी कीमत भी इस परिवार को समय-समय पर चुकानी पड़ी थी। मुझे याद है तब मैंने सुखदा के परिवार को 'दंड द्वीप' से परिभाषित किया था। यह शीर्षक मित्र रमेश उपाध्याय के उपन्यास से चुराया था। इस शीर्षक से 'धर्मयुग' में रमेश का धारावाहिक उपन्यास प्रकाशित हुआ था। सुखदा ने इस परिभाषा का प्रतिवाद किया था, बनवाटी गुस्से के साथ।

ढाई रोज़ में ऐसा बहुत कुछ गुज़रा नहीं था कि मैं उसे पैशनिटली चाहने लगूँ। अलबत्ता उसने एक-दो बार 'छुआ' ज़रूर था। सुखदा की प्रथम 'छुअन' से सिरहन-सी ज़रूर महसूस हुई। इसकी अनुभूति रूहानी बिल्कुल नहीं थी बल्कि यह जिस्मानी लगी; आपकी इंद्रियों को जाग्रत कर दें, आप सीमा-अतिक्रमण के लिए आतुरता महसूस करने लगें। सुखदा की इस प्रथम छुअन ने यह एहसास कराया था। मेरे जाने के चंद घंटे पहले हम दोनों 'रेजिस्ट' नहीं कर सके। एक-दूसरे का आलिंग्न किया और उपहार के रूप में 'चुम्बनों' का आदान-प्रदान किया। यह इब्तदा थी 'पैशन' की!

मैं बस्तर की ओर रवाना हो गया। स्टेशन पर मुझे छोड़ने सुखदा और उसका परिवार आया था। तब भी ढेर सारी बातें हुई थीं। क्योंकि दोनों के मनों में नये सफ़े खुलने लगे थे। हालाँकि सुखदा ने इस छोटे-से प्रवास में काफ़ी बातें बतलाई थीं अपने कतिपय कवि व कथाकार मित्रों की, उनकी मनुहारों की, उनकी 'छूट' लेने की प्रवृत्तियों की। वे किस तरह उसके लिए पागल हैं और अजीबो-ग़रीब हरकत करने के लिए तैयार रहते हैं। लेकिन

उसने इनमें से किसी को बिल्कुल भी 'लिफ्ट' नहीं दी है। क्योंकि वे "मेरे योग्य नहीं हैं। उनमें एक-दो विवाहित हैं। ये लोग फ्लर्टिंग करते हैं।" उसने मुझे बतलाया था। सुखदा के कथन में कितनी सच्चाई थी, यह मैं विश्वास के साथ न तब कह सकता था और न ही आज। पर तब मुझे यह हल्की ख़ुशी ज़रूर हुई थी कि उसने इन रचनाकारों को 'रिजेक्ट' कर दिया है। वैसे साहित्यकार और पत्रकार के बीच द्वंद्व चलता ही रहता है। साहित्यकार स्वयं को अमूर्त चिंतक व सर्जक मानता है और पत्रकार को स्थूल बुद्धि व दोयम दर्जे का इंसान मानता है। पत्रकार, साहित्यकार को 'फ़ालतू' का प्राणी और स्वयं को उद्देश्यमूलक व सत्ताप्रतिनिधि मानता है। ख़ैर! मैं कुछ भ्रमों के साथ बस्तर के लिए रवाना हो गया।

बस्तर पहुँचकर मैं सुखदा को लगभग भूल ही गया था। क्योंकि शोध का कार्य काफ़ी था। नए सिरे से सब कुछ जमाना था। पुलिस से सावधान भी रहना था। वैसे बस्तर ज़िले में मुझे कुछ परिचित पत्रकार व आईएएस अधिकारी मिल गए थे। डॉ. बीडी शर्मा का रेफरेंस रहने के कारण बस्तर-प्रवास आसान हो गया था। क़रीब एक मास बीतने के पश्चात् सुखदा का पत्र आया। जहाँ तक मुझे धुँधला-धुँधला याद है, सुखदा ने लिखा था कि यदि सम्बन्ध रखने हैं, और ऐसा उदासीन व्यवहार करना है तो अच्छा यही रहेगा कि हम दोनों अपने अध्याय को यहीं समाप्त कर दें। मैं पत्र को पढ़कर बेचैन हो गया। सुखदा के साथ बीते क्षण, उपहार, बातें, स्टेशन पर विदाई आदि सब कुछ 'स्मृति प्लावन' बनकर जी उठे। मुझे अपराध-बोध सालने लगा। मैं दौड़ा-दौड़ा पोस्ट ऑफिस गया। क्योंकि दंतेवाड़ा छोटी-सी जगह थी। इसलिए टेलीग्राम भी वहीं से होता था। मैंने तुरंत ही तार ठोक मारा। तार में शायद लिखा था-"डोंट रश टू दिस कॉनक्ल्यूज़न"। सुखदा का कोई जवाब नहीं आया। मेरी बेचैनी बढ़ गई। बढ़ती चली गई। क्योंकि तीन-चार महीने मैं सुखदा की चिट्ठी की राह तकता रहा। अन्त में मैंने तय किया कि मुझे उससे मिलना चाहिए।

एक रोज़ सचमुच उसके वहाँ जा पहुँचा। क़रीब चार सौ किलोमीटर का सफ़र तय करके। वह अवाक् थी मुझे देखकर। क्योंकि मैंने आने की अग्रिम सूचना नहीं दी थी। भीतर से वह खुश भी थी। लेकिन उसमें अपने भावों पर संयम रखने व छुपाने की बला की कला थी। मुझे इस कला से ईर्ष्या थी, क्योंकि मैं ऐसा नहीं कर पाता था। मैं प्रेम-व्यापार के मामले में निहायत अनाड़ी था। सुखदा के साथ प्रणय-यात्रा के दौरान मेरा व्यवहार बिल्कुल किशोर जैसा रहा करता था। जब-जब उसे देखता मुझ में बैठा छोकरापन, अल्हड़पन मेरे वैचारिक व्यक्तित्व, मेरी राजनीतिक जागरूकता, एक्टिविस्ट छवि, इन तमाम को पीछे धकेलता हुआ मेरे सिर पर नाचने लगता था। मैं भूल जाता मैं मीसा वारंटी हूँ। कभी भी गिरफ़्तार किया जा सकता हूँ। मेरे सम्पर्क में आने वाले लोग भी संकट में पड़ सकते हैं। बस! सुखदा को देखते ही मुझ पर दीवानगी सवार हो जाया करती थी।

दूसरी यात्रा की एक बड़ी उपलब्धि यह रही कि हम और क़रीब आ गए। एक-दूसरे को और अधिक जाना। उसने बताया था कि उसके सहपाठी उस पर किस तरह से 'फ़िदा' हैं। उसके सहपाठी बतलाते हैं कि वे उसे किन-किन मुद्राओं में उसको स्वप्न में देखते हैं। कुछ तो उससे 'प्रपोज़' भी कर चुके हैं। लेकिन "मैंने सबके प्रस्ताव ठुकरा दिए हैं।" उसने मुझसे गर्व व विजय के भाव के साथ कहा था।

"लेकिन क्यों ठुकरा दिए हैं? क्यों नहीं किसी से विवाह कर लेती हो?" मैंने कई आशंकाओं के साथ उससे पूछा था, "नहीं, मुझे उनमें से कोई पसंद नहीं है। अभी मैं अपनी पी-एच.डी. समाप्त करना चाहती हूँ। मुझे अपने परिवार के उत्तरदायित्व को भी देखना है।" सुखदा की यह बात मन को भाई।

फिर उसने एक ही साँस में अपनी यह पीड़ा भी कह डाली थी, "जोशी जी! मेरी माँ परित्यक्ता हैं, मैं ननिहाल में पली-बड़ी हुई हूँ। इसलिए परिजनों के प्रति मेरे कुछ नैतिक कर्त्तव्य हैं जिन्हें मैं हर कीमत पर निभाना चाहती हूँ। विवाह का निर्णय मैं जल्दबाजी में नहीं ले सकती।" सुखदा ने जिस बेबाकी से अपनी पृष्ठभूमि तीसरी मुलाक़ात में मेरे सामने उघाड़कर रख दी थी, मेरे लिए आश्चर्यजनक था। मैं स्वयं लज्जित भी था, क्योंकि मैं अपनी पृष्ठभूमि के मामले में इतना साहस नहीं जुटा पा रहा था। मैं केवल इतना ही कह सका, "सुखदा, संभव है हम दोनों की पीड़ा समान हो। समय आने पर मैं तुम्हें अपनी पीड़ा में साझीदार बनाऊँगा।" मेरी प्रतिक्रिया 'वेग' किस्म की थी। उसकी आँखें नम थीं। भाव निर्मल थे।

इस यात्रा में में दो-तीन दिन उसके यहाँ ठहरा। उसने अपनी शोध की प्रगति के सम्बन्ध में बताया। वैसे उसके विषय की बारीकियों से मैं तब भी अपरिचित था और आज भी हूँ। लेकिन वह बतलाती रही। मैं जहाँ-तहाँ इंटरवीन करता रहा। और उसे मार्क्सवाद की व्यावहारिक राजनीति में घसीटता रहा। सत्ता-विमर्श में उसे उलझाता रहा, क्योंकि यह मेरा दुर्ग था जिसे वह आसानी से भेद नहीं सकती थी। उसके कई साहित्यिक तर्कों को मैं राजनीतिक व्यावहारिकता से काटता रहता। उसे अपनी सीमाएँ स्वीकार करनी पड़तीं। सुखदा ने कहा भी कि उसके गाइड उसे व्यावहारिक मार्क्सवाद से दूर रखते हैं। उन्हें व्यावहारिक राजनीति पसंद नहीं है, वे इसे संवेदनहीन मानते हैं। व्यावहारिक राजनीतिज्ञों के सम्बन्ध में भी उनकी राय अच्छी नहीं है। वे स्वयं को सैद्धांतिक जगत् व पठन-पाठन, चिंतन-मनन व लेखन तक ही सीमित रखना चाहते हैं। मैंने महसूस किया, गाइड का प्रभाव सुखदा पर ज़बरदस्त है। वह पूरी तरह से उनकी वैचारिक गिरफ़्त में है। क्योंकि बातचीत में वह गाइड को रह-रहकर कोट किया करती थी। मुझे एक बार गुस्सा भी आया, "सुखदा, तुम्हारा अपना कोई व्यक्तित्व है भी या नहीं या अपने गाइड का ही एक्सटेंशन बनी रहोगी?" वह इस तरह की प्रतिक्रिया को झेलने के लिए तैयार नहीं थी, "आप नहीं जानते वे कितने अच्छे व्यक्ति हैं। वे एक रीयल इंटेलक्चुअल हैं। मेरी हर प्रकार की सहायता करते हैं।" सुखदा के इस प्रतिवाद में भावी रणनीति निहित थी। कुछ विवशता भी छुपी हुई थी। इसका खुलासा कई वर्ष बाद हुआ।

"सुखदा, फ़िलहाल मैं यही कह सकता हूँ, तुम्हारे गाइड संकटों...ख़तरों से घबराते हैं।" इस तरह की सहमति व असहमतियों के बीच किस तरह घंटों गुज़र जाते, इसका अंदाज़ा ही नहीं हो पाता था।

दूसरे पड़ाव में एक संतुष्टि ज़रूर हुई। हम एक क़दम और आगे बढ़े। ज़िस्मों को पहले से अधिक क़रीब आने दिया गया। इंद्रियों को ढील दी गई। उन्हें तनाव व चौकस मुक्त किया गया। सुबह छह बजे उसके यहाँ से गाड़ी पहकड़नी होती थी। वह साढ़े चार बजे जगा दिया करती थी। आधा घंटे में तैयार होना पड़ता था। इसके बाद वह चाय बनाया

करती। फिर हम दोनों रसोई के बाहर बैठे रहते। बतियाते रहते। इस सिलसिले की शुरुआत दूसरे पड़ाव से हुई।

गाड़ी आने में एक घंटा शेष था। सुखदा का घर स्टेशन से अधिक दूर नहीं था। चाय पीते हुए हम दोनों एक साथ बैठ गए। चाय समाप्ति के पश्चात् हमने उपहारों का आदान-प्रदान शुरू किया। पहले से अधिक तीव्रता व आवेग के साथ। हम लोग और आगे बढ़े। उसने इसकी छूट मुझे दी बल्कि पहल की। वह मेरी उँगलियों को हौले-हौले वक्ष तक ले गई। इसके बाद असीम सीमा थी। सुखदा मुझे बेहद प्यासी लगी। मैं भी कम नहीं था। उरोज-रसपान की अनुभूति मेरे लिए दिव्य थी, लेकिन नयी नहीं थी। यह अनुभूति दिव्य इसलिए थी कि इसमें प्रेम, चाहत, अपनापन, भावों की निर्मलता घुले हुए थे। इससे पूर्व की अनुभूतियों में केवल 'कामुकता' रहती थी। प्रेम और काम का योग अनुभूति को आत्मिक व दिव्य बना देता है। पता नहीं यह वक्तव्य या निष्कर्ष सही है या ग़लत, मैं नहीं जानता। क्योंकि प्रेम और यौन के सैद्धांतिक पक्ष से मैं तब भी अनभिज्ञ था, और आज भी हूँ। 'कामसूत्र' तक नहीं पढ़ सका हूँ। मुझे इस तरह के साहित्य से एलर्जी रहती रही है। स्त्री-मनोविज्ञान से भी नितांत अपरिचित हूँ। क्योंकि क्रान्तिकारी राजनीति का दबाव इतना अधिक रहा है कि इस तरह के साहित्य में कभी रुचि पैदा ही नहीं हो सकी। हालाँकि मैं स्वीकार करता हूँ कि राजनीतिक एक्टिविस्ट में समाज और व्यक्ति, दोनों के लिए दीवानगी होनी चाहिए। प्राथमिकता पर किसे रखा जाए, यह ज़रूर विवाद का विषय है। एक मेरे बालसखा हैं ओम सैनी। जब हम सातवें दशक के शुरुआती वर्षों में आंदोलनरत हुआ करते थे, जेल जाया करते थे, तब वह अक़सर कहा करता था, "कॉमरेड जोशी, याद रखो-रोटी, रोमांस और रिवोल्यूशन, तीनों साथ-साथ चलते रहना चाहिए। लेनिन, माओ, चे ग्वेरा-तीनों ही क्रान्तिकारियों ने इन तत्वों को ग्रहण किया था।" फिर हम दोनों ज़ोर का ठहाका लगाया करते थे। मेरे कई आंदोलनकारी सीधे रोमांस व रिवोल्यूशन के मार्ग पर निरंतर चलते हुए घरबारी भी बने।

सुखदा के साथ इन तमाम विषयों पर देर-देर तक चर्चा हुआ करती थी। दूसरे पड़ाव के भोर में भी हुई, जिसकी परिणति थी 'दिव्य अनुभूति'। लेकिन अंतिम अनुभूति की ओर हम दोनों में से कोई नहीं बढ़ा। आत्मसंयम से काम लिया, क्योंकि इस अनुभूति के लिए मैं भीतर ही भीतर कहीं 'गिल्ट' भी महसूस कर रहा था। 'मैं क्या करना चाहता हूँ और किस काम में उलझ गया हूँ?' यह सवाल मुझे बार-बार तंग करता रहता था। मुझे सुखदा की चाहत भी थी, और इस नए अहसास को लेकर 'दुविधा' भी थी। 'मुझे रिवोल्यूशनरी ही बने रहना चाहिए। प्रेम-व्रेम, सब बक़वास और बुर्जुआ कर्म है।' मैं सुखदा की गिरफ़्त से स्वयं उबरने और अपनी क्रान्तिकारी शुद्धता की जाँच करने के लिए इस तरह के एकल संवाद बड़बड़ाया करता था। मेरा एक 'विभक्त व्यक्तित्व' बनता जा रहा था।

लेकिन सच्चाई यह थी कि मैं सुखदा पर बुरी तरह आसक्त हो चुका था। उससे दूर रहना मुझे कभी बेहद असहनीय लगने लगता। इच्छा होती कि मैं पंछी बनकर बस्तर से उसके यहाँ की सुबह-शाम उड़ानें भरता फिरूँ। फिर हठात् क्रान्ति का भूत सवार होता। मैं बदहवास हो जाता। मैं तय करता कि मैं सुखदा के सम्बन्ध में कभी नहीं सोचूँगा। उससे मिलने नहीं जाऊँगा। उसे न ही कभी पत्र लिखूँगा। मुझे लालक़िले पर लाल पताका फहरानी है। इस संकल्प पर हज़ारों सुखदा कुर्बान! लेकिन क्या मैं ऐसा कर सका? नहीं, बिल्कुल नहीं!

यह कशमकश लगातार मुझमें चलती रहती। एक रोज़ मैं बस्तर की औद्योगिक नगरी बैलाडीला में आदिवासी श्रमिक परिवारों का सर्वेक्षण कर रहा था, अचानक चंद पंक्तियों ने दिमाग़ पर दस्तकें देना शुरू कर दीं। मैं काम समाप्त कर रेस्ट हाउस लौटा। कॉपी-पेंसिल निकाली और पंक्तियों को लिपिबद्ध कर दिया। पंक्तियाँ थीं–

समीकरण

तुम्हारा संस्पर्श,
युग का स्पंदन,
दोनों का समीकरण,
मेरी ज़िन्दगी है।
ठीक बॉयलर से जूझते
'पॉवेल' के मुस्तैद बाजू
माटी पर अंकित करते,
युग का चेहरा,
'होरी' के रफ़्तारी पैर,
दोनों का समीकरण,
तुम्हारी-मेरी ज़िन्दगी है।

मैंने ये पंक्तियाँ सुखदा को लिख भेजीं। मैं नहीं जानता ये पंक्तियाँ कविता है, या कविता के नाम पर बक़वास। ख़ैर! इसे भावों को व्यक्त करने की एक सहज छटपटाहट कहा जा सकता है। इसके सिवाय कुछ नहीं। सुखदा की प्रतिक्रिया भी इससे भिन्न नहीं थी। उसने कहा था, "जोशी जी, आपको राजनीति के अलावा कुछ नहीं आता है! यह कोई कविता है? कोरी राजनीति है... पोस्टर है!" मैं चुप रहा। शायद वह सही थी, क्योंकि यह उसका क्षेत्र था। कविता क्या है? कविता के रूप क्या हैं? यह कैसे लिखी जाती है? इसमें क्या होना चाहिए? जैसे सवालों के सम्बन्ध में मैं क्या कह सकता हूँ? ऐसा नहीं है कि मैंने कविता नहीं पढ़ी। कई कवियों को पढ़ा है। मुझे याद है, 1972 में मंगलेश डबराल ने मेरी मुलाक़ात 'चाँद का मुँह टेढ़ा है' से कराई थी। मंगलेश डबराल ने कहा था कि मार्क्सवाद को समझने के लिए 'मुक्तिबोध' को ज़रूर पढ़ो। मैंने मुक्तिबोध का काफ़ी साहित्य दो वर्षों में पढ़ डाला था। सर्वेश्वर जी के सम्पर्क में रहने के कारण उनकी कविताएँ अक़सर पढ़ता था। उनकी एक कविता 'कुआनो नदी' मुझे बेहद पसंद आई थी। अज्ञेय जी की भी कुछ कविताएँ पढ़ी थीं–'शैवाल' काव्य-संग्रह में से। कुछ पंक्तियाँ तो मुझे निरंतर याद रहती हैं–

यह दीप अकेला
मदमाता,
इसको भी पंक्ति को दे दो।

लेकिन इसका यह अर्थ नहीं है कि मैं कविता के बारे में जानता हूँ। कविता के मर्म को समझना अलग बात है, और काव्य-रचना संसार का ज्ञान होना दूसरी बात है। ख़ैर! 'समीकरण' की नियति यह रही कि सुखदा ने इसे पल भर में सिरे से खारिज कर दिया। मैं जहाँ था वहीं रहा। उसके यहाँ आने-जाने का सिलसिला उत्तरोत्तर कम होता चला गया। पर जब भी हम मिले, भावों के उद्वेग को थाम नहीं पाते थे। एक भोर कुछ क्षण ऐसे भी आए जब हम 'क्रीटिकल एरिया' में प्रवेश के कगार पर खड़े थे। सुखदा ने सामान्य विरोध किया था। मैंने उसके लज्जास्वरूप विरोध को गम्भीरता से ले लिया था। मैं चीख़ता हुआ पीछे हट गया था, "क्या बक़वास है? मैंने भी तो अपना सब कुछ तुम्हें दे दिया है! फिर यह अंतिम घबराहट किसलिए?"

"नहीं, मैं इसके लिए बिल्कुल तैयार नहीं हूँ।"

"आख़िर क्यों? क्या हम दोनों में कुछ छुपा रह गया है?"

"बहुत कुछ। आप पुरुष हैं, कुछ भी कर सकते हैं।"

"तुम कब से स्त्री के रूप में कमजोर महसूस करने लगी हो? तुम तो स्त्री-पुरुष को समान मानती हो?"

"वह अपनी जगह ठीक है। लेकिन कुछ सीमाएँ हैं जिन्हें मैं अभी लाँघना नहीं चाहूँगी। फिर कभी। वैसे भी हम दोनों का भविष्य तय नहीं है! इससे आगे आप न बढ़ें।"

"जैसी तुम्हारी इच्छा।"

और इसके बाद हम दोनों अपने पूर्व निर्धारित क्षेत्र में लौट गए। आधा घंटे तक वहाँ रमे रहे। इसके बाद हमेशा की तरह मैंने ट्रेन पकड़ी और रायपुर की ओर रवाना हो गया। इस बार सुखदा मुझे प्लेटफॉर्म पर छोड़ने नहीं आई थी। स्टेशन सूना-सूना लग रहा था। मैं रुआँसा हो चला था। पलकें भीग चली थीं। मैंने ज़ेब से रूमाल निकालना ज़रूरी नहीं समझा। 'इन्हें यूँ ही बहने दो...बहने दो...अच्छा रहेगा।' भीतर से आवाज़ आ रही थी। ऐसे अत्यंत निजता से भरे क्षणों में 1965 के 'प्रथम एकतरफ़ा प्रेम' की स्मृतियाँ पलकों से झरने लगी थीं। तब मैं कितना रोया करता था? लेकिन प्रेम की पीड़ा के लिए नहीं, प्रेम की कमजोरी के लिए! किशोरावस्था की वह अनुभूति अलौकिक थी। आज भी है। उसका परोक्ष स्पर्श आज भी आध्यात्किता का एहसास करा देता है। मैं देख रहा हूँ: हम पटियाला में हैं। प्रभाकर की परीक्षा दे रहे हैं। धर्मशाला की छत पर वह लेटी हुई है, चारपाई पर। छंद याद कर रही है। वह ट्रांजिस्टर सुन रही है। वह कहती है, यह ट्रांजिस्टर उठाकर मुझे दे दो। मैं ज़मीन पर रखे ट्रांजिस्टर को उठाता हूँ और उसे हाथ में थमा देता हूँ। यह दो बैंड का ट्रांजिस्टर निमित्त बनता है परस्पर स्पर्श का। बस! मैं भीतर-बाहर से झंकृत हो जाता हूँ। निहाल...निहाल हो जाता हूँ। आनंद की कैसी अनुभूति है उस 'परोक्ष स्पर्श' की? सब कुछ निर्लिप्त! निष्काम! बिना प्रतिदान के! काल के थपेड़ों से मुक्त 'प्लेटोनिक एहसास'। इस एहसास को कुछ इस अंदाज़ में व्यक्त करना चाहूँगा—

"एक लफ़्जे मोहब्बत का इतना सा फ़साना है,
सिमटे तो दिले जानां, फैले जो ज़माना है।"

इस एहसास को मैं फैलाना चाहता था। मैं उस अनामिका, उस अनछुए स्पर्श से दूर... बहुत दूर फैलता चला गया। पीछे मुड़कर नहीं देखा, क्योंकि उत्पीड़ितों व शोषितों के ज़माने

में मैं अब गुम हो चुका था। स्त्री की सुंदरता को लेकर मेरे साथ हमेशा समस्या रही है। मैं अपने गहन रागात्मक क्षणों में भी 'सुंदरता' का मुक्त व निर्मल प्रशंसक नहीं बन सका हूँ। पता नहीं कौन-सा अज्ञात कारण है जो मुझे निरंतर स्त्री की सुंदरता का प्रशंसक बनने से रोक रहा है! एक से एक सुंदर स्त्रियों के सम्पर्क में मैं आया। ज़रूरी नहीं कि मेरे उनके साथ शारीरिक सम्बन्ध ही रहे हों। लेकिन ऐसी सम्पृक्तता अवश्य रही है जो कि परिचितता के सम्पर्क क्षेत्र तक ही सिमटी हुई नहीं थी। यद्यपि इस सम्पृक्तता में अन्तरंगता या रागात्मकता जैसा भी कुछ नहीं था। पर ऐसा अवश्य कुछ था जहाँ से औपचारिक सीमाओं का सुविधापूर्वक उल्लंघन किया जा सकता था। पर मैं ऐसा नहीं कर सका।

इसको मुख्य वजह मैं यह मानता हूँ कि सम्पर्क में आने वाली स्त्री के शबाब का मैं उन्मुक्त प्रशंसक नहीं बन सका। किशोरवस्था से लेकर इस समय तक मैं इस समस्या का हल नहीं निकाल सका हूँ। लेकिन इस पर निरंतर सोच भी रहा हूँ; आख़िर मैं एक युवती या प्रौढ़ औरत की सुंदरता की प्रशंसा क्यों नहीं कर पाता हूँ? मैं क्यों नहीं सब कुछ भूलकर उसमें डूब जाता हूँ या लिप्त हो जाता हूँ? सेक्स और सुंदरता के साथ ऐसी संलिप्तता मुझमें पैदा क्यों नहीं हो पा रही है? यह मर्दवादी अहं तो नहीं है? यह परम्परागत रूढ़िवादी संस्कार तो नहीं हैं?

आत्मविश्लेषण की गलियों में भटकते समय दो बातें मुझसे टकराती हैं। पहली बात, मैं स्वयं को सुंदर मानता हूँ। स्वयं को आकर्षक समझता हूँ। मैं मानता रहा हूँ कि स्त्री को मेरे व्यक्तित्व की प्रशंसा करनी चाहिए। पुरुष की सुंदरता का अपना एक विशिष्ट अस्तित्व है। स्त्री की सुंदरता का ही अस्तित्व नहीं होता है। पुरुष की सुंदरता, किसी भी अर्थ में स्त्री की सुंदरता से कमतर नहीं होती है। यह सही है कि दोनों की अपनी-अपनी 'अपीलें' हैं। लेकिन स्त्री यह अपेक्षा रखे कि पुरुष हमेशा उसकी सुंदरता पर ही रीझता रहे, यह सरासर ग़लत है। स्त्री को भी चाहिए कि वह पुरुष की सुंदरता की समान रूप से प्रशंसा करे। वह इसका प्रदर्शन करे। इसलिए स्त्री की प्रशंसा के मामले में मैंने हमेशा 'कृपणता' का ही प्रदर्शन किया है। इसका मूल्य भी मुझे चुकाना पड़ा है। सुंदरता मुझे 'डिच' करती रही है!

यद्यपि स्त्री उस्ताद राजेंद्र यादव अक्सर चिढ़ाते रहते हैं कि औरतें मुझ पर गश खाती रही होंगी! मैंने उन्मुक्तता के साथ उन्हें भोगा होगा! मैं इस सच्चाई को स्वीकार करने से घबराता हूँ, क्योंकि उनका मानना है कि मेरे सुंदर व्यक्तित्व, गोरे गोल मासूम चेहरे पर औरतों को फ़िदा होना ही चाहिए। यदि ऐसा नहीं है तो स्त्री में खोट है, या मुझमें है। मैं समझता हूँ कि खोट मुझमें है। क्योंकि कतिपय अपवादों को छोड़कर, मैं स्त्री के समीप जाने या उसे क़रीब आने की छूट देने से कतराता रहा हूँ। ऐसा भी हुआ है जब औरत 'प्रेम' या 'आसक्ति' की दृष्टि छोड़कर मुझे आदर या श्रद्धा के भाव से भी देखने लगी। एक निश्चित समय के पश्चात् उसने तमाम संदर्भ ही बदल डाले। इस सम्बन्ध में प्रसंगवश एक रोमांचकारी अनुभव का यहाँ उल्लेख मेरी स्थिति को स्पष्ट करने के लिए पर्याप्त रहेगा। 1978 के मध्य मैं झारखंड के किसी आदिवासी क्षेत्र में सर्वेक्षण पर था। मेरे साथ एक डॉक्टर, सामाजिक शोधकर्त्ता और स्वयंसेवी संगठन की ओर से एक सामाजिक कार्यकर्त्ता भी थी। वह बहुत सुंदर तो नहीं थी, लेकिन उसके रूपरंग में कशिश अवश्य

थी। उसे 'ब्लैक बॉण्ड' कहा जा सकता है। दिल्ली से लेकर राँची तक वह मुझे आमंत्रण-संकेत देती रही। इसके लिए उसने विभिन्न माध्यम चुने। लेकिन न जाने क्यों वह मुझे भीतर से गुदगुदा नहीं सकी! बिल्कुल नहीं। एक पल के लिए भी मुझमें उसे लेकर आसक्ति का भाव नहीं आया। मैं उसके साथ एक निश्चित दूरी बनाए हुए था। इसे लेकर वह परेशान भी थी। हालाँकि वह मुझे 'जोशी, डीयर जोशी, डीयर राम' जैसे सम्बोधनों से पुकारा करती थी। मैं उसे पूरे सम्मान के साथ सम्बोधित किया करता था। एक घटना को लेकर वह पूरी तरह से झल्ला उठी।

हुआ यह कि किसी फॉरेस्ट रेस्ट हाउस में हमारी टीम ने डेरा डाल रखा था। वहाँ दो कमरे थे, और एक कॉमनरूम। मेरा प्रस्ताव था कि एक रूम में यह एक्टिविस्ट सोए, और दूसरे में डॉक्टर व शोधकर्त्ता। मैं कॉमनरूम में सोफ़े पर लेट जाऊँगा। वह चाहती थी कि मैं उसके ही साथ कमरे में रात बिताऊँ। डॉक्टर ने भी उसकी बात का समर्थन किया, क्योंकि वह विदेशी डॉक्टर था। उसके लिए यह सामान्य बात थी। पर मेरा तर्क था कि ऐसा करना ग़लत होगा। यह पिछड़ा क्षेत्र है। हम लोगों को लेकर तरह-तरह का अप्रिय प्रचार शुरू हो जाएगा। इससे हमारा शोधकार्य प्रभावित होगा। लेकिन वह इसे स्वीकार करने के लिए बिल्कुल तैयार नहीं थी। उसका जोर था कि मैं उसके साथ वाले पलंग पर ही सोकर रात बिताऊँ। उसे अकेले में डर लगता है। कोई भी जंगली जानवर आ सकता है। उसने मचलकर मेरी बाँहें भी पकड़ लीं, और भीतर घसीटने लगी। मैंने झटके से स्वयं को उसकी गिरफ़्त से आज़ाद किया। मेरी यह हरकत उसे नागवार गुजरी। पर मैं विवश था।

सुबह का दृश्य बिल्कुल बदला हुआ था। उसने उठते ही सम्बोधन के माध्यम से अपना प्रतिवाद, गुस्सा और पीड़ा को अभिव्यक्ति दी, और मुझे धड़ाम से युवा से वृद्ध बना डाला। वह बोली, "अंकिल जोशी, आपकी रात कैसी बीती?"

हम सभी उसके इस सम्बोधान से चौंके! डॉक्टर मुस्कराया। जब तक वह साथ रही, मुझे 'अंकिल जोशी' सम्बोधित करती रही। मैंने एक-दो बार इसका विरोध किया। तब जाकर उसने अंकिल से 'मिस्टर जोशीजी' कहना शुरू किया। टीम के दूसरे सदस्यों ने मुझे चिढ़ाते हुए कहा भी, "अंकिल जोशी जी, अब देवी जी को अपनी भतीजी बनाइए?" मेरे पास इसका कोई जवाब नहीं था।

एम.ए. में पढ़ते हुए मेरी एक अत्यंत आकर्षक सहपाठी और उसकी माँ ने सम्पर्क में आने के कई महीने बाद मुझसे कहा था, "आप तो क्राइस्ट या गुरु नानक जैसे लगते हो!" भावों की इस अभिव्यक्ति के समय मैं सहपाठी के घर नाश्ते पर निमंत्रित था। अक्सर उसके घर आना-जाना रहता था। हम दोनों साथ-साथ आकाशवाणी के 'युववाणी' कार्यक्रम में भाग लिया करते थे। मैं उसे अपने स्कूटर पर पीछे बैठाकर दिल्ली घुमाया करता था। एक दिन उसने कहा कि उसकी सगाई होने वाली है। उसका संभावित पति विदेश में है। मैंने तटस्थ भाव से इस ख़बर को सुना, ठीक एक रिपोर्टर की तरह। मैं उस समय रिपोर्टर था भी। संसदीय संवाददाता था। मैंने उससे कई बार पूछा भी कि "तुम्हारी कुड़मई कब होगी?" उसने झल्लाकर कहा था, "हो जाएगी, देख लेना। मेरी शादी में आ जाना। मैं तुम्हें ज़रूर बुलाऊँगी। तब तुम्हें खुशी होगी न।" मैंने उसका यह रूप इससे

पहले कभी नहीं देखा था। बंगाली मार्केट में नाथू स्वीट हाउस में कॉफी पर ये शब्द उसने कहे थे। इसके कुछ दिनों बाद मुझे नाश्ते पर बुलाया गया। जहाँ मुझे एक ही झटके में 'परम मानवों' की श्रेणी में शामिल कर दिया गया। विश्वास कीजिए, इस घटना के कुछ रोज़ बाद ही मेरी सहपाठी का विवाह हो गया। वह अपने पति के साथ यूरोप के किसी देश में जा बसी। शादी के एक वर्ष बाद वह भारत आई थी। उसने अपने यहाँ मुझे लंच पर निमंत्रित किया था। अपने पति से भी मिलवाया था। यह भी बतलाया था कि मेरी वजह से वह रेडियो के कार्यक्रमों में हिस्सा लेती रही है। मैंने मिल्टन के 'सेटन करेक्टर' पर एक अच्छा पेपर सेमीनार में प्रस्तुत किया था। उस दिन भी ढेर सारी बातें हुई थीं, और फिर मुझे सुनने को मिला था, "देखिए, जोशी जी में ईसा और नानक की झलक मिलती है। इंज्ट इट?"

"ओह! यस यू ऑर अबसेल्यूटली राइट!"

उसके पति ने कहा था। मैं इन नये खिताबों से पुलकित अपने डेरे लौटा था, उस दिन। मैंने इसकी चिंता नहीं की कि मेरे ये सम्बोधन, मेरे संदर्भ क्यों बदल डाले गए हैं? बल्कि नये सम्बोधनों ने मुझमें आत्मिक आनंद अंकुरित किया था। इस भाव को और पुष्टि व बल मिले थे कि मुझमें कुछ 'विशिष्टता' है। औरत मुझे श्रद्धा की दृष्टि से देखती है तो निश्चित ही मुझमें कोई अनूठापन है। मैं ऐसा सामान्य पुरुष नहीं हूँ जो औरतों के पीछे दौड़ता रहे!

औरतों का प्रशंसक बनने से रोकने के मामले में मैंने दूसरा कारण यह महसूस किया कि क्या औरतों के रूप-रंग की प्रशंसा की जानी चाहिए? क्या उसकी दैहिक सुंदरता की प्रशंसा करने का यह अर्थ नहीं है कि हम उसकी आंतरिक सुंदरता से उसे ही वंचित कर रहे हैं? उसे इससे भटका रहे हैं? यह भी सच है कि हम प्रशंसा के माध्यम से उसे परोक्ष रूप से गुलाम बनाना चाहते हैं और पुरुषत्व के मोहपाश में उसे क़ैद करना चाहते हैं! औरत में शारीरिक सुंदरता के अलावा दूसरे गुण भी तो हो सकते हैं! हम उनकी क्यों नहीं प्रशंसा करते हैं? प्रशंसा के मामले में पुरुष षड्यंत्रकारी प्रतीत होता है। विडम्बना व त्रासदी यह है कि औरत स्वेच्छा से इस षड्यंत्र की शिकार होने लगती है। पिछले दिनों कथाकार मैत्रेयी पुष्पा ने भी सार्वजनिक मंच से औरत की इस कमजोरी को स्वीकार किया था। उन्होंने बतलाया था कि वे 'हंस' में अपनी कहानी भेड़ने के लिए किस तरह सम्पादक राजेंद्र यादव के यहाँ सज-धजकर जाया करती थीं? वे साड़ी बदल-बदलकर 'हंस' कार्यालय में पहुँचा करती थीं। उन्होंने स्वीकार किया था कि औरत पुरुष को रिझाने के लिए 'श्रृंगार' के हथियार का इस्तेमाल करती है। इस हथकंडे से मुझे सख़्त चिढ़ रही है। इसलिए मैं यौवन व रूप का प्रशंसक बनने से संकोच करता रहा हूँ। औरत को भी निरुत्साहित करता रहा। लेकिन मैं देखता हूँ औसत प्रौढ़ व वृद्ध इस हथियार का प्रयोग सुनियोजित ढंग से करते हैं और शिकार करने से चूकते नहीं हैं। वे तर्क भी देते हैं कि सुंदरता की प्रशंसा क्यों नहीं की जानी चाहिए! सुंदरता स्वयं प्रशंसा के लिए उकसाती है इसलिए इसमें कृपणता नहीं दिखानी चाहिए। आत्मिक व मांसल सुंदरता के विभिन्न रूपों की प्रशंसा का सलीका रूसो से सीखना चाहिए। अट्ठारहवीं सदी के इस निरंकुश प्रेमी और क्रान्तिकारी चिंतक ने अपनी आत्मकथा (आत्म-स्वीकृतियाँ) में औरतों के

लिए अपने बेपनाह पैशन और उनके साथ प्रयोगों का अद्‌भुत ब्योरा दिया है। अपने गुप्त प्रेम-सम्बन्धों के बारे में रूसो एक जगह कहता है, "मुझे दुख है कि मेरी इतनी लड़कियों से प्रेम रहे हैं। लेकिन इन गुप्त-प्रेम सम्बन्धों की सफलता में कोई मेरी शेखी नहीं है। मैं समझता हूँ कि मैं बग़ैर किसी संकोच-झिझक के इस सच को कह सकता हूँ।"

अब जबकि मैं ट्रेन में बैठ चुका हूँ, सुखदा का प्लेटफॉर्म मेरी आँखों से तेज़ी के साथ ओझल होता जा रहा है...लेकिन मेरे लिए यह 'जज' कर पाना मुश्किल लग रहा है कि मैंने 'अनछुए स्पर्श' या 'छुए स्पर्श' में से किसके साथ विश्वासघात किया? मैं इस कश्मकश के साथ जगदलपुर पहुँच जाता हूँ। इस एपीसोड को फ़िलहाल यहीं ब्रेक लगाता हूँ।

एक एपीसोड को अधबीच छोड़ दूसरे पर फुदकना एबर्स्ड लग सकता है। पलायन का आभास दे सकता है। बिखरेपन का प्रतीक हो सकता है। सम्बन्धों के प्रति अविश्वास... शायद बेवफ़ाई का सुबूत हो सकता है। यह भी हो सकता है कि एपीसोड के सूत्रधार में आत्मविश्वास की कमी हो, ...इसे क्लाइमेक्स तक पहुँचाने की। सूत्रधार को सूझ नहीं रहा हो कि इस कथा को आगे कैसे बढ़ाया जाए? कई साल पहले एक गाना सुना था। उसके बोल शायद कुछ इस तरह थे–वो अफ़साना जिसे अंजाम तक लाना न हो मुमकिन, उसे एक ख़ूबसूरत मोड़ देकर छोड़ना बेहतर...चलो एक बार फिर से अजनबी बन जाएँ हम दोनों।

सच पूछा जाए तो ज़िन्दगी कई प्रकार के एबर्स्डों से लबरेज़ रहती है। बिल्कुल यह 'अनप्रिडिक्टेबल' है। कब इसकी उड़ान शुरू होती है, कब इसकी ढलान, यह कहना आसान नहीं है। क्या भूकंप, क्या भू-धसान की भविष्यवाणी अभी तक की जा सकी है? तब जीवन, प्रकृति से भिन्न कैसे हो सकता है? दोनों एक-दूसरे के प्रतिबिंब हैं। दोनों एक-दूसरे के लिए भाषा, रूपक, उपमाएँ गढ़ते हैं। ज्वालामुखी, प्रकृति में है, तो मनुष्य के भीतर भी है। ज्वार-भाटा, दोनों में ही मौजूद रहते हैं। कब प्रकृति हिंस्र बन जाए, और कब मनुष्य भेड़िया बन जाए, क्या इसकी तारीख़ निर्धारित की जा सकती है? बस, हम सावधानी ही बरत सकते हैं। फिर भी दुर्घटनाएँ, हादसे होते रहते हैं। प्रकृति और मनुष्य, दोनों स्खलित होते हैं!

मैंने सूत्रधार के रूप में अपने 'स्खलनों' की पृष्ठभूमि बाँध दी है।

जब सुखदा के कूँचे से लौटा तो मैं भीतर से काफ़ी टूटा महसूस कर रहा था। सब कुछ अर्थहीन लग रहा था; बस्तर के साल वन सूखे में बदल चुके हैं; इंद्रावती नदी में मरुस्थल बह रहा है; धान के खेतों में आग बरस रही है; आदिवासी स्मृति-पाषाण प्रतीकों में समा चुके हैं; चारों ओर सूनापन है, सन्नाटा पसरा हुआ है; और मैं अपने भीतर अकेलेपन से घिरा बैठा हूँ। सबसे भागा हुआ!

इस मनोदशा में मैं अपने एक पुराने नृतत्वशास्त्री मित्र से टकराता हूँ। वह किसी शोध के सिलसिले में दिल्ली से बस्तर पहुँचा हुआ है। वह मुझे अपने साथ रेस्ट हाउस ले जाता है। शराब पर बातों का सिलसिला शुरू हो जाता है। मित्र, शराब को पानी की तरह पीता है। सिगरेट का भी यही हाल है। यह उसकी बहुत पुरानी आदत है। उस दिन भी उसने

ऐसा ही किया...पीता गया...पीता गया। सिगरेट पर सिगरेट फूँकता गया। चिकन उसने जमकर खाया। मैंने भी उसका पूरा साथ दिया। उस रोज़ मैंने ख़ुद को काफ़ी ढीला छोड़ दिया था। संयम किसी प्रकार का नहीं रखा। क्योंकि संयम है, तो होश है, और होश है तो मदहोशी कहाँ? होश को शराब के साथ बदतमीज़ी कहा जाएगा। मैं सुरा के साथ बदतमीज़ी नहीं करना चाहता था। हम लोग पीते ही गए...पीते ही गए। ढेर सारी बातें इधर-उधर की होती रहीं।

'जीवन एक रंगमंच है। हस सब इसके पात्र हैं। अपनी-अपनी भूमिका निभा कर इसको अलविदा कहते हैं।' यदि मैं दार्शनिक होता तो शेक्सपियर के इस कथन की गहराई में उतरता, इसकी प्रामाणिकता की जाँच करता और अपना कोई तत्ववादी निष्कर्ष इस 'मिथ्याजगत' के समक्ष प्रस्तुत करता। लेकिन मुझमें ऐसी धातु है ही कहाँ? सोशल एक्टिविस्ट रहे या जर्नलिस्ट या सामाजिक शोधकर्ता, मूलत: ये प्राणी स्थूल प्रज्ञा के माने जाते हैं। अमूर्त चिंतन, इनके बोध जगत्, भाव जगत् और क्रिया जगत् के लिए तकरीबन 'अनटचेबुल' वस्तु हैं। मैं स्वयं को इसी श्रेणी में रखता हूँ।

मैं विश्वासपूर्वक नहीं कह सकता कि मैंने सुखदा को कितना समझा? उसकी संवेदनाओं के साथ मैंने कितनी तादात्म्यता स्थापित की? उसकी 'चाहत' की कितनी चिंता मैंने की? उस जर्मन एक्टिविस्ट ऐन की भावनाओं को मैं कितना समझ पाया? चंद महीनों में हम कितने क़रीब आ चुके थे एक-दूसरे के। बस्तर के बैलाडीला और चंबल के बीहड़ों को हमने साथ-साथ नापा था। गुलाबी नगर जयपुर की गलियों में कितना घूमे थे? तय था! कि मैं सुखदा का अध्याय सदैव के लिए समाप्त कर ऐन स्टीनर के साथ जीवन के नैसर्गिक अध्याय की शुरुआत करूँगा। चंद सप्ताह साथ-साथ बिताने के दौरान मैंने महसूस किया था कि ऐन और मेरे बीच कई बुनियादी समानताएँ हैं। समाज के सम्बन्ध में दोनों की समान दृष्टि है। ग़ैर-सत्ता प्रतिष्ठानी मार्क्सवाद में दोनों की आस्था है। दोनों ही परिवर्तन के नए माध्यमों की तलाश या आविष्कार के लिए प्रयत्नशील हैं। हम नए सिरे से सब कुछ समझने और बसाने के लिए आतुर हैं।

ऐन के पिता जर्मनी में प्रोफेसर थे। वह स्वयं भी समाजशास्त्र की विद्यार्थी और इजराइल की विकास-प्रक्रिया का अध्ययन कर भारत पहुँची थी। उन दिनों मैं 'राष्ट्रीय श्रम संस्थान' में शोधकर्त्ता था और गाँधी शांति प्रतिष्ठान के सहयोग से चलाए जा रहे राष्ट्रीय बंधक श्रमिक अध्ययन की परियोजना से जुड़ा हुआ था। ऐन से पहली मुलाक़ात रायपुर में हुई थी। वह मुंबई से सीधे रायपुर पहुँची थी। इसके पश्चात् मैं, ऐन और उसका एक मित्र मॉइकल, हम तीनों बस्तर रवाना हो गए थे।

कई यात्राएँ हम दोनों ने अकेले की थीं। चंबल के बीहड़ों में बसे कई गाँवों में साथ-साथ गए थे। जौरा स्थित गाँधीवादी सुब्बाराव के आश्रम में हम लोग रुके थे। फिर से नए स्पंदन मुझे अपने में सुनाई पड़ रहे थे। दोनों की आँखों में समान भाषा जन्म लेती जा रही थी। अलिखित, अबोली, अपरिभाषित 'परस्पर स्वीकृति' ऐन और मेरे बीच जन्म ले चुकी थी। दैहिक स्पर्श, हमारी 'स्वाभाविक उत्कंठा' बन गए थे। कमरे में रहें, जीप में बैठें, बस में यात्राएँ करें या गाँवों में साथ-साथ घूमें, आंगिक स्पर्शों की रसधारा हमारे बीच

बहती रहती। दोनों की दशा को देखकर मॉइकल ने गाँधी शांति प्रतिष्ठान में अपना निर्णय सुना दिया–

"मैं समझता हूँ, अब तुम दोनों को मैरिज कर लेनी चाहिए। लम्बे समय तक इस तरह अच्छा नहीं लगता। मैरिज की सारी व्यवस्था मेरी।" इस निर्णय ने मुझे हतप्रभ कर दिया, क्योंकि यह मेरे लिए अप्रत्याशित था। ऐसे क्षण इतने पास होंगे, इसकी कल्पना मैंने नहीं की थी। कई तरह की उलझनें थीं ऐन को लेकर। मैं स्वयं से सवाल खड़े करता। जवाब भी खुद ही देता। सवाल दोनों ही प्रकार के हुआ करते थे; निजी और वैचारिक या दूसरे शब्दों में कहूँ तो भावनात्मक और विचारधारात्मक। शीतयुद्ध का माहौल दुनिया में था। सोवियत सत्ता उरुज पर थी। सीआईए की आशंकाओं के बेरीकेड सर्वत्र खड़े दिखाई देते थे। यदि किसी विरोधी या असहमति रखने वाले से बदला लेना हो तो उसे 'सीआईए एजेंट' घोषित करवाना एक अचूक व सर्वसुलभ फॉर्मूला हुआ करता था। ऐसे में काफ़ी फूँक-फूँककर क़दम रखना होता था। ऐन के साथ सम्बन्ध विकसित करते समय मैं भी इन आशंकाओं से कभी मुक्त नहीं रहा। एक अज्ञात भय प्रेत की तरह मेरा पीछा करता रहा, 'मेरे विरोधी कहीं मुझे सीआईए एजेंट न घोषित कर दें?'

ऐन, सुखदा का स्थान धीरे-धीरे लेती जा रही थी। मुझसे कोई छह-सात बरस छोटी होगी, पर अत्यंत 'शार्प' और 'पैशन' से लबालब। मासूयियत भरी बौद्धिकता उसके गोल चेहरे पर हमेशा दमका करती थी। बात-बात पर खिलखिलाना और हर छोटे-मोटे विषय पर तर्क खड़े करना उसकी स्वाभाविक प्रवृत्ति थी। किसी भी प्रयोग के लिए वह हर समय तैयार रहा करती थी; अब यह प्रयोग किसी परियोजना से संबंधित रहे या खान-पान से। मुझे याद है, एक अदद समोसा खाने पर उसे किस क़दर रात भर परेशान रहना पड़ा था। हुआ यह कि हम लोग बस्तर ज़िले में गीदम से बैलाडीला जा रहे थे। हम लोगों ने तय किया कि क्यों न गीदम से दंतेवाड़ा का दस-बारह किलोमीटर का सफ़र पैदल ही तय किया जाए? सो, हम लोग सड़क पर निकल पड़े। रास्ते में ऐन को खोमचे वाला दिखाई दिया। उसे भूख भी लग रही थी। समोसे-कचौरी तले जा रहे थे। मैंने कचौरी ली और उसने समोसे की माँग की। मैंने सलाह दी कि वह इसे न खाए, क्योंकि यह मिर्चीला होता है। इसे पचाना मुश्किल होगा। लेकिन वह कहाँ सुनने वाली थी? उसने समोसे की जिद्द पकड़ ली, एक बच्चे की तरह। उसने समोसा खाया और जमकर पानी पिया। उसकी आँखें लाल हो गईं और मुँह से लार टपकने लगी। फिर भी वह 'सी...सी...सी' करते हुए खाती चली गईं। मेरी देखा-देखी उसने भी चाय पी। कोई एक डेढ़ किलोमीटर मुश्किल से हम लोग चले होंगे कि ऐन की तबीयत बिगड़ने लगी। पहले उसने उल्टी की। फिर उसे चक्कर आने लगे। मेरे तो उस समय होश ही उड़ने लगे थे। मैं डरने लगा, कहीं इसे कुछ हो न जाए? यदि कुछ हो गया तो नई परेशानी खड़ी हो जाएगी। एक तो औरत और उस पर विदेशी! मुझे पुलिस सीधा धर लेगी। दुनिया भर में बदनामी होगी सो अलग। ख़ैर, आधा घंटे हम सड़क किनारे पत्थरों पर बैठे किसी वाहन का इंतज़ार करते रहे। उन दिनों आज की तरह का यातायात नहीं हुआ करता था। सड़कें सूनी रहती थीं। यह किस्सा सन् 1978 का है।

आधा घंटे बाद एक जीप गीदम से आती दिखाई दी। हम लोगों ने लिफ्ट ली और चंद मिनटों में दंतेवाड़ा पहुँचे। चूँकि इस छोटे से कस्बे में मैं आपात्काल के दौरान महीनों रह

चुका था इसलिए ऐन के लिए दवाई तलाशने में विशेष परेशानी नहीं हुई। उसे दो गोलियाँ दी गईं और कोई तरल पदार्थ भी। इसके बाद वह ठीक हुई। लेकिन उस रात दंतेवाड़ा में ही विश्राम करना पड़ा। अगले दिन ही बैलाडीला पहुँच सके। पर इस घटना से वह बिल्कुल विचलित नहीं हुई। उसका तर्क था कि जब तक वह भारत के खान-पान व रहन-सहन को नहीं अपनाएगी तब तक वह इस देश को नहीं समझ सकेगी और न ही यहाँ रह पाएगी। वह अपनी जगह सही थी। लेकिन मैंने उसे चेतावनी दी कि वह इस काम में जल्दबाजी न करे। वह चीज़ों को धीरे-धीरे समझे और उन्हें अपनाए। पर वह कहाँ मानने वाली थी? वह अपनी इस आदत को बार-बार दोहराती रही और परेशानी उठाती रही।

मैं ऐन को लेकर निरंतर द्वंद्वों में उलझता जा रहा था, "क्या मैं इसके साथ अपना जीवन निभा सकूँगा?"

"क्या यह मेरी गँवई व मामूली साक्षर माँ के साथ अपनी पटरी बैठा सकेगी?"

"घर का ख़र्च कैसे चलेगा?"

"यह एक तेज़-तर्रार लड़की है और सम्पन परिवार से है। क्या मैं इसकी उन्मुक्त जीवन-शैली व मित्रों को सहन कर पाऊँगा?"

"अभी सुखदा से सम्बन्ध टूटे नहीं हैं। क्या ऐन के साथ विवाह उसके साथ विश्वासघात नहीं होगा?"

"यदि यह मुझे जर्मनी में बसने के लिए कहेगी तो क्या मैं अपने देश को छोड़ सकूँगा?"

निजी किस्म के इन तमाम सवालों से मैं स्वयं जूझता रहता। आधे-अधूरे जवाब भी तलाशता रहता। जहाँ मैं ऐन से भावनात्मक स्तर पर स्वयं को बेहद जुड़ा पाता था, वहीं यथार्थ के धरातल पर खुद को उससे दूर...बहुत दूर पाता। सवाल और जवाब के बीच गहरी खाई नज़र आती। पृष्ठभूमियों की विसंगतियों को दूर करने का रास्ता मुझे सूझ नहीं रहा था।

सवाल दूसरे किस्म के भी थे जिनसे मुझे वैचारिक स्तर पर संघर्ष करना पड़ रहा था। रह-रहकर सवाल उठते, "संभव है ऐन एक सीआईए एजेंट हो?", "सीआईए ने इसे भारत की स्थिति और नए अन्तर्विरोधों का अध्ययन करने भेजा हो?", "यह इसराइल से लौट रही है तो निश्चित ही ऐन पश्चिमी ताकतों की प्लांटेड लड़की होनी चाहिए?", "यह जेनुइन सोशल एक्टिविस्ट नहीं है। मुझे इसके साथ संबंध नहीं बढ़ाने चाहिए। कहीं यह हमारी पाँतों में फूट न डाल दे?" मैं इन दो किस्म के सवालों के बीच लम्बे समय तक 'सैंडविच' बना रहा। ऐन को लेकर मेरी कमजोरी दूर होने के बजाय, निरंतर बढ़ती जा रही थी। मैं उससे जितना दूर जाने का प्रयास करता उतना ही मैं उसके क़रीब स्वयं को पाता। अजीब चुम्बकीय लड़की थी वह। मैं ऐन पर न पूरा 'विश्वास' कर सका, और न ही 'अविश्वास'! उसका अंतिम पत्र कलकत्ता से था। तारीख़ थी 26 दिसंबर, 1978। पत्र में ऐन ने अरुणा रॉय, बंकर रॉय, हरिवल्लभ पारीख, लोक अदालत, समाजवादी चिंतन, गाँधीवाद का अध्ययन, शोषण व उत्पीड़न से जुड़ी ढेर सारी बातें लिखी थीं, और पत्र के अन्त में था-

"प्रिय जोशी,

मैं भारत आकर बहुत...बहुत खुश हूँ। मैं तुम्हारे देश और इसके लोगों से प्यार करने लगी हूँ। शोषितों के अलावा भी। मैं यहाँ लम्बे...बहुत लम्बे समय तक रहना चाहती हूँ।

इस समय मैं अपने वीजा की मियाद बढ़वाने की कोशिश कर रही हूँ। उम्मीद है, सब कुछ ठीक-ठाक रहेगा। जैसे ही मैं दिल्ली लौटती हूँ वैसे ही तुमसे सम्पर्क करूँगी। जब तक मैं कॉमरेड रहूँगी तब तक।"

तुम्हारी

ऐन

जब ऐन का पत्र मिला तब तक मेरे जीवन में बहुत कुछ घट चुका था। ऐसा घटा जिसे उलटा नहीं जा सकता था। उलटने का अर्थ था अब तक वे अर्जित अस्तित्व के साथ 'विश्वासघात'। यदि मैं आस्तिक होता तो लिखता, 'ईश्वर के साथ विश्वासघात'। यदि मैं प्रकृतिवादी होता तो लिखता, 'सम्पूर्ण क़ायनात के साथ विश्वासघात। मैं इनमें से कुछ भी नहीं था, और न ही हूँ। जब मैं 2004 में बैठा 1978 को सम्हालता हूँ तो यही लगता है कि मैं तब भी औसत क़द की आस्था व प्रतिबद्धता का इंसान था, और आज भी वही हूँ। शायद यह कहना अधिक ठीक रहेगा कि 'औसत से तनिक ऊपर' का मामूली व्यक्ति।

मैं सेक्स और औरत के मामले में कभी भी 'असाधारण व्यवहार' या पारम्परिक भाषा में 'ब्रह्मचर्य या संयमी पुरुष' का परिचय नहीं दे सका। विवाह से पहले तक। बल्कि यह कहना सत्य के अधिक क़रीब होगा कि मैं स्वयं के प्रेम, स्वयं के विश्वास, स्वयं के मूल्यों की ज़मीन के प्रति निरंतर 'अनास्थावादी' बना रहा। इस तरह का अनास्थावादी न 'नास्तिक' होता है, न ही 'निरीश्वरवादी', और न ही 'नियतिवादी'। बस, इस तरह का जीव कहीं भीतर से 'स्वार्थवादी' या 'सर्वावलिस्ट' होता है। यह सर्वावलिस्ट अनुकूल या प्रतिकूल, दोनों ही प्रकार की धाराओं में अपने लिए 'स्पेस' तलाश लेता है। और इस स्पेस की रक्षा के लिए उसके पास तर्क के तमाम अस्त्र-शस्त्र होते हैं जिनका वह समयानुकूल प्रयोग करता रहता है। मेरे सम्पर्क-दायरे में ऐसे कई पात्र हैं जिनमें अपनी निजी निर्बलताओं एवं आत्मविश्वासघातों को अपने सार्वजनिक कर्मों व उपलब्धियों से ढाँपने की अद्‌भुत क्षमता व कला मौजूद हैं।

ख़ैर, मैं अपनी कहानी पर लौटता हूँ। कभी रिवाइंड न किया जा सकने वाला दृश्य मेरे एपीसोड में जुड़ चुका था। मैं 26 नवंबर, 1978 को विवाहित हो चुका था। मधु के साथ। इसके ठीक एक महीने पश्चात् ऐन का पत्र मिला था। वह मेरी शादी से बेख़बर थी। उसने अपने वादे के मुताबिक एक जनवरी 1978 को मुझसे सम्पर्क किया और मैंने उसे शाम के भोजन पर निमंत्रित कर डाला। हम शाम को मिले। घर पर ही मिले। वह पत्नी को देकर हकबक रह गई। लेकिन उसने अपने भावों पर संयम रखा और सहजता के साथ भोजन किया। बल्कि दलितों में वर्ग चेतना पैदा करने के लिए विकसित की गई मेरी एक एक्सरसाइज 'आओ शिकार करें, नया गाँव बसाएँ' पर चर्चा के दौरान कुछ उपयोगी सुझाव भी दिए। ऐन के सुझावों को मैंने अपनी पुस्तक 'आदिवासी समाज और शिक्षा' के दूसरे खंड के 'दलित चेतना के लिए शिक्षा का प्रयोग' में शामिल किए हैं।

उन दिनों मैं लोदी रोड स्थित सरकारी क्वार्टर की बरसाती में रहता था। वहीं रहकर शादी की थी। ऐन, हमारे यहाँ निमंत्रित पहली अतिथि थी। वह और मैं, दोनों ही यह दृश्य

देखने के लिए तैयार नहीं थे। पत्नी बेख़बर थी दृश्य के अन्तर्दृश्यों से। उसके लिए सब कुछ सहज व स्वाभाविक था, क्योंकि विवाह के पश्चात् अतिथि तो आएँगे ही। एक कमरे की बरसाती में हम तीनों ने फ़र्श पर बैठकर खाना खाया। बरसाती के एक कोने में स्टोव पर खाना पकाया गया था।

आधा घंटे के बाद देखा ऐन कुछ असहज होने लगी है। उसकी आँखें कुछ नम होने लगी हैं। मैं भीतर ही भीतर काफ़ी चिंतित था। मैंने मधु को ऐन के सम्बन्ध में कुछ नहीं बताया था। यह भी नहीं बताया था कि हम दोनों शादी करने वाले थे। स्थिति यहाँ तक पहुँच गई थी कि मैंने मधु के साथ सगाई को तोड़ने का मन बना लिया था। क्योंकि मधु को लेकर मैं कभी रोमांचित नहीं हो सका। किसी भी प्रकार का 'सेंसेशन' स्वयं मैं महसूस नहीं कर सका। मुझे हमेशा यह लगता रहा कि मधु मुझ पर बलात् लादी जा रही है। एक कॉमरेड के माध्यम से यह सगाई संभव हुई थी। लेकिन इस सम्बन्ध को लेकर दिल-दिमाग़ में रिज़र्वेशन निरंतर बने रहे। मैंने अपने कॉलेज के दिनों के एक सहपाठी के साथ अपनी पीड़ा बाँटी। उसने तुरंत ही फ़ैसला दे डाला, "यार! यदि रिश्ता पसंद नहीं है तो उसे तुरंत तोड़ डालो। इसमें शर्म मत करो। एक बार लोगों को बुरा लगेगा, लेकिन तुम तो जीवन भर खुश रहोगे।" सच, इस सलाह के बाद मैंने रिश्ता तोड़ने का फ़ैसला कर लिया था। फ़ोन पर अपने कॉमरेड को इसकी सूचना दे दी थी। मैं मित्र से मुक्त होकर तुरंत गाँधी शांति प्रतिष्ठान पहुँचा। जहाँ ऐन ठहरी हुई थी। डेढ़-दो घंटे तक हम लोग बात करते रहे। हम लोगों ने तय किया कि दोनों दिल्ली से ग्वालियर और जौरा जाएँगे। इसके बाद वहाँ से जयपुर जाएँगे। शायद यह अक्टूबर का महीना था। ऐन ने कहा था कि कलकत्ता से लौटने और वीज़ा के नवीनीकरण के पश्चात् जीवन का नया अध्याय शुरू करने के सम्बन्ध में अंतिम निर्णय लेगी। मैं सगाई होने के बावजूद ऐन के साथ यात्रा पर निकला था। दीवाली से दो दिन पहले हम लोग जयपुर पहुँचे। वहाँ अपने परम मित्र महेंद्र मधुप के यहाँ ठहरे। लेकिन ऐन रात्रि की गाड़ी से ही दिल्ली आ गई और मैं अगले रोज़ आ सका। ऐन को अगली सुबह कलकत्ता प्लेन से पहुँचना था। वह जानती थी कि मैं भावनात्मक तनावों से गुज़र रहा हूँ। उसकी सलाह थी कि मैं कुछ समय संयम व धैर्य से काम लूँ। भावनाओं पर नियंत्रण रखूँ। यही वजह थी कि उसने अपने पत्र के आरम्भ में लिखा था, "आशा है, अब तुम ठीक-ठाक होंगे और अपनी भावनात्मक परेशानियों से मुक्ति पाकर हमेशा की तरह अपने काम में व्यस्त हो गए होंगे।"

लेकिन मेरे तनाव दूर नहीं हो सके। मधु से शादी करने की सूचना नहीं देने के बावजूद मैं राहत महसूस नहीं कर रहा था। दिल-दिमाग़ के किसी कोने में अपराधबोध भी मुझे झकझोरने लगा था। एकांत में सोलीलॉकी के लम्बे-लम्बे दौर चलने लगे। मैं 'आज' में बैठा फिर से उन्हें 'कंस्ट्रेक्ट' करने की कोशिश कर रहा हूँ :

"इसमें मधु का क्या अपराध है? उसे क्यों सज़ा मिलनी चाहिए? यदि उसके साथ शादी नहीं करनी थी तो सगाई ही क्यों की? क्या यह पहले मालूम नहीं था कि उसके और तुम्हारे बीच कोई भी समानता नहीं है, सिवाय मनुष्य होने के! जब उससे तुम मिले थे, वह दिखाई गई थी तब तुमने इनकार क्यों नहीं किया? क्या तुम बच्चे थे जिसकी सगाई दोस्तों की गोदी में बैठाकर कर दी गई हो? क्यों तुमने दोस्तों को सख़्ती से इनकार नहीं किया?"

सिर्फ़ इसलिए न कि तुम सुखदा या ऐन को लेकर आश्वस्त नहीं थे? तुम चाहते थे कि नार्मल जीवन बिताओ। कई बार तुम अपनी आयु को लेकर चिंतित होने लगते थे। सगाई के समय तक तुम्हारी आयु चौंतीस की हो चुकी थी। मधु तुमसे दस वर्ष छोटी थी। आयु, अनुभव और बौद्धिकता तीनों में गैप था। इन तमाम तथ्यों से तुम परिचित थे। फिर भी तुमने सगाई और विवाह के प्रस्ताव में दिलचस्पी दिखाई। क्या यह बेईमानी नहीं है? क्या यह ऐसे व्यक्ति के प्रति अन्याय नहीं होगा जो नितांत निर्दोष है? उसका दोष केवल इतना है कि वह शादी करना चाहती है। उसने तुम्हें पंसद किया है। तुमने भी उसे पंसद किया है। उसके चित्र को देखकर तुम तैयार नहीं हुए थे? साक्षात्कार से वह आकर्षक लगी थी। कुछ मित्रों की टिप्पणी भी अनुकूल ही थी। तुम उनकी टिप्पणियों से भीतर ही भीतर खुश हुए थे। क्या उस समय किसी ने तुम्हें बाध्य किया था? नहीं न?

यह क्यों भूल जाते हो कि भारतीय समाज में सगाई टूटने पर लड़की और उसके माता-पिता पर पहाड़ टूट पड़ता है। मध्यम वर्ग के परिवार और लड़कियाँ तबाह हो जाते हैं। वे किसी को अपना मुँह दिखाने लायक नहीं रहते हैं। एक बार सगाई टूटने के पश्चात् फिर से सगाई होना प्राय: असंभव हो जाता है। ऐसा परिवार, ऐसी लड़की शापित माने जाते हैं।

कभी सोचा है मधु का क्या होगा, सगाई टूटने के बाद? वह कहीं की नहीं रहेगी। वह चौबीस-पच्चीस वर्ष की हो चुकी है। हिंदू विशेष रूप से मध्यम वर्गीय परिवार में इतनी बड़ी लड़की का अविवाहित रहने का मतलब है लड़की में कोई बड़ा खोट होना। क्या उसमें कोई खोट है? तुम जानते हो उसमें कोई खोट नहीं है, एक ही खोट है और वह है उसका कमजोर परिवार। वह साधन सम्पन्न नहीं है। उसके पिता सामान्य शिक्षक हैं। सात सदस्यों के परिवार के मुखिया हैं जिसमें शामिल हैं उनकी चार बड़ी बेटियाँ, एक बेटा, पत्नी और वे स्वयं।

यदि तुम नाता तोड़ते हो तो ज़रा सोचो मधु की तीन छोटी बहनों पर क्या बीतेगी? उनका भविष्य अनिश्चित बन जाएगा। उनकी जीवन-गति धीमी पड़ जाएगी। क्या तुम्हें इस बात का गर्व नहीं होना चाहिए कि एक मामूली शिक्षक होने के बावजूद मधु के पिता ने अपनी चारों बेटियों को शिक्षा दी है? मधु ने स्वयं बी.ए. किया है। उसकी तीनों छोटी बहनें कॉलेज में पढ़ रही हैं। पूरा परिवार संघर्ष कर रहा है, इंच-इंच आगे बढ़ने के लिए। ऐसे परिवार में तुम्हारे प्रवेश का एक अर्थ होगा। इसे पंख मिलना। वह चहक उठेगा। झूमने लगेगा। क्या तुम नहीं चाहते कि इस समाज का हर सदस्य उठे, चाँद-सितारों से बात करे?

तुम मार्क्सवादी हो। एक कम्युनिस्ट समाज के लिए जीता है। दूसरों के लिए जीता है। तुम दक्षिणपंथियों की तरह व्यक्तिवादी, स्वार्थी कैसे बनने लगे? तुम समाज को बदलना चाहते हो, और इस चुनौती से पीछे हट रहे हो? यह ठीक है कि मधु और उनका परिवार तुम्हारे विचारों का नहीं है। लेकिन यह भी तो सत्य है कि वह 'क्लीन स्लेट' है। इस स्लेट पर कुछ भी लिखा जा सकता है। तुम इसके 'रोल मॉडल' बन सकते हो। सबको कम्युनिसट बना सकते हो। प्रयोग तो करना ही पड़ता है! इससे कब तक बचते रहोगे? इस परिवार को चैलेंज के रूप में स्वीकार करो, और बदल डालो। चूँकि मधु अभावग्रस्त पृष्ठभूमि से है तो उसकी डिमांड भी सामान्य ही होगी। उसके उपभोक्तावादी सपने नहीं होंगे। वह तुम्हारे साथ मिलकर संघर्ष कर सकती है। उसे अपने बारे में खुलकर बतलाओ।

आदिवासी समाज के सम्बन्ध में बतलाओ। अपनी विचारधारा से उसे अवगत कराओ। लेकिन इस तरह मत भागो। इस चुनौती से पलायन का अर्थ होगा समाज के साथ विश्वासघात। एक साफ़-सुथरे व संघर्षशील परिवार की तबाही! क्या तुम इसके बाद अपना चेहरा दिखा सकोगे?"

सोलीलॉकी : दो

"क्या यह लड़की प्रेम से बिल्कुल अनछुई होगी? क्या इस लड़की ने किसी से प्यार नहीं किया होगा? यह कैसे संभव है? प्रेम एक स्वाभाविक क्रिया है। इससे स्त्री और पुरुष दोनों ही अछूते नहीं रह सकते। ख़ासकर जब उन पर तरुणाई उतरी हुई हो!"

सोलीलॉकी : तीन

"क्या तुम सार्वजनिक रूप से घोषणा कर सकते हो कि तुमने कभी स्त्री-गमन, वेश्या-गमन, सेक्सुअल एब्यूज़ नहीं किया? क्या तुम स्कूल और कॉलेज के दिनों में लड़कियों पर फ़िदा नहीं हुए? क्या तुमने उनके आगे-पीछे चक्कर नहीं लगाए? क्या तुम्हें कभी प्रेम-लव फर्स्ट साइट नहीं हुआ?

तुमने वह सब कुछ किया है जो तुम्हें नहीं करना चाहिए था! मान्य नैतिकता की दृष्टि से तुम्हें निर्दोष नहीं कहा जा सकता! तुमने सुविधानुसार व अवसरानुकूल नैतिक वर्जनाओं की धज्जियाँ उड़ाई हैं। तुम वर्जनाओं के सुखवादी उल्लंघनों को निश्चित ही जस्टीफाई कर सकते हो! तुममें यह क्षमता है। लेकिन स्वयं के भीतर बैठा एक और रामशरण भी है। उसे धोखा नहीं दे सकते। उसके सामने तुम बिल्कुल नंगे खड़े हो। उसकी आँखें देख सकती हैं कि तुम्हारे कौन-कौन से गड्ढे हैं, और कहाँ-कहाँ हैं? तुम उन्हें ढँकने के कैसे-कैसे उपक्रम रचते हो?

लेकिन इस नाटकीयता का कभी तो पटाक्षेप होना चाहिए। जबकि तुम्हारी पारदर्शिता अक्षुण्ण व निर्मल नहीं है!

तब दूसरे से मन, वचन और कर्म की पवित्रता की अपेक्षा कैसे कर सकते हो? क्या ऐसी 'अपेक्षा' पुरुष सत्ता का प्रतीक नहीं है? क्या इसमें से पुरुष वर्चस्वता की बदबू उठती नहीं है? क्या यह सामन्ती दृष्टि नहीं है? क्यों औरत की नैसर्गिक दैहिक ज़रूरतों पर मर्दवादी पूर्वग्रहों का पहरा बैठाने की कोशिश करते हो? इन कुदरती ज़रूरतों को लेकर स्त्री और पुरुष के लिए भिन्न नैतिक विधान कैसे गढ़े जा सकते हैं? यह पाप, कम-से-कम एक मार्क्सवादी को तो बिल्कुल ही नहीं करना चाहिए। यदि वह ऐसा करता है तो वह स्वयं के साथ-साथ समतावादी विचारधारा के साथ भी विश्वासघात करता है। अब मुखौटों से काम चलने वाला नहीं है, मंच पर 'औरिजनल मुख' के साथ ही आना होगा।"

इन सोलीलॉकियों का लेखक भी मैं ही था। मैं ही होता था इसका अभिनेता। इसका निर्देशक, इसका श्रोता, इसका दर्शक भी। और मेरा मस्तिष्क होता था इसका रंगमंच।

फिर वही सवाल उठता है, क्या सुखदा, क्या ऐन, क्या मधु, इन तीनों के साथ मैं अभिनय कर रहा था? या हम चारों एक-दूसरे के साथ 'विश्वास' का अभिनय कर रहे थे? क्या हम

केवल पात्र थे? इस पटकथा का लेखक, सूत्रधार और निर्देशक कोई अज्ञात फैक्टर था या हमारे भौतिक कर्म? कभी कहीं पढ़ा था कि ग्रीक ट्रेजिडियों में मनुष्य की नियति ही उसे त्रासदियों के अँधेरे कुओं में धकेलती है जबकि शेक्सपियर की ट्रेजिडियों में पात्रों के कर्म त्रासदियों को आमंत्रित करते हैं। मेरी निजी त्रासदियों का चरित्र कौन-सा है? यह मैं आज तक तय नहीं कर पाया हूँ!

अब ऐन के जाने का समय हो गया है। खाना हम समाप्त कर चुके हैं। मैं ऐन को छोड़ने बरसाती से नीचे आता हूँ। मधु पीछे अकेली रह जाती है। मैं उसे साथ आने के लिए नहीं कहता हूँ। वह ऐन को अपरिभाषित मुस्कान से विदा करती है और कहती है-"फिर आइएगा!" मैं अँगरेज़ी में इसका अनुवाद कर उसे सुना देता हूँ। वह सप्रयास मुस्कुराती हुई कहती है-यस...यस...यस...वह अपना सिर हिलाकर जीने से नीचे उतर जाती है।

अब हम दोनों लोदी रोड के बाज़ार में आ गए हैं। ऐन बस के स्थान पर आटो रिक्शा लेना पसंद करती है। वह इसी से आई थी। उसकी आँखें बुरी तरह भीग चुकी हैं, वे झरना चाहती हैं। मैं कुछ नहीं कर पा रहा हूँ। निरुपाय, निरुत्तर खड़ा हूँ। भीतर भयंकर कोलाहल है, और बाहर चुप्पी...केवल चुप्पी। इसके अतिरिक्त मैं कर भी क्या सकता हूँ? आटो रिक्शा मिल गया है। मैं उसे बैठा रहा हूँ। मुझसे बिल्कुल रहा नहीं जा रहा है। उसकी आँखें झरने लगी हैं। लेकिन उसमें बला का आत्मसंयम है। मैं तेज़ी से उसका चुंबन लेने का प्रयत्न करता हूँ। वह मुझे झटक देती है : "जोशी, नो...नो...नो... एवरी थिंग इज़ चेंज्ड बिट-विन अस!"

"नथिंग हैज चेंज्ड" मैंने किस आधार पर यह वाक्य कहा, "मैं नहीं जानता। लेकिन लगता है इसमें मेरा कहीं गहरा स्वार्थ छुपा हुआ था।"

ऐन दृढ़ता से प्रतिवाद करती है :

"नो...नो!! इट हैज़ चेंज्ड।" वह स्कूटर वाले से स्कूटर चलाने के लिए कहती है। मैं देख रहा हूँ मेरी आँखों के सामने से ऑटो रिक्शा ओझल होता जा रहा है। मैं स्वयं से बुदबुदाता हूँ :

"आई हैव लोस्ट..." लेकिन क्या? इसे स्पष्ट नहीं कर पाता हूँ। मैं बेहद थका हुआ बरसाती में पहुँचता हूँ। मैं देख रहा हूँ मधु की आँखों से आँसू टप-टप गिर रहे हैं! मैं अवाक् हूँ। मैं अपराध-बोध में धँसा जा रहा हूँ। मैं एक सवाल से सिहर उठा हूँ :

"कहीं मधु को मेरे और ऐन के सम्बन्धों के बारे में पता तो नहीं चल गया है?"

मैं बमुश्किल स्वयं को सँभालता हूँ। एक दक्ष कलाकार की तरह। मैं प्यार भरे अंदाज़ में पत्नी से पूछता हूँ :

"क्यों क्या हुआ? कोई तक़लीफ़ है?"

मधु ख़ामोश रहती है। वह कुछ नहीं बोलती। रुक-रुककर उसकी आँखों से आँसू टपकते जाते हैं। मैं समझ नहीं पा रहा हूँ। इतना ही सोच पा रहा हूँ कि इसे कोई गहरी ठेस पहुँची है। किसी ताज़ा पीड़ा ने इसे रुला दिया है। मैं फिर हिम्मत करके अपने पहले वाले वाक्य को दोहराता हूँ, और मन ही मन आशंकाओं से लद जाता हूँ कि इसने हमारे सम्बन्धों को भाँप लिया है! "लेकिन अब क्या हो सकता है? अब जो भी होगा, उसका

सामना किया जाएगा। मैं सब कुछ बतला दूँगा।" मैं मन ही मन तय कर लेता हूँ। मधु सहमते-सहमते बोलती है :

"मुझे रोना इसलिए आया कि आप दोनों इतना सब कुछ जानते हैं, और मैं कुछ नहीं जानती हूँ।"

"मैं समझा नहीं।" मैंने चिंतित होकर पूछा।

"आप लोग इतना डिसकस कर रहे थे। मैं इसमें कहीं भी भाग नहीं ले पा रही थी। लगता है, मैं आपके लायक नहीं हूँ।" मधु के चेहरे पर निर्मल हीनता की भावना उभरी हुई है और मैं स्वयं को 'राहत' के साथ 'कठघरे' में खड़ा महसूस कर रहा हूँ। राहत इसलिए कि मेरी आशंकाएँ ग़लत निकलीं, और कठघरे में इसलिए क्योंकि हम लोग एक सीधी-सादी औरत के सामने बौद्धिकता का प्रदर्शन कर रहे थे। शायद मेरे दिमाग़ के किसी कोने में वह भाव ज़रूर रहा होगा कि-देखो मधु, देखो! मेरे सम्बन्ध एक गोरी लड़की से भी हैं। हम लोग इंटलैक्चुअल हैं। तुम कुछ नहीं हो! तुम्हें अभी बहुत ऊपर उठना है!"

मैं समझा हूँ, हमारी चर्चा से मधु में हीनता की भावना ज़रूर पैदा हुई होगी। किसी योजना के तहत ऐसा नहीं किया गया था। यह अनायास हो गया। मधु इस प्रदर्शन से भीतर तक काँप ज़रूर उठी होगी? क्योंकि उसके लिए यह सब कुछ अप्रत्याशित था; सेंटीटाइजेशन, कॉन्स्टीटाइज़ेन, इंटरटेंशन, स्ट्रेटेजी, डॉयलोजिक्ल मैथीडोलॉजी, डिगराइवेशन, पेडोगॉजी ऑफ दी ऑप्रेस्ड, मार्जीन- लाइजेशन जैसे भारी-भरकम शब्द अज्ञात देवों की गूढ़ वाणी से कम नहीं रहे होंगे! लेकिन अब कुछ किया नहीं जा सकता था। एक यथार्थ था जिसे उलटना, दोनों में से किसी के बूते की बात नहीं थी। इस यथार्थ को स्वीकार कर इसके साथ जीना, सिर्फ़ यही विकल्प था। इसकी गवाह थी-बरसाती!

क़रीब पाँच वर्ष के अन्तराल के बाद। मैं जुलाई, 1983 में पश्चिमी जर्मनी के हैडलबर्ग के एक गाँव में एक परिचित जर्मन परिवार के साथ डिनर ले रहा था। वहाँ मेरे और ऐन का एक समान परिचित भी निमंत्रित था। चर्चा हुई और ऐन का उल्लेख बीच में आ गया। मैंने उसके हाल-चाल के सम्बन्ध में जिज्ञासा ज़ाहिर की। उक्त परिचित व्यक्ति ने मुख़्तसर से यही बतलाया :

"मि. जोशी, ऐन का लम्बे समय से कोई अता-पता नहीं है। बहुत समय पहले यह सुना था कि वह नशीली चीज़ों की आदी हो गई है। उसके सामाजिक सरोकार ख़त्म हो चुके हैं। वह अराजक व सुखवादी बन चुकी है। लंदन में कहीं रहती है।"

"वह तो भारत में रहकर काम करना चाहती थी? वह अपना वीज़ा बढ़वाने की कोशिश कर रही थी?"

"उसने वह कुछ भी नहीं किया। वह 1979 में जर्मनी लौट आई। वह बिल्कुल चेंज्ड हो गई। सब कुछ स्ट्रेंज...स्ट्रेंज था। ऐसा क्यों हुआ? मैं नहीं जानता।" और वह ख़ामोश हो गया।

उसकी ख़ामोशी एक्टिविस्ट को खो देने की थी। लेकिन मेरी ख़ामोशी में मेरा कुछ 'खो' देना छिपा था। इस ख़ामोशी की सतह से भीतर ही भीतर फूटता हुआ एक बोध

मुझे जड़ समेत हिलाए जा रहा था–कहीं मैं ऐन का अपराधी तो नहीं हूँ? कहीं मैंने उसके साथ विश्वासघात तो नहीं किया?

मेरी आँखें लंदन, कैंब्रिज और ऑक्सफोर्ड की सड़कों व गलियों में भटकने लगीं। फैंकफुर्ट, बॉन, कोलोन के शहरों की भीड़ को चीरते हुए मैं ऐन को खोजने लगा। ऐन का 'इल्यूज़न' मेरी आँखों के सामने नाचने लगा। मैं भीतर से बहुत घुटन, टूटन महसूस कर रहा था।

आज पैंतीस बरस बीत चुके हैं। चुंबनों की तपिश और यादों की गरमाहट काल को बाँधे हुए हैं। मैं एक बार फिर से उसे अपने में 'सिमेटना' चाहूँगा!

ऐन का अध्याय समाप्त हुआ, और मधु के अध्याय की शुरुआत हो गई। लेकिन सुखदा का पटाक्षेप नहीं हुआ। ऐन और मधु के बावजूद सुखदा की कथा मेरा निरंतर पीछा करती रही। समझ नहीं पा रहा था कि मैं सुखदा के साथ विश्वासघात कर रहा हूँ या नहीं? क्योंकि ऐन और मधु की कथाओं के साथ-साथ सुख़दा कथा भी सामानान्तर चलती रही। उसकी यादें, उसकी अन्तरंगता, कभी समीपता और कभी बेहद दूरी, कभी आत्मीयता और कभी अजनबीपन, इन सबके मौसम मधु के साथ विवाह और ऐन से अलविदा के क्षण तक, आते-गुज़रते रहे। मैं कह नहीं सकता कि मौसम मेरे साथ खिलवाड़ कर रहे थे, या मैं उनके साथ!

आज क़रीब ढाई दशक बाद यादों के टेप को रिवाइंड करता हूँ तो मैं स्वयं को एक साथ कई किरदार निभाते हुए पाता हूँ : मैं अनाड़ी प्रेमी हूँ; मैं अस्थिर व चंचल आशिक हूँ; मैं प्रेमी भी हूँ और लखनपाल का शिकारी भी; मैं सुविधानुसार क्रान्तिकारी हूँ और सुविधानुसार प्रेमी; विवाह के लिए अधीर; सर्वश्रेष्ठ साथी के चुनाव की लालसा; एक साथ कई विकल्पों को पाले हुए; और इंद्रियों का खिलंदड़पन अलग से!

यह कहना कठिन है कि निजी नैतिक स्खलनता को आज जितनी शिद्दत के साथ मैं महसूस करता हूँ, क्या इसे मैंने तब इतनी ही सघनता से महसूस किया होगा? नैतिक स्खलनों का एहसास मुझे अवश्य था, लेकिन इनसे मुझे घृणा या वितृष्णा थी। यह कहना बेईमानी होगी। अजीब किस्म का नज़रिया या भाव था, इन सब बातों को लेकर। कभी मैं इन्हें सहजता से लेता; कभी मासूमियत के साथ; कभी अर्ध-अपराधबोध के साथ। पर सच्चाई यह थी कि मैं स्खलनों से स्वेच्छापूर्वक या संकल्पबद्धता के साथ कभी 'पलायन' नहीं कर सका। यद्यपि परिस्थितियों ने मुझे स्खलनों से अवश्य बचाए रखा। कोई ऐसी दुर्घटना नहीं घटी जिसे 'सर्वविनाश' की संज्ञा दी जाए। विनाश के बचाव के लिए मेरे जीवन में 'इस्केप रूट्स' हमेशा रहे हैं। इन 'बचाव मार्गों' से मैं सुरक्षित स्थानों पर पहुँचता रहा हूँ और अधोपतन से स्वयं को बचाता रहा हूँ। इसे मुझे स्वीकार करना चाहिए।

नि:संदेह इंद्रियाँ खिलंदड़ी होती हैं। इन्हें नियंत्रित रखना आसान नहीं है! जब आप बेलगाम हों, तब इस खिलंदड़ी को नियंत्रित करने या चेरी बनाने से संभव है आप 'ऋषित्व' को प्राप्त कर लें! पर मेरी ऐसी कोई महत्त्वाकांक्षा नहीं थी। बापू-मॉडल के 'सत्य के साथ मेरे प्रयोग' जैसे प्रयोग भी नहीं करना चाहता था। मेरी न इच्छा थी, न ही सुविधा

व स्थिति और कद। तब मैं प्रयोगों का स्वाँग क्यों रचता? जब-जब खिलंदड़पन उमड़ा, मैं तब-तब उसमें बहता चला गया। कुछ संकोच, कुछ सहजता, कुछ अपराधबोध और कुछ प्राकृतिक आवश्यकता के भाव के साथ। निश्चित ही इस प्रवाह में स्खलन हुए जो मुझे कचोटते हैं। 'यदि ऐसा नहीं घटता, तो ठीक रहता' इस एहसास से मैं निजात नहीं पा सका हूँ। इस समय तक।

मैं कैसे भूल सकता हूँ उस ग्रामीण वेश्या के साथ बीती लम्बी रात? उसके साथ मदिरा-पान, संवेदनशील क्षणों की चरमोत्कर्षता, गोर्की व प्रेमचन्द पर चर्चाएँ, उसकी स्थगित प्रेम-कथा...और न जाने कितने प्रकार की ढेर सारी बातें?

मैं सुखदा के व्यवहार से बुरी तरह टूट चुका था। 1978 की गर्मियों में जब मैं उससे मिला था तब ऐसा लगा, वह मुझे दुत्कार रही है। वह किसी तरह से हमारे सम्बन्धों का पटाक्षेप चाहती है। इसके लिए वह नए-नए उपक्रम रच रही है। उन दिनों का एक पत्र अभी तक सुरक्षित है। उसने लिखा था :

"जोशी जी,

आपके पत्रों के भीतर की मन:स्थितियाँ कहती हैं कि आपको आत्मग्रस्तता का रोग लग गया है, दुविधा और अनिश्चय जिसके आकर्षण हैं। लेकिन यह तय है कि सारा अन्तर्विरोध आप में ही है। आप जानते हैं कि पत्र नहीं लिखना हमारी आदत है और जब एड्रेस ही नहीं लिखा गया हो तो इच्छा होने पर भी उत्तर दिया भी कैसे जा सकता है? आगे हम आपको उत्तर तभी देंगे जब एड्रेस आपका अपना होगा।"

–सुखदा

यह सही है कि मेरी खानाबदोश ज़िन्दगी थी उन दिनों; कभी बस्तर, कभी दिल्ली, कभी राजस्थान, तो कभी कहीं और। बस्तर छोड़ने के बाद और आपात्काल की समाप्ति के पश्चात् मैं राष्ट्रीय श्रम संस्थान में शोधकर्त्ता के रूप में काम करने लगा था। मुझे देश के विभिन्न ग्रामीण क्षेत्रों में ग्रामीण श्रमिकों के शिक्षण-प्रशिक्षण के लिए 'चेतना शिविर' लगाने होते थे। इस सिलसिले में प्राय: दिल्ली से बाहर रहना पड़ता था। लेकिन दिल्ली का मेरा स्थायी पता हुआ करता था। जब भी मैं दिल्ली से बाहर यात्रा पर जाता, सुखदा को एक पत्र आदतन डाल दिया करता था। कभी-कभी शिविर-स्थान से भी डाल दिया करता था। चूँकि तब तक ऐन की कथा ने जन्म नहीं लिया था इसलिए सुखदा की एकमात्र कथा थी जिसके साथ-साथ मेरे दिन बीत रहे थे। प्राय: मैं भावनाओं के चक्रवात का शिकार हो जाया करता था। लेकिन सुखदा को समझना मेरे लिए निरंतर दूभर होने लगा था। वह पहेलियों की पहेली बनती जा रही थी। सुखदा की मन:स्थिति को व्यक्त करने के लिए उसके एक अन्य पत्र का उल्लेख प्रासंगिक रहेगा। अपने एक अन्य पत्र में सुखदा कहती है :

"व्यावहारिक राजनीति की चपेट में आकर यह तय है कि आपकी शेष संवेदनाएँ मर चुकी हैं। अब आपमें इतनी गहन सम्पृक्ति आ ही नहीं सकती कि आप किसी के तीव्र आग्रह और हमेशा याद करते रहने को अनुभव कर सकें। मैं अपने अकेलेपन, दुख,

दुश्चिंता और दुविधाओं में ही सुखी हूँ। मेरे अनुभव आपके नहीं हो सकते, इतना जान लेने के बाद आपसे शिकायत अर्थहीन है।

"सामान्य परिचित की हैसियत से आपकी कुशलता चाहेंगे। आप कब आएँगे?"

सुखदा के ज़्यादातर पत्रों में 'तारीख़ और स्थान', दोनों ही गायब हैं। इससे भी अधिक कचोटने वाली सच्चाई यह है कि एक-दो पत्रों को छोड़कर उसने कभी मुझे नाम से सम्बोधित नहीं किया, और न ही अन्त में अपना नाम उसने दिया। प्रत्येक पत्र में सुखदा ने भविष्य को ध्यान में रखकर आवश्यकता से अधिक सावधानी बरती। उसने कभी भी भावुकता का प्रदर्शन नहीं किया। लेकिन अभिव्यक्ति के मामले में उसने मुझसे कई गुना अधिक मैच्योरिटी दिखलाई है। यदि वह मेरे पत्रों को सार्वजनिक करे तो मैं निहायत 'इम्मच्योर लवर' के रूप में बतियाता हुआ दिखाई दूँगा।

मैं अभी तक यह समझ नहीं सका हूँ कि जब हम लोग मिला करते थे तब एकांत में वह मुझे अपने समीप आने से कभी नहीं रोकती थी, बल्कि वह देह-स्पर्शों के लिए विभिन्न संकेतों से आमंत्रण भी दिया करती थी। लेकिन पत्रों में वह अप्रत्याशित रूप से औपचारिक और प्रशासनिक किस्म का व्यवहार करने लगती! शायद, उसके मन में मुझे लेकर निरंतर आशंकाएँ रही हों? वह सोचती रही हो कि हम दोनों के सम्बन्ध कभी 'परवान' नहीं चढ़ेंगे। बीच में ही इनकी 'इति' हो जाएगी। उसने यह भी जान लिया था कि मैं एक संघर्षशील युवक हूँ; मेरी पहली प्राथमिकता राजनीति है; और मेरा परिवार आर्थिक दृष्टि से कमजोर है। संभव है, पहली व दूसरी मुलाक़ात के समय उसे और उसके परिवार वालों को लगा होगा कि मैं सम्पन्न परिवार से हूँ। लेकिन समीप आने के पश्चात् हम दोनों ने एक-दूसरे की पारिवारिक दुनिया में गहराई से झाँक लिया था। एक तरह से थाह ले ली थी। मुझे याद है, दो-तीन मुलाक़ातों के बाद सुखदा ने बतला दिया था कि उनकी माँ परित्यक्ता के सदमें से पागल हो चुकी है। उसके पिता पश्चिम बंगाल में कहीं कमिश्नर हैं।

"लेकिन अब हमारा उनके साथ कोई रिश्ता नहीं है।" सुखदा ने दृढ़ता के साथ पिता-पुत्री के साथ सम्बन्धों की समाप्ति की घोषणा की थी।

"मैं जब एक-दो वर्ष की थी तभी उन्होंने मेरी माँ को छोड़ दिया था। उन पर विवाहेतर सम्बन्धों का आरोप लगाया था।"

सुखदा के व्यवहार में पिता के प्रति कठोरता ज़रूर थी, लेकिन 'घृणा' नहीं थी। वह जब तब बातचीत में यह कहना नहीं भूलती थी कि उसके पिता 'सीनियर आईएएस अधिकारी' हैं। सुखदा ने खुद भी एक बार आईएएस बनने की कोशिश की थी। शायद 1976 में उसने इसका परीक्षा फॉर्म भी भरा था।

मैंने तब उससे मज़ाक़ में कहा था, "सुखदा! अच्छा ही होगा यदि तुम आईएएस बनती हो तो किसी रोज़ कलेक्टर भी बनोगी। बस! तुम्हारे खिलाफ़ धरना-प्रदर्शन करने मैं पहुँच जाऊँगा।"

"अरे बाबा! जोशीजी, आप कितना दूर की सोच लेते हैं? अभी तो मैं परीक्षा ही दूँगी। कौन-सा सलेक्शन होने जा रहा है?"

मैं अब स्वीकार कर सकता हूँ कि सुखदा के इस नए मोड़ को लेकर मुझे भीतर

से बहुत खुशी नहीं हुई थी। 'यदि यह सचमुच में कलेक्टर बन गई तो मेरी बिल्कुल छुट्टी?' मुझमें हीन भावना फूटने लगी थी। अनेक आशंकाओं ने मुझे दबोच लिया था। मैं जानता था कि सुखदा मुझसे अधिक शार्प, चतुर और सक्षम भाषा की धनी है। यदि यह लगन व परिश्रम के साथ प्रवेश-परीक्षा देगी तो निःसंदेह उत्तीर्ण हो जाएगी। चूँकि सुखदा के परिवार के सम्पर्क में कई वरिष्ठ प्रशासनिक अधिकारी हैं इसलिए इंटरव्यू की बाधा को यह आसानी से पार कर लेगी। मुझे लग गया था कि यह लड़की 'नौकर-शाह' बनकर रहेगी।

मैं भी कम नहीं था। अपनी हीनता को परास्त करने के लिए मेरी ख़याली तैयारियाँ भी कम नहीं चल रही थीं। मैं सॉलीलोकी के माध्यम से अपनी रणनीति बनाया करता था।

"अगर सुखदा कलेक्टर...सेकेट्री बनती है तो बन जाए! मुझे क्या? क्या मैं उससे कम हूँ? उसे कलेक्टर व सेकेट्री बनने में आठ-दस साल लगेंगे। तब तक क्या मैं ऐसे ही रहूँगा? मैं भी कुछ बनूँगा।

आपातकाल आज नहीं तो कल हटेगा। मुझे पक्का विश्वास है, इन्दिरा गाँधी इसे लम्बे समय तक नहीं चला सकेंगी। वक्त बदलेगा। आज के इमरजेंसी योद्धा कल के नायक बनेंगे। उनके हाथों में सत्ता होगी। वे राज्य के नियंता बनेंगे।

लोकतंत्र में वास्तविक सत्ता जनता के प्रतिनिधियों के हाथों में होती है। पॉलीटिक्ल एक्जीक्यूटिव ही सब कुछ होता है। वह ही असली शासक होता है... कलेक्टर...सचिव... ये तो सब प्रशासक होते हैं। हम जैसा चाहेंगे वैसा ही इन्हें हाँकेंगे। ये हमारे आदेशों का उल्लंघन नहीं कर सकते। यदि करेंगे तो इन्हें दंडित किया जाएगा।

सुखदा, केवल प्रशासक बनेगी, शासक नहीं। शासक मैं होऊँगा। क्योंकि राजनीति सुखदा के बस की बात नहीं है। वह इससे नफ़रत करती है। उसे व्यावहारिक राजनीति से चिढ़ है जबकि राजसत्ता का संचालन इसी से होता है। मैं सैद्धांतिक व व्यावहारिक, दोनों प्रकार की राजनीति से लैस हूँ। मुझे सुखदा से क्या चुनौती हो सकती है? उसे तो हर हाल में मेरे मातहत रहना ही है!

मुझे व्यर्थ में सुखदा के इस नए इरादे से भयभीत नहीं होना चाहिए। बल्कि उसे प्रोत्साहित करना चाहिए, वह प्रशासक के रूप में कहीं-न-कहीं काम आ ही जाएगी, क्योंकि राजनीतिक शासक को कई प्रकार के लोगों की आवश्यकता होती है। उसे सज्जन भी चाहिए, दुर्जन भी; उसे सती भी चाहिए और पतिता भी; माफिया भी चाहिए और महात्मा भी। कम्युनिस्ट क्रान्तियों में इन सबका इस्तेमाल हुआ था। मूल बात है-लक्ष्य। इसकी उपलब्धि के लिए सभी प्रकार के माध्यम उचित हैं, क्योंकि हमारा लक्ष्य पवित्र है। इसका सम्बन्ध उत्पीड़ित व शोषित जनता से है। वर्ग संघर्ष को तेज़ करने और सर्वहारा की तानाशाही को स्थापित करने के लिए अपने-परायों की बलि दी ही जाती है। उनका इस्तेमाल किया ही जाता है। तब सुखदा कैसे अपवाद हो सकती है?

मैं चाहूँगा वह जल्द-से-जल्द प्रशासनिक सेवा में पहुँचे। यदि वह शादी करती है तो ठीक है, वरना दोस्त तो रहेगी ही। एक 'हमदर्द...एक सिम्पेथाइजर' के नाते वह मेरे काम आती रहेगी। इसमें दिक्कत क्या है? सुखदा को मेरी शुभकामनाएँ!"

इस तरह के अभ्यास तभी खत्म हुए जब सुखदा ने एक रोज़ झुँझलाकर घोषणा कर डाली, "मुझे नहीं बनना है आईएएस-वाईएएस। मैं रिसर्च स्कॉलर भली। मैं एक अच्छी शिक्षिका बनना चाहती हूँ। समझे, जोशीजी?"

इस घोषणा से मुझे राहत मिली। कलेजे में तरावट पहुँची। सुखदा का मनोबल बढ़ाने के अंदाज़ में मैंने भी यह वाक्य मार ही दिया।

"तुम ठीक कहती हो। तुम एक अच्छी अध्यापिका सिद्ध हो सकती हो। शिक्षा अधिकारी भी बन सकती हो। नौकरशाही तो वर्ग शत्रुओं की कवच होती है। तुम्हें कवच कभी नहीं बनना चाहिए। तुमने शिक्षिका बनने का फ़ैसला करके स्वयं को कवच बनने से बचा लिया। तुम्हें मेरी बधाई!"

सुखदा ने आईएएस प्रवेश-परीक्षा में बैठने का इरादा क्यों त्यागा, इसका जवाब मेरे पास नहीं है। मैं आज तक इसका कारण नहीं जान सका हूँ। उसकी कोई पारिवारिक वजह रही होगी। यह भी हो सकता है कि उसका आत्मविश्वास डिग गया हो! कहना मुश्किल है। लेकिन यह मैं जानता हूँ कि सुखदा शुरू से ही आत्मनिष्ठ व अहमवादी लड़की रही है। कोई उस पर एहसान कर रहा है, इसकी तनिक भनक भी उसे बुरी तरह से 'अपसेट' करने के लिए काफ़ी हुआ करती थी। जहाँ तक मैं समझता हूँ, उसके दिल्ली स्थित सम्बन्धी ने उसे आईएएस बनने का सुझाव दिया था। इस दिशा में कुछ प्रयास भी किए थे, क्योंकि इस सम्बन्धी का कुछ दिग्गज आईएएस अधिकारियों से क़रीबी सम्पर्क था। यह संभव है कि उक्त सम्बन्धी ने सुखदा से कुछ अंटशंट कह दिया होगा और इससे वह भड़क उठी होगी। ख़ैर! सुखदा आईएएस अधिकारी नहीं बनी, और न ही मैं राजनीतिज्ञ बन सका। सम्बन्धों की इतनी लम्बी यात्रा तय करने के पश्चात् हम दोनों इतना तो कह ही सकते हैं कि देश के खांटी शासक वर्ग में शामिल होने के लिए आवश्यक पात्रता अर्जित नहीं कर सके। उड़ान पट्टी पर पहुँचे ज़रूर, लेकिन उड़ान नहीं भर सके, क्योंकि ईंधन नहीं था!

मैं पहले ही कह चुका हूँ कि मेरा आर्थिक पक्ष आरम्भ से ही लचर रहा है। एक रोज़ सुखदा की उक्त क़रीबी रिश्तेदार ने मुझे अपने यहाँ बुलाया। 1978 के शुरुआती दिन थे। वह रिश्तेदार पूर्वी दिल्ली में रहा करती थी। किसी अकादमिक संस्थान में शोधरत थी। उसकी निजी त्रासदियों की अपनी एक अलग गाथा है। चूँकि इन त्रासदियों का मेरे निजी या सार्वजनिक जीवन से सीधा सम्बन्ध नहीं है इसलिए इस गाथा को यहाँ उद्घाटित करना विवेकसंगत नहीं रहेगा, बल्कि नाटकीय लगेगा। क्योंकि यह गाथा अत्यंत दर्दभरी है; औरत की दंडद्वीपिता; पुरुष-सत्ता की वर्चस्वता, मुखौटापन व उत्पीड़न-प्रवृत्ति; आत्मपीड़न व आत्मग्रस्तता; और सत्ता-वैभव की उत्कंठा से यह रची हुई है। कई वर्ष बाद, शायद सन् 1988 में सुखदा ने अपनी इस समीपी रिश्तेदार के सम्बन्ध में टिप्पणी की थी, "जोशी जी! दिल्ली से पार्वती आंटी ने लिखा है कि उन्हें उनके हाल पर छोड़ दो। वे कहती हैं कि मेरे अपने रचे नरक हैं। मुझे इन्हें भुगतने दो। इनमें तुम हिस्सेदार मत बनो। यही ठीक रहेगा।"

"इस टिप्पणी से कि 'मेरे अपने रचे नरक हैं..."

स्वतः स्पष्ट है कि पार्वती आंटी की गाथा क्या हो सकती है! लेकिन यह स्वीकार करना पर्याप्त होगा कि पार्वती आंटी का स्नेह मुझे सदैव मिलता रहा है। जब मैं इमरजेंसी

के दिनों में बस्तर में था तब हम दोनों के बीच पत्र-व्यवहार होते रहे हैं। उन्होंने मेरी प्रेम पीर को समझा भी। एक बार उन्होंने मुझे संकेतों में लिखा था:

"तुम वस्तुत: भयंकर रूप से अशांत हो। तुमने चिट्ठी बंद तक नहीं की थी। मुझे 'प्रिय राम' सम्बोधित किया था! तनिक आत्ममंथन, दुविधा, निराशा आदि के प्रति तटस्थ बनो। कठिन है, पर तुम जैसी संकल्पवृत्ति एवं बौद्धिक दृष्टि वाले के लिए नहीं है। दुविधा, संशय और संक्रांति के बीच सही निर्णय ले सकना व्यक्ति की सबसे बड़ी सिद्धि और सामर्थ्य है।"

1976 के अंतिम दिनों में प्रेषित एक अन्य पत्र में पार्वती ने मेरी मनोदशा को और भी गहराई से समझा। यह पत्र भी मुझे दंतेवाड़ा (बस्तर) में मिला था। उन्होंने सुखदा के प्रति मेरी कमजोरी को भाँप लिया था। लेकिन वे खुलकर कहने में निरंतर संकोच करती रहीं। उन्होंने मुझे लिखा–

"प्रिय राम,

...तुम्हारी मानसिक उथल-पुथल को मैं महसूस करती हूँ। थोड़ी चिंता भी है। निहायत वैयक्तिक एवं अत्यंत नाजुक कोई चीज़ है जिसे छूते हुए डर लगता है। इंसान सारे संसार का सामना कर सकता है–अपना नहीं। अन्तर्द्वन्द्व कितना दारुण होता है–यह भी जानती हूँ–मैं तुम्हारी स्वस्थ और पूर्ण स्वीकृति के बिना उसमें तनिक भी रुचि दिखाने का दु:साहस नहीं कर सकती–पर यदि तुम स्वत: कभी मुझसे खुलना पसंद करो, अपनी दीदी पर पूर्ण विश्वास करके अपना मन खोल सकते हो।

तुम्हारे पागलपन पर, तुम्हारी खाम-ख़याली पर तो मैं झिड़क सकती हूँ पर क्या गम्भीर समस्या पर भी? मामला गम्भीर है। स्वत: सुलझा लो तो सबसे उत्तम–नहीं तो दीदी का सहयोग सदा तुम्हारे लिए है–बिना किसी झिझक के तुम खुल सकते हो।"

मैं पार्वती दीदी से खुला भी...खुलकर खुला...सुखदा के घर हुई कई यात्राओं के सम्बन्ध में भी उन्हें बताया। सुखदा का रेसपोंस कैसा था, मेरा कैसा रहा, और हम दोनों के कोमल अनुभवों का भी निश्चल भाव से पार्वती दीदी के साथ शेयर किया। वे विचलित हुईं। मैं अब याद कर सकता हूँ, उनकी सहानुभूति मेरे साथ थी। लेकिन उनके दो वाक्यों ने मेरी भावनाओं, मेरी रागात्मक अनुभूतियों और मेरे भावी सपनों के घरौंदे को एक ही झटके में अजन्मा बनाकर छोड़ दिया।

उन्होंने कहा, "सुखदा बहुत यांत्रिक है। वह स्वयं को आईएएस पिता की लड़की समझती है...और तुम...।"

"हाँ, मैं एक सामान्य परिवार का हूँ... संघर्षरत हूँ...सेल्फ मेड हूँ।"

मैंने दीदी के वाक्य को बीच में काटा। वे अपनी अधूरी बात को पूरा करने लगीं... "मुझे ग़लत मत समझो, राम। सभी को अपने भविष्य की चिंता होती है। तुम उसे क्या दे सकते हो? सुखदा, इसे नहीं सोचेगी क्या?"

मैं कुछ नहीं बोला, "मैं अपने को ठगा-सा महसूस कर रहा था। मुझे लगा मेरा कोई अस्तित्व नहीं है! पिछले छह-सात वर्षों के दौरान समाज-परिवर्तन; समाजवादी क्रान्ति; नए इंसान की रचना; मार्क्स से लेकर गाँधी तक की चर्चा-यात्राएँ; मुझे लगा वह सब

कुछ बक़वास था! एक साझा बौद्धिक व्यभिचार! आत्म-ढकोसला। क्या हम सब निजी सुविधा या असुविधा के अनुसार आदर्शों, मूल्यों, विचारधाराओं के साथ अपने सम्बन्धों का निर्धारण करते हैं? क्योंकि हम तीनों-पार्वती, सुखदा और मैं...प्रतिबद्धताओं का मायाजाल रचते रहे! आख़िर किसके लिए? क्या ज़माने के लिए? क्या स्वयं और समाज के संबंधों को तय करने के लिए? क्या स्वयं के 'सर्ववाइल के लिए? इसमें क्या सच है, क्या नहीं, किस प्रश्न के उत्तर की तलाश करूँ, और किसका नहीं? पार्वती दीदी के साथ बैठे हुए इन तमाम द्वंद्वों ने मुझे दबोच लिया था। मेरे चेहरे पर तनाव झलकने लगा था। नसें फूलने लगी थीं। पार्वती ने मेरे आवेगों को पढ़ लिया था। उन्होंने मुझे तुरंत शर्बत पिलाया। सिर पर हाथ रखा और विगत को फिर दोहराने लगीं, "क्या इस चीज़ पर हिम्मत हार जाओगे? तुम्हें बहुत आगे जाना है। समाज को बदलना है। सुखदा जैसी अभागी लड़की पर अपना समय बर्बाद मत करो।"

ये वाक्य विगत के स्वाँग का ही विस्तार था या अन्त:करण के स्वर, यह मैं नहीं कर सकता! लेकिन मैंने यह फ़ैसला कर लिया था कि अब "कुछ बनकर दिखलाऊँगा!" लेकिन किन अर्थों में? मैं स्पष्ट नहीं था। मैं पार्वती दीदी के घर से भूकंप के झटके की तरह उठकर चला आया। फिर कभी नहीं गया।

अलबत्ता, सम्बन्ध समेटने से पहले सुखदा से एक बार मिला ज़रूर। शायद मन के किसी कोने में उम्मीद का जज़ीरा बसा हुआ था। सुखदा का अध्याय बंद करने से पहले एक दफ़ा उससे मिल लेना चाहिए। स्वभाव से पत्रकार हूँ, इसलिए स्थिति को 'क्रॉसचेक' करना ज़रूरी समझा। दिल्ली से क़रीब डेढ़ हज़ार किलोमीटर दूर सुखदा से मिलने के लिए उसके यहाँ पहुँच गया। पूरे एक दिन रहा। उसके घर का वातावरण, उसका व्यवहार, सब कुछ अधूरी व भटकी हुई कहानी की सामग्री लग रहे थे। थोड़ी देर में ही मुझे महसूस हो गया कि इस कहानी की इति यहीं होगी। यह क्लाइमेक्स तक नहीं पहुँचेगी। मैं अब इस कहानी का 'ड्रॉप आउट करेक्टर' बन चुका हूँ। जज़ीरा बिल्कुल मृग-मरीचिका निकला। मैं दिल्ली के लिए ट्रेन में सवार हो गया।

ट्रेन थी छत्तीसगढ़, नागपुर की ओर दौड़ी जा रही थी। मुझे, दिल्ली पहुँचने से पहले भोपाल उतरकर इंदौर पहुँचना था। 1978 के शुरुआती दिन थे। तब फर्स्ट क्लास का प्रचलन काफ़ी था। आज की तरह वातानुकूलित डिब्बे कम हुआ करते थे। संयोग था कि मैं प्रथम श्रेणी के डिब्बे में रायपुर से दुर्ग तक अकेला बैठा रहा। लेकिन इस अकेलेपन ने मुझमें कश्मकश का बवंडर पैदा कर दिया। मैं भीतर और बाहर से बुरी तरह हताश और टूटा हुआ अनुभव कर रहा था। जीवन की अर्थहीनता को इतनी सघनता से पहले कभी महसूस नहीं किया था। सुखदा और पार्वती, दोनों ने यह जतला दिया था कि मेरी क्या 'औकात' है! घिसी-पिटी भाषा में कहूँ तो दोनों ने यह दिखला दिया था कि आदर्शवाद और व्यावहारिकता, दो समानांतर पटरियाँ हैं जो कभी नहीं मिलतीं। जब भी निर्णायक क्षण आएगा, इनके बीच फ़ासला बना ही रहेगा। इसे पाटा नहीं जा सकता। पाटने का अर्थ है इतिहास में एक नए अध्याय की सृष्टि। दोनों में से कोई भी नया अध्याय जोड़ने के लिए तैयार नहीं था। मैं फ़ैसले का बोझ लिए डिब्बे में अकेले बवंडर में फँस चुका था।

शायद वे मेरे जीवन के सबसे कमज़ोर क्षण थे जब मैं जीवन से 'पलायन' करने के बिंदु पर पहुँचने के लिए व्यग्र था। पलायन का अर्थ है बवंडर से मुक्ति; जीवन की अर्थहीनता के बोध से छुटकारा; जग को अलविदा करके स्वयं की सार्थकता सिद्ध करना; संवेदनाओं की निर्मलता व सम्बन्धों की निष्ठता को स्थापित करना!... मुझ पर आत्महत्या का भूत सवार होने लगा था। आज क़रीब 26 बरस बाद उस कश्मकश को 'रिकंस्ट्रेक्ट' करने जा रहा हूँ :

"मुझे चलती ट्रेन से कूदकर अपनी जान दे देनी चाहिए।"

"मगर इससे क्या होगा?"

"इससे मुझे आत्मिक संतोष मिलेगा और सुखदा को सबक़।"

"मृत्यु के बाद आत्मिक संतोष को कैसे अनुभव करोगे? सुखदा इससे सबक़ लेगी, यह कैसे जानोगे?"

"आत्मा मरती कहाँ है? गीता कहती है–यह अजर-अमर है।"

"तुम कम्युनिस्ट हो। क्या तुम्हारा इसमें विश्वास है?"

"विचारधारा, वैचारिक प्रतिबद्धता का कोई अर्थ रह गया है?"

"क्या एक व्यक्ति की आशा-निराशा से विचारधारा का जीना-मरना जुड़ा हुआ है?"

"नहीं, ऐसा नहीं है।"

"फिर तुम क्यों मरना चाहते हो? तुम हार सकते हो, विचार नहीं। ज़रा सोचो।"

"नहीं, मुझे मर ज़ाना चाहिए। अब कुछ भी अच्छा नहीं लग रहा है। मैं एक सुसाइड नोट छोड़ जाऊँगा।"

"इसमें क्या होगा?"

"समाज, आत्महत्या का कारण जान लेगा।"

"लेकिन इससे तुम्हारी पाँतें बदनाम नहीं होंगी? क्या तुम एक व्यक्ति के लिए जीना चाहते हो?"

"ऐसा पहले सोचा तो नहीं था। लेकिन अब ऐसा लग रहा है।"

"ज़रा विचारो। जब लोग जानेंगे कि एक कम्युनिस्ट ने इश्क़ के चक्कर में आत्महत्या की! कितना अजीब लगेगा सभी को। तुम अपने साथ ही नहीं, बहुतों के साथ अन्याय करोगे!"

"वो कैसे?"

"यह मत भूलना कि तुम अकेले नहीं हो। तुम एक विचारधारा से जुड़े हुए हो। तुम समाज से जुड़े हुए हो। तुम शोषण के विरुद्ध लड़ रहे हो। तुम नए समाज-नए इंसान की रचना करना चाहते हो। यदि आज आत्महत्या करोगे तो कल यह 'मूवमेंट' के साथ विश्वासघात नहीं कहलाएगा? कौन लड़ेगा आदिवासियों के लिए? कौन लड़ेगा दलितों के लिए? तुम 'भगोड़े'–एक डेज़र्टर माने जाओगे।"

"यह मत भूलो मैं एक इंसान हूँ। मुझमें कमज़ोरियाँ हैं। मैं उस बुलंदी को नहीं छू पा रहा हूँ जिसे लेनिन, माओ, गाँधी ने छुआ था। नहीं...मुझे मर जाना चाहिए!..."

"लेकिन इससे होगा क्या?"

"मानसिक संताप से मुक्ति मिलेगी। सुखदा दुखी होगी।"

"लेकिन क्या द्वंद्वों का समाधान जीवन के अन्त में ही छुपा हुआ है? अपने 'होने' की सार्थकता को सिद्ध करके भी द्वंद्वों का समाधान किया जा सकता है। सुखदा को झुकाया भी जा सकता है, अपने कामों से।"

मैं इस कश्मकश के बीच अपनी सीट से उठ दो-तीन दफ़े दरवाज़े तक गया। दरवाज़ा खोला भी। दरवाज़े के बाहर झाँका भी। ट्रेन की रफ़्तार का अंदाज़ा भी लगाया। लेकिन कौन-सी शक्ति थी जो मुझे बार-बार अंतिम पलायन से विचलित करती रही? कह नहीं सकता। संभव है, आत्महत्या की दुस्साहसिकता मुझमें नहीं थी। यह भी हो सकता है। मैं इस मामले में भी 'बुज़दिल' रहा। मार्क्सवाद मुझे ललकारता रहा, यह भी हो सकता है।

लेकिन, माओ बनने की 'हुड़क' मेरा कॉलर पीछे खींचती रही, इससे भी इनकार नहीं किया जा सकता। मैं एक क्षण में घोर स्वार्थी था, और अगले ही क्षण में महान् क्रान्तिकारी बनने का स्वप्न देखने लगता! तब सोवियत संघ जीवित था। इंसानियत का साझा स्वप्न जीवित था। स्वप्न को साकार करने की उत्कंठाओं का ज्वार था। कई जगह मुक्ति-संघर्ष चल रहे थे। शीतयुद्ध का युग था, और दुनिया दो ध्रुवों में बँटी हुई थी। 'भारत में सशस्त्र क्रान्ति होकर रहेगी', हम सभी की पलकों पर लाल क़िले पर 'लाल परचम' फहरता हुआ झूल रहा था। मैं आज विश्वास के साथ कह नहीं सकता कि कौन-सा भाव मुझे आत्महत्या से रोकता रहा! लेकिन ऐसे क्षणों में एक अन्य कल्पना से भी ज़रूर आनंदित हुआ था। मैंने सोचा था, "देश के अख़बारों में...कम-से-कम हिन्दी के पेपरों में मेरी आत्महत्या की ख़बरें ज़रूर छपेंगी। मैं इतना महत्त्वहीन भी नहीं हूँ कि पीटीआई, यूएनआई जैसी न्यूज़ एजेंसियाँ इस घटना को रिलीज़ न करें? रेडियो इसे प्रसारित न करे?"

आख़िकार मैं एक मीसा वारंटी रहा हूँ! इन्दिरा-शासन का सताया हुआ। मैं 1971 का युद्ध-संवाददाता रहा हूँ। कई राजनीतिक घटनाएँ कवर की हैं। 'दिनमान', 'साप्ताहिक हिन्दुस्थान', 'धर्मयुग', 'नवभारत टाइम्स' जैसी पत्र-पत्रिकाओं में मैं लिखता हूँ। दिल्ली दूरदर्शन पर कई कार्यक्रम पेश कर चुका हूँ। लिंक, इकॉनोमिक एंड पॉलीटिकल वीकली जैसी प्रतिष्ठित अँगरेज़ी पत्रिकाओं में मेरे लेख प्रकाशित हो चुके हैं। 1973 के दलित पैंथर आंदोलन में मैं शिरकत कर चुका हूँ। इमरजेंसी में प्रतिबंधित अखिल भारतीय क्रान्तिकारी युवा संघ का अध्यक्ष रह चुका हूँ। क्या नेशनल प्रेस मेरे जाने का नोटिस भी नहीं लेगी?

मैं समझता हूँ ज़रूर लेगी। 'देशबंधु', 'नवभारत' समेत दिल्ली के अख़बार मुझ पर टिप्पणी करेंगे। पंकज बिष्ट, इब्बार रब्बी, ओम सैनी, डॉ. महेंद्र मधुप, किरीट दोशी, अरविंद नारायण दास, रामनरेश महाराज, गणेश मंत्री जैसे मित्रगण-परिचितगण कुछ तो बोलेंगे? कुछ तो लिखेंगे? हमदर्दी प्रकट करेंगे। आलोचना करेंगे। कहेंगे-"रामशरण जोशी एक कायर इंसान था। ज़मीन से उठा था, लेकिन आसमान छूने से पहले ही अधबीच में ढेर हो गया! बेचारा!!"

शायद, सुखदा भी बोले। लिखे भी! पर कह नहीं सकता। लेकिन रोएगी ज़रूर। मुझे इसका विश्वास है। डॉ बी.डी. शर्मा को भी सदमा पहुँचेगा। क्योंकि उनकी वजह से ही मेरा आदिवासी दुनिया का व्यापक एक्सपोज़र संभव हो सका था।

सच, मैं आत्महत्या को लेकर घोर स्वार्थी व आत्मनिष्ठ बन चुका था। मैं इस चिंता से मुक्त नहीं हो सका था कि मेरे जीवन-अन्त को किस तरह से निरूपित किया जाएगा? ऐसा लग रहा था कि मेरी दिलचस्पी आत्महत्या से अधिक, उत्तर-आत्महत्या परिदृश्य में अधिक है! इसे कश्मकश कहूँ या मुंबइया फ़िल्मों का 'मेलो-ड्रामा', यह तय कर पाना मुश्किल है। लेकिन भावों के इन आघातों ने मुझे अपने अतीत के सभी पाप-पुण्यों को याद करा दिया था। अतीत के कर्मों की फ़िल्म मेरी आँखों में चलने लगी। इन क्षणों में मैं एक घटना को याद करना नहीं भूला। घटना का सम्बन्ध आंध्र प्रदेश के किस्ता गौड़ और भूमैया से है, जिन्हें फाँसी पर लटका दिया गया था।

आपात्काल लगने से पहले का वाक़या है। आदिवासी नक्सलपंथी नेता किस्ता गौड़ और भूमैया को फाँसी दी जाने वाली थी। मधु दंडवते, सुरेंद्र मोहन, प्रकाश करात, जार्ज फर्नांडिस, कॉमरेड शादीराम और मुझ समेत कुछ अन्य राजनीतिकर्मी तत्कालीन राष्ट्रपति फ़करुद्दीन अली अहमद से मिलने राष्ट्रपति भवन गए। हम सभी ने उन्हें ज्ञापन देते हुए अपील की कि वे दोनों आदिवासी नेताओं की फाँसी की सज़ा को आजीवन कारावास में तब्दील कर दें। परंतु, उन्होंने ऐसा करने से साफ़ इनकार कर दिया। हम लोगों की दलील थी कि जब डॉ. गौतम हत्याकांड की मुख्य अभियुक्ता रहमानी की फाँसी की सज़ा को आजीवन कारावास में बदला जा सकता है, तब इन राजनीतिक कर्मियों को क्षमादान देने में क्या दिक्कत है? राष्ट्रपति का जवाब था कि इन दोनों की कोई सामाजिक 'हैसियत' नहीं है जबकि रहमानी की है। बस, हैसियत की बात सुनते ही मैं उबल पड़ा और लगभग चीखते हुए कहा कि भारतीय राष्ट्र किन लोगों के लिए है? लोकतंत्र किन लोगों के लिए है? राष्ट्रपति के कक्ष में सन्नाटा छा गया। उन्हें मेरे इस गर्म व्यवहार की उम्मीद नहीं थी। मैंने उनसे अनुरोध किया कि वे 'हैसियत' शब्द वापस लें। मैं अपने आपे में रहूँ इसके लिए तुरंत ही जार्ज, सुरेंद्र मोहन सक्रिय हो गए और मुझे संयम से काम लेने के लिए कहा। राष्ट्रपति ने भी स्थिति की नज़ाकत को समझा और हैसियत शब्द को लेकर लीपापोती करने लगे। अन्ततः 'हैसियत' शब्द चर्चा से गायब हो गया। उन्होंने ज्ञापन पर सहानुभूतिपूर्वक विचार करने के लिए आश्वासन दिया। किस्ता गौड़ और भूमैया की कुछ समय के लिए तो फाँसी टल गई, लेकिन उन्हें लम्बे समय तक इस नियति से बचाया नहीं जा सका। इस घटना के यहाँ उल्लेख का प्रयोजन केवल इतना है कि मुझे 'हैसियत' शब्द से निरंतर चिढ़ रही है। लोकतंत्र में सामाजिक व पारिवारिक हैसियत के लिए कोई जगह नहीं होनी चाहिए। हैसियत सामन्ती व पूँजीवादी 'प्रिवीलेज़' है जो कि मूलतः लोकतंत्र विरोधी होता है। एक जेनुइन आधुनिकता के विकास का बाधक है। सुखदा और पार्वती ने परोक्ष रूप से 'हैसियत' के हथियार से मुझ पर वार किया था। इस वार से मेरा मस्तिष्क विषाद से भर गया, और आत्मा चीख़ उठी। मैं एक तरह से अर्धविक्षिप्त अवस्था में पहुँच गया।

घटना के उल्लेख का दूसरा प्रयोजन यह भी था कि इससे मुझे शक्ति भी मिल रही थी। कश्मकश के दौर में यह मुझसे कह रही थी–

"अरे, तुम किस्ता गौड़ और भूमैया को बचाने के लिए राष्ट्रपति से भिड़ने की हिम्मत कर सकते हो, लेकिन इस छोटी-सी नाकामी को परास्त नहीं कर सकते? धिक्कार है! धिक्कार है!!

यदि जान ही देनी है तो कुछ बड़े वर्ग-शत्रुओं का सफ़ाया करके ही अपनी जान दो! इससे समाज का भला होगा। इतिहास में एक नया अध्याय जुड़ेगा। तुम भी किस्ता गौड़ और भूमैया की पाँतों में शामिल हो जाओगे। लेकिन इस तुच्छ काम के लिए अपना जीवन लेना सम्पूर्ण समाज के साथ गद्दारी है। तुम्हें ब्रूटस नहीं बनना चाहिए। तुम्हें सुकरात बनना चाहिए। तुम्हें क्राइस्ट बनना चाहिए। तुम्हें गाँधी बनना चाहिए... न कि छोटा-मोटा मजनूं!"

मैं ख़ुदकुशी* नहीं कर सका। वापस अपनी गद्दीदार सीट में धँस गया। भावों का ज़लज़ला आया और गुज़र गया। दुर्ग स्टेशन पर गाड़ी लगी। डिब्बा, दो अधिकारियों और एक मारवाड़ी व्यापारी से भर गया। अब मैं अकेला नहीं था। इस ज़लज़ले को रिकंस्ट्रेक्ट करते हुए एक शे'र याद आ रहा है-

इक लफ़्ज़े मोहब्बत का, इतना-सा फ़साना है।
सिमटे तो दिले जानां, फैले जो ज़माना है!

अतीत जब नई शक्ल के साथ लौटता है तो वह दुःखी करता है; सुख का एहसास भी कराता है; रोमांचित करता है और आश्चर्यचकित भी। लेकिन सब कुछ इस पर निर्भर करता है कि अतीत ने कैसा रूप धारण किया है? नया रूप, अतीत का 'विद्रूप' भी हो सकता है, और इसका 'प्रतिरूप' भी। लेकिन रूप के प्रति आपकी दृष्टि क्या है? परिवर्तित रूप की बोध-क्षमता आप में है या नहीं? इसकी पड़ताल स्वयं को करनी होती है। यह भी देखना होता है कि जिस अतीत से आप बावस्ता रह चुके हैं उस समय उसके प्रति आपका सौंदर्यबोध कैसा था? आज जिस वर्तमान से आप जुड़े हुए हैं, यदि वही अतीत इसमें हस्तक्षेप करता है तो क्या उसी पूर्व सौंदर्यबोध के साथ उसे अपनाएँगे? या आपका सौंदर्यबोध भी बदल चुका है? इन सवालों का उत्तर पाने के लिए स्वयं का निर्मम मूल्यांकन करना पड़ता है। वरना, अतीत और वर्तमान, दोनों के प्रति आप अन्याय कर सकते हैं। इसका ख़तरा हमेशा रहता है।

1981 की सर्दियाँ थीं। मैं अपने एक मित्र के साथ कनॉट प्लेस में टहल रहा था। अचानक एक पुराने परिचित टकरा गए। आयु में मुझसे छोटे थे। इमरजेंसी के दिनों में मुझे जगदलपुर में मिले थे। बहुत नफ़ीस व नाज़ुक किस्म के इंसान थे। महीन आवाज़, महीन भाषा और कोमल मुद्राओं के धनी, मुझे दूर से देखते ही चीखे-

"जोशी जी..."

"अरे! तुम...हिमांशु? कब आए...?"

"एक सप्ताह से यहीं हूँ। रिसर्च की ट्रेनिंग ले रहा हूँ।"

"कहाँ रहे इतने रोज़?"

"रोज़ी-रोटी की तलाश में था। अब रेडियो में रिसर्च की नौकरी कर ली है?"

"लेखन कैसा चल रहा है?"

---

* फरवरी, 2012 में एक पहाड़ी युवक रंजीत कुमार ठाकुर मुझे गांधी शांति प्रतिष्ठान में मिलता है और आभार व्यक्त करते हुए कहता है 'आपके विश्वासघात ने मुझे आत्महत्या से बचा लिया मैं भी प्रेम पीड़ित था' यह कथन मेरे लिए किसी नोबेल पुरस्कार से कम नहीं था।

"बस, कोई ख़ास नहीं। आप बताइए?"

"क्या बताऊँ?" एक्टिविस्ट का जीवन छोड़ दिया है। अब पत्रकारिता कर रहा हूँ। 'नई दुनिया' का दिल्ली ब्यूरो प्रमुख बन गया हूँ। अब मेरी चिंताओं व सरोकार के पात्र हैं–राष्ट्रपति, प्रधानमंत्री और दूसरे नेता। राजनीतिक रिपोर्टिंग में यही सब कुछ होता है। ख़ैर! तुम अपनी सुनाओ? भोपाल हो या जबलपुर या रायपुर...या बिलासपुर?

"फ़िलहाल इंदौर में पोस्टिंग है। 'नई दुनिया' में आपके लेख पढ़ता रहता हूँ।"

"चलो, चलकर कॉफी पीते हैं।" हम दोनों मोहन सिंह प्लेस पहुँच जाते हैं। कॉफी और टोस्ट का ऑर्डर देते हैं। मैं देख रहा हूँ, मेरे सामने वाली मेज़ पर विष्णु प्रभाकर, रमाकांत, राजकुमार सैनी, पंकज बिष्ट, आनंद प्रकाश, रमेश उपाध्याय आदि जमे हुए हैं।

"लगता है, आज दिल्ली की पूरी साहित्यिक दुनिया उमड़ी हुई है?"

"हिमांशु, आज शनिवार है। इसलिए इतने लेखक दिखाई दे रहे हैं। आज के रोज़ कवि, कहानीकार, आलोचक आदि की महफ़िल लगती है। वैसे प्रभाकर जी कॉफी हाउस के स्थायी-आगंतुक हैं। मिलना चाहोगे?"

"नहीं! फ़िलहाल दिल्ली के लेखकों से मिलने के मूड में नहीं हूँ। पहले कुछ लिख-लिखा लूँ, तब इनसे मिलूँगा।"

"जैसी तुम्हारी इच्छा!"

"अरे हाँ... आपने सुखदा की शादी की ख़बर सुनी या नहीं?"

"सुखदा की शादी...?"

मैं कुछ क्षणों के लिए बेजुबान हो गया। बल्कि 'फ्रीज़' कहना अधिक ठीक रहेगा। इस ख़बर के लिए मैं बिल्कुल तैयार नहीं था। धीरे-धीरे मैं नॉर्मल हुआ। हिमांशु सुखदा के परिवार के सम्बन्ध में जानता था। लेकिन सुखदा के साथ मेरे रागात्मक सम्बन्धों की पूरी थाह उसे नहीं थी। वह केवल इतना ही जानता था कि मेरे और सुखदा के बीच कोई 'चक्कर' है। पर इस चक्कर में कितनी गहराई है, इसका अंदाज़ा उसे नहीं था। 1978 में मैंने शादी कर ली थी। इसके बाद रहा-सहा चक्कर भी ख़त्म हो जाना चाहिए। हिमांशु ने ऐसा सोच लिया होगा। फिर भी उसने सुखदा की शादी की सूचना मुझे देना ज़रूरी समझा। क्योंकि यह सूचना...या ख़बर...एक जानकारी नहीं थी...एक 'घटना' थी उन सभी के लिए जो सुखदा के सम्पर्क दायरे में थे। मैंने इसे एक घटना के रूप में ही लिया।

"यह ख़बर अविश्वसनीय लगती है..."

"सौ प्रतिशत सही है।"

मुझे न जाने क्यों विश्वास नहीं हो रहा था? क्या इसमें मेरा कोई स्वार्थ था? क्या सुखदा को शादी करने का अधिकार नहीं है? जब मैं कर सकता हूँ तो वह क्यों नहीं कर सकती? क्या विवाहित होने के बावजूद पुरुष अपनी अविवाहित प्रेमिका पर अपना अधिकार बनाए रखना चाहता है? वह चाहता है कि उसकी प्रेमिका उसकी 'अचल व अटल सम्पत्ति' बनी रहे! आज जब मैं 1981 की स्मृतियों को रिक्स्ट्रेक्ट कर रहा हूँ तब सोचता हूँ कि इसी प्रकार के मेरे भाव हिमांशु की ख़बर से पैदा हुए होंगे। यद्यपि स्त्री-विमर्श में मेरी विशेष रुचि तब तक नहीं थी। अलबत्ता, 1972 में 'एक्टिविस्ट लाइफ' के दौरान

मेरे एक मित्र रमेश कुमार ने मुझे जयपुर में पश्चिम में विद्यमान स्त्री–विमर्श के सम्बन्ध में जानकारी ज़रूर दी थी। उस समय वह सिमोन दॉ बोउवार की 'सेकेंड सेक्स' पढ़ रहा था। मैंने इसमें चलताऊ रुचि ली थी, क्योंकि उस समय क्रान्ति एजेंडे पर थी। जब क्रान्ति आएगी, व्यवस्था बदलेगी, तब सब ठीक हो जाएगा। सम्बन्धों की विसंगतियाँ व विद्रूपताएँ स्वतः विलुप्त हो जाएँगी। संस्कृति–विमर्श, स्त्री–विमर्श, समाज–सुधार, साक्षरता आंदोलन जैसे क्षेत्रों में सक्रियता का अर्थ है 'संशोधनवादी' के रूप में बदनाम होना। यह जोखिम मोल लेने के लिए मैं तैयार नहीं था। संभव है, मार्क्सवादी होने के बावजूद मर्दसत्ता मुझमें निवास करती रही हो! आज भी इसके अवशेष संभव हैं। यह एक आत्मसंघर्ष है जिसे हमें सतत् जीवित रखना पड़ता है।

"आख़िर...किसके साथ हुई...?" एक लम्बे पॉज के बाद मैं हिमांशु से पूछता हूँ।

"परमानंद सर के साथ।"

"अरे! सुखदा के गाइड...?"

"जी! सब कुछ गुपचुप हुआ। दोनों ने घर से भागकर शादी की। जबलपुर की कोर्ट में।"

"लेकिन दोनों में आयु का अन्तर काफ़ी है?"

"इससे क्या होता है, जोशीजी? यह दिल का मुआमला है।"

"दिल का मुआमला...? बात जमी नहीं कुछ और बात होनी चाहिए।"

"जहाँ तक मैं सोचता हूँ, सुखदा को आर्थिक सुरक्षा चाहिए। उसे अपनी माँ की ज़िम्मेदारी भी उठानी है। परमानंद सर कुँआरे हैं...बिल्कुल अकेले हैं। आगे–पीछे कोई नहीं है। इन पच्चीस–तीस सालों में उन्होंने जोड़ा नहीं होगा?"

"तुम ठीक कह रहे हो। सर के पास अच्छा बैंक बैलेंस होना चाहिए।"

"कोई बतला रहा था परमानंदजी ने जबलपुर में कोई प्लॉट खरीदा है... शायद नर्मदा रोड पर। दोनों वहीं बसेंगे।"

"चलो, एक तरह से ठीक हुआ। लेकिन यह बड़ी चुनौती है। दोनों को एक–दूसरे से निभाना होगा।"

"अब तो सुखदा भी आत्मनिर्भर हो गई है। वह नौकरी करने लगी है। शिक्षा विभाग में।"

हम दोनों के बीच सुखदा और परमानंद के सम्बन्धों को लेकर ढेर सारी बातें हुईं। दोनों का वैवाहिक जीवन कब तक चलेगा, इसे लेकर हम लोग आशंकित थे, क्योंकि सुखदा एक ऐसी पंछी है जिसे एक साथ 'सम्बन्धों का पिंजरा और मुक्ताकाश' चाहिए! इसका एहसास वह मुझे लगातार कराती रही है। मुझे याद है, एक दफ़ा उसने मुझसे कहा था–

"जोशी जी, मैं एक बुरी लड़की हूँ। यह समझकर ही मुझसे सम्बन्ध रखिए और समीपता बढ़ाइए।"

"मैं समझा नहीं...किस मायने में तुम बुरी लड़की हो?"

"यह मैं नहीं बतला सकती। आपको स्वयं जज करना होगा। आप जानते हैं मेरे संपर्क दायरे में लेखक हैं, पत्रकार हैं, समाजविज्ञानी हैं, अधिकारी हैं, प्राध्यापक हैं...!"

"यह अच्छी बात है। इसमें ग़लत क्या है? यह तो बुद्धिजीवियों की जमात है। इसमें 'बुरी लड़की' होना कहाँ से आया?"

"है इसमें...लेकिन मैं इसकी व्याख्या नहीं करूँगी। आपको स्वयं समझना होगा।"

मैं ख़ामोश हो गया। इस चर्चा को मैं आगे नहीं चलाना चाहता था। मुझे डर था कि कहीं मैं सुखदा को खो न दूँ? कहीं मैं उससे घृणा न करने लगूँ? मैं सुखदा के 'ऐबों' के प्रति उदासीन हो जाना चाहता था। उसके सम्बन्धों की परतों में क्या-क्या दबा हुआ है, यह मैं देखना नहीं चाहता था। मैं बिल्कुल...जिसे अँगरेज़ी में कहते हैं 'ब्लाइंड' था। सुखदा में मुझे शोभना भूटानी का 'कस्बाई संस्करण' दिखाई देता था। शोभना और मैं, 1958-60 के बीच जयपुर में आकाशवाणी केंद्र में 'बाल कलाकार' के रूप में जाया करते थे। क़रीब दस-बारह वर्षों के अन्तराल के बाद हम दोनों दिल्ली में मिले। तब तक वह पत्रकार बन चुकी थी। शोभना भूटानी से शोभना सिद्दीकी हो चुकी थी। मैं पत्रकारिता छोड़ युवा आंदोलन का पूर्णकालिक एक्टिविस्ट बन चुका था। जब हम लोग दिल्ली में मिले तब उसका सप्रू हाउस में 'शायद हाँ' नाटक का मंचन होने वाला था। जयपुर का परिचय पुनर्जीवित हो उठा। हम लोग कई दफ़े मिले। विचारों का आदान-प्रदान हुआ। उन दिनों वह मंडी हाउस के आसपास पटियाला हाउस में रहा करती थी। शायद यह 1972 का वर्ष था। शोभना ने स्वयं आंदोलन में सहयोग देने का प्रस्ताव रखा। इसके बाद तय किया गया कि उसके घर में 'अंडरग्राउंड मीटिंगें' हुआ करेंगी। कलकत्ता से कई कॉमरेड आया करते और उसके यहाँ बैठकें किया करते। चर्चा में भाग लेने के अलावा शोभना भोजनादि की व्यवस्था भी किया करती थी। एक तरह की 'व्याकुल आत्मा' थी शोभना। वह व्याकुलता के साथ रिश्ते बनाती और उसी व्याकुलता के साथ उन्हें तोड़ डालती। कई वर्ष बाद अख़बार में पढ़ने को मिला कि वह और फ़िल्म निर्देशक अवतारकृष्ण कौल मुंबई के समुद्र-तट पर मृत पाए गए। स्व. सर्वेश्वरदयाल सक्सेना ने 'दिनमान' में शोभना पर अविस्मरणीय श्रद्धांजलि लिखी थी। सुखदा में शोभना की कई परछाइयाँ देखने को मिली थीं। शोभना पुरुष के लिए चुनौती थी और सुखदा भी। मैं इस चुनौती को स्वीकार करना चाहता था।

सुखदा के विवाह के दो-ढाई वर्ष बाद मैं उससे मिला। शायद सागर में। मैं तत्कालीन मुख्यमंत्री अर्जुन सिंह के साथ सागर-दौरे पर गया हुआ था। सर्किट हाउस में रुका था। पता पूछते हुए उसके घर पहुँचा। इस घटना का विवरण नाटकीय लग सकता है। लेकिन इसकी जोखिम उठाते हुए इसका उल्लेख कर रहा हूँ। उसके घर के दो दरवाज़े थे-एक मुख्य मार्ग की ओर खुलता था, और दूसरा गली में। मुख्य मार्ग की ओर खुलने वाला दरवाज़ा छोटा था, और वह बेडरूम का था। दोनों दरवाज़ों के बीच कुछ फ़ासला था। मैं इस फ़ासले से भीतर झाँक सकता था। यह इत्तेफ़ाक था कि मैंने दरवाज़े नहीं खोले और पहले उस फ़ासले से झाँका। मैं देखता हूँ दो कुर्सियाँ सटी हुई हैं। सुखदा का वक्ष अर्धखुला है। दूसरी कुर्सी पर कोई पुरुष जमा हुआ है जिसकी उँगलियाँ सुखदा के वक्ष पर मचल रही हैं। यह दृश्य देखकर मैं पहले आश्चर्यचकित हुआ। इसके बाद इसे मैंने सुखदा को 'स्वाभाविक व्यवहार' के रूप में लिया। इसके दो कारण थे : पहला; सुखदा मुझसे पहले ही कह चुकी थी कि वह एक 'बुरी लड़की' है इसलिए इसमें आश्चर्य की कोई बात नहीं है; दूसरा यह कि सुखदा की देह उड़ान पर थी जिसे संतुष्ट करना उसके वृद्ध पति के लिए नामुमकिन था। भावनात्मक मिलन का यह अर्थ नहीं है कि इससे दैहिक संतुष्टि भी प्राप्त हो! निश्चित ही परमानंद सर से सुखदा को भावनात्मक

संतोष और आर्थिक सुरक्षा मिले होंगे, लेकिन यौन-संतुष्टि अलग बात है। मैंने दरवाज़ा यथावत् रहने दिया।

मैं गली वाले दरवाज़े की ओर गया। उस पर दस्तक़ दी। क़रीब पाँच मिनट बाद सुखदा ने दरवाज़ा खोला। वह मुझे देखकर सकपका गई। उसे मेरा पहुँचना अप्रत्याशित लगा। मैंने सागर आने का प्रयोजन बतलाया। वह भीतर ले गई। उसने उक्त पुरुष से परिचय कराया। यह व्यक्ति कोई तीस-पैंतीस साल का रहा होगा। इतिहास का प्राध्यापक था। यह भी सुखदा के पति के कॉलेज में पढ़ चुका था। एक प्रकार से परमानंद सर के दोनों ही विद्यार्थी थे। हम लोगों के बीच सामान्य बातें हुईं। इसके बाद मैं सुखदा के घर से चला आया और वह वहीं रह गया। बाद में छत्तीसगढ़ के मेरे कतिपय मित्रों ने मुझे बताया कि सुखदा और उसके बीच 'अफेयर्स' हैं जिसे लेकर परमानंद सर काफ़ी दुखी रहते हैं। उन्हें कभी भी दिल का दौरा पड़ सकता है। परमानंद सर को दिल का तो दौरा नहीं पड़ा, लेकिन वह पक्षाघात के शिकार हो गए। अच्छे इलाज के बाद वह स्वस्थ हो पाए।

आज जब मैं तमाम घटनाओं को याद करता हूँ तो मैं स्वयं को भी उसी पुरुष का 'विस्तार' पाता हूँ। नवें दशक के मध्य में मैं चुनाव कवरेज़ के सिलसिले में सरगुजा गया हुआ था। उन दिनों सुखदा और परमानंद सर की पोस्टिंग अंबिकापुर में एक साथ थी। परमानंद सर ने सामरी पाट जाने की इच्छा व्यक्त की। यह स्थान अंबिकापुर से क़रीब सत्तर-अस्सी किलोमीटर दूर था। सर की आयु को देखते हुए मैंने उन्हें ड्राइवर की सीट पर बैठा दिया और मैं व सुखदा पीछे वाली सीटों पर बैठ गए। मेरी इस मुलाक़ात तक सुखदा को एक पुत्री प्राप्त हो चुकी थी। अब तक वह चार-पाँच वर्ष की हो चुकी थी। सामरी पाट जाते समय वह भी हमारे साथ बैठ गई। सुखदा और मेरे बीच। मेरी दिली इच्छा थी कि बेटी चिरैया अपने पिता के साथ बैठे या अंतिम छोर पर। सुखदा...की भी शायद यही इच्छा रही होगी। लेकिन जाते समय ऐसा नहीं हो सका। लौटते समय अँधेरा घिर आया था। जंगली रास्ता था। चिरैया को हम लोगों ने पिता की गोद में आगे बैठा दिया। अब पिछली सीट पर मैं और सुखदा थे...और बीच में पसरा हुआ था अँधेरा। हम दोनों एक-दूसरे का चेहरा नहीं देख सकते थे लेकिन दो देहों के स्पर्श से 'दोनों के एक होने की अनुभूति' ज़रूर महसूस कर सकते थे। स्पर्श के इन क्षणों में मुझे ऐन याद आने लगी। चंबल के बीहड़ों से जीप में गुज़रते हुए हम दोनों ने कितनी गहराई तक स्पर्श की ऊष्मा को महसूस किया था। क्या स्पर्श अनुभूति ही आगे चलकर हम दोनों के बीच संवेदनशील सम्बन्धों का माध्यम बनी थी। मैं एक ही समय, एक ही अनुभूति में सुखदा और ऐनी के साथ समान रूप से विचर रहा था। मैं किसके साथ विश्वासघात कर रहा था, सुखदा के साथ या ऐन के साथ? पत्नी मधु के साथ और या स्वयं के साथ? क्या मैं सुखदा का वही 'सागर-पुरुष' नहीं बन गया था?

इस घटना के कई वर्ष बाद सुखदा और परमानंद सर से एक बार फिर मुलाक़ात हुई। शायद 1992-93 का वर्ष था। सरगुजा के एक क्षेत्र में भूख से मौतें हुई थीं। तत्कालीन प्रधानमंत्री नरसिंह राव घटना-क्षेत्रों का दौरा करने वाले थे। मुझे उनकी यात्रा को कवर करना था। इसलिए मैं दिल्ली से रायपुर प्लेन से पहुँचा। वहाँ से टैक्सी लेकर अंबिकापुर

पहुँचा। होटल में रुका। परमानंद सर का परिवार वहीं था। मैंने अपने आने की सूचना फ़ोन पर दी और रात्रिभोज का मुझे निमंत्रण मिला। क़रीब रात के आठ बजे सुखदा के घर पहुँचा। थोड़ी देर के बाद ड्रिंक शुरू हुई। परमानंद सर को अँगरेज़ी शराब का काफ़ी शौक़ था। वह पश्चिमी देशों की यात्रा कर आए थे। इसलिए पश्चिमी संगीत और शराब के शौक़ीन थे। पहले उन्होंने बीथोवन की धुनें सुनाईं, स्वान लेक बैले का संगीत सुनाया, और अन्त में बेगम अख़्तर की ग़ज़लों का कैसेट लगा दिया। मुझे भी बेगम अख़्तर की गाई ग़ज़लें अच्छी लगती हैं...विशेष रूप से मोमिन व ग़ालिब की ग़ज़लें। उस रात मेरी सबसे फेवरीट ग़ज़ल भी बजी। इसे मैं अक़सर सुनता हूँ...आज भी सुनता हूँ। यह ग़ज़ल है शकील बदायूँनी की–

"मेरे हमनफ़्स मेरे हमनवाँ,
मुझे दोस्त बनकर दग़ा न दे।
मैं हूँ दर्द-ए-इश्क़ से जांबलब,
मुझे ज़िन्दगी की दुआ न दे।।"

सुखदा मेरी इस कमज़ोरी को जानती थी। उसने ग़ज़लों के कई कैसेट जमा कर रखे थे। इस माहौल में कब वक़्त गुज़रता गया, पता ही नहीं चला। ग्यारह बज चुके थे। सुखदा ने मुझे चेतावनी दी थी कि हम दोनों अधिक न पियें। लेकिन हम कहाँ मानने वाले थे। पीते चले गए...पीते चले गए... इसके बाद विस्फोट हुआ। परमानंद सर उबलने लगे। पति-पत्नी के बीच घमासान शुरू हुआ। सुखदा चीख़ने लगी–

"जोशीजी, यह आदमी ढोंगी है। आपके साथ भी पाखंड रच रहे हैं। ये आपसे नफ़रत करते हैं।"

"बिल्कुल झूठ...जोशीजी इसकी बात पर मत जाना..."

"नहीं, मैं सही कह रही हूँ। मुझे आपके नाम से चिढ़ाया जाता है। ताने मारे जाते हैं।"

"सुखदा, तुम ग़लत बोल रही हो। जोशीजी मेरे मित्र हैं। तुम्हारे भी मित्र हैं। मैं इनसे क्यों नफ़रत करूँगा?"

"अब आप जोशीजी के सामने सयाने बन रहे हैं। आप नहीं जानते, इन्होंने मुझे बहुत सताया है। मानसिक संताप दिया है। मुझे बदनाम किया है। मेरे चरित्र पर संदेह करते हैं। अब चिरैया बड़ी हो चुकी है। वह सब सुन और समझ रही है।"

"ऐसा कुछ नहीं है, जोशीजी! यह औरत बिल्कुल औसत क़द की निकली है–पूजा-पाठ करती है; व्रत रखती है; अंधविश्वासी बन गई है; पढ़ाई-लिखाई सब छोड़ दी है। मेरा भी काम नहीं करती है। लौंड्री पर न मेरे कपड़े देने जाती है और न ही लेने। अब मुझमें भागदौड़ की शक्ति नहीं रह गई है। इसमें है। इससे पूछो, यह मेरा काम क्यों नहीं करती है? इसकी प्रगतिशीलता कहाँ मर गई?"

मैं देख रहा था सुखदा की नसें क्रोध से फूलती जा रही हैं। उसने ज़मीन पर अपने पैरों को ठोंका। दीवारों पर अपने हाथ मारे। यह देखकर सर कहने लगे–

"देखिए...देखिए जोशीजी...इसी तरह यह मुझे भी पीट सकती है!"

"सर, ऐसा मत सोचिए। मैं समझता हूँ सुखदा इतनी गिरी हुई औरत नहीं है।"

"आप नहीं जानते। यह किसी के प्रति सिंसीयर नहीं है। यह आत्मनिष्ठ औरत है। यह नॉरीसस ग्रंथि से पीड़ित है। इसका पूरा परिवार इस ग्रंथि से अभिशप्त है। आप देख रहे हैं मैं इसकी माँ की ज़िम्मेदारी भी उठा रहा हूँ? फिर भी यह चिंता नहीं करती है! इसे कार चलाना पसंद है। बाकी सब लोग जाएँ भाड़ में।"

पति-पत्नी के बीच झगड़ा थमने का नाम नहीं ले रहा था। दोनों तरुण युगल की तरह झगड़ रहे थे। ऐसा प्रतीत हो रहा था कि मानो सुखदा और परमानंद सर ने सालों से अपने दिलो-दिमाग़ में जमे ग़र्दो-गुबार को मेरे सामने एक साथ उड़ेलने का निर्णय ले रखा हो! सत्तर के आस-पास रहे परमानंद ने एक बार तो खाना फेंक दिया। गरम-गरम फुल्कियाँ ज़मीन पर दे मारीं। पति के इस कृत्य से सुखदा बेहद आहत हुई। वह रोने लगी। मैं इस दृश्य से आत्मिक संतोष और भय, दोनों ही महसूस कर रहा था। मुझे संतोष इसलिए था कि 'सुखदा ने जैसा किया, वैसा भरा।' उसे अपने 'ओवरस्मार्टनेस' की सज़ा भुगतनी पड़ रही है। उसने सोचा होगा कि पति के रूप में वह एक वृद्ध पुरुष को अपना 'दास' बना लेगी! लेकिन वह अपनी इस योजना में भी विफल रही। क्योंकि पुरुष, पुरुष होता है और जब वह आर्थिक शक्ति से सम्पन्न होता है तब उसके दास बनने की संभावना क्षीण ही रहती है। फिर सुखदा के पति तो बौद्धिक शक्ति से भी लैस हैं। सुखदा को इस मोर्चे पर हारना ही था। और वह हारती दिखाई दे रही है! दोनों का वैवाहिक जीवन, एक छत तले रहने व एक बिस्तर पर लेटे रहने से ज़्यादा कुछ नहीं रह गया है। 'इसी लड़की ने मुझे इस वृद्ध के लिए ठुकराया था! 'अब भुगते!' मैं स्वयं से कह रहा था। सुखदा मेरे भावों को पढ़ रही थी। पुरुष के मनोभावों को समझने के मामले में वह हमेशा से 'शार्प' रही है। वह कभी मेरी मुख-मुद्राओं पर पैनी दृष्टि डालती, कभी अपने उबलते पति पर और कभी फ़र्श को बींधती। वह अपनी हार को छुपाने की भरसक कोशिश कर रही थी। उसने मेरी ओर देखा और चीख़ी : "देख लिया न...सब कुछ? हम कैसे रहते हैं? कैसे जीते हैं? हमारा वैवाहिक जीवन कैसा है? मैं तो तंग आ चुकी हूँ इस ज़िन्दगी से!" मैं ख़ामोश रहा।

"सुखदा ने मुझे कई बार छोड़ने की धमकी दी है। वह जा सकती है। मैं अकेला रह लूँगा। एक बेटी है उसे देख लूँगा। अब चिरैया बड़ी हो चली है।"

"यदि आप ऐसे ही तंग करेंगे तो मैं चली जाऊँगी। लेकिन गुलाम बनकर नहीं रहूँगी। बेटी मेरे साथ जाएगी।"

"बिल्कुल नहीं...वह मेरे साथ रहेगी। तुम उसे ख़राब कर दोगी!"

मैंने 'तुम उसे खराब कर दोगी' में छुपे अर्थ को समझ लिया था, लेकिन इसे कुरेदने का अर्थ होता इस अलाव में और फूस डालना। यह मैं नहीं चाहता था। मैं इस दृश्य से जल्दी-से-जल्दी मुक्ति चाहता था। मैं भीतर से भयभीत भी महसूस कर रहा था। कोई अनहोनी घटना की आशंका मुझे सताने लगी थी। मैं अपनी छवि...अपनी ईमेज को लेकर चिंतित था। इसे मैं बेदाग़ रखना चाहता था, क्योंकि पति-पत्नी का झगड़ा ऐसे मोड़ पर पहुँच चुका था जहाँ कुछ भी घट सकता था। 'कहीं मुझे खलनायक न बना दिया जाए' ऐसा पटाक्षेप मैं इस त्रासद दृश्य का नहीं चाहता था। आत्मविश्वासघातों की गाथा के आरम्भ में ही मैं अपनी भयग्रस्त मन:स्थिति की परत-दर-परत खोल चुका हूँ। अत: भय

की धुरी थी मेरी छवि, सुखदा इसकी कक्षा में थी, यह एक सत्य है। लेकिन ऐसे क्षणों में मैं सुखदा से 'निर्लिप्त दूरी' भी बनाए रखना चाहता था, यह दूसरा सत्य है। इन दोनों सत्यों के बीच मैं 'त्रिशंकु' बना पटाक्षेप की प्रतीक्षा कर रहा था!

पटाक्षेप न सुखद नोट पर समाप्त हुआ, और न ही दुःखद पर। बस! मलिनता वातावरण में ज़रूर भर गई। मैं सुरक्षापूर्वक होटल ज़रूर पहुँच गया, लेकिन रात भर सो नहीं सका। सुखदा और परमानंद सर के सम्बन्ध में सुबह तक सोचता रहा। कई प्रकार के अशुभ दृश्यों की कल्पना करता रहा। क़रीब सत्रह–अट्ठारह सालों का इतना लम्बा जुड़ाव था कि मैं कोशिशों के बावजूद सुखदा से स्वयं को 'डिटेच्ड' नहीं कर पा रहा था। सुखदा और सर, दोनों को लेकर मैं उत्तेजित भी हो उठता था। लेकिन मैं कर क्या सकता था? मैं दोनों को अलग भी नहीं कर सकता था। इससे कोई निजी लाभ भी नहीं था, क्योंकि मैं उससे विवाह नहीं कर सकता था। मैं मधु को तलाक़ नहीं दे सकता था। मैं अपने बच्चों के भविष्य को अंधकारमय नहीं बना सकता था। फिर सुखदा के लिए तो बिल्कुल नहीं, क्योंकि मैं उसे 'विश्वसनीय' की श्रेणी में नहीं रख सकता था। क्योंकि 'विवाहेतर सम्बन्ध' उसकी वैवाहिक जीवन–शैली का एक अभिन्न हिस्सा बन चुके थे। यद्यपि उसने उस रोज़ बातों ही बातों में कहा भी था कि "जोशीजी, आप दिल्ली छोड़कर इधर क्यों नहीं बस जाते हैं? यहीं किसी अख़बार के सम्पादक बन जाइए या कोई रिसर्च प्रोजेक्ट ले लीजिए। हम सब उससे जुड़ जाएँगे।" मैं उसका आशय समझ गया था। उसने किस निशाने पर तीर साधा है, इसे मैंने भाँप लिया था। लेकिन मैंने उसकी इस इच्छा को तुरंत ही अस्वीकार कर दिया। मैंने उससे कहा था, "सुखदा, यह अब संभव नहीं है। बच्चों का भविष्य दिल्ली में ही है। अब हम जिस बिंदु पर पहुँच चुके हैं वहाँ से लौटना नामुमकिन है, यह बेईमानी होगी। हम दोनों ने अपने–अपने यथार्थ रचे हैं जिनके साथ जीना ही होगा। इधर आने का अर्थ होगा एक नए यथार्थ की रचना। निश्चित ही नए यथार्थ मेरी और तुम्हारी बेईमानियों पर टिके होंगे। दोनों विकृत और सड़ांध भरे होंगे। मैं इसके लिए तैयार नहीं हूँ। मुझे अपने वर्तमान से कोई शिकायत नहीं है, क्योंकि मैंने इसे विवेकपूर्वक स्वेच्छा से बनाया है।" इस उत्तर के बाद सुखदा ख़ामोश हो गई। वह अपनी आँखें मुझसे नहीं मिला सकी। वह वापस रसोई में चली गई।

मैंने सुखदा को जानबूझकर प्रतिक्रियाहीन बनाया था, क्योंकि मुझे स्वयं पर विश्वास नहीं था। मैं जानता हूँ यदि मैं जबलपुर या सागर या सरगुजा के क्षेत्रों में किसी प्रोजेक्ट के सिलसिले में रहने लगता तो निश्चित ही सुप्त वलवले मचलने लगते। स्वयं पर काबू रखना मेरे लिए कठिन हो जाता। एक नई त्रासदी को मैं निमंत्रित कर बैठता। यह मैं कतई नहीं चाहता था। मैंने जितने भी क्षण और जैसे भी क्षण सुखदा के साथ बिताए, वे ही मेरी 'निधि' थे। इस निधि को मैं विकृत नहीं करना चाहता था। मैं इसे निष्ठापूर्वक संजोकर रखना चाहता था।

इसलिए मैंने सुखदा को स्पष्टता के साथ कहना उचित समझा। इससे कोई ग़लतफ़हमी तो नहीं पैदा होगी। हम दोनों, सम्बन्धों को लेकर भविष्य में कोई भ्रम तो नहीं पालेंगे। दोनों को अपनी–अपनी सीमा रेखाओं का ध्यान रहेगा। शायद इसीलिए 1975 से लेकर 1999 तक मुझे वह 'आप या जोशीजी' से सम्बोधित करती रही। इस सम्बोधन में प्रेम

का भाव कम था, आदर व सावधानी के तत्व अधिक थे। यह एक ऐसा सुरक्षित सम्बोधन था जिससे सुविधानुसार किसी भी दिशा में मुक्ति ली जा सकती थी। इसका विस्तार भी किया जा सकता था, और इसे घटाया भी जा सकता था।

जब उसने मुझे उस रोज़ 'आप' के स्थान पर 'तुम' से सम्बोधित किया था तो मैं पुलकित हो उठा था। इस रागात्मक 'तुम' के लिए पच्चीस वर्षों से अधिक की प्रतीक्षा करनी पड़ी थी! यह कितना जादुई सम्बोधन था! पच्चीस बरस कम नहीं होते हैं...पच्चीस बरस? पूरे ढाई दशक लगे–'आप' को 'तुम' में रूपांतरण होने में! एक रिद्‌मिक सम्बोधन बनने में : तु...म...तु...म...म...तुम। एक अजीब कशिश है इस गूँज में। लेकिन फिर भी तश्नगी कहाँ बुझती है? तुम, कहाँ परवान चढ़ता है? तब क्या सुखदा को 'फ़रमिना दाज़ा' और रामशरण जोशी को 'फ्लोरेंटिनो अरीज़ा' बनकर पाँच दशक तक प्रतीक्षा करनी चाहिए? इस बार 'आप' नहीं, 'तुम' से सिलसिले की शुरुआत हो। 'आप', स्वतः झर जाए...सम्बन्धों की शाख से, ठीक सूखे पत्ते की तरह। और फिर 'तुम' की रिमझिम में भीगें...तुम और मैं...हमेशा...हमेशा के लिए!

सम्बोधन के आप से तुम में रूपांतरण के तीन वर्ष बाद मैंने अख़बार में पढ़ा और रेडियो पर सुना–

लेखक और समाजशास्त्री डॉ. परमानंद बोध का लम्बी बीमारी के पश्चात् आज तड़के निधन हो गया। वह पचहत्तर वर्ष के थे। उनकी दोनों किडनियाँ फेल हो गई थीं। उन्हें डॉयलसिस पर रखा जा रहा था। मृत्यु के क्षणों में वह अकेले थे।

डॉ. बोध अपने पीछे पत्नी डॉ. सुखदा बोध और पुत्री चिरैया को छोड़ गए हैं। उनका अंतिम संस्कार उनके गृहगाँव जशपुर में होगा। मध्य प्रदेश और छत्तीसगढ़ के बुद्धिजीवी समाज ने डॉ. बोध के निधन को हिन्दी-जगत् की अपूरणीय क्षति बतलाया है।

मैं डॉ. सुखदा बोध को केवल फ़ोन से ही अपनी सांत्वना व्यक्त कर सका। मैं सुखदा को नई भूमिका में देखने का साहस नहीं बटोर सका। हिमांशु ने एक बार फिर नई जानकारी दी है–डॉ. सुखदा बोध अपनी बेटी के साथ जबलपुर में बस गई है। बेटी इतिहास में एम. ए. कर रही है। वह कविता कर रही है। पैंटिंग कर रही है। संगीत सीख रही है...और हाँ डॉ. सुखदा बोध के साथ सर का एक दूर का रिश्तेदार भी रह रहा है। यह विधुर है। सर को इससे बहुत चिढ़ थी। इसलिए सर अपने अंतिम महीनों में जबलपुर से कहीं दूर चले गए थे। अज्ञात स्थान को। मरने से पहले ही वे सुखदा को अपने ठिकाने की जानकारी भेज सके थे। यह नया पुरुष सुखदा से उम्र में क़रीब पंद्रह वर्ष छोटा है, और डॉ. बोध बीस-पच्चीस वर्ष बड़े थे। इस व्यक्ति ने सुखदा को सभी से काट दिया है। सर के सम्पर्क-दायरे को भंग कर दिया है। सुखदा आत्मनिर्वासिनी-सी जी रह रही है, विडम्बनाओं का द्वीप बनकर!

सुखदा की इस स्थिति को अँगरेज़ी में कहते हैं–रिजाइंड टू हर फेट! स्वयं के संबंध में भी यही कहना पड़ेगा : आई एम ऑल्सो रिजाइंड टू माई फेट...अर्थात् महानगर की नव-उदित मध्यवर्गीय कॉलोनी मयूर विहार में डुप्ले फ्लैट, पत्नी, बच्चे और आधुनिक ज़रूरी सुविधाएँ। अमेरिका में अध्ययनरत बड़ी बेटी...शायद चिरैया से एक वर्ष बड़ी। अब वे सब पीछे छूट गए हैं: किस्ता गौड़ व भूमैया; बस्तर के जंगल; भोजपुर के गाँव; कारख़ानों की गेट मीटिंगें, फुटपाथों पर कहीं भी रात गुज़ार देना। इन सब का मैं सहचर...

फैलोट्रेवलर था...सिर्फ़ इसलिए था, क्योंकि इन सबके और मेरे बीच कुछ बुनियादी विश्वास थे। विश्वासों का वह सेतु अब टूट चुका है! मैंने ही इसे तोड़ा है! मध्यवर्गीय जिजीविषा की बारूद ने इसे उड़ाया है। अब कुछ नहीं हो सकता...अब आत्मविश्वासघातों के द्वीप में ही रहना होगा... दंडित होकर...भगोड़ा...एक डेज़र्टर कहला कर!

यदि कभी सुखदा मुझसे मिलती है। वह मुझसे उसी स्वर में पूछती है—जोशीजी (या जोशी) क्या आप (या तुम) अपने बेटे और बेटियों को अपने जैसा बनाना चाहेंगे?

तब मुझे इस सवाल का जवाब क्या देना चाहिए? सच मानिए, मैं बिल्कुल 'नोन प्लस' हो गया हूँ! फिर वही 'त्रिशंकु' बन गया हूँ! विश्वासघातों के उत्सव में कौन 'उत्सर्गी' बनता है!

○○○

तस्वीरें

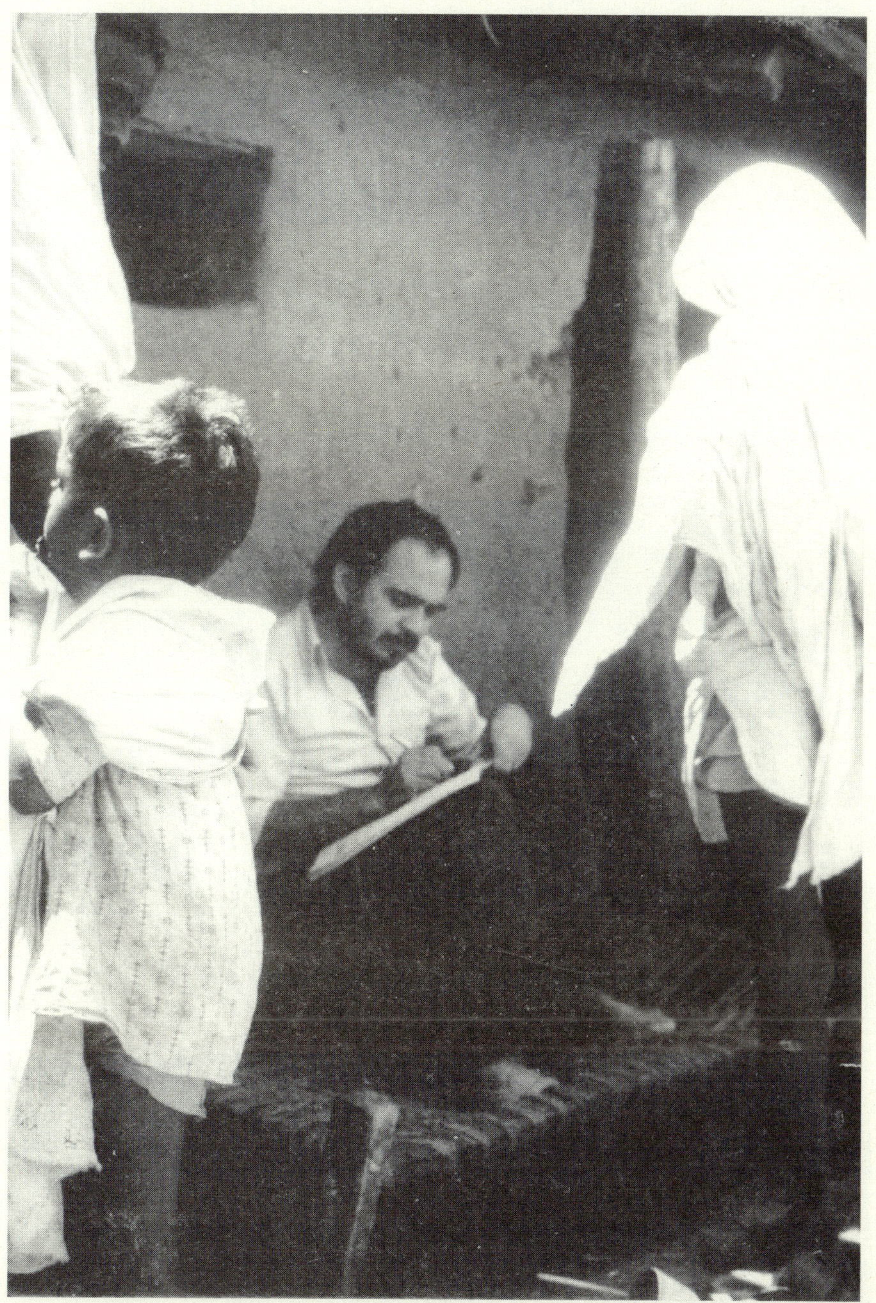

अप्रैल 1978 में, बिहार के इटाढ़ी प्रखंड में बंधुआ मजदूरों के शिविर में रिपोर्ट तैयार करते

1964 में लेखक

1955 में माँ श्रीमती लक्ष्मी देवी

साप्ताहिक हिन्दुस्तान बाल श्रमिक लेखमाला (1970) लेखक दिल्ली में बाल पेपर विक्रेताओं से बात करते हुए

1972

1978, वृन्दावन में एक धर्मशाला में

बिहार में बन्धक श्रमिकों के साथ भोजन, 1977 कालाहांडी

मधु जोशी के साथ विवाह 1978 में, इसी अवसर पर
बाएँ से श्रीमती एवं श्री इब्बार रब्बी, लेखक, हंसराज रहबर, मधु जोशी, डॉ. ज्योत्स्ना बिष्ट और पंकज बिष्ट

स्वर्ण मन्दिर (अमृतसर) परिसर में पत्नी, दोनों बेटियों के साथ, 1985

परिवार के साथ—मधु जोशी, अमन (पुत्र), मनस्विता और त्रीना, 1987

30 जनवरी, 1988 को गांधी स्मृति भवन में लेखक बच्चों के साथ

बिहार (अब झारखंड) के डाल्टन गंज में बन्धुआ मजदूरों का सर्वेक्षण करने के दौरान, 1978

विष्णु नागर के साथ पश्चिमी जर्मनी में, 1983

बेल्जियम यात्रा के दौरान स्वामी अग्निवेश के साथ, 1983

बेल्ज़ियम यात्रा के दौरान ब्रसेल्स में

1983 खजुराहो में

उदयपुर में भीलों के साथ

1984 में अरविंद जैन के कैमरे से

लेखक के कैमरे से : बस्तर के जगदलपुर में 1985 में साप्ताहिक हाट में बेटी के साथ पत्नी मधु जोशी

इंदिरा गोस्वामी, विद्यानिवास मिश्र और वीणा वर्मा (सांसद) के साथ—मौरीशस

रामबहादुर राय के साथ मॉरीशस,1987

जाफना में रिपोर्टिंग के दौरान पत्रकारों के साथ, 1987 में

पाकिस्तान यात्रा के दौरान हबीब जालिब और किश्वर नाहिद से मुलाकात

इस्लामाबाद में लेखक—1989। पाकिस्तानी राजनयिक व बुद्धिजीवी मुनीर खाँ (दाएँ), लेखक, स्व. जोग राज और पाकविद तलवार

लाहौर का कनॉट प्लेस—'लिबर्टी बाजार'

कराची में बहुचर्चित उपन्यास 'चीख' के लेखक अनवर सेन राय के साथ

1988 में विदेश यात्रा पर रवाना होने से पहले प्रधानमंत्री के निवास स्थान पर राजीव गांधी के साथ लेखक

1989 में कॉमरेड अमृतपाद डांगे के साथ लेखक

अशोक कुमार के साथ हयात होटल में 'हम लोग' धारावाहिक की पार्टी में

लेखक के घर उनके साथ राजा बुंदेला और सुरेन्द्र वर्मा

चीन के उपविदेश मंत्री के साथ बीजिंग में लेखक, 1990

चीन के उपविदेश मंत्री के साथ बीजिंग में लेखक, 1990

1990 शंघाई में प्रसिद्ध लेखक ल्यू शुन के घर में जो अब संग्रहालय है

चीन की दीवार और लेखक, 1990

1990 में, रोम में प्रसिद्ध कॉलेजियम को देखते हुए

जर्काता से लौटते समय विशेष विमान में प्रेसवार्ता—प्रधानमंत्री नरसिंह राव से प्रश्न पूछते हुए, 1992

चेक यात्रा के दौरान डॉ. शंकरदयाल शर्मा के साथ वार्ता रत। पृष्ठभूमि में तत्कालीन वितमंत्री डॉ. मनमोहन सिंह

तत्कालीन विदेशमंत्री श्री प्रणब मुखर्जी के साथ विमान में, 1996

लीबिया के राष्ट्रपति कर्नल गद्दाफी के अमरीकी बमबारी से क्षतिग्रस्त हुए कमरे में

राहुल बारपुते के साथ, 1993

पेरिस में विख्यात चित्रकार रज़ा के साथ, 1998

जीटीवी के लिए नानाजी देशमुख से इंटरव्यू करते हुए, 1998

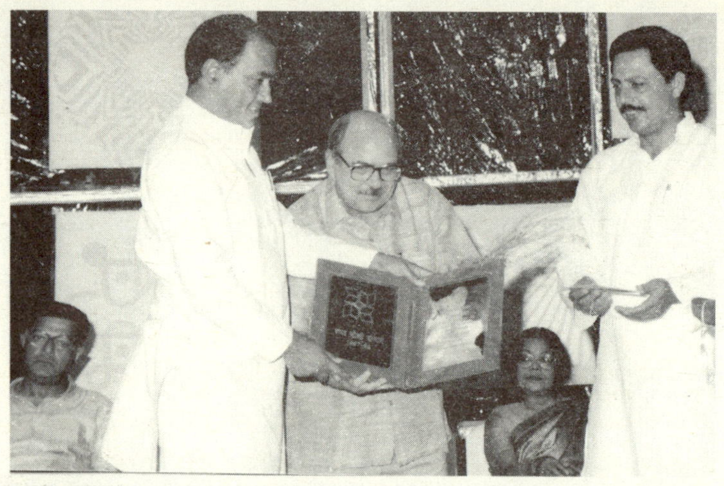

तत्कालीन मुख्यमंत्री (म.प्र.) श्री दिग्विजय सिंह और संस्कृति मंत्री अजय सिंह से 'शरद जोशी सम्मान' प्राप्त करते हुए—1998। मंच पर सबसे बाएँ सुप्रसिद्ध नाटककार एवं अभिनेता गिरीश कारनाड मौजूद हैं।

तत्कालीन राष्ट्रपति स्व. के. आर. नारायणन से दादा साहब अम्बेडकर सम्मान लेते हुए, 1998

बाल भवन के अध्यक्ष के रूप में असगर वजाहत के साथ, 2004

राष्ट्रपति डॉ. शंकरदयाल शर्मा द्वारा गणेश शंकर विद्यार्थी साम्प्रदायिक सौहार्द्र पुरस्कार ग्रहण करते हुए

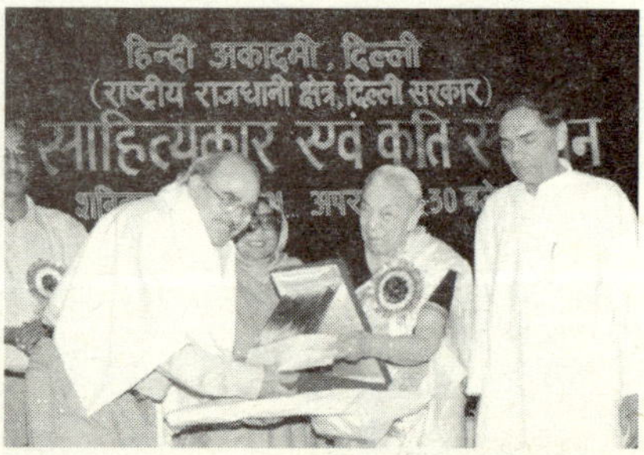

विख्यात कलाकार ज़ोहरा सहगल और लेखिका 'कृति सम्मान' कृष्णा सोबती से पुरस्कृत होते हुए प्रो. रामशरण जोशी, 2004

19 अक्टूबर, 2002 गांधी शांति प्रतिष्ठान में

मुख्यमंत्री शीला दीक्षित के साथ, 2004

माखनलाल चतुर्वेदी पत्रकारिता विश्वविद्यालय भोपाल में प्रोफेसर एवं कार्यपालक निदेशक के पद पर 2000 के दौरान

मानव संसाधन विकास मंत्री श्री अर्जुन सिंह के साथ, 2006

राष्ट्रपति डॉ. अब्दुल कलाम के साथ केन्द्रीय हिन्दी संस्थान के पुरस्कार वितरण समारोह, 2006 में मंच पर।
लेखक तब संस्थान के उपाध्यक्ष थे।

भोपाल में सईद मिर्जा के साथ, 2000

केन्द्रीय हिन्दी संस्थान के उपाध्यक्ष के रूप में तत्कालीन राष्ट्रपति प्रतिभा पाटिल और तत्कालीन मानव संसाधन विकास मंत्री अर्जुन सिंह के साथ राष्ट्रपति भवन, 2008

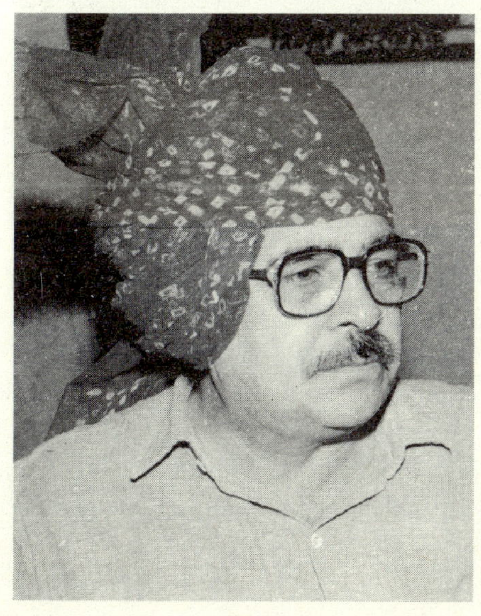

2009

2009

राजकमल प्रकाशन से प्रकाशित अन्य आत्मकथात्मक कृतियाँ

आज के अतीत
भीष्म साहनी

कहि न जाय का कहिए
भगवतीचरण वर्मा

हम इक उम्र से वाकिफ हैं
हरिशंकर परसाई

सच, प्यार और थोड़ी सी शरारत
खुशवंत सिंह

काग़ज़ी है पैरहन
इस्मत चुग़ताई

ज़माने में हम
निर्मला जैन

दास्ताँ और भी हैं (अनु.)
शेख मुजीबुर रहमान

अपनी शर्तों पर (अनु.)
शरद पवार

मेरी आत्मकथा
किशोर साहू

पावभर जीरे में ब्रह्मभोज
अशोक वाजपेयी

सत्य के मेरे प्रयोग (अनु.)
मोहनदास करमचंद गांधी

मुड़-मुड़के देखता हूँ
राजेन्द्र यादव

अन्या से अनन्या
प्रभा खेतान

आइने के सामने
अतिया दाउद

कस्तूरी कुंडल बसै
मैत्रेयी पुष्पा

गुड़िया भीतर गुड़िया
मैत्रेयी पुष्पा

आत्मकथा
कर्णसिंह

जब मैं छोटा था
सत्यजित राय

जीवन यौवन
अन्नदा शंकर राय

अपनी खबर
पांडेय बेचन शर्मा 'उग्र'

इतिहास का स्पर्शबोध (एक आत्मकथा)
कृष्ण कुमार बिड़ला

क़रीब से (मंच और फ़िल्मी पर्दे से जुड़ी यादें)
ज़ोहरा सहगल

भूतलेन की कथा
तोताराम सनाढ्य

मुर्दहिया
तुलसीराम

मणिकर्णिका
तुलसीराम

आप-बीती (अनु.)
मार्क शागाल

कुर्सी पहियोंवाली (अनु.)
नसीमा हुरज़ूक

घूमती नदी
वारिस किरमानी

मंजिल अब भी दूर
गंगाधर चिटणीस

माटी, पंख और आकाश
ज्ञानेश्वर मुले

दर्द जो सहा मैंने
आशा आपराद